イタリア共和国
Repubbblica Italiana
0 50 100km
N
サルデーニャ島
SARDEGNA
Alghero P.518
ヌーオロ Nùoro P.523
オリスターノ Oristano
バルミニ Barumini
ヌラーゲ・スゥ・ヌラクシ P.517
カリアリ Cagliari P.514
ティレニア海
チュニス・トリポリへ
チュニスへ
イスキア島 P.464
カプリ島 P.462
ソレント Sorrento P.466
アマルフィ Amalfi P.467
サレルノ Salerno P.470
ペストゥム P.458
ポテンツァ Potenza
P.478 Matera
Martina France
Brindisi P.483
ターラント Taranto P.482
Metaponto
レッチェ Lecce P.481
イラクリオン、パトラスへ
ターラント湾
コセンツァ Cosenza
カタンツァーロ Catanzaro
Crotone
Tropea
リパリ諸島
（エオリエ諸島）
メッシーナ海峡
メッシーナ Messina
Milazzo
レッジョ・ディ・カラーブリア Reggio di Calabria P.483
パレルモ Palermo P.488
トラーパニ Trapani
エリーチェ Erice
モンレアーレ Monreale P.494
エガディ諸島
マルサーラ Marsala
マザーラ・デル・ヴァッロ Mazara del Vallo
チェファルー Cefalù
エトナ
タオルミーナ Taormina P.497
エンナ Enna
カターニア Catania P.500
ピアッツァ・アルメリーナ Piazza Armerina
ラグーザ Ragusa
シラクーサ Siracusa P.502
ノート Noto
チリア島
CILIA
イオニア海
ランペドゥーサ、リノーサへ
ヴァレッタへ
イタリアの州と州都
スイス
オーストリア
ハンガリー
フランス
ヴァッレ・ダオスタ
アオスタ
ミラノ
ロンバルディア
トリノ
ピエモンテ
ジェノヴァ
リグーリア
リグリア海
トレンティーノ・アルト・アディジェ
トレント
ヴェネト
ヴェネツィア
フリウリ・ヴェネツィア・ジュリア
トリエステ
スロヴェニア
クロアチア
ボスニア・ヘルツェゴビナ
エミリア・ロマーニャ
ボローニャ
サン・マリノ共和国
フィレンツェ
トスカーナ
アンコーナ
マルケ
ペルージャ
ウンブリア
コルシカ島（仏領）
ラクイラ
アドリア海
ラツィオ
アブルッツォ
ヴァティカン市国
ローマ
モリーゼ
カンポバッソ
カンパニア
ナポリ
バーリ
ポテンツァ
プーリア
バジリカータ
サルデーニャ
カリアリ
ティレニア海
カラーブリア
カタンツァーロ
地中海
パレルモ
シチリア
イオニア海

イタリアの主要鉄道網

スイス
SVIZZERA
オーストリア
AUSTRIA
スロヴェニア
SLOVENIA
クロアチア
CROAZIA
FRANCIA
プレ・サン・ディディエ
Prè S. Didier
アオスタ
Aosta
Pont C.
Castellamonte
Ceres
Rivarolo
Ivrea
Lanzo
Susa
Chivasso
Castel Ros.
Santhià
Biella
トリノ Torino
Torre Pellice
Airasca
Trofarello
Cavall.re
Saluzzo
Dronero
クーネオ
Cuneo
Mondovì
Limone
Ormea
ニースへ
ニース
カンヌへ
ヴェンティミリア
Ventimiglia
Imperia
サンレモSanremo
Iselle
Locarno
Domodossola
Bellinzona
Piedimulera
Premosello C.
Luino
Varallo Sesia
Arona
Borgomanero
R. Sesia
Sesto C.
Oleggio
Rovasenda
Vignale
ノヴァラNovara
Vercelli
Mortara
Valenza
Asti
Carnagnola
Alessandria
Nizza M.
Bra
Castagnole L.
Fossano
Acqui T.
Ovada
Ceva
Mignanego
altare
Savona
ジェノヴァ
Genova
Novi L.
Tortona
Isola C.
コモ
Como S. G.
Chiasso
Chiavenna
Albiate C.
Seregne
Laveno
Porto C.
Varese
Colico
Molteno
Lecco
Monza
Carnate U.
ミラノ
MILANO
Trev. Ov.
MI S. C.
MI Rog.
パヴィア
Pavia
Olmeneta
Casalp.
Codogno
Cava C.
ピアチェンツァ
Piacenza
Broni
Salsom. T.
Casella
Mad. di Campiglio
Tirano
Edolo
Sondrio
Calolziocorte olginate
Pisogne
Iseo
P.te S. Pietro
ベルガモ
Bergamo
Rovato
ブレーシャ
Brescia
Treviglio
S. Zeno
Dossobuono
クレモナ
Cremona
メラーノ
Merano
Malè
Brennero
Fortezza
Brunico
S. Candido
Lienz
Prato alla Drava
Chiusa
Plan V. Gardena
ボルツァーノ
Bolzano
Mezzocorona
トレント
Trento
ベッルーノ
Belluno
Primolano
Cortina d'Ampezzo
Cima Sappada
Ponte nelle Alpi
バッサーノ
Bassano
Montebelluna
Cittadella
Schio
ヴィチェンツァ
Vicenza
Castelfranco
Treviso
Composam.
Peschiera
ヴェローナ
Verona
Isola della Scala
マントヴァ
Mantova
Nogara
Cerea
Cologna Veneta
Legnago
Monselice
パドヴァ
Padova
V. Mestre
ヴェネツィア
VENEZIA
Conegliano
Sacile
Susegna
Portogruaro
Pordenone
Casarsa
Pinzano
Tarvisio
Gemona del Friuli
Cividale
ウーディネ
Udine
Gorizia
Palmanova
Cervignano
Monfalcone
トリエステ Trieste
Villa Opicina
アクイレイア
Aguilaia
グラード
Grado
Fidenza
Guastalla
Suzzara
パルマ
Parma
Reggio
Fornovo
Ciano d'Enza
Aulla
S. Stefano
モデナ
Modena
フェッラーラ
Ferrara
Rovigo
Adria
Chioggia
Codigoro
Ostellato
Porto Garibaldi
Budrio
Massalomb.
ボローニャ
Bologna
Lugo
Russi
ラヴェンナ
Ravenna
Castel B.
Faenza
Granarolo F.
Forlì
リミニ
Rimini
S. Msrcello P.
Pistoia
Prato
ルッカ
Lucca
La Spezia
Vezzano
Massa
Viareggio
ピサ
Pisa
Pisa Aer.
エンポリ
Empoli
フィレンツェ
FIRENZE
S. Sepolcro
Arezzo
Stia
サン・ジミニャーノ
S. Gimignano
Livorno
Collesalvetti
Colle V. D'Elsa
Vada
ポッジボンシ
Poggibonsi
Cecina
シエナ
Siena
Asciano
Terontola
アッシジ
Assisi
ペルージャ
Perugia
ウルビーノ
Urbino
Pergola
Pesaro
Falconara Mar.
Fabriano
アンコーナ Ancona
フォリーニョ Foligno
Civitanova M.
Porto d'Ascoli
Spoleto
Macerata
Ascoli p.
Giulianova
Teramo
オルヴィエート
Orvieto
ヴィテルボ
Viterbo
Terni
Attigliano B.
キウジ
キャンチャーノ・テルメ
Chiusi
Chianciano T.
Piombino Mar.
Montepescali
M. Antico
Rieti
主要fs線路線
地方fs線路線
その他の鉄道路線
（バス、船舶輸送も含む）
ローマ
ROMA
主要観光都市

スイス
オーストリア
ハンガリー
スロヴェニア
クロアチア
ボスニア・ヘルツェゴビナ
フランス
アルプス山脈
凡例
国境
鉄道
高速自動車道
幹線道路
カーフェリー
山岳
遺跡
パリ ジュネーブへ
サンモリッツへ
ウィーンへ
モスクワ ウィーンへ
ベオグラード イスタンブールへ
パリ ロンドンへ
ニースへ
マルセイユ ニースへ
バルセロナへ
ツーロン, マルセイユへ
イビサ, マラガへ
ツーロン, マルセイユ ツーロンへ
ピレウス,パトラス,ケルキラ(コルフ)へ
バールへ
イグメニツァへ
メラーノ Merano
Malles Venosta
ブレッサノーネ Bressanone
コルティナ・ダンペッツォ Cortina D'Ampezzo
ボルツァーノ Bolzano P.363
ドロミテ山塊 P.365
トレント Torento P.361
リーヴァ・デル・ガルダ Riva del Garda
バッサーノ・デル・グラッパ Bassano del Grappa P.360
ヴィチェンツァ Vicenza P.351
ヴェローナ Verona P.354
ウーディネ Udine
トレヴィーゾ Treviso
ヴェネツィア Venezia P.239
トリエステ Trieste P.366
Chiavenna
Sondrio
P.324 湖水地方
P.325 コモ湖
P.331 ベルガモ Bergamo
イセオ湖
P.334 ブレーシャ Brescia
ガルダ湖 P.329
デセンツァーノ・デル・ガルダ P.330
シルミオーネ Sirmione P.330
P.327 マッジョーレ湖
オルタ湖 P.328
P.327 ストレーザ Stresa
バーゼルへ
コモ Como P.325
P.321 チェルヴィーノ (マッターホルン)
チェルヴィニア Cervinia P.321
モンテ・ローザ
モンブラン P.320
クールマイユール Courmayeur P.318
アオスタ Aosta P.315
イヴレア Ivrea
Novara
ミラノ Milano P.201
パヴィア Pavia
トリノ Torino P.304
アスティ Asti
アルバ Alba
Cuneo
クレモナ Cremona P.337
マントヴァ Mantova P.28,339
ピアチェンツァ Piacenza P.404
ポー川
サッビオネータ Sabbioneta P.342
パドヴァ Padova P.346
アディジェ川
フェッラーラ Ferrara P.408
ポー川
パルマ Parma P.400
モデナ Modena P.396
ボローニャ Bologna P.386
ラヴェンナ Ravenna P.413
ジェノヴァ Genova P.370
Savona
フィナーレ・リグレ Finale Ligure
ジェノヴァ湾
アルベンガ Albenga
アラッシオ Alassio
サンレモ Sanremo
ラ・スペツィア La Spezia
チンクエテッレ Cinqueterre P.379
ポルトヴェーネレ Portovenere
Carrara
ルッカ Lucca
ピサ P.422 Pisa
アルノ川
Livorno
リグリア海
フィレンツェ Firenze P.155
リミニ Rimini P.418
サン・マリノ共和国 P.405
ウルビーノ Urbino P.450
アペニン山脈
サン・ジミニャーノ S. Gimignano P.434
アレッツォ Arezzo
シエナ Siena P.23,428
ペルージャ Perugia P.445
アッシジ Assisi P.440
ピエンツァ Pienza P.427
Grosseto
エルバ島
オルヴィエート Orvieto P.32,448
チヴィタ・ディ・バーニョレージョ Civita di Bagnoregio P.154
スポレート Spoleto
タルクィニア Tarquinia P.123
チェルヴェテリ Cerveteri P.124
Civitavecchia
P.53 ローマ Roma
ヴァティカン市国
ティヴォリ Tivoli P.120
Frascati
テヴェレ川
Ostia
アンコーナ Ancona
Pula
Split
Dubrovnik
アドリア海
Pescara
ラクイラ L'Aquila
コルシカ島 (仏領)
Palau
オルビア Olbia P.521
ポルト・トッレス Porto Torres
サッサリ Sassari P.522
カンポバッソ Campobasso
ガルガーノ半島
モンテ・サンタンジェロ Monte S.Angelo
Manfredonia
フォッジア Foggia
バーリ Bari P.472
アルベロベッロ Alberobello P.475
P.460 カゼルタ
ベネヴェント P.461
ナポリ P.279 Napoli
エルコラーノ P.457
ヴェスーヴィオ

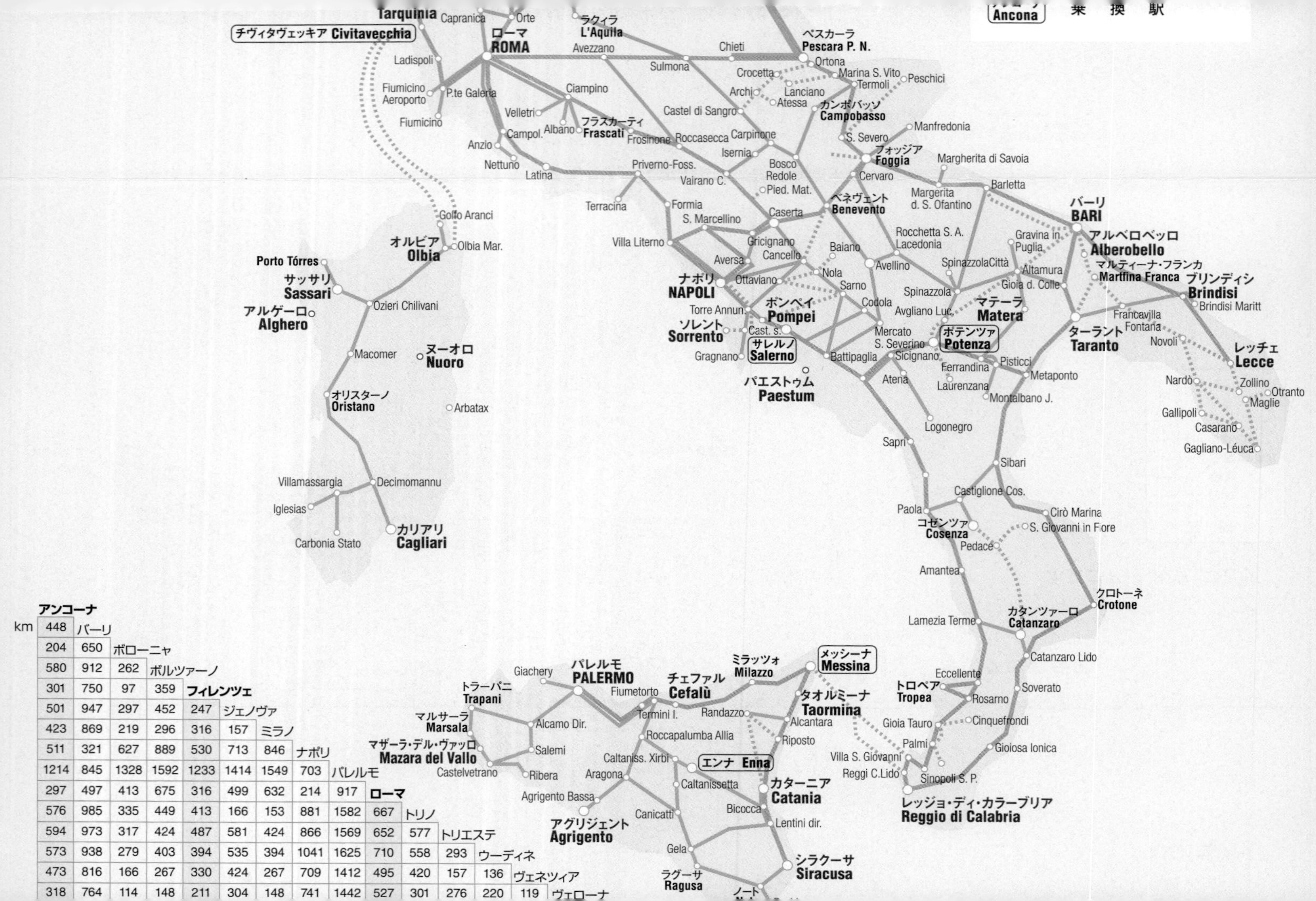

km	アンコーナ	バーリ	ボローニャ	ボルツァーノ	フィレンツェ	ジェノヴァ	ミラノ	ナポリ	パレルモ	ローマ	トリノ	トリエステ	ウーディネ	ヴェネツィア
バーリ	448													
ボローニャ	204	650												
ボルツァーノ	580	912	262											
フィレンツェ	301	750	97	359										
ジェノヴァ	501	947	297	452	247									
ミラノ	423	869	219	296	316	157								
ナポリ	511	321	627	889	530	713	846							
パレルモ	1214	845	1328	1592	1233	1414	1549	703						
ローマ	297	497	413	675	316	499	632	214	917					
トリノ	576	985	335	449	413	166	153	881	1582	667				
トリエステ	594	973	317	424	487	581	424	866	1569	652	577			
ウーディネ	573	938	279	403	394	535	394	1041	1625	710	558	293		
ヴェネツィア	473	816	166	267	330	424	267	709	1412	495	420	157	136	
ヴェローナ	318	764	114	148	211	304	148	741	1442	527	301	276	220	119

地球の歩き方 A09●2024-2025年版

ITALIA
イタリア

cover story

すっかりにぎわいを取り戻した水の都、ヴェネツィア。太陽が降り注ぐ運河が輝く夏の姿も、霧に包まれた冬に行われるカーニバルも、訪れるたびに違う顔を見せて私たちを魅了してやみません。2021年、世界遺産に登録されて話題のパドヴァは、ヴェネツィア同様ヴェネト州の都市。ふたつの町は高速列車で約30分です。ぜひ、イタリア各地の魅力を本書で見つけてみてください！

地球の歩き方編集室

スクロヴェーニ礼拝堂（パドヴァ）

ITALIA CONTENTS

※🏛のマークは、ユネスコの世界遺産に登録された物件、またはその所在地

525 旅の準備と技術

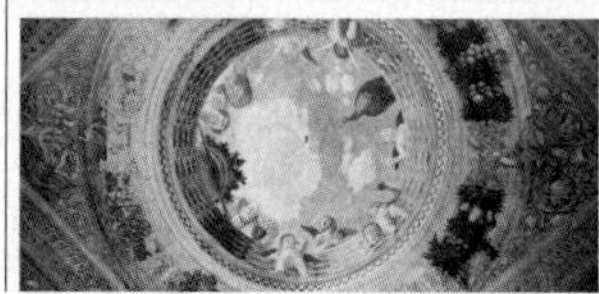

607 索引

イタリアの歴史

イタリア美術史

州の料理

出発前に必ずお読みください！　**旅のトラブルと安全情報…580**

歩き方の使い方

本書で用いられる記号・略号

本文中および地図中に出てくる記号で、ℹはツーリストインフォメーション（観光案内所）を表します。その他のマークは、以下のとおりです。

世界遺産
ユネスコの世界遺産に登録されている物件の内容、登録年、その種類を表示。名称は日本ユネスコ協会連盟による和名を参考にしており、一部本書掲載の表記とは異なる場合があります。

○○への行き方
鉄道による移動を優先し目的地までの移動方法を紹介しています。

○○の歩き方
紹介している町の歩き方、概要を説明しています。

Brescia
ブレーシャ

●郵便番号　25100

世界遺産
イタリアのロンゴバルド族：権勢の足跡(568-774年)
「サン・サルヴァトーレ-サンタ・ジュリア修道院の複合建築」
登録年2011年　文化遺産

ブレーシャへの行き方
トレニタリアでミラノ中央駅からヴェネツィア行きなどのフレッチャロッサ(FR)やイタロ(ITA)で約40分。ブレーシャ、ヴェローナ行きなどのレッジョナーレ(R)で約1時間。ヴェローナからも直通で約35〜50分。

バス・地下鉄の切符
各地下鉄の自動券売機で購入可。英語表記もあるのでわかりやすい。クレジットカード対応。
●1回券　€1.70(90分間有効)
●24時間券　€3.80

モダンでスタイリッシュな地下鉄ブレーシャ駅

町の観光案内所
ℹINFOPOINT Stazione
住 Viale della Stazione 47
☎ 030-3061240
開 9:00〜19:00、土9:00〜17:00
休 日・祝　地 P.334-B1
ℹINFOPOINT Centro
住 Via Trieste 1
☎ 03-3061266
開 9:00〜19:00、土9:00〜17:00
休 一部の祝日　地 P.334-A-B2

ブレーシャは、噴水の多い町だ。イタリアの広場は、中央に噴水を配したものが多いが、ここ、ブレーシャの噴水は、16世紀から有名だ。16世紀のある旅人は、「この町はたくさんの美しい噴水に満ちていて、地上の楽園のような所だ」と旅の便りに、書き送っている。
その美しき噴水は今も当時のままだが、現在この町は、ミラノに次ぐロンバルディア第2の都会に発展した。

サンタ・ジュリア博物館の「翼を持つ勝利の女神」

ブレーシャの歩き方
駅は、見どころの集まるドゥオーモ広場Piazza del Duomoやロッジア広場Piazza della Loggiaから1.5kmぐらい離れているので、駅を出て右に進み、地下鉄で1駅のヴィットリア駅下車が便利。
まず、ローマ時代の中心だったのはムゼイ通りVia dei Musei。中世を代表するのは、ドゥオーモ広場。ルネッサンス期の気分を味わいたいなら、ロッジア広場Piazza della Loggiaへ向かおう。ここは、現代のブレーシャの中心でもある。ポルティチPorticiと呼ばれる、アーケードのある通りで、高級なショッピング街だ。そして、バロックを代表するのが、新ドゥオーモだ。

334

表記について

見どころなどの固有名詞については、原則として欧文はイタリア語表記とし、カタカナ表記はできる限り原音に近いものを基本としていますが、日本で広く普及している表記がある場合はそちらを用いたものもあります。

地図の略号

Ⓗ Ⓨ＝ホテル、ホステルなど　Ⓡ＝レストラン　Ⓢ＝ショップ　ℹ＝観光案内所　✝＝教会　♀＝バス停　🚖＝タクシー　Ⓟ＝駐車場
✉＝郵便局　Ⓑ＝銀行　✚＝病院　WC＝トイレ　✈＝空港　●＝見どころ施設　●＝そのほかの施設　＝公園・緑地
……＝城壁　Ⓟ＝ピッツェリア　☕＝カフェ・バール　Ⓖ＝ジェラテリア　Ⓔ＝エノテカ・ワインバー　Ⓑ＝ビッレリア　Ⓑ＝B級グルメ

本書使用のイタリア語略称

V.	＝ Via	通り	C.po	＝ Campo	広場	Lungo〜 ＝		〜沿いの道
V.le	＝ Viale	大通り	P.te	＝ Ponte	橋	Staz	＝ Stazione	駅
C.so	＝ Corso	大通り	P.ta	＝ Porta	門	Ferr.	＝ Ferrovia	鉄道
P.za	＝ Piazza	広場	Pal.	＝ Palazzo	宮殿	Funic.	＝ Funicolare	ケーブルカー
P.le	＝ Piazzale	広場	Fond.	＝ Fondamenta	運河沿いの道	Gall.	＝ Galleria	美術・絵画館
P.tta	＝ Piazzetta	小広場				Naz.	＝ Nazionale	国立

ブレーシャの見どころ

ブレーシャを代表する壮大な建築　MAP P.334-A1

ロッジア ☆☆
Loggia　ロッジア

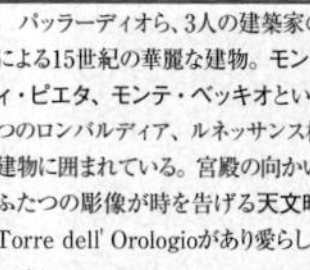
ロッジア

パッラーディオら、3人の建築家の合作による15世紀の華麗な建物。モンテ・ディ・ピエタ、モンテ・ベッキオというふたつのロンバルディア、ルネッサンス様式の建物に囲まれている。宮殿の向かいには、ふたつの彫像が時を告げる**天文時計塔**Torre dell' Orologioがあり愛らしい。

町の中心広場に立つ新旧ドゥオーモ　MAP P.334-A2

ロトンダ(旧ドゥオーモ)とドゥオーモ ☆☆
Rotonda(Duomo Vecchio) e Duomo　ロトンダ(ドゥオーモ ヴェッキオ) エ ドゥオーモ

ロトンダは12世紀に、イタリア内外で活躍したコマチーニの巨匠組合が建てたもの。内部はぐるりと回廊が巡り、下部に礼拝席、地下にクリプタが広がっている。内陣前には紀元前1世紀頃の浴場の遺構のモザイクが残っている。

右がロトンダ、左がドゥオーモ。奥に見えるのがブロレットと塔

高いクーポラがそびえるドゥオーモは、17世紀初期に建てられた。右の第1礼拝堂、ヴァンティーニの祭壇Altare del Vantiniにはモレットによる『イサクの犠牲』。19世紀のオルガン、パウロ6世の記念碑など数々の美術品で飾られている。

町を望む、中世の城へ
ムゼイ通りから、「城Castello」の矢印に従って、階段と坂道を上がると、丘の頂に城がある。イタリアでも屈指の大きさを誇る城塞で、空堀、跳ね橋などが中世そのままに残され、この町の伝統を誇る武器博物館や鉄道博物館、リソルジメント博物館がある。城や公園からはブレーシャの町並みが一望できる。

城への坂道も風情がある

ロンバルディア州◆ブレーシャ

●ロトンダ(旧ドゥオーモ)
住 Piazza Paolo Ⅵ
開 9:30～11:45、14:30～17:45
休 宗教行事の際は拝観不可

●ドゥオーモ
住 Piazza Paolo Ⅵ
☎ 030-42714
開 7:30～11:45、14:30～18:45、日8:00～12:45、14:30～19:15
休 宗教行事の際は拝観不可

ブロレットとペゴロの塔
ロトンダとドゥオーモがあるパウロ6世広場Piazza Paolo Ⅵには、1200年代に建てられ、自由都市時代の市庁舎だったブロレットBrolettoと建物の一部であるペゴロの塔 Torre del Pegolが残る。

ブレーシャの世界遺産　サンタ・ジュリア博物館

世界遺産として登録されたのは、「サン・サルヴァトーレ-サンタ・ジュリア修道院の複合建築 Il Complesso Monastico di San Salvatore-Santa Giulia」。これは、後のロンゴバルド王国のデジデリオ王が公爵の時代(753年)に建立したサン・サルヴァトーレ教会を礎に、大規模の増改築が施されたかつての修道院。現在はサンタ・ジュリア博物館になっており、1万4000㎡の広さを誇る。

ロンゴバルド芸術の空間が広がる、サン・サルヴァトーレ教会内部

なかでも**サン・サルヴァトーレ教会**は後期ロンゴバルドの建築としてとりわけ重要なもの。内部は柱廊で3分割され、この柱頭飾りやアーチに刻まれた紋様は、ロンゴバルド芸術の最も保存状態のよいものとされている。また、1階の展示室「**中世後期ロンゴバルドとカロリング**」L'età altomedioevale Longobardi e Carolingiでは、墓から出土した武具、日常品、装飾品、『**孔雀のレリーフ**』をはじめとする洗練された彫刻など、さまざまなロンゴバルド美術を観ることができる。

繊細なロンゴバルド彫刻『孔雀のレリーフ』

335

本文見出し
名称は、和文・欧文で表してあります。欧文上のルビは、できる限りイタリア語の発音に近く振っています。見どころ脇の☆の数は歩き方が選んだおすすめ度と比例します。

DATA
住＝住所、☎＝電話番号、開＝開いている時間、休＝閉まっている日、料＝料金、MAP 地＝地図位置

コラム
知っていたら楽しくより深く町や見どころを理解できる記事です。

歴史　●地中海の王者　ジェノヴァ

ジェノヴァは、紀元前にローマと南仏を結ぶ**アウレリア街道**Via Aureliaが建設されてから、交易地として発展してきた。しかし、第1の黄金期は、ヴェネツィア同様に……ス期まで……ヴァ共和国……地中海の……あり、強大……

1850年代。ナポレオンのリグーリア占領により衰退したジェノヴァだが、イタリア統一の指導者ガリバルディは、ジェノヴァ港からイタリア統一軍をシチリアに送った。……

ローマの眺望おすすめベスト3

サン・ピエトロ大聖堂のクーポラから

手っ取り早く町を知るには高いところから町を見下ろそう。古代遺跡、由緒あ……教会や邸宅、……するテヴェレ……町を手中に収……にさせてくれる……

①ヴィットリオ・エマヌエーレ2世記念堂のローマ・テラス(→P.84)
無料の途中階テラスもいいが、エレベ……屋上へ。遮るものがない絶景が広がる。
②サン・ピエトロ大聖堂のクーポラ(→P.110)
サン・ピエトロ広場の柱廊からポポロ広場まで、……

イタリア美術史

Arte Barocca バロック美術

ベルニーニ作『アポロとダフネ』

バロックの立役者**ジャン・ロレンツォ・ベルニーニ**Gian Lorenzo Bernini(1598～1680)は建築家、画家、彫刻家として活躍、最後の万能人といわれる。サン・ピエトロ広場の設計、彫刻では『アポロとダフネ』Apollo e Dafne、『プロセルピーナの略奪』Il Ratto di Proserpina(いずれもローマ・ボルゲーゼ美術館→P.102)、『聖女テレサの法悦』(ローマ、サンタ・マリア・デッラ・ヴィットリア聖堂)など感覚的な美を強調。またローマのバロック建築を特徴づける**フランチェスコ・ボッロミーニ**Francesco Borromini(1599～1667)の代表作は、ナヴォーナ広場の**サンタ・アニェーゼ聖堂**Sant'Agnese→P.95、**サンティーヴォ・アッラ・サピエンツァ聖堂**Sant'Ivo alla Sapienzaなど。バロック絵画は日常風俗、静物、風景などのテーマを主とし、写実主義、色彩と光の深い認識、短縮法、遠近法の巧みな使用などが特徴。古典主義のカラッチ一族(ルドヴィーコLudovico、アゴスティーノAgostino、アンニーバレAnnibale)、自然主義と独特な明暗様式の**カラヴァッジョ**Caravaggio(1571～1610)、『聖マタイの召命』ローマ、サン・ルイージ・デイ・フランチェージ聖堂→P.94、盛期バロックを代表する**ピエトロ・ダ・コルトーナ**Pietro da Cortona(1596～1669)、そして絵画の中心地となったナポリでは**サルヴァトーレ・ローザ**Salvatore Rosa(1615～1673)、**ルーカ・ジョルダーノ**Luca Giordano(1632～1705)が活躍している。　(望月一史)

歴史コラム
主要都市の歴史を紹介します。ローマとフィレンツェ、ヴェネツィアは特に詳しく紹介しています。

お役立ちコラム
見どころなどのユースフルな情報をまとめています。

美術史コラム
年代やテーマで区切ったイタリア美術史の情報です。

レストラン

ロルトーネ P.159-B4

L'Ortone

旧市街の中心から少し離れており、夏には開放的なテラス席でゆったり食事がいただける。ひと皿ずつ美しく盛りつけられた料理から自家製のパンやデザートまで、細部までこだわり抜いたおもてなしが魅力だ。ミシュランのビブグルマンも獲得している。

URL www.lortone.it
住 Piazza Lorenzo Ghiberti 87/r
☎ 055-2340804
営 12:15～14:30、19:00～22:30
休 年末年始
予 €30～(コペルト€3)
C M.V.
交 ドゥオーモから徒歩14分

ショップ

ラ・エッセ [スーパー] P.64-B1

La Esse

立地抜群のスーパー
市内中心部で比較的新しいスーパー。1階はスタンディングのカフェ、2階は開放的なテラス席を併設しており、ランチからディナーまで幅広く楽しめるようになっている。デリやワインの種類が豊富なので、持ち帰ってご飯にもぴったり。

URL www.esselunga.it
住 Via Tomacelli 25
☎ 06-68139887
営 8:00～21:00
休 一部の祝日
C A.M.V.
交 地下鉄A線Spagna駅から徒歩9分

ホテル

★★★ ミラノ・カステッロ P.210-B2

Hotel Milano Castello

中心街の一等地に位置しながら、喧騒から離れた静かな滞在が可能。清潔で機能的な客室はシングルルームもあり、ベッドの大きさも部屋の広さも十分。朝食は気持ちのよいテラス席でいただきたい。フロントスタッフの対応もよく、親切だ。

URL www.hotelmilanocastello.com
住 Via San Tomaso 2
☎ 02-38241026
SS €155～
TS €170～
室 34室　朝食込み W-Fi
C A.D.J.M.V.
交 地下鉄Cordusio駅から徒歩4分

●共通の略号

住＝住所
☎＝電話
Fax＝ファクス
営＝営業時間
休＝定休日
C＝使用できるカード
A＝アメリカン・エキスプレス
D＝ダイナースカード
J＝JCBカード
M＝MasterCard
V＝VISA

カフェ、バール、ジェラテリアなどは、クレジットカードの表示があっても、カウンターでの飲食など、少額の場合は使用できない場合があります。

交＝最寄りの見どころや駅からの徒歩、あるいはバス、地下鉄、タクシーなどの利用方法について表示してあります。

●レストランの略号

予＝一般的な予算の目安を示したもの。レストランでは、アンティパスト、プリモまたはセコンド、グラスワインを頼んだときの概算を算出しました。また、カッコ内のコペルト(→P.38)はイタリア特有の席料を、～%はサービス料を指しています。

日本語メニュー＝日本語メニューあり
要予約＝予約してください
できれば予約＝予約をおすすめします

●ホテルの略号

読者割引はホテル側から提供のあったものです。予約時またはチェックインの際にご確認ください(→P.9)。
URL＝ウェブサイトのアドレス
e-mail＝問い合わせメールの宛先
D＝ドミトリー
S＝シャワー共同シングル料金
T＝シャワー共同ツインまたはダブル料金
3＝シャワー共同トリプル料金
4＝シャワー共同4人部屋料金
SS＝シャワー付きシングル料金
TS＝シャワー付きツイン料金
SB＝シャワーまたはバス付きシングル料金
TB＝シャワーまたはバス付きツインまたはダブル料金
3B＝シャワーまたはバス付きトリプル料金
4B＝シャワーまたはバス付き4人部屋料金
SU＝スイート
JS＝ジュニアスイート

※各料金は最低金額の目安を記載。全体的にホテルの料金は値上がりしているので、ハイシーズンは倍以上にもなることもあります

※TおよびTBのツインは、リクエストによって、ツインをダブルにすることができる場合もあります。希望がある場合は、予約時に確認またはリクエストすることをおすすめします

料＝ユースなどでの諸料金
室＝総客室数(ホステルは総ベッド数の場合も)
W-Fi＝Wi-Fi利用可

※本書では、ホテル名の前に☆印でカテゴリーを示しておきました。ホテルの分類については、旅の技術編「ホテルに関するすべて」の章P.555をご参照ください

※各ホテル紹介ページの下部には、町ごとの滞在税についても触れています。随時変動があるので、事前に確認してください。

読者の皆様へのお願い

ごくたまに掲載のホテルやレストランなどについてクレームの投稿があります。そのようなホテルやレストランについては今後の掲載に注意をしていきたいと思います。そこでお願いなのですが、読者の皆様で掲載ホテルやレストランを利用した方で、納得できない料金の請求やサービスを受けた方は、編集部まで投稿にてお知らせいただきたいと思います。あとに続く旅行者のためにも、掲載ホテルなどを利用した読者の皆様のご感想をお待ちしております。

(編集部　'24)

■本書の特徴

本書は、イタリアの5大都市(ローマ、フィレンツェ、ミラノ、ヴェネツィア、ナポリ)と地方別に分けた主要観光都市について、町の概要、その町の歩き方、見どころ、レストラン、ショップ、ホテルの順で記載しています。

■掲載情報のご利用にあたって

編集部では、できるだけ最新で正確な情報を掲載するように努めていますが、現地の規則や手続きなどがしばしば変更されたり、またその解釈に見解の相違が生じることもあります。このような理由に基づく場合、または弊社に重大な過失がない場合は、本書を利用して生じた損失や不都合などについて、弊社は責任を負いかねますのでご了承ください。また、本書をお使いいただく際は、掲載されている情報やアドバイスがご自身の状況や立場に適しているか、すべてご自身の責任でご判断のうえでご利用ください。

■現地取材および調査時期

本書は2023年10月~2024年1月の取材データを基に編集しています。情報が具体的であるほど時間の経過とともに内容に多少のズレが出てきます。ホテルは年に1~2回の料金改訂があることも含め、本書に記載されているデータはあくまでもひとつの目安としてご利用ください。より新しい情報が必要なときには、各地のツーリストインフォメーションへ直接問い合わせてください。

■発行後の情報の更新と訂正について

本書発行後に変更された掲載情報や訂正情報は、「地球の歩き方」ホームページの本書紹介ページ内に「更新・訂正情報」として、可能な限り最新のデータに更新しています(ホテル・レストラン料金の変更は除く)。ご旅行前にご確認ください。

URL www.arukikata.co.jp/travel-support

■投稿記事について

投稿記事は、多少主観的になっても原文にできるだけ忠実に掲載してありますが、データに関しては編集部で追跡調査を行っています。投稿記事のあとに、(東京都　○○太郎　'23)とあるのは、投稿者の旅行した年を表しています。追跡調査で新しいデータに変更した場合は、(東京都　○○太郎)['24]というように表示し、データの調査結果を入れてあります。

■外務省 海外安全ホームページ

2024年3月現在イタリアには感染症を含む危険情報は出ていませんが、渡航前には外務省のウェブサイトで最新情報をご確認ください。

URL www.anzen.mofa.go.jp

●ホテルの読者割引について

編集部では、読者のみなさまの便宜をはかり、掲載したホテルと話し合い、本書持参の旅行者に宿泊の割引をお願いしてあります。同意を得たホテルについてはホテルの記事内に読者割引と明示してあります。

予約時に確認のうえチェックインの際に、下記のイタリア語の文章と本書の該当ページを提示してください。なお、本書は海外ではGlobe-Trotter Travel Guideという名称で認知されています。なお、この割引は、2024年1月の調査で同意されたもので、予告なしに廃止されることもありますので、直接ホテルに確認のうえ、利用してください。またこの割引は、旅行会社など第三者を介して予約した場合は無効となります。このほか、ホテル独自のほかの割引との併用もできませんので、ご注意ください。

確実に割引を受けるためには予約時にe-mailなどでその旨を送付し、チェックインに際し、再確認することをおすすめします。

ホテルの値段で、シングル(€50~)と示してあるのは、ローシーズン時の客室料金のおおよその目安を示しています。

おおむね、ハイシーズンは、4月から10月頃、ローシーズンは、11月末から3月頃までを指しますが、各ホテルおよび町による差異がありますので、ホテルごとの記述をチェックしてください。

ミラノなどの商業都市では、見本市の期間は季節を問わずハイシーズンとなります。

Spettabile Direttore,
la scritta 読者割引 accanto al nome del Suo hotel indica, come da accordi preventivi, la Vostra disponibilità a concedere uno sconto ai lettori della nostra guida. Pertanto Le saremmo grati se volesse applicare una riduzione al conto del possessore della presente Globe-Trotter Travel Guide. Grazie

ジェネラル インフォメーション

イタリアの基本情報

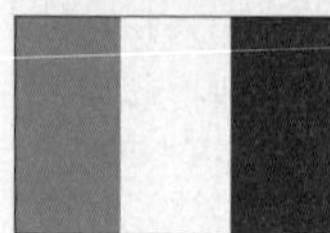

▶旅のイタリア語
→P.572

国 旗
緑、白、赤の縦縞の三色旗

正式国名
イタリア共和国
Repubblica Italiana

国 歌
マメリの賛歌 Inno di Mameli

面 積
30万1328㎢（日本の約80%）

人 口
約6036万人（2021年）

首 都
ローマRoma

元 首
セルジョ・マッタレッラ大統領

政 体
共和制

民族構成
ラテン系イタリア人

宗 教
キリスト教
　カトリック約80%といわれており、ほかにプロテスタント、ユダヤ教、イスラム教、仏教なども。

言 語
イタリア語
　地方により少しずつ異なる方言があり、また、国境に近い町では地域によってドイツ語やフランス語など2カ国語を話す。

通貨と為替レート

▶お金は何で持っていくか
→P.528

▶両替について
→P.552

　通貨はEU単一通貨ユーロ。通貨単位はユーロ€（euro）とセント¢（イタリア語読みはチェンテージモcentesimo／複数形はチェンテージミcentesimi）€1＝¢100、1€＝￥162.43（2024年3月3日現在）。紙幣は€500、€200、€100、€50、€20、€10、€5。硬貨は€2、€1、¢50、¢20、¢10、¢5、¢2、¢1。

€1硬貨

€5紙幣

€10紙幣

€2硬貨

€20紙幣

€50紙幣

　硬貨の表面は数字とヨーロッパ地図の入った、EU共通デザイン。裏面はコロッセオなど、イタリア独自のデザイン。

€100紙幣

€200紙幣

1セント硬貨

2セント硬貨

5セント硬貨

10セント硬貨

20セント硬貨

50セント硬貨

電話のかけ方

▶電話のかけ方
→P.549

日本からイタリアへかける場合

事業者識別番号		国際電話識別番号		イタリアの国番号		相手先の電話番号
0033（NTTコミュニケーションズ） **0061**（ソフトバンク） 携帯電話の場合は不要	＋	**010** ※1、2	＋	**39**	＋	**0123456789** （最初の0も入れる） ※3

※1　携帯電話の場合は010のかわりに「0」を長押しして「＋」を表示させると、国番号からかけられる
※2　NTTドコモ（携帯電話）は事前にWORLD CALLの登録が必要
※3　0からダイヤル。（ローマは06～、フィレンツェは055～、ミラノは02～など）

入出国

ビザ
観光目的での滞在の場合、90日まで不要。

パスポート
イタリアを含むシェンゲン協定国出国予定日から90日以上の残存期間が必要。**出入国カードの記入の必要はない**。

▶税関関連の情報
→P.571、P.588

日本からのフライト時間

日本からイタリアまでのフライトは、直行便で約15時間。現在、イタリアへの直行便はITAエアウェイズの羽田⇔ローマ便のみ。他社では乗り継ぎが必要になる。

▶イタリアへの道
→P.530

気　候

南北に細長く、温暖で四季がはっきりしている。日本の気候とよく似ており、ミラノ、ローマも東京の気候とさほど差がない。ただ、朝夕の温度差が大きく、冬季はかなり寒く、シチリア島でも雪が降ることがある。夏は乾燥し、雨は冬にやや多い。緯度が高いので、夏は夜遅くまで明るい。

イタリアと東京の平均気温と降水量

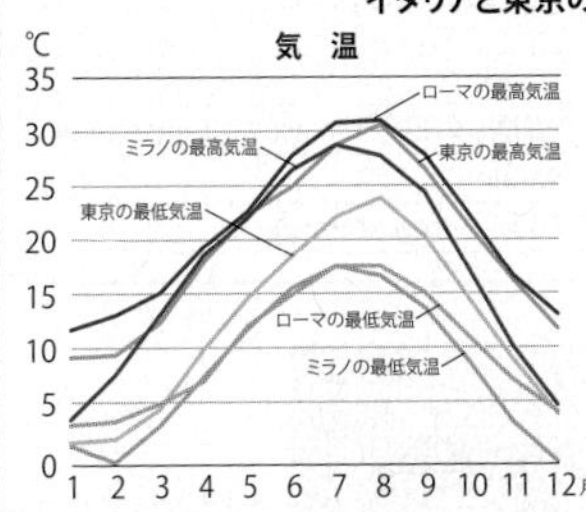

▶イタリアの気候
→P.592

時差とサマータイム

日本との時差は－8時間。イタリアの10:00が日本では18:00となる。サマータイム実施時は－7時間の差になる。

サマータイムの実施期間は3月の最終日曜から10月の最終土曜まで。ただし、変更される年もある。

ビジネスアワー

以下は一般的な営業時間の目安。商店やレストランなどは、店や都市によって異なる。また、ローマ、ミラノ、ヴェネツィアなどの一大観光都市を中心に、ブランド店をはじめとする一部の商店、デパートなどでは昼休みなしで、日曜も営業する店も増えてきている。

銀　行
月～金曜の8:30～13:30、15:00～16:00。祝日の前日は昼までで終了する場合もある。銀行の外側や駅などのクレジットカード対応のキャッシュディスペンサーは24時間利用可能。

デパート、ブランド店、一般商店
10:00～19:30頃に通しで営業する店が多い。地方や一部の商店では13:00～16:00頃を昼休みとし、日曜と祝祭日を休業とする場合も多い。

レストラン
昼食12:00～15:00頃、夕食19:00～22:00頃。北に比べ、南では開店がやや遅い傾向あり。

▶食のイタリア
→P.38、560

イタリアから日本へかける場合

国際電話識別番号		日本の国番号		相手先の電話番号（市外局番、携帯番号の最初の0は除く）
00	+	81	+	1234-5678

▶現地での電話のかけ方
イタリアでは市外局番と市内局番の区分はない、どこにかけるときでも0からダイヤルする。

祝祭日（おもな祝祭日）

キリスト教に関する祝日が多い。年によって異なる移動祝祭日（※印）や各都市の守護聖人の祝日（★印）にも注意。

月	日	印	祝祭日
1月	1日		元日 Capodanno
	6日		御公現の祝日 Epifania
4月	20日（'25）、5日（'26）	※	復活祭 Pasqua
	21日（'25）、6日（'26）	※	復活祭の翌日の月曜 Pasquetta
	25日		イタリア解放記念日 Anniversario della Liberazione d'Italia
	25日	★	ヴェネツィア
5月	1日		メーデー Festa del Lavoro
6月	2日		共和国建国記念日 Festa della Repubblica
	24日	★	フィレンツェ、ジェノヴァ、トリノ
	29日	★	ローマ
7月	15日	★	パレルモ
8月	15日		聖母被昇天祭 Ferragosto
9月	19日	★	ナポリ
10月	4日	★	ボローニャ
11月	1日		諸聖人の日 Tutti Santi
12月	6日	★	バーリ
	7日	★	ミラノ
	8日		聖母無原罪の御宿りの日 Immacolata Concezione
	25日		クリスマス Natale
	26日		聖ステファノの日 Santo Stefano

イルミネーションが美しい、イタリアのクリスマス

電圧とプラグ

電圧は220ボルトで周波数50ヘルツ。ごくまれに125ボルトもある。プラグは丸型のCタイプ。日本国内用の電化製品はそのままでは使えないので、変圧器が必要。

プラグはCタイプ。変圧機内蔵の電化製品ならプラグ変換アダプターを差せば使える

ビデオ／DVD方式

イタリアのテレビ・ビデオ・DVD方式（PAL方式）は日本（NTSC方式）とは異なるので、一般的な日本国内用ビデオデッキやDVDプレーヤーでは再生できない。DVDは、パソコンやPAL互換機能、リージョンフリーのついたDVDプレーヤーなら再生可能。ソフト購入時に確認を。

チップ

レストランやホテルなどの料金には、ほとんどサービス料が含まれているので、必ずしもチップ（伊語でманciaマンチャ）は必要ではない。快いサービスを受けたときや通常以上の手間を取らせたときなどには、以下の相場を参考にしてみよう。

タクシー

料金の端数を切り上げて渡そう。

レストラン

料理代金に含まれる場合がほとんど。別計算の場合も、勘定書きには含まれている。店の格により7～15%程度。

ホテル

ポーターやルームサービスに対して、€1～5程度。

トイレ

係員が一律に徴収する場合や、机にお皿を置いて任意とする場合がある。入口のゲートに指定料金を投入する無人タイプもある。€0.50～1程度。

滞在税

▶ローマ→P.145
▶フィレンツェ→P.196
▶ミラノ→P.234
▶ヴェネツィア→P.17,274

イタリアの一部の都市では宿泊に滞在税が課されている。各自治体により、呼び方、対象宿泊施設、金額、時期、期間などは異なる。チェックアウトの際に直接ホテルへ支払う。ホテルにより支払いは現金、あるいは宿泊料とまとめてカード決済も可。滞在税が課される町はホテル掲載ページに税額などを記載。今後変更される可能性あり。

また、ヴェネツィアでは2024年4月から宿泊を伴わない帰り客にも入島税（→P.17）を導入。

※本項目データはイタリア政府観光局、外務省、気象庁などの資料を基にしています。

飲料水

イタリアの水道水は日本とは異なり、石灰分が多い硬水。そのまま飲むことができるが、体調が不安な人はミネラルウオーターを。レストランやバールではミネラルウオーターを注文するのが普通。500mℓがスーパーで€0.30～1、バールで€0.50～2程度。駅の自販機で€1.20。観光地では€1～2。

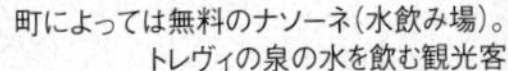

町によっては無料のナソーネ（水飲み場）。
トレヴィの泉の水を飲む観光客

郵　便

郵便局は中央郵便局と小規模の郵便局の2種があり、営業時間や小包などの取り扱い業務が異なる。切手は、郵便局のほか、Tのマークのタバッキ Tabacchi（たばこ店）で購入でき、ポストも日本同様に各所に設置されている。

中央郵便局の営業時間は月～土曜8:00～19:00。そのほかの郵便局は月～金曜8:00～14:00頃、土・日曜休み（一部都市により異なる）。

郵便料金

日本への航空便（ポスタ・プリオリタリア）は、はがきや20gまでの封書は€2.45。

▶郵便→P.551

税　金

TAX

ほとんどの商品にIVAと呼ばれる付加価値税が10～22%かかっている。EU以外の居住者は、1店舗€154.94以上の買い物をし、所定の手続きをすれば、手数料などを引いた税金が還付されるシステムがある。買い物をするときや帰国時には、忘れずに手続きをしよう。

▶タックスフリー（免税）ショッピング→P.571

イタリアの特産チーズをおみやげに

安全とトラブル

地下鉄やバスなどの公共交通機関内でのスリ、町なかでは子供や乳飲み子を連れたスリ集団などの被害の報告が多い。力ずくで金品を奪うことは少なく、各個人の注意により未然に防ぐことができると思われる。

警察署 **113**

消防署 **115**

▶安全快適な旅のために→P.580

▶トラブルに遭ってしまったら→P.585

主要駅にはホームに入るゲートが設置された

年齢制限

レンタカー会社では、21～25歳以上で運転歴が1年以上、または65歳以下などの年齢制限を設けている場合もある。

イタリアでは18歳からアルコールとたばこの購入が可能だが、飲酒・喫煙の最低年齢を定める法律はない。

▶レンタカーの貸し出し条件→P.546

度量衡

長さはセンチ、メートル、重さはグラム、キロで日本と同じ。食料品店などで表示されるettoエットは100グラムのこと。

その他

禁煙法の施行

2005年より、「禁煙法」が施行され、美術館、博物館、映画館、列車および、レストラン、バールなどを含め、すべての屋内、公共の場での喫煙は禁止となった。違反者には、罰金が科せられる。

旅も終わりに近づいたある日、
お別れに感無量になっていると
「Romaを逆につづるとAmor、
ラテン語で『愛』になるんだよ」
と友達が教えてくれた。
それが単なる言葉遊びに思えなかったのは、
この町とここに住む人々に魅せられた、
旅行者の私だったからだろうか。
“すべての道はローマに通ず”
マンジャーレ 食べて
カンターレ 歌って
アモーレ 恋をして
さぁ出発しよう、イタリアへ!

ナポリへ出かけよう。

“Vedi Napoli e poi muori!”

「ナポリを見て死ね」の名言どおり、
ナポリを見ずして、「恋」も「人生」も
「芸術」も、そして「死」さえも語れないのだから。

アッピア旧街道（ローマ）

ニューオープンから最新旅行事情まで

イタリア最旬TOPICS

新しく登録された世界遺産や、新しく誕生した見どころにショップ、旅するうえで気をつけたいトピックスを厳選して紹介。特にヴェネツィアの入島税導入は新たな試みなので、現地の最新情報をチェックしてから訪れよう。

TOPICS 1 フレスコ画に温泉も！ 新たに登録された世界遺産

2021年

パドヴァの14世紀フレスコ作品群（文化遺産）

スクロヴェーニ礼拝堂をはじめ、8つの建築物に描かれたフレスコ画。礼拝堂は予約必須なので事前に計画を。

▶P.348

ヨーロッパの大温泉保養都市群（文化遺産）

ヨーロッパ7ヵ国の温泉群が登録。イタリアからはモンテカティーニ・テルメが選出。

▶P.50

ボローニャのポルティコ群（文化遺産）

屋根が付いた柱の回廊のことで、ボローニャ中心地に多く見られる。植物や紋章など装飾はさまざまだ。

▶P.386

2023年

アペニン山脈北部の蒸発岩カルストと洞窟群（自然遺産）

石膏などの蒸発岩による、保存状態のよいカルスト洞窟が900以上も点在。

▶P.50

TOPICS 2 修復現場からモザイク画を見学！ フィレンツェの洗礼堂ツアー

2023年からスタートした洗礼堂の修復作業。工期は5年にもおよぶといい、残念ながら見上げてもモザイク画を確かめることはできない。しかし、その状況を逆手にとったツアーを開催中。作業用の足場を伝って天井付近まで上り、モザイク画を鑑賞するというものだ。毎週末定員を定めて開催しているので公式サイトから要確認。このレアな体験は今だけだ。

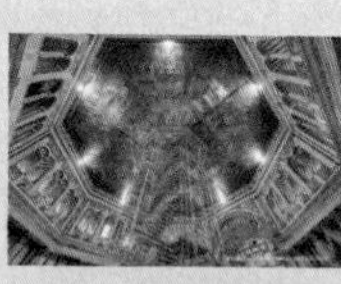

間近で見ると繊細なモザイクが確認できるはず。『創世記』や『最後の審判』などの物語が描かれる

洗礼堂修復現場ガイドツアー

◉開催日時：毎週金・土 11:00〜12:00
◉集合場所：洗礼堂の北扉前（住Piazza San Giovanni 7）に15分前集合
◉料金：€65（チケットは3日間有効。サンタ・レパラータ教会跡とドゥオーモ付属美術館へも入場可）
※各日定員10名、1名から申し込み可
※イタリア語・英語のみ
※ヒール、サンダル、ビーチサンダル不可

データは▶P.166

TOPICS 3 イタリアのオペラ歌唱が無形文化遺産に登録

ヴェローナのアレーナでは、毎年夏になると野外オペラが開催される

2023年12月に「イタリアのオペラ歌唱」がユネスコの無形文化遺産に登録された。「円形劇場や教会などの音響空間で、声を伝える力を高めるための技術」というのが登録の理由。のどに負荷をかけず、リラックスした状態で発声する「ベルカント歌唱」と呼ばれる歌唱法が特徴。冬季には全国各地の劇場で、夏季には野外劇場でオペラを味わってみるのはいかがだろうか？

▶P.598

イタリア3大歌劇場のひとつ「スカラ座」

TOPICS 4 ローマ・テルミニ駅にイータリーがオープン！

ローマ市内はオスティエンセ駅にあり、国内最大級の店舗とはいえ少し行きづらさもあったイータリー。2023年、ターミナル駅であるテルミニ駅に待望のオープン！ 他店舗同様、豊富な食材が並ぶマーケットエリアとイートインができるレストランからなり、終日営業しているのもうれしい。列車の待ち時間にのぞいて、みやげものをチェックしてみよう。

ランチやディナーはもちろん、買い物だけ、カフェを1杯だけという利用も可能◎

イータリー・ローマ・テルミニ
Eataly Roma Termini
住 Piazza dei Cinquecento, Stazione Roma Termini
☎ 06-01908372
営 6:00～22:00
休 一部の祝日 C A.D.J.M.V.
MAP P.65-B4

リニューアルした！ TOPICS 5 シエナのサンタ・マリア・デッラ・スカラ博物館

中世の病院として誕生した建物だったが、2022年に複合文化施設としてオープン。内部には教会や礼拝堂のほか、国立考古学博物館や美術品のコレクション、宝物博物館などが集い、年代ごとに資料が展示された地下通路も必見。ワイナリーやシエナのレストランとあわせて訪れたい（→P.23）。

病院の歴史が史実織り交ぜてフレスコ画で描かれた「巡礼の間」は美しい空間

サンタ・マリア・デッラ・スカラ博物館
Santa Maria della Scala
住 Piazza del Duomo ☎ 0577-534504
営 3月15日～10月10:00～19:00、11月～3月14日10:00～17:00、土・日・祝10:00～19:00（最終入場45分前）
休 火、12月25日 料 €9、65歳以上・12～19歳€7、11歳以下無料 URL www.santamariadellascala.com
MAP P.429-B1

2024年から導入開始！ TOPICS 6 ヴェネツィアの入島税

詳細はイタリア政府観光局のnote（→P.529）でも紹介

ヴェネツィア市内に宿泊しない日帰り客を対象とした入島税の徴収が始まる。2024年は下記のとおり。支払い・登録専用サイトは URL cda.ve.it（英語あり）。

2024年の実施詳細

◉実施予定日：4月25日～5月5日、5月11・12日、18・19日、25・26日、6月8・9日、15・16日、22・23日、29・30日、7月6・7日、13・14日
◉実施時間：上記日程の8:30～16:00 ◉料金：1日€5
◉対象者：ヴェネツィア市内の施設に宿泊しない日帰り観光客でヴェネツィア旧市街部に入場する14歳以上の人
◉支払い方法：ヴェネツィア市観光サイト（URL cda.ve.it）で事前に登録して決済を行う。電子チケット（QRコード）を入手して、入島時にチェックイン
※本誌掲載のムラーノ島、ブラーノ島、トルチェッロ島、リド島を含む小島へのアクセスには適用されない

TOPICS 7 ITAエアウェイズ、全日空など直行便拡大！ イタリアがぐっと近くなる

2021年に誕生したITAエアウェイズ。ノンストップでローマまで約15時間

羽田～ローマ線を2022年に開設したITAエアウェイズは、2024年3月からは毎日運航を開始。さらに、2024年下期を目処に全日空が羽田～ミラノ線を開設する方向に。格段にアクセスがしやすくなったイタリアへ！

●**ITAエアウェイズ**
URL www.ita-airways.com/ja_jp
●**全日空（ANA）**
URL www.ana.co.jp

TOPICS 8 トレニタリアのオンラインチェックイン情報

オンラインチェックインが完了すると上記のような画面が表示される

イタリア鉄道トレニタリアの公式サイトやアプリで、座席指定のない普通列車の切符を購入すると、乗車前までに事前オンラインチェックインが必須に。忘れず注意。

▶P.538

TOPICS 9 2025年 "聖年 Giubileo" でヴァティカン市国の聖なる扉が開く

ただでさえ混雑するサン・ピエトロ大聖堂。聖年期間は行列必至だ

サン・ピエトロ大聖堂（→P.110）など4つの「聖なる扉」が開き、信者が赦しを与えられるとされる宗教行事。
URL www.iubilaeum2025.va/it.html

個性豊かな20州が集まる

イタリア全土を完全網羅 エリアナビ

イタリアには20の州（レジョーネ＝Regione）が存在する。本書では旅するうえでの観光的な観点から、便宜上14の章に分けて紹介。日本の約80%の面積だが、世界遺産（→P.46）や見どころがいっぱい。地方ごとに食文化（→P.40）が異なるのも特徴だ。

イタリアの5大都市

2500年もの時を経る"永遠の都"

1 ローマ Roma

西暦80年から町を見守るコロッセオ

首都であり、この国を旅する多くの観光客が一度は訪れる観光都市。コロッセオなど古代ローマ帝国時代の遺跡や真実の口、トレヴィの泉といった象徴的な観光スポットも集約されている。日本でも人気のカルボナーラはローマ生まれで、ほかの郷土料理とあわせ本場の味を楽しめるのも魅力。

▸P.53

数多の芸術家が愛した「花の都」

2 フィレンツェ Firenze

ドゥオーモのクーポラに上ろう

高台のミケランジェロ広場から望むドゥオーモと、アルノ川に架かるヴェッキオ橋はこの町のシンボルだ。この地には約300年君臨したメディチ家が支えた、ルネッサンス期の芸術が今も息づいている。ラファエッロ、レオナルド・ダ・ヴィンチ、ミケランジェロなど名だたる芸術家の作品を堪能しよう。

▸P.155

最先端と古きよきアートがミックス

3 ミラノ Milano

美しいガラス天井のガッレリア

レオナルド・ダ・ヴィンチの傑作『最後の晩餐』があることでも知られ、ファッションのトレンドの発信地としても有名。ショッピングが目的なら、ブランド店が立ち並ぶモンテ・ナポレオーネ通りを目指そう。ビジネスの中心地でもあり、ひとりで入れる飲食店が多いのも特徴。

▸P.201

アドリア海に浮かぶ世界遺産の島

4 ヴェネツィア Venezia

フォトジェニックなリアルト橋周辺

100を超える島々からなる水の都。張り巡らされた運河と調和した町並みの美しさは世界中でもほかに類を見ない。自動車乗り入れ不可のため、公共交通はヴァポレットという水上乗合バスやゴンドラを利用しよう。おみやげにヴェネツィアングラスやカーニバルの仮面を見て回るのも醍醐味だ。

▸P.239

南イタリア随一の観光都市

5 ナポリ Napoli

行列店がずらりと並ぶナポリの町

雄大な火山を背景に、美しい海岸線と多くの文化遺産をもち、「ナポリを見てから死ね」という言葉があるほど、文化・自然・食のすべてが揃う都市。イタリア民謡でも有名なサンタ・ルチアから望む景色は必見だ。多くのピッツェリアがひしめき合い、名物ピッツァの食べ比べも楽しいはず。

▸P.279

イタリアの地形 北部の大陸部と中・南部の半島部、点在する島々の3つに分けられる。北側にはアルプス、半島の中心にはアペニン山脈が貫き、アドリア海側とティレニア海側の東西で気候が大きく違う。

魅力あふれるイタリアの州

偉大なワインの産地とアルプス

6 ピエモンテ州／ヴァッレ・ダオスタ州

Piemonte/Valle d'aosta

高い塔とバロック建築が美しいトリノ

ピエモンテ州は世界的な名ワインを多く産出し、州都トリノでは世界遺産のサヴォイア王家の華麗なる宮殿群に出合える。アルプスに抱かれたアオスタはウインタースポーツや登山の聖地。

▶P.303

ミラノを中心にイタリア一豊かな州

7 ロンバルディア州

Lombardia

丘の上と麓で表情が変わるベルガモ

州都はミラノだが、ブレーシャ、マントヴァ、ベルガモ、クレモナなど訪れるべき美しい町が多い。なかでもベルガモにはロンバルディア・ルネッサンスの傑作と名高い礼拝堂がある。東西にふたつの湖水地方もあり、自然豊か。

▶P.323

険しい自然と芸術文化が共存するエリア

8 北部3州

Veneto/Trentino-Alto Adige/Friuli -Venezia Giulia

上／中世の町並みが残るパドヴァ　中／ヴェローナジュリエッタの家　下／北部イタリアの東端トリエステ

ヴェネツィアを擁するヴェネト州は柱廊の町パドヴァや『ロミオとジュリエット』のふるさとヴェローナなど歴史的・芸術的に重要な町が多い。さらにヴィチェンツァは欧州各地の建築に影響を与えたパッラーディオの町。猛々しいドロミテ渓谷は山に囲まれたトレンティーノ・アルト・アディジェ州のボルツァーノが入口となる。フリウリ・ヴェネツィア・ジュリア州の州都トリエステでは、ハプスブルグ家の影響を受けたバロック、ネオクラシック様式の建造物が並ぶ。

▶P.345

海岸線上に広がるリゾートエリア

9 ジェノヴァとリグーリア州

Genova/Liguria

ジェノヴァの中心フェッラーリ広場

海岸部と渓谷地帯に分かれ、国最大の港湾都市ジェノヴァを中心に東西ふたつのリゾート地が広がる。訪れるべきは世界遺産のチンクエテッレで、古きよき５つの漁村で新鮮な魚介類も楽しめる。

▶P.369

イタリア屈指の美食の地

10 ボローニャとエミリア・ロマーニャ州

Bologna/Emilia-Romagna

ボローニャのサン・ペトロニオ聖堂

パルマの生ハムをはじめ、パルミジャーノ・レッジャーノ、バルサミコなど世界的に有名な食材に恵まれたエミリア・ロマーニャ州。州都ボローニャを中心に美食巡りを楽しみたい。

▶P.385

イタリアらしい原風景が広がる

11 トスカーナ州／中部2州

Toscana/Umbria/Marche

上／オルチャ渓谷の田園風景は息をのむ美しさ　下／ピサの斜塔

穏やかな丘陵地帯が広がるトスカーナ州。フィレンツェはもちろん、小さな町や村も魅力的。誰もが知る斜塔の町ピサもある。ウンブリア州にはエトルリアの遺跡や中世の町並みが多く残り、マルケ州ウルビーノはラファエッロ誕生の地だ。

▶P.421

輝く太陽と青く澄んだ海

12 カンパニア州／南部3州

Campania/Puglia/Basilicata/Calabria

上／ポンペイのアポロ神殿　下／青の洞窟

ヴェスーヴィオ火山の麓にポンペイの遺跡が広がるカンパニア州。プーリア州は世界遺産のアルベルベッロを誇り、八角系の美城カルテル・デル・モンテを有する。洞窟教会で有名なバジリカータ州と近年リゾート地として人気のカラーブリア州にも注目だ。

▶P.453

多文化が交差する唯一無二の島

13 シチリア州

Sicilia

東海岸にたたずむアーチ・カステッロ

食と歴史が詰まった地中海最大の島。古代から「ローマの穀物庫」と呼ばれるほど農業が盛んで、漁業もイタリア随一。アフリカとも近く多様な民族・文化に支配されてきた足跡は建造物だけでなく、郷土料理でも発見できる。島の東部にそびえるエトナ山は島の風景を形づくるシンボルだ。

▶P.485

孤高の民族の伝統が継承された

14 サルデーニャ州

Sardegna

サルデーニャ最大の町カリアリ

地中海に浮かぶ２番目に大きい島で、大きく４つの地域に分けられる。どの異民族にも完全に制圧されず、独自の文化・風習が色濃く残り、スペインの影響も見られる。なかでも内陸部に多く見られるヌラーゲという古代の石の砦は特徴的な見どころだ。高級食材・カラスミの名産地でもある。

▶P.511

行政上の区分　レジョーネと呼ばれる州が 20 あり、ピエモンテ州やロンバルディア州を含む北部 7 州、トスカーナ州を中心とした中部 7 州、カンパニア州を筆頭に島部まで含めた南部 6 州に分けられることが多い。

初めてのイタリアからリピーターまで!

旅のモデルプラン

魅力的な町々が連なるイタリア。ローマ、フィレンツェ、ミラノ、ヴェネツィア、ナポリといった大観光都市のみならず、多様な魅力に満ちた小都市が各地に点在。旅のスタイルや興味によってじっくりと計画を練ってみよう。

モデルプラン 1

初イタリア! 王道4都市を巡る8泊10日

\旅のハイライトを大満喫/

フィレンツェのウッフィツィ美術館。美術・博物館は月曜休みが多いので、定休日を事前に確認しておこう

Schedule

1日目	直行便でローマ夜着、ローマ泊
2日目	ローマ観光
3日目	ローマ観光
4日目	🚆フィレンツェへ、フィレンツェ観光
5日目	フィレンツェ観光
6日目	🚆ヴェネツィアへ、ヴェネツィア観光
7日目	ヴェネツィア観光
8日目	🚆ミラノへ、ミラノ観光
9日目	✈午前中にミラノからローマ経由で日本へ
10日目	日本到着

初めてイタリアを訪れる人におすすめのルート。ローマ、フィレンツェ、ミラノ、ヴェネツィア……有名な町だけでも見どころが多いので、本来ならば各都市に最低でも2泊はしたいところ。直行便でローマに入国する場合は夜着なので、動けるのは2日目からだ。もう少し日程に余裕があれば、ローマから日帰りでナポリを訪れたり、ミラノにもう1泊したりするのもおすすめ。グルメや美術など興味に合わせて旅のテーマを決めると、おのずと優先順位がはっきりしてくるはず。各都市間は高速列車でつながっているので移動は楽々。

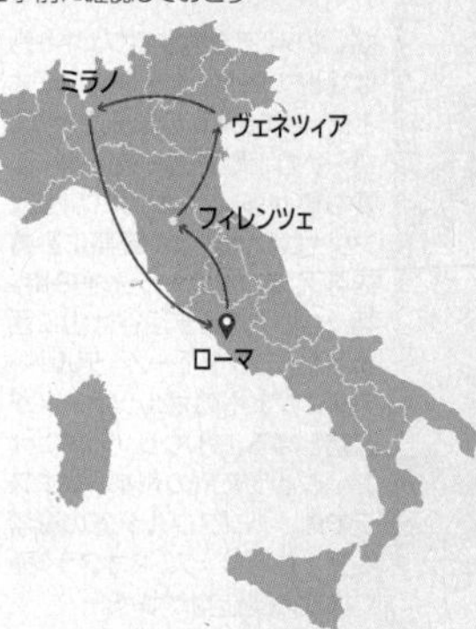

モデルプラン 2

北部&中部を駆け足で周遊! 8泊10日

/地方都市にも足を延ばして\

夏にヴェローナを訪れるなら、2000年に世界遺産に登録されたアレーナに足を運ぶのも◎

Schedule

1日目	直行便でローマ夜着、ローマ泊
2日目	🚆フィレンツェへ、フィレンツェ観光
3日目	🚆ボローニャへ、ボローニャ観光
4日目	🚆ヴェネツィアへ、ヴェネツィア観光
5日目	🚆ヴェローナへ、ヴェローナ観光
6日目	🚆マントヴァへ、マントヴァ観光
7日目	🚆ミラノへ、ミラノ観光
8日目	✈ローマへ、ローマ観光
9日目	ローマから日本へ
10日目	日本到着

2021年にポルティコ群が世界遺産に登録されたボローニャは、学生の町としても知られ、治安もよく、食や観光の面でも見どころがたくさん。北部の観光の拠点になるのはヴェローナ。パドヴァやヴィチェンツァ、ブレーシャといった都市にも日帰りでアクセスが可能。中世ルネッサンスの中心となったマントヴァではドゥカーレ宮殿やテ離宮へ。フィレンツェやローマなど大都市の美術・博物館を訪れる際もマントヴァの歴史を知っているとより楽しめるはずだ。

モデルプラン3

リピーターは南イタリアへ！8泊10日

＼2回目の旅は南部を制覇／

Schedule

1日目	直行便でローマ夜着、ローマ泊
2日目	🚆バーリへ、バーリ観光
3日目	日帰りでマテーラ観光
4日目	🚆+バスでナポリへ、ナポリ観光
5日目	日帰りでポンペイ遺跡を観光
6日目	✈シチリアへ、シチリア観光
7日目	シチリア観光
8日目	✈ローマへ、ローマ観光
9日目	ローマから日本へ
10日目	日本到着

ナポリはもちろん、ポンペイをはじめとする遺跡、洞窟群が美しいマテーラ、シチリアでリゾートステイ。大都市はそれなりに交通網が発達しているものの、都市間を結ぶバスを利用して効率的に回ろう。アマルフィやアルベロベッロにも足を運ぶ場合、日程に余裕をもって。

シチリアだけでも見どころだらけ。拠点エリアを考えよう

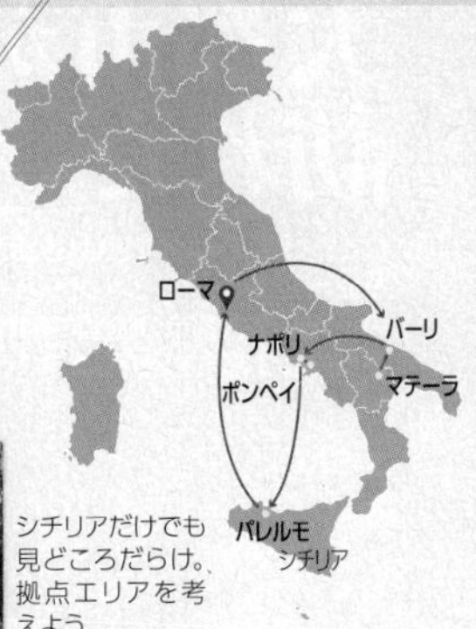

モデルプラン4

美食＆ワインをとことん堪能8泊10日

＼イタリアを食べ尽くそう！／

Schedule

1日目	直行便でローマ夜着、ローマ泊
2日目	🚆ボローニャへ、ボローニャ観光
3日目	日帰りでモデナ観光
4日目	日帰りでパルマ観光
5日目	🚆ミラノへ、ミラノ観光
6日目	日帰りでトリノ観光
7日目	🚆フィレンツェへ、フィレンツェ観光
8日目	🚆ローマへ、ローマ観光
9日目	ローマから日本へ
10日目	日本到着

食材の宝庫といわれるエミリア・ロマーニャ州とピエモンテ州へ。前者はランブルスコ、後者はバローロやバルバレスコなどワインの産地としても名高いのでおみやげ探しにぴったりだ。ボローニャを拠点にパルマやモデナも。トリノでは老舗のクラシックカフェ巡りも楽しい。

トリノはフランスの影響を受けたカフェが多く点在している

モデルプラン5

オペラ＆音楽三昧の冬旅7泊9日

＼ゆかりの地を聖地巡礼／

Schedule

1日目	直行便でローマ夜着、ローマ泊
2日目	🚆ナポリへ、ナポリ観光
3日目	🚆ローマへ、ローマ観光
4日目	🚆ボローニャへ、ボローニャ観光
5日目	🚆ミラノへ、ミラノ観光
6日目	日帰りでクレモナ観光
7日目	日帰りでヴェローナ観光
8日目	午前中にミラノからローマ経由で日本へ
9日目	日本到着

テーマで旅するなら“音楽”はいかが？　冬になるとオペラやバレエシーズンが始まり、ローマ、ミラノ、ナポリの3大歌劇場では連日連夜さまざまな演目を上演。ミラノから夏限定の野外オペラで有名なヴェローナやバイオリンの町クレモナにも足を運ぼう。

クレモナのバイオリン博物館には名器が数多く展示される

＼イタリア旅行でおさえるポイント／

1 ストライキ情報をチェック

鉄道での移動日にストライキが重ならないよう情報収集を。ストの日時は事前に予告され、最低限運行を保証する時間帯もある。▶P.544

2 手荷物を預けて日帰り観光

大きな駅には「Ki Point」という手荷物預け所がある。移動の途中でスーツケースを預けてさくっと1～2時間町を見るなんてことも可能。

3 バスを効率的に利用しよう

町の中心部が駅から離れている都市を訪問する場合、バスを利用したほうが中心部にダイレクトで行けるメリットも。荷物の多い移動は検討を。

ローマ　フィレンツェ　ミラノ　ヴェネツィア

大都市から足を延ばして訪れたい魅力的な古都へ

+1日からOK

にぎわいを取り戻して喜ばしい反面、どこへ行っても観光客であふれ、少しオーバーツーリズム気味のイタリア。大都市の喧騒に疲れたときに訪れたい魅力的な3都市を紹介しよう。

フィレンツェから
サンタ・マリア・ノヴェッラ駅から鉄道で約1時間30分

1 シエナ Siena

▶P.23
▶P.428

マンジャの塔が青空にそびえるカンポ広場や郊外に広がるブドウ畑は圧巻の光景。トスカーナワインと肉料理がいただけるレストランも魅力的だ。赤ワインのふるさと、モンタルチーノも訪れてみたい。

ミラノ／ヴェネツィアから
ミラノ中央駅から鉄道で約2時間
ヴェネツィア サンタ・ルチア駅からヴェローナ乗り換えで約2時間30分

2 マントヴァ Mantova

▶P.28
▶P.339

きらびやかなフレスコ画が残るドゥカーレ宮殿が町のシンボル。美しいパラッツォを改装した宿に泊まり、多彩な郷土料理を味わって。

ローマから
テルミニ駅から鉄道で約1時間30分

3 オルヴィエート Orvieto

▶P.32
▶P.448

のどかで小さな町だが、地下洞窟を巡るツアーは一見の価値あり。トリュフや白ワインもおいしい。

❶パリオで特に観客が熱狂する馬の競走はカンポ広場で行われる　❷シエナ郊外のワインリゾート、ラ・トッレ・アッレ・トルフェの塔はスイートルームとして宿泊可能だ　❸繊細なファサードがため息もののドゥオーモは必見　❹コントラーダはそれぞれ動物モチーフのシンボルをもつ　❺カンポ広場は緩やかに傾斜し座りやすいように設計されている

エトルリア時代の洞窟でワインのテイスティングができる(→ P.26)

1 Siena トスカーナの力強く優美なワインと シエナ旧市街の名店に誘われて

宿敵であるフィレンツェとの領土争い、そして今なお語り継がれるその歴史

シエナについて語るならば、フィレンツェとの抗争の歴史を避けて通ることはできない。12世紀に自治都市として独立したシエナは、隣国フィレンツェと同様に金融業や商業を地盤に繁栄。ローマ教皇を支持するフィレンツェに対し、シエナの実権を握っていたギベリン党は神聖ローマ皇帝を支持し、ふたつの都市は最大のライバルでもあった。13～14世紀にかけて覇権争いは激しさを増し、1260年のモンタペルティの戦いではシエナ軍が勝利。だが栄華はそう長く続かない。ペストによる人口減、相次ぐ戦争や内部争いの結果、1559年になるとフィレンツェに降伏。1861年のイタリア王国統一まで、町はフィレンツェの支配下におかれた。シエナには今でもその名残を感じさせる建物があり、取材中も人々が口にするのは、やはりフィレンツェとの戦いのことなのであった。

脈々と受け継がれてきた祭りでは町のボルテージが最高潮に達する

例えば、ワインリゾートのラ・トッレ・アッレ・トルフェの中心に堂々とそびえ立つ塔。中世ではフィレンツェ軍が攻めてくるのを察知するための役割を担っていたという。こうしたフィレンツェとの長い歴史を経て、町の人々に流れるのはシエナに対する誇り、そして忠誠心。なかでもコントラーダ Contrada と呼ばれる17地区に分かれて7月と8月に行われる伝統行事「パリオ」こそ、シエナの人々が最も熱くなる日だ。コントラーダの起源は、13世紀に軍隊を編成するために町を3つの地区に分けたことが始まりだといい、エノテカ・イ・テルツィは3つの地区が交わる場所にあることから、外で目を凝らすと3つの紋章を見つけることができる。この祭りが近づくと、町の熱気は気温とともに上昇し、各地区の色とりどりの旗とパリオの歌がいやがおうでも気分を盛り上げてくれる。

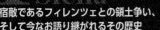

❺旧市街から少し車を走らせるだけで、トスカーナを象徴する糸杉とブドウ畑が広がる。フィレンツェからシエナへ延びる州道はキャンティ街道と呼ばれ、こうした風景が続く　❻公共交通機関を利用して行きやすいワインの名産地といえばモンタルチーノ。城塞からのパノラマも美しい　❼❽コントラーダのシンボルなどさまざまな絵柄の皿やマグネットなどの店が並ぶ

❶客室棟にはビリヤードルームなども　❷アンティークの家具でまとめられたクラシックルーム。バスタブ付きの部屋もあるので予約時に確認を　❸宿泊機能を兼ね備える母屋のみならず、ブドウ畑やオリーブ畑など農園を含む約100ヘクタールの広大な敷地　❹ツタが絡まり合う歴史ある塔は1棟すべてスイートルーム

「トッレ・カステッリ・スイートTorre Castelli Suite」に　❺塔の内部は最上階まで階段で。2階まではカール大帝時代に造られた石壁が残っている　❻屋上テラスに立つと360度広がるキアンティの丘陵地帯に思わず歓声が。遠くにシエナの町も　❼3階部分のベッドルーム

のどかな風景が広がるワインリゾートで悠久の歴史に思いをはせて

シエナ駅から車を走らせること10分。あっという間に視界には一面の緑が広がり、なだらかな丘陵地帯の曲がり道を行く先に、ラ・トッレ・アッレ・トルフェのエントランスが見えてくる。敷地内に足を踏み入れると、目に飛び込んでくるのは空高くそびえる塔の姿。時を遡ること8世紀後半、当時の強国のひとつ、フランツ王国・カール大帝の騎士であったトルフォ・デイ・グリッチによって建てられたものだとされている。軍事遠征を重ねたことでも知られるカール大帝の時代、当初はパリからローマに向かうための目印としての役割が強かったという。その後、フィレンツェとの抗争で防衛のために利用されるようになったのは、11世紀に入ってから。1000年以上に渡ってシエナの歴史を目撃してきた塔は存在感を放ち、現在は母屋やレストランがそれを囲むようにして立ち並ぶ。

トスカーナの丘で厳かにたたずむ塔は1組限定の特別なスイートルームに

客室はアパートメントタイプやスイートルームを含み17室――と聞くと、ピンとくる人もいるかもしれない。前述したように（→P.23）、シエナは17つの地区から成り立っていて、各客室のドアにはそれぞれ各地区の紋章が掲げられているのだ。足腰に自信があるならば、ぜひ塔に宿泊するという体験をしてみてはいかがだろうか。1階はリビング、2階はバスルーム、3階が寝室という構造になっており、最上階の屋上テラスからはどこまでも続くキアンティのパノラマビューを望むことができる。敷地内にはレストラン、夏季限定のプールがあり、アクティビティも充実。動物の餌やりに始まり、オリーブオイルテイスティングや料理教室……。毎週日曜は“ピッツァの夕べ”を開催している。もちろん、木漏れ日のなか、庭を散策したりベンチでゆったりと過ごすのも贅沢なひとときだ。

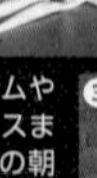

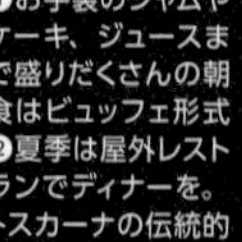

❶お手製のジャムやケーキ、ジュースまで盛りだくさんの朝食はビュッフェ形式　❷夏季は屋外レストランでディナーを。トスカーナの伝統的な料理がいただける　❸現オーナーのマニアさん

オーガニック認定を受けたオリーブ畑で収穫する2種類のエクストラ・ヴァージン・オリーブオイルはテイスティング€35もできる

ヒストリカルツアー&ワインテイスティング

料金――€35（ワインテイスティングのみだと€20）
所要時間――約2時間

オーナーのマニアさん解説のもと、建物を散策したりワイン造りの現場を見学できる。催行日時は朝食会場の黒板に記載されているので、受付で申し込み後、支払いをする。

オーナーが自ら案内するツアーに参加し、ワイン造りとこの土地の今昔を知る

1316年頃にはワイン造りを行っていた文献が残っているこの農園一帯。キアンティ・コッリ・セネージ地方の特徴である堆積砂岩の砂状の土壌や乾燥した風が吹く丘陵地帯だということもさることながら、特筆するべきは貝殻や海洋生物の化石の多さ。約300～500万年前には海岸だったとされ、それがワインを造るうえでの独自性やブドウの繊細なミネラル感をもたらしている理由のひとつといえるだろう。せっかく滞在するのならば、マニアさんによる館内ツアーとワインテイスティングに参加してほしい。ツアーでは、時代によってさまざまな目的で使われていた地下通路から現在のワイナリーを訪れ、塔にまつわる歴史を聞くことができる。その後のテイスティングではトスカーナを代表する赤ワインの品種、サンジョヴェーゼを使った銘柄を解説つきで堪能できるので、より理解が深まるはずだ。

❶銘柄ごとにていねいに説明をしてくれるマニアさん　❷シエナの凝灰岩で造られた地下通路も見学。貯蔵庫や領主の冷蔵庫としての役割をもち、時代によっては秘密の逃げ道として利用されていた　❸一般的なオークの木ではなく栗の木でできた樽で熟成を行っている　❹古いワインが地下に眠っている

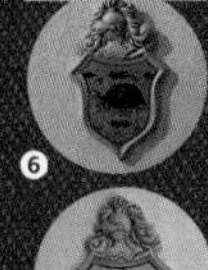

❺ヒストリカルツアーでは客室棟の廊下に飾られた絵画に関する説明も。昔の敷地内の様子が描かれており、塔の姿も見受けられる　❻❼客室のいたるところでシエナのコントラーダを目にする。亀Tartucaやドラゴン Dragoなどおもに動物がモチーフに

トスカーナ ロザート・ルネッラ
IGT Toscana Rosato Lunella
マニアさんの祖母の名前を冠したロゼ。アルコール度数13.5%で、サンジョヴェーゼの酸が強く、ほんのりベリー風味も。野菜や魚料理、日本食などアジア料理にもいい。

キアンティ・コッリ・セネージ トッレ・アッレ・トルフェ
Chianti Colli Senesi - Torre alle Tolfe
フレッシュだが少しとがった味わいが魅力。ラグーのパスタやタリアータ、サラミや生ハムなどによく合う。鮮やかな朱色でフルーティ。

キアンティ・コッリ・セネージ・リゼルヴァ
Chianti Colli Senesi Riserva
キアンティ・コッリ・セネージよりも熟成期間が長いものの、栗の木樽で長期の熟成を行うことで、サンジョヴェーゼのまろやかさが際立つ。ジビエと一緒にいただきたい。

カナイオーロ
Canaiolo
サンジョヴェーゼとブレンドして使うことが多いカナイオーロを、贅沢に100%使用した希少なワイン。豊かで柔らかなタンニンとバラの香りが特徴的。

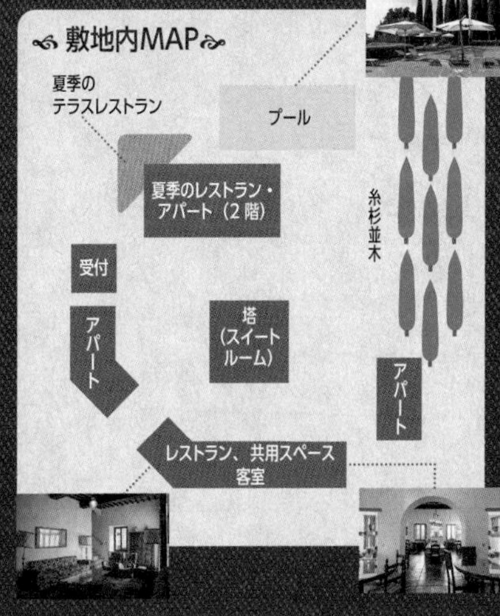

ラ・トッレ・アッレ・トルフェ　La Torre alle Torfe

住 Strada delle Tolfe 12
☎ 0577-255100
TS €170～
JS €265～
室 17室　朝食込み　W-Fi
C A.M.V.
交 シエナ駅からタクシーで約10分
URL latorrealletolfe.com

地元民からの圧倒的な支持を得る 町の老舗エノテカ兼レストラン

12世紀に建てられたオルサ塔の壁が3つあり、れんが造りのアーチ型天井がシックな雰囲気をまとっている。伝統的なトスカーナ料理にフォアグラやサフラン、キャビアなどの高級食材を使い、アレンジしたラインアップが揃う。とりわけ、ジビエ料理に定評があり、なかでもシエナを含むトスカーナ州南部はハトがよく食べられるという。取材時にいただいたハト料理は臭みがなく、その軟らかさに驚くほどだ。にぎわう店内で、ワイン片手にランチを取るのは町の人々。テラス席で食事を楽しみたい。

❶ワインのボトルが並ぶクラシックな店内。旬の食材を使った本日のメニューは手書きで黒板に書かれるのでチェック　❷左から店のオーナーでありサービススタッフのインダさんとモニカさん、シェフのリッカルドさん　❸手前から時計回りに「鹿のサーロイングリル 菊いも添え」€28、郷土パスタの「キアンティ風ラグーのピチ」€14、「ハトのエスカロープ・フォアグラ」€30

エノテカ・イ・テルツィ　Enoteca I Terzi

住 Via Dei Termini 7
☎ 0577-44329
営 12:30〜14:30、19:00〜22:30
休 日　予 €60〜
C A.J.M.V.
交 カンポ広場から徒歩2分
URL www.enotecaiterzi.it
MAP P.429-B1

レア肉×泡の個性派専門店

もともとイタリアには生肉を食べる習慣はなかったというが、2014年にオープンしたラ・プロシュッテリアは国内でも珍しい、生肉と泡に特化した店。一番のおすすめは、キアニーナ牛のカルパッチョやタルタル€15だ。多彩なブランドの肉やたたき方、味付けがあり、発泡酒€5〜と一緒に味わいたい。トスカーナ料理も提供している。

❶ボリューミーで生肉好きにはたまらない　❷ビンテージの家具はオーナー自ら選んだもの　❸オーナーのレオナルドさん

ラ・プロシュッテリア　La Prosciutteria

住 Via di Pantaneto 89
☎ 0577-42026
営 12:00〜15:00、18:00〜24:00、土・日12:00〜15:30、18:00〜24:00
休 無休　予 €25〜　C A.M.V.
交 カンポ広場から徒歩3分
URL www.prosciutteriasiena.com/prenotazione
MAP P.429-B2

洞窟気分を味わうエノテカ

2022年にオープン。2000年以上前に掘られたエトルリア時代の洞窟で、中世には私用通路や水路用トンネルとして再利用されていたとか。凝灰岩でできているため、温度・湿度ともにワインにとってよい環境。テイスティングは1時間€28で1日3回程度。店やSNSで予約も可能。

❶テイスティングはトスカーナ地方のワインで構成　❷❸店内とその奥に残る自然の堆肥や捕虜の落とし穴に利用されていた穴

ソット・アル・ドゥオーモ　Sotto al Duomo

住 Piazza S. Giovanni 5
☎ 366-7630570
営 11:30〜19:00
休 月
C M.V.
交 カンポ広場から徒歩3分
URL www.battisterosiena.com
MAP P.429-B1

赤ワインのふるさと モンタルチーノ探訪

トスカーナを代表するワインと古きよき城砦からのパノラマ

オンブローネとアッソのふたつの川に挟まれたモンタルチーノの町は、小さいながらもイタリア屈指のワインのひとつ、ブルネッロ・ディ・モンタルチーノでその名が知られている。「イタリアワインの女王」とも称され、繊細な果実の香りと優雅な味わいが特徴だ。ポポロ広場を中心とする町には昔の雰囲気が残っており、外れに堂々とそびえ立つ城塞はシエナの支配時に建てられたものだ。現在はエノテカが常設されている。

テイスティングは複数種類があり、赤ワイン1種と2種のブルネッロ€25、ブルネッロ3種で€30

❶丘の上にあるのどかなモンタルチーノの町　❷城塞の稜堡に上るには、エノテカでチケット€4（子供€2）を購入しよう。2024年4月末から360度ぐるりと一周できる予定　❸ブルネッロをはじめとするワインがずらり。郷土菓子などモンタルチーノの食料品の販売コーナーも

オーナーが情熱をかたむけるテキスタイルやワインを求めて

世界中からワインラバーが集まる町には、オーナーこだわりのこぢんまりとしたショップが点在する。今回訪れたモンタルチーノ 564 は、オーナーのマッシモさん厳選のワインや食材、そして布製品を取り扱っている店だ。ちなみに「564」とはモンタルチーノが位置する海抜の数値。オリーブオイルやハチミツはみやげものにもいいし、トスカーナを象徴する糸杉の刺繍が施されたランチョンマットやクッションは、日常使いしたくなるものばかり。生地を選んで作るオーダーメイドにも対応するが、1週間ほどの日数がかかる。

❹5種のテイスティングはランチ付き　❺テーブルのサイズに合わせて組み合わせられるテーブルクロス€100前後　❻クッションカバー€49、ナプキン€18～21、ランチョンマット€30　❼オーナーのマッシモさんいち押しは、スティック野菜をオリーブオイルでいただく「ピンツィモーニオ」専用の入れ物€25　❽店名が入った麻のバッグ €49、ステンレスボトル入れ€29

モンタルチーノ564
Montalcino 564

住 Piazza del Popolo 36
☎ 0577-848419
営 10:00～13:00、14:30～19:30、復活祭前後9:30～23:30（復活祭～10月末は21:30～23:00も営業）
休 無休
C A.J.M.V.
交 ポポロ広場から徒歩1分
URL www.montalcino564.com/shop

エノテカ・ラ・フォルテッツァ
Enoteca la Fortezza

住 Piazzale Fortezza 9
☎ 0577-849211
営 9:00～20:00
休 無休
C A.D.J.M.V.
交 ポポロ広場から徒歩5分
URL www.enotecalafortezza.com

❶エルベ広場に立つロマネスク様式のサン・ロレンツォ聖堂。地元ではロトンダと呼ばれる　❷パラッツォ・アッリヴァベーネのダイニングルーム。冬には暖炉が燃えさかり、宿泊者全員で朝食を囲む　❸町の中心を貫くように走るリオ運河　❹エルベ広場から約 20 分。1500 年代に建てられたゴンザーガ家の別荘、テ離宮も必見。ジュリオ・ロマーノの建築によるもので、ルネッサンスの趣あふれる造りに

レストランが並ぶエルベ広場。時計塔から見える町の景色も荘厳だ

2 中世ルネッサンスの栄華に浸る マントヴァのパラッツォ＆古城巡り

Mantova

芸術や文化が華々しく開花した ゴンザーガ公国の最盛期と終焉まで

12 ～ 13 世紀にかけて自治都市となり、その後ゴンザーガ公国として政治的な発展を遂げたマントヴァ。1328 年から、約 400 年にわたったゴンザーガ家の支配は町を華麗に彩り、ルネッサンス文化と芸術の町として花開く基礎となっていった。なかでもドゥカーレ宮殿のフレスコ画を担ったピサネッロやマンテーニャらは、この町に大きな足跡を残した。また、隣国フェッラーラから嫁いだイザベッラ・デステはファッションのアイコンとしてフランス王宮にも影響を与えながら、外交面でもその突出した才能を発揮。16 世紀には最盛期を迎え、マントヴァの名はヨーロッパ中に広まっていく。その華々しい歴史はジュゼッペ・ヴェルディのオペラ『リゴレット』の舞台にもなった。やがて、ブルボン王朝とハプスブルク家の権力闘争によってゴンザーガ家を離れたマントヴァは、終わりを迎えた。

各地に点在する見どころは 何日か滞在してゆったり回りたい

マントヴァは三方を湖に囲まれ、旧市街から離れると緩やかな平野に緑が輝く。この町を訪れたなら、まずは時計塔がそびえるエルベ広場を目指して歩こう。そこからドゥカーレ宮殿までは歩いてすぐだ。ハプスブルク家の皇后、マリア・テレジアが設立した図書館も見学することができるし、時計塔に上って町並みを一望するのも趣があっていい。ゴンザーガ家の別荘として利用されていたテ離宮は駅を挟んで反対方向だが、徒歩でも 20 分ほど。繁栄を極めた当時の面影が色濃く残るこの町では、歩きながらいにしえに思いをはせたい。宿泊するなら、ゴンザーガ家とゆかりがある貴族の館だったというパラッツォ・アッリヴァベーネへ。美しいホワイエやリビングルームまでじっくり堪能してほしい。余裕があれば、ゴンザーガ家の侯爵領だったサッビオネータにも足を運ぼう。

❺ドゥカーレ宮殿の入口、ポルティコからの眺め。ソルデッロ広場に向かうようにしてサン・ピエトロ大聖堂が立つ　❻ハプスブルク家の皇后マリア・テレジアが設立した「テレジア図書館 Biblioteca Teresiana」はイタリア語のガイド付き見学のみだが、一見の価値あり　❼❽城巡りの途中、老舗のバール・カラヴァッティでホッとひと息。カウンターで 1 杯でも、ゆっくり腰を落ち着けるもよし

❾ショーウインドーには郷土菓子が並ぶ　❿おつまみとワインの気分なら、加工食品専門店サルメリア・バッキ・ジョヴァンニへ

1400 年代後半に造られた
きらびやかな貴族の館にタイムスリップ

ゴンザーガ家の遠い親戚だったアッリヴァベーネ家が、15 世紀に建てたとされるパラッツォを改装した B&B。重厚感あふれる扉をたたき、大理石の階段を上がると天井のフレスコ画が美しいホワイエにたどり着く。壁面にも残るフレスコ画は、ゴンザーガ家の宮廷画家だったマンテーニャや、テ離宮を建てたジュリオ・ロマーノの工房が手がけたものだ。続くサロンはゴシック様式で、広々としたソファが鎮座。隣接する形でダイニングがあり、ひとつの食卓を囲むようにして朝食をいただきながら、宿泊客同士で旅の思い出話に花が咲く。コーヒーメーカーやティーバッグも置かれているので、いつでもここでティータイムを楽しめるのもうれしい配慮。客室は 3 室で、それぞれ異なる調度品でまとめられている。デザイナーだったというマダムのセンスあふれるインテリアときめ細かなおもてなしに、リピーターも多いという。

パラッツォ・アッリヴァベーネ Palazzo Arrivabene

住 Via Fratelli Bandiera 20
☎ 0376-328685
SB TB €180～
室 3室 朝食込み W-F
C A.D.J.M.V.
交 マントヴァ駅から徒歩10分
URL www.palazzoarrivabene.net/en/
MAP P.339-A1

2 階のホワイエにはシャンデリアがともり、天井には保存状態のよいすばらしいフレスコ画が広がる。扉の向こうにはサロンやダイニングスペースがある

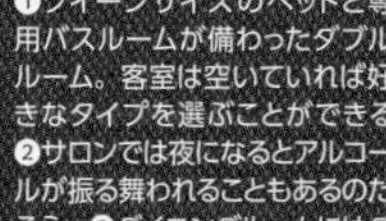

❶クイーンサイズのベッドと専用バスルームが備わったダブルルーム。客室は空いていれば好きなタイプを選ぶことができる ❷サロンでは夜になるとアルコールが振る舞われることもあるのだそう ❸ダイニングルームにはグランドピアノや絵画が飾られている ❹❺ホワイエに残されているフレスコ画もじっくり見てみて

❻木のぬくもりに包まれたメゾネットタイプの客室には、最大 4 名まで宿泊することができる。メゾネットの2階はソファスペースに
❼広々として快適なシャワールームとバスタブが備わる。モダンにリノベーションされたバスルームを擁する客室もある
❽ホワイエ天井の美しいフレスコ画を見上げる

地元の人々に愛される

イタリア語でOcaとはガチョウのこと。湖に面したこの町の象徴を店名に冠し、現オーナーになってから約20年というオステリアだ。町の名物カボチャのトルテッリ€14は、定番のバターではなくトマトソース風味。コップに並々と注がれるランブルスコと一緒に気取らずにいただこう。赤ワインで味つけたリゾットも伝統料理のひとつ。

要予約

❶カボチャのトルテッリとトマトを使ったビーゴリパスタ €12　❷アットホームな店内　❸経営者のひとり、クラウディオさんたち

オステリア・デッロカ　Osteria dell'Oca

住 Via Trieste 10
☎ 0376-327171
営 12:30〜14:30、19:30〜22:30
休 火、日曜の夜
予 €40〜（コペルト€2）　C M.V.
交 マントヴァ駅から徒歩18分
URL osteriadelloca.it
MAP P.339-B2

町が誇る伝統料理を提供

この町の老舗レストランは?と聞くと、真っ先に名前が挙がるのがここ。16世紀の貴族の邸宅を改装し、1960年代に現オーナーのターノさんとその母によってオープン。高級感あふれるリストランテながら、取材時も昼からひとりで優雅にランチを楽しむ人々の姿が。ウサギのサラダ €17、カボチャのトルテッリ €18 が人気メニュー。

要予約

❶カボチャのトルテッリはバターたっぷりの正統派　❷閑静な住宅街にたたずむ邸宅レストラン　❸オーナーのターノさん

イル・チーニョ　Il Cigno

住 Piazza Carlo D'Acro 1
☎ 0376-327101
営 12:20〜13:20、19:30〜21:20
休 月・火
予 €70〜　C A.D.J.M.V.
交 マントヴァ駅から徒歩9分
URL www.ristoranteilcignomantova.it
MAP P.339-A1

エルベ広場に面するバール

創業は1865年と古く、由緒あるバール。朝はカプチーノとペストリーでサクッと、昼過ぎから夕方にかけてはカフェ片手におしゃべりに花を咲かせる人々。夜は、1900年代初頭から提供しているオリジナルの食前酒「カラヴァッティ Caravatti」でアペリティーヴォを。夏季はテラス席でエルベ広場の夕暮れを楽しんでほしい。

❶歴史を感じさせるバーカウンターで立ち飲みするのもいい　❷ペストリー€1.50〜とカプチーノ €2.50　❸親切なスタッフ

バール・カラヴァッティ　Bar Caravatti

住 Portici Broletto 16
☎ 0376-327826
営 7:00〜22:00、金・土〜24:00
休 月
予 €10〜　C D.J.M.V.
交 エルベ広場目の前
URL www.barcaravatti.it
MAP P.339-B2

家族経営のサルメリア

1967年から3代にわたって続くサルメリア。マントヴァ・サラミは100gで€3。その場で切り分けてくれる。マントヴァの伝統的な保存食、モスタルダ Mostarda と一緒にテイクアウトすれば、ワインに合うおつまみの完成だ。そのほかにもチーズやジャム、郷土菓子のズブリゾラーナ Sbrisolana などおみやげにもなる食料品が多数揃う。

❶加工品がずらり　❷辛子のようなフルーツのシロップ漬け、モスタルダ　❸バッキさん一族　❹❺ズブリゾラーナやジャムはみやげにも◎

サルメリア・バッキ・ジョヴァンニ　Salmeria Bacchi Giovanni

住 Via Orefici 16
☎ 0376-323765
営 8:00〜13:00、16:00〜19:30、日9:30〜13:00、15:30〜18:00
休 月　C A.D.M.V.
交 マントヴァ駅から徒歩13分
URL www.salumeriabacchi.it
MAP P.339-B2

一見すると華々しい雰囲気ではないが、内部には広大な敷地と豪華絢爛なフレスコ画が描かれている

華麗なる絵画にも注目！ドゥカーレ宮殿を歩く

ソルデッロ広場に面し、ポルティコ（柱廊）が続くゴンザーガ家の居城、ドゥカーレ宮殿は13～18世紀に建てられたものとされている。ヨーロッパ屈指の壮大で豪奢な宮殿で、実に大小500もの部屋があるのだという。現在、その一部が一般公開されており、城内は宮殿の核となるコルテ・ヴェッキア、コルテ・ヌオーヴァ、サン・ジョルジョ城、かつての劇場跡に造られた考古学博物館からなる。なかでも見逃せないのは、マンテーニャのフレスコ画が壁面を埋め尽くす結婚の間。そして、同じ時代に隣国フェッラーラから嫁いできたイザベッラ・デステの居室。さらには、ルーベンスの絵画が飾られた射手座の間やラファエッロの下絵によるタペストリーが飾られた居室まで、見上げると華々しい絵画の数々が城内を彩っている。テ離宮（→ P.341）と一緒にたっぷり時間をかけて回ろう。

（→ P.341）

ゴンザーガ家とは

1328年の統治から1708年にハプスブルク家領のミラノ公国に併合されるまでの約400年にわたって、マントヴァに君臨した一族。15～16世紀に宮廷文化が栄え、17世紀以降はメディチ家とも婚姻関係を結んだ。

イザベッラ物語

フェッラーラのエステ家出身。1490年にマントヴァ侯フランチェスコ2世と結婚。夫の死後は摂政として政治手腕を発揮してマントヴァを統治。芸術を庇護し、その卓越したファッションセンスは注目の的に。

❶鏡の間
Galleria degli Specchi

祝典や音楽会に用いられたサロン。明るく華やかな雰囲気で、天井には人徳を擬人化した人々が描かれている。窓と鏡が続く壁面は金で彩色されたネオクラシック様式。

天井に描かれた馬車は少しずつ方向を変え、時間の流れを表現

❷射手座の間
Sala degli Arcieri

ルーベンス作『サンティッシマ・トリニタに祝福されるゴンザーガ公爵一族』が飾られ、中央にはヴィンチェンツォ・ゴンザーガとエレオノーラ・デ・メディチが描かれる。

サンティッシマ・トリニタ教会に飾られた大作が分割されたもの

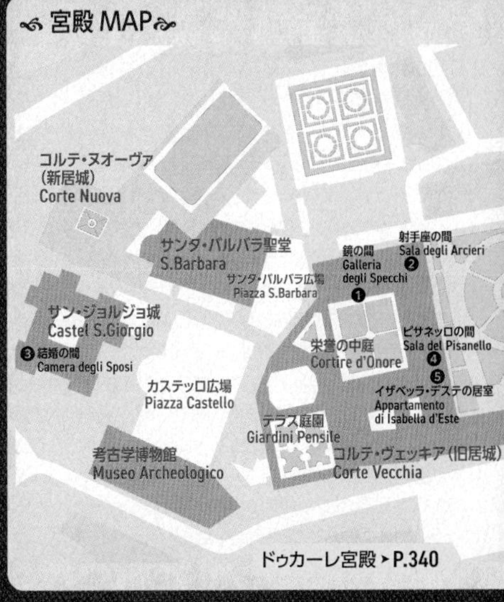

❸結婚の間
Camera degli Sposi

ゴンザーガ家に仕えた画家のマンテーニャのフレスコ画で名高い。ゴンザーガ家の君主夫妻や家族、家臣などが生きいきと描かれており、天井からは天使たちが人々を祝福している。かつてはマントヴァ公の寝室であり、後年は謁見の間として使用された。入口すぐ左側の壁にある『邂逅 dell'Incontro』の柱にはマンテーニャの自画像が描かれている。

❹ピサネッロの間
Sala del Pisanello

壁面には、画家のピサネッロによる連作『騎士の物語』が描かれる。フレスコ画とテンペラ画の技法を用い、金と銀の漆喰で装飾される。

❺イザベッラ・デステの居室
Appartamento di Isabella d'Este

イザベッラのサロン・書斎などが続く。かつては美術品で飾られ、天井にはエステ家の家紋、壁面には寄せ木細工でリュートなどが描かれる。

❶オリジナルの薬草酒やキッチン雑貨を扱うロルヴィエタンは買い物客でいっぱい ❷散策するのが楽しい小道 ❸空高くそびえるドゥオーモはイタリア・ゴシックのなかでもとりわけ重要な建築

サン・パトリツィオの井戸は水を汲むための248段の階段があり、上る人と下る人が交わらないよう、二重のらせん階段の構造になっている

3 Orvieto 美しき丘上都市オルヴィエート 神秘的な地下洞窟と穏やかな町並みへ

緑に囲まれた高台に立つ中世都市と今も地下に眠り続ける歴史ある井戸

“緑のハート Cuore Verde”——イタリア半島のちょうど中央に位置していることから、こう称されるウンブリアの大地。州都ペルージャにアッシジ……主要な町のほとんどが丘の上に広がる。車で少し離れて俯瞰すると、城壁に囲まれてポッカリ浮かぶ町の様子は詩情をそそる美しさだ。オルヴィエートも、トゥーフォと呼ばれる凝灰岩でできた丘の周囲が高い崖となっている、天然の要塞都市である。古くはエトルリア人が町を築き、中世以降は教皇庁との関係が深いことから、教皇の隠れ里になってきたという歴史をもつ。なかでも町外れにあるサン・パトリツィオの井戸は、訪れたい見どころのひとつ。16世紀にローマ略奪を逃れた教皇クレメンス7世が掘らせたもので、水源確保が目的であったとされる。今も町にはこうした井戸が点在し、地下通路が張り巡らされている。

滞在してじっくりと確かめてほしい夜の町とあたたかなおもてなし

さて、オルヴィエートは近年観光客でにぎわう天空都市、チヴィタ・ディ・バニョレージョへの玄関口にもなっている。日中は活気あふれる町並みも、夜になると静けさに包まれ、繊細なモザイクで埋め尽くされたドゥオーモのファサードのライトアップがまた息をのむほど美しい。徒歩で回れるコンパクトな旧市街には、家族経営のトラットリアやショップが軒を連ねる。近郊に自分たちの農園をもち、店頭に出すオリーブオイルやワインを少量生産しているというのも特筆すべき点だ。代々伝わる家庭料理に生産者の顔が見える品揃えの数々……。どの店も居心地がよく、ホスピタリティあふれる町の人々こそ「緑のハート」の持ち主なのかもしれない。取材中もついつい滞在を延ばしたといえば、この町の魅力に気がついてもらえるだろうか。宿泊してじっくり町を味わってほしい。

❶比較的治安がよく、女性ひとりで夜でも出歩けるオルヴィエートの町。名産品の白ワインとトリュフ尽くしのディナーや散策を楽しんで ❷旧市街には思わず立ち止まって写真を撮りたくなるような景色が広がる。6月に行われる「聖体祭」では中世の衣装に身を包んだ人々が町を練り歩く光景も ❸洞窟気分に浸りながら食事がいただけるレ・グロッテ・デル・フーナロはもともと採石場やロープ生産工場として利用されていたという ❹町の中心に店舗をもつカーザ・パッリーナは商品の約90%を自分たちの農園で生産している。テイスティング付き農園見学ツアーを開催

地下に眠る遺跡は歴史と考古学の宝庫。年間を通じてオリーブオイルに最適な温度が保たれていることから、洞窟内に搾油所ができたという

神秘と静寂に包まれた地下内部は まさに魅惑のタイムトンネル

オルヴィエートの地下には、3000 年にもわたって人々が掘り続けてきた洞窟がある。現代の調査・発掘によると、地下通路にいたる入口だけでも 1200 を超えるといい、アンダーグラウンド・ツアーではそのほんの一部を見学することができる。ガイドによる約 1 時間のツアーは、ドゥオーモ広場近くにある崖沿いを下っていくところからスタートする。見学可能な洞窟のなかで最も大きなものだが、1977 年と比較的最近起きた崖崩れによって発見されたというのだから、興味深い。オルヴィエートの土壌にまつわる話を聞き、見学ルートをたどっていくと、古いオリーブオイルの搾油所から鳩を飼育する小屋まで、その奥行きの深さや役割の多様性にも驚くばかり。ツアーの予約・集合はドゥオーモ前の観光案内所で。1 日 3 ～ 4 回程度の催行で、英語とイタリア語のツアーがある。

❶中世に石や木で作られたオリーブの圧搾機などが今も残っている。当時の技術力には目を見張るほど完成度が高い　❷❹洞窟の壁面はボロボロと崩れやすい凝灰岩でできているが、時とともに堆積した水分でセメントのように固くなる。19 世紀末頃まで掘り進められた形跡がある　❸エトルリア時代に掘られた井戸。オルヴィエートで見つかった井戸は 80 × 120cm といずれも同じ大きさで、これは人が入れる最小サイズ

オルヴィエート・アンダーグラウンド・ツアー
Orvieto Underground Tour

住 Piazza Duomo 23（集合場所）
☎ 0763-344891
営 毎日11:00、12:15、16:00、17:15（ハイシーズン時は変動あり）
休 12月25日、1月1日午前中
料 €8（学生・シニア€6）　C A.D.J.M.V.
URL www.orvietounderground.it/index.php/ja/
MAP P.448-1

注意事項として、ヒールは不可。歩きやすい靴で臨もう。写真撮影は OK だが動画は NG

ラ・パロンバ（→ P.34）でもいただけるオルヴィエート名物のハト料理。「コロンバイオ」と呼ばれるハトの飼育部屋で、ここから外に出て餌を捕り、また戻っては子を産み育て、食べ頃になったら食用として売られていた

店のディスプレイにも注目。デキャンタは動物の尾の部分が注ぎ口になっている。さすがは料理大国、ひとクセあるアイデア商品も並ぶ

1600年代にヨーロッパに広まった薬草酒を再現

ドゥオーモにほど近く、イエローを基調とした明るい店内に、イタリア製のキッチングッズが並ぶ。ニワトリや魚をかたどったデキャンタやオリーブオイルのボトルはカラフルな模様が美しく、さまざまな用途に分かれたサーバースプーンやフォークは選ぶのに迷ってしまうほど。ウンブリア州のワインやオリーブオイル、さらには石鹸やリネン類なども豊富で、オーナーのランベルト・ベルナルディーニさんが選ぶセンスよい雑貨は、みやげものにもぴったりだ。この店の品揃えはそれだけではない。1603年にオルヴィエートが販売許可を出し、フランスのルイ14世の宮廷でも飲まれていたという歴史あるハーブ酒「ロルヴィエタン」を復活させ、その製造や販売も行っているというのだから驚く。ラボは見学可能。

ハーブ酒ラボを見学

❶天井にフレスコ画が残り、貴重な資料が展示された雰囲気あるラボ
❷ハーブ酒「ロルヴィエタン」€29

約15年かけてロルヴィエタンの資料を集め、調査・研究を行ってきたランベルトさん。25種類の薬草を使ったリキュールは、唾液が出やすいことから、当時はおもに解毒や消化作用のよい薬として飲まれてきたと語る。ラボの見学はメール・電話の予約制だが、直接店で確認してみるのもありだ。1名€15でラボの案内（英語可）とテイスティングが付く。

ロルヴィエタン　L'ORVIETAN

住 Vie del Doumo 74
☎ 0763-341060
営 9:00～20:00
休 無休
C A.D.J.M.V.
交 ドゥオーモから徒歩1分
URL www.lorvietan.com
MAP P.448-1

持ち手にイラストが描かれたサーバーフォーク＆スプーンのセットは店名のロゴ入り。木製のハチミツ用サーバーもおすすめだ

研究熱心なオーナーのランベルトさんの作業風景。25種類の薬草は乾燥後、秘伝のレシピのとおり、すりつぶして混ぜ合わせていく

絶品トリュフ料理を満喫

1965年から続く家族経営のトラットリア。伝統的な郷土料理はもちろんのこと、トリュフを贅沢にまぶしたブルスケッタ€10やカルボナーラ€17がいただける。ウンブリア州でよく食べられるハトのレッカルダ風€22も人気。自家製エクストラ・ヴァージン・オイルやワインなど、細部までこだわり抜かれた食材を堪能したい。日本語メニューあり。

❶左手前が鳩料理、右奥はトリッパの煮込み€13　❷おもてなしが魅力のオーナー一族　❸地元の人も多い

ラ・パロンバ　La Palomba

住 Via Cipriano Macente 16
☎ 0763-343395
営 12:30～14:15、19:30～22:00
休 水
予 €45～　C A.D.J.M.V.
交 ドゥオーモから徒歩5分
URL www.lapalomba.it
MAP P.448-1

歴史感じる洞窟レストラン

エトルリア時代には採石場、1400年代から1940年代まではロープの生産場だった地を改装したレストラン。現オーナー、アンドレアさんの両親がオープンしたという店は、工事中にも遺跡が発掘されたといい、今も当時の面影が残る。凝灰岩でできた建物は何層にも分かれていて、席数も約100と広め。とはいえ、夜は要予約だ。

❶ウンブリケッリとトリュフ€15、子豚のオーブン焼き€12
❷間接照明がともる店内　❸アンドレアさんと創業者の両親

レ・グロッテ・デル・フーナロ　Le Grotte del Funaro

住 Via Ripa Serancia 41
☎ 0763-343276
営 12:00～15:00、19:00～22:30
休 月
予 €50～　C A.J.M.V.
交 ドゥオーモから徒歩9分
URL www.grottedelfunaro.com
MAP P.448-1

オルヴィエート郊外の農園ツアーに参加

季節によって野菜なども育てていて、タイミングがよければオリーブの収穫体験ができることも

ウンブリアの大地で大切に育まれ生産者の顔が見える加工品の数々

旧市街にたたずむカーザ・パッリーナには、みやげものにぴったりのジャムやオリーブオイル、ハチミツが並ぶ。店主のダヴィデさんに話を聞くと、家族で近郊の農園を営みながら直営店を始めて約20年になるという。製品のほとんどは自分たちで生産したもの。ウンブリア州をはじめとするイタリア中部では、こうして多彩な農作物を育てている農家が珍しくないのだという。車で15分ほどに位置する農園では、ダヴィデさんがたっぷりと園内を案内。その後のテイスティングでいただく加工品の数々は、ぐっと特別なものに感じられるはずだ。

上／レモンのジャムも販売している 右／取材時はトウモロコシを発見

❶斜面に配置された養蜂箱 ❷香ばしいトーストにハチミツやジャムをたっぷり塗っていただくテイスティング ❸農園にはブドウ畑もあり、ワインも生産している ❹ダヴィデさんと母のロゼッラさんが農園を切り盛りする

カーザ・パッリーナ
Casa Parrina

住 Via Filippeschi 10
☎ 347-7452382
営 ショップ10:00～13:00、16:00～20:00
休 日曜午後 C A.D.J.M.V.
交 ドゥオーモから徒歩6分
URL www.casaparrina.it
MAP P.448-1

※農場見学ツアーはテイスティング付き2時間30分コース€35。1時間30分のショートコース€20。公式サイトから予約。4人以下は旧市街から送迎も可能

旧市街のショップ

季節ごとにラインアップが少しずつ変わり、ハチミツならラベンダーやアカシア、栗などが並ぶことも。店内でもテイスティングコーナーを設けている。品揃えの豊富さもさることながら、サイズ展開もバリエーションがあるのがうれしい。ちなみに、商品のパッケージはロゼッラさんが手がけている。

❶ジャム、ヘーゼルナッツ、ハチミツ、カカオのクリームなどはいずれも€8～10前後。D.O.P認証のエクストラ・ヴァージン・オリーブオイルは€10～20 ❷❸小さいサイズのジャムや野菜ペーストなどの商品がところ狭しと並ぶ

おトクに賢く楽しむための

旅行術&節約術

世界中からやってくる観光客で1年中にぎわうイタリア。世界的なインフレもさることながら、大都市を中心にレストランも観光スポットも料金は値上がり傾向に。少しでも節約したい！という人のためにノウハウを伝授。ただし、旅はメリハリが大切。ときには奮発して楽しもう。

出発前〜準備

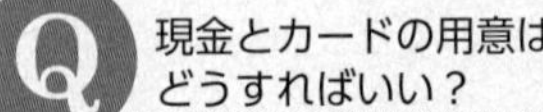

Q 現金とカードの用意はどうすればいい？

関連ページ ▸P.552

A タッチ決済が普及&ユーロは日本での両替が◎

少額決済のタバッキやバールなどでも幅広くクレジットカードが普及。ローマやミラノなどの大都市の地下鉄では、切符不要でICチップ入りのカードがあればタッチして改札を通れるように。ユーロへの両替は日本のほうがレートがいい。

Q 観光スポットの予約は事前にするべき？

A オンライン予約をしないと入れない施設も！

世界遺産となったパドヴァのスクロヴェーニ礼拝堂（→P.348）など、予約が必要な施設も多い。特にフィレンツェのクーポラ（→P.165）、ミラノの『最後の晩餐』（→P.222）は当日券がほぼないといっていいので、ウェブサイトで予約を。

観光スポット

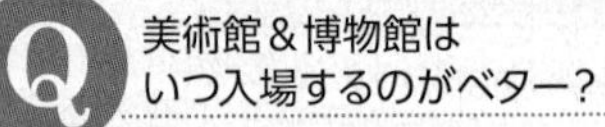

Q 美術館&博物館はいつ入場するのがベター？

A 無料公開をしているタイミングを狙ってみよう

イタリアでは、毎月第1日曜に多くの美術館・博物館が無料に。フィレンツェのウッフィツィ美術館（→P.169）やローマのコロッセオ（→P.88）など人気の名所も該当する。予約必須の施設もある一方、不可の場合もあるので確認を。

Q 各都市のお得なパスってゲットするべき？

A 市内交通のチケットが一緒になったものがおすすめ

観光のお供に！

本書では都市ごとに施設入場券がセットになった共通券を紹介している。訪れたい見どころのチケット料金を計算し、それよりもお得になるなら迷わず購入すべし。市内の公共交通機関が乗り放題になる共通券は特にコスパがいい。

移動

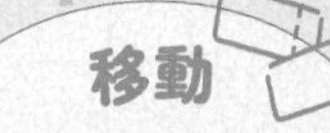

Q トレニタリアとイタロ、どちらの鉄道会社を選ぶ？

関連ページ ▸P.533

A 公式サイトで割引率をチェック&スト情報も確認を

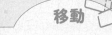

各会社の公式サイトでは早割価格が設定されているので、まずはここをチェック。イタロのほうが高くなることがあるが、トレニタリアはストライキも多め。複数都市を鉄道で回る予定なら、「ユーレイルイタリアパス」もおすすめ。

Q 鉄道 or バス or 国内線、結局どれが一番便利？

A できるだけ町の中心地に到着する交通機関を選ぼう

例えば巻頭特集で紹介しているシエナ。駅から町まではバスか旧市街手前まで続くエスカレーターを使う必要があるが、長距離バスターミナルは旧市街そばにあるため、移動が楽々。といった具合に、中心地までの距離で選ぶとよい。

グルメ

Q 円安を乗り切る節約グルメを教えてほしい!

A テイクアウトパスタや切り売りピザの店が増加中

ここ最近、一気に値上がりした外食費。節約するならテイクアウトで手軽に食べられるファストフード。特にイタリアならではの切り売りピッツァやパスタ、パニーノの店がおすすめだ。パニーノなら€3～5前後、パスタやピッツァでも€10あればおなかいっぱいに。本書では大都市を中心に、B級グルメを紹介しているのでチェックしてみよう。また、ローマ、フィレンツェ、ミラノのフードコート「メルカート・チェントラーレ」も便利だ。ヴェネツィアの居酒屋バーカロでおつまみとグラスワインというのもいい。

Q ディナー気分を味わいつつ安さも追求したい!

A アペリチェーナでお酒&食事を楽しむのもアリ

夕食前の時間帯に食前酒を楽しむ「アペリティーヴォ」と夕食を意味する「チェーナ」を合わせた造語で、食前酒に簡単なおつまみを提供する店が続々登場。一部の店にはセット価格(€10前後)もあり、量も多いのでおなかいっぱいに。

Q 毎日ペットボトルの水を購入するのも大変……。

A マイボトルがあれば“ナソーネ(水飲み場)”で補給可能

ローマ市内には、ナソーネという水飲み場が点在。マイボトルがあればいつでも補充が可能だ。ヴェネツィア各所にもある。コロッセオ駅前やフィレンツェのヴェッキオ宮にはガス入り&なしの無料水飲み場も。硬水なのでおなかに注意。

ショッピング

Q ばらまきみやげにおすすめのお店を教えてほしい!

関連ページ ▸P.144

A スーパーマーケット&食料品専門店を利用しよう

スーパーは旅行者の強い味方だ。生ハムとチーズ、ワインを買えば十分という日もあるし、生ハムにカットメロンを追加すればアンティパストのできあがり。生ハムやサラミなどの加工肉は日本への持ち込み不可だが、オリーブオイルやチーズ、ワイン、スナック類などはおみやげにもぴったりだ。また、トマトやアンチョビなどチューブタイプのペーストはパッケージもかわいらしく、€3～で手に入る。安さ重視のスーパーに比べ、イータリーなどの専門店は少々お値段は張るが、上質な品が揃いちょっとした手みやげにも。

イタリアのおもなスーパーブランド

Conad(コナド)

北部～中部を中心に展開するチェーン。同系列のサポーリ&ディントルニ・コナドは自社ブランド品も豊富。

Esselunga(エッセルンガ)

ミラノをはじめ北部でおなじみ。中心部に展開する系列のLa Esseはローマ店がおすすめ(→P.143)。

Carrefour(カルフール)

全土に店をもつカルフールとカルフール・エクスプレス。比較的中心部で見かけ、水の調達にも便利。

Coop(コープ)

生活協同組合のコープも国内に約1200もの店舗を構える。豊富に揃うプライベートブランドも魅力的。

おいしいものを味わい尽くそう！

イタリアグルメ大図鑑

イタリアを知るには、郷土料理を味わうのがベスト

イタリアに着いたら観光地巡りもそこそこにして、いざ美食探訪！　この国を知るカギは、歴史も風土も、そして国民性さえも表現される、おいしい料理を食べること。にぎやかな下町のトラットリアでは肩ひじ張らない日常の生活と豪快な料理が、ゴージャスなリストランテではとびっきりの高級食材を使った見目麗しい料理が堪能できるはず。もちろん、ピッツァやジェラートも忘れずに。

P.560も要チェック

観光地では、軒先にオープンエアのテラス席を構える店が多い

旅する前に
これだけは学んでおきたい
料理や作法のあれこれ

旅で学ぶ食文化

食事情はイタリアにおいて一番重要なテーマといっても過言ではない。レストランの種類や食事の時間帯など、イタリアの食にまつわる文化や習慣の基本をおさえておこう。

さまざまなレストランのタイプ

厳密な区分はないものの、高級なリストランテ、大衆的なトラットリアなど緩やかに分かれる。ピッツェリア、ジェラテリアをはじめとする専門店のほか、エノテカやオステリアなど名産品であるワイン主体の店が多いのも特徴。

▶P.43

バールは終日使える社交の場

朝8:00頃から夜まで終日営業していて、朝食に始まり食前酒と簡単なつまみまで時間帯によってさまざまな顔をもつ。ドリンクを提供するカウンターで、友人同士やひとりでサクッとコーヒーを飲むイタリア人を見かけるはずだ。

▶P.43

「コペルト」とは？チップは？

コペルトcopertoとは、席料のこと。1名€1.50 ~ 5程度が加算され、高級リストランテや観光地に行くほど高い傾向に。チップは基本的に必要ないが、気持ちのよいサービスを受けたら端数を切り上げて渡す、もしくは5~10%程度を上乗せして支払おう。

食事の時間帯とレストランの営業時間

ランチは12:00 ~ 15:00、ディナーは19:00 ~ 22:00が一般的で、途中休憩をとる店が多い。13:00 ~と20:00以降が混み合い、南部に行くほどディナータイムは遅くなる傾向に。夕食前に「アペリティーヴォ Aperitivo」という食前酒を楽しむ習慣がある。

知っておきたいルールとマナー

パスタを食べるときはスプーンを使わず、フォークのみで。麺をすするのもNGだ。ピッツァも通常手づかみではなくナイフとフォークを使用する。また、パンを皿に残ったソースに付けて食べる行為を「スカルペッタscarpetta」というが、カジュアルな店なら問題ない。そのほか、日本の高級料理店でも同様だが、着席後はナプキンをひざに広げる、カトラリーは外側から使用し、食事中に置く際は皿の上にハの字で置くなどを守ろう。ちなみに、マナーというわけではないが、イタリアではカプチーノは朝の飲み物とされていて、午後~夜に注文するとびっくりされることも。

パスタは食料品専門店で
好みのものを手に入れられる

産地によって個性が異なる
生ハムとワインは
エノテカやオステリアで

トマトソースとモッツァレッラが
相性抜群のナポリピッツァ

中部は黒、北部は白トリュフが有名

熟成度合で風味が変わる
パルミジャーノ・レッジャーノ

オリーブやレモンなどの果物、季節ごとの野菜もおいしい！

イタリア料理の大切なキーワード

南北に長く、気候や土壌によって州ごとに独自の食文化を形成するイタリア。共通していえるのは、オリーブオイル、トマトをたっぷり使った料理が多いこと。そして、肉から魚、野菜、珍味にいたるまでそのバリエーションの豊かさだ。

パスタ

起源は古代ローマ時代といわれ、数百もの種類がある。なじみがあるスパゲッティをはじめとするロングパスタ、ペンネやリガトーニなどのショートパスタ、ラヴィオリに代表される肉などの詰め物が入ったパスタ、ラザーニャ、ニョッキまで幅広い。南部では乾燥パスタ、中～北部は生パスタ率高め。

野菜

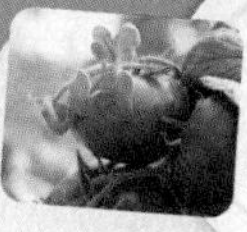

全国的にトマトとニンニクが多く使われ、季節折々の食材も豊か。

ピッツァ

薄皮でパリパリした食感が特徴のローマピッツァは、麺棒で薄く伸ばして焼いたもの。一方、ナポリピッツァは手で伸ばしてフチが厚くモチモチしている。イタリアではピッツァはシェアせずひとり１枚を食べるのが基本。

チーズ

一般的に硬さや熟成度合い、製造方法によって分類。北部はパルミジャーノ・レッジャーノなどハードからソフトまで。ペコリーノはラツィオ州やサルデーニャ、モッツァレッラは南部生まれ。 ▶P.564

魚介類

イワシや干しダラ、イカにカラスミ……。魚介パスタのペスカトーレほか、フライFrittoから焼き物・煮物まで幅広い。

オリーブオイル

南部のプーリア州や中部トスカーナ州が一大産地として有名。 ▶P.564

生ハム

豚もも肉を塩漬け・乾燥して作られる世界的に有名なプロシュットProsciuttoは、パルマやサン・ダニエーレなど北部産のものが有名だ。サラミや生ソーセージなど加工肉も充実している。 ▶P.564

肉類

鹿やウサギ、ハトまでジビエがいただける。牛肉のタリアータやフィレンツェ風ステーキも人気だ。

キノコ

秋になると、キノコの王様と称されるポルチーニ茸がメニューに登場。また高級食材のトリュフも中部～北部では盛んに採れ、祭りも行われる。 ▶P.565

地方で食べたい名物料理

イタリアには地方ごとに郷土料理が存在し、州を移動するとまったく異なる食文化が待っているといっても過言ではない。山の幸から海の幸、地中海の恵みをたっぷり受けた旬の野菜やオリーブオイル、大自然のなかで育まれた乳製品、風味豊かなワインまで多種多様な味を楽しめる。

食のイベントも多数

アルバの白トリュフ祭りに代表されるように、ドロミテ渓谷では生ハムのスペック祭り、リグーリア州のカモーリでは魚祭り……と1年中食にまつわる行事にこと欠かない。秋には大都市近郊の小さな町や村でも特産品を味わい販売する祭りが毎週末のように開催されるので、日帰りで訪れてみよう。

季節で巡るイタリア

日本と同様、食材で四季を感じられる。春はアーティチョークや白アスパラガスなどの野菜がメルカートに並び、秋になると栗がドルチェに使われて、町には焼き栗屋台が登場。もちろんトリュフも秋。クリスマスの郷土菓子は、ミラノのパネットーネやヴェローナのパンドーロなど北部が楽しい。夏野菜はカポナータにしていただこう。

20州の郷土料理を一挙大紹介！

1 ヴァッレ・ダオスタ州

自然豊かな州で、野性味あふれるジビエがよく食べられる。フォンターナチーズをはじめとする乳製品や乾燥した鹿肉のハム「モチェッタ」などの保存食も有名。

▶P.322

2 ピエモンテ州

白トリュフ、高級ワイン、チーズまで豊富な食材が揃う。卵を使った手打ちパスタのタヤリン、ラヴィオリ風パスタのアニョロッティや、バーニャ・カウダも。

▶P.322

3 ロンバルディア州

リゾットやカツレツなどミラノ料理が定番だが、ブレーシャやマントヴァではカボチャ料理が名物。クリスマス菓子パネットーネも外せない。

▶P.344

4 トレンティーノ・アルト・アディジェ州

燻製生ハムのスペックやトウモロコシやジャガイモの粉を練り上げたポレンタもよく登場する。スープの種類が多い。

▶P.368

5 フリウリ・ヴェネツィア・ジュリア州

州都トリエステはカフェ文化が盛ん。特産品であるサン・ダニエーレの生ハムやピティーナと呼ばれる燻製サラミは前菜にどうぞ。

▶P.368

6 ヴェネト州

アドリア海に面し、魚介類に定評がある。干しダラ（バッカラ）のペーストや煮込みなども各地で食べられる。発泡酒のプロセッコやグラッパの産地でもある。

▶P.270、P.368

7 リグーリア州

魚介から山の幸まで幅広い。土地の名前がついた緑色のパスタ、ジェノヴェーゼが名高い。フォカッチャやヒヨコ豆粉を使ったファリナータなど独特のパンも。

▶P.384

8 エミリア・ロマーニャ州

ボロネーゼ、ラザーニャ、トルテッリーニなどのパスタ、パルミジャーノ・レッジャーノ、バルサミコ酢、生ハムにいたるまでイタリア屈指の美食都市。

▶P.420

9 トスカーナ州

ビステッカ・アッラ・フィオレンティーナや太麺パスタ、ピチはレストランの定番。パンツァネッラなど古いパンを再利用した家庭料理もおいしい。

▶P.189、P.437

10 マルケ州

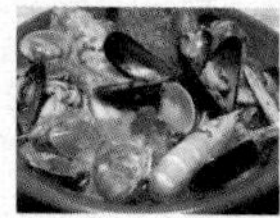

オリーブの肉詰め料理、オリーヴェ・アスコラーナを筆頭に、魚介類のスープであるブロデット、ラザーニャのヴィンチスグラッシなど独創性あふれる料理が食べられる。

▶P.452

11 ウンブリア州

香り高い黒トリュフが有名で、パスタと一緒にいただきたい。郷土菓子も多く、干しブドウやクルミなどが入ったロチャタやペルージャの復活祭のケーキ、チャラミコラは絶品。

▶P.452

12 ラツィオ州

アマトリチャーナ、カルボナーラ、カーチョ・エ・ペペなどのパスタが有名。肉料理では子羊のアバッキオやポルケッタも。ローマピッツァは薄生地が特徴。

▶P.137

13 アブルッツォ州

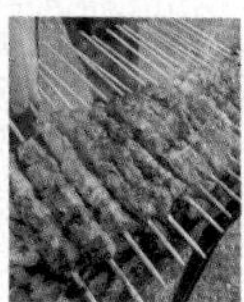

古くから牧羊文化があり、羊の串焼きアッロスティチーニや子羊の炭火焼きアニェッロ・アッラ・ブラーチェなどが伝統料理として知られる。羊乳チーズもおいしい。

14 モリーゼ州

自然豊かな大地で、カチョカヴァロやペコリーノなどのチーズが特産品のひとつ。サラミやソーセージなどの加工品も充実。アブルッツォ州同様に子羊料理も美味だ。

15 カンパニア州

ナポリに代表されるピッツァは厚皮のモチモチした生地。ジェラートやスフォリアテッラ、ババなどドルチェもバリエーション豊かだ。

▶P.297、P.471

16 プーリア州

オリーブオイルや小麦の一大生産地で、オレキエッテなど多様なパスタが生まれている。魚料理はもちろん、ブッラータなどのフレッシュチーズも。

▶P.484

17 バジリカータ州

加熱していない生ソーセージのサルシッチャはこの土地で生まれたもの。硬質小麦を使ったマテーラのパンや半月形のピッツァ、カルツォンチーニも名物のひとつだ。

▶P.484

18 カラーブリア州

唐辛子（ペペロンチーノ）が有名で、唐辛子入りのオリーブオイルやソースの味付けが多い。メカジキに代表される魚介類やトロペアのタマネギなど新鮮な野菜がいただける。

▶P.484

19 シチリア州

太陽をたっぷり浴びたオリーブや柑橘類、地中海の魚介など食材豊か。野菜料理のカポナータやライスコロッケのアランチーニ、イワシや揚げナスのパスタなどが定番。

▶P.510

20 サルデーニャ州

独自の食文化を築き、魚料理はもちろん内陸部では牧羊が盛ん。パンやチーズ、ドルチェも特徴的。カラスミ（ボッタルガ）のパスタや前菜は注文したいひと品。

▶P.524

レストランの利用方法

英語の通じる店も多いが、地方のローカル店ではイタリア語メニューしかない場合も。入店からの基本的な流れと作法を心得ておこう。

1 入店～着席まで

店に到着したらあいさつを。予約している場合は「Mi chiamo ○○, ho gia prenotato」と名前を告げ、していない場合は人数を伝えて、席に案内されるのを待とう。店内のテーブル席かテラス席かの希望を聞いてくれることも多い。給仕係が先に椅子を引いてくれたほうが上席となる。

予約は？
本書内で「要予約」「できれば予約」と書いてある店は、公式サイトやホテルで事前予約がベター。

ドレスコードは？
高級店では男性はネクタイ着用で半ズボンやサンダル不可、女性もワンピースなどの着用が必要。

2 料理を注文する

席に着いてメニューを開き、決まったらメニューを閉じて待とう。手を挙げて大声で呼ぶのはマナー違反。基本的には前菜、プリモ、セコンド、コントルノの順で選んでまとめて注文を。おなかの具合によって、前菜+セコンド、プリモ+セコンドでも問題ない。また、その店の特別料理やシェフのおすすめ料理を「Che cosa consiglia?」や「Quale è la specialità di questo ristorante?」などと聞いてみるのもいいだろう。

フルコースを頼んでみよう

前菜　Antipasto　アンティパスト
冷菜が多く、ブルスケッタやチーズの盛り合わせもここに入る。

第1皿　Primo Piatto　プリモ・ピアット
乾燥パスタや手打ち麺、米料理のリゾット、スープ類などを含む。

第2皿　Secondo Piatto　セコンド・ピアット
おもに肉・魚料理でそのときどきで店のおすすめが変わることも。

付け合わせ　Contorno　コントルノ
セコンド・ピアットに盛りつけられる野菜サラダや温野菜。

3 ワインを注文する

続いてドリンクの注文。水は席に着いてすぐに聞いてくれる場合も多い。ワインリストからお目当てのワインを探すのも楽しいし、迷ったら希望の条件を給仕係に伝えれば、注文した料理を見て選んでくれる。高級店では給仕係がワインをサービスしてくれるので、自分で注いだり客同士で注ぎ合うのは避けよう。

ワイン
イタリア語で「vino」。料理に合わせて赤(rosso)、白(bianco)を選ぶ。迷ったら手頃なハウスワイン(vino della casa)がおすすめ。ボトル1本は「una bottiglia」、グラス1杯は「un bicchiere」。

水／ソフトドリンク
水(agcua)も注文制。ガスなし「naturale」かガス入り「gassataまたはfrizzante」の2種類がある。ちなみにジュースは「succo」、生絞りジュースは「spremuta」。

4 デザートとカフェ

セコンドまで食べ終わったらドルチェを食べるか聞いてくれるので、「はい Sì」と答えるとメニューを渡される。食後のカフェやティーはドルチェを食べ終わってから注文しよう。

何を頼む？
ドルチェも地域によってバラエティ豊か。ただ、量が多い場合もあるので、ジェラートの盛り合わせや旬の果物を注文する人も。北部発祥のティラミスは、今やイタリア全土で提供され、食べ比べるのも◎。

5 お会計をする

おなかいっぱいになったらお会計を。サービスしてくれた給仕係に「Il conto per favore」と声をかけて席で支払いを済ませよう。クレジットカードは「carta di credito」という。

注意事項
会計を頼むと明細入りのレシートを持ってきてくれるので、支払う前に必ずチェックして不明瞭な点があれば確認を。レストランではコペルト（→ P.38）やサービス料が発生するので、基本的には額面の金額を渡せばOK。

おもな飲食店のタイプ

リストランテ
Ristrante
一般的には本格的なフルコースを提供する高級レストラン。有名なシェフが腕を振るっていたり、ドレスコードがある店も。

オステリア
Osteria
日本の「居酒屋」と表現され、ワインの種類が豊富で、簡単な食事を楽しめる。最近ではフードメニューが充実する店も増加中。

トラットリア
Trattoria
家庭料理が主体の庶民的な店が多く、地元の人々にとって食堂のような存在。気軽に利用できて比較的リーズナブルなのが魅力。

ジェラテリア
Gelateria
ジェラート専門店のこと。イタリア各地にあり、店や地域によってさまざまなフレーバーがあるので、お気に入りを見つけよう。

ピッツェリア
Pizzeria
テーブル席があり、薪を燃やして窯で焼き上げたピッツァを楽しめるタイプと、立ち食い専門の量り売り店に分かれる。

バール
Bar
終日営業しており、朝食やティータイム、アペリティーヴォまで目的によって利用できる。パニーノなどの軽食も充実している。

エノテカ
Enoteca
おもにワインの試飲や販売を行うショップを指すが、ワイン片手につまみや料理を楽しめるレストランを兼ねた店も多い。

パスティッチェリア
Pasticceria
菓子屋さんのことで、郷土菓子からパティシェが作るケーキなど見た目も美しいドルチェが並ぶ。イートインできる店もある。

バールの利用方法

イタリア人にとって欠かせないバール Bar。カウンター Banco でエスプレッソをグイッとあおってサッと出ていく地元の人をよく見かけるはずだ。カウンターとテーブル席では料金が異なることが多く、テーブル席のほうが 1.5 ～ 2 倍ほど高くなることも。朝はコルネット（甘いクロワッサン）とカプチーノ、昼時ならパニーノと食後のエスプレッソを、本場にならって試してみよう。

❶注文してお会計
あいさつをして、レジでドリンクやショーケースに並ぶ食べ物を注文後、会計する。

❷レシートをカウンターへ
もらったレシートはカウンターのバリスタに見せて、できあがりを待とう。

❸カウンターで楽しむ
カフェを受け取り、その場でいただこう。カップはそのまま置いておいて OK。

ジェラテリアの利用方法

ジェラート天国のイタリア。夏のみならず、1 年中楽しめて、アイスクリームよりも低カロリーというのがうれしい。店に入ったらまずは料金表をチェック。観光客の多いエリアでは、まれに料金の表示がなく、事情がよくわからない旅行者にたっぷり盛りつけて請求してくる場合があるので注意したいところだ。味見したい場合は、「Posso assagiare?（ポッソ アッサジャーレ）」と声をかけてみよう。

❶サイズと入れ物を選ぶ
コーン cono（コーノ）またはカップ coppetta（コッペッタ）を選び、小 piccolo（ピッコロ）、中 medio（メーディオ）、大 grande（グランデ）の選択を。

パンナを頼む
生クリーム panna（パンナ）は無料～€1 で追加できる

❷フレーバーを選ぶ
店によって 10 ～ 30 種がケースに並び、サイズによってはふたつのフレーバーを重ねられることも。

❸お会計して受け取る
ジェラートを受け取ってからお会計なので先にカードや現金を準備しよう。

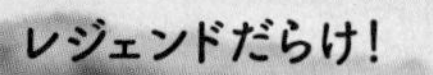

レジェンドだらけ！

奥深きワインの世界

古代ギリシア人が「エノトリア・テルス（＝ワインの大地）」とたたえたイタリア。全20州でワインが生産されており、その生産量は例年世界1位をキープしている。歴史と実績のあるイタリアワインの知識や知っておきたいワインの産地をチェック！

【イタリアワインの特色】

産地ごとの多様性が最大の魅力。地形や気候、土壌などブドウ栽培に影響を与える要素が地方や州ごとに異なり、国中にイタリア固有の土着ブドウ品種が存在していることで、世界的に見ても、極めて多くのタイプのワインを生んでいる。

レストランでのテイスティング

注文後も気が抜けないワインの作法。テイスティングのポイントを知れば、安心して楽しめる。怖がらずにトライ！

開栓前のラベルを見て、オーダーと間違いがないか確認。おすすめを頼んだ場合は、銘柄、ビンテージ、生産者をチェック。

注がれたワインを見て、濁りや異物がないか確認しよう。

香りに異臭、味わいに異常がないか確認。味の好みではなく、不快な匂いや刺激臭がないかなど、品質を確認するのが一般的だ。

問題なければ「OK」、「Per favore（ペル ファヴァーレ）」などと伝えて、ほかの人の分も注いでもらおう。

イタリアワインの格付け

ワインの品質・呼称を保護するための法律に則したランク付けのこと。各ランク内にワインの呼称（名前）があり、それぞれに呼称を名乗るための規定が設けられている。

	イタリアワイン法（4段階）	EUワイン法（3段階）
1.統制保証原産地呼称（最上質）	D.O.C.G	D.O.P
2.統制原産地呼称	D.O.C	
3.保護地理表示呼称	I.G.T	I.G.P
4.地理的表示なし	Vino da Tavola	Vino

ワインラベルの見方を学ぼう

ラベルには記載すべき項目が決められている。製造者によって配置は異なるが、慣れればワイン選びの幅を広げてくれる。

❶ワインの名前

❷格付け（D.O.C.G などの略称ではなく正式名称）

❸ヴィンテージ（ブドウの収穫年）

❹生産者名

❺格付けの特記事項
Riserva（リゼルヴァ）：規定の熟成期間より長く熟成された
Superiore（スーペリオーレ）：規定のアルコール度数を超えた
Classico（クラッシコ）：古くからそのワインを生産している特定地域

❻内容量　❼アルコール度数　❽瓶詰め元

❾CONTIENE SOLFITI（記載があると「亜硫酸塩を含む」という意味に）

ワインの飲み頃と保管方法

飲み頃はワインによって異なるが、一般的には13～15度の温度変化の少ない暗所にボトルを寝かせて保管する。長期熟成タイプの高級ワインを買うならセラーを用意したい。

2大産地の 有名ワイン

高級ワインの産地として名高いふたつの州で造られる赤ワインをピックアップ。イタリアを代表するブドウ品種を使い、厳格な規定のもとに造られたワインたちは、今も昔も世界中のワインラバーをうならせている。

ピエモンテ州

「ワインの王であり王のワインである」と評される偉大なワイン。ネッビオーロ100%で造られ、この品種の力強く複雑な味を体現している。

バローロ
(D.O.C.G)

バローロと同じ品種で造られるが、その繊細でエレガントな味わいから「ピエモンテの女王」と称される。女性的で優美なタイプが多い。

バルバレスコ
(D.O.C.G)

トスカーナ州

イタリア一有名な歴史あるワインで、中部イタリアを代表するサンジョベーゼをベースにブレンドされる。幅広い料理と合わせやすい。

キアンティ
(D.O.C.G)

サンジョベーゼ・グロッソを100%使った長期熟成に最適なワイン。高級ブランドとしてイタリアでは贈答品に用いられる。

ブルネッロ
(D.O.C.G)

個性豊かな スパークリングワイン

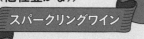

イタリアではスパークリングワインのことを「スプマンテ」と呼び、さらにガス圧の弱い微発砲のワインを「フリッツァンテ」という。北部イタリアで造られる有名なスプマンテ3種と、世界的にも珍しい赤のスプマンテをご紹介。

ヴェネト州

シャンパン、カヴァと並んで世界3大スパークリングワインに数えられる。さわやかな辛口タイプが多くコスパが高いことでも人気を博す。

プロセッコ
(D.O.C/D.O.C.G)

ロンバルディア州

シャンパンと同じメトード・クラシコ（瓶内2次発酵）という製法で造られる。果実味豊かな味わいが、正統派にもビギナーにも親しまれる。

フランチャコルタ
(D.O.C.G)

ピエモンテ州

スパークリングタイプはイタリアで乾杯の定番。同じ名前で白ワインも製造が可能で、辛口～甘口までさまざまなタイプが造られている。

アスティ
(D.O.C.G)

エミリア・ロマーニャ州

この地方で古くから栽培されている品種名を冠した微発泡ワイン。珍しい赤のスパークリングで、軽快な飲み口はビギナーにも飲みやすい。

ランブルスコ
(D.O.C)

ワイン用語の基本

▶辛口と甘口
イタリアでは、辛口の「Secco」や「Brut」から甘口の「Dolce」まで数段階に分類される。

▶品種と銘柄の違い
「品種」とはブドウ自体の種類を指し、「銘柄」とは完成したワインの名前のことを指す。

▶ボディとは？
飲んだときの「厚み・コク」を意味し、フル・ミディアム・ライトの3つに分けられる。

南部の注目ワインと産地

カンパニア州

北部～中部に有名ワインが集中しているように見えるが、南部にも風土に合った魅力的なワインは多い。カンパニア州の温暖な気候、火山性土壌はワイン造りに適しており、近年新たな躍進を見せている。南部を中心に栽培されるブドウの品種アリアニコ主体で造られるタウラージ（D.O.C.G）は、南イタリアで最も尊敬されるワインだ。この地域でよく食べられるジビエにも合う。

プーリア州

固有の土着品種の宝庫で、生産量も多い。プリミティーヴォやネグロ・アマーロ、ネーロ・ディ・トロイアから造られる芳醇な味わいの赤ワインが人気である。

シチリア州

こちらも固有品種、生産量ともに多い州。シチリアを代表する品種ネーロ・ダヴォラをベースに造るチェラスオーロ・ディ・ヴィットーリア（D.O.C.G）は要チェックだ。

一度は訪れたい名所がずらり

世界遺産リスト

紀元前から地中海世界の中心として栄えてきたイタリアは世界遺産の宝庫。ローマ帝国から脈々と受け継がれてきた遺跡や美しい町並み、自然まで、その保有数は世界一の59件(2024年2月時点)を誇る。登録された順番に紹介していこう。

世界遺産とは?

"人類共通の遺産"として未来の世代に引き継いでいくべき「宝物」のこと。1972年のユネスコ総会で採択された「世界の文化遺産及び自然遺産の保護に関する条約」(通称:世界遺産条約)に基づき登録される。
日本ユネスコ協会連盟のウェブサイト
URL www.unesco.or.jp

No	登録年	名称	内容	ページ
1	1979年(文化遺産)	ヴァルカモニカの岩絵群	紀元前19年～紀元前3年頃にかけて、先住民族によって描かれた14万点以上の壮大な岩絵。	➤A11 ※1
2	1980年(文化遺産)	レオナルド・ダ・ヴィンチの「最後の晩餐」があるサンタ・マリア・デッレ・グラツィエ教会とドメニコ会修道院	1492年にミラノ公が改修させた修道院と、ダ・ヴィンチの傑作壁画の複合的な文化遺産。	➤P.222
3	1980年(文化遺産)	ローマ歴史地区、教皇領とサン・パオロ・フオーリ・レ・ムーラ大聖堂	コロッセオ、コンスタンティヌス帝の凱旋門をはじめとした古代遺跡を擁する歴史地区。	➤P.79
4	1982年(文化遺産)	フィレンツェ歴史地区	15～16世紀から残る歴史的建造物や美術品が集まるルネッサンス運動の中心地。	➤P.165
5	1987年(文化遺産)	ピサのドゥオモ広場	11～13世紀のピサの栄華の面影を残す美しい広場。大聖堂や洗礼堂、斜塔が点在する。	➤P.424
6	1987年(文化遺産)	ヴェネツィアとその潟	100以上もの島々で造られた美しい都市と、ヴェネツィア共和国時代の権力を象徴する建築物。	➤P.249
7	1990年(文化遺産)	サン・ジミニャーノ歴史地区	13世紀の教皇派と皇帝派の勢力争いが生んだ、中世から残る14の塔を擁する歴史地区。	➤P.434
8	1993年(文化遺産)	マテーラの洞窟住居と岩窟教会公園	イスラム勢力の迫害から逃れたキリスト教徒が渓谷の岩を掘って造った洞窟住居群。	➤P.478
9	1994年(文化遺産)	ヴィチェンツァ市街とヴェネト地方のパッラーディオ様式の邸宅群	16世紀イタリアの偉大な建築家アンドレーア・パッラーディオによる荘厳な24の建築物。	➤P.351
10	1995年(文化遺産)	クレスピ・ダッダ	産業革命期の起業家が造った企業村。紡績工場や労働者への配慮が行き届いた社宅が残る。	➤A11 ※1
11	1995年(文化遺産)	フェッラーラ:ルネサンス期の市街とポー川デルタ地帯	12～14世紀にかけてエステ家が理想郷を目指して築いたイタリア初のルネッサンス都市。	➤P.408

※世界遺産の名称は日本ユネスコ協会連盟のウェブサイト内の和名を参考に記載。一部、本書の表記と異なります

No	登録年	名称	内容	ページ
12	1995年（文化遺産）	ナポリ歴史地区	古代から中世までさまざまな外国勢力の標的にされてきた各時代の足跡が残る。	➤P.289
13	1995年（文化遺産）	シエナ歴史地区	隣国フィレンツェを凌ぐほど栄えた13〜14世紀の町並みや200年かけて造られた大聖堂を有する。	➤P.23 ➤P.428
14	1996年（文化遺産）	デル・モンテ城	13世紀、神聖ローマ帝国皇帝フリードリヒ2世が建てた「丘の上の王冠」とたたえられる美城。	➤A13 ※2
15	1996年（文化遺産）	ラヴェンナの初期キリスト教建築物群	5〜6世紀に造られたネオン洗礼堂やサン・ヴィターレ聖堂を含む8つのキリスト教建築群。	➤P.413
16	1996年（文化遺産）	ピエンツァ市街の歴史地区	ローマ教皇ピウス2世が築いた、「トスカーナの小さな宝石」と称されるルネッサンス様式の町。	➤P.427
17	1996年（文化遺産）	アルベロベッロのトゥルッリ	円錐形の屋根をもつ白い小さな家・トゥルッリが生むかわいらしい景観が有名。	➤P.475
18	1997年（文化遺産）	カゼルタの18世紀の王宮と公園、ヴァンヴィテッリの水道橋とサン・レウチョ邸宅群	スペイン・ブルボン家の王宮や水道橋と、絹織物の工場を中心とした産業地区を併せもつ。	➤P.460
19	1997年（文化遺産）	アグリジェントの遺跡地域	紀元前に築かれた遺跡群で、3大古代ギリシア神殿に数えられるコンコルディア神殿を擁する。	➤P.506
20	1997年（文化遺産）	ポンペイ、エルコラーノ及びトッレ・アヌンツィアータの遺跡地域	ヴェスーヴィオ火山の大噴火によって1日で失われた町並みが当時のまま残る、貴重な町。	➤P.454
21	1997年（文化遺産）	パドヴァの植物園（オルト・ボタニコ）	現存する世界最古の植物園。円形の幾何学式庭園の内外には10もの噴水が設置されている。	➤P.347
22	1997年（文化遺産）	モデナの大聖堂、トッレ・チヴィカ及びグランデ広場	市民の自由と独立を表現した広場と、ロマネスク、ゴシック様式の傑作・モデナ大聖堂。	➤P.396
23	1997年（文化遺産）	アマルフィ海岸	南部の海岸線で、断崖絶壁と紺碧の海が織りなすコントラストが望める美しいスポット。	➤P.467
24	1997年（文化遺産）	ポルトヴェネーレ、チンクエ・テッレ及び小島群（パルマリア、ティーノ及びティネット島）	切り立つ崖の間に小さな入江が入り組む複雑な海岸線と、その景観に調和した美しい村々。	➤P.379
25	1997年（文化遺産）	サヴォイア王家の王宮群	サヴォイア王家の威光を語り継ぐ壮麗な王宮や城がトリノを中心に点在する。	➤P.307
26	1997年（文化遺産）	スー・ヌラージ・ディ・バルーミニ	ヨーロッパでも有数の巨石文明による遺跡。古代サルデーニャ人が築いたとされる。	➤P.517

1 先史時代の生活を伝える資料

2 ブラマンテが改修を手がけた

3 ヴァティカンは旅のハイライト

5 ガリレオが実験をしたことでも有名

6 運河沿いに歴史的建築が並ぶ

7 権力を示すために建てられた塔

8 多くの映画の撮影地にもなった

9 現在は美術館のキエリカーティ宮

10 ひときわ目をひく紡績工場

11 テラコッタ装飾が施されている

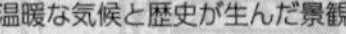
12 温暖な気候と歴史が生んだ景観

13 カンポ広場に立つ市庁舎

4 美しいドゥオーモを擁する花の都

※1 A11『ミラノ ヴェネツィアと湖水地方』編に掲載　※2 A13『南イタリアとシチリア』編に掲載

No	登録年	名称	内容	ページ
27	1997年 （文化遺産）	ヴィッラ・ロマーナ・デル・カサーレ	ローマ時代の権力者の豪邸で、3～4世紀に作られたモザイクや浴場、食堂などが残る。	➤A13 ※2
28	1998年 （文化遺産）	アクイレイアの遺跡地域と総主教聖堂バシリカ	古代ローマ時代からほぼ完全な状態を保っている町。さまざまな遺跡が見つかっている。	➤A11 ※1
29	1998年 （文化遺産）	パエストゥムとヴェリアの古代遺跡群を含むチレントとディアノ渓谷国立公園とパドゥーラのカルトゥジオ修道院	ギリシア・ローマ時代の遺跡や中世の城、修道院、教会などを擁する広大な渓谷。	➤P.458
30	1998年 （文化遺産）	ウルビーノ歴史地区	中世の城壁に囲まれた歴史地区。ドゥカーレ宮殿をはじめ、ルネッサンス建築が点在する。	➤P.450
31	1999年 （文化遺産）	ヴィッラ・アドリアーナ（ティヴォリ）	5賢帝のハドリアヌス帝が自ら設計して建てた荘厳な別荘がローマ帝国の最盛期を物語る。	➤P.122
32	2000年 （文化遺産）	アッシージ、聖フランチェスコ聖堂と関連遺跡群	キリストに次ぐ聖人・聖フランチェスコの生まれた町として多くの巡礼者が訪れる。	➤P.440
33	2000年 （文化遺産）	ヴェローナ市	美しい中世の町並みにローマ時代の遺跡が数多く残る。『ロミオとジュリエット』の舞台。	➤P.356
34	2000年 （自然遺産）	エオリア諸島	噴火方式の語源となったストロンボリ島を含み、火山学の発展に影響を与えた火山群島。	➤A13 ※2
35	2001年 （文化遺産）	ティヴォリのエステ家別荘	大小500もの噴水がある庭園が有名なエステ家の別荘。各地の噴水の発展に貢献した。	➤P.120
36	2002年 （文化遺産）	ヴァル・ディ・ノートの後期バロック様式の町々（シチリア島南東部）	17世紀の大地震によって一度壊滅したが、市民の手で復活を遂げた8つの町が登録された。	➤A13 ※2
37	2003年 （文化遺産）	ピエモンテとロンバルディアのサクリ・モンティ	16～17世紀、山の上に建てられた宗教的建築物。全9カ所にある教会はそれぞれ特徴をもつ。	➤P.343

14 八角形の中庭を 8 つの塔が囲む

15 サン・ヴィターレ聖堂

23 南イタリア屈指の美しい景色

16 ルネッサンス様式の大聖堂

17 おとぎ話のような景観が広がる

18 カゼルタ王宮の美しい庭園と噴水

19 丘の上にそびえる神殿

20 ヴェスーヴィオ火山を望む町

21 6000 以上の植物が栽培される

22 大聖堂はロマネスク建築のひとつ

24 海から望む色とりどりの家々

25 トリノに点在する城や邸宅

26 巨石が円筒や円錐状に積まれる

27 ローマ教皇の別荘説が有力

28 鐘楼は 11 世紀に建造

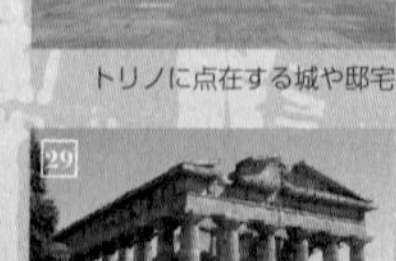
29 パストゥムのネプチューン神殿

30 画家ラファエッロの生まれた町

※1 A11『ミラノ ヴェネツィアと湖水地方』編に掲載　※2 A13『南イタリアとシチリア』編に掲載

皇帝ハドリアヌスの別荘

聖堂の美しいフレスコ画に注目

野外オペラが行われるアレーナ

リゾート地としても人気が高い

ノートにあるドゥチェツィオ宮

ヴァラッロ・セジア

豪華な別荘と広大な庭園をもつ

「ヒョウの墓」に描かれたフレスコ画

多くの芸術家たちを魅了した風景

5000以上の墓穴が点在する

バロック様式の意匠が目印の宮殿

時計塔や教会群のあるエルベ広場

針葉樹林に囲まれたカレンツァ湖

赤い車体が映えるベルニナ線

サン・マリノ共和国

No	登録年	名称	内容	ページ
38	2004年（文化遺産）	チェルヴェテリとタルキニアのエトルリア古代都市群	ふたつの墓地遺跡からなり、貴重な史料となるエトルリア人の墓が発見されている。	➤P.123
39	2004年（文化遺産）	オルチア渓谷	中央に川が流れるひらけた丘陵地で、トスカーナらしい絵画のような田園風景が広がる。	➤P.427
40	2005年（文化遺産）	シラクーザとパンタリカの岩壁墓地遺跡	シラクーサの古代からの繁栄を示す遺跡と、岸壁に掘られた紀元前7世紀の墓穴群。	➤P.502
41	2006年（文化遺産）	ジェノヴァ:レ・ストラーデ・ヌオーヴェとパラッツィ・デイ・ロッリ制度	海洋貿易で栄えたジェノヴァの貴族たちが16～17世紀に建てた邸宅群とそれに関する法律。	➤P.373
42	2008年（文化遺産）	マントヴァとサッビオネータ	ルネッサンス期の貴重な建造物や広場、テ宮殿と16世紀に建設された城壁が囲む歴史地区。	➤P.339 ➤P.342
43	2008年（文化遺産）	レーティシュ鉄道アルブラ線・ベルニナ線と周辺の景観	アルプスの自然と共存する鉄道とその景観。鉄道の発達により産業の発展にも寄与した。	➤P.343
	2008年（文化遺産）	サンマリノ歴史地区とティターノ山	13世紀から続く世界最古の共和国サン・マリノ共和国とティターノ山の上に広がる歴史地区。	➤P.405
44	2009年（自然遺産）	ドロミーティ	垂直に切り立った特異な光景と赤茶色の岩肌が印象的な鉱物・ドロマイトからなる山塊。	➤P.365
45	2010年（自然遺産）	サン・ジョルジオ山	スイスとイタリアにまたがる標高1096mの山。地層から化石が1万点以上も発掘されている。	➤—
46	2011年（文化遺産）	イタリアのロンゴバルド族:権勢の足跡（568-774年）	イタリア各地に残るロンゴバルド王国時代の建造物や遺跡。古代から中世への変遷を伝える。	➤P.334 ➤P.461
47	2011年（文化遺産）	アルプス山系の先史時代杭上住居跡群	紀元前5000年頃から4000年間ほどの間に建てられたアルプス周辺の住居跡が見つかっている。	➤—
48	2013年（文化遺産）	トスカナ地方のメディチ家の別荘と庭園群	フィレンツェを300年統治したメディチ家が13～15世紀の間に建てた12の別荘とふたつの庭園。	➤P.172

No	登録年	名称	内容	ページ
49	2013年 (自然遺産)	エトナ山	ヨーロッパ最大の活火山だが、爆発的な噴火はなく噴火口区域まで行くことが可能。	➤A13 ※2
50	2014年 (文化遺産)	ピエモンテの葡萄畑景観: ランゲ・ロエロ・モンフェッラート	古代からのワイン醸造の歴史と、古城や教会などの建造物とが調和した美しい景観。	➤—
51	2015年 (文化遺産)	アラブ・ノルマン様式のパレルモおよび チェファルとモンレアーレの大聖堂	シチリア・ノルマン王朝時代の歴史的建造物群。イスラムやビザンツとの融合を示す。	➤P.489
52	2017年 (文化遺産)	16～17世紀の ヴェネツィア共和国の軍事防衛施設群: スタート・ダ・テッラと西スタート・ダ・マール	16～17世紀のヴェネツィアに築かれた6つの防衛施設群、現在のクロアチアなどにも点在。	➤—
53	2017年 (自然遺産)	カルパティア山脈とヨーロッパ各地の 古代及び原生ブナ林	12ヵ国にまたがる世界遺産で、原始の姿を残すブナの森林と多様な植物が認められている。	➤—
54	2018年 (文化遺産)	20世紀の産業都市イヴレーア	製造業を営むオベリッテイ社の創業地で、20世紀を代表する工業都市モデルとして評価された。	➤—
55	2019年 (文化遺産)	コネリアーノとヴァルドッビアーデネの プロセッコの丘	最上級ワイン「プロセッコ」の産地。ブドウ畑や歴史、製造に関連する施設などの文化的景観。	➤—
56	2021年 (文化遺産)	パドヴァの14世紀フレスコ作品群	8つのキリスト教関連の建造物に描かれ、なかでもスクロヴェーニ礼拝堂内の作品は傑作。	➤P.348
57	2021年 (文化遺産)	ヨーロッパの大温泉保養都市群	ヨーロッパ7ヵ国11の温泉が登録。イタリアではモンテカティーニ・テルメの温泉群が対象。	➤P.16
58	2021年 (文化遺産)	ボローニャのポルティコ群	交流や商業活動の発展に影響を与えた、世界最長ともいわれるポルティコ(屋根付きの回廊)。	➤P.386
59	2023年 (自然遺産)	アペニン山脈北部の蒸発岩カルストと洞窟群	岩石が雨水などで浸食してできるカルストが多く見られ、地下には無数の洞窟が存在する。	➤P.16

スイスから連なる山々の絶景

ブレーシャの博物館

大庭園のあるヴィラ・ペトライア

遺跡から望むエトナ山

イタリア国内では5州に点在

日当たりの良い丘陵地

シチリア・ノルマン様式の大聖堂

チミーノ山の自然公園内のブナ林

ピエモンテ州にある工業都市

スパークリングワインの産地

西洋絵画の父・ジョット作

モンテカティーニ・テルメ

パルマノーヴァの要塞都市

赤いれんがのポルティコ

エミリア・ロマーニャ州に9ヵ所

※1 A11『ミラノ ヴェネツィアと湖水地方』編に掲載　※2 A13『南イタリアとシチリア』編に掲載

イタリアの5大都市

ドゥオーモ(ミラノ)

5大都市 オリエンテーション

イタリアには有名な観光地がずらり。なかでも、初めてのイタリアで訪れてほしい5大都市を紹介。余裕があれば近郊の町にも足を運んでみて。

ミラノ
ヴェネツィア
フィレンツェ
ローマ
ナポリ

日本から唯一の直行便あり！

ローマ

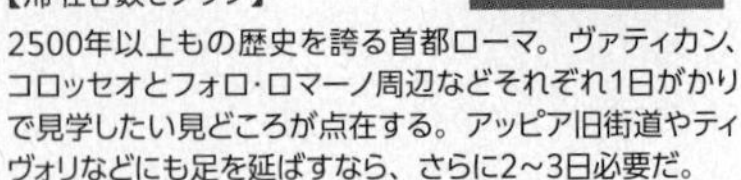

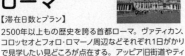

【滞在日数とプラン】

2500年以上もの歴史を誇る首都ローマ。ヴァティカン、コロッセオとフォロ・ロマーノ周辺などそれぞれ1日がかりで見学したい見どころが点在する。アッピア旧街道やティヴォリなどにも足を延ばすなら、さらに2～3日必要だ。

+α

オルヴィエート ▶P.32、P.448

鉄道で約1時間30分で日帰りも可能。チヴィタ・ディ・バニョレージョ(→P.154)へ行くなら宿泊も検討したい。

アッシジ ▶P.440

聖者フランチェスコの町として名高く、フレスコ画は必見。鉄道で約2時間の距離にあり、ペルージャなども近い。

町がコンパクト！ 徒歩で回れる

フィレンツェ

【滞在日数とプラン】

サンタ・マリア・ノヴェッラ駅から徒歩圏内に見どころが広がるので、日帰り観光も可能だ。ただし、町の雰囲気を感じながら美術館や博物館を巡るなら最低でも3日は欲しいところ。リピーターにはトスカーナの古きよき町や村もおすすめ。

+α

ピサ ▶P.422

斜塔で有名ピサへは約1 時間。町はバスで約2km の距離にあるので、朝イチから動くのがよい。宿泊施設も充実。

シエナ ▶P.23、428

キャンティの丘陵地が広がる古都で、1時間30分ほど。市内はもちろん近郊のワイナリー巡り(→P.24)も楽しい。

ボローニャ ▶P.386

美食の町といえば真っ先に挙がる町。中心部だけなら徒歩で回れ、日帰り観光が可能。高速列車で約30～40分。

中心地に宿を取るならゆったりと

ヴェネツィア

【滞在日数とプラン】

迷路のような小道が楽しい町は、慣れるまでに時間がかかるので2日は見ておきたい。中心部に宿を取って水上バスのヴァポレットや徒歩でゆったり回ろう。ムラーノやブラーノなど周辺の島々はオプショナルツアーに参加して巡るのが効率的。

+α

パドヴァ ▶P.346

世界遺産の「スクロヴェーニ礼拝堂」があり話題にも。高速列車で30分なので日帰りで訪れることができる。

ヴェローナ ▶P.354

1時間ほどの距離にあり、町の中心はコンパクトですぐ回れる。夏は野外オペラを観に泊まりがけで。

トレント ▶P.361

州を越えて、アルト・アディジェのオーストリア国境に近い町にも行ってみて。ヴェネツィアから約2時間。

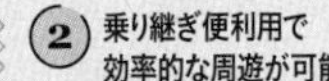

周遊のヒント

① 駅近く？中心部？どこに泊まる？

ローマとヴェネツィアはできるだけ観光スポットが集まる中心地に宿を取るとどこへ行くにも徒歩圏内で便利。地下鉄が走るミラノとナポリは駅沿いに。フィレンツェは駅からドゥオーモ周辺がおすすめ。

② 乗り継ぎ便利用で効率的な周遊が可能

乗り継ぎ便を利用する場合は、ミラノ in でヴェネツィア、フィレンツェ、ローマと回ってローマ out だとひと筆書きで周遊できて◎。ローマから日帰りでナポリへ訪れよう。P.20 のモデルプランも参考に。

ヨーロッパ経由の便が多数発着

ミラノ

【滞在日数とプラン】

中心地は意外とコンパクトで体力に自信があれば徒歩でも回れる。事前予約必須の『最後の晩餐』の見学時間に合わせて前後に予定を加えていこう。ミラノ周辺は近郊列車で行ける小都市の宝庫。たくさんの都市を巡ってみよう。

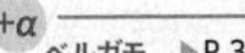

+α

ベルガモ ▶P.331

中央駅から 1 時間だが、本数が少なく、ケーブルカーで丘に上るなら丸 1 日見ておきたい。綿密に計画を立てよう。

マントヴァ ▶P.28、339

北部ルネッサンスの中心で、城巡りが好きな人にぴったり。由緒あるパラッツォ(→P.29)に泊まるのもいいだろう。

トリノ ▶P.304

ピエモンテ州の州都で、高速列車で約1時間。ワインもグルメもバリエーション豊富で、カフェをはしごするのもいい。

カプリ島や遺跡も魅力

ナポリ

【滞在日数とプラン】

南部最大の都市。ローマから日帰りで行くこともできるが、せっかくなら滞在してポンペイやエルコラーノなど周辺に点在する遺跡にも訪れたい。シチリアへの直通列車もあり、約6～9時間ほど。バーリまでは鉄道とバスを乗り継ぐ。

+α

ポンペイ ▶P.454

中央駅からヴェスーヴィオ周遊鉄道に乗って30分ほど。日帰りの距離だが、遺跡は広いので多めに時間を見積もって。

アマルフィ ▶P.465

リゾートステイを満喫するなら最低でも2～3日欲しい。ヴェスーヴィオ周遊鉄道の終点、ソレントを拠点にして動こう。

Roma
ローマ

ローマ歴史地区、教皇領と
サン・パオロ・フオーリ・
レ・ムーラ大聖堂
登録年1980年　文化遺産

歴史と夢を紡ぐ永遠の都

古代エトルリア時代、ローマ帝国時代、キリスト教の総本山としての黄金期、そしてイタリア統一からムッソリーニの出現、現代まで……。幾多の歴史の変遷によって造られてきたさまざまなモニュメントは、宝の山を前にしたようで、どこから見学したらよいか迷うほどだ。いつの時代も、何度訪れても色あせない永遠の都を心ゆくまで堪能してほしい。

ローマの概観

テヴェレ川のほとり、7つの丘の上に広がる永遠の都ローマ。古代ローマの時代から、歴史の舞台として、さまざまなドラマが繰り広げられたこの町には見どころがいっぱい。短期間の滞在ではこの町の魅力を隅々まで満喫するのは難しいかもしれないが、まずは各エリアの概要を知ってから、この町を歩き始めよう。ローマは意外に小さく、端から端まで歩いても、2〜3時間もあれば大丈夫。がんばって歩けば3日ほどでおもな見どころは見て回れる。

1 城壁に囲まれた町

ローマの地図の目印はテヴェレ川

ローマの町は、**直径5㎞**ほどの丸の中にすっぽり入る大きさだ。町は、北から南西へ大きくＳ字に蛇行する**テヴェレ川**を挟んで二分される。テヴェレ川の西側・右岸には、カトリックの総本山**ヴァティカン市国**が、東側・左岸には、ローマ建国伝説の発祥の地、**パラティーノの丘**をはじめ7つの丘が広がる。

この丘の周囲をグルッと取り囲んでいるのが、古代ローマ皇帝の**アウレリウス帝の城壁**だ。ほとんどの見どころは、この城壁の中にある。

2 町の中心には広場

ローマの主要広場をまずチェック！

ローマの町の中心は**ヴェネツィア広場**だ。その周辺に、ローマっ子の憩いの場**ナヴォーナ広場**や**パンテオン**、そして古代遺跡**フォロ・ロマーノ**や**コロッセオ**が点在する。

町の北側には、広い緑の**ボルゲーゼ公園**、南側には、**カラカラ浴場**、そして東側には、**ローマ・テルミニ駅**がある。町の西側のテヴェレ川右岸には**ヴァティカン市国**と、**サンタンジェロ城**。テヴェレ川右岸の南には、ローマの下町**トラステヴェレ**と、ローマを一望できる**ジャニコロの丘**が広がる。

3 広場から通りへ

ローマの通りは入り組んでいるが、主要な広場を頭に入れておけば、迷子になる心配はない。特にヴェネツィア広場に立つ、巨大な記念堂**ヴィットリアーノ**は、どこからも眺められるので道しるべには最適。

ヴェネツィア広場から北東に延びるのが**ナツィオナーレ通り**、その逆ヴァティカン市国へ延びるのが、**ヴィットリオ・エマヌエーレ2世通り**。東南のコロッセオまでは、道の両側に古代遺跡が続く、**フォーリ・インペリアーリ通り**。さらに、ほぼ北へ、メインストリートの**コルソ通り**が続く。

巨大なヴィットリアーノが町歩きの目印

4 ローマから延びる大幹線道路

ローマの町からは、古代ローマの執政官たちによって造られた8つの**執政官道路**をはじめ**大幹線道路**が四方八方へ延びている。2000年の時を経た今も、道はかつての帝国領土を目指し、イタリア各地へと向かっている。これらの大幹線道路にまたがって、町を囲んでいるのが大環状道路だ。市内からこの**半径10㎞**ほどの大きな区域が、今やローマの**住宅地**になっている。

2000年の時を経た執政官道路、旧アッピア街道を歩いてみよう

大環状道路の外側の平野部**アグロ・ロマーノ**は、牧畜と農業が盛ん。ゆったりとした田園風景と羊飼いの姿が、今も見られる。

空港からローマ市内へのアクセス

レオナルド・ダ・ヴィンチ空港（現地では通常フィウミチーノ空港と呼ばれている）は、ローマ市街の南西約30㎞の郊外にある。空港から市内へはトレニタリアの列車（以下**1.2.**の2線あり）やプルマン利用で。終電後は**3.**の夜間バスや**4.**のタクシーを利用しよう。

フィウミチーノ空港駅

●1.空港⇔テルミニ駅間の直通列車　Leonardo Express

空港駅には自動改札も。
切符のバーコードをタッチ

全車1等で、座席指定なし。ローマ・テルミニ駅までノンストップで所要約30分、料金€14。テルミニ駅で地下鉄A・B線やトレニタリア、イタロに連絡している。テルミニ駅ではおもに24番線ホームから発着（変更も少なくないので、掲示板に注意）。空港からは始発5:38、終電23:53、テルミニ駅からは始発4:50、終電23:05。約15分～30分ごとの発車（航空機の延着により終電延長の場合もあり）。

●2.空港⇔ティブルティーナ駅をつなぐローマ近郊鉄道FL1線

フィウミチーノ空港からローマ郊外北東にあるローマ・ティブルティーナ駅Roma Tiburtinaまでは所要約50分、料金€8。空港からは始発5:57、終電22:42、ティブルティーナ駅からは始発5:01、終電22:01で約15分～1時間ごとの運行。ティブルティーナ駅では地下鉄B線やトレニタリア、イタロに連絡。途中で地下鉄B線ピラミデ駅Piramideと連絡するローマ・オスティエンセ駅 Roma Ostienseに停車。また、ローマ・トラステヴェレ駅 Roma Trastevereにも停まるが、駅自体は観光客や地元の人々でにぎわうトラステヴェレ中心からは離れているので間違えないように。

FL1線はティブルティーナ駅を経由して、ファラ・サビーナ＝モンテリブレッティ駅 Fara Sabina-Montelibrettiもしくはオルテ駅 Orteが終点。

●郵便番号　00100

フィウミチーノ空港の到着

羽田空港からITAエアウェイズ直行便やシェンゲン協定以外の国から入国する場合はターミナル3に到着。ヨーロッパ各国（シェンゲン協定加盟国）からの便はターミナル1に到着することが多い。

空港⇔テルミニ駅の列車情報

フィウミチーノ空港駅はターミナル3の地下1階にある。切符はトレニタリアの切符窓口や自動券売機で販売しているほか、トレニタリアの公式サイトでも事前購入が可能。予約は不要なので当日でも問題ない。ただし、自由席なので混雑時は席が取れないことも。いずれも終着駅のため、先頭車両に乗ると出入り口に近い。

URL leonardo-express.com

✉ レオナルド・エクスプレスを利用

テルミニ駅には改札があります。改札を通ってからホーム内の自動検札機で打刻が必要です。打刻が必要なことは自動券売機で購入する際に注意事項として出ていました。車内検札もありました。空港駅に到着して、ホームから出るときも切符が必要でした。

（宮崎恵理子）［'24］

✉ 空港～テルミニ駅を2等料金で電車移動

直通にこだわらなければ、バスとほぼ同額の2等料金€8で空港駅～テルミニ駅間を電車移動が可能です。ただしローマ・オスティエンセ駅Roma Ostienseで乗り換えが必要になります。

（いつも鉄道が好き）［'24］

●ローマ・フィウミチーノ空港
URL www.adr.it/fiumicino

●ローマ・チャンピーノ空港
URL www.adr.it/ciampino

もうひとつの空港・チャンピーノ空港

LCCやチャーター便を利用した場合はローマ・チャンピーノ空港 Aeroporto G.B.Pastine-Ciampino発着の場合もある。空港⇔テルミニ駅間はTERRAVISION、SIT、Schiaffini、Autostradaleの4社がプルマンを運行。バス乗り場は空港2番ゲートを出てすぐ。ローマ市内の乗り場はP.56同様。空港発3:30～23:30、テルミニ駅発4:05～翌0:30、所要約40分で30分～1時間おきに運行している。片道€6～6.90、往復€9.90～11。

トレニタリアはチャンピーノ・エアリンク Ciampino Airlinkを運行。空港からチャンピーノ駅までバスで移動し、テルミニ駅までレッジョナーレ(R)を利用。空港から所要約45分、空港発6:15～22:40、テルミニ駅発5:42～22:42で15～30分間隔。片道€2.70。

空港⇔市内の夜間バス
COTRALが深夜・早朝便を運行。ターミナル2のバス停からテルミニ駅まで空港発1:45～5:45（日・祝0:45発）、テルミニ駅発0:35～4:35（日・祝23:35発）で約1時間おきに出発。
URL www.cotralspa.it

✉ プルマンと列車、どっちを選ぶ？

空港行きのプルマンは発車時点で20分遅れ、発車1分で渋滞にはまり、空港到着は定刻から10分遅れでした（もっと遅れる場合も）。料金は安いですが、時間が読めないので、よほど時間的余裕がなければレオナルド・エクスプレスを利用すべきだと思います。
（大阪府　片倉康彰）

空港⇔市内の送迎サービス
深夜や早朝発着の場合は、ホテルの送迎サービスを利用したり旅行会社等で送迎チャーター車を利用したりするのも手だ。夜のテルミニ駅周辺はホームレスやスリも多く、物騒な面も。慣れない土地で、重い荷物を持った移動は避けた方が無難。複数人での旅行なら割安になるし、ひとり旅では割高になるが、空港からホテルまで安全に移動できるに越したことはないはずだ。
例えばHISでは空港からローマ市内の片道送迎で€93～（2名）、みゅうローマで€94～(2名)。また、Klookでは3名までで€63～というプランもある。
●Klook
URL www.klook.com

空港のタクシーサービス
タクシーは到着ロビーでタクシーマークの案内に従って乗り場までスムーズに行くことができる。右記で紹介した空港⇔市内間の定額以外にも、空港⇔ティブルティーナ駅間€57、空港⇔オスティエンセ駅間€47なども。フィウミチーノ空港⇔チャンピーノ空港間は€52。

✉ 空港からのタクシー

最初に必ず料金の確認を。車体に「固定料金€50」と、あるにもかかわらず、「祝日だから€60だ！」などとフッかけられました。私の経験では次のようなタクシーは信用できそう。①運転手の英語が流暢、②車体にタクシー会社のロゴがある、③車体がきれい。（長野県　ぴろ）['24]

●3.プルマンで市内へ

各社のバス便が運行。ホテル近くに到着する便を利用しよう

空港とテルミニ駅を結んで複数の会社が運行している。空港での乗車場所や経由地、到着場所（テルミニ駅の西・東口）、料金などが異なるので、滞在するホテルの場所に合わせて選ぼう。

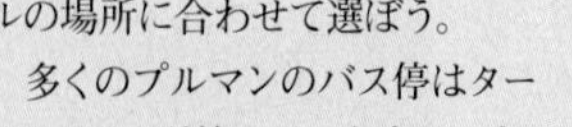

多くのプルマンのバス停はターミナル3の到着ロビーを出て、右へ建物沿いに進んだところにある。

①Autostradale
出発地 ターミナル3の12番乗り場　**経由地** 直通　**到着地** テルミニ駅のベスト・ウエスタン・プレミア・ホテル・ロイヤル・サンティナBest Western Premier Hotel Royal Santina周辺（住 Via Marsala 5）　**タイムテーブル** 空港発8:00～23:50、テルミニ駅発4:10～20:00で30分～1時間おきに出発　料 片道€7、往復€13
URL autostradale.it

②SIT Bus Shuttle
出発地 ターミナル3の12番乗り場　**経由地** 地下鉄A線Cornelia駅から徒歩4分にあるバス停（住 Circonvallazione Aurelia 19）とヴァティカン市国周辺（住 Via Crescenzio 19）　**到着地** テルミニ駅（住 Via Marsala 5）　**タイムテーブル** 空港発8:00～23:50、テルミニ駅発4:15～20:30で30分～1時間おきに出発。　料 片道€7、往復€13　URL www.sitbusshuttle.com

③TERRAVISION
出発地 ターミナル3の14番乗り場　**経由地** 直通　**到着地** テルミニ駅のメルカート・チェントラーレ Mercato Centrale前（住 Via Giolitti 38）　**タイムテーブル** 空港発8:00～24:30、テルミニ駅発4:00～19:50で20～45分おきに出発　料 片道€6、往復€11
URL www.terravision.eu

④T.A.M.
出発地 ターミナル3の13番乗り場　**経由地** ローマ・オスティエンセ駅 Roma Ostienseのイータリー前（住Piazzale XII Ottobre 1492）　**到着地** テルミニ駅のメルカート・チェントラーレ前（住 Via Giolitti, 34）　**タイムテーブル** 空港発5:40～翌2:30（翌0:15以降のバスはオスティエンセ駅経由なし）、テルミニ駅発4:30～翌3:30（21:30以降のバスはオスティエンセ駅経由なし）で30分～1時間おきに出発　料 片道€7、往復€12　URL www.tambus.it

●4.タクシー

タクシーを利用する場合は、空港正面出口前のタクシー乗り場に並び、認可されたタクシーに必ず乗ること。無認可の白タク、空港係員を装って近づいてくる客引きなどの車は避けること。空港⇔市内（アウレリウス帝の城壁内）間は固定料金で€50。料金には手荷物が含まれていて、最大4名までの料金。城壁外はメーター制。

ローマ　Roma

フィウミチーノ空港　Fiumicino Airport

■1階到着ロビー　ターミナル3　TERMINAL T3

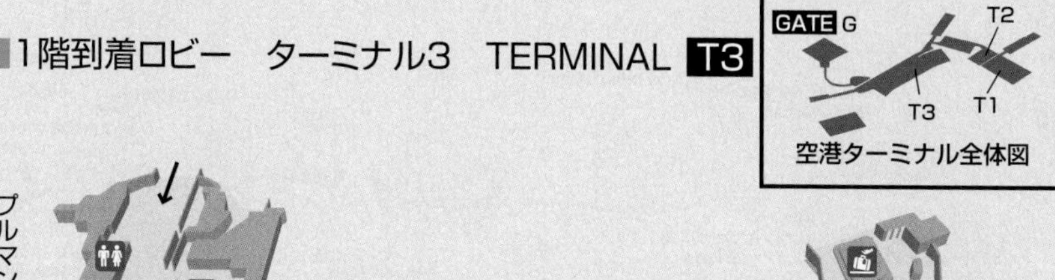

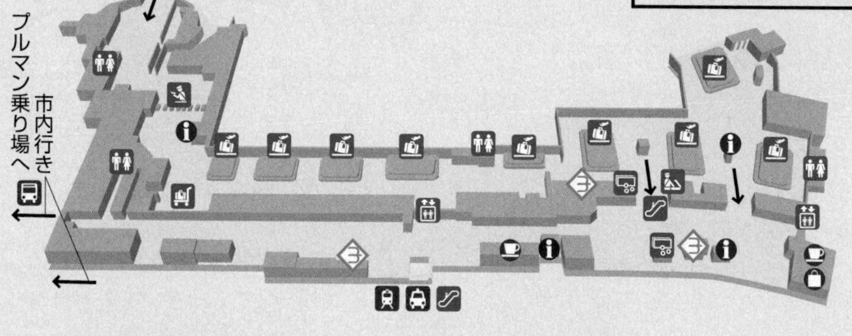

■2階出発ロビー　ターミナル3　TERMINAL T3

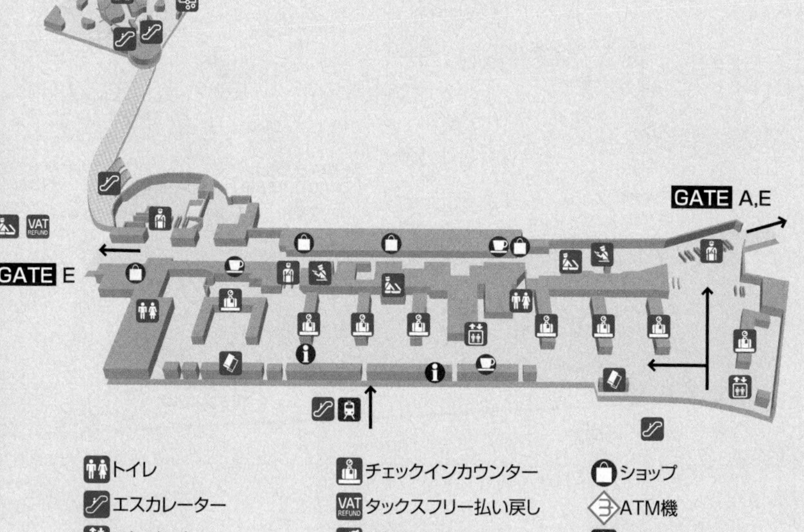

- トイレ
- エスカレーター
- エレベーター
- 両替所
- 税関
- セキュリティコントロール
- パスポート検査
- チェックインカウンター
- VAT REFUND タックスフリー払い戻し
- 荷物受け取り
- 航空券売場
- GATE 搭乗口
- カート置き場
- バール・飲食店
- ショップ
- ATM機
- タクシー
- バス
- 鉄道
- 観光局インフォメーション
- 空港インフォメーション

ローマ全体図
P.62-63
P.66-67
A線フラミニオ駅
Flaminio
A線レパント駅
Lepanto
A線
オッタヴィアーノ駅
Ottaviano S. Pietro
A線チプロ
(ヴァティカン博物館)駅
Cipro Musei Vaticani
A線スパーニャ駅
Spagna
B線ピラミデ駅
Piramide
ポポロ教会
ポポロ広場
P.za del Popolo
ゲーテ博物館
Acc. S. Cecilia
アラ・パチス
アウグストゥス帝の廟
スペイン広場
P.za di Spagna
ボルゲーゼ宮
P.za Borghese
サン・シルヴェストロ広場
P.za S. Silvestro
Pal. Chigi
モンテチトーリオ宮(下院)
サンタ・ゴスティーノ教会
コロンナ広場
P.za Colonna
ドーリア・パンフィーリ宮
ロトンダ広場
P.za d. Rotonda
パンテオン
Pantheon
ナヴォーナ広場
P.za Navona
マダーマ宮(上院)
サピエンツァ宮
ブラスキ宮
マッシモ宮
S.M.ソプラ・ミネルヴァ教会
V.エマヌエーレ2世通り
カンチェッレリア宮
ヴェネツィア宮殿
Pal. Venezia
ファルネーゼ広場
P.za Farnese
トッレ・アルジェンティーナ広場
L.go Torre Argentina
ジェズ教会
Il Gesù
ファルネーゼ宮
Pal. Farnese
カンポ・デ・フィオーリ広場
P.za Campo de' Fiori
P.za B. Cairoli
ファルネジーナ荘
スパーダ宮
Pal. Spada
ヴィットリオ・エマヌエーレ2世記念堂
国立コルシーニ宮美術館
カピトリーニ美術館
Museo Capitolini
シスト橋
Ponte Sisto
ガリバルディ橋
P.te Garibaldi
マルケルス劇場
ティベリーナ島
Isola Tiberina
ファブリチオ橋
P.te Fabricio
Tempio di Vesta
チェスティオ橋
P.te Cestio
パラティーノ橋
P.te Palatino
サンタ・マリア・イン・トラステヴェレ聖堂
サン・カリスト広場
P.za S. Callisto
病院
サンタ・マリア・イン・コスメディン教会(真実の口)
サンタ・チェチリア・イン・トラステヴェレ教会
S. Cecilia in Trastevere
真実の口広場
P.za Bocca d. Verità
サヴェッロ公園
マスタイ広場
P.za Mastai
サン・コジマート広場
P.za di S. Cosimato
S.フランチェスコ・ア・リーパ教会
S. Francesco a Ripa
トラステヴェレ
TRASTEVERE
文部省
ポルテーゼ門
P.ta Portese
サンタ・サビーナ聖堂
アヴェンティーノの丘
M.te Aventino
S. Alessio
スブリチオ橋
P.te Sublicio
テスタッチョ
TESTACCIO
Fiume Tevere
テヴェレ川
ポルタ・サン・パオロ広場
P. za di P.ta S. Paolo
ピラミデ
Piramide
ローマ・リド・ディ・オスティア駅
テスタッチョ公園
Ponte Testaccio
屠殺場跡
ex Mattatoio
イギリス人墓地
P.za V. Bottego
Ponte D. Industria
Stazione Trastevere
Via del Porto Fluviale
Via del Commercio
Viale Ostiense
ヴァティカン博物館
Musei Vaticani
ヴァティカン市国
Città del Vaticano
サン・ピエトロ大聖堂
Basilica di S. Pietro
サン・ピエトロ広場
P.za S. Pietro
P.za S. Marta
リソルジメント広場
P.za del Risorgimento
P.za Cavour
最高裁判所
サンタンジェロ城
Castel S. Angelo
サンタンジェロ橋
P.te Sant' Angelo
エマヌエーレ2世橋
P.te V. Emanuele II
Via della Conciliazione
Borgo Vittorio
Via Crescenzio
Via Cola di Rienzo
コーラ・ディ・リエンツォ通り
Viale Giulio Cesare
Viale delle Milizie
Via Andrea Doria
レオーネ4世通り
オッタヴィアーノ通り
P.za degli Eroi
P.za d. Quiriti
P.za Cavour
P.za Socrate
P.za Capponi
Via Porta Cavalleggeri
P.za della Rovere
神の子病院
Ospedale del Bambin Gesù
S.ピエトロ駅
Staz. S. Pietro
マッツィーニ橋
P.te G. Mazzini
刑務所
ジャニコロの丘
M. te Gianicolo
植物園
ガリバルディ記念碑
ガリバルディ広場
P.le G.Garibaldi
S.パンクラツィオ門
Porta S. Pancrazio
パオラの泉
F.na Paola
S.ピエトロ・イン・モントーリオ教会
アメリカ・アカデミー
Villa Abamelek
ドーリア・パンフィーリ公園
Villa Doria Panphilj
S. Pancrazio
Villa Sciarra
S. Maria Reg. Pacis
トラステヴェレ通り
(ポルタ・ポルテーゼの蚤の市)
ポルトゥエンセ川岸通り
Viale di Trastevere
Viale Glorioso
Via Aurelia Antica
Via di S. Pancrazio
Viale Gregorio VII
Via delle Fornaci
Via Vitellia
Via Fonteiana
P.za Fonteiana
P.za d. Quattro Venti
Viale dei Quattro Venti
P.za O. Cecilio
Via Federico Ozanam
P.za S. Giov. di Dio
P.za C.A. Scotti
P.za F. Biondo
P.za della Radio
P.za Testaccio
P.za d. Servili
P.za S. Maria Liberatrice
Largo Manlio Gelsomini
Viale Manlio Gelsomini
Via Marmorata
Via Galvani
Via Aldo Manuzio
Via Alessandro Volta
Via Lorenzo Valla
Glanicolense
Via Ettore Rolli
Via Nicola Fabrizi
Via Giacinto Carini
Via Felice Cavallotti
Via Alessandro Poerio
Via Pio Foà
Via Quirino M.
Viale Guglielmo M.
Via E. Negri
0 250 500m
N

ボルゲーゼ公園
Villa Borghese
ピンチアーナ門
Porta Pinciana
日本大使館
Ambasciata del Giappone
A線バルベリーニ駅
Barberini
バルベリーニ宮
(国立古典絵画館)
Pal. Barberini
ディオクレティアヌスの浴場跡
Terme di Diocleziano
A線レプッブリカ駅
Repubblica
共和国広場
P.za della Repubblica
ローマ国立博物館(マッシモ宮)
Museo Nazionale Romano (ex Collegio Massimo)
クイリナーレの丘
Monte Quirinale
中央警察
Questura Centrale
オペラ座
Teatro dell' Opera
AB線テルミニ駅
Termini
トレニタリア ローマ・テルミニ駅
Staz. Termini
五百人広場
P.za dei Cinquecento
独立広場
P.za Indipendenza
B線カストロ・プレトーリオ駅
Castro Pretorio
国立中央図書館
Biblioteca Naz. Centrale Vitt. Emanuele II
Policlinico Umberto I
B線ポリクリニコ駅
Policlinico
B線ボローニャ駅
Bologna
Villa Torlonia
Villa Albani
サラリオ
SALARIO
ピア門
P.ta Pia
ヴィミナーレの丘
Monte Viminale
サンタ・マリア・マッジョーレ大聖堂
S. Maria Maggiore
サンタ・プラッセーデ教会
S. Prassede
B線カヴール駅
Cavour
A線ヴィットリオ・エマヌエーレ駅
Vittorio Emanuele
国立東洋博物館
S.ピエトロ・イン・ヴィンコリ教会
S. P.in Vincoli
エスクィリーノの丘
M.te Esquilino
ドムス・アウレア
Domus Aurea
B線コロッセオ駅
Colosseo
コロッセオ
Colosseo
フォロ・ロマーノ
Foro Romano
パラティーノの丘
Monte Palatino
チルコ・マッシモ
Circo Massimo
B線チルコ・マッシモ駅
Circo Massimo
チェリオの丘
Monte Celio
サンクレメンテ教会
A線マンゾーニ駅
Manzoni
洗礼堂
Battistero
ラテラーノ宮
サン・ジョヴァンニ・イン・ラテラーノ大聖堂
S. Giovanni in Laterano
A・C線サン・ジョヴァンニ駅
S. Giovanni
マッジョーレ門
Porta Maggiore
サンタ・クローチェ・イン・ジェルザレンメ聖堂
国立楽器博物館
C線ロディ駅
Lodi
大学都市
Citta Universitaria
サン・ロレンツォ・フオーリ・レ・ムーラ聖堂
A線レ・ディ・ローマ駅
Re di Roma
A線ポンテ・ルンゴ駅
Ponte Lungo
カラカラ浴場
Terme di Caracalla
国連食糧農業機構
F.A.O.
ラティーナ門
P.ta Latina
アルデアティーナ門
P.ta Ardeatina
サン・セバスティアーノ門
P.ta S. Sebastiano
トレニタリア ローマ・オスティエンセ駅
Staz. Roma-ostiense
イータリー・ローマ
Eataly Roma
P.144
P.60-61
P.64-65
P.68-69
P.138

Villa Balestra
Via J. da Ponte
Via del Monti Parioli
Via Antonio Gramsci
P.le Don Minzoni
Viale Bruno Buozzi
Via Michele Mercati
Villa Svezia
ヴィッラ・スヴェツィア
Viale delle Belle Arti
Via di Villa Giulia
ローマ大学建築学部
日本文化会館
イギリス美術学校
動物園
Giardino Zoologico
BIO PARC
国立ヴィッラ・ジュリア・エトルスコ博物館
Museo Nazionale Etrusco di Villa Giulia
P.101
国立近代美術館
Galleria Nazionale d' Arte Moderna
ルーマニア学術協会
オランダ学士院
ベルギー学術協会
ストロール・フェルン公園
Villa Strohl-Fern
ボルゲーゼ公園
Villa Borghese
エスクラピオ神殿
湖の庭園
Giardino del Lago
ヴィッラ・ルッフォ
Villa Ruffo
ローマ・ヴィテルボ駅
Staz. Roma Viterbo
A線フラミニオ駅
Flaminio
フラミニオ広場
P. le Flaminio
サンタ・マリア・デル・ポポロ教会
S. Maria del Popolo
ポポロ門
P.ta del Popolo
オベリスク
ポポロ広場
P.za del Popolo
ピンチョの丘
Monte Pincio
馬場
Galoppatoio
(地下駐車場)
サンタ・マリア・デイ・ミラーコリ教会
S. Maria dei Miracoli
サンタ・マリア・イン・モンテサント教会
S. Maria in Montesanto
ゲーテ博物館
サン・ジャコモ病院
Ospedale S. Giacomo
美術学校
Accademia di Belle Art
ヴィッラ・メディチ
Villa Medici
スプレンディッド・ロワイヤル
Splendide Royal
S.チェチリア音楽院
Acc. S. Cecilia
A線スパーニャ駅
Spagna
トリニタ・デイ・モンティ教会
Trinità dei Monti
アラ・パチス
Ara Pacis
アウグストゥス帝の廟
Mausoleo di Augusto
スペイン広場
P.za di Spagna
スペイン階段
キーツ・シェリー記念館
Keats-Shelley Memorial House
怪物の家
カヴール橋
P.te Cavour
Casino dell'Aurora
63
64

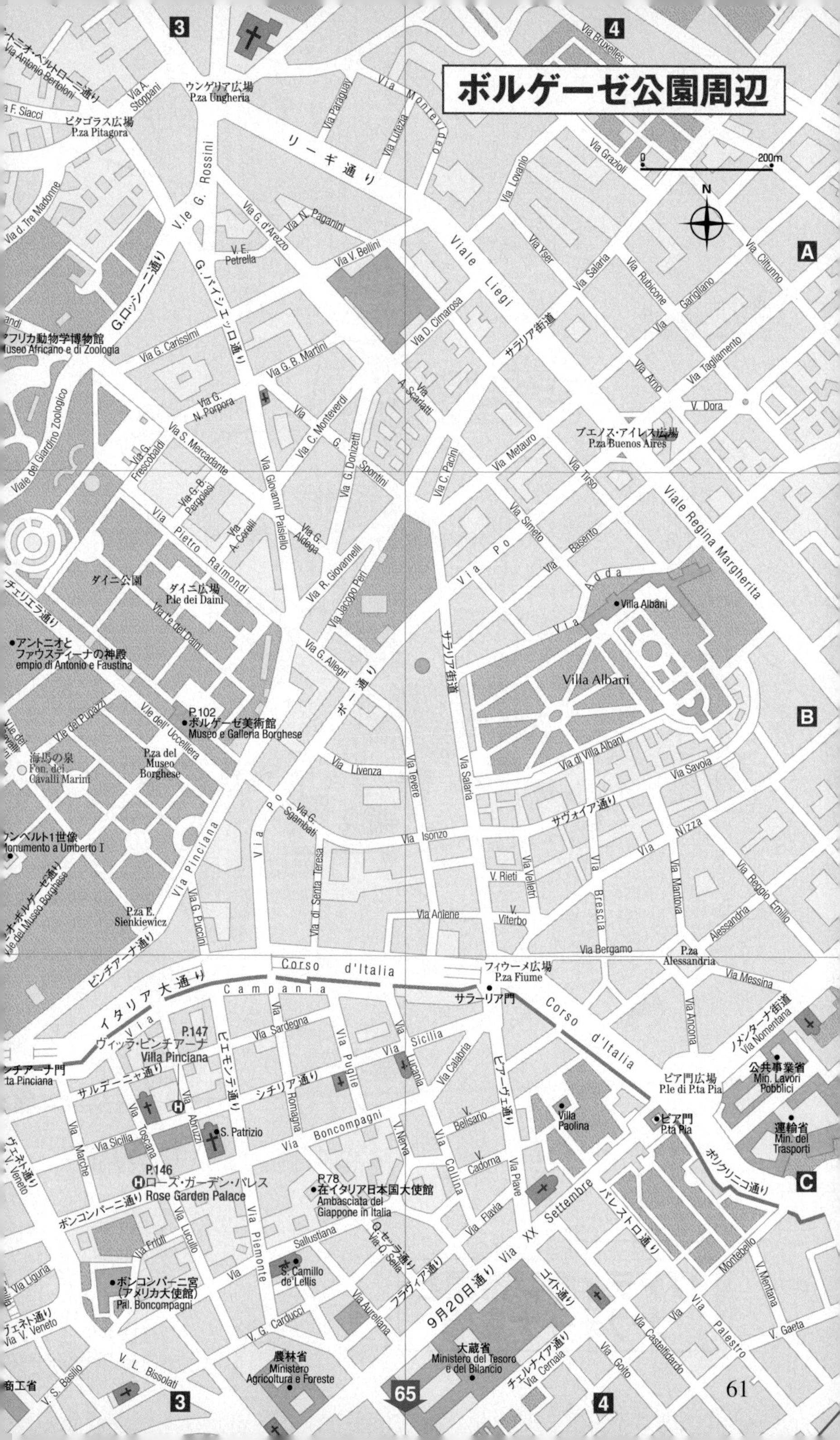
ボルゲーゼ公園周辺
0
200m
N
A
B
C
3
4
ウンゲリア広場
P.za Ungheria
ピタゴラス広場
P.za Pitagora
リーギ通り
Via Monte
Via Paraguay
Via Lutezia
Via Bruxelles
Via Grazioli
Via Lovanio
Viale Liegi
Via Yser
Via Salaria
Via Rubicone
Via Cituno
Garigliano
Via Tagliamento
Via Arno
V. Dora
サラリア街道
ブエノス・アイレス広場
P.za Buenos Aires
Via Tirso
Via Metauro
Viale Regina Margherita
Via Simeto
Via Basento
Via Po
Via Adda
Villa Albani
Via di Villa Albani
Via Savoia
サヴォイア通り
Via Nizza
Via Mantova
Via Brescia
Via Reggio Emilia
Alessandria
P.za Alessandria
Via Bergamo
Via Messina
Via Ancona
Via Nomentana
ノメンターナ街道
Via Velletri
V. Rieti
V. Viterbo
Via Aniene
Via Isonzo
Via Tevere
Via Livenza
Via Salaria
サラリア街道
ポー通り
Via G. Allegri
Via Jacopo Peri
Via R. Giovannelli
Via G. Aldega
Via Giovanni Paisiello
Via G. Donizetti
G. Spontini
Via C. Monteverdi
Via A. Scarlatti
Via C. Pacini
Via D. Cimarosa
Via V. Bellini
Via N. Paganini
Via G. d'Arezzo
V. E. Petrella
Via G. B. Martini
Via G. N. Porpora
Via G. Carissimi
G.パイジエッロ通り
G.ロッシーニ通り
V.le G. Rossini
Via A. Stoppani
Via F. Siacci
Via Antonio Bertoloni
Via d. Tre Madonne
アフリカ動物学博物館
Museo Africano e di Zoologia
Viale del Giardino Zoologico
Via G. Frescobaldi
Via S. Mercadante
Via G. B. Pergolesi
Via A. Corelli
Via Pietro Raimondi
ダイニ公園
ダイニ広場
P.le dei Daini
Via le dei Daini
アントニオと
ファウスティーナの神殿
empio di Antonio e Faustina
P.102
ボルゲーゼ美術館
Museo e Galleria Borghese
V.le del Pupazzi
V.le dell' Uccelliera
海馬の泉
Fon. dei Cavalli Marini
P.za del Museo Borghese
ウンベルト1世像
Monumento a Umberto I
Via Pinciana
P.za E. Sienkiewicz
Via G. Puccini
Via di Santa Teresa
Via G. Sgambati
ピンチアーナ通り
Corso d'Italia
イタリア大通り
Campania
フィウーメ広場
P.za Fiume
サラーリア門
Corso d'Italia
ピア門広場
P.le di P.ta Pia
ピア門
P.ta Pia
公共事業省
Min. Lavori Pubblici
運輸省
Min. del Trasporti
ポリクリニコ通り
Villa Paolina
ピアーヴェ通り
Via Piave
V. Belisario
V. Cadorna
Via Collina
Via Flavia
Via XX Settembre
9月20日通り
パレストロ通り
ゴイト通り
Via Goito
Via Castelfidardo
Via Palestro
Via Montebello
V. Mentana
V. Gaeta
チェルナイア通り
Via Cernaia
大蔵省
Ministero del Tesoro e del Bilancio
農林省
Ministero Agricoltura e Foreste
65
Via Sardegna
Via Puglia
Via Sicilia
Via Lucania
Via Calabria
V. Nerva
Via Boncompagni
Via Romagna
シチリア通り
ピエモンテ通り
Via Abruzzi
S. Patrizio
P.147
ヴィッラ・ピンチアーナ
Villa Pinciana
ピンチアーナ門
Porta Pinciana
サルデーニャ通り
Via Toscana
Via Marche
Via Sicilia
ヴェネト通り
V. Veneto
P.146
ローズ・ガーデン・パレス
Rose Garden Palace
ボンコンパーニ通り
P.78
在イタリア日本国大使館
Ambasciata del Giappone in Italia
Via Piemonte
Via Lucullo
Via Friuli
Sallustiana
Q.セッラ通り
Via Q. Sella
フラヴィア通り
S. Camillo de'Lellis
Via Aureliana
V. G. Carducci
ボンコンパーニ宮
(アメリカ大使館)
Pal. Boncompagni
Via Liguria
ヴェネト通り
Via V. Veneto
V. L. Bissolati
V. S. Basilio
商工省

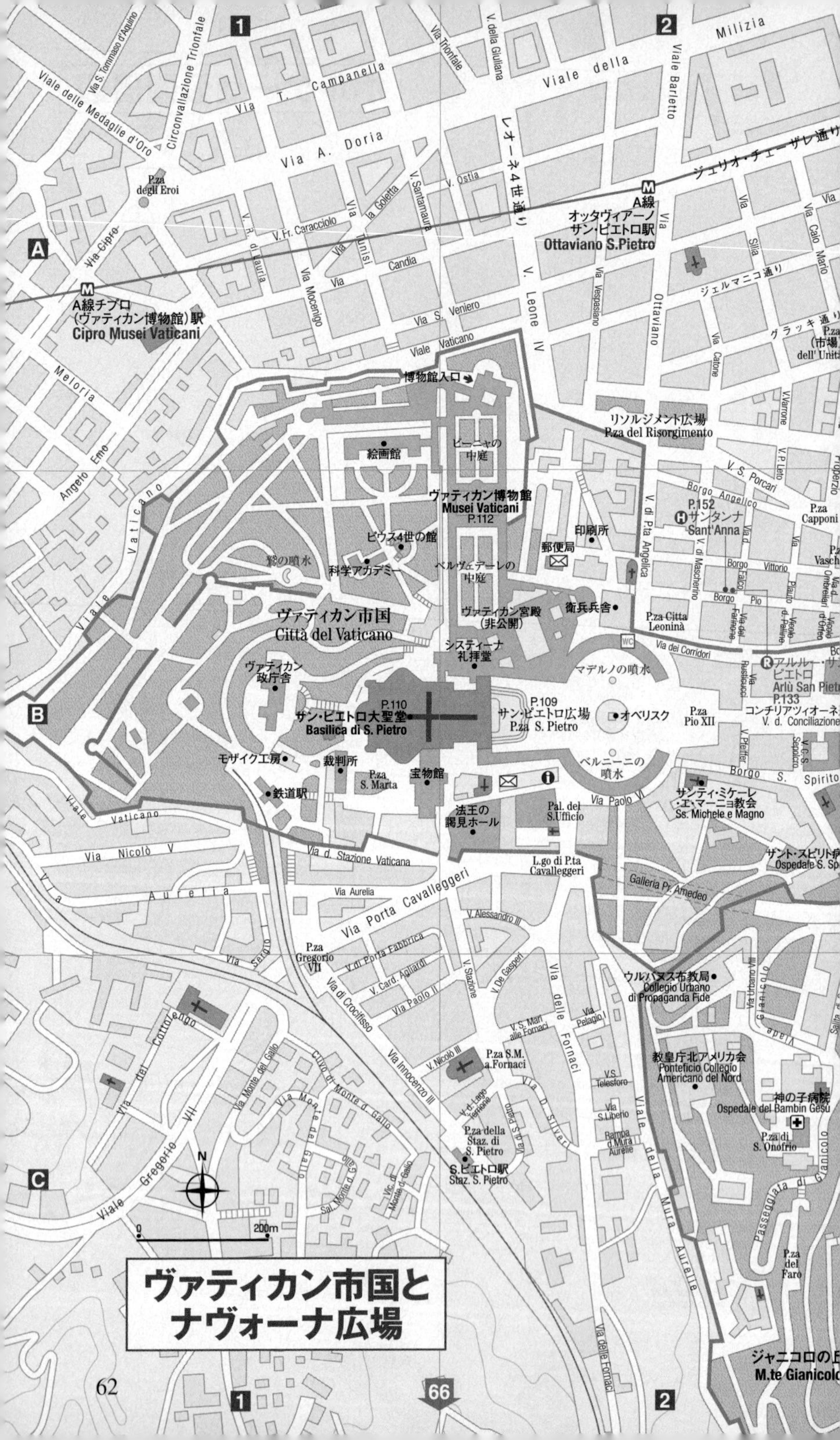
ヴァティカン市国と
ナヴォーナ広場
A線チプロ
(ヴァティカン博物館)駅
Cipro Musei Vaticani
A線
オッタヴィアーノ
サン・ピエトロ駅
Ottaviano S.Pietro
レオーネ4世通り
ジュリオ・チェーザレ通り
ジェルマニコ通り
グラッキ通り
Viale delle Medaglie d'Oro
Circonvallazione Trionfale
Via S. Tommaso d'Aquino
Via T. Campanella
Via A. Doria
Via Trionfale
V. della Giuliana
Viale della Milizia
Viale Barletto
P.za degli Eroi
Via Cipro
V. R. di Lauria
V. Fr. Caracciolo
Via la Goletta
Via Tunisi
V. Santamaura
V. Ostia
Via Candia
Via Mocenigo
Via S. Veniero
Viale Vaticano
V. Leone IV
Via Vespasiano
Via Ottaviano
Via Catone
Via Silla
Via Caio Mario
Meloria
Angelo Emo
博物館入口
絵画館
ピーニャの中庭
ヴァティカン博物館
Musei Vaticani
P.112
ピウス4世の館
鷲の噴水
科学アカデミー
ベルヴェデーレの中庭
ヴァティカン市国
Città del Vaticano
ヴァティカン宮殿
(非公開)
システィーナ礼拝堂
ヴァティカン政庁舎
P.110
サン・ピエトロ大聖堂
Basilica di S. Pietro
P.109
サン・ピエトロ広場
P.za S. Pietro
マデルノの噴水
オベリスク
ベルニーニの噴水
モザイク工房
裁判所
P.za S. Marta
宝物館
鉄道駅
法王の謁見ホール
Pal. del S.Uffizio
リソルジメント広場
P.za del Risorgimento
印刷所
郵便局
衛兵兵舎
V. di P.ta Angelica
P.za Città Leonina
Via dei Corridori
Borgo Angelico
Borgo Vittorio
Borgo Pio
V. S. Porcari
P.152
サンタンナ
Sant'Anna
P.za Capponi
アルルー・サン・ピエトロ
Arlù San Pietro
P.133
P.za Pio XII
コンチリアツィオーネ通り
V. d. Conciliazione
Borgo S. Spirito
サンティ・ミケーレ・エ・マーニョ教会
Ss. Michele e Magno
Via Paolo VI
サント・スピリト病院
Ospedale S. Spirito
L.go di P.ta Cavalleggeri
Galleria Pr. Amedeo
Via d. Stazione Vaticana
Via Nicolò V
Via Aurelia
Via Porta Cavalleggeri
V. Alessandro III
P.za Gregorio VII
V. di Porta Fabbrica
V. Card. Agliardi
Via Paolo II
Via di Crocifisso
V. Stazione
V. De Gasperi
Via delle Fornaci
Via Pelagio I
ウルバヌス布教局
Collegio Urbano di Propaganda Fide
V. S. Mari alle Fornaci
P.za S.M. a.Fornaci
V. Nicolò III
Via Innocenzo III
教皇庁北アメリカ会
Pontificio Collegio Americano del Nord
神の子病院
Ospedale del Bambin Gesù
P.za di S. Onofrio
Via del Cottolengo
Via Monte del Gallo
Clivo di Monte del Gallo
Viale Gregorio VII
P.za della Staz. di S. Pietro
S.ピエトロ駅
Staz. S. Pietro
Via D. Silveri
Viale della Mura Aurelie
Passeggiata di Gianicolo
P.za del Faro
ジャニコロの丘
M.te Gianicolo
0 200m
N
66

3
4
A線レパント駅
Lepanto
P.152
ファルネーゼ
Farnese
Ponte P. Nenni
フラミニオ広場
P. le Flaminio
サンタ・マリア・デル・ポポロ教会
S.Maria del Popolo
ポポロ門
P.ta del Popolo
オベリスク
ポポロ広場
P.za del Popolo
V. Giulio Cesare
Via Scipioni
P.133
ラ・プラトリーナ
La Pratolina
Via Duilio
Via Paolo
Via degli
Via M.A. Colonna
Via A. Farnese
Via Pompeo Magno
Lungotevere Michelangelo
Via L. di Savoia
Via F. di Savoia
Ponte Reg. Margherita
リベルタ広場
P.za della Libertà
クゥイリティ広場
P.za d. Quiriti
Via Ezio
P.136
グラッキ
Gracchi
Via dei Gracchi
Via Germanico
Via Cola di Rienzo
アウグスタ河岸通り
Via della Penna
サンタ・マリア・デイ・ミラーコリ教会
S.Maria dei Miracoli
コルソ通り
P.143
ベネトン
Benetton
P.143
コイン・エクセルシオール
Coin Excelsior
Via Emilio
Via del Gracchi
Via A. Regolo
P.za Cola di Rienzo
Via Valadier
Lungotevere dei Mellini
ゲーテ博物館
Via del Vantaggio
コーラ・ディ・リエンツォ通り
ビアレッティ
Bialetti
P.142
Via Cicerone
Via Lucrezio Caro
Via E.Q. Visconti
F.チェージ通り
サン・ジャコモ病院
Ospedale S. Giacomo
カストローニ
Castroni
P.144
美術学校
Accademia di Belle Art
Via del Corso
Via Plinio
E.Q.ヴィスコンティ通り
Via G. Belli
Via F. Cesi
Via Palestrina
Via Clementi
デイ・メッリーニ
Dei Mellini
P.152
Lungotevere in Augusta
リペッタ通り
Via di Ripetta
V. Terenzio
Via Catullo
P.152
アルカンジェロ
Arcangelo
Via Boezio
Via Orazio
Via Tacito
G.ベッリ通り
Via P. Cossa
V. d. Frezza
Via Ovidio
Via Virgilio
Via Cassiodoro
アドリアーノ劇場
Teatro Adriano
Via da M.
Via Ara Pacis
60
アラ・パチス
Ara Pacis
アウグストゥス帝の廟
Mausoleo di Augusto
クレシェンツィオ通り
Via Crescenzio
P.133
ダ・チェーザレ
Da.Cesare
カヴール広場
P.za Cavour
Via Dionigi
Via Cavallini
Via S. Pallavicini
Via Triboniano
Via Colonna
P.za Augusto Imperatore
P. za Adriana
P.111
サンタンジェロ城
Castel Sant' Angelo
最高裁判所
Pal. di Giustizia
Via Ulpiano
Via L. Calamatta
V. Mercuri
カヴール橋
P.te Cavour
P.za d. Porto di Ripetta
Via Tomacelli
Via d'Arancio
Via Porta Castello
傷痍軍人会館
Casa Madre dei Mutilati
Lungotevere Prati
Tevere
ボルゲーゼ宮
Palazzo Borghese
P.za Borghese
Piazza Pia
ハドリアヌス帝の廟
Mausoleo di Adriano
傷痍軍人広場
Largo Mutilati e Invalidi di Guerra
トリブナーリ広場
P.za dei Tribunali
P.130
ラ・カンパーナ
La Campana
V. d. Clementino
Via Traspontina
ピウス12世ホール
Auditorio Pio XII
Lung. Castello
P.za Nicosia
Via della Scrofa
Via della Lupa
P.te Umberto I
Lungotevere Marzio
B
Lung. Vaticano
Via di Monte Brianzo
V. Ascanio
V. dei Prefetti
P.za Ponte Umberto
サンタンジェロ橋
P.te Sant' Angelo
P.150
ポルトゲージ
Portoghesi
P.136
ジョリッティ
Giolitti
Vic. Valdina
Via S. Pio X
エマヌエーレ2世橋
P.te V. Emanuele II
Lungotevere Tor di Nona
P.96
ローマ国立博物館アルテンプス宮
Museo Nazionale Romano Pal. Altemps
サンタ・アゴスティーノ教会
S. Agostino
Pal Baldassini
Via di Campo Marzio
遊覧船乗り場
P.135
キオストロ・デル・ブラマンテ
Chiostro del Bramante
Via Zanardelli
WC
P.za Sal. in Lauro
V. d. M. d.Oro
アンティクアリウス
Antiquarius
P.142
P.za d. Coppelle
P.za P. Paoli
V. Paola
V. Banco S. Spirito
P.za d. Coronari
P.150
ラファエル
Raphael
P.za Tor Sanguigna
P.za Cinque Lune
P.za S.Agostino
カーサ・コッペッレ
Casa Coppelle P.130
コロナーリ通り
テアトロ
Teatro
P.136
デッラ・パーチェ教会
S. M. della Pace
競技場の遺跡
S.M.マッダレーナ教会
S. M.Maddalena
Palazzo Capranica
Via Acciaioli
V.エマヌエーレ2世通り
Via di Panico
Via di Monte Giordano
S.M.デッラーニマ教会
S.M. dell' Anima
ネプチューンの噴水
P.94
サン・ルイージ・デイ・フランチェージ教会
S. Luigi dei Francesi
P.te Pr. Amedeo Savoia Aosta
V. Giustiniani
64
L.go d. Fiorentini
P.za d. Orologio
P.130
ダ・フランチェスコ
Da Francesco
Via di Tor Millina
4大河の噴水
F.na dei Fiumi
マダーマ宮（上院）
Pal. Madama
ロトンダ広場
P.za d. Rotonda
Pal. Sacchetti
V. d. Pavone
Pal. del Gevemo Vecchio
P.130
ダ・アルマンド・アル・パンテオン
Da Armando al Pantheon
P.94
パンテオン
Pantheon
ナルヴィアティ宮
Palazzo Salviati
Pal. Sforza Casarini
ヌオーヴァ教会
P.za. d.Chiesa Nuova
サンタ・アニェーゼ・イン・アゴーネ教会
S. Agnese in Agone
ナヴォーナ広場
P.za Navona
P.95
ムーア人の噴水
サピエンツァ宮（国立文書館）
Pal. d. Sapienza
サンティーヴォ教会
Sant'Ivo
サンテウスタキオ
Sant' Eustachio
P.135
クチーナ
Cucina
P.142
Corso del Rinascimento
Lungotevere Gianicolense
Via Giulia
Lung. dei Sangallo
Via d. Banchi Vecchi
P.130
ダ・バッフェット
Da Baffetto
ブラスキ宮
Pal. Braschi
ナヴォーナ
Navona P.150
ミネルヴァ広場
P.za d. Minerva
Via del Pellegrino
C. so V. Emanuele II
クル・デ・サック・ウーノ
Cul de Sac 1
P.130
イスティテュート
Istituto
ヴァッレ劇場
V. d. Orti d'Alibert
Lango E. Perosi
フリジダリウム
Frigidarium
P.136
カンチェッレリア宮
Pal. d. Cancelleria
サン・パンタレオ広場
P.za S. Pantaleo
マッシモ宮
Pal. Massimo
P.za S. Andrea d. Valle
Via di Torre Argentina
C
G.マッツィーニ橋
Ponte G. Mazzini
小ファルネジーナ宮
Pal. Piccola Farnesina
バッラッコ美術館
Museo Barracco
サンタンドレア・デッラ・ヴァッレ教会
S.Andrea d. Valle
Via delle Mantellate
Via della Lungara
Lungotevere dei Tebaldi
テヴェレ川
Tevere
Via Monserrato
Via dei Cappellari
カンポ・デ・フィオーリ広場
P.za Campo de' Fiori
P.96
V. d. Sudario
トッレ・アルジェンティーナ広場
L.go Torre Argentina
アレア・サクラ
Area Sacra d. Argentina
アルジェンティーナ劇場
刑務所
S.E.オレフィチ教会
ファルネーゼ広場
P.za Farnese
ポンペイ劇場
Teatro di Pompeo
Via dei Chiavari
V. Barbieri
Via Florida
Lungotevere d. Farnesina
ファルコニエーノ宮
ファルネーゼ宮（フランス大使館）
Pal. Farnese
Via dei Giubbonari
Largo Arenula
Vic. di S. Francesco di Sales
Vic. d. Penitenza
S.M.デッロラツィオーネ・エ・モルテ教会
S.M.dell'Orazione e Morte
スメラルド
Smeraldo
P.150
P.za B. Cairoli
ファルネジーナ荘
Villa Farnesina
P.97
スパーダ宮（スパーダ絵画館）
Pal. Spada (Galleria Spada)
アレヌーラ通り
V. d. Falegnami
Via dei Riari
国立コルシーニ宮美術館
Galleria Naz.di. Palazzo Corsini
67

1
2
60
63
68
A
B
C
フラミニオ広場
P.le Flaminio
サンタ・マリア・デル・ポポロ教会
S. Maria del Popolo
P.99
ポポロ門
P.ta del Popolo
P.99
オベリスク
ポポロ広場
P.za del Popolo
P.98
ナポレオン1世広場
P.le Napoleone I
カジーナ・デッロロロージオ
ピンチョの丘
Monte Pincio
サンタ・マリア・イン・モンテサント教会
S. Maria in Montesanto
サンタ・マリア・デイ・ミラーコリ教会
S. Maria dei Miracoli
P.129
バベッテ
Babette
P.142
ファブリアーノ
Fabriano
P.151
アナヒ
Anahi
ゲーテ博物館
ムーロ・トルト通り
庭園
馬場
Galoppatoio
（地下駐車場）
ディアナの神殿
Tempietto di Diana
ゲーテ像
バラの家
ムゼオ・ボルゲーゼ通り
ブラジル広場
P. le Brasile
ピンチアーナ門
Porta Pinciana
Viale Trinità dei Monti
Viale del Muro Torto
Viale del Galoppatoio
Via d. Magnolie
V.le Goethe
V.le S.Paolo del Brasile
Viale d. Obelisco
V.le Villa Medici
Via del Vantaggio
V. Laurina
マルグッタ通り
Via Margutta
バブイーノ通り
Via del Babuino
コルソ通り
リペッタ通り
ヴィラ・メディチ
Villa Medici
サン・ジャコモ病院
Ospedale S. Giacomo
美術学校
Accademia di Belle Art
P.151
モーツァルト
Mozart
カノーヴァ・タドリーニ博物館
マンフレーディ
P.151
Manfredi
P.135
チャンピーニ
Ciampini
Casino dell'Aurora
Via Ludovisi
ルドヴィシ通り
ピンチアーナ門通り
S.チェチリア音楽院
Acc. S. Cecilia
P.146
ブルガリ・ホテル・ローマ
Bulgari Hotel Roma
P.129
オテッロ・アッラ・コンコルディア
Otello alla Concordia
A線スパーニャ駅
Spagna
バビントン
Babington
P.135
トリニタ・デイ・モンティ教会
Trinità dei Monti
P.142
ヴェルテッキ
Vertecchi
クチーナ
c.u.c.i.n.a.
P.100
スペイン広場
P.142 P.za di Spagna
スペイン階段
P.100
トリニタ・デイ・モンティ広場
P.za della Trinità dei Monti
舟の噴水
スカリナータ・ディ・スパーニャ
Scalinata di Spagna P.151
アウグストゥス帝の廟
Mausoleo di Augusto
アラ・パチス
Ara Pacis
Ss. Ambrogio e Carlo al Corso
P.za Augusto Imperatore
アンティコ・カフェ・グレコ
Antico Caffè Greco
P.135
コンドッティ通り
Via Condotti
P.146
フェンディ・プライベート・スイーツ
Fendi Private Suites
イル・ビゾンテ
Il Bisonte
P.143
キーツ・シェリー記念館
Keats-Shelley Memorial House
怪物の家
P.za Mignanelli
P.100
カプチン派修道会博物館
Museo e Cripta dei Cappuccini
P.103
商工省
モディリアーニ
Modigliani
P.151
蜂の噴水
バルベリーニ駅
Barberini
システィーナ通り
Via Sistina
ラ・エッセ
La Esse
P.143
ボルゲーゼ宮
Palazzo Borghese
マトリチャネッラ
Matricianella
P.129
ジンジャー・スパーニャ
Ginger-Spagna
P.129
カストローニ
Castroni
P.144
ライフ
Life P.129
プロパガンダ・フィーデ宮
Pal. di Propaganda Fide
ボルゴニョーナ通り
フラッティーナ通り
チャンピーニ2
Ciampini 2
P.135
P.za S.Lorenzo in Lucina
アルド
Aldo P.139
中央郵便局
Posta Centrale
P.78
シャルメ・スパーニャ
Charme Spagna
P.151
サンタンドレア・デッレ・フラッテ教会
S. Andrea delle Fratte
バルベリーニ広場
P.za Barberini
P.103
トリトーネの噴水
カンポ・マルツィオ
Campo Marzio
P.143
カルツェドニア
Calzedonia P.139
リナシェンテ
Rinascente
P.138
コッリーネ・エミリアーネ
Colline Emiliane
P.129
Via del Tritone
トリトーネ通り
Via Rasella
バッレレッテ
Ballerette
P.139
サン・シルヴェストロ広場
P.za S. Silvestro
モンテチトーリオ宮（下院）
Pal. di Montecitorio
(Camera dei Deputati)
ザラ
Zara
P.139
ガッレリア・アルベルト・ソルディ
Galleria Alberto Sordi
キージ宮
Pal Chigi
アカデミア・ディ・サン・ルーカ
Accademia di S. Luca
国立パスタ博物館
Museo Nazionale delle Paste Alimentari
クイリナーレの丘
Monte Quirinale
サンタンドレア・アル・クイリナーレ教会
S. Andrea al Quirin
P.za d. Coppelle
ナツィオナーレ
Nazionale
P.150
コロンナ広場
P.za Colonna
P.104
マルクス・アウレリウスの記念柱
トレヴィの泉
F.na di Trevi
P.104
コロンナ・パレス
Colonna Palace
P.150
AS ローマ・ストア
AS Roma Store
P.104
S.M.マッダレーナ教会
S. M. Maddalena
Palazzo Capranica
ピエトラ広場
P.za di Pietra
グラン・カフェ・ラ・カフェティエーラ
Gran Caffè La Caffettiera
P.135
神殿跡
クイリナーレ宮（大統領官邸）
Palazzo del Quirinale
クイリナーレ通り
クイリナーレ広場
P.za del Quirinale
市立展示
P.za S. Ignazio
クイリーノ劇場
Teatro Quirino
ロトンダ広場
P.za d. Rotonda
マダーマ宮（上院）
Pal. Madama
パンテオン
Pantheon
P.94
旧イエズス会ローマ学寮
Collegio Romano
グレゴリオ神学大学
Univ. Gregoriana
コンスルタ宮殿
Pal. d. Consulta
サンティーヴォ教会
Sant'Ivo
サンタ・マリア・ソプラ・ミネルヴァ教会
S.M. Sopra Minerva
P.93
ミネルヴァ広場
P.za d. Minerva
ローマ銀行
Banco di Roma
サンティ・アポストリ教会
Santi Apostoli
コロンナ宮庭園
ロスピリョージ・パッラヴィチーニ宮
Pal. Rospigliosi-Pallavicini
11月4日通り
5月24日通り
ヴァッレ劇場
入口
ドーリア・パンフィーリ美術館
Galleria Doria Pamphilj
P.93
コロンナ美術館
Galleria Colonna
P.93
全国労災保険協会
I.N.A.I.L.
イタリア銀行
Banca d'Italia
ナツィオナーレ通り
ホスタリア・アル・ボスケット
Hostaria al Bosche
Via d. Plebiscito
BNL
ジェズ教会
Il Gesù
ヴェネツィア広場
P.za Venezia
P.84
トッレ・アルジェンティーナ広場
L.go Torre Argentina
アルジェンティーナ劇場
アレア・サクラ
Area Sacra d. Argentina
ヴェネツィア宮殿
Pal. Venezia
(ヴェネツィア宮殿博物館)
Museo di Pal. Venezia
トラヤヌスの記念柱
フォロ・トライアーノ
Foro Traiano
P.89
トラヤヌス帝のマーケット
L. go Magnanapoli
クリプタ・バルビ
Crypta Balbi
ヴィットリオ・エマヌエーレ2世記念堂
（ヴィットリアーノ）
Monumento a Vittorio Emanuele II
P.84
フォーリ・インペリアーリ通り
Fori Imperiali
アウグストゥス帝のフォロ
サンタ・マリア・イン・アラチェリ教会
S. M. in Aracoeli
カエサルのフォロ

クイリナーレの丘
とスペイン広場
0
200m
N
A
B
C
3
4
61
69
イタリア大通り Corso d'Italia
Via Campania
Corso d'Italia
リナシェンテ Rinascente
フィウーメ広場 P.za Fiume
サラーリア門
Via Sardegna
Via Sicilia
シチリア通り
ピエモンテ通り
サルデーニャ通り
Via Boncompagni
ボンコンパーニ通り
S. Patrizio
P.78
在イタリア日本国大使館
Ambasciata del Giappone in Italia
ボンコンパーニ宮
(アメリカ大使館)
Pal. Boncompagni
S. Camillo de'Lellis
Via Piemonte
Via Sallustiana
Via XX Settembre
9月20日通り
ピアーヴェ通り
Via Piave
Villa Paolina
P.136
ラ・ロマーナ
La Romana
P.131
ダ・ヴィンチェンツォ
Da Vincenzo
パレストロ通り
ピア門広場 P.le di P.ta Pia
ピア門 P.ta Pia
歩兵部隊歴史博物館
公共事業省 Min. Lavori Pobblici
運輸省 Min. del Trasporti
ノメンターナ街道 Via Nomentana
ポリクリニコ通り
Viale del Policlinico
P.za d. C. Rossa
カストロ・プレトーリオ通り
B線カストロ・プレトーリオ駅
Castro Pretorio
P.149
デザルティス Des Artistes
カナダ Canada P.147
大蔵省 Ministero del Tesoro e del Bilancio
農林省 Ministero Agricoltura e Foreste
サンタ・マリア・デッラ・ヴィットリア教会
S. Maria della Vittoria
トリマーニ Trimani P.143
モンテ・アルチ Monte Arci P.131
フィナンツェ広場 P.za Finanze
チェルナイア通り
P.148 アルピ Alpi
P.149 イエロースクエア・ローマ YellowSquare Rome
独立広場 P.za Indipendenza
アストリア・ガーデン Astoria Garden P.148
バルベリーニ通り Via Barberini
サンタ・スザンナ教会 S. Susanna
サンベルナルド広場 P.za S.Bernardo
モーゼの噴水
アウラ・オッタゴナ Aula Ottagona
P.81
ディオクレティアヌスの浴場跡
Museo Naz. Romano Terme di Diocleziano
A線 レプッブリカ駅 Repubblica
サンタ・マリア・デッリ・アンジェリ教会
S. Maria degli Angeli P.80
ナイアディの噴水
出入口
共和国広場 P.za della Repubblica P.80
ザ・ローマハロー The RomeHello P.149
陸軍省 Min. Difesa Esercito
トリノ通り
空港バス SIT社
Sacro Cuore di Gesu
P.149 ノルド・ヌオーヴァ・ローマ Nord Nuova Roma
P.148 コルンビア Columbia
P.81
ローマ国立博物館 マッシモ宮
Museo Nazionale Romano Palazzo Massimo alle Terme
P.78
オペラ座
(ローマ歌劇場)
Teatro dell'Opera di Roma
サン・カルロ・アッレ・クアットロ・フォンターネ教会
S. Carlo alle Quattro Fontana
P.149 ジョー・アンド・ジョー Jo & Joe
P.148 アイキュー・ホテル IQ Hotel
P.za Gigli
P.148 アルテミーデ Artemide
エル・ブケット Er Buchetto P.131
AB線 テルミニ駅 Termini
五百人広場 P.za dei Cinquecento
マルサラ通り
トレニタリア
ローマ・テルミニ駅
Staz. Roma Termini
P.80
P.17
イータリー・ローマ・テルミニ
Eataly Roma Termini
P.131 イル・ガッロ・ネーロ Il Gallo Nero
Via Nazionale
Via Cavour
デプレティス通り
Via A. Depretis
P.za del Viminale
サンタ・プデンツィアーナ教会 S. Pudenziana
内務省 Min. d. Interno
ヴィミナーレの丘 Monte Viminale
Bambin Gesù
エスクイリーノ広場 P.za dell'Esquilino
P.82
サンタ・マリア・マッジョーレ大聖堂
S. Maria Maggiore
P.148
アンティコ・パラッツォ・ロスピリオージ
Antico Palazzo Rospiliosi
オルランダ Orlanda P.149
G.ジョリッティ通り
Via G. Giolitti
P.134
メルカート・チェントラーレ・ローマ
Mercato Centrale Roma
Ex Antiquario Romano
P.za M. Fanti
S. Antonio Abate
P.za S. M. Maggiore
空港バス
Via Napoleone III
Via Principe Amedeo
サンタ・プラッセーデ教会 S. Prassede P.82
P.149 メチェナーテ Mecenate
カヴール通り
メルラーナ通り
Via Carlo Alberto
P.131 トラットリア・モンティ Trattoria Monti
P.za d. Zingari
B線 カヴール駅 Cavour
G.ランツァ通り Via G. Lanza
Via in Selci
ヴェノスタ広場 L.go V. Venosta
P.za S. Martino ai Monti
L. go Brancaccio
V. d. Statuto
ヴィットリオ・エマヌエーレ2世広場
P.za Vittorio Emanuele II
A線 ヴィットリオ・エマヌエーレ駅 Vittorio Emanuele
S.ピエトロ・イン・ヴィンコリ教会 S. P.in Vincoli
国立東洋博物館 Museo Naz. dell' Arte Orientale
Via Merulana

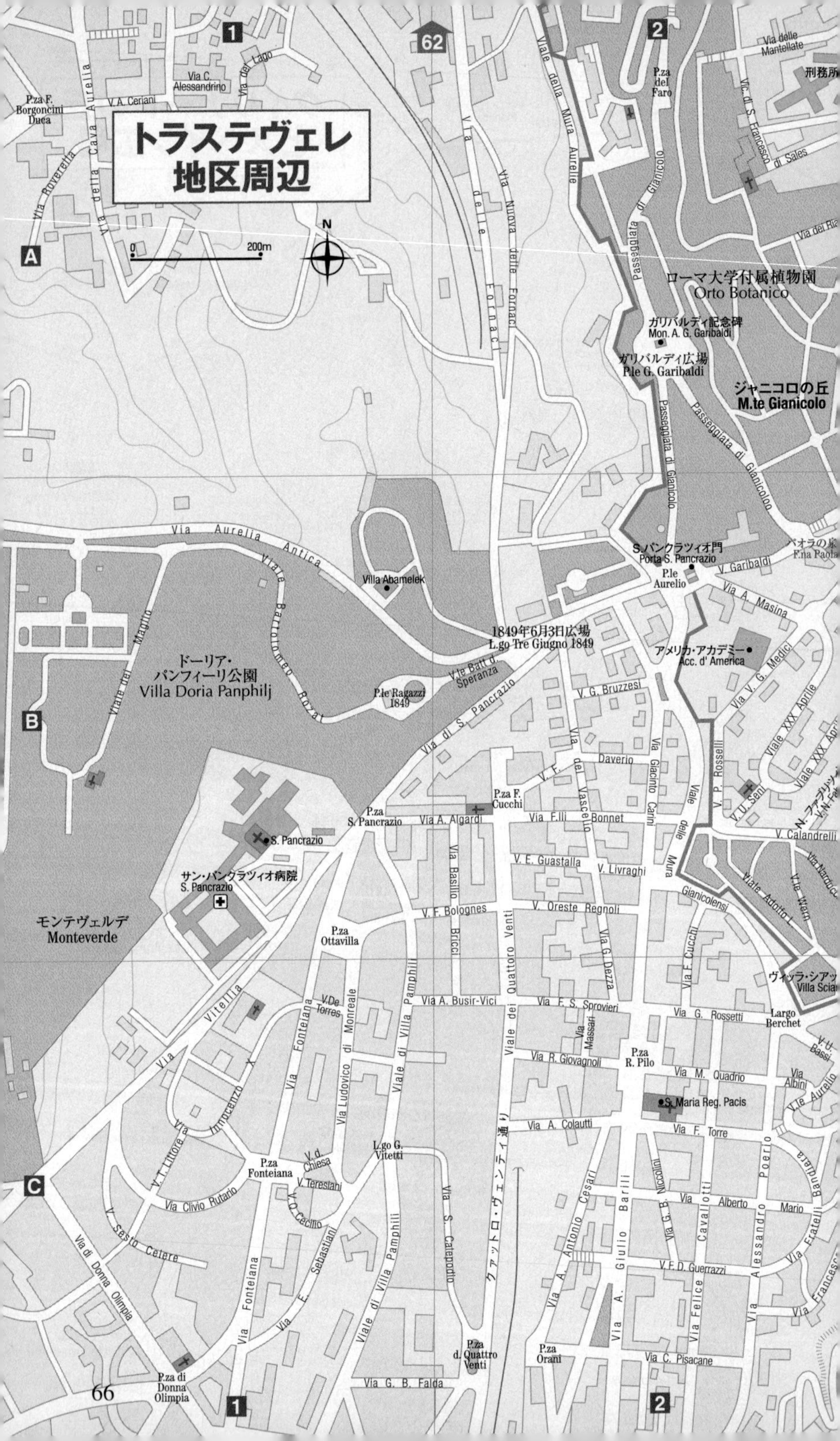

トラステヴェレ
地区周辺
ローマ大学付属植物園
Orto Botanico
ガリバルディ記念碑
Mon. A. G. Garibaldi
ガリバルディ広場
P.le G. Garibaldi
ジャニコロの丘
M.te Gianicolo
S.パンクラツィオ門
Porta S. Pancrazio
アメリカ・アカデミー
Acc. d' America
1849年6月3日広場
L.go Tre Giugno 1849
Villa Abamelek
ドーリア・
パンフィーリ公園
Villa Doria Panphilj
S. Pancrazio
サン・パンクラツィオ病院
S. Pancrazio
モンテヴェルデ
Monteverde
S. Maria Reg. Pacis
ヴァットロ・ヴェンティ通り
Via Aurelia Antica
Viale delle Mura Aurelie
Via delle Fornaci
Via Nuova delle Fornaci
Passeggiata di Gianicolo
Via di S. Pancrazio
Viale dei Quattro Venti
Viale di Villa Pamphili
Via Vitellia
Via Fonteiana
Via di Donna Olimpia
P.za di Donna Olimpia
P.za Ottavilla
P.za Fonteiana
P.za S. Pancrazio
P.za F. Cucchi
P.za R. Pilo
P.za d. Quattro Venti
P.za Orani
Largo Berchet
P.le Aurelio
P.le Ragazzi 1849
刑務所
0
200m
N
62
A
B
C
1
2

3
4
63
P.96
カンポ・デ・フィオーリ広場
P.za Campo de' Fiori
S.E.オレフィチ教会
テヴェレ川
Lungotevere dei Tebaldi
V. Giulia
Via Monserrato
V. d. Sudario
V. d. Chiavari
トッレ・アルジェンティーナ広場
L.go Torre Argentina
P.za d. Gesù
ジェズ教会
Il Gesù
アルジェンティーナ劇場
アレア・サクラ
Area Sacra d. Argentina
ポンペイ劇場
Teatro di Pompeo
ファルネーゼ広場
P.za Farnese
ファルコニエーノ宮
ファルネーゼ宮
(フランス大使館)
Pal. Farnese
Via Florida
V. d. Botteghe Oscure
Largo Arenula
クリプタ・バルビ
Crypta Balbi
P.za Margana
S.M.デッロラツィオーネ・エ・モルテ教会
S.M.dell'Orazione e Morte
ファルネジーナ荘
Villa Farnesina
V. d. Penitenza
P.97
スパーダ宮
(スパーダ絵画館)
Pal. Spada
(Galleria Spada)
サルメリア・ロショーリ
Salumeria Roscioli
P.144
P.za B. Cairoli
V. Arenula
V. d. Falegnami
P.za Capizzucchi
国立コルシーニ宮美術館
Galleria Naz. di Palazzo Corsini
Via della Lungara
Tevere
V. d. Pettinari
V. d. Pianto
A
シスト橋
Ponte Sisto
法務省
アレヌーラ通り
P.za 5 Scole
V. d. Portico di Ottavia
サンタンジェロ・イン・ペスケリア教会
Via Corsini
ヴァッラーティ川岸通り
V. d. Zoccolette
オッタヴィアの列柱
Via Catalana
セッティミアーナ門
P.ta Settimiana
トリルッサ広場
P.za Trilussa
Lung. d. Vallati
チェンチ川岸通り
Lung. dei Cenci
シナゴーグ
P.132
ダル・ポエタ
Dar Poeta
グラス・ホスタリア
Glass Hostaria
P.132
Tevere
P.107
ティベリーナ島
Isola Tiberina
P.97
マルケルス劇場
Teatro di Marcello
ラファエロ・サンツィオ川岸通り
Lungot. R. Sanzio
ガリバルディ橋
P.te Garibaldi
ファブリチオ橋
P.te Fabricio
P.za De' Renzi
P.132
病院
ソーラ・レッラ
Sora Lella
サン・バルトロメオ教会
S. Bartolomeo
P.107
Via Garibaldi
P.za S. Egidio
P.136
フィオーリ・ディ・ルーナ
Fiori di Luna
G.G.ベッリ広場
P.za G. G. Belli
アングイッラーラ川岸通り
L. d. Anguillara
チェスティオ橋
P.te Cestio
68
サンタ・マリア
Santa Maria
P.147
P.za S. Maria in Trastevere
P.za G. Tavani Arquati
Via della Lungaretta
P.132
カルロ・メンタ
Carlo Menta
ソンニーノ広場
P.za S. Sonnino
V. d. Lungaretta
サンタ・マリア・イン・トラステヴェレ聖堂
S. Maria in Trastevere
P.106
壊れた橋
P.te Rotto
戸籍庁
Anagrafe
スペイン・アカデミー
Acc. di Spagna
サン・カリスト広場
P.za S. Callisto
クリソゴーノ教会
ピシヌーラ広場
P.za Piscinula
P.za Castellani
パラティーノ橋
P.te Palatino
S. ピエトロ・イン・モントーリオ教会
S. Pietro in Montorio
V. d. Cisterna
病院
P.za d. Ponziani
ヴェスタの神殿
Tempio di Vesta
Via L. Manara
P.132
オステリア・ナンナレッラ
Osteria Nannarella
アイ・マルミ・パナットーニ P.132
Ai Marmi Panattoni
V. d. Salumi
Lungot. Ripa
Via Garibaldi
サン・コジマート広場
P.za S. Cosimato
V. N. Grande
V. Marmaggi
P.134 スプリー
Suppli
マスタイ広場
P.za Mastai
専売公社タバコ工場
サンタ・チェチーリア・イン・トラステヴェレ教会
S. Cecilia in Trastevere
P.106
B
トラステヴェレ
TRASTEVERE
病院
メルカンティ広場
P.za Mercanti
リーパ川岸通り
Viale di Trastevere
E. モロシーニ通り
V. E. Morosini
グロリオーゾ通り
サン・フランチェスコ・ダッシジ広場
P.za S. Francesco d' Assisi
アヴェンティーノ川岸通り
Lungotev. Aventino
文部省
Min. d. Pubblica Istruzione
Pal. d. Esami
S. フランチェスコ・ア・リーパ教会
S. Francesco a Ripa
Porto di Ripa Grande
サヴェッロ公園
Viale Glorioso
L.go Ascianghi
サンタ・サビーナ聖堂
S. Sabina
ポルテーゼ門
P.ta Portese
V. le. d. Mura Portuensi
サンタレッシオ教会
S. Alessio
ベルナルディーノ・ダ・フェルトレ広場
P.za S.Bernardino da Feltre
P.za di Porta Portese
マルタ騎士団広場
P.za Cav. di Malta
Viale Aurelio Saffi
V. Carcani
スブリチオ橋
P.te Sublicio
マルタ騎士団長の館
鍵穴
P.za d. Emporio
V. S. Domenico
Via S. Alessio
トラステヴェレ大通り
ポルタ・ポルテーゼの蚤の市
Via Portuense
Lungotevere Portuense
Lungotevere Testaccio
マルモラータ通り
P.za S. Anselmo
Via S. Anselmo
I. ニエーヴォ広場
P.za Ippolito Nievo
テヴェレ川
Via Amerigo Vespucci
テスタッチョ
TESTACCIO
Via Marmorata
V. P.ta Lavernale
Via S. Melania
C
ポルトゥエンセ川岸通り
テスタッチョ川岸通り
A.ヴェスプッチ通り
Via Giovanni Branca
S.M.リベラトリーチェ広場
P.za S. Maria Lib.
P.za d. Servili
Fiume Tevere
Via G. B. Bodoni
アンツァーニ広場
Largo F. Anzani
I. ニエーヴォ通り
S.M.リベラトリーチェ教会
S.M. Liberatrice
テスタッチョ広場
P.za Testaccio
B.フランクリン通り
Via Beniamino Franklin
G.B.ボドーニ通り
Via Aldo Manuzio
Via Alessandro Volta
フェリーチェ
Felice
P.133
M.ジェルソミーニ広場
Largo M. Gelsomini
Viale Manlio Gelsomini
Via I. Nievo
トーヤ広場
Largo Toja
A.マヌツィオ通り
P.134
テスタッチョ市場
Mercato di Testaccio
Via Galvani
ポルタ・S・パオロ広場
P. za di P.ta S. Paolo
3
4

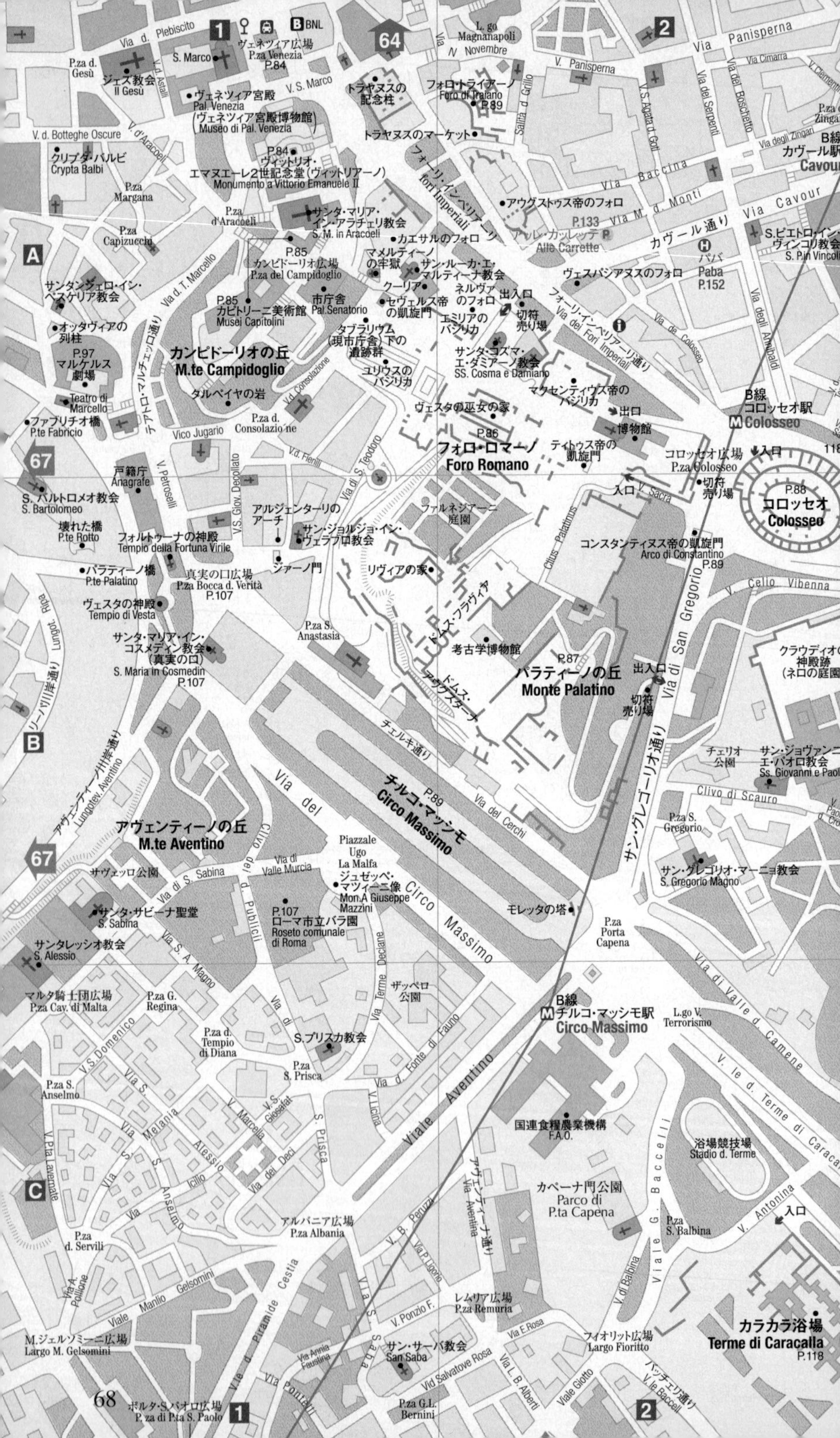

Via d. Plebiscito
1
BNL
ヴェネツィア広場
P.za Venezia
P.84
64
L. go
Magnanapoli
2
Via Panisperna
P.za d.
Gesù
ジェズ教会
Il Gesù
S. Marco
V. d. Astalli
V. S. Marco
ヴェネツィア宮殿
Pal. Venezia
(ヴェネツィア宮殿博物館)
Museo di Pal. Venezia
トラヤヌスの
記念柱
フォロ・トライアーノ
Foro di Traiano
P.89
IV Novembre
V. Panisperna
Via Cimarra
Via dei Serpenti
Via del Boschetto
P.za d.
Zingari
V. d. Botteghe Oscure
V. d'Aracoeli
トラヤヌスのマーケット
Salita d. Grillo
V. S. Agata d. Goti
Via degli Zingari
B線
カヴール駅
Cavour
クリプタ・バルビ
Crypta Balbi
P.84
ヴィットリオ・
エマヌエーレ2世記念堂(ヴィットリアーノ)
Monumento a Vittorio Emanuele II
フォーリ・インペリアーリ通り
Fori Imperiali
Via Baccina
P.za
Margana
アウグストゥス帝のフォロ
Via M. d. Monti
Via Cavour
P.za
d'Aracoeli
サンタ・マリア・
イン・アラチェリ教会
S. M. in Aracoeli
P.133
アッレ・カッレッテ
Alle Carrette
カヴール通り
P.za
Capizucchi
カエサルのフォロ
S.ピエトロ・イン・
ヴィンコリ教会
S. P.in Vincoli
A
P.85
マメルティーノ
の牢獄
サン・ルーカ・エ・
マルティーナ教会
パパ
Paba
P.152
Via d. T. Marcello
カンピドーリオ広場
P.za del Campidoglio
クーリア
ヴェスパシアヌスのフォロ
サンタンジェロ・イン・
ペスケリア教会
P.85
カピトリーニ美術館
Musei Capitolini
市庁舎
Pal.Senatorio
セヴェルス帝
の凱旋門
ネルヴァ
のフォロ
出入口
切符
売り場
フォーリ・インペリアーリ通り
Via dei Fori Imperiali
Via de Colosseo
Via degli Annibaldi
オッタヴィアの
列柱
テアトロ・マルチェッロ通り
タブラリウム
(現市庁舎)下の
遺跡群
エミリアの
バジリカ
P.97
マルケルス
劇場
カンピドーリオの丘
M.te Campidoglio
ユリウスの
バジリカ
サンタ・コズマ・
エ・ダミアーノ教会
SS. Cosma e Damiano
V. d. Consolazione
マクセンティウス帝の
バジリカ
B線
コロッセオ駅
Colosseo
Teatro di
Marcello
タルペイヤの岩
ヴェスタの巫女の家
出口
ファブリチオ橋
P.te Fabricio
P.za d.
Consolazione
博物館
Vico Jugario
P.86
フォロ・ロマーノ
Foro Romano
ティトゥス帝の
凱旋門
67
V. d. Fienili
Via di S. Teodoro
コロッセオ広場
P.za Colosseo
入口
118
戸籍庁
Anagrafe
V. Petroselli
V.S. Giov. Decollato
切符
売り場
入口
V. Sacra
S. バルトロメオ教会
S. Bartolomeo
P.88
コロッセオ
Colosseo
ファルネジアーニ
庭園
アルジェンターリの
アーチ
壊れた橋
P.te Rotto
フォルトゥーナの神殿
Tempio della Fortuna Virile
サン・ジョルジョ・イン・
ヴェラブロ教会
Clivus Palatinus
コンスタンティヌス帝の凱旋門
Arco di Constantino
P.89
パラティーノ橋
P.te Palatino
真実の口広場
P.za Bocca d. Verità
P.107
ジャーノ門
リヴィアの家
ドムス・フラヴィア
Celio Vibenna
ヴェスタの神殿
Tempio di Vesta
Lungot. Ripa
P.za S.
Anastasia
サンタ・マリア・イン・
コスメディン教会
(真実の口)
S. Maria in Cosmedin
P.107
考古学博物館
P.87
パラティーノの丘
Monte Palatino
クラウディオの
神殿跡
(ネロの庭園)
リーパ川岸通り
出入口
切符
売り場
Via di San Gregorio
ドムス・
アウグスターナ
B
チェルキ通り
チェリオ
公園
サン・ジョヴァンニ・
エ・パオロ教会
Ss. Giovanni e Paolo
アヴェンティーノ川岸通り
Lungotev. Aventino
Via del
P.89
チルコ・マッシモ
Circo Massimo
Via del Cerchi
サン・グレゴーリオ通り
Clivo di Scauro
アヴェンティーノの丘
M.te Aventino
Clivo d. Publicii
Piazzale
Ugo
La Malfa
P.za S.
Gregorio
67
Via di
Valle Murcia
サヴェッロ公園
Via di S. Sabina
ジュゼッペ・
マツィーニ像
Mon.A Giuseppe
Mazzini
Circo Massimo
サン・グレゴリオ・マーニョ教会
S. Gregorio Magno
サンタ・サビーナ聖堂
S. Sabina
P.107
ローマ市立バラ園
Roseto comunale
di Roma
モレッタの塔
P.za
Porta
Capena
サンタレッシオ教会
S. Alessio
Via S. A. Magno
Via Terme Deciane
ザッペロ
公園
Via di Valle d. Camene
マルタ騎士団広場
P.za Cav. di Malta
P.za G.
Regina
B線
チルコ・マッシモ駅
Circo Massimo
L.go V.
Terrorismo
V.S. Domenico
P.za d.
Tempio
di Diana
S.プリスカ教会
Via d. Fonte di Fauno
Viale Aventino
V. le d. Terme di Caracalla
P.za S.
Anselmo
P.za
S. Prisca
Via d. Licina
V.S. Giosafat
V. Marcella
Via S. Melania
Alessio
Via dei Deci
S. Prisca
国連食糧農業機構
F.A.O.
Viale G. Baccelli
浴場競技場
Stadio d. Terme
V. P.ta Lavernale
C
Icilio
Anselmo
アヴェンティーナ通り
Via Aventina
カペーナ門公園
Parco di
P.ta Capena
V. Antonina
入口
P.za
d. Servili
アルバニア広場
P.za Albania
V. B. Peruzzi
Via P. Ligorio
P.za
S. Balbina
V. di Balbina
Via A. Pollione
Viale Manlio Gelsomini
Via Piramide Cestia
レムリア広場
P.za Remuria
V. Ponzio F.
V. E. Rosa
フィオリット広場
Largo Fioritto
カラカラ浴場
Terme di Caracalla
P.118
M.ジェルソミーニ広場
Largo M. Gelsomini
Via Annia Faustina
サン・サーバ教会
San Saba
Vid Salvatore Rosa
Via L. B. Alberti
Viale Giotto
バッチェリ通り
V. le Baccelli
V. le d. Piramide
Via S. Saba
Via Ponte
68
ポルタ・S.パオロ広場
P. za di P.ta S. Paolo
1
P.za G.L.
Bernini
2

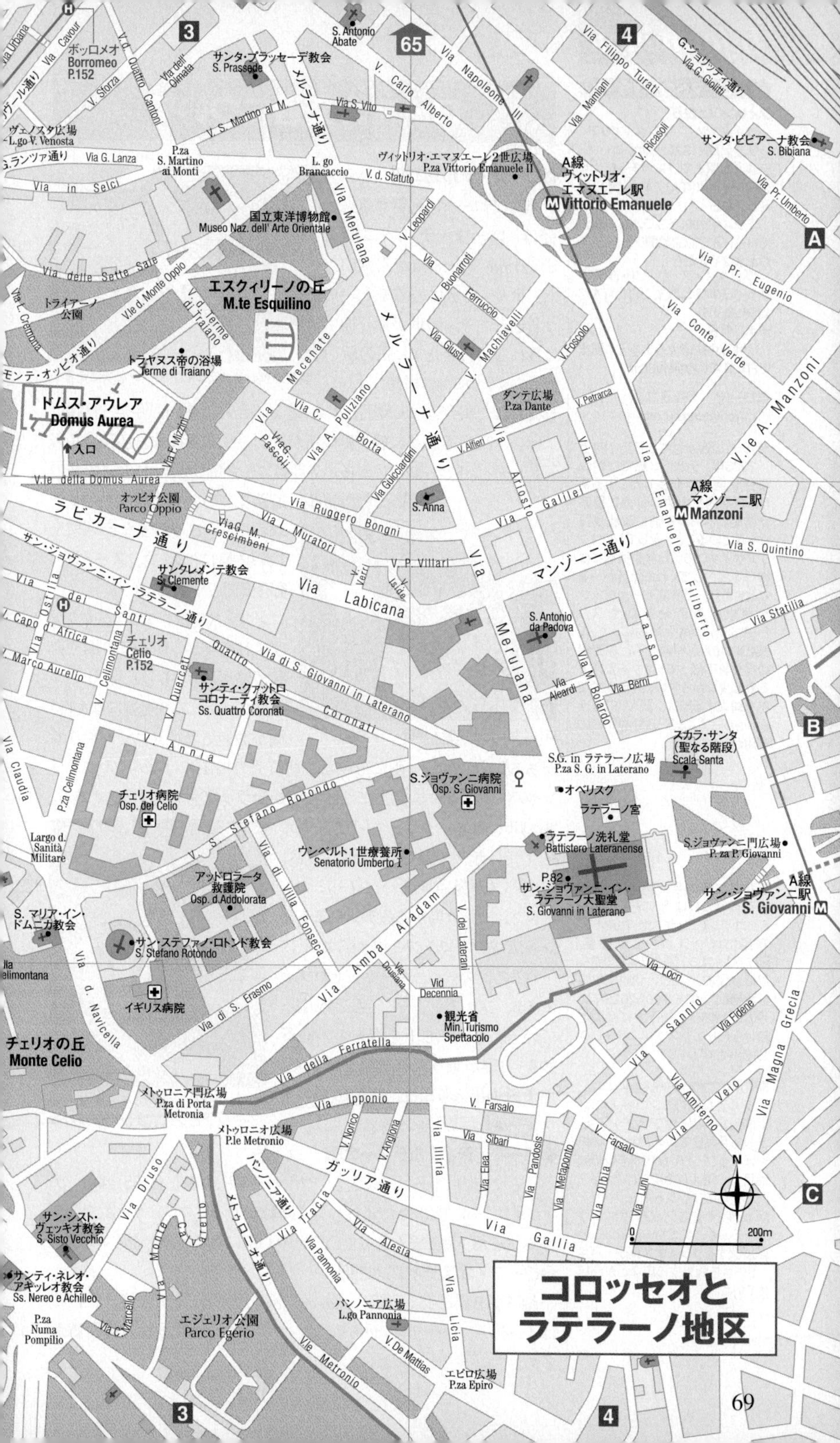
コロッセオと
ラテラーノ地区
ボッロメオ
Borromeo
P.152
サンタ・プラッセーデ教会
S. Prassede
S. Antonio
Abate
65
サンタ・ビビアーナ教会
S. Bibiana
ヴィットリオ・エマヌエーレ2世広場
P.za Vittorio Emanuele II
A線
ヴィットリオ・
エマヌエーレ駅
Vittorio Emanuele
国立東洋博物館
Museo Naz. dell' Arte Orientale
エスクィリーノの丘
M.te Esquilino
トラヤヌス帝の浴場
Terme di Traiano
ドムス・アウレア
Domus Aurea
入口
オッピオ公園
Parco Oppio
ダンテ広場
P.za Dante
A線
マンゾーニ駅
Manzoni
S. Anna
サンクレメンテ教会
S. Clemente
チェリオ
Celio
P.152
S. Antonio
da Padova
サンティ・クァットロ
コロナーティ教会
Ss. Quattro Coronati
スカラ・サンタ
（聖なる階段）
Scala Santa
S.G. in ラテラーノ広場
P.za S. G. in Laterano
S.ジョヴァンニ病院
Osp. S. Giovanni
オベリスク
ラテラーノ宮
ラテラーノ洗礼堂
Battistero Lateranense
S.ジョヴァンニ門広場
P. za P. Giovanni
P.82
サン・ジョヴァンニ・イン・
ラテラーノ大聖堂
S. Giovanni in Laterano
A線
サン・ジョヴァンニ駅
S. Giovanni
チェリオ病院
Osp. del Celio
ウンベルト1世療養所
Senatorio Umberto I
アッドロラータ
救護院
Osp. d.Addolorata
S. マリア・イン・
ドムニカ教会
サン・ステファノ・ロトンド教会
S. Stefano Rotondo
イギリス病院
観光省
Min. Turismo
Spettacolo
チェリオの丘
Monte Celio
メトゥロニア門広場
P.za di Porta
Metronia
メトゥロニオ広場
P.le Metronio
ガッリア通り
サン・シスト・
ヴェッキオ教会
S. Sisto Vecchio
サンティ・ネレオ・
アキッレオ教会
Ss. Nereo e Achilleo
P.za
Numa
Pompilio
エジェリオ公園
Parco Egerio
パンノニア広場
L.go Pannonia
エピロ広場
P.za Epiro
ラビカーナ通り
マンゾーニ通り
メルラーナ通り
Via Labicana
Via Merulana
Via Emanuele Filiberto
Via Gallia
Via Amba Aradam
Via di S. Giovanni in Laterano
Via Cavour
Via Napoleone III
Via Pr. Eugenio
Via Conte Verde
V.le A. Manzoni
Via Statilia
Via Sannio
Via Magna Grecia
Via Claudia
Via d. Navicella
Via Druso
V.le Metronio
Via Ipponio
Via della Ferratella
V. S. Stefano Rotondo
Via di Villa Fonseca
Via di S. Erasmo
0
200m
N
A
B
C
3
4

ローマへの行き方

フィレンツェから

フィレンツェ・サンタ・マリア・ノヴェッラ駅（S.M.N.）からローマ・テルミニ駅までフレッチャロッサ(FR)やイタロ(ITA)で約1時間30分

ミラノから

ミラノ中央駅からテルミニ駅までFR、ITAで約3時間30分

ヴェネツィアから

ヴェネツィア・サンタ・ルチア駅からテルミニ駅までFR、ITAで約3時間30分

ナポリから

ナポリ中央駅からテルミニ駅までFR、ITAで約1時間10分

●ローマ・テルミニ駅
URL romatermini.com

テルミニ駅はセキュリティ向上

2023年、テルミニ駅では殺傷事件が何度か発生したこともあり、駅構内や中央口付近に警察が常駐。ホーム手前に改札が設けられていること、そしてトレニタリアやイタロの自動券売機前には操作を案内してくれる係員がいることもあり、悪評高かったチップを要求する荷物運びやスリ（→P.583）は減少傾向に。ただ、2023年10月取材時でも、券売機の操作を手伝ってチップを要求する者は少なからずいた。自身で切符を購入する際は、出入り口付近よりもホームに近い自動券売機の利用がおすすめだ。

テルミニ駅の手荷物預け

手荷物預けは1階にあるデパート、コインCoin先のKi Pointで。利用にはパスポートが必要。
営7:00～21:00 料4時間まで€6、以降1時間ごとに€1、13時間以降は1時間ごとに€0.50。2023年10月の取材時は、待たずに荷物を預けられるエクスプレスサービス1日€14もあり。

駅のポップアップショップ

テルミニ駅のコンコースには、期間限定のポップアップが入居。3～4ヵ月程度で入れ替わり、おみやげにもぴったりな店が多いので注目だ。例えば2023年はオリーブオイルのブランド・ムラーリアMuragliaや有名シェフのカンナヴァッチュオーロ Cannavacciuoloが展開するクリスマス菓子・パネットーネを販売する店などが出店していた。

ローマの交通について

●ローマ・テルミニ駅

改装が進むテルミニ駅。モダンな駅に変身中

列車でローマに到着する場合は、**ローマ・テルミニ駅**Stazione Terminiが玄関口だ。テルミニ駅は終着駅という名前どおり、列車が通り抜けられない**行き止まり式の駅**だ。ムッソリーニの構想により建てられた駅舎は、大理石とガラスをふんだんに使い、明るく近代的。

ホーム24番線脇奥に**観光案内所**がある。さらに奥に飲食店街**メルカート・チェントラーレ**が広がる。空港⇔ローマ間のプルマンはこの前の道路上からの発着。左右のホーム端に沿って、**カフェ**などが並び、1番線脇には**薬局**、**スーパー**、**郵便局**などが並んでいる。

新しくなった空港線入場口

コンコースにはレストランやショップが充実し、切符売り場や自動券売機もずらりと並んでいる。コンコースの両端にはATM機が設置され、タクシー乗り場がある。中2階は2ヵ所に分かれ、切符売り場上にはセルフレストランやバール、ホーム側上には飲食店街**テラッツァ・テルミニ**がある。2023年には**イータリー**（→P.17）もオープン。ガラス張りの正面口前は、市内バスが発着するバスターミナルとタクシー乗り場がある**チンクエチェント広場**だ。コンコースから地下に下りると、スーパーマーケットやブティック、ファストフード店などが揃っている。さらに地下を進むと、**地下鉄A・B線**が乗り入れる地下鉄駅だ。地下鉄の出入り口は、駅前広場のタクシー乗り場周辺にもある。

テルミニ駅のイータリーはショップとレストランに分かれる

●ローマ・ティブルティーナ駅

ローマ市内で2番目に大きく、空港からのFL1線（→P.55）ほか、ティヴォリ（→P.120）など郊外へ行く路線がある。コロッセオ駅などに停車する**地下鉄B線**も走っていて、中心部にも出て行きやすい。

●ローマ・オスティエンセ駅

地下鉄B線ピラミデ駅Piramideに乗り換えることができ、駅前にはイータリー（→P.144）がある。ティブルティーナ駅同様近郊路線が多め。

ローマ　Roma

テルミニ駅構内図　Termini

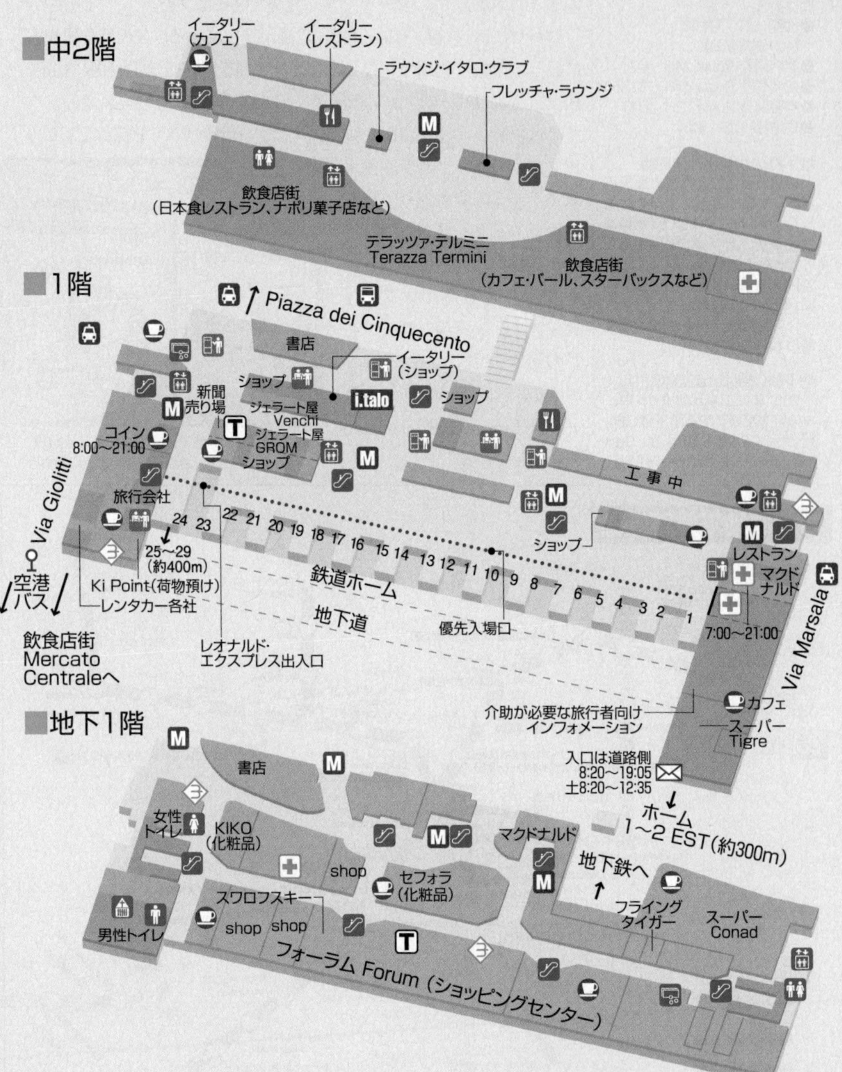

- トイレ
- エスカレーター
- エレベーター
- カラビニエーリ
- 飲食店
- 両替所
- ATM機
- 教会
- タクシー
- バス
- 地下鉄
- 薬局
- 旅行者救援室
- バール・カフェ
- 切符売り場
- fs自動券売機
- i.talo イタロ切符売り場
- 待合室
- タバッキ
- 郵便局　電話
- ･･･ 有人改札ゲート（閉め切り）
- 観光局インフォメーション
- fs鉄道インフォメーション

地下鉄・バスの切符の種類
滞在日数に応じて切符を購入しよう。切符を使用する際は、日本と同様、改札機に切符を入れるだけ。降車後は切符を通す必要はない。
- ●1回券 BIT　€1.50（100分間有効）
- ●24時間券 Roma 24H　€7
- ●48時間券 Roma 47H　€12.50
- ●72時間券 Roma 72H　€18
- ●1週間券 CIS　€24

地下鉄の切符自動券売機
英語、仏語など言語を選択可能。日本語もあるが全部を翻訳してくれるわけではない。紙幣は使えるが、おつりに制限があるので、なるべくクレジットカードで購入するのがベター。ちなみに、ICチップ入りのクレジットカードを改札機にかざせば入場可能（1枚につき1名まで）。

地下鉄C線はいまだ建設中
2007年に工事が始まり、ローマの町を東西に走る地下鉄C線。だが、2024年3月現在、San Giovanniから東側部分のみ開通。

●地下鉄　Metropolitana（メトロポリターナ）

交通渋滞もなく、終電まで本数も多く運転しているので便利な地下鉄。運行時間は5:30～23:30で、金・土曜は翌1:30まで。地下鉄の表示は赤地に白のマークですぐ発見できるはずだ。

ローマには、A線・B線・C線の3線が走っている。このうち観光客にとって頻繁に利用することになるのはA線（Linea A）とB線（Linea B）だ。A線はヴァティカン市国近くのバッティスティーニ駅からスペイン広場駅、テルミニ駅を通り、アナニーナ駅まで。B線は、レビッビア駅からティブルティーナ駅やテルミニ駅を通り、終点ラウレンティーナ駅までだ。この線はエウル・マリアーナ駅で、古代遺跡のオスティア・アンティーカやローマっ子の海水浴場であるオスティア・リドへ向かうローマ＝リード線 Ferrovia Roma-Lido と連絡している。

地下鉄、切符購入の自販機。おつりのないように使おう

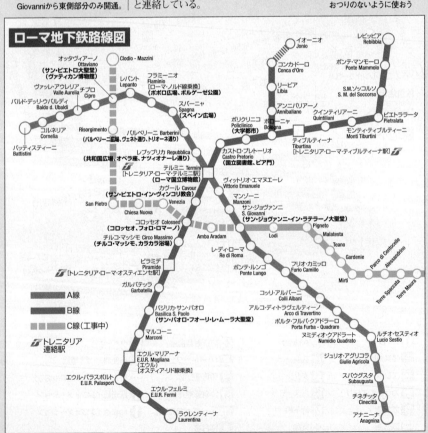

ローマ地下鉄路線図

Clodio - Mazzini
オッタヴィアーノ Ottaviano（サン・ピエトロ大聖堂）（ヴァティカン博物館）
レパント Lepanto
フラミーニオ Flaminio［ローマ・ノルド線乗換］（ポポロ広場、ボルゲーゼ公園）
ヴァッレ・アウレリア Valle Aurelia
チプロ Cipro
バルド・デッリ・ウバルディ Baldo d. Ubaldi
スパーニャ Spagna（スペイン広場）
コルネリア Cornelia
バッティスティーニ Battistini
Risorgimento
バルベリーニ Barberini（バルベリーニ広場、ヴェネト通り、トリオーネ通り）
レプップリカ Repubblica（共和国広場、オペラ座、ナツィオナーレ通り）
テルミニ Termini［トレニタリア・ローマ・テルミニ駅］（ローマ国立博物館）
カヴール Cavour（サン・ピエトロ・イン・ヴィンコリ教会）
San Pietro
Chiesa Nuova
Venezia
コロッセオ Colosseo（コロッセオ、フォロ・ロマーノ）
チルコ・マッシモ Circo Massimo（チルコ・マッシモ、カラカラ浴場）
ピラミデ Piramide［トレニタリア・ローマ・オスティエンセ駅］
ガルバテッラ Garbatella
バジリカ・サン・パオロ Basilica S. Paolo（サン・パオロ・フオーリ・レ・ムーラ大聖堂）
マルコーニ Marconi
エウル・マリアーナ E.U.R. Magliana（エウル）［オスティア・リド線乗換］
エウル・パラスポルト E.U.R. Palasport
エウル・フェルミ E.U.R. Fermi
ラウレンティーナ Laurentina
イオーニオ Jonio
コンカ・ドーロ Conca d'Oro
リービア Libia
アンニバリアーノ Annibaliano
ボローニャ Bologna
ポリクリニコ Policlinico（大学都市）
カストロ・プレトーリオ Castro Pretorio（国立図書館、ピア門）
ティブルティーナ Tiburtina［トレニタリア・ローマ・ティブルティーナ駅］
クインティリアーニ Quintiliani
モンティ・ティブルティーニ Monti Tiburtini
ピエトララータ Pietralata
S.M.ソッコルソ S. M. del Soccorso
ポンテ・マンモーロ Ponte Mammolo
レビッビア Rebibbia
ヴィットリオ・エマヌエーレ Vittorio Emanuele
マンゾーニ Manzoni
サン・ジョヴァンニ S. Giovanni（サン・ジョヴァンニ・イン・ラテラーノ大聖堂）
Amba Aradam
Lodi
Pigneto
Malatesta
Teano
Gardenie
Mirti
Parco di Centocelle
Alessandrino
Torre Spaccata
Torre Maura
レ・ディ・ローマ Re di Roma
ポンテ・ルンゴ Ponte Lungo
フリオ・カミッロ Furio Camillo
コッリ・アルバーニ Colli Albani
アルコ・ディ・トラヴェルティーノ Arco di Travertino
ポルタ・フルバ・クアドラーロ Porta Furba - Quadraro
ヌミディオ・クアドラート Numidio Quadrato
ルチオ・セスティオ Lucio Sestio
ジュリオ・アグリコラ Giulio Agricola
スバウグスタ Subaugusta
チネチッタ Cinecittà
アナニーナ Anagnina

A線
B線
C線（工事中）
トレニタリア連絡駅

●バス　Autobus（アウトブス）

バスはイタリア語でアウトブスだ。ローマ市内を走るバスはおもにオレンジ色や緑色のワンマンカーだ。1日中、真夜中でも走っているし、路線網も細かいので使いこなせれば、ローマでは旅行者の強い味方になる。朝夕は交通渋滞でかなり時間がかかることもあるが、外を眺めながらエトランゼ気分を楽しむのも一興だ。詳しい路線図はキオスクなどで販売している。

このテルミニ駅前のバスターミナルには、たくさんの市バスが停まっているので、目指すバスに乗るのには都合がよいが、普通はバス停からの乗車だ。バス停は日本と同様で道端にありFermata（フェルマータ）という表示がある。この下に路線番号と路線、バスが向かう方向、各停留所名(現在地は赤枠)が書いてある。バス停にNotturno（ノットゥールノ）(フクロウマークが目印) と表示してあるのは**深夜路線**で日中は運行されないので注意すること。なお、バスは行きと帰りに同じ路線を通らないこともあるので、路線を確かめずに慌てて、来たときと同じバスに乗らないように。

ヴァティカンへは
40番の急行バスが便利

さて、バスの乗り方だが、まず行き先の番号を確かめ、その番号がフロントガラスの上に書かれたバスが近づいたら、手を挙げて運転手に合図しよう。バスには扉が3つあり、**前扉**は定期券専用、**中央**は降車専用、**後ろ扉**が定期券と切符用になっている。乗り込んだら切符を機械の矢印に合わせて打刻機に入れよう。打刻機を上下して乗車日時が書き込まれる。作動しないと、打刻されない

市内交通の切符は共通

地下鉄、バス、トラム(路面電車)、近郊鉄道の切符は共通で、料金はP.72参照。バスやトラムの車内では切符を購入できないので、あらかじめ地下鉄駅の自動券売機で乗車券を買っておくとよいだろう。また、町なかのATAC表示があるタバッキやバールでも購入できる。

刻印機が壊れていたら?

バスに乗車する際は、切符を打刻機に入れて日付と時間を打刻する必要があるが、打刻機が壊れていたら、手書きで日付と時間を記入しておこう。打刻をしていないと、検札に当たったときに罰金の対象になってしまうこともある。

ℹATAC Ticket Office

テルミニ駅のチンクエチェント広場に交通機関のチケットや各種ツアーチケットを購入できる売り場あり。

住 Piazza dei Cinquecento 48
営 7:00～20:00、日8:00～20:00

地下鉄とバスの変更について

地下鉄A線が断続的に工事中のため、金・土をのぞく21:00以降は運休になる可能性がある。また、テルミニ駅前にあるチンクエチェント広場では改修工事が行われており、バス停の位置が通常と変更になっている。詳細はATACの公式サイトへ。

URL www.atac.roma.it

2階建てバスでローマのオリエンテーション

手軽にローマ観光できる2階建てバスが観光客に人気。風を受けて、高みから見学するのは気分がいいし、主要な見どころを回るので、ローマ観光の初日に利用すると町の理解を助けてくれる。ライトアップされた魅力的な夜のローマを、眺めてみたい人にもおすすめ。観光客しかいないので、スリなどの心配も少ない。

数社が運行しており、バスは新型の2階建て。運行ルートもほぼ同様で8～10ヵ所の専用停留所で乗り降り自由で、自分の観光に合わせて後続のバスを利用できる。下車せずに1周すると1時間30分～2時間。始発・終点は各社で異なるが、テルミニ駅周辺には各社のバス停がある。テルミニ駅周辺では客引きが勧誘してくるし、ホテルにパンフレットも置かれているので申し込みも簡単。

●ビッグ・バス・ローマ Big Bus Rome

コースは市内中心部を回るレッドルートとアッピア旧街道を巡るパープルルートの2種類。レッドルートではテルミニ駅→サンタ・マリア・マッジョーレ大聖堂→コロッセオ→チルコ・マッシモ→ヴェネツィア広場→ヴァティカン市国→スペイン広場→バルベリーニ広場を通り、8ヵ所の停留所から参加可能。チケットは公式サイトまたはテルミニ駅とコロッセオのキオスクで販売。

営 9:00～17:50 (約20分間隔で運行、所要約100分)、夏季 (6～10月頃) はナイトツアー (所要約1時間) を開催することもある

料 24時間券€33、48時間券€39、72時間券€46 (公式サイトでの予約で割引あり)

URL www.bigbustours.com/en/rome

●City Sightseeing Rome

URL www.city-sightseeing.it/rome

●Green Line Tours

URL www.greenlinetours.com

●Opera Romana Pellegrinaggi

URL www.operaromanapellegrinaggi.org

※いずれのツアーも週末の歩行者天国などにより、運行時間やルートの一部に変更の可能性あり

✉ ローマの鉄道とバス

ローマ・テルミニ駅は、乗り場の手前にゲートが設置されており、切符がないと乗り場には入れないようになっていました。地下鉄も、地下鉄乗り場に行くためには改札を通る必要があります。そのせいか、テルミニ駅はうわさに聞いていたほど治安が悪い印象は受けず、物乞いもほとんどいませんでした。ただし、テルミニ駅の切符の自動販売機に、使い方を教えておつりをせびってくる老人男性がひとりいました。

ローマでバスに乗りましたが、こちらは遅れることがあるのはもちろん、定刻より早く出発することが多いので要注意です。Googleマップに「このバスは2分前に出発済み」など、リアルタイムで更新されたものが非常に細かく出てきます。ただし、この情報もときどき間違っているので要注意です。

（島根県　匿名 '23）

ので、検札のときあらぬ疑いをかけられてしまう。観光に便利なバス路線は次のとおりなので路線図とともに研究して町に繰り出そう。

バス内部

40 急行 テルミニ駅 ↔ ナツィオナーレ通り ↔ ヴェネツィア広場 ↔ トッレ・アルジェンティーナ広場 ↔ V.エマヌエーレ2世通り ↔ ピオ10世通り ↔ ピア広場(2024年3月時点で閉鎖中)

64 テルミニ駅 ↔ ナツィオナーレ通り ↔ ヴェネツィア広場 ↔ V. エマヌエーレ2世通り ↔ ヴァティカン市国(サン・ピエトロ駅前広場)

492 ティブルティーナ駅 ↔ カストロ・プレトリオ駅 ↔ バルベリーニ駅 ↔ ヴェネツィア広場 ↔ トッレ・アルジェンティーナ広場 ↔ カヴール広場 ↔ リソルジメント広場 ↔ 地下鉄チプロ駅(ヴァティカン博物館)

23 リソルジメント広場 ↔ V.エマヌエーレ2世橋 ↔ トラステヴェレ地区 ↔ 地下鉄B線ピラミデ駅 ↔ サン・パオロ・フオーリ・レ・ムーラ大聖堂

真夜中に走る市内のバス

真夜中24：00を過ぎて運行されるのがノットゥールノ Notturno (バス停ではフクロウマークで表示)だ。このバスのみ車掌が乗り込み、切符の販売をしている。運行本数は日中に比べるとめっきり少ないが、バス停の下に時間も表示され、運行も比較的正確なので利用価値は大きい。深夜運行バスの路線図は公式サイトでダウンロード可能。「Linee notturne sinottico」がおもに中心地を運行するバス。

URL www.atac.roma.it/utility/mappe

170 テルミニ駅 ↔ 共和国広場 ↔ ナツィオナーレ通り ↔ ヴェネツィア広場 ↔ マルケルス劇場 ↔ 真実の口広場 ↔ アヴェンティーノ通り ↔ テスタッチョ橋 ↔ 地下鉄B線マルコーニ駅 ↔ アグリコルトゥーラ広場(エウルE.U.R.)

ATACの大型連結バス

714 テルミニ駅 ↔ S.M.マッジョーレ広場 ↔ S.G.イン・ラテラーノ広場 ↔ カラカラ浴場 ↔ E.U.R.地区

660 地下鉄A線コッリ・アルバーニ駅 ↔ 地下鉄A線アルコ・ディ・トラヴェルティーノ駅 ↔ アッピア新街道 ↔ アッピア旧街道 ↔ チェチーリア・メテッラの墓(～20:30)

H 急行 テルミニ駅 ↔ ヴェネツィア広場 ↔ ソンニーノ広場（トラステヴェレ） ↔ トラステヴェレ駅 ↔ サン・カミッロ病院 ↔ デイ・カパッソ(9:00～20:00)

●観光バス

どのホテルにもパンフレットが置いてあり、申し込みもできる。駆け足で見どころを効率よく見て回りたい人に。半日コースからイタリア各地を回るコースなど各種あり、初めてのローマ旅行におすすめだ(→P.73)。

各社が運行する2階建て市内観光バス

地下鉄・バスでのマナー
次のバス停で下車したいときは、車内に設置されている赤いボタンを押してバスを停めてもらおう。近くなったら扉に近づいて、降りる準備。前にいる人に「シェンデ Scende?（降りますか?）」と聞き、「ノー No」と言われたら「ペルメッソPermesso!（失礼）」と声をかけつつ前に出ること。これをしないと、周りのヒンシュクをかうので注意。

バスや地下鉄の検札は厳しい
月末と月初めには、頻繁に抜き打ちの検札が回る。無賃乗車が見つかると高額の罰金が科される。その場では約€50で後日の支払いでは€100を超える金額を納めなければならない場合も。外国人にはパスポートの提示を求められ、大使館へ通報されることもある。

✉ 観光バス、どこでチケットを買う?

安全で、何度も乗り降り自由なので便利。数社が運行していますが、それぞれテルミニ駅とヴァティカンの間を中心に少しずつバス停やルート、運行時間を変えています。テルミニ駅周辺で切符を購入する場合は、声をかけてきた人から買うのではなく、全社の切符を扱っているスタンドで内容を確認してからの購入がベターです。切符のスタンドはテルミニ駅正面を出た、市バスターミナルにあります。
（東京都　ARI・MORI）

イタリアの都市でサイクリング！

ローマやミラノ、フィレンツェなどイタリアの大都市で主要な観光スポットを回ろうと思うと、意外にコンパクトなことに気がつかされるだろう。地下鉄やトラムも活用できるが、体力に自信がある人は徒歩でも回ることができるほど。公共交通機関からは離れていて、歩くには少し遠いが、タクシーを使うほどでもない……という人はぜひ自転車やバイクを利用してみるのも手だ。

ローマ市内に限っていうと、レンタサイクルやバイクは借りられるところが複数ある。なかには、イタリアの有名ブランド「VESPA」のスクーターを借りられるところも。『ローマの休日』さながら、遺跡に囲まれた町を颯爽と走るのも気持ちがよいだろう。

大きな都市にはシェアサイクルや電動キックボードのステーションも点在している。アプリで会員登録後、近くのステーションを探して、自転車をレンタル。返却は別の場所でもOK。うまく活用すれば、公共交通機関で行けないところも自転車でスイスイ行けるが、日本に比べて車の走行スピードが速く、ドライバーのマナーも悪いイタリアでは、くれぐれも気をつけること。

自転車&バイクレンタル
●Bici & Baci
住 Vicolo del Bottino 8　☎ 06-6786788
URL www.bicibaci.com(日本語あり)
※テルミニ駅やコロッセオ周辺にも店舗あり

おもなシェアサイクル
●dott　URL ridedott.com
●BIRD　URL www.bird.co
●Ridemovi(フィレンツェ、ミラノ)
URL www.ridemovi.com
●bikeMi(ミラノ)　URL bikemi.com

ローマ市内のタクシー料金

距離・時間の併用制。現金のみというタクシーも多いので、クレジットカードの支払いを希望する人は、乗る前に確認を。空港⇔市内間の定額タクシーはP.56を参照。

●月～土初乗り　€3
●日・祝初乗り　€5
●夜間（22:00～翌6:00）初乗り€7
※荷物（35×25×50cm）1個は無料だが、2個目から€1ずつ発生
※無線タクシーを呼ぶ場合は€4加算

おもなタクシー会社

●ChiamaTaxi
☎ 06-0608
URL turismoroma.it
●Radiotaxi 3570
☎ 06-3570
URL www.3570.it

白タクには乗らないこと！

"白タク"とは、無認可タクシーのこと。タクシー乗り場近くで愛想よく客引きをしている場合があるが、本物のタクシー運転手は客引きをしないのでだまされないように。白タクは安い料金を提示してくるが、それはひとり分で、降車の際に人数分を要求される場合もある。

●タクシー　Taxi（タッシー）

イタリア語ではタッシーと呼ぶ。

町を流しているのをつかまえるのは難しいので、ほとんどの広場にあるタクシースタンドから乗ろう。白色の車体で、車体にローマ市の紋章とRoma Capitaleの文字、屋根の上にTAXIと表示してある。車は手動式ドアで4人乗りが多い。空車は日本同様赤ランプでLIBERO（リーベロ）と表示してある。

テルミニ駅に並んだタクシー

ホテルやレストランなどから呼ぶ場合は、タクシーの車体の横に書いてある（2桁・2桁）の数字、または（数字2桁・地名）をあらかじめ教えてくれるので、この番号の車に乗り込む。この場合は、すでに迎車料金がメーターに表示してあるはずだ。乗り込んでメーターを確かめ、作動していない場合は、ひとこと「メーター」と叫ぼう。

チップは必ずしも必要ではないが、気持ちのよいサービスを受けたらおつりを切り上げて支払うとよい。22:00から翌朝6:00までは割増料金が適用される。タクシーの運転手は、あまり英語は話せないが、紙に書いた住所を見せれば十分。おおむね日本人には好意的だ。

●トラム（路面電車）　Tram（トラム）

地下鉄やバス同様、ATAC社が運営している料金システムや刻印方法などは同様。2024年3月時点で6線走っているが、市内中心部を走るというよりも、どちらかというと市民の足としての側面が強い。また、7～8月のバカンスシーズンになるとぐっと本数が少なくなることも。観光で利用するとしたらヴェネツィア広場やトラステヴェレに停まる8番。5:30～深夜に運行するが、時刻表はないので急いでいるときには向かない。

旅情を感じられるトラム

✉ 先輩たちに学ぶローマのタクシー失敗談

「タクシーに問題あり」という投稿のほとんどはローマ。特に真実の口広場周辺にいるタクシーに関する苦情投稿は複数ある。必ずメーターを確認、現金を崩して多めに持っておくなどの対策を。

真実の口から

真実の口からパンテオンまでわずかな距離なのに€25を請求されました。メーターは動いていると思ったのですが、運転手は壊れているなどと言って適当な値段を言ってきたのです。おかしいと思い「No!」と伝えたのですが、運転手がしだいに怒り出し、怖くなった母が結局€35も渡してしまいました。メーターの確認をしなかったこと、女ふたり連れ、日本人と言ってしまったことなどいろいろ反省材料がありました。（東京都　母娘旅）

ローマ到着時のタクシー

ローマ・テルミニ駅から徒歩5～6分のホテルまでタクシーを利用しようと思いました。テルミニ駅の外に出ると運転手が現れ、スーツケースを運び始めました。場所を言うと「€30」、高いと答えると「€28」というので荷物を奪い返し、ほかのタクシー乗り場に行って料金を尋ねたものの、€25とふっかけられました。テルミニ駅からタクシーに乗る予定ならば、空港から固定料金（'24年3月現在は€50）でホテルへ向かうのがいいです。（神奈川県　アキリン）

タクシーと小銭

タクシー利用の際は、€1を多く持っているといいです。チップを含んで€7と請求され、€10で支払うと、「おつりがない。Thank you」と連呼され、おつりを諦めるハメに。（神奈川県　アキリン）

ローマの役立つ情報

●ローマの観光案内所

ローマの市内中心部には3ヵ所あり、地図やガイドの販売やホテルや観光の相談にのってくれる。ホテルリストは希望の地域やカテゴリーを伝えると、該当の宿をプリントアウトしてくれる。また、ローマパスなども販売。

ⓘのマークが目印だ

窓口はローマ各所にあり、一部はキオスク風のブース内にあるので、気づいたときに必要な資料を入手しよう。一部美術・博物館の入館予約や切符の前売りもしている。

テルミニ駅前広場にある、公共交通の案内所

●両替　Cambio（カンビオ）

一般的にレートは小都市より大都市、南部より中・北部の方がいい。首都のローマ市内では、**駅や空港にある銀行や町の両替所**も多いので困ることはない。また、一部のホテルなどでもできる。ただ、両替率は毎日変わり、手数料もいろいろ。最近では、**空港や駅、銀行に設置されたATM機でキャッシング**する人が多い。旅行前に暗証番号や限度額の確認、カードによっては保留設定などをしておこう(→P.552)。

ATMを活用しよう

ローマ市内の観光案内所
いずれも1月1日、5月1日、12月25日は定休日。ローマ・パス含む問い合わせ先は ☎ 06-0608。

ⓘINFOPOINT Fori Imperiali
コロッセオやフォロ・ロマーノ周辺。
住 Via dei Fori Imperiali
営 9:30〜19:00

ⓘINFOPOINT Minghetti
トレヴィの泉近く。
住 Via Marco Minghetti
営 9:30〜19:00

ⓘINFOPOINT Castel Sant'Angelo
サンタンジェロ城近くにある。
住 Piazza Pia
営 9:30〜19:00

ⓘINFOPOINT Fiumicino
フィウミチーノ空港ターミナル3。
住 Aeroporto Leonardo Da Vinci Arrivi Internazionali Terminal T3
営 8:30〜20:00

ⓘINFOPOINT Ciampino
チャンピーノ空港内にある。
住 Aeroporto G.B.Pastine Zona esterna dell'area Arrivi
営 8:30〜18:00

●ローマ市内の銀行
営 8:30〜13:30、15:00〜16:00
休 土・日・祝
※営業時間は各銀行により多少の変更あり。土曜は午前営業のみの場合あり

✉ ローマ・パスの使用

ローマ・パスでバスを利用する場合は、最初に氏名、開始日時を記入。バスは刻印が不要で、そのまま乗るだけ。提示を要求されたら見せるだけでOKです。初めてバスに乗るとき、わからず困りました。地下鉄はバーコードを改札機にかざせばOK。
（ふろー）['24]

お得なローマ・パス ROMA PASSで割引を！

ローマ市内の公共交通機関（地下鉄、ATAC社のバス、トラム、鉄道の一部路線）が時間内乗り放題と見どころ1〜2ヵ所の入館料無料、対象施設の割引などが含まれたパス。

パスの種類

●ローマ・パス 48時間
最初に入場する1施設の入場料無料、以降は割引が適用。公共交通機関48時間無料。　料 €32

●ローマ・パス 72時間
最初とその次に入場する2施設の入場料無料、以降は割引が適用。公共交通機関72時間無料。
料 €52

購入方法

●公式サイトから予約
トップページの「BUY」から券種と枚数、日付、パスの受け取り場所を選択。名前や住所などを記入後、支払い（クレジットカードのみ）。予約後、24時間後からの現地受け取りのみ。
URL www.romapass.it

●観光案内所や対象施設、地下鉄の窓口で購入
その場で受け取れるので便利。

別途予約が必要な施設
パスを所持していても、コロッセオ（→P.88）、ボルゲーゼ美術館（→P.102）は別途予約が必要。予約方法は各見どころのページへ。

●郵便局　L'ufficio Postale

中央郵便局は、サン・シルヴェストロ広場にある。この郵便局では、開封小包1kgまでと書籍小包5kgまでを取り扱う。テルミニ駅構内東側にもある（入口は、マルサラ通りVia Marsala側）。ただし、郵便局は日本同様、各種の支払いや手続きなどで、地元の人で混み合っている場合が多い。入口の番号札を取って順番を待とう。**切手**Francobolloは、町なかのたばこ店Tabacchiでも販売している。

バスの発着するサン・シルヴェストロ広場にある中央郵便局

小包を取り扱う郵便局は少ないので、最初にホテルなどで確認してから出かけよう。上記の中央郵便局やテルミニ駅周辺では共和国広場のTerme di Diocleziano局（マッシモ宮入口の道を挟んだほぼ向かい）が取り扱う。小包取り扱いの郵便局では各種ボックスの販売もしているので、これに入れて付属のテープなどで封をすればいい。専用窓口で手続きしよう。

サン・ピエトロ広場北側の、ヴァティカン郵便局のポストは黄色

また、サン・ピエトロ広場のヴァティカン郵便局から手紙を発送すると、どこよりも早く日本へ着くと評判だ。

●公衆トイレ

ローマ・テルミニ駅など町なかにある公衆トイレは有料で不衛生なところも。デパートのリナシェンテやコインにある無料のトイレを利用する、もしくはバールでカフェを頼んだついでに利用するのがおすすめ。

●Wi-Fi事情

ホテルやカフェなど各所でWi-Fiのサービスを提供している。ホテルなどではほぼ無料。町なかの無料スポットは時間制限（30分程度）が設けられている場合が多い。フィウミチーノ空港、テルミニ駅構内、列車内、市内観光バス、市バスのバスターミナル、8番などの新型トラムでは車内でも利用できる。使用できる場所にはWi-Fi表示があるのでチェックしてみよう。

●中央郵便局
住 Piazza S. Silvestro 19
☎ 06-69737216
開 8:20～19:05、土8:00～12:35
休 日、一部の祝日
MAP P.64-B1

切符はヴァティカン郵便局で
ローマのたばこ屋では切手が売り切れていることが多い。ヴァティカン観光の際にサン・ピエトロ広場の大聖堂に向かって左にある簡易郵便局や大聖堂に向かって右から出てすぐの郵便局での購入がおすすめ。

●ローマ中央警察外国人課
Questura Roma Divisione Stranieri
住 Via Teofilo Patini n.23
☎ 06-46863911
開 8:30～12:00、火・木8:30～12:00、15:00～17:00
休 土・日・祝
※被害届けなどは最寄りの警察署でも対応可能

●在イタリア日本国大使館
住 Via Quintino Sella 60
☎ 06-487991
開 9:30～12:45、14:15～16:30
休 土・日・祝
MAP P.61-C3
URL www.it.emb-japan.go.jp

アプリで公衆トイレを利用
ローマ・パスを購入すると無料で利用できるP.STOPの公衆トイレ。実はアプリをダウンロードしておけば、有料でも利用できる。市内中心部ではスペイン広場やトラステヴェレなどにある。1回€1、24時間€5などいくつか種類がある。
URL pstop.it

ローマでオペラ体験

ミラノのスカラ座、ナポリのサン・カルロ歌劇場と並ぶイタリアの3大歌劇場のひとつ。白大理石の大きな建物。11～6月にオペラやバレエが上演される。当日券も比較的入手しやすいので、シーズン中なら窓口で尋ねてみるとよい。

●オペラ座（ローマ歌劇場） MAP P.65-B3
Teatro dell'Opera di Roma
住 Piazza Beniamino Gigli 7　☎ 06-481601　営 チケット売り場10:00～18:00、日9:00～13:00　休 祝
C A.D.M.V.　URL www.operaroma.it

ローマのオペラ情報はオペラ座で。オペラ座の演目も興味深い

テルミニ駅周辺

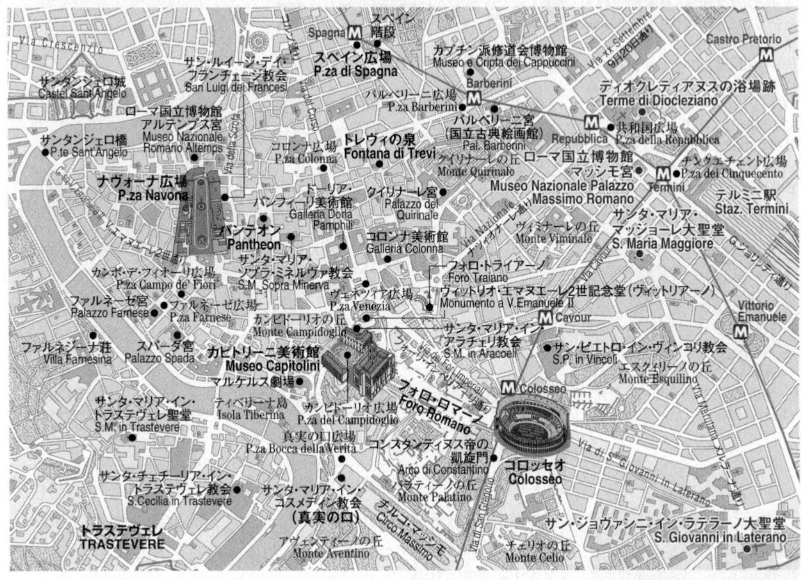

ローマ・テルミニ駅正面は市バスの発着する一大バスターミナルのチンクエチェント広場。広場の奥に**ディオクレティアヌスの浴場跡**（現在はローマ国立博物館のひとつ）と**共和国広場**。共和国広場はエセドラ広場とも呼ばれ、妖精が水を噴く、ローマらしい美しい風景が広がる。この先に左に延びるのがナツィオナーレ通り。駅前広場左側は**ローマ国立博物館 マッシモ宮**があり、古代ローマ美術ファンはぜひ訪ねたい場所だ。

駅前広場の左から続く大通りを500mほど行くと、史上初めて聖母マリアにささげられた**サンタ・マリア・マッジョーレ大聖堂**の大きな後ろ姿が現れる。サンタ・マリア・マッジョーレ大聖堂と次の**サン・ジョヴァンニ・イン・ラテラーノ大聖堂**は「ローマの4大聖堂」と呼ばれ、カトリック信者にとって重要な巡礼地であり、いつも敬虔な信者の姿がある。

サン・ジョヴァンニ・イン・ラテラーノ大聖堂へは地下鉄を利用しよう。サン・ジョヴァンニ・イン・ラテラーノ大聖堂は、教皇庁がヴァティカンに移るまでカトリック教会の中心的存在だった場所だ。

サンタ・マリア・マッジョーレ大聖堂のシスティーナ礼拝堂Cappella di Sisto Vはひときわ豪華

テルミニ駅への行き方

ローマ・テルミニ駅はトレニタリア（fs線）、イタロ（ITA）、地下鉄A・B線が連絡。地上階から正面口に出れば、チンクエチェント広場。

道を渡るには?

テルミニ駅周辺は、交通量が多いにもかかわらず信号のない横断歩道が多いです。ドライバーは歩行者優先の意識をもっているとは思えない運転のマナーなので、横断する際には必ず地元の人や複数の観光客と一緒に渡るようにしましょう。　（志保）

8月のローマ旅行

8月半ばのローマ旅行、8月15日の祝日（聖母被昇天祭）の前後で週末も含まれていたためか、行く予定だったレストランやパスティッチェリアの多くが休業でした。インターネットで検索した営業情報は夏休みや祝日まで反映されておらず、店まで行って休業に気づくことも多かったです。インターネットで予約できる店もあり、休業確認の意味からも事前予約の必要性を感じました。なお、観光客の多いテルミニ駅周辺の店は営業していた店が多かったです。　（ナオ）

ローマ・テルミニ駅のパスティッチェリア

2023年にオープンしたイータリー（→P.17）や期間限定のポップアップショップ（→P.70）などショッピングスポットが充実しているテルミニ駅。中2階のテラッツァ・テルミニには、リミニ（→P.418）出身のパティシエ、ロベルト・リナルディーニによる「Rinaldini」やナポリ発の「Eccellenze Della Costiera」など有名パスティッチェリア（菓子店）が軒を連ねている。列車の待ち時間や到着後の休憩にどうぞ。

Rinaldiはピンクがテーマのかわいらしい内装

おもな見どころ

ローマの交通の中心　MAP P.65-B・C4

ローマ・テルミニ駅

Stazione Roma Termini　スタツィオーネ テルミニ

国際線、国内線の鉄道が頻繁に発着するローマで最大の駅。教皇ピウス9世の発案で1870年に建造。その後、1938年にムッソリーニの命により、「20世紀の時代に即した」新しい駅の建設が始められ、現在の姿になった。

終着駅、テルミニ駅

噴水が水を噴く、大きなロータリー　MAP P.65-B3

共和国広場 ☆

Piazza della Repubblica　ピアッツァ デッラ レプッブリカ

半円形の建物に囲まれた共和国広場

中央には優美な4人の妖精が飾る「ナイアディの噴水」が水を噴き、周囲を回廊のある建物で囲まれている広場。ロータリーでもあるため、1日中車が行き交う。ときには、噴水の周りで日光浴する人もいて、イタリアらしい一面も見せる。

広場の右側にある建物は、古代ローマのバジリカを生かして改修されたサンタ・マリア・デッリ・アンジェリ教会 Basilica di Santa Maria degli Angeli。

ミケランジェロのデザイン サンタ・マリア・デッリ・アンジェリ教会

●サンタ・マリア・デッリ・アンジェリ教会
住 Piazza della Repubblica
☎ 06-4880812
開 8:00～13:00、16:00～19:00、土・日10:00～13:00、16:00～19:00
MAP P.65-B3

ローマ国立博物館と遺跡のお得な共通券

ローマ・パス（→P.77）の対象施設にもなっているローマ国立博物館とその周辺の考古学遺跡だが、ピンポイントで楽しみたい人向けの共通券もある。切符は各見どころで販売しているほか、事前に公式サイトで購入できるものも。

●ローマ国立博物館カード

ローマ各地に分館しているローマ国立博物館の共通券。対象となるのはマッシモ宮、アルテンプス宮、ディオクレティアヌスの浴場跡、クリプタ・バルビ（紀元前に建設された劇場跡に中世の工房、墓、神殿跡などが残る。2024年3月時点、改修工事のため閉鎖中。）有効期限は7日間。
料 €12（予約サイトでの購入で€2発生）

●ローマ・アルケオロジア・カード

左記見どころに加えてコロッセオ、フォロ・ロマーノ、パラティーノの丘、カラカラ浴場、チェチーリア・メテッラの墓に共通。有効期限は7日間。
料 €25、18～25歳€15

●ラ・ミア・アッピア・カード

クインティーリ荘やチェチーリア・メテッラの墓などParco Archeologico dell'Appia Antica内の6ヵ所に共通。有効期限は1年間。
料 €15（予約サイトでの購入で€2発生）
ローマ国立博物館カードとラ・ミア・アッピア・カードは予約サイトで前売り券を購入可能。
URL www.coopculture.it

ローマ時代の古代美を展示 MAP P.65-B3・4

ローマ国立博物館 マッシモ宮 ★★

Museo Nazionale Romano Palazzo Massimo alle Terme
ムゼオ ナツィオナーレ ロマーノ パラッツォ マッシモ アッレ テルメ

マッシモ宮

紀元前2世紀から紀元後4世紀の作品をおもに展示。以前のローマ国立博物館から運ばれた数々の彫像やコインをはじめ、3階のセクションは必見だ。3階、第2室の『リヴィアの家のフレスコ画』Villa di Liviaは紀元前20～10年に描かれたもので、アウグストゥス帝と妃リヴィアの家から発掘されたもの。緑の庭園が壁面いっぱいに広がり、豊かな生活を感じさせる。ギャラリーⅡおよび第3～5室はテヴェレ川の護岸工事の際に発見された『ファルネジーナ荘の壁画』Villa della Farnesinaを展示。いずれも古代ローマの高い絵画技法を伝えるものとして重要だ。細密でありながら、おおらかな紋様、人物、風景が壁面を飾っている。このほか、当時は絵画のように用いられていた完成度の高いモザイクも興味深い。

2階には彫像、レリーフ、石棺を展示。とりわけ第5～10室は重要な作品が並ぶ。第5室『アンツィオの乙女』Fanciulla di Anzio、『ランチェロッティの円盤投げ』Discobolo Lancellotti、『眠れるヘルメス-アフロディーテ』Ermafrodito addormentatoは必見だ。

1階は中庭を中心に歴代皇帝の彫像、フレスコ、モザイクなどを展示。『ティヴォリの将軍』Generale di Tivoli、『ラビカーナ通りのアウグストゥス帝』Augusto dalla via Labicana、『傷ついたニオベの娘』Niobi de Ferita、『メルポメネーの女神』Musa Tipo Melpomene Farneseなどの彫像も見逃せない。

●ローマ国立博物館 マッシモ宮
住 Largo di Villa Peretti 2
☎ 06 684851
開 9:30～19:00(最終入場18:00)
休 月、1月1日、12月25日
料 €8(特別展の場合€11)、ローマ・パス対象施設、各種共通券あり(→P.80)
※オーディオガイド€5(英・伊)
※館内にカフェテリアあり

マッシモ宮の至宝『リヴィアの家のフレスコ画』

博物館の館内マップ
ローマ国立博物館の公式サイトからマッシモ宮やディオクレティアヌス帝の浴場、アルテンプス宮(→P.96)のマップが閲覧・ダウンロード可能。言語を英語に変更のうえ、「Visit」→「Accessibility and public services」をクリック。
URL museonazionaleromano.beniculturali.it

ローマ時代の巨大な浴場跡 MAP P.65-B3・4

ディオクレティアヌスの浴場跡 ★

Museo Nazionale Romano Terme di Diocleziano
ムゼオ ナツィオナーレ ロマーノ テルメ ディ ディオクレツィアーノ

298～309年の間に帝の命により造られ、ローマ時代最大の370×380mの広さを誇り、一度に3000人が使用できたという。湯や水をたたえた浴槽、運動室、更衣室を完備し、ローマ市民の憩いの場であった。ローマ国立博物館所蔵の彫像、石碑、青銅器時代から紀元前12～7世紀の発掘品を展示。

テルミニ駅近くにある、ディオクレティアヌスの浴場跡

●ディオクレティアヌスの浴場跡
住 Via Enrico De Nicola 78
☎ 06 684851
開 9:30～19:00(最終入場18:00)
休 月、1月1日、12月25日
料 €8(特別展の場合€11)、ローマ・パス対象施設、各種共通券あり(→P.80)
※オーディオガイド€5(英・伊)
※浴場跡は後年のたび重なる改修のため古代浴場としての姿はない。しかし、明るい日差しの差し込む回廊や、ところどころに残る遺構に、いにしえの面影をしのぶことができる

聖母マリアにささげられた MAP P.65-C3・4

サンタ・マリア・マッジョーレ大聖堂 

Santa Maria Maggiore サンタ マリア マッジョーレ

内部のモザイクは必見の、サンタ・マリア・マッジョーレ大聖堂

テルミニ駅の左側カヴール通りVia Cavourの500m先、階段を上った高台に堂々と立つ。4世紀、教皇リベリウスの夢に聖母マリアが現れ、「今晩雪の降った所に教会を建てよ」と命じた。この時、8月にもかかわらずこの場所には雪が降ったという伝説がある。4世紀に建築されて以来何度も改築されたので、各時代の芸術的手法を見ることができる。

内部の36本の柱は、古代ローマの神殿から運ばれたものだ。この柱と中央祭壇の後ろを飾るモザイクは5世紀のもの。後陣の金色に輝く天井のモザイク『マリアの戴冠』は13世紀。教皇シスト5世の礼拝堂Cappella di Sisto V はルネッサンス後期、左のパオリーナの礼拝堂Cappella di Paolinaは17世紀初期バロックのものだ。

●サンタ・マリア・マッジョーレ大聖堂
住 Piazza di Santa Maria Maggiore
☎ 06-69886800
営 7:00～18:45

✉ 近くのスーパー情報

サンタ・マリア・マッジョーレ大聖堂真向かいの地下にスーパーマーケットがあります。この大聖堂から見えるサンタ・プラッセーデ教会も一見の価値があります。
(石川県　川畠喜清)['24]

●サンタ・プラッセーデ教会
Basilica di Santa Prassede
住 Via di Santa Prassede 9/a
☎ 06-4882456
開 10:00～12:00、16:00～18:30
MAP P.65-C4

長い伝統と格式を誇る大聖堂 MAP P.69-B4

サン・ジョヴァンニ・イン・ラテラーノ大聖堂 ☆☆

San Giovanni in Laterano サン ジョヴァンニ イン ラテラーノ

ローマで、そして世界で最も重要で由緒ある教会だ。初めてキリスト教を公認したコンスタンティヌス帝が314年に建設し教皇に寄進したものだ。

中央には教皇の専用祭壇

教会は17世紀にバロックの代表的建築家ボッロミーニにより大改築がなされた。ガリレイによる正面上部には高さ6mもあるキリストと聖人の像が並ぶ。内部左側にはコンスタンティヌス大帝の像がある。高い格天井には教皇の紋章が描かれ、天蓋の棚の中にあるペテロとパウロの像の頭の中には、それぞれの頭骨が収められているともいわれる。

左の側廊の円陣寄りに回廊キオストロに通じる通路がある。コズマ風の床装飾や異なった柱を用いた柱廊、小アーチの上のモザイクなど、ローマでも一、二を競うすばらしい回廊だ。

教会隣りのラテラーノ宮殿Palazzo Lateranoは、アヴィニョンに幽閉されるまで歴代の教皇の住居だった所。この宮殿斜め前の建物には「聖なる階段」Scala Santaと呼ばれる28段の階段がある。十字架に架けられる前にキリストが使ったもので、エルサレムから運ばれたという。いつも、たくさんの敬虔な信者がお祈りをささげながらひざで階段を上っている。

宗教史に残るS.G.イン・ラテラーノ大聖堂

●サン・ジョヴァンニ・イン・ラテラーノ大聖堂
住 Piazza San Giovanni in Laterano 4
☎ 06-69886433
開 大聖堂7:00～18:30、洗礼堂Battistero Lateranense 8:00～12:00、16:00～18:00、回廊Chiostro 9:00～18:00
料 無料、回廊€4

ヴェネツィア広場からコロッセオへ

ヴェネツィア広場でひときわ目を引くのが白亜の**ヴィットリアーノ**。上階からはローマの旧市街が一望できるので、その美しさと位置関係を知るためにも、ぜひ上ってみよう。正面右を回り込んだ長い階段の先には**サンタ・マリア・イン・アラチェリ教会**、さらにその隣が**カンピドーリオ広場**で**カピトリーニ美術館**はここにある。カンピドーリオ広場をさらに奥へ進み、高台からフォロ・ロマーノとコロッセオを一望しよう。ローマならではの美しい風景を楽しんだら、そのまま坂を下ってコロッセオへ向かう大通りフォーリ・インペリアーリ通りへ出よう。通りの左右に古代遺跡が広がり、コロッセオに向かって左が**フォロ・トライアーノ**、右側が**フォロ・ロマーノ**。コロッセオへと向かう途中にフォロ・ロマーノへの切符売り場と入場口がある。パラティーノの丘へは遺跡内部で続いている。

遠くからでもその威容が見え、ローマに来たことを実感させてくれる**コロッセオ**。脇に立つのが**コンスタンティヌス帝の凱旋門**。この手前右側の坂道は「聖なる道」で**フォロ・ロマーノ**への入口がある。凱旋門の裏側から続く緑陰の通りを真っすぐ進むと右側が**チルコ・マッシモ**で、途中右側にパラティーナの丘への出入り口がある。

ヴェネツィア広場への行き方

テルミニ駅からバス40、64、170番などで約15～20分。最寄りの地下鉄駅はB線Colosseo駅で徒歩13分。

✉ 靴を選ぼう

レストランに行くことも考え、服装にも気を使い、ウオーキング用の低いヒールの靴で出かけました。ただ、ローマの町はほとんど石畳で、隙間があり、歩きにくく、足が疲れました。フォロ・ロマーノもヴァティカン市国も長時間歩くので、とにかく疲れにくい靴をおすすめします。　（東京都　上河百子）

「聖なる道」の入口は、行列が少ない

おもな見どころ

ローマの中心　MAP P.64-C1・2、P.68-A1

ヴェネツィア広場　☆

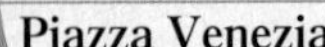

Piazza Venezia　ピアッツァ ヴェネツィア

ローマの中心、ヴェネツィア広場

コルソ通り、ヴィットリオ・エマヌエーレ2世通りなど、ローマの主要な道路が四方へ延びる、交通の中心地。次のヴィットリオ・エマヌエーレ2世記念堂（ヴィットリアーノ）とともに、ローマを歩くときの目安となる。しばし立ち止まって位置関係を把握しよう。

ローマのランドマーク　MAP P.64-C1・2、P.68-A1

ヴィットリオ・エマヌエーレ2世記念堂(ヴィットリアーノ)　☆☆

Monumento a Vittorio Emanuele II　モニュメント ア ヴィットリオ エマヌエーレ セコンド

イタリア統一記念を祝し、1911年に完成したもので、ヴィットリアーノVittorianoとも呼ばれる。ネオ・クラシック様式で、16の円柱が弧を描くコロナーデは圧巻。階段下両脇の噴水は、右側が「ティレニア海」、左側が「アドリア海」を表し、中央の騎馬像はイタリア統一を成し遂げたヴィットリオ・エマヌエーレ2世だ。建物の台座の中央には「ローマの像」。右側が「祖国愛と勝利」、左側は「労働の勝利」を表している。その前では、雨の日も雪の日も、ふたりの兵士が直立不動で無名戦士の墓守りをしている。

町歩きのランドマーク、ヴィットリアーノ

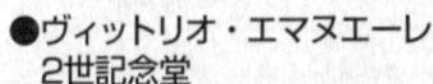

●ヴィットリオ・エマヌエーレ2世記念堂
住 Piazza Venezia
☎ 06-6783587
開 9:30～19:30、夏季の金・土9:30～22:30（最終入場45分前）
休 12月25日
料 ヴィットリアーノとグランデ宮殿は無料、パノラマ・エレベーター€15、18～25歳€2、17歳以下無料
※パノラマ・エレベーターのチケットには、リソルジメント中央博物館、ヴェネツィア宮殿国立博物館への入場料も含まれる。7日間有効
※公式サイトでの予約で手数料が€2発生する
URL vive.cultura.gov.it

ヴィットリアーノに上ろう!

大理石の長い階段が続くが、頂上部の天井にフレスコ画が描かれた美しい建物だ。また、ここからはローマの町並みを一望でき、コロッセオやパラティーノの丘、色とりどりの花が咲くヴェネツィア広場から続くコルソ通りまで眺められる。ローマ観光の最初に訪ねると、ローマの大きさや地理が把握できる。

✉ ヴィットリアーノでの注意事項

ヴィットリアーノでは階段に座ったりすると容赦なく係員が笛を吹いて「座らないで!」と注意します。座ることに気づくのがすごく早くて驚きでした。
（大阪府　菅沼尚子）['23]

ローマの眺望おすすめベスト3

サン・ピエトロ大聖堂のクーポラから

手っ取り早く町を知るには高いところから町を見下ろそう。古代遺跡、由緒ある豪壮な教会や邸宅、町を蛇行するテヴェレ川……。町を手中に収めた気分にさせてくれる。

①ヴィットリオ・エマヌエーレ2世記念堂のパノラマ・テラス(→P.84)

無料の途中階テラスもいいが、エレベーターで屋上へ。遮るものがない絶景が広がる。

②サン・ピエトロ大聖堂のクーポラ(→P.110)

サン・ピエトロ広場の柱廊からポポロ広場まで、古い町並みを俯瞰することができる。

③パラティーノの丘のテラス(→P.87)

古代ローマに浸るには最適のスポット。フォロ・ロマーノとコロッセオが圧倒的な迫力だ。

パラティーノの丘のテラスから

ミケランジェロの意匠の美しい広場 MAP P.68-A1

カンピドーリオ広場 ★★

Piazza del Campidoglio　ピアッツァ デル カンピドーリオ

ミケランジェロの構想による敷石の美しい広場。正面はローマ市役所。左右にはカピトリーニ美術館

カンピドーリオとは英語の首都Capitalの語源で、かつては**古代ローマの中心**として、最高神ジュピターの神殿をはじめ、この丘には25もの神殿があったといわれている。後に、ミケランジェロの構想により今のような美しい広場となった。

広場の**敷石**は、鮮やかな幾何学模様を描き三方を取り囲むルネッサンス建築とともに、調和の取れた優美な空間を構成している。

絶好のビューポイント

高低差のあるカンピドーリオ広場周辺はビューポイントがいっぱい。カピトリーニ美術館のカフェのテラス、カンピドーリオ広場からフォロ・ロマーノのほうに下っていく坂道、ヴィットリアーノのパノラマ・テラスなど、お気に入りを探してみよう。

世界最古の美術館 MAP P.68-A1

カピトリーニ美術館

Musei Capitolini e Pinacoteca　ムゼイ カピトリーニ エ ピナコテーカ

1471年、教皇シクストゥス４世により創設された**世界最古の美術館**だ。市庁舎Palazzo Senatorio、新宮Palazzo Nuovo、**コンセルヴァトーリ館**Palazzo dei Conservatoriの３館、地上３階地下１階の６つのフロアで構成され、市庁舎地下で結ばれている。

市庁舎に向かって右側のコンセルヴァトーリ宮に切符売り場があり、ここから階段で2階へ向かおう。名高いブロンズ像の**『トゲを抜く少年』**Spinario（8室）、ローマ建国の祖ロムルスとその双子の弟レムスが狼の乳を飲む**『カピトリーノの雌狼』**Lupa Capitolina（9室）は必見。双子の像は15世紀に付け加えられたもの。自然光あふれる16室には、帝政時代のオリジナルである**『マルクス・アウレリウス帝の騎馬像』**Statua Equestre di Marco Aurelioが鎮座し、周囲には大きな**『ブロンズ製のコスタンティヌス帝の頭部』**Testa Bronzea di Costantinoなど貴重な像が並ぶ。

３階の絵画館Pinacotecaには、**ティツィアーノ**、**カラヴァッジョ**、**ベラスケス**などの作品がある。**ルーヴェンスの『ロムルスとレムス』**は彼がローマの思い出を込めて描き、死ぬまで手放さなかったもの。明るいキャンバスには光と彼のローマへの思いがあふれている。

3階の見学後はタブラリウムを通って新宮へ向かおう。タブラリウムからはフォロ・ロマーノが一望でき、絶好のビューポイント。新宮2階にはハドリアヌス帝の別荘を飾った**『鳩のモザイク』**Mosaico delle Colombe（45室）や**皇帝の間**Sala degli Imperatori（48室）の60もの皇帝やその妃の胸像が圧巻。50室のハドリアヌス帝の時代に作られた**『ケンタウロス』**Centauriは現存するローマ時代の摸刻で最良の作品といわれている。

●カピトリーニ美術館
住 Piazza del Campidoglio 1
☎ 06-0608（コールセンター）
開 9:30〜19:30、12月24・31日 9:30〜14:00、1月1日11:00〜20:00（最終入場1時間前）
休 5月1日、12月25日
料 €13、6歳以下無料、ローマ・パス対象施設
URL www.museicapitolini.org
※音声・ビデオガイド€7（英・伊）

『マルクス・アウレリウス帝の騎馬像』

中庭には巨大彫刻が置かれる

●フォロ・ロマーノ
住 Largo della Salara Vecchia 5/6
☎ 06-39967700
開 1月2日～2月28日9:00～16:30、3月1日～3月最終土曜9:00～17:30、3月最終日曜～8月31日9:00～19:15、9月1日～9月30日9:00～19:00、10月1日～10月最終土曜9:00～18:30、10月最終日曜～12月31日9:00～16:30(最終入場1時間前)
休 1月1日、12月25日
料 24時間券€16、18～25歳€2(コロッセオとパラティーノの丘との共通券、1カ所目の入場時から24時間有効、予約サイトで購入の場合手数料が€2発生する)
※フォロ・ロマーノとパラティーノの丘は2カ所で1カ所と見なされているので続けて見学をすること

✉ パラティーノの丘と続けて見学を！

パラティーノの丘→コロッセオ→フォロ・ロマーノを回る予定でした。フォロ・ロマーノへの入場の際に、入場不可のブザーが鳴ってしまいました。切符の裏面にも記載がありますが、フォロ・ロマーノとパラティーノの丘は2カ所で1カウントです。切符を無駄にしないために、続けて見学しましょう。
(大阪府　菅沼尚子)['24]

ヴェスタの神殿

マクセンティウス帝のバジリカ

古代ローマの民主政治の中心 MAP P.68-A・B1・2

フォロ・ロマーノ ★★★

Foro Romano フォロ ロマーノ

ヴェネツィア広場とコロッセオの間に広がる大きなフォロは、ローマ時代の市民の生活の中心であった。

カピトリーノの丘から見たフォロ・ロマーノ

フォーリ・インペリアーリ通りから内部に入ると、すぐ右側に並ぶ円柱が**エミリアのバジリカ**Basilica Emilia（バジリカ エミリア）だ。紀元前179年に建てられ金融の中心として商取引などに使われたが、410年の西ゴート族のローマ占領の際火事になり、そのときの溶けた貨幣の跡が今も残っている。この西のれんが造りの4階建ての建物は**元老院**Curia（クーリア）。共和制時代の政治の最高機関だ。

元老院(クーリア)の脇にあるのが**セヴェルス帝の凱旋門**Arco di Settimio Severo（アルコ ディ セッティミオ セヴェーロ）。高さ23m、幅25mの堂々とした門は、セヴェルス帝の東方辺境における戦勝記念として203年に建てられた。凱旋門の正面左にある細長い台座は**演壇**Rostri（ロストリ）で、かつては**キケロ**などの**雄弁家**がその弁を振るった所だ。この左奥にある8本の円柱は、ローマの農業神**サトゥルヌスの神殿**Tempio di Saturno（テンピオ ディ サトゥルノ）。当時一番重要視された宮殿で、12月のこの神の祭りの日には奴隷も主人と対等の無礼講が許され、人々は贈り物を贈り合い、これがクリスマスの風習となったとも伝えられている。

ここからフォロ中央部を抜ける道が、かつて宗教的な行列や凱旋の行進が通った**聖なる道**Via Sacra（ヴィア サクラ）である。その右には今は廃虚と化している**ユリウスのバジリカ**Basilica Giulia(Cesare)（バジリカ ジュリア カエサル）がある。

聖なる道を進むと、右に円形の小さな神殿がある。火の神、**ヴェスタの神殿**Tempio di Vesta（テンピオ ディ ヴェスタ）だ。この神殿に燃える火はローマの生命を象徴する不断の聖火とされたという。その後方がこの神殿を守っていた、**ヴェスタの巫女の家**Casa delle Vestali（カーサ デッレ ヴェスターリ）だ。台所、食堂、応接間の跡が見られる。この先左側、雄大なアーチを描く建物が**マクセンティウス帝(とコンスタンティヌス帝)のバジリカ**Basilica di Massenzio (di Constantino)（バジリカ ディ マッセンツィオ ディコンスタンティーノ）。この前方に**ティトゥス帝の凱旋門**Arco di Tito（アルコ ディ ティトー）が見える。ローマに現存する最古の凱旋門だ。ここでフォロ・ロマーノは終わり、この凱旋門右から緩やかな坂道を上ると**パラティーノの丘**に続く。

遺跡を出る場合は、サン・フランチェスコ・ロマーナ教会脇から坂道を下ろう。フォーリ・インペリアーリ通りへと続いている。

フォロ・ロマーノの見学には最低2時間はみてほしい。パラティーノの丘を含めると半日は必要だ。

古代ローマの高級住宅地　MAP P.68-B2

パラティーノの丘　☆☆

Monte Palatino　モンテ パラティーノ

古代ローマ共和政期の高級住宅地であり、帝政期は皇帝たちが宮殿を建造した地である。**ファルネーゼ庭園**Orti Farnesiani、皇帝の公邸として利用された**ドムス・フラヴィア**Domus Flavia、**ドムス・アウグスターナ**（アウグストゥスの宮殿）Domus Augustanaなどが残っている。2015年にアウグストゥス帝の妻であった「リヴィアの家」Casa di Liviaと「アウグストゥスの家」Casa di Augusto、2019年には「通路の家」 Domus Transitoriaの内部公開が始まるなど、2000年の時を経た当時の装飾を見ることができる。

花綱（スカラップ）の装飾が印象的な「リヴィアの家」

見学ルート入口と出口に注意

コロッセオ、パラティーノの丘、フォロ・ロマーノは共通券。フォロ・ロマーノの入口は、地下鉄B線Colosseo駅からフォーリ・インペリアーリ通り Via dei Fori Imperialiをヴェネツィア広場方面に向かって歩いた左手に見えてくる。また、コロッセオ西側の聖なる道 Via Sacraやコロッセオ南側のサン・グレゴリオ通り Via di San Gregorio 30にもある。フォロ・ロマーノとパラティーノの丘は遺跡内で続いている（→P.86）。

出口は、フォーリ・インペリアーリ通りとサン・グレゴリオ通りのほか、サン・フランチェスコ・ロマーナ教会脇などがある。

暑さ対策をしっかりして行こう！

ほぼ日差しを遮るもののない、フォロ・ロマーノとパラティーノの丘。徒歩での移動距離が長く、夏は暑さと日差しが厳しい。飲み物や日焼け止め、サングラス、帽子などがあるといい。入口付近にはペットボトルの水売りもいるが、少々割高。フォロ・ロマーノ、パラティーノの丘の施設内にはカフェや売店はない。

コロッセオ駅の無料給水場

地下鉄B線Colosseo駅を出た右側に水の給水機がある。右側がガスあり（Frizzante）、左側がガスなし（Naturale）で空のペットボトルもしくは水筒などを持っていって補充しよう。1回1.5ℓまで。

夏は給水をする人で行列ができる

●パラティーノの丘

住 Via di San Gregorio 30
☎ 06-39967700
開 休 料 フォロ・ロマーノ（→P.86）と同様
※2024年3月現在、リヴィアの家と通路の家は見学不可
※アウグストゥスの家（休 月）に入場するには、フル・エクスペリエンスチケット€22、もしくはフォーラム・パス・スーパー€16を購入しよう（予約サイトでの購入でそれぞれ手数料が€2発生する。P.89参照）
※フォロ・ロマーノと続けて見学をすること

●コロッセオ
住 Piazza del Colosseo
☎ 06-39967700
開 1月2日～2月28日9:00～16:30、3月1日～3月最終土曜9:00～17:30、3月最終日曜～8月31日9:00～19:15、9月1日～9月30日9:00～19:00、10月1日～10月最終土曜9:00～18:30、10月最終日曜～12月31日9:00～16:30(最終入場1時間前)
休 1月1日、12月25日
料 24時間券€16、18～25歳€2(要予約、フォロ・ロマーノとパラティーノの丘との共通券、1ヵ所目の入場時から24時間有効、公式サイトで予約の場合手数料が€2発生する)
※入場時に手荷物検査あり

入場口とチケットオフィス

入場口は、地下鉄駅前の広場を渡ってコロッセオを凱旋門のほうに反時計回りに歩いた左側1階通路。ツアーなどのグループと個人旅行者で並ぶ場所が分かれている。

また、予約状況に空きがあれば当日券が購入できるが、夏時期などは炎天下のなか行列になることも。チケットオフィスは凱旋門があるコロッセオ広場(住 Piazza del colosseo)またはフォロ・ロマーノの入口で。

トイレ情報

カヴール通り近くやサン・グレゴリオ通りの切符売り場裏、コロッセオ内、パラティーノの丘入口階段近く、パラティーノ博物館、コロッセオからヴェネツィア広場へ向かうフォーリ・インペリアーリ通り右側の観光案内所内などにある。

観光案内所には売店もあり

✉ コロッセオの無料日

毎月第1日曜は無料です。切符売り場はすでに先が見えないほどの行列でした。そこで、フォロ・ロマーノ側の入口で切符をゲットしました。(神奈川県　kyon子)['24]

 MAP P.68-B2

コロッセオ

Colosseo

コロッセオ

コロッセオを背に写真を撮る人々

ヴェスパシアヌス帝の命により80年に完成した**円形闘技場**。外観は4階建て、下の層からドーリス、イオニア、コリント式の柱で飾られ、高さ48m、長径188m、短径156m、周囲527mと、文字どおり巨大(コロッサーレ)な建物だ。当時は収容人員5万人以上を誇り、**観客席**は身分、性別により仕切られ、1段高いテラス席は皇帝や上流階級の人々。石段の1列目は元老議員、続いて身分の高い男性、平民男性、女性、さらに奴隷などの立見席と続いていた。猛獣と剣闘士、または剣闘士同士の凄惨な戦いが**見世物**にされた。こうした見世物を提供して庶民の人気を稼ぎ、社会に山積する問題から目をそらさせることは、当時の**支配者の重要な政策**のひとつでもあった。80年の落成式にはゾウ、ライオン、ワニなどの猛獣5000頭がいけにえにされ、北アフリカからたくさんの動物が調達されたという。剣闘士はどちらかが死ぬまで戦い続けなければならなかった。キリスト教の公認後、これらの血なまぐさい見世物はしだいに下火になった。アレーナ部分に見えているのは、当時の猛獣の檻(おり)で、檻はウィンチでそのまま闘いの場まで引き上げられた。かつては、現在奥に見られるような床板で全体が覆われていた。後世に建築資材として大理石が持ち去られていたため、現在のような姿になってしまった。

コロッセオの内部

地下に迫力のある風景が広がるアレーナ

本人確認必須！コロッセオの予約方法

公式サイト、電話または現地(コロッセオやフォロ・ロマーノ、パラティーノの丘)の各切符売り場で予約可能。また、ローマ・パス(→P.77)保持者は、コロッセオの公式サイトで入場予約可能(手数料€2発生)。2023年10月から、事前予約の際に当日の訪問者名をローマ字で登録し、入場時にパスポートなどのIDチェックが行われるようになったので、必ず携帯して行こう。
☎ 06-39967575
URL www.coopculture.it/colosseo-e-shop.cfm

ローマ最大の凱旋門 MAP P.68-B2

コンスタンティヌス帝の凱旋門 ★★

Arco di Constantino　アルコ ディ コンスタンティーノ

ローマ最大の凱旋門

高さ21mを誇る堂々とした凱旋門。315年、ミルヴィオ橋の勝利を記念して、ローマ元老院と市民により建てられたもの。表面を飾る数々のレリーフは建造当時、トラヤヌス、ハドリアヌス帝などの建造物から運ばれたもの。

古代の戦車競技場 MAP P.68-B1・2

チルコ・マッシモ ★

Circo Massimo　チルコ マッシモ

パラティーノの丘から
チルコ・マッシモを望む

現在は緑のジョギング場の趣だが、かつては長さ620m、幅120m、15万人収容のローマ時代最大の円形競技場。ここで馬の引く戦車競技が盛大に催された。あたりの遺構とも相まって、今でも古代のロマンを誘う場である。

巨大さと見事なレリーフが目を引く MAP P.64-C2

フォロ・トライアーノ ★★

Foro Traiano　フォロ トライアーノ

ヴェネツィア広場、ヴィットリアーノの左にある、**トラヤヌス帝**のフォロだ。かつては広大な広場、神殿、バジリカ、大きなふたつの図書館があったといわれている。現在見るべきものは、フォロの一番西側にある大円柱、**トラヤヌス帝の記念柱**Colonna Traiana（コロンナ トライアーナ）だ。皇帝のルーマニア地方における戦勝（101～103年と107～108年）を祝して造られた。ギリシア産の大理石を19個積み上げげた高さ40mもの円柱で、その表面には2500人の人物の見事な浮き彫りが施され、1枚の絵画のようだ。物語は下から上へらせん状に200mほどつながっている。1992年に修復を終え、その見事な威容を現した。

フォロ・トライアーノ

コロッセオの地下を歩く

2021年からコロッセオの地下部分が見学可能になった。一般公開されたのは、剣闘士や動物が待機していたとされる舞台裏のトンネルや通路。修復プロジェクトの一環で観光客用の歩道が造られ、その入り組んだ地下を散策できるのだ。コロッセオの地下に入場できる共通券（コロッセオ、フォロ・ロマーノ、パラティーノの丘含む）は以下。24時間券対象外のアウグストゥスの家にも入場可能。

●フル・エクスペリエンス
料 €22（2日間有効）

また、コロッセオは含まれないが、フォロ・ロマーノ、フォロ・インペリアル、パラティーノの丘に入場できるフォーラム・パス・スーパー€16もあり。

URL colosseo.it/orari-e-biglietti

剣闘士との記念撮影

コロッセオ前などに出没する古代の剣闘士。観光客と写真を撮ってお金を稼いでいる集団だ。ボラれる人が続出し、なかには約2万円を取られた人もいる模様。写真を撮る場合は、まず料金を確認すること。

フォロ・トライアーノに隣接

2世紀初頭に造られたという半円形の建物はトラヤヌスのマーケット。内部は約150店舗に仕切られていて、食料品や貴金属などを販売していたそう。博物館では、フォロ・アウグストゥスのファサードを復原したものなど見どころがたくさん。

●トラヤヌスのマーケットとフォーリ・インペリアーリ博物館
Mercati di Traiano Museo dei Fori Imperiali
住 Via Quattro Novembre 94
☎ 06-0608（コールセンター）
開 9:30～19:30、12月24・31日 9:30～14:00（最終入場1時間前）
休 5月1日、12月25日
料 €13（公式サイトでの予約で手数料€1が発生する）

トラヤヌス帝の記念柱

イタリア美術史

Arte Romana
ローマ美術

双子の兄弟**ロムルスとレムス**が紀元前753年に建国したと伝えられるローマは、南のギリシア植民都市と北のエトルリアを結ぶ交易都市として発達した。紀元前5世紀前半から中部イタリアに領土を拡大、紀元前3世紀には南イタリアのギリシア植民都市を攻略し、**シチリア島のシラクーサ**では戦利品として多数の**ギリシア美術の傑作**を持ち帰る。ローマ人はその豪華で美しい美術品に目を見張り、急速にギリシア愛好家となってゆく。紀元前3世紀頃のローマ固有の美術と言えるものは軍事上の勝利を示す**凱旋画**と、政治的な意図から公共広場に設置する肖像彫刻**「ブルートゥス像」Bruto**（紀元前3世紀、ブロンズ、ローマ、カピトリーニ美術館→P.85）であった。紀元前2世紀になると東地中海世界にローマ勢力を確立し、質実剛健な**ローマ的徳性**と**ギリシア・ヘレニズム的人間性**が融合するに従い、紀元前1世紀頃に**ローマ美術の様式**がしだいに明確になってゆく。

『ブルートゥス』像

建築においては、**ヘレニズム建築**の装飾様式と建築様式を模した例が多いが、**ローマ的な装飾性**も表れている。コンクリート工法の発達とアーチ構造の併用により、複雑な構造と広大な空間を有する建物が建てられる。ローマ近郊**パレストリーナ**の**フォルトゥーナ神殿**Tempio della Fortuna（紀元前1世紀）は、連続アーチを多用して装飾性を高めている。これは、さらに装飾としてのオーダーを加えて**マルケルス劇場**Teatro di Marcello→P.97（紀元前1世紀、ローマ）で完成された形態を示す。こうした新しい建築様式によって、政治と市民生活の中心であった**フォロ・ロマーノ**Foro Romano→P.86（ローマ広場）を整備し、都市計画を立案し、アウグストゥス帝の時代にローマは世界の都にふさわしい都市となる。建築に採用された大理石は彫刻にも用いられ、古典主義的な帝国様式として開花する。さらに、紀元前86年のアテネ征服にともない、多くの美術家がローマに移住し、**新古典主義**をもたらす。このような状況の中でおびただしい数の**皇帝像**が制作され、神格化された皇帝崇拝が帝国で定着する。この種の像に見られるイタリア的自然主義とギリシア的古典主義の調和は、アウグストゥス帝が帝国の平和を祝して紀元前9年に完成した**アラ・パチス Ara Pacis（平和の祭壇）**にも見られる。

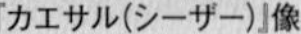
『カエサル（シーザー）』像

絵画では、彫像や工芸品と同じく**ヘレニズム絵画**の傑作を数多くローマに運んだが、いずれも移動可能な**タブロー画**であり、ローマの住宅、公共建築の壁画を飾ったのはヘレニズム世界で流行していた**壁面装飾法**であった。ローマ絵画の発展はポンペイの遺跡を中心として以下のように分類できる。

■第1様式　紀元前2～3世紀に行われ、**漆喰と絵の具**を用いて大理石のような壁画を模し、**表面には凹凸**をつける。

■第2様式　紀元前90年頃から行われ、ローマ壁画の全盛期にあたる。第1様式が浮き彫り的であるのに対し、これは純粋に絵画的で、**陰影**や**古代遠近法**を用いて奥行きのある空間を表現している。代表作は、**庭園の木立**を写した**大フレスコ画Affreschi dalla Villa Livia a Prima Porta（プリマ・ポルタのリヴィア別荘**→P.81『リヴィアの家のフレスコ画』、ローマ、マッシモ宮美術館）、ポンペイの**〈秘儀荘〉の壁画**→P.456（紀元前150年頃）が挙げられる。

秘儀荘『壁画』

■第3様式　アウグストゥス帝時代の様式で、奥行きの表現を抑え**装飾的なモチーフ**を多用した華麗な表現。風景画の要素が強い**神話画**が多い。

■第4様式　50年頃からポンペイ埋没の79年までの様式を指し、第2様式の空間表現をより**幻想的に視覚化**して、装飾性を高めている。ネロ帝の［**黄金宮Domus Aurea/ドムス アウレア**］の壁画やポンペイの［**ヴェッティの家Casa dei Vetti**］の壁画→P.455が代表作。

ローマ建築史上重要なこの**ネロ帝の黄金宮**は、64年のローマ大火後に建設が始められ、それまで公共浴場などにしか用いられなかった**ドーム天井**を採用した斬新な建物で、屋根は黄金色に輝いていたという。また神殿は、エトルスク神殿にギリシアの建築オーダーと装飾法が応用され、**ローマ式神殿**が確立する。さらに、ギリシア式オーダーは装飾としての要素を強め、**コロッセオColosseo**→P.88（円形闘技場、81年）という大建築を実現する。また、テイトゥス帝のエルサレム攻略を記念する**凱旋門Arco di Tito**→P.86は古典様式の手本といわれ、その記念浮き彫りは、絵画的な陰影の効果を考慮した空間表現を有し、ローマ彫刻の代表作である。さらに、**トラヤヌス帝の記念柱Colonna Traiana**→P.89の浮き彫りには、ダキア人との戦闘と勝利の場面114が連続的に表され、ローマ美術特有の形式を示している。史上最大の版図を有するハドリアヌス帝時代に帝国の理念の視覚化として再び古典主義が採用された。かつてアグリッパが建てた**パンテオン神殿Pantheon**→P.94を改修し、ローマ的宇宙観の結晶を見せ、**ティヴォリの別荘Villa Adriana**→P.122（ヴィッラ・アドリアーナ）のような壮大な建造物を実現。

「マルクス・アウレリウス帝の青銅騎馬像」Statua di Marco Aurelio→P.85（160〜180年頃、ローマ、カピトリーニ美術館）は盛期ローマの古典的性格を有するが、同帝の記念柱（180年）の浮き彫りは、粗い肉付けで、絵画的、表現主義的傾向が著しい。末期的様相を示すローマにおいて、大規模な建造物は依然として衰えず、**カラカラ帝の浴場Terme di Caracalla**→P.118（212〜216年）の内部は彫像群、モザイク装飾で覆われていた。コンスタンティヌス帝の凱旋門ではすでに創造的な力が衰え、おもな浮き彫りは、ハドリアヌス、マルクス・アウレリウス時代のものを借用している。

ヴィッラ・アドリアーナ（ティヴォリの別荘）

395年の帝国の東西分裂によって**芸術の中心**は［**新ローマ**］の**コンスタンティノポリスに移行し**［**旧ローマ**］では**キリスト教美術**が徐々に形成されてゆくのである。　（望月一史）

コロッセオ

黄金宮に残るネロ時代の壁画

ナヴォーナ広場周辺

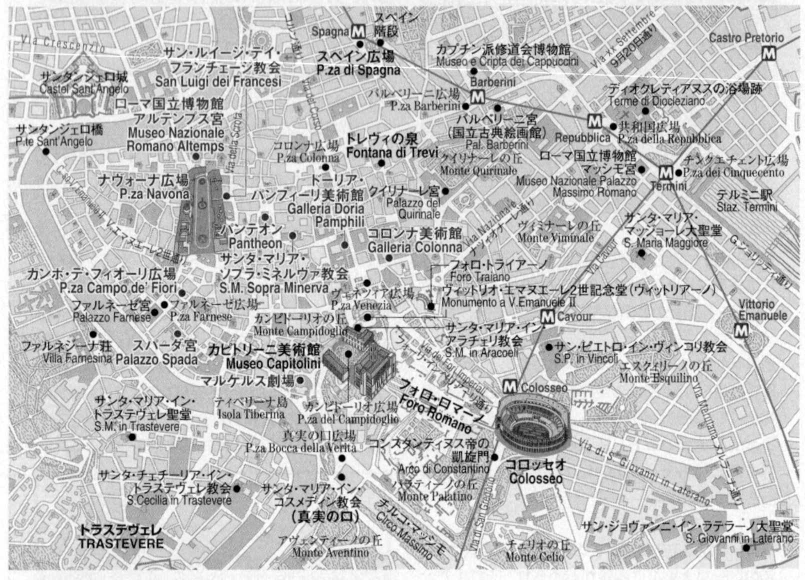

ナヴォーナ広場への行き方

このプランではヴェネツィア広場(行き方→P.83)からスタート。直接ナヴォーナ広場へ向かう場合はテルミニ駅からバス40番(急行)でトッレ・アルジェンティーナ下車でヴィットリオ・エマヌエーレ2世大通りを進み、サン・パンタレオ広場を右へ、64番ならトッレ・アルジェンティーナ広場のひとつ先のバス停下車で進行方向右に入ろう。地下鉄はどこも離れている。

ヴェネツィア広場からスタートしよう。土曜なら、広場北側のナツィオナーレ通り側から左に歩きだそう。テルミニ駅からのバスが通った道だ。道が大きくカーブする手前、頭上に橋の架かった小道を左に入ると左側に**コロンナ美術館**の扉がある。金～日曜ならコルソ通りを進もう。通りの左側、柵の先に庭園が見えたら、その先に**ドーリア・パンフィーリ美術館**の入口がある。さらに進んだ、最初の角を左に入ると、小さな広場に象のオベリスクが立つ**サンタ・マリア・ソプラ・ミネルヴァ教会**。その先、ドームが載る古い建物の裏側が見えるのが**パンテオン**だ。道なりに進むと、カフェが店開きするにぎやかなロトンダ広場で、パンテオンの正面。パンテオンを出て左、突き当たりを右へ行った角にカラヴァッジョの傑作がある**サン・ルイージ・フランチェージ教会**。このあたりは、ナヴォーナ広場へ向かう観光客の姿が多いので、人波にのって西へ進めば**ナヴォーナ広場**だ。ナヴォーナ広場の北側に**ローマ国立博物館 アルテンプス宮**、南側のサン・パンタレオ広場から道を渡ると**カンポ・デ・フィオーリ広場**、さらに先に**ファルネーゼ広場**。**ファルネーゼ宮**を正面に見て左に行くと**スパーダ宮**。ここから700～800mほど東に**マルケルス劇場**が位置している。

ローマ旧市街の中心、ロトンダ広場とパンテオン

おもな見どころ

映画『ローマの休日』の舞台　MAP P.64-C2

コロンナ美術館 ☆
Galleria Colonna　ガッレリア コロンナ

美術館の宝、カラッチ作『豆を食べる男』

名家コロンナ家のコレクションを展示。広々とした重厚な広間の壁は、16～17世紀の絵画で埋め尽くされて圧巻。代表的な作品はカラッチの『豆を食べる男』Il mangia fagioli（イル マンジャ ファジョーリ）など。映画『ローマの休日』Roman Holidayの舞台としても有名だ。オードリー・ヘップバーン扮するアン王女が、ローマ滞在最後に記者会見する印象的なシーンが撮影された場所。

豪華な私邸の美術館　MAP P.64-C1

ドーリア・パンフィーリ美術館 ☆☆
Galleria Doria Pamphilj　ガッレリア ドーリア パンフィーリ

100以上もの部屋と5つの中庭があるローマ一大きな屋敷の一部に設けられた美術館。必見はカラヴァッジョの『エジプトへの逃避途中の休息』Il riposo nella fuga in Egitto（イル リポーゾ ネッラ フーガ イン エジット）、ヴェラスケスの『イノケンティウス10世の肖像』Ritratto di Innocenzo X Pamphilj（リトラット ディ イノッチェンツォ デーチモ パンフィーリ）など。教皇を輩出した当時の貴族階級の優雅な生活がしのばれて興味深い。

カラヴァッジョ作
『エジプトへの逃避途中の休息』

小美術館とも呼ばれる　MAP P.64-C1

サンタ・マリア・ソプラ・ミネルヴァ教会 ☆☆
Santa Maria Sopra Minerva　サンタ マリア ソプラ ミネルヴァ

古代ローマの知恵の女神ミネルヴァの神殿の上に（英語on＝伊語sopra）建てられたので、この名前がついた。簡素な外観に反して、内部は美術館と呼ばれるほどだ。とりわけ、フィリッピーノ・リッピのフレスコ画で飾られた右翼廊奥の「カラファの礼拝堂」Cappella Carafa（カッペッラ カラファ）、内陣柱のミケランジェロによる『あがないの主イエス・キリスト』Redentore（レデントーレ）などは必見。

ミケランジェロ作『あがないの主イエス・キリスト』

●コロンナ美術館
住 Via della Pilotta 17
☎ 06-6784350
開 土9:00～13:15
休 日～金
料 ギャラリー＋庭園€15、ギャラリー＋庭園＋イザベッレ王女の居室€25
※金曜午前はガイド付きツアーありで入場が可能（要予約）。イタリア語9:30、10:00、10:30、英語10:00の回があり、所要約2時間€30
※公式サイトでの予約で手数料€1.50が発生する
URL www.galleriacolonna.it

コロンナ美術館の入場
入口がややわかりづらい。ヴェネツィア広場からテルミニ駅方向への坂を上り、突き当たりを左。頭上に橋の架かった小道の左側。入口の扉は閉まっていることも多い。

コロンナ宮内部
（『ローマの休日』のロケ舞台）

●ドーリア・パンフィーリ美術館
住 Via del Corso 305
☎ 06-6797323
開 9:00～19:00、金・土10:00～20:00、12月24・31日は短縮開館（最終入場1時間前）
休 毎月第3水曜、1月1日、復活祭、12月25日
料 €16、12歳以下無料（英・伊のオーディオ含む）
※公式サイトでの予約で手数料€1が発生する
URL www.doriapamphilj.it

ローマの有力貴族の居室

●サンタ・マリア・ソプラ・ミネルヴァ教会
住 Piazza della Minerva 42
☎ 06-69920384
営 11:00～13:00、15:00～19:00
休 一部の祝日、宗教行事の際は拝観不可
URL www.santamariasopraminerva.it

●パンテオン
住 Piazza della Rotonda
☎ 342-1620477
開 9:00～19:00（最終入場30分前、切符売り場～18:00）
休 1月1日、8月15日、12月25日
料 €5
※ミサの時間は観光客入場不可の場合あり（土、祝前日17:00、日・祝10:30）
※ノースリーブ、短パンなど肌が露出した服装での入場不可
※公式サイトでガイド付きツアーなどが予約可能
URL www.pantheonroma.com

クーポラの天窓からの光がおごそか

✉ パンテオンの造り

パンテオンは深さ4.5mのローマンコンクリートの上に円堂とドームが載った構造で、コンクリート造りが最大の特徴であり、古代ローマの重要な発明であるコンクリートが現存する貴重な建築物です。（東京都　山口実）
壁面の厚さは6m、高さによって材質が異なり、ドームには凝灰岩と軽石が用いられている。詳しく学びたい人は、公式サイトで音声ガイド付きチケット€15を予約してみよう。（編集部）

●サン・ルイージ・デイ・フランチェージ教会
住 Piazza di San Luigi de' Francesi
☎ 06-688271
開 9:30～12:45、14:30～18:30、土9:30～12:15、14:30～18:45、日11:30～12:45、14:30～18:45
休 毎月第1水曜、宗教行事の際は拝観不可（ミサは月～金19:00、土12:30、日・祝10:30）
URL saintlouis-rome.net

「天使の設計」がなされた完全なるローマ建築 MAP P.63-C4

パンテオン

Pantheon (Chiesa di S. M. ad Martyres)　パンテオン

現存するローマ建築の最も完全な遺構であり、世界最大のコンクリートおよび石造り建築。広さ、大きさ、建築技術の高さに驚嘆すべきもののひとつだ。かのミケランジェロが**「天使の設計」と称賛した万神殿**。Panとはすべて、theonは神の意味でローマのすべての神にささげられるべく、紀元前27～25年にアグリッパが創建し、118年にハドリアヌス帝が再建した。正面には、古代ギリシア建築を思わせる堂々とした柱が並ぶ。入口のブロンズ製の扉は建築当時のものという。円形の内部は直径、高さともに43.3mというサン・ピエトロ大聖堂をしのぐ大きなクーポラで覆われている。クーポラの頂上には**直径9mの天窓**が開き、差し込む光がモザイクの床を照らし、荘厳な雰囲気だ。かつては神々が祀られていたが、現在はラファエッロやイタリア統一に力を尽くしたエマヌエーレ2世、ウンベルト1世らの墓がある。ローマ時代のオリジナルの姿を最もよくのこしている建造物。

今に残る完全なローマ建築パンテオン

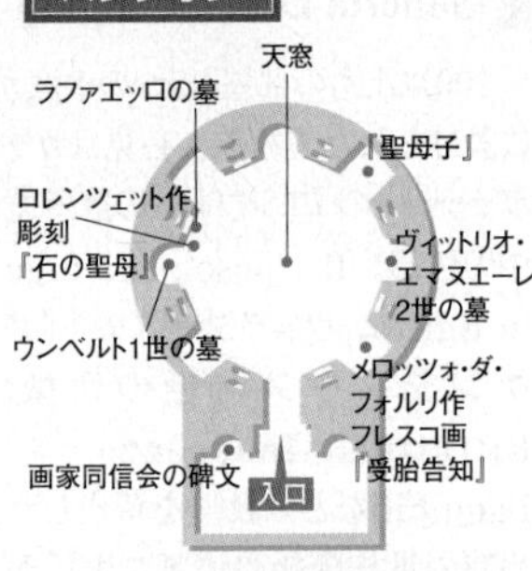

カラヴァッジョのファン必見 MAP P.63-B4

サン・ルイージ・デイ・フランチェージ教会 ★★

San Luigi dei Francesi　サン ルイージ デイ フランチェージ

フランスの守護聖人を祀る教会。左側廊5番目の礼拝堂はカラヴァッジョの3部作『聖マタイと天使』S. Matteo e l'angelo（サン マッテオ エ ランジェロ）、『聖マタイの召し出し』Vocazione di S. Matteo（ヴォカツィオーネ ディ サン マッテオ）、『聖マタイの殉教』Martirio di S. Matteo（マルティーリオ ディ サン マッテオ）が並び、彼の美術館の趣もある。光と影、鮮烈な描写が印象的だ。

カラヴァッジョ作『聖マタイの召し出し』

噴水が彩る華やかな広場

P.63-B・C4

ナヴォーナ広場 ★★★

Piazza Navona ピアッツァ ナヴォーナ

車の入り込めないこの広場は、ローマのどの広場よりも落ち着いた空間をつくり上げている。昼間はハトが飛び交い、のんびりした雰囲気だが、夜は着飾った紳士淑女や観光客でにぎわい、それを目当てに大道芸人や似顔絵描きたちが繰り出す。

特に12月初めから1月6日までは、エピファニアの祭りで広場いっぱいにクリスマスの飾り物やおもちゃの屋台が立ち並び、中世以来のローマの冬の伝統的行事となっている。

広場が細長い形をしているのは、古代ローマ時代にはここで戦車競技が行われたためだ。中世にはこの広場一面に水を張り、水浴やボート遊びの場所となったという。周囲の建物との調和の美しい3つの噴水、『ネプチューンの噴水』『四大河の噴水』『ムーア人の噴水』がある。中央の『4大河の噴水』はベルニーニBerniniによるもので、世界の4大河川――ナイル、ガンジス、ドナウ、ラプラタを擬人化した力強いバロック彫刻の傑作だ。このベルニーニと、噴水前の**サンタ・アニェーゼ・イン・アゴーネ教会**S. Agnese in Agoneを設計したボッロミーニBorrominiのふたりは、当時のバロックの担い手として活躍したが、ひどく仲が悪かった。そこでベルニーニは、この噴水を制作するにあたって「見るに堪えない教会だ」とナイルの頭に布をかぶせ、「教会が倒れたら困る」とラプラタの腕を教会に向かって伸ばしたのは有名なエピソードだ。

教会と『ムーア人の噴水』

広場北側にあるのが、『ネプチューンの噴水』(デッラ・ポルタ作)、南側が『ムーア人の噴水』(ベルニーニ作)。ムーア人の噴水脇から広場を背にし右に30mも歩くと、三差路の左側に崩れかかった像が立っている。これがパスクィーノPasquinoだ。時の愚政や社会を嘆く市民が、為政者や教皇にあてて風刺と中傷に満ちた手紙をこの像に引っかけておくのが中世からの習わしだった。すると翌日通りがかりに市民はこれを読んでせせら笑ったりおしゃべりしてウサを晴らした、というものだ。今では言論統制もない世の中だけれど、そこは皮肉大好きのローマっ子、今もローマ方言で書かれた辛口の手紙がパスクィーノの像にはかかっている。それをニヤニヤ読むローマっ子たちも昔と変わっていないに違いない。

『ネプチューンの噴水』

夜はロマンティック

車の入らないナヴォーナ広場周辺は夕食後のそぞろ歩きも楽しい。噴水や周囲の建物がライトアップされ、昼間とは別の顔を見せる。カフェに座って、大道芸人や人の流れを眺めるのも楽しい思い出になるはず。夜間には、安全に注意して出かけてみよう。

『4大河の噴水』

●サンタ・アニェーゼ・イン・アゴーネ教会

住 Via di Santa Maria dell'Anima 30/A
☎ 06-68192134
開 9:00～13:00、15:00～19:00、土・日9:00～13:00、15:00～20:00
休 月、宗教行事の際は拝観不可（ミサは土19:00、日12:15、19:00）
MAP P.63-C4
URL www.santagneseinagone.org

教会見学はコインを持っていこう！

ナヴォーナ広場周辺にはサンタ・マリア・ソプラ・ミネルヴァ教会(→P.93)、サン・ルイージ・デイ・フランチェージ教会(→P.94)など美術館のような教会があって見逃せません。ただし、教会内なので薄暗く、有名な作品もあまりよく見えなかったりします。でも、重要作品には有料のライトが設けられ、お金を入れると数分だけ作品を照らしてくれます。ライトの機械は€0.50～2のコインのみが使えます。教会は見学料がかからないのですから、ぜひ機械にコインを入れて作品を堪能してください。ときどき、持参のライトで照らして見学している人がいますが、芸術作品保護のためにやってはいけないことだと思います。
（東京都　mimmo）

●ローマ国立博物館
アルテンプス宮
住 Piazza Sant' Apollinare 46
☎ 06 684851
開 9:30～19:00(最終入場18:00)
休 月、1月1日、12月25日
料 €8(特別展の場合€11)、ローマ・パス対象施設、マッシモ宮やディオクレティアヌスの浴場跡などを含めた各種共通券あり(→P.80)
※オーディオガイド€5(英・伊)
※公式サイトでの予約で手数料€2が発生する

望楼のあるアルテンプス宮

古代芸術の館

MAP P.63-B4

ローマ国立博物館 アルテンプス宮 ☆☆

Museo Nazionale Romano Palazzo Altemps

ムゼオ ナツィオナーレ ロマーノ パラッツォ アルテンプス

古代芸術で名高いルドヴィシ・コレクションを展示する、15世紀の枢機卿の館。ローマ国立博物館のひとつとして約10年の修復を経て、公開されている。中庭から上を見上げると、2階の美しく彩色されたロッジアが目を引き、内部にも当時のフレスコ画や暖炉、礼拝堂などが残り、展示品とともに印象的な美術館になっている。この美術館の至宝は、紀元前460年のギリシアの作品で、ふたりの乙女に海から引き上げられるアフロディーテが刻まれた『ルドヴィシの玉座』Trono Ludovisi(トゥロノ ルドヴィーシ)(2階第21室)だ。側面のフルートを吹く乙女と香をたく乙女も忘れずに見学しよう。このほか、1階では『竪琴を弾くアポロ』Apollo Citaredo(アポロ チタレード)(第7室)、2階では『ヘルメス』Hermes Loghios(ヘルメス ロギオス)(第21室)、『(妻を殺して)自害するガリア人』Galata Suicida(ガラータ スイチーダ)(第26室)、『水浴するアフロディーテ』Afrodite al bagno(アフロディーテ アル バーニョ)(第34室)なども必見だ。

『水浴するアフロディーテ』

色彩のあふれるにぎやかな広場

MAP P.63-C4

カンポ・デ・フィオーリ広場 ☆☆

Piazza Campo de' Fiori

ピアッツァ カンポ デ フィオーリ

カンポ・デ・フィオーリの花市

カンポ・デ・フィオーリとは、「花の野」の意味。現在は野菜、花、魚などの屋台が並び、ローマのバイタリティがあふれている。にぎやかな市場もかつては処刑場で、広場中央の像は、1600年に異端の罪で火あぶりに処されたジョルダーノ・ブルーノだ。

平日は野菜や果物、家庭用品などの屋台が大部分を占め、日曜はハチミツ、香辛料、おみやげなどの屋台が並ぶ。広場の周囲にはカフェやレストランが並んでいるので、市場のにぎわいを眺めながらのひと休みも楽しい。

果物やおみやげの調達に便利

市場は何時ぐらいに行く?
市場が立つのは、早朝から14:00ぐらいまで。店によっては昼過ぎに閉めてしまうところもあり、また昼ぐらいになると観光客で大にぎわいに。ゆっくり楽しむなら、早朝～11:00に訪れるのがベター。広場の周辺にはカフェやバール、レストランも多く並んでいるので、朝食やランチをここで取るのもよいだろう。ナヴォーナ広場までは徒歩約5分。

✉ ローマの地下水
ローマではあちこちに水の蛇口があります。多くの人がペットボトルに水を汲んでいました。おなかの弱い私もあまりの暑さにチャレンジ。冷たくておいしい! おなかがゆるくなることは一度もありませんでした。水代も浮いて助かりました。(かなぶーん)
ローマ市内には無料の水飲み場(ナソーネ)が点在している。またコロッセオ駅前には、ガス入りとガスなしの給水機(→P.87)があるので活用しよう。賢く利用して節約を(→P.37)。(編集部)

巧みな遠近法とスタッコで飾られた　MAP P.63-C4

スパーダ宮（スパーダ絵画館）☆

Palazzo Spada(Galleria Spada)　パラッツォ スパーダ（ガッレリア スパーダ）

美しいスタッコ（漆喰）装飾で飾られた壮麗な宮殿。現在は国務院がおかれ、中庭と絵画館のみが見学可能だ。中庭では、遠近法を好んだスパーダ枢機卿が造らせた「遠近法の間」Galleria Prospetticaが必見。絵画館では、枢機卿のコレクションが往時のままに飾られている。

遠近法を利用した『遠近法の間』はボッロミーニの作

●スパーダ絵画館
住 Piazza Capo di Ferro 13
☎ 06-6832409
開 8:30～19:30（最終入場30分前）
休 火、12月25日
料 €6、18～25歳€2、ローマ・パス対象施設
※切符売り場は建物に入り、玄関ホールを抜けた右側。左にブックショップがある（営業時間は～18:00）
※公式サイトでの予約で手数料€1が発生する
URL www.gebart.it/musei/galleria-spada

コロッセオのお手本となった　MAP P.67-A4

マルケルス劇場☆

Teatro di Marcello　テアトロ ディ マルチェッロ

紀元前11年頃の古代劇場で、当時は1万5000人を収容した。4世紀にはテヴェレ川に架ける橋のための石材供出地、中世には城塞として利用された。16世紀にはオルシーニ家の豪壮な館に組み込まれ、2層のアーチの上にルネッサンス後期の建物がある。この劇場右側には、エレガントな3本の柱が美しいアポロ神殿Tempio di Apolloがある。

シーザーが着手した円形劇場

●マルケルス劇場
劇場周辺は工事が続くが、考古学公園になっていて、劇場を縁取るように通路が設けられ、近くで見学することが可能。内部見学は不可。
住 Via del Teatro di Marcello
開 春～夏季9:00～19:00、秋～冬季9:00～18:00
休 5月1日
料 無料

イタリア美術史

Arte Barocca バロック美術

バロックの立役者**ジャン・ロレンツォ・ベルニーニ**Gian Lorenzo Bernini(1598～1680)**は建築家、画家、彫刻家**として活躍、最後の万能人といわれる。**サン・ピエトロ広場の設計、彫刻では『アポロとダフネ』**Apollo e Dafne、『**プロセルピーナの略奪**』il Ratto di Proserpina(いずれもローマ・ボルゲーゼ美術館→P.102)、『**聖女テレサの法悦**』(ローマ、サンタ・マリア・デッラ・ヴィットリア聖堂)など感覚的な美を強調。またローマのバロック建築を特徴づける**フランチェスコ・ボッロミーニ**Francesco Borromini(1599～1667)の代表作は、ナヴォーナ広場の**サンタ・アニェーゼ聖堂**Sant'Agnese→P.95、**サンティーヴォ・アッラ・サピエンツァ聖堂**Sant'Ivo alla Sapienzaなど。バロック絵画は**日常風俗、静物、風景**などのテーマを主とし、**写実主義、色彩と光の深い認識、短縮法、遠近法の巧みな使用**などが特徴。古典主義の**カッラッチ**Carracci**一族（ルドヴィーコ**Ludovico、**アゴスティーノ**Agostino、**アンニーバレ**Annibale)、自然主義と独特な明暗様式の**カラヴァッジョ**Caravaggio(1571～1610)、『**聖マタイの召命**』ローマ、サン・ルイージ・デイ・フランチェージ聖堂→P.94、盛期バロックを代表する**ピエトロ・ダ・コルトーナ**Pietro da Cortona(1596～1669)、そして絵画の中心地となったナポリでは**サルヴァトーレ・ローザ**Salvatore Rosa(1615～1673)、**ルーカ・ジョルダーノ**Luca Giordano(1632～1705)が活躍している。

（望月一史）

ベルニーニ作『アポロとダフネ』

ポポロ広場からスペイン広場、ボルゲーゼ公園へ

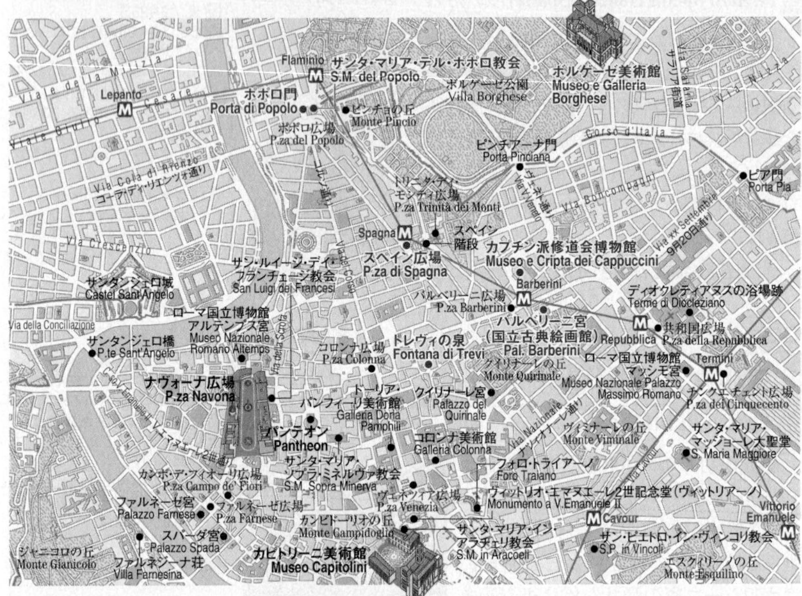

ポポロ広場への行き方

テルミニ駅からは地下鉄A線に乗り、Flaminio駅下車、徒歩2分。駅を出ると大きなポポロ門が見える。この門を入ればポポロ広場だ。

スペイン広場への行き方

テルミニ駅からは地下鉄A線に乗り、Spagna駅下車、徒歩2分。地下鉄の通路を出ると目の前に広場の光景が広がるはずだ。ポポロ広場からスペイン広場までは歩いても10分ほど。

ボルゲーゼ公園への行き方

テルミニ駅からは地下鉄A線に乗り、FlaminioもしくはSpagna駅下車。Spagna駅構内からボルゲーゼ公園入口のPorta Pinciana近く（ヴェネト通り）までエスカレーターがある。駅構内を「Borghese/Porta Pinciana」の矢印に従って進もう。地下鉄駅から公園内にあるボルゲーゼ美術館までもこれが一番の近道だ。スペイン階段下やトリニタ・デイ・モンティ教会からはピンチアーナ門通りを上がろう。

ポポロ広場の中央にはオベリスクが立ち、高台にはボルゲーゼ公園から続く**ピンチョの丘**が続き、広々とした気持ちよい空間が広がる。**ポポロ門**近くに**サンタ・マリア・デル・ポポロ教会**、双子のように似たふたつの教会の間からはコルソ通りがヴェネツィア広場まで通じ、ポポロ門左からはボルゲーゼ公園へ通じる。

商店が並び、いつもにぎわうコルソ通りを進もう。通りの途中右にフェンディ宮殿とも呼ばれる堂々たるフェンディの店舗が見えたら、左に入ろう。高級ショッピングストリートのコンドッティ通りで、通りの先にスペイン階段とオベリスクが見える。階段手前にあるのは、小舟（バルカッチャ）の噴水。**スペイン階段**を上るとトリニタ・デイ・モンティ広場だ。同名の教会正面を左に進むと**ボルゲーゼ公園**で、最初に見たピンチョの丘へ続いている。**ボルゲーゼ美術館**は広大なボルゲーゼ公園にある。ここからは2㎞ほどあるので、スパーニャ駅構内を抜けるのが近道だ。ピンチアーナ門通りを横切って進むとヴェネト通り。通りを左に坂を上れば再度ボルゲーゼ公園、坂を下ると**カプチン派修道会博物館**、さらに**バルベリーニ広場**だ。バルベリーニ広場の先の坂道を上がると**バルベリーニ宮**だ。絵画館前の坂をさらに進み、最初の角の「4つの噴水」を右折して進むとオベリスクが立つ**クイリナーレ広場**だ。広場から続く小道を下るとトレヴィの泉へと続いている。**トレヴィの泉**からコルソ通りへ出れば、**コロンナ広場**も近い。

おもな見どころ

かつてのローマの玄関口

 P.60-B·C1

ポポロ門とポポロ広場 ☆☆

Porta del Popolo & Piazza del Popolo

ポルタ ディ ポポロ&ピアッツァ デル ポポロ

双子教会とポポロ広場

まだ鉄道のなかった時代の旅人は、フラミニア街道からこのポポロ門をくぐってローマに入るのが決まりだった。ゲーテもバイロンもキーツもこの門をくぐったのだ。この門は3世紀のものだが、17世紀にスウェーデンの女王クリスティーナのローマ訪問を記念してベルニーニにより装飾が施された。

門の内側がポポロ広場。広場中央には高さ24mのオベリスクが立ち、ライオンの噴水が四方を守っている。この広場の南側には双子教会とも呼ばれるふたつのよく似た教会が立っている。

芸術作品で飾られた

MAP P.60-B1

サンタ・マリア・デル・ポポロ教会 ☆☆

Santa Maria del Popolo

サンタ マリア デル ポポロ

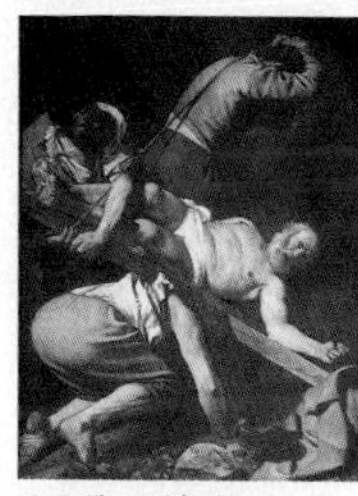

カラヴァッジョ作『聖ピエトロの逆さ磔』

建設基金を市民(Popoloポポロ)が出したことから、この名前がつけられた。内部には芸術作品が並ぶ。必見は入口右側のロヴェーレ礼拝堂祭壇の『幼な子キリストの礼拝』L'adorazione del Bambino、主祭壇左側のカラヴァッジョの礼拝堂と呼ばれるチェラージ礼拝堂がある。左右の側壁を飾るカラヴァッジョの2作品、『聖パオロの改宗』Conversione di S. Paoloと『聖ピエトロの逆さ磔』Crocifissione di S. Pietroが名高い。

ローマを一望する高台

MAP P.60-C1·2

ピンチョの丘 ☆

Monte Pincio

モンテ ピンチョ

かつてピンチ家が所有していた公園の一角。ポポロ広場へ張り出したテラスからは、遠くにサン・ピエトロ大聖堂の大ドーム、サンタンジェロ城、ジャニコロの丘、ヴィットリアーノとローマの町並みを一望することができる。

ピンチョの丘の展望台

コルソ通りと平行する3本の通りに注目！

双子教会を挟んで3本の道がポポロ広場から放射状に延びている。向かって左のバブイーノ通りVia del Babuinoと途中からそれに平行して走るマルグッタ通りVia Marguttaは、細い路地に高級アンティークのお店やブティックが並び、由緒あるローマを感じさせる。向かって右側のリペッタ通りVia di Ripettaは、バールや食料品の並ぶ庶民的な通りで、昔ながらの魚料理を出す、うまいトラットリアやリストランテもある。

ポポロ広場とオベリスク

●サンタ・マリア・デル・ポポロ教会

住 Piazza del Popolo 12
☎ 06-45675909
開 7:30～12:00、16:00～19:00、土7:30～19:30、日・祝16:30～19:00
休 宗教行事の際は拝観不可（ミサ8:00、10:00、11:00、12:00、13:00、18:00）
※2024年10月まで修復作業のためクローズ予定

革新的な『聖パオロの改宗』

●ピンチョの丘

スペイン広場やポポロ広場から丘を上ってアクセスできる。

住 Viale Gabriele D'Annunzio
開 24時間

スペイン階段では飲食禁止

階段での飲食や座ることは禁止されているので注意しよう。また、以前はミサンガ売りの若者がたむろしていて、立ち止まっていると無理やりミサンガを巻きつけてはお金を迫ってきたという投稿もあったが、2023年7・10月の取材時には、広場に警察官が常駐。こうした人々は激減したもよう。ただし、いつでも人で混み合っているのでくれぐれもスリには気をつけること。

ローマの一大観光名所 MAP P.60-C2、P.64-A・B1

スペイン広場 ★★★

Piazza di Spagna ピアッツァ ディ スパーニャ

観光客でにぎわうスペイン階段

正面のスペイン階段は映画『ローマの休日』の舞台としてあまりにも有名だ。階段前の『舟の噴水』Fontana della Barcaccia(フォンターナ デッラ バルカッチャ)の前では、いつも誰かがギターを弾いていたり、カメラを構えたりとにぎやかだ。この噴水はベルニーニの父の作で、かつてテヴェレ川が決壊した際ここまで小舟が水で運ばれたエピソードに由来する。3ヵ所に踊り場をもつスペイン階段の上には**古代エジプトのオベリスク**が立ち、その後ろには**トリニタ・デイ・モンティ教会**が広場を見下ろしている。

「イタリア人が設計し、フランス人が払い、イギリス人が徘徊(はいかい)し、今ではアメリカ人が占領する」といわれるスペイン階段だが、実際、1725年にフランスの大使の援助により造られ、名前はここにスペイン大使館があることに由来する。広場周辺には**英国風のティールームが18世紀同様に今も残り**、かつては英国人のゲットーともあだ名された所だ。

この界隈には、**スタンダール、バルザック、ワーグナー、リスト、ブラウニングといった文豪**、芸術家たちも住み着き、スペイン階段右側には**キーツの家**Casina di Keats(カシーナ ディ キーツ)が残っている。今では、**キーツ・シェリー記念館 Keats-Shelly House**としてふたりのほかバイロンなどの自筆原稿や手紙、デスマスクや写真など豊富な資料が展示されている。愛好家には必見の場所。

スペイン広場にある『舟の噴水』

●キーツ・シェリー記念館
住 Piazza di Spagna 26
☎ 06-6784235
開 10:00〜13:00、14:00〜18:00(最終入場15分前)
休 日、1月1日、8月15日、12月8日、12月24日〜1月1日
料 €6、65歳以上・18歳以下€5
MAP P.60-C2、P.64-B2
URL www.keats-shelley-house.org

スペイン階段上の眺めのよい広場 MAP P.60-C2、P.64-B2

トリニタ・デイ・モンティ広場 ★

Piazza della Trinità dei Monti ピアッツァ デッラ トリニタ デイ モンティ

1502年、フランス王ルイ12世により建てられた、南フランスのゴシック風の同名教会の立つ広場。正面のオベリスクは、巡礼者の道しるべとして18世紀に教皇ピウス6世によって建てられた。ここからはサンタ・マリア・マッジョーレ大聖堂のオベリスクがシスティーナ通りVia Sistina越しに遠望できるようになっている。

トリニタ・デイ・モンティ教会と同名の広場

●トリニタ・デイ・モンティ教会
Trinita dei Monti
住 Piazza Trinità dei Monti 3
営 10:15〜19:45、水12:00〜19:45、日9:00〜19:30
休 宗教行事の際は拝観不可(ミサは月〜金18:30、日9:30)
URL trinitadeimonti.net

広大な緑に美術館が点在する　MAP P.60-B2

ボルゲーゼ公園 ☆☆

Villa Borghese　ヴィッラ ボルゲーゼ

トスカーナ地方シエナの名門出身の枢機卿ボルゲーゼが17世紀に彼の家族のために造った庭園。広大な敷地には森や池、ふたつの博物館とひとつの美術館、動物園、馬事公苑、各国のアカデミーなどがおかれている。いつも家族連れやカップルが散歩を楽しむプロムナードだ。新緑の美しい4月末から5月には、シエナ広場では時代装束の騎馬憲兵による優雅な競技会が開かれる。

緑深きボルゲーゼ公園

庭園内には、国立ヴィッラ・ジュリア・エトルスコ博物館と、国立近代美術館がある。なかでも「個人コレクションの女王」と呼ばれるほど豪華で華麗なボルゲーゼ美術館(→P.102)は必ず訪れたい。

エトルリア人の高度な文明を知る　MAP P.60-A1

国立ヴィッラ・ジュリア・エトルスコ博物館 ☆☆

Museo Nazionale Etrusco di Villa Giulia　ムゼオ ナツィオナーレ エトルスコ ディ ヴィッラ ジュリア

ローマのルネッサンス様式の典型、ヴィッラ・ジュリア博物館

エトルリア人の高度な文明と芸術性がわかる博物館。

1階第7室Sala7はエトルリアの芸術家のなかで唯一、その名が今日まで伝えられているヴルカによる『ヘラクレスと戦うアポロ』Apollo che combatte con Eracle（アポロ ケ コンバッテ コン エラークレ）、『子供を抱く女神像』Una dea con Bambino（ウナ デア コン バンビーノ）など、ヴェイオからの出土品。第9室Sala9の『夫婦の寝棺』Sarcofago degli Sposi（サルコーファゴ デッリ スポージ）は、エトルリア美術のひとつの頂点だ。寄り添うカップルは、愛と優しさに満ちあふれている。紀元前6世紀の作で、ローマの西北のエトルリアの古代都市から発掘された。第29室Sala29には、ファレリイ・ヴェテレス神殿の装飾を復元。第32室Sala32には『フィコローニの器』Cista Ficoroni（チスタ フィコローニ）。青銅の大きな円筒形の容器一面にレリーフが施され美しい。

●国立ヴィッラ・ジュリア・エトルスコ博物館
住 Piazzale di Villa Giulia 9
☎ 06-3226571
開 3月28日～10月30日9:00～20:00、10月31日～3月27日8:30～19:30（最終入場1時間前、閉館30分前から退出開始）
休 月、1月1日、12月25日
料 €12、庭園のみ€4、ローマ・パス対象施設
※公式サイトでの購入で手数料€1が発生する
URL www.museoetru.it

エトルリア美術の頂点『夫婦の寝棺』(部分)

私のおすすめ エトルスコ博物館

金、銀、銅、琥珀（こはく）などさまざまな素材から生み出された工芸品が並んでいます。芸術性や技術の高さ、そしてどこか笑えるような親しみやすさがあります。謎を秘めたエトルリア文明に、ますます興味が引かれました。
（京都府　小久保碧）

近代絵画を幅広く集めた　MAP P.60-A・B2

国立近代美術館 ☆

Galleria Nazionale d'Arte Moderna e Contemporanea
ガッレリア ナツィオナーレ ダルテ モデールナ エ コンテンポラネア

19世紀以降の絵画が収められている。イタリア人の画家はもとより、クリムト、モネからアメリカンポップアートまで勢揃いだ。ここの美しい中庭も見逃せない。

●国立近代美術館
住 Viale delle Belle Arti 131
☎ 06-322981
開 9:00～19:00、12月24・31日9:00～18:00（最終入場45分前）
休 月、1月1日、12月25日
料 €10、ローマ・パス対象施設
URL lagallerianazionale.com

●ボルゲーゼ美術館
住 Piazzale Scipione Borghese 5
☎ 06-32810
開 9:00～19:00（最終入場17:45、切符売り場8:30～18:00）
休 月、1月1日、12月25日
料 €13、18～25歳€2、17歳以下無料、ローマ・パス対象施設
※9:00～17:00間は1時間ごとに各回180人の入場制限あり。訪問は2時間制。17:45の回のみ€8
※予約手数料€2が発生する

ボルゲーゼ美術館の予約

公式予約サイトもしくは電話で予約を。必ず予約番号をメモしておこう。予約は、ウェブ、電話ともに英語対応可能。見学希望日の1週間前には予約をするのがベター。

見学当日は予約時間の30分前に予約番号を提示して、切符と引き換えよう。手荷物は切符売り場横のクロークに預けること。ガイドブックと財布程度の荷物しか見学持ち込みはできない。切符売り場近くには、ブックショップやトイレもある。

☎ 06-32810（月～金9:30～18:00）
URL www.gebart.it/musei/galleria-borghese

個人コレクションの女王

MAP P.61-B3

ボルゲーゼ美術館 ★★★

Museo e Galleria Borghese　ムゼオ エ ガッレリア ボルゲーゼ

白亜に輝くファサード

1613年に建てられたシピオーネ・ボルゲーゼ枢機卿の館を、そのまま美術館にしたもので、収蔵品は彼のコレクションが中心になっている。彫刻、絵画とも有名な作品が数多い。

おもなものは、1階第1室のカノーヴァ作『パオリーナ・ボルゲーゼ像』Paolina Borghese、ベルニーニの手になる第3室の『アポロとダフネ』Apollo e Dafne、第4室の『プルートとプロセルピーナ』Pluto e Proserpinaなど、どれも冷たい石の彫刻とは思えない。第8室はカラヴァッジョによる『果物籠と青年』Ragazzo con il cesto di frutta、『馬丁の聖母』『ゴリアテ（自画像）の頭を持つダヴィデ』Davide con la testa di Goliaなど。皇帝のギャラリーから階段を上がった2階には第9室にラファエッロ作『キリスト降架』Trasporto del Cristo、第20室にティツィアーノ作『聖愛と俗愛』Amor sacro e Amor profanoなど。第11室はG.L.ベルニーニの作品を展示。彼自身による肖像彫刻と世代別の自画像に興味を引かれるだろう。

カラヴァッジョの作品が集まる第8室は、じっくり鑑賞しよう

✉ボルゲーゼ美術館、予約あれこれ

●予約回答書をチェック

インターネットで予約しました。予約回答書（英語）が送られてきますので読んでおきましょう。行き方や入場場所などが書かれています。地下の切符売り場で切符を入手したら、一度外に出て階段を上り、ロッジアで待って入館します。1階の見学後は皇帝のギャラリーから階段で2階へ向かいます。2階の見学後は階段の途中から庭に出ると見学は終了です。私たちはボルゲーゼ美術館までスパーニャ駅から歩きましたが、所要15分程度です。ボルゲーゼ公園の木立のなか土の上を歩くのはとても気持ちよく、公園もすいていて、人混みだらけの観光地から一瞬でも開放されたようで楽しい経験でした。（大阪府　匿名希望）

●電話予約をしました

日本から電話で予約しました。自動応答システムで指示に従って、番号などをインプットすると、オペレーターが出て、直接話して予約できます。オペレーターは親切で英語も優しく話してくれて問題はありませんでした。（東京都　杏子）

●ネットで予約しました

4日前の12月24日、ネットで予約。午後は予約が取りやすいようですが、午前中の予約なら2～3週間前の予約がベターのもよう。見学後17:00頃外へ出ると真っ暗。ただ、庭園はよく手入れされているので気味悪い感じはありませんでした。見学時間に制限があるにもかかわらず、音声ガイドの説明が長い。（東京都　ドラゴン）

修道僧の人骨を祀る通称「骸骨寺」 MAP P.64-B2

カプチン派修道会博物館 ★

Museo e Cripta dei Cappuccini ムゼオ エ クリプタ デイ カップチーニ

ヴェネト通りの途中でふたつの階段が目を引く教会。通称「骸骨寺」。現在は博物館となっており、見学は1階のカプチン派修道院、博物館から骸骨寺と呼ばれるクリプタCripta地下墓所へ進む。地下墓所の5つの堂には約4000体のカプチン派の修道僧の骨が収められ、シャンデリアをはじめ、天井、壁など一面が人骨で飾られている。一種異様な感があるが、宗教観、死後の世界観について考えさせられる神聖な場でもある。

●カプチン派修道会博物館
住 Via Vittorio Veneto 27
☎ 06-88803695
開 10:00〜19:00（最終入場30分前）
休 1月1日、復活祭、12月25日
料 €10、65歳以上・18〜25歳の学生€6.50（オーディオガイド含む）
URL museoecriptacappuccini.it
※オーディオガイドのイヤフォンは自分で用意。レンタルの場合€1.50
※入場時は肩やひざを覆う服装で。大きなかばんは無料のコインロッカーに預ける

「骸骨寺」とも呼ばれる

海神トリトーネが水を噴く MAP P.64-B2

バルベリーニ広場

Piazza Barberini ピアッツァ バルベリーニ

バルベリーニ広場のトリトーネの噴水

交通の要所でもあり、いつも多くの車が往来している。広場の中央には貝の上にひざまずいたトリトーネと4頭のイルカを配したトリトーネの泉Fontana del Tritone（フォンターナ デル トリトーネ）がある。ベルニーニの作で、ローマ・バロックの傑作。

ベルニーニ作の噴水

ヴェネト通りを下ると左側にある、バルベリーニ家の紋章の蜂が飾る小さな水飲み場。これもベルニーニの作で、蜂の噴水Fontana delle apiと呼ばれる。

バロックに彩られた建築と名画の館 MAP P.65-B3

バルベリーニ宮（国立古典絵画館） ★★

Palazzo Barberini (Galleria Nazionale d'Arte Antica in Palazzo Barberini)
パラッツォ バルベリーニ（ガッレリア ナツィオナーレ ダルテ アンティカ イン パラッツォ バルベリーニ）

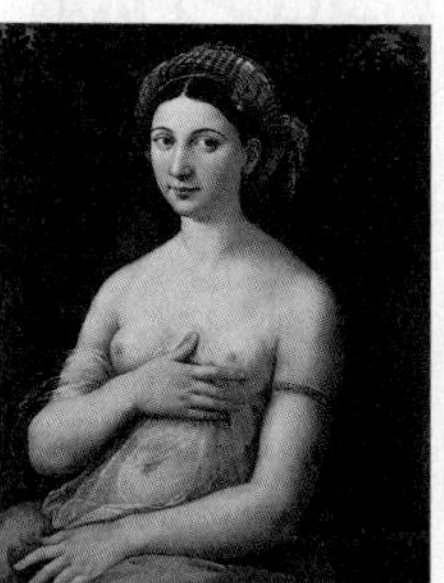

粉屋の娘『ラ・フォルナリーナ』

バルベリーニ広場南東のバルベリーニ宮殿2階にある。宮殿はバロック建築の代表ともいうべき壮麗さでその威容を誇る。各室は趣向を凝らした装飾がされ、とりわけ、コルトーナによる2階の大サロンの天井画『神の摂理の勝利』Trionfo della Divina Provvidenza（トリオンフォ デッラ ディヴィーナ プロッヴィデンツァ）がすばらしい。バルベリーニ家出身のウルバヌス8世が造らせたもので、バルベリーニ家の栄光が一族の紋章でもある蜂とともに華やかに描かれている。内部はシモーネ・マルティーニ、フラ・アンジェリコ、ラファエッロ、ティツィアーノなどルネッサンス時代の絵画を中心に展示。フィレンツェやヴェネツィアに行けない人には必見だ。ここに、ラファエッロが描いた彼の恋人の肖像といわれる『La Fornarina（ラ フォルナリーナ）』もある。

●国立古典絵画館
住 Via delle Quattro Fontane 13
☎ 06-39967500
開 10:00〜19:00（最終入場1時間前）
休 月、1月1日、12月25日
料 €12、18歳以下無料（国立コルシーニ宮美術館と共通）
※毎月第1日曜は無料だが要予約
URL www.barberinicorsini.org

2階の大サロンの天井画『神の摂理の勝利』

圧倒されるほどの力強さに満ちている　MAP P.64-B2

トレヴィの泉

Fontana di Trevi

フォンタナ ディ トレヴィ

ローマ・バロックの傑作、トレヴィの泉

建築と彫刻、水が一体となったバロック芸術の傑作であり、ローマ必訪のスポット。ローマならではの明るい太陽のもと、キラキラと反射する水は格別に美しい。

肩越しにコインを投げると再びローマを訪れることができる、というエピソードはあまりにも有名だ。多くの旅行者が泉の縁に陣取ってコインを投げ入れているのは、この町に魅せられてしまった印だ。トレヴィとは三差路の意味で、泉の前から3本の道が延びているのがネーミングの由来。教皇クレメンス12世主催の噴水コンクールで優勝したニコラ・サルヴィの設計で、背後の宮殿を巧みに借景として取り入れ、海神ネプチューンとトリトンがダイナミックに躍動する。完成は1762年。泉に通じる道が細く、ややわかりづらい場所にある。

噴水の縁に座ることは禁止！

大きな円柱が目印　MAP P.64-B1

コロンナ広場

☆

Piazza Colonna

ピアッツァ コロンナ

アウレリウス帝の円柱コロンナが立つコロンナ広場

トリトーネ通りがコルソ通りとぶつかった左側にある広場。大きな円柱colonnaが立っているのでこの名がある。

ヴェネツィア広場左にあるトラヤヌス帝のコロンナを模したもので、アウレリウス帝の戦勝記念として193年に完成した。コロンナの上には、かつてはアウレリウス大帝の像が立っていたが現在は聖パオロの像。この右側、キージ宮Palazzo Chigiは、大統領の閣議場。その奥、エジプトから運ばれたという紀元前6世紀のオベリスクが正面に立つ大きな建物がモンテチトーリオ宮Palazzo di Montecitorioで、国会議事堂だ。

トレヴィの泉への行き方

トレヴィの泉は細い路地の先にあるので、バスなどは入らない。最寄りの地下鉄駅やバス停からやや歩く必要があるが、近くには行き先表示があるので、迷う心配はない。

地下鉄の場合はA線Barberini駅下車、徒歩8分。トリトーネ通りを下り、サン・シルヴェストロ広場手前の小さな広場（いつもたくさんのバイクなどが駐輪してある）を左に入る。

バスの場合は、テルミニ駅から85番などで、バルベリーニ広場を過ぎたトリトーネ通りで下車し、あとは上記地下鉄同様に歩こう。

ヴェネツィア広場からは徒歩8分、スペイン広場からも徒歩9分と比較的どのエリアからも歩ける距離に位置している。

✉ 座る場所に注意！

トレヴィの泉は警備が厳しくなりました。噴水の縁に座っていたりすると、警備員が即効笛をピーピー吹いて注意します。

(manmacita)

✉ ボランティアが活躍

噴水の縁に座る観光客に「ピー」と笛を吹いて厳しく取り締まる人たちはボランティアとか。露出の多い、若い美人には甘いようでした。正面右奥には飲める噴水もあり、ペットボトルに汲んでいる人もいました。冷たくておいしかったです。

（東京都　苦瓜）

✉ 掃除のタイミング

月曜の午前中に訪ねると水を抜いて掃除をしていました。ちょっと珍しい風景でした。

（東京都　美香）

コロンナ広場への行き方

地下鉄の場合はA線Barberini駅下車、徒歩12分。トリトーネ通りを真っすぐ歩き、コルソ通りを左折すればすぐ。

バスの場合は、テルミニ駅から85番などでトリトーニ通りまで行き、下車後は上記同様に歩こう。

サッカーファン必見

ASローマのオフィシャルショップがコロンナ広場にある。試合の切符やグッズもあるので、ファンには必訪の場所。

●AS ローマ・ストア
AS Roma Store
住 Piazza Colonna 360
☎ 06-6978-1232
営 10:00～20:00
休 一部の祝日
MAP P.64-B1

トラステヴェレ地区と真実の口広場

ローマの下町として、ローマっ子に愛されるトラステヴェレ。まずはバスやトラムなどでトラステヴェレへ向かい、散策後、橋を渡って「真実の口」を経て旧市街へ戻ろう。

バスなどが停車するソンニーノ広場から**サンタ・マリア・イン・トラステヴェレ聖堂**へ向かおう。バスの進行方向右側の小道に入って真っすぐ進むと、噴水と金色に輝くモザイクで美しいファサードが見える。このあたりは最もトラステヴェレらしい界隈だ。聖堂のある広場から北西へ進むと、美しいルネッサンスの館の**ファルネジーナ荘**。再び同じ道を戻り、トラステヴェレ大通りを横切ると**サンタ・チェチーリア・イン・トラステヴェレ教会**。細い小道が幾重にも通り、表情を変えるトラステヴェレは気ままに歩いてみるのもおもしろい。

川岸通りからチェスティオ橋を通って**ティベリーナ島**へ。ガリバルディ橋からの眺めもいいが、古代からの歴史を紡ぐ島は時間があればそぞろ歩きが楽しい。橋を渡りきるとほぼ正面がマルケルス劇場。ここから真実の口広場までに古代ローマの神殿が点在する。交通の激しい道沿いだが、現代と過去が共存するまさにローマらしい風景が広がる。左側に見える鐘楼が、**「真実の口」**のある**サンタ・マリア・コスメディン教会**だ。

トラステヴェレへの行き方

テルミニ駅からはバスH番でソンニーノ広場下車。またはテルミニ駅からバス40番などでヴェネツィア広場下車後、ヴェネツィア宮殿南側（バスターミナル前）に停まっているトラム8番を利用し、橋を渡ったら下車しよう。ソンニーノ広場もすぐだ。

✉ トラステヴェレののみの市

日曜の滞在だったのでポルタポルテーゼの市へ行きました。本当にたくさんの屋台があり、掘り出し物もたくさん。みやげ探しやそぞろ歩きが楽しい！　懐中物に注意してgo！　（あなご）

日曜の
S.M.イン・トラステヴェレ広場。
ローマの日常に合える場所

●サンタ・マリア・イン・トラステヴェレ聖堂
住 Piazza di Santa Maria in Trastevere
☎ 06-5814802
開 7:30〜21:00、金9:00〜21:00、8月の土・日7:30〜20:00
URL www.santamariaintrastevere.it

床のコズマーティ模様にも注目

●サンタ・チェチーリア・イン・トラステヴェレ教会
住 Piazza di Santa Cecilia 22
☎ 06-45492739
開 10:00〜13:00、16:00〜19:00、『最後の審判』平日10:00〜12:30
休 一部の祝日
料 €2.50、『最後の審判』€2.50

聖チェチーリアが祀られる

おもな見どころ

静かな広場に立ち、黄金に輝く　MAP P.67-B3

サンタ・マリア・イン・トラステヴェレ聖堂 ★★

Santa Maria in Trastevere　サンタ マリア イン トラステヴェレ

聖堂と噴水のある同名広場

紀元前38年、ここに1日中油が湧き出る奇跡が起こり、キリストの恩寵を意味したといわれる。この教会はその場に建てられたもの。3世紀からは地下教会の建造が始まっており、ローマで最古の教会といわれる。正面部分は12世紀に付けられたもので、この教会は19世紀まで何度も手を加えられた。正面の高みには**『玉座の聖母』**と呼ばれる、聖母マリアを中心に左右に明かりを手にした乙女が並ぶ美しいモザイク画が輝く。内部**後陣のモザイク**は13世紀カヴァッリーニの作。

後陣のモザイク『キリストと聖母』

殉教した聖チェチーリアにささげられた　MAP P.67-B4

サンタ・チェチーリア・イン・トラステヴェレ教会 ★★

Santa Cecilia in Trastevere　サンタ チェチーリア イン トラステヴェレ

敬虔なキリスト教徒であったサンタ・チェチーリアは3世紀に殉教したが、1599年にカタコンベで彼女の遺体が発見された。1000年以上の時を経ながらも遺体は腐敗を免れて、葬られたときと同様、三位一体と唯一神を指で示していたといわれている。教会は彼女の夫の古代住居跡に建てられたものだ。内部主祭壇下の**サンタ・チェチーリアの像**はマデルノ作。後陣のビザンチン風の美しいモザイクにも彼女や彼女の夫が描かれている。**地下墓地**には、古代住居や穀物貯蔵所が見られる。またピエトロ・カヴァッリーニによる**『最後の審判』**Giudizio Universale（1293年作）は重要。

サンタ・チェチーリアは音楽の守護聖人

ローマの下町・トラステヴェレ

トラステヴェレとはテヴェレの川向こうの意味で、川がティベリーナ島を挟んで大きく蛇行する右岸からジャニコロの丘あたりまでを指す。ピッツェリアやトラットリア、ビッレリア、小さな商店などが軒を連ね、夕方から繰り出す人が多く、ひと昔前は昼間営業する店は少なかった。現在は昼もにぎやかだが、週末の夜のにぎわいは特別。機会があれば一度足を運んでみよう。

ちょっと路地に入ると今も洗濯物がはためき、夜は通りに椅子を出しておしゃべりに興じる人たちの姿があり、昔の映画を見ているような雰囲気がある。とりわけにぎやかなのが、**ノアントリの祭り**（毎年7月16日以降の最初の土曜）の時期。祭り当日だけでなく、その数日前から盛り上がりを見せる。ガリバルディ橋を渡るベルサリエーリ（歩兵部隊）の競争で幕を開け、「ノアントリの聖母」が町を練り歩く。通りを埋め尽くすようにテーブルが並び、広場は一大宴会場のようだ。

テヴェレ川に浮かぶ船のような　MAP P.67-A4

ティベリーナ島 ☆

Isola Tiberina　イソラ ティベリーナ

ティベリーナ島全景

伝説によると「誇り高き王タルクィーノの追放に怒った市民が、収穫した穀物を投げ込んでできた島」といわれている。そこに医術の神アエスクラピオが蛇に姿を変えて現れ、神殿を建立させたという。今では神殿跡にはサン・バルトロメオ教会 San Bartolomeoが立っているが、その並びには現代的な病院が立ち、今なお伝説を伝えている。島は船の形をしており、南側にはマストを模してオベリスクが立っている。多くの詩人が町の雑踏を逃れこの島で詩を書いたといわれている。

映画『ローマの休日』でおなじみ　MAP P.68-B1

真実の口広場と「真実の口」 ☆☆

Piazza Bocca della Verità / Bocca della Verità

ピアッツァ ボッカ デッラ ヴェリタ／ボッカ デッラ ヴェリタ

鐘楼の美しいS.M.イン・コスメディン教会

周囲のローマ遺跡や鐘楼などが相まってローマでも指折りの美しい広場。バラ色の鐘楼が目を引くのがサンタ・マリア・イン・コスメディン教会。6世紀頃に食料品の市場だった場所に建てられ、その後ハドリアヌス8世によって増築され、当時迫害から逃れたギリシア人修道士に授けられたものだ。その後、何度も破壊され再建された。

入口の柱廊左側にあるのが、「真実の口」Bocca della Verità。「うそを言った者がこの口の中に手を入れると手を食べられてしまう」というのは、中世からの言い伝え。古代の井戸かローマが誇った大下水溝（クロアーカ・マッシモ）のフタではないかと推測されている。

「真実の口」で記念撮影

続く教会へ入ってみよう。8世紀の創建当時のように再建された内部は、簡素ながら抑制された美しさがある。説教壇や燭台、コズマーティ様式の大理石の床モザイク装飾などは12世紀のもの。司教座と主祭壇の天蓋の装飾もコズマ一族によるもの。教会に付属するロマネスク様式の鐘楼も印象的だ。

ティベリーナ島への行き方

どの地下鉄駅からも離れているため、バスを利用しよう。バスH番などでフォロ・オリトリオ通りで下車後、ファブリチオ橋Ponte Fabricioを渡る。トラステヴェレからはケスティオ橋 Ponte Cestioを渡って島まで行ける。

●サン・バルトロメオ教会

住 Piazza San Bartolomeo All'Isola 22
☎ 06-6877973
営 9:30～13:30、15:30～17:30、日9:30～13:00、15:30～17:30

●真実の口

サンタ・マリア・イン・コスメディン教会Santa Maria in Cosmedinの入口回廊にある。
住 Piazza della Bocca della Verità 18
☎ 06-6787759
営 9:30～13:00、14:00～17:50、教会9:30～18:00
休 一部の祝日、宗教行事など
料 無料
※近くに喜捨箱あり。少額の寄付を忘れずに。また、教会内にはみやげもの店もあり、真実の口をかたどったキーホルダーなどが購入できる
※ハイシーズンは行列ができる。係員の指示に従うように

✉ いつ行く？真実の口

午前中は明るい感じ、太陽が傾く頃にはたそがれた感じの雰囲気のある写真が撮れます。時間によっていろいろな表情が楽しめます。鉄柵の外からなら24時間いつでも見学できます。
（在ローマ　ローマ好き）['24]

真実の口広場への行き方

地下鉄を利用する場合、B線Circo Massimo駅から徒歩13分。バスを利用する場合、テルミニ駅からは170番などで約15分。ヴェネツィア広場からは徒歩11分。

近くにあるバラ園も行ってみて

真実の口広場から地下鉄B線Circo Massimo駅の方面に歩いて約10分の所に、世界中から集めた1000種類以上のバラが咲き誇るバラ園がある。期間限定の公開だが、ベンチもあり市民の憩いの場になっている穴場。

●ローマ市立バラ園

Roseto Comunale di Roma
住 Via di Valle Murcia 6
営 例年4月末～5月と10月
料 無料　MAP P.68-B1

ヴァティカン市国 世界遺産

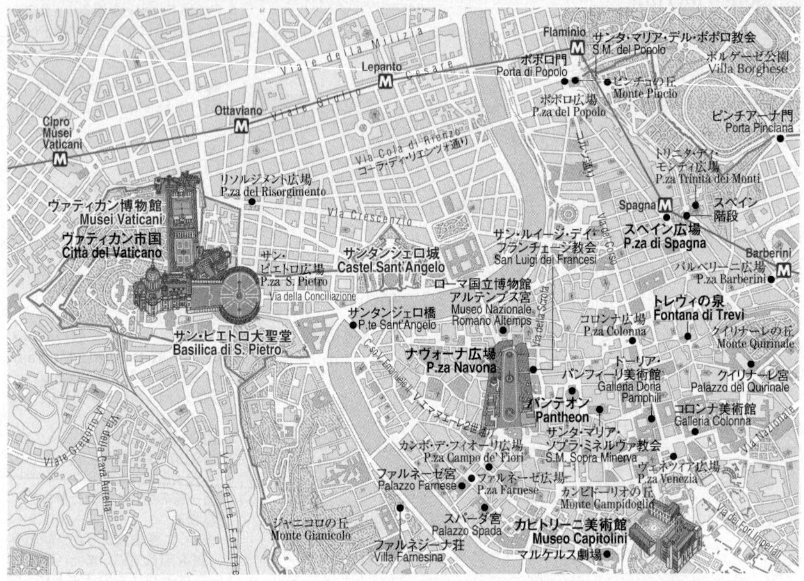

世界遺産

ローマ歴史地区、教皇領とサン・パオロ・フオーリ・レ・ムーラ大聖堂
登録年1980／1990年
文化遺産

ヴァティカン市国への行き方

サン・ピエトロ広場まではA線Ottaviano駅下車後、徒歩13分。博物館へはA線Cipro駅下車のほうがやや近く、徒歩9分。ただし、博物館には長蛇の列ができていることがほとんど。列は博物館入口から城壁沿いにリソルジメント広場方面にできるので、行列の後ろに付くには、Ottaviano駅下車が近い。

大聖堂に入れない日もあり？

サン・ピエトロ広場では教皇による「謁見」Udienza Ponteficio、「お告げの祈り」Angelusの行事が行われる。おもに水曜午前、日曜正午に行われ、サン・ピエトロ大聖堂への入場はできない。ただし、すべての曜日で行われないので、この日の午前に訪問を予定している場合は、事前に公式サイトのスケジュールで確認を。

ローマ観光のハイライトのひとつ、**ヴァティカン市国**。サン・ピエトロ大聖堂とヴァティカン博物館はいつも入場に長い行列ができている。また、ヴァティカン博物館の見学には最低半日、1日かけても納得できるのは難しいほどに見どころが満載。自分の興味やスケジュール、予約時間に合わせて、計画を立てるのが納得できる攻略方法だ。

まずはカトリックの総本山、サン・ピエトロ大聖堂へ。神の手に包まれるような**サン・ピエトロ広場**の奥、大クーポラが載る堂々たる建物が**サン・ピエトロ大聖堂**だ。この裏手に**ヴァティカン博物館**が続いている。ヴァティカン博物館へは城壁沿いに坂道を上ると入口だ。坂道の途中から行列ができていることがほとんどなので、迷う心配はない。見学予約した場合は、入口の右側に並ぼう。

サン・ピエトロ大聖堂から続く大通りの先にあるのが**サンタンジェロ城**。城手前のサンタンジェロ橋からの眺めがすばらしいのでぜひ足を延ばしてみよう。ローマでも指折の撮影ポイントとして有名だ。

サン・ピエトロ大聖堂内部はおごそか

おもな見どころ

ヴァティカン市国

聖人が高みから見守る MAP P.62-B2

サン・ピエトロ広場 ★★★

Piazza San Pietro ピアッツァ サン ピエトロ

オベリスクが目立つサン・ピエトロ広場

各時代の粋を集めたこの広場は、ベルニーニのデザインにより1667年に完成したもの。広場をぐるっと取り囲む半円形の回廊には4列にドーリス式円柱284本が並び、その上部は140人の聖人像で飾られている。中央には40年にエジプトか

大行列のヴァティカン市国

予約不可のサン・ピエトロ大聖堂。2023年7・10月の取材時は、サン・ピエトロ広場を取り囲むようにして大行列ができており、2～3時間待ちもあるといった状況。特に夏場は日陰がないところもあるので、必ず熱中症対策をすること。

一方、ヴァティカン博物館も城壁をぐるりと囲むように当日券を求める行列ができていることも。こちらは予約すると比較的すぐ入れるので、時間を無駄にしないためにも日時指定チケットを日本で予約するのがベター。

サン・ピエトロ大聖堂入場の行列

謁見の申し込み方法

毎週水曜9:15から行われる謁見に参加したい場合は、以下3通り。

●現地での予約

前日火曜16:00～19:00頃、大聖堂手前のブロンズの大扉で整理券を配布（限定枚数）。必ずチケットを取りたい場合は、早めに行こう。

●ローマ教皇庁への事前予約

ヴァティカン市国の公式サイト下部にある「PREFECTURE OF THE PAPAL HOUSEHOLD」をクリック。申込書をダウンロードして記入後、FAXを送信。返事を受け取ったら、前日15:00～19:00もしくは当日7:00～にブロンズの大扉でチケットと引き換える。

URL www.vatican.va

●オプショナルツアーに申し込み

GetYourGuideやVeltraなどのサイトで販売中。料金は催行会社によって異なるが、€35前後。こちらが一番確実かもしれない。

✉ 朝イチが勝負！

行列回避には朝一番に訪れるのがベスト。私はサン・ピエトロ大聖堂開門の7:00に行きましたが、出てくるときは長い行列でした。また、ヴァティカン見学が目的なら、ヴァティカン周辺のホテルに宿泊するのがいいです。テルミニ駅周辺からは交通機関を利用しなければならないので、時間のロスになります。私は徒歩5分のVatican 84に宿泊、朝イチで出かけました。

（yummy）['24]

●サン・ピエトロ大聖堂
住 Piazza San Pietro
☎ 06-69883731
開 4〜9月7:00〜19:10、10〜3月7:00〜18:30
休 無休、宗教行事により拝観不可の場合あり
料 無料
URL www.basilicasanpietro.va
※入口に係員がいて保安上のためのボディチェックと簡単な手荷物検査、服装チェックがある。肌の露出の多い、短パン、ノースリーブ、ビーチサンダルなどは拝観不可。また大きなリュックも不可

クーポラに上ろう！
クーポラの切符売り場は、サン・ピエトロ大聖堂正面柱廊右奥。内部には入らずに正面入口脇に進もう。エレベーター利用でも、320段もの階段が続き、一部やや狭い部分もある。クーポラに描かれたフレスコ画や広い堂内を上から眺めながらゆっくり進もう。クーポラの最上部は広くないものの、360度のパノラマが広がり、ローマの町並みからヴァティカン庭園まで詳細に見ることができる。下りのエレベーターは上りの場所と違い、大聖堂内部地下の教皇の墓近くに着く。
開 4〜9月7:30〜18:00、10〜3月7:30〜17:00
料 階段€8、エレベーター€10

ら運ばれた巨大な**オベリスク**(高さ25.5m、重さ320トン)が立っている。

聖ペテロ(サン・ピエトロ)は、このあたりで逆十字架にかけられていたという。左右の噴水、右側は**マデルノ**による17世紀のもの。左側はベルニーニによって後年造られたコピー。オベリスクと噴水の間の白い大理石の敷石の上に立って柱廊を眺めると、不思議にも4本の柱が1本に見える。サン・ピエトロ大聖堂に向かって右側の建物には教皇の書斎がある。**最上階、右からふたつめの窓から毎週日曜正午、教皇が姿を見せて、広場に集まった人たちを祝福する。**広場の東側には**郵便局**があり、ヴァティカン発行の**各種切手や貨幣**を購入することができる。

荘厳なるカトリックの総本山 MAP P.62-B1・2

サン・ピエトロ大聖堂 ★★★

Basilica di San Pietro バジリカ ディ サン ピエトロ

聖ペテロの墓の上に建てられた4世紀のバジリカが始まり。1452年に発せられたニコラウス5世の再建の命の後、1506年にブラマンテにより着工された。以後、サンガッロ、ラファエッロ、ミケランジェロらが再建に取り組み、完成を見たのは**1626年**のこと。

美しいクーポラを抱く大聖堂

入ってすぐの右側廊には、ミケランジェロ25歳の作『**ピエタ**』がある。現在はガラス越しにしか見られないが、そのすばらしさには誰しもが心を打たれる。

その先、第3の礼拝堂Cappella del Sacramentoにはベルニーニの祭壇があるが、**祈る人だけしか入れないので**、信者でない人は遠慮すること。中央右側には、『**聖ピエトロ(ペテロ)のブロンズ像**』Statua di San Pietroがあり、訪れる信者の接吻や手に触れ、金色に輝いている。左側と第2、第3の礼拝堂の向かいの壁面には**ポッライウォーロ作**のブロンズの『**イノケンティウス8世の墓**』Monumento di Innocenzo Ⅷがある。

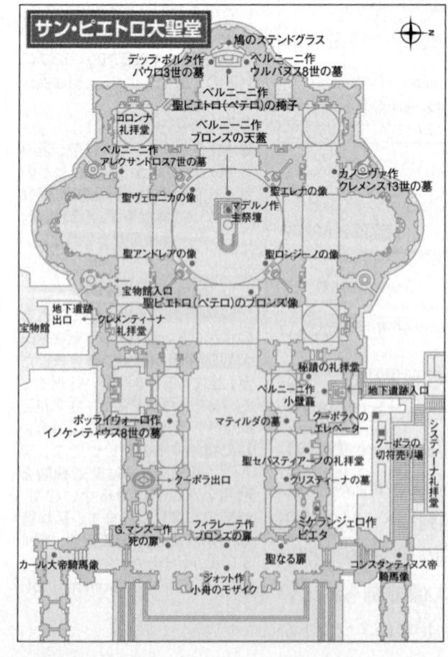

屋上の大クーポラに昇るエレベーターは大聖堂入口外の右側にある。切符を購入して、エレベーターを利用する。エレベーターを降りてからも、テラスまでは階段を320段上らなくてはならない。このテラスから眺めるサン・ピエトロ広場の夕焼けは圧巻だ。

中央の**大クーポラ**は**ミケランジェロの設計**に

荘厳な大聖堂内部。
ブロンズの天蓋がすばらしい

よるもので構造は二重になっておりとても明るい。クーポラ下には教皇の祭壇があり、**ベルニーニのブロンズの天蓋**で覆われている。その太いうねるような独特な柱の形に目を引かれる。この下の礼拝堂には聖ピエトロの墓がある。墓の前にひざまずいているのは、新古典主義彫刻家カノーヴァによるクレメンス13世の墓だ。その奥上部には**鳩のステンドグラス**、その下にはベルニーニによる巨大な**『聖ピエトロ（ペテロ）の椅子』**Cattedra di San Pietro(カッテッドラ ディ サン ピエトロ)が飾られ、この内部には聖ピエトロが使ったといわれる木製の司教座が包み込まれている。この左の階段は、地下の教皇の墓へ向かう。また、その手前左側には**サン・ピエトロ大聖堂宝物館**の入口があり、その豪華な聖器類はヴァティカンの力の大きさを示している。

大聖堂のガイド付きツアー
1日3回行われる。大聖堂の柱廊玄関にあるチケットセンターでのみ受付。月～土10:30～、12:00、15:30。日曜は14:00～の1回のみ。各英語やイタリア語があり、料金は€15。
また、ガイドなしで回るなら、オーディオガイド（日本語あり）€5をレンタルしていこう。

●サン・ピエトロ大聖堂宝物館
開 7:30～18:30(最終入場40分前)
料 €6、6～14歳€4、5歳以下無料

サンタンジェロ城付近

テラスからは絶景が広がる　MAP P.63-B3

サンタンジェロ城 ★★
Castel Sant'Angelo　カステル サンタンジェロ

歌劇『トスカ』の舞台にもなった
サンタンジェロ城

元来は、135年にハドリアヌス帝が自分の廟(びょう)として建造したもの。その後、ローマ歴代皇帝の墓となった。中世以降は、要塞や教皇の住まい、牢獄などさまざまに使われたが、オリジナルの部分もよく残っている。現在、内部は**国立博物館**Museo Nazionale di Castel Sant'Angeloとなっており、武具などが展示されているが、このテラスから眺めるローマ市街の風景は絶景だ。教皇庁からここまで、城壁内部の小道を通ると、外部との接触なしに往来することができるという。聖天使城の名は、590年のペスト禍の際、この城の上に剣で悪疫を打ち払う天使が現れると、間もなくペストは消え平穏が訪れた、という伝説による。

城の前に架かるのが**サンタンジェロ橋**Ponte Sant'Angelo。

ベルニーニによる天使（依頼したクレメンス9世が傷むのを嫌ったためコピー。オリジナルはS.アンドレア・デル・フラッテ教会にある）で飾られた石造りの風情ある橋。後方のサンタンジェロ城とともに、絶好のカメラアングルだ。

●サンタンジェロ城国立博物館
住 Lungotevere Castello 50
☎ 06-6819111
開 9:00～19:30(最終入場1時間前)
休 1月1日、5月1日、12月25日
料 €15
※公式サイトでの購入で手数料€1が発生する
URL www.castelsantangelo.com

写真撮影に最適
サンタンジェロ城のテラスから見下ろすサン・ピエトロ大聖堂のクーポラをはじめ、サンタンジェロ橋の天使像と城、秋には色づいたマロニエの木々……。サンタンジェロ城周辺はフォトジェニックな界隈。写真撮影やスケッチが目的の人は足を延ばしてみよう。

✉ ガイドアプリあり！
アプリストアにサンタンジェロ城のガイドアプリがあり、しかも日本語のものがあります！　これを見ながら見学すれば、楽しさ10倍間違いなしです。内容盛りだくさんで、ダウンロードに少し時間がかかるので、訪問前に入れておくことをおすすめします。
（東京都　Ingleside）

ベルニーニ作『天使像』(コピー)

ヴァティカン宮殿（博物館）

歴代教皇による世界有数の美術・博物館 Palazzi e Musei Vaticani

●ヴァティカン博物館
住 Viale Vaticano 100
☎ 06-69883145
開 8:00～19:00、金・土8:00～20:00（最終入場2時間前）、毎月最終日曜9:00～14:00、（最終入場12:30）、閉館30分前から退出開始
休 日（毎月最終日曜を除く）、1月1・6日、3月19日、復活祭翌日、5月1日、6月29日、8月14・15日、11月1日、12月25・26日
料 €20、25歳以下・学生€8
MAP P.62-B2
※学生割引は、切符売り場の専用窓口で国際学生証を呈示
※オーディオガイド（日本語あり）€8
※入場時に手荷物検査あり。大きなリュックなどの持ち込みはクローク（無料）に預けること
※内部にはセルフサービスレストランやカフェ、バールなどもあり
※開館時間や閉館日は2024年のもの。年によって変動あり

ラファエッロの間

14世紀にフランスのアヴィニョンから教皇庁が戻って以来、教皇の住居となった所だ。広大な宮殿には、教皇庁や教皇の部屋もあるがそのほとんどが、20もの**博物館、美術館、絵画館、図書館**で占められている。コレクションは、歴代の教皇が集めたものが中心で、古代ギリシア美術から始まり、さまざまな時代の美術的価値の高いものばかり。全部を丹念に見て回るには**1週間**は必要だが、限られた時間で見学するには、あらかじめ見学したい見どころを決めておくのが効率的だ。

見どころは1階と2階に分かれている。1階には①絵画館②ピオ・クレメンティーノ美術館③エジプト博物館④図書館（一般非公開）⑤キアーラモンティ博物館⑥システィーナ礼拝堂などがある。2階には⑦エトルリア美術館⑧地図のギャラリー⑨ラファエッロの間⑩ラファエッロの廊下がある。

ここで絶対見逃せない場所は、**ピオ・クレメンティーノ美術館、絵画館、システィーナ礼拝堂、ラファエッロの間**だ（なお内部は、混乱を避けるため、係員の指示に従っての一方通行が原則）。

システィーナ礼拝堂

✉ 国際学生証を忘れたら？

国際学生証を持ってきていませんでした。友達は大学の学生証で大丈夫でした。私は国際学生証も学生証も持っていなかったので、パスポートで年齢を見せましたが、それではダメだと言われました。ところが、日本語ができる職員の人が現れ、大学のホームページ、eメールと言われ、大学から届いているメールを確認したところ、OKでした。忘れてもトライ!!（神奈川県　まぽん）

ヴァティカン博物館の予約

公式サイト左横の「TICKETS」をクリックし、プルダウンで「Museums and Vatican Collections」を選択すると予約サイトへ遷移。日付を選ぶと、その日に空いているチケットの種類が表示される。ハイシーズンになると通常のチケットAdmission ticketsは早々に売り切れていることも。ガイド付きツアーも申し込み可。

予約受付は見学の60日前から1回に10人までの受付、支払いはクレジットカード（M.V.）で。予約手数料は€5。この時点でオーディオガイドを申し込むと€7に割引される（通常料金€8）。また、時期によって通常チケットが完売している場合でも、館内での朝食付き、ランチ付きなどのセットチケットが販売されることも。€30～40前後で、指定時刻よりも早い入場が可能。

当日は予約確認書とパスポートなどの身分証明書を忘れないように。
URL www.museivaticani.va

ピオ・クレメンティーノ美術館 Museo Pio-Clementino ★★

中庭を経て、入口を左側に入ったところにある。ヴァティカン宮殿の前身であったベルヴェデーレ宮殿の中庭に18世紀には、クレメンス14世とピウス6世の収集による彫刻群が置かれていたが、19世紀にピウス7世によって現在の姿となった。

ギリシア十字の広間Sala a Croce Grecaには、**『聖ヘレナの石棺』**Sarcofago di S. Elenaや**コンスタンティヌス大帝の娘の『コスタンティアの石棺』**Sarcofago di Costanzaなどいずれも4世紀のものがある。**ミューズの間**Sala delle Museには古代アテネの名彫刻家アポロニウスによる紀元前1世紀の大理石像**『ベルヴェデーレのトルソ』**Torso del Belvedereがある。**円形の間**Sala Rotondaでは1世紀の床モザイクが必見。ベルヴェデーレの中庭は、オッタゴーネ（八角形）の中庭とも呼ばれ、古代彫刻を展示する。後期ヘレニズム時代の傑作**『ラオコーン』**Laocoonteは、大蛇に捕らわれ苦悩するラオコーンの姿が劇的だ。古代ギリシアの青銅像（紀元前4世紀）をローマ時代にコピーした優美な**『アポロ像』**Apolloも必見。そのほかには、古代ギリシアの**『ヘルメス像』**Hermesや左側のメドゥーサの首を掲げた**『ペルセウス』**Perseoなどもおもしろい。

絵画館 Pinacoteca ★★★

ビザンチンから現代までの宗教絵画を展示。ルネッサンス絵画が充実

美術館の入口を入った中庭右にある。ビザンチン時代から現代までの宗教画主体の絵画を年代順に展示。

第2室 SalaⅡはジョットとジョット派の作品。**第3室**SalaⅢは、フィレンツェ派。**フラ・アンジェリコ、フィリッポ・リッピ**らの作品。**第4室**SalaⅣでは、**メロッツォ・ダ・フォルリによる『奏楽の天使』**Angeli Musicanti。**第5室**SalaⅤは、15世紀ウンブリア派の**ペルジーノ・ピントゥルッキオ**の作品。**第8室**SalaⅧでは、ラファエッロの傑作**『聖母の載冠』**Incoronazione della Vergine、**『フォリーニョの聖母』**Madonna di Foligno、**『キリストの変容』**Trasfigurazioneなどが必見。『キリストの変容』は、彼の最後の作品で、下方は弟子により完成された。そのほか、ラファエッロが下絵を描き、ブリュッセルで織ったタペストリー10枚が並ぶ。**第9室**SaraⅨには**レオナルド・ダ・ヴィンチの未完の『聖ヒエロニムス』**San Girolamo、バロックの巨匠**ベルニーニの『キリスト降架』**Deposizione dalla Croceがある。**第12室**SaraⅫ、マニエリズムに多大な影響を与えた**カラヴァッジョ**とその弟子の作品**『キリスト降架』**Deposizioneは必見。

オーディオガイドが便利！
主要作品の約350を網羅。作品の理解を助けてくれる。使用方法は掲示されている作品番号を入力、PLAYボタンを押して、該当作品の説明を聞く仕組みでリピートも可能だ。出口近くに返却場所が設けられている。

迫力満点の『ラオコーン』は、ベルヴェデーレの中庭に展示

✉ 予約者の入口と見学順路

坂道に行列ができていますが、予約済みの人は博物館入口までどんどん進みましょう。入口右側の列が予約者専用です（表示あり）。時間はあまり関係ないようで、予約時間の20分ほど前でしたが、入場できました。セキュリティチェックを抜けて、2階の切符売り場に行くと「すでに支払い済み」ということで、ここも超短時間でクリア。

予約したおかげで簡単に入れたものの、内部は団体客が多くびっくりの混雑ぶりでした。

私的には最初に絵画館→ピオ・クレメンティーノ美術館→システィーナ礼拝堂→大聖堂の見学順路が効率的だと思います。

広いシスティーナ礼拝堂を抜けると、突き当たりの左右に扉があります。右が大聖堂への近道、左は元に戻ります。オーディオガイドは出口の階段途中の箱へ返せばOKです。（東京都　山田千代子）

メロッツォ・ダ・フォルリ作『奏楽の天使』

『最後の審判』

✉ 教皇謁見の水曜は

　システィーナ礼拝堂から大聖堂へ行く裏ルートに続く右側の扉は、教皇謁見のある水曜日は謁見が終わるまで大聖堂には入場できないため閉じられています。私が行った日は12時40分には開いていました。その後すぐにクーポラに上るための列に並び、降りてからゆっくり大聖堂を見学するというのが水曜ならではの行列回避法かと思います。　（志保）

システィーナ礼拝堂　Cappella Sistina（カッペッラ システィーナ）　★★★

　宮殿の一番裏にある。ここは教皇の**公的礼拝堂**で教皇選挙の会場でもある。絵画史上の大傑作、**"描かれた神曲"**といわれる**ミケランジェロの『最後の審判』**のある所だ。1473年に教皇シクストゥス4世が教皇の廟（びょう）として造らせたもので、当時の人気画家であったボッティチェッリ、ギルランダイオ、ペルジーノらにより両壁が描かれ、その後教皇ユリウス2世の命によりミケランジェロが**天井と残った壁画**を描いた。彼とユリウス2世との芸術的確執や天井に絵を描くための無理な姿勢がたたって、彼のひざには水がたまり背中が猫のように曲がってしまったというエピソードはあまりにも有名。その苦しいエピソードもうなずけるほど、この劇的な構成は見る者を圧倒する。

　たびたび行われる修復(洗浄)作業によりミケランジェロの傑作は描かれた当時の鮮やかさを取り戻し、また近年のLEDライトの導入でより鮮明に見ることができ、新たな感動を与えている。

　天井画は、当初ユリウス2世のプランでは12使徒を配するものであったが、ミケランジェロは天地創造から人類再生の歴史を描くことを考え、**旧約聖書の創世記**を中央に、**預言者、巫女**の姿が描かれている。特に**『アダムの創造』、『楽園追放』、『ノアの洪水』**は見事だ。

　祭壇の奥の壁面にはミケランジェロの傑作**『最後の審判』**Giudizio Universale（ジュディツィオ ウニヴェルサーレ）がある。天井画から24年後、60歳を過ぎてから着手した作品。当時のローマは「ローマの略奪」で破壊され、宗教改革の嵐が吹き荒れていた。ミケランジェロは腐敗・堕落した教会の権威に、怒りを込めて描き、おおよそ横13m、縦14.5mの画面は450に分割され、1日1区画と決めて仕上げたという。絵の**中央にはマリアと聖人を従えたキリストが審判を下し、左側には選ばれた人が天へと昇り、右側は罪深い人間が地獄へ落ちていく。**キリストの足元の**バルトロメオ**は人間の皮を示しているが、その皮のグロテスクな顔は**ミケランジェロの自画像**といわれている。

システィーナ礼拝堂
天井・壁画のフレスコ画

キリストの復活　モーゼの死
N
預言者ザカリア
最後の晩餐　ユディトとホロフェルネス　ダヴィデとゴリアテ　モーゼの掟
ノアの泥酔
デルフォイの巫女　ノアの洪水　預言者ヨエル
鍵の依託　コラ人ダタンとアビラムの処罰
ノアの献身
預言者イザヤ　楽園追放　エリトレアの巫女
山上の垂訓　十戒を受け取るモーゼ
イヴの創造
クマの巫女　アダムの創造　預言者エゼキエル
最初の使徒の召し出し　紅海を渡る
海と陸の分離
預言者ダニエル　日と月の創造　ペルシアの巫女
キリストの誘惑　モーゼの生涯の出来事
光と闇の分離
リビアの巫女　預言者エレミア
キリストの洗礼　青銅の蛇　アマンの懲罰　モーゼの旅
預言者ヨナ
最後の審判

旧約聖書　預言者と巫女　キリスト伝　モーゼ伝
キリストの祖先たち　創世記、サムエル記、列王記より
教皇の肖像（ギルランダイオ、ボッティチェッリ、ロッセッリほかによる）

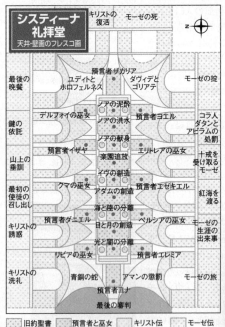

『アダムの創造』(部分)

ラファエッロの間　Stanze di Raffaello　★★★

ラファエッロ作『アテネの学堂』

宮殿の右端、2階にある4部屋。25歳のラファエッロが37歳でこの世を去るまで描き続け、彼の死の4年後に弟子たちによって完成された部屋だ。静かな優美さと理性的な構成で、彼の芸術的理想をよく表現している。当時、システィーナ礼拝堂を描いていたミケランジェロが、教皇との意見対立で一時フィレンツェに帰郷した際に、助手しか入室を許可されなかった礼拝堂にラファエッロは入り込み、彼の芸術的技法を学び応用してしまったというのは有名な話。ここは①**コンスタンティヌスの間**Sala di Constantino ②**ヘリオドロスの間**Stanza di Eliodoro ③**署名の間**Stanza della Segnatura ④**火災の間**Stanza dell'Incendio di Borgo に分かれている。

①コンスタンティヌスの間は、4部屋のうちで一番大きい。ここはラファエッロの死後、弟子のジュリオ・ロマーノによって描かれたもの。この戦いを機にキリスト教が公認されたといわれる『**ミルヴィオ橋の戦い**』の様子が描かれている。②ヘリオドロスの間に入ると、『**大教皇レオとアッティラの王の対面**』の絵。内部の壁には『**ボルセーナのミサの奇跡**』、対面には教会の敵に対する教皇の勝利を表す『**神殿から追放されるヘリオドロス**』、入って左の窓のある壁には『**聖ピエトロ（ペテロ）の解放**』がある。③署名の間は4部屋のうちで**一番美しいもの**。壁面も天井もすべてラファエッロの手による。入って右側『**聖体の論議**』、それと向き合う哲学の勝利を描いた『**アテネの学堂**』。右端下方のグループのなかに、彼は自画像を描いた。左の窓のある壁には詩と芸術の勝利を表す『**パルナッソス**』がある。④火災の間にある『**ボルゴの火災**』はラファエッロの下絵によって愛弟子ジュリオ・ロマーノが描いた。

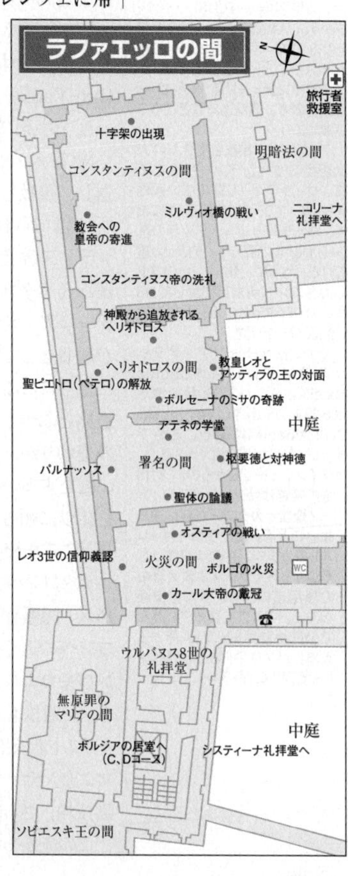

✉ システィーナ礼拝堂は大きな声や帽子禁止

ラファエッロの間とシスティーナ礼拝堂は、時間によっては歩くのも大変なほどの混雑です。礼拝堂では警備員が、帽子、大きな声でのおしゃべり、床に座ること、写真やビデオ撮影を厳しく注意していましたので、気をつけてください。（早起き）['24]

✉ 大混雑の内部

ヴァティカン博物館は最初から最後まで大混雑。空調は効いているものの、終盤に差し掛かると人の熱気で蒸し暑く感じるので、脱ぎ着できる服装がよいと思います。（志保）

アッピア旧街道

アッピア旧街道とサン・カッリストのカタコンベへの行き方

地下鉄A線San Giovanni駅目の前の広場(地 P.69-B4)からバス218番でFosse Ardeatineのバス停下車。または地下鉄B線Circo Massiomo駅前(地 P.68-C2)から、バス118番でCatacombe S.Callisto下車。

バスの路線変更に注意!

バス118番は季節や曜日により、Circo Massimoには停車せず、ヴェネツィア広場からアッピア旧街道方面に向かう場合がある。詳しい運行状況はATACのサイトで検索可能。

URL www.atacroma.it

アッピア旧街道おすすめコース

地下鉄B線Circo Massimo駅前からバス118番に乗車。バスはカラカラ浴場(→P.118)→クオ・ヴァディス教会→サン・カッリストのカタコンベ(→P.118)→サン・セバスティアーノ聖堂とカタコンベ→クインティーリ荘(→P.119)へと進むので、興味ある見どころで下車しよう。

アッピア旧街道を歩きたい人は終点のクインティーリ荘で下車。クインティーリ荘の広い敷地を横切ってアッピア旧街道に出て、チェチーリア・メテッラの墓(→P.118)まで戻ろう。約3kmの道のりだ。さらに、サン・カッリストのカタコンベ前まで移動して118番のバスで市内へ。所要時間約1時間30分～2時間。

また、チェチーリア・メテッラの墓近くのバス停Cecilia Metellaから、バス660番で地下鉄B線Arco di Travertino駅、Colli Albani駅に戻ることもできる。バスは1時間に1～2便。

※クインティーリ荘からのバス118番の帰路はサン・セバスティアーノ聖堂とカタコンベ前は通らないことも。またサン・カッリストのカタコンベの切符売り場そばから続くサレジオ教会経由の専用道は、車が少なく快適なので、この道を真っすぐ進んで公園事務所前のバス停から乗車。バスは平日なら1時間に2～5便程度の運行

古代の軍用道路

"女王の道"とカタコンベ

「すべての道はローマに通ず」という諺(ことわざ)どおりローマを起点に広大な支配地へたくさんの軍用道路が張り巡らされた。このアッピア旧街道もそのような道のひとつで、紀元前312年にローマ執政官アッピウス・クラウディウスがカプアまで開通させた。その後イタリア半島の東南端ブリンディシまで延び、その重要性から、**"女王の道"**と呼ばれた。今、街道沿いには、広大なヴィッラが目につくが、カラカサ松の続く道の両脇には多くの墓や祠(ほこら)、廃虚が続き古代の面影をよく残している。

女王の道、アッピア旧街道

緑に映えるチェチーリア・メテッラの墓

アッピア旧街道をたどるには、**カラカラ浴場**の遺構を見て、ネロの迫害を逃れ町を抜け出したペテロがアッピア街道でキリストに出会い「主よ、どこに行かれるのですかDomine Quo Vadis?」と尋ねると、主は「もう一度十字架にかけられにローマに行く」と答え、ペテロは恥じて町へ引き返し、殉教したといわれる伝説の場所に建てられた、**ドミネ・クオ・ヴァディス教会**からアッピア旧街道に連なるカタコンベなどを経て、**チェチーリア・メテッラの墓**へと進むのが順番としてはよい。

さらにここから約5km先の大環状道路とぶつかるCasal Rotondo(カサール ロトンド)までの道のりが、一番アッピア街道らしいたたずまいを残している。各見どころを巡るには、かなりの距離を徒歩に頼らざるを得ないので、歩きやすい靴で、夏は帽子も用意。見どころを絞って見学するのがおすすめだ。

カタコンベを中心に見学するなら、**地下鉄B線コロッセオ駅からバス118番**がサン・カッリストのカタコンベとドミティッラのカタコンベの近くを通る。ここから、サン・セバスティアーノのカタコンベやロムルスの廟(びょう)へも1kmほどの距離だ。このあたりは道幅も狭く、交通量も多いので自動車に注意して歩こう。カタコンベで初期キリスト教文化をしのび、アッピア旧街道へ戻りさらに進むと左に、マクセンティウス帝の息子のロムルスの墓とマクセンティウス帝の競技場、さらに進むとチェチーリア・メテッラの墓だ。

この先からは、カラカサ松と道のところどころにある遺跡や轍(わだち)の

サン・セバスティアーノのカタコンベは、サン・セバスティアーノ聖堂の脇から入る

残る石畳、遠くにアーチを描く水道橋など、まさに静かな古代ローマの面影が漂う。小鳥のさえずりや羊の群れる緑の丘など、ローマの田舎をも感じることができる。

公園事務所やチェチーリア・メテッラの墓近くのバールには自転車のレンタルがあるので、これを利用するのも楽しい。いずれにしても、旧街道は人通りが少ない。夕暮れ前には必ず引き揚げよう。また、徒歩や自転車での女性ひとりでの行動は避けたほうが賢明だ。

サービスセンターを活用

アッピア旧街道にはいくつかインフォメーションセンターが点在している。レンタル自転車のサービスも行っているので、利用してみよう。

●Centro Servizi Appia Antica
住 Via Appia Antica 58/60
☎ 06-5135316
営 4～10月9:30～13:00、14:00～18:00、土・日9:30～19:00、11～3月9:30～13:00、14:00～17:00、土・日9:30～17:00
休 1月1日、12月25日
料 シティバイク1時間€4、1日最大€16、電動自転車1時間€8、1日最大€32(最低3時間～)

●Punto Info Casa del Parco
住 Valle della Caffarella infresso Largo Pietro Tacchi Venturi
☎ 06-70497269
開 9:30～日没
休 8月
※アッピア旧街道公園公式サイトもチェックしてみよう
URL www.parcoappiaantica.it

✉ 月曜にご用心

うっかり月曜の午後にカラカラ浴場へ行ってしまいました。月曜は休みです。途方に暮れる観光客が我々のほかにもいました。
(伊太利好き)

アッピア旧街道
Via Appia Antica

カラカラ浴場 Terme di Caracalla
P.le N. Pompilio
V. Druso
L.go G. Chiarini
V.le G. Baccelli
S. Cesareo
ベッサリオーネ枢機卿の家
V.le M. Polo
V. Beccari
V.le Terme di Caracalla
V.le di Porta Ardeatina
V. di P.ta Latina
V. di P.ta S. Sebastiano
アルデアティーナ門 P. ta Ardeatina
P.ta Latina
A
城壁博物館 Museo delle Mura
V.le Mura Latine
クリストフォロ・コロンボ通り Via C. Colombo
チリチア通り
Via della Travicella
サン・セバスティアーノ門 P.ta S. Sebastiano
第一マイル柱石 I Millare
V. Cilicia
Circo. Ardeatina
エウルへ
公園事務所
218 118
Tomba di Priscilla
ドミネ・クォ・ヴァディス教会 Domine Quo Vadis
V. T. Omboni
V. Scott
V. Franchetti
Via Ardeatina
アッピア旧街道 Via Appia Antica
Via della Caffarella
B
Villa Ardeatina
サレジオ教会 Ist. Salesiano
ドミティッラのカタコンベ Catacombe di Domitilla
サン・カッリストのカタコンベ(入口) Catacombe di San Callisto
118
アルデアティーナの廟
セッテ・キエーゼ通り V. d. Sette Chiese
墓廟群 Torre dei Sepolcri
サン・セバスティアーノ聖堂 Basilica di San Sebastiano
サン・セバスティアーノのカタコンベ Catacombe di San Sebastiano
ロムルスの廟 Mausoleo di Romolo
アルデアティーナ通り
V. di S. Sebastiano
アッピア・ピニャテッリ通り V. Appia Pignatelli
マクセンティウス帝の競技場 Circo di Massenzio
C
チェチーリア・メテッラの墓 Tomba di Cecilia Metella
V. d. R. Torlonia
V. di C. Metella
0 300 600m
↓クインティーリ荘へ

マクセンティウス帝の競技場

おもな見どころ

世界最大の浴場 MAP P.117-A、P.68-C2

カラカラ浴場

Terme di Caracalla テルメ ディ カラカッラ

カラカラ帝により217年に完成した世界最大の浴場。緑が多い広大な庭園の周囲には水を引いた水道施設が石垣のように巡る。建物の中央には3つの温度の違う浴槽と巨大なホール、その両脇にはアスレチック施設や汗を流すための部屋や更衣室が左右対称に置かれた。その周囲には図書館、講義のための広間、スタジアム、商店までが並び、社交場としての役割も果たしていた。床や壁はモザイクで飾られ、彫刻があちこちにおかれていたという。各所に点在するモザイクの断片や案内板から古代ローマ人を魅了したすばらしいリラックスの場であったことを実感させてくれる。

広々としたカラカラ浴場

名門貴族の墓 MAP P.117-C

チェチーリア・メテッラの墓

Tomba(Mausoleo) di Cecilia Metella トンバ(マウソレオ) ディ チェチーリア メテッラ

大きな円筒形の墓でアッピア旧街道で一番有名な遺跡だ。墓の主はローマ最高貴族の娘で、三頭政治を成立させたクラッススの長男と結婚したといわれているチェチーリア・メテッラ。直径20mの円形の墓であったが、14世紀にこれを城塞として利用したため上部に城部分が付け加えられた。

歴代教皇を祀った MAP P.117-B

サン・カッリストのカタコンベ

Catacombe di San Callisto カタコンベ ディ サン カッリスト

このあたりには約30ものカタコンベが残るが、そのなかで最大かつ重要なもの。カタコンベとは、初期キリスト教の時代に迫害されていたキリスト教徒たちの地下墓地であった所だ。公認後も地下墓地は拡張され、このあたりだけでも墓地は延べ500kmに及ぶといわれている。内部の壁画や装飾は初期キリスト教美術を語る際には欠かせないものだ。

ここの墓地は地下4層で長さ20km以上、約10万人が葬られているといわれる。内部には、3世紀の教皇の墓、聖チェチーリアの墓、3世紀のフレスコ画で飾られた「秘蹟の埋葬所」Cubicoli(クビコリ) dei Sacramenti(ディ サクラメンティ)などがある。

●カラカラ浴場
住 Viale delle Terme di Caracalla 52
☎ 06-39967700(予約)
開 1月1日～2月28日9:00～16:30、3月1日～30日9:00～17:30、3月31日～8月31日9:00～19:15、9月9:00～19:00、10月1日～10月最終土曜9:00～18:30、10月最終日曜～12月9:00～16:30(最終入場1時間前)
休 月、8月16日
料 €8、ローマ・パス対象施設、各種共通チケットあり(→P.80)
※オーディオガイド€5(英・伊)
※公式予約サイトでの購入で手数料€2が発生する
URL www.coopculture.it/it/poi/terme-di-caracalla

●チェチーリア・メテッラの墓
住 Via Appia Antica 161
☎ 06-7886254
開 4～9月9:00～19:15、10月9:00～18:30、11～2月9:00～16:30、3月9:00～18:30(最終入場30分前)
休 月、1月1日、12月25日
料 €8、ローマ・パス対象施設、入場料は各種共通チケットに含まれる(→P.80)

墓の内部には小さな博物館がある

カタコンベの内部

●サン・カッリストのカタコンベ
住 Via Appia Antica 110/126
☎ 06-5130151
開 9:00～12:00、14:00～17:00
休 水、1月1日、復活祭、12月25日(1月後半から毎年1ヵ月の休暇あり)
料 €10、7～16歳€7
※公式サイトからの予約で手数料€2が発生する
URL www.catacombesancallisto.it
※ガイド付きツアー(2名から、英・伊あり)のみ。30分ごとの出発、所要約30分

緑のなかに広がる古代のヴィッラ　**MAP** P.117-C地図外

クインティーリ荘 ☆

Villa dei Quintili　ヴィッラ デイ クインティーリ

アッピア旧街道と新街道の間に広がる広大な古代遺跡。151年頃、貴族のクインティーリにより基礎が築かれ、後の皇帝により拡大され、当時のローマ郊外で最も広い住まいだったといわれている。高台には高さ14mもの天井の浴場施設や住居が築かれ、庭園には井戸やニンフェウムが配されていた。現在もその遺構を見ることができる。アッピア新街道に面した入口に**小さな博物館**があり、遺跡や周辺で発掘された彫像やモザイクを展示。庭園を抜けた旧アッピア街道側の門が利用できるので、古代ローマの風情あふれる街道を少し散歩してみるのも楽しい(通り抜けには切符が必要)。

春には草花の美しい遺跡

●クインティーリ荘
住 Via Appia Nuova 1092
☎ 06-71291210
開 4〜9月9:00〜19:15、10月9:00〜18:30、11月〜2月9:00〜16:30、3月9:00〜18:30（最終入場1時間前）
休 月、1月1日、12月25日
料 €8(チェチーリア・メテッラの墓との共通券)
※ローマ中心部からはバス118番(→P.116)で終点下車。アッピア旧街道を見学しながらゆっくり歩いて約1時間30分〜2時間

博物館の展示

イタリア美術史

サン・カッリストのカタコンベに描かれた壁画

『ユスティニアヌス帝が宮廷人を従えた図』として知られる金色をバックにしたモザイク

Arte paleocristiana 初期キリスト教美術

2世紀以降イタリア半島、北アフリカの諸都市にキリスト教徒の**地下墓地(カタコンベCatacombe)**が現れ、とりわけローマに多く見られる。従来カタコンベはキリスト教徒迫害期の避難所ないし集会所といわれていたが、実際はローマ法の保護下にあった個人の墓であった。**カタコンベの美術**は**約3世紀間**(3〜5世紀)続き、主要なモチーフは**彼岸の世界の表現**で、**古典的なテーマ**(オルフェウス、クピド、プシュケ)をキリスト教の象徴とみる。しかしヘレニズムの絵画的自然主義はキリスト教思想の伝達のための象徴的なものとなる。

キリスト教徒の集会所として**バシリカ形式の教会堂**がコンスタンティヌス大帝の治世に建設される。初期の**サン・ピエトロ聖堂**San Pietro、**サン・ジョヴァンニ・イン・ラテラーノ大聖堂**San Giovanni in Laterano(→P.82)、**サン・パオロ・フオリ・レ・ムーラ聖堂**San Paolo fuori le muraなどは、俗界からキリスト教的信仰の世界へ入る空間を形成している。また**円堂**(集中式プラン)の代表としては**サンタ・コスタンツァ聖堂**Santa Costanza(350年頃、ローマ)がある。

西ローマ帝国の末期には首都がローマからミラノ、ラヴェンナへと移り、**ラヴェンナ**は後にビザンチンの支配下に入り、華麗な**モザイク美術**が開花する。色彩を光の集中と考えるビザンチンの人々にとって、モザイクはうってつけの材料であった。**ガッラ・プラチディア廟**Mausoleo di Galla Placidia(→P.415)(450年以前)、**サンタポリナーレ・ヌオーヴォ聖堂**Sant'Apollinare Nuovo(→P.416)(505年頃)、そして**サン・ヴィターレ聖堂(教会)**San Vitale(→P.415)(522〜547年)のユスティニアヌス帝、テオドラ妃のモザイクパネルは象徴主義の典型として忘れられない。

(望月一史)

円堂の代表として名高いサンタ・コスタンツァ聖堂は、ローマのノメンターナ街道にある

ローマ近郊

古代ローマの面影とエトルリアの町を訪ねる

世界遺産

ティヴォリのエステ家別荘
登録年2001年　文化遺産

ティヴォリへの行き方

鉄道で

トレニタリアのローマ・テルミニ駅からティヴォリ駅まで、レッジョナーレ・ヴェローチェ（RV）やレッジョナーレ（R）を利用して約1時間。ローマ・ティブルティーナ駅からもRV、Rを利用して約50分。駅からヴィッラ・デステまでは徒歩約15分。

バスで

地下鉄B線ポンテ・マンモーロ駅Ponte MammoloからCOTRAL社のバスで、ガリバルディ広場近くのLargo delle Nazioni Unite下車。バス停からヴィッラ・デステまでは徒歩約5分。

「百の噴水」

古代ローマの別荘地

ティヴォリ

Tivoli　ティヴォリ

ローマの東約30km、かつてのローマ貴族や皇帝の愛した美しい町だ。水の饗宴で名高いヴィッラ・デステやハドリアヌス帝の別荘がオリーブの茂る静かな谷間に立つ。

緑あふれる水の庭園　MAP P.121-A1

ヴィッラ・デステ 世界遺産 ★★★

Villa d' Este　ヴィッラ デステ

中世の修道院を1550年に枢機卿イッポリート・デステが豪華な別荘に改築したヴィッラ。広い緑の庭園には大小さまざまな噴水が水を噴き上げ、緑の木陰と水の音が何よりも印象的だ。夏の夜には照明がともされ幻想の世界へと誘ってくれる。邸内にはフレスコ画や家具が展示されているが、見どころは何といっても庭園だ。数え切れないほどの噴水があり、とりわけ印象的なのが、「百の噴水」が続く小道Via delle 100 Fontane。コケやシダに覆われた彫刻群と水がつくり出す風景は、すがすがしく、どこか心楽しい気分にさせてくれる。

✉ティヴォリへの行き方

地下鉄とバスを乗り継いで

私は地下鉄B線のポンテ・マンモーロ駅でティヴォリ行きの切符を購入し、2階のバスターミナルからCOTRAL社の青いバスで向かいました。約1時間で終点のバスターミナルに到着。正面のバールで「ヴィッラ・アドリアーナ」と言って切符を購入。バス停に戻り、青い「ポンテ・マンモーロ行き」のバスに「ヴィッラ・アドリアーナ」へ行くかと確認して乗車。バス停で下車し、一本道を約20分歩いて到着。帰りは同じ道をバス停まで戻り、地下鉄モンテ・マンモーロ駅まで戻りました。
（愛知県　Hiroo）['24]

休日は切符の往復購入を

地下鉄B線ポンテ・マンモーロ駅からヴィッラ・デステ、ヴィッラ・アドリアーナへ行き、地下鉄駅のどこかへ戻ろうと計画。ポンテ・マンモーロの駅で片道切符を購入してティヴォリへ。最初に着いたヴィッラ・デステの周囲は町で、下車したバス停の道向かいのバールでヴィッラ・アドリアーナ行きのバスの切符を購入。当日は第1日曜で2カ所とも無料で「儲かった」と大満足。ところが、ヴィッラ・アドリアーナからの帰路はまったくバスが来る気配がない!!「1km歩いて幹線道路へ出ろ」と教えられ、結局田舎道を2km近く歩いて幹線道路へ。しかし、日曜のため道すがらのすべてのタバッキは休み。さらに「バールではバスの切符は売っていない」とのことで、途方にくれました。しかし、「割高になるが車内で払えばよい」と教えられ、3倍近くを払って、無事戻ることができました。こんな苦労をしないためにも、最初に往復切符の購入を。
（秋田県　ウルフ）['24]

おすすめのランチスポットも

ティヴォリ駅から徒歩でヴィッラ・デステへ。見学後、市バスでヴィッラ・アドリアーナへ行き、まず切符売り場で帰りのバス便を確認して、見学。市バス4、4X番を利用するのが一番簡単です。町なかのリストランテ・シビッラSibillaでのランチはおすすめ。噴水と古代ローマ遺跡そして優雅なランチ……。思い出に残る1日になりました。
（東京都　CM）['24]

●リストランテ・シビッラ
URL www.ristorantesibilla.com

庭園と調和した「楕円の噴水」

この小道の両端には「噴水の女王」と呼ばれるダイナミックで美しい「**楕円の噴水**」Fontana dell'Ovatoと、「**ロメッタの噴水**」が配置されている。古代ローマの町並みを縮小して再現したロメッタは、ローマの町を思い起こして見ると興味深い。庭園のほぼ中央の「ペスキエーレ」(養魚場)近く、ひときわ高く水を上げるのが「**ネットゥーノの噴水**」Fontana di Nettuno、さらに高みに「**オルガンの噴水**」Fontana dell'Organoがある。今も水力を利用してパイプオルガンが演奏される。近くでないと聞こえないので、2時間おきの演奏時間(10:30～)に合わせて近くに行ってみよう。

ネットゥーノの噴水

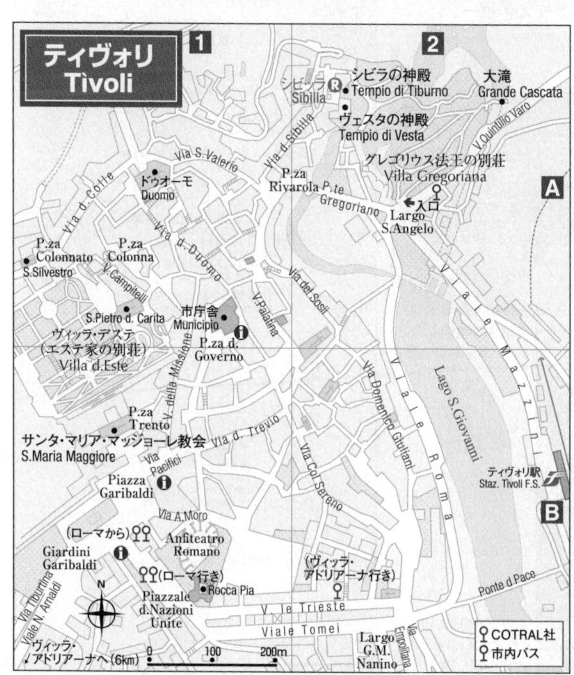

●ヴィッラ・デステ
住 Piazza Trento 5
☎ 0774-5589
開 3月最終下旬～9月中旬頃8:45～19:45、9月中旬～下旬頃8:45～19:15、3・10月頃8:45～18:45、11月～1月頃8:45～17:15、2月頃8:45～17:45(月曜のみ14:00～、最終入場1時間前)
休 1月1日、12月25日
料 €15、毎月第1日曜無料、Villae Pass Tivoli対象施設
URL villae.cultura.gov.it
※上記開館時間や日時は、年によって細かく変動するので事前にウェブサイトでチェック

共通入場券をゲットしよう
ヴィッラ・デステとヴィッラ・アドリアーナ(→P.122)に加えて、サントゥアリオ・ディ・エルコレ・ヴィンチトーレSantuario di Ercole Vincitoreの3ヵ所に入場できる共通券「Villae Pass Tivoli」€28もある。有効期間は1ヵ所目の見どころ入場時から3日間で、チケットは各見どころの切符売り場で購入可能。

●サントゥアリオ・ディ・エルコレ・ヴィンチトーレ
「ヘラクレスの聖域」とも呼ばれる紀元前2世紀頃に建築され、傾斜を利用した劇場、柱廊で区切られた広場、神殿で構成されていた。現在では復元された劇場跡やさまざまな展示を見学することができる。
住 Via degli Stabilimenti 5
☎ 0774-330329
開 3月下旬～9月中旬頃9:30～19:00、9月中旬～下旬9:30～19:00、3・10月頃9:30～18:30、11月～1月頃9:30～17:00、2月頃9:30～17:30(最終入場1時間前)
休 一部の祝日
料 €7、毎月第1日曜無料、Villae Pass Tivoli対象施設
URL villae.cultura.gov.it

世界遺産

ヴィッラ・アドリアーナ
(ティヴォリ)
登録年1999年　文化遺産

●ハドリアヌス帝の別荘
住 Largo Marguerite Yourcenar 1
☎ 0774-382733
開 3月最終日曜～9月中旬頃8:15～19:30、9月中旬～下旬頃8:15～19:00、3・10月頃8:15～18:30、10月下旬～1月頃8:15～17:00、2月頃8:15～17:30（最終入場1時間15分前）
休 1月1日、12月25日
料 €12、毎月第1日曜無料、Villae Pass Tivoli対象施設
URL villae.cultura.gov.it
※上記開館時間や日時は、年によって細かく変動するので事前にウェブサイトでチェック

町までのバス
ヴィッラ・アドリアーナから町へは、CAT社の市バス4、4X番で戻ることができる。切符売り場でも市バスの切符を販売しているが、出発時に往復分買っておくのがベター。また、土・日・祝は減便または運休になることもあるので、時刻表を確認しよう。

ローマ皇帝の夢の帝国

MAP P.122

ハドリアヌス帝の別荘／ヴィッラ・アドリアーナ 世界遺産 ★★★

Villa Adriana ヴィッラ アドリアーナ

ハドリアヌス帝が広いローマ帝国を旅行して見た、すばらしい建物や景観をここに再現したもの。広大な敷地内には、**噴水やプール、ギリシア劇場、宮殿**が残り、ひとつの町を形づくっている。ギリシアのアテネを模した庭園「**ポイキレ**」Pecile、エジプトのセラーピス神殿とその門前町を再現させた「**カノプス**」Canopoは絶対に見逃せない。池には白鳥が泳ぎ、その水面には古代彫刻が優しく影を映し、まるで時が止まったかのようだ。ここからの出土品は併設の博物館はもとより、ローマ国立博物館にも展示されている。ゆっくりと時間をかけて古代の夢に浸りながら散策したい所だ。

1999年にユネスコの世界遺産に登録された。現在も発掘や修復作業が続けられ、整備が進みつつある。広大な敷地なので、歩きやすい靴で。夏は帽子やサングラス必携。

広大な敷地なので、歩きやすい靴で

エジプトの思い出『カノプス』が古代の夢に誘う

高度な文明をもった先住民族ゆかりの地

エトルリアの町 世界遺産　Città Etrusche チッタ エトルスケ

古代ローマ以前にイタリア半島に君臨したエトルリア民族の都市が、イタリア中部にはたくさんある。高い文明をもったエトルリア人はローマの水道橋に見られるアーチ構造の意匠をはじめ、さまざまな芸術的、技術的手法をローマ人に伝えた。が、その文明の高さゆえ、その知識を学び取ったローマ人に壊滅的に破壊され（あるいは吸収され）、今でも多くが謎に包まれている。エトルリア人は死後の世界を信じ、墓を生前の住居のようにしつらえたのが特徴だ。墓（ネクロポリ）は玄関、召し使いの部屋、居間と分かれた大規模なもので、内部には美しい壁画が描かれさまざまな生活用品がおかれていたという。

■タルクィニア　Tarquinia　★★★

ネクロポリ。小さな小屋の下の地下に壁画の残る墓が保存されている

エトルリアの都市のなかでも最も重要なもの。紀元前13〜12世紀頃、エトルリアの英雄Tarconte（タルコンテ）が造ったとされる。ここでの見どころは、**国立タルクィニア博物館**Museo Nazionale Tarquinienseと**ネクロポリ**Necropoliだ。

国立博物館はエトルリア芸術とネクロポリを理解する上で欠かせない。数多の石棺、陶器、アクセサリーなどの収集品も見事だ。とりわけ見逃せないのが、紀元前400〜300年作の通称**『有翼馬』**Cavalli Alati（カヴァッリ アラーティ）や生きいきとした人物や動物が描かれた**ネクロポリ**の墓を再現した展示室など。

エトルリア芸術の頂点を示す『有翼馬』

ネクロポリまでは徒歩約10分。エトルリア文明を知るためにも必ず足を延ばしたい。緑の草原の地下、紀元前7〜3世紀に造られた墓ではエトルリアの人々が楽しげに彼岸の姿を刻んでいる。

色彩と躍動感にあふれたすばらしい傑作、『豹の墓』

世界遺産

チェルヴェテリとタルキニアのエトルリア古代都市群
登録年2004年　文化遺産

タルクィニアへの行き方

トレニタリアのローマ・テルミニ駅からタルクィニア駅まで、レッジョナーレ(R)で約1時間20分。駅から町へはバスで約5分。町からネクロポリへは徒歩約20分。

ℹタルクィニアの観光案内所
住 Barriera San Giusto
☎ 0766-849282
開 10:00〜13:00、16:00〜18:00
休 一部の祝日
URL tarquiniaturismo.com

●ネクロポリ
住 Via Ripagretta
☎ 338-8618856
開 夏季9:00〜19:30、冬季9:00〜17:00（最終入場1時間前）
休 月、一部の祝日
料 €10（国立タルクィニア博物館への入場を含む）
URL necropoliditarquinia.it

●国立タルクィニア博物館
住 Piazza Cavour 1a
開 9:00〜19:30（最終入場1時間前）
休 月、一部の祝日
料 €10（ネクロポリスへの入場を含む）
URL necropoliditarquinia.it

✉ 駅から徒歩で

駅からのバスは列車と連動しておらず、駅前にはバールもタクシーもなし。そこで世界遺産の看板を頼りに徒歩で、約50分で博物館に到着。さらにネクロポリまでは町の役場前を抜け、右に曲がれば一本道で約20分でした。帰りも同様に駅まで戻りました。バス停には時刻表がありましたが、よくわかりませんでした。（愛知県　Hiroo）

タルクィニア駅と町を結ぶバスの詳細は以下の観光サイトに掲載。簡単な旧市街マップなどもアップされている。最新情報は観光案内所で聞いてみよう。（編集部）
URL tarquiniaturismo.com/informazioni-utili/#spostarsi

✉ どっちに行く!?

どちらかひとつを選ぶなら、やや遠いですがタルクィニアをおすすめします。野原の地下に色鮮やかに残る壁画の数々はまさに驚きですし、今まで残っていることが奇跡のようにも思えました。国立博物館では「有翼馬」をはじめ当時のように再現された壁画、色絵の壺など見事な収蔵品が古代への夢をかきたててくれます。（東京都　蘭子）

チェルヴェテリへの行き方

鉄道で　ローマ・テルミニ駅からトレニタリアのピサ行きでラディスポリLadispoli駅まで約45分。約30分〜1時間に1便程度。駅からチェルヴェテリの町へはバス利用で約10〜15分。

バスで　ローマの地下鉄A線でコルネリアCornelia駅へ。駅周辺に点在するバス停からCOTRALのラディスポリ-チェルヴェテリ行きで所要約1時間30分、終点下車。

ⓘチェルヴェテリの観光案内所
住 Piazza Aldo Moro 1
☎ 06-99552637
営 6〜9月9:30〜12:30、17:00〜19:00(日10:00〜13:00)、10〜5月9:30〜12:30（日10:00〜13:00)
休 月、1月1日、復活祭の日曜、5月1日、8月15日、11月1日、12月25・26日

●ネクロポリ
住 Piazzale della Necropoli
☎ 06-9940001
開 9:00〜19:30(最終入場18:30)
休 月、1月1日、12月25日
料 €6、国立チェリテ博物館との共通券€10

●国立チェリテ博物館
住 Piazza Santa Maria Maggiore
☎ 06-9941354
開 8:30〜19:30　休 月
料 €6、ネクロポリとの共通券€10

チェルヴェテリ　Cerveteri　★★

緑のなかに点在する墳墓

海上貿易で紀元前7世紀頃に栄えたというチェルヴェテリ。現在の町の中心からネクロポリ Necropoli della Banditacciaまでは約2km。緑の木立と田園風景が楽しい道のりだ。ここのネクロポリはまるでひとつの町のように、道に沿って墳墓が広がることで知られている。凝灰岩を掘った円形の土台に円錐形の屋根を載せたトゥムーロと呼ばれる墳墓が特徴的で、これはエトルリア人の住居を再現したものといわれる。内部は部屋のようにきれいに掘られ、ベッドをはじめとして、暮らしていたかのように石で作られたさまざまな日用品が並べられていたという。

発掘品は**国立チェリテ考古学博物館** Museo Nazionale Archeologico Ceriteに展示されているが、セポルクラーレ通りVia Sepolcraleの**「浮き彫りの墓」** Tomba（トンバ） dei Rilievi（デイ リリエーヴィ）では日用品を浮き彫りにした装飾を見ることができる。

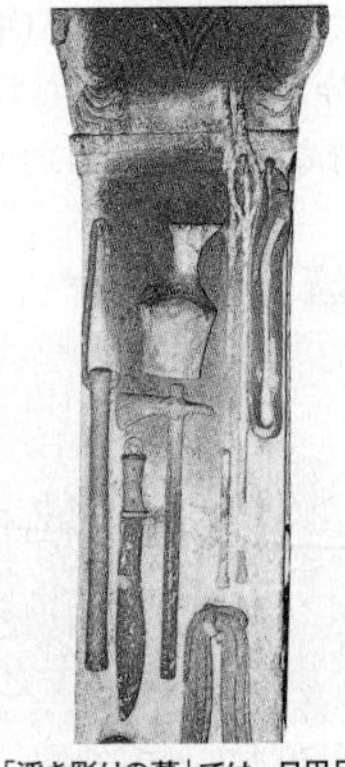
「浮き彫りの墓」では、日用品の漆喰の浮き彫りが見られる

イタリア美術史

Arte etrusca
エトルリア美術

南イタリアのギリシア文化とほぼ同時代に、中部イタリア地方のティレニア海沿岸にエトルリア人の都市が建設される。彼らは小アジア起源といわれるが定かではなく、すでに紀元前8世紀頃から文化的に見るべきものを残しており、紀元前4〜3世紀にはローマの勢力下に入るが、紀元前1世紀頃までローマ文化の核心をなしている。その石積法とアーチ構造はローマ建築に採用された（ヴォルテッラ、ペルージャの城壁）。現生を実際的なものとしてとらえるエトルリア人にとって、死は極めて神秘的で畏怖の対象であった。そのため死後の世界にあっても現世と同様の状態を保つ墓室芸術が栄え、その壁にはフレスコで、神話競技、饗宴、舞踏、狩猟など生前の楽しい場面が描かれている。彫刻も陶棺を飾る大型の肖像彫刻があり、これらの人物もリアルに把握されている。ギリシア芸術の影響は根強いが、それにもかかわらず基本的には反古典主義的な側面をもっており、これはローマ美術の源流として残る。遺跡は、最も栄えたチェルヴェテリ、タルクィニアをはじめアレッツォ、コルトーナ、キウシなどに残っている。　　（望月一史）

狩りと漁の様子が描かれた墓の壁画

ローマの歴史

双児の伝説

●ローマの歴史はテヴェレ川から始まった

パリがセーヌ川、ロンドンがテームズ川と深く結びついているように、**テヴェレ川**を抜きにしてローマを語ることはできない。このテヴェレ川にはローマの中心部にティベリーナ島という島があるが、この島がローマの誕生に強くかかわっていた。川沿いに都市を建設する場合、通常渡河に都合のよい地点が選ばれるが、ティベリーナ島の存在はこの条件を満たしていた。伝説では、雌オオカミの乳で育てられた双児の兄弟のひとり、ロムルスが、紀元前753年に**パラティーノの丘に都市を建設したのが、ローマの起源**とされている。パラティーノの丘がローマ誕生の中核となったが、それはこの丘がティベリーナ島に近く、テヴェレ川の渡河に便利だったためと思われる。また、丘の上に都市が建設されたのは低地が、マラリア伝染のもとになる蚊の棲息する湿地帯で、人間の居住に適さなかったからである。

現在のフォロ・ロマーノが、古代ローマの中心地だった

今日の歴史家は**ローマ建国を紀元前600年頃**と推定しているが、ローマが都市としての形態を整えたのは紀元前6世紀のことで、現在**フォロ・ロマーノの遺跡**がある地域を都市の公共生活の中心として整備すべく、湿地を乾燥した大地に変えるための排水溝が建設された。ローマが都市として発展するためには、テヴェレ川の洪水の問題を克服しなければならなかった。古代ローマというと、その**優れた土木技術**が常に挙げられるが、それはこんなことに関係していたのかもしれない。

領土拡張

●ローマ市からローマ帝国へ

紀元前6世紀の末、ローマはエトルリア人の王を追放、共和政を成立させた。そしてこれ以後、近隣地域の征服に乗り出した。現在、ローマ近郊にアッピア街道の跡を見ることができるが、ローマは征服した地域にこのような**軍用道路を建設**、それに沿って**軍事基地の機能をもった植民地**を設けた。それらの植民地はやがて都市へ発展した。ローマは、このような都市や、古くから存在する都市と個別に条約を結んで統治を行った。この統治の方式は**「分離して統治せよ」**という言葉で表現されている。一都市国家であるローマが他の自治都市の上に立って、いわば都市連合の盟主として統治を行うという伝統は、ローマが地中海全域に支配を拡大した後も基本的には存続した。古代ローマの歴史を考える場合、**ローマ市がローマ帝国の首都とされたのではなく、ローマ市がローマ帝国を建設したのだ**という事実を、忘れてはならない。

ローマが支配地域を拡大するにつれて、ローマ市も膨張を続け、**紀元前300年**には**市の人口は10万に達した**。最初の水道が建設されたのもこの頃である。ローマが地中海各地で征服戦を繰り広げている間に、イタリアでは**自作農の没落**が進み、土地を失った人々はローマ市へ流入した。こうして、紀元前3世紀の初めには早くも有名な**ローマのスラム**が形成されていた。遊民と化した人々にパンと見世物を提供することは、ローマの為政者にとって頭の痛い問題であった。ローマの人々の**見世物好き**は**コロッセウム**などの遺跡によってもわかる。『ベン・ハー』という映画には、大競技場での戦車競走に市民が熱狂する場面があった。もうひとつ、ローマの人々の気晴らしに、**入浴**があった。歴代の皇帝は市民の歓心を買うために大浴場を建設したが、そのなかでは**カラカラ帝の大浴場**が最もよく原型を保っている。

皇帝たちの時代

●皇帝たちの時代

初代皇帝アウグストゥス（在位紀元前27年～紀元後14年）の時代、**ローマ市の人口は100万**に達した。ローマの都市改造を指揮した皇帝は、ローマをれんがの都市から大理石の都市に造り替えた、と自負している。しかし、この時代の建物で今日残っているものは少ない。それは、歴代の皇帝がさらに大規模な造営事業を行う際、古い建物を取り壊したこと、それに度重なる大火がローマを襲ったためである。

ネロ帝がローマの大火の後に建設した黄金宮殿「八角形の間」

なかでも、**64年、ネロ帝の治下に起きた火災**はよく知られている。この火災でローマは9日間燃え続け、市の3分の2が灰燼に帰した。ネロはローマ市民に不人気なキリスト教徒を放火犯人に仕立てあげ、キリスト教徒に対する迫害を行ったが、市民は自らの手で新しいローマを建設するため皇帝自身が放火の命令を下したのだ、とうわさした。

帝政時代、コロッセウムをはじめとして大規模な造営事業が盛んに行われた。歴代の皇帝にとって、壮大な建物を造営することは、**自己の威信**を世に示すばかりでなく、多くの人々に仕事を与えることで**富の再分配**を図るという働きをもっていた。ヴェスパシアヌス帝は、起重機のような機械が発明されたとき、人間の仕事を奪うことになるその機械の使用を許可しなかった、と伝えられている。

キリスト教の台頭と衰退

●教会国家の首都として

ローマが広大な帝国の首都として繁栄していた時代、さまざまな**異教**がローマへ伝えられた。**東方パレスティナ起源のキリスト教**もそのような異教のひとつだった。初め、皇帝への崇拝を拒んだためキリスト教徒は厳しく弾圧されたが、**カタコンベ**という地下の墓所を集会所として彼らは信仰を守り通した。**4世紀にキリスト教が公認されるとローマはキリスト教文化の中心**となった。そして帝国崩壊後の混乱期に、**聖ペテロの後継者**と称する**ローマ教皇**はしだいに権威を確立、キリスト教世界で特別の地位を占めるようになった。ローマが「**永遠の都**」と呼ばれるようになったのは、このローマ教皇の存在による。

フランク王ピピンが756年に教皇に土地を寄進したが、これが**教皇領**の始まりである。これ以降ローマは、中部イタリアに形成された**教会国家の首都**として、教皇権の盛衰と運命を共にすることになった。教皇権が絶頂に達した**12、13世紀**、ローマは**各地から巡礼を集め繁栄**した。しかし、1307年に教皇庁がフランス王によって南仏アヴィニョンへ移されると、教皇不在のローマでは**豪族間の闘争**が吹き荒れ、ローマの町は灯が消えたようなありさまとなり、1348年のペスト流行の際には、市の人口は2万人以下にまで減少した。

教皇権の復活

●ローマ再生

1420年に**新任の教皇マルティヌス5世**がようやくローマへ入ったとき、ローマの町には盗賊が出没し、由緒ある教会堂は家畜小屋として使用されるといったありさまだった。そのローマが**ルネッサンスの中心として繁栄の道**を歩み始めるのは、**15世紀半ば以降**のことである。1450年の聖年にはおびただしい数の巡礼がローマへ殺到、教会とローマへ莫大な富をもたらした。この機会にローマの町は面目を一新したが、その事情は、オリンピックや万博によって現代の都市が再生するのと似ている。この時代の教皇は**ニコラウス5世**だったが、建築熱に駆られたこの教皇は**ヴァチカン宮殿やサン・ピエトロ聖堂の改築**を命じ、それに必要な資材を得るためにはコロッセウムなど古代遺跡の破壊も辞さなかった。我々には理解しにくいことだが、古代の文物にあれほどの情熱を傾けたルネッサンスの人々は、その一方で、実はゲルマンの蛮族以上に古代の破壊者だったのである。後年、ローマの古代遺跡を調査したラファエッロは、レオ10世への報告書のなかで古代遺跡の保存を訴えねばならなかった。

ルネッサンスの開花

●教皇たちの時代

1471年に教皇位に就いたシクストゥス4世の教会国家強化へ向けての強引な政策は、イタリアに戦乱を引き起こしはしたものの、これによって**教会国家**がイタリアにおいて、ミラノ、ヴェネツィア、フィレンツェ、ナポリと肩を並べる**大国として確立された**ことも事実である。その一方で、この教皇はヴァチカン図書館を充実したり、ローマの美化に尽力したことでも知られている。**ミケランジェロの『最後の審判』**で名高い**システィーナ礼拝堂**の名は、この教皇が建立したことに由来している。

強大な教会国家の建設というシクストゥス4世の政策を引き継いだのが、**アレクサンデル6世**であり、**ユリウス2世**であった。アレクサンデル6世は、**息子のチェーザレ・ボルジア**を使って教皇領各地に割拠する**小君主**達を駆逐、教会国家における絶対**君主としての教皇の立場を確立**した。教皇に息子がいるところがいかにもルネッサンス的だが、この教皇の場合、わが国ではむしろ、息子のチェーザレ・ボルジアや**娘のルクレツィア**の名前のほうが知られているかもしれない。

1503年に教皇に就任したユリウス2世は、軍隊を率いて出陣することを好むという、典型的なルネッ

ミケランジェロの傑作、システィーナ礼拝堂の天井画

サンスの教皇だった。この教皇の下で、**ルネッサンスの中心はフィレンツェからローマへ移った**。教皇は老朽化したサン・ピエトロ聖堂を取り壊し、永遠の都ローマにふさわしい**新聖堂の着工**を命じた。**ミケランジェロやラファエッロをローマに招いた**のもこの教皇である。ミケランジェロには**システィーナ礼拝堂の天井画**の制作を命じた。教皇とミケランジェロの葛藤は、ルネッサンスの芸術史を彩るエピソードとしてよく知られている。教皇はラファエッロにはヴァチカン宮殿の「**署名の間**」に壁画を描くことを命じた。『**アテネの学堂**』はこのとき描かれたものである。

ユリウス2世の後を継いだ**レオ10世は、フィレンツェのメディチ家出身**だった。ロレンツォ・イル・マニーフィコの息子であるこの教皇は、学芸の保護ということでは洗練された感覚の持ち主だった。教皇お気に入りの芸術家はラファエッロで、教皇はラファエッロに次々と作品を依頼するとともに、彼をサン・ピエトロ聖堂の建設責任者に任命した。聖堂建設の資金調達のための**免罪符の発行**が、この教皇の在任中に**ルターの宗教改革を引き起こした**ことは、よく知られている。1520年にラファエッロが37歳という若さで亡くなると、後を追うようにその翌年、レオ10世も世を去った。このとき、教皇もまだ45歳という働き盛りだった。レオ10世とラファエッロという、若い教皇と芸術家の下で、**ローマのルネッサンスは頂点を極めた**のである。

バロックへの道のり

●ルネッサンスの終焉とミケランジェロの活躍

ローマのルネッサンスが終焉を迎えたのは、同じメディチ家出身のクレメンス7世の下でだった。ローマは**1527年、ルター派新教徒を中核**とする**神聖ローマ皇帝カール1世の軍**による**略奪**を受け、ローマの人々は文字どおりこの世の地獄を体験した。教皇は**サンタンジェロ城**へ難を逃れたが、この城は古代のハドリアヌス帝の霊廟を城塞に改造したもので、**ヴァチカン宮殿とは地下通路でつながっていた**。このときの模様は**チェリーニ**の「**自伝**」に詳しい。この作品は彫刻家チェリーニが自らの波瀾万丈の生涯を自由に綴ったもので、ゲーテがドイツ語に訳したという、自伝文学の傑作である。邦訳もあるので、ルネッサンスの芸術に興味のある方には一読をおすすめしたい。

歴史家の多くは、この**ローマ略奪**をもって**イタリア・ルネッサンスの終焉**としている。このとき、**ローマの人口は9万から3万**へと激減した。しかし、これでローマが衰退してしまったわけではない。ローマは略奪の痛手からすぐに回復したし、**カトリック教会**も、新教徒の勢力伸張に対し、組織を粛正強化することで**失地回復に努めた**。この運動を推し進めたのが、**1534年に教皇に就任したパウルス3世**である。この教皇は、ミケランジェロに**システィーナ礼拝堂の「最後の審判」の制作を依頼した**こと、彼をサン・ピエトロ聖堂の建設責任者に任命したことで、文化的にも多大の貢献をした。ミケランジェロが設計した**サン・ピエトロ聖堂の円屋根**は、フィレンツェのサンタ・マリア・デル・フィオーレ教会の円屋根と並ぶ、**ルネッサンスの円屋根の傑作**である。

ミケランジェロはフィレンツェの人であるが、本当に彼を受け入れたのはローマのほうかもしれない。ミケランジェロは彫刻家として、画家として、建築家として、実に多くの仕事をローマに残している。カンピドーリオの丘にある**カピトリーニ美術館**や**コンセルヴァトーリ宮殿**を見学する際は、どうか建物にも目を向けていただきたい。このふたつの建物は**ミケランジェロの設計**だし、建物の間の**広場**も、この広場へ通ずる**階段**も彼の設計である。**ミケランジェロこそローマのルネッサンスを代表する芸術家**である、といえる。古代から現代までが混在するローマをただ漫然と見るのではなく、例えばミケランジェロというひとりの芸術家に焦点を当て、その仕事の跡をローマにたどるのも、興味深いのではないだろうか。ミケランジェロは1564年にローマで亡くなるが、彼の死後、**ローマはバロック芸術の都へと変容**を遂げることになった。

（小林　勝）

ローマのバロック芸術を代表する、トレヴィの泉

ローマで食べるイタリア各州の郷土料理もいい。豪快に盛られたサラミやソーセージを好きなだけ食べるアブルッツォ州の前菜

■地元の人の多い店を探そう

国際観光都市ローマには、観光客相手のレストランも多いが、最近では値段と味のバランスの取れた、いわゆるコストパフォーマンスのよい店は、地元の人にも観光客にも大人気だ。人気のある手軽なお店はナヴォーナ広場や、テルミニ駅周辺、テヴェレ川沿いと、トラステヴェレに集中している。

おいしい食事を済ませ、夜遅く宿に帰ることになっても上記の場所はそれほど治安も悪くないし、深夜バスも運行しているので心配はない。おしゃれして高級レストランで優雅にお食事した場合は、心地よく酔っているところをお店の裏手で貴重品目当てのひったくりに狙われる場合もあるらしいので、タクシーを店で呼んでもらい、レストランの入口から乗って帰ること。

■ローマではピッツァとジェラートを

趣向を凝らしたピッツァを召し上がれ！

ローマの名物料理としゃれた雰囲気を楽しむためには、それなりの出費が必要だ。楽しい夕食はそれだけで旅の思い出としていつまでも残る。リストランテには、夜は**電話予約**をして出かけるのがよい。

さくさくとしたローマのピッツァのおいしさはひと口食べれば納得だ。ピッツァに欠かせないモッツァレッラチーズは、実は水に漬けて保存して3日ももたないフレッシュなもの。日本のチーズとは全然違う。そして薪(まき)を燃やして窯で焼くのが本当のピッツァ。従来イタリア人にとっては、ピッツァは軽い夕食として食べるものだったが、最近は昼間に営業する店も増えた。**テルミニ駅周辺や人の集まる場所に必ず**ある立ち食いのピッツァ屋さんは看板に**Pizza Rustica**(ピッツァ ルースティカ)とか**al taglio**(アル タリオ)と表示している。カウンターに並んだピッツァを指せば、量り売りしてくれ、その場で食べることもできるので、お昼前から午後までいつも大繁盛だ。

チョコレートだけでも何種類あるの？

世界中にアイスクリームのおいしさを伝えたイタリア。日本でも**ジェラートGelato**の店が続々出現。どこで食べてもおいしいけれど、アイスクリームグルメに、覚えておいてほしい言葉が"**Produzione**(プロドゥツィオーネ) **propria**(プロプリア)"(自家製)。看板にこの表示のあるお店では手作りのこだわりの味が楽しめる。

悪質レストランに注意

ときとして「法外な料金を請求された」という投稿が届きます。多くは、客引きに釣られて入店したり、店の人の言われるままに注文をして被害に遭うようです。

客引きしている店に入る場合は、値段を事前にチェックし、注文していない物が運ばれた場合はハッキリ拒否すること。

お会計チェックは必ず

どこのレストランでも共通なのは、会計の際にはひと皿ごとの値段、総額をチェックすること。料理の値段のほかに、コペルト（テーブルチャージ）、パーネ（パン代）、サービス料が加算される場合もあるが、この旨はメニューに明記されている。心配なら、入店前にお店の前に掲示してあるメニューでチェックしよう。

以前は多くの店で、コペルトとパーネを合わせて請求していたが、現在は少額をパーネとして請求する店もある。この場合、パンを食べなかったのに、「パン代を請求された」という声もあるが、一般的にコペルト同様に席に着いたら、パンに手をつけなくても請求される。

夕暮れ迫るカフェでひと休み

コッリーネ・エミリアーネ

P.64-B2

Colline Emiliane

小さなリストランテだが、出てくるエミリア・ロマーニャ州の料理がおいしい。自家製の手打ちパスタや、子牛の煮込みGiambonetto di Vitello、自家製デザートなどがおすすめ。人気店なので早めの入店か予約を。 要予約

URL www.collineemiliane.com
住 Via degli Avignonesi 22
☎ 06-4817538
営 12:45〜14:45、19:30〜22:45
休 月、8月、復活祭とクリスマス
予 €45〜
C A.J.M.V.
交 地下鉄A線Barberini駅から徒歩2分

オテッロ・アッラ・コンコルディア

P.64-A1

Otello alla Concordia

ローマの庶民的な料理を提供し、魚料理にも定評がある。1年中、店の奥の中庭で食事ができるのもうれしい。ローマの名物料理、アバッキオと魚介のフリットミストがスタッフおすすめ。ズッキーニの花のフリットも試してみよう。 要予約

URL otelloallaconcordia.it
住 Via Mario de' Fiori 40/A
☎ 06-6791178
営 12:30〜15:00、19:30〜23:00
休 7月下旬と2月上旬の2〜3週間
予 €35〜（パーネ€1）
C A.D.J.M.V.
交 地下鉄A線Spagna駅から徒歩5分

マトリチャネッラ

P.64-B1

Matricianella

アットホームなトラットリアでシンプルだが力強く伝統的なローマ料理が味わえる。カルボナーラやアバッキオなど定番メニューのほか、季節のおすすめメニューも。秋のシーズンになるとポルチーニ茸を使ったフリットやパスタが登場。 要予約

URL www.matricianella.it
住 Via del Leone 4
☎ 06-6832100
営 12:30〜15:00、19:30〜23:00
休 日・祝
予 €40〜（パーネ€3）
C A.M.V.
交 地下鉄A線Spagna駅から徒歩9分

ライフ

P.64-B1

Life Ristorante

スペイン広場界隈で終日営業しているのがうれしいリストランテ兼ワインバー。店の雰囲気もよくスタッフもきびきびと働き、料金に見合ったサービスを受けられるはずだ。ロブスターや黒トリュフのテイスティングメニューも用意あり。

URL www.ristorantelife.it
住 Via della Vite 28
☎ 06-69380948
営 12:00〜23:30
休 月、一部の祝日
予 €50〜（コペルト€2.50）
C A.D.M.V.
交 地下鉄A線Spagna駅から徒歩8分

バベッテ

P.64-A1

Babette

ポポロ広場からも徒歩2分ほどのところに位置し、朝ご飯を食べるバールとしても利用できる使い勝手のよい一軒。センスのよいインテリアに彩られた店内では、モダンにアレンジされたローマ料理がいただける。テラス席もおすすめ。

URL www.babetteristorante.it
住 Via Margutta 1d
☎ 06-3211559
営 9:00〜11:30、12:30〜15:00、19:00〜23:00
休 月、一部の祝日
予 €5〜（朝食） C M.V.
交 地下鉄A線Flaminio駅から徒歩6分

ジンジャー スパーニャ店

P.64-B1

Ginger - Spagna

開放的な天井が特徴的なバロック式の美しい建物の中に、リストランテからジェラテリアまでが揃う。ローマ料理はもちろん、ベジタリアン、ビーガン向けメニューからヘルシーなアサイーボウルなどもあるので、胃が疲れたときにも◎。

URL gingersaporiesalute.com
住 Via Borgognona 43-46
☎ 06-69940836
営 9:30〜23:30（ランチ12:00〜、ディナー18:00〜）
休 一部の祝日
予 €10〜（朝食） C A.M.V.
交 地下鉄A線Spagna駅から徒歩7分

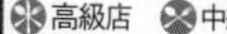

レストランピクト案内 高級店 中級店 庶民的な店 ピッツェリア エノテカ・ワインバー ビッレリア B級グルメ

ダ・アルマンド・アル・パンテオン P.63-C4

Da Armando al Pantheon

パンテオンのすぐ近く、気取らない雰囲気のなかローマ料理が味わえる。パスタなら、カルボナーラCarbonaraやその原型といわれるグリーチャGricia、セコンドなら子羊(アバッキオ)Abbacchioやサルティンボッカ Saltinboccaをはじめ、伝統的な料理が揃う。 要予約

URL www.armandoalpantheon.it
住 Salita de' Crescenzi 31
☎ 06-68803034
営 12:30～15:00、19:00～23:00
休 日・祝、8月
予 €40～(パーネ€2)
C A.J.M.V.
交 ナヴォーナ広場から徒歩3分

ラ・カンパーナ P.63-B4

La Campana

創業は1518年と500年以上の歴史をもち、世界最古ともいわれるリストランテ。ローマの郷土料理を中心に幅広い料理が揃う。夏にはカボチャの花のフライ、冬にはトリュフのパスタなどと、季節の味わいも充実している。地元の人の利用が多い一軒。 できれば予約

住 Vicolo della Campana 18-20
☎ 06-6875273
営 12:30～15:00、19:30～23:00
休 月、8月
予 €40～(パーネ€2)
C A.D.J.M.V.
交 ナヴォーナ広場から徒歩6分

カーサ・コッペッレ P.63-B4

Casa Coppelle

ムードたっぷりのクラシックなインテリアや絵画に囲まれてゆったりと食事がいただける。料理も一品ずつていねいに作り込まれて見た目も美しい。コース料理(€90～)のほかアラカルトメニューもある。ワインリストも豊富。 要予約

URL www.casacoppelle.com
住 Piazza delle Coppelle 49
☎ 06-68891707
営 18:30～24:00
休 月
予 €60～(パーネ€3)
C A.M.V.
交 ナヴォーナ広場から徒歩5分

ダ・フランチェスコ P.63-C4

Da Francesco

ナヴォーナ広場の西側、ローマっ子に愛される界隈にあるローマ料理の店。路地の石畳にテーブルが並ぶたたずまいや店の雰囲気に古きよき時代のローマらしい風情が広がる。ピッツァ(夜のみ)をはじめ、各種のローマ料理が味わえる。 できれば予約

URL www.dafrancesco.it
住 Piazza del Fico 29
☎ 06-6864009
営 12:00～16:00、19:00～23:30
休 一部の祝日
予 €45～(パーネ€3)
C M.V.
交 ナヴォーナ広場から徒歩3分

ダ・バッフェット P.63-C3・4

Pizzeria Da Baffetto

市内中心部にありながら地元民も多く通う家庭的なピッツェリア。事前予約不可なので、ハイシーズンは開店前から並ぶのがベター。ピザは20種類以上あり1枚€7.50～16。メニューにはサラダや付け合わせの野菜、デザートがある。

URL www.pizzeriabaffetto.it
住 Via del Governo Vecchio 114
☎ 06-6861617
営 12:00～15:30、18:00～24:00
休 火、一部の祝日
予 €20～
C M.V.
交 ナヴォーナ広場から徒歩5分

クル・デ・サック・ウーノ P.63-C4

Cul de Sac 1

普段着感覚で利用できる一軒。高級感のあるエノテカが多いなか、庶民的な雰囲気。ワインの品揃え1500種類、食事も充実しているので、観光の合間に利用するのにも最適。トリッパやオックステールの煮込みCoda alla Vaccinaraが人気。

住 Piazza Pasquino 73
☎ 06-68801094
営 12:00～24:00
休 一部の祝日
予 €4～、食事€30～(パーネ€1.50)
C J.M.V.
交 ナヴォーナ広場から徒歩1分

トラットリア・モンティ
P.65-C4

Trattoria Monti

シンプルでモダンなトラットリア。マルケ州出身の家族の経営で、新感覚のマルケ風ローマ料理が味わえる。人気料理は大きなラヴィオリRavioliや野菜のムースSformatoなど、季節の素材によりさまざまに姿を変える料理が楽しい。 要予約

住 Via San Vito 13/A
☎ 06-4466573
営 13:00～14:45、20:00～22:45、日13:00～14:45
休 月、8月、復活祭とクリスマスの1週間 予 €40～ C D.J.M.V.
交 地下鉄A線Vittorio Emanuele駅から徒歩1分

ダ・ヴィンチェンツォ
P.65-A4

Da Vincenzo

ローマ料理と魚介類専門のレストラン。官庁街が近いためか、味にうるさいビジネスマンの利用が多く、広い店内はクラシックで落ち着いた雰囲気。魚介類が入った豪華なパスタや伝統料理が人気。 日本語メニュー

住 Via Castelfidardo 6
☎ 06-484596
営 12:15～15:00、19:00～23:00
休 日、8月
予 €40～(コペルト€1)
C A.D.J.M.V.
交 テルミニ駅から徒歩約13分

ホスタリア・アル・ボスケット
P.64-C2

Hostaria al Boschetto

庶民的なローマ料理と魚介類が楽しめる一軒。4～9月になると中庭での食事も気持ちがよい（喫煙席あり）。おすすめは、前菜の盛り合わせ(2名用、€22)や魚のグリル(€18)など。ピッツァも種類豊富で、€9.5～14でいただける。

URL www.hostariaalboschetto.it
住 Via del Boschetto 30
☎ 06-4744770
営 12:00～15:00、18:00～23:00
休 無休
予 €35～（コペルト€2)
C A.D.M.V.
交 地下鉄B線Cavour駅から徒歩8分

モンテ・アルチ
P.65-B4

Monte Arci

庶民的なレストランやトラットリアが並ぶカステルフィダルド通りで、いつも地元の人でにぎわっている一軒。ローマ料理とサルデーニャ料理、さらにピッツァも味わえるので家族連れやグループにも最適。スタッフもフレンドリーで親切。

住 Via Castelfidardo 33/35
☎ 06-4941347
営 12:30～14:45、18:30～23:00
休 日、8月
予 €30～
C A.J.M.V.
交 テルミニ駅から徒歩11分

イル・ガッロ・ネーロ
P.65-B・C3

Il Gallo Nero

昼から夜まで通して営業している便利なトラットリア。歩道にもテーブルが出て、店内も思ったより広くてこぎれい。ローマの家庭料理が手頃な値段で食べられる。メインを魚か肉かを選べるコースメニュー（€20～）も。夜はピッツァもある。

URL www.ristorantegalloneroroma.it
住 Via Principe Amadeo 7/H
☎ 06-4740626
営 12:00～23:00、水12:00～22:30
休 火
予 €45～（パーネ€1.50)
C M.V.
交 テルミニ駅から徒歩5分

B エル・ブケット
P.65-B3

Er Buchetto

ローマで5世代にわたって、1890年から続くのがここ。豚の丸焼き・ポルケッタを挟んだパニーノは€5前後、スライスは100g€4.50でいただける。テイクアウトだけでなく、テーブル席もあるのでイートインも可。ワインと一緒に楽しみたい。

URL www.erbuchetto.com
住 Via Viminale 2F
☎ 329-9652175
営 10:00～15:00、17:00～21:00、土10:00～15:00
休 日・祝、8月
予 €5～
C 不可
交 テルミニ駅から徒歩5分

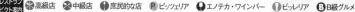

レストランピクト案内 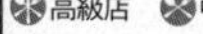高級店 中級店 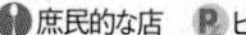庶民的な店 ピッツェリア エノテカ・ワインバー ビッレリア B B級グルメ

グラス・ホスタリア

P67-A3

Glass Hostaria

下町トラステヴェレになじむ外観とは異なり、店内は鉄とガラスを多用した、モダンなインテリア。現代的で創造的な料理が味わえる、注目の一軒だ。美しい盛りつけと素材への火入れ具合、ちょっと驚かされる味の組み合わせも楽しい。ミシュランの1つ星。 要予約

URL www.glasshostaria.it
住 Vicolo del Cinque 58
☎ 06-58335903
営 19:00～22:30、日12:30～15:00、19:00～22:30
休 月・火、1月後半、7月前半、12月24～26日
予 €70～
C A.D.M.V.
交 ガリバルディ橋から徒歩9分

ソーラ・レッラ

P.67-A4

Sora Lella

風情あるティベリーナ島にある、1940年から続く家族経営のローマ料理の店。おばあちゃんのミートボールPolpettine della Nonna、子羊のロースト、アーティチョーク詰めSella d'Abbacchio Farcita con Carciofi、リコッタチーズのケーキなどがおすすめ。 要予約

URL www.trattoriasoralella.it
住 Via di Ponte Quattro Capi 16
☎ 06-6861601
営 12:30～14:30、19:30～22:30
休 日、8月15日前後の5日間、クリスマス期間
予 €45～（サービス料10%）
C A.D.J.M.V.
交 ガリバルディ橋から徒歩6分

ダル・ポエタ

P.67-A3

Dar Poeta

ローマのピッツァ・チャンピオンの店。生地やトッピングに工夫を凝らしたボリュームたっぷりのピッツァが楽しめる。チョコとリコッタ入りのカルツォーネも人気のデザート。週末は30分～1時間待ちの行列ができるので、オープン前に並ぼう。

URL www.darpoeta.com
住 Vicolo del Bologna 45/46
☎ 06-5880516
営 12:00～24:00
休 無休
予 €15～
C A.D.J.M.V.
交 ガリバルディ橋から徒歩9分

アイ・マルミ・パナットーニ

P.67-B4

Ai Marmi Panattoni

いつも夜遅くまでにぎわう大衆的なピッツェリア兼ローマ・トスカーナ料理の店。1932年からの長い歴史を誇り、ローマっ子に愛されてきた。ローマでも指折りの経済的な店。お店のおすすめは、ピッツァのほか、ハムやサラミの盛り合わせやインゲン豆のスープなど。

URL www.facebook.com/aimarmi
住 Viale di Trastevere 53/59
☎ 06-5800919
営 18:30～翌2:00
休 水、8月
予 €15～
C M.V.
交 ガリバルディ橋から徒歩5分

オステリア・ナンナレッラ

P.67-B3

Osteria Nannarella

終日営業していて、ひととおり何でもローマ料理が揃うオステリア。予約不可なのでランチ、ディナー時間帯は行列になることも。時間をずらして行こう。人気メニューのひとつ、オックステールのトマト煮込みはボリューム満点。 要予約

URL nannarellaroma.it
住 Piazza di San Calisto 7/a
☎ 06-5815378
営 11:00～23:30
休 無休
予 €30～
C M.V.
交 ガリバルディ橋から徒歩8分

カルロ・メンタ

P.67-B3

Carlo Menta

世界各地からの観光客が集い、破格な料金のセットメニューが人気。前菜・プリモ・セコンドからデザートまで付いてランチ€16、ディナー€18。アラカルトもあり、パスタや肉料理が€7～12とこちらもリーズナブルなのが魅力だ。

住 Via della Lungaretta 101
☎ 06-5803733
営 12:00～23:30
休 無休
予 €20～
C M.V.
交 ガリバルディ橋から徒歩5分

ダ・チェーザレ

P.63-B3

Hostaria Da Cesare

ローマ料理だけでなくトスカーナ料理、魚料理、ピッツァ（夜のみ）とお腹の具合によって選べるのがうれしいミシュラン常連店。夏には気持ちがよいテラス席もオープン。自家製のお菓子やワインの品揃えも店のスタッフの自慢。 要予約

URL www.ristorantecesare.com
住 Via Crescenzio 13
☎ 06-6861227
営 12:00～15:00、19:30～24:00
休 8月
予 €40～（コペルト€2.50）
C A.D.J.M.V.
交 地下鉄A線Lepanto駅から徒歩11分

アルルー・サン・ピエトロ

P.62-B2

Arlù San Pietro

サン・ピエトロ広場からほど近い路地にある、白を基調にした女性好みのしつらえのカジュアルレストラン。伝統的なローマ料理がおしゃれに盛りつけられ、食事を盛り上げてくれる。よい季節には店頭に並べられたテーブルでの食事もおすすめ。

URL www.ristorantearlu.it
住 Borgo Pio 135
☎ 06-6868936
営 11:30～22:00
休 一部の祝日
予 €50～
C A.M.V.
交 地下鉄A線Ottaviano駅から徒歩11分

カーチョ・エ・ペペ

P.58-A1外

Cacio e Pepe

観光スポットからは少し離れることもあり、ローカル率高めのアットホームなトラットリア。店名にもなっているカーチョ・エ・ペペをはじめ、伝統的なローマ料理を楽しめる。パスタやメインは€10～。ワインはボトルのみ。 要予約

URL trattoriacacioepepeprati.com
住 Via Giuseppe Avezzana 11
☎ 06-3217268
営 12:30～15:30、19:30～23:30
休 日、一部の祝日
予 €30～（パーネ€1）
C M.V.
交 地下鉄A線Lepanto駅から徒歩8分

ラ・プラトリーナ

P.63-A3

La Pratolina

若者や家族連れでいつもにぎわうピッツェリア。ここではピッツァはPinsaピンサと呼ばれる。ピンサとは、生地をていねいに長時間発酵させ、薪を燃やした本格的な窯で焼かれたもので細長い卵形。組み合わせの楽しい特製ピンサが約40種類。 要予約

住 Via degli Scipioni 248/250
☎ 06-36004409
営 12:30～24:00
休 1月1日、8月第2・3週、12月25日
予 €20～
C A.J.M.V.
交 地下鉄A線Lepanto駅から徒歩4分

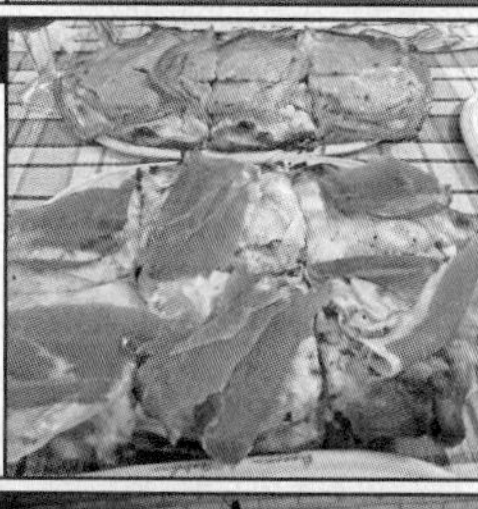

フェリーチェ

P.67-C4

Felice a Testaccio

飾らない雰囲気の庶民派ローマ料理のトラットリア。手頃で飲みやすいハウスワインが用意され、ひと皿のボリュームも十分。季節の野菜のオムレツ Frittaやカーチョ・エ・ペペ、アバッキオなどがおすすめ。必ず予約をして行こう。 要予約

URL www.feliceatestaccio.com
住 Via Mastro Giorgio 29
☎ 06-5746800
営 12:30～15:30、19:00～23:30
休 一部の祝日
予 €40～
C A.V.
交 地下鉄B線Piramide駅から徒歩10分

アッレ・カッレッテ

P.68-A2

Alle Carrette

ローマ風の生地の薄いピッツァと揚げ物が味わえる。ピッツァは軽い食感で女性でも1枚ペロリといける。ルーコラとエビのピッツァ Pizza Ruchetta e Gamberiやソーセージとモッツァレッラ、キノコのFrancescanaなどがおすすめ。

住 Via della Madonna dei Monti 95
☎ 06-6792770
営 12:00～15:30、19:00～23:30
休 一部の祝日、12月24・25・31日
予 €15～
C D.J.M.V.
交 地下鉄B線Colosseo駅から徒歩5分

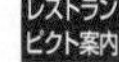
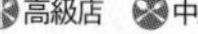
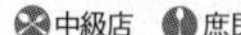
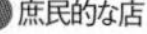
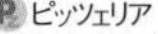
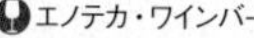

レストランピクト案内　高級店　中級店　庶民的な店　ピッツェリア　エノテカ・ワインバー　ビッレリア　B級グルメ

ローマのB級グルメと2大市場

ローマがあるラツィオ州をはじめ、中部イタリアの伝統的なB級グルメは、**豚の丸焼きポルケッタPorchetta**。薄切りにしてそのまま食べたり、パニーノにしたりする。この地で1890年から続くのが、テルミニ駅近くの**エル・ブケットEr Buchetto**（→P.131）。また、トラステヴェレで人気を集めるのは**スプリー Supplì**。ライスコロッケなどの揚げ物からピッツァ、パスタ、鶏の丸焼き、野菜まで何でもあり、ローマの庶民の味が勢揃い。その場で食べる人からお総菜としてテイクアウトする人などで、昼時はいつも大混雑している。少し時間をずらして出かけるのがおすすめだ。

外でできたてをほおばる人でいっぱいのスプリー

テルミニ駅にあるフードコートといえば**メルカート・チェントラーレ**。モダンに生まれ変わったフィレンツェのメルカート・チェントラーレ（→P.195）の成功を受けて誕生した2号店で、にぎやかなディスプレイや季節感のある品揃え、活気ある雰囲気が楽しい。24番線ホームの奥からデパートのコインを通り過ぎ、奥まったところに位置するので、見逃さないように。ここには約20もの屋台が集い、ストリートフードのトラピッツィーノから、揚げ物、パニーノといったB級グルメはもちろん、ピッツァ、パスタ、トリュフ、ジェラート、さらにはラーメンや寿司まで揃う。屋台の周囲にはカウンター席やテーブル席があるので、座って食事できるのもうれしい。中央にはカフェからアルコールを提供するバールがあり、席まで注文を取りに来てくれることも。

テスタッチョ市場も足を運ぶべき市場のひとつ。もともと青空マーケットだった市場が移転してできたもので、現在はスタイリッシュな建物に店が軒を連ね、肉や魚、チーズなどの加工品から衣類、日用品まで何でも揃う。一番有名な店はパニーノ屋の**モルディ＆ヴァイMordi & Vai**。具がたっぷりのカルボナーラやアマトリチャーナなどローマらしい伝統料理を挟んだボリューム満点のパニーノは€6～。常に客でにぎわっているので、行列覚悟で臨もう。そのほかにも、切り売りピッツァやアランチーノなどがショーケースに並び、テイクアウトして宿で食べるというのもおすすめ。市場内には座って食べられるテーブル席やベンチもある。イータリー（→P.144）も近いので、一緒に訪れてみよう。

店で料理を注文すると呼び出し用のベルや番号が渡されて、できあがるとモニターに番号が表示される

モルディ＆ヴァイに並ぶおいしそうな具の数々

テスタッチョ市場は、おしゃれな外観が目印。中に入るとローカルの店が軒を連ねる

●スプリー　Supplì

住 Via di San Francesco a Ripa 137
☎ 06-5897110
営 10:00～21:00
休 日・祝、8月
交 ガリバルディ橋から徒歩9分
URL www.suppliroma.it
MAP **P.67-B3**

●メルカート・チェントラーレ・ローマ
Mercato Centrale Roma

住 Via Giovanni Giolitti 36
☎ 06-46202900
営 7:30～24:00（店舗によって異なる）
休 無休
交 ローマ・テルミニ駅構内
URL www.mercatocentrale.it/roma
MAP **P.65-C4**

●テスタッチョ市場
Mercato di Testaccio

住 Via Aldo Manuzio 66b
営 7:00～15:30（店舗によって異なる）
休 日
交 地下鉄B線Piramide駅から徒歩15分
URL www.mercatoditestaccio.it
MAP **P.67-C4**

ローマのカフェ、ジェラテリアガイド

アンティコ・カフェ・グレコ

P.64-B1

Antico Caffè Greco

カサノヴァ、キーツ、シェリーとヨーロッパ中の芸術家が愛したカフェ。奥のサロンには彼らのポートレートがかかり、燕尾服の給仕人がサービスする店内は昔の面影そのままだ。カウンターで1杯というときには、先に支払いを済ませてからレシートをカウンターへ。

URL anticocaffegreco.eu
住 Via Condotti 86
☎ 06-6791700
営 9:00〜21:00
休 一部の祝日
予 €10〜
C A.J.M.V.
交 地下鉄A線Spagna駅から徒歩4分

サンテウスタキオ

P.63-C4

Caffè Sant'Eustachio

こだわりのコーヒー店。薪の火による焙煎で有名。「グラン・カフェ」と呼ばれる、秘伝のブレンドによるコーヒーはローマでも知る人ぞ知る逸品。グランカフェのほかコーヒー風味のバッチョ、グラニータなどもおすすめ。古きよきローマの雰囲気に浸れる。

URL caffesanteustachio.com
住 Piazza di Sant' Eustachio 82
☎ 06-6880-2048
営 7:30〜翌1:00、金7:30〜翌1:30、土7:30〜翌2:00
休 8月15日、12月25日
予 €3〜
C M.V.
交 ナヴォーナ広場から徒歩3分

チャンピーニ

P.64-A1

Caffè Ciampini

高台の緑のなかにある見晴らしのいいカフェ兼ジェラテリア兼レストラン。コルソ通り近くのサン・ロレンツォ・ルチーナ広場などにあるローマっ子に人気のある同名店の支店。観光後のお茶や休憩にピッタリのロケーション。夕暮れ時はロマンティックな雰囲気。

URL ristoranteciampini.com
住 Piazza Trinita dei Monti 2
☎ 06-6785678
営 3〜11月8:00〜22:00
休 一部の祝日、12〜2月
予 €10〜
C J.M.V.
交 地下鉄A線Spagna駅から徒歩2分

キオストロ・デル・ブラマンテ

P.63-B4

Chiostro del Bramante

15世紀にブラマンテが設計した建物内。1階美術館の切符売り場を抜けて階段を上ると、柱廊の光と陰が美しい歴史ある空間にモダンなカフェが広がる。飲み物のほか、サラダやサンドイッチ類などもあり、観光途中の休息にも最適。屋内の席も美しい壁画に彩られた空間に。

URL www.chiostrodelbramante.it
住 Via Arco della Pace 5
☎ 06-68809036
営 10:00〜20:00、土・日10:00〜21:00
休 8月
予 €3〜
C A.D.M.V.
交 ナヴォーナ広場から徒歩2分

グラン・カフェ・ラ・カフェティエーラ

P.64-B1

Gran Caffè La Caffettiera

✉ 古代神殿の柱列が残る、神秘的なピエトロ広場にあるおしゃれなナポリ風カフェです。優雅な内装とゆったりとしたソファがリッチな気分でくつろぐことができます。飲み物のほか、ナポリのお菓子や軽食も充実しています。
（在ローマ　ナディア）['24]

URL www.lacaffettieraroma.it
住 Piazza di Pietra 65
☎ 06-6798147
営 8:00〜22:00
休 8月1週間
予 €5〜
C M.V.
交 ナヴォーナ広場から徒歩9分

バビントン

P.64-A2

Sala Da Tè Babington

ローマで暮らしたオードリー・ヘップバーンも愛した歴史ある優雅な雰囲気のティールーム。イタリアでは珍しく、本格的な英国風ティーが味わえると定評の一軒。30種以上の紅茶とともにイングリッシュ・ブレックファスト、アフタヌーンティーのほか、カレーなども味わえる。

URL www.babingtons.com
住 Piazza di Spagna 23/25
☎ 06-6786027
営 10:00〜21:00
休 火、一部の祝日
予 €15〜
C A.D.M.V.
交 スペイン広場の一角

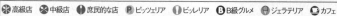

レストランピクト案内 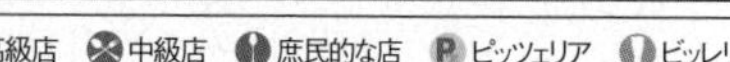 高級店　中級店　庶民的な店　ピッツェリア　ビッレリア　B級グルメ  ジェラテリア　カフェ

ローマのカフェ、ジェラテリアガイド

ジョリッティ
P.63-B4

Giolitti dal 1900

おいしいアイスクリームにシャンデリアの輝く広いサロンがすてきなジェラテリア。生クリームいっぱいのボリュームあるパフェ€14～が店の名物でおすすめ。ジェラートのほか、菓子類も品揃え豊富なのでカフェ使いにもぴったりだ。行列覚悟で訪れよう。

URL www.giolitti.it
住 Via Uffici del Vicario 40
☎ 06-6991243
営 7:30～24:00
休 無休
予 €3.50～
C A.D.J.M.V.
交 ナヴォーナ広場から徒歩7分

テアトロ
P.63-B3

Gelateria del Teatro

ナヴォーナ広場近く、風情ある小道にある。定番のジェラートのほか、ちょっと新しい味わいも揃っている。素材を生かした繊細な味わいはクセになりそう。店内にはテーブルもあり、そこで食べることができるのもうれしい。冬季はチョコレートも販売。市内に2軒あり。

URL www.gelateriadelteatro.it
住 Via dei Coronari 65/66
☎ 06-45474880
営 11:30～23:30
休 一部の祝日
予 €3.50～
C A.D.M.V.
交 ナヴォーナ広場から徒歩4分

グラッキ
P.63-A3

Gelateria dei Gracchi

ヴァティカン近く、コーラ・ディ・リエンツォ通りの裏手にある。飾り気のない、昔ながらの店構えながら、長年ローマっ子に愛されている店。新鮮な牛乳と卵にこだわり、添加物は一切不使用。リンゴとシナモン、アーモンドとオレンジなど複雑な味わいも楽しい。市内に3軒あり。

URL www.gelateriadeigracchi.it
住 Via dei Gracchi 272
☎ 06-3216668
営 11:30～24:00
休 一部の祝日
予 €3.50～
C M.V.
交 地下鉄A線Lepanto駅から徒歩3分

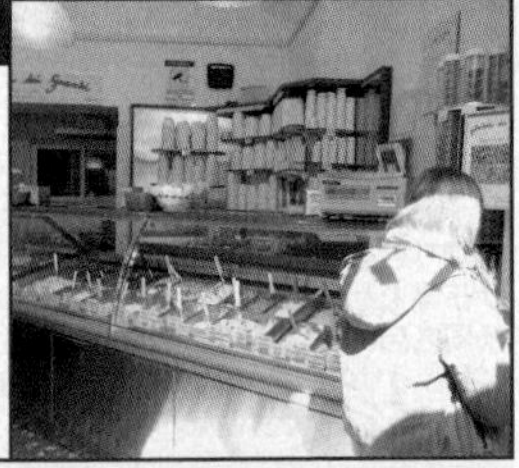

フィオーリ・ディ・ルーナ
P.67-B3

Fiori di Luna

トラステヴェレの入口、大通りのソンニーノ広場からサンタ・マリア・イン・トラステヴェレ聖堂へと続くにぎやかな小道にある小さなジェラテリア。新趣向の味わいも揃う意欲的な一軒。冬季は各種チョコレートも並ぶ。小さなテーブル席もあり。

URL fiordiluna.com
住 Via della Lungaretta 96
☎ 06-64561314
営 12:00～24:00
休 冬季休業あり
予 €3～
C A.D.J.M.V.
交 ガリバルディ橋から徒歩4分

ラ・ロマーナ
P.65-A4

Gelateria La Romana

サン・マリノ共和国の近く、リミニで1947年に創業。イタリア全土で展開しており、ローマには6軒（住 Via Cola di Rienzo 2ほか）。天然の素材と作り立てにこだわり、濃厚でクリーミーな伝統的な味わい。日替わり、季節限定など、新しいフレーバーがいつも楽しめる。明るい雰囲気もいい。

URL www.gelateriaromana.com
住 Via XX Settembre 60
☎ 06-42020828
営 12:00～24:00
休 一部の祝日
予 €3～
C A.D.J.M.V.
交 テルミニ駅から徒歩13分

フリジダリウム
P.63-C4

Frigidarium

中心部に位置しながら良心的な価格帯がうれしいジェラテリア。チョコレートやナッツ系に定評があり、濃厚でクリーミーな味。夏場はレモンLimoneやメロン Meloneなど果物のジェラートも人気だ。追加料金なしでパンナ（生クリーム）が付く。

URL frigidariumgelateria.com
住 Via del Governo Vecchio 112
☎ 06-31052934
営 11:00～翌0:30、金・土11:00～翌1:00、日11:00～24:00
休 一部の祝日
予 €2.50～
C M.V.
交 ナヴォーナ広場から徒歩3分

ローマでなに食べる？

ローマ料理を語るとき、町の歴史を抜きにすることはできない。古くはギリシアからもたらされた料理、ゲットーを形成したユダヤ人の料理、教皇庁のおひざ元であることから生まれたという**臓物料理**……。これらの伝統的な料理から創作料理、日本料理を含めた各国料理、ファストフード、さらに海にも近いことから**魚介類**がよく食卓に上るのが特徴だ。

ローマっ子にとって欠かせない前菜が、**揚げ物Fritto**だ。**ライスコロッケのSuppli**、**干しタラのフリットBaccala**、**カボチャの花にモッツァレッラとアンチョビを詰めて揚げたFiore di Zucca**など。盛り合わせFritto Mistoフリット・ミストでもいいし、単品での注文もOK。春～初夏、秋～冬に欠かせない前菜が**カルチョーフィ**(アーティチョーク)だ。**ユダヤ風Carciofi alla giudia**はパリパリに香ばしく揚げたもの、**ローマ風Carciofi alla Romana**は特産の白ワインと香草で軟らかく煮たもの。

ユダヤ風カルチョーフィ。大きさは店の格と自慢

プリモでは、「ローマ生まれ」と日本でも今やすっかり有名になった**カルボナーラSpaghetti alla Carbonara**が定番だ。**アマトリーチェ風alla Amatriciana**はグアンチャーレ(塩漬け豚のほほ肉)、タマネギ、唐辛子が入ったトマトソースであえたもので、辛さがちょっと刺激的。**Cacio e Pepe**は直訳すると**「チーズと胡椒」**。材料はほぼこのふたつながら溶けたペコリーノチーズがクリーミーなひと皿。スパゲッティのほか、ローマならではのパスタ、**トンナレッリTonnarelli**と合わせることが多い。ジャガイモのニョッキGnocchi di Patateは昔から**「木曜はニョッキ」**といわれ、木曜の定番料理。シンプルにトマトソースと合わせることが多い。

セコンドで外せないのが子羊で、ローマでは**アバッキオ**と呼ばれる。Abbacchio scottaditoは**薄切り(骨付き)肉のグリル**で、猟師風Abbacchio alla Cacciatoraはニンニク、ローズマリー、白ワインの**煮込み**。**サルティンボッカSaltinbocca alla Romana**は生ハムをのせた**子牛肉のソテー**。Saltinboccaとは口に飛び込むの意味で、それほどおいしいとか……。

たっぷりのペコリーノチーズと手早くあえたトンナレッリはローマの味

数あるローマ名物のなかでもアバッキオのグリルは絶品だ

教皇庁をはじめ、富裕階級の食を支えるため大きな屠殺場があったことから、その残り物を利用した臓物料理もローマ名物のひとつ。**トリッパのトマト煮Trippa alla Romana**や、**オックステールのトマト煮込みCoda alla Vaccinara**が定番だ。

魚料理では、大型のエビはローマ方言で**マッツァンコッレ**と呼ばれ、グリルMazzancolle alla Grigliaが人気。**アサリのスパゲッティSpaghetti alle Vongole**や**ムール貝Cozze**も定番だ。

大きなアサリが入っているものがローマの定番名物

ローマのお菓子の代表がブリオッシュにたっぷりの生クリームを挟んだ**マリトッツォMaritozzo**。これはパン店や菓子店で。レストランのデザートで特にローマ風というものはないが、**ジャムを使ったパイCrostata**、**リコッタチーズのタルトTorta di Ricotta**、**ティラミスTiramisù**、**パンナコッタPannacotta**など各種、各地のデザートが味わえる。

昔からローマでワインといえば、**白のフラスカーティFrascati**。さわやかなカジュアルワインだ。赤なら**チェサネーゼ・デル・ピーリオCesanese del Piglio**がおすすめ。ブドウ本来の味わいが生きた歴史あるワインだ。

ラツィオ州内生産の赤ワイン、シラーは人気上昇中

老舗カフェでおみやげゲット
アンティコ・カフェ・グレコ(→P.135)では店で出しているオレンジがトレードマークのエスプレッソカップ、サンテウスタキオ(→P.135)ではコーヒー豆、バビントン(→P.135)ではオリジナルの紅茶茶葉など、ショップを兼ねているカフェも多いので、のぞいてみよう。

イタリアの家庭雑貨がおもしろい

イタリアのおもなデパート

●リナシェンテ Rinascente
トレヴィの泉から徒歩5分の店がアクセスも便利。
住 Via del Toritone 61
☎ 02-91387388
営 10:00～21:00、土10:00～22:00
交 地下鉄Barberini駅から徒歩5分
URL www.rinascente.it
MAP P.64-B2

●コイン Coin
品揃えが充実しているのはサン・ジョヴァンニ駅すぐの店舗。
住 Piazzale Appio 7
☎ 06-7080020
営 10:00～20:00
URL www.coin.it/it-it
交 地下鉄A・C線San Giovanni駅から徒歩すぐ
MAP P.59-B4

■キュートなローマファッションを

イタリア中を旅行して驚くのがイタリア人のファッションセンスのすばらしさ。カジュアルでもシックな装いでも、ちょっぴりセクシーでキュートなローマっ子のファッションには脱帽だ。町を歩いておしゃれを盗んだら、あなたもイタリアファッションに身を包んで陽気なローマっ子の仲間入り。

ローマでは超高級品からおしゃれな小物まで何でも揃うし、何よりもイタリア中で一番安くてよいものが手に入る。ここで買い物しなかったら後悔するはず。イタリアのバーゲンセールSaldiのシーズンは年2回、冬は年明けから約1ヵ月、夏は7月上旬から8月いっぱいだ。各店によって期間は違うけれど、店中に張り紙がいっぱいなのですぐわかる。人気のお店には朝早くから行列ができるほどだ。専門店ではむやみに商品を棚から引っぱり出さないこと。まずは自分の希望を言って商品を見せてもらおう。営業時間は9:00～13:00、16:00～20:00などと昼休憩を挟み、日曜や月曜の午前中は休業という店も多い。ただ、観光客が多く集まるエリアのショップを中心に通しで営業するところも増えてきた。ちなみに衣服と靴はイタリアサイズ(→P.570)。フランスサイズとは異なる。

■食料品専門店かから大手デパートまで

専門店が発達しているイタリア。トリノ発の総合食品マーケットであるイータリー(→P.144)はローマ市内に2店舗。ローマ・オスティエンセ店が国内最大級だが、2023年にテルミニ駅にもオープンしぐっとショッピングがラクに。輸入食品も取り扱うカストローニ(→P.144)やロショーリ(→P.144)などもおすすめ。

日本のデパートに似た雰囲気でやや高級なのがリナシェンテRinascenteとコインCoinだ。イタリア製ならではのカラフルな台所用品、シックなひげ剃り、髪飾りと掘り出しものがいっぱい。イタリア人の日常生活を知るためや、おみやげに悩んでる人には最適。

ローマのショッピングエリア

●ナツィオナーレ通り　Via Nazionale
地下鉄A線Repubblica駅上の共和国広場からヴェネツィア広場方面へと延びる約1㎞の通りに、お店がぎっしり並ぶ。高級ブティックから大安売りのお店まで、まるで横に長いデパートみたいだ。

●オッタヴィアーノ通り　Via Ottaviano
地下鉄A線Ottaviano駅で下車し、サン・ピエトロ広場に向かう通りだ。クラブミュージックをガンガンにかけた店内では10代の女の子が友達と試着しながら、おしゃれ研究に余念がない。若者向けのカジュアルな洋服がどのショーウインドーにもぎっしりだ。

●コーラ・ディ・リエンツォ通り　Via Cola di Rienzo
ヴァティカン市国そばのリソルジメント広場からポポロ広場までの並木道にあるショッピング街だ。高級ブティックから庶民的なお店までゆったり並び、散歩しながら買い物する雰囲気だ。

●チネチッタ・ドゥーエ　Cinecittà Due
地下鉄A線Subaugusta駅もしくはCinecitta駅下車。スーパーマーケットをはじめ、ファッションからコスメ、デパートまで多くの店が並ぶ一大ショッピングセンター。レストランやファストフード店も揃うので、1日中遊べる施設だ。

コーラ・ディ・リエンツォ通りの屋台は充実の品揃え

●若者中心のコルソ通り

世界的に有名なファストファッションの店が勢揃いするコルソ通りは、ブランドショップが並ぶコンドッティ通りとの差別化が著しい。若者のみならず、最近では世代を超えて人気だ。イタリア風にコーディネートされたザラやエイチ・アンド・エムは見逃せないし、手頃な値段でイタリア生まれの靴やバッグ店の進出が多い。

エイチ・アンド・エム【カジュアル】

P.141 ⑩

H&M

プチプラの代表ブランド

プチプラで流行のものが必ず見つかるH&M。スウェーデンのブランドで世界各国に多数の店舗を構える。ディスプレイされた商品も日本とはまたひと味違うセンスで新鮮。たくさんある商品からお気に入りを見つけよう。

URL www2.hm.com/it_it
住 Via del Corso 422
☎ 800-599155
営 9:30～21:00
休 一部の祝日
C A.M.V.
交 地下鉄A線Spagna駅から徒歩8分

ザラ【カジュアル】

P.64-B1

Zara

世界各地で安定の人気

スペイン発祥ブランドのザラ。日本でもプチプラで高見えするものが多いと安定した人気を誇る。リバティ様式のパラッツォにあるローマーの規模を誇る大店舗。イタリアでしか売っていない商品も多数あるのでぜひチェックを。キッズもあり。

URL www.zara.com/it
住 Via del Corso 189
☎ 02-38287155
営 10:00～21:00
休 一部の祝日
C A.M.V.
交 地下鉄A線Spagna駅から徒歩11分

アルド【靴】

P.64-B1

Aldo

日本未上陸のシューズブランド

イタリアで店舗急増中のカナダ発シューズブランド。流行を取り入れつつシンプルで女性らしいデザインが多く、その履き心地の安定感も人気の理由。小物やメンズも充実。セール時は最大50%オフにもなる時も。

URL www.aldoshoes.com
住 Via del Corso 162/163
☎ 06-69924803
営 10:00～20:00
休 一部の祝日
C A.M.V.
交 地下鉄A線Spagna駅から徒歩9分

カルツェドニア【靴下】

P.64-B1

Calzedonia

足元のおしゃれはローマ風で

日本にも店舗があり、じわじわと知名度の上がってきているレッグウエアショップ。定番商品のほかにもユニークでセクシーなレッグウエアが豊富。かわいいビーチウエアやランジェリーは女子心をくすぐられる。ローマ市内に複数店舗あり。

URL www.calzedonia.com
住 Via del Corso 106
☎ 06-69925436
営 9:30～20:30
休 一部の祝日
C A.M.V.
交 地下鉄A線Spagna駅から徒歩7分

バッレレッテ【靴】

P.64-B1

Ballerette

人気上昇中！ローマ発シューズブランド

2015年創業。100%イタリア製にこだわった近年話題のお店。メインはバレエシューズなどのフラット。多種多様のデザイン、イタリアならではの豊かなカラーバリエーションが美しい。バッグやベルトなどファッション小物類も豊富。

URL www.ballerette.com
住 Via del Gambero 22
☎ 06-69310372
営 10:00～20:00
休 一部の祝日
C A.D.J.M.V.
交 地下鉄A線Spagna駅から徒歩8分

ローマのショッピングガイド

●コンドッティ通りとスペイン広場のブティックガイド

高級ブランドのブティックは、スペイン広場前のコンドッティ通りとこれに並行するボルゴニョーナ通り、フラッティーナ通りに集中している。有名ブランドのお店でもバーゲン期間を設けることがあるが、ときには流行遅れの品もあるので、まずはウインドーショッピングをして目を養ってから出かけよう。また、コルソ通りの東側に位置するサン・ロレンツォ・イン・ルチーナ広場 Piazza S. Lorenzo in Lucinaには、ルイ・ヴィトンの大型店舗などがあり、注目のスポットだ。

プラダ【ブランド】

P.141 ❶

Prada

人気ブランドの新ショップ

スペイン広場に面した貫禄ある店舗。メンズ(Uomo)とレディース(Donna)で入口が分かれており、新作から話題の品までトータルな品揃え。ポコノ(ナイロン素材)の種類も豊富。スタッフもフレンドリーで親切だ。

URL www.prada.com/it
住 Via dei Condotti 88/90 (Uomo)、92(Donna)
☎ 06-6790897
営 10:00～19:30
休 無休　C A.D.J.M.V.
交 地下鉄A線Spagna駅から徒歩3分

グッチ【ブランド】

P.141 ❷

Gucci

クール・モダンがグッチの身上

ローマのフラッグシップストア。1階にはバッグやスカーフなどの人気のアイテムが並ぶ。2階は、靴やウエアで試着スペースもゆったり取られている。店内の美しくてカラフルなディスプレイやインテリアにも注目したい。

URL www.gucci.com/it
住 Via dei Condotti 8
☎ 06-6790405
営 10:00～19:00、金・土10:00～19:30
休 無休　C A.D.J.M.V.
交 地下鉄A線Spagna駅から徒歩3分

ルイ・ヴィトン【ブランド】

P.141 ❸

Louis Vuitton

永遠の人気、L.V.マーク

世界中どこでもほとんど値段が変わらないルイ・ヴィトンだから、タックス・リファンドを利用して賢くショッピングしよう。世界中からの観光客用に品揃えは豊富で一見の価値あり。サン・ロレンツォ・イン・ルチーナ広場にも大型店舗あり。

URL it.louisvuitton.com
住 Via dei Condotti 13
☎ 020-06608888
営 10:00～19:30、日10:30～19:30
休 無休
C A.D.J.M.V.
交 地下鉄A線Spagna駅から徒歩3分

サルヴァトーレ・フェラガモ【ブランド】

P.141 ❹

Salvatore Ferragamo

完璧な履き心地の靴が勢揃い

レディースメインのショップで、メンズは同じ通りの65番地にある。飽きのこないデザインと完璧なシルエット。日本で超有名なフェラガモの代表作ヴァラだけではない、フェラガモのエレガントな靴を探してみたい。

URL www.ferragamo.com/it-it
住 Via dei Condotti 73/74
☎ 06-6791565
営 10:00～19:30
休 月
C A.D.J.M.V.
交 地下鉄A線Spagna駅から徒歩4分

マックス・マーラ【ブランド】

P.141 ❺

Max Mara

すべてのラインが揃う本店

マックス・マーラ、スポーツ・マックスなどの6つのラインが部屋ごとに分かれ、充実した品揃え。マックス・マーラのファンには必訪の本店だ。ローマ本店の品揃えは、特に充実。近くにはウィークエンド・マックス・マーラもある。

URL it.maxmara.com
住 Via dei Condotti 17-18-18/A
☎ 06-69922104
営 10:00～19:30
休 一部の祝日
C A.D.J.M.V.
交 地下鉄A線Spagna駅から徒歩4分

ゼニア【ブランド】 P.141 ❻

Zegna

コンサバなイタリア男性御用達

服地メーカーだったゼニアは、派手さはないが長く着られるデザインが魅力のメンズブランド。イタリア式の対面販売が健在で、体にフィットしたスーツを店員と相談して選ぶ楽しさが味わえる。フィウミチーノ空港にも店舗がある。

URL www.zegna.com/it-it
住 Via Borgognona 7E
☎ 06-69940678
営 10:30～19:30、日10:00～19:00
休 月
C A.D.J.M.V.
交 地下鉄A線Spagna駅から徒歩4分

モンクレール【ブランド】 P.141 ❼

Moncler

おしゃれな高級ダウンなら

高級ダウンメーカーとしてフランスで生まれ、ミラノに本拠地をおくメーカー。店舗は広くないので、行列ができることも。カタログから欲しいものを伝えると倉庫から出してもらえる。徒歩3分の場所(住Via del Babuino 77)にも店舗あり。

URL www.moncler.com/en-it
住 Piazza di Spagna 77
☎ 06-69940292
営 10:30～19:30、日11:00～19:00
休 一部の祝日
C A.D.J.M.V.
交 地下鉄A線Spagna駅から徒歩2分

フルラ【ブランド】 P.141 ❽

Furla

ローマの旗艦店がここ!

日本でもすっかりおなじみのボローニャ生まれのフルラ。スペイン階段横にあるローマのフラッグショップ。カジュアルからシックなバッグはもちろんのこと小物やアクセサリーも揃う。ヴァティカン市国近くにも小さな店舗を構える。

URL www.furla.com/it
住 Piazza di Spagna 22
☎ 06-6797159
営 10:30～19:30
休 一部の祝日
C A.D.J.M.V.
交 地下鉄A線Spagna駅から徒歩1分

ディーゼル【ブランド】 P.141 ❾

Diesel

イタリアン・カジュアルの代表

高級カジュアルとして人気の高いディーゼル。スペイン広場に2015年に大型店舗をオープン。デニムをはじめレディス・メンズ、キッズのウエア、バッグ、アクセサリーなど豊富な品揃え。店内はディーゼルらしい斬新な雰囲気。

URL it.diesel.com
住 Piazza di Spagna 18
☎ 06-6786817
営 11:00～19:00
休 一部の祝日
C A.D.J.M.V.
交 地下鉄Spagna駅から徒歩1分

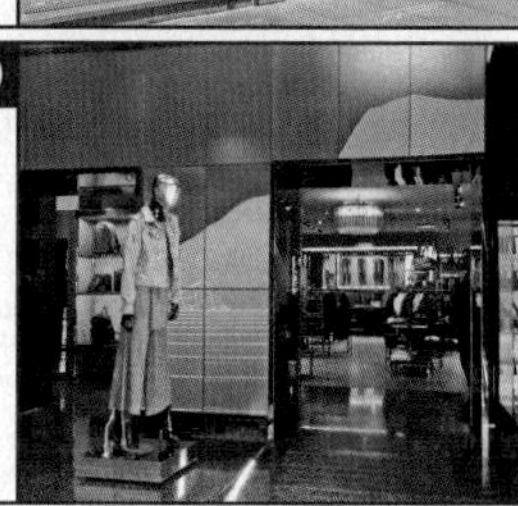

コンドッティ通り Via Condotti 周辺

カロッツェ通り Via della Carrozze
コルソ通り
エイチ・アンド・エム ❿
フェンディ
Largo Goldoni
マックス・エ・コ
ドルチェ&ガッバーナ
トッズ
ベルシアーナ通り
ティファニー
ボッテガ・ヴェネタ
アレキサンダー・マックイーン
フェラガモ(メンズ)
ボッカ・ディ・レオーネ通り
エルメス
ジミー・チュウ
サルヴァトーレ・フェラガモ ❹
マリオ・デイ・フィオーリ通り
ジョルジオ・アルマーニ
カルティエ
ダミアーニ
カフェ・グレコ
プラダ ❶
モンクレール ❼
ロエベ
エミリオ・プッチ
シャネル
ヴェルサーチェ
Spagna M
❾ ディーゼル
B
❽ フルラ
スペイン広場 Piazza di Spagna
コンドッティ通り Via Condotti
Via del Corso
ロレックス
Via Belsiana
ロロ・ピアーナ
セリーヌ
Via Bocca di Leone
❺ マックス・マーラ
ヴァンクリーフ
❸ ルイ・ヴィトン
Via Mario del Fiori
ブルガリ
❷ グッチ
ディオール
バレンシアガ
❻ ゼニア
ボルゴニョーナ通り Via Borgognona
N
0 80m

ローマのショッピングガイド

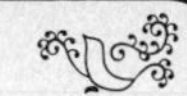

●首都ローマで探すイタリアみやげ

ブランドのフラッグシップだけではなく、雑貨から食料品までさまざまなみやげものが揃うローマ。まずは、美食の国ならではの調理器具やキッチン雑貨探し。老舗のワイン商では思い出のワインを。続いて文具店では、イタリアンカラーあふれる逸品を見つけたい。伝統の紙製品やアンティーク版画もこの町ならでは。自分へのごほうびに奮発するのもよいだろう。ローマ三越のクローズは残念だが、デパートチェーン、コインの高級ライン「コイン・エクセルシオール」(→P.143)やリナシェンテ(→P.138)を要チェック。

ビアレッティ【キッチン雑貨】

P.63-A3

Bialetti

コーヒーマニア必見

直火式コーヒーメーカーで有名なビアレッティ。店内にはカラフルなエスプレッソのコーヒーメーカーが並ぶ。コーヒーカップはもちろんキッチングッズも豊富。イタリアらしいセンスのよさとお手頃な価格帯がうれしい。

URL www.bialetti.com
住 Piazza Cola di Rienzo 82/b
☎ 06-92081885
営 9:15～20:00
休 一部の祝日
C A.M.V.
交 地下鉄A線Lepanto駅から徒歩5分

クチーナ【キッチン雑貨】

P.64-A1

c.u.c.i.n.a.

お料理好きに

細長い店内には料理道具、カトラリー、リネン類などキッチングッズがいっぱい。チーズおろしなどイタリアならではのものを探すのも楽しい。手頃なおみやげ探しに最適。インスタグラム(@cucinastore)で商品ラインアップを検索。

住 Via Mario de' Fiori 65
☎ 06-88797774
営 10:30～19:30、金・日11:30～19:30
休 月、1月1日、復活祭とその翌月曜、8月15日、12月25・26日
C A.D.J.M.V.
交 地下鉄A線Spagna駅から徒歩3分

ファブリアーノ【紙製品】

P.64-A1

Fabriano

紙製品の老舗

1200年創業の紙製品の専門店。かのラファエッロやダ・ヴィンチも愛用したという。明るい店内にはカラフルなノート、手帳、革製品などが並ぶ。旅ノートやワインノートなども楽しい。クリスマスカードなど季節限定アイテムもおすすめ。

URL www.fabrianoboutique.com
住 Via del Babuino 173
☎ 06-32600361
営 10:00～20:00
休 1月1日、12月25日
C A.J.M.V.
交 地下鉄A線Spagna駅から徒歩3分

アンティクアリウス・ステファーノ・ビフォルコ【版画】

P.63-B4

Antiquarius Stefano Bifolco

アンティーク版画をおみやげに

アンティーク版画の専門店。扱っているのはすべてオリジナルで1400年代～1800年頃のもの。古いローマの町並みの版画はインテリアのグレードアップ間違いなし。価格帯は€50～300まで幅広く、2～3日あれば額入れ€500前後も可能。

URL www.antiquarius.it
住 Corso Rinascimento 63
☎ 06-68802941
営 10:00～13:00、15:30～19:00
休 土・日、8月
C A.D.M.V.
交 ナヴォーナ広場から徒歩1分

ヴェルテッキ【文具】

P.64-A1

Vertecchi

品揃え豊富な有名文具店

イタリア製のシステム手帳や万年筆から、画材やデザイン用品まで。カード類、ラッピングペーパー、メモパッド、キッチン用品、ローマらしいノートなども揃い、手頃なおみやげ向けの商品も充実しているのがうれしい。

URL www.vertecchi.com
住 Via della Croce 70
☎ 06-3322821
営 10:00～19:30、日11:00～19:30
休 一部の祝日
C A.M.V.
交 地下鉄A線Spagna駅から徒歩5分

カンポ・マルツィオ【文具】

P.64-B1

Campo Marzio

おしゃれなペンの専門店

万年筆をはじめとするペンの専門店。明るい店内にはペン先、筆、インク、手帳などの文具が並ぶ。技術とデザインの粋を集めた高級万年筆からおみやげにも最適なおしゃれなペン(€20〜)まで揃う。

URL www.campomarzio.it
住 Via di Campo Marzio 41
☎ 06-68807877
営 10:30〜19:30
休 8月15日
C A.D.J.M.V.
交 地下鉄A線Spagna駅から徒歩10分

イル・ビゾンテ【ブランド】

P.64-B2

Il Bisonte

ハンドメイドの皮革製品が揃う

ナチュラルな革を使い職人がハンドメイドで作り上げたバッグやレザーグッズが揃う。世界中に店舗を構える人気ブランド。商品は上質で、触れただけであたたかみを感じる。日本より2〜3割程度安く購入できるのも魅力。

URL www.ilbisonte.com
住 Via Borgognona 13
☎ 06-68808097
営 10:30〜19:00、日・祝11:00〜19:00
休 1月1日、復活祭とその翌日、8月15日、12月25・26日
C A.D.J.M.V.
交 地下鉄Spagna駅から徒歩4分

ベネトン【カジュアル】

P.63-A3

Benetton

イタリア・カジュアルならベネトン

明るい店内にはベーシックで着心地のよい服が並ぶ。シンボルでもあるカラフルな色使いは創業者の"明るい気持ちになってほしい"という思いから。キッズも充実していてファミリーショッピングに最適。コルソ通りなどにも店舗あり。

URL it.benetton.com
住 Via Cola di Rienzo 193/209
☎ 06-3200592
営 10:00〜20:00
休 一部の祝日
C A.D.J.M.V.
交 地下鉄A線Lepanto駅から徒歩9分

コイン・エクセルシオール【デパート】

P.63-A3

Coin Excelsior

高級感あるデパート

Coin Excelsiorとしてより高級感ある店舗に生まれ変わった。1階は化粧品とティファニー。特に注目は、地下の家庭雑貨などを扱うカーサCasa売り場。イタリアらしい雰囲気いっぱいの品目で充実。スーパー La Esseも入る。

URL www.coin.it
住 Via Cola di Rienzo 173
☎ 06-36004298
営 10:00〜20:00
休 一部の祝日
C A.D.J.M.V.
交 地下鉄A線Lepanto駅から徒歩8分

トリマーニ【酒屋】

P.65-B4

Trimani

ワインを買うなら専門店で

1821年創業、ローマ有数のワインショップ。店内には地域、種類別などに並んだワインなどが約5000種も揃う。手頃な価格から貴重なビンテージまであり、店員さんのアドバイスも的確なので相談してみよう。

URL www.trimani.com
住 Via Goito 20
☎ 06-4469661
営 9:00〜20:30
休 日、一部の祝日
C A.D.J.M.V.
交 テルミニ駅から徒歩7〜8分

ラ・エッセ【スーパー】

P.64-B1

La Esse

立地抜群のスーパー

市内中心部で比較的新しいスーパー。1階はスタンディングのカフェ、2階は開放的なテラス席を併設しており、ランチからディナーまで幅広く楽しめるようになっている。デリやワインの種類が豊富なので、持ち帰ってご飯にもぴったり。

URL www.esselunga.it
住 Via Tomacelli 25
☎ 06-68139887
営 8:00〜21:00
休 一部の祝日
C A.M.V.
交 地下鉄A線Spagna駅から徒歩9分

ローマの食料品専門店へ行こう！

イタリアみやげといえば、オリーブオイルにワインにパスタ……。食料品を購入して帰ろうという人も多いだろう。

日本でもおなじみになってきた**イータリー**。テルミニ駅にもでき（→P.17）、ぐっとアクセスしやすくなったが、イタリア最大の店舗は**ローマ・オスティエンセ駅**Roma Ostienseにある。地下鉄で訪れると場所が少々複雑。ローマ・テルミニ駅からは、地下鉄B線に乗ってピラミデ駅Piramide下車。先頭車両側の出口を出て地上に出ると、後方に鉄道駅のローマ・オスティエンセ駅が見える。そのまま駅に向かい、ホーム手前の地下通路に降りる。道なりに駅構内を抜けて一番奥の出口を上がると、イータリーの大きな建物が見えてくる。

各階にあるイートインスペース。ビールを中心としたビッレリアもある

各階には食品売り場のほか、キッチングッズのコーナーやイートインのレストランやバールも併設。1階は野菜や果物、2階にはオリーブオイルやバルサミコ酢などところ狭しと調味料が並ぶのは圧巻。3階にはワインコーナーがある。

おみやげ探しはもちろん、夜遅くまで営業しているので、食材の散策がてらご飯を食べにいくという使い方もおすすめだ。イートインは、ピッツァ、揚げ物、ジェラートなどさまざまに分かれていて、買い物のカートを横に置いて食事ができるのも便利。商品は最後に出口付近のレジで精算できる。

輸入食品も揃う店といえば、**カストローニ**。ヴァティカン周辺で、最も有名な高級食料品店だ。スペイン広場近くにも支店があり（住Via Frattina 79）、こちらの方が利用しやすいという人も多いだろう。店内には高級オリーブオイルやパスタ、瓶詰めされた魚のオイル漬けをはじめ、イタリアンやフレンチからオリエンタルフーズまで充実の品揃えで、コーヒー豆も地元の人に人気が高い。

それ以外にも、リストランテやパスティッチェリア、サルメリアなどがぎゅっとひとつのエリアに固まる**ロショーリ**Roscioliもおすすめ。サルメリア・ロショーリには、チーズやジャム、パスタ、調味料など宿に持ち帰って味見をしたり、みやげものになりそうな食料品がたくさん。店内ではワイン片手にローマの郷土料理もいただける。

圧倒的なスケールのワイン広場。オリーブオイルやパスタなどイタリアならではの食材は見て回るのが楽しい！

棚にところ狭しとさまざまな商品が並ぶカストローニ

同じエリアに複数店を構えるロショーリ。カルボナーラに定評がある

●イータリー・ローマ
Eataly Roma
住 Piazzale XII Ottobre 1492
☎ 800-975880
営 9:00～24:00
休 一部の祝日　C A.D.J.M.V.
交 地下鉄B線Piramide駅から徒歩13分
URL www.eataly.net/it_it/negozi/roma
MAP P.59-C3

●カストローニ　Castroni
住 Via Cola di Rienzo 196
☎ 06-6874383
営 8:30～20:00、日9:30～20:00
休 一部の祝日　C A.J.M.V.
交 地下鉄A線Ottaviano駅から徒歩9分
URL www.castronicoladirienzo.com
MAP P.63-A3

●サルメリア・ロショーリ
Salumeria Roscioli
住 Via dei Giubbonari 21
☎ 06-6875287
営 9:00～23:30、レストラン12:30～15:30、19:00～23:30
休 一部の祝日　C M.V.
交 ナヴォーナ広場から徒歩7分
URL www.roscioli.com
MAP P.67-A4

ローマのホテルガイド

世界的な観光地ローマには、世界中の人が憧れる豪華なホテルから、エコノミー旅行者用のホテルやホステル、ドミトリー（相部屋）まで充実している。加えて、宗教施設の経営する女性やファミリー向けのホステルや個性的なB&Bなど、宿泊施設の種類の多さでも群を抜く。一般的に快適に過ごせるというレベルなのは、3〜4つ星ホテル。宿泊代を抑えたい旅行者には、1〜2つ星ホテルやホステルを。ただ、ここ最近は円安の影響でドミトリーでも高くつくことも。コストパフォーマンスに優れた宿を探そう！

■ローマの地域別ホテル案内

旅行者の利便性を第一に考えると、3〜4つ星から安宿やホステルまで多くの宿が軒を連ねる、**テルミニ駅周辺**がおすすめ地域だ。駅の中含め手頃なレストランや庶民的なショッピング通りが近くにある一方で、夜の治安にはいささか不安が残る。そこで、編集部がおすすめするエリアのひとつは、テヴェレ川とコルソ通りに挟まれた**ナヴォーナ広場周辺**。地下鉄の駅からは離れるが、古きよきローマの面影を残しつつ、ヴァティカン市国やパンテオンは徒歩圏内だし、体力に自信があればスペイン広場やトラステヴェレ周辺にも歩いて行ける。経済的な宿は少ないものの、アクセスのよさが抜群だ。もうひとつ、ヴァティカン市国を囲むように走る**地下鉄A線レパントLepanto駅からヴァッレ・アウレリアValle Aurelia駅周辺**には、手頃な料金で泊まれるこぢんまりとしたB&Bやレジデンスが増えている。質のよい3〜4つ星ホテルも多く、周囲には地元の人々が通うトラットリアやピッツェリアが多いのも魅力的だ。

■ローマの宿泊、安い時期は？

ローマの場合には、あまり安い時期はない。強いて**オフシーズンをいえば、11〜2月**になる。この時期うまくすると、かなりの割安な値段で泊まれる可能性がある。部屋数が多い4つ星のチェーンホテルや団体旅行客向けのホテルに泊まるのも手だ。節約派は最近増加中のモダンなホステルを探そう。ニューオープンの宿ならドミトリーでも比較的衛生面が安心。

高級ホテルのオープンラッシュ！

2021〜2023年にかけてグローバルブランドの4〜5つ星ホテルが続々開業したローマ。ダブル・ツリー・バイ・ヒルトン・ローマ・モンティ Double Tree by Hilton Rome Montiに始まり、ダブリュー・ローマ W Romeやシックス・センスズ・ローマ Six Senses Romeなど。そして満を持して、2023年6月にブルガリ・ホテル・ローマがオープン（→P.146）。ブルガリはローマが本拠地の高級ブランドだが、イタリア国内では、ひと足先にミラノにオープン（→P.235）していた。泊まらずともホテルのラウンジやレストランを利用して雰囲気を味わいたい。

シャトルバスや空港送迎も視野に入れよう

2024年3月現在、日本からローマへのITAエアウェイズ直行便は夜着。レオナルド・エクスプレス（→P.55）やバスを利用するのが一番リーズナブルだが、大きな荷物を持ってスリを警戒しながら移動するのが心配な人は空港送迎サービス（€60〜80程度）やシャトルバスを運行している宿に泊まるのも手だ。通常、タクシーに乗ると空港⇔市内は€50。それに比べると多少割高だが、まれに心無いタクシーの運転手に当たってしまうと初日から嫌な思いをすることも（→P.76）。何より到着口で名前を掲げて待ってくれ、宿に直行、チェックインできるのは有り難い。複数で乗って割れば安く上がるので、よりよい方法を検討してみて。

ローマ市滞在税　Contributo di Soggiorno

ローマのホテルに宿泊の際、1泊当たりひとり最大€10、最長10泊まで課税され、10歳未満は免除。現金または宿泊代と合わせてカードで、直接ホテルへの支払いとなるので、チェックアウト時に慌てないように準備を。

このほか市立美術・博物館の入館、観光バスを利用したときなどにも適用され、税はローマを訪れる観光客のサービスの向上や観光PRに利用されるとのこと。

個人手配で直接予約をした場合、ホテル・バウチャーを利用する場合やパッケージツアーのいずれでも課金。日本でバウチャーを購入したりツアーなどで宿泊料金を前払いした場合も同様（旅行会社により異なる）。購入時や申し込み時に確認を。

宿泊施設と滞在税	
1つ星ホテル	€4
2つ星ホテル	€5
3つ星ホテル	€6
4つ星ホテル	€7.50
5つ星ホテル	€10
B&B、Ostello、貸し部屋 Affittacamera/Casa Vacanza	€5〜7
アグリトゥーリズモ Agriturismi レジデンス Residenza	€6
キャンプ場 Campeggi	€3

※2023年7月改訂

地球の歩き方　ローマの注目ホテル

イタリアのチェーンホテルと高級ホテルの進出が見られる最近のローマ。まず紹介する2軒の5つ星ホテルは、いずれもイタリアを代表するローマ発祥のブランドが運営する宿。少々値段は張るが、新婚旅行や特別な日の思い出にはぴったり。さすがに泊まるのは……という人でも、レストランやショップなどで雰囲気を味わってみて。また、クラシックな邸宅ホテルやイタリアンテイストのセンスにあふれるデザイナーズホテルも増えてきた。

スペイン広場周辺

★★★★★ ブルガリ・ホテル・ローマ P.64-A1

Bulgari Hotel Roma

2023年にオープンしたブルガリ・ホテルのイタリア2号店。アウグストゥス帝の廟の向かいに位置し、スペイン広場やポポロ広場、ヴァティカン方面にもアクセスがよい立地も魅力のひとつ。大理石を用いたクラシックなバスルームやイタリアのブランド家具が配置された部屋は贅沢な空間だ。館内には5つのダイニングがあり、リストランテからバー、ルーフトップテラス、アフタヌーンティーがいただけるロビーラウンジまで幅広い。1階のパスティッチェリア「ブルガリ・ドルチ・ブティック」にはチョコレートやペストリーが並ぶ。

URL www.bulgarihotels.com

住 Piazza Augusto Imperatore 10
☎ 06-36080400
TB €1450～
JS €2500～
室 114室　朝食込み W-Fi
C A.J.M.V.
交 地下鉄A線Spagna駅から徒歩9分

★★★★★ フェンディ・プライベート・スイーツ P.64-B1

Fendi Private Suites

もともとは貴族の邸宅だったというローマ本店「パラッツォ・フェンディ」の建物に併設するブティックホテル。部屋数を抑え、静かで落ち着いた雰囲気ときめ細かなサービスに定評がある。全7室のスイートルームはフェンディのインテリアラインであるフェンディ・カーサで統一しており、上質なバスリネンがうれしい。どの部屋も広々としていて、複数人で宿泊する際にはコネクティングルームにすることもできる。日本食チェーンのズマ・レストランが入居しているので、旅の途中で胃が疲れてきたときにも助かる存在だ。

URL www.fendiprivatesuites.com

住 Via della Fontanella di Borghese 48
☎ 06-97798080
TB €740～
JS €680～
室 7室　朝食込み W-Fi
C A.D.J.M.V.
交 地下鉄A線Spagna駅から徒歩8分

ボルゲーゼ公園周辺

★★★★ ローズ・ガーデン・パレス P.61-C3

Rose Garden Palace Rome

ヴェネト通りにほど近く、アメリカ大使館近くにある、1900年代初頭の邸宅を全面改装した静かなホテル。ロビーにはモンセラムが天井に延び、その上に空が広がる。グリーンと現代彫刻がマッチした開放的なロビーが印象的。ホテルの名前どおり、季節にはバラが咲くテラスレストランを併設。ビュッフェ形式の朝食もここで。客室はシンプルだがモダンで機能的。バスタブ付きの部屋もあるので、予約の際にリクエストしよう。スパやジムのほか、地下のプールなど設備も充実している。

URL www.rosegardenpalaceroma.com

住 Via Boncompagni 19
☎ 06-421741　Fax 06-4815608
TB €200～　JS €330～
室 65室　朝食込み W-Fi
C A.D.J.M.V.
交 地下鉄A線Barberini駅から徒歩10分

邸宅ホテルとデザイナーズホテル。どちらを選ぶかはお好みだが、ここではローマの4つ星と3つ星ホテルのおすすめを紹介。ボルゲーゼ公園に続くヴェネト通りは、ローマ随一の高級ホテル街。ローズ・ガーデンはモダンなセンスが光り、ヴィッラ・ピンチアーナは我が家のような居心地のよさがある。3つ星のホテル2軒は食事や内装の雰囲気、緑いっぱいの庭付きなど、ローマでも高評価なところ。なるべく早い予約を心がけよう。

ボルゲーゼ公園周辺

★★★★ ヴィッラ・ピンチアーナ P.61-C3

Villa Pinciana

ヴェネト通りからほど近く、ヴィッラが続く静かな住宅街にある邸宅ホテル。1900年代初頭の小さなヴィッラを改装し、2009年にオープン。白亜の邸宅は、どこか私邸に招かれたような気分にさせてくれる。客室は、邸宅にふさわしくシックで優雅な雰囲気。シングルルームに加えてトリプルルームまで人数に応じて部屋のバリエーションがある。ヴィッラの周囲には気持ちのよい庭園が広がり、夏にはここで朝食がサーブされる。アペリティーヴォにもおすすめだ。無料の駐車場を併設している。

URL www.hotelvillapinciana.com

住 Via Abruzzi 11
☎ 06-42016747
SB TB €220～
室 25室　朝食込み W-F
C A.D.J.M.V.
交 地下鉄A線Barberini駅から徒歩13分

テルミニ駅周辺

★★★ カナダ P.65-B4

Hotel Canada

伝統あるパラッツォに最新の設備が整ったホテル。エレガントな家庭のサロン風のロビーや落ち着けるバーもありイタリア人の宿泊が多い。イタリアらしいクラシックさと現代的なデザインが組み合わされた客室は、天井が高く、清潔で居心地がよく広め。スタンダードでもスーツケースが開けられるスペースがある。バスタブ付きの客室もあり、アメニティが充実。明るい1階での朝食は定番の卵、ハム、サラミ類から果物、種類豊富なパンやお菓子類まで並び充実。スタッフもフレンドリー。地下鉄B線Castro Pretorio駅から1～2分。

URL www.hotelcanadaroma.com

住 Via Vicenza 58
☎ 06-4457770
Fax 06-4450749
SB €110～　TB €125～
室 70室　朝食込み W-F
C A.D.J.M.V.
交 テルミニ駅東口から徒歩7～8分

トラステヴェレ地区

★★★ サンタ・マリア P.67-A3

Hotel Santa Maria

古い町並みのトラステヴェレの一角、高い塀と緑で囲まれた隠れ家のようなホテル。15世紀の館とキオストロを利用し、庭園にはオレンジの木々がたわわに実をつけ、静かに影を落とす。客室は古きよき雰囲気とモダンの組み合わせで、ロフト付きの部屋やフレスコ画が残る部屋がある。スタッフも親切で、レストランの予約などにも対応してもらえる。無料の自転車のレンタルあり。ヴェネツィア広場からトラム8番、テルミニ駅からはバスH番（急行）が、トラステヴェレ入口のソンニーノ広場まで頻繁にある。

URL www.hotelsantamariatrastevere.it

住 Vicolo del Piede 2
☎ 06-5894626　Fax 06-5894815
SB €105～　TB €160～
室 20室　朝食込み W-F
C A.D.M.V.
交 S.M.トラステヴェレ聖堂から徒歩3分

★★★★ アルテミーデ　P.65-B3

Hotel Artemide

19世紀末のリバティ様式の館にある、優美でエレガントなホテル。ビジネス客の利用も多く、明るく快適な室内はリラックスできる。テラスがあるスイートルームも。イタリア人に人気の一軒。カフェ、レストラン併設。

URL www.hotelartemide.it

住 Via Nazionale 22
☎ 06-489911
Fax 06-48991700
SB €220〜
TB €275〜
室 85室　朝食込み W-F
C A.D.J.M.V.
交 地下鉄A線Repubblica駅から徒歩3分

★★★★ アルピ　P.65-B4

Hotel Alpi

独立広場のすぐ脇、19世紀の館を改装したホテル。部屋ごとに異なるインテリアはエレガントでクラシック。モダンなバスルームは使いやすく、ジャクージ付きの部屋もある。スタッフも親切でていねいだ。

URL www.hotelalpi.com

住 Via Castelfidardo 84
☎ 06-4441235
Fax 06-4441257
TB €120〜
3B €200〜
室 48室　朝食込み W-F
C A.D.J.M.V.
交 地下鉄B線Castro Pretorio駅から徒歩5分

★★★★ アンティコ・パラッツォ・ロスピリオージ　P.65-C3

Antico Palazzo Rospiliosi

16世紀の豪壮なパラッツォを改装したホテル。時の権力者や貴族が住んだ当時のままのように残された館は、天井が高く広々している。客室はクラシックな雰囲気にまとめられており、庭園やサロンも優雅だ。

URL www.hotelrospigliosi.com

住 Via Liberiana 21
☎ 06-48930495
Fax 06-4814837
SB €125〜
TB €140〜
室 39室　朝食込み W-F
C A.D.J.M.V.
交 テルミニ駅から徒歩8分

★★★★ アイキュー・ホテル　P.65-B3

IQ Hotel

日本のビジネスホテルのような雰囲気のホテル。モダンな客室はシャワーのみの場合が多いので、バスタブが好みなら予約時にリクエストを。ジムやサウナのほか、コインランドリーや電子レンジも利用できるのが便利。

URL www.hotelrospigliosi.com

住 Via Firenze 8
☎ 06-4880465
Fax 06-48930442
SB TB €155〜
室 88室　朝食付き W-F
C A.D.J.M.V.
交 地下鉄A線Repubblica駅から徒歩3分

★★★ コルンビア　P.65-B3

Hotel Columbia

テルミニ駅とオペラ座の間に位置し、観光や買い物にも便利。室内は明るくあたたかい雰囲気。バスタブ付きの客室は予約時にリクエストを。光が差し込むルーフガーデンでのビュッフェの朝食も好評。

URL www.hotelcolumbia.com

住 Via del Viminale 15
☎ 06-4883509
Fax 06-4740209
SS SB €190〜
TS TB €200〜
室 45室　朝食込み W-F
C A.D.J.M.V.
交 テルミニ駅から徒歩7分

★★★ アストリア・ガーデン　P.65-B4

Astoria Garden

テルミニ駅近く、静かで落ち着いたホテル。外観からはうかがえないが、緑の中庭があり、よい季節には中庭で朝食やお茶はもちろん、夜はアペリティーヴォも楽しめる。ジャクージ付きの部屋もある。

URL www.hotelastoriagarden.it

住 Via Vittorio Bachelet 8
☎ 06-4469908
Fax 06-4453329
SB €170〜
TS TB €180〜
室 16室　朝食込み W-F
C A.D.J.M.V.
交 テルミニ駅から徒歩8分

S シャワー共同シングル料金　T シャワー共同ツイン料金　D ドミトリー料金　SS シャワー付きシングル料金　SB シャワーまたはバス付きシングル料金　TB シャワーまたはバス付きツイン料金　3B シャワーまたはバス付きトリプル料金　4B シャワーまたはバス付き4人部屋料金　SU スイート　JS ジュニアスイート

★★★ ノルド・ヌオーヴァ・ローマ　P.65-B3

Hotel Nord Nuova Roma

長い歴史と心地よい雰囲気にあふれたホテル。ローマ国立博物館 マッシモ宮の向かいに位置し、周辺にはレストランやスーパーもある。客室は明るく清潔。ルーフガーデンがあり、アペリティーヴォを楽しめる。

URL www.hotelnordnuovaroma.it

住 Via Giovanni Amendola 3
☎ 06-4885441
Fax 06-46202795
SS €120～
TS €185～
室 153室　朝食込み W-F
C A.D.J.M.V.
交 テルミニ駅から徒歩5分

★★★ デザルティス　P.65-B4

Hotel Des Artistes

周囲にはトラットリアやセルフランドリーなどもあって、地下鉄駅も近く便利な立地。室内はクラシックな調度品に囲まれて明るい雰囲気。ルーフガーデンもあり、観光の途中にくつろぐのには最適だ。

URL www.hoteldesartistes.com

住 Via Villafranca 20
☎ 06-4454365
Fax 06-4462368
SS €105～
TS €115～
室 32室　朝食€10 W-F
C A.D.J.M.V.
交 地下鉄B線Castro Pretorio駅から徒歩3分

★★ オルランダ　P.65-C4

Hotel Orlanda

テルミニ駅近くの小規模なホテル。2つ星ながら、客室は雰囲気のあるモダンなインテリアで明るく、サービスも充実している。若々しいスタッフも感じがよい。公式サイトに連泊時などの割引情報あり。

URL www.hotelorlanda.com

住 Via Principe Amedeo 76
☎ Fax 06-4880124
SS €100～
TS €120～
室 17室　朝食込み W-F
C A.D.M.V.
交 テルミニ駅から徒歩5分

メチェナーテ　P.65-C4

Residenza Mecenate

4つ星ホテル「メチェナーテ・パレス」の系列で、チェックイン・アウトは隣接するホテルで行う。部屋にはジャクージ付きのバスタブがあり広々として快適。空港送迎（フィウミチーノ空港片道€65）も行っている。

URL www.residenzamecenate.com

住 Via Carlo Alberto 13
☎ 06-44702024
SS €120～
TS €130～
室 9室 W-F
C A.M.V.
交 テルミニ駅から徒歩9分

ザ・ローマハロー The RomeHello　P.65-B3

新しく近代的なホステルで、スタッフも親切。宿泊者が利用できるキッチンやダイニングスペース、ランドリーなど設備が充実している。男女共用と女性専用のドミトリーのほか、専用バスルーム付きの個室もある。

URL theromehello.com

住 Via Torino 45　☎ 06-96860070
D €45～　TS €110～
室 143床　朝食込み W-F
C A.D.J.M.V.
交 地下鉄A線Repubblica駅から徒歩3分

ジョー・アンド・ジョー Jo & Joe Roma　P.65-B3

モダンでスタイリッシュなインテリアの共用スペースや清潔な水回りなど、快適に過ごせるホステル。テルミニ駅も徒歩圏内。1階のレストラン＆バーで食事もできる。ドミトリーは収納スペースも広い。

URL www.joandjoe.com/roma

住 Via delle Quattro Fontane 113　☎ 06-45590522
D €55～
室 49床　朝食込み W-F
C A.V.
交 地下鉄A線Repubblica駅から徒歩5分

イエロースクエア・ローマ YellowSquare Rome　P.65-B4

ドミトリーは男女共用と女性専用があり、各ベッドに読書灯やコンセントが備わる。バスタオルも無料で提供しているのがうれしい。セーフティボックスも完備しているので安全。フィレンツェやミラノに系列あり。

URL yellowsquare.it

住 Via Palestro 51　☎ 06-4463554
D €50～
TS €65～　朝食込み W-F
C A.D.J.M.V.
交 地下鉄B線Castro Pretorio駅から徒歩4分

★★★★★ ラファエル P63-B4

Bio Hotel Raphael

建物を覆い隠すツタが歴史を感じさせ、誰もが泊まってみたくなるようなホテル。この界隈に多い骨董店のような調度品がロビーを飾り、クラシックで落ち着いた雰囲気。テラスからの眺めもすばらしい。ベジタリアンやビーガン向けのレストランも併設。

URL www.raphaelhotel.com
住 Largo Febo 2
☎ 06-682831
Fax 06-6878993
SB €220～
TB €260～
室 50室　朝食込み W-F
C A.D.J.M.V.
交 ナヴォーナ広場から徒歩1分

★★★★ ナツィオナーレ P.64-B1

Hotel Nazionale

18世紀の建物を利用したホテル。併設のバー・ドナテッロには旅行者だけでなくビジネスマンも多く集まり、ドリンクや軽食も充実している。部屋はあたたかみのある家具で統一。バスルームは広々としていて快適だ。
URL www.hotelnazionale.it

住 Piazza di Montecitorio 131
☎ 06-695001
TS €230～
3S €415～
室 103室　朝食込み W-F
C A.D.J.M.V.
交 ナヴォーナ広場から徒歩8分

★★★★ コロンナ・パレス P.64-B1

Colonna Palace Hotel

下院のあるモンテチトーリオ宮の向かいに位置。場所柄、公務で泊まる人やビジネスマンに利用される落ち着いた宿。内装はエレガントで歴史を感じさせる。屋上庭園にはルーフトップバーとジャクージバスがある。
URL www.hotelcolonnapalace.com

住 Piazza di Montecitorio 12
☎ 06-675191
Fax 06-6794496
SB €110～
TB €210～
室 105室　朝食込み W-F
C A.D.J.M.V.
交 ナヴォーナ広場から徒歩8分

★★★ ポルトゲージ P.63-B4

Hotel Portoghesi

コルソ通りからテヴェレ川寄りに行った地区にある、古いアルベルゴの雰囲気を残す宿。ここもローマ通のなじみ客が多い。予約サイトには登録していないので、公式サイトからのみ予約可。空港送迎(有料)サービスもある。

URL www.hotelportoghesiroma.it
住 Via dei Portoghesi 1
☎ 06-6864231
Fax 06-6876976
SS €120～　TS €155～
SU €285～
室 30室　朝食込み W-F
C M.V.
交 ナヴォーナ広場から徒歩9分

★★★ スメラルド P.63-C4

Hotel Smeraldo

ローマの庶民的な雰囲気が味わえる界隈にある。客室は近代的で、シンプルにまとめられている。スイートルームにはキッチンが付く。朝食に定評がある。テラスから眺めるれんが色のローマの家並みも思い出になるはず。

URL www.smeraldoroma.com
住 Via dei Chiavari 20
☎ 06-6875929
Fax 06-68805495
SS €125～
TS €200～
室 60室　朝食込み W-F
C A.D.M.V.
交 ナヴォーナ広場から徒歩6分

★★★ ナヴォーナ P.63-C4

Hotel Navona

ナヴォーナ広場にほど近く、観光や食事にも便利な立地。風情ある館を改装し、客室は女性好みのアンティーク風。小さいながら、清潔で落ち着いた3つ星ホテル。ナヴォーナ広場にほど近く、観光や食事にも便利だ。

URL www.hotelnavona.com
住 Via dei Sediari 8
☎ 06-68301252
Fax 06-68803802
SB TB €140～
室 35室　朝食込み W-F
C A.M.V.
交 ナヴォーナ広場から徒歩1分

S シャワー共同シングル料金　T シャワー共同ツイン料金　D ドミトリー料金　SS シャワー付きシングル料金　SB シャワーまたはバス付きシングル料金　TS シャワー付きツイン料金　TB シャワーまたはバス付きツイン料金　3S シャワー付きトリプル料金　4B シャワーまたはバス付き4人部屋料金

★★★★★ スプレンディッド・ロワイヤル P.60-C2

Splendide Royal

17世紀の貴族の館を改装したホテル。エレガントで華やかな室内は金色に輝くスタッコ装飾ときらめくシャンデリアで飾られ、バロックの町ローマを十分に堪能させてくれる。軽やかな地中海料理が味わえる、レストラン「ミラベルMirabelle」のルーフガーデンからの眺望もすばらしい。

URL www.splendideroyal.com
住 Via di Porta Pinciana 14
☎ 06-421689 Fax 06-42168800
TB €585〜
JS €1400〜
室 68室 朝食€35 W-F
C A.M.V.
交 地下鉄A線Barberini駅から徒歩7分

★★★★ モーツァルト P.64-A1

Hotel Mozart

コンセルヴァトーリ(音楽院)の前にある小さなホテル。設備が充実。親切であたたかみのあるサービスで、ヨーロッパからの旅行者に人気がある。5階のルーフガーデンからはローマの町が眺められる。

URL www.hotelmozart.com

住 Via dei Greci 23/B
☎ 06-36001915
Fax 06-36001735
SB €150〜
TB €180〜
室 56室 朝食込み W-F
C A.D.M.V.
交 地下鉄A線Spagna駅から徒歩7分

★★★ マンフレーディ P.64-A1

Hotel Manfredi Suite in Rome

スペイン階段近く、「ローマの休日」に登場した風情あるマルグッタ通りに立つ。客室にはジャクージ、サウナ、日本語衛星放送完備。19世紀風内装でロマンティックな雰囲気。最大4名まで泊まれる家族向けの客室もある。朝食がおいしいと定評あり。

URL www.hotelmanfredi.it
住 Via Margutta 61
☎ 06-3207676 Fax 06-3207736
SS €230〜 TS TB €245〜
4B €650〜
室 16室 朝食込み W-F
C A.D.J.M.V.
交 地下鉄A線Spagna駅から徒歩5分

★★★ スカリナータ・ディ・スパーニャ P.64-B2

Scalinata di Spagna

ローマに舞い戻る人々に愛されてきた、スペイン階段の上にある小さなホテル。観光にも食事にも便利な中心部にありながら、アットホームなサービスが受けられる。ローマを一望するテラスでの朝食も楽しみ。

URL www.hotelscalinata.com

住 Piazza della Trinità dei Monti 17
☎ 06-45686150
Fax 06-45686153
SB €180〜 TB €200〜
室 16室 朝食込み W-F
C A.J.M.V.
交 地下鉄A線Spagna駅から徒歩1分

★★★ モディリアーニ Hotel Modigliani P.64-B2

スペイン広場からもバルベリーニ広場からも近い立地のよさが魅力のこぢんまりとしたホテル。客室はシックにまとめられており、明るくて清潔。手入れされた庭も気持ちがよい。スタッフもフレンドリーで親切。

URL www.hotelmodigliani.com

住 Via della Purificazione 42
☎ 06-42815226 Fax 06-42814791
SS €190〜 TS €215〜
室 23室 朝食込み W-F C A.D.M.V.
交 地下鉄A線Barberini駅から徒歩3分

★★★ シャルメ・スパーニャ Charme Spagna Boutique Hotel P.64-B2

広々としたベッドルームと快適なバスルームで、市内中心部ながらコスパ抜群のブティックホテル。テラスでは無料のドリンクと軽食を提供しているのでのんびり過ごせる。朝食も充実していて評判が高い。

URL www.charmespagnahotel.com

住 Via della Mercede 37
☎ 06-83962143
SB TB €140〜
室 23室 朝食込み W-F C A.M.V.
交 地下鉄A線Spagna駅から徒歩7分

★★★ アナヒ Boutique Hotel Anahi P.64-A1

家族経営のブティックホテルで、あたたかなおもてなしとエレガントなインテリアの客室で居心地がよい。朝食は追加料金で、向かいにあるホテルのカフェで提供。ポポロ広場に近いので飲食店も多い。

URL www.hotelanahi.com

住 Via della Penna 65
☎ 06-3216011
SS €120〜 TS €130〜
室 16室 W-F C D.M.V.
交 地下鉄A線Flaminio駅から徒歩5分

ヴァティカン周辺

★★★★ デイ・メッリーニ P.63-A4

Hotel Dei Mellini

サンタンジェロ城近くのビジネス街にある近代的なホテル。エントランスに入ってすぐ目に飛び込んでくるアールデコ調の中庭は雰囲気抜群。最新かつ機能的に客室は、モダンなインテリアでまとめられている。

URL www.hotelmellini.com

住 Via Muzio Clementi 81
☎ 06-324771
Fax 06-32477801
SB €120～
TB €150～
室 66室　朝食込み W-Fi
C A.D.J.M.V.
交 地下鉄A線Lepanto駅から徒歩12分

★★★★ ファルネーゼ P.63-A3

Hotel Farnese

1900年代の貴族の邸宅を利用したプチホテル。季節には美しい花々が咲くテラスをはじめ、サロンには本物のアンティーク家具が置かれる。テラス付きの客室もあり、ルーフガーデンからの眺めもよい。

URL www.hotelfarnese.com

住 Via Alessandro Farnese 30
☎ 06-321553
Fax 06-3215129
SB TB €110～
室 23室　朝食込み W-Fi
C A.M.V.
交 地下鉄A線Lepanto駅から徒歩1分

★★★ サンタンナ P.62-B2

Hotel Sant' Anna

中世の館を改装した、趣のあるホテル。外観はそっけないが、客室はロマンティックな雰囲気でまとめられ、そして、どこも清潔。世界中の神父さんたちの集う宿でもあるとか。トリプルルームや4人用の部屋もある。

URL www.santannahotel.net

住 Borgo Pio 133
☎ 06-68801602
Fax 06-68308717
SB TB €200～
室 18室　朝食込み W-Fi
C A.J.M.V.
交 地下鉄A線Ottaviano駅から徒歩10分

★★★ アルカンジェロ P.63-A3

Hotel Arcangelo

歴史のある小さな館を改装したホテル。コーラ・ディ・リエンツォ通りにも近く、ショッピングや観光にも便利。室内装飾は洗練され、居心地もよい。バスタブ付きの客室あり。イタリア人の常連が多い。

URL www.hotelarcangeloroma.com

住 Via Boezio 15
☎ 06-6874143
Fax 06-6893050
SB €90～
TB €110～
室 33室　朝食込み W-Fi
C A.M.V.
交 地下鉄A線Lepanto駅から徒歩10分

コロッセオ周辺

★★★ チェリオ Hotel Celio P.69-B3

コロッセオのすぐ東にあるプチホテル。館内には絵画が飾られ、まるで美術館のような雰囲気。クラシックとモダンが調和した室内はおしゃれで快適。コロッセオを見下ろすテラスとジャクージを備えたペントハウスのスイートルームもある。

URL www.hotelcelio.com

住 Via dei Santi Quattro 35/C　☎ 06-70495333
Fax 06-23328754
SB €315～　TB €360～
室 19室　朝食込み W-Fi　C M.V.
交 地下鉄B線Colosseo駅から徒歩8分

★★★ ボッロメオ Hotel Borromeo P.69-A3

地下鉄駅からも近く、場所柄料金のほうも抑えられているおすすめの一軒。フォロ・ロマーノやコロッセオ観光の宿として最適。バルコニー付きやファミリールームまで、さまざまなタイプの客室が備わる。

URL www.hotelborromeo.com

住 Via Cavour 117
☎ 06-485856　Fax 06-4882541
SB €115～　TB €160～　3B €210～
室 30室　朝食込み W-Fi
C A.D.J.M.V.　交 地下鉄B線Cavour駅から徒歩3分

★★ パバ Hotel Paba P.69-A2

外観はやや古いものの、館内や客室はリノベーション済みできれい。シャワールームも清潔に保たれている。テラス付きの部屋もあり、晴れた日には気持ちよく過ごせる。フロントは建物の3階にある。

URL www.hotelpaba.com

住 Via Cavour 266
☎ 06-47824497　Fax 06-47881225
SB TB €130～
室 7室 W-Fi　C A.D.M.V.
交 地下鉄B線Cavour駅から徒歩4分

S シャワー共同シングル料金　T シャワー共同ツイン料金　D ドミトリー料金　SS シャワー付きシングル料金　SB シャワーまたはバス付きシングル料金　TS シャワー付きツイン料金　TB シャワーまたはバス付きツイン料金　3B シャワーまたはバス付きトリプル料金　4B シャワーまたはバス付き4人部屋料金　SU スイート　JS ジュニアスイート

山の幸も海の幸も食卓に上る首都ローマの食卓風景

■ラツィオ州の料理

この州の名物料理の多くは今やローマ風と呼ばれるが、実は周辺住民が大都市ローマに流入することによってもたらされたものなのだ。ローマ名物のひとつに、ペコリーノチーズの効いた**Bucatini all'Amatriciana**（ブカティーニ アッラ マトリチャーナ）というパスタ料理がある。これも、ローマから120km離れたアペニン山脈の村アマトリーチェの羊飼いのオリジナル料理といった具合だ。このあたりでは豚の飼育も盛んで、そのため料理にラードが多く使われるのも特徴である。

ローマの南近郊の丘陵地帯**Castelli Romani**（カステッリ ロマーニ）は、初夏には野生イチゴの一大産地となり、その甘酸っぱい味わいにローマっ子は舌鼓を打つ。ここは、州の酒蔵ともいうべきワインの一大産地である。ここでは白ワインが中心で、透明度の高いなめらかな**Frascati**（フラスカーティ）や果実の香りのする**Colli Albani**（コッリ アルバーニ）など多くの良質なワインを産出する。トスカーナ寄りのモンテフィアスコーネは、名高いワイン**Est!Est!!Est!!!**（エスト エスト エスト）の産地である。かつて教皇にお目通りを許された僧が、おいしいワインのある宿を見つけるため、従者を先に立て、おいしいワインを見つけたら、その宿の扉に**"est!"**（ある！）と書くよう命じたという。その従者がここで飲んだワインのあまりのおいしさにest！を3つも書いてしまったというのが名前の由来だ。しかし、この僧、あまりのうまさに飲み過ぎて命を落としてしまったとか。またこのあたりで取れる**Aleatico di Gradoli**（アレアティコ ディ グラードリ）のリキュールタイプのものはこの州唯一のデザートワイン。チェリーを思わせるこの1杯、田舎風のデザートによく合うのだ。

CANTINA Sociale
MONTEFIASCONE
EST!
EST!!
EST!!!
Best Price & Quality

モンテフィアスコーネのワイン組合の看板

もう少し、ローマに近づくとブラッチャーノ湖。うまくて安いトラットリアが揃っていると評判のこの地の名物は**ウナギの狩人風Anguilla alla Cacciatora**（アングイッラ アッラ カチャトーラ）。ぶつ切りのウナギに、ニンニク、唐辛子を効かせ白ワインで煮込んだもの。

ブラッチャーノ湖のトラットリアで。湖の幸と山の幸

ここから東へ目をやればティレニア海が広がる。各地へのフェリーが運航するチヴィタヴェッキアやローマっ子の海水浴場オスティアでは、今もおいしい魚が水揚げされ、道端では、取れたての魚を売る屋台が立つ。何よりも驚くのは、海水浴がてら**ムール貝**を取り夜の食卓にのせることができる自然が残されていることだ。新鮮な魚は、イタリア各地と同様にフライやグリルで食べる。この地では車エビの一種**Gamberone**（ガンベローネ）を、ローマ方言では**Mazzancolla**（マッツァンコッラ）と呼ぶのがおもしろい。そしてローマを取り巻く平野部Agro Romano（アグロ ロマーノ）は今も2000年の歴史をもつ羊乳のチーズ**Pecorino Romano**（ペコリーノ ロマーノ）の一大産地である。

海辺の町で、白ワインと魚尽くしの前菜を楽しむ

世界に名だたる大都会ローマの周辺には今も豊かな自然が残り、そこには昔ながらの食事風景が繰り広げられている。

●おすすめワイン●

フラスカーティ
Frascati　（Superioreは**D.O.C.G**）
白、辛口、中甘口〜甘口
ローマのワインといえばこれ。さわやかで軽めのカジュアルなワイン

チェサネーゼ・デル・ピーリオ
Cesanese del Piglio
赤、辛口
ブドウ本来の味わいが楽しめるミディアムボディの赤

ローマからのショートトリップ

「死に行く町」チヴィタ・ディ・バニョレージョ *Cività di Bagnoregio*

奇観ともいうべき光景が広がるチヴィタ・ディ・バニョレージョ遠景。小さな旅支度でローマから出かけてみよう。展望台からの眺め

まるで空に浮かぶかのようなチヴィタ・ディ・バニョレージョの村。その独特の景観から近年注目のデスティネーションだ。

プルマンが到着するバニョレージョの町がチヴィタ・ディ・バニョレージョの玄関口。**町外れの展望台から望む風景**は、まさに幻想的だ。天高い村へ300mもの長い橋が延び、季節によっては霧に浮かぶ集落は「**天空の城**」。まさに地上の浮き島、陸の孤島だ。もろい凝灰岩の土地はかつてひと筋の道を残していたが、風化や地震により崩れ去り、この特異な景観が造り出された。村全体が今も消失の危機にあるため、バニョレージョ出身の作家により「**死に行く町** La città che muore」と呼ばれるようになった。町の歴史はエトルリア時代に遡り、村には小さなエトルリアの遺跡(後年かなり手が加えられているカンティナやオリーブオイルの絞油場)も残っている。季節の花々に彩られた中世の町並みは美しく、「**イタリアの最も美しい村** I borghi più bella d'Italia」にも加盟している。一方周囲の寂寥とした風景は「死に行く町」を実感させる。

かつては「秘境」、今やブームの観光地。この写真手前に村への入場切符の販売所がある

橋を渡った町の入口のサンタ・マリア門にはかつてこの地を治めた専制君主の象徴である人の頭をつかんだ2頭のライオンの像が見られる。このまま真っすぐ進んで町の中心の小さな広場には16世紀に再建された**サン・ドナート教会**が立つ。住人は10〜15人程度、一時さびれた時代もあったものの、今は観光地として注目を集め、みやげもの店やB&B、バールなどが並ぶ。小さな集落を一周し、村を横切る道をさらに進もう。眺望が開けた先にはこの独特な景観を造り出した**自然の営み**が周囲の山々にも広がる。

町の中心サン・ドナート教会広場。周囲の古い小路にB&B、飲食店、みやげもの店が続く

バニョレージョへの行き方

ローマからはトレニタリアでオルヴィエート(→P.32,448)へ。オルヴィエートからはプルマンを利用。バスの本数が少ないのでしっかり計画を。

ローマ・テルミニ駅からはRVやRで約1時間20分(RV、Rのテルミニ駅での乗り場は1番線ホーム奥のEST 1〜2番がほとんどなので、余裕をもって)。ちなみに、フィレンツェS.M.N.駅からはICで約1時間40分だ。オルヴィエート駅前のケーブルカー乗り場横にあるCOTRALのバス停からバニョレージョ行きのバスで約45分(日・祝運休)。切符は駅併設のバールで販売。必ず往復(€1.30×2枚)の購入を。バニョレージョ(Via Giuseppe Garibaldi)で下車後、徒歩約15分でチヴィタ・ディ・バニョレージョの村を望む展望台(Belvedere)へ到着。さらに坂を下ると、村へ続く橋の手前に切符売り場があるので、ここで切符(€5)を購入。

観光客が増加したものの、交通アクセスがいいとはいえないバニョレージョの町。宿泊施設やレストランが揃い、見どころも多いオルヴィエートと合わせて1泊で観光するのもおすすめだ。

プルマンバス

●オルヴィエート駅前発
バニョレージョ行(月〜土のみ)
平日:6:29、7:59、8:39、13:14、14:09、15:54、17:49、18:34、土:6:29、7:59、9:09、12:59、14:09、15:54、17:49、18:29

●バニョレージョ発
オルヴィエート駅行(月〜土のみ)
平日:5:18、6:58、9:58、10:08、12:58、13:58、14:38、土:6:28、7:33、9:53、10:08、12:58

※学校の休暇期間などは減便の場合あり

URL www.cotralspa.it

※日帰りの場合は、オプショナルツアーに参加するのも手だ

ローマからの日帰りはかなりの強行軍。ゆっくり田舎の風情を楽しんだり、チヴィタ・ディ・バニョレージョの夜景を楽しむなら、1泊するのがおすすめ。チヴィタの村にはB&Bがあるが、荷物を持っての移動は大変。バスの到着するバニョレージョの町での宿泊がおすすめだ。

バニョレージョのおすすめホテル

ホテル・リストランテ ロマンティカプッチ ☆☆☆

バニョレージョのメインストリートに立つ、ホテル兼レストラン。14世紀の古い邸宅を利用し、広々として清潔。1階奥のレストラン(休 月)で郷土料理が味わえる。近郊産トリフがほぼ1年中手頃に味わえるのが魅力。

URL www.hotelromanticapucci.it
住 Piazza Cavour 1, Bagnoregio
☎ 0761-792121
Fax 0761-1763758
TB €90〜 室 7室 朝食込み W-Fi
C A.D.M.V.
交 バス停から徒歩約5分

Firenze
フィレンツェ

フィレンツェ歴史地区
登録年1982年　文化遺産

ルネッサンスの栄光を今に伝える「花の都」

町を歩くと、百合の花と丸薬をかたどったメディチ家の紋章が目に飛び込んでくるはずだ。ミケランジェロやラファエッロ、そしてドゥオーモのクーポラを設計したブルネッレスキらを援助した最大のパトロン、メディチ家を抜きにしてフィレンツェを語ることはできない。芸術家たちの足跡が残るこの地には、今もルネッサンスの栄華に輝いた建築や絵画が残る。

フィレンツェの歩き方

●郵便番号　50100

フィレンツェへの行き方

ローマから

ローマ・テルミニ駅からフィレンツェ・サンタ・マリア・ノヴェッラ駅(S.M.N.)までフレッチャロッサ(FR)やイタロ(ITA)で約1時間30分

ミラノから

ミラノ中央駅からS.M.N.駅までFR、ITAで約1時間40分

ヴェネツィアから

ヴェネツィア・サンタ・ルチア駅からS.M.N.駅までFR、ITAで約2時間10分

ナポリから

ナポリ中央駅からテルミニ駅までFR、ITAで約2時間45分

空港⇔市内間はトラムが便利

フィレンツェ・ペレトラ空港から旧市街の中心サンタ・マリア・ノヴェッラ教会そばのウニタ広場(Unita)までは、2019年に開通したT2線を利用しよう。空港発5:00～24:00（金・土は～翌1:30）、ウニタ広場発5:00～翌0:30（金・土は翌～2:00）。約5～20分間隔で、所要約20分。切符€1.70。

トスカーナ旅にはピサ空港も活用

フィレンツェ・ペレトラ空港（アメリゴ・ヴェスプッチ空港とも称される）はフィレンツェ市内から約4km。世界的な観光地にしてはこぢんまりとした空港だ。ヨーロッパからの接続がよく比較的規模が大きいピサ空港（愛称ガリレオ・ガリレイ空港）を利用するのもひとつの方法だ。ピサ空港からフィレンツェまではSky Bus Lines／Caronna Tour社のバスが出ていて、1日7便程度、所要約1時間。切符は€12.90(夜間€19.90)。

●Caronna Tour
URL www.caronnatour.com

●フィレンツェ・ペレトラ空港
URL www.aeroporto.firenze.it/it

●ピサ空港
URL www.pisa-airport.com/it

まずは、サンタ・マリア・ノヴェッラ駅からフィレンツェ観光のハイライト、**花の聖母教会ドゥオーモ**を目指そう。サンタ・マリア・ノヴェッラ教会を右に見て、道なりに500mも進むと、間もなく**ドゥオーモ広場**だ。かつてヨーロッパ第一の都として君臨したフィレンツェそのままの美しい広場には、堂々とした威容を誇る**ドゥオーモ**。白とピンク、緑の大理石で造られた八角形の**洗礼堂**。「ガラスケースに入れておくべき工芸品」と称される**ジョットの鐘楼**が並ぶ。

ヴェッキオ宮のアルノルフォの塔からの眺め。ドゥオーモとジョットの鐘楼を一望する大パノラマが広がる

このドゥオーモ広場**Piazza del Duomo**が町の中心。北側には、ルネッサンスの大パトロンとして、名実ともに町を支配したメディチ家にちなむ**メディチ家礼拝堂**、**サン・ロレンツォ教会**やその住居だった**メディチ・リッカルディ宮**が集中している。

広場の南、アルノ川に架かる**ヴェッキオ橋**までの約500mには、**シニョリーア広場**、**ヴェッキオ宮**、**ウッフィツィ美術館**と、かつてのフィレンツェ共和国の政治の中心が続く。

金銀細工の店が軒を連ねる**ヴェッキオ橋**を渡ると、**ピッティ宮**と広い緑の広がる**ボーボリ庭園**。庭園の高台の**ベルヴェデーレ要塞**から延びる散歩道を行くと、町のシンボルのダヴィデ像の立つ**ミケランジェロ広場**だ。ここからは、アルノ川によって二分されたフィレンツェのバラ色の町並みを見渡せる。

ピッティ宮内パラティーナ美術館。ウッフィツィ美術館と双璧をなす、この町を代表する美術館

フィレンツェの歩き方　見どころはS.M.N.駅の南東3km四方に凝縮されている。まずは、駅前からドゥオーモ周辺へ。ランチはメルカート・チェントラーレへ行ってみよう。サン・マルコ広場の美術館にも立ち寄って、ヴェッキオ宮やウッフィツィ美術館が集まるシニョーリア広場、アルノ川を渡ってミケランジェロ広場がゴール!

S.M.N.教会 →P.179 ▶ ドゥオーモ周辺 →P.165 ▶ メディチ・リッカルディ宮→P.175 ▶ メルカート・チェントラーレ→P.195 ▶ アカデミア美術館→P.176 ▶ ヴェッキオ宮→P.168 ▼ ウッフィツィ美術館 →P.169 ◀ ヴェッキオ橋 →P.170 ◀ ピッティ宮 →P.171 ◀ ボーボリ庭園 →P.172 ◀ ミケランジェロ広場→P.179

フィレンツェの交通について

●フィレンツェの鉄道駅

フィレンツェの中央駅は見どころへも近いサンタ・マリア・ノヴェッラ（S.M.N.）駅で、多くの列車が発着する。一部の列車はS.M.N.駅には停車せず、リフレーディRifredi駅、カンポ・ディ・マルテCampo di Marte駅のみの場合があるので、乗車時に確認しておこう。

●フィレンツェ中央駅　Stazione Centrale S. M. Novella

ホームを背に、右からイタロ待合室、トレニタリア切符自動販売機、売店などが続き、一番左（16番線脇）やや奥に荷物の預かり所。中央奥に切符売り場。

入場用のゲートが新設されている

●フィレンツェの交通

町の端から端まで歩いて1時間かからないし、また歩いて楽しい町だ。少し外れた観光ポイントを回るにはバスを利用しよう。

開通した空港行きトラムが便利

●バスターミナル

近郊へのプルマンのターミナルは、S.M.N.駅5番ホーム近くの出口から徒歩1分のところにあり、時刻表の確認や切符の購入もここでできる（窓口と自動券売機あり）。乗り場は駅周辺に複数あるので、切符を購入するときに聞いてみよう。

市内交通

主要な観光スポットはS.M.N.駅から徒歩圏内。トラムは駅前から郊外に延びている。バスも走っているが、観光客にはやや難易度が高め。

トラム

T1（LEONARDO）とフィレンツェ空港とウニタ広場を結ぶT2（VESPUCCI）の2路線。シングルチケット€1.70（刻印後90分間有効）、10回券€15.50など。各停留所の自動券売機や観光案内所などで購入可能。サイズが50×30×25cm、重さ10kg以内の手荷物1個を無料持ち込み可。80×45×25cm、重さ20kg以内の手荷物は、切符を1枚追加購入すればひとり当たり2個まで持ち込み可。

バス

2021年からトスカーナ州のバス会社がAutolinee Toscaneに統合。市内を走るバスと長距離を結ぶプルマンがある。市バス料金は以下。

●1回券　€1.70（90分間有効）
※車内購入の場合は€3
●10回券　€15.50

●Autolinee Toscane
URL www.at-bus.it/it/linee-e-orari/firenze

タクシー

空港やフィレンツェ・リフレディ駅など主要な場所は定額制。
初乗り　€3.30、夜間（22:00～翌6:00）€6.60、休日€5.30、荷物1個€1
空港⇔市内　€22、夜間（22:00～翌6:00）€25.30、休日€24

フィレンツェ　交通情報

フィレンツェカード（Firenzecard）はどれぐらいお得になる？

フィレンツェカードとは？

1度購入すれば、切符売り場へ並ぶことなく、入場口の行列を回避して優先入場（一部除外あり）できるカード。市内約70ヵ所の国立・市立の美術・博物館、教会で利用でき、72時間有効で€85。特別展の場合も割り増し料金は不要。一見高く感じるかもしれないが、例えばハイシーズン時のウッフィツィ美術館は€25、ピッティ宮とボーボリ庭園の共通券は€22とこれだけの見どころを回るだけで€49かかる計算になる。2～3日滞在してゆっくり美術館を見て回るのが目的ならば、お得といえるかもしれない。また、フィレンツェカードの購入から6ヵ月以内かつアプリのダウンロード対象者向けには、期限切れのフィレンツェカードに48時間を追加できる「フィレンツェカード・リスタート Firenzecard Restart」も€28で販売されている。

現地での購入方法

インフォメーションセンター（→P.164）やピッティ宮やヴェッキオ宮など市内約10ヵ所で購入可能。購入時にカード裏面に氏名を記入。最初の見どころでの使用時から72時間有効。入場口でカードを提示すればOKのところと、窓口で切符を発券してもらう必要があるところがあるので、係員の指示に従おう。

公式サイトでの購入方法

フィレンツェカードの公式サイトで購入。クレジットカード（A.J.M.V.）での決済のみ対応。メールで送られてきたバウチャーを印刷して前述した販売場所（空港を除く）でカードを受け取るか、スマートフォンでアプリをダウンロードして使用するか選べる。

●フィレンツェカード
URL www.firenzecard.it

カード対象外の施設&要予約の美術館

ドゥオーモやクーポラ、洗礼堂、ジョットの鐘楼、ドゥオーモ付属美術館は専用のパス（→P.165）を販売しており、フィレンツェカードの対象外。また、ウッフィツィ美術館とアカデミア美術館は要予約で予約がない場合は優先入場不可。予約自体は無料で以下の3通りの方法がある。

① 予約センター（055-294883）へ電話し、予約番号を入手し、当日予約専用の窓口で番号を伝えて入場。
②オルサンミケーレ教会もしくはウッフィツィ美術館のチケット売り場で予約。
③ウッフィツィ美術館、アカデミア美術館でフィレンツェカード購入時に購入した美術館でのみ可。

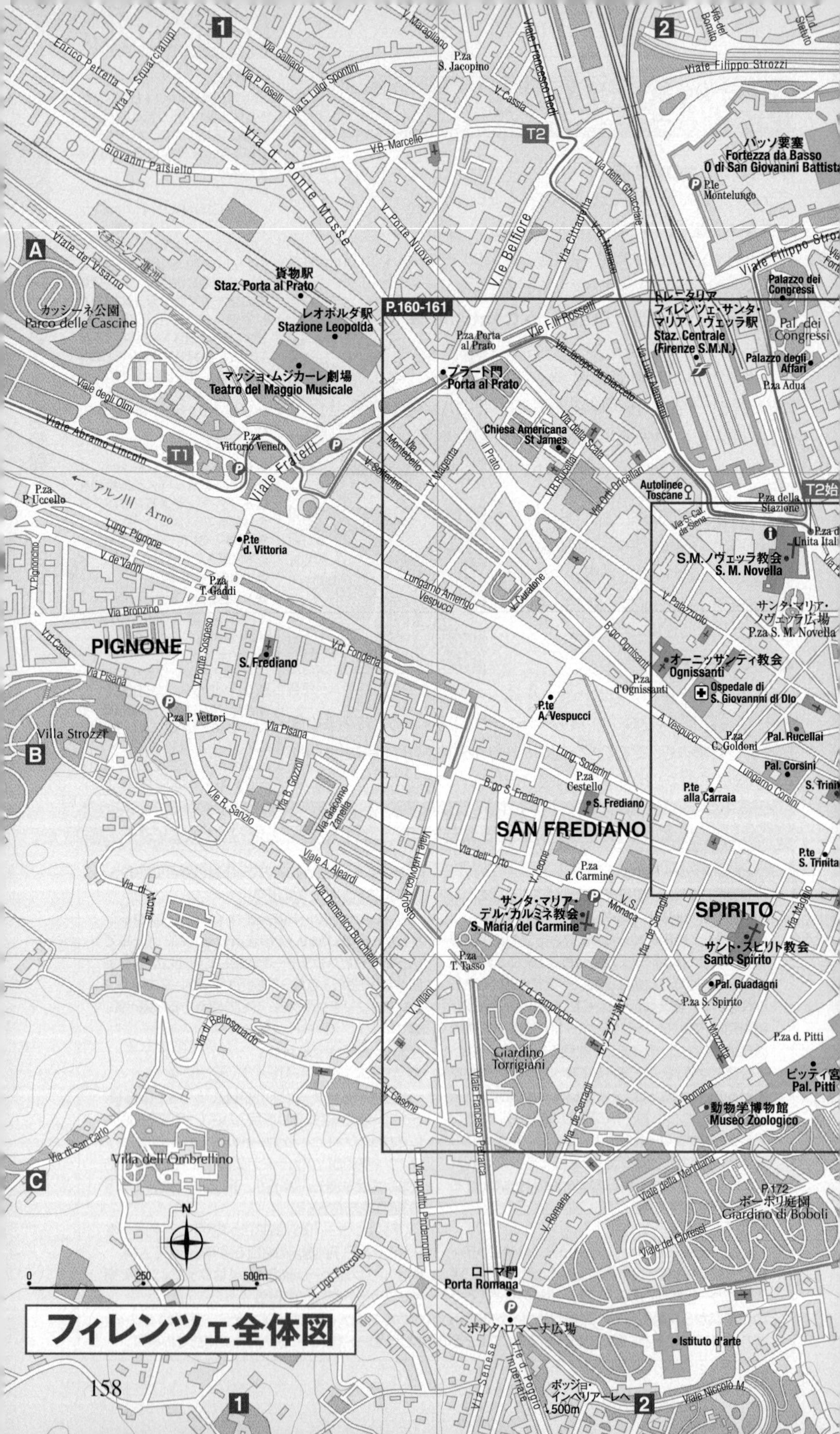
フィレンツェ全体図
P.160-161
バッソ要塞
Fortezza da Basso
O di San Giovanni Battista
P.le Montelungo
Viale Filippo Strozzi
Palazzo dei Congressi
Pal. dei Congressi
Palazzo degli Affari
P.za Adua
トレニタリア
フィレンツェ・サンタ・マリア・ノヴェッラ駅
Staz. Centrale (Firenze S.M.N.)
Autolinee Toscane
P.za della Stazione
T2始
貨物駅
Staz. Porta al Prato
レオポルダ駅
Stazione Leopolda
マッジョ・ムジカーレ劇場
Teatro del Maggio Musicale
カッシーネ公園
Parco delle Cascine
プラート門
Porta al Prato
P.za Porta al Prato
Chiesa Americana St James
P.za Vittorio Veneto
Viale Fratelli
Viale Abramo Lincoln
Viale degli Olmi
Viale del Visarno
アルノ川 Arno
P.za P. Uccello
P.te d. Vittoria
P.za T. Gaddi
Lungarno Amerigo Vespucci
PIGNONE
S. Frediano
Via Pisana
P.za P. Vettori
Villa Strozzi
S.M.ノヴェッラ教会
S. M. Novella
サンタ・マリア・ノヴェッラ広場
P.za S. M. Novella
オーニッサンティ教会
Ognissanti
Ospedale di S. Giovannni di Dio
P.za d'Ognissanti
P.te A. Vespucci
P.za C. Goldoni
Pal. Rucellai
Pal. Corsini
P.te alla Carraia
P.te S. Trinita
P.za Cestello
S. Frediano
SAN FREDIANO
P.za d. Carmine
サンタ・マリア・デル・カルミネ教会
S. Maria del Carmine
SPIRITO
サント・スピリト教会
Santo Spirito
Pal. Guadagni
P.za S. Spirito
P.za d. Pitti
ピッティ宮
Pal. Pitti
動物学博物館
Museo Zoologico
P.za T. Tasso
Giardino Torrigiani
Villa dell'Ombrellino
P.172
ボーボリ庭園
Giardino di Boboli
ローマ門
Porta Romana
ポルタ・ロマーナ広場
Istituto d'arte
ポッジョ・インペリアーレへ 500m
Viale Francesco Petrarca
Via Senese
Viale Niccolò M.
0 250 500m
N
A B C 1 2 T1 T2

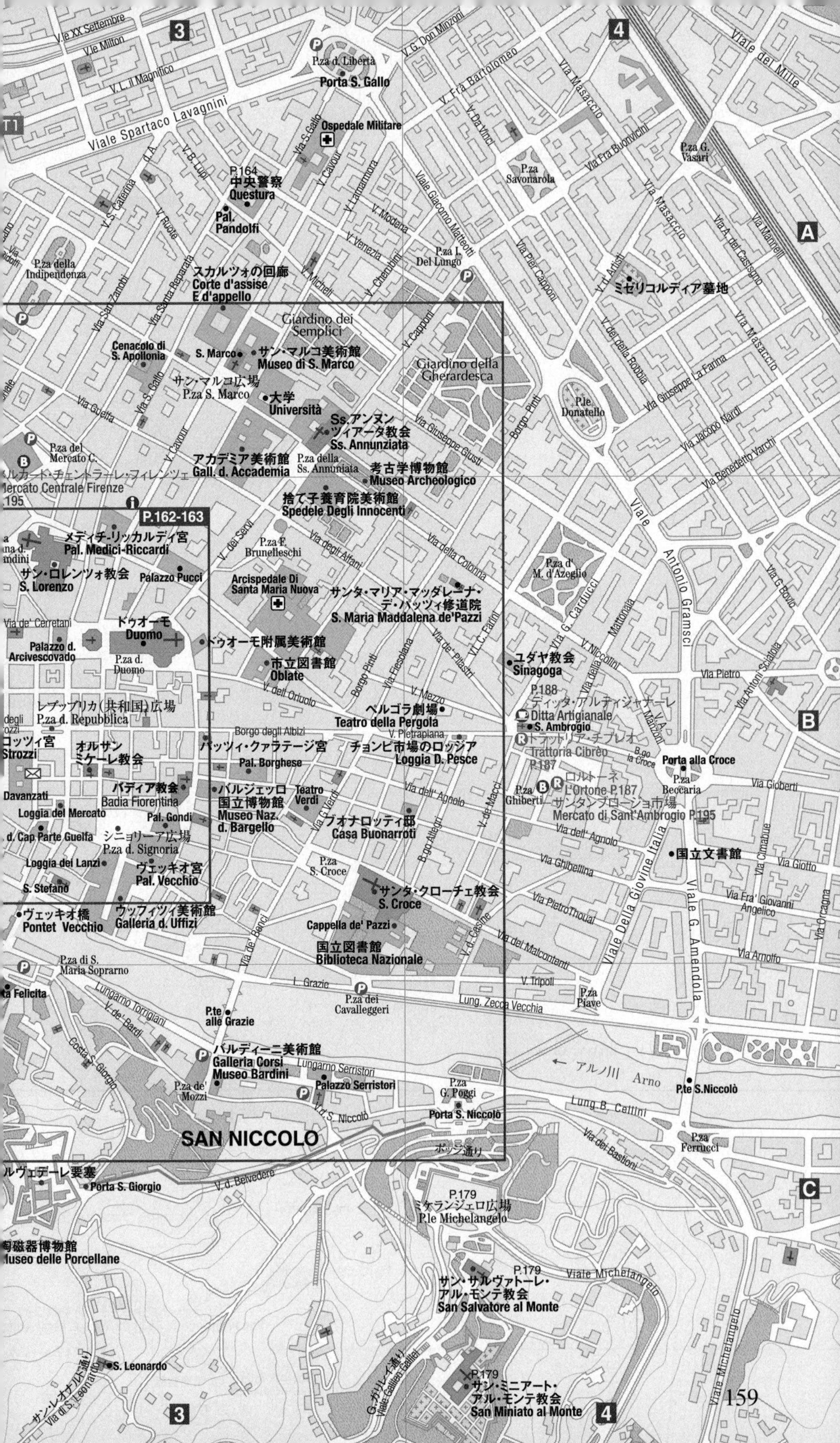

サン・マルコ美術館
Museo di S. Marco
アカデミア美術館
Gall. d. Accademia
メディチ-リッカルディ宮
Pal. Medici-Riccardi
サン・ロレンツォ教会
S. Lorenzo
ドゥオーモ
Duomo
ドゥオーモ附属美術館
レプッブリカ(共和国)広場
P.za d. Repubblica
オルサンミケーレ教会
バディア教会
Badia Fiorentina
バルジェッロ国立博物館
Museo Naz. d. Bargello
シニョリーア広場
P.za d. Signoria
ヴェッキオ宮
Pal. Vecchio
ウッフィツィ美術館
Galleria d. Uffizi
ヴェッキオ橋
Pontet Vecchio
サンタ・クローチェ教会
S. Croce
国立図書館
Biblioteca Nazionale
バルディーニ美術館
Galleria Corsi Museo Bardini
SAN NICCOLO
ミケランジェロ広場
P.le Michelangelo
サン・サルヴァトーレ・アル・モンテ教会
San Salvatore al Monte
サン・ミニアート・アル・モンテ教会
San Miniato al Monte
陶磁器博物館
Museo delle Porcellane
アルノ川 Arno

フィレンツェ中心部
プラトー門
Porta al Prato
カーザ・チャバッティーニ
Casa Ciabattini
P.187
Chiesa Americana
St James
シーナ・ヴィッラ・メディチ
Sina Villa Medici
P.197
トレニタリア
フィレンツェ・サンタ・マリア・ノヴェッラ駅
Staz. Centrale
(Firenze S.M.N.)
フォリーニョの『最後の晩餐』
Cenacolo di Foligno
Palazzo degli Affari
Pal. dei Congressi
アドゥア広場
P.za Adua
ポルタ・ファエンツァ
Porta Faenza
P.199
オステッロ・ベッロ・フィレンツェ
Ostello Bello Firenze
ロンバルディ
Lombardi
P.199
ブラチエーレ・マラテスタ
Braciere Maratesta
P.187
P.200
ホステル・アルキ・ロッシ
Hostel Archi Rossi
トラム
T1、T2
L. go Alinari
P.za della Stazione
Autolinee Toscane
T2始発地
ウニタ・イタリア広場
P.za della Unita Italiana
S.M.ノヴェッラ教会
S. M. Novella
美術館
サンタ・マリア・ノヴェッラ広場
P.za S. M. Novella
サン・パオロのロッジア
Pal. Antinori
サン・ガエターノ教会
S.Gaetano
マリーノ・マリーニ美術館
Museo Marino Marini
Pal. Larderel
ストロッツィ
Pal. Strozzi
ルチェッライ宮
Pal. Rucellai
ゴルドーニ広場
P.za C. Goldoni
コルシーニ宮
Palazzo Corsini
サンタ・トリニタ教会
S. Trinita
Sトリニタ広場
P.za S. Trinita
Pal. Spini-Ferroni
サンティ・アポストリ教会
S.S. Apostoli
サンタ・トリニタ橋
Ponte S. Trinita
P.194
オブセキウム
Obsequium
Pal. Guicciardini
Ospedale di S. Giovannni di Dio
P.te alla Carraia
P.187
ウィンター・ガーデン・レストラン
Winter Garden Restaurant
P.za d'Ognissanti
P.te A. Vespucci
P.za di Verzaia
P.za Cestello
S. Frediano
P.200
ホテル・ルレ・イル・カステッロ
Hotel Relais Il Castello
P.za d. Carmine
P.200
サンタ・モナカ
Santa Monaca
P.173
サンタ・マリア・デル・カルミネ教会
S. Maria del Carmine
P.173
サント・スピリト教会
Santo Spirito
付属食堂
Pal. Rosselli d. Turco
P.188
ジェラテリア・デッラ・パッセラ
Gelateria della Passera
P.186
グスタ・オステリア
Gusta Osteria
P.186
Casa di Bianca Cappello
トラットリア・ラ・カーザリンガ
Trattoria La Casalinga
Pal. Guadagni
P.za S. Spirito
ホテル・ラ・スカレッタ
Hotel La Scaletta
P.197
グスタピッツァ
Gustapizza
P.186
ブオンタレンティのグロッタ
バッカスの噴水
ピッティ広場
P.za de' Pitti
サン・フェリーチェ教会
S. Felice
P.za di S. Felice
P.171
ピッティ宮
(パラティーナ美術館、銀器博物館ほか)
Pal. Pitti(Galleria Palatina, Museo degli Argenti
アーティチョークの噴水
動物学博物館
Museo Zoologico
メリディアーナ小宮
(衣装博物館)
円形劇場
P.za T. Tasso
アッラ・ヴェッキア・ベットラ
Alla Vecchia Bettola
P.186
Giardino Torrigiani
Lungarno Amerigo Vespucci
Lung. Soderini
Lungarno Corsini
Lung. Guicciardini
Viale Ludovico Ariosto
Viale Francesco Petrarca
Via della Scala
スカラ通り
パラッツォーロ通り V. Palazzuolo
ボルチェッラーナ通り V. d. Porcellana
ヴィーニャ・ヌオーヴァ通り V. d. Vigna Nuova
トルナブオーニ通り Via de' Tornabuoni
サント・スピリト通り V. S. Spirito
Borgo S. Jacopo
V. d. Campuccio
Via de' Serragli
V.S. Agostino
V. Romana
0 100 200m

スカルツォの回廊
Corte d'assise E d'appello
サン・マルコ教会
S. Marco
P.176
サン・マルコ美術館
Museo di S. Marco
Giardino dei Semplici
Giardino della Gherardesca
カスターニョの『最後の晩餐』
旧サンタポッローニア修道院
Cenacolo di S. Apollonia
サン・マルコ広場
P.za S. Marco
大学
Università
図書館
美術学校
P.176
アカデミア美術館
Gall. dell' Accademia
州庁
P.177
サンティッシマ・アンヌンツィアータ教会
Ss. Annunziata
サンティッシマ・アンヌンツィアータ広場
P.za della Ss. Annunziata
P.200
モランディ・アッラ・クロチェッタ
Morandi alla Crocetta
考古学博物館
Museo Archeologico
P.za del Mercato Centrale
カート・チェントラーレ・
レンツェ
rcato Centrale Firenze
貴石加工美術館
捨て子養育院美術館
Gall. dello Spedale degli Innocenti
P.177
P.142-143
メディチ・リッカルディ宮
Pal. Medici-Riccardi
旧S.M.デリ・アンジェリ礼拝堂
(ブルネッレスキのロトンダ)
ファルマチア・サンティッシマ・アンヌンツィアータ
Farmacia SS. Annunziata
P.193
P.za S. Lorenzo
Pal. Niccolini
サン・ロレンツォ教会
S. Lorenzo
Palazzo Pucci
P.za F. Brunelleschi
P.193
バルトリーニ
Baltolini
ラウレンツィアーナ図書館
サンタ・マリア・マッダレーナ・デ・パッツィ修道院
S. Maria Maddalena de'Pazzi
ペッシ・ケ・ヴォーラノ
Pesci che Volano
P.194
サン・ミケーレ・ヴィスドミニ教会
S. Michele Visdomini
S.M.ヌオーヴァ病院
Arcispedale di Santa Maria Nuova
ドゥオーモ広場
P. za del Duomo
ペルゴラ劇場
Teatro della Pergola
Palazzo d. Arcivescovado
洗礼堂
Battistero
ドゥオーモ
(サンタ・マリア・デル・フィオーレ大聖堂)
ドゥオーモ付属美術館
Museo dell' Opera del Duomo
P.za d. Duomo
ビガッロのロッジア
ジョットの鐘楼
Campanile
Duomo
(S. Maria del Fiore)
市立図書館
Oblate
レプッブリカ(共和国)広場
P.za d. Repubblica
Pal. Albizi
P.za G. Salvemini
パッツィ・クアラテージ宮
Pal. Pazzi-Quaratesi
P.187
ガストーネ
Gastone
チョンピ市場のロッジア
Loggia d. Pesce
コナド・シティ
Conad City
P.194
ダンテの家
オルサンミケーレ教会
Orsanmichele
バディア・フィオレンティーナ教会
Badia Fiorentina
ボルゲーゼ宮
Pal. Borghese
バルジェッロ国立博物館
Museo Naz. d. Bargello
新市場のロッジア
Loggia del Mercato Nuovo
ダヴァンツァーティ邸宅博物館
Museo di Pal. Davanzati
サン・フィレンツェ広場
P.za S. Firenze
ヴィヴォリ
Vivoli P.188
ヴェルディ劇場
Teatro Verdi
ブオナロッティ邸
Casa Buonarroti
シニョリーア広場
P.za d. Signoria
Pal. d. Cap. Parte Guelfa
ゴンディ宮
Pal. Gondi
裁判所
S. Simone
ランツィのロッジア
Loggia dei Lanzi
ヴェッキオ宮
Pal. Vecchio
サンタ・クローチェ広場
P.za S. Croce
サント・ステファノ教会
S. Stefano
ウッフィツィ美術館
Galleria d. Uffizi
P.za Peruzzi
P.178
サンタ・クローチェ教会
S. Croce
エルミタージュ
Hermitage
P.198
アランティコ・ヴィナイオ
All'Antico Vinaio
P.185
S. Remigio
ヴァザーリの回廊
P.170
ヴェッキオ橋
Ponte Vecchio
科学史博物館
Museo di Storia della Scienza
付属美術館
Cappella de' Pazzi
P.za d. Giudici
P.za Mentana
P.za de' Rossi
国立図書館
Biblioteca Nazionale
ホーン美術館
Museo della Fondazione Horne
P.za di S. Maria Soprarno
P.186
トラットリア・ボルディーノ
Trattoria Bordino
バレストリ
Balestri
P.198
P.za d. Cavalleggeri
グラツィエ橋
Ponte alle Grazie
← アルノ川 Arno
Pal. Torrigiani
バルディーニ美術館
Galleria Corsi Museo Bardini
Palazzo Serristori
P.za de' Mozzi
P.za G. Poggi
Porta S. Niccolò
バルディーニ庭園
Giardino Bardini
P.180
P.172
ベルヴェデーレ要塞
Forte di Belvedere O di S. Giorgio
Porta S. Miniato

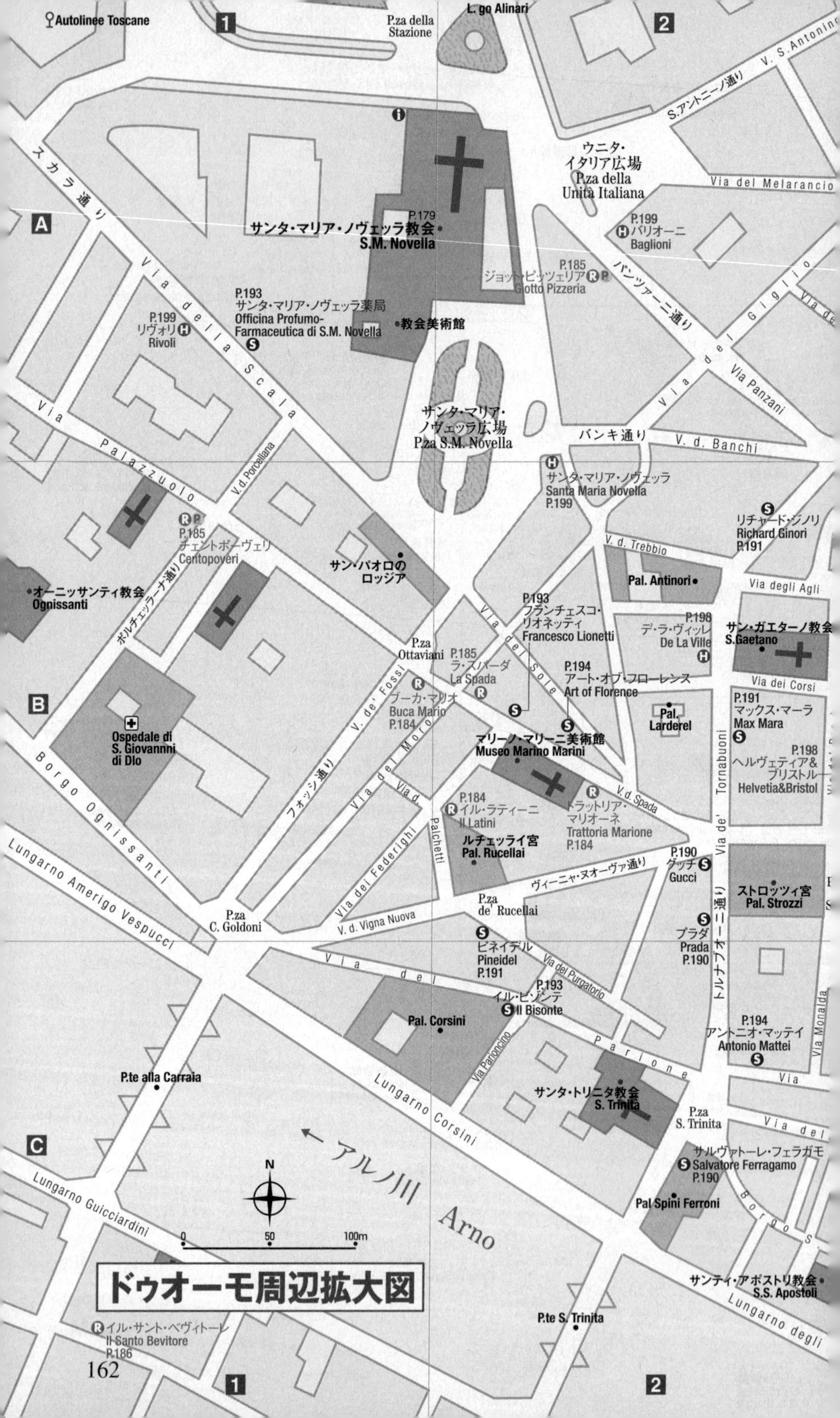
ドゥオーモ周辺拡大図
Autolinee Toscane
P.za della Stazione
L. go Alinari
S.アントニーノ通り
V. S. Antonino
ウニタ・イタリア広場
P.za della Unità Italiana
Via del Melarancio
スカラ通り
Via della Scala
P.179
サンタ・マリア・ノヴェッラ教会
S.M. Novella
P.199
バリオーニ
Baglioni
P.185
ジョット・ピッツェリア
Giotto Pizzeria
パンツァーニ通り
Via del Giglio
Via Panzani
P.193
サンタ・マリア・ノヴェッラ薬局
Officina Profumo-Farmaceutica di S.M. Novella
教会美術館
P.199
リヴォリ
Rivoli
サンタ・マリア・ノヴェッラ広場
P.za S.M. Novella
バンキ通り
V. d. Banchi
サンタ・マリア・ノヴェッラ
Santa Maria Novella
P.199
Via Palazzuolo
V. d. Porcellana
P.185
チェントポーヴェリ
Centopoveri
リチャード・ジノリ
Richard Ginori
P.191
V. d. Trebbio
サン・パオロのロッジア
Pal. Antinori
Via degli Agli
オーニッサンティ教会
Ognissanti
ポルチェッラーナ通り
P.193
フランチェスコ・リオネッティ
Francesco Lionetti
P.198
デ・ラ・ヴィッレ
De La Ville
サン・ガエターノ教会
S.Gaetano
P.za Ottaviani
P.185
ラ・スパーダ
La Spada
Via del Sole
P.194
アート・オブ・フローレンス
Art of Florence
Via dei Corsi
ブーカ・マリオ
Buca Mario
P.184
V. de' Fossi
Pal. Larderel
P.191
マックス・マーラ
Max Mara
Ospedale di S. Giovannni di Dio
マリーノ・マリーニ美術館
Museo Marino Marini
P.198
ヘルヴェティア&ブリストル
Helvetia&Bristol
Via del Moro
Via de' Tornabuoni
Borgo Ognissanti
フォッシ通り
P.184
イル・ラティーニ
Il Latini
V. d. Spada
トラットリア・マリオーネ
Trattoria Marione
P.184
Via d. Palchetti
ルチェッライ宮
Pal. Rucellai
P.190
グッチ
Gucci
ストロッツィ宮
Pal. Strozzi
Lungarno Amerigo Vespucci
Via dei Federighi
ヴィーニャ・ヌオーヴァ通り
P.za de' Rucellai
P.za C. Goldoni
V. d. Vigna Nuova
プラダ
Prada
P.190
トルナブオーニ通り
ピネイデル
Pineidel
P.191
Via del Purgatorio
Via del Moro
P.193
イル・ビゾンテ
Il Bisonte
Pal. Corsini
P.194
アントニオ・マッテイ
Antonio Mattei
Via Monalda
Via Parioncino
Parione
サンタ・トリニタ教会
S. Trinita
P.te alla Carraia
Lungarno Corsini
P.za S. Trinita
Via delle
アルノ川
Arno
サルヴァトーレ・フェラガモ
Salvatore Ferragamo
P.190
Lungarno Guicciardini
N
0
50
100m
Pal Spini Ferroni
Borgo S.
サンティ・アポストリ教会
S.S. Apostoli
Lungarno degli
イル・サント・ベヴィトーレ
Il Santo Bevitore
P.186
P.te S. Trinita
A
B
C
1
2

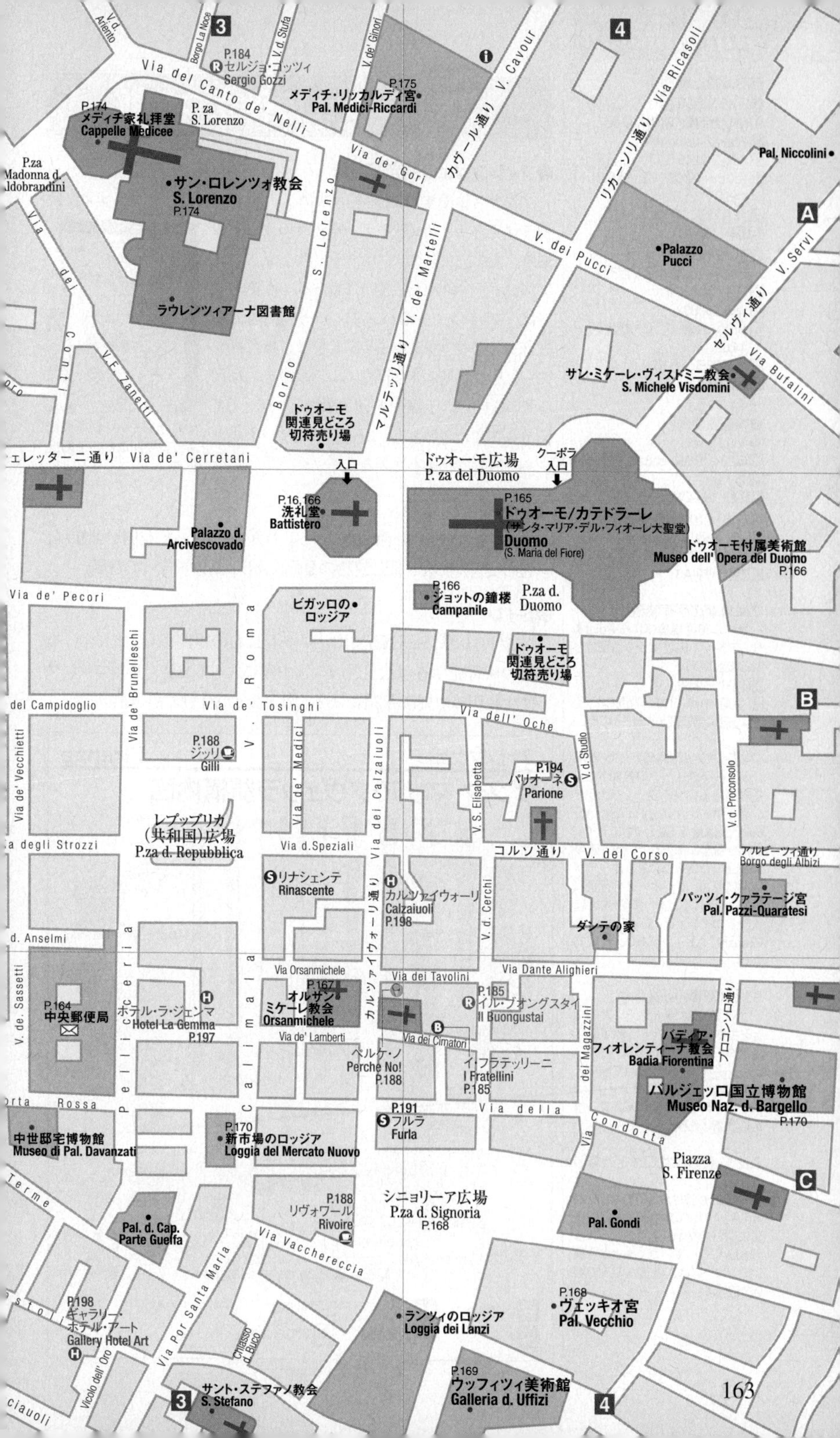
Via del Canto de' Nelli
P.184 セルジョ・ゴッツィ Sergio Gozzi
メディチ・リッカルディ宮 Pal. Medici-Riccardi P.175
メディチ家礼拝堂 Cappelle Medicee P.174
P.za S. Lorenzo
サン・ロレンツォ教会 S. Lorenzo P.174
ラウレンツィアーナ図書館
カヴール通り V. Cavour
リカーソリ通り Via Ricasoli
Pal. Niccolini
V. dei Pucci
Palazzo Pucci
セルヴィ通り V. Servi
Via de' Gori
マルテッリ通り V. de' Martelli
Borgo S. Lorenzo
サン・ミケーレ・ヴィストミニ教会 S. Michele Visdomini
Via Bufalini
ドゥオーモ関連見どころ切符売り場
チェレッターニ通り Via de' Cerretani
ドゥオーモ広場 P. za del Duomo
入口
クーポラ入口
P.16,166 洗礼堂 Battistero
P.165 ドゥオーモ/カテドラーレ (サンタ・マリア・デル・フィオーレ大聖堂) Duomo (S. Maria del Fiore)
ドゥオーモ付属美術館 Museo dell' Opera del Duomo P.166
Palazzo d. Arcivescovado
Via de' Pecori
ビガッロのロッジア
P.166 ジョットの鐘楼 Campanile
P.za d. Duomo
ドゥオーモ関連見どころ切符売り場
V. Roma
Via de' Tosinghi
Via dell' Oche
P.188 ジッリ Gilli
P.194 パリオーネ Parione
レプッブリカ(共和国)広場 P.za d. Repubblica
Via d.Speziali
コルソ通り V. del Corso
アルビーツィ通り Borgo degli Albizi
リナシェンテ Rinascente
カルツァイウォーリ Calzaiuoli P.198
カルツァイウォーリ通り Via dei Calzaiuoli
パッツィ・クァラテージ宮 Pal. Pazzi-Quaratesi
ダンテの家
Via Dante Alighieri
Via dei Tavolini
P.167 オルサンミケーレ教会 Orsanmichele
P.164 中央郵便局
ホテル・ラ・ジェンマ Hotel La Gemma P.197
P.185 イル・ブオングスタイ Il Buongustai
バディア・フィオレンティーナ教会 Badia Fiorentina
プロコンソロ通り
ペルケ・ノ Perche No! P.188
イ・フラテッリーニ I Fratellini P.185
バルジェッロ国立博物館 Museo Naz. d. Bargello P.170
P.191 フルラ Furla
中世邸宅博物館 Museo di Pal. Davanzati
P.170 新市場のロッジア Loggia del Mercato Nuovo
Via della Condotta
Piazza S. Firenze
シニョリーア広場 P.za d. Signoria P.168
P.188 リヴォワール Rivoire
Pal. d. Cap. Parte Guelfa
Via Vacchereccia
Pal. Gondi
P.198 ギャラリー・ホテル・アート Gallery Hotel Art
ランツィのロッジア Loggia dei Lanzi
P.168 ヴェッキオ宮 Pal. Vecchio
Via Por Santa Maria
サント・ステファノ教会 S. Stefano
P.169 ウッフィツィ美術館 Galleria d. Uffizi

市内の観光案内所

ⓘS.M.N.教会横
S.M.N.教会横、駅側に位置。
住 Piazza stazione 4
☎ 055-212245
開 9:00〜19:00、日・祝9:00〜14:00
休 12月25日、1月1日
MAP P.162-A1

ⓘTuristico Cavour
メディチ・リッカルディ宮そば。
住 Via Cavour 1r
☎ 055-290832
開 9:00〜19:00、日・祝9:00〜14:00
休 12月25日、1月1日
MAP P.163-A4

●中央郵便局
住 Via Pellicceria 3
開 8:20〜19:05、土8:20〜12:35
休 日・祝
MAP P.163-C3

●フィレンツェ中央警察署
住 Via Zara 2
☎ 055-49771
MAP P.159-A3

S.M.N.駅の手荷物預け

ホーム16番線奥側にKi Pointあり。アドゥア広場側からも預けられるのが便利。
開 7:00〜21:00
料 手荷物1点につき4時間€6、その後1時間超過するごとに€1

フィレンツェ市内のトイレ事情

デパートチェーンの無料トイレを利用するのがベター。リナシェンテ・フィレンツェ Rinascente Firenzeは地下1階と4階にトイレがあり清潔に保たれている。建物の屋上テラスからはドゥオーモが目前に見え、ドゥオーモを背景に写真が撮れるとあって観光客に人気。コイン・フィレンツェ Coin Firenzeにもトイレがあり、比較的きれい。

S.M.N.駅構内が進化中！

地上階にはジェラテリアのヴェンキやマクドナルド、地下階にはスターバックスがありバリエーションも充実。SephoraやKIKO、MANGOなど化粧品やファッションブランドも入っているので、早めに到着したらのぞいてみよう。

S.M.N.駅の改札口はどうなっている？

改札口が設けられており、2023年7月と10月の取材時は入口の係員に切符を提示してホームへ入る仕組みになっていた。もとから狭いコンコースは入場待ちの人で混雑が激しい。

フィレンツェの役立つ情報

●フィレンツェの観光案内所

アクセスしやすい観光案内所は、サンタ・マリア・ノヴェッラ教会横やメディチ・リッカルディ宮近くのカヴール通り。また、サンタ・クローチェ教会前やフィレンツェ・ペレトラ空港内にもある。各案内所では、フィレンツェのパンフレットや地図などの配布ほか、フィレンツェカードをはじめ各種ツアーなどの前売り券も販売。ホテルの予約は行っていないが、予算や希望地域などを伝えると紹介してくれることも。現地のオプショナルツアーの情報なども手に入る。

オルサンミケーレ教会にある美術館などの予約受付窓口

●郵便局

レプッブリカ広場の西側アーケードの真ん中。入って左側が郵便局。小包の受付窓口は、同じ建物の裏側にあり、階段を上って右側。

●トイレ

公衆トイレは、S.M.N.駅のホームを背に右の線路沿い、ドゥオーモ施設の切符売り場そば、ピッティ宮中庭に入って右奥、サン・ロレンツォ教会北側の中央市場2階にある。ほとんどが有料で€1程度。

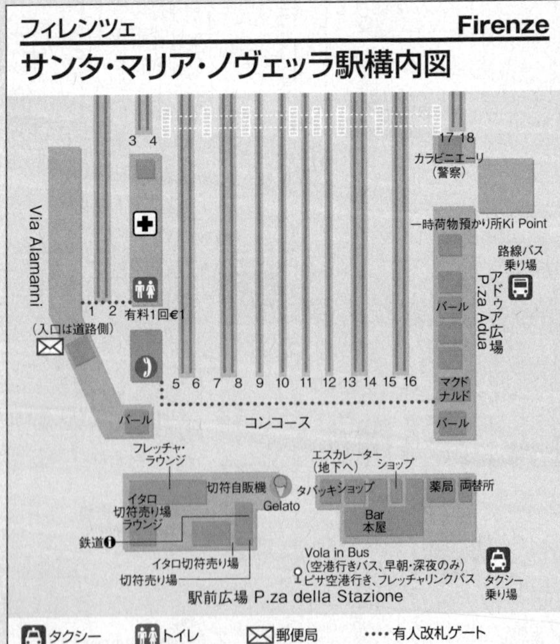

おもな見どころ

ドゥオーモからヴェッキオ橋まで

フィレンツェの象徴 MAP P.163-B4

花の聖母教会ドゥオーモ／カテドラーレ ☆☆☆

Duomo/Cattedrale(Santa Maria del Fiore)

ドゥオーモ/カテドラーレ（サンタ マリア デル フィオーレ）

美しい色大理石の大聖堂のファサード

かつてのフィレンツェ共和国の宗教の中心。白、ピンク、グリーンの大理石の幾何学模様で飾られた美しい大聖堂だ。

4世紀のサンタ・レパラータ教会の上に、当時のフィレンツェの隆盛にふさわしく「できる限り荘厳に、かつ豪勢である」ことを旨として、1296年から172年間の歳月をかけて建設され、約3万人が一堂に会することができる大きさだ。「丘のようだ」と形容される大クーポラはブルネッレスキの設計による。

裏側を見ると大クーポラがよくわかる

華やかな外側とは対照的な内部には、ベネデット・マイアーノの十字架、アンドレア・デル・カスターニョとパオロ・ウッチェッロによるふたつの大規模な騎馬肖像画や、ロッビアの彩色陶板による美しいレリーフで飾られている。また、クーポラ内側に描かれたヴァザーリやその弟子たちによるフレスコ画『最後の審判』も見逃せない。

騎馬肖像画が飾られる内部

クーポラには463段の階段で上ることができ、フィレンツェの町並みを一望できる。なお、地下のサンタ・レパラータ教会跡Cripta di S. Reparata（クリプタ ディ サンタレパラータ）には、このクーポラの設計者ブルネッレスキの墓がある。

●ドゥオーモ／カテドラーレ
住 Piazza del Duomo
☎ 055-2302885
開 10:15〜15:45
休 第1火・日曜、12月25日、1月1日、復活祭の日曜
料 無料

●クーポラ
開 8:15〜19:30、土8:15〜17:15、日・祝12:45〜17:15（最終入場は閉館の45分前）
休 第1火曜、12月25日、1月1日、復活祭の日曜
料 共通パス€30

共通パスの購入方法
①ドゥオーモ広場のパス売り場洗礼堂入場口前（開 8:00〜19:00）、ジョットの鐘楼向かい（開 8:00〜19:15）で販売。現金不可。購入時にクーポラの予約もしておくこと。
②公式サイト(英語あり)
メニューからチケットマークを選択。予約したいパスをクリックし、日付と枚数を選ぶ。このときにクーポラの予約も一緒にしておくとよい。カートに入れて、メールアドレスとパスワードを登録してからクレジットカード（A.J.M.V.）で支払う。チケットはメールで届くので印刷して当日受付でQRコードをかざして入場。
URL duomo.firenze.it

クーポラや洗礼堂に入場する共通パス

ドゥオーモやクーポラ、ジョットの鐘楼など大聖堂周辺の5ヵ所の入場には専用の共通パスが必要。また、クーポラに上るには予約必須。②はクーポラ以外、③はクーポラと鐘楼以外に利用可能。

パスの種類

①ブルネッレスキ・パス　BRUNELLESCHI PASS
料 €30、7〜14歳€12、0〜6歳無料

②ジョット・パス　GIOTTO PASS
料 €20、7〜14歳€7、0〜6歳無料

③ギベルティ・パス　GHIBERTI PASS
料 €15、7〜14歳€5、0〜6歳無料

購入方法は上記の欄外情報参照。クーポラの予約は共通パス購入時に行う。

『天国の扉』とモザイクが彩る　MAP P.163-B3

洗礼堂 ★★★

Battistero San Giovanni　バッティステロ サン ジョヴァンニ

洗礼堂、クーポラ、鐘楼が並ぶ

ドゥオーモ前の八角形の建築で、ドゥオーモ同様美しい色大理石で造られている。11～12世紀の建築。町の守護聖人（聖ジョヴァンニ）にささげられたもので、ドゥオーモができるまで聖堂として使われていた。ダンテも、ここで洗礼を受けたという。

3つのブロンズの扉が出入り口になっていて**南の扉はアンドレア・ピサーノ**、**北と東の扉はギベルティ**による。東の扉は、ミケランジェロが**『天国の扉』**と名づけたすばらしいもので、人々の手に触れ、今では扉全体が金色に輝いている。内部は八角形で、クーポラ部分は**『最後の審判』『創世記』**などを主題とした**ビザンチン風のモザイク**で飾られている。

2023年からモザイク画の修復工事が行われ、作業には約5年かかるといわれている。修復現場を見られるツアー(→P.16)を開催。

ひとつの大工芸品　MAP P.163-B4

ジョットの鐘楼 ★★★

Campanile di Giotto (del Duomo)　カンパニーレ ディ ジョット(デル ドゥオーモ)

繊細なレリーフで飾られた鐘楼

高さ85mのジョット設計の鐘楼。ジョットの芸術性はダンテが『神曲』の中でも触れたほどで、当時は「過去の芸術よりも完全なものである」と言わしめた。この塔のデザインと色彩の妙、そして繊細なレリーフを見れば、誰もがこの言葉に納得するはず。414段の階段で上部テラスへ上ることもできる。

ドゥオーモのオリジナルが並ぶ　MAP P.163-B4

ドゥオーモ付属美術館 

Museo dell' Opera di Santa Maria del Fiore (Museo dell' Opera del Duomo)

ムゼオ デッロペラ ディ サンタ マリア デル フィオーレ(ムゼオ デッロペラ デル ドゥオーモ)

ドゥオーモに飾られていた美術品を収蔵する美術館。大幅な改修を終えて2016年秋に再開された。建設当時さながらの美しさと

クーポラの予約と入場に関して

ブルネッレスキ・パスを購入した当日にそのままクーポラに上るのは、まず難しいと考えておいたほうがよいだろう。2023年7月の訪問時は、最短で3日後から空きありという状況で、ハイシーズンには1週間後という場合も。現地でパスを購入するにしても、事前に公式サイトで空き状況を確認しておくとよい。公式サイトのチケット予約ページでブルネッレスキ・パスを選ぶと、クーポラの空き時間（45分刻み）と空き枠の数を見られる。

●洗礼堂
住 Piazza San Giovanni
☎ 055-2302885
開 8:30～19:30、第1日曜8:30～13:30
休 第1火曜、12月25日、1月1日、イースターの日曜
料 共通パス€30、洗礼堂修復現場ガイドツアー€65(→P.16)

●ジョットの鐘楼
住 Piazza del Duomo
☎ 055-2302885
開 8:15～19:30(最終入場45分前)
休 第1火曜、12月25日、1月1日、復活祭の日曜
料 共通パス€20、€30
※予約は必要ないが、1回当たりの入場制限を行っているため、入口で係員や並んでいる人に次回の入場時間を確認しよう

✉ クーポラとジョット、どっちに上る？

クーポラとジョットの鐘楼はエレベーターがないため、徒歩で上る必要があります。どちらも400段以上あるため、上るのは大変です。閉所恐怖症の人や、呼吸器疾患がある人などは上らないよう注意書きがありました。ジョットの鐘楼は、4つ程度のブロックに分かれており、途中にある広いスペースで休憩しながら上ることができますが、クーポラは途中で休憩できるようなスペースがありません。また、クーポラは窓もほとんどなく閉塞的で、通路が狭くなっているところも多いため、閉所恐怖症の人は上るのをやめておいたほうがよいと思います。どちらかひとつに上るのであれば、ジョットの鐘楼の方が上りやすいです。　（島根県 匿名希望 '23）

クーポラと鐘楼の手荷物制限

狭い階段を上っていくふたつの施設に入場する際は、手荷物検査が行われる。小さめのリュックやショルダーバッグ、カメラは問題ないが、大きい荷物は持ち込み不可なので付属美術館横の手荷物預かり（開 7:30～20:15）に預けること。

『天国の扉』のオリジナル

斬新な展示で、注目のスポット。

入ってすぐには、ドゥオーモのファサードを再現。中央のカンビオの『**ガラスの瞳の聖母**』Madonna degli occhi di Vetroをはじめオリジナルの彫刻が並び、神々しいほどだ。対面には洗礼堂のいずれもギベルティによる『**天国の扉**』Porta del Paradiso、『**北側扉**』Porta Nordなどオリジナルの扉が金色に輝く。続く展示室にはドゥオーモに置かれていた傑作が展示され、8室にはドナテッロの『**マグダラのマリア**』Santa Maria Maddalena Penitente、10室にはミケランジェロの『**ピエタ**』La Pietàがある。

2階は鐘楼やクーポラ、聖歌隊席などの彫刻や資料を展示しており、階下のファサードの展示を上から眺められるようになっているのも楽しい。14室にドナテッロの『**預言者ハバクク**(別名カボチャ頭)』、15室にはブルネッレスキの**クーポラの木製模型**。23室には、ドナテッロとL.ロッビア競作の天使が踊る『**聖歌隊席**』Canotoria、25室ポッライオーロ『**サン・ジョヴァンニの壁飾り**』Prato di S.Giovanniなど。4階のテラスからはドゥオーモの裏側を近くに見ることができる。

ミケランジェロ作『ピエタ』

2024年1月リニューアルオープン　MAP P.163-C3

オルサンミケーレ教会 ★★

Orsanmichele

オルサンミケーレ

オルサンミケーレ教会内部には穀物倉庫の跡も見られる

かつての穀物倉庫からフィレンツェの商工会館となり、今は教会。

建物外壁に飾られているさまざまな像は、当時のフィレンツェを牛耳っていた銀行家、商人、手工業の職人など、**各業種の守護聖人**だ(像をよく見ると、持っているもので何の業種かわかるのだ!)。当時ヨーロッパ第一の商業の都として栄えたフィレンツェの面影を今に見るようで興味深い。内部には、14世紀の**小礼拝堂**Tabernacolo(タベルナコロ)があり見逃せない。大理石、金で細工された**レリーフ**が見事だ。内部壁面のところどころには、上部から小麦を下に通す管など、穀物倉庫の名残が今も残っている。

●ドゥオーモ付属美術館
住 Piazza del Duomo 9
☎ 055-2302885
開 8:30～19:00
休 第1火曜、12月25日、1月1日、復活祭の日曜
料 共通パス€15、€20、€30

●天国の扉・洗礼堂東側

①	②
③	④
⑤	⑥
⑦	⑧
⑨	⑩

①人間創造原罪
②アベルの犠牲
　カインのアベル殺し
③ノアの箱舟　ノアの泥酔
　ノアの犠牲
④アブラハムの物語
　イサクの犠牲
⑤ヤコブとエサウの物語
⑥ヨゼフと兄弟たち
⑦モーゼの十戒
⑧ヨシュアの物語
⑨サウルとダヴィデの物語
⑩ソロモンとシバの女王

洗礼堂の「天国の扉」は日本人の寄付によるレプリカ。オリジナルはドゥオーモ博物館に収められている。

共通パスの販売場所について

ドゥオーモ付属美術館とドゥオーモ地下のサンタ・レパラータ教会跡のカウンターでも共通パスを販売しており、比較的すいている。

サンタ・レパラータ教会跡

ドゥオーモが造られる前に建っていた教会の遺構で、クーポラの設計者・ブルネッレスキの墓もある。共通パスに含まれているので、ぜひ訪れてみてほしい。ドゥオーモを正面に見て右奥に入場口があり、見学後はそのままドゥオーモの内部も見ることができる。
開 10:15～16:00、日・祝13:30～16:00
休 12月25日、1月1日

●オルサンミケーレ教会
住 Via Arte della Lana
☎ 055-0649450
開 8:30～18:30、日・祝8:30～13:30
休 火、12月25日
料 €8、25歳未満€2(予約料€3、チケットは公式サイトかコールセンター055-294-883で)

夜は広場へ

夜になると、シニョリーア広場周辺にはストリートミュージシャンが出没。周囲の人も歌ったり踊ったりして、とても楽しい雰囲気でした。子供連れなら、レプッブリカ広場へ。移動メリーゴーランドはまるでおとぎの国のようでした。（東京都　夢子）

子供も大人も楽しいメリーゴーランド

ドゥオーモ近くのレプッブリカ広場で、メリーゴーランドが営業していました。子供（0～12歳）€1.50、大人€2.50。移動式ですが、本格的で子供は大喜びでした。（埼玉県　なんこつ）

おすすめスポット

ドゥオーモの裏側に図書館&カフェがあります。上層階のカフェからはドゥオーモのクーポラが近くに見えます。トイレもあり、日中は勉強している人もいるのでお静かにネ。（あなご）

●Biblioteca della Oblate
住 Via dell' Oriuolo 24
☎ 055-2616512
開 水～金9:00～23:00、月14:00～19:00、火9:00～19:00、土10:00～23:00
休 日・祝、12月8・25・26日、1月1・6日

●ヴェッキオ宮
住 Piazza della Signoria
☎ 055-2768325
開 博物館9:00～19:00、木9:00～14:00、塔9:00～17:00、木9:00～14:00(最終入場1時間前)
休 12月25日
料 博物館€12.50、18～25歳€10、アルノルフォの塔€12.50、18～25歳€10（フィレンツェカード対象施設）
URL bigliettimusei.comune.fi.it
※市庁舎としても使用されているため、入館の際のセキュリティチェックが厳しい。係員の指示に従おう

アルノルフォの塔への入場

フィレンツェカードの利用で博物館は優先入場が可能だが、塔は空き状況次第になっている。ヴェッキオ宮で単体のチケットを購入する場合、博物館と塔への入場や日時指定制になっており、特にアルノルフォの塔は予約で埋まっていることも多いので、余裕をもって訪問しよう。

水飲み場を有効活用

シニョリーア広場のヴェッキオ宮出口付近にある水飲み場がおすすめです。石灰分が少なく日本人に飲みやすいとか。左がガス入り、右がガスなしです。（あなご）

フィレンツェの歴史を刻む　MAP P.163-C3・4

シニョリーア広場 ★★★

Piazza della Signoria　ピアッツァ デッラ シニョリーア

上から見た広場

かつて、そして今もフィレンツェの行政の中心。共和政を旨としたフィレンツェ人は、ことあるごとに、ここに集まり議論を戦わせ、挙手によって採決を行ったといわれている。

広場は、ヴェッキオ宮とたくさんの彫刻の並ぶ彫刻廊であるランツィのロッジアからなり、さながら屋外美術館の趣だ。広場のダヴィデ像（コピー）やネプチューンの噴水の周りには、いつもたくさんの人が集い憩う。この噴水近く、丸いブロンズの敷石が埋まっている所が、あのサヴォナローラが火あぶりの刑に処せられたランツィのロッジアLoggia dei Lanziは広場の南側にあり、共和国時代は市民集会の場であった。今はルネッサンス彫刻のギャラリーで、チェッリーニの『ペルセウス像』やジャンボローニャの『サビーネの女たちの強奪』などがある。

屋外ギャラリー、ランツィのロッジア

栄光に輝く共和国政庁　MAP P.163-C4

ヴェッキオ宮 ★★★

Palazzo Vecchio　パラッツォ ヴェッキオ

シニョリーア広場を見下ろす、94mの塔を抱く力強く優美なゴシック建築は、かつてのフィレンツェ共和国政庁舎だ。建物入口には、町の紋章を持つフィレンツェの獅子像（マルゾッコ）Marzoccoが飾られている。

フィレンツェ共和国の政庁舎だったヴェッキオ宮

繊細な中庭中央には、ヴェロッキオ作のイルカを抱くキューピッド（コピー）の噴水がある。内部は2階、3階に分かれており、宮殿内部を見学することができる。

2階の「五百人広間」Salone dei Cinquecento（サローネ デイ チンクエチェント）は、フィレンツェ共和国の会議場だった所で、ヴァザーリ派の絵画やミケランジェロの彫刻「勝利」で飾られている。

3階に上ると、ヴァザーリにより設計された、コジモ1世とその妻エレオノーラの住居が続く。さらに進むと「謁見の間」Sala dell' Udienza（サラ デル ウディエンツァ）に出る。共和国時代には総督（プリオリ）の会議や法廷として使われた部屋で、格天井や大理石の入口がすばらしい。

ヴェッキオ宮の中庭。中央にはイルカを抱く天使の噴水がある

絶対見逃せない珠玉コレクション　MAP P.163-C4

ウッフィツィ美術館 ★★★

Galleria degli Uffizi　ガッレリア デッリ ウッフィツィ

ウッフィツィ展示プロジェクトが進行中。広々とした展示室

かつてメディチ家の事務局、フィレンツェ公国の行政局uffici＝（英）officeがおかれていたのでこの名がついた。メディチ家の財力を結集したルネッサンス美術のすべてがここにある。あの官能的なボッティチェッリの『春』もラファエッロの『ひわの聖母』もここで待っている。2500もの展示品が並び、見学には少なくとも半日、納得するまで観るには1週間は必要だ。

さて、美術館は2階と3階に分かれ、見学は3階から。さらに、ここから川向こうのピッティ宮までを結ぶヴァザーリの回廊（2024年5月再開予定）があり、ダ・ヴィンチ、ティツィアーノなどの画家たちの自画像ギャラリーとなっている。また、近くには、バールもあるので疲れたら一服するのもよい。

ジョット作『玉座の聖母子』

では、忙しい旅人に絵画館の展示作品で見落とせないものを紹介。A4室には初期ルネッサンスに多大な影響を与えたジョットの『玉座の聖母子』La Madonna in Maestà。A5室14世紀のシエナ派シモーネ・マルティーニの『受胎告知』Annunciazione。A9室パオロ・ウッチェッロ作『サン・ロマーノの戦』Battaglia di S. Romano、ピカソも毎日デッサンに通ったといわれるもの。フィリッポ・リッピ『聖母子と二人の天使』Madonna col Bambino e 2 Angeli。A11～12室ボッティチェッリの作品。『春』Primavera、『ヴィーナスの誕生』Nascita di Venereは必見。A35室ダ・ヴィンチの作品群、『マギの礼拝』Adorazione dei Magi、『受胎告知』Annunciazione。A38室ミケランジェロの通称Tondo doni＝『聖家族』Sacra Famigliaのほか、ラファエッロの『ひわの聖母』Madonna del Cardellinoも展示。

ボッティチェッリ作『春：プリマヴェーラ』

バール近くから2階へ下り、D23室ティツィアーノの代表作『ウルビーノのヴィーナス』Venere di Urbino。この2階にはカラヴァッジョ作品が集中しておりD29室『イサクの犠牲』Sacrificio di Isacco、E4室『メドゥーサ』Medusa、E5室『バッカス』Baccoなどがある。

●ウッフィツィ美術館
住 Piazzale degli Uffizi 1
☎ 055-294883
開 8:15～18:30（最終入場1時間前）
休 月、1月1日、12月25日
料 3～10月€25、11～2月€12、18歳未満無料（フィレンツェカード対象施設）、第1日曜無料（予約不可）
※夏季を中心（6～9月の火曜）に夜間開館の場合あり。
※公式サイトで予約した場合は、手数料€4が発生する
※2024年5月からデジタルチケットを導入。詳細は公式サイトへ
URL www.uffizi.it

当日券の購入について
建物南側（アルノ川沿い）に並び、チケットオフィスで購入する。ただしピークシーズン時は2～3時間待ちということも多いので、開館30分くらい前から並んでおきたい。

オーディオガイド
日本語も用意されており、主要作品の解説を手助けしてくれる。1人用€6（レンタル時にパスポートなどの身分証明書を預ける必要あり）。

注意事項と設備
水の持ち込みは500mℓ以下まで。飲み薬や哺乳瓶は可。長傘や大きなかばんはクロークに預けること。トイレは入口を入ったクローク付近、3階のカフェテリアそば、2階のD2～D5展示付近などにある。カフェテリアは3階にあるが、席数が少ないので昼時はすぐ満席に。館内の絵画は写真撮影可能だが、フラッシュは不可。

●バルジェッロ国立博物館
住 Via del Proconsolo 4
☎ 055-0649440
開 8:15～13:50(最終入場50分前)
休 火、第2・4日曜、12月25日
料 €10、18～25歳€3
※特別展開催時は、特別展の料金が追加されることもある
※公式サイトでチケットを購入すると予約手数料€3が発生する

ルネッサンス彫刻の傑作を飾る　MAP P.163-C4

バルジェッロ国立博物館

Museo Nazionale del Bargello　ムゼオ ナツィオナーレ デル バルジェッロ

典型的中世建築の館で、中世には執政長官の館、その後トスカーナ大公国の時代には、警察本部Bargello(バルジェッロ)がおかれた所。

博物館は、彫刻で囲まれた中庭と1、2、3階に分かれている。

バルジェッロ国立博物館の美しい中庭

■1階　ミケランジェロと16世紀フィレンツェ派の彫刻。ミケランジェロによる『バッカス』Bacco(バッコ)、『聖母子』Tondo Pitti(トンド ピッティ)は必見。

■2階　ドナテッロの作品が並ぶ。『ダヴィデ像』Davide(ダヴィデ)はルネッサンスにおける最初の裸体像として有名。そのほか『聖ゲオルギウス像』San Giorgio(サン ジョルジョ)など。

■3階　デッラ・ロッビアによる美しい彩色陶板とルネッサンス彫刻、武具などが並ぶ。

バルジェッロを含む博物館共通パス

バルジェッロ国立博物館、メディチ家礼拝堂(→P.174)、オルサンミケーレ教会(→P.167)、ダヴァンツァーティ宮殿(住 Via Porta Rossa 13)、カーザ・マルテッリ博物館(住 Via Ferdinando Zannetti 8)に入場できる共通パス(BIGLIETTO CUMULATIVO)が€21で販売。最初の入場時から72時間有効。
URL www.bargellomusei.beniculturali.it

宝石店が並ぶ、一大名所　MAP P.161-C3

ヴェッキオ橋

Ponte Vecchio　ポンテ ヴェッキオ

昔も今も、宝石店が軒を連ねるヴェッキオ橋

アルノ川に架かるフィレンツェ最古の橋。彫金細工店や宝石店が橋の両側にぎっしりと並ぶ。このしゃれたプロムナードも、13世紀には、なめし革店や肉店が並び、異臭を放っていたとか。宮殿近くに臭い市場があることを嫌ったフェルディナンド1世の命令により、1593年に市場は撤去され、宮殿周辺にふさわしい宝石店が並ぶようになった。階上は、かつてウッフィツィ宮とピッティ宮を結ぶ通路としてヴァザーリにより建設されたもので、当時は、小さな車も通ったという。戦時中、唯一破壊を免れたこの橋の上をヒトラーや、それに対抗するパルチザンが歩いたのも今や遠い思い出。ここから、トリニタ橋を望んでの夕焼けは、フィレンツェNo.1の絶対おすすめ観光ポイント。

幸運をもたらすイノシシの像

像の鼻をなでると幸運が訪れるといわれている。また、像の舌の上にコインを置いてから手を放し、格子を通り抜けて下に落ちれば祈願成就との言い伝えも。ちなみにピエトロ・タッカ作の本物はバルディーニ美術館にある。

イノシシが目印の市場　MAP P.163-C3

新市場のロッジア

Loggia del Mercato Nuovo　ロッジア デル メルカート ヌオーヴォ

16世紀にメディチのコジモ１世の命で造られた柱廊の続く市場。通称「麦わら市場」と呼ばれ、かつては近郊産の麦わら細工などを売っていた。現在はみやげものの屋台が並ぶ。南側にあるイノシシの像はバルディーニ美術館にあるローマ時代の彫刻のコピー。皆にかわいがられ、鼻はピカピカに光っている。

鼻はピカピカ、イノシシ君

壮大なルネッサンス宮殿 MAP P.160-C2

ピッティ宮 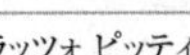

Palazzo Pitti　　パラッツォ ピッティ

フィレンツェ風の切り石積みのピッティ宮

フィレンツェ・ルネッサンスの典型的宮殿。フィレンツェの商人ピッティが、宮殿建設に着工したのでこの名前がある。その後、当時はヴェッキオ宮に住んでいたメディチ家のコジモ1世に売却され現在の姿となった。宮殿内部には、ラファエッロの11の作品を収めたパラティーナ美術館や銀器博物館、近代美術館、衣装博物館、陶磁器博物館、コンサートホールなどがあり、まとめてピッティ美術館と呼ばれている。宮殿の裏側には自然を愛するコジモの妻エレオノーラのために造られた、広大なボーボリ庭園が広がる。今や市民の散歩道だが、当時は、まだ珍重されていたトマトやジャガイモが植えられていたという。

ラファエッロ・ファン必見 MAP P.160-C2

パラティーナ美術館 

Galleria Palatina　　ガッレリア パラティーナ

当時のままに飾られたラファエッロ作『小椅子の聖母』

歴史ある優雅なパラッツォに歴代トスカーナ大公のコレクションを展示。ピッティ宮の2階にありラファエッロの作品11点を収めた、ラファエッロ・ファン必訪の美術館だ。ラファエッロ作品は、22室『布貼り窓の聖母子』(マドンナ デッリンパンナータ) Madonna dell'Impannata、28室は特に作品が集中しており、『大公の聖母』(マドンナ デル グランドゥーチャ) Madonna del Granduca、『小椅子の聖母』(マドンナ デッラ セッジョーラ) Madonna della Seggiola、『アニョロ・ドーニの肖像』(リトラット ディ アニョロ・ドーニ) Ritratto di A.Doniなど。29室『ヴェールの女』La Velata。24室にはカラヴァッジョの『眠るキューピッド』(アモーレ ドルミエンテ) Amore Dormiente。ティツィアーノの作品も充実しており、31室には『若者の肖像』(リトラット ヴィリーレ) Ritratto Virile、『マグダラのマリア』(ラ マッダレーナ) La Maddalena、32室には『美しき女』(ラ ベッラ) La Bella、『コンチェルト』(コンチェルト) Concertoなど、同室のカノーヴァの傑作『ヴィーナス』も見逃せない。ルートの最後には、歴代大公が暮らした「君主の居室」(アッパルタメンティ モヌメンターリ) Appartamenti Monumentaliが続いている。

リッピをじっくりと鑑賞

●ピッティ宮

パラティーナ美術館（王室アパートメント含む）、近代美術館、衣装博物館、大公の宝物庫（銀器博物館）、ロシア・イコン博物館、パラティーナ礼拝堂がまとまっている。

住 Piazza dei Pitti
☎ 055-294883
開 8:15～18:30
休 月、1月1日、12月25日
料 3～10月€16、11～2月€10、毎月第1日曜無料、ボーボリ庭園との共通チケットあり（フィレンツェカード対象施設）

※王室アパートメントと衣装博物館は改装工事のため休業中。その他、場合によっては見学不可のところも

※オーディオガイド1人用€6（イタリア語と英語あり、日本語なし）

ピッティ宮＋ボーボリ庭園

共通券をチェック(→P.172)。ピッティ宮は月曜が定休日なので、火～日曜で利用できる。

料 3～10月€22、11～2月€14

ウッフィツィ美術館＋ピッティ宮＋ボーボリ庭園との共通券もあり

5日間有効の「Passe Partout」では、上記3件に加えて国立考古学博物館と貴石加工美術館にも入場できる。

料 3～10月€38、11～2月€18

チケットはいつどこで買う？

ウッフィツィ美術館やドゥオーモ周辺の観光スポットに比べると、少しだけすいている印象のピッティ宮。2023年7・10月の訪問時は、10～15分程度の行列で当日券を購入することができた。公式サイトでチケットを購入すると予約手数料が€4かかるので、少しでも節約したい人は現地で購入するとよいかもしれない。また、ローシーズン（1月10日～2月20日、11月10日～12月20日）の8:59までにチケットを購入し、9:25までに入場するとチケットが半額になる。また、同期間の15:00以降に購入した場合も半額に。一方上記以外のハイシーズンで、8:15～8:45にチケットを購入し、8:55までに入場した人には「早割」が適用される。詳細は公式サイト。

URL www.uffizi.it

✉ パラティーナ美術館公認ブック

たくさんの美術品を鑑賞するのにイタリア語、または英語で解説を読むのは大変という人には入場してすぐのブックショップで日本語の公認ブックを購入するのがおすすめ。絵の位置、写真、解説が記載されていて、よりいっそう楽しめます。　（あかしねこ）

●ボーボリ庭園
ボーボリ庭園、バルディーニ庭園、陶磁器博物館を含む。
住 Piazza Pitti
☎ 055-294883
開 6～8月8:15～19:10、夏時間の3～5月・9～10月8:15～18:30、冬時間の3・10月8:15～17:30、11～2月8:15～16:30（最終入場1時間前）
休 第1・最終月曜、1月1日、12月25日
料 3～10月€10、11～2月€6、毎月第1日曜無料、ピッティ宮との共通チケット（→P.171）あり（フィレンツェカード対象施設）
※ボーボリ庭園へは、ピッティ宮の入口からだけではなく、ベルヴェデーレ要塞とロマーナ門からの入場も可能だ

●ベルヴェデーレ要塞
Forte di Belvedere
開 春～秋に催事のみの公開
MAP P.161-C3
※毎年特別展により6～10月頃の公開だが開始時期に変動あり。要塞内部に入らないと、町を見下ろす風景は楽しめないが、周囲にはトスカーナ的田園風景が広がる。サン・ミニアート教会を眺めながら、オリーブの茂る、のどかなベルヴェデーレ通り Via del Belvedereを下るのも楽しい

広大な庭園の水飲み場
島の噴水付近（コロンナ側）、陶磁器博物館前の庭園、アダムとイブの洞窟付近、ブオンタレンティの洞窟近くにあるが、特に夏時期は気温が高く日陰も少ないため、水を持参していこう。

眺めのよい広場から望む、古代の夢の跡

MAP P.158-C2

ボーボリ庭園 世界遺産 ★★★

Giardino di Boboli

ジャルディーノ ディ ボーボリ

緑深きボーボリ庭園

2013年、「トスカナ地方のメディチ家の別荘と庭園群」のひとつとして世界遺産に登録されたボーボリ庭園。ピッティ宮の裏手、4万5000㎡の広大な丘陵地に広がる。トスカーナ大公の妃、エレオノーラ・ディ・トレドが造営したもので、うっそうとした森と手入れの行き届いた区域が広がり、そこに彫像、洞窟、噴水などが点在し、まさに野外美術館のよう。後のヨーロッパ宮廷の造園モデルといわれている。

ピッティ宮中庭から入ると「円形劇場」、続く高台に「ネプチューンの噴水」、さらに上部に「陶磁器博物館」。開場していれば、西側の「ベルヴェデーレ要塞」からフィレンツェの町のパノラマを楽しもう。坂を下る途中にある「カフェハウス」は小美術館となっており、バッカスの噴水のオリジナルなどを展示。バッカスとも呼ばれる、亀にまたがった『小人モルガンテ』はコジモ1世に仕えた道化のひとり。さらに下った「ブオンタレンティの洞窟」は内部が3室に分かれ、幻想的な雰囲気。ギリシア神話から想を得たというミケランジェロとジャンボローニャの彫像（コピー）が飾られ、水に打たれた姿は艶めいた美しさだったという。時間が許せば、「糸杉の大通り」からスペクタルな光景が広がる「島の噴水」まで足を延ばそう。池の中央には「大洋の噴水」があり、周囲の彫像と相まってドラマチックな風景が広がる。

彫刻で飾られたブオンタレンティの洞窟

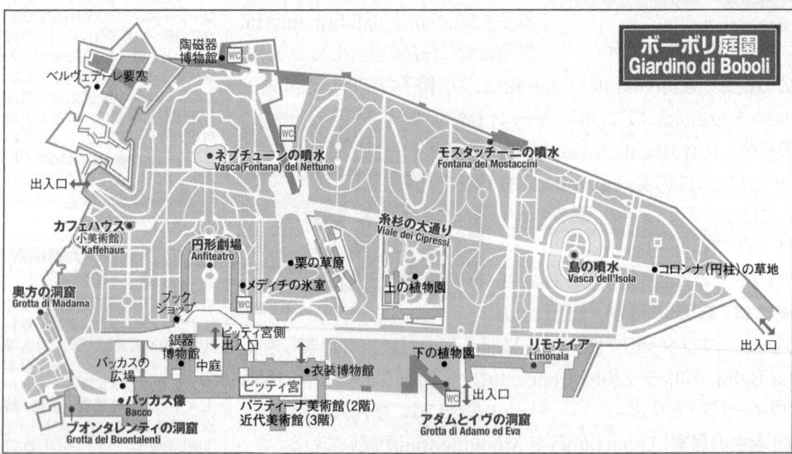

空を切り取るようなファサードが印象的  P.160-C2

サント・スピリト教会 ☆☆
Santo Spirito　サント　スピリト

内部の美術品も見事なサント・スピリト教会

平日の午前中や週末には市場が立ち、夏の夜には、カフェのテーブルがところ狭しと並ぶサント・スピリト広場の一角にある教会で、晩年のブルネッレスキによる。素朴で簡素ながらも、内部は壮重な雰囲気で、フィリッピーノ・リッピによる『聖母子と聖人』(正面右側5番目の礼拝堂内)、オルカーニャの『最後の晩餐』(美術館内)、ミケランジェロによる木製の『十字架像』など美術的価値の高いものが多い。

ルネッサンス美術の幕開けを告げる  P.160-C1

サンタ・マリア・デル・カルミネ教会 ☆☆
Santa Maria del Carmine　サンタ　マリア　デル　カルミネ

教会内部右側のブランカッチ礼拝堂Cappella Brancacciのマザッチョとマゾリーノによるフレスコ画を抜きに、フィレンツェ・ルネッサンスは語れない。26歳の若さでこの世を去った、若き天才マザッチョは、ルネッサンスにおいて発展した、透視画法や明暗による肉付け法を用い、絵画に存在感を与えた。彼は、人間の姿を堂々と表現した時代の革新者であった。

礼拝堂入口、柱の上の『アダムとイヴ(原罪)』(マゾリーノ)や『貢の銭』『楽園追放』(マザッチョ)は、今なおみずみずしい感動を与えてくれる。

ブランカッチ礼拝堂

●サント・スピリト教会
住 Piazza di Santo Spirito 30
☎ 055-210030
開 10:00～13:00、15:00～18:00、日・祝11:30～13:30、15:00～18:00
休 水
料 無料、ミケランジェロの十字架像含む見どころ€2

教会の見どころ
主祭壇付近にはロープが張られ、正面右奥の礼拝堂にあるフィリッピーノ・リッピの『聖母子と聖人』へは近づくことはできない。ただ、反対側の遠くから眺めることは可能。また、左の聖具室では若きミケランジェロの『十字架像』が下からグルリと360度鑑賞することができる。

楽しいサント・スピリト広場
緑の大木が茂り、中央には噴水がある旧市街のオアシスのような広場。周囲にはカフェ、レストランなどがずらりと並び、週末の夜は大にぎわいだ。また、昼休みなしで営業するトラットリアやパニーノ店などもあるので、食べ損ねたときには便利なスポット。広場手前には、きれいなトイレ(€1)がある。また、午前中には日替わりで市場が立つのでのぞいてみるのもよいだろう。

●サンタ・マリア・デル・カルミネ教会「ブランカッチ礼拝堂」
住 Piazza del Carmine 14
☎ 055-2382195
開 10:00～17:00、日13:00～17:00(最終入場45分前)
休 火～木、1月1・7日、復活祭の日曜、7月16日、8月15日、12月25日
料 €10、18～25歳€7(要予約)
※教会横の専用入口から入場。フレスコ画の保護のため、入場は1回10人で30分間の入替制

ブランカッチ礼拝堂の予約
いずれも予約手数料はかからない。
①電話予約　055-2768224
②メール予約
cappellabrancacci@musefirenze.it
③フィレンツェ市の予約サイト
URL ticketsmuseums.comune.fi.it

フィレンツェの眺望おすすめベスト3

ミケランジェロ広場からの眺め。クーポラと鐘楼も

この町を代表するのがドゥオーモのクーポラ。下から見るのか、それとも上ってしまうかが悩ましい。クーポラと鐘楼を眺められる写真映えのいいスポットをご紹介。

①ミケランジェロ広場(→P.179)
広場下の張り出したテラスや少し離れたサン・ミニアート・アル・モンテ教会(→P.179)もおすすめ。
②ヴェッキオ宮のアルノルフォの塔(→P.168)
③バルディーニ庭園と付属美術館のパノラマ・テラス(→P.180)

寺院建築の傑作  P.163-A3

サン・ロレンツォ教会 ★★
San Lorenzo サン ロレンツォ

メディチ家代々の菩提寺であり、時代、様式の異なる3つの墓地空間（ブルネッレスキによる旧聖具室、ミケランジェロによる新聖具室、そして17世紀の君主の礼拝堂）からなる。

ここには旧聖具室のみがおかれ、ほかのふたつは、メディチ家礼拝堂にあり、この教会裏側より入場する。

余計な装飾を排し、優雅で清澄な雰囲気がいっぱいの旧聖具室は必見。ドナテッロ作の胸像がある。愛らしい中庭から続くミケランジェロのデザインによる階段を上った2階には、同じく彼によるラウレンツィアーナ図書館Biblioteca Medicea-Laurenziana（ビブリオテーカ メディチェア ラウレンツィアーナ）がある。この図書館には、メディチ家代々により収集された古文書1万冊が収められている。

美しいルネッサンス空間
サン・ロレンツォ教会内部

●サン・ロレンツォ教会
住 Piazza S. Lorenzo 9
☎ 055-214042
開 10:00～17:30（最終入場16:30）
休 日、1月1・6日、復活祭前の金曜、復活祭の日曜、8月10・15日、11月1日、12月8・25日
料 €9、12歳以下無料（フィレンツェカード対象施設）
※ラウレンツィアーナ図書館の前庭とミケランジェロ・サロンの公開は開 10:00～13:30、休 土・日・祝
料 €5、ガイド付きツアー€9（ツアーは上記営業時間内と木15:00～17:00、事前にメール予約）
詳細は公式サイトへ。
URL www.bmlonline.it/en/settore-monumentale

✉ コジモのお墓
サン・ロレンツォ教会地下のコジモ・イル・ヴェッキオのお墓は教会をいったん出て地下に行って見ることができます。教会の券を購入するときにもれなく券も付いてきます。（ミッキー）

メディチ家ゆかりの人々を祀る MAP P.163-A3

メディチ家礼拝堂 ★★★
Cappelle Medicee カッペッレ メディチェエ

サン・ロレンツォ教会裏手に入口があり、君主の礼拝堂とミケランジェロによるあまりにも有名な『曙』『黄昏』『昼』『夜』の4体の像がおかれた新聖具室がある。

見事な貴石細工に圧倒

君主の礼拝堂 La cappella dei Principi（ラ カッペッラ デイ プリンチピ） ★★★

すでに政治権力を失ったメディチ家が17世紀にその富と虚栄を誇示すべく建てた礼拝堂で、歴代トスカーナ大公家の墓所。壁面にはトスカーナ地方16の都市の紋章も象嵌（ぞうがん）細工で刻まれている。数百種類に及ぶという色彩豊富な大理石と貴石をふんだんに用い、莫大な時間と富を費やした豪華さは、私たちを息苦しいまでに圧倒する。

君主の礼拝堂

●メディチ家礼拝堂
住 Piazza Madonna degli Aldobrandini
☎ 055-0649430
開 8:15～18:50（最終入場40分前）
休 火、1月1日、12月25日
料 €9、18～25歳€2、第1日曜無料、バルジェッロ国立博物館との共通パス（→P.170）あり（フィレンツェカード対象施設）
※オーディオガイドはイタリア語と英語のみ€6
※特別展開催時は、特別展の料金が追加されることもある。また、特別展開催時は開館延長の場合あり
※公式予約サイトでチケットを購入すると予約手数料€3が発生する

✉ 礼拝堂で、メディチ家の栄光を感じて
必見です。メディチ家の権力、財力を象徴するかのようにきらびやかな装飾が施され、突き抜けるように高い天井……。すばらしさに圧倒され涙が出てきました。（にゃん）

ミケランジェロの彫像が飾る

新聖具室　Sacrestia Nuova ★★★

（サクレスティア　ヌオーヴァ）

ミケランジェロ作『ロレンツォ2世の墓』。左『黄昏』、右『曙』

あたかも天に昇るかのような錯覚を受ける明るい新聖具室はミケランジェロの設計。この町でさまざまなフィレンツェ・ルネッサンスの遺品たる芸術品を観た目には、新しい時代の到来を感じさせるダイナミックな空間だ。ミケランジェロの残した苦悩、困惑する4体の像は、今まで忘れ去られていた人間心理を訴えるかのように強く心に残る。

入口の右側、ロレンツォ2世の墓とそれに向き合うジュリアーノの墓のふたつが、彼の彫刻で飾られている。瞑想するロレンツォ像の下に女性像『曙』と男性像『黄昏』。ジュリアーノ像の下に男性像『昼』と女性像『夜』が配されている。この地下の壁には、ミケランジェロが休憩時に描いたデッサンが残されている（'24年現在、非公開）。

武骨な外観はメディチの証し　MAP P.163-A3・4

メディチ・リッカルディ宮

Palazzo Medici-Riccardi　パラッツォ メディチ リッカルディ

ゴッツォリ作『東方三賢王の礼拝』のなかにロレンツォ豪華王（馬上）が描かれている

カヴール通りに粗い石造りの壁面が続くメディチ・リッカルディ宮。15世紀中頃にメディチ家がここに邸宅を築き、16世紀中頃にリッカルディ家の所有となったことから、こう呼ばれる。中に入ると、柱廊で囲まれた優雅な中庭が広がる。右側の階段から2階に上がろう。上がってすぐの礼拝堂にベノッツォ・ゴッツォリのフレスコ画『東方三賢王の礼拝』（1459～1460）がある。壁面いっぱいに絢爛豪華な行列が描かれ、そのなかにはメディチ家の人々（白馬にまたがるのはロレンツォ。実際はこれほど美男子ではなかったとか……）や1439年の公会議のためにフィレンツェを訪れた要人たち。さらに進むと、華やかな「鏡の間」があり天井にはルカ・ジョルダーノによる『メディチ一族の寓話』が描かれている。小さなソンニーノ間にはフィリッポ・リッピ晩年の『聖母子』が飾られている。

メディチ家の歴史が描かれた「鏡の間」

●メディチ・リッカルディ宮「三賢王の礼拝堂」
住 Via Cavour 3
☎ 055-2760552
開 9:00～19:00（最終入場1時間前）
休 水、12月25日
料 €10、18～25歳€7、フィレンツェカード対象施設
※切符売り場は、カヴール通り沿いの中庭に通じる入口を越えた先にある。中庭からは建物右奥へ
※公式サイトで事前予約をすると予約手数料€1.50が発生する
URL www.palazzomediciriccardi.it

美術館の特別料金や追加料金

美術館や博物館では季節ごとに特別展が開催されることも。自動的に入場料が€2～4程度値上げされるが、一部では常設展のみの見学も可能だ。また、直近では2023年6～12月に、洪水被害を受けたエミリア・ロマーニャ州への寄付として€1の値上げをしたケースもある。いずれにせよ、料金に不明な点があれば窓口で聞いてみよう。

夜間開館で時間を有効に！

ウッフィツィ美術館（→P.169）、アカデミア美術館（→P.176）、ヴェッキオ宮（→P.168）とバルジェッロ国立博物館（→P.170）など、夏季を中心に夜間開館を実施しているところもある。夜の美術館は昼間とは別の顔を見せ魅力的だ。また、観光客よりも地元の人々の割合が高く、日中に比べるとゆったり観られることも多い。年により変更されるので、公式サイトや観光案内所などで確認してから出かけてみよう。

フラ・アンジェリコのフレスコ画がいっぱい  P.161-A3・4

サン・マルコ美術館 ★★★

Museo di San Marco ムゼオ ディ サン マルコ

アンジェリコの作品が美しい

かつてはドメニコ会修道院だった建物で、内部は、ここの修道僧であったフラ（ベアート）・アンジェリコとその弟子による、優美で清らかなフレスコ画で飾られている。2階奥には、虚飾の焼却をシニョリーア広場で行った、サヴォナローラの僧房や、かつてここの絶対的財政保護者であったメディチ家のコジモ・イル・ヴェッキオの瞑想室も残っている。特に見逃せないのが2階への階段を上りきった正面にあるフラ・アンジェリコ作の『受胎告知』Annunciazione。

フラ・アンジェリコ作『受胎告知』

ミケランジェロの美術館  P.161-A3・4

アカデミア美術館 ★★★

Galleria dell' Accademia ガッレリア デッラッカデミア

ミケランジェロの彫刻とフィレンツェ派絵画を収めた美術館。生涯を芸術にかけたミケランジェロの魂が、彼のダイナミックな彫刻を通して多くを語りかける。『奴隷』Schiaviは、ジュリオ2世の墓を飾るために彫られた未完成の2体。『ダヴィデ像』Davideは、フィレンツェ共和国の自由のシンボルとしてシニョリーア広場、ミケランジェロ広場におかれているダヴィデ像のオリジナル。

『奴隷』像の先にはダヴィデ像が

そのほか、『サン・マッテオ像』San Matteo、『パレストリーナのピエタ像』Pietà di Palestrina、リッピ、ボッティチェッリ、ガッディらの作品、2階には14～15世紀の祭壇画などがある。

ダヴィデ像

●サン・マルコ美術館
住 Piazza San Marco 3
☎ 055-0882000
開 8:15～13:50（最終入場30分前）
休 第2・4月曜、第1・3・5日曜、1月1日、5月1日、12月25日
料 €8、第1日曜無料（フィレンツェカード対象施設）
※公式予約サイトまたは電話で事前予約をすると、予約手数料€3が発生する

✉ サン・マルコ美術館で至福の時

夢のようなフレスコ画はイエス・キリストの悲しい生涯をも昇華してしまうかのようで、何度も立ち止まり、行ったり来たりしながら作品を堪能できたのは、この時間ならではかもしれません。静けさのなかで見る『受胎告知』はフラ・アンジェリコの筆を走らせる音、聖母マリアと大天使ガブリエルの息づかいまで聞こえてくるようでした。（池田順子）

●アカデミア美術館
住 Via Ricasoli 58/60
※66番地はGalleriaではなく学校のほうの入口となる
☎ 055-0987100
開 8:15～18:50（最終入場30分前）
休 月、1月1日、12月25日
料 €16、18～25歳€14（フィレンツェカード対象施設）、第1日曜無料（予約不可）
※オーディオガイドはイタリア語と英語がある€6
※夏季を中心に夜間開館を行っている。火曜～22:00（最終入場21:30）、木曜～21:00（最終入場20:30）
※公式サイトで予約すると手数料€4がかかる
URL www.galleriaaccademiafirenze.it/

事前予約者の当日入場の流れ

①公式サイトまたは電話で予約
P.177参照。フィレンツェカードの保持者も予約が必要（→P.157）。

②オーダーナンバーを手元に準備
公式サイトでの予約の場合はメールを事前に印刷もしくはスマートフォンの画面ですぐ表示できるようにしておく。

③入場時間の15分前に並ぶ
入口向かいのチケット引換所（51番地）に並ぶ。予約時間のちょうど15分ぐらい前を目指して行こう。

④チケットと引き換えて入場
順番がきたらオーダーナンバーを提示し、チケットと交換する。予約専用の入口で係員の指示に従って入場。セキュリティチェックを受けた先にクロークルームやオーディオガイドのレンタルがある。

ヨーロッパ最古の養育院  P.161-A4

捨て子養育院美術館 ★★

Galleria dello Spedale degli Innocenti　ガッレリア デッロ スペダーレ デッリ インノチェンティ

かつての捨て子養育院の美しい姿

　フィレンツェにはこのような慈善事業がよく見られる。ブルネッレスキの設計により、正面は9つのアーチで構成された柱廊が続き、一番奥には、身分を明かさずに子供を預けることができた扉が今も残っている。1階には柱廊に囲まれた**中庭**があり、角の上部にはA.デッラ・ロッビアの**『受胎告知』**の彩色テラコッタが美しい。地下には捨て子養育院の歴史を展示しており、母の気持ちが切なく迫ってくる。4階の付属美術館には、ギルランダイオの**『マギの礼拝』**、ボッティチェッリの**『聖母子と聖人』**などがあり見逃せない美術館だ。

4階は美術館

●捨て子養育院美術館
住 Piazza della SS. Annunziata 13
☎ 055-2037122
開 9:30〜19:00(最終入場1時間前)
休 1月1日、12月25日
料 €9（企画展とのセット券€16）、11〜18歳・65歳以上€6（企画展とのセット券€12）、5〜11歳無料(企画展とのセット券€7)、フィレンツェカード対象施設
※正面に入口がふたつあるが、入場は左側から
※公式サイトでも予約可能。予約手数料€1.50とサイト利用手数料€1.50が発生する
URL www.museodeglinnocenti.it

最上階のカフェがおすすめ
　かつて洗濯場としても利用されていた最上階のCaffè del Veroneは、フィレンツェを一望できる穴場スポット。美術館のチケットを持っていなくてもOKで、カフェはもちろんアペリティーヴォやランチ利用にもぴったりだ。
開 10:00〜20:00

柱廊に囲まれた優美な広場と教会 MAP P.161-A4

サンティッシマ・アンヌンツィアータ教会 ★★

Santissima Annunziata　サンティッシマ アンヌンツィアータ

　美しい広場に立ち、フィレンツェっ子のあつい信仰を集める教会。入ってすぐの柱廊玄関は**「誓いの回廊」**でポントルモやサルトらのフレスコ画が描かれている。簡素な外観に反し内部は華やかなバロック様式。入口左の**『受胎告知の礼拝堂』**Cappella dell'aNnunziata（カッペッラ デッランヌンツィアータ）の「聖母像」は天使が描いたと伝えられている。

町の人々の信仰を集める教会

●サンティッシマ・アンヌンツィアータ教会
住 Piazza d. SS. Annunziata
☎ 055-266181
営 7:30〜12:30、16:00〜18:30

「誓いの回廊」のフレスコ画

美術館・博物館の予約と前売り券

　フィレンツェのおもな見どころは事前予約が可能。特にウッフィツィ美術館とアカデミア美術館は予約しないと長時間の行列に並ぶかハイシーズンは当日入場がかなわない場合も。予約手数料が発生するものの、確約できるに越したことはないだろう。

ウェブサイトからの予約

　各美術館・博物館の公式サイトまたはフィレンツェ・ムゼイ Firenze Musei（URL www.firenzemusei.it）でチケット予約をクリックするとB-ticketのサイトへ飛ぶ。

①希望の日付（data）または希望の曜日や美術館名のいずれかを選ぶと該当するチケットが表示される。
②希望のチケットを選択し、時間帯とチケットの枚数・種類を選ぶ。
③表示内容を確認し、問題がなければ同意した旨チェック印を入れて次に進む。
④メールアドレスとパスワードを入れてアカウントを登録後、「Personal data」で名前や生年月日を入力する。
⑤利用するクレジットカード（A.M.V.）を選択後、「Buy now」を押してクレジットカードの情報を入力する。
⑥決済完了後、メールで予約確認書が送られてくるので予約番号(Order number)を控えておくこと。

電話予約

☎ 055-294883 (8:30〜18:30、土8:30〜12:30) に電話をして(英語可)、希望の日時・人数を告げる。予約が可能なら、予約番号、切符購入場所を教えてくれるので控えておこう。

●サンタ・クローチェ教会
住 Piazza S. Croce 16
☎ 055-2008789
開 9:30～17:30、日・祝12:30～17:45(最終入場17:00)
休 1月1日、復活祭前の日曜、6月13日、10月4日、12月25・26日
料 €8(教会、付属美術館と共通)、12～17歳・大学生€6、11歳以下無料、フィレンツェカード対象施設
※切符売り場は教会正面から外側左奥へ。付属美術館へは教会内部(中央右)から中庭を通ること
※オーディオガイドはイタリア語と英語が用意されている€6（身分証明書を預ける必要がある）
※チケットは公式サイトでも予約・購入可能。予約手数料€1が発生する。ただし、オーディオガイドは現地でレンタルするよりも安く€4になる
URL www.santacroceopera.it

町を代表する人々を祀る

MAP P.161-C4

サンタ・クローチェ教会 ☆☆☆

Santa Croce

サンタ クローチェ

多くの文化人が埋葬されている、サンタ・クローチェ教会

趣のあるフィレンツェ最古の広場に面した大教会。横に付属する**僧院中庭**と**ブルネッレスキによるパッツィ家礼拝堂**の生み出す空間は類まれな美をつくり上げ、フィレンツェ・ルネッサンスの凝縮といわれている。

さて、140×40mという広い教会内部には、この町を追われラヴェンナで死んだ**ダンテの記念廟**から**ミケランジェロ、マキャヴェリ、ロッシーニ、G.ガリレイなど276の墓**が収められ、一大墓地の趣だ。これらの人々にふさわしく、内部もさまざまな芸術家たちの手によって飾られている。見逃せないのが、右側廊5本目の柱部分にある**ドナテッロによる金色のレリーフ『受胎告知』**や**内陣バルディ礼拝堂のジョットのフレスコ画『聖フランチェスコ伝』**Storie di S. Francesco（ストリエ ディ サン フランチェスコ）、**左翼廊のドナテッロによる十字架**Crocifisso（クローチフィッソ）。

ジョットの『聖フランチェスコ伝』が残るバルディ礼拝堂

また、パッツィ家礼拝堂の並びには**付属美術館**Museo dell' Opera di S. Croceがあり、チマブーエやドナテッロの作品などを観ることができる。

フィレンツェのクリスマスマーケットのなかでは一番有名。教会前広場の食べ物屋台が充実

エンターテインメント　●時代装束が練り歩く伝統の祭りとサッカー

春のフィレンツェの呼び物は、復活祭当日の**スコッピオ・デル・カッロ／Scoppio del Carro**。大聖堂前で行われる、伝統行事。大きな山車に取り付けられたたくさんの爆竹を爆破させる勇壮なもの。

6月には、中世装束に身を包んだ選手によるサッカー試合**Calcio Storico Fiorentino／カルチョ・ストーリコ・フィオレンティーノ**。試合前後に町を練り歩くきらびやかな時代衣装行列とは違い、いざ試合が始まると、サッカーというよりもプロレス。総勢28人の屈強な男たちの戦いは、見ているほうも熱くなる。例年救急車が出動し、ある年には、耳が取れるといった事故もあったとか。6月の日曜に3回開催され、チケットはBoxofficeToscanaで販売後、TicketOne (URL www.ticketone.it/artist/calcio-storico-fiorentino/) でオンライン販売も。

●**BoxofficeToscana**
住 Via delle Vecchie Carceri

時代装束の行列

フィレンツェ・ゴシックの大輪の花 MAP P.162-A1・2

サンタ・マリア・ノヴェッラ教会 ★★★

Santa Maria Novella サンタ マリア ノヴェッラ

フィレンツェ・ゴシックの典型、S.M.ノヴェッラ教会

寄せ木細工のような美しいファサードをもつ、奥行き100mもある教会。14世紀にドメニコ派の説教の場として造られた。内部には、マザッチョによる『三位一体』やロッビアの彩色テラコッタによる洗礼盤Lavabo（ラヴァーボ）。左側のゴンディ家礼拝堂には、ブルネッレスキの十字架、内陣部にはギルランダイオによる『マリアとサン・ジョヴァンニの生涯』のフレスコ画などがあり、見逃せないものばかり。駅前広場の観光案内所横からも入場でき、こちら側では緑の僧院のフレスコ画、スペイン礼拝堂、ストロッツィ礼拝堂などが見どころ(内部は続いている)。

フィレンツェの町並みを一望 MAP P.159-C4

ミケランジェロ広場 ★★★

Piazzale Michelangelo ピアッツァーレ ミケランジェロ

フィレンツェを一望できる
ミケランジェロ広場の絶景を楽しもう！

中央にミケランジェロの大きな『ダヴィデ像』(コピー)の立つ広場。町の東南、小高いこの丘から望むアルノ川に二分されたフィレンツェのバラ色の町並みとドゥオーモのクーポラは、印象的だ。フィレンツェのすべてが、この風景のなかにある。

ロマネスク建築の美しき小品 MAP P.159-C4

サン・ミニアート・アル・モンテ教会 ★★

San Miniato al Monte サン ミニアート アル モンテ

色大理石のファサードがすばらしい

ミケランジェロ広場の南に徒歩3分、さらに高い丘の上にある。内部の床、祭壇などは見事な貴石細工で飾られている。夕焼けに映える色大理石のファサードの美しさは壮麗だ。

サン・ミニアート・アル・モンテ教会へ向かう手前、慎ましやかに立つのはミケランジェロが「美しい田舎娘」とたたえたと伝えられるサン・サルヴァトーレ・アル・モンテ教会San Salvatore al Monte。クロナカの設計によるルネッサンス様式。

●サンタ・マリア・ノヴェッラ教会
サンタ・マリア・ノヴェッラ博物館と回廊の複合施設を含む。
住 Piazza Stazione 4/Piazza Santa Maria Novella 18
☎ 055-219257
開 9:30〜17:30、金11:00〜17:30、4〜6月の日曜13:00〜17:30、7〜9月の日曜12:00〜17:30（最終入場1時間前）
休 1月1・6日、復活祭の日曜、8月15日、11月1日、12月8・25日
料 €7.50、11〜18歳€5、10歳以下無料、フィレンツェカード対象施設
※駅前広場の観光案内所カウンター横からも入場可能
※オンライン予約可能
URL cultura.comune.fi.it/pagina/musei-civici-fiorentini/santa-maria-novella

ミケランジェロ広場の往復
駅前から直行バスはなく、Piazza Aduaから14番に乗り、Gramsci Porta alla Croceで13番に乗り換えればミケランジェロ広場に着く。帰りは逆ルートをたどろう。祝日などは短縮運転になる場合があるので、帰りの便はよく確認を。
町の中心から徒歩で向かう場合は、グラツィエ橋Ponte alle Grazieとサン・ニッコロ橋Ponte S.Niccolóの間のポッジ広場Piazza G.Poggiからポッジ通りViale G.Poggiの坂道を上ろう。坂が急なので足元はしっかりした靴で。所要約30分。

●サン・ミニアート・アル・モンテ教会
住 Via delle Porte Sante 34
☎ 055-2342731
開 9:30〜13:00、15:00〜19:00、日8:15〜13:00、15:00〜19:00

●サン・サルヴァトーレ・アル・モンテ教会
住 Via di S. Salvatore Al Monte 9
☎ 055-2342731
開 7:00〜19:30
MAP P.159-C4

静かにパノラマを楽しむなら
ミケランジェロ広場まで行ったら、サン・ミニアート・アル・モンテ教会はすぐそこ。鐘楼を従えたファサードはもちろん色大理石で装飾された内部も美しい。また、教会は階段上に位置しているため、フィレンツェを一望するすばらしいパノラマが広がる。ミケランジェロ広場のにぎわいがうそのように静か。教会に隣接して、修道女手作りの雑貨やペットボトルの水を販売している。ベンチで風景を楽しみながらひと休みしよう。

●バルディーニ庭園
住 Costa S.Giorgio 2, Via dei Bardi 1
☎ 055-2638599
開 10:00〜16:00（最終入園1時間前）
休 第1・最終月曜、1月1日、5月1日、12月25日
料 €10（ボーボリ庭園のチケットでも入場可能）、毎月第1日曜無料、フィレンツェカード対象施設

パノラマ・テラスからの眺め
高さのある庭園に立つ3階のテラスからの眺めは絶景。正面にドゥオーモとヴェッキオ宮、左のカルミネ教会から右にはサンタ・クローチェ教会……まさに町を一望することができる。さらに向きを変えれば、ミケランジェロ広場とサン・ミニアート教会も見える。

バルディーニ庭園への行き方
バルディーニ庭園の出入り口は2ヵ所。ボーボリ庭園内からはベルヴェデーレ要塞そばの出口から出てすぐ左に曲がり、標識に沿って坂を下ると、右側が入口。もうひとつはヴェッキオ橋のたもとからバルディ通りを進んだ右側。ボーボリ庭園から行くのが下り坂で簡単だ。バスで行く場合、駅周辺からはバス23番が便利。

フィレンツェの町並みを見下ろす歴史的庭園  MAP P.161-C3

バルディーニ庭園 ★★

Giardino Bardini ジャルディーノ バルディーニ

町のパノラマを楽しみながら散策を

ボーボリ庭園から続くモンテクッコリの丘にある13世紀からの広大な庭園。モッツィ家、ベントン王家、バルディーニ家と所有者は代わり、そのたびにより美しく修復や改修が施された。フィレンツェ市の所有となって整備され、一般公開されている。

自然の高低差を利用した庭園には、バラやアイリス、アジサイなど季節の草花が咲き誇り、バロック様式の大階段の頂上テラスからは、バラ色に輝く町並みが見下ろせる。

切符売り場(ボーボリ庭園側)の建物には、**小美術館**が置かれ、トスカーナの風景画などを展示。4月半ばには幻想的な藤の花が咲き誇る「藤のトンネル」が見頃となり、フィレンツェ市民や観光客が多く訪れる。

テラスからの手が届きそうな風景

イタリア美術史

Arte rinascimentale ルネッサンス美術(後期)

●天才たちの時代

16世紀にルネッサンスは各分野でその最盛期に達し、美術ではレオナルド、ミケランジェロ、ラファエッロという大天才を生む。

レオナルド・ダ・ヴィンチ Leonardo da Vinci (1452〜1519) はボッティチェッリとほぼ同時代であるが、盛期ルネッサンスの古典様式を確立する。万能人として**科学、芸術**の双方に通じ、絵画制作以外に自然を探究した膨大な素描と手稿を残している。**遠近法**を集大成し、**〈スフマート〉**と呼ばれる新しい明暗法を駆使して、形態と精神の統一的表現を達成する『**最後の晩餐**』Ultima Cena、ミラノ、サンタ・マリア・デッレ・グラツィエ聖堂(→P.222)や、『**モナ・リザ**』La Gioconda、パリ、ルーヴル美術館が有名。

ミケランジェロ・ブオナローティ Michelangelo Buonarroti (1475〜1564) はフィレンツェの人文主義的環境で育ち、ローマでは出世作「**ピエタ**」Pietà(ヴァチカン・サン・ピエトロ大聖堂→P.110)、フィレンツェでは「**ダヴィデ**」Davide像（アカデミア美術館→P.176）を制作し評価を得る。さらにフレスコ画『**天地創造**』Genesi、『**最後の審判**』Giudizio Universale（いずれもヴァチカン、システィーナ礼拝堂→P.114）の大作では超人的な技量を見せ、その無数の人体像のムーヴマンと統一は来るべきバロックの先駆をなす。

ラファエッロ作『ひわの聖母』

このふたりに続いてルネッサンスの巨匠のひとりとして名を連ねるのが、**ラファエッロ・サンツィオ** Raffaello Sanzio (1483〜1520) である。同時代の巨匠達が達成した成果を吸収し、**天性の優美**(グラツィア)**の心情**により理想美を構築する。ヴァティカーノ宮（ヴァティカン宮殿→P.112）の諸室を飾るフレスコ画連作(『**アテナイ(アテネ)の学堂**』Accademia di Ateneなど）のほかに多数の聖母子像（『**ひわの聖母**』フィレンツェ、ウフィーツィ(ウッフィツィ)美術館→P.169、『**小椅子の聖母**』同、パラティーナ美術館→P.171)を残している。（望月一史）

フィレンツェの歴史

うるわしき若さも　とどむすべなし
愉しみであれ　明日知らぬ身なれば
―辻邦生"春の戴冠"より

この詩に、どこかはかない哀愁をたたえた、**ボッティチェッリの『春』や『ヴィーナスの誕生』**のイメージを思い浮かべる人もいるかもしれない。これは、フィレンツェの黄金時代を築いたといわれる、**ロレンツォ・デ・メディチ**の詩である。彼の生きた時代のフィレンツェは、華やかな外観をよそに、ひそやかに退廃が浸透しつつあった時代であり、1500年という大きな節目を前に終末意識を人々が感じ始めていた頃でもあった。1480年に南イタリアのオトラントを攻撃したトルコの脅威も、人々の心に暗い影を投げかけていた。この詩は、時代の雰囲気をよく伝えていると同時に、ボッティチェッリの官能的で甘い絵との共通項をもっているようでもある。ボッティチェッリもまた、この時代のフィレンツェを最もよく代表する画家であった。

ボッティチェッリの描くところの『ヴィーナス誕生』は、世紀末の雰囲気を残す

さて、フィレンツェの歴史をどこから語り始めようか。まずはカエサルに登場してもらうのがよいと思う。

●フィレンツェ誕生と毛織物の町としての発展

古代ローマの**名将カエサル**が紀元前59年にアルノ川北岸に植民地を築いたことが、フィレンツェの町の始まりである。カエサルはこの地に渡船場を整備し、アルノ川の安全な渡河を保証することでローマと北イタリアを結ぶ交通路の確保を図った。ローマ帝国の崩壊に続く混乱のために停滞したフィレンツェが、徐々に発展を再開するのは、9世紀以降のことである。1082年に神聖ローマ皇帝ハインリッヒ4世の軍を撃破したフィレンツェは、1125年には**自治都市を宣言**した。

フィレンツェ躍進の原動力となったのは、**毛織物業の発展**である。この点が、東西貿易から出発したヴェネツィアやジェノヴァと異なっている。フィレンツェの毛織物業者は、フランスやフランドル地方から輸入した羊毛と東方のレヴァント地方から輸入した染色材料を用いて上質の毛織物を生産、それをヨーロッパ諸国やエジプトなどへ輸出した。後年、イギリスなど新興国で毛織物業が盛んになると、フィレンツェの業者は、品質を高めることと、デザインの美しさに磨きをかけることで対抗した。現在、フィレンツェの**トルナブオーニ通り**にはグッチなど有名店が軒を連ね、フィレンツェではファッションが観光と並んで二大産業を形作っているが、案外、毛織物業の伝統が今のファッション産業に生かされているのかもしれない。

●金融の首府、フィレンツェ

次いで、フィレンツェの人々は、毛織物業で得た利益を国王や諸侯に貸し付けることで、**銀行業**を発展させた。フィレンツェで鋳造された**フローリン金貨**は、この時代のヨーロッパで最も権威ある通貨とされ、フィレンツェは13世紀末から2世紀にわたってヨーロッパの**金融の首府**として君臨した。つまり、この時代、フィレンツェがニューヨークのウォール・ストリートの役割を果たしていた。この銀行業の繁栄を抜きにしては、フィレンツェにおけるルネッサンスの開花は考えられない。後にフィレンツェの支配者となるメディチ家も、銀行業で財をなした一族であった。

フィレンツェの発展を担った商工業者は、1293年の「正義の規定」の布告によって豪族を市政から追放し、政治的にも権力を握った。**商人が都市の主人公となった**のである。この点でもフィレンツェは、早くにヴィスコンティ家が支配者となったミラノや、教皇のお膝元のローマとは異なっている。**1290年代**のフィレンツェでは、**サンタ・クローチェ教会、サンタ・マリア・デル・フィオーレ聖堂**（ドゥオーモ）、**ヴェッキオ宮**などの建設が相次いで着工されたが、それは、このとき権力を握った大商人の富と意気込みを示すものであった。今、フィレンツェで、これらの建物に接すると、人口10万の一都市がわずか数年の間にこれだけの建物を着工させたことに、驚嘆せざるをえない。1406年に宿敵ピサを征服したことで海への出口を確保したフィレンツェは、今や名実ともに**西欧経済の中心に位置**することになった。

1417年に**建築家ブルネッレスキ**によって着工された、**ドゥオーモの円屋根**は、このフィレンツェ繁栄のシンボルであった。町のどこからでも望むことのできる、その小山のような威容は、建築学上も奇跡とされている。その昔、フィレンツェを留守にした旅人は、帰郷の際、遠い丘の上からこの**赤い円屋根**の姿を認め、故郷に戻ったのだと安堵の息をついた、と伝えられている。フィレンツェの経済繁栄は、やがてメディチ家のもとでフィレンツェを芸術の都へ昇華させることになる。

●大パトローネ　コジモ・デ・メディチ登場

1434年、亡命先からフィレンツェへ戻ったコジモ・デ・メディチは、メディチ家を支持するグループによって市政を掌握した。コジモはフィレンツェ市民の自由への情熱を配慮し、自らは政治の第一線に立つことを避け、メディチ家の富と民衆のメディチ家に対する好意を利用して、**間接的**にフィレンツェを支配することに意を尽くした。そして、有能な経営者として事業の発展へ努力を傾注した。コジモ自身の生活は非常に簡素なものだったが、**学芸の発展には費用を惜しまず**、ギリシア人の碩学（せきがく）をフィレンツェに招き、さらに諸国から貴重な書籍を購入し、学問を志す人々に公開した。この時代、コジモの保護のもとにフィレンツェで活躍した芸術家に、**ギベルティ**、**ドナテッロ**、**フラ・アンジェリコ**、**フィリッポ・リッピ**、**ウッチェッロ**、**アルベルティ**らがいる。

●天才、ブルネッレスキの町

コジモはまた、**ブルネッレスキ**や**ミケロッツォ**を使って大造営事業を行った。このブルネッレスキの手でルネッサンスのフィレンツェは面目を一新した。自分の足でフィレンツェの町を歩いてみると、フィレンツェを代表する芸術家は、レオナルドやミケランジェロではなく、実は建築家のブルネッレスキなのだ、ということに気づくはずである。**ドゥオーモの円屋根**をはじめとして、**サン・ロレンツォ**や**サント・スピリト**の両教会など、都市のいたるところにブルネッレスキの仕事の跡が認められる。フィレンツェで最も美しい広場である**サンティッシマ・アンヌンツィアータ広場**もブルネッレスキの設計だし、壮麗な**ピッティ宮**も彼の設計に基づいたものである。フィレンツェの町の美しさは、ブルネッレスキの天才とフィレンツェの経済的繁栄によって生まれた、といえる。そして、このフィレンツェでは、**都市そのものがルネッサンス文化が生み出した完璧な作品**であり、街並みにルネッサンスが生き続けているということを、忘れてはならない。

●ロレンツォ・デ・メディチの野心と復しゅう

1469年にフィレンツェの支配者の地位に就いた、**コジモの孫ロレンツォ**は、このとき20歳の若者だった。しかし、権力の座に就くや非凡な政治的手腕を発揮、メディチ家を支持するグループに権力を集中させた。だが、ロレンツォの辣腕ぶりは反対派の焦りを招き、1478年、**パッツィ家の陰謀事件**が発生した。復活祭の最中の4月26日、日曜のミサが行われているドゥオーモで、陰謀の実行グループはロレンツォとジュリアーノのメディチ兄弟を襲った。弟ジュリアーノは暗殺者の凶刃に倒れたが、ロレンツォは軽い傷を負っただけで、仲間に守られて聖具室へ逃れた。

ドゥオーモでの暗殺と並行して、別のグループが、市庁舎のあるヴェッキオ宮を占拠すべく、シニョリーア広場で民衆を煽動（せんどう）した。だが、ジュリアーノの死に激昂したフィレンツェ市民は彼らの自由への訴えに耳を貸さず、**クーデターは失敗**に終わった。この事件に対するメディチ家の復しゅうは苛烈を極めた。3日の間に、陰謀に加担したとみられる70人以上の人々が、ヴェッキオ宮やバルジェッロ宮の窓から縛り首の刑に処された。ジュリアーノ暗殺の下手人は、コンスタンティノープルで捕らえられ、トルコのスルタンからロレンツォに引き渡され、1年半後にバルジェッロ宮の窓から絞首された。**レオナルド**がその処刑の模様をデッサンに描いている。

この事件後、**ナポリ軍がフィレンツェ領内に攻め込み**、一時フィレンツェは苦境に立たされたが、ロレンツォは、生命の危険も顧みず単身ナポリ王のもとへ乗り込むという、起死回生の手段に訴え、**平和の実現に成功**した。フィレンツェへ戻ったロレンツォは、メディチ家によるフィレンツェ支配を確立。これ以降、祖父コジモの政策を受け継いでイタリアの平和維持に努めた。フィレンツェではルネッサンス文化が花開き、後年、ロレンツォの時代は**フィレンツェの黄金時代**である、とされた。

繁栄のシンボル、ドゥオーモの円屋根

●フィレンツェの黄昏

しかし、実はそれは、フィレンツェのルネッサンスが生命を終える直前の、最後の一瞬の輝きだったのである。ロレンツォの時代、メディチ家の**事業は衰退**に向かっていたが、これは、ロレンツォの経営能力の欠如というより、この時代の一般情勢によるものであった。ロレンツォはしだいに事業から手を引き、資金を土地購入に充てるようになっていった。そして、政治活動の余暇は、カレッジの別荘でネオ・プラトニズムの文人グループと優雅な哲学論議に時を過ごすようになった。

哲学者や詩人の集う
プラトン・アカデミーがおかれたカレッジの別荘

●怪僧サヴォナローラ登場

ロレンツォの晩年、フィレンツェでは、サン・マルコ修道院長サヴォナローラの説教が人々の心をとらえていた。彼はフィレンツェ市民の享楽的な生活を激しく非難、神の教えに従って清貧の暮らしを送ることを説いた。**フラ・アンジェリコの『受胎告知』**で名高い**サン・マルコ修道院**（現在のサン・マルコ美術館）はコジモ・デ・メディチの建立によるもので、一番奥の三室は院長の居室で、現在はサヴォナローラの肖像画や遺品が収められている。メディチ家にゆかりの深いサン・マルコ修道院の院長が、ロレンツォを専制君主として告発したのである。それは、**ロレンツォに体現されたルネッサンスの理想に対する中世の挑戦**だった。病床のロレンツォはどんな思いでそれを聞いたことだろう。

自由と独立のシンボル、ミケランジェロ作のダヴィデ像

サヴォナローラの名声をさらに高めたのは、ロレンツォの死と外敵の侵入を**予言**したことである。説教の会場はサン・マルコ修道院からドゥオーモへ移されたが、それでも中に入りきれない聴衆がドゥオーモ周辺にあふれた、という。1494年、フランス軍の侵入後**メディチ家が追放**され、フィレンツェでは民主的な政府が成立したが、深刻な内部対立により**市政は混乱**が続いた。この混乱を切り抜けるには、サヴォナローラの威信に頼るしかなかった。

サヴォナローラのもとで、フィレンツェの街は灯が消えたようになった。彼は純真な少年たちによって**風紀取締隊**を組織、人々の生活を監視した。1497年のカーニバルの最終日、シニョリーア広場に**ばくちの道具**、**化粧品**、**華美な衣服**、**卑猥な書物**などが集められ、**虚栄の焼却**が行われた。しかし、これがサヴォナローラの威勢の頂点だった。フィレンツェのような都市で、このような禁欲的な生活が長続きするわけはなかった。サヴォナローラが教会の改革を主張して教皇アレクサンデル6世と対立し、教皇から破門されるとフィレンツェの民心は彼から離れた。1498年5月、サヴォナローラは異端の罪により**シニョリーア広場で火刑に処され**、遺灰はアルノ川に投げ捨てられた。現在、広場の処刑跡にはそれを伝える碑が埋め込まれている。

サヴォナローラの処刑の直後にフィレンツェ共和国第二書記官長に就任した**マキャヴェリ**の努力により、フィレンツェは、教皇アレクサンデル6世の庶子、**チェーザレ・ボルジア**の野望をくじき、自由と独立を守った。**ミケランジェロのダヴィデ像**は、このフィレンツェの自由と独立を象徴した作品で、作られた当初は、シニョリーア広場に置かれていた。しかし、1512年、フィレンツェに進攻した**スペイン軍**の前に、マキャヴェリによって組織された**市民軍は壊滅**し、メディチ家がそのあと押しでフィレンツェへ復帰すると、フィレンツェでは自由が失われ、再びこの地でルネッサンス文化が花開くことはなかった。

（小林　勝）

フィレンツェのレストランガイド

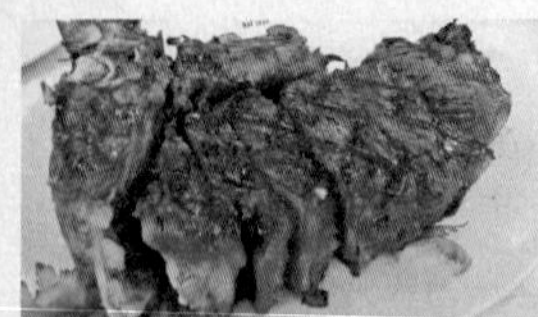

豪快なビステッカ・フィオレンティーナはリストランテで

フィレンツェの町の雰囲気に浸りながら、家庭的でおいしい料理を肩ひじ張らずに食べるなら、トラットリアがおすすめだ。開店直後に出かけて、相席もいとわないことが必要。何しろ地元の人や観光客で大にぎわいのお店が多いからだ。本書では、そのなかのおすすめを紹介しよう。ビステッカ・フィオレンティーナ（フィレンツェ風ステーキ）や牛肉のタリアータをはじめとする肉料理が充実しているのもこの町の特徴。ただでさえ量が多いので、セコンドが出てくるまでに「お腹いっぱい！」なんてならないよう気をつけて。手軽にランチを済ませるなら、中央市場(→P.195)や市民の台所でもあるサンタンブロージョ市場(→P.195)に行くのもよい。また、最近ではセンスがよいカフェも増えている。

中央市場の2階にある
イル・メルカート(→P.195)

ブーカ・マリオ　P.162-B1

Ristrante Buca Mario

フィレンツェの典型的なトラットリア。気取らぬ雰囲気のなか、おいしいフィレンツェ料理とワインが味わえるとあって、週末は行列ができることもある。豪快なビステッカ・フィオレンティーナやポルチーニ茸のグリルにファンが多い。 **要予約**

URL www.bucamario.com
住 Piazza degli Ottaviani 16/r
☎ 055-214179
営 19:00～22:00
休 日・祝
予 €60～(コペルト€5)
C A.M.V.
交 ドゥオーモから徒歩7分

トラットリア・マリオーネ　P.162-B2

Trattoria Marione

フィレンツェの家庭料理の店で、雰囲気もアットホーム。シンプルな店内は昼どきになると近隣で働くサラリーマンなどでにぎわう。ビステッカや牛肉のタリアータはもちろん、鶏レバーのクロスティーニなどアンティパストも充実。 **夜は要予約**

URL www.casatrattoria.com
住 Via della Spada 27/r
☎ 055-214756
営 12:00～15:00、19:00～23:00
休 無休
予 €30～(コペルト€2)
C A.D.J.M.V.
交 ドゥオーモから徒歩7分

イル・ラティーニ　P.162-B2

Il Latini

開店前から行列ができる人気の一軒。長年ミシュランでビブグルマンを獲得している名店でもある。オーナー自ら迫力ある声で店内を仕切り、男性スタッフも元気いっぱい。ワイルドなトスカーナ料理をお望みの人におすすめだ。 **要予約**

URL latinifirenze.com
住 Via dei Palchetti 6/r
☎ 055-210916
営 19:30～22:30、土・日12:30～14:30、19:30～22:30
休 月、12月20日～1月2日
予 €30～(コペルト€3)
C D.J.M.V.
交 ドゥオーモから徒歩7分

セルジョ・ゴッツィ　P.163-A3

Trattoria Sergio Gozzi

サン・ロレンツォ教会のすぐ近く、露店が店を並べるにぎやかな広場の一角にある。1915年創業、4代にわたる家族経営だ。伝統的なしつらえの店内で、手軽に早く家庭的なフィレンツェ料理が味わいたいときに最適。 **できれば予約**

住 Piazza S.Lorenzo 8/r
☎ 055-281941
営 12:00～15:00
休 日、7月中旬～8月中旬
予 €30～(コペルト€2)
C A.M.V.
交 ドゥオーモから徒歩5分

アランティコ・ヴィナイオ　P.161-C3

All'Antico Vinaio

ローマ、ミラノ、ナポリなどにも展開する人気パニーノ店。市内中心部は4軒が密集するここ本店とサン・マルコ広場付近（住 Piazza San Marco 121r）。サラミやチーズが盛りだくさんの前菜と焼きたてのフォカッチャがよく合う。昼時は行列覚悟で。

URL www.allanticovinaio.com
住 Via dei Neri 65,74,76,78
☎ 055-2382723
営 10:00〜22:00
休 一部の祝日
予 €10〜
C A.D.J.M.V.
交 ドゥオーモから徒歩2〜3分

ラ・スパーダ　P.162-B2

La Spada

S.M.N.駅からも近い庶民的な店で、隣接して2軒ある。夜には、大きな炉で盛大に肉が焼かれ、手頃な料理以外におすすめなのが熟成肉（Dry Aged）のビステッカ・フィオレンティーナ。ビステッカをメインにしたテイスティングメニュー€33〜もある。

URL www.ristorantelaspada.it
住 Via della Spada 62r
☎ 055-218757
営 12:00〜15:00、18:30〜23:30
休 一部の祝日
予 €30〜（コペルト€2.50）
C M.V.
交 ドゥオーモから徒歩7分

イル・ブオングスタイ　P.163-C4

Il Buongustai

近隣で働く人たちの食堂的な雰囲気をもつ店。女性シェフが活躍し、マンマのフィレンツェ料理が味わえる。パスタは盛りがよく、ローストビーフなどのメイン料理も充実。自家製の日替わりデザートと食後のデザートを頼んでも€15前後で収まるのがうれしい。

住 Via dei Cerchi 15/r
☎ 055-291304
営 12:00〜15:30
休 日
予 €15〜
C 不可
交 ドゥオーモから徒歩5分

チェントポーヴェリ　P.162-B1

Osteria Pizzeria Centopoveri

✉ お昼どきはプリモとセコンドに水と4分の1量のグラスワインが付いた€12のスペシャルランチがおすすめ。
✉ 明るくモダンなお店。お昼の定食が充実。お店の人も親切。夜は本格的なピッツァが楽しめます。
（東京都　ココロ）

URL www.centopoveri.it
住 Via Palazzuolo 31/r
☎ 055-218846
営 12:00〜15:00、19:00〜23:00
休 クリスマス前後
予 ランチ€12〜（コペルト€2）
C A.D.J.M.V.
交 ドゥオーモから徒歩8分

ジョット・ピッツェリア　P.162-A2

Giotto Pizzeria

イタリアでピッツァに関する賞を多数受賞してきたピッツァ職人の店で、地元の人々からの支持もあつい。店の名前を冠し、ポルチーニ茸などがトッピングされた「Giotto」€14などがいただける。終日営業で駅から近いので鉄道利用時にも便利。

URL www.pizzeriagiottofirenze.it
住 Via Panzani 57, Piazzza di Santa Maria Novella 24/r
☎ 055-212287
営 12:00〜23:30
休 無休　予 €15〜（コペルト€3）
C A.D.M.V.
交 ドゥオーモから徒歩8分

イ・フラテッリーニ　P.163-C4

I Fratellini

シニョリーア広場周辺では地元っ子がパニーノをほお張る姿を目にするはず。そのパニーノを作っているのがここ。ごくごく狭い店頭に昼時は列ができる。パニーノは1個€5〜で、トリュフなどのトッピングは+€0.50〜。グラスワイン€5〜なども揃う。

住 Via de' Cimatori 38/r
☎ 055-2396086
営 10:30〜18:00
休 一部の祝日
予 €5〜
C M.V.
交 ドゥオーモから徒歩2分

イル・サント・ベヴィトーレ

P.162-C1

Il Santo Bevitore

店内にはズラリとワインボトルが並び、ワイン庫に迷い込んだようなワインバー兼レストラン。トスカーナ産を中心に品揃えしたワインやチーズをはじめ、量もたっぷりなパスタやセコンドなどが味わえる。カジュアルでちょっとおしゃれな雰囲気。 要予約

URL ilsantobevitore.com
住 Via Santo Spirito 64/66
☎ 055-211264
営 12:30〜14:30、19:30〜23:30
休 8月中旬1週間
予 €50〜(コペルト€2.50)
C V.
交 カッライア橋左岸から徒歩2分

アッラ・ヴェッキア・ベットラ

P.160-C1

Alla Vecchia Bettola

大きなテーブルが庶民的な雰囲気。メニューは毎日替わり、ワインも約100種類と充実の品揃え。家庭的なトスカーナ料理を味わえる。トマトと生クリームのソースに唐辛子が効いたペンネ・アッラ・ベットラがお店のおすすめ。 できれば予約

住 Viale Vasco Pratolini 3/7
☎ 055-224158
営 12:00〜14:30、19:30〜22:30
休 月・日、8月10日間、年末年始
予 €30〜(コペルト€2)
C A.D.J.M.V
交 カッライア橋左岸から徒歩12分

トラットリア・ボルディーノ

P.161-C3

Trattoria Bordino

1945年創業の老舗トラットリア。裏道にあるので喧騒から離れた隠れ家のような店構えで、中世の雰囲気らしい店内で食事が楽しめる。ビステッカなど王道トスカーナ料理のほか、食材にこだわったメニューも充実。お得なランチセットは€15〜25。

URL www.trattoriabordino.it
住 Via Stracciatella 9r
☎ 055-213048
営 12:00〜14:30、19:00〜22:30
休 年末年始
予 €60〜(コペルト€3)
C A.M.V
交 ヴェッキオ橋左岸から徒歩2分

トラットリア・ラ・カーザリンガ

P.160-C2

Trattoria La Casalinga

1963年創業、これぞイタリア版おふくろの味。サント・スピリト教会の脇にある庶民に人気の店。その名もカーザリンガ（主婦）のとおり、フィレンツェ版マンマの味が楽しめる。今や、旅行者にも大人気の店なので、早めに出かけよう。 夜は要予約

URL trattorialacasalinga.it
住 Via dei Michelozzi 9/r
☎ 055-218624
営 12:00〜14:30、19:00〜22:00
休 日、8月の3週間
予 €25〜(コペルト€2)
C D.J.M.V.
交 ヴェッキオ橋左岸から徒歩6分

グスタ・オステリア

P.160-C2

Gusta Osteria

活気あるサント・スピリト広場にあるカジュアルな雰囲気のトラットリア。教会を眺めながらテラス席での食事が楽しい。トスカーナ料理が充実しており、地元の人にも人気。昼休みがないので、いつでも利用でき、観光途中に食事するのにも便利な一軒。

住 Via dei Michelozzi 13/r
☎ 055-285033
営 12:00〜23:00
休 一部の祝日
予 €20〜(コペルト€2)
C A.D.M.V.
交 ヴェッキオ橋左岸から徒歩6分

グスタピッツァ

P.160-C2

Gustapizza

サント・スピリト広場の入口にあるカジュアルなピッツェリア。本格的な窯焼きピッツァ（€6〜13）があり、フィレンツェでは貴重な店。この界隈にはB級グルメ店が多く、近くのグスタパニーノも同系列で好評。予約不可なので、繁忙期は行列覚悟で。

住 Via Maggio 46/r
☎ 055-285068
営 11:30〜15:30、19:00〜23:00
休 月、夏期休暇あり
予 €15〜
C M.V.
交 ヴェッキオ橋左岸から徒歩6分

レストランピクト案内 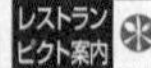 高級店  中級店 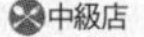 庶民的な店  ピッツェリア  エノテカ  ビッレリア B級グルメ

サンタ・マリア・ノヴェッラ駅周辺

カーザ・チャバッティーニ P.160-A1

Casa Ciabattini

新進気鋭の若手イタリア人シェフたちが、伝統イタリアンをユニークにアレンジ。モダンな内装で明るいカジュアルなレストラン。若手シェフならではのフレッシュな感覚がつまった料理を、和やかな雰囲気のなかで楽しむことができる。 要予約

URL casaciabattini.it
住 Via Il Prato 68/r
☎ 055-0250035
営 12:30～14:30、19:00～22:00
休 日
予 €30～(コペルト€3)
C M.V.
交 S.M.N.駅から徒歩13分

ブラチエーレ・マラテスタ P.160-A2

Braciere Malatesta

おしゃれな店内に入ると炭火で焼かれるフィオレンティーナと窯で焼かれる香ばしいピッツァのにおいが立ち込める。こだわりソースのパスタや肉厚のハンバーガーまでメニューは多岐にわたる。地元の人にも大人気！ できれば予約

URL www.bracieremalatesta.com
住 Via Nazionale 36/r
☎ 055-215164
営 12:00～15:00、19:00～23:00、土・日・祝12:00～23:00
休 12月24日～12月26日
予 €20～(コペルト€2.50)
C A.D.M.V.
交 S.M.N駅から徒歩3分

そのほかの地区

ロルトーネ P.159-B4

L'Ortone

旧市街の中心から少し離れており、夏には開放的なテラス席でゆったり食事がいただける。ひと皿ずつ美しく盛りつけられた料理から自家製のパンやデザートまで、細部までこだわり抜いたおもてなしが魅力だ。ミシュランのビブグルマンも獲得している。

URL www.lortone.it
住 Piazza Lorenzo Ghiberti 87/r
☎ 055-2340804
営 12:15～14:30、19:00～22:30
休 年末年始
予 €30～（コペルト€3)
C M.V.
交 ドゥオーモから徒歩14分

ガストーネ P.161-B4

Gastone

広々した店内で本格的なシーフード料理が楽しめるレストラン。特にイタリアなど欧州産の牡蠣は常時7～8種類あり、フィレンツェで一番の品揃えといわれる。創業以来の看板メニューのパスタ「ピスタチオソースと鯛のパッケリ」がおすすめ。

URL www.gastonefirenze.it
住 Via Matteo Palmieri 24/26/r
☎ 055-2638763
営 12:15～15:00、19:15～23:00
休 日、8月の2週間
予 €55～(コペルト€3)
C A.D.M.V.
交 ドゥオーモから徒歩9分

トラットリア・チブレオ P.159-B4

Trattoria Cibrèo

フィレンツェの名店、チブレオのトラットリアで、近隣には同系列のリストランテやカフェもある。ここは手頃な価格帯で味わえる料理とカジュアルさが魅力。田舎家風のインテリアで味もサービスもグッド。予約不可なので、相席覚悟で訪問しよう。

URL www.cibreo.com
住 Via de'Macci 122/r
☎ 055-2341100
営 12:30～14:30、19:00～22:30
休 2月の1週間、7月末～8月
予 €30～
C A.M.V.
交 ドゥオーモから徒歩12分

高級ホテルのアフタヌーンティーはいかが？

歌手のマドンナやミック・ジャガーが顧客だという5つ星ホテル、ザ・セント・レジス・フィレンツェThe St. Regis Firenze。ホテルにあるウインター・ガーデン・フローレンスWinter Garden Florenceというレストランでは、豪華なインテリアに囲まれて優雅にアフタヌーンティーがいただける。アフタヌーンティーは15:30～17:00の提供で1名€40、ドリンク1杯€7と最高級ホテルにしては、手が届く範囲の料金なのもうれしい。レストラン自体は終日営業しており、ピッツァや朝食、オールデイメニューなど幅広いメニューを取り揃え、さまざまなシーンで利用できるのも魅力的。

●ウインター・ガーデン・レストラン
Winter Garden Restaurant
住 Piazza Ognissanti 1 ☎ 055-27163770
営 12:00～22:30 休 無休 C A.D.J.M.V.
交 ドゥオーモから徒歩14分  P.160-B1

ペルケ・ノ！

P.163-C3

Perchè No !

1939年創業の歴史のある有名なジェラテリア。老若男女を問わずこの店のファンは多い。40種類もの味が勢揃い。人気があるのが、ピスタチオPistacchio、フィオーリ・ディ・ラッテFiori di Latte、ハチミツMiele、季節限定もの（9月はイチジクFico）など。英語OK。

住 Via del Tavolini 19/r
☎ 055-2398969
営 11:00～20:00、木～土11:00～23:00、11～2月12:00～2:00
休 火、12月25日
予 €3～
C D.J.M.V.
交 ドゥオーモから徒歩2分

ジェラテリア・デッラ・パッセラ

P.160-C2

Gelateria della Passera

パッセラ広場の一角、いつも行列のできるジェラテリア。間口は狭く、フタ付きのアルミの容器がいくつも並んだ店内はどこかノスタルジック。見慣れないフタ付きの容器は味わいを損ねないためという。ジェラートは素材にこだわり、季節の素材と無添加が売りの手作り。

URL gelateriadellapassera.it
住 Via Toscanella 15/r
☎ 055-614-2071
営 12:00～21:00、金・土12:00～23:00
休 月
予 €2.50～
C 不可
交 ヴェッキオ橋から徒歩3分

ヴィヴォリ

P.161-B4

Vivoli

伝統的な作り方をそのまま残し、カップのみの、誇りと自信のジェラテリア。色鮮やかなフルーツ味の種類も充実。毎日35～40種勢揃いする。季節のフルーツを使ったジェラートやチョコレートが特におすすめ。昼はパスタやパニーノなどの軽食あり。店内はクラシックな雰囲気。

URL vivoli.it
住 Via Isola delle Stinche 7/r
☎ 055-292334
営 8:00～21:00、日8:00～20:00
休 月、1～2月の3週間、8月14日～17日
予 €2.50～
C A.D.J.M.V.
交 ドゥオーモから徒歩10分

ディッタ・アルティジャナーレ

P.159-B4

Ditta Artigianale & Hario Cafe

フィレンツェで今最も勢いがあり、ここ数年で市内に5店舗まで拡大した人気のカフェ＆レストラン。本誌で紹介するこの店舗が一番大きくテラス席もある。終日オープンいるので、朝食からカフェ、ランチまで幅広く利用できる。こだわりのコーヒーが人気。

URL dittaartigianale.com
住 Via Giosuè Carducci 2/4r
☎ 055-9367419
営 7:30～24:00
休 年末年始
予 €5～
C A.D.J.M.V.
交 ドゥオーモから徒歩14分

ジッリ

P.163-B3

Gilli

レプッブリカ広場の老舗カフェ。カプチーノ€6の泡立ちは秀逸で、ペストリー€4～のおいしさも有名だ。7:30～12:00までは朝食メニューもあり、パスタやサラダなどの簡単なランチも食べられる。安く済ませるならカウンター利用でサクッとカフェを1杯頼もう。

URL www.caffegilli.com
住 Piazza della Repubblica 39
☎ 055-213896
営 8:00～翌1:00（冬季は24:00）
休 無休
予 €5～（コペルト€3）
C A.D.J.M.V.
交 ドゥオーモから徒歩4分

リヴォワール

P.163-C3

Rivoire

シニョリーア広場に面した老舗カフェ。冬に味わうここのホットチョコレートは格別なもの。サンドイッチやサラダなどの軽食もある。
✉ 眺めのいい席で昼食を楽しくいただきましたが、注文とレシートがあっていませんでした。お会計はしっかり確認を。（東京都　茶々丸）

URL rivoire.it/firenze
住 Piazza della Signoria 5/r
☎ 055-214412
営 7:30～23:30
休 1月下旬
予 €5～、テーブル席€15～
C A.D.J.M.V.
交 ドゥオーモから徒歩7分

 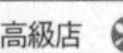 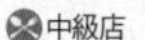 高級店 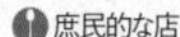 中級店 庶民的な店 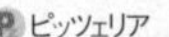 ピッツェリア  ビッレリア 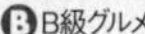 B級グルメ  ジェラテリア 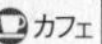 カフェ

フィレンツェでなに食べる?

華やかなるルネッサンスの町、フィレンツェ。世界中がまだ指で料理をつまんで食べていた頃、世界に数百年先駆けて、ナイフとフォークを使い始め、今のフランス料理に欠かせない、さまざまな料理法をフランスに伝えたフィレンツェ。今も昔も豊かな自然に囲まれたこの町の食卓には、緑濃い山あいからは**イノシシ、野ウサギ、ポルチーニ茸**。キアーナ峡谷からはフィレンツェ風Tボーンステーキに欠かせない**最高級牛肉のキアーナ牛や鶏肉**。そして**キアンティワイン**と**最上のオリーブオイル**とおいしい素材が盛りだくさん。そんなフィレンツェの郷土料理は、素材を生かしたシンプルかつ上品で文化の高さがよくわかる確かな味。そして、もうひとつ忘れてならないのはフィレンツェっ子気質からくる、フィレンツェ料理がたいへん経済的なものだということ。世界の一大商業地として君臨した商人の末裔ながら、自らをイタリアーのしまり屋と言う彼らは、固くなった残り物のパンさえ、おいしく料理してしまう。フィレンツェでは、まだ文字の読めない幼児でも、お金の勘定だけはできるといわれるくらい、フィレンツェ人の経済感覚は鋭い。

生ハムやサラミ、ラルド(ラード)の盛り合わせ

実践的なフィレンツェ料理解説といこう。目指す店のテーブルに着いたら、前菜から味わおう。まずはトスカーナ産の**ハムやサラミの盛り合わせ、イノシシのハムProsciutto di Cinghiale**や**ウイキョウの種の入ったスパイシーな大型ソーセージFinocchiona**がおすすめ。トスカーナのパンは無塩なのでこれら保存食と食べるとおいしい。イタリアでも珍しい、無塩パンの由来は、ただケチだからとか戦いのときの塩不足からと人それぞれ。そのパンの上に鶏のレバーペーストをのせたカナッペCrostini di Fegatoもよく食べられる。

レバーペースト、白インゲン、トマトのヘルシーなクロスティーニ

前菜にも**ひと皿目**としても食べられるのが、硬くなったパンをトマトで煮込んだ「トマトのパン粥」とも訳される**パッパ・アル・ポモドーロ** Pappa al Porodoroや**パンのサラダ**Panzanella。生のトマト、タマネギ、アンチョビ、バジリコ、オリーブオイルで味付けしたもの。夏の暑い盛りには食欲をそそる。そして肌寒くなる頃には、極上の緑のオリーブオイルを一筋加えて食べる**パン入り野菜スープRibollita**が欠かせない。体を温めてくれるこの料理は、かつては近郊の農夫が日曜に食べるために、金曜から煮込んだといわれるごちそうだ。秋から冬は、**野ウサギのソースであえた幅広手打ち麺Pappardelle alla Lepre**がおいしい。

ポルチーニやミートソースとも合わせるパッパルデッレ

ふた皿目には、**Tボーンステーキの**Bistecca alla Fiorentinaがあまりにも有名。塩、胡椒、オリーブオイルをまぶしただけの炭火焼きのステーキは絶品。メニューに表示してある(1etto)とは100g当たりの値段。ひと皿2人前、500gは優にある大きさ。お財布の中身と相談? なんていう人へのおすすめは、**豚背肉のロースト、**Arista。ニンニク、ローズマリーの香りが食欲をそそる。そのほか**鶏の唐揚げ**のようなPollo fritto alla Toscana、**牛の胃袋をトマト**で煮込んだTrippa alla Fiorentinaや**秋の味覚の王様ポルチーニ茸のグリル**Porcini alla Grigliaもぜひ試してみたい。

日本人好みの一品、アリスタ

付け合わせには、**白インゲンをトマト味で煮込んだ**Fagioli all'Uccellettoや細口の瓶に豆を入れ暖炉の灰の中に埋め、ゆっくり煮るというFagioli al Fiascoがおすすめだ。イタリア人がトスカーナの人を陰で「豆食い」と呼ぶほど、彼らは豆が大好き。さて、残るはデザートだ。地方色の濃い伝統的なお菓子は、家庭では作られるものの、その素朴な持ち味のためか、あまりリストランテには登場しないのが残念。フィレンツェっ子がお菓子の次に注文するのが**甘口デザートワインVin Santo(聖なるワイン)。特産のアーモンド入りハードビスケットカントゥッチ Cantucci**をワインに浸しながら食べるのが決まり。ここからコーヒーまで、夜の更けるのも忘れておしゃべりが弾むのが、フィレンツェでのお楽しみ。

庶民的なトラットリのデザートの定番

フィレンツェのショッピングガイド

✉ 中央市場を巡る

7:00～ということで朝一番に行きました。さすがに開いている店は少ないですが、日本人の店員さんがいるおみやげ屋さんでいろいろ試食して、一気におみやげが買えました。こちらの希望を聞いてくれ、押し付けがましくなく相談にのってくれ、とても助かりました。
（神奈川県　kyon子）

✉ フィレンツェみやげ

中央市場を囲む革製品の屋台はお買い得です。しっかり品質を見定めて、すぐには買わないこと。すてきなバッグがはじめの言い値の半値で買えました。中央市場では乾燥ポルチーニやドライトマトの真空パックが軽くておみやげに最適。薬局ファルマチア・サンティッシマ・アンヌンツィアータ（住 Viadei Servi 80/r）は、アロマオイル、石鹸など見ているだけで品質のよさが伝わるのはさすが伝統店と思いました。　（滋賀県　滋賀ママン）

●のみの市
Nuovo mercato delle pulci
サンタンブロージョ市場近く（住Via della Mattonaia 20）で開催。営 9:00～19:30、土～18:30 休 日、12月25・26日、1月1日

ポプラ材などに彩色をしたフィレンツェ独自の木製品

世界に名立たるグッチの本店や日本でも大人気のフェラガモの本店。あのジノリの発祥の地もフィレンツェと、イタリアのブランドを語るうえで欠かせない町がフィレンツェだ。ヴェッキオ橋に並ぶたくさんの金銀細工は、400年来の伝統を誇る。プッチーニのオペラ『ジャンニ・スキッキ』で、ヒロインが金の指輪を買ったのもヴェッキオ橋だった。

ブランドフリークにとって外せない、フィレンツェの買い物ゾーンといえば、トルナブオーニ通りVia de' Tornabuoniやヴィーニャ・ヌオーヴァ通りV. d. Vigna Nuova。ショーウインドーのディスプレイを眺めるだけでも十分に楽しい。日本人が大挙して押しかける、ミラノやローマでは入手不可能な品が残っていたりもする。ショッピングに興味のある人には、シニョリーア広場とドゥオーモを結ぶ、広い歩行者天国のカルツァイウォーリ通りVia de' Calzaiuoliも必訪だ。

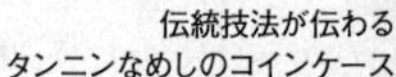

伝統技法が伝わるタンニンなめしのコインケース

グッチ【ブランド】

P.162-B2

Gucci

デザイン、機能性ともに充実

フィレンツェ発祥というだけあって、さすが本店の貫録。店内はすっきりと見やすくなっていて品揃えも充実。小物シリーズはおみやげにも最適だ。シニョリーア広場にはオステリアが併設されたショップ「Gucci Garden」も。

URL www.gucci.com/it
住 Via de' Tornabuoni 73/r
☎ 055-264011
営 10:00～19:00、土10:00～19:30
休 一部の祝日
C A.D.J.M.V.
交 ドゥオーモから徒歩8分

サルヴァトーレ・フェラガモ【ブランド】

P.162-C2

Salvatore Ferragamo

伝説の靴職人、フェラガモ

今やフィレンツェのシンボルのひとつといってもよいほどのフェラガモの店。地下には創業者の歴史がのぞける美術館（料€8）があり、期間限定の特別展も興味深い。女優たちが愛した復刻作品は別室に展示されている。

URL www.ferragamo.com/it-it
住 Via de' Tornabuoni 14/r
☎ 055-292123
営 10:30～19:30
休 一部の祝日
C A.D.J.M.V.
交 ドゥオーモから徒歩11分

プラダ【ブランド】

P.162-B2

Prada

アウトレットもある

トルナブオーニ通りのなかでも存在感を放つ広々とした店舗。シンプルな室内で、リラックスして着られるプラダの洋服に力を入れている。ドゥオーモそばにも店舗があるほか、アウトレット「スペース SPACE」もある。

URL www.prada.com/it
住 Via de' Tornabuoni 53/r, 67r
☎ 055-267471
営 10:00～19:00
休 一部の祝日
C A.D.J.M.V.
交 ドゥオーモから徒歩9分

マックス・マーラ【ブランド】 P.162-B2

Max Mara

リラックスしたエレガンス
フィレンツェの中心地に2店舗をもち、優しいデザインと洗練された生地が特徴のマックス・マーラ。イタリア女性の求める"女性らしさ"を演出できる服として人気のブランド。スタッフのていねいな接客にも定評がある。

URL it.maxmara.com
住 Via de' Tornabuoni 66-68-70/r
☎ 055-214133
営 10:00〜19:30、日11:00〜19:00
休 一部の祝日
C A.D.J.M.V.
交 ドゥオーモから徒歩7分

フルラ【ブランド】 P.163-C3

Furla

美しいデザイン、そして機能性
新装移転した、新しく大きな店舗。店内にはさまざまな素材、そしてデザインされたバッグと小物が並ぶ。日本に比較して値頃感がある。日本未入荷の品々は要チェック。手頃でおしゃれな小物類はおみやげにもおすすめ。

URL www.furla.com/it
住 Via Calzaiuoli, 10/r angolo Piazza Della Signoria
☎ 055-2382883
営 10:00〜19:00、日10:30〜19:00
休 一部の祝日
C A.D.J.M.V.
交 ドゥオーモ広場から徒歩5分

リチャード・ジノリ【陶器】 P.162-B2

Richard Ginori

新生ジノリの象徴
1735年、ジノリ公爵によって創業されたイタリアを代表する陶磁器メーカーの本店。定番の「ベッキオホワイト」から豪華に色付けされた歴史的名品までが並び店内はまるで美術館のよう。テーブルセッティングは、一見の価値あり。

URL www.ginori1735.com
住 Via dei Rondinelli
☎ 055-210041
営 10:00〜19:00
休 日・祝
C A.D.J.M.V.
交 ドゥオーモから徒歩7分

ピネイデル【ブランド文具】 P.162-B2

Pineider

フィレンツェを代表する老舗
最高級の素材とフィレンツェの一流職人が作り上げる高級文房具。世界中に顧客をもつカードや便箋を手にすれば、ナポレオンが愛用したのもうなずける。手帳やペンなどのほか、かばんも有名。使えば使うほどなじむ革製品を味わえる。

URL www.pineider.com
住 Lungarno degli Acciaiuoli 72/r-76/r
☎ 055-284655
営 10:00〜19:30
休 一部の祝日
C A.D.M.V.
交 ドゥオーモから徒歩12分

ラグジュアリーブランドが集まるアウトレット

　イタリア生まれのブランドを中心に、世界中のトップブランドが37店舗集まるアウトレットモールがこちら。モールに入居するおもなイタリアンブランドは、グッチGucci、ボッテガ・ヴェネタBottega Veneta、フェンディFendi、ジョルジオ・アルマーニGirgio Armani、フェラガモFerragamo、エトロEtro、トッズTod'sなど。ブランドの直営店ではタックスフリーにも対応してもらえるのがうれしい。

　ザ・モール・フィレンツェでできることはショッピングだけではない。フィレンツェ郊外にある広大な敷地内では、さまざまなアクティビティも行っているのだ。例えば、ワインテイスティング「トスカーナの味」（所要約30分、1名€35）では、3種類のトスカーナワインを味わうことができる。また、トスカーナ料理のランチをいただきながら、3種類・単一品種のオリーブオイルをテイスティングできる「トスカーナ料理&オリーブオイル」（所要30〜45分程度、1名€45）などもおすすめだ。

●ザ・モール・フィレンツェ
The Mall Firenze
住 Via Europa 8, Leccio Reggello
☎ 055-8657775
営 10:00〜19:00
休 1月1日、復活祭、12月25・26日
C A.J.V.
URL firenze.themall.it/jp

フィレンツェ市内から直通バスが毎日運行している。1日10便程度で片道€8、往復€15。詳細は公式サイトでチェックしてみよう。

フィレンツェでショッピング●ブランド

フィレンツェのショッピングガイド

●この町らしいおみやげを探そう！

修道院や教会付属の施薬院の製造手法が今に残るフィレンツェでは、最新の技術を使って古き伝統が化粧品やアロマなどに復活している。有名ショップだけでなく、教会の脇に設けられた売店などものぞいてみよう。アルチザン（職人）の町でもあるので、革製品、織物、紙製品にもこの町ならではの品物が多い。最近では、トスカーナのキアンティワインやオリーブオイルを売る専門店が人気。もっとカジュアルなフィレンツェみやげを探すなら、新市場のロッジアや中央市場脇の屋台、中央市場内の食料品店などものぞいてみよう。

サンタ・マリア・ノヴェッラ薬局【化粧品など】 P.162-A1

Officina Profumo-Farmaceutica di S.M.Novella

かつての教会付属施薬院

自然治癒や予防医学の思想をもとに13世紀のドミニコ修道会の製薬活動を起源とし、メディチ家にも愛されてきた薬局。石鹸やコロンなど400年以上販売されているベストセラーから新商品まで多数並ぶ。ここ本店ほか、市内に2店舗あり。

URL eu.smnovella.com
住 Via della Scala 16
☎ 055-216276
営 9:30～20:00
休 1月1日、復活祭・復活祭翌日、8月15・16日、12月25・26日
C A.D.J.M.V.
交 S.M.N.駅から徒歩3分

ファルマチア・サンティッシマ・アンヌンツィアータ【化粧品】 P.161-A4

Farmacia SS.Annunziata dal 1561

伝統的化粧品が充実の品揃え

1561年から続く伝統的化粧品の特徴を生かし、最新の技術で約30年前に復活。石鹸、化粧水、クリーム、ボディ用品、アロマオイルなど数多くの品が手頃な値段で揃う。英語の説明書あり。中心に近い住 Via Porta Rossa 43/rにも店舗あり。

URL farmaciassannunziata1561.it
住 Via dei Servi 80/r
☎ 055-210738
営 9:00～19:00、土・日10:30～19:00
休 1月1日、復活祭の翌月曜、8月15日、12月25・26日
C A.J.M.V.
交 ドゥオーモから徒歩6分

バルトリーニ【キッチン】 P.161-A3

Bartolini

料理好きにはパラダイス

店内にはさまざまなブランドのキッチンツールが豊富。イタリアならではのチーズやトリュフのおろし金、パスタマシンも興味深い。ホリデイシーズン用のお菓子作りツールにも胸がときめく。最新のアイデアグッズもあり、料理好きには要チェックの一軒。

URL www.bartolinifirenze.it
住 Via dei Servi 72r
☎ 055-291497
営 10:30～13:30、14:30～19:00
休 日
C A.J.M.V.
交 ドゥオーモから徒歩2分

イル・ビゾンテ【ブランド】 P.162-C2

Il Bisonte

ハンドメイドの皮革製品が揃う

ナチュラルな革を使い職人がハンドメイドで作り上げたバッグやレザーグッズが揃う。世界中に店舗を構える人気ブランド。商品は上質で、触れただけであたたかみを感じる。日本よりも2～3割程度安く購入できるのも魅力。

URL www.ilbisonte.com
住 Via del Parione, 31-33/r
☎ 055-215722
営 10:30～19:00、日・祝10:30～18:30
休 1月1日、復活祭・復活祭翌日、8月15日、12月25・26日
C A.D.J.M.V.
交 ドゥオーモから徒歩11分

フランチェスコ・リオネッティ【革製品】 P.162-B2

Francesco Lionetti

フィレンツェで3代続く革メーカー

女性に人気のカラーバリエーション豊富なトートバッグや、男性へのおみやげにも最適なキーケースなど、上質でお手頃価格の革製品が豊富に揃う。日本人スタッフがいるので、相談しながら買い物ができるのもうれしい。

URL www.francescolionetti.eu
住 Via della Spada 48/r
☎ 055-2670078
営 10:30～13:00、15:00～18:30、土12:00～19:00
休 日・祝
C M.V.
交 S.M.ノヴェッラ広場から徒歩2分

フィレンツェのショッピングガイド

パリオーネ【文具】 P.163-B4

Parione

伝統的な紙を使った文具店

1923年創業、フィレンツェ独特の手工芸によるマーブル模様の紙を使った文具が揃う。鉛筆やトランプ、写真立てなどはおみやげにも最適。1週間程度待てるなら、オリジナルの名刺やスタンプ、レターセット、手帳の名入れができる。

URL www.parione.it
住 Via dello Studio 11/r
☎ 055-215030
営 9:30～13:00、14:00～19:00
休 日
C A.D.J.M.V.
交 ドゥオーモから徒歩1分

アート・オブ・フローレンス【木製品】 P.162-B2

Art of Florence

テーブルを華やかに飾る品々

フィレンツェの伝統工芸のひとつである、ポプラ材に彩色した木製品の店。優しく上品な色合いで軽く、水洗いもOKで使い勝手がよい。ここは家族経営で製造・販売を手掛け、店舗は小規模だが、品揃えと価格でおすすめの一軒。

住 Via del Sole 7/r
☎ 055-290154
営 10:00～18:00、日9:00～12:00
休 祝日
C A.D.J.M.V.
交 ドゥオーモから徒歩9分

ペッシ・ケ・ヴォーラノ【アクセサリー】 P.161-B4

Pesci che Volano

地元の人からの人気も高い

フィレンツェ出身・在住のジュエリーデザイナー、エレナ・ドジオによるハンドメイドアクセサリーショップ。店名にもなっている魚(Pesci) モチーフのアクセサリーのほか、靴以外すべての洋服や帽子などファッションアイテムもすべてオリジナル。

URL www.pescichevolano.com
住 Borgo Pinti 33r
☎ 055-5326070
営 10:00～13:00、14:30～19:15、土10:00～19:15
休 日
C M.V.
交 ドゥオーモから徒歩9分

オブセキウム【ワイン】 P.160-C2

Obsequium

充実の品揃え

おもにトスカーナ産ワインの種類が豊富で、オルトラルノ(川向う)まで行く価値のあるワインショップ。オリーブオイルやトリュフなどの製品も充実している。日本人スタッフもいるので、分からないことがあれば質問してみよう。

URL www.obsequium.it
住 Borgo San Jacopo 17/r
☎ 055-216849
営 12:00～20:00
休 無休
C A.D.J.M.V.
交 サンタ・トリニタ橋左岸から徒歩2分

アントニオ・マッテイ【お菓子】 P.162-C2

Antonio Mattei

青い包装が目印、元祖ビスコッティ

1858年創業、プラートのビスコッティ発祥店がフィレンツェに出店。ビスコッティの外側はがっちり固くて香ばしく、中はしっとり優しいお味。その伝統と現代でもファンを離さないおいしさは一度試してみる価値あり。おみやげにも最適。

URL www.antoniomattei.it
住 Via Porta Rossa 76/r
☎ 055-0136203
営 11:00～19:00
休 一部の祝日、8月10日間
C A.M.V.
交 ドゥオーモから徒歩9分

コナド・シティ【スーパー】 P.161-B4

Conad City

みやげ探しから飲み物の調達まで!

ドゥオーモ周辺からもサンタ・クローチェ周辺からもほど近く、フィレンツェ中心部では比較的大きめのスーパーマーケット。ヴェッキオ橋左岸近くに系列スーパーのサポーリ&ディントルニ・コナド (住 Via de' Bardi 45/47)あり。

URL www.conad.it
住 Via Pietrapiana 42
☎ 055-2347856
営 8:00～21:00、日9:00～21:00
休 無休
C A.M.V.
交 ドゥオーモから徒歩7分

フィレンツェのB級グルメと2大市場

華やかなるルネッサンスの町、フィレンツェ。フィレンツェを代表するB級グルメといえば、**トリッパTrippa**（牛の第2胃袋）や**ランプレドットLampredotto**(牛の第4胃袋)などのモツ類。町角にもモツを使ったパニーノ店などが点在しているが、せっかくなら旬のグルメスポットが集結している**メルカート・チェントラーレ・フィレンツェ(中央市場)Mercato Centrale Firenze**や**サンタンブロージョ市場Mercato di Sant' Ambrogio**へ行ってみよう。

鉄骨とガラス造りが目を引く、大きな中央市場はすでに140年余り。一時期少しさびれた感じがあったが、2014年春に斬新に生まれ変わった。1階は以前のように生鮮食品中心の市場。2階には大規模なフードコート、**イル・メルカートIl Mercato**が誕生した。パニーノからビステッカ・フィオレンティーナ、揚げ物、スイーツ、ワイン、ビールまで何でもありの、楽しめる食のパラダイス。1階の市場でのおみやげ探しも楽しい。

1階ではトリッパやランプレドットのパニーノで有名な**ダ・ネルボーネDa Nerbone**をチェック。テーブル席もあり、予約不可のためいつ訪れても行列ができている。また、魚売場では魚介類の揚げ物も人気だ。入口近くの肉店では、メニュー以外にも肉を自分で選んで**ビステッカ・フィオレンティーナ**（600g以上なので、大勢で出かけよう）を焼いてもらうことができ、味も好評だ。

1階はチーズや加工食品などのマーケット。テイクアウトして宿でいただこう

2階は広々としたフードコートのイル・メルカートIl Mercatoだ。利用の仕方は簡単。各売り場で注文し、支払い、料理を持って好きなテーブルへ。飲み物は各売り場でワインやビールなど好きなものを選んでもいいし、係が注文を取りにも来てくれる。モツ類ならランプレドットで有名な**ロレンツォ・ニグロ Lorenzo Nigro**のパニーノがおすすめ。ひとり旅や節約旅派はここでおなかを満たそう。

開放感あふれるスタイリッシュなフードコートは終日にぎわう

メルカート・チェントラーレより少し町の中心から離れているが、地元の人がおもに行くのはサンタンブロージョ市場。屋外には野菜や果物、花きや服などの店が建物を囲むようにして立ち並び、日本とは異なる品揃えや値段は興味深いはず。屋内には、肉や魚、チーズなどの加工食品のほか、オリーブオイルをはじめとする調味料などがずらりと並び、食材を吟味する買い物客と店のスタッフのやり取りが日常の光景になっている。

サンタンブロージョ市場は屋外にも広がっている

ショップのみならず、バールやトラットリアもあり、総菜店などではその場で注文したものをいただくこともできる。いち押しは**トラットリア・ダ・ロッコ Trattoria Da Rocco**。ローカルからも観光客からも人気の店で、昼どきになると常に満席だ。フィレンツェの伝統的な料理が揃っていて、一品一品が日本人好みの少なめの量、かつリーズナブルな価格帯なので、あれこれ注文できるのがうれしい。

トラットリアやバールも地元の人々が集う社交場のようになっている

●メルカート・チェントラーレ・フィレンツェ
Mercato Centrale Firenze

住 Piazza del Mercato Centrale
☎ 055-2399798
営 1階7:00～15:00、土7:00～17:00、2階9:00～24:00（店舗によって異なる）
休 1階は日曜、2階は無休
交 ドゥオーモから徒歩7分
URL www.mercatocentrale.it/firenze
MAP P.161-A3

●サンタンブロージョ市場
Mercato di Sant' Ambrogio

住 Piazza Lorenzo Ghiberti
☎ 055-2480778
営 7:00～14:00(店舗によって異なる)
休 日
交 ドゥオーモから徒歩15分
URL mercatosantambrogio.it
MAP P.159-B4

フィレンツェのホテルガイド

✉ ホテルへの移動は?

ホテルはサンタ・マリア・ノヴェッラ駅そばに多くあります。でも、駅前広場が広く、またボコボコの歩道と道を横断する際の段差なども多く、重いスーツケースを持っての移動は想像以上に苦戦しました。

ふたりならタクシーの利用がおすすめ。フィレンツェのタクシーはメーターも作動して、日本の感覚で利用できます。特にフィレンツェの空港は町に近くてとても便利で、さらに空港からは定額料金(€22)なので絶対タクシー利用がおすすめです。

(東京都　ゆきな)['24]

フィレンツェの高級ホテル事情

2023年春、レプッブリカ広場にオープンしたホテル・ラ・ジェンマ(→P.197)をはじめ、本誌で紹介しているヘルヴェティア&ブリストル(→P.198)など中心地から徒歩圏内に5つ星ホテルが点在。ロッコ・フォルテ・ホテル・サヴォイRocco Forte Hotel Savoyや、ザ・セント・レジス・フィレンツェThe St. Regis Firenze、フォーシーズンズ・ホテル・フィレンツェFour Seasons Hotel Firenzeなども、主要な観光スポットは徒歩で行くことができる。

ドゥオーモを中心にこぢんまりまとまっているフィレンツェでの観光は、徒歩で十分。なるべく中心地から徒歩圏内のホテルを選ぶのがおすすめだが、少し離れたところに取るならトラムの停留所沿いであれば重い荷物を持った際の移動にも便利だ。

■フィレンツェのホテル分布

オーニッサンティ広場にある高級ホテル、セント・レージスのサロン

サンタ・マリア・ノヴェッラ駅の東側からサン・ロレンツォ教会あたりまでが、経済的なホテルの密集地。2つ星ホテルを中心に、お値頃ホテルが点在する。何世紀にもわたって世界中の旅人を受け入れてきたこの町の2つ星ホテルは、かなりの高水準。駅近くでも、西側を走る**スカラ通り**から**サンタ・マリア・ノヴェッラ広場**までは、東側よりも高級なホテルが軒を連ねる。最近のサンタ・マリア・ノヴェッラ広場では、広場に面した邸宅を改装した4つ星ホテルが次々とオープンし、お値頃で注目されている。駅からスーツケースを引いていける距離だ。

一方、駅南のオーニッサンティ広場や旧市街の共和国広場周辺には、フィレンツェを代表する超高級ホテルがある。ミケランジェロの丘の麓、サン・マルコ広場の東側の緑の多い地域など、超高級ホテルはチェントロの外れに立地し、緑のなかでのんびりとしたトスカーナの休日を楽しめるようなコンセプトのところが多い。

個人旅行者が泊まりやすい3～4つ星ホテルは、**眺望のよいアルノ川沿いから町の2本のショッピングストリートの、トルナブオーニ通りとカルツァイウォーリ通りに囲まれた地域**に多く、観光にもショッピングにも便利な場所だ。

■ベストシーズンの料金は?

1年を通して宿泊料金はかなり高め。また、滞在税が全体的にほかの主要都市より高いのも特徴だ。合計金額を加味しながら選ぼう。冬は比較的値段が下がるので、季節を選ばない美術館巡りが旅の目的なら、かなり抑えた料金で4つ星ホテルにも宿泊可能だ。

フィレンツェ市滞在税　Imposta di Soggiorno

2023年の引き上げにより、ローマよりも高くなった滞在税。フィレンツェのホテルなどに宿泊の際、1泊当たりひとり最大€8、最長7泊まで課税されることになった。ホテル、アグリトゥーリズモなど施設やランクに応じて課税額は異なる。以下、いずれも1泊につきひとり分の税額、最大7泊まで。

ホテル

1つ星	€3.50
2つ星	€4.50
3つ星	€6
4つ星	€7
5つ星	€8

レジデンス

1つ鍵	€4.50
2つ鍵	€6
3つ鍵	€7

アグリトゥーリズモ

1つ穂	€3.50
2つ穂	€4.50
3つ穂	€6

ヴィラなどの歴史的建造物　€7、キャンプ場、YH、貸し部屋などで　€3.50

※ひとり1泊当たり

※レジデンスの鍵、アグリトゥーリズモの穂はホテルの星にあたるカテゴリーの印

(2023年4月改訂)

地球の歩き方　フィレンツェの注目ホテル

今回紹介したホテル・ラ・ジェンマとシーナ・ヴィッラ・メディチは5つ星ながら、比較的お財布に優しい料金が魅力のひとつ。ルーフトップバーからの眺めが素晴らしいホテル・ラ・スカレッタやコストパフォーマンスに優れたサンタ・マリア・ノヴェッラ（→P.199）などもおすすめだ。雰囲気重視派は歴史あるパラッツォや修道院を改装した宿、値段重視派はアルノ川左岸で小規模なこぢんまりとした宿を探すのもよいだろう。

チェントロ地区

★★★★★ ホテル・ラ・ジェンマ P.163-C3

Hotel La Gemma

ドゥオーモからもシニョーリア広場からも近い旧市街の一等地にオープンした5つ星ホテル。グリーンを基調としたアールデコ調の内装はモダンで洗練されており、部屋のミニバーやアメニティも充実。スイートルームは、ジュニアスイート以外にロフトタイプや広々とした2ベッドルームタイプもある。館内のレストラン「LUCA' S RISTRANTE」はランチやディナー営業もしていて、トスカーナ料理や軽食がいただける。また、地下階にはトリートメントが受けられる「Allure Spa」もある。

URL www.lagemmahotel.com

住 Via Dei Cavalieri 2/C
☎ 055-0105200
TB €500～
JS €700～
室 39室　朝食込み W-F
C A.D.J.M.V.
交 ドゥオーモから徒歩7分

S.M.ノヴェッラ駅周辺

★★★★★ シーナ・ヴィッラ・メディチ P.160-A1

Sina Villa Medici, Autograph Collection

サンタ・マリア・ノヴェッラ駅近くにある高級ホテル。市内の中心地にありながら、広いプール付きの庭園があるので、フィレンツェの町歩きを楽しみつつ、喧騒から離れてゆったりリゾート気分で過ごしたい人におすすめ。庭園には終日営業しているレストラン＆バー「HARRY'S BAR THE GARDEN」が併設されていて、緑豊かな庭園のなかでお酒や食事がいただける。客室の大きな窓からは市内の眺望を間近に望むことができる。

URL www.sinahotels.com/it/h/sina-villa-medici-firenze

住 Via Il Prato 42
☎ 055-277171
TB €325～
JS €495～
室 100室　朝食込み W-F
C A.D.J.M.V.
交 S.M.N.駅から徒歩7分

アルノ川左岸

★★★ ホテル・ラ・スカレッタ P.160-C2

Hotel La Scaletta al Ponte Vecchio

ヴェッキオ橋やピッティ宮に近く、観光にとても便利な位置にある3つ星ホテル。屋上にはフィレンツェのパノラマを見渡せるオープントップのレストラン＆バーがある。滞在中のディナーにも利用したい。さまざまなグレードの客室をもち、バスタブ付きの部屋も備わっている。ジャクージからピッティ宮殿やボーボリ庭園が望める「ジュニアスイート ボーボリ ガーデンビュー」は記念日利用にもぴったりだ。

URL www.hotellascaletta.it

読者割引 公式サイトから直接予約で10%オフ。クーポンコード「GLOBETROTTER」

住 Via Guicciardini 13
☎ 051-8857078
TB €140～　JS €300～
室 46室　朝食込み W-F
C A.D.J.M.V.
交 ヴェッキオ橋左岸から徒歩2分

S シャワー共同シングル料金　T シャワー共同ツイン料金　D ドミトリー料金　SS シャワー付きシングル料金　SB シャワーまたはバス付きシングル料金　TB シャワーまたはバス付きツイン料金　3B シャワーまたはバス付きトリプル料金　4B シャワーまたはバス付き4人部屋料金　SU スイート　JS ジュニアスイート

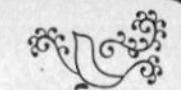

★★★★★ ヘルヴェティア&ブリストル P.162-B2

Hotel Helvetia & Bristol

エレガントなホテル。19世紀末の開業以来、数多の芸術家や貴族たちに愛されてきた。ルネッサンスの頃の雰囲気を残す室内調度は、鑑賞に値する名品揃い。世界で最も内装が美しいホテルのひとつといわれる。レストランとカクテルバーも併設。

URL jp.lhw.com/hotel/hotel-helvetia-bristol-florence-italy
住 Via dei Pescioni 2
☎ 055-26651
SB €360～　TB €500～
室 67室　朝食込み W-F
C A.J.M.V.
交 ドゥオーモから徒歩7分

★★★★ デ・ラ・ヴィッレ P.162-B2

Hotel de la Ville

フィレンツェの高級ショッピングゾーン、トルナブオーニ通りの入口に立つ古い邸宅を改装したホテル。客室はハイセンスで機能的で女性好み。ロビーやバーは重厚で落ち着いた雰囲気。バーで簡単な食事ができるのも便利。

URL www.hoteldelaville.it
住 Piazza Antinori 1
☎ 055-2381805
Fax 055-2396453
SS SB €160～
TS TB €200～
室 54室　朝食込み W-F
C A.D.M.V.
交 ドゥオーモから徒歩7分

★★★★ カルツァイウォーリ P.163-B3

Hotel Calzaiuoli

ショッピングストリートのカルツァイウォーリ通りの真ん中に位置している。典型的なフィレンツェのパラッツォを改装したホテル。ショッピング、美術館巡りには便利なロケーション。入口は狭いが落ち着いて、室内は広々として明るい。ホテルの入浴グッズもかわいい。

URL www.calzaiuoli.it
住 Via Calzaiuoli 6
☎ 055-212456
Fax 055-268310
SS €245～
TS TB €270～
室 52室　朝食込み W-F
C A.D.M.V.
交 ドゥオーモから徒歩3分

★★★★ ギャラリー・ホテル・アート P.163-C3

Gallery Hotel Art

ヴェッキオ橋のすぐそばに位置するホテル。ショッピングにも観光にも便利な立地。最上階の部屋にあるバルコニーからの眺めはすばらしい。女性建築家が設計し、どこなくフェミニンな室内装飾。朝食はビュッフェ形式で充実。

URL www.lungarnocollection.com/gallery-hotel-art
住 Vicolo dell' Oro 5
☎ 055-27263
TB €300～
3B €570～
室 71室　朝食込み W-F
C A.D.J.M.V.
交 ドゥオーモから徒歩9分

★★★★ バレストリ P.161-C3

Hotel Balestri

由緒あるパラッツォを改装し、1888年から続く家族経営のブティックホテル。長年のサービスには定評がある。アルノ川右岸に位置し、川に向かって設けられた窓からはヴェッキオ橋のパノラマが広がる。1階のカフェは終日営業している。

URL www.hotel-balestri.it
住 Piazza Mentana 7
☎ 055-214743
Fax 055-2398042
SB TB €210～
室 46室　朝食込み W-F
C A.D.J.M.V.
交 ドゥオーモから徒歩11分

★★★ エルミタージュ P.161-C3

Hotel Hermitage

クラシックで落ち着いた雰囲気。フロントは建物の5階にある。花と緑で飾られた6階のテラスからはヴェッキオ橋が眼下に広がり、夏になると朝食会場にもなるのでご飯を食べながらさわやかな朝を過ごすことができる。

URL www.hermitagehotel.com
住 Vicolo Marzio 1/P.za del Pesce
☎ 055-287216
Fax 055-212208
SB TB €145～
室 28室　朝食込み W-F
C A.J.M.V.
交 ドゥオーモから徒歩9分

S シャワー共同シングル料金　T シャワー共同ツイン料金　D ドミトリー料金　SS シャワー付きシングル料金　SB シャワーまたはバス付きシングル料金　TB シャワーまたはバス付きツイン料金　3B シャワーまたはバス付きトリプル料金　4B シャワーまたはバス付き4人部屋料金　SU スイート　JS ジュニアスイート

★★★★ リヴォリ P.162-A1

Hotel Rivoli

15世紀の修道院を改装したホテル。室内は明るく、近代的で清潔。客室を囲む中庭は緑と日差しが気持ちよい空間が広がり、ジャクージも設置されている。ビュッフェの朝食が充実。バスターミナルに近いのも便利。併設レストランにも定評あり。

URL www.hotelrivoli.it
住 Via della Scala 33
☎ 055-27861
Fax 055-294041
SB SS €155〜
TB TS €185〜
室 87室　朝食込み W-Fi
C A.J.M.V.
交 S.M.N.駅から徒歩5分

★★★★ バリオーニ P.162-A2

Grand Hotel Baglioni

駅前南東側の広場にある、パラッツォのホテル。1903年から続くクラシックなインテリアは、歴史を感じさせる。最上階のレストラン兼朝食会場やガーデンテラスもある。空港からのトラム終点駅の目前でアクセスも便利。

URL www.hotelbaglioni.it
住 Piazza dell'Unità Italiana 6
☎ 055-23580
Fax 055-23588895
TS €190〜
室 193室　朝食込み W-Fi
C A.D.J.M.V.
交 S.M.N.駅から徒歩5分

★★★★ サンタ・マリア・ノヴェッラ P.162-A・B2

Hotel Santa Maria Novella

駅から近く、サンタ・マリア・ノヴェッラ広場の一角にあるホテル。エレガントな内装とテキパキした従業員も感じがよい。屋上のバーでフィレンツェの夕暮れを楽しむのがおすすめ。フィットネスジムやサウナなどの設備も充実。朝食も豊富。

URL www.hotelsantamarianovella.it
住 Piazza Santa Maria Novella 1
☎ 055-271840
Fax 055-27184199
SB €190〜
TB €220〜
室 71室　朝食込み W-Fi
C A.D.J.M.V.
交 S.M.N.駅から徒歩5分

★★★ ポルタ・ファエンツァ P.160-A2

Porta Faenza

サンタ・マリア・ノヴェッラ駅から200mと、便利な立地。18世紀の建物を改装した、明るく現代的なホテル。2代にわたる家族経営のあたたかい雰囲気とサービスも魅力。24時間利用できるガレージも近くにあり、レンタカー派にも便利。

URL www.hotelportafaenza.it
住 Via Faenza 77
☎ 334-7209357
Fax 055-210101
SB €100〜
TB €120〜
室 25室　朝食込み W-Fi
C A.M.V.
交 S.M.N.駅から徒歩3分

★★ ロンバルディ P.160-A2

Hotel Lombardi

古い邸宅を改装した家族経営のホテル。室内は明るく清潔で、すべての部屋がトイレとシャワー付き。フロントは英語が通じ、スタッフも親切だ。

読者割引 公式サイトからの予約で10%オフ。予約画面（日本語あり）でクーポンコード「globe-trotter」を入力。

URL www.hotellombardi.com
住 Via Fiume 8
☎ 055-283151　Fax 055-284808
SS €110〜　TS €115〜
3S €120〜
室 15室
C A.D.J.M.V.
交 S.M.N.駅から徒歩3分

オステッロ・ベッロ・フィレンツェ P.160-A2

Ostello Bello Firenze

イタリア全土に8店舗を展開するホステルチェーン。ドミトリーは男女混合と女性専用の2種類。個室もシングルから4人部屋まで幅広いタイプがある。アプリを使用したオートロック式で、セキュリティー万全。

URL ostellobello.com
住 Via Faenza 56
☎ 055-213806
D €35〜　SS €120〜
TS €150〜
室 43室
C M.V.
交 S.M.N.駅から徒歩5分

S.M.N.駅周辺

ホステル・アルキ・ロッシ P.160-A2

Hostel Archi Rossi

町の中心に位置しながら、お値頃の料金がうれしいホステル。ロッカーと部屋の鍵が提供されるので安全。客室は清潔でランドリーサービスあり。冷蔵庫や電子レンジ、Wi-Fiも利用可。11:00～14:30は入室不可で、予約は公式サイトからのみ。

URL www.hostelarchirossi.com
住 Via Faenza 94/r
☎ 055-290804
Fax 055-2302601
D €35～　TS €95～
休 11月25日～12月29日
室 147床　朝食込み W-F
C M.V.
交 S.M.N.駅から徒歩4分

そのほかのエリア

★★★ モランディ・アッラ・クロチェッタ P.161-A4

Morandi alla Crocetta

考古学博物館の北側、歴史を感じさせる静かな界隈に立つ、かつての修道院を改装したホテル。高い天井には太い梁が渡り、古きよき時代をしのばせる。見どころへのアクセスのよさとこの町ならではの雰囲気にリピーターも多い。1600年代のフレスコ画が残る部屋も。

URL www.hotelmorandi.it
住 Via Laura 50
☎ 055-2344747
Fax 055-2480954
TB €240～
室 17室　朝食込み W-F
C A.D.J.M.V.
交 ドゥオーモから徒歩12分

★★★ ホテル・ルレ・イル・カステッロ P.160-B1

Hotel Relais Il Cestello

アルノ川左岸の静かなエリアに位置するホテル。部屋数を抑え、全部屋ゆったりとした造りに。バスルームも清潔。フロントは2階にあり、エレベーターはない。ホテルのスタッフは親切で、チェックイン・アウト後の荷物預かりにも対応してくれる。

URL www.hotelrelaisilcestello.com
住 Piazza Di Cestello 9
☎ 055-280632
SS €150～
TS €165～
室 10室　朝食込み W-F
C A.M.V.
交 アメリゴ・ヴェスプッチ橋から徒歩4分

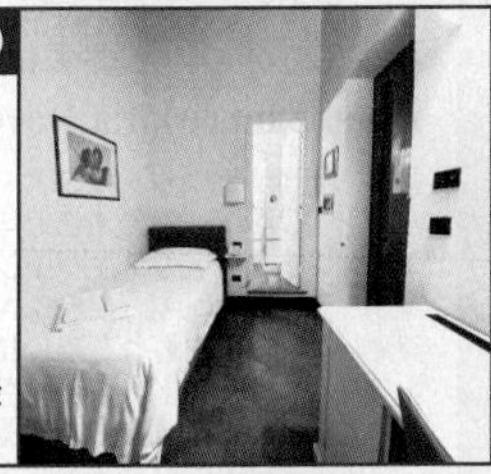

サンタ・モナカ P.160-C1

Ostello Santa Monaca

キッチンやコインランドリーを備えるホステル。受付は6:00～翌2:00（門限）で、チェックアウトは10:00。13:00～15:00は自室内に残ることはできない。受付に貴重品預けあり。ロッカーに鍵が付いていないので持参する必要あり。

URL www.ostellosantamonaca.com
住 Via Santa Monaca 6
☎ 055-268338
D €20～
TB €85～
室 13室120床
C M.V.
交 カッライア橋から徒歩5分

フィレンツェ滞在にアパート

"暮らすように旅する" をかなえたいなら、アパートに滞在するという選択肢も検討してみたい。アパートの旅行者用アパートAppartamentoは最低泊数が決まっている物件も多いが、なかには2～3日からでも受け付けてくれるところも。キッチンには簡単な調理器具や食器も完備されていて、スーパーマーケットで食材を買って料理することもできる。大人数で泊まれば割安になるのもうれしい。

ラ・カーサ・ミーア La Casa Miaは、日本人宿泊コーディネーターの奥村千穂さんが運営しているアパート探しサイト。フィレンツェ中心地の絶景が望める滞在型アパートからプチホテル、B&Bの予約代行を滞在中のフォローをしてくれるとあって、リピーターも多い。ラ・カーサ・ミーアでは日本語でアパートの紹介をしており、各種設備や奥村さんのおすすめ理由などを写真付きで掲載。問い合わせから予約対応、チェックインの手続きからアフターフォローなどもしてもらえるので、ちょっぴり冒険したい人にはぴったりだ。

●ラ・カーサ・ミーア La Casa Mia
URL www.lacasamia.jp

それ以外にも、ローマやフィレンツェなど主要都市のアパートメントレンタルを運営しているホールディス Halldis（URL www.halldis.com、英語サイトあり）なども。また、各地の観光案内所でも紹介してくれる場合もある。ただし、大多数のアパートは部屋数が少ないうえに、長期に貸し出されることが多いので、直前の予約だと空きが少ないことも。旅行期間を決めたら、すぐ調べて事前に予約するのがよいだろう。

S シャワー共同シングル料金　T シャワー共同ツイン料金　D ドミトリー料金　SS シャワー付きシングル料金　SB シャワーまたはバス付きシングル料金　TB シャワーまたはバス付きツイン料金　3B シャワーまたはバス付きトリプル料金　4B シャワーまたはバス付き4人部屋料金　SU スイート　JS ジュニアスイート

Milano
ミラノ

レオナルド・ダ・ヴィンチの「最後の晩餐」があるサンタ・マリア・デッレ・グラツィエ教会とドメニコ会修道院
登録年1980年　文化遺産

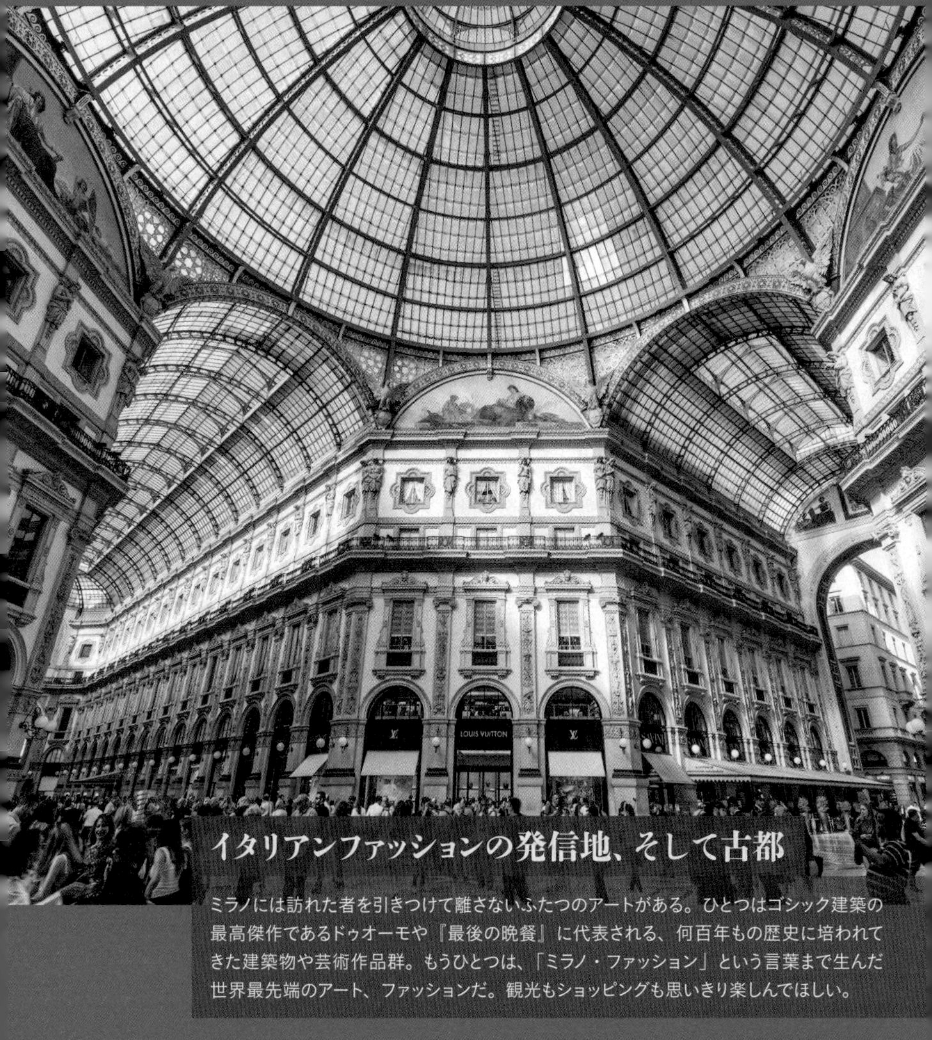

イタリアンファッションの発信地、そして古都

ミラノには訪れた者を引きつけて離さないふたつのアートがある。ひとつはゴシック建築の最高傑作であるドゥオーモや『最後の晩餐』に代表される、何百年もの歴史に培われてきた建築物や芸術作品群。もうひとつは、「ミラノ・ファッション」という言葉まで生んだ世界最先端のアート、ファッションだ。観光もショッピングも思いきり楽しんでほしい。

●郵便番号　20100

空港⇔中央駅間のプルマン

マルペンサ・シャトル（Air Pullman社）、マルペンサ・バス・エクスプレス（Autostradale社）、Terravision、Caronteの4社が運行。ターミナル1は4番出口近く、ターミナル2では出口そばのバス停からの発車。各社とも公式サイトで期間限定の割引切符を販売していることもある。

●マルペンサ・シャトル

URL www.malpensashuttle.it

●マルペンサ・バス・エクスプレス（Autostradale社）

URL www.airportbusexpress.it

●Terravision

URL www.terravision.eu

●Caronte

URL www.caronte.eu

マルペンサ・エクスプレス

空港発はターミナル1および2の地下にある駅より発着。ターミナル2はおもにLCCやEasy Jetが利用。2023年7月の訪問時は、空港の切符売り場に制服を着用した係員が常駐。ホームに降りていくエスカレーターの打刻機周辺にも係員がいたので、スリなどはだいぶ減った模様。ミラノ中央駅からは1～3番線ホームの発着。

空港⇔ミラノ市内のタクシー料金

タクシーは定額料金で€110。また、マルペンサ空港とリナーテ空港間は€124。

空港のタクシー乗り場でつかまる。無線タクシー会社の電話番号はマルペンサ空港の公式サイトで確認できる。

●ミラノ・マルペンサ空港

URL www.milanomalpensa-airport.com/it

●リナーテ空港

URL milanolinate-airport.com

●オーリオ・アル・セーリオ空港

URL www.bergamo-airport.com

空港からミラノ市内へのアクセス

●マルペンサ空港からミラノ市内へのアクセス

市内への交通手段は中・長距離バスのプルマンと鉄道、タクシーだ。タクシー乗り場は空港出口の正面にある。プルマンは中央駅に到着。鉄道はマルペンサ・エクスプレスがミラノの中央駅およびスフォルツァ城近くのミラノ・カドルナ駅へ行く。

①マルペンサ空港↔ミラノ中央駅のプルマン

空港から中央駅まで所要約50分～1時間10分。4社が運行しており、料金はいずれも片道€10、往復€16。空港発5:00～翌2:30、中央駅発3:20～翌0:15で時間帯によって約20～30分間隔の運行（夜間はもっと少なくなる）。切符はバス乗車口で販売しているので、停車しているバスに乗り込めば待ち時間がなくて便利。

中央駅のプルマン乗り場は駅の西側

②ミラノ中央駅↔マルペンサ空港の列車

マルペンサ・エクスプレス Malpensa Expressが運行。ミラノ・カドルナ駅 Milano Cadorna（地下鉄M1線カドルナ駅 Cadorna、私鉄・北ミラノ鉄道 Ferrovie Nord Milanoのミラノ北駅 Milano Nordと連絡）発着とトレニタリア（fs線）ミラノ中央駅発着の2系統ある。

空港⇔中央駅間は、空港発5:37～22:37（ほぼ毎時07、37分発）、中央駅発5:25～23:25（ほぼ毎時25、55分発）、所要約1時間で30分間隔。空港⇔カドルナ駅間は、空港発00:20～23:25（ほぼ毎時7、27、37、50分発）、カドルナ発4:27～23:27（ほぼ毎時27、57分発）、所要約40分で30分間隔。料金は中央駅・カドルナ駅間ともに片道€13、往復€20。切符は空港駅、ミラノ・カドルナ駅、またはトレニタリアの切符売り場や自動券売機で。マルペンサ空港の公式サイト（左記参照）からも詳細が確認できる。

●ベルガモのオーリオ・アル・セーリオ空港を利用する場合

ヨーロッパ各地からLCCを利用する場合は、ベルガモ（→P.331）市内中心部から約5km、ミラノ中心部から約45km離れたオーリオ・アル・セーリオ空港（BGY）を利用するのもあり。空港⇔ミラノ市内間はAutostradale、Terravisionなどのプルマンが運行しており、5:00台～翌3:00台まで30～40分間隔で所要約1時間、いずれも片道€10、往復€18。ミラノ中央駅は広場（Piazza Luigi di Savoia）から発車。空港⇔ミラノ市内間のタクシーは定額で€122。

中央駅と空港のプルマン乗降車場所

●ミラノ中央駅からの乗車

駅を正面に見て左側の乗り場Piazza Quattro Novembreがマルペンサ空港行き。右側のPiazza Luigi di Savoiaがリナーテ空港とベルガモのオーリオ・アル・セーリオ空港行き。

●マルペンサ空港での降車

マルペンサ空港行きのプルマンは、まず先にLCCが発着するターミナル2に停車することが多い。LCC以外の利用者は次（終点）のターミナル1で下車しよう。

ミラノ Milano

マルペンサ空港 Malpensa Airport Terminal 1

■3階（出発階）

タックスフリー各社窓口
航空券売り場
搭乗口（2階）へ
チェックインカウンター
税関
14 13 12 11 10 9 8 7 6 5 4 2 3 1

■2階（ショッピングエリア）

GATE B1〜13
喫煙所
ラウンジ
GATE B18〜23
GATE B26〜34
GATE B35〜44
トランジットデスク
GATE B54〜57
ターミナルB
ターミナルA
免税ショッピングエリア
GATE A50〜57
GATE A18〜23
免税ショッピングエリア
GATE A24〜26/32〜39
ラウンジ

■1階（到着階）

GATE B18〜23
GATE B26〜34
トランジット
GATE B54〜57
GATE A50〜57
10 9 B 8 7 6
トランジット
GATE A18〜23
5 4 3 A 2 1
GATE A32〜39
GATE A24〜26
プルマン切符売り場
警察
ラウンジ

■地下階

レンタカーカウンター
駅（マルペンサ・エクスプレス）
ホテル・シェラトン
切符売り場
ターミナル2への連絡バス

トイレ　エレベーター　銀行、両替所　税関　パスポート検査　荷物受け取り　ロストバゲージ窓口　タクシー　プルマン・バス　GATE 搭乗口　バール、カフェ　レストラン　薬局　タバッキ　郵便局　ATM機　案内所

リナーテ空港から市内へ

2023年7月、地下鉄M4線の延線によってリナーテ空港から市内中心部のサン・バビラ駅まで直通で行けるようになって便利に。空港からサン・バビラ駅まで所要約12分、毎日6:00〜24:00頃までの運行。切符は空港や地下鉄の切符売り場で購入可能。地下鉄の切符に関する詳細はP.207を参照。

サン・バビラ駅のM4線改札

●リナーテ空港 ↔ ミラノ中央駅間のバス

Autostradale（→P.202）とStarfly（URL www.autostradale.it）が運行。切符は車内で購入可。空港から中央駅そばの広場（Piazza Luigi di Savoia）まで所要約25分。空港発8:30〜21:30、中央駅発6:45〜20:30でだいたい1時間間隔の運行。料金€5、往復€8。

●リナーテ空港 ↔ マルペンサ空港間のバス

AirPullmanが直通でふたつの空港を結んでいる。所要約1時間30分、料金片道€13。ただし、1日約5便と運行本数は少なめだ。

ミラノの歩き方

ミラノへの行き方

ローマから
ローマ・テルミニ駅からミラノ中央駅までフレッチャロッサ(FR)やイタロ(ITA)で約3時間〜3時間30分

フィレンツェから
フィレンツェ・サンタ・マリア・ノヴェッラ駅からミラノ中央駅までFR、ITAで約2時間

ヴェネツィアから
ヴェネツィア・サンタ・ルチア駅からミラノ中央駅までFR、ITAで約2時間30分

ナポリから
ナポリ中央駅からミラノ中央駅までFR、ITAで約4時間30分

新登場「YesMilano City Pass」
2023年10月に誕生したアプリ「YesMilano City Pass」(iOSおよびAndroid対応)。ミラノの観光スポットへの入場券や公共交通機関の乗り放題を含むパスは2種類ある。

パスの種類

●スタンダードSTANDARD
料 €60(3日間有効)
3日間公共交通機関乗り放題、ドゥオーモと屋上テラス、スフォルツァ城などのチケットが含まれる。

●オールインクルーシブ ALL INCLUSIVE
料 €90
スタンダードよりも入場できる見どころの数が多い。
URL citypass.yesmilano.it

ミラノカードも賢く活用
ミラノの地下鉄、バス、トラムなどの公共交通が時間内で乗り放題、タクシー乗車用の€5クレジット、市内のバーでドリンク1杯無料などが含まれる。マルペンサ空港シャトルバスや6つのミュージアムチケット、ドゥオーモ入場券などさまざまなオプション(有料)を付け足すことが可能。
料 24時間券€15、48時間券€22、72時間券€24
URL www.milanocard.it

歴史的な価値をもつトラムが走る

ミラノの中心はドゥオーモ広場Piazza del Duomo。**中央駅**からは地下鉄M３線に乗り、４つ目のドゥオーモで下車しよう。おもな見どころはドゥオーモ広場周辺に集中している。地下鉄駅から上がると、すぐに目に飛び込んでくるのがミラノのシンボル、**ドゥオーモ**。その脇には、ガラス張りのアーケードの**ガッレリア**。おしゃれなカフェが並ぶ洗練された雰囲気の通路を抜けるとイタリアを代表する歌劇場**スカラ座**だ。スカラ座の脇を抜け、北に進めば北イタリア・ルネッサンスの宝庫**ブレラ絵画館**、大通りを進めばイタリア人の人気投票１位の**ポルディ・ペッツォーリ美術館**だ。この東側にはブランドショップが並ぶ**モンテ・ナポレオーネ通り**などが続き、ショッピング目的の人には外せない界隈だ。

美しいアーケード、ガッレリア

ドゥオーモ西側には美しい司教館にカラヴァッジョらの作品を展示する**アンブロジアーナ絵画館**。やや離れてミラノの支配者の居城**スフォルツァ城**やレオナルド・ダ・ヴィンチの傑作**『最後の晩餐』**が残る**サンタ・マリア・デッレ・グラツィエ教会**が点在している。南には、かつて町を取り巻いていた運河の一部が残る**ナヴィリ地区**が広がり、ミラネーゼお気に入りのスポットになっている。

ハイセンスな
モンテ・ナポレオーネ通りのショップ

ドゥオーモ広場では、ハイブランドの展覧会が

ミラノの歩き方 ミラノ中央駅から地下鉄M3線(黄色)でドゥオーモDuomoへ。ドゥオーモを中心にした半径500〜800m内に多くの見どころが集中しているので、ここからは徒歩で十分観光できる。

ドゥオーモ →P.214 ▶ ガッレリア →P.216 ▶ スカラ座 →P.217 ▶ ポルディ・P.美術館 →P.219 ▶ ブレラ絵画館 →P.218 ▼ スフォルツァ城 →P.220 ◀ サンタ・マリア・デッレ・グラツィエ教会 →P.222 ◀ サンタンブロージョ聖堂 →P.223 ◀ アンブロジアーナ絵画館 →P.218

ミラノの交通について

●ミラノの鉄道駅

ミラノには10を超えるトレニタリアの駅があるが、幹線がおもに停車するのはミラノ中央駅 Milano Centrale。路線または列車の種類により、ミラノ・ランブラーテMilano Lambrate、ポルタ・ガリバルディPorta Garibaldi、ロゴレードMilano Rogoredoなどに停車。いずれの駅も地下鉄と連絡。

●中央駅は芸術品

リバティ様式やアールデコ様式などに影響を受けた白亜の美しい駅は、ムッソリーニが自身の権力を誇示するために建てられたもの。列車が発着する2階から緩やかなスロープの動く歩道で中2階、1階、半地下を結んだ4階建て。2階と中2階はカフェやショップが並ぶ。1階に切符売り場やメルカート・チェントラーレ・ミラノ（→P.226）、正面（1階と半地下の2ヵ所）から地下鉄へ連絡。タクシー乗り場は駅舎の左右、各空港行きのプルマンは2ヵ所の広場発着（→P.202）。

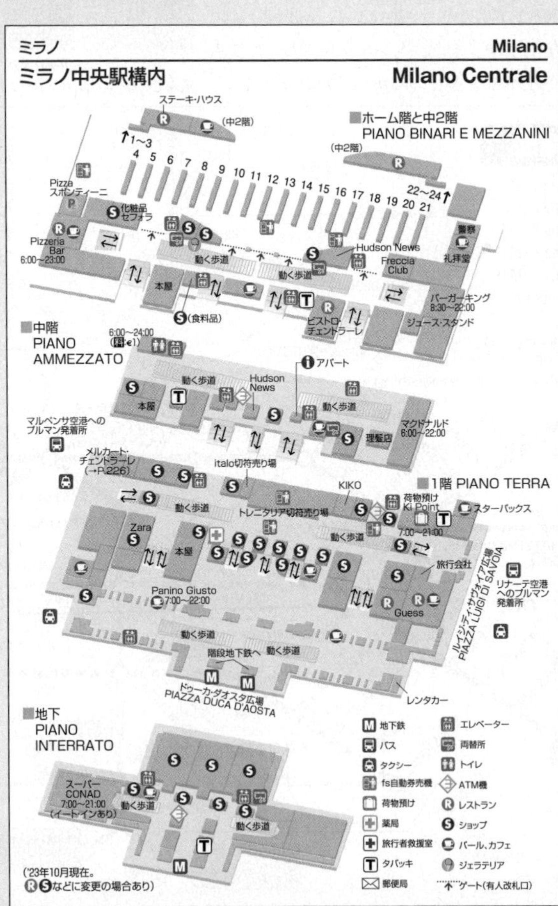

改札ゲートと切符の打刻

乗降客が多く、たいへんな混雑模様の中央駅。ホーム階には改札ゲートが設けられてはいるが、2023年10月の取材時はゲートが開いていて、誰でもホームに入れるようになっていた。スリがいる可能性もあるので、手荷物には十分注意しよう。

ゲートを抜け、ホームに入ってすでに入線している目当ての列車内で発車を待つと、混雑と危険を避けられる。また、中2階の動くスロープの近くに長椅子が配置されている。

R（レッジョナーレ）など、乗車時刻、座席指定のない切符を利用する場合は、ホームの入口などにある打刻機に切符を入れ、日付と時刻を必ず打刻すること（→P.541）。

ミラノ中央駅

ムッソリーニ時代の建築を代表するミラノ中央駅

1階の切符売り場

正面から入って1階奥がチケットカウンター。いつも行列ができているので、早めの準備を。切符売り場付近やホーム階にも自動券売機あり。

ミラノ中央駅の手荷物預け

建物1階のルイジ・サヴォイア広場寄りにKi Pointあり。

☎ 02-39622425
開 7:00～21:00
料 手荷物1点につき4時間€6、その後1時間超過するごとに€1

✉ 中央駅地下の便利なスーパー

店内はさほど広くないですが、お寿司やお総菜、おみやげ用のチョコ、日用品まで充実していて便利な存在です。
（東京都　岩田みどり）

市内交通の案内所
ⓘ ATM Point Duomo
地下鉄ドゥオーモ駅地下通路内。
住 Stazione Duomo
☎ 800808181（イタリア国内フリーダイヤル）、02-48607607
開 7:45～20:00、日10:15～13:15、14:30～17:30

改札出口でも切符が必要
ミラノの主要な地下鉄駅では、出口でも切符を改札機に入れるシステムだ。日本と同様だが、ローマなどとは異なるので、下車まで切符をなくさないようにしよう。

✉ 地下鉄の出入り口
地下鉄を利用の際は駅に入る出入り口の場所を覚えておきましょう。私は反対口に出てしまい、ホテルへの道を迷ってしまいました。
（東京都　クッキングサラダ）

3線は色分けされわかりやすい。M3線の自動改札

●ミラノの交通

ミラノ市内の足としては、**地下鉄（メトロ）**、**バス**、**トラム（市電）**や**フィロブス**と呼ばれるトロリーバスなどが走り、交通網が充実している。

これらの公共交通機関は**90分有効の切符**Bigliettoで、何回も乗り継げる（ただし、地下鉄は乗り継ぎは可能だが、一度改札を出たら無効になる）。

このなかで観光客が最も手軽に使いこなせるのは地下鉄だろう。バスやトラムはややわかりづらいが、中心地を走っている地下鉄はM1（赤）、M2（緑）、M3（黄）の3線があり、比較的単純なうえに主要な観光ポイントもカバーされている。M4（青）は現在工事中。また、トレニタリアのいくつもの近郊線が郊外へ向かって延びている。

切符売り場が混んでいるときには、キオスクで

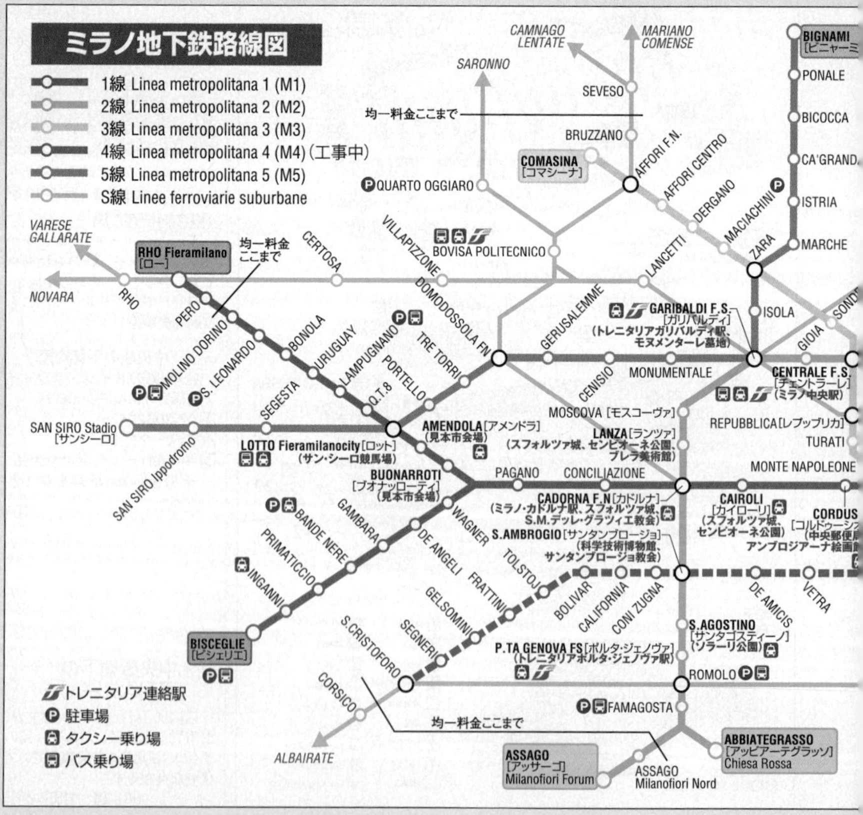

ミラノ地下鉄路線図

1線 Linea metropolitana 1 (M1)
2線 Linea metropolitana 2 (M2)
3線 Linea metropolitana 3 (M3)
4線 Linea metropolitana 4 (M4)（工事中）
5線 Linea metropolitana 5 (M5)
S線 Linee ferroviarie suburbane

VARESE GALLARATE
NOVARA
RHO Fieramilano［ロー］
均一料金ここまで
RHO
PERO
MOLINO DORINO
S. LEONARDO
BONOLA
URUGUAY
LAMPUGNANO
Q.T.8
CERTOSA
VILLAPIZZONE
DOMODOSSOLA FN
TRE TORRI
PORTELLO
SEGESTA
SAN SIRO Stadio［サンシーロ］
SAN SIRO Ippodromo
LOTTO Fieramilanocity［ロット］（サン・シーロ競馬場）
AMENDOLA［アメンドラ］（見本市会場）
BUONARROTI［ブオナッローティ］（見本市会場）
BANDE NERE
GAMBARA
PRIMATICCIO
INGANNI
BISCEGLIE［ビシェリエ］
WAGNER
DE ANGELI
TOLSTOJ
FRATTINI
GELSOMINI
SEGNERI
S.CRISTOFORO
CORSICO
ALBAIRATE
均一料金ここまで
CAMNAGO LENTATE
SARONNO
MARIANO COMENSE
SEVESO
均一料金ここまで
BRUZZANO
COMASINA［コマシーナ］
AFFORI F.N.
AFFORI CENTRO
DERGANO
MACIACHINI
QUARTO OGGIARO
BOVISA POLITECNICO
LANCETTI
GERUSALEMME
GARIBALDI F.S.［ガリバルディ］（トレニタリアガリバルディ駅、モヌメンターレ墓地）
CENISIO
MONUMENTALE
MOSCOVA［モスコーヴァ］
LANZA［ランツァ］（スフォルツァ城、センピオーネ公園、ブレラ美術館）
PAGANO
CONCILIAZIONE
CADORNA F.N［カドルナ］（ミラノ・カドルナ駅、スフォルツァ城、S.M.デッレ・グラツィエ教会）
S.AMBROGIO［サンタンブロージョ］（科学技術博物館、サンタンブロージョ教会）
BOLIVAR
CALIFORNIA
CONI ZUGNA
P.TA GENOVA FS［ポルタ・ジェノヴァ］（トレニタリアポルタ・ジェノヴァ駅）
S.AGOSTINO［サンタゴスティーノ］（ソラーリ公園）
ROMOLO
FAMAGOSTA
ASSAGO［アッサーゴ］Milanofiori Forum
ASSAGO Milanofiori Nord
ABBIATEGRASSO［アッビアーテグラッソ］Chiesa Rossa
BIGNAMI［ビニャーミ
PONALE
BICOCCA
CA'GRAND
ISTRIA
MARCHE
ZARA
ISOLA
GIOIA
SOND
CENTRALE F.S.［チェントラーレ］（ミラノ中央駅）
REPUBBLICA［レプッブリカ］
TURATI
MONTE NAPOLEONE
CAIROLI［カイローリ］（スフォルツァ城、センピオーネ公園）
CORDUS［コルドゥーシ（中央郵便局）アンブロジアーナ絵画館
DE AMICIS
VETRA

トレニタリア連絡駅
P 駐車場
タクシー乗り場
バス乗り場

バスターミナル

●バスターミナル

地下鉄M1線ランプニャーノ駅上にバスターミナルがある。長距離のトリノやアオスタ行き、国際路線のバルセロナやロンドン行きなども発着。乗り場手前に切符売り場があり、発車時間や料金などの情報も得られる。イタリア国内はおもにアウトストラダーレAutostradale社、国際線はユーロラインEuroline社が運行。

環境都市ミラノでは、トラム(市電)が走っている

到着時間が表示されるバス停

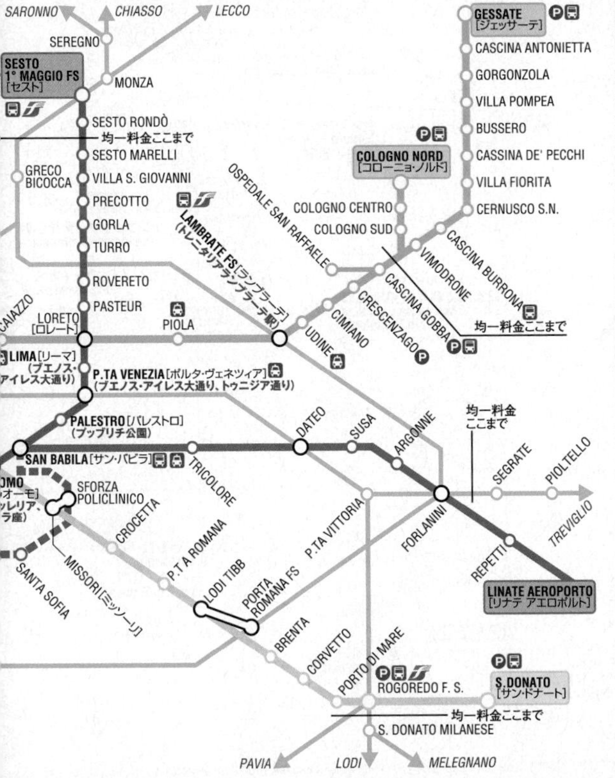

市内交通の切符

バス、地下鉄などの市内公共交通の切符は共通。タバッキや駅構内のキオスク、自動券売機で販売。切符はバスやトラムでは車内の打刻機に入れて、打刻する。地下鉄の場合は改札機を通す。1日券も同様に。ミラノカードやパス(→P.204)を購入すれば、時間内は乗り放題になるので便利。

- ●1回券 Biglietto Ordinario
  90分有効、時間内なら乗り換え可。ただし地下鉄は1回の乗車　€2.20
- ●1日券 Biglietto giornaliero
  24時間有効　€7.60
- ●3日券 Biglietto 3 giorni
  3日目の24:00まで　€15.50
- ●10回券 Carnet
  お得な回数券　€19.50

地下鉄の自動券売機

故障が多い自動券売機

自動券売機のなかには、おつりが出てこないものや、故障しているものも多い。心配な人は有人のチケットカウンターを利用、もしくは自動券売機で切符を購入する際はクレジットカードを利用するのがよい。

✉ 便利なトラム情報

乗車前に進行方向に間違いないか確認しましょう。

1番：中央駅から中心街へ
3番：サン・ロレンツォ・マッジョーレ教会、ティチネーゼ門方面へ
16番：サンタ・マリア・デッレ・グラツィエ教会へ
9番：ポルタ・ジェノヴァへ
(東京都　AUGSTA)['24]

1
2
A
B
C
カーサ・ミラン
Casa Milan
P.213,602
ハイ！オステッロ・ミラノ
Hi! Ostello Milano P.238へ
見本市会場
Fiera Campionaria
P.za Italia
Amendola Fiera
Buonarroti
Wagner
P.za R.Wagner
Pagano
De Angeli
P.za De Angeli
Conciliazione
マジェンタ門
P.ta Magenta
P.za Conciliazione
Cimitero Monumentale
墓地
P.za Cimitero Monumentale
トレニタリア
ポルタ・ガリバルディ駅
Staz. Porta Garibaldi F. S.
ヴォルタ門
P.ta Volta
ガリバルディ門
P.ta Garibaldi
Moscova
平和の門
Arco d. Pace
アレーナ
Arena
センピオーネ公園
Parco Sempione
アルテ宮
Pal. dell'Arte
サン・シンプリチャーノ教会
S. Simpliciano
サン・マルコ教会
S. Marco
ブレラ絵画館
Brera
Piccolo Teatro
Lanza
スフォルツァ城
Castello Sforzesco
市立スフォルツァ城博物館
Civici Musei del Castello
ミラノ・カドルナ駅
Staz. di Milano Cadorna
P.le L. Cadorna
Cadorna F.N
Cairoli
Largo Cairoli
クレリチ宮
Pal. Clerici
サンタ・マリア・デッレ・グラツィエ教会
S. Maria d. Grazie
「最後の晩餐」
リッタ宮
Pal. Litta
市立考古学博物館
Civico Museo Archeologico
旧マッジョーレ修道院
ex Monastero Maggiore
Cordusio
アンブロジアーナ絵画館
Pinacoteca Ambrosiana
サンタンブロージョ聖堂
S. Ambrogio
カトリック大学
Università Cattolica
サン・セバスティアーノ教会
S. Sebastiano
サン・サティロ教会
S. Satiro
Missori
レオナルド・ダ・ヴィンチ記念国立科学技術博物館
Museo Naz. Scienza e Tecnologia
S. Agostino
ツーリング・クラブ・イタリア
T.C.I.
サン・ロレンツォ・マッジョーレ教会
S. Lorenzo Maggiore
サンタ・マリア・プレッソ・サン・チェルソ教会
S. Maria presso S. Celso
サンテウストルジョ教会
S. Eustorgio
ティチネーゼ門
Arco di P.ta Ticinese
5月24日広場
P.za XXIV Maggio
トレニタリア
ポルタ・ジェノヴァ駅
Staz. P.ta Genova F. S.
Porta Genova F. S.
P.210-211
イ・カパトスタ
I Capatosta
P.228
P.224
ナヴィリ地区
Navigli
P.238
コンボ・ミラノ
Combo Milano
Alzaia Naviglio Grande
ナヴィリオ運河
Alzaia Naviglio Pavese
Viale Certosa
Corso Sempione
Via Paolo Sarpi
Corso Magenta
Corso Vercelli
Via Boccaccio
Via Vincenzo Monti
Viale Papiniano
Via Solari
Via Savona
Via Tortona
Via Giambellino
Viale Coni Zugna
Viale Gorizia
Viale D'Annunzio
Corso di P.ta Genova
Corso di P.ta Ticinese
Via Torino
Via Dante
Via Cenisio
Via Procaccini
Viale Cassala

ミラノ
Milano
P.212 ミラノ中央駅周辺部
トレニタリア
ミラノ中央駅
Staz. Milano Centrale F. S.
マルペンサ空港行き
リナーテ空港行き
カーサ・フォンターナ
Casa Fontana
P.228へ
P.227
ピッツァ・ビッグ
Pizza Big
Sondrio
Pasteur
Loreto
ロレート広場
P.le Loreto
P.238
サン・フランチスコ
San Francisco
Caiazzo
Centrale F.S.
Gioia
Garibaldi F.S.
Repubblica
ヌォーヴァ門
P.ta Nuova
レプッブリカ(共和国)広場
P.za della Repubblica
Lima
リマ広場
P.za Lima
ブエノス・アイレス大通り
Porta Venezia
P.za VIII Novembre 1917
日本国総領事館
サンタンジェロ教会
S. Angelo
Turati
プッブリチ公園
Giardini Pubblici
Pal. Dugnani
ヴェネツィア門
P.ta Venezia
警察署
Questura
市立自然史博物館
Museo Civico di Storia Naturale
ダ・ジャンニーノ
Da Giannino
P.218
エッセルンガ
Esselunga
P.233
旧王宮
Villa Reale
GAM近代美術館
GAM Galleria d'Arte Moderno
リソルジメント博物館
Museo del Risorgimento
セナート通り
Palestro
セーナト宮
Pal. del Senato
ポルディ・ペッツォーリ美術館
Museo Poldi-Pezzoli
ガッレリア・ディタリア
Galleria d'Italia
モンフォルテ門
P.ta Monforte
サン・フェデーレ教会
S. Fedele
マリーノ宮市庁舎
Pal. Marino Munic.
ガッレリア
Galleria
San Babila
サン・バビラ教会
S. Babila
サン・カルロ・アル・コルソ教会
S. Carlo al Corso
Tricolore
S.M.パッショーネ教会
S. M. d. Passione
ドゥオーモ
Duomo
ドゥオーモ博物館
王宮
Pal. Reale
市立現代美術館
900年代美術館
Museo del Novecento
Torre Velasca
S.P.ゲッサーテ教会
S. Pietro in Gessate
ヴィットリア門
P.ta Vittoria
市立図書館
Pal. Sormani
旧マッジョーレ病院（現、大学）
ex Ospedale Maggiore (Universita)
ラ・ロトンダ
la Rotonda
サン・ナザーロ・マッジョーレ教会
S. Nazaro Maggiore
Crocetta
ロマーナ門
P.ta Romana
Porta Romana
Lodi T. I. B. B.
Staz. Porta Romana F. S.
Piola
P.za Piola
P.za Leonardo da Vinci
P.238
21 ハウス・オブ・ストーリーズ
21 House of Stories
P.za Bernini
P.le Bacone
P.za Aspromonte
P.za Durante
P.za Lavater
P.za G.I. Ascoli
P.le Maria Adelaide di Savoia
P.za Giolitti
P.za E. Novelli
P.za E. Ferravilla
P.za F. Guardi
P.le Dateo
Dateo
P.le Susa
Susa
Pza Risorgimento
Corso Indipendenza
Corso Plebisciti
Porta Vittoria
P.za Grandi
P.za Ferdinando Martini
Piazzale Libia
Viale Monza
Via Padova
Via Porpora
Via Gran Sasso
Corso Buenos Aires
Viale Abruzzi
Via Plinio
Via Juvara
Via Tiepolo
Via Botticelli
Via Carlo Goldoni
Via Macedonio Melloni
Via Archimede
Corso XXII Marzo
Via Giovanni Cena
Via Monte Ortigara
Via Augusto Anfossi
Viale Molise
Viale Umbria
Via Cesare Lombroso
Viale Campania
Viale Romagna
Viale Lombardia
Corso di Porta Vittoria
Corso di Porta Romana
Corso Lodi
Viale Beatrice d'Este
Viale Bligny
Viale Sabotino
Viale Toscana
Viale Isonzo
Via Pietro Colletta
Via Bergamo
Viale Premuda
Viale Piave
Viale Monte Nero
Viale Caldara
Via Vittor Pisani
Via Vitruvio
Via San Gregorio
Viale Vittorio Veneto
Bastioni di Porta Venezia
Via Manin
Via Fatebenefratelli
Via Melchiorre Gioia
Via Galvani
Via Andrea Doria
Via Mercadante
Via Nino Bixio
Via G. Modena
Via Morosini
Via Giorgio Vasari
0
250
500m
N
A
B
C
3
4

ミラノ中心部
0
200
400m
N
センピオーネ公園
Parco Sempione
P.za Sempione
アルテ宮
Pal. dell'Arte
市立水族館
Acquario Civico
サン・シンプリチャーノ教会
S. Simpliciano
Piccolo Teatro
Teatro Fossati
Lanza
P.220
スフォルツァ城
Castello Sforzesco
市立博物館 P.221
Civici Musei
ロンダニーニのピエタ美術館
Museo Pietà Rondanini
P.220
ジョヴァンニ・コーヴァ
P.229
Giovanni Cova
Cairoli
Largo Cairoli
P.236
ミラノ・カステッロ
Milano Castello
ミラノ・カドルナ駅
Staz. di Milano Cadorna
(マルペンサ・エクスプレス駅)
P.le L. Cadorna
Cadorna F.N
Largo V Alpini
P.za Tommaseo
P.za Conciliazione
P.za Giovine Italia
Conciliazione
ボッカチッオ通り
Via Boccaccio
サンタ・マリア・デッレ・グラツィエ教会
P.222 S. Maria d. Grazie
マジェンタ門
P.ta Magenta
マジェンタ大通り
Corso Magenta
リッタ宮
Pal. Litta
サン・マウリツィオ教会
San Maurizio
市立考古学博物館
Civico Museo Archeologico
旧マッジョーレ修道院
ex Monastero Maggiore
P.229
スターバックス・リザーブ・ロースタリー・ミラノ
STARBUCKS RESERVE™ ROASTERY Milano
P.za d. Affari P.213
中央郵便局
S.ヴィットーレ通り
P.za S. Ambrogio
アンブロジアーナ絵画館
Pinacoteca Ambrosiana
P.223
サンタンブロージョ聖堂
S. Ambrogio
カトリック大学
Universita Cattolica
レオナルド・ダ・ヴィンチ記念国立科学技術博物館
Museo Naz. della Scienza e Tecnologia
P.223
S. Ambrogio
サン・セバスティアーノ教会
S. Sebastian
P.za Mentana
サン・ジョルジュ教会
S.Giorgio
トリノ通り
Largo Carrobbio
Piazza Resistenza Partigiana
S. Agostino
サン・ロレンツォ・マッジョーレ教会
S. Lorenzo Maggiore
P.le Gen. Cantore
ランゴステリア
Langosteria
P.228
ジェノヴァ門
Porta Genova
アル・ポルト
Al Porto
P.228
サンテウストルジョ教会
S. Eustorgio
P.za S. Eustorgio
ティチネーゼ門
Arco di P.ta Ticinese
5月24日広場
P.za XXIV Maggio
トレニタリア ポルタ・ジェノヴァ駅
Staz. P.ta Genova F.S.
Porta Genova F.S.
ミラン・ポイント
Milan Point
ナヴィリオ運河
Alzaia naviglio Grande

3
4
A
B
C
Via Montebello
V. S. Marco
Solferino
サン・マルコ教会
S. Marco
Corso di Porta Nuova
P.213
警察署
Questura
V. De Marchi
Turati
Via Turati
Via Manin
Pal. Dugnani
ブッブリチ公園
Giardini Pubblici
ヴェネツィア門
P.ta Venezia
Porta Venezia
Via Fatebenefratelli
Pontaccio
Via dell' Annunciata
P.236
カヴール
Cavour
P.za Cavour
Via Palestro
市立自然史博物館
Museo Civico di Storia Naturale
Fiori Chiari
リソルジメント博物館
Museo del Risorgimento
P.218
ブレラ絵画館
Pinacoteca di Brera
P.236
アルマーニ・ホテル・ミラノ
Armani Hotel Milano
GAM近代美術館
GAM Galleria d'Arte Moderno
旧王宮
Villa Reale
Corso Venezia
Pal. Cusani
P.232
カヴァッリ・エ・ナストリ
Cavalli e Nastri
P.235
ブルガリ・ホテル・ミラノ
Bulgari Hotel Milano
Via Borgonuovo
Via d. Giardini
P.219
バガッティ・ヴァルセッキ博物館
Museo Bagatti Valsecchi
Via Marina
Palestro
P.za Duse
Viale Luigi Majno
Viale Piave
ブレラ通り
Via Brera
Montenapoleone
セナート通り
Via Cappuccini
P.236
グランド・ホテル・エ・デ・ミラン
G.H. et de milan
Via Borgospesso
V. S. Spirito
V. Gesù
V. della Spiga
セーナト宮
Pal. del Senato
P.235
マンゾーニ
Manzoni
Via Monte di Pietà
モンテ・ナポレオーネ通り
Via Senato
Via Serbelloni
Via Vivaio
dell' Orso
Via Verdi
サン・ジュゼッペ教会
S. Giuseppe
Via Aless. Manzoni
マンゾーニ通り
P.219
ポルディ・ペッツォーリ美術館
Museo Poldi-Pezzoli
P.229
マルケージ
Marchesi
Via Bigli
Via S. Andrea
ヴェネツィア大通り
Via Mozart
ヴィッラ・ネッキ・カンピーリオ
Villa Necchi Campiglio
P.219
サン・フランチェスコ
San Francesco
P.217,224
スカラ座
Teatro alla Scala
マンゾーニの家
Casa di Manzoni
ガッレリア・ディタリア
Galleria d'Italia
イリー・カフェ
illy Caffè
P.229
Via Monte Napoleone
Via Bagutta
V.S. Damiano
モンフォルテ門
P.ta Monforte
スカラ広場
Piazza della Scala
P.217
V. Morone
Pal. Belgioiose
V. Verri
P.225
ペーパー・ムーン・ジャルディーノ
Paper Moon Giardino
マリーノ宮市庁舎
Pal. Marino Munic.
オメノーニの家
Casa d. Omenoni
Corso Matteotti
Piazza S. Babila
サン・バビラ教会
S. Babila
Corso Montorte
クレリチ宮
Pal. Clerici
ヴィットリオ・エマヌエーレ2世のガッレリア
Galleria Vittorio Emanuele II
P.216
サン・フェデーレ教会
S. Fedele
P.za S. Fedele
Via S. Paolo
V. S. Pietro all'Orto
San Babila
P.213,602
サン・カルロ・アル・コルソ教会
S. Carlo al Corso
インテル・ストア・ミラノ
Inter Store Milano
Via Mascagni
Viale Bianca Maria
Viale Premuda
Via G. Donizetti
P.225
クラッコ
Cracco
Via Agnello
Vias. Radegonda
P.za d. Liberty
V.エマヌエーレII世大通り
C.o V. Emanuele II
V. Borgogna
ミラン・ストア・ミラノ
Milan Store Milano
P.224
ルイーニ
Luini
P.226
Via Mengoni
Mercanti
Via S. Raffaele
パニーノ・ジュスト
Panino Giusto
P.226
Co. Europa
Via Durini
S.M.パッショーネ教会
S. M. d. Passione
Duomo
P.216
メルカンティ広場
P.za Mercanti
P.za del Duomo
ドゥオーモ
Duomo
P.214
デ・サンティス
De Santis
P.226
ユーヴェントス・ストア
Juventus Store
Via Visconti di Modrone
ドゥオーモ切符売り場
大司教館
Pal. Arciv.
P.za Fontana
スターホテルズ・ローザ・グラン
Starhotels Rosa Grand
P.236
Largo Augusto
Via Corridoni
1900年代美術館
Museo del Novecento
P.215
P.226
ジーノ・ソルビッロ
Gino Sorbillo
ドゥオーモ博物館
Museo del Duomo
P.215
V. Verziere
Via C. Battisti
S.P.ゲッサーテ教会
S. Pietro in Gessate
サン・サティロ教会
S. Satiro
王宮
Pal. Reale
P.215
P.za Diaz
Via Mazzini
Via Larga
Via Bergamini
P.za S. Stefano
Corso di Porta Vittoria
ヴィットリア門
P.ta Vittoria
市立現代美術館
Civico Museo d'Arte Contemporanea
Via Franc. Sforza
市立図書館
Pal. Sormani
Via Fontana
Piazza Missori
V. Albricci
Missori
スパッツィオ・ニコ・ロミト
Spazio Niko Romito
P.225
イル・メルカート・デル・ドゥオーモ
Il Mercato del Duomo
P.226
Via S. Antonio
Via Festa d. Perdono
Via Freguglia
Via Manara
Via Podgora
Via Besana
旧マッジョーレ病院
カ・グランダ（現、大学）
ex- Ospedale Maggiore/Ca'Granda (Università)
Torre Velasca
Via Maddalena
Via Pantano
Via San Barnaba
ラ・ロトンダ
la Rotonda
Viale Regina Margherita
ツーリング・クラブ・イタリア
T.C.I.
サン・ナザーロ・マッジョーレ教会
S. Nazaro Maggiore
ポルタ・ロマーナ大通り
Via Pace
P.za Umanitaria
Via Manfredo Fanti
Via S. Senatore
Via Lentasio
P.238
カナダ
Canada
Corso Italia
Via S. Sofia
Via d. Commenda
Via Alf. Lamarmora
Via Cartatone
Crocetta
Croso di Porta Romana
Via Giuseppe Mercalli
P.za Card. Ferarri
Via Orti
Viale Caldara
Viale Monte
サンタ・マリア・プレッソ・サン・チェルソ教会
S. Maria presso S. Celso
Via Quadronno
Via Bianca di Savoia
Corso di P.ta Vigentina
Via Carlo Botta
Via Giorgio Vasari
Via S. Martino
Via Carlo Crivelli
Porta Romana
Porta Vigentina
Viale Beatrice d'Este
Viale Filippetti
Porta Romana

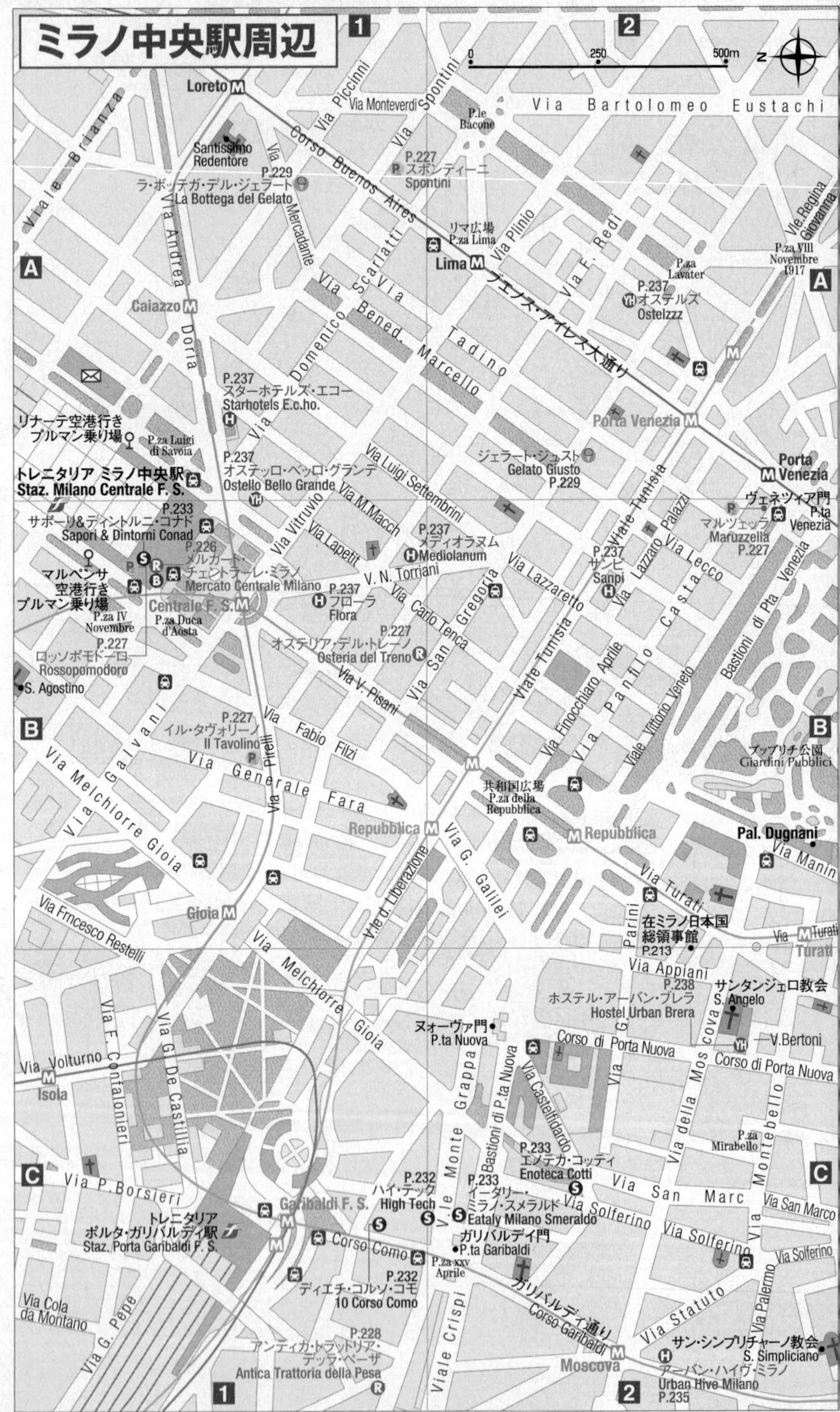

※この地図だけ方角が異なっています。ご使用の際はご注意ください。

ミラノの役立つ情報

●ミラノの観光案内所

ドゥオーモ広場に面した、王宮内とドゥオーモ西側のメルカンティ広場の2カ所にある。ミラノをはじめロンバルディア州のパンフレット、地図、各種コンサートやイベント情報を提供。

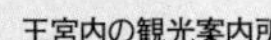

王宮内の観光案内所

●各種切符売り場

スカラ座は劇場正面左の切符売り場（→P.224）で購入可能。ミラノを本拠地とするACミランとインテルのサッカーチケットは、ACミランの本社やオフィシャルショップ、ミュージアムが入る近代的なカーサ・ミランCasa Milanや地下鉄M1線サン・バビラ駅のインテル・ストア・ミラノInter Store Milanoでも購入可能。

スカラ座の脇に、切符売り場がある

●両替

ミラノ中央駅2階には、コンコースやホームへの中央出入口付近などに両替所がある。また、同階には複数の現金自動預払機ATMが設置されている。このほか、駅構内の各所にもATM機がある。

また、ほとんどの銀行の道路に面して、24時間使用可のクレジットカードが使えるATMが設置されている。

キャッシングが便利で有利

●郵便局

中央郵便局で切手を購入する際は、入口にある機械で番号を発行し、待つシステムになっている。順番が呼び出されたら、表示された窓口に行こう。中央郵便局の場合、局留め郵便は入って左奥の小さな部屋で受け取りができる。日本からは名前、局留めしたい郵便局の住所、「Fermoposta」と書いて送ってもらう。どの郵便局でも取り扱っているので、ホテル近くでもよいだろう。

●長距離バス・ターミナル

トリノやアオスタ、チェルヴィニアなどミラノ周辺にある北部の町々をはじめ、ローマやフィレンツェなど大都市をつなぐ長距離バスターミナルは、地下鉄M1線のランプニャーノ駅 Lampugnanoにある。駅を降りると目の前がバスターミナルになっており、乗り場手前に切符売り場がある。季節や行き先によっては要予約。

市内の観光案内所

ⓘ YesMilano Tourism Space
住 Via dei Mercanti 8
☎ 02-85155931
開 10:00～18:00、土・日・祝14:30～18:00
休 1月1日、12月25日
MAP P.211-B3

ⓘ INFOMILANO
住 Piazza Duomo 14
☎ 02-88455555
開 10:00～18:00、土・日・祝10:00～14:00
休 1月1日、12月25日
MAP P.211-B3

サッカーの切符販売所

●カーサ・ミラン Casa Milan
住 Via Aldo Rossi 8
☎ 02-82958070
開 10:00～19:00
休 1月1日、12月25・26・31日
MAP P.208-A1

●インテル・ストア・ミラノ Inter Store Milano
住 Galleria Passerella 2
☎ 02-76016297
開 10:00～20:00
休 無休　MAP P.211-B4

●在ミラノ日本国総領事館
住 Via Privata C. Mangili 2/4
☎ 02-6241141
Fax 02-6597201
開 9:00～12:30、13:30～17:00
休 土・日・祝
MAP P.212-B・C2

●ミラノ警察署(Questura)
住 Via Fatebenefratelli 11
☎ 02-62261
開 24時間
MAP P.211-A3

●ミラノ中央郵便局
住 Via Cordusio 4
☎ 02-72482508
開 8:20～19:05、土8:20～12:35
休 日・祝
MAP P.210-B2

ミラノからのおもな長距離バス

●FlixBus
URL www.flixbus.it

●Autostradale
URL www.autostradale.it

✉ 1月のミラノ

私が訪れた年は雨の日が非常に多く、シトシト降り続くので折りたたみ傘が必携。また、大きな水たまりができていることが多いので、車が通過する際に水がかなり飛び散ります。靴、ボトムはぬれてもいいものや速乾性のものがおすすめ。

（千葉県　岡田明宏）

おもな見どころ

ドゥオーモ周辺

荘厳なるゴシック建築の傑作 MAP P.209-B3、P211-B3

ドゥオーモ ★★★

Duomo ドゥオーモ

町の中心に構えるドゥオーモは、町のシンボルであるとともに、ミラノの町のヘソにも当たる。

化粧直しの終ったドゥオーモ

ゴシック建築の大傑作であるドゥオーモは、135本もの尖塔が天を突き刺すように延びている。14世紀後半に着工され、正面の完成を見たのは、19世紀初めナポレオンによってであった。

堂々とした正面を飾るのは、20世紀に造られた5枚のブロンズ製の扉。左から、キリスト教の信仰の自由を認めた『ミラノ勅令』、ミラノの守護聖人『聖アンブロージョの生涯』、特に豪華な中央扉は『聖母マリアの生涯』、『ミラノの中世の歴史』、『ドゥオーモの歴史』となっている。

ドゥオーモの屋上に上ってみよう！

内部は非常に広く、天井高く仰ぎ見る美しいステンドグラスは見る者のため息を誘う。教会の地下は、れんが積みの深さ4～8mの空間になっている。ここには、現在のドゥオーモの基礎となった**サンタ・テクラ教会**の跡が見られる。また、正面奥近くの入口からは地下の**宝物庫**Tesoro（テゾーロ）へ続いている。

屋上テラスへの入口は外側に3ヵ所。正面左に回り込むと階段用入口、その先にエレベーター用入口がある。正面右側奥にもエレベーター用入口が新設された。尖塔に囲まれた屋上は、天気に恵まれた日には本当に気持ちのよい所で、町を眺めるのにもってこいだ。

荘厳な空間、ドゥオーモ内部

●ドゥオーモ
住 Piazza del Duomo
☎ 02-361691
開 9:00～19:00（切符売り場は～18:00、最終入場50分前）
休 水
料 屋上テラスや博物館との各種共通券あり(下記参照)

屋上テラスに上ろう

すばらしいパノラマが広がるドゥオーモの屋上テラス。傾斜のある狭い空間を歩くので、滑らない歩きやすい靴で出かけよう。
開 9:00～19:00 (切符売り場は～18:00、最終入場50分前)
休 水、5月1日、12月25日
料 エレベーター利用€16、階段利用€14

ドゥオーモ+屋上テラス共通券

ドゥオーモ、屋上テラス、ドゥオーモ博物館、考古学エリア(地下)、サン・ゴッタルド教会に入場できる共通券もある。

共通券の種類

●共通券(エレベーター利用)
Duomo Terrazze Museo - Ascensore €25
●共通券(階段利用)
Duomo Terrazze Museo - Scale €22
●ファストトラック・ガイドツアー
Duomo Tour Fast-Track €35
所要時間約2時間。ガイド付き(英語やイタリア語などあり)でドゥオーモやテラスなどを見学することができる。見学終了後は、営業時間内にドゥオーモ博物館への入場も可能なパスだ。

共通券の購入方法

ドゥオーモの切符売り場(ドゥオーモ南側の通り沿いとドゥオーモ博物館入口にある)または公式サイトで購入可能。公式サイトでの予約の場合、予約手数料が発生する(共通券€1.50、ファストトラック・ガイドツアー€1.05)
URL ticket.duomomilano.it

ドゥオーモ入場時の注意点

ドゥオーモ内部拝観の際は、服装・荷物チェックがある。ショートパンツ、ミニスカート、ノースリーブなどでは入場できない場合もある。1枚羽織るものや大判のスカーフなど肌を隠すものがあるといい。また、大きい荷物や飲食物は持ち込み不可。

✉ **水の持ち込みはOK？**

ドゥオーモのセキュリティについて、リュック及びミネラルウォーターの持ち込みは2023年11月時点ではOKでした。(福岡県　ルカレオ　'24)

ミラノの芸術活動の歴史を紡ぐ MAP P.211-B3

1900年代美術館 ★★

Museo del Novecento ムゼオ デル ノヴェチェント

ミラノを代表する絵画『第四階級』

ドゥオーモ正面右側にあるアレンガリオ宮と一部王宮内にある近・現代絵画、彫刻を中心にした美術館。近代的に改装された内部には、ピカソの『アヴィニョンの娘』、モジリアーニの『ポール・ギヨームの肖像』など世界的に名高い傑作のほか、G.ペッリッツァの『第四階級』をはじめ、ボッチョーニ、モランディ、デ・キリコ、マルティーニ、ルーチョ・フォンターナなどの作品を展示。イタリアの近代絵画、彫刻が作家や潮流ごとに並べられ、戦後に活発になったミラノの芸術活動の変遷やその志向を知ることができる。

●1900年代美術館
住 Piazza Duomo, Palazzo dell'Arengario
☎ 02-88444061
開 10:00～19:30、木10:00～22:30（最終入場1時間前）
休 月、1月1日、5月1日、12月25日
料 €5、65歳以上と18～25歳€3、17歳以下無料
※チケットは公式サイトでも購入可能。また、YesMilano City Passのオールインクルーシブ券でも入場できる
URL www.museodelovecento.org

歴史あるアレンガリオ宮に展示される

歴代支配者たちが暮らした MAP P.211-B3

王宮 ★

Palazzo Reale パラッツォ レアーレ

ドゥオーモの右側に立つネオクラシック様式の建物。町の統治者であったヴィスコンティ家の14世紀の館をピエルマリーニが改築したもの。かつては、スペイン、オーストリア総督の官邸となった。第2次世界大戦の戦火により、内部の美しい装飾は失われたが、現在はドゥオーモ博物館と現代美術館(特別展のみ開館)がおかれている。

堂々とした新古典様式

●王宮
住 Piazza del Duomo 12
☎ 02-8845181
※催事のみ一部公開

王宮で行われる特別展

エル・グレコ展やゴヤ展など有名画家の展示から写真や建築など、多岐にわたる企画展が開催されている。
開 10:00～19:30、木10:00～22:30（最終入場1時間前）
休 月、一部祝日等は営業短縮あり
料 €15

ドゥオーモの歴史を一堂に展示 MAP P.211-B3

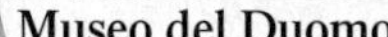

ドゥオーモ博物館 ★★

Museo del Duomo ムゼオ デル ドゥオーモ

王宮1階（切符売り場は王宮内左側）にあり、ドゥオーモ500年の歴史を紹介している。ドゥオーモを飾ったロンバルディア派ゴシック、フランス・ゴシック様式などの彫刻のオリジナルをはじめ、設計図、模型、ステンドグラス、絵画、タペストリーなどを展示。壮大なドゥオーモを間近に見ることができる場だ。

ドゥオーモを飾った彫刻

●ドゥオーモ博物館
住 Piazza del Duomo 12
☎ 02-36169351
開 10:00～19:00（切符売り場は～18:00、最終入場50分前）
休 水
料 ドゥオーモ＋ドゥオーモ博物館＋サン・ゴッタルド教会の共通券€8、屋上テラスとの各種共通券あり（→P.214）

●ヴィットリオ・エマヌエーレ2世のガッレリア
ガッレリアの交差点部分にある雄牛のモザイク画は、急所部分を支点にしてかかとで回ると願いがかなうとされている。なかには子宝に恵まれるという説も。気になる人は試してみよう。また、ライトアップされた夜のガッレリアも美しい。
住 Galleria Vittorio Emanuele Ⅱ
開 店によって異なる（ガッレリアの通り抜けは24時間可能）
休 店によって異なる

✉ ガッレリアでおまじない
ガッレリアの雄牛のモザイクの所に多くの観光客がいました。順番に反時計回りに3回ずつ回っていました。牛の股間もモザイクは補修され、もうすり減ってはいませんでした。
（東京都　遠藤親子）

✉ ドゥオーモ広場に注意
ドゥオーモ広場にはミサンガ売り、ハトの餌売りなど、いろんな人がいます。相手にするとお金を要求してきます。無視が一番です。
（千葉県　ヨギー）

✉ 押し売りに気をつけて
ミサンガの押し売りのほかに、雨の時はツアーバスを降りた人が傘を渡されたりします。受け取るとお金を要求されます。押し売りなので要注意。
（東京都　豊田達也）

ミラノを象徴する美しいガッレリア MAP P.211-B3

ヴィットリオ・エマヌエーレ2世のガッレリア ☆☆☆

Galleria Vittorio Emanuele II　ガッレリア ヴィットリオ エマヌエーレ セコンド

ドゥオーモ広場からの眺め

ドゥオーモを背にして右側は高く美しいアーチ型ガラス天井のアーケードがスカラ広場へと通じている。1877年に完成したこのアーケードは天井付近の絵画、舗道のモザイク模様といずれも見事なものなのでお見逃しなく。中央十字路の頭上の4枚のフレスコ画は、ミラノから見た東西南北にある、アメリカ、中国、アフリカ、北ヨーロッパを象徴的に描いたものという。道の両側にはカフェ、レストラン、イタリアを代表するブランド店が揃い、憩う市民、観光客でいつもにぎわっている。通りを抜けたスカラ広場Piazza della Scala（ピアッツァ デッラ スカラ）にはレオナルド・ダ・ヴィンチの像がある。広場右の建物はマリーノ宮。マリーノ宮裏の小道を入った左には、8人の巨人に支えられた16世紀のユニークな邸宅、オメノーニの家Casa degli Omenoni（カーザ デリ オメノーニ）がある。

エレガントな芸術品としてのガッレリア

ミラノの歴史を伝える広場 MAP P.211-B3

メルカンティ広場 ☆

Piazza Mercanti　ピアッツァ メルカンティ

ゆったりとした、メルカンティ広場

ドゥオーモの西側にある風情あふれる広場。中央には井戸、周囲にはアーチを描く長い柱廊が続く。幾度となく改修が施されたが、中世の風情が残されている。近代的なミラノの町では稀有な場だ。

週末には屋台が並び、12月には小さなクリスマスマーケットも開かれる。屋外催事場の趣もある楽しい広場だ。

オープンデッキの赤い観光バスCitysightseeing Milano

ミラノの町を周遊する観光バス。乗り降り自由で、日本語のイヤフォンガイド付き。切符は車内、ホテル、観光案内所などで販売。（ ）内は所要時間。
コースA カステッロ→カドルナ→『最後の晩餐』→コルソ・マジェンタ(サンタンブロージョ)→ドゥオーモ→スカラ座→マニン→モスコヴァ(75分)
コースB カステッロ→アクアリオ(水族館)→ガリバルディ→コルソ・コモ→レプッブリカ広場→パラッツォ・ロンバルディア→中央駅→ブエノス・アイレス通り→ヴェネツィア門→サン・バビラ→ドゥオーモ→スカラ座→ブレラ(90分)
コースC カステッロ→アクアリオ(水族館)→ガリバルディ地区→CITYLIFE (ショッピング街ほか)→カーサ・ミラン→MICO会議場→ロット→競馬場→サン・シーロ→ロット→音楽家の家→『最後の晩餐』→コンチリアツィオーネ→センピオーネ公園(90分)
コースD カステッロ→カドルナ→ナヴィリ地区→ヴィア・オローナ(4～10月のみ、60分)

料金　A+B+C+D　48時間券　€28(5～15歳　€10)
　　　　　　　　1日券　€24(5～15歳　€10)
問い合わせ
住 Via Cusani 18(地下鉄カステッロ駅そば)
☎ 02-867131
URL www.city-sightseeing.it/milan

オペラの殿堂　MAP P.211-A・B3

スカラ座 ☆

Teatro alla Scala　テアトロ アッラ スカーラ

オペラの殿堂、スカラ座

レオナルド・ダ・ヴィンチの像の正面の建物が、オペラの殿堂スカラ座だ。1778年にサンタ・マリア・デッラ・スカラ教会の跡地に建てられたが、1943年の空襲によって壊されてしまった。現在の建物は1946年に再建されている。近年では、2002〜2004年に改装工事が施された。機会があったらオペラ鑑賞とシャレたいものだ。

また、内部にはスカラ座博物館Museo Teatrale alla Scala(ムゼオ テアトラーレ アッラ スカーラ)があり、楽譜、衣装などの展示とともに劇場の内部をのぞくこともできるので、公演を見られない人にもおすすめだ。

●スカラ座
住 Via Filodrammatici 2
☎ 02-72003744（チケットに関する問い合わせは月〜土12:00〜18:00）
※チケット予約はP.224をチェック

●スカラ座博物館
住 Largo Ghiringhelli 1, Piazza Scala
☎ 02-88797473
開 9:30〜17:30、12月24・31日9:30〜15:00（最終入場各30分前）
休 1月1日、復活祭、5月1日、8月15日、12月7・25・26日
料 €12、65歳以上・13歳以上の学生€8、12歳以下無料
URL www.museoscala.org

✉ 博物館をゆったり見学

スカラ座博物館では劇場見学できます。公演を見られなくても、ちょっと気分に浸れます。とてもすいてるので休息気分の見学もおすすめ。　（もっち）

美しい旧銀行内に近代絵画の傑作を展示　MAP P.211-A・B3

ガッレリア・ディタリア ☆☆

Galleria d'Italia　ガッレリア ディタリア

1900年代初頭の時代感が伝わる、かつての銀行とふたつの邸宅を改装した豪華でエレガントな美術館。入ってすぐのサローネ・スカラはとりわけ美しい空間で銀行窓口が残る。展示はキリコやフォンタナ、ボッチョーニなどの近・現代絵画が中心。奥の1〜5室のカノーヴァのレリーフやアイエツの『ふたりのフォスカリ』は必見だ。

美しい空間、サローネ・スカラ

●ガッレリア・ディタリア
住 Piazza della Scala 6
☎ 800-167619
開 9:30〜19:30、木9:30〜22:30（最終入場1時間前）、一部祝日は短縮営業
休 月、12月25日
料 €10、65歳以上€8、25歳以下€5
URL www.galleriaditalia.com

✉ ガッレリア・ディタリア美術館

イタリア最大手の銀行の所有する美術品を展示する美術館。スカラ広場に面し、内部はまるで宮殿のよう。イタリア近代アートの軌跡がたどれて見応えがあります。　（長野一隆）

ミラノのショッピング・エリア

モンテ・ナポレオーネ通り周辺

モンテ・ナポレオーネ通りと東側のスピーガ通り、そしてこのふたつの通りを結ぶサンタンドレア通り。この3つの通りがミラノを代表する高級ショッピングゾーン。ここには世界中のブランドが集まっているといっても過言ではない。買い物する人、ウインドーショッピングに余念のない人でいつもにぎやか。ミラノ・コレクションの時期にはファッション関係者が繰り出すので、世界各地からのファッションピープルをウオッチするのも楽しい。

ヴィットリオ・エマヌエーレ2世大通り

ドゥオーモ正面左からモンテ・ナポレオーネ通り方向へ続く通り。車の乗り入れが制限された広い通りの左右には、デパートや有名ブランドをはじめ、世界的に人気の手頃なカジュアル系ブランドZARA、GAP、ベネトンなどの大型店が軒を並べる。若者や観光客に人気のエリア。オープンカフェやバールが軒を連ね、昼夜ともにたいへんなにぎわいを見せる。

ブエノス・アイレス大通り

町の東側、ポルタ・ヴェネツィアからロレート広場までの長い通りに、大小さまざまな店舗が並ぶ。ひと昔前は危険な界隈といわれたこともあったが、周辺一帯が都市整備の下に生まれ変わり、新しい店舗が続々進出している。若者向きの、手頃なカジュアルウエアの店が多い。月に一度程度（不定期）、日曜は歩行者天国となり、食べ物や雑貨の屋台、簡易遊園地も登場して、まるでお祭りのよう。

トリノ通り

ドゥオーモから南西へ向かう通り。週末は人とぶつからずには歩けないほどに、人があふれるにぎやかな通り。スポーツ用品やスポーツウエアの大型店舗、スーパーマーケット、ZARAなどの若者向けファッション店、SEPHORAやミラノ発のコスメブランドKikoといった化粧品店、映画館などがズラリと並ぶ。通りから続く路地に入ると、手頃なレストランが多い。

訪ねてみたい
ミラノの美術館と博物館

北イタリア・ルネッサンスを集約 
MAP P.211-A3

ブレラ絵画館 ★★★
Pinacoteca di Brera
ピナコテーカ ディ ブレーラ

ミラノを代表する絵画館で、特に15～18世紀のロンバルディア派やヴェネツィア派の作品が主体。北イタリアのルネッサンスの息吹を感じるためには必見の所。ラファエッロRaffaelloの『マリアの結婚』やジョヴァンニ・ベッリーニGiovanni Belliniの『ピエタ』、『聖母子』などはぜひ観たい。また、北イタリアを代表するマンテーニャMantegnaの『死せるキリスト』Cristo Morto（クリスト モルト）には中部イタリアのルネッサンスとの違いが感じられる。遠近法を利用し、横たわるキリストを目の高さに位置させて、足元から描いた独特のもの。一度見たら忘れられない作品なので、ぜひ鑑賞しよう。ほかにはティントレットTintoretto、ピエロ・デッラ・フランチェスカPiero della Francesca、ヴェロネーゼVeroneseなどの作品が重要。

『マリアの結婚』

カノーヴァ作の『ナポレオンⅠ世の銅像』が迎えてくれる

絵画の巨匠たちが彩るかつての司教館 
MAP P.210-B2

アンブロジアーナ絵画館 ★★
Pinacoteca Ambrosiana
ピナコテーカ アンブロジアーナ

17世紀のミラノの司教フェデリコ・ボッロメオの住居を、彼の遺志により後に絵画館としたもの。かつての司教館ならではの、贅を尽くした館内も美しい。

17世紀の司教館

展示品はロンバルディア派とヴェネツィア派の絵画が中心。レオナルド・ダ・ヴィンチLeonardo da Vinciの『音楽家』Musicista（ムジチスタ）は必見。ほかにラファエッロの『アテネの学堂』のカルトーネCartone（下絵用のデッサン）やカラヴァッジョCaravaggioなど、巨匠の手によるデッサンが多い。

●ブレラ絵画館
住 Via Brera 28
☎ 02-72105141
開 8:30～19:15（最終入場18:00）
休 月、1月1日、12月25日
料 €15、65歳以上（火・水のみ）€1、18歳以下無料
※毎月第1日曜は無料（予約制）
※車椅子の利用可
※オーディオガイド€5（英・伊、要パスポート）
※入口は1階の中庭を抜け、階段を上った2階。1階の中庭にチケットの自動券売機があり、その場で日時指定券を購入できる（クレジットカード払いのみ）。また、公式サイトでも事前予約可能
URL pinacotecabrera.org

中庭1階にある自動券売機。英語にも対応している

ブレラ絵画館併設のカフェは雰囲気もよく居心地のよい空間

●アンブロジアーナ絵画館
住 Piazza Pio Ⅺ 2
☎ 02-806921
開 10:00～18:00（最終入場30分前）
休 水、12月25日、一部の祝日
料 €15、65歳以上湯€13、15～18歳・大学生€10、14歳以下無料（ダ・ヴィンチのアトランティコ手稿の展示込み）
※オーディオガイド€4（イヤホン付き、英・伊）
※公式サイトでの予約の場合、手数料€1.50が発生する
URL www.ambrosiana.it/en

カラヴァッジョ作『果物籠』は絵画館を代表する作品

豊かな時の流れる邸宅美術・博物館  P.211-A3

ポルディ・ペッツォーリ美術館 ★★

Museo Poldi-Pezzoli ムゼオ ポルディ ペッツォーリ

ミラノの貴族の邸宅が美術館となった

貴族ジャン・ジャコモ・ポルディ・ペッツォーリ(1822～1879)の死後2年たってから開設。ジャンが収集した輝かしいコレクションの数々はヨーロッパでも屈指のもの。1300年代から1800年代の彫刻、絵画、武具、ガラス、時計、陶器、布地など。まさに貴族の生活の息吹を感じさせる。第2次世界大戦の爆撃により建物は損傷したが、ジャンが息を引き取った母の彫像が飾られた書斎 Gabinetto(ガビネット) Dantesco(ダンテスコ)は近年復元され、当時のままのよう。ボッティチェッリ、ピエロ・デッラ・フランチェスカ、マンテーニャなどの絵画も見逃せない。2階に明るいカフェテラスもオープンした。

ルネッサンス回帰の館  P.211-A3

バガッティ・ヴァルセッキ博物館 ★

Museo Bagatti Valsecchi ムゼオ バガッティ ヴァルセッキ

祖父から受け継いだ武具のコレクションがズラリと並ぶ廊下

貴族であったヴァルセッキ兄弟により、1880年代にネオ・ルネッサンス様式に改装された住居を後に博物館として公開。ルネッサンス回帰への熱情は今も、私たちを15世紀へとタイムスリップさせてくれるようだ。調度品、ジョヴァンニ・ベッリーニの祭壇画をはじめとする絵画、武具などのコレクションはもとより、洗面台、歩行器やオマルなど子供たちの生活用品もあり、楽しませてくれる。

ミラノ最盛期の豪邸  P.211-A4

ヴィッラ・ネッキ・カンピーリオ ★

Villa Necchi Campiglio ヴィッラ ネッキ カンピーリオ

緑に囲まれたヴィッラ・ネッキ・カンピーリオ邸の大理石のプール

ミシン製造で財をなした実業家のミラノ滞在の際の別邸として、1932～1935年にかけて建設された。広い庭にプールやテニスコートがある豪邸だ。階段をはじめ、大扉、各所におかれた彫刻や絵画などにスタイリッシュな当時の豊かな生活が存分に感じられる。バスルーム、キッチンをはじめ、クローゼットにはグッチのバッグやドレスなど当時のままの生活が残る。

●ポルディ・ペッツォーリ美術館
住 Via Alessandro Manzoni 12
☎ 02-794889
開 10:00～18:00(最終入場17:30)
休 火、復活祭、4月25日、5月1日、8月15日、12月25・31日
料 €14、65歳以上€10、11～18歳・26歳以下の学生€6
※日本語オーディオガイド€3

『若い貴婦人の肖像』ポッライウォーロ作が愛らしい

●バガッティ・ヴァルセッキ博物館
住 Via Gesù 5
☎ 02-76006132
開 水13:00～20:00、木・金13:00～17:45、土・日10:00～17:45
休 月・火、一部の祝日
料 €12、65歳以上・大学生€9、6～17歳€2、5歳以下無料
※各展示室に日本語の解説あり

水道や暖房などの工夫にも注目

●ヴィッラ・ネッキ・カンピーリオ
住 Via Mozart 14
☎ 02-76340121
開 10:00～18:00(最終入場17:00)
休 月・火、一部の祝日
料 €15、25歳以下の学生・6～18歳€9(料金にはスマホにダウンロードできる音声ガイド付き。イヤフォンは持参する必要あり)
※ガイド付きツアー€22、25歳以下の学生・6～18歳€16(要予約)
※プール横にガラス張りのカフェテリア(営10:00～18:00)がオープン

ダイニング。置かれた家具や調度品にも注目

●スフォルツァ城
城内にあるピエタ美術館、市立博物館などを含む。
住 Piazza Castello
☎ 02-88463700
開 10:00～17:30（切符売り場～16:30、最終入場17:00）
休 月、1月1日、5月1日、12月25日
料 €5、65歳以上・18～25歳€3、毎月第1・3火曜の14:00～と毎月第1日曜は無料
※城内の庭園は開 7:00～19:30、無料で入場可能
※オーディオガイド日本語あり €5
※現地でも切符は購入できるが、混雑時は入場制限をしていることもあるので、なるべく事前に予約するか、スフォルツァ城に入場できる共通券（YesMilano City Passのオールインクルーシブチケット）などを購入しておこう
URL www.milanocastello.it

ミラノ公国の歴史を伝える要塞 MAP P.210-A2

スフォルツァ城 ★★★

Castello Sforzesco　カステッロ スフォルツェスコ

ライトアップされた武器の中庭。入場無料の庭園は、ミラノっ子の散歩道。ここだけでも訪れたい

ミラノのルネッサンス期の最大の建物で、ミラノのシンボル。かつての領主ヴィスコンティ家の城跡にF.スフォルツァ侯爵により1450年に城兼要塞として建てられ、続くL.イル・モーロの時代にはここで宮廷文化が花開いた。レオナルド・ダ・ヴィンチをはじめイタリア各地から芸術家が集い、その才能を発揮した場でもあり、現在はいくつもの美術・博物館がおかれている。

赤いれんがが美しい堂々とした城門から入ると、練兵場だった「緑の武器」の中庭が広がり、堀と跳ね橋を渡ると宮殿だ。宮殿手前、中庭左に「ロンダニーニのピエタ美術館」、宮殿の左はかつての領主の住まい、右側が美術・博物館の入口だ。

ミケランジェロ晩年の傑作を展示 MAP P.210-A2

ロンダニーニのピエタ美術館 ★★

Museo Pietà Rondanini-Michelangelo　ムゼオ ピエタ ロンダニーニ-ミケランジェロ

ミケランジェロ晩年の傑作『ロンダニーニのピエタ』

武器の中庭に面して、2015年にオープン。16世紀、イタリアに駐屯していたスペイン兵の病院跡にある。美術館とはいえ飾られているのは『ピエタ像』Pietàのみ。素早く仕事を仕上げたというミケランジェロが89歳で死ぬ間際まで10年以上の歳月をかけて手がけたものだ。像に向かって左のつややかな異質な腕は最初の構想で彫られたもので、その後天に昇るように背後からイエスを抱くマリアを以前の彫像の上に彫り重ねた。荒々しい表面から「未完」、あるいは晩年に心血を注いだ完成像、と研究者の意見も分かれるが、死を意識したミケランジェロの心の内を見るようでもある。

歴史　●商業・経済都市ミラノの発展と沈滞

ヨーロッパの東西および南北を結ぶ位置にあり、かつロンバルディアという肥沃な平原の中心にあるミラノは、商業・経済都市として大きく発展する要素を兼ね備えていた。

西ローマ帝国は、ゲルマン民族の大移動により大きく混乱するが、ミラノは一時帝国の首府であり、西方キリスト教の中心地として栄えた。以後、ゴート族、ロンゴバルド族の移動などにより混乱するが、12世紀頃の社会意識の芽生えから起こったコミューン時代は、再びミラノに繁栄をもたらした。町の中心ドゥオーモから放射状に延びる道路は、この時代に造られた城壁の城門へと通じている。

北イタリアに飛躍的発展をもたらしたのは十字軍による東方遠征だ。各都市は富み、勢い、ほかの都市を征服しようと争いが起きた。ミラノも例外ではなく、1395年来ミラノ公国として、ヴィスコンティ家、続くスフォルツァ家の支配を受けた。この小国的都市の発達は、富裕市民を生み、彼らによる学芸の保護・奨励が、やがて花開くルネッサンス文化となっていった。

新大陸発見などにより、15世紀末貿易体系が大きく変わってしまうと、ミラノなどイタリア各都市は沈滞を始める。小国割拠の状況にあるイタリア半島は、ドイツ、フランス、スペインなどの侵略・攻撃を受け、1870年のイタリア統一まで長く不幸な時代が続いた。

ミラノの歴史を凝縮させた 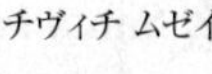 P.210-A2

市立博物館 ★★

Civici Musei　チヴィチ ムゼイ

聖アンブロージョをたたえる、16世紀のミラノのゴンフォーネ(都市国家の旗)

城内にはいくつもの美術・博物館がおかれている。フレスコ画が残る部屋に古代からルネッサンス期の彫刻2000点を展示する「古代美術館」Museo d'Arte Antica、マンテーニャ、コレッジョをはじめ傑作揃いの「絵画館」Pinacoteca、ミラノ・デザインを手軽に知ることができる「家具と木工彫刻博物館」Museo dei Mobili e delle Sculture Lignee、ヨーロッパでも屈指の規模を誇る「楽器博物館」Museo degli Strumenti Musicali、陶磁器やカトラリーなどミラノの貴族の日常を知る「装飾芸術博物館」Museo delle Arti Decorativeと続く。

絵画館にある15世紀のフレスコ画『グリセルダの物語』が一面に描かれたグリセルダの部屋

特に見逃せないのは「古代美術館」8室の『アッセの間』Salla delle Asseと2階の絵画館。『アッセの間』はダ・ヴィンチによる設計で天井と壁面に彼自身による巨大な桑の木が描かれている。

全体を観るには駆け足でも2時間、じっくり見学するなら半日でも足りないので、自分の興味に合わせて回ろう。

手前の切符売り場から、中世ミラノの城門を抜けて展示室へ

スフォルツァ城内部の施設

切符売り場はロンダニーニのピエタ美術館と古代美術館入口の2ヵ所にある。古代美術館には、ミュージアムショップも併設。

スフォルツァ城の中庭は歴史あるれんがの城門に囲まれ、緑の芝生の広がる気持ちよい空間だ。博物館の近くには季節の植栽が美しい花壇や、ガラス張りのモダンなカフェもあるので、休息の場としてもおすすめ。

ミサンガ売りに気をつけて！

スフォルツァ城の各入口にはミサンガ売りが待ち構えていて、入場者に勝手にミサンガを巻いてはお金を請求してくる。観光客が多いタイミングで一緒に入場するなど、狙われないように。

新設された、おしゃれなガラス張りのカフェ。見学途中にひと休み

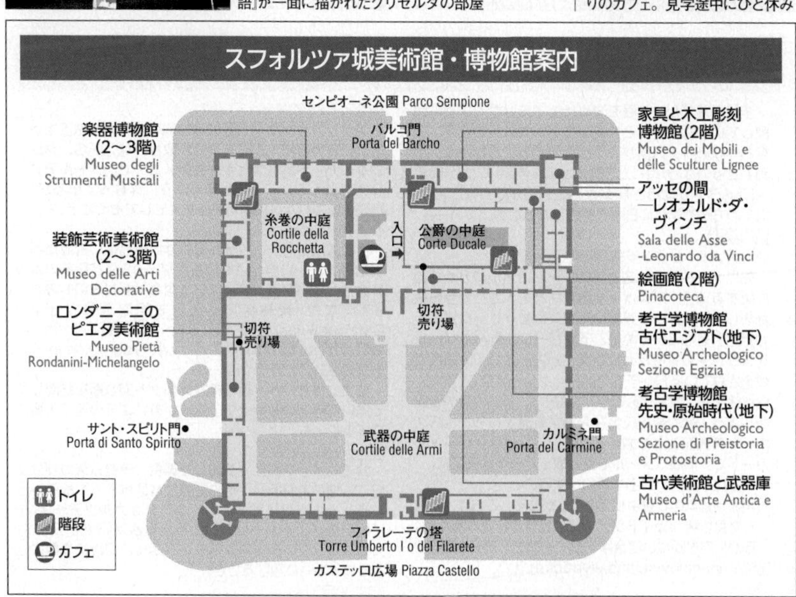

🏛 世界遺産

レオナルド・ダ・ヴィンチの「最後の晩餐」があるサンタ・マリア・デッレ・グラツィエ教会とドメニコ会修道院
登録年1980年　文化遺産

●サンタ・マリア・デッレ・グラツィエ教会『最後の晩餐』
住 Piazza di Santa Maria delle Grazie 2
☎ 02-4676111
開 8:15～19:00（最終入場18:45）
休 月、1月1日、12月25日
料 €15、18～25歳€2、（予約手数料€1が発生する）、17歳以下無料
※要予約（チケットの予約・入館方法は下記参照）
※『最後の晩餐』の鑑賞時間は15分入れ替え制、各回最大30名まで
※毎月第1日曜無料（前の週の12:00～予約受付開始）
URL cenacolovinciano.org/story/saint-maria-delle-grazie/

世界遺産の『最後の晩餐』は必見　MAP P.210-B1

サンタ・マリア・デッレ・グラツィエ教会 世界遺産 ★★★

Santa Maria delle Grazie　サンタ マリア デッレ グラツィエ

ミラノ・ルネッサンス様式のサンタ・マリア・デッレ・グラツィエ教会

ノルド駅前を走るボッカッチオ通りVia Boccaccioを200mほど行き左折すると茶褐色の、大きなクーポラのある教会が見えてくる。教会は古きよき時代のミラノの面影を色濃く残す**マジェンタ通り**Corso Magentaに面している。

教会に向かって左側にある修道院の食堂に**レオナルド・ダ・ヴィンチの『最後の晩餐』**Cenacolo Vinciano（チェナーコロ ヴィンチャーノ）がある。北イタリア・ルネッサンスの大パトロンだったミラノの当主**ルドヴィーコ・イル・モーロ**の依頼で描いたのがこの作品。レオナルド・ダ・ヴィンチは、さまざまな分野で天才と称されただけに、芸術においても常に革新的で、この絵は当時の常識を覆し、フレスコ画とは異なる手法で描かれている。結局その後修復が何度も繰り返されるのは、フレスコ画ではないので傷みが著しいからだともいわれている。「**汝らのひとり、我を売らん**」というキリストの言葉が発せられた瞬間が、ドラマチックに描かれる。

レオナルド・ダ・ヴィンチ作『最後の晩餐』

一度は訪れたい『最後の晩餐』を観るには？

予約必須だが、旅程を決めたタイミングですでに完売しているなんてこともあるほど、大人気の名所。通常2ヵ月前～1ヵ月前から予約開始することが多く、予約できるのは3ヵ月ごと（例えば2024年4月に2024年6月～8月の予約が開始される）。滞在日数が限られた人は、以下の方法で早めに日本で予約しておこう。

予約方法

❶公式サイトからの予約（英語可）

先にメールアドレスとパスワード、メルマガや規約に関する項目、パスポート番号などを入力して会員登録をしよう。メールが届いて、URLをクリックすると登録完了となる。その後、予約ページに飛んでページをスクロールするとカレンダーが表示される。緑色で表示されている日が予約可能日。グレーは空き枠なし、白は休館日。枚数（最大5枚）を選択し、予約内容の確認をしよう。代表者の氏名を入力する欄があるが、パスポートの表記と必ず揃えること。支払いはクレジットカードで。無事にメールを受け取ったら予約完了だ。
※17歳以下（無料）も必ず予約をすること
※料金が通常の料金より高いことがある。これは、選択した見学枠がガイドツアーでの見学のみとなるため。ほかに空きがない場合は、ガイド付きツアーを選ぼう
URL cenacolovinciano.vivaticket.it

❷電話予約（英語可）

チケットセンター（☎ 02-92800360）に直接電話をかけ、希望の日時・人数で予約が取れれば、氏名、クレジットカード番号やセキュリティコード、メールアドレスを伝える。メールも届くようにはなっているが、口頭で言われた予約番号を必ずメモしておくこと。

❸オプショナルツアーに参加

上記方法でもチケットが取れない場合は、割高だが現地のツアーに申し込むのも手だ。HISなど日系の旅行会社が主催するツアーは日本語ガイド付きのものも多い。また、現地ツアーを日本語で予約できるGetYourGuideもおすすめ（€80～100前後）。
●**GetYourGuide** URL www.getyourguide.jp

❹現地の窓口で直接予約

確実ではないが、朝イチでチケット売り場を訪問して聞いてみるのもひとつ。空きがあればその場で入場できることも。

当日の入場方法

公式サイトや電話で予約した場合、予約日時の15分前には窓口を訪問し、予約番号とパスポートを提示してチケットを受け取ること。オプショナルツアーは、予約時のバウチャーに書いてある集合時間を守ろう。大きなバッグや飲食物は持ち込み禁止。切符売り場にあるロッカーに預けること。

科学者ダ・ヴィンチの偉業を展示  P.210-B1

レオナルド・ダ・ヴィンチ 記念国立科学技術博物館 ★★

Museo Nazionale della Scienza e Tecnologia"Leonardo da Vinci"

ムゼオ ナツィオナーレ デッラ シエンツァ エ テクノロジア レオナルド・ダ・ヴィンチ

ダ・ヴィンチの才能を感じさせる作品群

かつての修道院に広がる、科学技術の発展の歴史を豊富な資料で展示する広大な博物館。火力発電設備からリサイクル施設、車、パソコン、電話、「月の石」、レオナルド・ダ・ヴィンチの「アトランティコ手稿」をもとにした模型、機関車からトラム、潜水艦……、展示は驚くほど多岐にわたる。実物展示なので、大人も子供も楽しめるはずだ。

●レオナルド・ダ・ヴィンチ記念国立科学技術博物館
住 Via San Vittore 21
☎ 02-485551
開 9:30～17:00、土・日・祝9:30～18:30（最終入場1時間前）
休 月（祝日の場合開館）、1月1日、12月24・25日
料 €10、65歳以上・3～26歳€7.50、2歳以下無料
※切符売り場で簡単な日本語のパンフレットを配布。参考にして歩こう。公式サイトでも閲覧可能
※チケットの予約は切符売り場もしくは公式サイトで
URL www.museoscienza.org

ミラノの守護聖人を祀る  P.210-B2

サンタンブロージョ聖堂 ★★

Sant' Ambrogio サンタンブロージョ

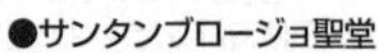

●サンタンブロージョ聖堂
住 Piazza S. Ambrogio
☎ 02-86450895
開 7:30～12:30、14:30～19:00、日・祝8:00～13:00、15:00～20:00
※宗教行事の際は拝観不可
URL www.basilicasantambrogio.it

ミラノの守護聖人である大司教アンブロージョを祀る教会で、386年にアンブロージョ自身によって着手された。その後9～11世紀に再建され、ロンバルディア・ロマネスク様式の傑作とたたえられる。印象的な赤茶のれんが造りのアーチを描く回廊とふたつの鐘楼に挟まれて教会正面が見える。内部の主祭壇上部には、キリストと聖アンブロージョの伝説を金色の漆喰（しっくい）で描いた祭壇天蓋（アルターレ マッジョーレ）Altare Maggioreが載り、この下には宝石や七宝で飾られた見事な黄金祭壇がある。

祭壇右側奥のサン・ヴィットーレ・イン・チェル・ドーロの礼拝堂（サチェッロ ディ サン ヴィットーレ イン チェル ドーロ）Sacello di S. Vittore in Ciel d'Oroは5世紀のモザイクで飾られ、アンブロージョの肖像も描かれている。

ロンバルディア・ロマネスク様式のサンタンブロージョ聖堂

イタリア美術史 Arte romanica ロマネスク美術

11世紀の都市の再生によりロマネスク美術が開花する。キリスト教的労働観、すなわち人間の日々の営みにより精神的な救いが得られるという思想は、貧弱な素材を人間の労働により価値あるものに変える。建築ではそれまでの大理石の素材が壁材に代わり、彫刻ではやはり大理石が通常の石材に、絵画では高価なモザイクがフレスコ画に取って代わる。

自治都市の中心に位置するのは大聖堂（カテドラル）である。大聖堂は単に宗教的役割を果たすだけでなく、ローマ時代の集会場バジリカの役割同様、市民が市政を論じ、ときには商売も行われる場であった。ミラノのサンタンブロージョ聖堂Sant' Ambrogio(→P.223)がその代表である。ほかに代表的な聖堂は、ヴェローナのサン・ゼーノ聖堂San Zeno(→P.358)、フィレンツェのサン・ミニアート・アル・モンテ聖堂San Miniato al Monte(→P.179)、ピサ大聖堂Duomo di Pisa(→P.424)、ルッカのサン・マルティーノ聖堂San Martino、ピストイアのサン・ジョヴァンニ・フォルチヴィタス聖堂San Giovanni Fuorcivitas、アンコーナのサン・チリアーコ聖堂San Ciriaco、南イタリアでは、バーリのサン・ニコラ聖堂San Nicola(→P.474)、シチリアのチェファル、モンレアーレ(→P.494)両大聖堂が挙げられる。ロンバルド様式としては北イタリアのモーデナ(→P.398)、フェッラーラ(→P.410 カテドラーレ)両大聖堂がある。絵画ではビザンチンの影響を受けたヴェネツィアとシチリアのモザイク画が特筆される。　（望月一史）

●ナヴィリオ・グランデ骨董市 Mercato dell'antiquariato sul Naviglio Grande
開 毎月最終日曜（スケジュールは公式サイトで確認）
URL www.navigliogrande.mi.it

月1回開催のアンティーク市

古きミラノの面影を残す　MAP P.208-C1

ナヴィリ地区
Navigli　ナヴィリ

サンテウストルジョ教会のすぐ南、新古典様式で装飾されたティチネーゼ門Porta Ticineseを越えると、船着場ダルセーナDarsenaと運河ナヴィリが見えてくる。このあたりは古いミラノの面影が今も残っている界隈だ。昔の洗濯場跡があるかと思えば、若いアーティストのスタジオがあったりと、新旧ふたつのミラノが混在している。ナヴィリオ運河沿いのRipa Ticinese（リパ ティチネーゼ）、Alzaia Navigli Grande（アルツァイア ナヴィリ グランデ）で、毎月1回アンティーク市が開かれる。

ミラノのエンターテインメント　●オペラ（スカラ座）とサッカー（サン・シーロスタジアム）

●スカラ座
ミラノを語るときに忘れてならないのが、世界的にも有名なオペラの殿堂スカラ座Teatro alla Scala (→P.217) だ。スカラ座の初日は毎年、ミラノの守護聖人・サンタンブロージョの祝日12月7日。この日は着飾った人々で劇場は埋まり、イタリア全土にもその華やかさが放送される。オペラシーズンは冬季と決まっていたが、近年は夏の一時期を除き、オペラのほか、バレエ、コンサートなど多くの演目がかけられている。

多くの開演は20:00、演目によっては終演は深夜になることも覚えておこう。

オペラの殿堂スカラ座内部

切符売り場
住 Largo Ghiringhelli 1（スカラ座正面左）
営 12:00～18:00
休 日、1月1・6日、復活祭と復活祭月曜日、4月25日、5月1日、6月2日、夏季休暇、11月1日、12月8・24・25・26日
料 オペラ €10～300、バレエ€10～215
※当日券は公演の2時間前から公演開始時刻まで販売・受け取り可能

公式サイトでの予約および案内
希望の日時と公演名を選択すると座席表と金額が表示される。会員登録後、支払いに進む。予約変更、返金不可。公式サイトでの購入は20%増しになることが多いが確実性を狙うなら早めにゲットしておきたい。

天井桟敷席ゲット!!
当日券（天井桟敷席）を求めて午前中にスカラ座に行くと「20:00開演の2時間30分前=17:30に来てください」と言われました。その時刻に再訪するともうすでに、整理券を手にしている人ばかりで、16:40頃に配布したとのことでした。でも、整理券所持者が購入したあと、1枚€11で天井桟敷の席をゲットできました。実際、開演後も6割程度の入りだったので、演目によっては取りやすいこともあるようです。オペラやバレエを体験したい、内部をじっくり味わいたいけど、なるべく手頃な料金を希望する人にはおすすめです。ちなみにこの日はバレエでした。
（千葉県　岡田明宏）

●サン・シーロ／ジョセッペ・メアッツァ競技場 San Siro/G.Meazza
スタジアムを回る、ガイド付きツアーを実施。ツアーは観覧席、グラウンド、VIPルーム、インタビューゾーンなど（メンテナンスなどで変更の場合あり）を回り、最後にACミランとインテルの歴史を展示した付属博物館Museo Inter&Milanを自由見学。サッカーグッズの売店もあり。サッカー情報や競技場への行き方はP.602参照。

オフィシャル・ショップ情報
ミラン・ストア・ミラノ Milan Store Milano
住 Corso Vittorio Emanuele II, Galleria San Carlo
☎ 02-49580177　営 10:00～20:00
休 一部の祝日　C A.D.J.M.V.　MAP P.211-B4

競技場と博物館のガイド付き見学 STADIUM & MUSEUM TOURS
住 Piazzale Angelo Moratti
☎ 02-4042432
開 9:30～18:00（切符売り場と入場ゲートは～17:00、最終ツアー出発は17:15）
休 試合のない日曜、日以外の試合日
料 €30、65歳以上・6～14歳€23
URL sansirostadium.com
※試合やイベント日は営業時間に変更あり。切符売り場と入場口はゲート8から
※公式サイトで予約する場合、前売り手数料€0.60（65歳以上・6～14歳は€0.46）が発生する

ミラノのレストランガイド

ミラノのレストランは、華やかな歴史をもつ名店を筆頭に、伝統的な郷土料理の店、今話題の店、おしゃれなピッツェリア、昼食時にはミラノのビジネスマンでにぎわうセルフサービスレストランと多種多様だ。

大都会ミラノだけに、さまざまな場所にレストランが点在するが、本書では、観光やショッピングの途中に立ち寄れるドゥオーモ周辺の店を中心に紹介した。かつてのミラノを取り囲んでいた運河が残るナヴィリ地区のグランデ運河の周辺は、伝統的なピッツェリアやトラットリアが点在する界隈だったが、若者やアーティストたちに好まれるおしゃれな店も増えている。セルフサービスレストランは、ミラノ中央駅やドゥオーモ周辺に多く、Brek(ブレーク)など、どこでもひとり€20〜30ぐらいでコースが楽しめる。営業時間も11:30〜15:00、19:00〜23:30と長いし、日曜営業の店も多い。カフェやバールは、ガッレリアやモンテ・ナポレオーネ通り周辺に高級店が集中している。また、ビジネスの町らしく、8月と年末年始は休業とする店が多いのも特徴だ。また、ミラノ・コレクションや大きな見本市が行われる時期は大人数の予約でテーブルが埋まることも多い。これらの時期、特に夜は予約がベターだ。

ドゥオーモ周辺

クラッコ

P.211-B3

Cracco

ミラノを代表する名店のひとつで、ミシュランの2つ星。エレガントでモダンな店内。1800種類ものワインをはじめ、オリーブオイルやチーズの品揃えも見事。新イタリア料理の旗手マルケージ氏のもとで研鑽を積んだクラッコ氏による独創的な料理が味わえる。 要予約

URL www.ristorantecracco.it
住 Corso Vittorio Emanuele II
☎ 02-876774
営 12:30〜15:00、19:30〜22:00、月・土19:30〜22:00
休 日、クリスマス、年末年始、復活祭期間
予 €150〜(コペルト€5)
C A.J.M.V.
交 地下鉄Duomo駅から徒歩1分

スパツィオ・ニコ・ロミート

P.211-B3

Spazio Niko Romito

イル・メルカート・デル・ドゥオーモ(→P.226)4階にある、3つ星シェフNiko Romitoによるレストラン。繊細で素材にこだわった創作イタリア料理が味わえ、ティスティングメニューは€70。ドゥオーモの眺めも楽しめる。 要予約

URL www.nikoromito.com
住 Galleria Vittorio Emanuele Piazza del Duomo
☎ 02-878400
営 12:30〜14:30、19:30〜22:00
休 月・日、夏季休暇、年末年始
予 €60〜(コペルト€3)
C A.D.J.M.V.
交 地下鉄Duomo駅から徒歩1分

ペーパー・ムーン・ジャルディーノ

P.211-B3・4

Paper Moon Giardino

ビジネスマンやファッション関係者、観光客で、昼も夜も大にぎわい。通し営業しているのもうれしい。晴れた日にはテラス席を利用するのもよいだろう。おすすめはペーパームーン風パッパルデッレやアツアツの牛肉のタタキ風ロベスピエールなど。 要予約

URL www.papermoonrestaurants.com
住 Via Bagutta 12
☎ 02-76009895
営 12:30〜22:30
休 日、クリスマス、年末年始、復活祭期間
予 €60〜(コペルト€5)
C A.M.V. 交 地下鉄San Baibila駅から徒歩2分

パパ・フランチェスコ

P.211-B3

Papà Francesco

ガッレリアの北、S.フェデーレ広場に面した、伝統的なイタリア料理とサルデーニャ料理の店。町の人に長く親しまれている一軒。壁いっぱいにドミンゴやカレーラスなど、訪れた有名人の写真が飾られている店内は明るく、テラスでの食事も楽しい。 要予約

URL www.papafrancesco.com
住 Via Marino Tommaso 7
☎ 02-862177
営 12:00〜22:30
休 月、クリスマス、年末年始、復活祭期間
予 €60〜(コペルト€3.50)
C A.J.M.V.
交 地下鉄Duomo駅から徒歩3分

レストランピクト案内 高級店 中級店 庶民的な店 ピッツェリア エノテカ ビッレリア B級グルメ

ジーノ・ソルビッロ

P.211-B3

Gino Sorbillo

ナポリの超人気店Sorbilloのミラノ店。ソルビッロ一族の息子21人がすべてピッツァ職人というから驚きだ。自慢の品はもちろん生地のよさとソースのジューシーさ、新鮮なモッツァレッラチーズを堪能できるマルゲリータなど、多種多様なピッツァが充実。

URL www.sorbillo.it
住 Largo Corsia dei Servi 11
☎ 02-45375930
営 12:00～23:30
休 一部の祝日
予 €20～(コペルト€3)
C M.V.
交 地下鉄San Babila駅から徒歩4分

パニーノ・ジュスト

P.211-B3

Panino Giusto

1979年から続く、ミラノっ子に愛されるパニーノ専門店。カウンターにはおいしそうなハムやサラミが並び、切ったばかりの作りたてがサービスされる。サラダやデザート類も充実。市内各所、ミラノ中央駅、マルペンサ空港など約20店舗あり。

URL paninogiusto.it
住 Via Agnello 6
☎ 02-25061444
営 11:00～24:00
休 一部の祝日
予 €15～(コペルト€2.50)
C A.D.J.M.V.
交 地下鉄Duomo駅から徒歩5分

デ・サンティス

P.211-B3

De Santis

リナシェンテの最上階のフードコートにあるパニネリエ(パニーノ屋)。ちょっと軟らかめのフランスパン風のパンに、たっぷりの具が挟まれている。定番のハム、チーズ、野菜からローストビーフまである種類豊富さ。1個€8～18。作りたてが座って食べられる。

URL www.paninidesantis.it
住 Rinascente Milano Piazzo Duomo, Via Santa Radegonda 3
☎ 02-8852457
営 9:00～24:00
休 一部の祝日
予 €10～
C A.D.J.M.V.
交 地下鉄Duomo駅から徒歩6分

ルイーニ

P.211-B3

Luini

ピッツァの生地にチーズやトマトソースを挟んで揚げた大きな半月状のパンツェロッティのお店。アツアツをその場でかじりつくミラノっ子で、毎日大にぎわい。おやつにはもちろんのこと、ボリュームもたっぷりで簡単な食事にもピッタリ。菓子類もあり。

URL www.luini.it
住 Via Santa Radegonda 16
☎ 02-86461917
営 10:00～20:00
休 日、一部の祝日
予 €3～
C 不可
交 地下鉄Duomo駅から徒歩4分

ミラノのおしゃれなメルカート

ミラノ中心部で手軽に食事を済ませるなら、**イル・メルカート・デル・ドゥオーモ**へ。3階建ての巨大なフードコートには、ピッツァ、パニーノ、パスタ、ハンバーガーなどカジュアルにいただけるメニューが多く、観光中に立ち寄るのに便利。中2階には食前酒のアペロールをメインにして、食事が楽しめる**アペロールAperole**がある。ミラノ中央駅には、フィレンツェ発のフードコート、**メルカート・チェントラーレ**が2021年に誕生。カットピッツァやリゾット専門店などはもちろん、ミラノの老舗菓子店**マルテザーナ**Martesana、南イタリア菓子店**セッサ**Sessaなどスイーツにも定評がある。

メルカート・チェントラーレ

●イル・メルカート・デル・ドゥオーモ
Il Mercato del Duomo
住 Piazza del Duomo 営 休 店舗によって異なる
交 地下鉄Duomo駅から徒歩すぐ
MAP P.211-B3

●メルカート・チェントラーレ・ミラノ
Mercato Centrale Milano
住 Via Sammartini, angolo Piazza Quattro Novembre
営 休 店舗によって異なる
交 ミラノ中央駅構内
MAP P.212-B1

オステリア・デル・トレーノ P.212-B1

Osteria del Treno

レトロな雰囲気のオステリア。厳選された食材を使った伝統的で骨太なミラノ料理が味わえる。ランチはビュッフェスタイルでキッチンから自分で選んで運ぶシステムで、近隣のサラリーマンでいつもにぎやかだ。落ち着いた夜がおすすめ。 夜は要予約

URL www.osteriadeltreno.it
住 Via San Gregorio 46
☎ 02-6700479
営 12:00～15:00、19:30～23:00、土19:30～23:00
休 日、8月、クリスマス頃10日間
予 €40～（コペルト€1.50～3）
C J.M.V.
交 ミラノ中央駅から徒歩9分

マルツェッラ P.212-B2

Maruzzella

地元のお客と観光客でいつも混雑の人気店。入口横の窯で次々に焼かれるピッツァもいいが、前菜、パスタ、セコンドが充実。今では珍しいミラノ名物、オーソブッコ(子牛のシチュー)なども食べられる。予約がない場合には、開店早々に出かけよう。 要予約

URL www.pizzeriamaruzzellamilano.it
住 Piazza Guglielmo Oberdan 3
☎ 02-29525729
営 12:00～14:30、19:00～23:30
休 水（12月以外）、8月、クリスマス頃10日間
予 €25～(コペルト€2)
C A.D.J.M.V.
交 地下鉄Porta Veneziaから徒歩1分

イル・タヴォリーノ P.212-B1

Il Tavolino

駅から徒歩圏の、窯で焼くパリパリのピッツァがおいしい！ と定評のある、モダンなカジュアルレストラン。ピッツァ以外のメニューも充実。夕食時は近所のホテルに宿泊している観光客で混雑が予想されるので、できれば予約を。 できれば予約

URL www.ristoranteiltavolino.it
住 Via Fara 23
☎ 02-6703520
営 12:00～23:30
休 無休
予 €40～（コペルト€3.50）
C A.M.V.
交 ミラノ中央駅から徒歩7分

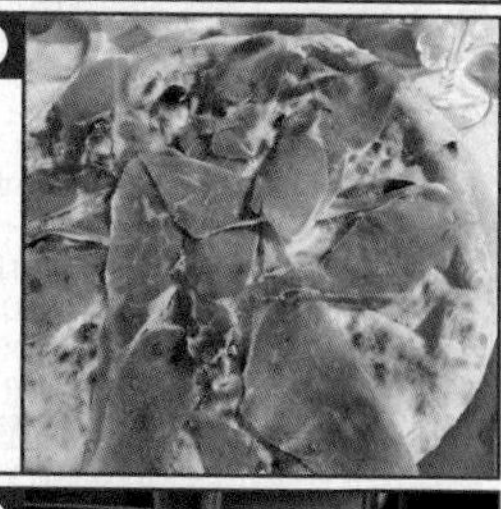

ピッツァ・ビッグ P.209-A4

Pizza Big

中央駅北東、住宅街を控えた地域にある地元の人が普段着で通う店。メニューはピッツァ、飲み物、デザートのみ。ピッツァの生地はごくごく薄く、軽くヘルシーな仕上がり。女性でも1枚ペロリといける。ピッツァの種類は約70種。 要予約

URL www.facebook.com/PizzaBigMilano
住 Viale Brianza 30
☎ 02-2846548
営 12:15～14:15、19:00～22:15、日19:00～22:15
休 無休
予 €15～（コペルト€2） C M.V.
交 地下鉄Loreto駅から徒歩7分

ロッソポモドーロ P.212-B1

Rossopomodoro

ミラノ中央駅構内ホーム階にあるカジュアルレストラン。「ナポリの味を少しだけお届け」と世界中でチェーン展開している人気店。香ばしくてもちもちのナポリ風ピッツァはもちろん、サラダやスープ、パスタまで何でもあるのがうれしい。ホーム階から階段を上がる。

URL www.rossopomodoro.it
住 Piazza Duca D'Aosta 1, Milano Centrale FS
☎ 02-22228764
営 11:00～22:00
休 一部の祝日
予 €15～
C M.V.
交 ミラノ中央駅1、2階

スポンティーニ P.212-A1

Pizzeria Spontini

1953年から続く、切りピッツァの店。店内にはテーブル席もあり、食事する人、テイクアウトする人で毎晩にぎわう。飲み物とピッツァ1種類（大Abbondante、小Normale）とラザーニャ（昼のみ）を提供。厚くて軟らかな生地の上にたっぷりとのったモッツァレッラチーズが食欲をそそる。

URL spontini.jp
住 Via Gaspare Spontini 4
☎ 02-2047444
営 12:00～15:00、18:00～22:30（金～23:00）、土12:00～23:00（日～22:30）
休 一部の祝日
予 €5.50～ C M.V.
交 地下鉄Lima駅から徒歩4分

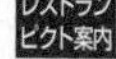
レストランピクト案内

 高級店  中級店 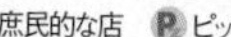 庶民的な店 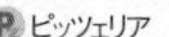 ピッツェリア  エノテカ ビッレリア B B級グルメ

ナヴィリ地区

ランゴステリア

P.210-C1

Langosteria

ミラノで最も勢いがある店のひとつがここ。ナヴィリ地区に系列のレストランとビストロ、ドゥオーモ周辺にカフェを展開。前菜からメインまで新鮮なシーフードをさまざまなスタイルで楽しむことができるのが魅力。ワインの種類も豊富。 要予約

URL www.langosteria.com
住 Via Savona 10
☎ 02-58111649
営 12:00～15:00、19:00～24:00、月・火19:00～24:00 休 日
予 €80～(コペルト€5)
C A.D.J.M.V.
交 地下鉄Porta Genova駅から徒歩6分

アル・ポルト

P.210-C1

Al Porto

ナヴィリ地区にある、魚料理の有名店。昔の税関の建物を利用した店内は船を模したように飾られて雰囲気もいい。生のマグロのカルパッチョやイカ墨のパスタ、大エビのワサビ(ホースラディッシュ)風味などがお店のおすすめ。 要予約

URL alportomilano.it
住 Piazza Antonio Cantore
☎ 02-89407425
営 12:30～14:30、19:30～22:30、月19:30～22:30 休 日、年末年始
予 €50～(コペルト€3)
C A.D.M.V.
交 地下鉄Porta Genova駅から徒歩6分

イ・カパトスタ

P.208-C2

I Capatosta

窯で焼かれた、生地が厚めのナポリのピッツァで人気の店。ティチネーゼ門側からはやや歩くものの、週末はいつも行列ができている。ピッツァのほか、ボリュームたっぷりのCalzoneやフリットをはじめとするナポリ料理も試してみたい。 できれば予約

URL www.icapatosta.it
住 Alzaia Naviglio Grande 56
☎ 02-89415910
営 12:00～15:00、19:00～23:45
休 12月中旬の1週間
予 €20～(コペルト€2)
C A.J.M.V.
交 地下鉄Porta Genova駅から徒歩5分

そのほかの地区

アンティカ・トラットリア・デッラ・ペーザ

P.212-C1

Antica Trattoria della Pesa

ミラノ料理の老舗。リゾットやカツレツ、オッソブーコ(子牛すね肉の煮込み)などミラノやロンバルディ州の名物はもちろんのこと、昔ながらの素朴な家庭料理がいただけるのが魅力。隣にビストロもあり、同じ料理を提供している。 要予約

URL www.anticatrattoriadellapesa.com
住 Viale Pasubio 10
☎ 02-6555741
営 12:30～14:30、19:30～23:00
休 日
予 €70～(コペルト€4)
C A.D.J.M.V.
交 地下鉄Garibaldi駅から徒歩9分

カーサ・フォンターナ

P.209-A3外

Casa Fontana -23 Risotti-

中央駅からはやや遠いが徒歩圏。住宅街の一角にあるリゾット専門のリストランテ。稲作地帯のロンバルディアにふさわしい素材のよいリゾット23種が堪能できる。リゾットの注文は2人前から。コトレッタ・ミラネーゼはバターの香る伝統の味。 要予約

URL www.23risotti.it
住 Piazza Carbonari 5
☎ 02-6704710
営 12:45～14:00、20:00～22:00、火20:00～22:00、土19:30～22:00
休 月、8月、12月24日～1月11日
予 €50～(コペルト€4)
C M.V.
交 地下鉄Zara駅から徒歩9分

ダ・ジャンニーノ-ランゴロ・ダブルッツォ

P.209-B4

Da Giannino-l'Angolo d'Abruzzo

中心街からやや離れるものの、その分落ち着いて料金も手頃なアブルッツォ料理の店。約50年続く家族経営で、夜は常連や故郷の味を求める人たちでいっぱい。量もたっぷりの骨太な料理が楽しめる。ミラノ市内に3店舗を構えている。 夜は要予約

URL gianninoristorante.it
住 Via Rosolino Pilo 20
☎ 02-29406526
営 12:00～14:30、19:30～23:30
休 月
予 €30～(コペルト€2.50)
C M.V.
交 地下鉄Porta Veneziaから徒歩8分

ジェラート・ジュスト P.212-A2

Gelato Giusto

イギリスやパリでパティシエの修行を重ねた女性がオープンしたジェラテリア。白を基調にした店内は明るく女性的な雰囲気。ロンバルディアの牛乳と季節の果物を使い、添加物は不使用で、優しい味わい。冬はチョコレートや焼き菓子が並ぶ。2種で€3.20、2〜3種で€3.50。

URL web.gelatogiusto.it
住 Via San Gregorio 17
☎ 02-29510284
営 12:00〜20:30
休 月、一部の祝日
予 €3.20〜
C A.D.M.V.
交 地下鉄Lima駅から徒歩8分

ラ・ボッテガ・デル・ジェラート P.212-A1

La Bottega del Gelato

1964年から親子2代で続く、昔ながらの雰囲気のジェラテリア。正面のケースにはジェラート、壁際のショーケースには果物を丸ごと使ったシャーベット Sorbettiがずらりと並び、全部で50種類以上という圧倒的な品揃え。ジェラートはチョコレートやナッツ系など濃厚な味わいが魅力。

URL www.labottegadelgelato.it
住 Via G.B.Pergolesi 3
☎ 02-29400076
営 10:30〜23:00、冬季10:30〜22:00
休 水、8月2週間、一部の祝日
予 €4〜
C M.V.
交 地下鉄Loreto駅から徒歩5分

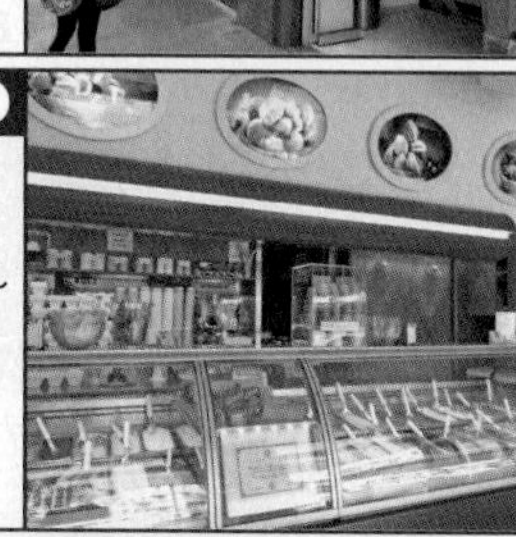

イリー・カフェ P.211-A3

illy Caffè

日本でも知られたイリー・コーヒーのカフェ兼ビストロ。おなじみのエスプレッソ・カップのコレクションが並んだ店内は明るく近代的。緑が茂る、気持ちよい中庭で朝食やランチをいただける。ワインやカクテルなどアルコールも揃うので、アペリティーヴォの時間にもぴったりだ。

URL www.illy.com
住 Via Monte Napoleone 19
☎ 02-83549386
営 8:00〜20:00、土9:00〜21:00、日9:00〜20:00
休 一部の祝日　予 €7〜
C A.D.J.M.V.
交 地下鉄Montenapoleone駅から徒歩3分

ジョヴァンニ・コーヴァ P.210-A2

Giovanni Cova & C.

1930年から続く老舗で、町の中心に位置するのでショッピングや観光途中のお茶タイムに便利な洋菓子店。ケーキと一緒にカフェ利用も可能。クリスマス時期には、オリジナルのかわいらしいパッケージに包まれたパネットーネ(→P.344)を買いに来る地元客でにぎわう。

URL giovannicovaec.it
住 Via Cusani 10
☎ 02-36682366
営 7:00〜20:00、土・日8:00〜20:00
休 一部の祝日
予 €5〜
C A.M.V.
交 地下鉄Cairoli駅から徒歩3分

マルケージ P.211-A3

Marchesi 1824

1824年創業の老舗パスティッチェリア&バール。現在はプラダの傘下で、ミラノ市内に3店舗ある。ショーケースに並ぶケーキやペストリー(€2〜€10前後)は見た目も美しく、一つひとつのボリュームもたっぷり。テイクアウトも可能だが、店内でゆったり過ごすのがおすすめ。

URL www.pasticceriamarchesi.com
住 Via Monte Napoleone 9
☎ 02-76008238
営 7:30〜21:00、日・祝8:30〜21:00　休 一部の祝日
予 €5〜　C A.M.V.
交 地下鉄Montenapoleone駅から徒歩4分

イタリアのスターバックス1号店

テラス席も人気だ

独自のコーヒー文化が根づくイタリアに、スターバックスが初上陸したのは2018年のこと。もともとイタリアのバールやカフェ文化を参考に事業を始めたというだけあって、イタリア進出は悲願だったという。その1号店はミラノにあり、世界に6店舗しかないという高級路線のスターバックス・リザーブ・ロースタリー STARBUCKS RESERVE® ROASTERY。かつて郵便局だった建物をリノベした建物、スタイリッシュなロースタリー(焙煎機)やインテリアはまるでミュージアムにいるかのようで、列に並んででも一見の価値あり。2024年3月現在、イタリア国内に20店舗以上ある。

●スターバックス・リザーブ・ロースタリー・ミラノ
STARBUCKS RESERVE™ ROASTERY Milano
住 Piazza Cordusio 3　☎ 2-91970326
営 7:30〜22:00　休 一部の祝日　C A.D.J.M.V.
交 地下鉄Cordusio駅から徒歩1分　MAP P.210-B2

ミラノのショッピングガイド

イタリアの経済の首都・ミラノは、ファッションの中心でもある。毎年夏と冬に開催されるミラノ・コレクションではさまざまなブランドの新作が発表され、世界中から服飾関係者が集まる。いざ買い物となると高いが、素材もデザインもとびっきりのものだから仕方ない。

まず訪れてみたいのは、ドゥオーモ北東に高級ブティックが集中するモンテ・ナポレオーネ通り Via Monte Napoleone。並行して走るスピーガ通り Via della Spiga周辺には、ウインドーディスプレイのすてきな有名店がめじろ押しだ。また、ヴィットリオ・エマヌエーレ2世大通り Corso Vittorio Emanuele Ⅱやヴィットリオ・エマヌエーレ2世のガッレリア(→P.216)にも高級ブランドが立ち並ぶ。ドゥオーモ横にはイタリアの大きなデパートチェーン、リナシェンテがあるのでのぞいてみるとおもしろいだろう。ミラノ発高級ブランドの筆頭は、ジョルジオ・アルマーニやプラダなど。もちろん、グッチやサルヴァトーレ・フェラガモなどイタリアを代表するブランドショップも軒を連ねるが、せっかくならミラノが本拠地の本店を訪れてみるのも旅の醍醐味だ。

ウインドーディスプレイが楽しいモンテ・ナポレオーネ通り

ジョルジオ・アルマーニ【ブランド】 P.231 ❶

Giorgio Armani

ミラノを代表するブランド

1975年にジョルジオ・アルマーニが設立したファッションブランド。エンポリオ・アルマーニやアルマーニ・エクスチェンジなどさまざまなラインを展開し、現在ではアルマーニ・ホテル・ミラノ(→P.236)やカフェレストラン、バーなども運営。

URL www.armani.com/it-it
住 Via Sant'Andrea 9
☎ 02-76003234
営 10:00～19:30
休 一部の祝日
C A.D.J.M.V.
交 地下鉄Montenapoleone駅から徒歩5分

プラダ【ブランド】 P.231 ❷

Prada

エレガントなプラダのバッグを

ミラノ最大の店舗で洋服を中心にバッグなども充実。メンズ物の新作が並ぶブティック(住 Via Monte Napoleone 6)や、ヴィットリオ・エマヌエーレ2世のガッレリア内の本店、少しカジュアルなラインが揃うサンタンドレア店もある。

URL www.prada.com/it
住 Via Monte Napoleone 8
☎ 02-7771771
営 10:00～20:30、日10:30～19:30
休 一部の祝日
C A.D.J.M.V.
交 地下鉄San Babila駅から徒歩3分

エトロ【ブランド】 P.231 ❸

Etro

ペイズリー柄で名高い

テキスタイルメーカーとして設立後、現在ではバッグやストールで有名なエトロ。シルクのブラウスの美しさにはため息が出るほどだ。品揃え豊富な本店は必訪で、地階と1階はバッグなどがディスプレイされ、洋服、スカーフ類は2階。

URL www.etro.com/it-it
住 Via Monte Napoleone 5
☎ 02-76005049
営 10:00～19:00
休 一部の祝日
C A.D.J.M.V.
交 地下鉄San Babila駅から徒歩3分

モンクレール【ブランド】 P.231 ❹

Moncler

おしゃれな高級ダウン

フランス生まれでミラノに本拠地をおく、高級ダウンジャケットメーカー。メンズ、レディース、キッズ、スキーウエア、小物までの幅広い品揃え。ディスプレイされている商品は一部なので好みを伝えて、商品を見せてもらおう。

URL www.moncler.com/en-it
住 Via Monte Napoleone 1
☎ 02-76341316
営 10:00～19:00
休 一部の祝日
C A.D.J.M.V.
交 地下鉄San Babila駅から徒歩3分

ヴェルサーチェ【ブランド】

P.231 ❺

Versace

華やかなドレスにも注目

ジャンニ・ヴェルサーチェが1978年にミラノで設立し、現在ではイタリアを代表するグローバルブランドに。ブランドアイコンのメドゥーサをモチーフにしたアイテムは、ゴージャスなデザインが特徴。パーティなどのお出かけ服にもぴったり。

URL www.versace.com/it
住 Via Montenapoleone11
☎ 02-76008528
営 10:30～19:30、日11:00～19:00
休 一部の祝日
C A.D.J.M.V.
交 地下鉄San Babila駅から徒歩3分

ミュウ ミュウ【ブランド】

P.231 ❻

Miu Miu

かわいらしいデザインが多数

プラダ創始者の孫であるミウッチャ・プラダが1993年に設立。ブランド名は、本人のニックネームから取ったものだ。レディースのみの展開で、カジュアル使いできるアイテムも多いので若者にも人気。小物なら手に入れやすい価格帯のものも。

URL www.miumiu.com/it
住 Via Sant'Andrea 21
☎ 02-76001799
営 10:30～19:30
休 一部の祝日
C A.D.J.M.V.
交 地下鉄San Babila駅から徒歩5分

ドルチェ&ガッバーナ【ブランド】

P.231 ❼

Dolce & Gabbana

1985年にミラノで創業

コルソ・ヴェネツィア通りが本店だが、徒歩圏内に旗艦店であるモンテナポレオーネ店やバー、ビストロなどもあり、その世界観をたっぷり堪能できる。ファッションはもちろん、小物や香水などはみやげものにも。子供服も品揃え豊富。

URL www.dolcegabbana.com/it-it
住 Via della Spiga 2
☎ 02-795747
営 10:00～19:30
休 一部の祝日
C A.D.J.M.V.
交 地下鉄San Babila駅から徒歩2分

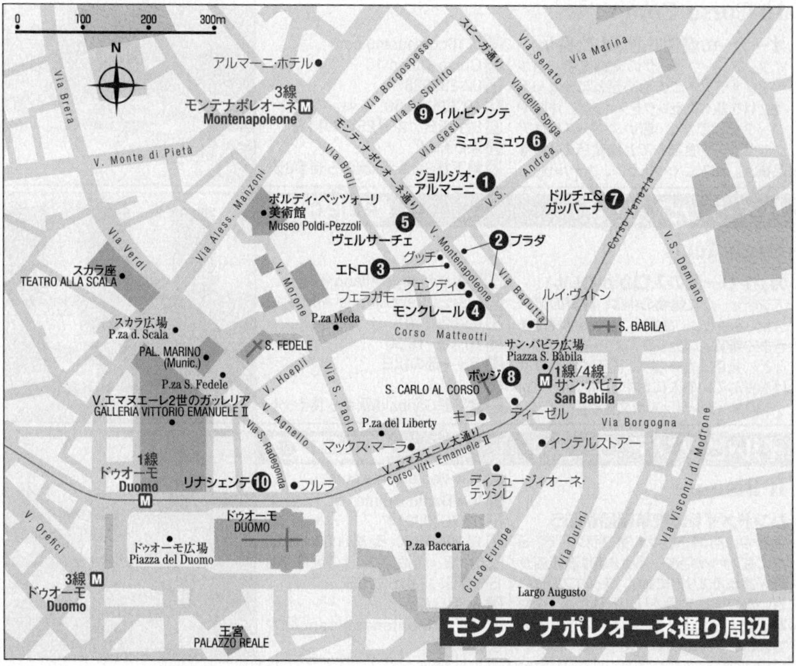

モンテ・ナポレオーネ通り周辺

0 100 200 300m
N
アルマーニ・ホテル
3線 モンテナポレオーネ M Montenapoleone
❾ イル・ビゾンテ
ミュウ ミュウ ❻
ジョルジオ・アルマーニ ❶
ドルチェ& ガッバーナ ❼
ボルディ・ペッツォーリ美術館 Museo Poldi-Pezzoli
❺ ヴェルサーチェ
❷ プラダ
グッチ
エトロ ❸
フェンディ
フェラガモ
モンクレール ❹
ルイ・ヴィトン
S. BÀBILA
スカラ座 TEATRO ALLA SCALA
スカラ広場 P.za d. Scala
PAL. MARINO (Munic.)
S. FEDELE
P.za Meda
P.za S. Fedele
サン・バビラ広場 Piazza S. Babila
ポッジ ❽
1線/4線 サン・バビラ San Babila
S. CARLO AL CORSO
ディーゼル
キコ
V.エマヌエーレ2世のガッレリア GALLERIA VITTORIO EMANUELE II
P.za del Liberty
マックス・マーラ
インテルストアー
V.エマヌエーレ大通り Corso Vitt. Emanuele II
1線 ドゥオーモ Duomo M
リナシェンテ ❿
フルラ
ディフュージィオーネ・テッシレ
ドゥオーモ DUOMO
ドゥオーモ広場 Piazza del Duomo
P.za Baccaria
3線 M ドゥオーモ Duomo
Largo Augusto
王宮 PALAZZO REALE
Via Brera
V. Monte di Pietà
Via Verdi
Via Aless. Manzoni
Via Borgospesso
スピーガ通り
Via Senato
Via Marina
Via S. Spirito
Via Gesù
Via della Spiga
モンテ・ナポレオーネ通り
Via Bigli
V. S. Andrea
V. Montenapoleone
Via Bagutta
Corso Venezia
V.S. Damiano
V. Morone
Corso Matteotti
V. Hoepli
Via S. Paolo
V. Agnello
Via S. Radegonda
Via Borgogna
Via Visconti di Modrone
Via Durini
Corso Europa
V. Orefici

ミラノのショッピングガイド

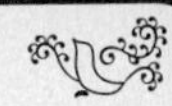

地下鉄M3線リマ広場駅 Piazza Limaからポルタ・ヴェネツィア駅 Porta Venezia間のブエノス・アイレス通り Corso Buenos Airesは、さながら下町といった風情で、買い物するのにおすすめの場所。また、最先端のミラノファッションやライフスタイルを知るならディエチ・コルソ・コモ、雑貨好きはハイ・テックをのぞいて見よう。食料品なら、ペックはミラノの食の殿堂で生鮮品からワイン、コーヒー、パスタまで充実の品揃えだ。リナシェンテの最上階の食料品フロアは楽しいパッケージが多く、地下にはカラフルな家庭用品が揃う。ビンテージや古着を扱うショップ巡りも楽しみのひとつ。

ボッジ【メンズ】

P.231 ⑧

Boggi

カッコいいイタリア男になろう

ミラノの老舗紳士服ブランドでビジネスマンに人気。フォーマルからカジュアルまで揃い、良質で値頃感のあるミラネーゼ風ファッションをゲットするのにおすすめ。ミラノ中央駅、マルペンサ、リナーテ空港など、イタリア各地に支店あり。

URL www.boggi.com
住 Piazza San Babila 3
☎ 02-76000366
営 10:00～20:00
休 一部の祝日
C A.D.J.M.V.
交 地下鉄San Babila駅から徒歩1分

カヴァッリ・エ・ナストリ【レディース】

P.211-A3

Cavalli e Nastri

ミラノの有名なショップのひとつ

ハイブランドからパーティ用のドレスはもちろん、カラフルで個性的なワンピースまで幅広いビンテージアイテムが揃う。アクセサリーやブランドバッグ、ヒール靴やブーツなど小物も取り扱いが多く、掘り出しものが見つかるはずだ。

URL cavallienastri.com
住 Via Brera 2
☎ 02-72000449
営 10:30～13:30、14:30～19:30、日12:00～19:30
休 一部の祝日
C A.M.V.
交 地下鉄Montenapoleone駅から徒歩6分

ディエチ・コルソ・コモ【雑貨】

P.212-C1

10 Corso Como

オーナーの個性で選ばれた品々

イタリアン・ヴォーグの元編集長、カルラ・ソッツアーニのおめがねにかなった物だけを並べたセレクトショップ。洋服やバッグだけでなく、広いスペースにはアクセサリーや食器までと雑貨店のような品揃え。カフェ、レストラン、ホテル併設。

URL 10corsocomo.com
住 Corso Como 10
☎ 02-29002674
営 10:30～19:30
休 8月15日、12月25～1月1日
C A.D.M.V.
交 地下鉄Garibaldi駅から徒歩3分

ハイ・テック【雑貨】

P.212-C1・2

High Tech

カントリー風の入口がかわいい

アンティークな建物の中は、雑貨のデパートにふさわしい品揃え。ジャンルもさまざまで雑貨、スカーフ、ステーショナリーなど、見応えたっぷり。実用的なおみやげを探している人におすすめの店。アレッシのキッチングッズや文具も揃う。

URL www.cargomilano.it
住 Piazza Venticinque Aprile 12
☎ 02-6241101
営 10:30～19:30
休 月、一部の祝日
C A.J.V.
交 地下鉄Garibaldi駅から徒歩5分

イル・ビゾンテ【ブランド】

P.231 ⑨

Il Bisonte

ハンドメイドの皮革製品が揃う

世界中に店舗をもつ人気ブランドで、日本にもファンが多い。ミラノ店は高級店が軒を連ねるエリアにあり、スタッフのていねいな接客に定評あり。上質なバッグや革小物が日本よりも2～3割ほど安く購入できるのもうれしいポイント。

URL www.ilbisonte.com
住 Via Santo Spirito14
☎ 02-76003014
営 10:30～19:00、日・祝11:00～19:00
休 1月1日、復活祭日とその翌日、8月15～17日、12月25・26日
C A.D.J.M.V.
交 地下鉄Montenapoleone駅から徒歩3分

リナシェンテ【デパート】 P.231 ⑩

Rinascente

屋上テラスからの眺めも最高！

ショッピングの町・ミラノを象徴するかのような品揃えで、ファッションアイテムやコスメ、雑貨など高級ブランドから手軽なみやげものまで何でも手に入るはず。屋上のフードホールではドゥオーモを眺めながら食事がいただける。

URL www.rinascente.it
住 Piazza del Duomo
☎ 02-91387388
営 10:00～21:00、金・土10:00～22:00
休 臨時休業あり
C A.D.J.M.V.
交 地下鉄Duomo駅から徒歩1分

ペック【食料品】 P.211-B3

Peck

高級イタリア食材が勢揃い

イタリアならではの高級食材が揃う。1階は肉、魚、野菜、果物などの生鮮食品とソースやお菓子など、2階はレストラン、地下にはワインがところ狭しと並ぶ。

✉ オリーブオイルもはちみつもひと味違いました！（ヴェッキア）

URL www.peck.it
住 Via Spadari 9
☎ 02-8023161
営 9:00～19:30、月15:00～19:30
休 日、一部祝日
C A.D.J.M.V.
交 地下鉄Duomo駅から徒歩4分

エノテカ・コッティ【ワイン】 P.212-C2

Enoteca Cotti dal 1952

品揃えならミラノNo.1が自慢

20世紀初頭のリバティ様式の建物にイタリアワインはもちろん世界中のワインが揃うエノテカ。広い店内とその倍あるワイン倉庫には1300種のワインが眠る。1本€5ぐらいから。日本への発送も可。イタリア産の食材や菓子類も並ぶ。

URL www.enotecacotti.it
住 Via Solferino 42
☎ 02-29001096
営 9:00～13:00、15:00～20:00
休 日・月、8月
C M.V.
交 地下鉄Moscova駅から徒歩5分

エッセルンガ【スーパー】 P.209-B3

Esselunga

充実の品揃え

町の人が利用する落ち着いた大型スーパー。高品質のものが適当な値段で、利用価値が高い。おみやげ探しには、エッセルンガのオリジナル製品を。値段の割においしい。地下鉄Lanza駅近くの系列ラ・エッセ La ESSE(住 Via Mercato 1)も便利。

URL www.esselunga.it
住 Viale Piave 38/40
☎ 02-2047871
営 7:30～22:00、日8:00～20:00
休 無休
C A.D.M.V.
交 地下鉄Porta Venezia駅から徒歩5分

サポーリ&ディントルニ・コナド【スーパー】 P.212-B1

Sapori & Dintorni Conad

中央駅地下で便利

イタリアのおなじみスーパー、コナドConadの新傾向のスーパー。きれいな包装でおみやげにぴったりのパスタやパスタソース、オリーブオイルなどの調味料、お菓子などが並ぶ。もちろん生鮮食品やワインなども充実。

URL www.conad.it
住 Piazza Duca D'Aosta, Milano Centrale FS
☎ 02-67072225
営 7:00～21:00
休 一部の祝日
C A.D.J.M.V.
交 ミラノ中央駅地下

ミラノのイータリー Eataly

かつての劇場が変身

都市計画で注目を集めるガリバルディ地区にあり、かつてのスメラルド劇場を改装。イータリーのなかでも比較的大型の店舗で、各売り場にはイートインコーナーが設けられている。1階は野菜やパンのほかピッツェリアやカフェ&バール、チョコレートの量り売り、2階は肉・魚、チーズ、3階はワイン売り場がある。イートインは最初に席を取り、その番号札を持ってレジで注文。料理はテーブルまで運んでくれる。1皿€10～15程度。買い物のカートを横に置いて食事ができ、買い物は最後にレジで精算。1階入口前にはオープンエアのテラスレストラン(コペルト€2.50)もある。

●イータリー・ミラノ・スメラルド
Eataly Milano Smeraldo
住 Piazza XXV Aprilre 10 ☎ 02-49497301
営 8:30～23:00 休 一部の祝日 C A.D.J.M.V.
交 地下鉄Garibaldi駅から徒歩5分 MAP P.212-C2

ミラノでショッピング●おみやげを探す

ミラノのホテルガイド

ミラノの高級ホテル事情

世界的に名高いブルガリによるホテル、ブルガリ・ホテル＆リゾートやアルマーニが運営するアルマーニ・ホテル・ミラノ（→P.236）など、高級ブランドが手がけるホテルがあるのもミラノの特徴。また、コルソ・ヴェネツィア通りにある神学校の建物を改修したラグジュアリーホテル、ポートレート・ミラノも話題だ。こうしたホテルは、モンテ・ナポレオーネ通り周辺に多い。

また、フォーシーズンズやマンダリン・オリエンタル、パーク・ハイアットといったグローバルブランドも比較的町の中心部に位置していて、観光にも便利だ。

空港近くのホテルの送迎バス

多くのホテルで空港⇔ホテル間の送迎ミニバスを運行。ターミナルのGATE10の駐車場脇の路上に迎えに来る。ホテルでは「電話して呼ぶ必要がある」と言われるが約15～30分間隔で運行しているので、待っていれば来る模様。周辺のホテルへは所要10分程度。迎車は無料で、ホテル→空港へは€2程度徴収される場合がある。

✉ 空港バスのバス停変更で

マルペンサ空港からのプルマンのバス停が中央駅のこれまでと反対側に移動（駅の正面に向かって右側から左側に変更）しました。今までなら、バスを降りたらほぼ正面にいくつものホテルが並んでいて便利でした。新バス停のある逆側は、ちょっと雑多な感じで、ホテルはエコノミータイプの小規模なホテルがチラホラある程度。なんか、ミラノ中央駅前のホテルに宿泊する利便性がやや下がったな、と感じました。

駅の反対側へ移動する場合は、バス停そばの入口から駅に入って駅構内を抜けるのが、近道で段差も少なくていいです。

（東京都　辛口大根）

イタリアきっての経済都市ミラノのホテル代は、他の都市に比べてやや高め。特に見本市の開催される春(3～5月)と秋(9～11月)は、観光シーズンとも相まって料金の高騰とホテル不足が重なることがある。この時期の予約は早めを心がけよう。一方、日本人の休暇が取りやすい8月と1月はミラノではシーズンにあたるが、2023年は観光客でにぎわい、あまり金額に変動がないホテルも。ビジネスマンが利用するホテルでは、週末の部屋代も安めのところが多い。

■ミラノのホテルはどこに集中？

ビジネスマン向きの4つ星ホテルから格安ホテルまでと、多様なホテルが集中しているのが**中央駅周辺**。駅の東側には4つ星ホテルが、西側の周辺のビルには1～2つ星の格安ホテルが多い。ドゥオーモ広場周辺は、歴史ある界隈で**チェントロ地区**と呼ばれるが、この地区にはミラノを代表する伝統的な名門ホテルがめじろ押し。最近ではファッションの街ミラノにふさわしい、ブティックホテルやデザイナーズホテルの進出が目立つ。一方経済的なホテルは少ないが、家族経営の3つ星ホテルも少しあるので、ローシーズンなら宿泊できる可能性がある。また、町の南側の**ロマーナ門周辺**や中央駅の東側の**ロレート広場**の東にも手頃なホテルが点在する。町の西側の**フィエラ（見本市）会場近く**はビジネスマン向けのホテルが、昔日の運河の残る**ナヴィリ地区**にも風情あるホテルや、イタリアのチェーンホテルが建設されている。最近注目を浴びているおしゃれな**ガリバルディ地区**の4つ星ホテルにも注目してみたい。

ミラノの5つ星ホテルの朝食室

■イタリアのチェーンホテルが狙い目

ミラノ中央駅周辺、チェントロ地区、ガリバルディ地区などには、スターホテルズ、ウナホテル、NHホテルなど、イタリアのチェーンホテルが、数多く進出している。これらのホテルは日本人が快適と思う必要十分なものを兼ね備えているし、部屋数も多い。ホテル探しに迷ったら、これらのホテルの公式サイトを見てみよう。

4つ星ホテルには
ジャクージ付きの部屋もある

ミラノ市滞在税　Imposta di Soggiorno

ミラノ市内のホテルに宿泊の際、1泊当たりひとり最大€5、最長14泊まで課税されることになっている。ユースホステルは€2.50、アパートメント滞在は€4.50など。18歳以下免除。

支払いはチェックアウトの際、直接ホテルへ。ホテルにより、現金で徴収される場合と宿泊料と込みでクレジットカード決済できる場合がある。旅も終わりに近づき、手持ちのユーロが心配な場合は、最初に支払い方法を確認しておこう。

宿泊施設と滞在税	
1つ星ホテル、2つ星レジデンツァ	€2.50
2つ星ホテル、3つ星レジデンツァ	€3.50
3つ星ホテル、4つ星レジデンツァ	€4.50
4つ星ホテル	€5
5つ星ホテル	€5

※ひとり1泊当たり、14泊まで

地球の歩き方　ミラノの注目ホテル

経済都市ミラノではデザイナーズホテルが高級ホテルとして進出。アルマーニやブルガリが経営する5つ星ホテルは、立地も抜群。特にブルガリ・ホテル・ミラノは緑に囲まれたオアシスと人気も高い。エレガントで上品な4つ星ホテルの筆頭はマンゾーニホテル。ショッピング街に近いのにとっても静かだ。ここ最近オープンしたモダンなブティックホテルでは、アーバン・ハイヴ・ホテルや21ハウス・オブ・ストーリーズがおすすめ。

★★★★★ ブルガリ・ホテル・ミラノ P.211-A3

Bulgari Hotel Milano

世界的宝石店として名高いブルガリが最初に手がけたホテル。18世紀のパラッツォをモダンでエレガントに改装。隣接する植物園と広大な緑の庭園が周囲を取り囲み、ミラノの中心街にいるとは思えない落ち着きと静寂にあふれている。客室は広々としていて、シックで落ち着いた雰囲気。部屋によっては、暖炉もあり、まさに気持ちよいくつろぎのひとときを約束してくれる。3つ星シェフのニコ・ロミート氏によるレストランでは、クラシックで現代的なイタリア料理が味わえる。オーセンティックなバーやラウンジも見逃せない。

URL www.bulgarihotels.com

住 Via Privata Fratelli Gabba 7b
☎ 02-8058051
Fax 02-805805222
TB €1100～　SU €1900～
室 58室　朝食€23～30 W-Fi
C A.D.J.M.V.　交 地下鉄Montenapoleone駅から徒歩5分

★★★★ マンゾーニ P.211-A3

Hotel Manzoni

モンテ・ナポレオーネ通りとスピーガ通りを結ぶ通りに位置し、ショッピングに最適。観光へのアクセスもよい。控えめながらも上品でエレガントな内装、町の中心部にあるにもかかわらず静かで清潔な客室は、ホスピタリティ意識の高さがうかがえる。スタッフやコンシェルジュの対応にも定評があり、ファンやリピーターの多さも納得だ。スイートルームにはバスタブあり。館内にあるレストランでは、朝食ブッフェのほかランチとディナーを提供。また、トルコ式バスやジャクージなどスパ設備も充実している。

URL www.hotelmanzoni.com

住 Via Santo Spirito 20
☎ 02-76005700　Fax 02-784212
SB €295～　TB €315～
室 52室　朝食€20 W-Fi
C A.D.J.M.V.
交 地下鉄Montenapoleone駅から徒歩4分

★★★★ アーバン・ハイヴ・ミラノ P.212-C2

Urban Hive Milano

ガリバルディ通りに位置し、ドゥオーモやスフォルツァ城、ブレラ絵画館など主要な観光スポットが徒歩圏内。モダンでポップなインテリアの部屋は5タイプあり、ひとり旅行者向けのシングル La Miniからジュニアスイートまで幅広く、各部屋にはヨガマットやダンベルまである。2階の朝食会場は日中になるとコワーキングスペースになり、宿泊者以外も利用できる。コーヒーやアペリティーヴォも楽しめるロビースペースのポルティコ84 カフェ＆バーやフィットネスルームなどもビジター使用可能だ。

URL www.urbanhivehotels.com

住 Corso Garibaldi 84
☎ 02-29003888
SB €180～　TB €225～
室 97室　朝食込み W-Fi
C A.D.J.M.V.
交 地下鉄Moscova駅から徒歩1分

ミラノのホテルガイド

ドゥオーモ周辺

★★★★★ グランド・ホテル・エ・デ・ミラン P.211-A3

Grand Hotel et de Milan

1863年の創業より、数多の芸術家の常宿、芸術的な雰囲気に満たされてきた。当時の雰囲気を残す館内は美術館のよう。客室は個性的で、設備は現代的。アメニティはイタリアブランドのエトロなのも魅力的。
URL www.grandhoteletdemilan.it

住 Via Aless. Manzoni 29
☎ 02-723141
Fax 02-86460861
SB TB €800〜
SU €1240〜
室 95室　朝食込み W-F
C A.D.J.M.V.
交 地下鉄Montenapoleone駅から徒歩1分

★★★★★ アルマーニ・ホテル・ミラノ P.211-A3

Armani Hotel Milano

ミラノを代表するブランド・アルマーニが手がけるラグジュアリーホテル。シンプルながらスタイリッシュな客室はバスタブ付きなのもうれしい。レストランやフィットネスセンターのほか、1階に併設ショップで手みやげを選ぶのもよいだろう。

URL www.armani.com
住 Via Alessandro Manzoni 31
☎ 02-88838888
TB €1400〜
JS €1800〜
室 95室　朝食込み W-F
C A.D.J.M.V.
交 地下鉄Montenapoleone駅からすぐ

★★★★ スターホテルズ・ローザ・グラン P.211-B3

Starhotels Rosa Grand

ドゥオーモのすぐ裏に位置し、モンテ・ナポレオーネなどのショッピング街へも徒歩圏の便利な立地。近年の改装後は機能もインテリアもグレードアップした。広さ、設備、インテリアが充実したエグゼクティブ・ルームもおすすめ。レストランも好評。

URL www.starhotels.com
住 Via Pattari 5/Piazza Fontana 3
☎ 02-88311
Fax 02-8057964
SB €350〜
TS TB €420〜
室 320室　朝食込み W-F
C A.J.M.V.
交 地下鉄Duomo駅から徒歩2分

★★★★ カヴール P.211-A3

Hotel Cavour

ドゥオーモやショッピングエリアからも近くて便利。白を基調としたロビーは、落ち着いた雰囲気。従業員も感じがよい。併設のリストランテは、エレガントで洗練されている。公式サイトからの予約が最安値。
URL www.hotelcavour.it

住 Via Fatebenefratelli 21
☎ 02-620001
Fax 02-6592263
SB €170〜
TS €190〜
室 114室　朝食込み W-F
C A.D.J.M.V.
交 地下鉄Turati駅から徒歩4分

★★★ ミラノ・カステッロ P.210-B2

Hotel Milano Castello

中心街の一等地に位置しながら、喧騒から離れた静かな滞在が可能。清潔で機能的な客室はシングルルームもあり、ベッドの大きさも部屋の広さも十分。朝食は気持ちのよいテラス席でいただきたい。フロントスタッフの対応もよく、親切だ。

URL www.hotelmilanocastello.com
住 Via San Tomaso 2
☎ 02-38241026
SS €155〜
TS €170〜
室 34室　朝食込み W-F
C A.D.J.M.V.
交 地下鉄Cordusio駅から徒歩4分

ミラノでのホテル選び

見本市やファッション・ウイークなど、イタリアの都市のなかでも飛びぬけて催事が多いミラノ。特に春・秋には催し物が集中するので、勢いホテルの値段も高騰する。夏のバカンス期間や年末年始時期の数倍の値段に跳ね上がるのが普通。中央駅周辺のビジネスマン向けのホテルなどは、1部屋で5万円近くになることも。

春・秋の季節を外すのがミラノのホテル選びには効果的だが、この季節はイタリアが一番美しい季節でもある。そこで対策！　ビジネス客がいなくなる週末は料金が安くなるので①週末を狙ってホテルを取るプランを立てる。日本からの直行便を利用する場合、特にミラノを通過点とする旅行の時には、②マルペンサ空港付近に宿泊する。特に春・秋はミラノの3分の1程度の料金だ。空港への送り迎えもしてくれるので便利だ。

S シャワー共同シングル料金　T シャワー共同ツイン料金　D ドミトリー料金　SS シャワー付きシングル料金　SB シャワーまたはバス付きシングル料金　TS シャワー付きツイン料金　TB シャワーまたはバス付きツイン料金　3B シャワーまたはバス付きトリプル料金

★★★★ スターホテルズ・エコー P.212-A1

Starhotels E.c.ho.

ミラノ中央駅すぐ近く。モダンデザインとエコをコンセプトにしたスターホテルグループの新感覚ホテル。環境に優しく、ナチュラルで自然な居心地のよさに視点をおいている。ミラノ料理が楽しめるレストランを併設。

URL www.starhotels.com

住 Viale Andrea Doria 4
☎ 02-67891
Fax 02-66713369
SB €210～
TB €250～
室 143室　朝食込み W-F
C A.D.J.M.V.
交 ミラノ中央駅から徒歩5分

★★★★ サンピ P.212-B2

Hotel Sanpi

ホテルの建物に囲まれた静かで気持ちのよい中庭が自慢。よき時代を感じさせる建物と客室に、常連も多い。レストランやジムを併設し、ランドリーサービスもある。地下鉄Porta Venezia駅からも徒歩約5分。

URL www.hotelsanpimilano.it

住 Via Lazzaro Palazzi 18
☎ 02-29513341
Fax 02-29402451
SB €105～
TB €125～
室 79室　朝食込み W-F
C A.D.J.M.V.
交 地下鉄Repubblica駅から徒歩3分

★★★★ メディオラヌム P.212-B1

Mediolanum Hotel

ビジネスマンの利用が多い、サービスも充実したホテル。中央駅近く、食事にも便利な立地。カラフルでポップな客室は広々として快適。上述のサンピは姉妹ホテルで、ここのジムを利用することもできる。

URL www.mediolanumhotel.com

住 Via Mauro Macchi 1
☎ 02-6705312
Fax 02-66981921
SS SB €100～
TS TB €120～
室 51室　朝食込み W-F
C A.D.J.M.V.
交 ミラノ中央駅から徒歩5分

★★★ フローラ P.212-B1

Hotel Flora

中央駅からも近くて周辺にはレストランも多く、便利な立地。室内はモダンで居心地よくまとめられている。バスルームも機能的で使い勝手がよい。エレベーター完備。

読者割引 本書提示で5%割引

URL www.hotelfloramilano.com

住 Via Napo Torriani 23
☎ 02-66988242
Fax 02-66983594
SS €55～
TS €75～
室 50室　朝食込み W-F
C A.D.J.M.V.
交 ミラノ中央駅から徒歩3分

オステルズ P.212-A2

Ostelzzz Milano

ミラノに初めてできたカプセルホテル。一人ひとりのプライベート空間が確保されていて、カプセル内には荷物を置けるスペースも。トイレとシャワーは共同だが清潔で掃除が行き届いている。シェアキッチンやコインランドリーもある。

URL www.ostelzzz.com
住 Via Giorgio Jan 5A
☎ 333-1630121
D €60～
室 86室　朝食込み W-F
C A.D.J.M.V.
交 地下鉄Lima駅から徒歩6分

オステッロ・ベッロ・グランデ P.212-A・B1

Ostello Bello Grande

中央駅すぐの人気ホステル。清潔で施設も充実。スタッフの親切さも人気の秘訣だ。フロントは24時間対応。無料で鍵、タオル、シャンプーなどの貸し出しもあり、キッチンの利用もできるのがうれしい。ドミトリーと個室の2種類ある。

URL ostellobello.com
住 Via R.Lepetit 33
☎ 02-6705921
Fax 02-6792867
D €45～
SB €105～　TS €120～
室 198床　朝食込み W-F
C M.V.
交 ミラノ中央駅から徒歩4分

★★★ カナダ P.211-C3

Hotel Canada

ポルタ・ロマーナ大通りの裏手に位置しており、健脚派ならドゥオーモからも徒歩圏。客室は近代的で明るく、ミラノにしてはバスルームが広めで機能的なのもうれしい。行き届いたサロンでの朝食も充実している。

URL www.canadahotel.it

住 Via Santa Sofia 16
☎ 02-58304844
Fax 02-58300282
SS €185～
TS €205～
室 35室　朝食込み W-F
C A.D.J.M.V.
交 地下鉄Crocetta駅から徒歩6分

★★★ サン・フランチスコ P.209-A4

Hotel San Francisco

地下鉄駅近くの便利な場所にあるホテル。料金に十分見合ったサービスと雰囲気。中庭があり、晴れた日にはテラス席で朝食をいただくのも心地よいときが過ごせそう。

URL www.hotel-sanfrancisco.it
住 Viale Lombardia 55

☎ 02-2360302
Fax 02-26680377
SS SB €60～
TS €80～
3B €180～
室 28室　朝食込み W-F
C A.D.J.M.V.
交 地下鉄Loreto駅から徒歩5分

★★★ 21 ハウス・オブ・ストーリーズ P.209-A4

21 House of Stories Città Studi

ミラノ中央駅から地下鉄で1本のPiola駅から徒歩圏内。スタイリッシュなブティックホテルで、客室に備わるウエルカムスナックやドリンク、ティーバッグなども充実。レストランでいただく朝食も品揃え豊富。ナヴィリ地区にも系列ホテルあり。

URL 21houseofstories.com
住 Via Enrico Nöe 24
☎ 02-56568715
TB €250～
SU €310～
室 120室　朝食込み W-F
C A.D.J.M.V.
交 地下鉄Piola駅から徒歩7分

ニュー・ジェネレーション・ホステル・アーバン・ブレラ P.212-C2

New Generation Hostel Urban Brera

ツタのからまる風情ある修道院の一角にあるモダンな雰囲気のホステル。キッチン、セルフのコインランドリー、貸し自転車あり。チェックインは14:00～23:00。6人部屋のドミトリーは男女混合。女性専用ドミトリーや個室もあり。

URL www.newgenerationhostel.it
住 Via Renzo Bertoni 3
☎ 02-65560201
Fax 02-39195704
D €30～
SS €80～　TS €85～
C M.V.
室 28室　W-F
交 地下鉄Turati駅から徒歩2分

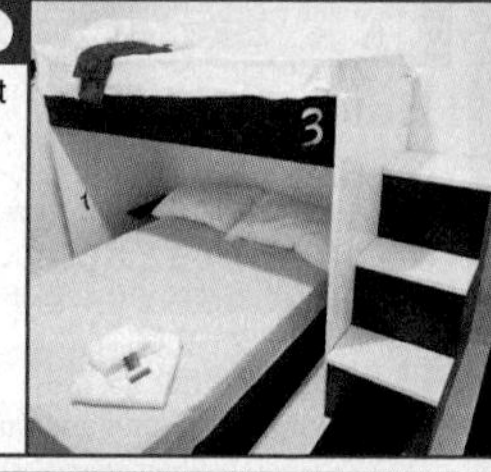

コンボ・ミラノ P.208-C1・2

Combo Milano

モダンなホステル。専用シャワーとトイレ付きのファミリールームは4人まで宿泊可能。ドミトリーは女性専用もあり。併設カフェはコワーキングスペースになっていて、ビジターも利用もOK。ヴェネツィア、トリノ、ボローニャにも系列あり。

URL thisiscombo.com
住 Ripa di Porta Ticinese 83
☎ 02-36680930
D €40～
SB €135～
室 40室　朝食込み W-F
C A.M.V.
交 地下鉄Porta Genova駅から徒歩7分

ハイ！ オステッロ・ミラノ P.208-A1外

Hi! Ostello Milano

緑に囲まれた郊外に位置し、お手頃価格で宿泊可能。ドミトリーと個室の2タイプあり、ドミトリーは男性と女性専用に分かれている。近くにはセルフサービスレストランや大型スーパーも。地下鉄Cadorna駅からは、M1線で約10分。

URL www.ostellomilano.com
住 Viale Angelo Salmoiraghi 1
☎ 02-39267095
Fax 02-33000191
D €25～　SS €100～
室 60室　W-F
C D.J.M.V.
交 地下鉄QT8駅から徒歩7分

S シャワー共同シングル料金　T シャワー共同ツイン料金　D ドミトリー料金　SS シャワー付きシングル料金　SB シャワーまたはバス付きシングル料金　TS シャワー付きツイン料金　TB シャワーまたはバス付きツイン料金　3B シャワーまたはバス付きトリプル料金

Venezia
ヴェネツィア

ヴェネツィアとその潟
登録年1987年　文化遺産

アドリア海の女王、夢の浮き島

ゴンドラの祭典「レガータ・ストリカ」や冬のカーニバルなど、かつてのヴェネツィアの栄光と存在感を彷彿とさせる伝統行事がめじろ押し。創業1720年のカフェ・フローリアンでカフェを飲めば、常連だったゲーテやカサノヴァが憩う風景が見えてくるようだ。時間にも車にも追われることなく歩いてみよう。そして小さな島々にも足を延ばしてほしい。

ヴェネツィアへの行き方

ローマから
ローマ・テルミニ駅からヴェネツィア・サンタ・ルチア駅（S.L.）までフレッチャロッサ（FR）やイタロ(ITA)で約4時間

フィレンツェから
フィレンツェ・サンタ・マリア・ノヴェッラ駅からS.L.駅までFR、ITAで約2時間15分

ミラノから
ミラノ中央駅からS.L.駅までFRやITAで約2時間30分

ナポリから
ナポリ中央駅からS.L.駅までFR、ITAで約5時間

2024年から導入開始！日帰り観光客の入島税

オーバーツーリズム対策として、ヴェネツィア市内の施設に宿泊しない日帰り観光客を対象とした入島税が導入。ヴェネツィア旧市街に入場する14歳以上の人々を対象に、€5が徴収される(→P.17)。

●2024年実施予定日：4月25日〜5月5日、5月11・12日、18・19日、25・26日、6月8・9日、15・16日、22・23日、29・30日、7月6・7日、13・14日

●支払い方法：ヴェネツィア市観光サイト(URL cda.ve.it)で事前に登録して決済を行う。電子チケット(QRコード)を入手して、入島時にチェックイン。

空港からのアクセス

ヴェネツィアの玄関口となるのは、町の中心から北に約8km離れたマルコ・ポーロ空港。

船の場合　空港からAlilagunaの船で、所要約時間約80分、片道€15、往復€27。
URL www.alilaguna.it

バスの場合　空港からヴェネツィア本島入口のローマ広場Piazzale RomaまでATVO社の35番またはACTV社の市バス5番のバスで、所要20〜25分。料金はいずれも片道€10。
●ATVO URL www.atvo.it
●ACTV URL actv.avmspa.it

ヴェネツィアの歩き方

●ヴェネツィア観光のハイライト

まずはサン・マルコ広場に向かおう！

サンタ・ルチア駅は明るく近代的。ホームを背にして右側にトレニタリアとイタロの切符売り場、左側に荷物預けやトイレがある。駅を出てすぐ、ヴァポレットの切符売り場が見えてくる。

まずは、サンタ・ルチア駅からサン・マルコ広場に向かおう。ヴァポレットなら❶番線で大運河を巡りながら、徒歩なら路地を抜けて壁にある「サン・マルコ広場へPer San Marco（ペル サン マルコ）」の矢印に沿って進むのが楽しい。どう迷っても1時間あれば十分。徒歩の場合、駅を左に出て右側に見えるスカルツィ橋を渡るか、道なりに真っすぐ進むかが最初の分かれ目。路地に迷い込むのも楽しい町歩きだ。サンタ・ルチア駅へ戻る場合は「Per Ferrovia（ペル フェッローヴィア）」が目印だ。

この町は自動車が走らないため、足で石畳の路地を歩くか、運河を行く**ゴンドラ**、**モーターボートのタクシー**、**あるいはヴァポレット**Vaporettoと呼ばれる水上乗合バスだけが移動手段だ。ヴァポレットはいくつかの路線があるが、おすすめは**各駅停車の❶番線**。逆Sの字をした大運河のすべての停船所に停まり、歩くのに飽きたら運河に出てヒョイと乗れる気安さがある。**ローマ広場**からサンタ・ルチア駅、**サン・マルコ広場**、**リド島**を結んでいる。名物ゴンドラは1隻に5〜6人乗れる。運河のあちこちに客待ち顔のゴンドラ漕ぎがいるので、事前に料金交渉をして乗ろう。アコーディオンと歌手付きなんて豪華版もある。モーターボートは**モトスカーフィ**Motoscafiと呼ばれ、タクシーとして利用されるが、大きな荷物でもなければあまり必要はない。

狭い運河では
ゴンドラもラッシュ状態

ヴェネツィアの歩き方　駅はヴェネツィア・サンタ・ルチア駅で下車。駅を出ると、目の前に大運河が広がっている。まずは一番の見どころのサン・マルコ広場へ向かおう。リアルト橋はその途中にある。移動手段はヴァポレットと呼ばれる乗合船か徒歩。各駅停車のヴァポレットで駅前からサン・マルコ広場まで約1時間。徒歩でも1時間程度。各所に書かれたサン・マルコSan Marco→を目印にすれば迷うことはない。

サン・マルコ広場 →P.249 ▶ サン・マルコ寺院 →P.250 ▶ ドゥカーレ宮殿 →P.251 ▶ コッレール博物館 →P.252 ▼ リアルト橋 →P.254 ◀ アカデミア美術館 →P.255 ◀ Ss.G.パオロ教会 →P.258 ◀ サン・ロッコ大同信組合 →P.257

ヴェネツィアの交通について

●ヴァポレット　Vaporetto

市民と観光客の足、ヴァポレット

バスターミナルがあるローマ広場から、サンタ・ルチア駅、リアルト橋、アカデミア橋、サン・マルコ広場、リド島と多くの見どころを通るのは各駅停車❶番。❷番はサン・ザッカリア（サン・マルコ広場東側）から外回りでローマ広場へ向かい、大運河（リアルト橋やアカデミア橋など）を通る。ムラーノ島へは直通の❸番のほか、4.1、4.2番でも行くことができる。ブラーノ島へは⓬番。ユースホステル（→P.278）のあるジューデッカ島へは❷、5.1番など。夜間も運航しており、Linea Nをチェック。

眺めのよい席に座ってみよう！

●モーターボート（水上タクシー）

決まった路線を運航するものと、メーター制がある。歴史地区の初乗り料金は€15。以降、60秒ごとに€2加算。深夜（22:00～翌6:00）割増€10。空港から本島（サン・マルコ広場周辺）までは€135程度。

●トラゲット　Traghetto

橋がない場所で対岸に渡りたいときに便利なのが、トラゲットTraghettoと呼ばれる乗り合いの渡しゴンドラ。切符はなく、乗船時に係員に現金€2を支払うシステムになっている。

●バスターミナル

ミラノ、パドヴァなどへ行くバスターミナルはローマ広場にあり、その多くがメストレMestreの町の中心部を通る。コルティナ・ダンペッツォなどのドロミテ方面行きのプルマン（曜日限定）も発着。

メストレ地区への移動

本島ではなくメストレ地区に滞在する人はバスがある。空港からメストレ駅前へはACTV社の市バス15番またはATVO社の25番で所要時間約20分。メストレ駅前からローマ広場までは市バス2番で約15分。切符€1.50。

✉ どっちのバスがいい？

結論から言うと、ATVO社のバスがおすすめ。車体横に荷物入れがあるし、運行本数も多いです。ACTV社のバスは普通の市バス。ATVO社の切符は乗り場の自販機で購入可で、係員も近くにいて安心。（東京都　百合子）['24]

モーターボート（水上タクシー）

サンタ・ルチア駅からサン・マルコ広場など周辺のホテルまでは€69程度。駅からブラーノ島は€155、トルチェッロ島へは€155程度。霧が発生した際は運航しない場合も。タクシーを呼び出す場合や荷物が一辺50cm以上の場合などは料金が加算される。
URL www.motoscafivenezia.com（日本語あり）

✉ 空港への移動は？

ホテルで予約すると最寄りの乗り場やヴァポレット駅まで来てくれます。空港まで30分以内。€135（現金のみ）ですが、最後の運河巡りをしてから高速で遠ざかっていくヴェネツィアの町並みを後ろに見ながら「さらば！」という雰囲気が味わえるし、待ち時間を含むヴァポレット＋バスなどより1～2時間有効に時間が使えます。（ナオト）['24]

トラゲットの乗り場

サンタ・ソフィアSanta Sofiaと対岸の魚市場Pescheriaを結ぶもの、ヴァポレットのサン・トーマSan Toma近くから反対岸に渡るものなど複数箇所にあり、それぞれ営業時間も異なる。また、1月1日、8月15日、12月25・26日は休業。

ゴンドラに乗ってみよう

ヴェネツィアを代表する乗り物といえばゴンドラ。昔は市民の移動の足として使われていたが、現在では観光客専用に。町のあちこちに「Servizio Gondole」と書かれた標識があり、ここではゴンドリエーレ（ゴンドラ漕ぎ）が客引きをしながら待っている。おすすめは、ゴンドリエーレの歌を楽しみながら夜の大運河を巡る舟旅。光に浮かび上がる建物を眺めながら、ヴェネツィアの旅情を味わいたい。春から秋の夕方から夜にかけては、ゴンドラに乗って、カンツォーネを楽しむゴンドラ・セレナーデというツアーもある。乗り合いなので、個人チャーターに比べて料金も安めだし、料金交渉の手間もない。申し込みは、観光案内所などで。

基本料金

●9:30～19:00　30分€90。以後20分ごとに€40
●19:00～翌8:00は夜間料金となり、基本料金35分で€110。以後20分ごとに€50が発生
乗り場には料金表の掲示があるのでチェックを。

ゴンドラ体験を！

ヴェネツィア　交通情報

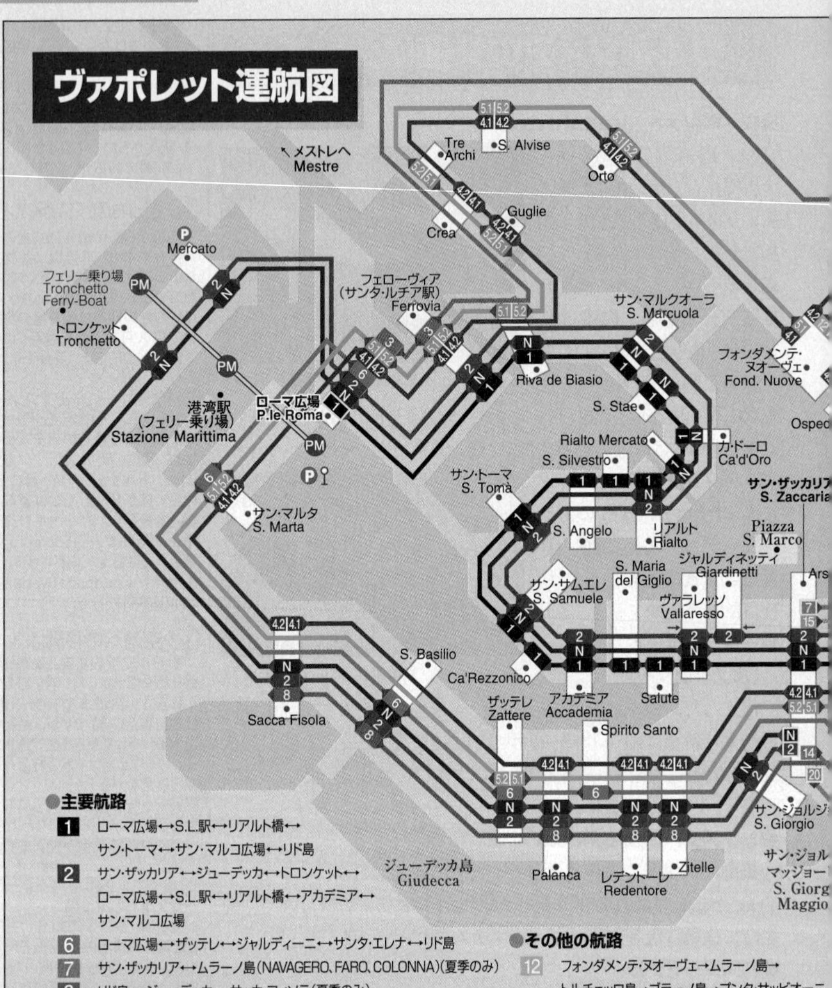

ヴェネツィア特有の住所表示を知ろう！

ヴェネツィアの住所は独特で、よく見かけるものには次のようなものがある。

●**CALLE**　人が歩く通り

●**SALIZZADA**
CALLEより広く舗装されている道

●**SOTOPORTEGO**
建物の下を通るトンネルのような通路

●**RIO**　運河

●**FONDAMENTE(A)**　運河に沿って続く道

●**CAMPO**　広場（一般的に広場はPIAZZAと呼ばれるが、ヴェネツィアでPIAZZAと名がつくのはサン・マルコ広場のみ）

●**CORTE**　中庭

●**RIO TERRA**　運河を埋め立てた道

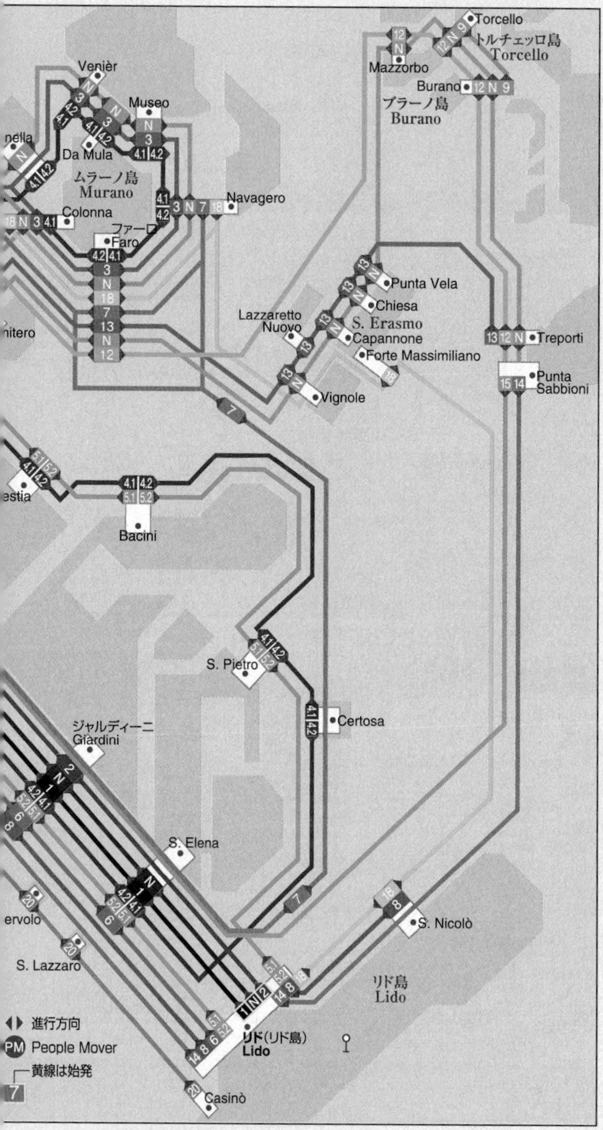

Torcello
トルチェッロ島
Torcello
Mazzorbo
Burano
ブラーノ島
Burano
Venièr
Museo
Da Mula
ムラーノ島
Murano
Navagero
Colonna
ファーロ
Faro
Lazzaretto Nuovo
S. Erasmo
Punta Vela
Chiesa
Capannone
Forte Massimiliano
Vignole
Treporti
Punta Sabbioni
Bacini
S. Pietro
Certosa
ジャルディーニ
Giardini
S. Elena
S. Nicolò
S. Lazzaro
リド島
Lido
リド(リド島)
Lido
Casinò

進行方向
PM People Mover
黄線は始発

ヴァポレットの料金

1回券は比較的割高な印象のヴァポレットの料金。町歩きの計画を立てて、島巡りをする日に1日券を購入するなど計画を立て、徒歩も駆使しながら回ろう。

- ●1回券　€9.50(75分間有効)
- ●24時間券　€25
- ●48時間券　€35
- ●72時間券　€45
- ●7日間券　€65

ヴァポレットの切符

IC切符になっているので、物理的には打刻されないが、打刻機にかざして使用しよう。サンタ・ルチア駅正面やヴァポレット乗り場に切符売り場がある。自動券売機は故障していることも多く、お釣りが出てこないことも。可能な限り窓口で購入することをおすすめする。また、切符売り場では24時間券や72時間券なども販売しているが、ホテルに向かう場合は、ひとまず1回券を購入してはいかがだろうか。ついつい滞在日数分の切符を購入しがちだが、料金が高いこともあるし、なによりヴェネツィアは徒歩でも十分楽しめる町だ。体力と相談しながら、効率的なタイミングで切符を購入しよう。

打刻機にかざして入場

意外と検札にやってくる?

イタリア国内の鉄道同様に、ヴァポレットでも抜き打ちで検札が行われる。打刻機がある乗り場も増えているが、有効期限を確認してから乗ること。

何を目印に町を歩けばいい?

ヴェネツィアの通りはまるで迷路のように入り組んでいるが、町は東西約4.5km、南北最大約2kmと小さく、徒歩で回れる距離なのである。ヴェネツィアを歩くときに目印となるのは、建物の壁にある行き先案内板だ。例えば、「PER FERROVIA」なら「駅へ」、「PER SAN MARCO」なら「サン・マルコ広場へ」、「PER RIALTO」なら「リアルト橋へ」という意味の表示が書かれているので、この3ヵ所の位置関係を把握しておくと迷子になる心配は少ない。

矢印が書かれるので安心

ヴェネツィア
Venezia
1
2
A
B
C
メストレへ8km
S. Alvise
サンタルヴィーゼ教会
S. Alvise
Mad. dell'Orto
マドンナ・デッロルト教会
Madonna dell'Orto
P.268
ダッラ・マリーザ
Dalla Marisa
アニス・ステラット
Anice Stellato
P.268
Sacca della Misericórdia
サン・ジョッベ教会
S. Giobbe
リベルタ橋
P.te della Liberta
ゲットー・ヌオーヴォ
Ghetto Nuovo
アル・ティモン
Al Timon P.269
Abbazia della Misericórdia
イエズス会
Gesuiti
トレニタリア
サンタ・ルチア駅
Staz. F. S. Venezia S. Lucia
リ・スカッツィ教会
Gli Scalzi
サン・ジェレミア広場
Campo S. Geremia
S. Geremia
C.カレルジ宮
Pal. V. Calergi
S. Fosca
カナル・グランデ
Ferrovia
サン・スタエ教会
S. Stae
カ・ペーザロ
Ca' Pesaro
カ・ドーロ
Ca' d'Oro
サンティ・アポストリ教会
Ss. Apostoli
S.G.オリオ教会
S. Giacomo d. Orio
橋
Ponte de Calatrava
P.le Roma
ACTV社
コープ
Coop
P.273
ローマ広場
Piazzale Roma
S.カッシアーノ教会
S. Cassiano
魚市場
サンタ・マリア・デイ・ミラーコリ教会
S. M. d. Miracoli
S.G.リアルト教会
S. Giacomo di Rialto
S.G.クリゾストーモ教会
S. G. Crisostomo
ドイツ商館
S. N. d. Tolentino
Campo S. Polo
リアルト橋
P.te di Rialto
サン・ロッコ教会
S. Rocco
サンタ・マリア・グロリオーサ・デイ・フラーリ教会
S. M. G. d. Frari
S.シルヴェストロ教会
S. Silvestro
サン・サルヴァドール教会
S. Salvador
S.M.フォルモーザ教会
スクオーラ・グランデ・ディ・サン・ロッコ（大同信組合）
Scuola Grande di San Rocco
グリマーニ宮
Pal. Grimani
CANAL GRANDE
S.マルゲリータ広場
Campo S. Margherita
コルネール・スピネッリ宮
Pal. Corner Spinelli
S.ズリアン教会
S. Zulian
サン・マルコ寺院
S. Marco
スクオーラ・グランデ・デイ・カルミニ（大同信組合）
Scuola Grande dei Carmini
カ・レッツォーニコ
Ca' Rezzónico
S.ステファーノ教会
S. Stéfano
サン・マルコ広場
P.za S. Marco
鐘楼
カルミニ教会
i Carmini
アンジェロ・ラッファエレ教会
Angelo Raffaele
S.ファンティン教会
S. Fantin
サン・ニコロ教会
S. Nicolo dei Mendicoli
S.モイゼ教会
S. Moisè
ドゥカーレ宮殿
Palazzo Ducale
サン・セバスティアーノ教会
S. Sebastiano
アカデミア橋
Ponte dell'Accademia
コルネール宮（カ・グランデ）
Pal. Corner Ca' Grande
S.Marco
Vallaresso
Staz. Marittima
アカデミア美術館
Gallerie dell'Accademia
ペギー・グッゲンハイム美術館
Collezione P. Guggenheim
S.M.デッラ・サルーテ教会
S. Maria d. Salute
P.236
プンタ・デッラ・ドガーナ
Punta della Dogana
S.トロヴァーゾ教会
S. Trovaso
ザッテレ
Fondamenta Zattere Ponte Lungo
Sacca Fisola
Zattere
Gesuati
CANALE DELLA GIUDECCA
ジューデッカ運河
Spirito Santo
S. Eufemia
Palanca
Zitelle
le Zitelle
Redentore
P.278
ジェネレイター・ホステル・ヴェニス
Generator Hostel Venice
ジューデッカ島
LA GIUDECCA
レデントーレ教会
Il Redentore
N
0
250
500m

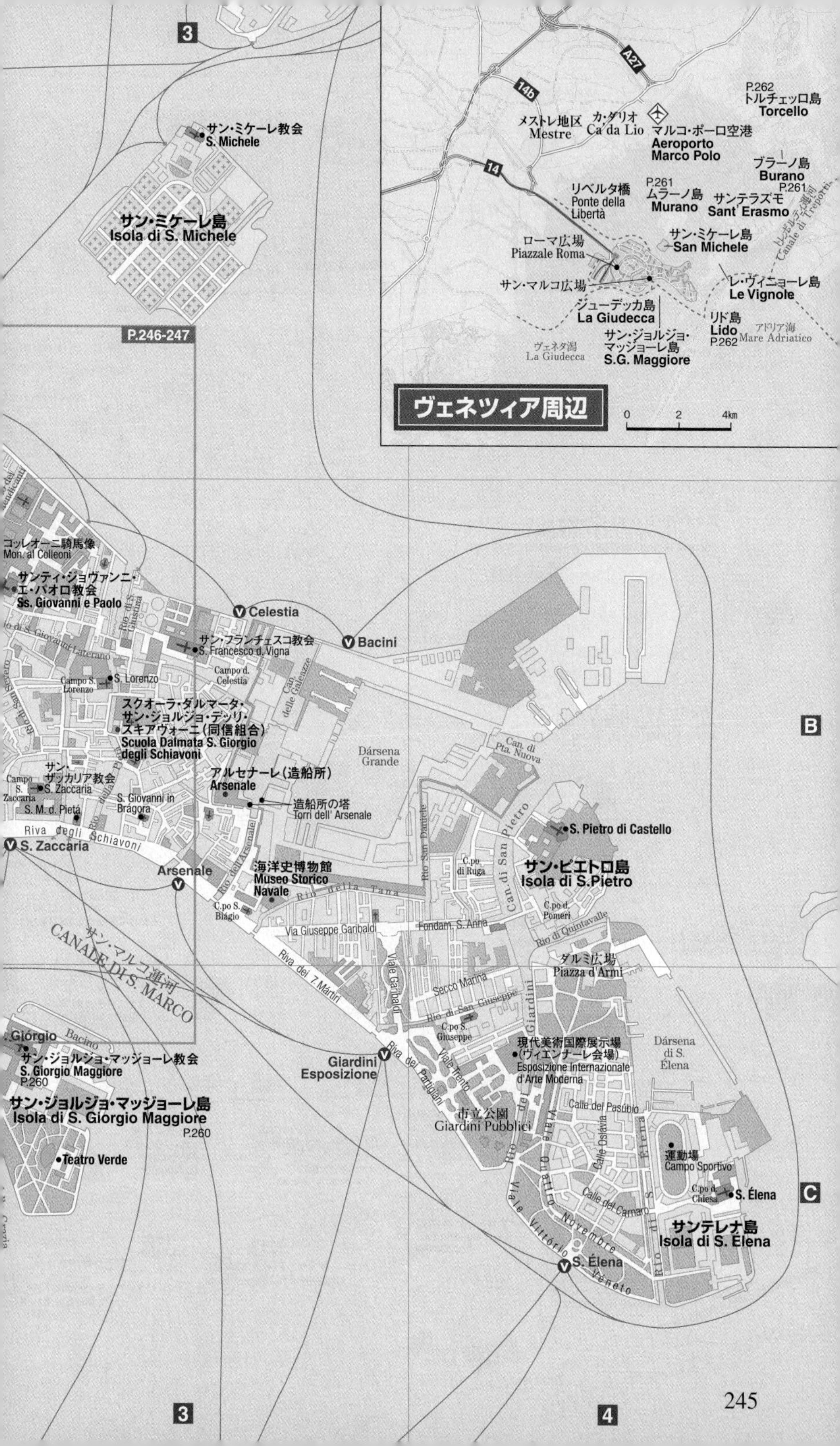
3
サン・ミケーレ教会
S. Michele
サン・ミケーレ島
Isola di S. Michele
P.246-247
ヴェネツィア周辺
メストレ地区
Mestre
カ・ダリオ
Ca' da Lio
マルコ・ポーロ空港
Aeroporto Marco Polo
P.262
トルチェッロ島
Torcello
ブラーノ島
Burano
P.261
リベルタ橋
Ponte della Libertà
P.261
ムラーノ島
Murano
サンテラズモ
Sant' Erasmo
サン・ミケーレ島
San Michele
ローマ広場
Piazzale Roma
サン・マルコ広場
ジューデッカ島
La Giudecca
レ・ヴィニョーレ島
Le Vignole
リド島
Lido
P.262
アドリア海
Mare Adriatico
サン・ジョルジョ・マッジョーレ島
S.G. Maggiore
ヴェネタ潟
La Giudecca
A27
14b
14
0 2 4km
コッレオーニ騎馬像
Mon. al Colleoni
サンティ・ジョヴァンニ・エ・パオロ教会
Ss. Giovanni e Paolo
Celestia
Bacini
サン・フランチェスコ教会
S. Francesco d. Vigna
Campo d. Celestia
S. Lorenzo
Campo S. Lorenzo
スクオーラ・ダルマータ・サン・ジョルジョ・デッリ・スキアヴォーニ(同信組合)
Scuola Dalmata S. Giorgio degli Schiavoni
サン・ザッカリア教会
S. Zaccaria
Campo S. Zaccaria
S. M. d. Pietà
S. Giovanni in Brágora
アルセナーレ(造船所)
Arsenale
造船所の塔
Torri dell' Arsenale
Dársena Grande
Can. delle Galeazze
Can. di Pta. Nuova
B
Riva degli Schiavoni
S. Zaccaria
Arsenale
Rio dell' Arsenale
海洋史博物館
Museo Storico Navale
Rio della Tana
Rio San Daniele
C.po di Ruga
Can. di San Pietro
S. Pietro di Castello
サン・ピエトロ島
Isola di S.Pietro
C.po S. Blágio
Via Giuseppe Garibaldi
Fondam. S. Anna
C.po d. Pomeri
Rio di Quintavalle
サン・マルコ運河
CANALE DI S. MARCO
Riva dei 7 Mártiri
Viale Garibaldi
ダルミ広場
Piazza d'Armi
Secco Marina
Rio di San Giuseppe
C.po S. Giuseppe
Giórgio
Bacino
サン・ジョルジョ・マッジョーレ教会
S. Giorgio Maggiore
P.260
サン・ジョルジョ・マッジョーレ島
Isola di S. Giorgio Maggiore
P.260
Teatro Verde
Giardini Esposizione
Riva dei Partigiani
Viale Trento
現代美術国際展示場(ヴィエンナーレ会場)
Esposizione Internazionale d'Arte Moderna
Dársena di S. Élena
市立公園
Giardini Pubblici
Calle del Pasúbio
Calle Ostiavia
運動場
Campo Sportivo
C.po d. Chiesa
S. Élena
C
Calle del Carnaro
Viale Vittorio Veneto
サンテレナ島
Isola di S. Élena
S. Élena
3
4

1
2
A
B
C
P.278
アッロッジ・ジェロット・カルデラン
Alloggi Gerotto Calderan
Rio Terrà S.Leonardo
デスパ・テアトロ・イタリア
Despar Teatro Italia
P.273
C. d. Chiesa
C. Colonna
P.278
ロカンダ・ディ・オルサリア
Locanda di Orsaria
サン・ジェレミア広場
Campo S. Geremia
S. Geremia
Pal. Emo
Pal. Correr Contarini
Pal. Querini
Pal. Gritti
S.Marcuola
ヴェンドラミン・カレルジ宮
Pal. Vendramin Calergi
(カジノ)
S. Fosca
Via V. Emanuele
Pal. Erizzo
Pal. Emo
Pal. Molin
カナル・グランデ
Rio di Noale
アッバツィア
Abbazia
P.275
Lista di Spagna
P.273
ダル・マス
Dal Mas
Riva di Biasio
リ・スカッツィ教会
Gli Scalzi
Riva di Biasio
P.268
アッランフォラ
All' Anfora
e Ramo Zen
Rio S. Zon Degolà
Pal.Giovanelli
Casa Correr
ベッローニ・バッタジア宮
Pal. Belloni Battagia
Ca'Tron
Pal. Priuli-Bon
S. Stae
C.po S. Stae
ヴィーニ・ダ・ジージョ
Vini da Gigio
P.268
Fondamenta S. Lucia
Ferrovia
P.te d. Scalzi
Calle Pisani
Lista dei Bari
Rio di Ca' Tron
サン・スタエ教会
S. Stae
P.254
カ・ペーザロ
Ca' Pesaro
P.254
カ・ドーロ
Ca' d'Oro
トレニタリア サンタ・ルチア駅
Staz. F. S. Venezia S. Lucia
Campo S. Simenon Profeta
Rio Marin
Calle Orsetti
S.G.オリオ教会
S. Giacomo d. Orio
Calle del Tintor
Rio di S. Stae
Ca'Corner d'Regina
Ca'd'Oro
Pal. Sagredo
Pal. Brandolin-M.
Fond. S. Simeon Piccolo
Campo N. Sauro
Runga Bella
Campo S. Giácomo dell'Orio
Rio del Megio
サンタ・マリア・マーテル・ドミニ教会
S. Maria Mater Domini
Rialto Mercato
S.カッシアーノ教会
S. Cassiano
魚市場
Pescheria
P.255
サンタ・マリア・マーテル・ドミニ広場
Campo S. Maria Mater Domini
Campo S. Cassiano
Corte Canal
C.po d. Strope
Campo S. Boldo
Calle del Tintor
Rio di S. Boldo
Rio di S. Cassiano
Calle dei Botteri
Campo della Lana
R. S. Giacomo dell'Orio
C.po di S. Agostin
P.267
カンティーナ・ド・モーリ
Cantina do Mori
スクオーラ・ディ・サン・ジョヴァンニ・エヴァンジェリスタ(同信組合)
Scuola di San Giovanni Evangelista
オステリア・ダ・フィオーレ
Osteria da Fiore
P.267
Scuola di S. Giovanni Evangelista
C.po S. Stin
Rio S. Agostin
Rio di S. Polo
Rio della Madonnetta
Rio delle Beccarie
エミリオ・チェッカート
Emilio Ceccato
P.273
S. N. d. Tolentino
C. d. Chiovere
Rio terrà S. Tomà
Rio di S. Stin
S. Aponal
C.po S. Aponal
サン・ポーロ広場
Campo S. Polo
S.シルヴェストロ教会
S. Silvestro
P.259
サンタ・マリア・グロリオーサ・デイ・フラーリ教会
S. M. G. d. Frari
サン・ロッコ教会
S. Rocco
サン・ポーロ教会
S. Polo
C.po S. Silvestro
Campo dei Frari
Campo S.Rocco
パパドーポリ宮
Pal. Papadopoli
Pal. Rava
Fondam. del Vin
S. Silvestro
スクオーラ・グランデ・ディ・サン・ロッコ(大同信組合)
Scuola Grande di San Rocco
P.257
Rio di S. Polo
Pal. Bernardo
Pal. Dona
Pal. Dandolo
Pal. Loredan
Pal. Barbarigo D. Terrazza
Pal. C.-Layard
CANAL GRANDE
グリマーニ宮
Pal. Grimani
Ca' Farsetti
P.273
トノーロ
Tonolo
Rio della Frescada
C.po S. Tomà
S.Tomà
Pal. Tiepolo
Pal. Volpi
Rio di S. Luca
Campo S. Pantalon
Rio di Ca' Foscari
C. larga Foscari
Pal. Marcello d. Leoni
Pal. Dandolo
S.Toma
S. Angelo
Pal. Benzon
Campo S. Beneto
コルネール・スピネッリ宮
Pal. Corner Spinelli
S.マルゲリータ広場
Campo S. Margherita
Pal. Balbi
Pal. Corner Spinelli
Pal. Mocenigo
Calle de la Mandola
Calle Sagredo
カ・フォスカリ
Ca' Fóscari
Pal. Contarini delle Figure
Rio di S. Angelo
Piscina S. Samuele
コンタリーニ・デル・ボーヴォロ階段
Scala Contarini del Bovolo
P.259
スクオーラ・グランデ・デイ・カルミニ(大同信組合)
Scuola Grande dei Carmini
Pal. Giustinian
Pal. Moro-Lin
Campo S. Ángelo
Rio della Verona
P.272
カ・マカーナ
Ca'Macana
P.255
カ・レッツォーニコ
Ca'Rezzonico
グラッシ宮
Pal. Grassi
S.ファンティン教会
S. Fantin
Campo S. Fantin
カルミニ教会
i Carmini
S. Samuele
リゾラ
L'isola
P.272
S.ステファーノ教会
S. Stefano
フェニーチェ劇場
Teatro la Fenice
サン・バルナバ教会
S. Barnaba
Rio di S. Barnaba
Pal. Contarini-M
Ca'Rezzonico
Pal. Malipiero
サトゥルニア&インターナショナル
Saturnia & International
Calle Lunga S. Bárnaba
Ca'del Duca
Rio del Duca
C.d. Spezier
P.276
Calle Lunga S. Bárnaba
Rio Malpaga
Rio C. dei Cerchieri
Pal. Moro
Pal. Falier
サント・ステファーノ広場
Campo S. Stéfano
Campo S. Maurizio
スコーラ・サン・ザッカリア
Scola San Zaccaria
P.272
3月22日通り
Calle Larga 22 Marzo
サン・バルナバ広場
Campo San Barnaba
Rio della Toletta
Pal. Contarini D'Scrigni
Pal. G. Lolin
Rio del Santissimo
Dose Da Ponte
Rio dell' Albero
バール・アッラ・トレッタ
Bar alla Toretta
P.269
Pal. Gambara
Pal. Cavalli Franchetti
バルバロ宮
Pal. Barbaro
コルネール宮(カ・グランデ)
Pal. Corner Ca'Grande
タヴェルナ・サン・トロヴァーゾ
Taverna San Trovaso
P.269
Accademia
アカデミア橋
Ponte dell'Accademia
Pal. Pisani
Pal. Gritti
Rio della Eremite
Rio Ognissanti
C.po d. Carità
Giglio
フローラ
Flora
P.277
Rio di S. Trovaso
P.255
アカデミア美術館
Gallerie dell' Accademia
Pal. Rota
S.トロヴァーゾ教会
S. Trovaso
Pal. Barbarigo
ダリオ宮
Pal.Dario
Salute
Pal. Genovese
C.po d. Salute
カンティノーネ
Cantinone
P.269
Rio terrà A. Foscarini
ペギー・グッゲンハイム美術館
Collezione P. Guggenheim
P.256
サンタ・マリア・デッラ・サルーテ教会
S. Maria d. Salute
P.256
ザッテレ
Fondamenta Zattere Ponte Lungo
ゴンドラ造船所(スクエーロ)
Squero di S. Trovaso
CANALE DELLA GIUDECCA
ジューデッカ運河
Gesuati
C.po S. Agnese
Rio di S. Vio
Rio della Fornace
Zattere
Zatt. ai Gesuati
Zatt. allo Spirito Santo
Fond. Zattere al Saloni

ヴェネツィア中心部
0
100
200m
N
Fond. Nuove
イエズス会
Gesuiti
Fondamenta Nuove
フォンダメンタ・ヌオーヴェ
P.230
Ospedale
S. Giustina
Arsenale
S. Zaccaria
Riva Schiavoni
S. Marco
Vallaresso
S. Giórgio
P.275
メゾン・ヴェネツィア
Maison Venezia
P.272
ティポグラフィア・バッソ・ジャンニ
Tipografia B.Gianni
ヴィットリオ・コスタンティーニ
Vittorio Costantini
P.272
アッラ・ヴェドーヴァ
Alla Vedova
P.268
P.278
ジョルジョーネ
Giorgione
サンティ・アポストリ教会
Ss. Apostoli
Campo Ss. Apostoli
カ・ダ・モスト
Ca'da Mosto
P.267
オステリア・ダ・アルベルト
Osteria da Alberto
スクオーラ・ディ・サン・マルコ(同信組合)
Scuola di S. Marco
サン・ジョヴァンニ・クリソストーモ教会
S. G. Crisostomo
サンタ・マリア・デイ・ミラーコリ教会
S. M. d. Miracoli
Campo Ss. Giov. e Paolo
コッレオーニ騎馬像
Mon. ai Colleoni
P.258
サンティ・ジョヴァンニ・エ・パオロ教会
Santi Giovanni e Paolo
P.268
バラババオ
Barababao
ディー・エフ・エス
DFS
P.273
ドイツ人商館
Fondaco dei Tedeschi
サン・ジャコモ・リアルト教会
S. Giacomo di Rialto
リアルト橋
P.te di Rialto
P.254
セパ
Sepa
P.269
P.270
ジェラテリア・スーソ
Gelateria Suso
ロスティッチェリア・ジスロン
Rosticceria Gislon
P.267
チップ・チャップ
Cip Ciap
サン・バルトロメオ広場
Campo S. Bartolomeo
サン・バルトロメオ教会
S. Bartolomeo
P.267
サンタ・マリア・フォルモーザ広場
C. S. Maria Formosa
ベンボ宮
Pal. Bembo
アイ・レアリ
Ai Reali
P.276
郵便局
P.248
サン・サルヴァドール教会
S. Salvador
S.M.フォルモーザ教会
S. M. Formosa
サン・フランチェスコ教会
S. Francesco d. Vigna
Campo S. Giustina
Campo S. Lorenzo
S. Lorenzo
P.257
スクオーラ・ダルマータ・サン・ジョルジョ・デッリ・スキアヴォーニ(同信組合)
Scuola Dalmata S. Giorgio degli Schiavoni
スターホテルズ・スプレンディッド・ヴェニス
Starhotels Splendid Venice
P.276
P.267
ダル・モーロス
Dal Moro's
クエリーニ・スタンパリア絵画館
Pinacoteca Querini Stampari
S.ズリアン教会
S. Zulian
ロカンダ・シルヴァ
Locanda Silva
P.277
P.277
オテル・アイ・ド・モリ
Hotel Ai Do Mori
P.266
イル・リドット
Il Ridotto
P.250
時計塔
Torre dell'Orologio
P.250
サン・マルコ寺院
Basilica di S. Marco
P.276
コンコルディア
Concordia
P.266
トラットリア・アッラ・リヴェッタ
Trattoria Alla Rivetta
P.258
サン・ザッカリア教会
S. Zaccaria
P.276
サヴォイア・エ・ヨランダ
Savoia & Jolanda
Campo S. Zaccaria
P.270
グラン・カフェ・クアードリ
Gran Caffè Quadri
サン・マルコ広場
P.za S. Marco
P.249
P.251
ドゥカーレ宮殿
Palazzo Ducale
牢獄
Prigioni
鐘楼
Campanile
P.251
コッレール博物館
Museo Civico Correr
P.252
P.277
パガネッリ
Paganelli
ピエタ教会
La Pietà
P.275
メトロポール
Metropole
S. Giovanni in Brágola
アル・コーヴォ
Al Covo
P.266
P.277
ラ・レジデンツァ
La Residenza
Campo Bandiera e Moro
サン・マルコ小広場
Piazzetta S. Marco
P.269
ビッレリア・フォルスト
Birreria Forst
スキアヴォーニ河岸
Riva degli Schiavoni
国立マルチャーナ図書館
Liberia Marciana
溜息の橋
P.te dei Sospiri
P.252
プリンチペッサ
Principessa
P.266
カフェ・フローリアン
Caffè Florian
P.270
P.271
プラダ
Prada
P.271
ルイ・ヴィトン
Louis Vuitton
S.モイゼ教会
S. Moisè
P.249
Capitan di Porto
モナコ・エ・グランド・カナル
Monaco e Grand Canal
P.276
サン・マルコ運河
CANALE DI S. MARCO
プンタ・デッラ・ドガーナ
Punta della Dogana
サン・ジョルジョ・マッジョーレ島
Isola di S. Giorgio Maggiore
Bacino
Abbazia della Misericordia
Canale della Misericordia
Rio di S. Caterina
Rio dei Gesuiti
Rio di S. Sofia
Rio terà Barba Fruttariòl Madonna
Rio dei Santi Apostoli
Rio della Panada
Rio dei Mendicanti
Rio di San Marina
Rio di S. Giovanni Laterano
Barbaria delle Tole
Rio di S. Giustina
Rio di S. Lorenzo
Rio dei Greci
Rio dell Pietà
Calle del Lion
Calle dei Furlani
Salizzada S. Lio
Rio di S. Zulian
Calle dei Fabbri
Mercerie
Bacino Orseolo
Rio dei Giardinetti
3
4
A
B
C

●郵便番号　30124

市内の観光案内所

ℹ サン・マルコ広場
住 San Marco 71/f
☎ 041-5298711
開 9:00～18:30
MAP P.247-C3

ℹ ローマ広場
住 Piazza Roma, Garage ASM
☎ 041-5298711
開 6:00～22:30
MAP P.244-B1

ℹ マルコ・ポーロ空港
到着ロビー内にある。
住 Aeroporto Marco Polo
☎ 041-5298711
開 8:30～19:00

●郵便局
住 Calle S.Salvador 5016
☎ 041-2404149
開 8:20～19:05、土8:20～12:35
休 日・祝
MAP P.247-B3

ヴェネツィアの役立つ情報

●ヴェネツィアの観光案内所

サン・マルコ広場の案内所

観光案内所は、ローマ広場（ヴァポレット乗り場を背にした右前方。建物内部）、サン・マルコ広場、空港などにあり、観光案内や地図の販売（有料）のほか、ヴァポレットの切符や見どころの共通券（→P.248）の販売、ローリング・ヴェニス（→P.248）などの発行もしている。VENEZIA UNICAのチケット・ポイントを兼ねる案内所も点在している。

ローマ広場の案内所は
ACTV社の切符売り場横

●両替

ヴェネツィアのレートはあまりよくない。また、場所によってかなりレートにバラツキがあり、繁華街を外すとややレートがよくなる傾向だ。ただし、レートがよければ手数料が高く、手数料が安ければレートが悪いのが普通。数軒を比較して、有利なところを探そう。銀行や両替所は、サンタ・ルチア駅構内、リアルト橋近く、サン・マルコ広場などに集中している。

●郵便と電話

サンタ・ルチア駅近くなら、住 Calle dello Spezier 233/D（月～金8:20～13:35、土8:20～12:35）、本局はリアルト橋近くのサン・サルヴァドール教会そば住 S. Marco 5016, Ca' Faccanonにある。本島にも約10ヵ所あるので、ホテルで一番近いところを聞いてみよう。

各種共通切符を賢く利用しよう

ヴェネツィアを観光するのにはお金がかかる。1ヵ所ずつチケットを買うと割高になるので、共通券の購入がおすすめだ。なかには30日前に早割予約すれば最大€5お得になる券も。早くから計画を立てているなら、公式サイトで購入するのがベター。もちろん、現地の観光案内所や各見どころでも購入はできる。

●サン・マルコ広場周辺共通券
Musei di Piazza San Marco
入場可能施設 ドゥカーレ宮殿、コッレール博物館、国立考古学博物館、国立マルチャーナ図書館
料金 €30、65歳以上・学生・6～14歳€15、5歳以下無料（30日以上前の購入で€25、65歳以上・学生・6～14歳€13）
URL muve.vivaticket.it

●美術・博物館パス　Museum Pass
入場可能施設 サン・マルコ広場周辺共通券で入場できる4施設、カ・レッツォーニコ、モチェニーゴ宮、ゴルドーニの家、カ・ペーザロ、ガラス博物館（ムラーノ島）、レース博物館（ブラーノ島）、自然史博物館など
料金 €40、65歳以上・学生・6～14歳€22
URL muve.vivaticket.it

●教会加盟コールス・パス　Chorus Pass
入場可能施設 サンタ・マリア・デイ・ミラーコリ教会、サンタ・マリア・グロリオーサ・デイ・フラーリ教会ほか、15ヵ所以上の教会に共通
料金 €14、25歳以下の学生€10（有効期限1年間）
URL www.chorusvenezia.org

●ヴェネツィア・ウニカ　VENEZIA UNICA
ACTV社やAlilaguna社の空港線、ヴァポレットの切符、各見どころのチケットなどから、自分の好みに合わせて利用路線、期間、時間などを選んでカスタマイズして利用する共通券。現地ではVENEZIA UNICA専用の切符売り場「Ticket Point」、観光案内所や旅行会社などで購入可能。公式サイトでも購入できるが、少々複雑なので現地での購入がおすすめ。
URL www.veneziaunica.it
※6～29歳を対象に、一部の市立美術・博物館や公共交通機関の切符が割引になる「ローリング・ヴェニス Rolling Venice」もある

鳩が飛び、音楽の流れる大広場

MAP P.247-B・C3

サン・マルコ広場 ☆☆☆

Piazza San Marco ピアッツァ サン マルコ

ヴェネツィアの中心サン・マルコ寺院前に広がるこの広場は、世界中の旅行者の集いの場である。正面に**サン・マルコ寺院**Basilica(バジリカ) di San Marco(ディ サン マルコ)、その右には**ドゥカーレ宮殿**Palazzo Ducale(パラッツォ ドゥカーレ)、その前にある翼をもつライオン像はヴェネツィアの守護神、聖マルコの象徴として造られている。寺院正面には**コッレール博物館**Museo Civico Correr(ムゼオ チヴィコ コッレール)と**新政庁**(インフォメーションはこの1階にある)がある。広場には、教会とは対照的にシンプルな四角い**鐘楼**Campanile(カンパニーレ)がありエレベーターで上まで昇れる。

広場の正面にはサン・マルコ寺院がある

鐘楼から見たサン・マルコ広場

サン・マルコ広場への行き方

サン・マルコ広場へはヴァポレット❶番または❷番でサン・マルコSan Marcoまたはサン・ザッカリアSan Zaccaria下船

■カフェの掟

生演奏が流れるロマンティックなサン・マルコ広場のカフェ。演奏時には飲み物代金のほか、テーブルチャージ(1人€3〜6、店により異なる)が取られる。注文する飲み物によるが、安いトラットリアで食事するくらいかかる。のどを潤すだけなら、立ち飲みを利用するのがベター。座るなら、せっかくなので1時間くらいたっぷり雰囲気を満喫したい。

✉ サン・マルコ広場の眺めを楽しむなら

多くの人がサン・マルコで下船しますが、ひとつ先のスキアヴォーニまで乗るとドゥカーレ宮殿や鐘楼などが大運河から眺められておすすめです。

(神奈川県　アキリン)

ヴェネツィアの気候と服装

冬の寒さは厳しい。ゴンドラやヴァポレットで景色を楽しみたい人は厚手のコート、帽子、手袋、マフラー、簡易カイロなどの準備を。冬の終わりから春にかけて、ときにはアクアアルタ(高潮)が発生し、通りには簡易橋が設けられる。午後には水は引くが、ぬれてもいい靴があると安心。

✉ 私のヴェネツィアの歩き方

ヴァポレット+徒歩で

滞在期間が短いならヴァポレットの1日券などを買うより、1回券€9.50+歩きのほうが効率的で経済的。

(兵庫県　アミーカ・ディ・カミーラ)['24]

予定どおりに回るには?

ヴェネツィアの町は歩いて回れる広さですが、地図どおりに歩くのが難しいくらい道は複雑。1日だけ滞在の人はヴァポレットを利用するほうが予定どおりに回れると思います。

(愛知県　ヒロコ414)

ヴェネツィアの歩き方

ホテルをはじめ物価が高い。観光案内所では地図は有料ですし、業務も観光案内というよりも、美術・博物館のセット券や各種ツアー、ヴァポレットの切符の販売所という感じ。世界的観光地なので仕方ないことかもしれませんが、利益至上主義と思うのは私の偏見……?でも、やはりこの町このシチュエーションは格別です。そこで、①町を歩いて回る日、②美術・博物館のセット券をフル活用する日、③ヴァポレットを利用して島へ行く日、大運河周遊をする日、などと決めて動くとムダがありません。ヴァポレットで遠出をしたあとのシメは、眺めのよい席をゲットして、ゆったりと大運河巡りを楽しみましょう。

(栃木県　唐沢真子)

初日にヴァポレット

ヴァポレットは狭い水路を走るので、ヴェネツィア初日に回ると地形が理解できて旅をさらに楽しめます。

(アノアルコ)

町の守護聖人サン・マルコを祀る  P.247-B3

サン・マルコ寺院

Basilica di San Marco バジリカ ディ サン マルコ

クーポラが異国趣味のサン・マルコ寺院

●サン・マルコ寺院
住 Piazza San Marco 328
☎ 041-2708311
開 9:30～17:15、日・礼拝時14:00～17:15（最終入場30分前）、博物館は日9:30～14:00も開館
休 無休
料 €3、パラ・ドーロ€5、博物館€7、6歳以下無料
※行列を避けるなら必ず予約をして行くのがベター。ただし、予約手数料が発生する。チケットの種類により€3～5程度
URL www.basilicasanmarco.it
※サン・マルコ寺院への入場には、服装チェックあり。ノースリーブ、短パン、ミニスカートなど、肌を露出させた服装は不可。また、内部では帽子は脱ぎ、静かに拝観しよう。撮影も禁止。リュックなどの大型荷物はやや離れたクロークへ預ける

9世紀エジプトから運ばれた聖マルコの遺体を収めるために建てられた。大火のあとに再建されたりと、何度か修復を重ねている。冬には水に浸っていることもあるので足元には注意！

守護聖人聖マルコを祀る

入口上部にある4頭の青銅馬像（コピー）は、13世紀ヴェネツィアの十字軍がコンスタンティノープルより持ち帰ったもので、紀元前400～200年頃の作品といわれる。後に、ナポレオンが一時戦利品としてパリへ持っていったが、また戻されたもの。オリジナルは内部に展示されている。丸天井の**モザイク画**は旧約聖書をテーマにしている。

重厚なサン・マルコ寺院内部

右側にある**洗礼堂**も**モザイク画**が美しい。中央祭壇の後ろにある、**パラ・ドーロPala d'Oro**はこの寺院を代表する宝物といわれる。976年に造られ、その後補修されている。宝石類がちりばめられ、非常に美しいものだ。寺院右端には**宝物庫**Tesoro（テゾーロ）があり、1204年十字軍がコンスタンティノープルより持ち帰った戦利品などが並べられている。

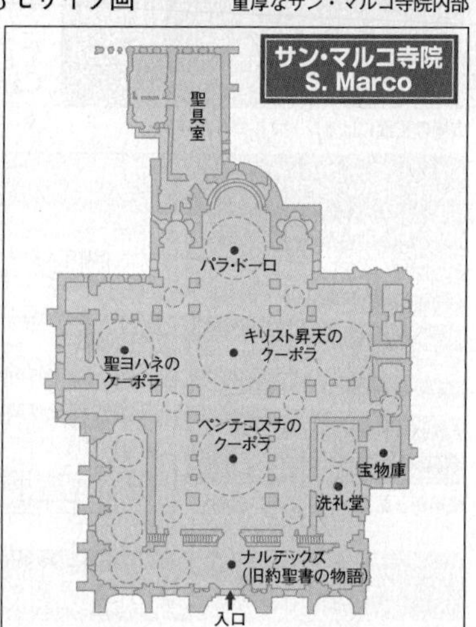

●時計塔
住 Piazza San Marco
☎ 041-42730892
開 専門ガイド付きで完全予約制、入場は6歳以上。英・伊・仏語のツアーがある
料 €14、6～14歳€11
URL torreorologio.visitmuve.it

ムーア人が時を告げる  P.247-B3

時計塔

Torre dell' Orologio トッレ デッロロロージョ

サン・マルコ広場の北側、ロッジアの建物の一部を占めている。15世紀にM. コドゥッチによって建てられたもので、頂にはブロンズ像のふたりのムーア人が載り、大きな鐘を打って時を告げる。内部は狭く、急な階段になっている。

サン・マルコ広場のもうひとつの展望台、時計塔

高くそびえ天を突く **MAP P.247-C3**

鐘楼 ★★★

Campanile カンパニーレ

サン・ジョルジョ・マッジョーレ教会の鐘楼も見える

サン・マルコ広場にそびえる高さ98.6mの鐘楼。赤いれんが造りで天を突くようなシンプルなフォルムは寺院とは対照的な美しさだ。鐘楼下の大理石とブロンズのエレガントな装飾はサンソヴィーノによる16世紀のもの。鐘楼は1912年に再建された。

エレベーターで鐘のある場所まで上がれ、そこからのヴェネツィアの町とラグーナの眺望がすばらしい。眼下には迫力のサン・マルコ寺院、運河の向こうには白い貴婦人のようなたたずまいのサン・ジョルジョ・マッジョーレ教会……。ボートが描く白い軌跡の先には緑のリド島やムラーノ島、遠くの工業地帯までが望める。カラフルな長い絵巻物のような眺望は、まさに「水の都」をつくり上げた人々の情熱と歴史を眺めるかのようだ。

●鐘楼
住 Piazza San Marco
☎ 041-2708311
開 9:30～21:15（最終入場20:45）
休 無休（催事や悪天候時は閉場の場合あり）
料 €10、6歳以下無料
※40×30×20cmを超える手荷物は持ち込み不可
※公式サイトでの予約で手数料€2が発生する。各回定員30名
URL www.basilicasanmarco.it

夜の時計塔も美しい

✉ 鐘楼からの眺め

エレベーターで屋上へ楽に昇れますし、何より眺めが本当にすばらしいです。真っ青な運河と茶色の家並みが非常に美しく、ヴェネツィアならではの風景です。閉館30分前に切符売り場はクローズ。
（サザエさん）

栄えあるヴェネツィア総督の政庁 **MAP P.247-C3**

ドゥカーレ宮殿 ★★★

Palazzo Ducale パラッツォ ドゥカーレ

大運河から眺めたドゥカーレ宮殿（右）と鐘楼

ヴェネツィア共和国総督の政庁として8世紀に建てられたが、何度かの火災に遭い、現在の建物は16世紀のもの。入口は寺院右側、宝物館の裏にある。いくつもの評議員の部屋、そして大会議室などがあり、ティントレット、ヴェロネーゼなどのすばらしい絵画が飾られている。なかでも2階大評議の間にあるティントレットの『天国（パラディーゾ）』Paradisoは7×22mもあり世界最大の油絵といわれる。そのスケールの大きさは見る者を圧倒するはずだ。

ドゥカーレ宮殿の中庭にはブロンズ製の井戸がある

●ドゥカーレ宮殿
☎ 041-2715911
開 4～10月9:00～19:00、11～3月9:00～18:00（最終入場1時間前、30分前から退出開始）
休 無休
料 サン・マルコ広場周辺共通券€30、65歳以上・15～25歳までの学生・6～14歳€15、5歳以下無料（→P.248）
※公式サイトでも購入可能。訪問日の30日以上前に購入すると、割引価格になる
URL palazzoducale.visitmuve.it

ドゥカーレ宮殿内、大評議の間

●コッレール博物館
住 Piaza San Marco 52
☎ 041-2405211
開 4～10月10:00～18:00、11～3月10:00～17:00（最終入場1時間前）
休 無休
料 サン・マルコ広場周辺共通券€30、65歳以上・15～25歳までの学生・6～14歳€15、5歳以下無料(→P.248)
※公式サイトで購入可能。訪問日の30日以上前に購入すると、割引価格になる
URL correr.visitmuve.it

共通券はコッレール博物館で

ドゥカーレ宮殿にも入場可能なサン・マルコ広場周辺共通券(→P.248)。宮殿はチケットの有無で入場口が異なり、ハイシーズンになると当日券の列ができるほど。そこでおすすめは、コッレール博物館で共通券を買うこと。観光客でにぎわう2023年7月訪問時でも、博物館のほうはチケット売り場も混雑せず、ゆったりと見学ができた。その後、ドゥカーレ宮殿でチケットを持っている人のラインを進むと、すんなり入場できるはずだ。

●溜息の橋
交 サン・マルコ広場裏手。ヴァポレットでは1番または2番サン・ザッカリア San Zaccaria下車
※溜息の橋を望むパリア橋の上は、溜息の橋と一緒に写真を撮ろうとものすごい人の数。荷物をしっかり守って撮影しよう

昔日の暮らしを伝える博物館 MAP P.247-C3

コッレール博物館

Museo Civico Correr ムゼオ チヴィコ コッレール

広場西側、サン・マルコ寺院正面の建物の2階と3階。ヴェネツィアの歴史と人々の暮らしぶりをしのばせる展示品が多い。昔のメニュー、ゴンドラの図なども興味深い。**絵画館**Pinacotecaでは、アントネッロ・ダ・メッシーナの**『ピエタ』**Pietàや**カルパッチョの『ヴェネツィアの二人の婦人』**Le due Veneziane（レ ドゥエ ヴェネツィアーネ）は有名。

特別展の際に使われる**舞踏の間**Salone da Balloがすばらしい。

人々の暮らしを伝えるコッレール博物館

当時の風俗が描かれた『ヴェネツィアの二人の婦人』

絶望の溜息が聞こえる MAP P.247-C3

溜息の橋

Ponte dei Sospiri ポンテ デイ ソスピーリ

ドゥカーレ宮殿内部の階段を下りるか、河岸に面したパリア橋Ponte Paglia（ポンテ パリア）から見えるのが溜息の橋。ドゥカーレ宮の地下牢獄は満水時には水牢になったり、この橋を渡ると二度とこの世に戻ってこられないといわれ、橋の小窓からこの世に別れを惜しみ溜息をついたという逸話が残っている。しかし、カサノヴァがこの牢から脱獄したのは有名な話。ドゥカーレ宮殿から内部の見学可。

溜息の橋

ヴェネツィアのパノラマビュースポット

眺望ベスト3を挙げるとすれば、①サン・マルコ広場の鐘楼、②サン・ジョルジョ・マッジョーレ教会の鐘楼、③DFSの4階テラスだろう。ただしDFSは予約必須でなかなか取りづらいのが難点だ。

サン・ジョルジョ・マッジョーレ教会もヴァポレットで島まで訪れる必要があるので、比較的混雑も少ない。また、意外な穴場スポットとして宿の人に教えてもらったのはコンタリーニ・デル・ボーヴォロ階段。らせん階段を上るとヴェネツィアの町を見渡すことができる。

サン・ジョルジョ・マッジョーレ教会からの景色

大運河周辺

大運河に沿って

ヴァポレットに乗って大運河を一望する

サンタ・ルチア駅と、サン・マルコ広場の間を町を二分して逆S字に蛇行する約3800mの**大運河**Canal Grandeに沿って、ヴァポレットによる最もヴェネツィアらしい船旅を楽しんでみよう。

ヴァポレットに乗り大運河を行く

ヴァポレット❶番の各駅停車が、ゆっくり風景を楽しめるのでおすすめ。乗り場は駅を出てほぼ正面なのでわかりやすい。右に約400m行って橋を渡った始発の**ローマ広場**から乗ってもよい。

駅の乗り場から対岸正面にある小さなドームは**サン・シメオン・ピッコロ教会**San Simeon Piccolo。船は左に**リ・スカルツィ教会**Gli Scalziを見ながら**スカルツィ橋**をくぐる。運河は広さを増し、時間によっては水面が日の光で輝き、両側の古い館と美しいコントラストを描いている。間もなく運河は右にゆったりと曲がっていく。左側にアーチ窓の3階建ての16世紀ルネッサンス様式の**ヴェンドラミン・カレルジ宮**Palazzo Vendramin Calergi(現在はカジノ)が見える。1883年2月13日作曲家ワーグナーはここで亡くなった。

間もなく右にバロック様式3階建ての**カ・ペーザロ**Ca' Pesaroが見える。一部は**近代美術館**になっている。左前方の、バルコニーが立派なゴシック建築は**カ・ドーロ**Ca' d'Oro。右側には魚市場があり、小さな船がたくさん出入りしている。運河が大きく右に曲がっていくとヴェネツィアの名所**リアルト橋**Ponte di Rialtoが目に入ってくる。ここからは乗降客も一段と増えてくる。

リアルト橋をあとにすると間もなく左に、12世紀ロマネスク建築の**市庁舎**が見える。その先の16世紀ルネッサンス様式の3階建ては**グリマーニ宮**Palazzo Grimani。間もなく運河が初めて左に大きく曲がるが、その正面にある4階建ての建物は14世紀ゴシック建築の傑作**カ・フォスカリ**Ca' Foscari。現在は大学になっている。その先には16世紀貴族の館**カ・レッツォーニコ**Ca' Rezzonicoがある。今は17世紀のヴェネツィア美術の博物館になっている。正面に見えてくる橋は**アカデミア美術館**Galleria dell'Accademiaへ渡るアカデミア橋だ。橋をくぐると先に運河は大きく開け、右に**サンタ・マリア・デッラ・サルーテ教会**Santa Maria della Saluteの美しい八角形の建物が見えてくる頃、大運河の旅も終わりを告げようとしている。

16世紀建造のリアルト橋

✉ すてきなゴンドラ体験

憧れのヴェネツィア。やっぱりゴンドラに乗りたいものです。ちょうどカーニバルの季節だったので、ふっかけられるのを覚悟して駅からリアルト橋のほうまで歩いて行きました。すると小さな橋のたもとに料金を表示の小さな看板を出しているゴンドラ乗り場を見つけました。ゴンドリエーレも人のよさそうな感じでした。料金は規定どおり€90、念のため料金と時間を確認し、再度「4人で30分€90」と確かめて乗り込みました。運河沿いの有名な建物を説明してもらったり、小さな水路を曲がるときの警笛ナラヌ「ホッーホッー」という警声!?　が聴けたり、ゴンドラから仮装する人を見られたり、反対に橋をくぐるときには皆に見守られて手を振ってもらったり……。30分ということでしたが、40分乗せてもらい、すばらしい思い出になりました。
(滋賀県　ピン)['24]

大運河の貴婦人、S.M.デッラ・サルーテ教会

おもな見どころ

サン・マルコ寺院の行政官の館　MAP P.246-A2

カ・ペーザロ　★

Ca' Pesaro　カ・ペーザロ

ヴェネツィア貴族の館

13世紀に運送業で富を築いた行政官ペーザロ家が、17～18世紀に建てたバロック様式の館。飾り柱を多用した優雅な姿は運河にひときわ映えて美しい。

内部の２階と３階の一部には**現代美術館**Galleria Internazionale d' Arte Moderna（ガッレリア インテルナツィオナーレ ダルテ モデルナ）がおかれ、ヴェネツィア・ビエンナーレ展に出品された作品を中心に展示している。４階は、**東洋美術館**Museo Orientale（ムゼオ オリエンターレ）で、日本や中国から運ばれた象牙細工、衣装、陶器などが展示されていて興味深い。

ヴェネツィア・ゴシックの最高建築　MAP P.246-A2

カ・ドーロ　★★

Ca' d' Oro　カ・ドーロ

華麗な黄金宮殿

1440年に完成したヴェネツィア・ゴシックの最高建築。見事な造形を施されたバルコニーが目を引く。かつては「黄金の宮殿」といわれ、金を塗った建物は光り輝いていたという。現在はヴァン・ダイク、マンテーニャなどを収蔵するフランケッティ美術館Galleria Franchetti（ガッレリア フランケッティ）として一般に公開されている。

行き交うゴンドラを眺めたい　MAP P.247-B3

リアルト橋　★★★

Ponte di Rialto　ポンテ ディ リアルト

以前は木製だったが、16世紀末に現在の石造りに変えられている。この界隈は1日中人であふれており、活気に満ちている。橋から運河を眺めるもよし、両側の店でショッピングを楽しむもよし。たっぷりとヴェネツィア気分に浸れる場所だ。

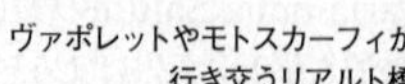
ヴァポレットやモトスカーフィが
行き交うリアルト橋

●カ・ペーザロ
（現代美術館・東洋美術館共通）
住 Santa Croce 2076
☎ 041-721127
開 4～10月10:00～18:00、11～3月10:00～17:00（最終入場1時間前、20分前から退出開始）
休 月、一部の祝日
料 €14、65歳以上・15～25歳の学生・6～14歳€11.50、5歳以下無料
※公式サイトでの購入で手数料€2が発生する
URL capesaro.visitmuve.it
※カ・ペーザロに加えて、現代美術館とフォルトゥニー美術館に利用できる共通券€15（有効期限3ヵ月間で各美術館に1回のみ入場可）もある

●フォルトゥニー美術館
Museo Fortuny
スペイン人画家、マリアノ・フォルトゥニーMariano Fortunyが最期を過ごした住居を改装した美術館。
住 San Marco 3958
☎ 041-5200995
開 4～10月10:00～18:00、11～3月10:00～17:00（最終入場1時間前、20分前から退出開始）
休 火
料 €10、65歳以上・15～25歳の学生・6～14歳€7.50、5歳以下無料
URL fortuny.visitmuve.it

●カ・ドーロ
（フランケッティ美術館）
住 S. Sofia, Cannaregio 3932
☎ 041-5200345
開 10:00～19:00（最終入場30分前）
休 月、1月1日、5月1日、12月25日
料 €6、18歳以下無料
※公式サイトでも購入可能
URL www.cadoro.org
※2階は工事中のため一般公開していない部分がある

●リアルト橋
交 ヴァポレット1番または2番でリアルトRialto下船

リアルト橋の下に広がる市場街

美術鑑賞に疲れたら、にぎやかな市場へ　MAP P.246-A2

魚市場

Pescheria　ペスケリア

　リアルト橋の近く、カ・ドーロの対岸に位置する市場。運河を行くヴァポレットからも一部が見える。アドリア海で取れた魚介類をはじめ、野菜や果物も並び、色彩の洪水だ。早朝からお昼過ぎまで開かれているが、にぎやかな様子を見学するなら早めに出かけよう。

魚市場では、魚介類の豊富さにびっくり

古のヴェネツィア博物館　MAP P.246-C1

カ・レッツォーニコ　★★

Ca' Rezzonico　カ・レッツォーニコ

バロック様式の典型

　この18世紀の館の内部は、1700年代ヴェネツィア博物館Museo del' 700 Venezianoになっており、当時の生活を調度品などから垣間見ることができる。**舞踏の間**Salone da Balloとティエポロの絵の華やかさや、ピエトロ・ロンギの絵の不思議な雰囲気などが味わえる。4階には、風俗画ギャラリーと当時の薬店を再現したコーナーなどがある。

ヴェネツィア派絵画の傑作が集結　MAP P.246-C1

アカデミア美術館 

Gallerie dell' Accademia　ガッレリエ デッラッカデミア

　サン・マルコ寺院とともにヴェネツィアで忘れてはならない見どころ。ジョルジョーネ、ジョヴァンニ・ベッリーニなど14～18世紀にかけてのヴェネツィア派や、トスカーナ派の作品が収められている。

　ティツィアーノの未完の『ピエタ』Pietà、壁一面に描かれたヴェロネーゼの『レヴィ家の饗宴』Convito in Casa di Levi/Banchetto del Levi、ティントレットの6枚の大きな作品『聖マルコの奇跡』Miracolo di S. Marco、ジョルジョーネの『嵐』Tempesta、ジェンティーレ・ベッリーニの

『サン・マルコ広場の祝祭行列』には15世紀末の様子が描かれている

●魚市場
休 日・月
交 東側からリアルト橋を渡ったら、右手奥に進もう。トラゲット（渡し船）で対岸のカ・ドーロからも行ける。

●カ・レッツォーニコ（1700年代ヴェネツィア博物館）
住 S. Barnaba, Dorsoduro 3136
☎ 041-2410100
開 4～10月10:00～18:00、11～3月10:00～17:00（最終入場1時間前、20分前から退出開始）
休 火、一部の祝日
料 €10、65歳以上・15～25歳の学生・6～14歳€7.50、5歳以下無料
※公式サイトでの購入で手数料€1が発生する
URL carezzonico.visitmuve.it

18世紀のゴンドラが飾られる1階サロン

●アカデミア美術館
住 Accademia, Dorsoduro 1050
☎ 041-5222247
開 8:15～19:15、月8:15～14:00（最終入場1時間前）
休 1月1日、12月25日
料 €15、第1日曜・18歳以下無料
※クロークと貴重品ロッカー€1、オーディオガイド€6（英・伊）
※公式サイトでも購入可能
URL www.gallerieaccademia.it

共通券に注意

各種あるパス類ではアカデミア美術館は入館できません。有名な見どころなので、当然入れると思っていました。（匿名希望）

『サン・マルコ広場の祝祭行列』Processione in Piazza S.Marco（プロセッシオーネ イン ピアッツァ サン・マルコ）などヴェネツィア絵画の傑作が並んでいる。

かつてのカリタ会修道院、アカデミア美術館

緑のあふれる現代美術館 MAP P.246-C2

ペギー・グッゲンハイム美術館 ★★

Collezione Peggy Guggenheim コレッツィオーネ ペギー グッゲンハイム

アカデミア美術館から3分。運河沿いの館と、小さいながらも緑のあふれる庭園に広がる現代美術館。ピカソ、ジャコメッティ、デ・キリコ、カンディンスキーら現代美術を代表するアーティストの絵画、彫刻を展示。

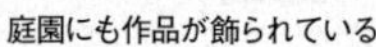

庭園にも作品が飾られている

ペスト終焉（しゅうえん）を感謝して聖母マリアにささげられた MAP P.246-C2

サンタ・マリア・デッラ・サルーテ教会 ★★

Santa Maria della Salute サンタ マリア デッラ サルーテ

対岸から眺めた
S.M.デッラ・サルーテ教会

丸い大きなクーポラが載り、真っ白な大理石が八角形を描き、運河の水と太陽に照らし出されて輝く姿は、この町の象徴ともいえる。ヴェネツィア・バロックの傑作だ。中央祭壇左側にある聖具室Sagrestia（サグレスティア）は必訪。壁面と天井が、ティツィアーノとティントレットの絵で飾られている。壁の『カナの結婚』Nozze di Cana（ノッツェ ディ カーナ）はティントレット、天井の『カインとアベル』Caino e Abele（カイーノ エ アベレ）、『ダヴィデとゴリアテ』Davide e Golia（ダヴィデ エ ゴリア）、『イサクの犠牲』Sacrificio d' Isacco（サクリフィーチョ ディ サッコ）などはティツィアーノの手による。

現代美術の粋を集めた、中世の「海の税関」 MAP P.246-C3

プンタ・デッラ・ドガーナ ★★

Punta della Dogana Centro d'Arte Contemporanea
プンタ デッラ ドガーナ チェントロ ダルテ コンテンポラネア

15世紀に船荷の荷揚げ場だった「海の税関」を日本人建築家の安藤忠雄が古い建物の構造を生かしながら改装した美術館。年ごとに大規模な企画展が開催される。

●P.グッゲンハイム美術館
住 San Gregorio, Dorsoduro 701
☎ 041-2405411
開 10:00～18:00（最終入場1時間前、10分前から退出開始）
休 火、12月25日
料 €16、70歳以上€14、26歳以下の学生€9（要学生証）、10歳以下無料
※オーディオガイドは€7（英・伊）
※公式サイトでの購入で手数料€1が発生する
URL www.guggenheim-venice.it

✉ 宗教画に疲れたら
ペギー・グッゲンハイム美術館がおすすめです。ミロやアンディ・ウォーホルといった現代美術がズラリ。目の前が大運河でテラスに出てひと休みもできます。建物や庭もすばらしく、庭に面したカフェもおすすめです。
（かなぶーん）

●サンタ・マリア・デッラ・サルーテ教会
住 Dorsoduro 1
☎ 041-2743928
開 4～10月9:00～12:00、15:00～17:30、11～3月9:30～12:30、15:00～17:30
料 無料、聖具室€6
※聖具室の開館時間は曜日や季節によって細かく分けられている。詳細やチケットの購入は公式サイトを確認しよう
URL basilicasalutevenezia.it

●プンタ・デッラ・ドガーナ
住 Dorsoduro 2
☎ 041-2401308
開 10:00～19:00(最終入場1時間前)
休 火、12～3月頃
料 €18、65歳以上€15、20歳以下無料(グラッシ宮殿との共通券)
※公式サイトも購入可能
URL www.pinaultcollection.com/palazzograssi

「海の税関」を改装した
現代美術館

ヴェネツィアのScuolaスクオーラ(同信組合)

ヴェネツィア特有の制度で、商人や貴族を中心にした慈善事業を行う友好団体のこと。当時のこの町の興隆とそこに加入していた人々の社会的地位や経済力、宗教心を誇示するようにスクオーラ内には立派な礼拝堂、集会場、救済院がある。

ティントレット渾身(こんしん)の傑作で埋め尽くされる MAP P.246-B1

スクオーラ・グランデ・ディ・サン・ロッコ(大同信組合) ★★★

Scuola Grande di San Rocco　スクオーラ グランデ ディ サン ロッコ

サン・ロッコ大同信組合外観(左)とサン・ロッコ教会

16世紀に建てられたルネッサンス様式の建物。内部の壁、天井などはティントレットが20年の歳月をかけた70余点もの巨大な絵画で埋め尽くされている。必見は1階では、『受胎告知』Annunciazione(アンヌンチャツィオーネ)、『嬰児虐殺』Strage degli Innocenti(ストレージ デッリ インノチェンティ)、2階では『ブロンズ蛇の奇跡』Il Miracolo del Serpente di Bronzo(イル ミラーコロ デル セルペンテ ディ ブロンゾ)、『マナの収拾』Caduta della Manna(カドゥータ デッラ マナ)、『最後の晩餐』Ultima Cena(ウルティマ チェーナ)、『キリストの磔刑』Crocifissione(クローチフィッシオーネ)。このほか、ティツィアーノらの作品もある。天井画を見るときは、大広間に置いてある鏡を使って鑑賞すると首が疲れない。建物の向かい側には、同教会がある。

●スクオーラ・グランデ・ディ・サン・ロッコ(大同信組合)
住 San Polo 3052
☎ 041-5234864
開 9:30～17:30、サン・ロッコ教会14:00～17:30、土9:30～17:30、日13:30～17:30(最終入場30分前)
休 1月1日、12月25日
料 €10、65歳以上・26歳以下€8、サン・ロッコ教会€2
URL www.scuolagrandesanrocco.org

大同信組合2階は豪華な大広間

カルパッチョの連作が並ぶ MAP P.247-B4

スクオーラ・ダルマータ・サン・ジョルジョ・デッリ・スキアヴォーニ(同信組合) ★★

Scuola Dalmata San Giorgio degli Schiavoni
スクオーラ ダルマータ サン ジョルジョ デッリ スキアヴォーニ

16世紀に建てられた、ダルマチア(スキアヴォーニ)人の同信組合。ヴェネツィア派の巨匠カルパッチョの『サン・ジョルジョの伝説』、『聖トリフォンの奇跡』をはじめとする傑作が残されている。

カルパッチョが10年をかけて描いた傑作が残る。聖人たちの生涯の逸話を描いたもののひとつ、『サンタゴスティーノの幻影』

●スクオーラ・ダルマータ・サン・ジョルジョ・デッリ・スキアヴォーニ(同信組合)
住 Calle dei Furlani, Castello 3259/a
☎ 041-5228828
開 10:00～17:30(最終入場30分前)
休 火
料 €6
URL www.scuoladalmatavenezia.com
※入場時に服装チェックあり

ヴェネツィアのカーニバルって?

四旬節(カトリックの断食期間)が始まる前に、食肉に感謝するための謝肉祭が起源。中世ヴェネツィアでは仮面を着けることで身分を隠し、貴族と庶民が交流していたことから、現在でもその伝統が残っている。例年1～3月末の約2週間にわたって開催され、サン・マルコ広場がメイン会場に。

そのほかの地区

●サンティ・ジョヴァンニ・エ・パオロ教会
住 Campo S.S. Giovanni e Paolo 6363
☎ 041-5235913
開 9:00～18:00、日・祝12:00～18:00、復活祭とクリスマス12:30～16:00
休 宗教行事の際は入場不可
料 €3.50、13～25歳の学生€1.50、12歳以下無料
URL www.santigiovanniepaolo.it

コッレオーニって誰？
コッレオーニは、ベルガモの領主で、ヴェネツィアの傭兵隊長だった。パドヴァにあるドナテッロの「ガッタメラータ像」とともに、ルネッサンス時代の代表作。

ベッリーニ作の多翼祭壇画は必見

歴代の総督を祀った壮麗な教会 MAP P.247-B4

サンティ・ジョヴァンニ・エ・パオロ教会 ★★★

Santi Giovanni e Paolo サンティ ジョヴァンニ エ パオロ

壮麗なSs. ジョヴァンニ・パオロ教会

リアルト橋から北東400mほどにある13～15世紀に建造されたゴシック様式の壮麗な教会。3廊式の広い内部には歴代のドージェの墓や記念碑がおかれている。まず、目を引くのが中央祭壇脇のヴェネツィアングラスの粋を集結させたステンドグラス。必見は、ベッリーニによる**『聖ヴィンチェンツォ・フェッレーリの多翼祭壇画』**Polittico di S. Vincenzo Ferreri（入口の右、2番目の礼拝堂）と、**ロザリオの礼拝堂**Cappella del Rosario（中央祭壇の左）のヴェロネーゼによる**『受胎告知』**Annunciazione、**『牧者の礼拝』**Adorazione dei pastori、**『聖母被昇天』**Assuntaなど。

広場の前には、ヴェロッキオによる**『コッレオーニ騎馬像』**Monumento al B. Colleoniが威風堂々と立っている。

●サン・ザッカリア教会
住 Campo San Zaccaria 4693
☎ 041-5221257
開 10:00～12:00、16:00～18:00、日・祝16:00～18:00
料 €1（聖具室、サン・タナシオ礼拝堂への入場含む）

G.ベッリーニ作『玉座の聖母と諸聖人』

ヴェネツィア・ルネッサンスの典型 MAP P.247-B4

サン・ザッカリア教会 ★★

San Zaccaria サン ザッカリア

アーチが優美な曲線を描く外観同様、内部も豊かな装飾が施されている。必見は左の第2祭壇のベッリーニの傑作の**『玉座の聖母と諸聖人』**Madonna in trono e santi、身廊右側の礼拝堂のティントレットの**『洗礼者ヨハネの誕生』**Nascità del Battista、後陣にはカスターニョらによるフレスコ画**『キリストと諸聖人』**Padre Eterno e santiなど。

優美な教会正面

ティツィアーノ・ファン必見 MAP P.246-B1

サンタ・マリア・グロリオーサ・デイ・フラーリ教会☆☆☆

Basilica di Santa Maria Gloriosa dei Frari

バジリカ ディ サンタ マリア グロリオーサ デイ フラーリ

S.M.グロリオーサ・デイ・フラーリ教会のファサード

リアルト橋近く、サン・ポーロ広場の少し先にある、この町を代表する教会のひとつ。サン・マルコ寺院に次ぐ高い鐘楼が目印だ。多くの貴重な美術品があり、主祭壇のティツィアーノによる『聖母被昇天』Assunta(アッスンタ)は必見。同じくティツィアーノのもうひとつの傑作『ペーザロ家の祭壇画』は左の第2祭壇に置かれている。右の第1礼拝堂にはドナテッロの木彫りで彩色された『洗礼者ヨハネ』Battista(バッティスタ)、聖具室Sagrestia(サグレスティア)にはベッリーニの『聖母と諸聖人』の三幅対祭壇画Madonna col Bambino e Santi(マドンナ コル バンビーノ エ サンティ)など。

●サンタ・マリア・グロリオーサ・デイ・フラーリ教会
住 Scala Contarini del Bovolo 4303
☎ 041-3096605
開 3～10月10:00～18:00、11月～2月9:30～17:30(最終入場30分前)
休 12月25・26日
料 €8、65歳以上・12～26歳€6、11歳以下無料
※予約サイトでの予約で手数料€1が発生する
URL www.ticketlandia.com/m/gioielli-nascosti-di-venezia

ティツィアーノ作『聖母被昇天』

印象的な階段が弧を描く MAP P.246-B2

コンタリーニ・デル・ボーヴォロ階段☆☆

Scala Contarini del Bovoro スカーラ コンタリーニ デル ボーヴォロ

ボーヴォロとはヴェネツィア方言でカタツムリのこと。連続したアーチが円筒形のらせん状になっていることから名がついた。哲学者の一族として知られるコンタリーニ家のために15世紀末に建てられた宮殿に付随して造られている外階段で、ルネッサンス様式とゴシック様式が交じり合った美しく印象的な建築である。階段を上まで上ると、町が見渡せる。

「カタツムリ」と呼ばれるらせん状のアーチ

階段の内部

●コンタリーニ・デル・ボーヴォロ階段
住 San Marco 4303
☎ 041-3096605
開 夏季10:00～18:00、冬季9:30～17:30(最終入場30分前)
休 12月25・26日
料 €8、26歳以下65歳以上€6、12歳以下無料
※切符売り場は閉場30分前まで
交 ヴァポレット1番または2番でRialto下船

ボーヴォロ階段への行き方

マニン広場 Campo Maninまで行くと、壁にボーヴォロ階段と矢印が書かれた看板を発見できるはず。地元の人によると、劇場版『ラブライブ！サンシャイン!!』の影響で日本人の観光客が急増したとか。

ヴェネツィアの島巡り

アドリア海に広がるラグーンを訪ねて

リド島の海岸風景

サン・マルコ広場やリアルト橋付近の雑踏に疲れたら、近在の島々を訪ねてみよう。ガラスで有名なムラーノ島をはじめ、ひなびた漁村の雰囲気の残るブラーノ島、ヴェネツィア発祥の地トルチェッロ島など、3島の島巡りを楽しみたい。

高級なリゾートの島リド島を訪れ、ヴィスコンティの映画『ベニスに死す』の雰囲気に浸るのも悪くない。また、サン・マルコ広場から400mの海上に浮かぶサン・ジョルジョ・マッジョーレ島S. Giorgio Maggioreの鐘楼から、ヴェネツィアの町を眺めるのもよい。ほかには、市営の墓地の島となっているサン・ミケーレ島San Micheleやユースホステルのあるジューデッカ島La Giudeccaなど、静かな島が旅人の訪れを待っている。

サン・マルコ広場の対岸の島

MAP P.245-C3

サン・ジョルジョ・マッジョーレ島 ★★

San Giorgio Maggiore　サン ジョルジョ マッジョーレ

本島からヴァポレットでほんの数分で到着。白亜の同名教会が美しい小島。ヨットが浮かぶ海沿いには現代美術のオブジェがおかれ、非日常な空間が楽しい。島にはヴェネツィアの文化・芸術活動を支援するチーニ財団がおかれ、ムラーノ・グラスの美術館や現代美術館を開設。今、注目を集める島だ。

パッラーディアン様式と現代美術の妙

サン・ジョルジョ・マッジョーレ島の見どころ

サン・ジョルジョ・マッジョーレ教会　San Giorgio Maggiore ★★

『マナの収拾』

サン・マルコ広場の対岸に位置するサン・ジョルジョ・マッジョーレ島に立つ堂々たる教会。16世紀にパッラーディオが着手し、完成したのは17世紀。古代ローマ建築を模したファサードと水のたたずまいは実に印象的だ。内部はティントレットの美術館の趣だ。必見は内陣右側の『最後の晩餐』(ウルティマ チェーナ)Ultima Cena、同左側の大作『マナの収拾』(カドゥータ デッラ マンナ)Caduta della Manna、最晩年の傑作『キリスト降架』(デポジツィオーネ)Deposizioneなど。また、エレベーターで鐘楼に昇ると、サン・マルコ広場、ラグーナ、点在する島々などが一望できる。

●サン・ジョルジョ・マッジョーレ教会
☎ 375-6323595
開 9:00～18:00
休 無休
料 無料、鐘楼€8
交 ヴァポレット❷番でサン・ジョルジョSan Giorgio下船
※エレベーターの切符売り場は左奥。ミサなどの宗教行事の際は観光客の見学不可(日11:00頃)。エレベーターもこの時間は休止
URL www.abbaziasangiorgio.it

サン・ジョルジョ・マッジョーレ島の鐘楼からの絶景

✉ おすすめスポット

サン・ジョルジョ教会の鐘楼からの眺望は格別です。サン・マルコ広場と周辺を歩く人たちの様子は、美術館で見た時代絵巻そのままの眺めですし、周囲の島々も360度一望できます。
(東京都　また行くわ!)

ヴェネツィア本島の遠方にアルプスの山々が望め、サン・マルコ広場の鐘楼よりはるかにすばらしい、印象深いものとなりました。
(与儀恵美子)

ヴェネツィアングラスの島 MAP P.245-A4

ムラーノ島 ★★

Murano ムラーノ

そぞろ歩きが楽しい、ムラーノ島

ヴェネツィアの北、1.5kmにある島。15～16世紀には、ヴェネツィアの貴族や金持ちが都会の忙しさから逃れて静かな時を過ごした島だった。

13世紀からこの島に閉じ込められた職人たちによって作られたガラスは、ヨーロッパの人々の憧れの品であり、ヴェネツィアの東方貿易の貴重な輸出品となり、ヴェネツィア共和国に莫大な富をもたらした。

ムラーノ島の見どころ

ガラス博物館 Museo del Vetro（ムゼオ デル ヴェトロ） ★★

17世紀のパラッツォ・ジュスティニアーニ館の中は、古代ガラスから現代のガラス作品までが展示されている。ヴェネツィアの最盛期だった15世紀頃のものに、すばらしい作品が多い。

ガラス博物館で、アンティークの名品を鑑賞

漁村とレース編みの村 MAP P.245-A4

ブラーノ島 ★

Burano ブラーノ

カラフルな家並みが続く、ブラーノ島

ヴェネツィア本島から約40分。ピンクや淡いグリーンのペンキで塗られた家並みが運河の両側に立ち、旅人の心を和ませる。レース博物館を見学したら、そぞろ歩きを楽しもう。

16世紀から続くレース編みの伝統が息づき、小さな島の売店には、ところ狭しとレース編みが積まれているが、本来のブラーノ島のレースはとても貴重な逸品。

ブラーノ島の見どころ

レース博物館 Museo del Merletto（ムゼオ デル メルレット） ★★

1872年、マルゲリータ王妃の命により開校したかつてのレース学校にある博物館。その技法をDVDで知ることができ、また貴重なレースを間近で鑑賞できる。

当時の学校の様子のパネル展示

ムラーノ島への行き方

サン・ザッカリア（サン・マルコ広場東）のヴァポレット乗り場から、㊶、㊷番で約50分。ローマ広場から直通❸で約28分。ガラス博物館へはいずれもMurano-Museo下船。

●ガラス博物館
住 Murano, Fondamenta Giustinian 8
☎ 041-739586
開 4～10月10:00～18:00、11～3月10:00～17:00（最終入場1時間前、20分前から退出開始）
休 1月1日、12月25日
料 €10、65歳以上・15～25歳の学生・6～14歳€7.50、5歳以下無料
※オーディオガイド€4
※公式サイトでの購入で手数料€1が発生する
URL museovetro.visitmuve.it

複数の島を訪れるなら？

ムラーノ島のガラス博物館とブラーノ島のレース博物館を見学できる共通券もあり。有効期限は3ヵ月で、各美術館に1回のみ入場可能。どちらも訪れるなら、共通チケットのほうがお得だ。
料 €12、65歳以上・15～25歳の学生・6～14歳€8

また、ムラーノ島とブラーノ島に加えてトルチェッロ島の3島を巡るオプショナルツアーも観光案内所などで申し込みできる。€30前後で4～6時間程度。

ブラーノ島への行き方

島の北側にあるフォンダメンタ・ヌオーヴェFondamenta Nuoveから⓬番で42分。

●レース博物館
住 Piazza B. Galuppi 187
☎ 041-730034
開 10:00～16:00（最終入場30分前、20分前から退出開始）
休 月、一部の祝日
料 €5、65歳以上・15～25歳の学生・6～14歳€3.50、5歳以下無料
※公式サイトでの購入で手数料€1が発生する
URL museomerletto.visitmuve.it

繊細な芸術作品

トルチェッロ島への行き方

フォンダメンタ・ヌオーヴェFondamenta Nuoveからヴァポレット⑫番でムラーノ島経由で約45分。ヴァポレットの便は少ないので、帰りの時間を確認してから見学しよう。

●サンタ・マリア・アッスンタ聖堂
☎ 041-730119
開 聖堂10:30～16:30、鐘楼10:30～17:00、博物館3～10月10:30～17:30、11～2月10:00～17:00(最終入場各30分前)
休 博物館のみ月・祝、11月21日
料 聖堂のみ€5、鐘楼のみ€5、聖堂・鐘楼・博物館共通券€9(共通券はオーディオガイド付き)

●サンタ・フォスカ教会
☎ 041-730119
開 10:30～17:30

素朴な初期キリスト教建築、アッスンタ教会

リド島への行き方

駅前、サン・マルコ広場東のS.Zaccariaからヴァポレット❶、5.1、⑭番など。S.Zaccariaから約15分。サンタ・ルチア駅前から❶で約1時間、5.2番で約45分。Lido下船。

リド島のイベント開催情報

ヴェネツィア映画祭やヴェネツィア・ビエンナーレ展の情報は、公式サイトでチェックできるほか、観光案内所でも予定表などを配布している。
URL www.labiennale.org

ヴェネツィアの歴史を誇る MAP P.245-A4

トルチェッロ島 ★★

Torcello トルチェッロ

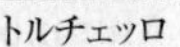

トルチェッロ島はヴェネツィア発祥の地のひとつ。今でこそヴェネツィアの島々の中で最も寂しい島になってしまったが、7～10世紀には人口は2万人を超えたという。繁栄を続けた歴史の面影は残された教会に見ることができる。

雰囲気のよいトルチェッロ島

トルチェッロ島の見どころ

サンタ・マリア・アッスンタ聖堂
Cattedrale di Santa Maria Assunta ★★

サンタ・フォスカ教会に隣接するこの教会の歴史は639年に遡る。ヴェネツィアで最も古い教会といわれる。

建築様式は中部イタリアのビザンチンの都市ラヴェンナRavennaの教会をモデルにした初期キリスト教建築。床と教会の壁面を飾るモザイクは必見。かつての島の栄華をしのばせてくれる。

サンタ・フォスカ教会 Santa Fosca ★

11世紀の終わりに建てられた、後期ビザンチン様式とヴェネツィア風ロマネスク様式の交じったもの。ヴェネツィアを代表する教会のひとつ。この教会は当初、殉教者を葬るために建てられた。教会の建物を取り巻くポルティコ(柱廊)の八角形が珍しい。

『ベニスに死す』の舞台 MAP P.245-A4

リド島 ★★

Lido リド

ヴェネツィアの東南に横たわる長さ約12kmの細長い島。ここはフランスのリビエラ、アメリカのマイアミ、ハワイのワイキキと並ぶ国際的なリゾートだ。マルコーニ広場近くに立つ、かつてのカジノPalazzo del Casinòを中心にヴェネツィア国際映画祭やヴェネツィア・ビエンナーレ展が開催される。毎年9月の映画祭には、有名俳優やセレブ、映画関係者が世界中から集まり、島はいっそうの華やぎを見せる。映画や展示は切符を購入すれば一般人も見ることができるので、時期や興味が合えば出かけてみるのも楽しい。

リド島の砂浜には、映画『ベニスに死す』に登場するような着替えや休息用の小屋が立ち並び、歴史を感じさせるリゾートの面影十分。有料のプライベートの砂浜が多いが、島の東側には、市営の(無料)海水浴場Spiaggia libera(スピアッジャ リーベラ)もある。

●誕生と興隆

ヴェネツィアから10㎞ほど東にトルチェッロという島がある。かつては繁栄したこの島も今は住む人もなく、生い茂るアシの中、ふたつの古い教会だけが往時をしのばせる。5世紀に蛮族の侵攻を逃れて、人々が本土からアドリア海の干潟に移り住んだとき、彼らがそこに見た風景は、現在のトルチェッロのような、荒涼としたものだったに違いない。伝説では、アッティラに率いられたフン族の侵攻を避けるため本土の住民が干潟へと移り住んだ**425年が、ヴェネツィア誕生の年**とされている。人々は初め漁業で細々と暮らしを立てていたが、しだいに製塩業と水上運送業を発展させ、やがてブレンタ川、ポー川を船で遡って塩との交換による河川交易に乗り出した。697年には**住民投票によって最初の元首(ドージェ)が選出**された。

●フランク軍を打ち破る

しかし、810年、フランクの脅威がヴェネツィアを襲った。カール大帝の長子でイタリア王のピピンがヴェネツィア攻めを行ったのである。首都マラモッコを占領されたヴェネツィアは、フランクの艦隊をアルトの泥湿地帯へ誘い込んで浅瀬に座礁させ、フランク軍を打ち破った。翌年、カール大帝と東ローマの条約でヴェネツィアの東ローマへの帰属が決定したが、これは実質的には**ヴェネツィアの独立**を意味していた。813年、ヴェネツィアは首都をリド島のマラモッコから、防衛の容易な**リアルト**に移した。これが現在のヴェネツィアの起源である。

ヴェネツィアの守護聖人聖マルコの伝説を描いたティントレット作『聖マルコの遺骸の運搬』アカデミア美術館蔵

●守護聖人サン・マルコのもとに

823年にはヴェネツィアの商人がエジプトのアレクサンドリアから**聖マルコの遺体**を持ち帰ったが、この事件は、フランク軍を退け、首都を移したヴェネツィアの人々には吉兆と思われていた。これ以降、ヴェネツィアは、**聖マルコを守護聖人**に頂き、発展の道を歩むことになった。

●十字軍とヴェネツィアの繁栄

1096年に始まる十字軍の遠征は、ヴェネツィアにパレスチナ地域へ商業網を広げる機会を提供した。しかし、同じ時期にライバルの**ピサ**や**ジェノヴァ**もこの地域への進出を果たし、これ以後地中海を舞台にヴェネツィアとの間に激烈な闘争を繰り広げることになった。

●国営造船所の設立

1104年、ヴェネツィアに**国営造船所(アルセナーレ)**が設立された。現在、その跡は**海洋史博物館**となっているが、この国営造船所の設立は、その後のヴェネツィアの繁栄を理解する上で極めて重要である。これを機にヴェネツィアの海軍力は**質量ともに飛躍的に充実した**。また、部品の標準化を図ることで、ヴェネツィアのすべての船は地中海に設けられた**補給基地**でたちどころに部品の交換を行うことができるようになった。

12世紀のヴェネツィアは、パレスチナ方面への進出を果たす一方、ハンガリーの**ダルマツィア**の勢力拡大に対処しなければならなかった。アドリア海の安全航行を確保するためには、ダルマツィア沿岸地域の支配は絶対に譲ることができなかったからである。

●東西貿易の発展とヴェネツィアの繁栄

この時代のヴェネツィアやイタリア諸都市の繁栄は、当時のヨーロッパの全般的な状況にも助けられていた。ヴェネツィアの交易はもともとポー川流域への塩の供給から出発したものだったが、12、13世紀の農業の発展と人口の増加は、**穀物や塩、ワイン**などの取引をこれまで以上に重要なものにしていた。13世紀には黒海沿岸の穀倉地帯からイタリアの諸都市へ穀物が供給されるようになった。また、イタリアやフランドルでは**高級織物業**が発展し、染色に用いられるミョウバンが重要な商品となった。このような状況が香料を中心とする東西交易の発展を刺激していったのである。

この時代の航海技術の進歩も重要である。1270年頃、ヨーロッパに**羅針盤**がもたらされ、冬の曇天のもとでも航海が可能になった。また、1280年頃、遠洋航海用の大型船が登場した。1291年、ジェノヴァはモロッコの水軍を壊滅させ、ジブラルタル海峡の安全航行を確保した。これ以降、イタリアの商船が遠く北海にまで進出し、フランドルや北ドイツの港に帰港するようになった。

●コンスタンティノープルの占領

1204年、ヴェネツィアは、第4回十字軍を先導して**コンスタンティノープルを占領**、東ローマを滅ぼしラテン帝国を打ち建てた。この機会にヴェネツィアはクレタ島を獲得し、ギリシア沿岸に基地網を完成させ東地中海の制海権を確立、東西貿易によって莫大な利益を上げることになった。ヴェネツィアにとって、コンスタンティノープル占領のもうひとつの意義は、これによって**黒海沿岸へ進出する可能性が開けた**ことである。中国、インドの物産は隊商路を経由して小アジア北岸のトレビゾンドへ運ばれていくが、イタリア商人はこの地へ赴き、直接これを買い付けることができるようになった。ヴェネツィア人マルコ・ポーロの大旅行は、この黒海ルートの繁栄という背景によって理解できる。

●組織の勝利とヴェネツィアの繁栄

13世紀末から14世紀の初めにかけて、ヴェネツィアでは貴族による寡頭支配体制が強化された。1310年には防衛と治安を担当する十人委員会が設置され、1330年代には遠距離交易のための制度が定められた。このような統制の強化は、14、15世紀のヴェネツィアを政治的、経済的に安定させ、フィレンツェやジェノヴァのような、内部対立による混乱を回避させた。このことの意味は大きい。というのはヴェネツィアの繁栄は、つまるところ、組織の勝利だったからである。ジェノヴァに対する勝利もこれで説明できる。1378年に起こったジェノヴァとの戦争は、ヴェネツィアにとって国の存立を危うくするような危機だった。ヴェネツィアから目と鼻の先のキオッジャを占領したジェノヴァ軍は、ヴェネツィアへの直接攻撃を準備していた。だが、ヴェネツィアは市民の団結によってキオッジャのジェノヴァ軍を逆に包囲し、1381年の平和条約にこぎつけることができた。これ以後、ジェノヴァは内紛によって停滞し、コロンブスをはじめとして才能あるジェノヴァ人は外国の君主に仕えるようになっていた。

●ルネッサンスのヴェネツィア

宿敵ジェノヴァを蹴落としたとき、ヴェネツィアの衰退は始まった。しかし、そのことがはっきりと理解されるのはもっと後のことで、15世紀前半のヴェネツィアは繁栄を謳歌していた。オスマン・トルコの進出は必ずしもヴェネツィアにとってマイナスではなかった。ギリシアの小領主達がトルコの脅威の前にヴェネツィアの保護を求めたことで、ヴェネツィアはこの地域に多くの海外植民地を獲得した。また、1402年のジャン・ガレアッツォ・ヴィスコンティの死に続くミラノの混乱に乗じて、イタリア本土に領土を拡大し、1405年にはパドヴァを支配下においた。この時期、**ガラス器や織物**などの工業も順調に発展してきた。15世紀初頭のヴェネツィアの**歳入**は、イタリアのすべての国家を上回り、おそらくフランス、イギリスなどヨーロッパの王国をもしのいでいた。この経済力がヴェネツィアに強力な**軍事力を保証**していたのである。

1453年、オスマン・トルコがコンスタンティノープルを占領したとき、ヴェネツィアはこの都市の防衛にあまり熱心ではなかった。トルコと妥協することで自らの権益を維持することを図ったのである。1454年には、2%の税を払うことを条件にトルコ領内で自由な交易を行う権利を、スルタンのメフメトから手に入れた。しかし、この間に強力な海軍をつくり上げたトルコは、1460年にはヴェネツィアの海外領土である**アルゴス**を占領、1470年にはネグロポンテへの攻撃を開始した。1479年の平和条約で**ネグロポンテ**をトルコに譲ったことは、地中海においてヴェネツィアが二流の位置に転落したことを意味していた。

15世紀に入るとヴェネツィアングラスの傑作が次々と生まれた。天才バロヴィエール作『婚礼の杯』

ヴェネツィアでも活躍したパッラーディオ作の
「サン・ジョルジョ・マッジョーレ教会」

●芸術と学問の都市へと変わる

しかしながら、ヴェネツィアの衰退が確定したこの時期以降にヴェネツィアは、絵画を中心とする魅力あふれる**文化**を**開花**させた。**絵画**では、15世紀から16世紀にかけて、**ベッリーニ兄弟**、**ジョルジョーネ**、**ティツィアーノ**、**ティントレット**、**ヴェロネーゼ**らが**活躍**。**建築**では、**サンソヴィーノ**や**パッラーディオ**が優れた作品を残している。1494年、**アルド・マヌッツィオ**がヴェネツィアに印刷所を設立、ギリシア古典の刊行に努め、ヴェネツィアの出版文化を隆盛へ導いた。

また、本土のヴェネツィア領にある**パドヴァ大学**は16世紀にはヨーロッパ一の名声を確立した。このことは、この時代ヨーロッパに吹き荒れた宗教抗争に巻き込まれることなく、ヴェネツィア領内では比較的自由な言論が保障されていたことと関係している。だからこそ、**ヴェサリウス**は**解剖学**を、**ガリレオ**は**天文学**をパドヴァ大学で講じることができたのである。

●平和な国内の繁栄

トルコの進出によってヴェネツィアは地中海では二流の地位に転落したが、**イタリア国内**では**列強のひとつ**として、16世紀の半ば過ぎまでかなりの繁栄を維持することができた。1508年に起こった、教皇、フランス、スペイン、ドイツなどによるカンブレー同盟との戦争でも、ヴェネツィアは巧みな外交によって敵の分裂を策し、1517年までに本土のヴェネツィア領を回復した。1494年のフランス王シャルル8世のイタリア侵入以後、イタリアの多くの地域が外国の支配を受けることになったが、ヴェネツィアは1797年まで独立を保持した。

ポルトガルによる**インド航路**の発見は、ヴェネツィアの香料貿易にとってそれほどの打撃とはならなかった。喜望峰回りの航路はあまりにも危険が大きかったからである。この時代、ヴェネツィアの**工業も順調な繁栄**を示しており、**ガラス器の製造**、**モザイク**、**金銀宝石細工**、**織物業**などはヴェネツィアに大きな富をもたらしていた。16世紀初めのフィレンツェの毛織物業の衰退は相対的にヴェネツィアの毛織物業の地位を高め、本土にも織物工場が造られた。また、造船業と並んで、大砲の鋳造や航海用具の製造も盛んだった。

●農業の発達と保守化傾向

クレタ島や、1489年にヴェネツィア領となった**キプロス**では**ワイン**や**木綿**が生産された。本土のヴェネツィア領でも農業生産は伸びていたが、このことは一面ではヴェネツィアの活力を奪うことになった。ヴェネツィアの富裕層が事業から手を引いて、資金を土地購入に充てるようになったからである。冒険的な企業家の精神を喪失したヴェネツィアの貴族は、内陸のヴィラや都市での安楽な生活を好むようになっていた。

●ヴェネツィアの没落

1571年、スペインとヴェネツィアの連合軍はレパント沖でトルコ海軍を破った。この勝利にもかかわらず、1573年、ヴェネツィアはキプロスをトルコに奪われ、これ以後、トルコとの戦いはますます防衛的なものになっていった。1590年以降はイギリスやオランダの船が地中海へ進出し、海運国ヴェネツィアの没落に拍車をかけた。1600年に設立させた**オランダ東インド会社**は、香料貿易の主役を完全にヴェネツィアから奪った。そして、16世紀末以降地中海域で深刻になっていた木材の不足は、ヴェネツィアの造船業に打撃を与えたばかりでなく、燃料の高騰によってほかの産業も衰退させ、1630年以降ヴェネツィアでは**不況が慢性化**した。ヴェネツィアは1699年にクレタ島を奪われ、18世紀初めまでに海外植民地のほとんどを失った。

しかし、その一方で、没落期のヴェネツィアは、**カーニヴァル**などの祝祭に見られるように、その文化を洗練させることにエネルギーを費やした。あの**カサノヴァ**は、この時代のヴェネツィアが生んだ典型的な人物である。18世紀のヴェネツィアでは、**音楽のヴィヴァルディ**、**演劇のゴルドーニ**、**絵画のティエポロ**、**カナレット**、**グァルディ**、**ロンギ**らが活躍した。

（小林　勝）

ヴェネツィアのレストランガイド

活気あふれる魚市場

観光客であふれるヴェネツィアのレストランは、どこに入っても高い。特にサン・マルコ広場周辺やリアルト橋周辺の店でひと通りの注文をしようと思ったら、金額を見て驚くことも。一方で、セルフサービスやファストフード店、テイクアウト専門店などもあり、サンタ・ルチア駅からサン・マルコ広場までの通りで手頃な店を見つけるのに、そこまで苦労することはない。

そういうありふれた食事に飽きた人は、ヴェネツィア特有の居酒屋バーカロBacaroへ行ってみよう。カウンターから好きなものを選んで盛り合わせにしてもらって店先で食べるのだが、これがけっこういける。飲み物はヴェネト地方の地酒の白ワインVino biancoで決まり。色も香りも味も日本産のそれとは全然違うので1本はおみやげに持って帰りたくなる。

名物のカニの前菜

サン・マルコ広場周辺

プリンチペッサ

P.247-C4

Ristorante Principessa

サン・マルコ運河に面した一等地に立ち、いつも観光客で混み合うリストランテ。終日営業しているのもうれしい。新鮮な魚介類を使ったアンティパストやパスタなどが味わえる。おすすめは、写真にもあるシーフードたっぷりのパスタBrogosso della Principessa。

URL www.ristoranteprincipessa.com
住 Riva degli Schiavoni 4187
☎ 041-5206881
営 7:00～22:30
休 無休
予 €50～
C A.M.V.
交 サン・マルコ広場から徒歩7分

イル・リドット

P.247-B3・4

Il Ridotto

サン・マルコ広場の裏手、たくさんの観光客が行き交うにぎやかな界隈にあるミシュランの1つ星。モダンな店内はさほど広くないが、新鮮な野菜と魚介類を使い、見た目も味わいも洗練された料理が味わえる。ランチコースは€39～。 要予約

URL www.ilridotto.com
住 Campo SS.Filippo e Giacomo 4509, Castello
☎ 041-5208280
営 12:00～13:45L.O.、19:00～21:30L.O.、火・木19:00～21:30L.O.
休 水、不定休 予 €80～(コペルト€4) C J.M.V.
交 サン・マルコ広場から徒歩4分

アル・コーヴォ

P.247-C4

Al Covo

新鮮なシーフードを使い、ひと工夫凝らしたヴェネツィア料理が味わえる。田舎家風のインテリアと落ち着いたサービスも心地よく、ワインの品揃えも充実。メニューは日替わりで、料理の満足度は高い。夜はドレスコードあり。乳幼児やバギーの乗り入れは不可。 要予約

URL ristorantealcovo.com
住 Campiello della Pescheria, Castello 3968
☎ 041-5223812
営 12:45～14:00、19:30～22:00
休 火・水、一部の祝日、1月
予 €65～(コペルト€5)
C A.M.V.
交 サン・マルコ広場から徒歩10分

トラットリア・アッラ・リヴェッタ

P.247-B4

Trattoria alla Rivetta

小さな橋のたもとにある、バーカロ兼トラットリア。ヴェネツィア料理が充実し、値段も手頃で、給仕係も愛想がよく陽気な雰囲気。日本語が少し話せるスタッフも。イカ墨のパスタやシーフードリゾットが絶品。いつも混雑しているので、早めに出かけよう。 要予約

URL www.allarivetta.it
住 Salizzada S. Provolo, Castello 4625
☎ 041-5287302
営 11:30～22:00
休 月、8月
予 €40～(コペルト€2.50、サービス料12%)
C A.M.V.
交 サン・マルコ広場から徒歩4分

Ⓑダル・モーロズ P.247-B3

Dal Moro's

パスタのテイクアウト専門店。パスタの種類と味を選んで支払いを先に済ませると、5分程度でパスタが出てくる。イカ墨のVenezianaやボロネーゼ、ペストなど€6～7.50と手頃な価格が魅力。オリーブやモッツァレッラなどトッピングも€0.50～1程度。

URL www.dalmoros.it
住 Calle de la Casseleria 5324
☎ 041-4762876
営 12:00～20:00
休 無休
予 €6～
C M.V.
交 サン・マルコ広場から徒歩3分

Ⓑチップ・チャップ P.247-B3

Cip Ciap La Bottega della Pizza

テイクアウト専門のピッツァ店。サンタ・マリア・フォルモーザ広場近くの橋のたもとにある。さまざまなカットピッツァ100g€1.90～のほか、小さなパイやキッシュなど100g€2.50～が軽食におすすめ。ラザニア€1.85～などサイドメニューも豊富。

住 Calle del Mondo Novo, Castello 5799/A
☎ 041-5236621
営 10:00～21:00
休 月・火、1月
予 €2～
C 不可
交 サン・マルコ広場から徒歩6分

オステリア・ダ・フィオーレ P.246-B2

Osteria da Fiore

地元の人にも大人気のミシュランの1つ星レストラン。伝統的であり繊細なヴェネツィア料理が楽しむことができる。こだわりの季節の素材とアドリア海の魚介類との調和がすばらしい。ランチのセットメニューは値ごろ感がありおすすめ。 要予約

URL www.ristorantedafiore.com
住 San Polo 2202/a
☎ 041-721308
営 19:00～22:30、土12:30～14:15、19:00～22:15
休 日、1月と8月に2週間程度
予 €80～
C A.D.J.M.V.
交 リアルト橋から徒歩10分

オステリア・ダ・アルベルト P.247-A3

Osteria da Alberto

1920年代から続く、時代を感じさせるオステリア兼トラットリア。店頭はワインを立ち飲みする地元の人でいつもにぎわい、カウンターにはおいしそうな前菜がずらりと並ぶ。奥のテーブルではヴェネツィアの伝統的な食事が楽しめる。 できれば予約

URL www.osteriadaalberto.it
住 Calle Larga Giacinto Gallina 5401
☎ 041-5238153
営 10:30～15:00、18:30～23:00
休 一部の祝日、1月1週間程
予 €35～（コペルト€2）
C M.V.
交 リアルト橋から徒歩7分

カンティーナ・ド・モーリ P.246-B2

Cantina do Mori

1462年創業で、ヴェネツィアで最も古いバーカロといわれる。カウンターでつまみと飲み物を注文する立食式。天井からはその昔井戸水を汲むのに使ったという銅の桶がたくさん下がっている。ワインは1杯約€2.50～で、チケッティも€2～。

住 Calle dei Do Mori, Sestiere San Polo 429
☎ 041-5225401
営 8:00～19:30
休 日
予 €10～
C A.D.J.M.V.
交 リアルト橋から徒歩3分

ロスティッチェリア・ジスロン P.247-B3

Rosticceria Gislon

1階がカウンター形式で、2階がテーブル席。メニューはパスタから郷土料理までバリエーション豊富で値段も手頃。また手早いサービスと1階は朝から夜までのほぼノンストップ営業で便利。2階は明るく落ち着いたレストラン。

住 Calle della Bissa, San Marco 5424/A
☎ 041-5223569
営 9:00～21:30
休 1月1日、12月25日
予 €25～（コペルト€1）
C A.D.J.M.V.
交 リアルト橋から徒歩2分

レストランピクト案内 高級店 中級店 庶民的な店 ピッツェリア バーカロ B級グルメ ジェラテリア カフェ
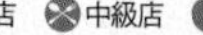

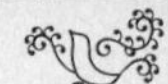

ヴィーニ・ダ・ジージョ

P.246-A2

Vini da Gigio

小さな運河のほとりにある家族経営のレストラン。太い梁が渡る店内はあたたかな雰囲気、ヴェネツィアの郷土料理が充実しているが、肉料理も揃う。店内は狭く、人気店なので夜は必ず予約をして出かけよう。 要予約

URL vinidagigio.it
住 Fondamenta S.Felice, Cannaregio 3628/a
☎ 041-5285140
営 12:00〜14:30、19:00〜22:30
休 月・火、1〜2月と8〜9月に各3週間程度
予 €40〜(コペルト€3)
C J.M.V.
交 ヴァポレット1番Ca'd'Oroから徒歩3分

バラババオ

P.247-B3

Taverna Barababao

カ・ドーロから近く、裏道の路地の一角にあり地元の人でにぎわう店。ヴェネツィアの郷土料理を中心に魚、肉料理ともに充実した品揃え。お店の人も親切。テラス席もあるが、店内はそこまで広くないため、予約した方が確実。 できれば予約

住 Sestiere Cannaregio 4371
☎ 348-0535740
営 12:00〜15:00、18:00〜22:30
休 木、一部の祝日
予 €40〜(コペルト€1)
C M.V.
交 ヴァポレット1番Ca' D'Oroから徒歩3分

アッラ・ヴェドーヴァ

P.247-A3

alla Vedova

アドリア海の新鮮な魚介料理とミートボールが名物のバーカロ&トラットリア。看板には、大きくalla Vedovaと書かれているが、Trattoria Ca'd'Oroとも呼ばれる。地元の人と観光客でいつもいっぱい。開店時間早々を狙うか予約を。 できれば予約

住 Ramo Ca'd'Oro, Cannaregio 3912
☎ 041-5285324
営 11:30〜14:30、18:30〜22:30
休 木、7月末〜8月末
予 €40〜(コペルト€2.50) C M.V.
交 ヴァポレット1番Ca'd'Oroから徒歩1分

アニス・ステラット

P.244-A2

Anice Stellato

かつてのゲットーを越えた静かな運河沿いにある。天井には太い梁が渡り、大きなテーブルが並ぶ店内は古きよき昔の雰囲気。伝統的なヴェネツィア料理にひとひねりした料理が味わえる。ワインも充実の品揃え。早めに予約して出かけよう。 要予約

URL www.osterianicestellato.com
住 Fondamenta della Sensa, Cannaregio 3272
☎342-0842837 営19:00〜22:00、土12:30〜14:00、19:00〜22:00
休日・月、3月1週間程度、11月末〜12月中旬 予€40〜 CM.V.
交ヴァポレット1番S. Marcuola Casinoから徒歩8分

ダッラ・マリーザ

P.244-A1

Dalla Marisa

ローカルに大人気の定食屋。なんとメニューは1コースのみで€20。味、量、価格と大満足のコスパのよさでヴェネツィアに来たらここ！ という国外からのリピーターも多い。その日に買い付けた新鮮な食材を使うのでメニューは日替わり。 要予約

URL trattoria-daa-marisa.business.site
住 Fondamenta San Giobbe 652
☎ 041-720211
営 12:00〜14:00、19:30〜22:00、日・月・水12:00〜14:00
休 一部の祝日
予 €25〜
C M.V.
交 サンタ・ルチア駅から徒歩11分

アッランフォラ

P.246-A1

Pizzeria Trattoria All'Anfora

サンタ・ルチア駅からスカルツィ橋を渡り、ヴェネツィアらしい小道にあるピッツェリア兼トラットリア。サロンの奥に緑に囲まれた愛らしい中庭があり、夏は気持ちいい。50以上の種類豊富で、薄くて大きなピッツァが人気。

URL www.pizzeriaallanfora.com
住 Lista vecia dei Bari, S.Croce 1223
☎ 041-5240325
営 12:00〜15:00、17:00〜22:30
休 水、12月中旬〜1月中旬
予 €15〜(コペルト€2)
C A.D.J.M.V.
交 サンタ・ルチア駅から徒歩6分

タヴェルナ・サン・トロヴァーゾ P.246-C1

Taverna S. Trovaso

手頃なトラットリアが少ないアカデミア地区でのおすすめの店。運河沿いの小さな路地に立つが内部は広く、いつも地元の人や観光客でにぎわっている。ヴェネツィアの郷土料理をはじめ、ピッツァのメニューも充実している。 要予約

URL www.tavernasantrovaso.it
住 Dorsoduro 1016
☎ 041-5203703
営 12:00〜14:45、19:00〜21:35
休 一部の祝日
予 €40〜
C A.M.V.
交 アカデミア橋から徒歩3分

カンティノーネ P.246-C1

Cantinone Gia Schiavi

小さな運河沿いにある、いつも地元の人でいっぱいの気取りのないバカリ。カウンターにはさまざまな前菜、壁際にはワインボトルがズラリと並ぶ。カウンターのみなので、バーカロ初心者は少し時間をずらしてトライしてみよう。

URL www.cantinaschiavi.com
住 Fondamenta Nani 992
☎ 041-5230034
営 8:30〜20:30
休 日
予 €10〜
C 不可
交 アカデミア橋から徒歩4分

バール・アッラ・トレッタ P.246-C1

Bar alla Toretta

店内のガラスケースにはこれでもか！ というほど具だくさんのサンドイッチが山積み。中身はヴェネツィアならではのバッカラBaccalaやカニGranchioなど多種多様。店内にはテーブル席もあり、イートインとテイクアウト、どちらも可能。

住 Drosoduro 1191
☎ 041-5200196
営 7:30〜19:30、土・日8:00〜19:30
休 一部の祝日
予 €5〜
C 不可
交 アカデミア橋から徒歩4分

ヴェネツィアのバーカロ文化

ヴェネツィアではスタンディング形式の居酒屋**バーカロBacaro**が欠かせない。カウンター(バンコ Banco)に並ぶチケッティCicchettiと呼ばれるつまみとワインで過ごすひとときは、この土地ならではの思い出。お会計は注文のタイミングで行う店もあれば、最後に行うところもあるので、わからなかったら聞いてみよう。

ヴェネツィアでは、ハウスワインのことをオンブラOmbraと呼んでいる。チケッティの種類は肉団子Polpettoや干した塩ダラをオリーブオイルなどでペースト状にしたバッカラ・マンテカートBaccala Mantecatoから、ライスコロッケのアランチーノArancinoまでさまざま。店によってラインアップも異なるので、ハシゴして個性あふれるチケッティを楽しんでみよう。

一品ずつ購入できるのもうれしい

編集部がおすすめする店をいくつか紹介しよう。**アル・ティモンAl Timon**(住 Fondamenta dei Ormesini 2754、営 16:00〜翌1:00、休 月、地 P.244-A2)はサンタ・ルチア駅からほど近い、バーカロ兼ステーキハウス。カウンターに並ぶ約20種のチッケッティはどれも€2と分かりやすい。運河沿いに面したテーブル席や運河に浮かぶ船が利用できるのもおもしろい体験だ。

サン・マルコ広場近くの**ビッレリア・フォルストBirreria Forst**(住 Calle delle Rasse 4540、営 10:00〜23:00、休 一部の祝日、地 P.247-C3)はビール醸造所が経営するビールとパニーノの店。暑い夏の冷たい生ビールSpinaの1杯は格別だ。人気メニューは、小腹を満たすのにピッタリな黒パンのサンドイッチで、ローストビーフとサラダManzo Verdure Senapeがおすすめ。テーブル席とカウンターは料金が少し異なる。

モダンなバーカロで人気を集めるのは、**セパSepa**(住 Calle de la Bissa 5482、営 11:30〜22:00、金・土11:30〜23:00、休 12月25・26日、地 P.247-B3)。地元産の食材を使ったチケッティ€1.50〜が人気。

ビッレリアのビールとローストビーフサンドがよく合う

ヴェネツィアのカフェ、ジェラテリアガイド

カフェ・フローリアン

P.247-C3

Caffè Florian

1720年創業。多くの詩人、作家たちに愛されたヴェネツィアを代表するカフェ。3つに分かれたサロンに入れば、当時の雰囲気をたっぷりと味わうことができる。食事もできる。楽団の演奏時のテーブルチャージ€6は、初回注文時のみ。店内にコーヒーやチョコのおみやげコーナーもある。

URL caffeflorian.com
住 Piazza San Marco 57
☎ 041-5205641
営 9:00〜20:00、金・土9:00〜23:00
休 無休
予 €10〜
C A.D.J.M.V.
交 サン・マルコ広場 新政庁側

グラン・カフェ・クアードリ

P.247-B3

Gran Caffè Quadri

1638年創業の老舗カフェ&バー。店内は1800年代のカーニバルを描いた絵画などで飾られ、インテリアも華やかな雰囲気。ケーキなど菓子もおいしい。テラス席もあり、広場での楽団の演奏は4〜10月。2階は上着着用のフォーマルなミシュランの1つ星レストラン。

住 Piazza San Marco 121
☎ 041-5222105
営 9:00〜24:00
休 無休
予 €10〜
C A.D.J.M.V.
交 サン・マルコ広場 旧政庁側

ジェラテリア・スーゾ

P.247-B3

Gelateria Suso

いつも行列、満員御礼のジェラテリア。フレーバーの組み合わせが絶妙。おすすめはヘーゼルナッツといちじくNocciolo e Fichiや店名のついたキャラメルSusoなど。徒歩3分圏内にもう1店舗(住 Salizada S. Giovanni Grisostomo 5801)あり、こちらの方が比較的空いている。

URL suso.gelatoteca.it
住 Calle della Bissa 5453
☎ 041-2412275
営 10:30〜19:30、金10:30〜22:30、土10:00〜23:00
休 無休
予 €4.50〜
C A.D.J.M.V.
交 リアルト橋から徒歩2分

ヴェネツィアでなに食べる?

見事なばかりの魚介類の前菜。ヴェネツィアでまず味わうべき一品

水の都ヴェネツィアの料理はアドリア海と町を囲むラグーナでとれる新鮮な魚介類をふんだんに使うこと。まずは**魚介類の前菜**Antipasto di Frutta di Mare(アンティパスト ディ フルッタ ディ マーレ)を味わおう。**イワシのマリネ**Sarde in Saor(サルデ イン サオール)、**イカの墨煮**Seppia Nero(セッピア ネーロ)、**干鱈のペースト**Baccalà mantecato(バッカラ マンテカート)をはじめ、**エビ**Gamberiガンベリや**タコ**Polpoポルポのサラダ、シャコCanocchie(カノッキエ)(Canoceカノーチェ)、**ホタテのグラタン**Capesante al Gratin(カペザンテ アル グラタン)などを盛り合わせたものが多い。カニの甲羅にほぐし身をたっぷり詰めた**グランセオーラのヴェネツィア風**Granseola alla Veneziana(グランセオーラ アッラ ヴェネツィアーナ)は高級なひと皿。

魚介類の前菜は、ひと皿ずつ供される場合も

プリモなら**魚介類のスパゲッティ**Spaghetti alla Scoglia(スパゲッティ アッラ スコリア)(Pescatoreペスカトーレ)や**イカ墨のスパゲッティ**Spaghetti Seppie Nero(スパゲッティ セッピエ ネーロ)や**イカ墨のリゾット**Risotto al seppie nero(リゾット アル セッピエ ネーロ)などが人気。

セコンドは**魚のグリル**Pesce Grigliata(ペッシェ グリリャータ)や**魚介類のミックスフライ**Fritto Misto di Mare(フリット ミスト ディ マーレ)。**魚介類のスープ**Zuppa di pesce(ズッパ ディ ペッシェ)はプリモでもセコンドでも通用する料理。肉系ならタマネギたっぷりの**レバーのヴェネツィア風**Fegato alla Veneziana(フェーガト アッラ ヴェネツィアーナ)は外せない。

アドリア海産の魚介類のパスタ

ヴェネツィア独特の居酒屋**バーカロ**Bacaro(→P.269)でショーケースに並んだつまみを肴に1杯やるのも、この町のお楽しみのひとつ。地元の人で混む前にトライしてみよう。

バーカロのカウンターで注文してみよう

ヴェネツィアのショッピングガイド

ヴェネツィアみやげといえば、何といってもヴェネツィアングラスだ。日本では、"高価"といわれているヴェネツィアのガラスも、手頃なみやげものなら、€10前後ぐらいから手に入る。ムラーノ島などで多発する「押し売り」などに負けないためにも、ヴェネツィア本島をはじめとするガラス店の店頭で、じっくりガラスの値段をチェックしてほしい。

そのほか、紙製品、レターセットや手帳などもヴェネツィアの華やかさと合っている。カーニバルで使う仮面も、ヴェネツィアみやげとしては印象的だ。バウタと呼ばれる伝統的なお面は地味なものだが、伝統的なコンメディア・デッラルテ(仮面即興劇)のマスケラ(仮面)は、おもしろい。

手頃な商店街はリアルト橋からサン・マルコ広場を結ぶ界隈とサンタ・ルチア駅前から北東に延びるLista di Spagna周辺に多い。サン・マルコ広場付近のショップは、ヴェネツィアングラスにしても芸術品に近い高級品が多い。高級ブランド店も並び、ウインドーショッピングが楽しい界隈だ。

実用的なヴェネツィアングラスを！

グッチ【ブランド】

P.247-C3

Gucci

新作もズラリと並ぶ大型店舗

DFSにも店舗があるものの、こちらの方が店内はかなり広々としており、入りやすく、ディスプレイも見やすいのが魅力。アクセサリーからバッグ、靴、スーツなど幅広い品揃え。人気のグッチッシマも充実している。

URL www.gucci.com/it
住 Calle Larga XXII Marzo, San Marco 2102
☎ 041-2413968
営 10:15〜19:00
休 無休
C A.D.J.M.V.
交 サン・マルコ広場から徒歩4分

プラダ【ブランド】

P.247-C3

Prada

都会的で活用的なデザイン

ミラノ発祥ブランドで、「ポコノ」と呼ばれるナイロン地を使ったバッグのほか、シンプルなカッティングの服や靴が今を感じさせる。レディースもメンズもそれぞれファッションからアクセサリー、靴まで小物類も揃う。

URL www.prada.com/it
住 Salizzada San Moisè, San Marco 1464
☎ 041-5283966
営 10:00〜19:00
休 無休
C A.D.J.M.V.
交 サン・マルコ広場から徒歩3分

ルイ・ヴィトン【ブランド】

P.247-C3

Louis Vuitton

新着商品も豊富に揃う

機能性と優雅さを併せもった憧れのブランド。この店で扱っているのはバッグと革製品がメイン。ここ数年でバリエーションが増えたスニーカーも多数揃うのがうれしい。定期的に変わるショーウインドーのディスプレイも美しい。

URL it.louisvuitton.com
住 San Marco 1345
☎ 0200-6608888
営 10:00〜19:30、日10:00〜19:00
休 無休
C A.D.J.M.V.
交 サン・マルコ広場から徒歩2分

モンクレール【ブランド】

P.247-C3

Moncler

おしゃれな高級ダウン

フランス生まれの高級ダウンメーカー。ヴェネツィアにある店も、メンズ、レディスからサングラス、ブーツなど小物までの幅広い品揃えだが、ディスプレイされている商品は一部なので、スタッフに好みを伝えて、商品を見せてもらおう。

URL www.moncler.com/en-it
住 Calle Larga XXII Marzo, San Marco 2088
☎ 041-8848011
営 10:00〜19:00、日・祝10:30〜19:00
休 一部の祝日
C A.D.J.M.V.
交 サン・マルコ広場から徒歩4分

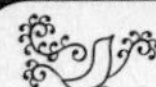

ヴェネツィアのショッピングガイド

●この町らしいおみやげを探そう！

日常使いのヴェネツィアングラスを探すならリゾラへ。旅の思い出をインテリアとして飾るなら仮面のカ・マカーナ、中世の仮面劇などを絵にしたスコーラ・サン・ザッカリア。ゴンドラ漕ぎの制服が揃うのがエミリオ・チェッカート。普段着としてもすてきだ。伝統的なクッキー類なら菓子店へ。駅近くならダル・マス、町なかのパスティチェリア・トノーロは町の人にも人気のヴェネツィア菓子の店。DFSはブランド品からクッキーまで幅広い品揃え。物価が高めなので、スーパーも外せない。

リゾラ【ガラス】 P.246-C2

L'isola

毎年限定のグラスが人気

ヴェネツィアングラスに現代感覚を取り入れたことで知られるカルロ・モレッティ氏の店。斬新な色合わせやデザイン性あふれるフォルムが特徴。ガラスボウルやさまざまな形の花瓶なども興味深い。日本への発送も可。

URL www.lisola.com
住 Calle de le Botteghe 2970, San Maro
☎ 041-5231973
営 10:00〜19:00
休 日、一部の祝日、年末年始
C A.D.J.M.V.
交 サン・マルコ広場から徒歩10分

ヴィットリオ・コスタンティーニ【ガラス】 P.247-A3

Vittorio Costantini

繊細な作りの海の生物たち

海の生物をイメージした作品で著名な作家コスタンティーニ氏の工房兼ショップ。本物と見まがうばかりの美しさと繊細さにため息。魚のオブジェひとつ€40〜50くらいから。昆虫や蝶なども傑作。

URL www.vittoriocostantini.com
住 Calle del Fumo 5311, Cannaregio
☎ 041-5222265
営 9:30〜13:00、14:15〜17:30
休 土・日、7月中旬〜8月中旬
C M.V.
交 ヴァポレットF.te Noveから徒歩3分

カ・マカーナ【仮面】 P.246-C1

Ca' Macana

インテリアに最適な仮面

紙を張り合わせて作られる仮面は思ったよりも軽い仕上がり。部屋のアクセントになるような個性的な仮面が多く、店内では製作実演も見られる。家族向けのワークショップも行っており、公式サイトから予約可能。

URL www.camacana.com
住 Dorsoduro 3215
☎ 041-5203229
営 夏季10:00〜20:00、冬季10:00〜18:30
休 一部の祝日　C A.M.V.
交 ヴァポレット1番 Ca' Rezzonicoから徒歩3分

スコーラ・サン・ザッカリア【ギャラリー】 P.246-C2

Schola San Zaccaria

中世の即興仮面劇の絵画

中世イタリアで流行したコンメディア・デッラルテという即興仮面喜劇中の人物を独自のタッチで描いたミッシアイヤ氏のギャラリー。カステッロ（住 Castello 3456）にもギャラリー兼アトリエあり。

URL www.scholasanzaccaria.com
住 Calle Zaguri
☎ 041-5221209
営 10:00〜18:00
休 一部の祝日
C A.D.J.M.V.
交 サン・マルコ広場から徒歩9分

ティポグラフィア・バッソ・ジャンニ【名刺】 P.247-A3

Tipografia Basso Gianni

オリジナルの名刺が作れる

今では珍しい活版印刷でオリジナルの名刺やカードが作ってもらえる。デザインは数多くのサンプルのなかから相談。名刺100枚3日くらいでできる。手作り感がすてきで、希望すれば日本への発送もしてもらえるのがうれしい。

住 Calle del Fumo, Cannaregio 5306
☎ 041-5234681
営 9:00〜13:00、14:00〜18:00
土9:00〜12:00
休 日、8月　C A.M.V.
交 ヴァポレットF.te Noveから徒歩2分

エミリオ・チェッカート【制服】 P.247-B3

Emilio Ceccato 1902

✉ゴンドリエーレの制服ゲット
メルチェリア側からリアルト橋を渡ったたもと（左岸）にゴンドリエーレの本物の制服を売る店があります。おしゃれな作業服屋さんです。ボーダーのシャツ、セーターなど普段着として着こなせるかわいいものばかり。（山梨県　佐藤聖美）['24]

URL emilioceccato.com
住 Sestiere 16, San Polo 16/17
☎ 041-3198826
営 10:30～13:30、14:00～18:30
休 1月1日、12月25・26日
C A.D.J.M.V.
交 リアルト橋の下

ダル・マス【お菓子】 P.246-A1

Pasticceria Dal Mas

駅近くで一番のおすすめ！
駅近く、いつも地元の人でにぎわう、1906年創業のお菓子屋兼バール。隣のチョコレートショップには、裏のキッチンで作られた手作りのチョコやクッキーなどが並ぶ。仮面型のチョコや伝統的なクッキーはおみやげにも最適。

住 Rio Tera Lista di Spagna, Cannaregio 149-150/A
☎ 041-715101
営 6:30～19:30、土・日7:00～19:30
休 一部の祝日
C M.V.
交 サンタ・ルチア駅から徒歩3分

パスティチェリア・トノーロ【お菓子】 P.246-B1

Pasticceria Tonolo

古きよきヴェネツィアのお菓子屋さん
さまざまな焼きたてのお菓子の香りが店内を包み、朝食時には近くで働くローカルでにぎわう。お菓子はほぼ一律€1.50。先に会計を済ませてケースから取ってもらう形式。おみやげにも最適な味のよいヴェネツィア菓子が好評。

住 Calle S.Pantalon,3764
☎ 041-5237209
営 7:30～19:20、日7:30～13:00
休 月、8月
C M.V.
交 ヴァポレット1番S.Tomaから徒歩5分

デスパ・テアトロ・イタリア【スーパー】 P.246-A2

Despar Teatro Italia

歴史ある建物がスーパーに変身
20世紀はじめの劇場（映画館）を当時の雰囲気を残して改装したスーパー。当時のファサード、店内には美しいフレスコ画や階段が残る。広い店内は近代的で充実の品揃え。オリジナルパッケージの商品もあるので、おみやげにもよい。

URL www.linealight.com/en-gb/case-histories/despar-teatro-italia/173
住 Cannaregio 1939, Campiello de L'Anconeta
☎ 041-2440243　営 8:00～20:30
休 一部の祝日　C A.D.J.M.V.
交 ヴァポレット1番S. Marcuola Casinoから徒歩3分

コープ【スーパー】 P.244-B1

Coop

ローマ広場に近くて便利
食料品を中心とした大型スーパー。店内は広く、近代的で品揃えも豊富。物価の高いヴェネツィアではありがたい存在だ。ローマ広場のヴァポレット乗り場の一番奥にある。リアルト橋の近く（住 San Marco, Riva del Carbon 4173/4177）にもある。

URL www.coop.it
住 Piazzale Roma, Santa Croce 499
☎ 041-2960621
営 夏季8:00～22:00、冬季8:30～21:00
休 12月25・26日
C A.D.M.V.
交 サンタ・ルチア駅から徒歩8分

ディー・エフ・エス【ブランドなど】 P.247-B3

DFS

ドイツ人商館がDFSに！
リアルト橋すぐ近くに位置し、ブランド品のほか、イタリアの食材やヴェネツィアの工芸品などの品揃えも豊富。最上階のテラスからはカナル・グランデを見渡せる。事前予約必須（URL www.dfs.com/venice/service/rooftop-terrace）。

URL www.dfs.com/venice
住 Calle del Fontego dei Tedeschi
☎ 041-3142000
営 10:00～19:00、一部店舗によって異なる
休 無休
C M.V.
交 リアルト橋から徒歩1分

ヴェネツィアのホテルガイド

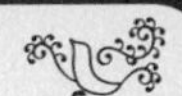

どこに泊まる?

「狭い、高い、道が悪い(石畳と橋が多い)」ヴェネツィア本島ではなく、メストレに宿泊しました。宿泊費や滞在税も安いですし、駅前から本島や空港へ行くバス(本島へは10〜15分、空港へ約30分)が出ていて便利です。

(みわ)['24]

同意見は多いものの、「夢の浮島」からあっという間に現実回帰して興ざめ、バスにスリ出没などの投稿も寄せられている。

(編集部)

近隣の島々のホテル事情

ムラーノ島はヴァポレット乗り場Murano Museoの目の前にハイアット・セントリックがあるほか、チェーンホテルのNH ホテルも。ブラーノ島は手頃なB&Bやアパートメントタイプの宿が多い。リド島には3つ星、4つ星ホテルがいくつか点在している。冬季はクローズしている宿も多い。

旅人憧れの地、ヴェネツィアのホテル探しは難しいことを肝に銘じよう。ここでは限られた土地(建物)に古い建物が多く、安くない料金のわりに満足感がない。「狭い、高い」は、ヴェネツィアの宿命!と考えよう。

ヴェネツィアの歴史ある5つ星ホテルの室内

まず注意することは、この町のホテル代は季節によって、大幅に変化すること。ヴェネツィアのホテルでは、春と秋の観光シーズンとカーニバルの期間(ハイシーズン)は、ローシーズン(11月〜3月中旬)の2〜4倍の料金ということもあり得る。また、最近では、春の復活祭、クリスマスから年末年始、そのほかの連休を利用してやってくるイタリア人が多いので、週末にかけての宿泊は連泊客を希望するホテル側から断られることもある。

■ヴェネツィアのホテルの分布?

サンタ・ルチア駅を出て左方向に延びるリスタ・ディ・スパーニャ通りのあたりには、経済的なホテルが多い。定評ある3つ星ホテルもあるが、料金はサン・マルコ広場あたりよりかなり安め。サン・マルコ広場から西側の大運河沿いと東のスキアヴォーニ河岸には、ヴェネツィアを代表する名門ホテルが並ぶ。探せば、サン・マルコ広場周辺の小路に経済的な1つ星ホテルもある。ヴェネツィアの1〜2つ星ホテルはまずまず好評。コストパフォーマンスを考えるのが、ヴェネツィアでの賢いホテル選びだ。

ヴェネツィアの1つ星ホテル、悪くない!

ヴェネツィア市滞在税 Imposta di Soggiorno

観光客はヴェネツィアのホテルなどに宿泊の際、1泊当たりひとり最大€5、最長5泊まで課税されることになった。シーズン(ローシーズンはハイシーズンの30%)、地域(3ゾーン)、ホテルのランクにより税額は細分化されている。支払いは直接ホテルへ。また、2024年4月からは、宿泊しない日帰り観光客に対して、入島税が課されることになった。詳細はP.17、P.240をチェック。

シーズナリティ
ハイシーズンは、2月1日〜12月31日、ローシーズンは1月1日〜1月31日。年により変更の場合あり。

地域=ゾーン
A:歴史地区=ヴェネツィア本島、ジューデッカ島、サンクレメンテ島
B:リド島、ブラーノ島、ムラーノ島
C:本土地域(島しょ部以外) メストレなど

ホテルのランクと地域(ゾーン)別課税額(左:ハイシーズン、右:ローシーズン)

(ひとり1泊当たりの税額、単位:ユーロ、最大5泊まで課税)

	A 歴史地区など ヴェネツィア本島、ジューデッカ島他		B その他、島しょ部 リド島、ブラーノ島、ムラーノ島		C 本土地域 メストレなど	
5つ星ホテル	5	3.50	4.50	3.10	3.50	2.40
4つ星ホテル	4.50	3.10	3.60	2.50	3.10	2.20
3つ星ホテル	3.50	2.40	2.80	2	2.40	1.70
2つ星ホテル	2	1.40	1.60	1.10	1.40	1
1つ星ホテル	1	0.70	0.80	0.60	0.70	0.50
ヴィッラなどの歴史的建造物	1〜3	0.70〜2.10	0.80〜2.40	0.60〜1.70	0.70〜2.10	0.50〜1.50
B&B	1〜3	0.70〜2.10	0.80〜2.40	0.60〜1.70	0.70〜2.10	0.50〜1.50

※5泊まで、10〜16歳は半額。10歳以下は免除　2021年7月改訂

地球の歩き方　ヴェネツィアの注目ホテル

ヴェネツィアの5つ星ホテルには、世界の王族や賓客を迎え、伝説として語られるような名門ホテルが多い。それだけにヴェネツィアの伝統と歴史を知るためにも一度は宿泊してみたい。5つ星のなかでは値頃感があり、日本人に親切なメトロポールはおすすめ。立地もよい。また4つ星ホテルで注目したいのは、イタリアンのチェーンホテル。季節を選べば、納得の値段で泊まれるし、部屋も広めだ。駅周辺では3つ星ホテルがおすすめ。

サン・マルコ広場周辺

★★★★★ メトロポール P.247-C4

Metropole

目の前に運河が広がるスキアヴォーニ河岸に建ち、16世紀の邸宅にあるホテル。1900年代初頭のインテリアと当時のアンティークが豊富に飾られ、内部は華やかなヴェネツィアの時代感にあふれている。緑の中庭での朝食が格別な1日を約束してくれる。併設のオリエンタルバー＆ビストロでは、ヴェネツィア料理をエスニックにアレンジしたひと皿がいただける。ヴァポレットS. Marco-San Zaccariaの乗り場にもほど近く、観光にも便利。ヴェネツィアの5つ星ホテルのなかでは、値ごろ感がある貴重な存在。

URL www.hotelmetropole.com

住 Riva del Schiavoni 4149
☎ 041-5205044 Fax 041-5223679
TB €420～ SU €900～
室 67室 朝食€35 W-F
休 1月上旬～2月上旬
C A.D.J.M.V.
交 サン・マルコ広場から徒歩7分

サンタ・ルチア駅周辺

★★★★ メゾン・ヴェネツィア P.247-A3

Meison Venezia UNA Esperienze

イタリアのチェーンホテルウナ・ホテルズの系列で、観光客の少ない静かな界隈にある。運河に面した歴史ある邸宅を近代的に改装したホテル。客室はヴェネツィア風にまとめられ、優雅で機能的。特別な看板はないが季節の鉢植えが彩りを添える外観で、近づけばわかるはず。バスタブ付きの客室もある。午後に無料のカフェとスナックサービスがある。ヴァポレットのCa' D'OroとF.te Noveの中間にあるので、中心部のみならずムラーノ島やブラーノ島など離島を周遊する際にも魅力的な立地。

URL www.gruppouna.it

住 Ruga Do Pozzi, Cannaregio 4173
☎ 041-2442711
Fax 041-2442712
SS SB €200～ TS TB €220～
室 34室 朝食込み W-F
C A.D.J.M.V.
交 ヴァポレット1番Ca' D'Oroから徒歩4分

★★★ アッバツィア P.246-A1

Hotel Abbazia

アッバツィア（修道院）の名前どおり、古い修道院を改装したホテルで、木を多用したアンティーク調の室内は当時の雰囲気を残す。3名以上に対応しているファミリールームは、ソファスペースもあり快適だ。小さな庭園もあり、静かで落ち着いている。駅の近くとは思えないのどかな景観で、町歩きに疲れたらここでひと息つくのもよいだろう。サンタ・ルチア駅からは、キャリーケースを引いてきても苦にならない距離で便利。公式サイトは日本語対応あり。スタッフはみな親切でフレンドリー。

URL www.abbaziahotel. com

住 Calle Priuli, Cannaregio 68
☎ 041-717333
Fax 041-717949
TS TB €120～
室 39室 朝食込み W-F
C A.D.J.M.V.
交 サンタ・ルチア駅から徒歩3分

ヴェネツィアのホテルガイド

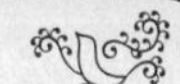

★★★★ アイ・レアリ P.247-B3

Ai Reali

17世紀の貴族の邸宅にあり、当時の雰囲気を生かしたクラシックで華やかな雰囲気のホテル。客室も広々とし、よく手入れされている。最上階にはスパもあり、ゆったりとリラックスしたヴェネツィア滞在におすすめ。

URL www.hotelaireali.com

住 Campo della Fava 5527, Castello
☎ 041-2410253
Fax 041-2415562
TB €270～　JS €570～
SU €1350～
室 30室　朝食込み W-Fi
C A.J.M.V.
交 リアルト橋から徒歩3分

★★★★ サヴォイア・エ・ヨランダ P.247-C4

Hotel Savoia & Jolanda

スキアヴォーニ河岸、高級ホテルが並ぶ一角にある。サン・ザッカリア船着場の前にあり、交通の便もよい。運河側の部屋からのサン・マルコ運河とサン・ジョルジョ・マッジョーレ島の眺めも絶品。1階にはテラスレストラン併設。ハイシーズンは泊数制限あり。

URL www.hotelsavoiajolanda.com
住 Riva degli Schiavoni, 4187
☎ 041-5206644
Fax 041-5207494
TB €200～
室 51室　朝食込み W-Fi
C A.D.J.M.V.
交 サン・マルコ広場から徒歩4分

★★★★ コンコルディア P.247-B3

Hotel Concordia

サン・マルコ寺院に向かって左側奥にあり、唯一サン・マルコ広場に面したホテル。広場に面した部屋は全部で15室。入口は反対側の通りに面してあり、階段を上った2階がフロント。客室はクラシックで、寺院が見えるスイートもある。

URL www.hotelconcordia.com
住 Calle Larga, San Marco 367
☎ 041-5206866　Fax 041-5206775
TB €170～　JS €375～
SU €485～
室 51室　朝食込み W-Fi
C A.J.M.V.
交 サン・マルコ広場から徒歩1分

★★★★ サトゥルニア&インターナショナル P.246-C2

Hotel Saturnia & International

サン・マルコ広場から徒歩5分、ブランドショップが並ぶ3月22日通りにある。ピサーニ家の住居だった14世紀の館を改造しており、落ち着いたなかにも華やかさが感じられるインテリアがすてき。レストランLa Caravellaや、ジム&スパエリアを併設。

URL www.hotelsaturnia.it
住 Via XXII Marzo, San Marco 2398
☎ 041-5208377
Fax 041-5207131
SB €90～　TB €120～
室 87室　ビュッフェの朝食込み W-Fi
C A.J.M.V.
交 サン・マルコ広場から徒歩5分

★★★★ スターホテルズ・スプレンディッド・ヴェニス P.247-B3

Starhotels Splendid Venice

運河沿いに立ち、真紅のベルベットと鏡を多用したロビーは華やかなヴェネツィアを象徴しているかのようだ。客室は近代的で、機能的。客室によっては運河を眺められる。朝食室やルーフガーデンからの眺めもすばらしい。

URL www.starhotels.com
住 Mercerie,S.Marco 760
☎ 041-5200755
Fax 041-5286498
TS TB €200～
室 165室　朝食込み W-Fi
C A.D.J.M.V.
交 サン・マルコ広場から徒歩3分

★★★★ モナコ・エ・グランド・カナル P.247-C3

Monaco e Grand Canal

サン・マルコ広場に近い、ヴァポレット1番Vallaressoからすぐ。ヴェネツィアらしい光と雰囲気にあふれたロマンティックなホテル。一部の客室や大運河に面したテラスからはジューデッカ島を望むすばらしい風景が広がる。

URL www.hotelmonaco.it
住 San Marco 1332
☎ 041-5200211
Fax 041-5200501
SB TB €330～
室 92室　朝食込み W-Fi
C A.D.J.M.V
交 サン・マルコ広場から徒歩3分

S シャワー共同シングル料金　T シャワー共同ツイン料金　D ドミトリー料金　SS シャワー付きシングル料金　SB シャワーまたはバス付きシングル料金　TS シャワー付きツイン料金　TB シャワーまたはバス付きツイン料金　3B シャワーまたはバス付きトリプル料金　SU スイート　JS ジュニアスイート

★★★ フローラ P.246-C2

Hotel Flora

ホテル・サトゥルニア向かいの路地を入った奥にある、家族経営の小さなホテル。特に欧米人に人気が高く、シーズン中は早めの予約が必要だ。ホテル自慢の中庭での朝食が快適。夜はバーも営業している。

URL www.hotelflora.it

住 Calle dei Bergamaschi, San Marco 2283/A
☎ 041-5205844
Fax 041-5228217
SS €230～ TS €250～
室 44室 朝食込み W-F
C A.J.M.V.
交 サン・マルコ広場から徒歩5分

★★★ サン・ガッロ P.247-B3

Hotel San Gallo

サン・マルコ広場にもリアルト橋にも近く、観光に便利なロケーション。部屋は広くないが、水回り含めて清潔に保たれており、中心部にしてはハイシーズンでも手頃な料金がうれしい。エレベーターがない。

URL www.hotelsangallo.com

住 San Marco 1093/A
☎ 041-5227311
Fax 041-5225702
SS €140～
TS €175～
室 12室 朝食込み W-F
C M.V.
交 サン・マルコ広場から徒歩2分

★★★ パガネッリ P.247-C4

Hotel Paganelli

サン・マルコ広場の東側。超高級ホテルDanieliダニエリやLondra Palaceロンドラ・パラスなどが立ち並ぶスキアヴォーニ河岸の一角にある。ラグーンビューの客室からは大運河を望むことができる。

URL www.hotelpaganelli.com

住 Riva degli Schiavoni 4182
☎ 041-5224324
Fax 041-5239267
SS €110～ TS TB €120～
JS €250～(ラグーンビュー)
室 20室 朝食込み W-F
C M.V.
交 サン・マルコ広場から徒歩4分

★★ ラ・レジデンツァ P.247-B4

Hotel La Residenza

カステッロ地区、サン・ザッカリア教会そば、14世紀の由緒ある建物の中にある。サロンや客室は古きよきヴェネツィアンスタイル。特にサロンの豪華絢爛なインテリアはため息もの。客室も広く、快適だ。

URL www.venicelaresidenza.com

住 Campo Bandiera e Moro, Castello 3608
☎ 041-5285315
SS €80～
TS €150～
室 13室 朝食込み W-F
C M.V.
交 サン・マルコ広場から徒歩10分

★★ セレニッシマ Hotel Serenissima P.247-B3

サン・マルコ広場にも近く、便利な立地。このクラスのホテルにしては、38室と部屋数も多い。客室もバスルームも古いが、シンプルな内装で清掃が行き届いている。朝食も付いてくるのがうれしい。

URL www.hotelserenissima.it

住 Calle Goldoni, San Marco 4486
☎ 041-5200011 Fax 041-5223292
SB €95～ TS €110～
室 38室 朝食込み W-F
C M.V. 交 サン・マルコ広場から徒歩4分

★ ロカンダ・シルヴァ Locanda Silva P.247-B3

昔からのヴェネツィアらしいたたずまいを残した、小運河に囲まれた地域にある。夏場は早めに到着すること。1つ星ではあるが、最低限の設備とアメニティが整っており、コストパフォーマンスよし。

URL www.locandasilva.it

住 Fondamenta del Rimedio, Castello 4423
☎ 041-5227643 Fax 041-5286817
SS €80～ TS €95～
室 24室 朝食込み W-F
C M.V. 交 サン・マルコ広場から徒歩4分

★ オテル・アイ・ド・モリ Hotel Ai Do Mori P.247-B3

サン・マルコ広場から1本裏通りに入った抜群の立地を誇るホテル。広場の寺院や鐘楼を望めるバルコニー付きの部屋がおすすめ。スタッフは夜間になると常駐していないので、チェックインの時間を確認しておくこと。

URL hotelaidomori.com

住 Calle Larga San Marco 658
☎ 041-5204817
SS €75～ TS €90～
室 11室 朝食込み W-F C M.V.
交 サン・マルコ広場から徒歩2分

★★★★ ジョルジョーネ P.247-A3

Giorgione

古い邸宅の趣がよく残り、かつての貴族の暮らしを想像できるような愛らしいホテル。ムラーノグラスのシャンデリアをはじめ、この町らしいインテリアで装飾されたあたたかな雰囲気。ジャクージのある中庭は夜にはライトアップされて幻想的。スパを併設。

URL www.hotelgiorgione.com
住 Calle Larga dei Proverbi 4587
☎ 041-5225810
Fax 041-5239092
SB €110～　TB €135～
室 76室　朝食込み W-F
C A.D.J.M.V.
交 ヴァポレット1番Ca'd'oroから徒歩2分

★★★ ロカンダ・ディ・オルサリア P.246-A1

Locanda di Orsaria

駅に近くて便利で優雅なプチホテル。18世紀のヴェネツィア風インテリアの明るいスーペリアルームからは、隣接した庭園の緑が望めるのがすがすがしい。トリプルルームや4人まで泊まれる部屋もあり、家族連れにもおすすめだ。

URL www.locandaorsaria.com
住 Calle Priuli dei Cavalletti 103, Cannaregio
☎ 041-715254 Fax 041-715433
SS SB €150～
TS TB €190～
室 15室　朝食込み W-F
C A.D.J.M.V.
交 サンタ・ルチア駅から徒歩5分

アッロッジ・ジェロット・カルデラン P.246-A1

Alloggi Gerotto Calderan

かつての邸宅を改装した内部は広々としてきれい。共用シャワーが各部屋ごとに分かれているのも使いやすい。冷房完備。夏は1週間以上前に予約を。
✉ 駅からも近くて便利ですし、室内は清潔でした。受付の人は英語も通じ、親切でした。（東京都　田沼利規）['24]

住 Campo S. Geremia, Cannaregio 283
☎ 041-715562
Fax 041-5242342
SS TS €100～
3S €160～
室 36室　W-F
C M.V.
交 サンタ・ルチア駅から徒歩3分

ジェネレイター・ホステル・ヴェニス P.244-C2

Generator Hostel Venice

本島の向かい、ジューデッカ島にある。かつての穀物倉庫を近代的に改装したホステルで、運河に面して立ち、開放的な雰囲気。サン・マルコ広場方面の美しい夜景も楽しめる。受付時間は14:00～24:00。15泊まで。レストラン、バール、無料のロッカー完備。

URL www.staygenerator.com
住 Fondamenta Zitelle 86
☎ 041-8778288
D €20～　TS €90～
室 222ベッド　朝食€7 W-F
C D.J.M.V.
交 ヴァポレット2番Zitelleから徒歩3分

★★★ ホテル・クリス　Hotel Cris 地図外

近くに鉄道駅やバスターミナルがあり、移動に便利なロケーション。部屋数を抑えており、本島の喧噪を離れて落ち着いた滞在にぴったりだ。フロントのスタッフも英語が通じ、親切に相談にのってくれる。
URL www.hotelcris.it

住 Via Monte Nero 3/A
☎ 041-926773
SS €65～　TS €85～
室 17室　朝食込み W-F　C M.V.
交 ヴェネツィア・メストレ駅から徒歩6分

アンダ・ヴェニス・ホステル　Anda Venice Hostel 地図外

本土のヴェネツィア・メストレ駅すぐのモダンなホステル。共用のキッチンでは、ケトルや鍋などひと通りの器具を利用できる。近くにスーパーもあるので、節約して自炊したい人にはよい。1階はバールになっている。
URL www.andavenice.com

住 Via Ortigara 10
☎ 041-8622291
D €25～
室 119室　朝食込み W-F　C A.D.J.M.V.
交 ヴェネツィア・メストレ駅から徒歩2分

荷物を持っての移動に便利

①便利なのが荷物運び屋さんPortabagagliポルタバガーリ（☎389-7949292：本部）。サンタ・ルチア駅前、サン・マルコ広場などで待機し、ホテルなど希望の場所まで荷物を運んでくれる。基本料金は駅前からヴェネツィア本島内で、1～2個€25、3～4個€35。8:00～21:30頃の営業。

②荷物も多く、人数も多いときに便利なのが水上タクシー。高級ホテルでは宿泊者専用の船着場があるし、経済的なホテルでもボートですぐ脇まで行くことができる。空港からサン・マルコ広場周辺まで約€135。
URL www.motoscafivenezia.it（日本語あり）

S シャワー共同シングル料金　T シャワー共同ツイン料金　D ドミトリー料金　SS シャワー付きシングル料金　SB シャワーまたはバス付きシングル料金　TS シャワー付きツイン料金　TB シャワーまたはバス付きツイン料金　3B シャワーまたはバス付きトリプル料金

Napoli
ナポリ

ナポリ歴史地区
登録年1995年　文化遺産

大いなる自然に彩られた「イタリアの永遠の劇場」

紺碧の海、雲ひとつない青空、雄大なヴェスーヴィオ火山を望む風光は、今なお旅人たちを魅了してやまない。古代ギリシア時代からイタリア統一までの約2000年にわたって、支配され続けた歴史をもつこの町には、ルネッサンス建築の城から3大オペラ歌劇場までさまざまな見どころが集う。ここを拠点にポンペイやエルコラーノ遺跡へ訪れよう。

ナポリの歩き方

ナポリへの行き方

ローマから

ローマ・テルミニ駅からナポリ中央駅までフレッチャロッサ（FR）やイタロ（ITA）で約1時間10分

フィレンツェから

フィレンツェ・サンタ・マリア・ノヴェッラ駅からナポリ中央駅までFR、ITAで約2時間30分

ミラノから

ミラノ中央駅からナポリ中央駅までFR、ITAで約5時間

ヴェネツィアから

ヴェネツィア・サンタ・ルチア駅からナポリ中央駅までFR、ITAで約5時間30分

空港からのアクセス

バスの場合

空港から市内へはシャトル便のアリバスが運行。経路は、空港↔中央駅前↔ベヴェレッロ埠頭。

空港から中央駅前広場まで所要15～20分。切符€5は車内購入（車内購入の追加料金なし）。切符Unico Alibus券はアリバス片道と市内交通への乗り換え可。90分有効。

URL www.anm.it

タクシーの場合

空港からナポリ市内までは定額料金があり、中央駅までは€18、サンタ・ルチア周辺までは€21、メルジェッリーナ駅周辺までは€25。

URL www.taxinapoli.it

●ナポリ国際空港

URL www.aeroportodinapoli.it

ナポリの鉄道駅は複数

ローマなどからの主要列車は、中央駅Napoli Centrale(Napoli C.leと略)、その地下にあるガリバルディ広場駅Napoli Piazza Garibaldi、港近くのメルジェッリーナ駅Napoli Mergellina、カンピ・フレグレイ駅Napoli Campi Flegrei(Napoli C.F.と略)などに停車。各駅は地下鉄で結ばれている。

中央駅から地下鉄1号線でふたつ目のムニチーピオMunicipioで下車しよう。階段を上がると、目の前に広場が広がっている。道路を挟んだ正面が**ムニチーピオ広場**、左に立つのが**ヌオーヴォ城**だ。道なりに坂を上がれば、ヌオーヴォ城の先にはイタリア3大歌劇場のひとつの**サン・カルロ劇場**、さらに角を左折すると王宮だ。このまま王宮前を進めば、歌にも歌われる**サンタ・ルチア湾**や**卵城**に続く。サンタ・ルチア湾から**メルジェッリーナ港**までの散歩道は右に市立公園の緑、左に**ヴェスーヴィオ火山**、**サンタ・ルチア湾**、**卵城**が眺められ、まるで1枚の絵のように美しい。夕暮れに赤く染まる頃はひときわ印象的だ。

交通の要所、ムニチーピオ広場

王宮前の半円形に柱が連なる大広場は**プレビシート広場**だ。この広場から北へ真っすぐ延びるのがナポリのメインストリートの**トレド通り**（またはローマ通り）。通りの途中には、**ヴォメロの丘**へのケーブルカー乗り場があり、さらに先には古代芸術の宝庫、**国立考古学博物館**。さらに進むと**カポディモンテの丘**が広がり**国立カポディモンテ美術館**がある。やや距離があるので、考古学博物館からはバス178番の利用が便利。

プレビシート広場上方に、ヴォメロの丘を望む

トレド通り途中のカリタ広場北から東側は**スパッカ・ナポリ**と呼ばれるナポリの下町。狭い路地に洗濯物がはためき、どこか懐かしい映画でも観ているような光景が広がる。スパッカ・ナポリの信仰の中心ドゥオーモからは、中央駅へ約1km。ヴォメロの丘からの眺望はすばらしく、丘の上のサンテルモ城や国立サン・マルティーノ美術館も回りたい。ポジリポの丘(→P.289)もおすすめだ。

スパッカ・ナポリの入口、ダンテ広場とポルタルバ(アルバ門)

ナポリの歩き方 ナポリらしい雰囲気を知るなら、まずは王宮から卵城、サンタ・ルチア界隈へ。中央駅から地下鉄1号線に乗り、ムニチーピオ駅で下車して歩き始めよう。見逃せない国立考古学博物館へは地下鉄1号線のムゼオ駅下車で。バスやタクシーはかなりの渋滞があるので時間の余裕をもって利用しよう。

ヌオーヴォ城 →P.290 ▶ 王宮 →P.291 ▶ プレビシート広場 →P.291 ▶ 卵城とサンタ・ルチア →P.292 ▼ 国立サン・マルティーノ美術館→P.293 ◀ スパッカ・ナポリ →P.292 ◀ 国立考古学博物館 →P.289 ◀ 国立カポディモンテ美術館→P.290

ナポリの交通について

各都市間を結ぶ列車の利用にはナポリ中央駅。各町を結ぶプルマンバスを利用する場合はバスターミナルへ。

市バス、市電、地下鉄そして坂の町にふさわしいケーブルカー（フニコラーレ）と、交通機関はバラエティに富んでいる。

●ナポリの鉄道駅

ナポリの鉄道トレニタリアの駅は、町の西、海に近い**メルジェッリーナ駅**と東の**ナポリ中央駅など**がある（この2駅間は地下鉄で行き来することができる）。中央駅地下には、トレニタリアと**地下鉄**共用の**ナポリ・ガリバルディ駅**がある。中央駅のコンコースから矢印に従い脇（ホームを背に左の通路）に進むか、構内のエスカレーターで下れば、ポンペイ、ソレント行き**ヴェスーヴィオ周遊鉄道**の乗り場へと通じている。

駅前広場の下にショッピングアーケードがある

●バスターミナル

中・長距離バス（プルマン）のターミナルは、中央駅に向かって右の駐車場奥にある。バーリ行きなどはここから発着。切符売り場はバスターミナル手前右の建物の中にある。

ナポリから各地へのプルマンが発着

交通機関の料金

ナポリ市内および近郊へも使用できるバス、トラム、フニコラーレ、地下鉄などに共通。1回券は制限があるので、観光客には90分券または1日券が便利。1日券は当日24:00まで利用可。1週間券は週半ばでの購入は損。

公共交通機関の切符、種類は以下のとおり。

- ●1回券Corsa Semplice　€1.30（バス、トラム、1号・6号線地下鉄、フニコラーレ。乗り換え不可）
- ●1回券Corsa Semplice2　€1.50（市内および近郊バス、EAVまたはRFI線。乗り換え不可）
- ●1日券Biglietto Giornaliero　€4.50（市内交通機関に共通。当日24:00まで有効）
- ●1週間券Abbonamento Settimanale　€12.50（市内交通機関に共通。購入日直近の日曜の24:00まで有効）

※時間券は時間内ならバス、トラムは何度でも乗り換え可。ただし、ケーブルカー、地下鉄は1回のみ

※1日券は、バス、トラム、ケーブルカー、地下鉄に共通

※バス、地下鉄、フニコラーレの検札は厳しいので、切符は必ず乗車時に打刻し、下車するまで持っていよう。1日券などの場合はバスでは最初の乗車時に打刻すればOK

地下鉄やフニコラーレ利用の場合は、そのつど改札機に通して入場しよう

中央駅のトイレ

コンコース中央部から地下へ下りた右奥。自動入口で料金€1を投入して中へ。

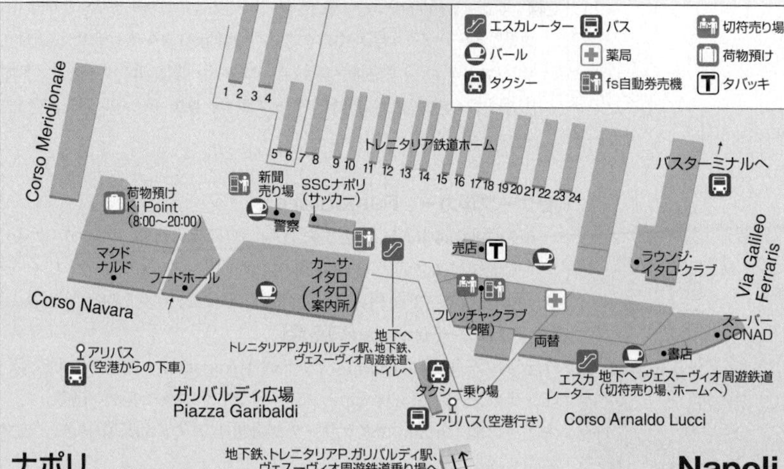

ナポリ中央駅構内

ナポリは地下鉄がいい?
かなり混雑するナポリのバス。これに乗じてスリも出没する。財布や貴重品はなるべく持ち歩かない。あらかじめバスの切符などは購入しておき、小銭とカードくらいの身軽さで町歩きにでかけよう。座っていれば被害はかなり防げる。乗降時も注意しよう。心配ならば、渋滞に巻き込まれることがなく、運行もほぼ時間通りの地下鉄+徒歩で観光するのがおすすめ。

地下鉄Duomo駅がオープン
2021年にオープンした地下鉄1線ドゥオーモDuomo駅。ドゥオーモ周辺の見どころへのアクセスが格段によくなった。近代的な駅はイタリア人建築家によるもの。そして、工事中には神殿跡が発見されたといい、駅自体がひとつの見どころになっている。

✉ 切符はどこで買う?
タバッキや新聞売り場でバスや地下鉄の切符は購入できます。でも1日券は売っていない場合がありました。中央駅前の地下ショッピングアーケードにある地下鉄入口そばの切符売り場は、地下鉄会社の窓口なので確実に入手できます。 (マドモアゼル '24)
窓口以外に自動券売機でも切符の購入が可能。(編集部)

チェントラーレ線のフニコラーレ

●バス

ナポリは交通渋滞が激しく、待てど暮らせど目指すバスが来ないことも多い。次に挙げるのは観光に役立つ路線。

R2: 中央駅前ガリバルディ広場 ↔ ウンベルト1世通り ↔ G.ボヴィオ広場 ↔ ムニチーピオ広場 ↔ V.エマヌエーレ3世通り ↔ サン・カルロ通り ↔ ガリバルディ広場

140: ポシリッポ ↔ メルジェッリーナ ↔ キアイア通り ↔ ムニチーピオ広場 ↔ サン・カルロ通り(王宮)

C63: 国立考古学博物館 ↔ 国立カポディモンテ美術館

1(トラム): 中央駅前 ↔ ベヴェレッロ港

●地下鉄 Metropolitana(メトロポリターナ)

中央駅前地下のショッピングアーケードから地下鉄に乗ろう

ナポリ名物の渋滞に悩まされることもなく、バスよりも混雑は少ない。路線は1線Linea 1(黄色)と2線Linea 2(水色)、6線Linea 6(オレンジ色)の3線。1線は旧市街を一周し、町の北側の郊外が終点。観光に利用できるのは、ダンテ広場からP.ヴァンヴィテッリ駅くらいまで。2線は町を東西に横断し、西のポッツォーリPozzuoliまで。6線はメルジェッリーナから西、モストラまで。

地下鉄切符もバスなどの交通機関と共通。

1線：ガリバルディ(中央駅) ↔ ドゥオーモ ↔ ウニヴェルシタ(ボヴィオ広場) ↔ ムニチーピオ ↔ トレド ↔ ダンテ広場 ↔ ムゼオ(国立考古学博物館、地下道で2線カヴール駅と連絡) ↔ マーテルデイ ↔ サルヴァトーレ・ローザ ↔ クアトロ・ジョルナーテ ↔ ヴァンヴィテッリ(ケーブルカー駅と連絡) ↔ メダリエ・ドーロ ←(略)→ ピシノーラ

2線：サン・ジョヴァンニ・バッラ ↔ ジャントゥルコ ↔ ガリバルディ(中央駅) ↔ カヴール広場(国立考古学博物館) ↔ モンテサント(国立サン・マルティーノ美術館へ行くケーブルカー駅に近い) ↔ アメデオ広場(ヴォメロの丘に向かうケーブルカー駅) ↔ メルジェッリーナ ←(略)→ ポッツォーリへ

●ケーブルカー Funicolare(フニコラーレ)

市の西側に4本あり、うち3本はヴォメロの丘に行く。サン・マルティーノ美術館へはモンテサント線が便利。ケーブルカー駅まで続くエレベーターも町中にあって便利。運行時間は7:00～22:30頃で約10分間隔。

【ケーブルカーFunicolareの路線】

チェントラーレ線 Centrale: トレド通り(Augusto) ←(略)→ フーガ広場
モンテサント線 Montesanto: モンテサント ←(略)→ モルゲン通り
キアイア線 Chiaia: マルゲリータ公園通り(アメデオ広場) ←(略)→ チマローザ通り
メルジェッリーナ線 Mergellina: メルジェッリーナ通り ←(略)→ マンツォーニ通り

●ヴェスーヴィオ周遊鉄道　Ferrovia Circumvesuviana（フェロヴィア チルクムヴェスヴィアーナ）

エルコラーノ、ポンペイ、ソレントに最も早く行ける。この路線ではユーレイルパスは通用しない。車内では切符がないと通常の運賃のほか反則金を取られることもあるので、切符はあらかじめ窓口で購入のこと。

観光客だけの、カンパニア・エクスプレスが便利で安心

●船

世界のリゾート地、**カプリ島、イスキア島、プローチダ島**への航路がある。海からソレントへ渡ることもできる。フェリーと水中翼船などがある。どの港からも平日と休日では運航スケジュールは異なり、冬場は就航する船会社も減るので、出航場所や運航時刻については観光案内所などで調べておくことが必要。

行き先別に船が並ぶ、ベヴェレッロ港

■ベヴェレッロ港　Molo Beverello

カプリ、イスキア、プローチダ、ソレントへのフェリーTraghetto（トラゲット）と水中翼船Aliscafo（アリスカーフォ）、シチリアやジェノヴァへの大型フェリーが出ている。季節により異なるものの、メルジェッリーナ港より運航本数は多い。

■メルジェッリーナ港　Mergellina

カプリ、イスキア、プローチダなどへ水中翼船が出ている冬季の出航便は少ない。

観光列車に乗ろう

もともと夏季限定だったヴェスーヴィオ周遊鉄道の観光列車、カンパーニア・エクスプレスCampania Express。2024年3月現在は1年中運行しており、ナポリからエルコラーノ、トッレ・アンヌンツィアータ、ポンペイ、カステッランマーレに停車し終点はソレント。料金はポンペイで降りてもソレントで降りても同一で、片道€15。節約派には少し割高だが、夏は冷房の効いた車内で混雑を避けてポンペイまで行くことができる。購入は、ナポリではヴェスーヴィオ周遊鉄道切符売り場横の窓口などで。

船の種類

安さで選ぶならフェリー、時間短縮なら水中翼船。ただどちらも欠点があり、フェリーは運航本数が少なめ。水中翼船は天候によってはかなり揺れる場合があるので心配な人は酔い止め薬の持参を。

どの会社、港を選ぶ?

カプリ島やイスキア島への船は複数の会社が運航し、季節や会社により多少料金も異なる。船の待ち時間を最短にするには片道切符の購入がいい。港に着いたら、最初に出発する船の切符を購入しよう。往復券を購入してしまうと、季節によっては該当の会社の船が来るまで3～4時間待つこともある。また冬季は、メルジェッリーナ港からの出航は減便になる。

ナポリ観光に最適なアルテカード

ナポリをはじめカンパニア州の観光や移動に便利な「カンパニア>アルテカードcampania > artecard」。最初の2～5ヵ所が無料で入場でき、見どころへの交通機関の切符も含まれている。バスや地下鉄、ケーブルカーなどの交通機関は時間内(最終日の24:00まで)なら何度でも利用可なので町歩きにも活用できる。数種類あるので、旅の予定や興味に合わせて購入しよう。

種類と料金

●ナポリ>アルテカード

ナポリだけを観光するのに最適な3日間券€27。指定した最初の3ヵ所の見どころに無料入場でき、4ヵ所目以降は割引に。ナポリ国立考古学博物館、国立カポディモンテ美術館、王宮、国立サン・マルティーノ美術館など約40ヵ所対象。

※18～25歳€16(入場可能な見どころに制限あり)

●カンパニア>アルテカード

3日券€41、7日券€43。ナポリ>アルテカードで入場可能なナポリの見どころのほか、カンパニア州内のポンペイ遺跡、エルコラーノ遺跡、ペストゥムの遺跡、カゼルタ王宮、ラヴェッロのヴィッラなど約80ヵ所の広範囲で利用できる。また、各見どころのブックショップ、劇場などでも割引あり。

販売場所と利用方法

アルテカードの案内所が市内に1ヵ所(→P.288)ある。2023年10月の取材時は、ナポリ中央駅構内の案内所や旅行会社では取り扱っていないことが多く、公式サイトに誘導される模様。また、アプリもある。案内所で購入した場合、カードは見どころ用と交通機関用の2枚組。見どころカードは使用前に名前と開始日時を記入し、各見どころの専用機械に通すか係員に提示。交通機関用は最初に刻印すればOK。簡単なガイドと交通マップもセットされている。

URL www.campaniartecard.it

OSPEDALE VINCENZO MONALDI
Via com. Guantai ad Orsolone
Via Quagliariello
Via Leonardo Bianchi
Via Tommaso De Amicis
Colli Aminei
Via dei Colli Aminei
Via Edoardo Nicolardi
Policlinico
OSPEDALE ANTONIO CARDARELLI
Via Antonio Cardarelli
POGGIO DI CAPODIMONTE
Via Nazareth
Rione Alto
ナポリ東西環状道路
Tragenziale Est Ovest di Napoli
CAMALDOLILLI
Montedonzelli
地下鉄1線
Metropolitana Linea 1
アルネッラ
ARENELLA
Via Giacinto Gigante
Via Pietro Castellino
Salvator Rosa
LA PIGNA
Via della Pigna
Medaglie d'Oro
サルヴァトーレ・ローザ通り
Via Salvatore Rosa
アンティニャーノ
ANTIGNANO
Via M. Fiore
V.エマヌエーレ大通り
Corso V. Emanuele
Quatro Giornate
ヴォメロ
Vomero
Via Gianlorenzo
モンテサント線
Funicolare di Montesanto
Via dell' Epomeo
フレグレア周遊鉄道 Ferrovia Circumflegrea
Piazza Vanvitelli
サンテルモ城
Castel Sant' Elmo
P.273
Piave
F.チレア通り Via F. Cilea
Via Domenico Cimaresa
国立サン・マルティーノ美術館
Museo Nazionale di San Martino
Via Piave
サント・ステファノ
S. STEFANO
ヴィッラ・フロリディアーナ
Villa Floridiana
キアイア線
Funicolare di Chiaia
チェントラーレ線
Funicolare Centrale
Via Giustiniano
Corso Europa
Via Aniello Falcone
Via Tasso
国立マルティーナ公爵陶磁器美術館
Museo Nazionale d' Ceramica
Corso Vittorio Emanuele
Piazza Amedeo
ケーブルカー乗り場
Stazione
地下鉄2線 Metropolitana Linea 2
Corso Vittorio Emanuele
クマーナ駅
Cumana
Via del Mille
Via Michelangelo da Caravaggio
Via Alessandro Manzoni
Via Michelangelo Schipa
美術館
Museo
ヴィッラ・ピニャテッリ
Villa Pignatelli
マルティーリ広場
Piazza dei Martiri
クマーナ鉄道 Ferrovia Cumana
レプッブリカ広場
Piazza della Repubblica
リヴィエラ・ディ・キアイア通り
Riviera di Chiaia
ヴィッラ・コムナーレ
Villa Comunale
ヴィットリア広場
Piazza Vittoria
水族館
Acquario
Mergellina
トレニタリア
メルジェッリーナ駅
Stazione F.S. Mergellina
F.カラッチョロ通り
Via Francesco Caracciolo
ピエーディグロッタ
PIEDIGROTTA
サンナッザーロ広場
P.za S. Nazaro
Fuorigrotta
地下鉄6線
Metropolitana Linea 6
Lala
Via Mergellina
水中翼船乗り場
メルジェッリーナ港
Porto Mergellina
Viale Augusto
Augusto
VILLANOVA
Via A. Manzoni
メルジェッリーナ線
Funicolare d. Mergellina
Via Giulio Cesare
サンタ・マリア・デル・パルト教会
S. Maria d. Parto
Piazza Leopardi
メルジェッリーナ
MERGELLINA
カプリ、イスキア、
プローチダ、ソレントへ
A
B
C
1
2

ナポリ
カポディモンテ公園
Parco di Capodimonte
P.290
国立カポディモンテ美術館
Museo e Gallerie Nazionali di Capodimonte
(カポディモンテの王宮
Palazzo Reale di Capodimonte)
マードレ・デル・ブオン・コンシリオ教会
Madre del Buon Consiglio
カポディモンテ
CAPODIMONTE
サンジェンナーロのカタコンベ
Catacombe di S. Gennaro
サン・ジェンナーロ・エクストラ・モエニア教会
S. Gennaro Extra Moenia
サンタ・マリア・デッラ・サニタ教会
S. Maria D. Sanità
サニタ
SANITA
イル・モイアリエッロ
IL MOIARIELLO
救貧院
Albergo dei Poveri
カルロ3世広場
P.za Carlo III
植物園
Orto Botanico
ピアッツォラ
PIAZZOLA
自転車競技場
Veldoromo
拘置所
Carceri Giudiziale di Poggioreale
Centro Direzione
ナツィオナーレ広場
P.za Nazionale
空港へ
3km
周遊鉄道路線
Via Milano
Via N. Nicolini
Calata di Capodichino
Viale Umberto Maddalena
Via Nuova del Campo
Via Don Bosco
マルタ大通り
Corso Malta
Via Arenaccia
Via Nuova Poggioreale
フォリーア通り
Via Foria
G.ガリバルディ大通り
Via Giovanni Porzio
Via Casanova
Via Cesare Rosaroll
Via Taddeo da Sessa
Corso Meridionale
Corso Novara
Corso G. Garibaldi
A.d.S.ドゥーカ・ダオスタ大通り
Corso A. d. Savona Duca d'Aosta
Materdei
Cavour
地下鉄2線
Metropolitana Linea 2
Via Carbonara
国立考古学博物館
Museo Archeologico Nazionale
Museo
ドゥオーモ通り
Via Duomo
ドゥオーモ
Duomo
カプアーノ城
Castel Capuano
Via Tribunali
サン・ロレンツォ
S. LORENZO
アリバス
トレニタリアナポリ中央駅
Stazione F.S. Napoli Centrale
Gianturco
Piazza Garibaldi
バスターミナル
周遊鉄道
S.F.S.M.駅
私鉄 ヴェスーヴィオ周遊鉄道駅
Stazione FE-RR.Circumvesuviana
Via Salvator Rosa
モンテサント
MONTE SANTO
ダンテ広場とポルタルバ
P.za Dante / Port' Alba
Dante
スパッカ・ナポリ
SPACCA NAPOLI
サン・ドメニコ・マッジョーレ教会
S.Domenico Maggiore
Corso Umberto I
Duomo
Montesanto
ケーブルカー乗り場
Stazione
Via Amerigo Vespucci
ポンペイへ
25km
サレルノへ
55km
ウンベルト1世大通り
(レッティフィーロ)
Via Nuova Marina
カリタ広場
P.za Carità
Università
Molo C.Pisacane
Calata Porta di Massa
港
Bacino del Piliero
Pontile V. Emanuele II
スペイン地区
QUARTIERI SPAGNOLI
Toledo
トレド通り
Via Toledo
Via Cristoforo Colombo
ムニチーピオ広場
Piazza Municipio
Municipio
Molo Martello
Molo C.Console
ヌオーヴォ城
Castel Nuovo
アリバス
トレニタリアマリッティマ駅
Stazione F.S. Marittima
ウンベルト1世のガッレリア
Galleria Umberto I
サン・カルロ劇場
Teatro S.Carlo
フェリー乗り場
フェリー乗り場
ベヴェレッロ埠頭
Molo Beverello
キアイア通り
Via Chiaia
王宮
Palazzo Reale
プレビシート広場
Piazza Plebiscito
Bacino Angioino
P.286-287
PIZZOFALCONE
サンタ・ルチア
SANTA LUCIA
P.292
サンタ・ルチア通り
Via Santa Lucia
ラ・カンティネッラ
La Cantinella P.295
P.295
マリーノ
Marino
レックス
Rex P.299
エクセルシオール
Excelsior
P.299
P.292
卵城
Castel dell'Ovo
サンタ・ルチア港
Porto Santa Lucia
グランド・ホテル・ヴェスーヴィオ G.H.Vesuvio P.299
カルーソ・ルーフ・ガーデン Caruso Roof Garden P.295
N
0
250
500m
サルデーニャ、シチリア、マルタ、エオリエ諸島へ
カプリ、イスキア、プローチダ、ソレントへ
ナポリ湾
Golfo di Napoli
3
4
A
B
C

1
2
A
B
C
Via Antonio Villari
Via Vergini
Via Foria
フォリーア通り
Via D. Cirillo
地下鉄1線
Metropolitana Linea 1
Via Materdei
Vico Medici
Via S. Teresa degli Scalzi
Via M. Pagano
P.za Scipione Ammirato
Materdei
P.294
ロンバルディ
Lombardi
Cavour
Via Settembrini
マードレ美術館
旧教会
Salita San Raffaele
P.za Cavour
P.289
国立考古学博物館
Museo Archeologico Nazionale
Museo
カヴール広場
コンプレッソ・モヌメンターレ・ドンナレジーナ
Complesso Monumentale Donnaregina
新教会
Largo Donnaregina
Via Matteo Renato Imbriani
Via Salvator Rosa
不治の病人の病院
Ospedale degli Incurabili
Vico Petrillo
ドゥオーモ通り
サンタ・マリア・デッレ・グラツィエ教会
S. Maria delle Grazie
スパッカ・ナポリ
SPACCA NAPOLI
P.292
ドゥオーモ
Duomo
地下鉄2線 Metropolitana Linea 2
Via S. Maria di Costantinopoli
P.298
コスタンティーノーポリ 104
Costantinopoli 104
ジロラミーニ教会
S. Girolamini
Accademia Belle Arti
サン・パオロ・マッジョーレ教会
S. Paolo Maggiore
P.296
ディ・マッテオ
Di Matteo
P.za Mazzini
S. Maria d. Pazienza
モンテサント
MONTE SANTO
Via Francesco Saverio Correra
Via Enrico Pessina
P.294
エット
Etto
Via della Sapienza
サンタ・マリア・マッジョーレ教会
S. Maria Maggiore
サン・ガエターノ広場
P.za S.Gaetano
サン・ロレンツォ・マッジョーレ教会
S. Lorenzo Maggiore
P.299
ピアッツァ・ベッリーニ
Piazza Bellini
P.296
ソルビッロ
Sorbillo
プルガトリオ・アダルコ
Purgatorio ad Arco
Salita Tarsia
Pontecorvo
ベッリーニ広場
P.za Bellini
サン・ピエトロ・ア・マイエッラ教会
S. Pietro a Maiella
サンセヴェーロ礼拝堂
Sansevero
カッパレッリ
Capparelli
P.297
サン・グレゴリオ・アルメーノ教会
S. Gregorio Armeno
ダンテ広場とポルタルバ
P.za Dante / Port' Alba
ベッリーニ
Bellini
P.296
サン・ドメニコ・マッジョーレ教会
S. Domenico Maggiore
ニーロ像
Nilo
P.295
ラ・フィーリア・デル・プレジデンテ
La figlia del Presidente
サン・ドメニコ広場
Piazza S. Domenico
Via Biagio dei Librai
Dante
サンタンジェロ・ア・ニーロ教会
S. Angelo a Nilo
モンテ・ディ・ピエタ
Monte di Pietà
ジェズ・ヌオーヴォ教会
Gesù Nuovo
スピリト・サント教会
Spirito Santo
サンティ・セヴェリーノ・エ・ソッシオ教会
SS. Severino e Sossio
サンタ・マリア・ディ・モンテヴェルジネ教会
Montesanto
Via Benedetto Croce
インマコラータの尖塔
ケーブルカー乗り場
Stazione
Via Toledo
Via S. Anna di Lombardi
ジェズ・ヌオーヴォ広場
Gesù Nuovo
サンタ・キアーラ教会
S. Chiara
P.292
P.298
デクマーニ
Decumani
Via G. Paladino
Via Mezzocannone
Piazza Pignasecca
大学
Università
モンテサント線
Funicolare di Montesanto
Vico Paradiso
カラファ・ディ・マッダローニ館
Pal. Carafa Maddaloni
キオストロ
Chiostro
Via S. Chiara
Piazza S. Giovanni Maggiore
Via Pasquale Scura
グラヴィーナ館
Palazzo Gravina
サンタンナ・デイ・ロンバルディ教会
S. Anna dei Lombardi
Via Formale
ウンベルト1世大通り(レッティフィーロ)
Via S. Monteoliveto
サンタ・マリア・ドンナルビーナ教会
S. Maria Donnalbina
Via E. Girardi
カリタ広場
P.za Carità
サンタ・マリア・ラ・ノーヴァ教会
S. Maria La Novea
ボヴィオ広場
Piazza Giovanni Bovio
郵便電話局
Poste e Telegrafi
Università
Emanuele
P.293
国立サン・マルティーノ美術館
Museo Nazionale di San Martino
Via Croci S. Lucia al Monte
アイローネ
Airone
P.299
Via G. Sanfelice
Piazza G. Matteotti
エウロペオ・ディ・マトッツィ
Europeo di Mattozzi
P.294
Via M. Campodisola
Via Concezione a Montecalvario
Toledo
Via Armando Diaz
メディーナ通り
Rua Catalana
Corso Vittorio
スペイン地区
QUARTIERI SPAGNOLI
サンタ・マリア・インコロナータ教会
S. M.Incoronata
Via Medina
Via San Bartolomeo
Via Agostino Depretis
Via Alcide De Gasperi
Via De Deo
Via Ponte di Tappia Incoronata
P.298
ロメオ
Romeo
Via Cristoforo Colombo
Vico Cariati
Vico Concordia
トレド通り
サン・ジャコモ・デリ・スパーニョーリ教会
S. G. d. Spagnoli
Vico della Tofa
Vico Lungo Trinità Spagnoli
ムニチーピオ広場
Piazza del Municipio
Municipio
Nuova calata Pilliero
チェントラーレ線
Funicolare Centrale
P.298
ラ・チリエジーナ
La Ciliegina
ケーブルカー乗り場
Stazione Toledo
マリィ・スフォリアテッラ
Mary's Sfogliatella
P.296
Via S. Mattia
Calata S. Mattia
P.290
ヌオーヴォ城(アンジュー家のやぐら)
Castel Nuovo
Molo Angioino
Via S. Caterina da Siena
ウンベルト1世のガッレリア
Galleria Umberto I
サイトシーング
トレニタリアマリッティマ駅
Stazione F.S. Marittima
Via S. Carlo
Via Vittorio Emanuele III
アリバス
Via Parco del Castello
Vico Rosario d. Palazzo
Piazza Mondragone
トリエステ・エ・トレント広場
Piazza Trieste e Trento
サン・カルロ劇場
Teatro S. Carlo
P.291
フェリー乗り場
ベヴェレッロ埠頭
Molo Beverello
Gradoni di Chiaia
Via Ferdinando Acton
P.295
ガンブリヌス
Gambrinus
P.291
王宮
Palazzo Reale
Villa Cellammara
P.299
キアイア
Chiaja
Via Chiaia
P.291
プレビシート広場
Piazza del Plebiscito
キアイア通り
P.294
アミチ・ミエイ
Amici miei
サン・フランチェスコ・ディ・パオラ聖堂
S. Francesco di Paola
Giardini Pubblici
Bacino Angioino

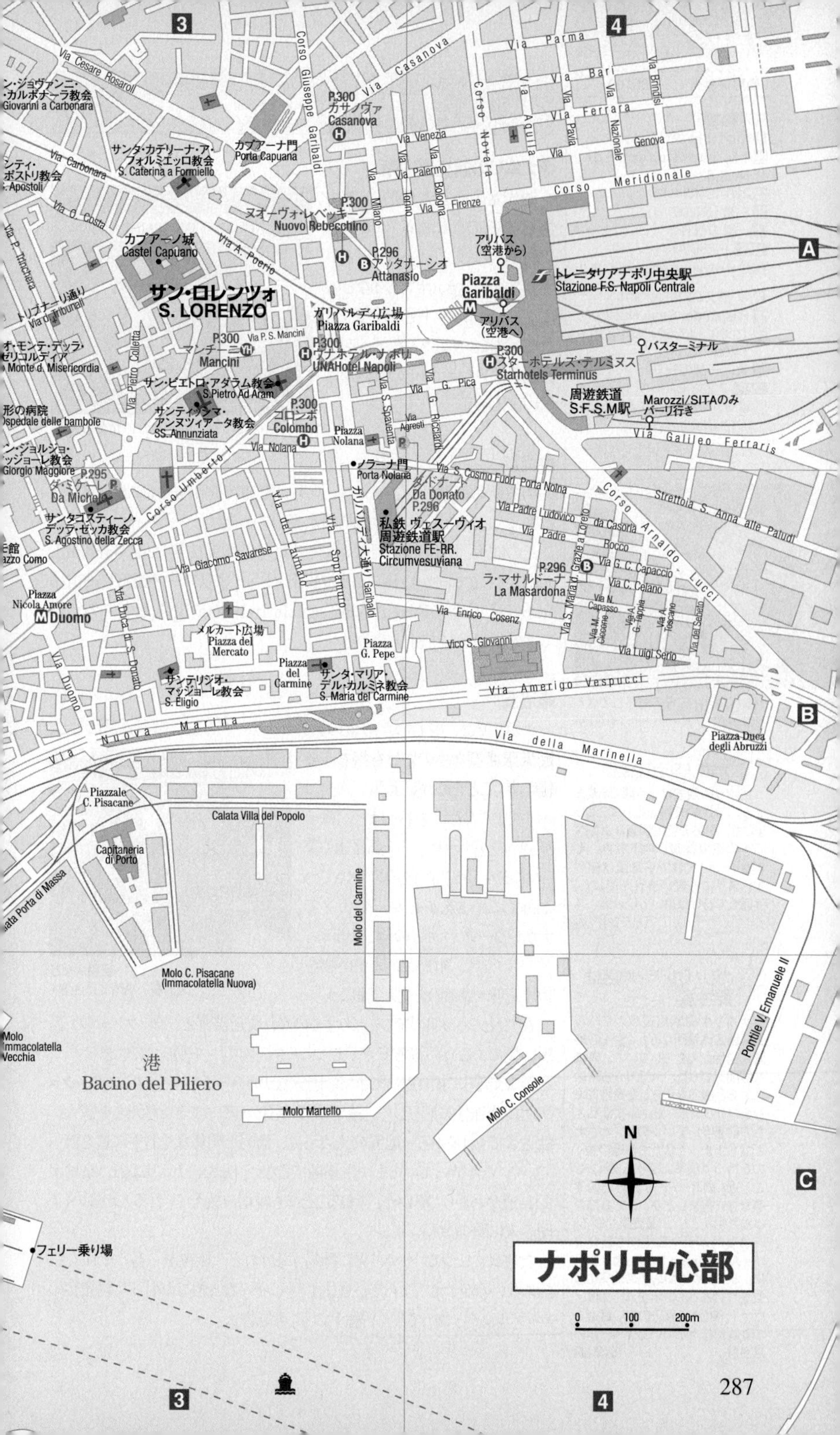
ナポリ中心部
S. LORENZO
サン・ロレンツォ
Piazza Garibaldi
ガリバルディ広場
トレニタリアナポリ中央駅
Stazione F.S. Napoli Centrale
カプアーノ城
Castel Capuano
カプアーナ門
Porta Capuana
ノラーナ門
Porta Nolana
私鉄 ヴェスーヴィオ周遊鉄道駅
Stazione FE-RR. Circumvesuviana
周遊鉄道
S.F.S.M駅
メルカート広場
Piazza del Mercato
サンタ・マリア・デル・カルミネ教会
S. Maria del Carmine
Duomo
Molo del Carmine
Molo C. Pisacane (Immacolatella Nuova)
Molo Martello
Molo C. Console
Pontile V. Emanuele II
港
Bacino del Piliero
フェリー乗り場
Calata Villa del Popolo
Capitaneria di Porto
Piazzale C. Pisacane
Via Nuova Marina
Via della Marinella
Via Amerigo Vespucci
Corso Umberto I
Corso Garibaldi
Corso Meridionale
Corso Novara
Corso Arnaldo Lucci
Via Galileo Ferraris
P.300 カサノヴァ Casanova
P.300 ヌオーヴォ・レベッキーノ Nuovo Rebecchino
P.296 アッタナーシオ Attanasio
P.300 マンチーニ Mancini
P.300 ウナホテル・ナポリ UNAHotel Napoli
P.300 スターホテルズ・テルミヌス Starhotels Terminus
P.300 コロンボ Colombo
P.296 ダ・ドナート Da Donato
P.296 ラ・マサルドーナ La Masardona
P.295 ダ・ミケーレ Da Michele
アリバス（空港から）
アリバス（空港へ）
バスターミナル
Marozzi/SITAのみ バーリ行き
0 100 200m
N
287

●郵便番号　80100

観光案内所
ⓘInfoTurismo Napoli
住 Via San Giuseppe dei Nudi 82
☎ 800-134034
営 8:30～20:00
休 一部の祝日
MAP P.286-A1
URL www.infoturismonapoli.it

ⓘArtecard Infopoint
住 Piazza del Gesù Nuovo 7
開 10:00～17:00、日10:00～14:00
休 火、一部の祝日
MAP P.286-B2
URL www.campaniartecard.it/artecard-point-2

ガリバルディ広場の地下にできたショッピングアーケードにもATMあり

✉ ナポリの治安は？

ナポリの治安はそう悪くありません。70代の夫婦ふたりで2泊しました。夕方の空港到着、ポンペイへの電車往復、地下鉄内、町歩き……いずれでも危険は感じず、スリにも遭いませんでした。注意して行けばよいでしょう。
（イシン）['24]

✉ ガリバルディ地区は要注意

ナポリ中央駅周辺のガリバルディ地区は昼間からたくさんの外国人男性がたむろしていて、異様な雰囲気でした。大通りから路地に入ると虚ろな目をした男性にあとをつけられました。最初は私たちの前を歩いていたのに、わざわざ立ち止まって私たちが追い抜くのを待って後ろに回り込まれました。近くのスーパーに逃げ込んで事なきを得ましたが、とても怖かったです。　（長野県　ぴろ）

ガリバルディ広場から延びるVia Alessandro Poerio通りを境に、北のカヴール周辺の治安には気をつけるべし。ホテル・カサノヴァ（→P.300）周辺の細い裏道を歩かないほうがいいとはホテルの店主談。　（編集部）

ナポリの役立つ情報

●ナポリの観光案内所

観光案内所はナポリ国立考古学博物館の前にある。ナポリ中央駅構内には、「inStazione」という案内所ができ、ポンペイなどのオプショナルツアーも紹介してくれる。また、サンタ・キアーラ教会前にはアルテカードの案内所も(購入も可能)。

ポンペイなどのツアー情報もゲット

●両替

中央駅の両替所は、トレニタリア線切符売り場近くにある。レートはあまりよくないが、営業時間が長いのが魅力。

そのほか、駅付近で両替のできる銀行は駅前広場P.za Garibaldiの道を挟んで向かい側にある**クレディト・イタリアーノ銀行**Credito Italiano。広場のBanca Commerciale ItalianaやBNLなどの各銀行では外貨の両替を行っていない。

●治安

ナポリでは、用心のため金のアクセサリーや高価な時計などは外し、**最低限必要なものだけを持ち、身軽に歩くことを心がけよう。**

駅構内など
人の多い場所では注意！

イタリア人も舌を巻くほど、調子がよいのがナポリっ子。調子よく寄ってくる人、破格の値段のついている商品には注意が必要。イタリアで**ナポレターノ**（ナポリの物、ナポリっ子）といえば、粗悪品、まがい物を指す意味があるのを覚えておこう。

もうひとつ、ナポリでびっくりするのが、交通渋滞と、クラクションの音。黒い髪のあなたの後ろで車がしつこくクラクションを鳴らしても怒らずに、たまには笑って振り返ってみて。陽気なナポリっ子がウインクしたり、クラクションを派手に鳴らして、遠い東洋の国からやってきた私たちを盛大に歓迎してくれるから。地元の人たちは、信号と関係なく上手に道を渡っていく。ただ待っていても一生横断できない。また、ナポリは細い路地が多く、道がわかりづらいが、尋ねるととても親切に教えてくれる人が多い(年配の人に聞くのがよい)。

女性は、しつこいナポリ男に辟易するけれど、無視が一番。それでも、諦めないのがナポリっ子の心意気（？）。そんなときには外国人観光客のカップルにくっついて歩くと逃げていく可能性大。

おもな見どころ

古代文明の宝物庫 MAP P.286-A1・2

国立考古学博物館

Museo Archeologico Nazionale ムゼオ アルケオロジコ ナツィオナーレ

世界でも屈指のギリシア・ローマ美術を収集した博物館。ポンペイやエルコラーノの遺跡をより知るために必見の場所だ。

大広間のように広がる1階にはファルネーゼ・コレクションの彫像を展示。とりわけ名高いのは、紀元前4世紀の模刻『ファルネーゼのヘラクレス』Ercole Farnese（11室）、ダイナミックなひとつのドラマを見るような『ファルネーゼの雄牛』Torro Farnese（16室）、紀元前5世紀の名彫刻の模刻『槍兵』Doriforo（45室）など。9～10室は宝石類の展示でメノウの細工を施した『ファルネーゼの皿』Tazza Farneseは紀元前2世紀のもの。

『ファルネーゼのヘラクレス』

中2階は古代遺跡から発掘された紀元前1世紀頃のモザイクや彫像などを展示。鮮やかで写実的なモザイク画は当時の様子を雄弁に物語るかのようだ。『メナンドロスの喜劇』Commedia di Menandroはぼかしの技法がすばらしい。5.83×3.13mという大モザイク画の『アレクサンドロ大王の戦い』Battaglia di Alessandro Magno（61室）はポンペイの「牧神の家」の床を飾ったもので、近くの『踊る牧神像』Fauno（60室）も同じ場所からの発掘品。ポンペイで観られるもののオリジナルだ。

『踊る牧神像』

2階には、美意識の高さをうかがわせる、ポンペイ絵画と多数のブロンズ像を展示。

国立考古学博物館、2階大広間

●国立考古学博物館
住 Piazza Museo 19
☎ 081-4422149
開 9:00～19:30（最終入場1時間前）
休 火（祝日の場合は翌日）、1月1日、12月25日
料 €22、18～25歳€20、第1日曜無料、アルテカード対象施設
※2019年に一般公開されたMagna Greciaコレクションを鑑賞するには、€1.50。見学室に入る際にシューズカバーを購入し、着用する必要がある
※大きな荷物は、入口近くのロッカー（無料）に入れて見学すること
※オーディオガイド（英・伊あり）€5、アルテカード提示で€3.50
※公式サイトでの予約可能。館内マップなどもダウンロードできる
URL mann-napoli.it

※2024年3月時点情報
大モザイク画『アレクサンドロ大王の戦い』は修復中。完全な状態で見ることはできないが、コレクション内に設置された場所から修復現場を見学することができる。そのほか、修復作業中で公開していない展示は公式サイトのトップページでアナウンスされているので事前にチェック。

観光バスを利用して巡ろう！

地下鉄が通っているので、比較的歩きやすいナポリだが、町を眺めながら観光したい人に最適なのが観光バス。ヌオーヴォ城前発着で、国立考古学博物館や国立カポディモンテ美術館など主要な観光スポットに停車し、切符は24時間有効で乗り降り自由なので、歩き疲れたときにも助かる存在。

●City Sightseeing Napoli
料 €25（24時間有効、オーディオガイド付き）
※切符は車内や公式サイトで購入可能
URL www.napoli.city-sightseeing.it

ポジリポの丘からのパノラマビュー

緩やかな稜線を描くヴェスーヴィオ山を背景に広がるナポリ湾、湾に浮かぶのはカプリ、イスキアの島影、そして船の白い航跡……。世界有数の絶景として名高いのがポジリポの丘Posillipoだ。

丘の中腹にある聖アントニオ教会のテラスTerazza di Sant'antonioからの眺望は、古くから絵葉書にも描かれてきた。ケーブルカーのメルジェッリーナ線でS.Antonio駅下車、徒歩12分ほど。夜景ならタクシーで。

ポジリポの丘から眺める夜景はロマンティックだ

緑の丘の王宮美術館

MAP P.285-A3

国立カポディモンテ美術館 ☆☆☆

Museo e Gallerie Nazionali di Capodimonte

ムゼオ エ ガッレリエ ナツィオナーリ ディ カポディモンテ

国立カポディモンテ美術館にはナポリの歴史が詰まっている

ベルサイユのトリアノン庭園をモデルにした、緑濃い庭園に立つ、18世紀の旧王宮内にある美術館。美術館は4階からなり、見学は2階から。2階はおもにルネッサンス絵画からヴェネツィア派の絵画を展示。見逃せないものを挙げると、この美術館の代表作のひとつである、マザッチョの『磔刑図(たっけいず)』Crocifissione(クロチフィッショーネ)、ジョヴァンニ・ベッリーニの円熟期の傑作『キリストの変容』Trasfigurazione(トラスフィグラツィオーネ)、ヴェネツィア派を代表するティツィアーノの『ダナエ』Danae(ダナエ)、『マッダレーナ』Maddalena(マッダレーナ)。ブリューゲルの『盲者の寓話』Parabola dei Cierchi(パラボラ デイ チェルキ)など。

旧居室の「舞踏室」が見事

2階の一角を占める旧居室Appartamento Storico(アッパルタメント ストーリコ)は華やかなナポリ宮廷の歴史を鮮明に伝えてくれる場だ。カポディモンテ焼をはじめヨーロッパの名品を集めた陶磁器コレクションや磁器の間Gabinetto di Porcellana del Palazzo di Portici(ガビネット ディ ポルチェッラーナ デル パラッツォ ディ ポルティチ)は必見だ。

ナポリ派に影響を与えたカラヴァッジョの、『キリストの鞭打ち』

3階はナポリ派を中心に展示。ナポリ派の黄金期に影響を与えたシモーネ・マルティーニの傑作『トゥールーズの聖ルイ』San Ludovico di Tolosa(サン ルドヴィーコ ディ トローザ)、ナポリで暮らし、17世紀のナポリ絵画に多大な影響を与えたカラヴァッジョの『キリストの鞭打ち』Flagellazione(フラジェッラツィオーネ)をはじめ充実したナポリ絵画が続く。

4階は1800年代および近・現代絵画やオブジェを展示している。

●国立カポディモンテ美術館
住 Via Miano 2
☎ 081-7499111
開 2階 8:30～19:30(最終入場1時間前)、3階 8:30～17:00(最終入場30分前)、3階 日・祝8:30～19:30(最終入場1時間前)
休 水
料 €15、第1日曜無料
※クリスマスや年末年始は時短営業や臨時休業あり
※無料公開日は見学できない見学室もある

※2024年3月時点情報
武器庫、現代美術セレクションがある4階はクローズ中。

美術館への行き方

バスの場合

ナポリ中央駅から地下鉄2線カヴール駅 Cavourまで行き、考古学博物館前のPiazza Museoのバス停から、168番や178番でバス停Mian下車。王宮近くやダンテ広場からも同様に、168番や178番のバスが発着している。ときには渋滞で非常に時間がかかるのを覚悟のこと。

タクシーの場合

中央駅付近からタクシーで€13(定額制。最初に料金の確認を。ホテルから出発する場合はフロントで呼んでもらい、料金を確認してもらうと安心)。渋滞を避けて小道を走るので、バスより早くて便利。

ルネッサンス建築の華麗な城

MAP P.286-C2、P285-C3

ヌオーヴォ城(アンジュー家のやぐら) ☆☆

Castel Nuovo (Maschio Angioino)

カステル ヌオーヴォ(マスキオ アンジョイーノ)

地元では"アンジュー家の城"と呼ばれる

13世紀のアンジュー家の城が、15世紀になってアラゴン家の手によって再建されたもの。5つの円筒状の塔をもつ城壁で囲まれている。正面右ふたつの塔の間は、大理石のレリーフを施した凱旋門で、ルネッサンス様式の傑作のひとつ。1階奥のパラティーノ礼拝堂はアンジュー家時代のもの、2～3階は市立美術館で凱旋門のオリジナルの青銅扉やナポリ派の彫刻や絵画を展示。

●ヌオーヴォ城
住 Via Vittorio Emanuele III
☎ 081-7957722
開 8:30～18:30(最終入場30分前)
休 日・祝
料 €6

ナポリ王宮の歴史を展示 MAP P.286-C1・2、P285-C3

王宮 ★★

Palazzo Reale パラッツォ レアーレ

ナポリの歴史を担った王宮

17世紀スペイン治政下に造られたものの、18世紀まではナポリ王が住まなかった王宮。正面のプレビシート広場に面して、ノルマンのルッジェーロ王からヴィットリオ・エマヌエーレ2世まで8人のナポリ王の立像が収められている。

内部は**王宮歴史的住居博物館**Museo dell'appartamento storico di Palazzo Realeとなっており、南イタリアの首都として君臨したナポリ宮廷の歴史を物語る豪華な空間が続く。飾られた絵画や調度品などにも注目したい。

豪奢(ごうしゃ)な大階段を上った2階から見学を開始。**『宮廷劇場』**Teatro di Corteはフェルディナンド4世の婚礼を祝して1768年に造られ、小規模ながら、金色に彩色された音楽の女神などで飾られた華麗な空間だ。**『外交の間』**Sala Diplomaticaはブルボン家のカルロと王妃を擬人化したフレスコ画が描かれている。ひときわ豪華で金色に輝く**『玉座の間』**Sala del Tronoには、王家の肖像画が飾られ、正面はフェルディナンド1世だ。さらに『王の書斎』Studio del Re、『王の礼拝堂』Cappella Realeなどが続く。

●王宮歴史的住居博物館
住 Piazza Plebiscito 1
☎ 848-800288
開 9:00～20:00（最終入場1時間前）
休 水、1月1日、12月25日
料 €10（博物館、ガッレリア・デル・テンポ、カルーソ博物館共通）、第1日曜無料、アルテカード対象施設
※公式サイトでチケットの購入可能
URL palazzorealedinapoli.org

王宮内に新しい博物館がオープン

2023年にはオペラ史上最も有名なテノール歌手のひとりといわれる、エンリコ・カルーソの専門美術館がオープン。3Dアニメーションや音楽などで追体験しながら、カルーソの生涯を知ることができる。

また、18世紀末に建てられた厩舎を改装したガッレリア・デル・テンポでも、インスタレーションやビデオプロジェクションを使って、ナポリの歴史を振り返る常設展示が興味深い。

カルーソ博物館は9:00～14:00、ガッレリア・デル・テンポは14:30～19:00で最終入場は各1時間前。チケットは王宮歴史的住居博物館と共通だ。

列柱の連なるたおやかな広場 MAP P.286-C1

プレビシート広場 ★

Piazza del Plebiscito ピアッツァ デル プレビシート

王宮正面と**サン・フランチェスコ・ディ・パオラ聖堂**に囲まれた広場。教会の列柱が広場を包み、中央にはカノーヴァによるカルロ３世とこの広場を建造したフェルディナンド１世の騎馬像が立つ。

プレビシート広場

イタリア3大歌劇場 MAP P.286-C1

サン・カルロ劇場 ★

Teatro San Carlo テアトロ サン カルロ

サン・カルロ劇場（右）とウンベルト１世のガッレリア

1737年ブルボン家のカルロ3世により建てられた**イタリア3大歌劇場**のひとつ。正面とロビーを除けば、すべて当時のままで、抜群の音響効果と豪華な内部装飾は有名。ガイド付きで見学することができる。また、劇場の向かいにあるのは、ミラノのガッレリアを小ぶりにしたような**ウンベルト1世のガッレリア**Galleria Umberto I。

●サン・カルロ劇場
住 Via San Carlo 98F
開 切符売りチケット売り場10:00～18:00
休 1月1・6日、復活祭の日曜、8月15日、12月25日
※イベントの演目や詳細のほか、チケットは公式サイトでも購入可能
URL www.teatrosancarlo.it

劇場のガイド付きツアー

毎日6回（10:30、11:30、12:30、14:30、15:30、16:30）、所要約30分のツアーを開催。11:30、15:30は英語ツアーあり。€9、30歳以下€7。予約は切符売り場もしくは公式サイトで。劇場の状況によって、スケジュールが変わることも。

●卵城
住 Via Eldorado 3
☎ 081-7956180
開 9:00～20:00、
日・祝9:00～18:00
※2024年3月現在、改修工事のため一般公開していない。パルテノペ通り Via Partenopeから外観を望むことができる。夜は美しくライトアップされる

歌にうたわれた風情あるたたずまい　MAP P.285-C3

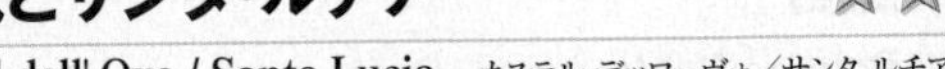

卵城とサンタ・ルチア ☆☆

Castel dell' Ovo / Santa Lucia　カステル デッローヴォ／サンタ ルチア

卵城とサンタ・ルチアの海

かつては漁村だった、サンタ・ルチア地区の美しい海岸通りから、海に張り出して建てられた12世紀の古城。ここから眺めるナポリ湾とヴェスーヴィオ火山の姿は絵はがきのようだ。夜間は、照明に浮かび上がる卵城が幻想的な雰囲気を醸し出し、メルジェッリーナにかけての海岸通りは散歩を楽しむカップルでいっぱい。

名前の由来
スパッカ・ナポリとは、「ナポリを真っ二つに分けるもの」という意味。

✉ 行ってみよう！
スパッカ・ナポリは地下鉄のダンテ駅から徒歩で回れます。昼間は人も多く、治安の悪さは感じませんでした。
（兵庫県　サラココ）

スパッカ・ナポリの顔、ニーロ像

ナポリならではの情趣あふれる下町　MAP P.285-B3、P286-A・B2

スパッカ・ナポリ ☆☆

Spacca Napoli　スパッカ・ナポリ

S.グレゴリオ・アルメーノ通り

ダンテ広場とカリタ広場の中間あたりから中央駅方向に走る道が古くはスパッカ・ナポリと呼ばれた。この界隈は今でもナポリ情趣の残る古い町。陽気で人懐っこいナポリっ子、興味深い仕事ぶりを見せる職人たち。青い空にひるがえる洗濯物や活気あふれるにぎやかな市場と、ナポリのすべてがここにある。

たくさんのゴシック教会が並び、信心深いナポリっ子が朝・夕の祈りをささげている。

●サンタ・キアーラ教会
住 Via Santa Chiara 49
☎ 081-0606976
開 8:00～12:45、16:30～20:00、修道院回廊9:30～17:00、日10:00～14:00（最終入場30分前）
休 12月25日～1月1日
料 無料、修道院回廊€6、65歳以上・30歳以下の学生€4.50、7～17歳€3.50、6歳以下無料
URL www.monasterodisantachiara.it
※修道院回廊の料金で、併設する博物館などの施設に入場可能

ナポリの王族や貴族の眠る　MAP P.286-B2

サンタ・キアーラ教会 ☆☆

Santa Chiara　サンタ キアーラ

14世紀創建のゴシックの教会で、第2次世界大戦による破壊の後、元どおり再建された。裏側にある修道院回廊Chiostro（キオストロ）は陶板タイルで装飾された柱廊の美しさで有名。キオストロに付随して、ローマ時代の浴場跡、博物館、巨大なプレゼーピオなどがある。入口は教会正面左。

陶板タイルで装飾された柱廊

ナポリっ子の心のよりどころ　MAP P.286-A2

ドゥオーモ

Duomo (San Gennaro)　ドゥオーモ(サン ジェンナーロ)

ナポリの守護聖人サン・ジェンナーロを祀った教会で、ナポリっ子の信仰のよりどころ。礼拝堂に保存されている聖人の血が、年2回の祭りの日には「液化」する奇跡で、ナポリはもちろんのことイタリア中に知られている。5月の第1土曜と9月19日の祭りの日には、盛大な行事が催され、町は奇跡を喜び合う人々で、祭り一色に染まる。

サン・ジェンナーロの礼拝堂

●ドゥオーモ
住 Via Duomo 147
☎ 081-294980
開 サン・ジェナーロ：9:30～18:00（最終入場1時間前）、宝物館9:30～13:00、14:30～18:00、月・土9:30～13:30、15:00～18:00、日9:00～13:00、16:30～18:00（最終入場30分前）
休 一部の祝日
料 無料、宝物館・礼拝堂€12（オーディオガイド付き）
※宝物館のチケットは公式サイトでも購入可能
URL tesorosangennaro.it

ナポリの暮らし美術館　MAP P.284-B2、P286-B1

国立サン・マルティーノ美術館

Museo Nazionale di San Martino
ムゼオ ナツィオナーレ ディ サン マルティーノ

春にはミモザの咲く、ナポリを見下ろすヴォメロの丘に立つ旧修道院の美術館。バス乗り場のある展望台や見晴らしのよい館内テラスからは、ナポリの町並みやカプリ島も望める。また、隣接して立っているのは、16世紀の要塞のサンテルモ城Castel Sant' Elmo（カステル サンテルモ）。ひときわ高い要塞の上からはナポリ湾と旧市街の眺望がすばらしい。

美術館へ入り、中庭を抜けた**教会**は、17世紀のナポリ・バロック様式の最高傑作のひとつ。天井は金や銀に装飾され、壁面には輝くばかりのフレスコ画が描かれ、絢爛たる雰囲気だ。後陣裏手からは17世紀の**回廊**(キオストロ)へ続き、これを出た左に**プレゼーピオ**（キリスト生誕を物語風に模した、クリスマスの飾り物）の大コレクションを展示。圧巻は『**クチニエッロのプレゼーピオ**』Il Presepe Cuciniello（イル プレゼーペ クチニエッロ）。18世紀のナポリの風俗を知る貴重な資料でもある。このほか、華麗な船や絵画や彫刻などを展示。

かつての修道院をしのばせるキオストロ・グランデの中庭

ナポリ・バロックの最高傑作、付属教会

●国立サン・マルティーノ美術館
住 Largo San Martino 5
☎ 081-2294503
開 8:30～17:00（最終入場16:00）
休 水、一部の祝日
料 €6
※ウェブサイトでもチケットの購入が可能
URL www.coopculture.it/it/prodotti/biglietto-certosa-e-museo-di-san-martino

サン・マルティーノ美術館、サンテルモ城へ

地下鉄1線P.ヴァンヴィテッリ駅、ケーブルカーのチェントラーレ線（フーガ駅）、キアイア（チマローザ駅）、モンテサント線（モルゲン駅）から徒歩5～10分。ヴォメロの丘を循環するミニバスV1（1時間1便、日・祝運休）で終点下車。

歴史　●文化と人種の交差点　ナポリ

美しい自然環境と温暖な気候に引かれて古代ギリシア人がやってきたのは紀元前7世紀。ナポリの名称は、ギリシア語の新都市（Neapolis）が語源。その後、紀元前4世紀には古代ローマの支配下におかれた。アウグストゥス、ネロなどの皇帝にとってナポリはお気に入りの避寒地であった。

ローマ帝国の衰退とともに、北方からの侵略が始まりゴート人、ロンゴバルド人などに支配された。落ち着きを見せるようになるのは8世紀の中頃から11世紀まで、ナポリ公国がここを首都と定めたため。12世紀になると北フランス出身のノルマン人の王が治めるシチリア王国に併合される。以後、ドイツのシュワビア家、フランスのアンジュー家、スペインのアラゴン王国の支配下におかれた。たび重なる外国支配による、さまざまな文化の摂取は、ナポリに独自の文化をもたらした。特筆すべきはバロック芸術。

ナポリのレストランガイド

ナポリでレストランが集中しているのは、サンタ・ルチア界隈とスパッカ・ナポリ。サンタ・ルチアの海沿いにはズラリとレストランが並び、海風に吹かれてヴェスーヴィオ山を眺めながらの食事はナポリならではのもの。スパッカ・ナポリはナポリの下町。庶民的でバイタリティあふれる雰囲気が楽しい。

ナポリ菓子は店頭でかぶりつくおいしさ

ナポリといえばピッツァ。ピッツェリアが集中しているのは、スペイン人地区やスパッカ・ナポリ。どこでも薪を燃やす本格的な窯がスタンバイ。モチモチとしたちょっと厚めの生地が特徴の、ナポリのピッツァは実にシンプル。ナポリっ子に一番人気のマルゲリータは、トマトソースとモッツァレッラチーズにバジリコをのせたもの。まずはこれにトライしてみよう。人気のピッツェリアは行列覚悟。時間に余裕をもって出かけよう。

チェントロ地区

アミチ・ミエイ

P.286-C1

Amici miei

魚介料理やピッツアが有名なナポリで、おいしい肉料理が食べたくなったらここへ。質のよい素材とていねいな料理で、地元の人にも人気店。牛肉のタリアータは絶品。クラシックな手作りデザートもおいしい。 要予約

住 Via Monte di Dio 77/78
☎ 081-7646063
営 12:30〜15:00、19:30〜23:00、土12:30〜15:30、19:30〜23:00、日12:30〜15:00
休 月、7月中旬〜9月上旬
予 €45〜(コペルト€3)
C A.D.M.V.
交 地下鉄Municipio駅から徒歩15分

エウロペオ・ディ・マトッツィ

P.286-B2

Europeo di Mattozzi

ウンベルト1世大通りの端、ボヴィオBovio広場の近く。壁には小さな額縁とワインが並ぶ、伝統的なナポリ料理とピッツァのお店。豆のスープPasta e Fagioliや魚介のアクア・パッツァがおすすめ。1852年からの歴史を誇る店。 できれば予約

住 Via Marchese Campodisola 4
☎ 081-5521323
営 12:00〜15:30、19:30〜23:30
休 日、8月中旬〜下旬
予 €50〜(コペルト€3)
C A.D.J.M.V.
交 地下鉄Università駅から徒歩1分

ロンバルディ

P.286-A2

Lombardi dal 1892

町の人が忙しく行き交う界隈にある1892年創業のレストラン兼ピッツェリアで、地元の人にも観光客にも人気がある。お店のおすすめは、ピッツァのほか、ムール貝のソテーZuppa di Cozze、ナポリ湾の魚の揚げ物Frittura del Golfoなど。 要予約

住 Via Foria 12/14
☎ 081-456220
営 12:00〜15:30、19:00〜24:00、金〜日12:00〜15:30、19:00〜翌1:00
休 月
予 €25〜(コペルト€2)
C D.J.M.V.
交 地下鉄Cavour駅から徒歩3分

エット

P.286-A2

Etto

店名のEttoとは、イタリア語で100グラムのこと。オープンキッチンの明るい店内にはビュッフェスタイルで前菜から魚料理まで並び、料金は食べた量で払うシステム。好きなものを好きなだけ注文できてうれしい。実際に料理を見て選べるのがうれしい。

住 Via S. Maria di Costantinopoli 102
☎ 081-19320967
営 12:30〜15:30、19:30〜22:30、木・日12:30〜15:30、19:30〜23:00、金・土12:30〜15:30、19:30〜24:00
休 無休 予 €30〜 C D.V.
交 地下鉄Dante駅から徒歩5分

ダ・ミケーレ P.287-B3

Da Michele

大理石のテーブルからピッツァの作り方まで130年以上も続くスタイルを決して変えない頑固な老舗。メニューはマリナーラとマルゲリータの大・中・小のみというこだわり。行列ができている場合は番号札をもらい、番号が呼ばれるのを外で待つ。 要予約

住 Via Cesare Sersale 1
☎ 081-5539204
営 11:00～23:00
休 8月の2週間程
予 €10～(コペルト€1)
C A.D.M.V.
交 地下鉄Duomo駅から徒歩5分

ラ・フィーリア・デル・プレジデンテ P.286-B2

La figlia del Presidente

愛され続ける味を守り、相変わらずの人気を誇るピッツァの名店。店のいち押しは揚げピッツァのピッツァ・フリッタPizza Fritta。見た目に反した軽い口当たりに舌鼓だ。店内は広々として清潔に保たれている。スタッフも親切で感じがよい。

住 Via del Grande Archivio 23/24
☎ 081-286738
営 12:00～15:30、19:00～23:30、土12:00～15:30、19:00～24:00、月12:00～15:00
休 日、8月の3週間
予 €10～ C M.V.
交 地下鉄Duomo駅から徒歩5分

ガンブリヌス P.286-C1

Gambrinus

ナポリで一番有名なカフェ。1890年の創業当時は、画家や作家など芸術家が集っていた。最高のエスプレッソにナポリのお菓子、そのほかジェラートなど種類が多い。サロンも豪華。サラダやスナック類も充実しているので簡単な食事もできる。 日本語メニュー

住 Via Chiaia n. 1
☎ 081-417582
営 7:00～24:00、土7:00～翌1:00
休 無休
予 €10～
C A.D.J.M.V.
交 地下鉄Municipio駅から徒歩8分

カルーソ・ルーフ・ガーデン P.285-C3

Caruso Roof Garden

高級ホテル・ヴェスーヴィオの最上階にある。テラスレストランからはサンタ・ルチア湾や卵城はもとより、ヴェスーヴィオ山やソレントへと続く海岸線、カプリ島までを見渡すことができる。料理は魚介類を中心にした洗練されたナポリ料理。男性はジャケット着用のこと。 要予約

住 Via Partenope 45、9階
☎ 081-7640044
営 8:30～22:30、土・日13:00～15:00
休 月、8月2週間
予 €50～ C A.D.J.M.V.
交 グランドホテル・ヴェスーヴィオ9階(→P.299)

ラ・カンティネッラ P.285-C3

La Cantinella

遠くにサンタ・ルチア湾を望み、ヨシズが使われた店内は地中海風ながら優雅な雰囲気。新鮮な魚介類と自家製パスタがおいしい。夏は海を眺められるテラス席もオープン。また、膨大なワインコレクションで知られる高級店。 できれば予約

住 Via Cuma 42
☎ 081-7648684
営 12:30～15:30、19:30～23:30、日12:30～15:30
休 一部の祝日
予 €55～(コペルト€3)
C A.D.J.M.V.
交 地下鉄Municipio駅から徒歩16分

マリーノ P.285-C3

Marino

卵城の近く、サンタ・ルチア通りにある。地元の人たちで夜遅くまでにぎわっている。おすすめは、新鮮なプチトマトののったピッツァ“サンタナスターシャSant'Anastasia”。ピッツァのほか、ナポリ料理も人気がある。 要予約

住 Via Santa Lucia 118/120
☎ 081-7640280
営 12:00～15:30、19:30～23:30
休 月、8月の2週間
予 €20～(コペルト€1、15%)
C A.M.V.
交 地下鉄Municipio駅から徒歩18分

レストランピクト案内 高級店 中級店 庶民的な店 ピッツェリア エノテカ ビッレリア B級グルメ

ナポリのレストランガイド

ベッリーニ
P.286-B2

Bellini dal 1946

おいしいシーフードのパスタだけでなく、ちょっと固めのピッツァも地元の人には大人気。紙包みのリングイーネCartoccioが名物でおいしい。店頭の電子パネルで日本語メニューを選択することができるので、注文しやすいのがうれしい。 要予約

住 Via S. M. di Costantinopoli 79/80
☎ 081-459774
営 12:00～24:00、土11:00～翌1:00、日12:00～17:00
休 8月15日前後1週間
予 €25～(コペルト€2、13%)
C D.J.M.V.
交 地下鉄Dante駅から徒歩3分

ソルビッロ
P.286-A2

Sorbillo

スパッカ・ナポリでひときわ行列が目を引くピッツェリア。30分～2時間待ちもありとはナポリっ子の弁。1935年からの歴史を誇り、一族21人の息子全員がピッツァ職人というピッツァー筋、生粋のピッツェリアだ。種類豊富な味わいが揃う。

住 Via Tribunali 32
☎ 081-446643
営 12:00～15:00、19:00～23:00
休 日、8月2週間ほど
予 €15～(コペルト€2)
C A.D.M.V.
交 地下鉄Dante駅から徒歩7分

ディ・マッテオ
P.286-A2

Di Matteo

庶民派ピッツェリア。クリントン大統領が訪れた時の写真が壁に飾ってある。ここのマルゲリータは薄く軟らかい生地に、トマトソースとモッツァレッラがスープのように溶け合っているのが特徴。ボリューム満点の揚げピッツァPizza Frittaも人気。

住 Via dei Tribunali 94
☎ 081-455262
営 10:00～23:00(夏季は異なる)
休 日、8月1週間
予 €15～(コペルト€2)
C A.M.V.
交 地下鉄Dante駅から徒歩10分

ダ・ドナート
P.287-A3・4

Antica Trattoria e Pizzeria da Donato

ナポリ中央駅付近で一番人気。本格的なピッツァ、パスタや魚介料理は、おいしいのに値段が安い。自家製デザートもいい。スタッフもいい感じ。地元の人、観光客にも、超人気の店なので、ディナーは予約したほうがよい。 できれば予約

住 Via Silvio Spaventa 39/41
☎ 081-287828
営 12:30～14:30、19:30～22:30
休 月、8月の4週間
予 €25～(コペルト€1.50)
C A.J.M.V.
交 ナポリ中央駅から徒歩7分

ラ・マサルドーナ
P.287-B4

La Masardona

ナポリ名物の揚げピッツァPizza Frittaの店。趣向を凝らした揚げピッツァが楽しめる。テーブル席とテイクアウトがあり、店頭は揚げたてをほおばる人たちでいっぱい。ナポリのB級グルメが味わえる。港近くのメルカート地区は雑多な地区なので、身軽な服装で。

住 Via Giulio Cesare Capaccio 27
☎ 081-281057
営 8:30～16:00、土8:30～16:00、19:00～23:30
休 日
予 €20～(コペルト€2)
C M.V.
交 ナポリ中央駅から徒歩5分

ナポリの菓子店

イタリアでも指折りのおいしさといわれる、ナポリの菓子。ナポリ名物のスフォリアテッラならテイクアウトのみの専門店**Ⓑマリィ・スフォリアテッラ**Mary's Sfogliatella (住 Galleria Umberto Ⅰ 66 ☎ 081-402218 地 P.286-C1) や中央駅近くの**Ⓑアッタナーシオ**R. M. Attanasio (住 Vico Ferrovia 1～4 ☎ 081-285675 地 P.287-A3) が有名だ。

テイクアウトして味わってみたいマリィの菓子

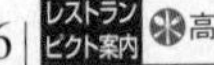
レストランピクト案内 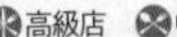 高級店  中級店 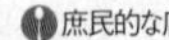 庶民的な店 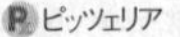 ピッツェリア 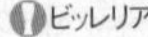 ビッレリア 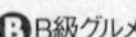 B級グルメ 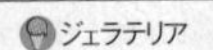 ジェラテリア  カフェ

ナポリでなに食べる?

ナポリといえば**ピッツァPizza**発祥の地。しかし、ナポリっ子にとってピッツァの前に欠かせないのが前菜だ。前菜の定番は**揚げ物フリットゥーラFrittura**。パスタをホワイトソースであえて揚げた**フリッタティーナFrittatina**、イタリア風ポテトコロッケの**クロケッタCrocchetta**、海草入りの小さな揚げパンの**ゼッポリーネZeppoline di Alghe**、さらに小イワシやイカを揚げた**Fritti di Mare**などなど。もう少し軽いものなら、日本でもおなじみの**カプレーゼInsalata di Caprese**は直訳すると**カプリ風サラダ**。トマトとモッツァレッラを交互に重ね、白・赤そしてバジリコの緑がきれいなひと皿。主産地であるカンパニア州で食べる**モッツァレッラ**は、新鮮でとてもミルキー。今では牛乳製が一般的だが、本来は**水牛Buffara**の乳製でより濃厚な味わいだ。見つけたら、ぜひ味わってみよう。さらにモッツァレッラはさまざまに調理され、モッツァレッラとパンのサンドイッチの**フライMozzarella in Carozza**、**Mozzarella alla Parmigiana**はナスとトマトソース、パルミジャーノチーズ、モッツァレッラのグラタンで、アツアツの糸を引くチーズと香りが食欲をそそる。

リコッタチーズを挟んだピッツァ・フリッタに挑戦!

ピッツァにもモッツァレッラが欠かせない。定番の**マルゲリータPizza Margherita**はピッツァ好きのマルゲリータ王女がピッツァコンクールを開催し、その1等賞に選ばれたもの。トマトソースとモッツァレッラチーズのシンプルなピッツァにバジリコをのせたもので、イタリア国旗を表しているとか。今では、サラミ類、魚介類、野菜などをのせバリエーションも豊富。ちなみに、**ナポリピッツァの特徴は生地が厚めでモッチリ**していること。ローマなどとの違いも楽しんでみよう。また、リコッタチーズと野菜類を挟んで半月状にして揚げた**ピッツァ・フリットPizza Fritta**もナポリでは定番だ。

プリモでは、魚介類を使ったものがおすすめ。**アサリのスパゲッティSpaghetti alle Vongole**(rosso赤はトマト入り、bianco白ならトマトなしの意味)、貝類、エビやイカなど**海の幸をふんだんに使ったスパゲッティはSpagehetti al Frutta di Mare/Spaghetti alla Pescatore/Spaghetti allo Scoglio**などと呼ばれる。

セコンドは**魚介類のフリットFrittura di mare**や**魚のグリルPesce Grigliata**が定番。**タコのトマト煮Polpi alla Luciano**は卵城近くのサンタ・ルチア地区の名物で唐辛子の入ったトマトソースで煮込んだ一品。**ゆでたタコのサラダInsalata di Polpo**、**魚介類のサラダInsalata di Mare**も人気だ。

ナポリ湾からの魚を揚げたフリットは新鮮で最高

デザートの定番はナポリ風サヴァランの**ババBabà**とリコッタチーズを詰めたパイの**スフォリアテッレSfogliatelle**。貝殻形のパイの層を重ねたものは**スフォリアテッレ・リッチェSfogliatelle ricce**、タルト生地で丸いのは**スフォリアテッレ・フロッラSfogliatelle frolla**と区別されている。

ナポリのB級グルメ

バールの店頭にパニーノや揚げ物などが入ったガラスケースが並び、町角にB級グルメがあふれるナポリ。おすすめの界隈は下町**スパッカ・ナポリ**(地下鉄ダンテ駅下車で徒歩)の**トリブナーリ通りVia Tribunali**。細い路地にピッツェリアや食料品店などがぎっしり並ぶにぎやかな通りだ。おすすめは、**ディ・マッテオ(→P.296)の店頭の焼きたて、揚げたてのピッツァ€7〜や揚げ物€2〜**、パスタをホワイトソースであえて丸形にして揚げた**フリッタティーナ**Frittatinaやイタリア風コロッケ**クロケッタ**Crocchetta。その場でアツアツをほお張ろう。ナポリ名物の**ババ**Babàなら、イタリアチャンピオンの店**カッパレッリ**Capparelli(住 Via dei Tribunali 327 営 7:00〜21:00 休 月 地 P.286-A2)へ。巨大なババが€2.20、普通サイズが€1.80で、シロップを振りかけて渡してくれる。店内にはババ以外にもおいしそうなケーキやクッキーが並ぶ。このあたりの小さな広場や小路は椅子があるので、座って食べるのもおすすめ。手拭き用のウエットティッシュをお忘れなく!

常に行列ができていて、「あっ」という間に売り切れる

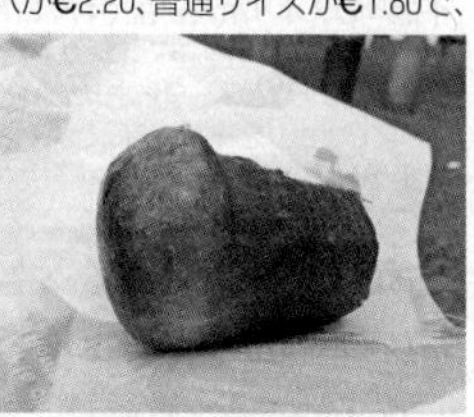

ババは€1.80。B級天国のナポリ

ナポリのホテルガイド

ナポリ駅前に宿を取るなら？
駅前のガリバルディ広場は治安面でも不安がつきまとうエリア。ただ、節約派にとっては比較的リーズナブルな宿が多く、ナポリを拠点に遺跡や地方都市に足を運びたい人にとっては便利ではある。もし中央駅近くに宿泊するなら、アレッサンドロ・ポエリオ通りVia Alessandro Poerioより南側に取るようにしたい。地元をよく知る宿のスタッフにも、避けた方がいい小道など気をつけるべきことをチェックイン時に聞いておくとよいだろう。

観光地としての整備が進んだ、最近のナポリではホテルにも変化が見られる。古い邸宅を改装したホテルや新感覚のホテルが、**スパッカ・ナポリ周辺**に次々と誕生した。個人旅行者におすすめのこれらのホテルには、地下鉄の新駅が開業してアクセスもしやすくなった。

高級ホテルはサンタ・ルチアに

また、経済旅行者のためのホテルが多かった**中央駅界隈**は、駅前のガリバルディ広場が多少治安の面で心配が残るので移動には気をつけたい。この広場の西と東に位置する、イタリアのチェーンホテルは部屋数が多く、レストランも併設しており便利な存在。

風光明媚なナポリらしさを求めるなら、やはりナポリの誇るホテルが多い**サンタ・ルチア地区**にホテルをとりたい。

チェントロ地区

★★★★★ ロメオ

P.286-C2

Romeo

ガラスと水、現代美術とアンティーク、東洋と西洋がマッチした新感覚のホテル。最新の設備を備えた客室の窓からはナポリ湾やヴェスーヴィオ火山などの眺めが広がる。ミシュランの1つ星レストランIl Comandante(夜のみ)をはじめ、テラスレストラン(昼のみ)、プール、スパなど設備も充実。

URL www.romeohotel.it
住 Via Cristoforo Colombo 45
☎ 081-0175001
Fax 081-0175999
TB €545～
SU €2360～
室 83室　朝食込み W-F
C A.M.V.
交 地下鉄Municipio駅から徒歩5分

★★★★ コスタンティーノーポリ・チェントクワトロ

P.286-A2

Costantinopoli 104

大扉の奥にひっそりとたたずむ、19世紀のヴィッラを改装したプチホテル。小さな庭園には、プールが水をたたえ、レモンが実る。ロビーや客室はエレガントでロマンティックな雰囲気。表にホテルの看板はない。インターフォンを鳴らして大扉を開けてもらう。

URL www.costantinopoli104.it
住 Via S. Maria di Costantinopoli 104
☎ 081-5571035　Fax 081-5571051
SB €150～　TB €135～
3B €270～
室 19室　朝食込み W-F
C A.D.M.V.
交 地下鉄Dante駅から徒歩5分

★★★★ ラ・チリエジーナ

P.286-C1

La Ciliegina

ムニチーピオ広場近くにある、プチホテル。ナポリの建築家が内装を手がけ、手造りのナポリ家具が配された白を基調にした客室はモダンでエレガント。テラスからは、ヴェスーヴィオ山からガッレリアまでナポリを一望することができる。直接予約の早割りがとてもお得。

URL www.ciliegginahotel.it
住 Via P. E. Imbriani 30
☎ 081-19718800
Fax 081-19718829
SB €160～　TB €220～
JS €270～
室 13室　朝食込み W-F
C A.D.M.V.
交 地下鉄Municipio駅から徒歩4分

★★★★ デクマーニ

P.286-B2

Decumani Hotel de Charme

17世紀の枢機卿の館を当時の豪奢な雰囲気を残したまま改装したホテル。朝食室のサロンは金色の漆喰で紋様が描かれた華麗なバロック様式。客室はクラシックでエレガントな雰囲気。
URL www.decumani.com

住 Via san Giovanni Maggiore Pignatelli 15、3Piano(2階)
☎ Fax 081-5518188
TB €120～
3B €200～
室 39室　朝食込み W-F
C A.M.V.
交 地下鉄Università駅から徒歩5分

S シャワー共同シングル料金　T シャワー共同ツイン料金　D ドミトリー料金　SS シャワー付きシングル料金　SB シャワーまたはバス付きシングル料金　TS シャワー付きツイン料金　TB シャワーまたはバス付きツイン料金　3B シャワーまたはバス付きトリプル料金

チェントロ地区

★★★ キアイア P.286-C1

Chiaja Hotel de charme

観光やショッピングにも便利な立地。大扉の奥に構える19世紀の貴族の館を改装したホテル。室内は明るく清潔で静か。スタッフも親切。看板はなく、インターフォンを鳴らして中に入る。午後はサロンでお菓子のサービスあり。

URL www.hotelchiaia.it
住 Via Chiaia 216 1°Piano(2階)
☎ 081-415555
Fax 081-422344
SB €80～
TB €90～
室 27室　朝食込み W-F
C A.D.M.V.
交 地下鉄Municipio駅から徒歩11分

★★★ ピアッツァ・ベッリーニ P.286-A2

Piazza Bellini

緑が茂り、個性的なカフェが並ぶベッリーニ広場近くにある16世紀の邸宅を利用したホテル。入口近く、緑が配された広い中庭が気持ちよい。客室は清潔で使い勝手がよい。周囲には飲食店が多く、見どころへも近くて便利。

URL www.hotelpiazzabellini.com
住 Via Santa Maria di Costantinopoli 101
☎ 081-451732
Fax 081-4420107
SB €130～
TB €150～
室 48室　朝食込み W-F
C A.M.V.
交 地下鉄Dante駅から徒歩5分

サンタ・ルチア地区

★★★★★ グランド・ホテル・ヴェスーヴィオ P.285-C3

Grand Hotel Vesuvio

サンタ・ルチア湾に面して立つ19世紀の館を改装した、ナポリならではのエレガントで洗練された雰囲気をもつ豪華ホテル。世界中の要人たちに愛されてきた。レストラン「カルーソ」からの眺望は最高。
URL www.vesuvio.it

住 Via Partenope 45
☎ 081-7640044
Fax 081-7614483
SB €430～
TB €500～
室 160室　朝食込み W-F
C A.D.J.M.V.
交 地下鉄Municipio駅から徒歩20分

★★★★ エクセルシオール P.285-C3

Hotel Excelsior

ベル・エポックの雰囲気を残す優雅なホテル。客室やバルコニーからはナポリ湾と卵城の眺望が開け、屋上テラスのレストランLa Terrazzaからの眺めもすばらしく、朝食はここでサービスされる。客室はクラシックなタイプと明るいモダンなタイプがある。

URL www.excelsior.it
住 Via Partenope 48
☎ 081-7640111　Fax 081-7649743
SB €250～
TB €270～
室 122室　朝食込み W-F
C A.D.J.M.V.
交 地下鉄Municipio駅から徒歩20分

★★★ アイローネ P.286-B2

Airone Hotel

地下鉄Universita、Munincipo、Toled駅からそれぞれ徒歩5分圏内で、どこへ行くにも便利。大通りに面していて、治安もよく夜でも歩きやすい。ルーフテラスでいただく朝食も気持ちがいい。公式サイトからの予約で割引などのキャンペーンも。

URL www.aironehotelnapoli.com
住 Via del Cerriglio 10
☎ 081-18578207
SB TS €170～
JS €200～
室 19部屋　朝食込み W-F
C A.D.J.M.V.
交 地下鉄Università駅から徒歩3分

★★★ レックス P.285-C3

Hotel Rex

サンタ・ルチアの海岸近く。部屋から海は見えないが、清潔で落ち着いたホテル。駅前のように騒々しくないので安心して滞在できる地域。中心街には徒歩圏。スタッフもみな親身に相談にのってくれる。
URL www.hotel-rex.it

住 Via Palepoli 12
☎ 081-7649389
Fax 081-7649227
SB TB €105～
3B €145～
室 33室　朝食込み W-F
C A.J.M.V.
交 地下鉄Municipio駅から徒歩18分

※ナポリの滞在税　B&B€3、★€2　★★€2.50　★★★€3.50　★★★★€4.50　★★★★★～★★★★★★€5　最長14泊、18歳以下免除

★★★★ スターホテルズ・テルミヌス P.287-A4

Starhotels Terminus

中央駅を出て、すぐ左にある近代的で明るいホテル。客室は駅前広場に面しているが、内部は静か。より静かな部屋を望むなら、中庭側の部屋をリクエストしよう。ビュッフェの朝食には、ナポリ名物のスフォリアテッラなども並ぶ。レストラン併設。

URL www.starhotels.com
住 Piazza Garibaldi 91
☎ 081-7793111
Fax 081-206689
TB €180～
JS €280～
室 169室　朝食込み W-F
C A.D.J.M.V.
交 ナポリ中央駅から徒歩すぐ

★★★★ ウナホテル・ナポリ P.287-A3

UNAHotels Napoli

ナポリ中央駅前のガリバルディ広場に面したホテル。1800年代の歴史ある大パラッツォを全面改装している。モダンな室内はナポリ風を意識したインテリア。ビュッフェの朝食も充実している。屋上階のレストランは、お値頃でおすすめ。

URL www.gruppouna.it
住 Piazza Galibardi 9/10
☎ 081-5636901
Fax 081-5636972
SB TB €120～
室 89室　朝食込み W-F
C A.D.J.M.V.
交 ナポリ中央駅から徒歩3分

★★★ ヌオーヴォ・レベッキーノ P.287-A3

Hotel Nuovo Rebecchino

駅前広場からガリバルディ大通りへ出る右角に立つホテル。客室は明るくエレガントで、水回りも清潔に手入れされている。ビュッフェの朝食も充実している。エアコン完備。インターネット無料。
URL www.nuovorebecchino.it

住 Corso G. Garibaldi 356
☎ 081-5535327
Fax 081-268026
SB €110～
TB €120～
室 58室　朝食込み W-F
C A.D.J.M.V.
交 ナポリ中央駅から徒歩6分

マンチーニ P.287-A3

Hostel Mancini

中央駅からも近い。ドミトリーのほか、シングル、ツインの部屋もある。インターネットやキッチンの利用も可。無料のロッカーあり、チェックアウト後も荷物を預かってくれるのがうれしい。24時間受付。
URL www.hostelmancininaples.com

住 Via P. S. Mancini 33
☎ 081-200800
D €25～
S €110～
T €120～
3B €140～
室 20室　朝食込み W-F
C A.D.J.M.V.
交 ナポリ中央駅から徒歩9分

★★★ コロンボ　Hotel Colombo P.287-A3

夕方、市場が終わるとひと気の少ない道に早変わりする。フロントが奥まっていて、入口もしっかり鍵がかかるので安心。モダンな内装で清潔、全室シャワー、TV付きで料金も格安。荷物の預かりにも対応してくれる。
URL www.hotelcolombonapoli.it

住 Via Nolana 35
☎ 081-269254　Fax 081-264756
SS €45～　TS €60～
室 22室　朝食込み W-F　C A.D.J.M.V.
交 ナポリ中央駅から徒歩9分

★★ カサノヴァ　Hotel Casanova P.287-A3

中央駅からも近い、小さな静かな広場に面したツタの絡まるホテル。家族経営のあたたかい雰囲気で、周辺の治安情報などもアドバイスしてもらえる。客室は広々として、清潔。無料インターネット、チェックアウト後の荷物預けも無料。

URL www.hotelcasanova.com
住 Via Venezia 2/Corso Garibaldi 333　☎ Fax 081-268287
SS €45～　T €50～　3S €65～
室 18室　朝食込み W-F　C A.D.J.M.V.
交 ナポリ中央駅から徒歩9分

メルジェッリーナ駅周辺の宿

喧騒から逃れてゆったりとした滞在を希望するなら、中心部からは少し離れるものの地下鉄2号線でナポリ中央駅から1本のナポリ・メルジェッリーナ駅Napoli Mergellina周辺に宿を取るのもおすすめだ。B&Bやアパートメントなどが点在しており、家族経営だったり、部屋数を絞っていたりアットホームな宿も多く見受けられる。すばらしい景色が望めるポジリポの丘に近いのも魅力のひとつ。空港からタクシーでメルジェッリーナ周辺までは€27前後、ナポリ中央駅からメルジェッリーナ周辺まで€15程度。治安も悪くない。

地方ガイド

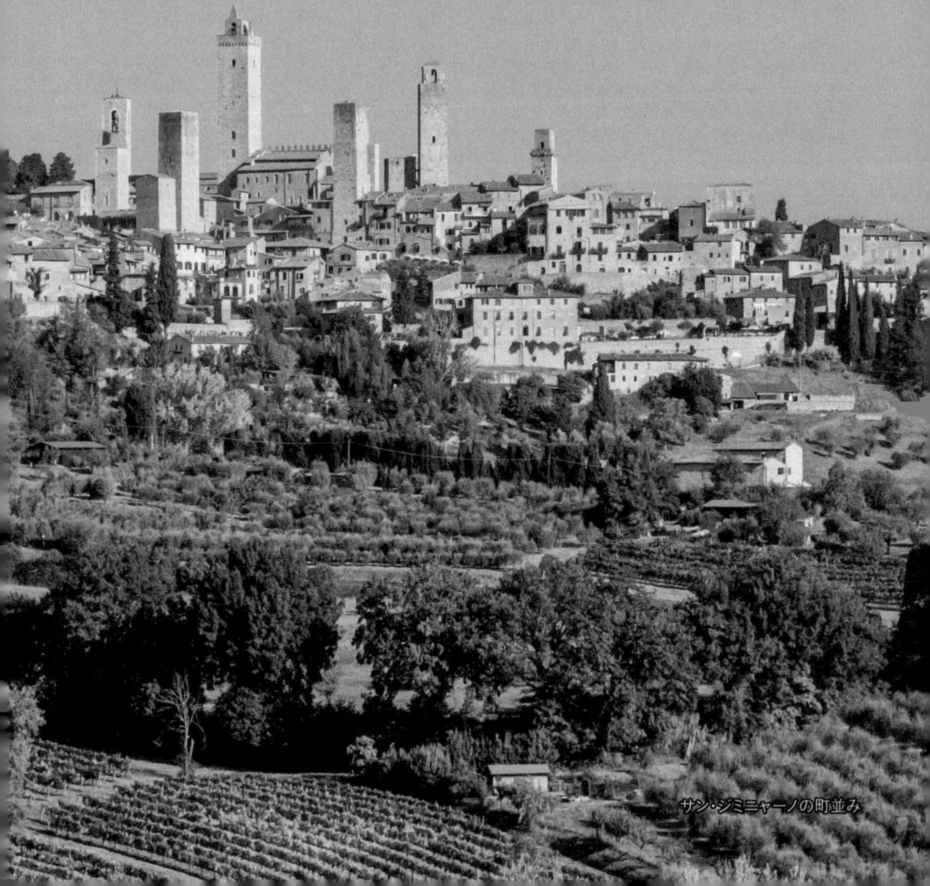

サン・ジミニャーノの町並み

魅力あふれる

イタリアの州 オリエンテーション

世界遺産最多数を誇り、どの都市を訪れても見どころや郷土料理にあふれるイタリア。たくさんの都市を見て回るか、じっくりひとつの都市に腰を落ち着けるか……。短い旅行期間をどう使うかはあなた次第。ここでは取材スタッフの知見をもとに、周遊のテクニックや旅するうえでのコツを伝授。深めたいテーマや好みに合わせてアレンジしてほしい。

周遊のヒント

北部旅はヴェローナorブレーシャ起点で!

ミラノとヴェネツィアの中間に位置し、フレッチャロッサ(FR)やイタロ(ITA)などの高速列車が停車するヴェローナ。トレントやマントヴァなど州をまたいだ直通列車が多いことも特徴だ。駅から町は少し離れるが、バスの本数も多く中心部はコンパクトなので身軽に動きやすい。ブレーシャもFRやITAが停まること、そしてブレーシャ駅から地下鉄が走っていることから、延線沿いに宿を取ると便利。日帰りでベルガモに行くのも◎。

ボローニャ起点で中~北部を回るのも◎

地方都市を回りたい!という人へのおすすめはボローニャを拠点にすること。エミリア・ロマーニャ州内の町のみならず、5大都市に行く途中でさまざまな町に立ち寄れるのがポイントのひとつだ。ボローニャ中央駅周辺にはコスパ抜群のホステルから高級ホテルまでが立ち並び、アクセス良好。乗り継ぎ便を利用してボローニャ空港発着にするのもおすすめだ。

南部周遊は日程にゆとりをもって!

ローマから直通のFRがあるナポリとバーリは大きな町で、市内交通も充実。だが、バーリ拠点でアルベロベッロやマテーラ、ナポリからアマルフィ方面に行くなら、泊まりがけがおすすめ。鉄道やバスの時間が遅れることもままあるし、乗り場がわかりづらいのも理由のひとつ。地元の人に聞いてもわからないと言われることも……。それを楽しむぐらいの心意気で! 公共交通機関で行きづらい場所は車のチャーターやオプショナルツアーへの参加も一考だ。

円錐形の屋根トゥルッリが特徴的なアルベロベッロ

テーマで旅する

伝統行事
P.592

個性的な20州には各町や村に根づいた催事も多い。シエナ中が熱狂する「パリオ」やアッシジの「カレンディマッジョ」ほか、ヴェネツィアなど4都市対抗のレガッタも。クリスマスシーズンも楽しい。

スキー情報
P.604

2026年に冬季五輪の舞台になるコルティナ・ダンペッツォをはじめ、クールマイユールやチェルヴィニアまでスキー場が連なる。本書では代表的なリゾート地を紹介しよう。

ピエモンテ州
Piemonte

ヴァッレ・ダオスタ州
Valle d'Aosta

ローマ

トリノの町並み

ピエモンテ州は、スイスとフランスの国境に接し、北・西・南をアルプスとアペニン山脈に囲まれ、ポー川流域の広大なパダナ平野を抱えている。トリノの南に広がるモンフェッラートの丘は、ワインとチーズの生産で有名。州都トリノはサヴォイア王家の華麗なる宮殿群が広がる。ヴァッレ・ダオスタ州はアルプスの山々やアオスタ渓谷を擁し、ウインタースポーツのメッカ的存在。

観光のヒント

ピエモンテ州のトリノやヴァッレ・ダオスタ州のアオスタなどへはミラノから入るのが便利。クールマイユールなどのリゾート地は最低泊数がある宿も多い。

州の名産品

バローロ、バルバレスコから発泡酒のアスティ、スプマンテまで優れたワインの宝庫。ゴルゴンゾーラや鹿肉を乾燥させたハム「モチェッタ」なども有名だ。

●郵便番号　10100

世界遺産

サヴォイア王家の王宮群
登録年1997年　文化遺産
※王宮(P.310)、ストゥピニージ狩猟宮殿(P.311)、スペルガ聖堂(P.312)、ヴェナリーアの王宮(P.311)など

トリノへの行き方

ミラノ中央駅からトリノ・ポルタ・ヌオーヴァ駅まで、フレッチャロッサ(FR)やイタロ(ITA)で約1時間。レッジョナーレ・ヴェローチェ(RV)で約2時間。

空港からのアクセス

鉄道の場合

2024年1月から、トリノのカゼッレ Caselle空港⇔ポルタ・スーザ駅間をトレニタリアが運行開始。所要約30分で€3.60、ポルタ・スーザ駅発5:01～21:25、空港発6:00～22:28で空港駅はターミナルの到着エリア正面にある。

バスの場合

空港から市内へはバス(Arriva社)が運行。バスは空港からポルタ・スーザ駅を経てポルタ・ヌオーヴァ駅前のカルロ・フェリーチェ広場に到着。所要約45分。ポルタ・ヌオーヴァ駅発4:45～23:30(日・祝5:15～23:30)、空港発6:10～翌0:30(日・祝6:10～23:45)で約15～30分間隔の運行。料金片道€7.50(車内購入€8.50、クレジットカードのタッチ決済で€7.50のまま)、往復€14。トリノ・ピエモンテカード(→P.307)提示で€6.50。切符は到着ロビーや自動券売機で購入。公式サイトでも購入できる(往復プロモーション料金などあり)。

●Arriva社 URL torino.arriva.it

タクシーの場合

空港から市内へは、タクシー利用で所要約30分。料金は€35～50。

●トリノ・カゼッレ空港
URL www.aeroportoditorino.it

イタリアの北西部、ピエモンテ州の州都であり、人口約87万。ドーラ・リパリ川とイタリア最大のポー川の合流する地点にあり、イタリアの穀倉地帯、ポー平原の西側に位置する。町の東部は丘になっていて、ピエモンテ産のワインの産地として有名。北西部にはアルプスが連なり、晴れた日にはアルプス山脈が町の北側にくっきりと浮かぶ。

トリノの歴史の中心、カステッロ広場。正面にはサヴォイア王家の宮殿が

トリノの歩き方

トリノは、17世紀後期バロックの建築家、グアリーノ・グアリーニG. Guariniの造った建物であふれている。彼は建築を、「厳正な幾何学と官能的な表現の複合」と考えていたという。

市街には、広い通りと美しい広場が多く、これらが碁盤の目のように直交している。町の中心部にある旧市街では、まず道に迷う心配はない。市街の東側には幅100mのポー川Poが満々と水をたたえ流れている。

国際列車や長距離列車の着く**ポルタ・ヌオーヴァ駅**Stazione Porta Nuovaは町の中央にある。ここから北に延びる**ローマ通り**Via Romaに沿って、トリノの繁華街が続く。

■トリノでは広場がランドマーク

ローマ通りには、トリノで有名な3つの広場がある。駅前の**カルロ・フェリーチェ広場**Piazza Carlo Feliceは、芝生と噴水の美しい公園にもなっていて、市民の憩いの場。ローマ通りの中ほどにあるのが、**サン・カルロ広場**Piazza San Carloだ。中央には、16世紀にトリノを発展に導いた、エマヌエーレ・フィリベルトの騎馬像がある。最後の広場は**カステッロ広場**Piazza Castello。この広場からトリノの歴史は

始まった、といってもおかしくないほど、広場にある建物は重要なものばかり。中央にあるのが、**マダーマ宮殿**Palazzo Madama。ここには、サヴォイア家のふたりの未亡人(令夫人)が住んだことから、令夫人(マダーマ)宮殿と呼ばれる。広場の北の突き当たりには1865年までサヴォイア家の宮殿だった**王宮**Palazzo Realeがある。

堂々としたマダーマ宮殿は、市立美術館

■そぞろ歩きも楽しい通りが多い

トリノらしい堂々とした建物が並ぶのは、王宮やカステッロ広場周辺。**ポー通り**Via Poは中世の建物が多く、**「ポルティコ」**と呼ばれるアーケードで結ばれている。ポルティコの下には古書店やカフェが店開きして、トリノ市民に愛される活気のある通り。ローマ時代からの歴史的遺跡、古代ローマ劇場とパラティーナ門は、王宮の西側に残っている。

ちょっとカジュアルなポー通り

✉トリノの歩き方

ほとんどの通りが、天井が高く、幅広いアーケードになっています。夏の町歩きもアーケードで日差しがなく快適でした。　(旅人)

✉旧市街の市場情報！

旧市街にあるレプッブリカ広場Piazza della Repubblicaでは、毎日13:00まで巨大な市場が開催されています。新鮮な食料品から衣料品、雑貨店がずらり。北イタリアで最大規模だと思いました。

(柴田洋美)

青空市場は通称ポルタ・パラッツォ Porta Palazzo。営業は7:00～14:00頃、土は～19:00頃までで日は休み。　(編集部)

✉案内所で情報収集

ポルタ・ヌオーヴァ駅前の観光案内所では、日本語版の観光案内書が用意されています。親切に手際よく見どころを説明してくれました。

(大阪府　シュートのパパ)['24]

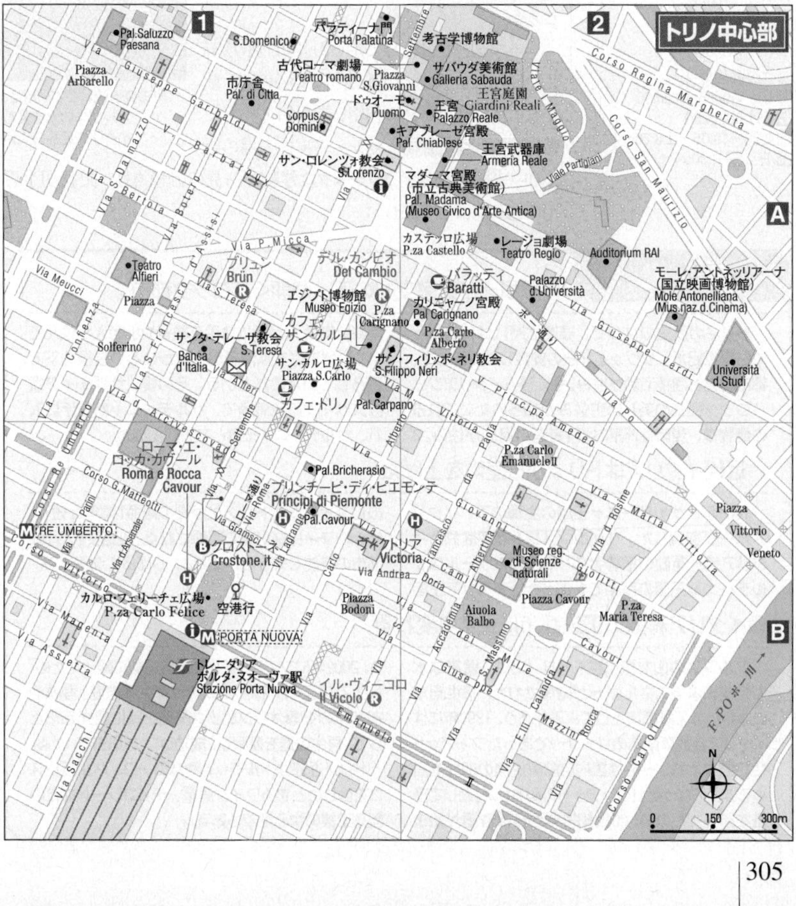

トリノ中心部

Information

市内の観光案内所
ⓘカステッロ広場
住 Piazza Castello/Via Garibaldi
☎ 011-535181
開 9:00～13:00、14:00～18:00、金～日9:00～18:00
休 一部の祝日　地 P.305-A1
ⓘカルロ・フェリーチェ広場
住 Piazza Carlo Felice
☎ 011-535181
開 9:00～18:00
地 P.305-B1

ポルタ・ヌオーヴァ駅の荷物預け
　ホームを背にして右側にKiPointがある。
開 8:00～20:00
料 4時間€6、5時間以降1時間ごとに€1が発生する。

バス・地下鉄・トラムの切符
　48、72時間券は購入時からの時間となるので要注意。郊外線にも利用可能で、最初の乗車時に改札(打刻)機に通すこと。
●シングルチケット　€2
(100分間有効)
●1日券　€4.50
●48時間券　€9.50
●72時間券　€12.50

●中央郵便局
住 Via Vittorio Alfieri 10
☎ 011-5060286
開 8:20～19:05、土8:20～12:35
休 日　地 P.305-A1

モーレ・アントネッリアーナとバロックの建築物の調和。トリノの市街は美しい

●トリノの観光案内所　メインオフィスは、カステッロ広場の一角にある。地図やパンフレット類など資料が豊富。案内所では無料でホテルの紹介をしてくれる。また、観光シーズンには町の各所に小さなデスクが設けられる。

●市内の交通　バスとトラム、地下鉄が走っている。切符は地下鉄駅の自動券売機で購入するのが一番わかりやすい。英語表記もある。

　ローマ通りと平行して走る9月20日通りVia XX Settembreをバスが走っているので、駅から王宮に行く場合に利用してもよい。

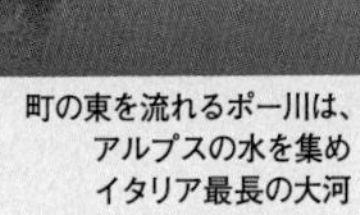

町の東を流れるポー川は、アルプスの水を集めイタリア最長の大河

●郵便局と電話局　サン・カルロ広場の近くの**中央郵便局**は、クラシックな建物で一見の価値あり。記念切手専用の窓口もあって楽しい。

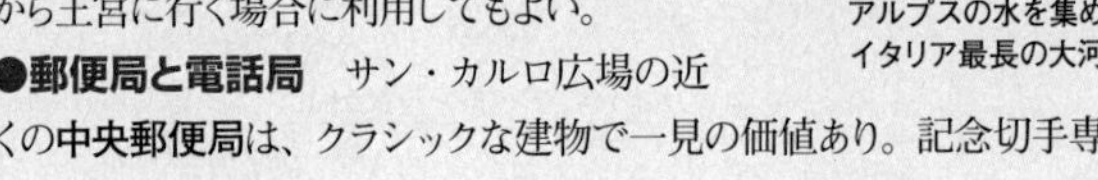

歴　史

●サヴォイア家支配の下、華開くバロック都市

　トリノの歴史のなかで、華麗な時代は何といっても17世紀だ。サヴォイア家の安定した支配の下、都市整備と建築活動が進み、今に残るイタリアン・バロック様式の美しい町並みが造られた。これらの建物は、当時は2階には所有者の貴族が住み、3階には奉公人、4階には手工業者や小商人が住んでいて、さまざまな階級の人々がひとつ屋根の下で暮らしていたのだという。その後、サヴォイア家はスペイン継承戦争で、サルデーニャ島を手に入れ、サルデーニャ王国と名を変えた。

●近代イタリアはトリノから産声を上げた

　1861年、サルデーニャ王国の主導の下、イタリア統一が実現した。リソルジメントと呼ばれるイタリア統一運動の指導者のひとり、カヴールはサルデーニャ王国の宰相でもあった。イタリア王国の首都となったトリノだがその寿命は3年と短く、すぐにフィレンツェに遷都された。伝統的な行政都市の機能を失ったトリノは、しばらく沈滞する。

●イタリア有数の工業都市に生まれ変わる

　アルプスの山を懐に抱くトリノでは、豊富な水力発電によるエネルギーが確保された。18世紀末には新たな工業都市としてよみがえり、1899年にはイタリア自動車産業のリーダーであったフィアット社が設立され、一時は国内自動車生産の90%を占めるほどになった。「フィアットの町トリノ」として隆盛を誇ったものの、20世紀後半からは衰退が始まり、2002年にフィアット社が経営危機に陥ったため、トリノの経済も沈滞。1997年の「世界遺産」登録や2006年の冬季オリンピック開催を機に観光都市として、再生の道を模索し、成功しつつ現在にいたる。

　トリノ近郊はベルモットやバローロ、バルバレスコをはじめとするワイン産業、チョコレートなどの製菓工業の中心地でもある。

トリノの見どころ

風情あるトリノのふたつの広場　MAP P.305-A1・2

サン・カルロ広場とカステッロ広場 ★★

Piazza San Carlo & Piazza Castello　ピアッツァ サン カルロ&ピアッツァ カステッロ

町の中心に位置し、トリノに華やかさを加えているふたつの美しい広場。ローマ通りの中央にある**サン・カルロ広場**は、ポルティコと装飾豊かなかつての貴族の館が、長方形の大きな広場を彩る。一方、**カステッロ広場**は、ユネスコ世界遺産にも登録されているトリノの歴史と関わる由緒ある宮殿群が取り囲んでいる。特筆すべきは**マダーマ宮殿**。古代ローマ時代の門が、中世期の要塞、城を経てバロック様式の館へと変容した。

かつての貴族の館が囲む、サン・カルロ広場

トリノのシンボル　MAP P.305-A2

モーレ・アントネッリアーナ ★★

Mole Antonelliana　モーレ アントネッリアーナ

トリノの市街を遠望する絵はがきなどにはアルプスの雪を頂く白い峰々とともに、奇妙な形をした塔が写っている。これがモーレ・アントネッリアーナだ。平べったく見えるトリノの町並みのなかで、167.5mの高さを誇るこの塔はよく目立つ。塔上の**展望台**へはパノラマ・エレベーターで昇れるので、観光をここから始めるのもよい。眼下には、緑の街路樹が真っすぐに町を貫き、トリノが**都市計画**によって造られた町であることがわかる。

観光客の人気スポット

✉ モーレ・アントネッリアーナの展望エレベーター

トリノは見どころがいっぱいで、駆け足の3日間でも足りませんでした。モーレ・アントネッリアーナの展望エレベーターはガラスの箱が宙づりになって映画博物館の中を上がって行きます。眺めているのも、乗るのも近未来のようなロマンティックな不思議な光景でした。眼下にはトリノの町、そして遠くにアルプスの山々がすばらしい雄姿を見せるということでしたが、あいにく湿気の多い季節で、アルプスの山はかすんでいました。観光シーズンの週末は行列ができて、1時間待ち。「夜景もすてきだ」と、係の人が言っていました。

（東京都　冬美）

●モーレ・アントネッリアーナ
住 Via Montebello 20
☎ 011-8138560
開 9:00～19:00（最終入場1時間前）
休 火
料 €9、6～26歳€7、5歳以下無料
※国立映画博物館（→P.309）との共通チケット€17、6～26歳€14、5歳以下無料
URL www.moleantonellianatorino.it

パノラマ・エレベーター

トリノ・ピエモンテカード Torino+Piemonte Cardを作ろう！

たくさんの特典が付いたトリノ・ピエモンテカード。トリノの主要な美術・博物館、宮殿などの見どころやガイド付きツアーが無料または割引になるほか、カード購入と同時に市バスや地下鉄の切符を割引で購入可。また、モーレ・アントネッリアーナのパノラマ・エレベーター、スペルガへの登山列車、ポー川遊覧、観光路線専用のシャトルバス（ヴェナリーアの王宮など）、City Sightseeingの観光バスが割引に。

カードの種類

1日券€29、2日券€39（＋€7）、3日券€45（＋€9）、5日券€50の4種類。18歳以下を対象とした3日券ジュニアは€18。

※カッコ内は割引となる市内交通機関の切符の料金。カードと一緒に案内所で購入を。

購入方法と使用方法

観光案内所で購入する場合はカード裏面に氏名を記入し、署名。使用開始時に日時を記入し、ここから期間内有効。各切符売り場で提示し、切符を発行してもらって入場。トリノ観光局のウェブサイトでも事前の購入が可能。メールでバウチャーを受け取り、各見どころでQRコードをかざせばOK。

URL www.turismotorino.org/card

また、王宮やマダーマ宮殿からヴェナリーアの王宮やスペルガ聖堂まで、市内と郊外のサヴォイア家ゆかりの見どころに入場できるロイヤル・パスもある。公共交通機関の切符割引にも対応しており、€30で4日間有効。案内所やウェブサイトで購入できる。

訪ねてみたい トリノの美術館と博物館

カイロに次ぐ収集を誇る　MAP P.305-A1

エジプト博物館 ★★★

Museo Egizio　ムゼオ エジツィオ

「彫像の間」は照明も美しく圧倒される

19世紀のサヴォイア家の古代エジプト・コレクションをもとに創立され、その後E.スキアパレッリの発掘により収集品が充実し、ヨーロッパで最も優れたエジプト・コレクションとして有名。注目されるのは、1階の展示品の数々。たくさんのファラオの彫像のなかでも、黒花崗岩（かこうがん）で作られた『ラムセス2世』RamusesⅡ（紀元前1290〜1224年）は必見。紀元前1450年に作られたとされる、『エル・レシア』El Lesiyaの浅浮き彫りの岩窟神殿にも注目。２階は古代エジプトの生活を展示。特に埋葬に使われた石棺、ミイラ、装飾品などの収集が興味深い。2006年のトリノ・オリンピックを機に新設された「彫像の間」Statuarioでは、スフィンクス、ファラオや神々など、多数の彫像のなかを歩き回ることができ、斬新な展示方法の体験型博物館としても人気を博している。

三重の棺に入れられる高貴な人のミイラ。これは2番目の棺

●エジプト博物館
住 Via Accademia delle Scienze 6
☎ 011-5617776
開 9:00〜18:30、月9:00〜14:00（最終入場1時間前）
休 一部の祝日
料 €18、70歳以上€15、15〜17歳€3、6〜14歳€1、5歳以下・トリノ・ピエモンテカード提示で無料
URL www.museoegizio.it
※クロークは無料。30cm×40cmを超える荷物は預ける
※音声ガイドアプリは無料（英・伊あり）、イヤホンは持参するかチケット売り場で購入可能

✉ エジプト博物館へ

カイロのエジプト博物館に次ぐ膨大なコレクションを誇り、女性館長による2005年のリニューアルにより、一大人気スポットになったことを知り、訪ねてみたい場所でした。どの展示もシンプルで見やすく大満足でした。特に第3会場の彫像の間は圧巻。訪れる人が少なく、彫像に囲まれた空間でのひとときは至福の時間でした。
（神戸市　あやめ）

端正な『ラムセス2世』像

サヴォイア王家のコレクション　MAP P.305-A2

サバウダ美術館 ★★

Galleria Sabauda　ガッレリア サバウダ

サヴォイア王家の収集した私的なコレクションを中心に、超一級の作品が揃った美術館。特に重要なのは、トスカーナ派の作品。アンジェリコの『聖母と天使』、ポッライウォーロの『トビアスと天使』などは必見。ヴェネツィア派では、マンテーニャやヴェロネーゼ、バロック絵画では、カラッチやレーニ。フランドル派やオランダ派の作品も傑作が揃っている。サヴォイア王家の肖像やグアリーノ・コレクションにも注目。

広大な王宮内にあるサバウダ美術館

●サバウダ美術館
住 Piazzetta Reale 1
☎ 011-19560449
開 9:00〜19:00（最終入場1時間前）
休 月、一部の祝日
料 €15、18〜25歳€13、17歳以下・トリノ・ピエモンテカード提示で無料
URL museireali.beniculturali.it

壮大な王宮の切符は共通券

王宮1階、王宮武器庫、サバウダ美術館、古代博物館（＝古代ローマ劇場。ローマ・サバウダ美術館側庭園地下）はひとつの壮大な建築群で延べ3km、4万6000㎡にまたがり、宮殿奥には噴水や緑豊かな庭園が広がる。いずれも入口は異なるが切符は共通。王宮内には歴史を感じさせるカフェもある。

魅力的な展示で知られる MAP P.305-A2

国立映画博物館 ★★

Museo Nazionale del Cinema ムゼオ ナツィオナーレ デル チネマ

大ホールでは映画が楽しめる

モーレ・アントネッリアーナの構造を利用した5階建ての博物館。らせん状の通路を歩くことによって、映画の歴史、撮影技術、機材、特殊撮影、特殊メークなど、映画の世界を散歩できるようになっている。見学者が参加できる双方向方式の展示が主流で、楽しい。ラウンジチェアの並ぶ大ホールでは映画観賞ができる。

●国立映画博物館
住 Via Montebello 20
☎ 011-8138560
開 9:00～19:00（最終入場1時間前）
休 火
料 €12、6～26歳€10、5歳以下・トリノ・ピエモンテカード提示で無料
※モーレ・アントネッリアーナ（→P.307）との共通チケットあり
URL www.moleantonellianatorino.it

ピエモンテの歴史の詰まった MAP P.305-A2

市立古典美術館（マダーマ宮殿） ★★

Museo Civico d'Arte Antica/Palazzo Madama ムゼオ チヴィコ ダルテ アンティーカ／パラッツォ マダーマ

中世から19世紀までのピエモンテの美術品を収蔵。2006年の改装を経て、時代順のわかりやすい展示となった。地階の中世から始まり、1階はゴシックとルネッサンス、2階はバロック。3階の陶磁器やレース、ガラスの収集もすばらしい。特筆すべきは、1階のダ・メッシーナやポントルモの絵画作品。

1階の展示が興味深い

●市立古典美術館
住 Piazza Castello
☎ 011-4433501
開 10:00～18:00（最終入場1時間前）
休 火、一部の祝日
料 €10、65歳以上・19～25歳€8、18歳以下無料、庭園のみの入場€5
URL www.palazzomadamatorino.it

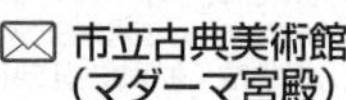

✉ 市立古典美術館（マダーマ宮殿）

エレベーター（無料）で屋上に行けます。ここからの眺望は、すばらしい。（旅人）['24]

「フィアット」創業者らの手による自動車博物館 MAP P.304-B1

自動車博物館 ★★★

MAUTO Museo Nazionale dell' Automobile "Carlo Biscaretti di Ruffia"
ムゼオ ナツィオナーレ デッラウトモビーレ "カルロ ビスカレッティ ディ ルッフィア"

新しい博物館が建設された

1960年にイタリアの自動車産業の先駆者、カルロ・ビスカレッティ・ディ・ルッフィアによって設立された博物館が、イタリア統一150周年を記念して全面的にリニューアルされた。C.ズッキの設計、F.コンフィーノの斬新な展示方法によって、クラシックカーを集めた博物館というだけでなく、人々の憧れの乗り物であった自動車の社会的な変遷を、わかりやすく解説する楽しい博物館になった。老若男女、誰もが楽しめる展示方法と、歴史的なクラシックカーやスーパーカーの展示に、時のたつのも忘れてしまう。時代が自動車を変化させてきたということがわかり、興味深い。

映像とクラシックカーの展示が楽しい

●自動車博物館
住 Corso Unità d'Italia 40
☎ 011-677666
開 10:00～19:00、月10:00～14:00（最終入場1時間前）
休 一部の祝日
料 €15、65歳以上・18～25歳の学生€12、6～17歳€5、5歳以下・トリノ・ピエモンテカード提示で無料
URL www.museoauto.com
※オーディオビデオガイドは、美術館の入口にあるQRコードをスキャンしてスマホで無料で利用可能

美しい様式美に満たされた館　MAP P.305-A1・2

王宮と「聖骸布の礼拝堂」 世界遺産

Palazzo Reale e Cappella della S.Sindone

パラッツォ レアーレ エ カッペッラ デッラ サクラ シンドーネ

サヴォイア王家の公式宮殿だった王宮

サヴォイア王家の公式宮殿として1865年まで使用されていた、バロック、ネオクラシック、ロココとさまざまな建築様式の融合が美しい白亜の宮殿。F.ユヴァッラの設計による「**はさみの階段**」Scala delle forbiciで、玄関広間から階上に向かうと、天井画などと一体になった、すばらしいバロック空間が広がる。王宮内部はガイド付きのみの見学。サヴォイア王家の美意識によって集められた調度品が飾られた居室の数々にはため息が。**王宮武器庫**には、イタリアらしい優美さと華麗さを備えた、12世紀から18世紀の甲冑(かっちゅう)や武具のコレクションがある。

さらに王宮からドゥオーモの「**聖骸布の礼拝堂**」Cappella della S.Sindoneへと続いている。このルートはかつてサヴォイア王家の専用通路。礼拝堂は17世紀後半にグアリーノ・グアリーニにより設計され、6つのアーチが天へ続くようなクーポラが印象的だ。地下に「聖骸布」が安置されている(非公開)。礼拝堂は1990年からの修復が終了する直前の1997年4月の火災により、長期の修復が続き、28年ぶりに2018年9月に再公開となった。

「聖骸布の礼拝堂」

「聖骸布＝サクラ・シンドーネ」とは、キリストの処刑後、その体を包んだ布のこと。手足に釘を打ち込まれて、十字架にかけられた男性が、写真のネガのような状態で布に写っている。科学的な信ぴょう性はともかく、これをキリストと信じ聖骸布＝奇跡の布が収められた礼拝堂に祈りをささげる巡礼者は今もあとを絶たない。

トリノ・バロックの傑作　MAP P.305-A1

サン・ロレンツォ教会

San Lorenzo

サン ロレンツォ

G.グアリーニの最高傑作と称される教会。教会のファサードはなく、カステッロ広場に向かって立つ邸宅の正面がその部分に当たる。建物の間からは、トリノ・バロックの最高傑作とされる美しいクーポラが顔をのぞかせ、カステッロ広場に花を添えている。内部は、大理石やスタッコの彫刻で装飾され、金箔が施された絢爛豪華なバロック空間。

●王宮と王宮武器庫
住 Piazzetta Reale 1
☎ 011-19560449
開 9:00～19:00（最終入場1時間前）、庭園8:30～17:00
休 月、一部の祝日
料 サバウダ美術館（→P.308）と同様
URL museireali.beniculturali.it

●ドゥオーモ／「聖骸布の礼拝堂」
住 Piazza San Giovanni
開 9:00～19:00（最終入場1時間前）
休 月、宗教行事の際は拝観不可
料 サバウダ美術館（→P.308）と同様

聖骸布の礼拝堂

火災で長い間修復中だったクーポラは修復が終了し、美しい姿をよみがえらせていました。

この礼拝堂はドゥオーモ内にありますが、アクセスは王宮からのみです。（愛媛県　久保慎也）['24]

知ってた!?

イタリア人にとって、キリストの奇跡のひとつである「聖骸布の礼拝堂」は、あつい信仰の対象だ。ドゥオーモの火災の際も難を逃れたりと、数々のエピソードも事欠かない。通常は非公開で、公開は聖年など特別の時期のみ。それほど貴重でありがたいものなのだ。

●サン・ロレンツォ教会
住 Via Palazzo di Città 4
☎ 011-4361527

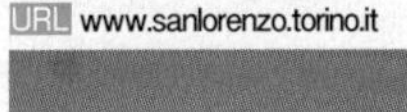

開 9:00～12:00、15:30～18:00、日・祝15:30～18:00
休 宗教行事の際は拝観不可
URL www.sanlorenzo.torino.it

邸宅正面が教会入口

トリノ郊外の見どころ

自然のなかに点在するサヴォイア家ゆかりの地

壮大なる白亜の宮殿 MAP 地図外

ヴェナリーアの王宮 世界遺産 ★★★

La Reggia di Venaria ラ レッジア ディ ヴェナリーア

王宮出口手前、「栄光の中庭」。「鹿の噴水」

トリノ市内から北へ約10km、ベルサイユ宮殿をモデルにした壮大な白亜の宮殿。1660年、サヴォイア家の**夏の別荘**として造られ、後年ユヴァッラにより大改築が行われた。**ディアナの間**Reggia(Sala)di Diana(16～26室）はフレスコ画やスタッコで華麗に装飾され、27～54室は18世紀には王が居住し、31～35室は私邸だった。39室の**大広間**Galleria Grandeはユヴァッラの傑作。長さ80mに及び、庭園からの光が大理石に反射して「光の劇場」とも呼ばれる美しい空間だ。宮殿前には**広大な庭園**が広がり、当時のままにバラ園、果樹園、畑、ゴンドラが浮かぶ池、水路などが点在する。出口近くの栄光の中庭Corte d'Onoreの鹿の噴水Fontana del Cervoは夏の週末の夜にはライトアップされ、光と水の競演が見事。

豪壮な狩りの館 MAP 地図外

ストゥピニージ狩猟宮殿 世界遺産 ★★

Palazzina di caccia di Stupinigi/Museo d'Arredamento e Ammobiliamento
パラッツィーナ ディ カッチャ ディ ストゥピニージ／ムゼオ ダッレダメント エ アンモビリアメント

トリノの中央駅から、西南に延びる大通りを約10km行った突き当たりに、そびえる宮殿。建築家F.ユヴァッラにより建てられた、典型的なピエモンテ・バロック様式。18世紀の初め、宮殿の背後に広がる森を利用して、**狩りをするための館**として造られた。

狩りの館というよりも、豪壮な森の別荘、いや森の宮殿と呼ぶのにふさわしい。上に延びるデザインではなく、中央から左右に向かって広がる造りは、どこかフランス風でエレガント。馬小屋から、犬舎、臣下の者たちの住居などが周囲を取り囲み、自給のための農園もある。現在でも、当時のままの姿を保っている。

豪壮なサヴォイア家の館、ストゥピニージ狩猟宮殿

内部は、**美術館**や**家具博物館**などになっていて、大領主サヴォイア家の豪華だった生活もしのばれる。60万坪の庭園の敷地のかなたには、緑濃い静かな森が広がっている。

ヴェナリーアの王宮への行き方

ヴィットーリオ・ヴェネト広場（地 P.305-B2）やカステッロ広場（地 P.305-A2）のバス停を経由する観光専用バス、ヴェナーリア・エクスプレス Venaria Expressで所要約45分。カステッロ広場発は火～金7:30～16:40、土・日・祝8:40～17:10で1日5～6便程度。火～金は1回券€2で往復分を事前購入、またはトリノ・ピエモンテカード提示で€4。土・日・祝は車内で購入可、1日券で往復€7。また、市バス11番（切符€2）でも行ける。

●ヴェナリーアの王宮
住 Piazza della Repubblica 4
☎ 011-4992333
開 9:30～17:00、土・日・祝9:30～18:30、庭園9:30～17:00（最終入場2時間前）
休 月
料 €20、6～20歳€10、5歳以下無料（王宮、庭園、特別展に共通）
URL lavenaria.it
※夏季は庭園のカフェ近くから園内を一周（約20分）するバスが運行
※敷地内にはレストランやカフェもあり、ゆったり過ごせる

ストゥピニージ狩猟宮殿への行き方

ポルタ・ヌオーヴァ駅前から市バス282番でStupinigi下車。所要約30～40分、約30分～1時間間隔で運行。

●ストゥピニージ狩猟宮殿
住 Piazza Principe Amedeo 7
☎ 011-6200601
開 10:30～17:30、土・日10:00～18:30（最終入場30分前）
休 月・祝
料 €12、6～18歳€5、5歳以下・トリノ・ピエモンテカードの提示で無料
URL www.ordinemauriziano.it
※切符売り場は12:00～13:00クローズすることも

スペルガ聖堂への行き方

カステッロ広場からバス15番、ヴィットーリオ・ヴェネト広場からバス61または68番でSassi下車。所要約30分。登山列車（往復€6、土・日・祝€9）に乗り換えて終点下車後、道なりに山頂に進む。
※2024年3月時点で登山列車は土・日・祝のみの運行で、10:00～18:00台に1時間1本ずつ。平日はSassiからバス79番でGeisser下車後、道なりに進む。

歴史を感じる登山電車で

●スペルガ聖堂
住 Strada della Basilica di Superga 73
☎ 011-8997456
開 10:00～13:00、14:30～17:00、土・日・祝10:00～13:00、14:30～18:00
休 墓所と王の居室・クーポラ：水
料 無料、墓所と王の居室€5、クーポラ€4、トリノ・ピエモンテカード提示で無料
URL www.basilicadisuperga.com
※悪天候時の場合、クーポラはクローズする可能性あり
※墓所と王の居室はガイド付きツアー（イタリア語のみ）で入場し、所要約45分。事前予約は電話または公式サイトの問い合わせフォームで

ピエモンテ建築の大傑作

MAP 地図外

スペルガ聖堂 世界遺産

Basilica di Superga

バジリカ ディ スペルガ

F.ユヴァッラの傑作

トリノの市街を見下ろす丘に立つ聖堂。この聖堂のあたりは、トリノっ子の散策の場にもなっている。狩猟宮殿を建てたF.ユヴァッラの大傑作。18世紀のピエモンテ建築を代表するものだという誉れが高い。地下にはサヴォイア家の墓所Tombe di Casa Savoiaがある。

入口近くのらせん階段から75mの高さをもつクーポラに上がることができ、ポー川とドーラ川に囲まれたトリノの市街地やアルプスの山々を望むことができる。麓のサッシ駅からスペルガ駅まで、全長3kmの登山電車も楽しい。

トリノの楽しみ方

●トリノのカフェ

トリノには、フランス風のカフェCaffèが多い。サンドイッチやお菓子のおいしいバールBarは、アーケードの下にサラ・ダ・テSala da teという座れる場所があり、名物のチョコレートドリンクビチェリンBicerinやカフェを飲んだりしてのんびり過ごせる。トリノで最も有名なカフェといえば、Baratti（バラッティ）（Caffe Baratti & Milano）。バラッティというのは、三日月形をしたような高級なチョコレートの代名詞。この店で作られたバラッティは今やイタリア中で見かける。そのほかの歴史あるカフェは、Caffè San Carlo（カフェ サン カルロ）とCaffè Torino（カフェ トリノ）。どちらもサン・カルロ広場のアーケードにある。すばらしいシャンデリアの下がる優雅な店内には、ゆったりと食前酒や軽食を楽しむ人が集う。

トリノを味わい尽くそう！

フランス料理の多大な影響を受けたピエモンテ料理。そのなかでも、フィアットをはじめとする自動車工業の町として有名なトリノの料理は、これらの工場の発展を支えた、周辺農村部から移入した人々からもたらされたもの。フランス風ながら田舎らしい野趣あふれるものだ。

さて、料理以外でこの町で絶対忘れてならないのが、おいしいお菓子と細長い乾いたパンのグリッシーニだ。トリノのお菓子はイタリアでも定評がある。特にカーニバルの仮面の名を取ったジャンドゥイオッティGianduiottiは、ナッツの風味とコクのある良質なチョコレートで独特なおいしさ。コーヒーのお供に最適。老舗はBaratti&MilanoやRoma gia Talmoneだ。

もうひとつの名物グリッシーニは、17世紀の初めに、サヴォイア家のお抱え医師が考案し、ナポレオンも好み、ナポレオンの小杖という愛称もある棒状の乾パン。きれいに包装された物は、イタリアのみならず日本でもお目にかかるが、本場トリノのは、一本一本手作り。50cmほどの長さで、サクッともろく砕ける香ばしいおいしさは、ほかでは味わえない。

フランス風のおいしいお菓子が豊富

Ristorante トリノのレストラン

トリノには、伝統店のDel Cambioからミシュランの星付き、町なかの小さなお店まで、ピエモンテ料理とピエモンテ特産のワインが味わえる店がたくさんある。簡単に食事するなら、町なかのカフェのビュッフェがおすすめ。ポー通りなどに多く、店頭に「ビュッフェ€10」などと表示されている。また、この町はカフェ文化の地。ぜひ、歴史的なカフェを訪ね、カフェとチョコのハーモニー、名物のビチェリンを飲んでみよう。カウンターでの立ち飲みならお財布にも優しい。

カーサ・ヴィチーナ Casa Vicina

P.304-B1

ミシュランの1つ星

イータリーの隣にオープンした商業施設グリーン・ペアGreen Peaに移転し、よりモダンな店内に。1902年からレストラン経営に携わるヴィチーナ家による、斬新で味も見た目もすばらしいピエモンテ料理が味わえる。コースは€110〜で、ワインペアリングなども。 要予約

住 Via Ermanno Fenoglietti 20
☎ 011-6640140
営 12:30〜14:00、19:30〜22:00
休 月・日、8月、年末年始
予 €80〜
C A.D.M.V.
交 地下鉄Lingotto駅から徒歩9分

イル・ヴィーコロ Il Vicolo

P.305-B1

リゾットとクレープが充実

町の人が集う、トリノ料理が中心のカジュアル・レストラン。量もたっぷりのリゾットは15種類以上、クレープは塩味からデザート系まで揃う。リゾットは€9.50〜、クレープも€8.50〜と手頃な価格も魅力。カルパッチョやタルタルなど、この地域ならではのものも。

住 Via S.Francesco da Paola 41
☎ 011-535233
営 12:30〜14:30、19:30〜23:30、土・日12:30〜15:00
休 月、8月
予 €20〜 C M.V.
交 ポルタ・ヌオーヴァ駅から徒歩6分

デル・カンビオ Del Cambio

P.305-A1

トリノの歴史と味わいを堪能

18世紀後半から続く、長い伝統に培われた名店。店内はトリノの歴史を物語るように、エレガントで重厚な雰囲気。伝統的なピエモンテ料理が味わえる。ミシュランの1つ星。 要予約

住 Piazza Carignano 2
☎ 011-546690
営 19:30〜21:30、金〜日12:30〜14:30、19:30〜21:30
休 月
予 €120〜
C A.D.J.M.V.

ブリュン Brün

P.305-A1

手軽なパスタ専門店

イタリアの上質な小麦粉を使用したフレッシュパスタが地元の人々に人気。パスタの種類とソースを選ぶことができる。店に立つスタッフがおすすめの組み合わせを教えてくれる。

住 Via Santa Teresa 16/D
☎ 011-5865570
営 11:00〜16:00
休 一部の祝日
予 €10〜
C M.V.

クロストーネ Crostone.it

P.305-B1

熱々のパニーノをほおばろう

トリノ市内に3店舗、ミラノに2店舗を構えるパニーノ店。具の種類も多く生ソーセージのサルシッチャやローストビーフなどピエモンテらしい肉系の具が人気。パニーノはひとつ€8前後。

住 Via Giovanni Amendola 10
☎ 011-7606805
営 11:00〜22:00、金・土11:00〜22:00
休 無休
予 €8〜
C M.V.

バラッティ Caffe Baratti & Milano

P.305-A2

豪華な内装にも注目

トリノを代表するカフェの一軒で、いつ訪れても観光客でにぎわっているのでハイシーズンは並ぶことも。重厚感あふれる店内でビチェリンを頼みたい。チョコレートをみやげにするのも◎。

住 Piazza Castello 29
☎ 011-4407138
営 9:00〜20:00
休 月
予 €10〜
C M.V.

イータリーの本店 Eataly Torino

日本でもおなじみ、高級スーパーマーケットのイータリー。発祥の地トリノの本店は、品揃えが群を抜いている。イートインスペースも充実しており、食事がてら出かけるのも楽しいだろう。

個性的な建物の店舗

住 Via Ermanno Fenoglietti 14
☎ 02-09997900
営 8:00〜23:00 休 一部の祝日
C A.D.J.M.V. 地 P.304-B1
交 地下鉄Spezia駅・Lingotto駅から徒歩6分
市内の中心部にも、ショップとレストランが併設された店舗がある(住 Via Lagrange 3)。

Hotel トリノのホテル

トリノのホテルはイタリアの大都市のなかでは、部屋は広く設備も充実している印象だ。ポルタ・ヌオーヴァ駅周辺には多くの中級ホテルが並び、料金表を店頭に大きく表示してアピールしている所もある。夏には3つ星以上のホテルでは割引料金を適用する所が多い。一方、ユヴェントスの試合や大きな国際会議や見本市の期間はハイシーズン料金が適用されて割高となる。

★★★★★ プリンチーピ・ディ・ピエモンテ Principi di Piemonte

P.305-B1

トリノの歴史を刻む

おしゃれなブティックの並ぶローマ通りに近い洗練された雰囲気のホテル。上階からは、アルプスの山並みとトリノの町を見下ろすすばらしい景色が広がる。大理石を多用したバスルームは広くて快適。朝食も充実。エステ併設。

URL www.atahotels.it
住 Via P. Gobetti 15
☎ 011-55151
Fax 011-5185870
SB €180～
TB €200～
室 81室　朝食込み W-F
C A.D.J.M.V.

★★★★ ヴィクトリア Victoria Hotel

P.305-B2

インテリアのセンス抜群

部屋ごとに趣が異なるクラシックなホテル。インテリアの美しさではトリノ一番との評判。よく手入れされた中庭もすばらしい。町の中心で、観光にも買い物にも便利な立地。温水プールやサウナ、エステ施設も完備。

URL www.hotelvictoria-torino.com
住 Via Nino Costa 4
☎ 011-5611909
Fax 011-5611806
SB €140～
TB €210～
室 106室　朝食込み W-F
C A.D.M.V.

★★★ ローマ・エ・ロッカ・カヴール Hotel Roma e Rocca Cavour

P.305-B1

駅近く、緑の広場に面した

緑と噴水のある駅前広場に面して自然あふれる立地。窓は防音なので駅前でも静かなクラシックホテル。清潔で朝食もよい。近くには、カフェやセルフレストランなどもあって便利。バスタブ付きの部屋もある。

URL www.romarocca.it
住 Piazza Carlo Felice 60
☎ Fax 011-5612772
SS SB €75～
TS TB €90～
3B €130～
室 86室　朝食込み W-F
C A.D.J.M.V.

★★ モンテヴェッキオ Hotel Montevecchio

P.304-A1

経済的で快適

ポルタ・ヌオーヴァ駅からも地下鉄Re Umbrto駅からも近く、快適なホテル。近くにスーパーマーケットもあり、助かる存在。部屋は清潔に保たれていて、フロントは24時間対応。立地を考えるとコストパフォーマンスよし。

URL www.hotelmontevecchio.com
住 Via Montevecchio 13b
☎ 011-5620023
Fax 011-5623047
SS TS €75～
室 29室　朝食込み W-F
C A.D.J.M.V.

★★ スタトゥート Eco Art Hotel Statuto

P.304-A1

家族経営のホテル

モダンに改装された乗り換え駅、ポルタ・スーザ駅の西側。あたたかい雰囲気のホテル。ビュッフェの朝食も充実している。小さな庭園もあり、ガレージ1日€20。部屋は広くないが、シンプルで居心地がよい。スタッフも親切。

URL www.ecoarthotel.it
住 Via Principi d'Acaja 17
☎ 011-4344638
Fax 011-4344380
SS €50～
TS €50～
3S €100～
室 24室　朝食€10 W-F
C A.D.M.V.

コンボ・トリノ Combo Torino

P.304-A2

カフェ&バールも併設

イタリアにチェーン展開しているホステル。ドミトリーは男女共用と女性専用があり、荷物を収納するスペースが充実。個室のタイプも複数あり、畳に布団を敷くジュニアスイートや、最大4名まで宿泊可能なファミリールームも。

URL thisiscombo.com
住 Corso Regina Margherita 128
☎ 011-0888210
D €30～
SS €75～
TS €85～
室 30室　朝食付き W-F
C A.M.V.

オステッロ・トリノ Ostello Torino

P.304-B1

手頃な料金が魅力

ポルタ・ヌオーヴァ駅からはトレニタリアでリンゴット駅Lingotto下車。リンゴット地区の旧オリンピック村にあるホステル。チェックインの受付時にタオルやロッカーキーをもらえる。専用バスルーム付きの個室もある。

URL www.ostellotorino.com
住 Corso Eusebio Giambone 87/34, Via Giordano Bruno 191
☎ 011-6202736
D €30～　SS €40～
TS €80～
室 99床　朝食付き W-F
C M.V.

※トリノの滞在税　YH€1　★€1　★★€2.30　★★★€2.80　★★★★€3.70　★★★★★€5　最長7泊、12歳以下免除

ローマ時代から続く美しき町

アオスタ

Aosta

アオスタ

雪を抱いたアルプスの山々が迫る町

四方を4000m級の山に囲まれたヴァッレ・ダオスタ州の中心に位置する州都。

長い間、アオスタの谷は、大サン・ベルナール峠を越えてスイスへ行く道と、小サン・ベルナール峠を越えてフランスへ抜ける道の分岐点だった。アオスタの町はこれら峠道の起点となりローマ時代より栄え、今に続いている。アオスタの町を造ったのは初代のローマ皇帝アウグストゥス。現在のアオスタの町は、ローマの都市だった2000年前の姿をほぼ完璧に引き継ぎながら、アルプスの麓でひっそりと旅人の訪れを待っている。

アオスタの歩き方

ファサードが見事なローマ劇場

ローマ時代の遺跡がアオスタ観光の中心だ。町の東の城門にあたる**プレトリア門**Porta Pretoriaや**ローマ劇場**Teatro Romano、**アウグストゥスの凱旋門**Arco di Augusto、**地下回廊**Criptoportico Forense、**ローマ時代の橋**などいまだに見事な姿をとどめる。町を囲む**城壁**Muraの大部分は、中世に再建されたもの。こぢんまりとした町なので、徒歩で十分。**サントルソ教会**Collegiata di Sant'Orsoには、12世紀のロマネスク様式の修道院と**回廊**Chiostro(キオストロ)が残る。

●郵便番号　11100

アオスタへの行き方

鉄道で　トリノ・ポルタ・ヌオーヴァ駅からレッジョナーレ・ヴェローチェ(RV)やレッジョナーレ(R)利用で約2時間〜2時間30分。乗り継ぎ駅はイヴェラ Iveraやキアヴァッソ Chiavassoなど。30分〜1時間に1便程度。

バスで　トリノ・ポルタ・ヌオーヴァ駅などからArriva社、ITABUS、FlixBusが運行してしている。所要時間は約1時間40分。Arriva社は€17、ITABUSは片道€6〜10、FlixBusは€5〜30で各1日5便程度。

ミラノからバスも発着

ミラノの地下鉄M1線ランプニャーノ駅からITABUSとFlixBusが運行。所要時間は約2時間15分〜4時間15分。

ⓘアオスタの観光案内所

住 Piazza E. Chanoux 2/Piazza Porta Pretoria 3
☎ 0165-300366/236627
開 9:00〜19:00、12月25日〜1月1日15:00〜19:00
地 P.315-B1／P.315-A2

美しいシャノー広場

散策が楽しい

町の中心はシャノー広場Piazza E. Chanoux(シャノー)。カフェや商店が並ぶ美しい広場だ。長距離バスのターミナルは駅前右側にある。市庁舎からアウグストゥス帝の凱旋門へ続く通りは、民芸品やワインを揃えたみやげもの店、レストランが並び、そぞろ歩きが楽しい。町の人のショッピングストリートは市庁舎のあるシャノー広場から西側。市庁舎を背に右に進むとブティックや飲食店などが並ぶにぎやかな通りが続く。

アオスタの名物といえばテゴーレ・ダオスタ Tegole d'Aosta

アーモンドやヘーゼルナッツの粉末と卵白をあわせて、丸く極薄に焼いたクッキー。ラングドシャのような味わいで、軽くて優しい口どけ。チョコでコーティングしたものもある。

古代ローマ遺跡共通入場券
ローマ劇場、地下回廊、初期キリスト教の旧サン・ロレンツォ教会 Ex Chiesa Paleocristina di San Lorenzo、州立考古学博物館 Museo Archeologico Regionaleの共通券を利用しよう。チケットは1年間有効で€10、25歳未満無料。

●旧サン・ロレンツォ教会
サントルソ教会前の小教会の地下にある5世紀の初期キリスト教教会。殉教者や聖職者の墓地。
住 Piazza Sant'Orso
開 4～9月9:00～19:00、10月～3月10:00～13:00、14:00～17:00
休 1月1日、12月25日

●州立考古学博物館
かつての修道院を利用し、新石器時代からローマ時代の発掘品を展示。
住 Piazza Roncas 12
開 10:00～13:00、14:00～18:00
休 1月1日、12月25日

●サントルソ教会
住 Via Sant' Orso 14
☎ 0165-262026
開 9:00～19:00
休 1月1日、12月25日
料 無料、回廊€2、18歳以下€1
※ガイドツアーは11:00～、15:00～（10～3月11:00～、16:00～）で€7、18歳以下€5、6歳以下無料

ロマネスク様式の彫刻が美しい、回廊を訪ねたい

●ローマ劇場
住 Via Porta Praetoria 1
☎ 331-1491462
開 4～9月9:00～19:00、10～3月10:00～13:00、14:00～17:00
休 1月1日、12月25日
※2025年5月まで休業予定

●大聖堂／大聖堂宝物館
住 Piazza Giovanni XXⅢ
☎ 0165-40251
開 6:30～12:00、15:00～19:00、日・祝7:00～12:00、15:00～19:00
料 無料、宝物庫€4、宝物庫とフレスコ画€5
※宝物庫・フレスコ画の見学は土・日 15:00～17:30、月・火・木・金はメールか電話にて要予約
☎ 347-7346818
e-mail info@cattedraleaosta.it

アオスタの見どころ

紀元前から町を見守る MAP P.315-A2

アウグストゥスの凱旋門

Arco di Augusto アルコ ディ アウグスト

紀元前25年、町が築かれたときにカエサル・アウグストゥスにささげられた門。町の目抜き通りを抜けた車の行き交う広場に立つ。少し先のビュティエ川にはアーチ式のローマ時代の橋Ponte Romanoが残る。

町の歴史を見守る門

山岳都市らしい、印象的なキオストロ MAP P.315-A2

サントルソ教会

Collegiata di Sant'Orso コッレジャータ ディ サントルソ

尖頭形のファサードが素朴な教会

12世紀のロマネスク様式の鐘楼脇に教会が尖頭形のファサードを見せる。たびたび改築が行われたものの、創建当時の雰囲気をよく残しているといわれる。内部には11世紀のフレスコ画などが残る。隣接する**キオストロ**（回廊）は12世紀、アーチと柱は15世紀のもので、柱頭に刻まれた美しいロマネスク紋様と風情あるキオストロは山岳都市らしいこの町の魅力にあふれている。

山々を望む古代遺跡 MAP P.315-A1・2

ローマ劇場

Teatro Romano テアトロ ロマーノ

プレトリア門のすぐ近くにある、ローマ時代の劇場。最初に目に入る22mもの高い壁はかつてのファサードの一部、舞台や4000人を収容したという観客席を見ることができる。ローマ劇場と周囲の山々の風景が美しいスポット。

町の人の信仰のよりどころ MAP P.315-A・B1

大聖堂

Cattedrale カッテドラーレ

ロマネスク様式の高い鐘楼が目印。正面扉口上部の彩色された彫刻群（16世紀）が美しい。内部はロマネスク様式で、**宝物庫**には、凱旋門を飾っていた十字架像（14世紀）、屋根裏には11世紀の貴重なフレスコ画が残る。

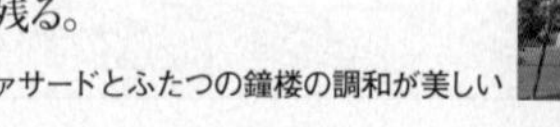
ファサードとふたつの鐘楼の調和が美しい

ライトに照らされ、神秘的な

MAP P.315-A1

地下回廊 ★★

Criptoportico Forense クリプトポルティコ フォレンセェ

クリプトポルティコの入口

大聖堂のすぐ近く、一段下がった小さな庭園に入口がある。フォロと神殿に隣接し、ローマ時代には聖域を囲んでいた地下回廊。凝灰岩のアーチが89m×73mにわたって広がる神秘的な空間だ。

●地下回廊
住 Piazza Papa Giovanni XXIII
☎ 335-7981505
開 4～9月9:00～19:00、10～3月10:00～13:00、14:00～17:00
休 1月1日、12月25日
料 共通券€10、25歳以下無料

Ristorante & Hotel アオスタのレストラン&ホテル

都市に比べ、この町では手頃な料金で食事を楽しめる。風情ある路地に軒を連ねるレストランを品定めするのも、旅の楽しみのひとつだ。新しいホテルの建設も始まったアオスタ。避暑地であるアオスタでは7月末～8月にかけてのホテル探しがやや難しい。郊外のリゾートホテルがすばらしい。

ヴェッキオ・リストロ Vecchio Ristoro P.315-A1

雰囲気のよい小路に立つ
入口近くには水車小屋が再現され、店内はエレガントな雰囲気。料理は郷土料理をモダンなテイストで仕上げた創作料理。ミシュランの1つ星。 要予約

住 Via Tourneuve 4
☎ 0165-33238
営 12:30～14:00、19:30～22:00
休 日・月、1月1週間、6月
予 €90～
C A.D.M.V.

アルデンテ Aldente Restaurant P.315-B1

おいしいワインとともに
洞窟のような雰囲気の店内で、伝統的なアオスタ料理がいただける。コース料理€40～も用意。ワインセラーも充実しているので、豊富なワインリストからおすすめを教えてもらおう。

住 Via Croce di Città 34
☎ 0165-210868
営 12:00～14:00、19:00～22:00
休 水
予 €40～(コペルト€2.50)
C M.V.

ブレークハウス Break House P.315-B1

薪焼きピッツァもある！
地元の人でいっぱいの店。特産のフォンティーナチーズやポルチーニ茸のピッツァがある。1枚€7～12ぐらいとお値ごろ。パスタや肉料理などもあり、定食もリーズナブルでアットホームな雰囲気。

住 Via Lostan 3
☎ 0165-361534
営 12:00～14:30、19:00～22:30
休 日(8・12月を除く)
予 €40～(コペルト€1.50)
C M.V.

★★★★ ミッレルーチ Milleluci 地図外

眼下にすばらしい眺望が広がる
町並みを見下ろす高台に位置し、ベランダからは周囲の山並みが手に取るよう。季節にはラベンダーが咲き誇り、木を多用したアオスタ風の室内はアルプスの雰囲気にあふれている。レンタカー利用者に便利。

URL www.hotelmilleluci.com
住 Roppoz 15, Loc.Porossan
☎ 0165-235278
Fax 0165-235284
TB €230～
JS €290～
室 31室 朝食込み W-F
C A.D.J.M.V.

★★★ HB アオスタ HB Aosta Hotel P.315-B1

上層階からは山々を望む
町の西側、静かな界隈にある近代的で清潔なホテル。上階の部屋の窓からは山を見渡す景色もすばらしい。朝食も充実。温水プールやサウナ、スチームバスがある贅沢なスパエリアでゆったり過ごしたい。
URL www.hbaostahotel.com

住 Via Malherbes 18/A
☎ 0165-43645
Fax 0165-236962
SB €100～
TB €110～
JS €180～
室 32室 朝食込み W-F
C A.D.J.M.V.

★★★★ ドゥーカ・ダオスタ Duca d'Aosta Hotel P.315-B1

伝統を残し機能的
市庁舎のあるシャノー広場の手前に位置し、2015年に改装オープンしたホテル。この地の雰囲気を大切にしながら、設備はモダンで機能的。フランス風のブラッスリー兼カフェを併設。

URL www.alpissima.it
住 Piazza Narbonne 8
☎ 0165-236363
Fax 0165-844030
TB €120～
3S €140～
室 60室 朝食込み W-F
C A.M.V.

メゾン・ボンダツ B&B Maison Bondaz P.315-A2

アオスタらしいB&B
見どころに近く、レストランも多い、旧市街の目抜き通りにある家族経営のB&B。客室はやや狭いものの、アオスタらしい雰囲気がいっぱい。朝食も充実。
URL www.maisonbondaz.it

住 Via S.Anselme 36
☎ 345-6373351
SS €100～
TS €110～
室 6室 朝食込み W-F
C 不可

※アオスタの滞在税 ★€0.50 ★★€1 ★★★ €1.50 ★★★★€3 ★★★★★€4

クールマイユールへの行き方

ミラノ・ランプーニャ駅からArriva社のプルマンバスで、クールマイユールまで所要約4時間。片道€19.50、往復€39。途中、アオスタで乗り継ぎが発生。アオスタからクールマイユールまでは約1時間。ITABUSやFlixBusなども運行。

ⓘクールユイマールの観光案内所
住 Piazzale Monte Bianco 15
☎ 0165-842060
開 9:00～13:00、14:30～18:00、7・8月9:00～13:00、14:00～19:00
休 12月25日 地 P.318-C

モンブランの麓に広がる世界的なリゾート

クールマイユール

Courmayeur クールマイユール

モンブランの懐に抱かれて

イタリア・アルプスの指折りのリゾート地。冬はスキー客で、夏は避暑客でにぎわう。**モンテ・ビアンコ**Monte Bianco(モンブラン)が背後に迫り、雄大なパノラマを楽しめることで人気が高い。

モンブラン・トンネルを抜ければ、フランスのシャモニーだ。クールマイユール近くの**アントレーヴ**Entrevesからロープウエイを利用して、モンブラン越えで、フランスに入ることができる。また、アオスタからクールマイユールまでの車窓からはすばらしい景色が楽しめる。

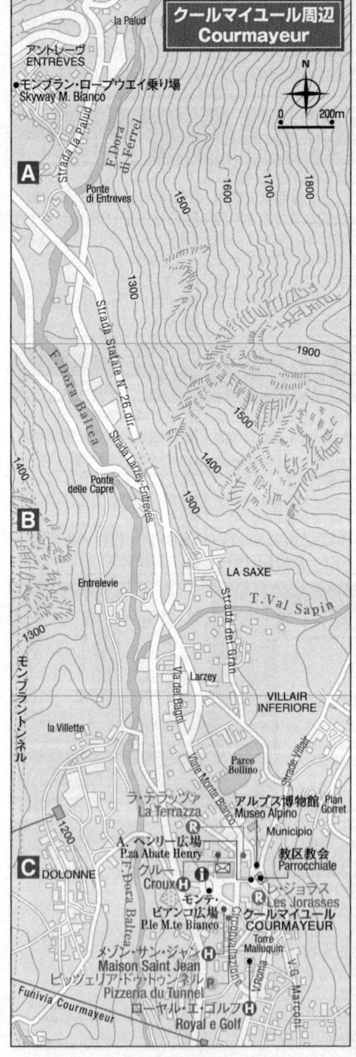

クールマイユールの歩き方

バスターミナルのあるモンテ・ビアンコ広場Piazza Monte Biancoから脇の階段を上がり、坂道を左に上ろう。町のメインロードの**ローマ通り**Via Romaに出る。道の両側にアルプスらしいみやげもの店や登山用品の店、バールなどが並び、その先にアルプス登頂の歴史を展示するアブルッツィ公**アルプス博物館**Museo Alpino Duca degli Abruzzi兼ガイド協会がある。博物館前の**展望台**Piazza Abate Henryからはアルプスの雄大な山々を眺めることができる。その後方には**教区教会**Parrocchialeがひっそりとある。

登頂と冒険を語るアルプス博物館

さらに、Strada Villairを上がれば、整備された遊歩道が広がり、木漏れ日のなか散策が楽しい。道は登山ルートへと続き、瀟洒(しょうしゃ)な別荘が立ち並び、アルプスの保養地としての一面を見せてくれる。

素朴な教区教会

フェレの谷、ヴェニの谷とアルプスの眺め

クールマイユールからドーラ川に沿って北に**フェレの谷**Val Ferret、南に**ヴェニの谷**Val Venyが広がる。いずれもクールマイユールの町から市バスが運行し、夏でも初春を思わせる柔らかな緑と可憐な花々の咲く風景に手軽にアクセスできる。清冽(せいれつ)な雪解け水が流れる川やアルプスの山々と大氷河の風景は絶景だ。フェレの谷からは**グラン・ジョラス**や**モンブラン**、ヴェニの谷からは**エギーユ・ノワール**や**プレンヴァ氷河**を見渡せる雄大な景色が広がる。眺めを楽しむなら、フェレの谷はPlanpinceur、ヴェニの谷ならNotre Dame Guerisonあたりがアクセスが便利。近くにホテルや山小屋があるので、ランチと景色を楽しもう。

谷へのバス
クールマイユールから市バスが運行。グリーンラインLinea VerdeがフェレVal Ferretへ、ブルーラインLinea Bluがヴェニ谷Val Venyにも停車。経路や時刻表はArriva社の公式サイトをチェック。
URL aosta.arriva.it

●アルプス博物館
住 Strada Villair 2
☎ 0165-842064
開 9:00～12:00、16:00～19:00、水16:00～19:00
休 夏季～秋季　料 €5
地 P.318-C
URL www.guidecourmayeur.com

Ristorante & Hotel　クールマイユールのレストラン&ホテル

レ・ジョラス Ristrante Les Jorasses　P.318-C

サービスも定評あり
木のぬくもりあふれるモダンな2階建ての店内で、山の幸を中心としたアオスタの伝統的な料理がいただける。見た目にもこだわった美しいひと皿は、地元客からも観光客からも評価が高い。

住 Via Roma 13
☎ 0165-517750
営 10:00～14:30、17:00～22:30
休 一部の祝日
予 €50～
C A.M.V.

ピッツェリア・ドゥ・トゥンネル Pizzeria du Tunnel　P.318-C

おいしいピザならここ!
店内は吹き抜けになっていて、開放感たっぷり。アットホームなピッツェリア。定番から変わり種までピザは約30種類以上で€8～16。前菜からセコンドも充実し、レストランとしても利用できる。

住 Via Circonvallazione 80
☎ 0165-841705
営 12:00～14:15、19:00～22:30
休 水、一部の祝日
予 €25～
C M.V.

ラ・テラッツァ La Terrazza　P.318-C

地元の人と観光客で大にぎわい
ローマ通りから続くPiazza Brocherel脇の階段を下るとすぐ。木を多用したアオスタ風の落ち着いた雰囲気でピッツァから郷土料理、アオスタ風のコーヒーまでなんでも楽しめる。ベビー／キッズメニューあり。いつも混んでいるので予約がベター。

住 Via Circonvallazioe 73
☎ 0165-843330
営 12:00～14:00、19:00～22:00
休 月、一部の祝日
予 €40～(コペルト€3.50)
C A.D.J.M.V.

★★★★★ ローヤル・エ・ゴルフ Grand Hotel Royal e Golf　P.318-C

セレブも集った歴史あるホテル
歩行者天国のローマ通りを上りきったあたり、200年にわたって続く、正統派のグランド・ホテル。王族を始めさまざまな賓客がここでリゾートライフを楽しんだ。広々とした朝食用ダイニング、暖炉の燃えるバー、庭園のプールなどどこも歴史と伝統を感じさせる。従業員もフレンドリーで親切。

URL www.hotelroyalegolf.com
住 Via Roma 87
☎ 0165-831611
Fax 0165-842093
SB €495～
TB €210～
室 70室　朝食込み W-F
休 4月中旬～6月中旬、秋季

★★★ メゾン・サン・ジャン Maison Saint Jean　P.318-C

美しい花々で彩られる
季節の花々で飾られたこの町独特の伝統的建築様式のホテル。地下には室内プールとサウナ(1時間€10)など施設も充実。レストラン、駐車場(無料)併設。2食付きや3食付きもおすすめ。

URL www.msj.it
住 Vicolo Dolonne 18
☎ 0165-842880
Fax 0165-841390
SB €160～
TB €200～
室 20室　朝食込み W-F

★★★ クルー Hotel Croux　P.318-C

高い峰々を望む
部屋からはアルプスの山々が望める。モダンで快適なホテル。無料のインターネット、サウナも完備。案内所やアルプス博物館にも近く、中心街にあり便利。バスターミナルから1分程度。

URL www.hotelcroux.it
住 Via Croux 8
☎ 0165-846735
Fax 0165-845180
SS €110～　TB €130～
室 31室　朝食込み W-F
休 4月中旬～5月末
C A.D.M.V.

※クールマイユールの滞在税　★€0.50　★★€1　★★★　€1.50　★★★★€3　★★★★★€4

モンブラン・ロープウエイへのバス

クールマイユールのバスターミナル P.le Monte Biancoから青線 Linea Bluのチルコラーレ・クールマイユール Circolare Courmayeurに乗車し、Skywayで下車。所要約25分、クールマイユール発7:45～18:45間で1時間に1便程度の運行。循環路線なので、帰路も同バスに乗ればよい。

URL aosta.arriva.it/en/courmayeur-mont-blanc/

スカイウエイ・モンテ・ビアンコ Skyway Monte Bianco

☎ 0165-89196

営 季節によって異なる（始発6:30～8:30頃、最終便15:00～16:00頃、15分間隔で運行）

料 ポンタル⇔プンタ・エルブロンネール片道€48、往復€61、ポンタル⇔パヴィヨン・デュ・モンフレティ片道€26、往復€20

※公式サイトでの事前購入で€2～5の割引あり

URL www.montebianco.com

※ハイシーズン時、プンタ・エルブロンネールまでの片道券は公式サイトのみで購入可能。乗車の1時間前までに予約必須。出発の15分前までに駅に到着すること。帰路の予約は不要

服装と持ち物

天気がよければ半袖でもOKだが、3000mを超えると夏の日中でも氷点下になる。半ズボンは避け、セーター、ウインドブレーカー、春や秋には軽ダウンは必携だ。特に子供やお年寄りをともなう場合はしっかりとした服装準備を。また、展望テラスは雪や霜が残っていることがあるので滑らない靴がベター。多くの人は登山の服装だ。紫外線対策も忘れずに。

一気に標高高くへ移動するので、体調によっては軽い高山病の症状が出ることがある。水分を補給し、ゆっくりと行動することを心がけよう。

山の天気は午前中が安定している。午前中早めの行動開始がおすすめ。

展望台と植物園

各所に展望台やバールが設けられている。いずれも新しく、展望もよいので気ままに過ごそう。エルブロンネールには周辺で採掘された水晶などを展示する鉱物博物館、モンフレティには世界一標高が高いという植物園や散歩道が整備されている。モンフレティあたりまでは天候が比較的安定しているので、帰路に可憐な花々を眺めながら散策してみよう。

アルプス山脈の最高峰 モンブランを見にいこう!!

Monte Bianco（モンテ ビアンコ）

氷河が続くモンブランを横断し、フランス領まで続くモンブラン・ロープウエイ=**スカイウエイ・モンテ・ビアンコ**。2015年6月に架線が新たになり運転が再開された。最新鋭のロープウエイは360度ゆっくり回転しながら3466mまであっという間に運んでくれる。

近未来的なポンタルの駅舎（始発地）

ロープウエイはふたつの区間に分けられ、下駅の**ポンタル**Pontal(1300m)→**パヴィヨン・デュ・モンフレティ**Pavillion du Mont Frety(2173m)乗り換え→**プンタ・エルブロンネール**Punta Helbronner(3466m)と進む。通しで乗車して約20分。

パヴィヨンまでは緑の谷を行く

最高点のエルブロンネールの直径14mの円形の展望テラスはイタリアとフランス領。ここまで来ると、急に気温が下がり風が冷たい。眼前に広がるのは4000m級の山々。目の前のキバのような山は奇峰**デンテ・デル・ジガンテ**、右後方に**グラン・ジョラス**。左に目を移し、雲に隠れた優しい稜線を見せるのが**モンテ・ビアンコ**4810m。その手前が**モン・モーディ**4468mだ。この先はフランス領で、**エギーユ・デュ・ミディ**Aiguille du Midi 3842mまでテレキャビン、さらにロープウエイでシャモニChamonixまで下ることができる。

テラスからは眼前にジガンテ山の雄姿が。雲の中に入るので天気が悪い

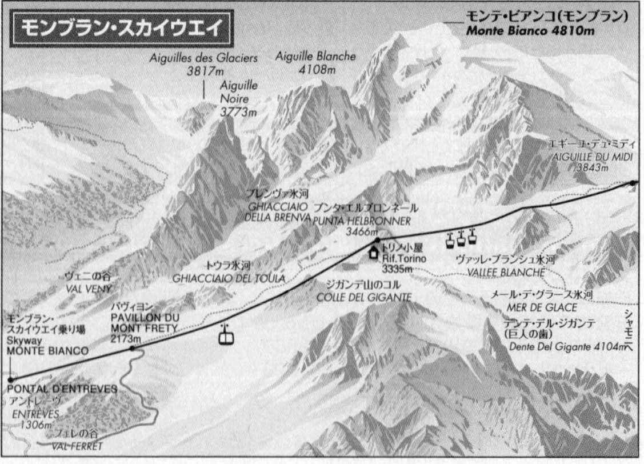

マッターホルンの下、雪に親しむアルペンリゾート

チェルヴィニア

Breuil-Cervinia チェルヴィニア

アオスタ渓谷の中ほどにあり、チェルヴィーノCervino（マッターホルン／4477m）の山麓にある町。雄大なヘリスキーなども楽しめる、有名なスキー場。初夏でも一面の雪。渓谷の奥にあるので年間を通じてスキーが楽しめる。

冬のチェルヴィニアの町とチェルヴィーノ（マッターホルン）

ここでは、チェルヴィーノや、その東に位置するモンテ・ローザMonte Rosa（4634m）を眺め、のんびり過ごしたい。

背後にはチェルヴィーノが迫る山小屋で

間近に迫る「白いピラミッド」

チェルヴィーノ／マッターホルン Cervino/Matterhorn

1786年のモンブラン初登頂以降、次々に踏破されたアルプスの山々。しかし、最後まで登頂を阻み「魔の白いピラミッド」と呼ばれた、チェルヴィーノ（マッターホルン）。

その登山基地として名高いのがチェルヴィニアの町だ。アルペン・ガイドの碑やみやげもの店、ホテルなどが並ぶ町並みを抜けると、チェルヴィーノの雄姿がすぐに見えてくる。町から頂上までは直線距離にしてわずか5㎞。冬はスキー場になる坂を登ると、チェルヴィーノはもう目の前。今にも手が届きそうだ。高い峰々に囲まれ、麓には氷河と白く飛沫を上げる滝が見える。滝の水音が山に響き、清涼な空気とともにひときわすがすがしい気分にさせてくれる。空にそびえる孤高の頂はすぐに雲に覆われ、なかなかその全容を見せてくれないが、自然のドラマはいつまでも見飽きることがない。

少し登ると、夏でもスキーのゲレンデが広がる。リフトやロープウエイに乗れば、スキーヤーでなくてもプラトー・ローザ（3480m）やプラン・メゾンPlan Maison（2561m）まで行くことが可能だ。

チェルヴィニアへの行き方

ミラノ地下鉄M1線ランプニャーノ Lampugnano駅のバスターミナルから所要約2時間でシャティヨンChatillon下車。チェルヴィニア行きに乗り換えて、約1時間で町に着く。乗り換え1回で行けるのは1日4便程度。

鉄道の最寄り駅はシャティヨンChatillon-Saint Vincentで、トレニタリアのレッジョナーレ（R）でトリノ・ポルタ・ヌオーヴァ駅から約1時間50分、ミラノ中央駅から約3時間（Chiavassoで要乗り換え）、アオスタからは約25分。シャティヨンからArriva社のバスで30㎞北上、約1時間の道程。

ⓘチェルヴィニアの観光案内所

住 Via Circonvallazione 2
☎ 0166-949136
開 9:00～12:30、14:30～18:30
休 一部の祝日

逆さチェルヴィーノ（マッターホルン）を見にいこう

町へ入るトンネル近くから散歩道が整備されラーゴ・ブルーLago Bluへと続いている。町から坂を下り、トンネル手前右側の駐車場を過ぎたら、左の坂を上がろう。徒歩で約30分、緑のトレイルが続く気持ちよい散歩道だ。晴れて風のない日には湖面に逆さチェルヴィーノが映し出される。湖から国道へすぐに下りられるので、バス利用で簡単に町へ戻ることができる（バスの切符€1.10、車内購入可）。

冬季は湖面は凍結している。

滝の音だけが静かに響く丘から、夏のチェルヴィーノを眺める

Hotel チェルヴィニアのホテル

★★★★ セルトレッリ・スポーツホテル Sertorelli Sporthotel

マッターホルンを望む

町の中心の近代的ホテル。客室はアルペン風で、マッターホルンなどの山並みが望める。レストラン併設で食事が充実。時期により宿泊数条件あり。

URL www.hotelsertorelli.it
住 Piazza Guido Rey 28
☎ 0166-949797
Fax 0166-948155
TB €175～
JS €210～
室 69室 朝食込み W-F
休 5～6月、9～10月頃
C A.D.M.V.

★★★★★ エルミタージュ Hotel Hermitage

ゆっくり滞在したい

町中に立つ5つ星ホテル。ソファスペースがある広々とした部屋でリゾートステイが楽しめる。併設のレストランでは洗練されたピエモンテ料理がいただける。スパ設備も充実。

URL hotelhermitage.com
住 Via Piolet 1
☎ 0166-948998
TB €260～
JS €650～
室 38室 朝食込み W-F
C A.D.M.V.

※チェルヴィニアの滞在税 ★€0.50 ★★€1 ★★★ €1.50 ★★★★€3 ★★★★★€4

名物フォンティーナチーズと乾燥肉をお試しあれ

■ヴァッレ・ダオスタ州の料理

厳しい自然のなかで暮らすこの地の料理は野性味が濃い。脂の少ないサラミの一種、乾燥肉**Mocetta**は前菜の定番。**ジビエ類（Selvaggina）**もよく食卓に上り、カモシカや野ウサギのミンチをソースにして手打ちの幅広パスタであえた**Pappardelle di Selvaggina**は秋から冬にかけてのごちそうだ。セコンドでは、**カモシカのシチューCivet di Camoscio**や塩漬け牛肉とたっぷりのタマネギの**シチューのCarbonadet**など煮込み料理が多く、ポレンタを添えるのが決まり。

ポレンタが敷かれたカモシカのシチュー

特産のチーズ、**Fontina**も欠かせない。ポレンタにチーズをのせ、溶かしバターをかけて焼いた**Polenta Concia**（またはPolenta e Fontina）はどこでも食べられる名物だし、スイス風の**チーズフォンデュFonduta**も人気。**Cotoletta alla Valdostana**はカツレツの上にフォンティーナチーズをのせて焼いたもの。

冬にはすっかり雪で埋まるこの地で欠かせないのが**アオスタ風コーヒーCaffe alla Valdostana**。木をくり抜き、人数分の飲み口を付けた容器**Coppa dell'Amicizia**にエスプレッソ、レモンの皮、砂糖、グラッパ（アルコール度の高い蒸留酒）を注ぎ、マッチで火をつけてアルコール分を飛ばしたもの。目の前で青く燃える炎を楽しんだら、皆でワイワイ回し飲みだ。

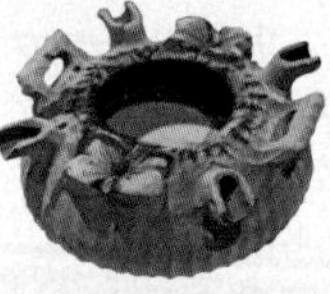
レストランで使われているアミチツィア

●おすすめワイン●

ヴァッレ・ダオスタ Valle d'Aosta

赤・白・ロゼ、辛口・甘口

種類豊富なワイン。赤ならPinot NoirやDonnas、白ならChardonnayやBlanc de Morgetなどがおすすめ

「王のワイン」とともに味わう濃厚な料理

■ピエモンテ州の料理

フランスと接し、国境にはアルプス山脈の険しい山々が連なり、麓からはイタリア屈指の米作地帯が広がるピエモンテ州。州都トリノはフランスの影響を感じさせる美食の町だ。

生牛肉のタルタルステーキ、トリュフ添え

トリノっ子の好物の前菜は**牛の生肉のタルタルステーキCarne Crudo Battuta**。今やイタリア中で食べられるゆでた子牛の薄切りにツナとマヨネーズのソースをかけた**Vitello Tonnato**やニンニクのソースに野菜をディップして食べる**Bagna Cauda**もこの地の名物料理。詰め物をしたパスタもよく食卓に上り、**アニョロッティAgnolotti**はほかの町ではラビオリと呼ばれる。**白トリュフTartufo Bianco**の産地として名高いアルバも近く、秋から冬にかけて旅するなら味わってみたい。前菜のタルタルステーキにのせたり、パスタならたっぷり卵を使ったリッチな**Tajarin al Tartufo**や**リゾットRisotto**を。イタリア有数のワインの産地でもあり、**牛肉のバローロワインの煮込みBrasato al Barolo**をはじめ、セコンドは**ジビエ類**（カモシカ、野ウサギなど）もよく食卓に上る。

●おすすめワイン●

バローロ Barolo　D.O.C.G

赤、辛口

「王のワイン、ワインの王」と呼ばれるイタリア最高ワインのひとつ

バルバレスコ Barbaresco　D.O.C.G

赤、辛口

バローロと同じブドウ品種ながら、よりエレガントな印象のワイン

アスティ Asti　D.O.C.G

白、甘口

イタリアを代表するスプマンテ（発泡性）のひとつ。食前酒やデザートに

ロンバルディア州
Lombardia

ローマ

コモ湖の風景

州都はミラノと、商業・工業が発達した豊かなロンバルディア州。州の北部にはアルプスの山々と、その麓に散りばめられた宝石のような湖の数々。ポー川流域では稲作が盛んで、春先には早苗が伸びた田園風景が広がる。ベルガモ、ブレーシャ、マントヴァなど美しい町も訪れたい。

観光のヒント

ベルガモやマントヴァ、クレモナなどの小都市はミラノから日帰りでも行ける。ブレーシャには高速列車が停まり、地下鉄も走るので拠点にするのも◎。

州の名産品

スプマンテのフランチャコルタが有名だが、マントヴァのカボチャを筆頭に野菜を使った料理にも定評があり、各地で伝統的な詰め物パスタがいただける。

北イタリアの湖水地方

あまたの芸術家の愛した湖水の風光

ヴァレンナのモナステロ荘の庭園

アルプスの南山麓に広がるイタリアの湖水地方。イタリアに憧れ、アルプスを越えてきた人々を優しく抱き迎えたこの地方を、数多くの芸術家や作家もまた愛した。西端にある、小さな湖のオルタ湖には静かな雰囲気が残る。マッジョーレ湖は、北の一部がスイス領となっている。見どころは、湖に散らばるボッロメオの島々だ。ルガーノ湖は、北側の一部と南の湖畔以外は、ほとんどスイス領。ミラノの北50kmには、Yの文字をひっくり返したような形で南北に広がるコモ湖。古代からその美しさがたたえられてきた湖で、イギリスの詩人シェリーは「あらゆる美を超えた」ものとしてコモ湖を称賛した。湖水地方東端のイセオ湖には、北イタリアの湖中で最大の島モンテ・イソラ島がある。

最後を飾るのは、マントヴァの北約50kmにあるガルダ湖。湖水地方最大の湖だ。この湖の特徴は地中海的気候に恵まれていること。夏は水温23度になる湖では、水泳やヨットが楽しめる。どこを訪ねても、独自の魅力にあふれるイタリア湖水地方の湖。美術館歩きに疲れたら、イタリア的自然美が満喫できる湖水地方に出かけてみよう。

カルロッタ邸から正面入口を望む

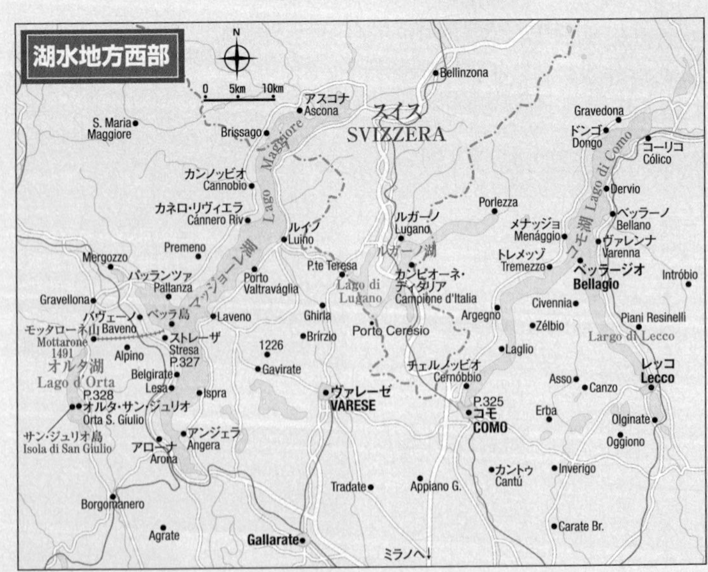

水辺に華やかな避暑地が広がる

コモ湖　Lago di Como
ラーゴ ディ コモ

湖畔のヴィッラの庭園

コモ湖は、長さ50km、最大幅4.4kmの湖。深い所は410mもあり、ヨーロッパ最深の湖といわれる。周囲は切り立った高い山々に囲まれ、深い緑のオリーブの木（このあたりが北限とか）、クルミやイチジクの木々や花々が陽光を浴びて美しい。コモ湖は、古くはカエサルやアウグストゥスというローマの皇帝に愛され、18〜19世紀には、ヨーロッパの各国王室や富豪、芸術家が競って湖畔に壮大で瀟洒（しょうしゃ）なヴィッラを建てた。今ではイタリアきっての避暑地となっている。

中心の町コモ以外で、訪れたい観光スポットとして、Y字形のコモ湖の分岐部分にある**ベッラージオ**は、「コモ湖の真珠」と呼ばれ、美しい庭園で有名な避暑地。**メナッジョ**はコモ湖畔西側に開けた、庶民的な保養地で、庭園で有名。**トレメッゾ**は、別荘が広がる高級な避暑地として有名だ。新古典様式の**カルロッタ邸**では、レモンの木々に囲まれ、見事なイタリア庭園が出迎えてくれる。ガーデニングに興味のある人は必見の庭園がめじろ押しのコモ湖畔だ。

歴史ある落ち着いた町並み

コモ　Como

ファサードが見応えのあるドゥオーモ

コモ湖の南端にある湖畔の中心の町。歴史ある町の落ち着きと、避暑地の華やかさが同居し、小路を巡る散策やカフェでのひと休みも楽しい。見どころは、ロンバルディア様式とルネッサンス様式の調和が美しい**ドゥオーモ**。とりわけ彫刻により装飾されたファサード、内部のタペストリー、彫刻は必見だ。隣接して13世紀の**ブロレット**（旧市庁舎）**Broletto**や**コムーネの塔Torre del Comune**は重厚な雰囲気だ。

コモ湖への行き方

トレノルドでミラノ中央駅からロカルノ Locarno行きなどでコモ・サン・ジョヴァンニComo San Giovanni駅まで所要約45分。ミラノ・ポルタ・ガリバルディ駅からもキアッソ Chiasso行きのS11号線でコモ・サン・ジョヴァンニ駅まで所要約1時間。いずれも30分〜1時間に1便程度の運行。駅から町へは約800m。駅前の公園を下り、交差点Piazza Cacciatori d'Alpiを左に進むと湖。湖を左に見て、湖沿いに300mも進むと町の中心だ。

ミラノの地下鉄1号線カドルナ駅から私鉄ノルド線Ferrovia Nordでコモ湖岸のコモ・ラーゴComo Lago駅まで所要約1時間。30分に1便程度の運行。駅は町の中心に近い。

湖の遊覧情報

コモ湖、マッジョーレ湖、ガルダ湖の遊覧船の時刻表、料金などは以下の観光サイトで。

URL www.navigazionelaghi.it

※湖水地方のうちマッジョーレ湖はピエモンテ州

コモ湖の遊覧船情報

コモは南の起点で、カヴール広場にある船着場から北のコーリコCólicoまで、水中翼船や遊覧船が毎日7便。ベッラージオBellagioまでは毎日9〜15便。高速船は追加料金が必要。

Navigazione sul Lago di Como
住 Via per Cemobbio 18
☎ 800-551801（フリーダイヤル）
料 1日周遊パス（コモ←→ベッラージオ乗り放題€23.30）

町の観光案内所

ℹカヴール広場周辺
住 Via Albertolli 7
☎ 031-269712
開 9:00〜13:00、14:00〜18:00
休 一部の祝日　地 P.325-B2

ℹコモ・サン・ジョヴァンニ駅
住 Piazza S.Gottardo
☎ 3420076403
開 10:00〜16:00
休 一部の祝日　地 P.325-B1

コモのトイレ事情

ケーブルカー乗り場、Largo Nord駅、トレニタリアの駅にトイレ発見。

●ケーブルカーFunicolare
住 Piazza De Gasperi 4
☎ 031-303608
営 6:00〜22:30、土6:00〜24:00
※夏季は24:00まで延長
料 山頂往復€6.60、片道€3.60
※約15〜30分間隔の運行。乗り場は、遊覧船乗り場から湖沿いに北へ約300m
URL www.funicolarecomo.it

●ドゥオーモ
住 Via Maestri Comacini 6
開 7:30〜19:30
URL www.cattedraledicomo.it

●ヴィッラ・オルモ
住 Via Simone Cantoni 1
開 10:00〜18:00、庭園：4〜9月頃7:00〜23:00、10〜3月頃7:00〜19:00
料 無料

●ヴォルタの灯台
住 Via Giacomo Scalini,
開 10:30〜18:30
休 悪天候時　料 €2
※ケーブルカーの上からバスで6分。または標識に沿って、徒歩約40分

●ヴォルタ博物館
住 Viale Guglielmo Marconi 1
開 10:00〜18:00（最終入場30分前）
休 月、一部の祝日
料 €5、70歳以上・6〜18歳€3

ブルナーテ山にある灯台からのコモ湖の眺め

遊覧船に乗る前には、ケーブルカーで市街を見下ろすブルナーテ山Brunateへ。「アルプスのテラス」といわれるとおり、アルプスの高峰からロンバルディア平野、コモ湖の絶景が広がる。よりパノラマを楽しむならヴォルタの灯台Faro Voltianoへ。また、ネオ・クラシック様式の豪奢（ごうしゃ）なヴィッラ・オルモVilla Olmoや電池の発明者ヴォルタの発明品を展示したヴォルタ博物館Tempio Voltiano周辺からも、コモのすばらしい風景が楽しめる。

ネオ・クラシック様式のヴィッラ・オルモ

Ristorante & Hotel　コモのレストラン&ホテル

高級ホテルやレストランはカヴール広場を中心とする旧市街に集中している。旧市街には、手頃なホテルが点在する。レストランやカフェなどでにぎわい、値段も適当だ。

ランティカ・トラットリア L'Antica Trattoria
地図外

多彩な肉料理を味わう

ステーキ、タルタル、自家製熟成肉など上質な肉料理が種類豊富に揃う。フロアはグリル専用の大きな暖炉が設けられた落ち着いた雰囲気で、目の前で調理する様子も楽しめる。

住 Via Luigi Cadorna 26
☎ 031-242777
営 12:15〜14:30、19:30〜22:30
休 日
予 €50〜
C M.V.

エノテカ・カスティリオーニ Enoteca Castiglioni
P.325-B2

ワインを楽しむなら

カジュアルでお洒落な店内には1300種ものワインがずらり！　食事のサービスはないが、ワインと一緒に出されるおつまみが充実。近くの同経営の総菜店（住 Via Cesare Cantu 9）もある。

住 Via Giuseppe Rovelli 17
☎ 031-261860
営 10:00〜20:00、金10:00〜21:00、土10:00〜21:30、月10:00〜15:00、16:00〜19:00、火10:00〜15:00、16:00〜20:00
休 日　予 €10〜　C M.V.

★★★ B&B ホテル・コモ・シティ・センター B&B Hotel Como City Center
P.325-B1

駅至近でコスパよし

駅からすぐの便利な立地に位置し、シンプルで過不足のない快適な設備、親切なスタッフ、コストパフォーマンスのよい朝食で満足度の高いホテル。近くにスーパーマーケットがあるのもうれしい。

URL www.hotel-bb.com

住 Via Innocenzo XI, 15
☎ 031-260485
Fax 031-273343
SB €60〜
TB €60〜
室 65室　朝食込み W-F
C A.M.V.

★★★★ メトロポール・エ・スイス Metropole e Suisse
P.325-A1・2

コモを代表する

湖に面して立つ、歴史ある館のホテル。洗練されたエレガントな雰囲気。ただし、読者投稿に古さは否めないとある。湖に面したレストランも併設。伝統料理が味わえる。

URL www.hotelmetropolesuisse.com

住 Piazza Cavour 19
☎ 031-269444
Fax 031-300808
SS SB €110〜
TS TB €270〜
室 71室　朝食込み W-F
休 冬季1ヵ月ほど
C A.D.J.M.V.

オステッロ・ベッロ・レイク・コモ Ostello Bello Lake Como
P.325-A1

旅人の強い味方！

コモ湖畔のア・ラーゴ庭園前に位置するモダンなホステルチェーン。専用バスルーム付きの個室（2〜4人に対応）もある。共有スペースは明るく、調理器具が使用できるキッチンも。

URL ostellobello.com
住 Viale Fratelli Rosselli 9
☎ 031-570889
D €30〜
TS €65〜
室 15室　朝食込み W-F
C M.V.

※コモの滞在税　YH、キャンプ€2　★〜★★€3　★★★€4　★★★★〜★★★★★€5　4泊まで　14歳以下免除

ボッロメオ家ゆかりの島々を訪ねて

マッジョーレ湖 Lago Maggiore
ラーゴ マッジョーレ

ベッラ島。階段状の美しいボッロメオ宮殿の庭

マッジョーレ湖は、イタリアの湖のなかでも最も有名だ。特にボッロメオ家所有であった3つの島はぜひ訪ねてみたい。**ベッラ島**Isola Bellaは3つのなかで必訪の島。17世紀の**ボッロメオ家の宮殿と庭**Palazzo e Giardino Borromeoは息をのむほどの豪華さだ。庭園はバロック様式で、超豪華なもの。珍しい木々や植物の手入れがよく行き届き幾何学的におもしろく刈り込まれていて、庭に立てば夢幻の世界に引きずり込まれそう。特に湖を巡るボートから眺める夕暮れの庭園は絶景。

ペスカトーリ島Isola dei Pescatori／Isola Superioreは「漁師の島」の意味で、狭い島には漁師の古ぼけた家々が立ち並び情緒がある。「母なる島」の意味をもつ**マードレ島**Isola Madreにも、18世紀の宮殿と庭がある。イタリア一の高さを誇るヤシの木があり、庭には放し飼いにされたクジャクやキジが遊んでいる。

マッジョーレ湖の中心

■ストレーザ Stresa

のんびりできるストレーザ

湖水地方きっての高級リゾート地。町の後方には小高い丘が迫り、マッジョーレ湖に面して町は細長く広がる。湖畔には、伝統と格式を誇るイタリアを代表するリゾートホテルが並ぶ。気候も穏やかで、緑と花にあふれた町だ。町の人々も裕福で、避暑客の優雅な生活が垣間見られる町。

マッジョーレ湖への行き方

下記ストレーザが最寄り駅。駅からはローマ通りVia Romaを下り、湖に面したマルコーニ広場Piazza Marconi(駅から約1km)から遊覧船が運航。

●ボッロメオ家の宮殿と庭
住 Isola Bella 1
開 例年3月中旬～10月下旬 10:00～17:00頃
料 €22、6～15歳€13

マッジョーレ湖の遊覧船情報

ストレーザStresaとバヴェーノBavenoの町から3島を巡る遊覧船が出航している。3島すべてを回ると半日がかり。経済的に島巡りをしたい人は、周遊切符ではなく往復切符を買うほうが安上がり。お金に余裕のある人、または5人くらいならモーターボートを借りてもよい。

遊覧船の運航は7:00から19:00頃まで。日中はほぼ30分ごとに運航。
ストレーザ→ベッラ島 約10分(往復€6.80、片道€3.40)
ストレーザ→マードレ島→ベッラ島 約35分(往復€12.70)
1日周遊券 ストレーザ→ベッラ島→ペスカトーリ島→バヴェーノ→パッランツァに利用可 €16.90

✉ 4月はツバキが満開

マードレ島はツバキCamelia Japonicaが咲き乱れ、庭園には純白のクジャクが放し飼いにされており、羽をいっぱいに広げると風景と相まってまさに豪華絢爛。フランス人の観光客がクジャクに「メルシー」と言いながらシャッターを押していましたが、私も同感でした。 (天田良隆)

●郵便番号 28838

ストレーザへの行き方

トレニタリアでミラノ中央駅からレッジョナーレ (R) などで所要約1時間、ミラノ・ポルタ・ガリバルディ駅からは所要約1時間30分。各1～2時間に1便程度。

●ストレーザの観光案内所
住 Piazza Marconi 16
☎ 0323-31308
開 3～10月頃10:00～12:30、14:30～18:30、11～2月頃10:00～12:30、15:00～18:30、土10:00～12:30
休 11～2月頃の日・祝
地 P.327-B2

Ristorante & Hotel ストレーザのレストラン&ホテル

湖の近くは高級ホテルが多い。カドルナ広場には手頃な飲食店が集中。

オステリア・メルカート Osteria Mercato P.327-B2

地元の人々に人気

季節ごとの郷土料理が楽しめるオステリア。アンティパストのチーズフォンデュ€14にはじまり、フレッシュパスタや魚や肉料理から選択肢が豊富なセコンドまで、満足感あふれるメニュー。

住 Piazza Capucci 9
☎ 0323-346245
営 11:30～14:30、19:00～23:00
休 火
予 €40～(コペルト€1.50)
C M.V.

カフェ・トリノ Caffè Torino P.327-B2

テラスでの食事を楽しもう

町の中心、レストランやバールが並ぶカドルナ広場にあるレストラン兼バール。長い営業時間と広場に開けたオープンテラスが魅力。ピッツァや土地の料理が味わえる。夏は要予約。

住 Piazza Cadorna 23
☎ 0323-30652
営 12:00～14:45、18:30～22:00
休 1月
料 €35～
C A.D.M.V.

★★★★ ラ・パルマ La Palma P.327-A2

眺めもすばらしい

エレガントな調度やサービスもよく、ボッロメオ島を望む屋上やプールからの眺めもすばらしい。温水プールやサウナも完備。11月中旬～冬季にかけて休業。

URL www.hlapalma.it

住 Corso Umberto I 33
☎ 0323-32401
Fax 0323-933930
TB €160～
JS €370～
室 118室　朝食込み W-F
C A.D.M.V.

★★ ホテル・モン・トック Hotel Mon Toc P.327-B1

ハーフ・ペンショーネがおすすめ

トレニタリア駅から500m、湖に300mと便利で、部屋も快適。2食付きにするほうがお得。家庭的で味もよく外で食べるよりよい。夏には緑豊かな庭を散策するのも楽しい。

URL www.hotelmontoc.com

住 Viale Duchessa di Genova 69
☎ 0323-30282
Fax 0323-933860
SS T €85～
TS €115～
室 15室　朝食込み W-F
休 11月、1月
C A.J.M.V.

※ストレーザの滞在税　4～10月に★～★★€1　★★★€1.50　★★★★€2.50　★★★★★€3.50

オルタ湖への行き方

ミラノ中央駅やミラノ・ポルタ・ガリバルディ駅からノヴァーラ駅Novaraまで、レッジョナーレ・ヴェローチェ(RV)で約45分。ノヴァーラでレッジョナーレ(R)に乗り換えてオルタOrta-Miasinoまで約45分。駅から町までは徒歩約30分。駅近くから町、町からサクロ・モンテへは列車型のミニバス(トレニーノTrenino)も運行(夏季のみ)。

日帰りするなら、トレニタリアのストレーザ駅前からオルタ・サン・ジュリオOrta San Giulioまで、S.A.F.社のプルマンバスが夏季限定で運行。1日3便程度で所要約50分、片道€3.90。サン・ジュリオ島までのボートも含んだ€12のチケットも販売。

URL www.safduemila.com

●町から島へのボート
URL www.navigazioneorta.it

ⓘオルタ湖の観光案内所
住 Via Panoramica 2
☎ 0322-905163
開 10:30～13:00、14:00～18:00
休 一部の祝日

緑の山々に包まれた小さな宝石

オルタ湖 世界遺産 Lago d' Orta ラーゴ ドルタ

オルタ湖とサン・ジュリオ島

イタリアの湖水地方にある最小の湖。湖の周りは小高い丘に囲まれていて、岸伝いにオルタの小さな町が広がる。オルタの中心は、美しい別荘や庭園のある落ち着いたたたずまいを見せる、**オルタ・サン・ジュリオ**Orta San Giulio。湖の西の**サクロ・モンテ**Sacro Monte(401m)に登ると湖の全景が見渡せる。ここには1591年から1770年にかけて建てられた20ほどの礼拝堂が残る。2003年に世界遺産に登録された(町からは歩いて45分ほど。悪天候の場合は閉鎖)。オルタ湖の真ん中には**サン・ジュリオ島**Isola di San Giulioがあり、4世紀にサン・ジュリオが建てたといわれる教会(開9:45～18:45、月12:00～18:45、日8:45～18:45)が立つ。内部はすばらしいフレスコ画で覆われ、黒大理石の説教壇も興味深い。島へは、町からボート(料 往復€5)が出ている。

明るく開放的なリゾートが点在する

ガルダ湖　Lago di Garda
ラーゴ ディ ガルダ

イタリア最大のガルダ湖は、南北に約52km、東西の一番広い部分は17.5km。ヴェローナからプルマンで行くのがおもしろい。高い梢の並木道を40〜50分走ると、エメラルド色のガルダ湖が目の前に広がる。

オリーブ林のなか、すばらしい眺望が広がるローマ時代の遺跡

マッジョーレ湖やコモ湖と違う自然美が特徴的なガルダ湖。それをひと口でいえば、明るい地中海風というところか。湖畔に茂るのは、オリーブ、レモン、ライム、ヤシや月桂樹など。紀元前の詩人や画家から、現代のアーティストまで、ガルダ湖の虜(とりこ)になった人は数知れない。

スカラ家の城塞からの
ガルダ湖の眺めがすばらしい

湖水巡りは、南岸にあるデセンツァーノ・デル・ガルダDesenzano d. Gardaから出発したい。**シルミオーネ**Sirmioneに寄り、**サロ**Salòや**ガルドーネ・リヴィエラ**Gardone Rivieraに立ち寄り、**リモーネ・スル・ガルダ**Limone s. Garda、**リーヴァ・デル・ガルダ**Riva d. Gardaまで約4時間の船旅を楽しもう。瀟洒(しょうしゃ)なリゾート地のガルドーネ・リヴィエラ。リモーネは、レモンやオリーブ畑に囲まれた、素朴な自然が残る村だ。ガルダ湖の東岸にも**マルチェージネ**Malcesineや**ブレンツォーネ**Brenzoneなどの美しいリゾート地がある。特にマルチェージネには、ヴェローナを治めたスカラ家の城塞がある。村自体は中世の雰囲気を残す漁港だが、建物なども明るい南欧的な色彩で楽しい。ここからは標高1760mの**モンテ・バルド**Monte Baldoに登ることもできる。頂上まではロープウエイが運行している。

ガルダ湖の遊覧船情報

デセンツァーノ・デル・ガルダとリーヴァを往復する。所要約2時間30分(水中翼船)〜4時間で1日約4〜5便。

●郵便番号　25015

ガルダ湖への行き方

ミラノから
ミラノ中央駅からヴェネツィア行きなどのフレッチャロッサ(FR)、イタロ(ITA)でデセンツァーノ-シルミオーネ Desenzano del Garda Sirmioneまで所要約50分。

ヴェローナ／ブレーシャから
ヴェローナ・ポルタ・ヌオーヴァ駅からミラノ中央駅行きのFR、ITAで約20分。ブレーシャ駅からも同じ列車を利用して約10分。いずれの町からもATV社やSAIS社のプルマンバスが運行。所要約1時間。

駅からガルダ湖へ
駅から湖方向へ別荘地帯を15分ほど歩くと、船着場に到着する。バスなら2番で約15分(月〜土に約30分間隔で運行、日・祝運休)。遊覧船で20分ほどでシルミオーネ。船は1日10〜12便ある。眺めも絶景、夏はきれいな湖畔で泳ぐことも可。

ℹデセンツァーノ・デル・ガルダの観光案内所
住 Piazza Luigi Einaudi, Statione Desenzano
開 9:30〜12:30、13:30〜17:00
休 月、火、一部の祝日

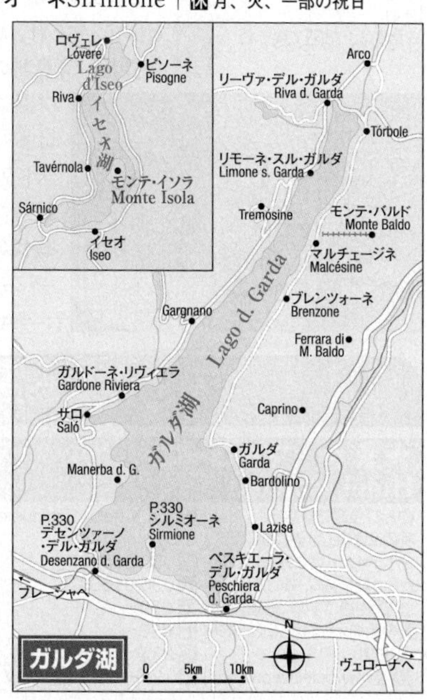

●S.M.マッダレーナ教会
住 Via Roma 5
開 8:00～12:00、15:30～19:00

●ローマ時代の別荘
住 Via Crocefisso 22
営 9:00～19:30、日14:10～19:30
休 月（祝日の場合は翌日）
料 €4

●デセンツァーノ城
住 Via Castello 63
開 6～9月10:00～18:30、5・10月10:00～18:00、1～4月10:00～17:30
休 月、1～4月の平日
料 €3

シルミオーネへの行き方

ヴェローナやブレーシャからAriiva社のバスが頻繁に往復。ヴェローナからは約1時間で片道€4.20、ブレーシャからは約2時間で€5.10～。
URL brescia.arriva.it

ⓘシルミオーネの観光案内所
住 Viale Guglielmo Marconi 8
☎ 030-7285327
開 不定期（観光サイトを確認）
URL visitsirmione.com/info/infopoint-sirmione

●スカラ家の城塞
住 Piazza Castello 34
☎ 030-916468
開 8:30～18:30、日8:30～13:00
休 月、一部の祝日
料 €6
※見学は上記☎で要予約

ガルダ湖の玄関口

デセンツァーノ・デル・ガルダ

ガルダ湖の南西にあり、ミラノ、ヴェネツィアからの列車が停まるため、湖を訪ねる際の玄関口となる。町の中心へは約1kmで、駅からは市内行きとシルミオーネ行きのバスが発着している。観光案内所は駅にある。見どころは湖の周辺に集中している。サンタ・マリア・マッダレーナ教会Santa Maria Maddalenaのドゥオーモにあるティエポロの『最後の晩餐』Ultima Cenaは必見。やや北側には1世紀に遡るローマ時代の**別荘**Villa Romanaがあり、床モザイクがたいへん美しい。駅から町へ向かう途中、丘の上に立つ**デセンツァーノ城**周辺からは美しい町並みと湖が一望できる。

デセンツァーノからガルダ湖を眺める

城壁と水に囲まれた人気のスポット

シルミオーネ　Sirmione

ガルダ湖の南の湖畔から4km。北に向かって湖に突き出している細長い岬の突端にある町。この湖の半島は、周囲を水に囲まれた別天地。落ち着いた町並みに、**スカラ家の城塞**Castello Scaligeroが映える。シルミオーネはテルメ（温泉保養所）としても知られ、ローマ時代からの有名な保養地。耳鼻科の病に効能があり、古代から人気のあったイタリア温泉のひとつ。橋を渡って城門内に入ると、旧市街は歩行者天国になっている。メインストリートには、レストランやしゃれたブティックが立ち並び、買い物にも最適な町。旧市街から500mほど坂を上ると、**ローマ時代の遺跡**Grotte di Catullo（グロッテ ディ カトゥッロ）がある。オリーブ林の中にある遺跡からの、湖の眺めもすばらしい。

スカラ家の城塞

ローマ時代の柱廊が残る

Hotel　シルミオーネのホテル

★★★ マルコーニ　Hotel Marconi

のんびり過ごすなら

町のほぼ中心、湖に面したプチホテル。小さな庭園と客室からは湖を望み、ゆったりとした時間を過ごすのに最適。朝食の品揃えもすばらしく、スタッフもフレンドリー。
URL www.hotelmarconi.net
住 Via Vittorio Emanuele II 51
☎ 030-916007
Fax 030-916587
SS €50～
TB €80～
室 23室　朝食込み W-F
休 12月～2月　C A.M.V.

★★★ ラ・パウル　La Paül

湖に面した庭がかわいい

湖のほとりに立つ、緑に包まれたプチ・ホテル。落ち着いたインテリアで、湖に開けたバルコニー付きの部屋もある。
読者割引 ハイシーズン5%、ローシーズン10%
High 5月16日～9月30日
URL www.hotellapaul.it
住 Via XXV Aprile 32
☎ 030-916077
Fax 030-9905505
TS €90～
室 37室　朝食込み W-F
休 11～3月中旬
C M.V.

※シルミオーネの滞在税　★€0.90　★★€1　★★★€1.50　★★★★€2.30　★★★★★€3.50　14歳以下免除

SB シャワーまたはバス付きシングル料金　TS シャワー付きツイン料金　TB シャワーまたはバス付きツイン料金

サン・ヴィジリオの丘から美しき古都を望む

Bergamo
ベルガモ

世界遺産

●郵便番号　24100

ベルガモはふたつの顔をもつ町だ。標高336mの小高い丘にあるベルガモ・アルタAltaは中世そのままに時が止まってしまっているが、丘の麓の町ベルガモ・バッサBassaは、近代的でスマートな都会だ。いったいどちらが、ベルガモの本当の顔なんだろう。

中世からルネッサンス期を通じて、アルタには数々の美しい建築物が建てられた。自治都市の繁栄を誇ったのは13世紀まで。ミラノとヴェネツィアという強国に挟まれたベルガモは、大国のはざまで揺れた。しかし、こと芸術となると、ベルガモは独自のルネッサンスを開花させた。ベルガモの顔、コッレオーニ礼拝堂は、ロンバルディア・ルネッサンスの傑作との誉れが高いが、ミラノにも、ヴェネツィアにもない独自のものだ。正面の列柱や彫刻の気品とあでやかさには圧倒される。

またこの町は、17世紀にヨーロッパ中に広まった仮面劇コンメーディア・デラルテCommedia dell' Arteの故郷だ。

ベルガモの歩き方

駅前からバス1番に乗ってアルタを目指そう。途中でケーブルカーに乗り換えれば終点がアルタ。そのままバスの終点で下車し、城壁を抜けてもアルタの町がすぐに広がる。まずは見どころが集中しているヴェッキア広場へ。続いて、自然が残る坂道を下ってカッラーラ絵画館へ。時間があれば、活気あるバッサの町並みも散策してみよう。

世界遺産

16世紀から17世紀のヴェネツィアの防衛施設群：スタート・ダ・テッラと西スタート・ダ・マール
「ベルガモの要塞都市」
登録年2017年　文化遺産

ベルガモへの行き方

トレニタリアでミラノ中央駅からベルガモ行きのレッジョナーレ(R) で所要約50分。ブレーシャからも直通で所要約45分～1時間。

ベルガモ・アルタへのバス

駅正面の大通りにあるバス停V.le Papa Giovanni XXIIIから1番で終点がアルタ。フニコラーレ駅前のヴィットリオ・エマヌエーレII世通りで下車後、フニコラーレ(切符は共通) に乗り換えてもよい。切符は駅の売店やタバッキで購入。

●1回券€1.70(75分有効)
●24時間券€4.90

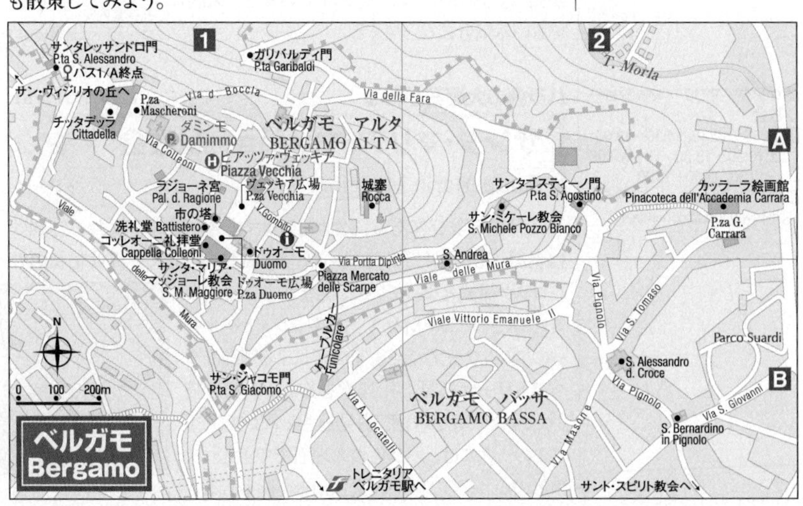

ロンバルディア州◆北イタリアの湖水地方／ベルガモ

町の観光案内所
ⓘベルガモ・アルタ
住 Via Gombito 13
☎ 035-242226
開 9:30～13:00、13:30～18:00、土・日9:30～19:30
休 一部の祝日
地 P.331-A1

ⓘベルガモ・バッサ
住 Piazzale Guglielmo Marconi
☎ 035-210024
開 8:30～13:30、14:00～17:00
休 一部の祝日

ベルガモの見どころ

伸びやかな中世の広場に立つ MAP P.331-A1

ラジョーネ宮

Palazzo della Ragione パラッツォ デッラ ラジョーネ

広場に続く屋根付きの、中世ムードあふれる階段を上ると、12世紀には議会場だったという大広間に出る。保存状態はあまりよくないが、ブラマンテのフレスコ画が、広場の壁に残る。今は、ベルガモの市民のために、展覧会などが開催される場所になっている。

ラジョーネ宮と市の塔(左)とヴェッキア広場

●コッレオーニ礼拝堂
住 Piazza Duomo
☎ 035-210061
開 9:00～12:30、14:00～18:00
休 宗教行事の際は拝観不可
料 無料

ティエポロのフレスコ画で飾られた MAP P.331-A1

コッレオーニ礼拝堂

Cappella Colleoni カッペッラ コッレオーニ

ラジョーネ宮の裏側に立つ、ロンバルディア・ルネッサンスの傑作。落ち着いた色彩の大理石のはめ込み模様と彫刻が華麗な正面を形作っている。礼拝堂は、ヴェネツィアの傭兵隊長コッレオーニにささげられたもの。コッレオーニは、ベルガモの領主だが、ルネッサンス時のイタリアでは小国の領主は、しばしば大国ヴェネツィアなどの傭兵隊長となって、自分の軍隊を指揮していた。

内部にはティエポロのすばらしいフレスコ画が残る。保存もよく、見上げていると、天国にでもいる気分になってくる。

礼拝堂内のコッレオーニ像が美しい

●サンタ・マリア・マッジョーレ教会
開 10:30～12:30、14:30～18:00、土10:30～18:00、日・祝9:00～10:30、13:30～18:00
料 €5、70歳以上・14～25歳€2
URL www.fondazionemia.it

バラ色の大理石が彩る MAP P.331-A・B1

サンタ・マリア・マッジョーレ教会 ☆☆

Santa Maria Maggiore サンタ マリア マッジョーレ

礼拝堂の並びにある、12世紀のロマネスク様式の教会。外観は14世紀、15世紀と手が加えられ、内部は16世紀末～17世紀初頭のバロック様式となっていて、さまざまな様式がミックスされて興味深い。フィレンツェとベルギーのアントワープの芸術家の手による華麗なタペストリーは必見。礼拝堂を飾る、戦場を描いた、4枚の寄せ木細工も見逃さないように。

この一角には、バラ色の大理石でできた、八角形のかわいらしい洗礼堂Battisteroもある。

内部は美しいバロック空間

充実した数多のコレクションを誇る　MAP P.331-A2

カッラーラ絵画館 ★★★

Pinacoteca dell' Accademia Carrara　ピナコテーカ デッラッカデミア カッラーラ

北イタリア絵画の宝庫、カッラーラ絵画館

18世紀末に、ジャコモ・カッラーラ公が開いたもの。とびきりの名作はないが、なかなかの佳作揃い。地方美術館としては、イタリアでも最も優れたもののひとつ。ピサネッロの描いた『エステ家のリオネッロの肖像』やベッリーニの『聖母子』、マンテーニャ、ティエポロやそのほかヴェネツィア派の絵画など。ロンバルディア派の『タロット・カード』がおもしろい。

ベルガモ派と呼ばれる、L.ロット作『聖カテリーナのけがれなき結婚』

●カッラーラ絵画館
住 Piazza Giacomo Carrara 82
☎ 035-234396
開 10:00～19:00、火10:00～13:00、土・日・祝10:00～20:00（最終入場45分前）、毎月第2・4金曜は23:00まで
休 12月25日　料 €15、65歳以上・18～25歳€13
URL www.lacarrara.it

緑の丘にヴィッラが点在する　MAP P.331-A1 外

サン・ヴィジリオの丘 ★

Colle San Vigilio　コッレ サン ヴィジリオ

アルタの町からさらに坂道を上り、城壁を抜けると見晴らしのよいコッレ・アペルト広場Ple. colle Apertoに出る。この先にさらに上に向かうケーブルカー乗り場がある。ケーブルカーに乗れば約3分でサン・ヴィジリオの丘に到着する。ベルガモの町が一望できる。ケーブルカーの終点には見晴らしのよいレストラン兼カフェがある。

見晴らしのすばらしいレストラン

Ristorante & Hotel　ベルガモのレストラン&ホテル

食べ物が安いのはバッサだが、アルタにもおいしいトラットリアやリストランテが密集している。アルタのヴェッキア広場に近いコッレオーニ通りやゴンビト通りには、パン屋さんやお菓子屋さん、ピッツェリアが軒を並べている。ホテルはバッサの町に集中している。

ダミンモ　DaMimmo　P.331-A1

郷土料理や定食が充実
アルタの目抜き通りにある、長く続く家族経営。間口は狭いが、落ちついたサロンと気持ちよいテラス席があり、郷土料理からピッツァ、魚料理までの幅広い品揃え。セットメニューも充実。

住 Via Bartolomeo Colleoni 17
☎ 035-218535
営 12:00～14:30、18:30～23:00、火18:30～23:00
休 一部の祝日
予 €25～(コペルト€3.50)
C A.M.V.
交 ヴェッキオ広場からすぐ

ロステリア・ディ・ヴァレンティ　L'Osteria di Valenti　P.331-B1外

サービスもいい！
駅前の大通りを少し入ったところにある、地元の人に人気のトラットリア。ミラノ風カツレツやビステッカ・アッラ・フィオレンティーナなどの肉料理が充実。安くておいしい。　できれば予約

住 Via Guglielmo D'Alzano 4
☎ 035-243017
営 12:00～14:00、19:15～22:00
休 日・祝
予 €30～
C M.V.
交 ベルガモ駅から徒歩9分

★★★★ エヌ・エイチ・ベルガモ　Hotel NH Bergamo　P.331-B1外

駅近で便利&快適
イタリアのチェーンホテルで、駅やアルタ行きのバス停からも徒歩圏内。部屋はモダンで設備も新しく快適。バスタブ付きの部屋もあるので予約時に確認を。朝食も種類豊富と定評あり。

URL www.nh-hotels.com
住 Via Paleocapa 1/G
☎ 035-2271811
Fax 035-2271812
TS TB €95～
C A.D.J.M.V.
室 88室　朝食€25 W-Fi
交 ベルガモ駅から徒歩6分

★★★★ ピアッツァ・ヴェッキア　Hotel Piazza Vecchia　P.331-A1

ロケーション抜群！
ヴェッキア広場近くに位置し、アルタの観光に便利。あたたかみのある雰囲気の客室は居心地がよく、エスプレッソマシンも完備。水回りは新しくて清潔だ。バルコニー付きの部屋もある。

URL www.hotelpiazzavecchia.it
住 Via Bartolomeo Colleoni 3F
☎ 035-3054953
SB €200～
C A.M.V.
室 13室　朝食込み W-Fi
交 ヴェッキオ広場から徒歩1分

※ベルガモの滞在税　★～は部屋料の6%(ただし上限€5)　最長10泊、18歳以下免除

Brescia
ブレーシャ

世界遺産

●郵便番号　25100

世界遺産

イタリアのロンゴバルド族：権勢の足跡(568-774年)
「サン・サルヴァトーレ-サンタ・ジュリア修道院の複合建築」
登録年2011年　文化遺産

ブレーシャへの行き方

トレニタリアでミラノ中央駅からヴェネツィア行きなどのフレッチャロッサ(FR)やイタロ(ITA)で約40分。ブレーシャ、ヴェローナ行きなどのレッジョナーレ(R)で約1時間。ヴェローナからも直通で約35～50分。

バス・地下鉄の切符
各地下鉄の自動券売機で購入可。英語表記もあるのでわかりやすい。クレジットカード対応。
●1回券　€1.70(90分間有効)
●24時間券　€3.80

モダンでスタイリッシュな地下鉄ブレーシャ駅

町の観光案内所
ⓘINFOPOINT Stazione
住 Viale della Stazione 47
☎ 030-3061240
開 9:00～19:00、土9:00～17:00
休 日・祝　地 P.334-B1
ⓘINFOPOINT Centro
住 Via Trieste 1
☎ 03-3061266
開 9:00～19:00、土9:00～17:00
休 一部の祝日　地 P.334-A・B2

ブレーシャは、噴水の多い町だ。イタリアの広場は、中央に噴水を配したものが多いが、ここ、ブレーシャの噴水は、16世紀から有名だ。16世紀のある旅人は、「この町はたくさんの美しい噴水に満ちていて、地上の楽園のような所だ」と旅の便りに、書き送っている。

その美しき噴水は今も当時のままだが、現在この町は、ミラノに次ぐロンバルディア第2の都会に発展した。

サンタ・ジュリア博物館の『翼を持つ勝利の女神』

ブレーシャの歩き方

駅は、見どころの集まる**ドゥオーモ広場**Piazza del Duomoや**ロッジア広場**Piazza della Loggiaから1.5kmぐらい離れているので、駅を出て右に進み、地下鉄で1駅のヴィットリア駅下車が便利。

まず、**ローマ時代**の中心だったのは**ムゼイ通り**Via dei Musei。中世を代表するのは、**ドゥオーモ広場**。ルネッサンス期の気分を味わいたいなら、**ロッジア広場**Piazza della Loggiaへ向かおう。ここは、現代のブレーシャの中心でもある。**ポルティチ**Porticiと呼ばれる、アーケードのある通りで、高級なショッピング街だ。そして、**バロック**を代表するのが、**新ドゥオーモ**だ。

ブレーシャの見どころ

ブレーシャを代表する壮大な建築　MAP P.334-A1

ロッジア 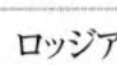

Loggia　ロッジア

ロッジア

パッラーディオら、3人の建築家の合作による15世紀の華麗な建物。モンテ・ディ・ピエタ、モンテ・ベッキオというふたつのロンバルディア、ルネッサンス様式の建物に囲まれている。宮殿の向かいには、ふたつの彫像が時を告げる**天文時計塔**Torre dell' Orologioがあり愛らしい。

町の中心広場に立つ新旧ドゥオーモ　MAP P.334-A2

ロトンダ(旧ドゥオーモ)とドゥオーモ ☆☆

Rotonda(Duomo Vecchio) e Duomo　ロトンダ(ドゥオーモ ヴェッキオ) エ ドゥオーモ

ロトンダは12世紀に、イタリア内外で活躍したコマチーニの巨匠組合が建てたもの。内部はぐるりと回廊が巡り、下部に礼拝席、地下にクリプタが広がっている。内陣前には紀元前1世紀頃の浴場の遺構のモザイクが残っている。

右がロトンダ、左がドゥオーモ。奥に見えるのがブロレットと塔

高いクーポラがそびえるドゥオーモは、17世紀初期に建てられた。右の第1礼拝堂、ヴァンティーニの祭壇Altare del Vantiniにはモレットによる『イサクの犠牲』。19世紀のオルガン、パウロ6世の記念碑など数々の美術品で飾られている。

町を望む、中世の城へ

ムゼイ通りから、「城Castello」の矢印に従って、階段と坂道を上がると、丘の頂に城がある。イタリアでも屈指の大きさを誇る城塞で、空堀、跳ね橋などが中世そのままに残され、この町の伝統を誇る武器博物館や鉄道博物館、リソルジメント博物館がある。城や公園からはブレーシャの町並みが一望できる。

城への坂道も風情がある

●ロトンダ(旧ドゥオーモ)
住 Piazza Paolo Ⅵ
開 9:30～11:45、
14:30～17:45
休 宗教行事の際は拝観不可

●ドゥオーモ
住 Piazza Paolo Ⅵ
☎ 030-42714
開 7:30～11:45、14:30～18:45、
日8:00～12:45、14:30～19:15
休 宗教行事の際は拝観不可

ブロレットとペゴロの塔

ロトンダとドゥオーモがあるパウロ6世広場Piazza Paolo Ⅵには、1200年代に建てられ、自由都市時代の市庁舎だったブロレットBrolettoと建物の一部であるペゴロの塔 Torre del Pegolが残る。

ブレーシャの世界遺産　サンタ・ジュリア博物館

世界遺産として登録されたのは、『**サン・サルヴァトーレ-サンタ・ジュリア修道院の複合建築** Il Complesso Monastico di San Salvatore-Santa Giulia』。これは、後のロンゴバルド王国のデジデリオ王が公爵の時代（753年）に建立したサン・サルヴァトーレ教会を礎に、大規模の増改築が施されたかつての修道院。現在はサンタ・ジュリア博物館になっており、1万4000㎡の広さを誇る。

ロンゴバルド芸術の空間が広がる、サン・サルヴァトーレ教会内部

なかでも**サン・サルヴァトーレ教会**は後期ロンゴバルドの建築としてとりわけ重要なもの。内部は柱廊で3分割され、この柱頭飾りやアーチに刻まれた紋様は、ロンゴバルド芸術の最も保存状態のよいものとされている。また、1階の展示室「**中世後期ロンゴバルドとカロリング**」L'età altomedioevale Longobardi e Carolingiでは、墓から出土した武具､日常品､装飾品､『**孔雀のレリーフ**』をはじめとする洗練された彫刻など、さまざまなロンゴバルド美術を観ることができる。

繊細なロンゴバルド彫刻『孔雀のレリーフ』

●サンタ・ジュリア博物館
住 Via Musei 81/b
☎ 030-2977833
開 6～9月10:00～19:00、10～5月10:00～18:00（最終入場45分前）
休 月（祝日の場合は開館）
料 €15、65歳以上・26歳以下€8（考古学公園との共通券）
※博物館でチケットを購入する場合、その場で考古学公園の予約も可能
※武器博物館やリソルジメント博物館など市内の博物館に入場できるミュージアム・パス€22もあり

映像などで展示を見せる工夫がされている

古代からの歴史を伝える広大な博物館

MAP P.334-A2

サンタ・ジュリア博物館 世界遺産

Museo di Santa Giulia

ムゼオ ディ サンタ ジュリア

サンタ・マリア・イン・ソライオ教会

古代ローマから続く、この町の歴史と美術が結集した必見の博物館。広く入り組んだ建物は、ローマ時代の遺構の上に建てられた9世紀のサン・サルヴァトーレ教会、ロマネスク様式のサンタ・マリア・イン・ソライオ教会などをまとめたかつての修道院だ。

見逃せないのは、1世紀の**『翼を持つ勝利の女神』**La Vittoria、大理石板に刻まれた**『孔雀のレリーフ』**La lastra con pavone、**『デジデリオ王の十字架』**La Croce di Desiderio、**『マルティネンゴの霊廟』**Il Mausoleo Martinengoなど。このほか、『デジデリオ王の十字架』が飾られたサンタ・マリア・イン・ソライオ教会の壁面いっぱいの16世紀のフレスコ画や地下のローマ・モザイク、ルネッサンス期のキオストロなど、いたるところに美があふれている。

●考古学公園
住 Via Musei 55
☎ 030-2977833
開 6～9月10:00～19:00、10～5月10:00～18:00（最終入場45分前）
休 月（祝日の場合は開館）
料 €15、65歳以上・26歳以下€8（サンタ・ジュリア博物館との共通券）
※神殿の外観は切符がなくても見学可能。中まで入場して見学する場合は、事前予約が必要。現地の切符売り場またはサンタ・ジュリア博物館でも予約してもらえる

古代のブレーシャの姿をビビッドに伝える

MAP P.334-A2

考古学公園

BRIXIA.Parco Archeologico di Brescia Romana

ブリクシア パルコ アルケオロジコ ディ ブレーシャ ロマーナ

ローマ時代のブレーシャの姿を今に伝える

サンタ・ジュリア博物館の西側、古代ブレーシャの遺構が残る公園。高い基盤に列柱が載る神殿Capitoriumtが印象的な姿を見せ、左に共和国時代の至聖所Santuario Repubblico、右奥にローマ劇場Teatro Romanoが続いている。至聖所の地下には紀元前1世紀の鮮やかなフレスコ画が残り、神殿はオリジナルの姿を伝えている。

Hotel ブレーシャのホテル

ヴィットリア広場やロッジアのある界隈は、この町らしい落ち着いた町並みが広がる。一方、駅前はかなり雑多な雰囲気。地下鉄も比較的本数が多く手軽に利用できるので、観光するなら町なかがおすすめ。レストランなどの飲食店は、ロッジアからムゼイ通りとその1本北側に集中している。

★★★★ ホテル・イゲア Hotel Igea

P.334-B1

駅そばの近代的ホテル
駅から100mにある、近代的なホテル。モダンな内装と過不足ない設備やサービスが居心地がよい。郷土料理が楽しめるレストランも併設。
URL www.hoteligea.net

住 Viale della Stazione 15
☎ 030-44221
Fax 030-44224
SS €65～
TS €70～
室 87室　朝食込み Wi-Fi
C A.D.J.M.V.

★★★ オロロッジョ Albergo Orologio

P.334-A2

食事をするにも便利
ブレーシャの中心地、ロッジア広場近くの伝統あるホテル。見どころへのアクセスがよく、素朴であたたかな雰囲気の内装で人気。全室改装済みで美しい。
URL www.albergoorologio.it

住 Via Cesare Beccaria 17
☎ 030-3755411
Fax 030-5533121
SS €80～
TS TB €95～
3S €120～
室 16室　朝食€5 Wi-Fi
C A.M.V.

SS シャワー付きシングル料金　TS シャワー付きツイン料金　3S シャワー付きトリプル料金

Cremona
クレモナ

ロンバルディアの南、ミラノから南東80kmほどに位置するクレモナは、人口7万強の小都市。16～18世紀には、バイオリンの名器、**ストラディヴァリウス**や**アマティ**を生み、今も、世界的な演奏家のためにバイオリンを作り続けている工房がある。ルネッサンスからバロックへの道を開いた作曲家**モンテヴェルディ**の生まれた町でもある。彼のミサ曲やマドリガルは、クレモナの暮れかけた夏空のように穏やかだ。

豪壮なトラッツォ

クレモナの歩き方

町の中心になるドゥオーモがある**コムーネ広場**Piazza del Comuneは自由都市としての隆盛を誇ったクレモナらしくイタリアでも有数の美しさを誇っている。駅は、町の北の外れにあり、コムーネ広場までは南へ徒歩で20分ほどで着く。町は今も中世の趣がそのまま残っており、静かなたたずまいと落ち着いた雰囲気に気持ちがやすらぐ。

コムーネ広場にある**ドゥオーモ**Duomoはロマネスク・ロンバルディア様式の傑作として名高い。たくさんの列柱に囲まれた正面、石のライオンに守られた柱廊などは小さな町に不釣り合いなくらいに豪勢だ。付属の鐘楼は**トラッツォ**Torrazzoと呼ばれ、高さが111mありイタリア一の高さだ。

●郵便番号　26100

クレモナへの行き方

トレニタリアでミラノ中央駅からマントヴァ行きなどのレッジョナーレ(R)利用で直通、約1時間。

ⓘクレモナの観光案内所
住 Piazza del Comune 5
☎ 0372-407081
開 10:00～18:00、日9:00～18:00
休 一部の祝日
地 P.337-B2

バスの切符
町の中心へは徒歩10～20分程度。バスの場合、L番などで約10分。
●1回券　€1.70(90分間有効)
●10回券　€15.50

●トラッツォ
住 Piazza del Comune
☎ 0372-495082
開 10:00～13:00、14:30～18:00(最終入場30分前)
休 1～2月の月曜、一部の祝日
料 €10、14歳以下無料(洗礼堂、教会博物館共通券)
URL museoverticale.it
※月曜はトラッツォのみ入場できるチケットを€5で販売

クレモナの名物、トッローネ

イタリアのクリスマスからお正月に欠かせない伝統菓子の**トッローネ**Torrone。アーモンド・ヌガーの一種で、その生まれ故郷がクレモナ。1836年創業の**老舗スペルラーリ**Sperlari(住 Via Solferino 25)へ。

●ドゥオーモ
住 Piazza del Comune
開 7:30～19:00、月7:30～12:30、15:00～19:00
休 ミサの間は拝観不可
料 無料
地 P.337-B2
URL www.cattedraledicremona.it

●バイオリン博物館
Museo del Violino
住 Piazza Marconi 5
☎ 0372-080909
開 11:00～17:00、土・日・祝10:00～18:00
休 月、1月1日、12月25日
料 €12、65歳以上・19歳以下の学生€9
地 P.337-B1
URL museodelviolino.org

ストラディヴァリウスやアマティなど貴重な展示が多数

●市立博物館
住 Via Ugolani Dati 4 Palazzo Affaitati
☎ 0372-407770
開 10:00～17:00
休 月、1月1日、12月25・26日
料 €10、65歳以上・18～25歳€8、毎月第1日曜
地 P.337-A1

博物館の共通チケットあり！
バイオリン博物館、市立博物館に加えて考古学博物館に入場できるチケット€14もある。
URL musei.comune.cremona.it

ドゥオーモ

コムーネ広場南側のアルテ館には2013年に**バイオリン博物館**がオープン。貴重なバイオリンが展示され、その歴史、発展の様子を知ることができる。工房も再現され、併設の小ホールAuditoriumではコンサートも開かれるので、旅程と合えば鑑賞してみるのも一興だ。

コムーネ広場の案内所そばからローマ広場方向へ延びるソルフェリーニ通りVia Solferiniを通って、市立博物館へ向かおう。この通りには、名産のモスタルダMostarda di Cremona（果物のシロップ漬け）やトローネTorrone（アーモンドヌガー）を売る老舗があり、ウインドーを眺めるのも楽しい。

クレモナ派の傑作が揃う市立博物館

北西へ500mほど進むと**市立博物館Museo Civico Ala Ponza**があり、15～16世紀のクレモナ派（カンピ一族など）をはじめ質・量が充実している。展示品で見逃せないのがカラヴァッジョの『**聖フランチェスコの瞑想**』San Francesco in meditazioneや野菜で肖像画を描いたアルチンボルドの『**野菜売り**』L'ortolanoなど。

ストラディヴァリの住んだ家

ガリバルディ通り53番地のストラディヴァリのかつての住まいを通りから眺めたり、サンタ・マルゲリータ教会のリュートを持つ天使のフレスコ画を観るのもこの町らしい楽しみ方だ。

Ristorante & Hotel クレモナのレストラン&ホテル

ラ・ソスタ Osteria La Sosta P.337-B2

クレモナ料理を味わうなら
伝統的なクレモナ料理を味わえる一軒。自家製のタリアテッレや1600年代のルセットを再現したトルテッリをはじめ、冬にはボッリート・ミストのワゴンも登場。特産のチーズ、サラミなども充実。 要予約

住 Via Sicardo 9
☎ 0372-456656
営 12:15～14:00、19:30～22:00、日12:15～14:00
休 月、一部の祝日
予 €40～（コペルト€3）
C D.J.M.V.
交 ドゥオーモから徒歩2分

★★★★ ホテル・インペーロ Hotel Impero P.337-B1

スタッフが親切
町の中心にあり、観光に便利な立地。古いパラッツォを改装した、どこか懐かしい雰囲気のホテル。最上階からはトラッツォやコムーネ広場を見下ろすことができる。
URL www.cremonahotels.it

住 Piazza della Pace 21
☎ 0372-413013
Fax 0372-457295
SB €80～
TS TB €120～
室 53室　朝食込み W-Fi
C A.D.J.M.V.
交 ドゥオーモから徒歩2分

SB シャワーまたはバス付きシングル料金　TB シャワーまたはバス付きツイン料金　3B シャワーまたはバス付きトリプル料金

Mantova
マントヴァ

世界遺産

マンテーニャが描いた『結婚の間』、ゴンザーガ一族が描かれる。イザベッラとマンテーニャの間では激しい芸術論争がなされたとか

北イタリア・ルネッサンスの中心となったマントヴァ。その芸術的隆盛は、隣国フェッラーラから嫁いだイザベッラ・デステによってなされたという。彼女は「教養高い、マントヴァ候爵夫人」として、イタリアのみならずヨーロッパの宮廷人からも尊敬され、教皇までもが彼女には一目置いたといわれる。マントヴァでは、イザベッラの芸術にかけた"心根"にも触れてみたい。

マントヴァの歩き方

三方を湖に囲まれた、小さいながらも芸術の町として栄えた見どころの多い町。ヴェルディのオペラ『リゴレット』の舞台の町として、イタリア人、ドイツ人観光客の多い町だ。駅前を左側に出て、右折し、比較的新しい商店街を行くと広い通りヴィットリオ・エマヌエーレ2世大通りCorso Vittorio Emanuele Ⅱに出る。そこを左にずっと歩いていくと、**エルベ広場**Piazza delle Erbe、その先に**ドゥカーレ宮殿**Palazzo Ducale、ドゥオーモがある**ソルデッロ広場**Piazza Sordelloに出る。町の中心、エルベ広場までは駅から徒歩で10分ほど。

●郵便番号　26100

世界遺産

マントヴァとサッビオネータ
登録年2008年　文化遺産

マントヴァへの行き方

トレニタリアでミラノ中央駅からマントヴァ行きのレッジョナーレ(R)で約2時間。ヴェローナからマントヴァ行きのR直通で約45分。

湖に囲まれたマントヴァの町

マントヴァ Mantova

スーペリオーレ湖 LAGO SUPERIORE
メッゾ湖 LAGO DI MEZZO
ウエルギリウスの記念碑 Monum. a Virgilio
ヴィルジリアーナ広場 Piazza Virgiliana
フランチェスコ・ゴンザーガ司教区博物館 Museo F. Gonzaga
リゴレットの家 Casa di Rigoletto
サン・ジョルジョ城 Cast. di S. Giorgio
アルコ宮 Pal. d'Arco
P.za S. Giovanni
P.za Carlo d'Arco
ドゥオーモ Duomo
P.30 イル・チーニョ Il Cigno
P.30 クアットロ・テッテ Quattro Tette
ソルデッロ広場 P.za Sordello
ドゥカーレ宮殿 Pal. Ducale
サン・フランチェスコ教会 S. Francesco
カノッサ広場 P.za Canossa
サンタンドレア教会 S. Andrea
P.za Lega Lombarda
トレニタリア マントヴァ駅 Staz. F.S.
パラッツォ・アッリヴァベーネ Palazzo Arrivabene P.29
スカラヴェッリ Scaravelli
カラヴァッティ Caravatti P.30
ブロレット Broletto
ビアンキ・スタツィオーネ Bianchi Stazione
エルベ広場 P.za d. Erbe
ラジョーネ宮 Pal. d. Ragione
サン・ロレンツォ聖堂 Rotonda di S. Lorenzo
チェントロ・ランピーニ Centro Rampini
学術劇場 Teatro Accademico Bibiena
P.za Cavallotti
市庁舎 Munic.
P.30 サルメリア・バッキ・ジョヴァンニ Salumeria Bacchi Giovanni
バスターミナル Staz. Autolinee
S. Maurizio
P.341 カーサ・ポーリ Casa Poli へ↓
P.30 オステリア・デッロカ Osteria dell'Oca
↓テ離宮へ
Via Trento / Viale Mincio / Via Porto / V. Alberto Pitentino / V.G. Finzi / V. Tassoni / V. Frat. Cairoli / Via Fernelli / Via Cavour / Via Fratelli Bandiera / Via Solferino / Via Marangoni / Via Arrivabene / Via Verdi / V. Don Tazzoli / Via Bonomi / Corso Vitto. Emanuele II / C.so Umberto I / Via Tito Speri / C. d. Libertà / V. Roma / Via Bertani / Via F. Corridoni / Lungolago dei Gonzaga / Via Giovanni Chiassi / Via Mazzini / Via Matteotti / Via Princ. Amedeo / Via XX Settembre / Via Massari / V. Pomponazzo
0　100　200m

ロンバルディア州　◆クレモナ／マントヴァ

ℹマントヴァの観光案内所
住 Piazza Mantegna 6
☎ 0376-432432
開 9:00〜19:00
休 一部の祝日　地 P.339-B2

市内交通とバスの切符
マントヴァ駅からエルベ広場までは徒歩約15分、ドゥカーレ宮殿までは約20分。市バスを利用する場合、4C、4Tなどで約10分。
エルベ広場からテ離宮までは徒歩約25分。バスでは4C、4S、4Tなどで約10〜15分。
●1回券　€1.50(75分間有効)
●1日券　€3.60

お得な共通券をゲット
ドゥカーレ宮殿やテ離宮、ラジョーネ宮と時計の塔、サッビオネータの見どころに入場できるマントヴァ・サッビオネータ・カードMantova Sabbioneta Cardは€25、12〜17歳€13。最初の使用時から72時間有効で、サッビオネータ行きのバスも無料になる。購入は各見どころや観光案内所で。一部の施設で予約必須なほか、土・日のみの開館という施設もある。
URL home.mantovacard.it

●ラジョーネ宮
パラッツォ内は時計博物館になっており、塔の最上階からはマントヴァの町並みを一望することができる。
住 Piazza Erbe
☎ 0376-223810
開 10:00〜13:00、15:00〜18:00、土・日・祝10:00〜18:00(最終入場20分前)
休 月、一部の祝日
料 €3
地 P.339-B2

●ドゥカーレ宮殿
住 Piazza Sordello 40
☎ 0376-352100
開 8:15〜19:15(最終入場18:20)
休 月、1月1日、12月25日
料 €15(「結婚の間」と国立考古学博物館にも入場可能)
※マントヴァ・サッビオネータ・カードを保持している場合、「結婚の間」の見学料金€5.50が追加で発生する。また、3〜5月、9月に見学する場合は、事前予約が必要の場合あり(予約料€1)

マントヴァはすべて徒歩で回れる町。赤い瓦、黄土色の壁、落ち着いた中世の町並み、丸い石ころが靴底に痛いローマ時代からの道。小さな都市のよさが実感できる。昔は本土との間に大きな運河があり、出島の町であった名残とか、道路の下に川が流れ、路地の間に川が現れたり、消えたりしている。歩くと発見のある町、それが、マントヴァだ。

マントヴァの見どころ

ふたつの見どころが集まったにぎやかな市場　 P.339-A・B2

エルベ広場 ★★
Piazza delle Erbe　ピアッツァ デッレ エルベ

草(エルベ)の広場は、毎日活気づく町の顔。野菜や果物の市が大パラソルの下で開かれている。ここでの見どころはふたつの教会。

市の立つエルベ広場

サンタンドレア教会Sant' Andreaは、大きな円蓋、高い鐘楼をもつ教会。古典的なルネッサンス建築の、調和の取れた美しい大きな教会である。礼拝堂には、この町生まれのマンテーニャMantegnaの墓がある。**サン・ロレンツォ聖堂**Rotonda di S. Lorenzoはエルベ広場の横、ラジョーネ宮の隣にある。小さなれんが造りのロマネスクの円堂。内部は驚くほどシンプルで神聖な雰囲気。

マントヴァのシンボル　MAP P.339-A2

ドゥカーレ宮殿 ★★★
Palazzo Ducale　パラッツォ ドゥカーレ

こぢんまりとしたマントヴァに似つかわしくないほど豪奢なゴンザーガ家の宮殿。宮殿、城、旧サンタ・バルバラ聖堂の3つからなり、合計で500近い部屋があり、すべてを見るには1ヵ月必要とか。まずは広場に面した**旧居城**Corte Vecchioから。入ってすぐ右には**イザベッラ・デステの居室**(公開時期要確認)は晩年の彼女が過ごした部屋。中庭を中心に部屋が並び、ラファエッロの下絵よるタペストリーが飾られた**タペストリーの居室**、「騎士の物語」の連作が描かれた**ピサネッロの間**、ルーベンスの絵画が飾られた**射手座の間**、明るく華やかな**鏡の間**などが続く。「結婚の間」へは一度外に出て、博物館脇の通路から旧聖堂前の広場へ。階段を上がると、マンテーニャによりゴンザーガ家の人々を描いたフレスコ画で名高い**「結婚の間」**Camera degli Sposiへと通じている。

広いドゥカーレ宮殿にある庭園も開放されている

エステ家の夏の離宮

テ離宮 ★★

Palazzo Te パラッツォ テ

ジュリオ・ロマーノの設計。イザベッラ・デステの子、フェデリーコが人妻の愛人、ラ・ボスケッタのために造ったといわれる。夏の宮殿にふさわしく、のびのびした庭園。華やかな内部は装飾過多でグロテスクともいわれる。華やかな「宴会ホール」、だまし絵的手法がおもしろい「馬の間」Sala dei Cavalliと「巨人の間」Sala dei Gigantiが有名。また、建物の一角では現代美術と古代エジプト美術の展示を行っている。

ジュリオ・ロマーノの描いた「巨人の間」

夏の離宮、テ離宮もルネッサンス作品の宝庫

●テ離宮
住 Viale Te 13
☎ 0376-323266
開 4～10月9:00～19:30、11～3月9:00～18:30（最終入場1時間前）
休 火、12月25日
料 €15、65歳以上€11、12～18歳€7、11歳以下無料
URL www.centropalazzote.it
※マントヴァ・サッビオネータ・カードがあれば、企画展も追加料金なしで入場可能。2023年秋冬は「ルーベンス展」など、不定期で魅力的な企画展を開催している

Ristorante & Hotel マントヴァのレストラン&ホテル

レストランは駅周辺にはない。エルベ広場には飲食店が勢揃いしている。手頃なホテルが駅前に数軒ある。高級ホテルはエルベ広場近くの中心街にある。

チェントロ・ランピーニ
Centro Rampini P.339-B2

郷土料理を味わう

1981年から続く家族経営の伝統的なマントヴァ料理のレストラン。季節ごとに変わるメニュー、すべて手作りの自慢のデザート、こだわりのカフェが人気の理由。町の人や観光客に人気。

住 Piazza delle Erbe 11
☎ 0376-366349
営 12:30～14:15、19:30～21:15、日12:30～14:15
休 月、夏季休暇あり
予 €40～(コペルト€4)
C M.V.

クアットロ・テッテ
Osteria delle Quattro Tette P.339-A2

珍しいマントヴァ料理も！

ソルデッロ広場近く、小さな路地にあるこの地の典型的なトラットリア。昔ながらの調度と気取らない雰囲気、昔ながらの郷土料理が充実しているのが楽しい。混雑時には相席の場合あり。

住 Vicolo Nazione 4
☎ 0376-329478
営 12:30～14:30
休 日・祝
予 €30～(コペルト€1)
C M.V.

★★★ ビアンキ・スタツィオーネ
Albergo Bianchi Stazione P.339-B1

修道院を改装したホテル

鉄道駅の目の前、中距離バスのターミナルからすぐ。1500年代の修道院を改装し約100年も続くホテル。部屋はモダンで広く、清潔。トリプルや4～5名用のファミリールーム、スイートルームもある。

URL www.albergobianchi.com

住 Piazza Don Eugenio Leoni 24
☎ 0376-326465
Fax 0376-321504
SS €90～ TS €140～
3S €155～
室 49室 朝食込み W-F
C A.D.M.V.

★★★★ カーサ・ポーリ
Hotel Casa Poli P.339-B2外

人気上昇中

現代的に洗練されたモダン感覚のホテル。客室はフローリングにシンプル・モダンな家具、素材を重視したリネン類、広いバスルームでリラックスできる。

URL www.hotelcasapoli.it

住 Corso Garibaldi 32
☎ 0376-288170
Fax 0376-362766
SS €110～
TS €145～
室 27室 朝食込み W-F
C A.M.V.

スカラヴェッリ
Scaravelli Residenza P.339-A・B2

ジャクージ付き部屋も

17世紀の建物を改装したレジデンス。エルベ広場が見渡せる部屋がおすすめ。宿泊者は系列のレストランやショップの割引カードがもらえる。部屋に差し入れられる朝食ボックスが充実。

URL www.scaravelli.it/residenza
住 Piazza delle Erbe 12（受付）
☎ 0376-226161
SS €160～ SU €245～
室 4室 朝食込み W-F
C A.M.V.

※マントヴァの滞在税 ★～★★★€3 ★★★★～★★★★★€4.50

🏛 世界遺産

マントヴァとサッビオネータ
登録年2008年　文化遺産

サッビオネータへの行き方

宮殿近くのモンテッロ通りにあるバス停からAPAM社の17番に乗車してSabbioneta下車後、徒歩約10分でドゥカーレ宮殿に着く。所要時間約45分、1時間に1便程度の運行で片道€4.50。マントヴァ側のバス乗り場が変わることもあるので、観光案内所で聞いたほうがよい。帰りのバスの時間を確認してから出かけよう。

URL www.apam.it

ⓘサッビオネータの観光案内所
住 Piazza D'Armi 1
☎ 0375-221044
開 10:00～13:00、14:30～16:30、土・日10:00～13:00、14:30～17:30
休 月、一部の祝日
地 P.342-A2

各見どころのチケット

1ヵ所券のほか、ドゥカーレ宮殿や古代劇場、庭園宮殿など7ヵ所のスポットにアクセスできる共通チケットがある。もちろん、マントヴァ・サッビオネータ・カード(→P.340)も利用できる。

開 夏季9:30～13:00、14:30～18:00、冬季9:30～13:00、14:30～17:00
休 月、一部の祝日
料 1ヵ所券€8、ドゥカーレ宮殿€12、7ヵ所共通券€18、65歳以上€15、13～25歳€6
URL www.turismosabbioneta.org

ルネッサンスの面影を探しに

サッビオネータ 世界遺産

Sabbioneta

サッビオネータ

美しい古代劇場の内部

マントヴァから約30km、六角形の城壁に囲まれたサッビオネータ。ゴンザーガ家のヴェスパシアーノ王子(1532～1591年)が治めた、ルネッサンスの理想都市。王子は自らが思い描く理想の宮殿を建て、さらに星形の城壁の中に真っすぐに直交する道路と中心広場、劇場、菩提寺などを次々に築いていった。君主の英明さゆえ、また後期ルネッサンスの理想都市として、「ルネッサンスの小さなアテネ」と称賛されたという。

ドゥカーレ宮殿「鷲の間」

現在の町は、ルネッサンスの夢のなかでまどろみを続けるように静かな田舎町。2時間もあれば見て回れる。

サッビオネータの見どころ

庭園宮殿外観と庭園

案内所のある庭園宮殿で切符を購入してから歩き始めよう。**庭園宮殿**Palazzo del Giardinoは王子の郊外の邸宅として建設された物で、居室にはカンピとジュリオ・ロマーノの弟子によるフレスコ画や漆喰細工で飾られている。特に2階の「三美神の間」Camerino delle Grazieや96mもの長い「芸術のギャラリー」Galleria d'Arteは当時の豪華な装飾を感じさせる。庭園宮殿から「骨董の回廊」Galleria degli Antichiを抜けて左に進み、右に曲がると**古代劇場**Teatro all'Anticaだ。V.スカモッツィの傑作のひとつで1590年に建設された。遠近法を考えた内部は、小さいながらダイナミックな空間。壁面上部、舞台をのぞき込むように描かれたカップルのだまし絵が愛らしい。さらに進むと**ドゥカーレ宮殿**Palazzo Ducaleだ。ゴンザーガ一族の木製騎馬像や紋章、B.カンピらのフレスコ画で飾られている。宮殿前の広場から真っすぐ延びる道路も印象的だ。

民衆への宗教メッセージ

ピエモンテとロンバルディアの
サクロ・モンティ
登録年2003年　文化遺産

サクロ・モンテ

Sacro Monte(複：*Sacri Monti*)

広大な森の中に点在する礼拝堂にキリストの受難の生涯が表現されているサクロ・モンテ。ピエモンテ州とロンバルディア州の山あいを中心に9ヵ所（P.328オルタ湖も）が世界遺産に登録されている。そのなかで、最も歴史が古く、規模の大きいのが**ヴァラッロ・セジア**Varallo Sesia。45の礼拝堂が緑のなかに点在する。とりわけ見逃せないのは、35**「キリストの死刑判決」**、38**「磔刑」**など。奥行のあるフレスコ画と彩色された等身大の彫像が並ぶ様子は、壮大な群像劇を観るかのような迫力だ。細部には、この地のアルチザン（職人）の伝統と技術が見られ、民衆芸術の結実の場ともいえる。

エルサレムやパレスチナへの聖地巡礼に代わるものとして1491年、カイミ修道士によって建設に着手されたサクロ・モンテ。宗教改革の時代には民衆への宗教メッセージを伝える場だった。傑作とされる38「磔刑」は聖堂近くにある

霧に煙る山上のサクロ・モンテ。標高608mの高台に位置するため、平地より気温は低い。上に羽織るものを持っていこう

ヴァラッロ・セジアのサクロ・モンテへの行き方

トレニタリアを利用して、ミラノ中央駅からヴェルチェッリ駅Vercelliまでレッジョナーレ・ヴェローチェ（RV）で約1時間。ヴェルチェッリ駅前からはバスが運行。50番に乗車してVarallo Piazza Marconiで下車、所要約1時間30分。到着後、徒歩で町を抜けてロープウエイFunivia Sacro Monte乗り場へ向かおう。ロープウエイを降りて、坂を下った入口から番号順（1～45）に見学しよう。ロープウエイの乗り場で地図を入手しておくとよい。見学には約2～3時間みておきたい。

●ロープウエイ　営夏季9:00～18:00、土・日・祝9:00～19:00、冬季9:00～17:00、土・日・祝運休（約15分ごとの運行）、料片道€3、往復€5　URL sacromontedivarallo.com/funivia

アルブラ線／ベルニナ線と周辺の景観

レーティッシュ鉄道
アルブラ線／ベルニナ線とその景観
登録年2008年　文化遺産

レーティッシュ鉄道

Rhaetian Railway in the Albula / Bernina Landscape

スイス最大の私鉄会社レーティッシュ鉄道のトゥズィス（スイス）からサンモリッツを結ぶアルブラ線とサンモリッツからイタリアのティラーノまでを結ぶベルニナ線。約100年の歴史と伝統、そして周辺に広がる景観が世界遺産に登録された。登録範囲はスイスとイタリアにわたり、イタリア領はベルニナ線の南端の短い区間だ。

ベルニナ線は1910年に全線開通した**アルプスを南北に縦断する絶景の鉄道路線**。通常のレールを用いアルプスの最高地点を走る列車として、その高い技術は、後に続く鉄道計画のモデルになったといわれている。4000m級のベルニナ山群や氷河がきらめくアルプス、そしてのどかな緑の谷へと2253mから429mまでの高低差を走り抜ける。

駅のすぐ目の前に氷河が流れ落ちる谷を見ることができる絶景の駅、アルプ・グリュム。たとえ時間がなくても、この次の駅オスピッツォ・ベルニナまではティラーノから往復しておきたい

レーティッシュ鉄道への行き方

トレニタリアを利用して、ミラノ中央駅からティラーノTiranoまでレッジョナーレ（R）で約2時間30分。ティラーノとサンモリッツ間は所要約2時間30分。夏季は1～2時間に1便程度の運行。季節運行や特定日のみの運行も多いので、日帰りする場合は事前に帰路の時刻表の確認を（パスポート必携）。通常列車のほか、天井までをガラスで覆ったパノラマ車両も連結している。出発日限定でミラノからサンモリッツまでの日帰りツアーあり。料€89～　URL www.zaniviaggi.it

左がイタリアのティラーノ駅。右の建物はスイスのティラーノ駅。ホームに入るとそこはもうスイス領の扱いだ

豊富なバリエーションで個性的な郷土料理

■ロンバルディア州の料理

イタリアで4番目の広さを誇るロンバルディア州。北はスイスと国境を接しその麓には湖水地方が広がり、エミリア・ロマーニャ州に接する南の低地にはポー川が流れる。地勢、気候は変化に富み、料理も各地でバリエーションが豊富。北西部のヴァルテッリーナ地方の名産は**乾燥牛肉のブレッサオーラBressaola**。この地の名物前菜の揚げた**チーズパンSciat**(シャット)はチーズにソバ粉とグラッパの衣を付けて揚げたもの。ソバ粉の**パスタPizzocheri**(ピッツォケリ)はキャベツやジャガイモとゆでて、たっぷりのチーズとバターであえたボリューミーなひと皿だ。

ヴァルテッリーナ地方のパスタ、ピッツォケリ

西側のブレーシャの名物の**Cassoeula**(カッセオーラ)はラビオリの一種でミンチしたソーセージとパンとチーズを詰めたパスタ。このブレーシャやマントヴァ周辺はカボチャの産地でもあり、裏ごししたカボチャを詰めた**Tortelli di Zucca**(トルテッリ ディ ズッカ)や**カボチャのニョッキGnocchi di Zucca**(ニョッキ ディ ズッカ)などがよく食べられる。寒い冬には詰め物をした**パスタのスープAgnoli**(アニョーリ)(マントヴァでは**Marbini**(マルビーニ)) **in Brodo**(イン ブロード)はしみる1杯だ。マントヴァの**ピロタ風リゾットRisotto alla Pilota**(リゾット アッラ ピロタ)はピラフ風のリゾットではかの地域とはひと味違う。マントヴァの名物菓子**ズブリゾラーナTorta Sbrisolana**(トルタ ズブリゾラーナ)はコーンミールとアーモンドで作ったホロホロ崩れる大きなクッキー。

パスタのスープ(手前)とカボチャのトルテッリ

食通が集うミラノ、創作料理から伝統料理まで勢揃い

■ミラノの料理

経済の中心地ミラノは、イタリアの食の最前線。伝統料理からトップシェフによる最先端の創作料理、そしてイタリア各地のみならず世界中の料理が味わえる町だ。

黄色が鮮やかなミラノ風リゾット

ミラノの伝統料理の代表は、サフランの黄色が鮮やかな**ミラノ風リゾットRisotto alla Milanese**(リゾット アッラ ミラネーゼ)、**ミラノ風カツレツCotoletta alla Milanese**(コトレッタ アッラ ミラネーゼ)は薄切り子牛のカツレツでその大きさにビックリするはず。骨の髄のゼラチン質まで味わう子牛の**骨付きすね肉の煮込みOssobuco**(オッソブーコ)はミラノ風リゾットと合わせることが一般的で、プリモとセコンドが同時に食べられる合理的な料理だ。

ミラノ風カツレツ

ミラノっ子は**パニーノPanino**(複数形がPanini(パニーニ))が大好き。専門店がいくつもあり、多種多様な種類を作りたてでサービスしてくれる。観光の途中の軽いランチにもピッタリだ。

日本でもイタリアのクリスマス菓子として知られる**パネットーネPanettone**はミラノが発祥の地。12月になるとレストランのメニューにも並ぶので、香り高い本物を味わってみよう。

パネットーネのクリスマスケーキ

● おすすめワイン ●

フランチャコルタ Franciacorta **D.O.C.G**

白、ロゼ、辛口(発泡性)

イタリアを代表するメトード・クラシコ(瓶内2次発酵)のスプマンテ。人気上昇中

オルトレポー・パヴェーゼ Oltrepò Pavese

赤、白、ロゼ、辛口〜甘口、弱発泡性、発泡性(メトード・クラシコ)

タイプもさまざまなワイン。リースリングやバルベーラ、発泡性がおすすめ

北部3州

ヴェネト州
トレンティーノ・アルト・アディジェ州
フリウリ・ヴェネツィア・ジュリア州

Veneto,Trentino-Alto Adige, Friuli-Venezia Giulia

ローマ

ヴェローナやパドヴァなど歴史的、芸術的に価値のある町を抱え、ポー川の流域に広がる農業が盛んなヴェネト州。トレンティーノ・アルト・アディジェ州は山々に囲まれて、ドロミテをはじめウインタースポーツが楽しい。トリエステが州都のフリウリ・ヴェネツィア・ジュリア州は、国境を接するオーストリアやスロヴェニアなど東欧文化の影響を色濃く受けてきた。

メラーノ Merano
ドッビアーコ Dobbiaco
P.363 ボルツァーノ Bolzano
ドロミテ渓谷 Dolomiti
トレンティーノ・アルト アディジェ州
フリウリ・ヴェネツィア ジュリア州
ベッルーノ Belluno
トレント Trento P.361
ウーディネ Udine
P.360 バッサーノ・デル・グラッパ Bassano del Grappa
ヴェネト州
ガルダ湖
ヴィチェンツァ Vicenza
トレヴィーゾ Treviso
P.366 トリエステ Trieste
ブレーシャ Brescia
P.354 ヴェローナ Verona
P.351
パドヴァ Padova P.346
ヴェネツィア Venezia
マントヴァ Mantova
アドリア海 Mare Adriatico
N
0 50km

ヴェローナのアレーナ

観光のヒント

ヴェネト州はアクセスもよく、幹線上に主要な町が点在している。拠点としやすいのはヴェローナ。アルト・アディジェ州の州都トレントまでも1本だ。

州の名産品

スペックやサン・ダニエーレの生ハムはもちろん、アドリア海に面しているヴェネツィア周辺では新鮮な魚介類も人気。トリエステはコーヒーの町。

Padova
パドヴァ

世界遺産

●郵便番号　35100

世界遺産

パドヴァの植物園
登録年1997年　文化遺産
パドヴァの14世紀フレスコ作品群
登録年2021年　文化遺産

パドヴァへの行き方

ヴェネツィアから
サンタ・ルチア駅からトレニタリアのフレッチャロッサ（FR）やレッジョナーレ・ヴェローチェ（RV）で約30分。イタロ（ITA）でも同様の所要時間で到着。

ミラノから
ミラノ中央駅からFRやITAで約2時間。RVで約3時間。

ヴェローナから
ポルタ・ヌオーヴァ駅からFRやITAで約45分。RVで約1時間。

市内交通
パドヴァ駅から市内中心部へはトラムが便利。徒歩でも約20分。
バスとトラムのチケットは共通。ふたつのゾーンがあり、基本的な町歩きは中心部を網羅するTU1が適用される。
●1回券　€1.70（90分間有効）
●1日券　€4.70

市内の観光案内所
ⓘパドヴァ駅
住 Piazzale della Stazione
☎ 049-5207415
開 9:00〜19:00、日・祝10:00〜16:00
休 1月1日、12月25・26日
地 P.346-A
ⓘガッレリア・ペドロッキ
住 Vicolo Pedrocchi 9
☎ 049-5207415
開 9:00〜19:00、日・祝10:00〜16:00
休 1月1日、12月25・26日
地 P.346-A
※サンタントニオ聖堂前にも夏季限定の観光案内所がある（開 4〜10月9:00〜13:00、14:00〜18:00、休 月、地 P.346-B）

プラート・デッラ・ヴァッレとサンタ・ジュスティーナ教会

ヴェネツィアという世界的な観光地の陰で忘れられがちなパドヴァの町。中世から続く**柱廊**（ポルティコ）の町並みやブレンタ運河に囲まれた緑の公園は、眠りの世界のなかで訪れる者を待つかのような静かなたたずまいだ。

パドヴァの歴史は古く、ローマ時代に遡る。当時より産業が発達した経済的に豊かな町で、ローマに次ぐ**"富裕の町"**と呼ばれた。13世紀の自由都市の時代を経て、15世紀からはヴェネツィア共和国の支配下に入った。

パドヴァの人のことを、イタリアのほかの町の人は**"大学者のパドヴァ人 gran dottore**（グラン ドットーレ）**"**という呼称で呼ぶ。これはひとえに、13世紀にボローニャ大学を飛び出した教授、学生らによって創立されたパドヴァ大学の伝統と名声からだ。パドヴァ大学はヴェネツィア共和国の唯一の大学として手厚い保護を受けるとともに、自由で世俗的な雰囲気のなか、医学や自然科学の研究ではヨーロッパ随一の名声を獲得していた。コペルニクスやW.ハーバーが学び、ガリレオ・ガリレイやダンテ、ペトラルカが講義し、世界初の円形階段状の解剖学教室が創設された。その伝統は今に残り、パドヴァといえば**"大学者の町"**ということをイタリア人は確信しているようだ。

パドヴァの歩き方

パドヴァの案内所は駅構内にあって便利。ホテルの予約もOKだ。

まずは町一番の見どころ、**スクロヴェーニ礼拝堂**Cappella d. Scrovegniへ。さらに、ポルティコを渡り歩くと、**エルベ広場**Piazza delle Erbeに到着する。

スクロヴェーニ礼拝堂は、温度調整室に入ってから見学する

広場の前の大きな体育館のような建物が**サローネ**Saloneと呼ばれる**ラジョーネ宮**Palazzo della Ragione。この建物の反対側が**フルッタ（果物）広場**Piazza della Frutta。広場の西側には**シニョーリ広場**Piazza dei Signoriがある。ここに立つルネッサンス様式の建物は、かつての**ヴェネツィア共和国の総督官邸**Palazzo del Capitanio（パラッツォ デル カピターニオ）。建物のレリーフや前に立つ柱塔（コロンナ）の上には、ヴェネツィア共和国の象徴"**翼のあるライオン像**"が飾られている。中央入口の上の大きな**天文時計**は、15世紀初頭のもの。イタリア最古の時計といわれる。

エルベ広場の東にあるのが有名な**パドヴァ大学**Il Bo（イル ボー）。ガリレオの講義した教壇のある**大ホール**Aula Magna（アウラ マーニャ）と有名な**解剖学教室**Teatro Anatomico（テアトロ アナトーミコ）はガイド付きで見学できる。大学の北側にあるのが**カヴール広場**Piazza Cavour。19世紀の装飾の残る**カフェ・ペドロッキ**Caffè Pedrocchiがある。

町の歴史を伝えるカフェ・ペドロッキ

エルベ広場から南東、徒歩で10分ほどの所に、パドヴァの観光ハイライト、**サンタントニオ聖堂**Basilica di S. Antonioがある。正面向かって左側の台座に載った騎馬像は、ルネッサンスを代表する彫刻家**ドナテッロ**Donatelloの作品。**ガッタメラータ（とら猫）**の愛称で呼ばれた、ヴェネツィアの傭兵隊長ナルニの雄姿だ。

シニョーリ広場の時計塔が優美

お得な共通券をゲット

スクロヴェーニ礼拝堂（見学には別途時間指定予約が必須）や市立博物館、ズッカーマン邸、ラジョーネ宮などの見どころが無料になるPadova Urbs Picta Cardが便利。このほか、市内の公共交通機関が無料になるのもうれしい。観光案内所や各見どころ、公式サイトで購入可能。

●48時間券 €28
●72時間券 €35
URL www.turismopadova.it

✉ 楽しい町歩き

ブランド店が並ぶショッピングストリート、細い小道が中世さながらの界隈、緑があふれる開放的なプラート・デッラ・ヴァッレと、この町はさまざまな顔を見せてくれます。ゆったりのんびり過ごしたい町でした。

（東京都 柴犬大好き）

パドヴァ大学を見学！

1222年に設立されたパドヴァ大学。大ホールと解剖学教室の見学ができるガイド付きツアーは予約制だが、一見の価値あり。

☎ 049-8273939
開 平日10:30、11:30、12:30、15:30、16:30、17:30（11:30と16:30は英語ツアー、見学時間は約45分）
URL www.unipd.it/visitebo

世界遺産 ヨーロッパ最古の植物園

温室には珍しい植物が

1545年にパドヴァ大学付属の薬草園としてスタートしたもので、当時パドヴァ大学は医学、薬学の分野で名高く、研究の場として開設された。ヨーロッパ最古の植物園でイタリアをはじめヨーロッパ、南洋の植物までが揃い、希少植物も少なくない。図書館、大学の植物コレクション部門も併設され、円を4分割したレイアウトはほぼ当時のまま。2014年、ガラス張りの近代的な温室が新設された。特に注目したいのは1585年に植樹された棕櫚（しゅろ）の木。別名、ゲーテの棕櫚（しゅろ）と呼ばれ、1786年にここを訪ねたゲーテを引きつけている。

●植物園
住 Via Ortobotanico 15 ☎ 049-8273939
開 4～9月10:00～19:00、3・10月10:00～18:00、11・12月10:00～17:00、1・2月10:00～17:00（最終入場45分前）
休 月、1月1日、1月上旬～2月上旬
料 €10、65歳以上€8、13～25歳€6（要身分証明書）
URL www.ortobotanicopd.it 地 P.346-B

●スクロヴェーニ礼拝堂／エレミターニ市立博物館
住 Palazzo Eremitani 8
☎ 049-2010020
開 9:00〜19:00（礼拝堂への最終入場は15分前）
休 月（博物館のみ）、1月1日、12月25・26日
料 €15、6〜17歳€6、5歳以下無料（エレミターニ市立美術館とズッカーマン宮の共通券）、Padova Urbs Picta Card対象施設
※博物館が休みの月曜は€12
URL www.cappelladegliscrovegni.it

礼拝堂への入場は要予約

スクロヴェーニ礼拝堂は事前予約必須。原則、当日予約は受け付けていない。公式サイトでチケットを購入する際に同時予約をするのがいちばん確実だが、コールセンター、または観光案内所や礼拝堂・博物館の切符売り場でも予約はできる。事前予約・購入で手数料€1が発生する。

また、事前に公式サイトでパドヴァの見どころを巡れる共通券Padova Urbs Picta Card（→P.347）を購入する場合、チケット購入時に礼拝堂の予約を行うことになる。

予約受付開始のタイミングは決まっていないようだが、長いときには約半年先まで予約日を選択できる。

当日の入場方法について

当日は見学時間の30〜45分前に切符売り場にいることが推奨されている。早く到着したら、先にエレミターニ市立博物館を見学しよう。予約時間の5分前には礼拝堂入口の前で待ち（ベンチあり）、係員に切符を提示する。1回当たり最大25人までの見学。文化財保護のため、「温度調整室」でビデオを観ながら15分待機し、その後の15分間が見学時間。

2023年10月の取材時は、早めに入口前で待っていると、25人の定員に空きがあったようで、予約時間より早い回で入場できた。

パドヴァの見どころ

ジョットのフレスコ画が壁面を飾る MAP P.346-A

スクロヴェーニ礼拝堂 ★★★

Cappella degli Scrovegni カッペッラ デッリ スクロヴェーニ

駅からポポロ通りを真っすぐ500mほど歩き、運河を越えると左側に緑の深い公園が見える。その一角に小さな礼拝堂がある。ここには、美術ファン必見のジョットGiottoの最高傑作が残されている。天井から壁面まで、彼のフレスコ画で埋め尽くされており、聖母とキリストの生涯が38面にわたって描かれている。1304年から3年がかりの作品。アッシジの聖フランチェスコ教会に残る初期の作品に比べると、円熟した技量が感じられる。なかでも有名なのは、ユダがキリストのほおに口づけをしようとしている描写。切符売り場は、市立博物館内。

ジョット作『最後の審判』は入口の壁に描かれる

パドヴァ派、ヴェネツィア派の絵画が充実 MAP P.346-A

エレミターニ市立博物館 

Museo Civico Eremitani ムゼオ チヴィコ エレミターニ

建物は、かつてはアウグスティーノ会の修道院。ルネッサンス期には、マンテーニャに代表されるパドヴァ派の画家を生み、また、フィリッポ・リッピやジョット、ドナテッロらの巨匠が来訪して活動した町なので、充実したコレクションがある。ジョットの『十字架刑』(クローチフィッソ) Crocifisso、グアルティエーロの『武器を持つ天使』(アンジェリ アルマーティ) Angeli Armatiは必見。1300〜1700年代のヴェネツィア派の絵画も充実している。

『武器を持つ天使』の展示方法が画期的

ズッカーマン宮もぜひ見学を！

スクロヴェーニ礼拝堂や市立博物館との共通券で入場できるズッカーマン宮。トリエステで暮らした裕福な商人・ボタンチンの寄贈による4万点に及ぶ紀元前からの貨幣やメダル、家具などを展示。1階は現代彫刻、2階はレースやブローチなどの装飾美術館、3階がボタンチン美術館。

●ズッカーマン宮
Palazzo Zuckermann
住 Corso Giuseppe Garibaldi 33
☎ 049-8205644
開 10:00〜19:00
休 月、1月1日、12月25・26日 地 P.346-A

熱心に祈る信者で埋まる聖地 MAP P.346-B

サンタントニオ聖堂 ★★★

Basilica di S. Antonio バジリカ ディ サンタントニオ

聖堂と『ガッタメラータ騎馬像』

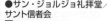

ポルトガル生まれのフランシスコ派の僧で、パドヴァ近くで1231年に生涯を終えた聖アントニオにささげられた教会。8つのドームと鐘楼からなり、ロマネスク、ゴシック、ビザンチンなどの様式がミックスされた大寺院で、エキゾチズムのあふれる外観となっている。天井が高く、広い内部は明るく、全体が金色に輝くようで、「天国のよう」とも形容される。とりわけ目を引く**主祭壇のドナテッロのブロンズのレリーフ**をはじめ、ジュースト・デ・メナブオニ、サンソヴィーノ、ティントレットら、13〜20世紀の各時代の一流の芸術家の作品があふれている。左身廊**サント礼拝堂**には、**聖アントニオの墓**があり、壁面には荘厳な美しさで彼の生涯が描かれている。

ここは、イタリアでも重要な巡礼地であり、熱心な信者が多いので、迷惑にならないように。教会の横には、**サン・ジョルジョ礼拝堂**Oratorio San Giorgioがあり、内部にはアルティキエーロによるフレスコ画の連作がある。これに付属する**サント信者会**Scuola del Santoには聖アントニオの生涯を描いたティエポロのフレスコ画が残っている。

サン・ジョルジョ礼拝堂

●サンタントニオ聖堂
住 Via Orto Botanico 11
☎ 049-8225652
開 夏季6:15〜19:25、冬季6:15〜18:45、金・祝前日6:15〜19:25
休 宗教行事の際は拝観不可
URL www.santantonio.org
※写真撮影不可。服装チェックも厳しく、ノースリーブや半ズボンでは入場できないので気をつけて

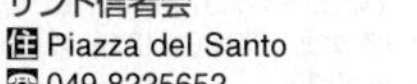

●サン・ジョルジョ礼拝堂／サント信者会
住 Piazza del Santo
☎ 049-8225652
開 9:00〜13:00、14:00〜18:00
休 月、年末年始、12月25日
料 €7、学生€5（サン・ジョルジョ礼拝堂、サント信者会などの共通券）
※オーディオガイド€3あり

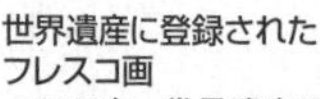

世界遺産に登録されたフレスコ画

2021年、世界遺産に登録されたのは以下8つの施設。
●スクロヴェーニ礼拝堂
●エルミリターニ教会
●洗礼堂
●ラジョーネ宮
●サンタントニオ聖堂
●サン・ジョルジョ礼拝堂
●サン・ミケーレ礼拝堂
●カッラレーゼ宮礼拝堂

パドヴァ繁栄のシンボル MAP P.346-A

ラジョーネ宮(サローネ) ★★

Palazzo della Ragione (Salone) パラッツォ デッラ ラジョーネ(サローネ)

中世の自由都市の時代には裁判所がおかれ、当時のこの町の繁栄を物語る豪奢な建物。1218〜19年に建設され、1306年に現在のようにポルティコとアーチのあるロッジア(屋根のあるテラス)と、インドの建築法から学んだという丸く傾斜のついた屋根に大胆な改築が行われた。内部2階には、78m×27m、高さ27mの世界最大という**大サロン＝サローネ**がある。壁面上部には、占星、宗教、学芸、日々の仕事という15世紀の**フレスコ画の連作**が描かれている。また、1466年に造られたという巨大な**木製の馬像**には誰もが驚かされるはず。

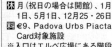

エルベ広場に立つラジョーネ宮

●ラジョーネ宮
住 Piazza delle Erbe
☎ 049-8205006
開 9:00〜19:00（最終入場40分前）
休 月（祝日の場合は開館）、1月1日、5月1日、12月25・26日
料 €9、Padova Urbs Piacta Card対象施設
※入口はエルベ広場にある階段から

●エレミターニ教会
住 Piazza Eremitani 9
☎ 049-8756410
開 7:30～19:00、土・日9:00～19:00
休 宗教行事の際は拝観不可
地 P.346-A

●サンタ・ジュスティーナ教会
住 Via Giuseppe Ferrari 2/a
☎ 049-8220411
開 夏季平日7:30～12:00、15:00～20:00、夏季土・日6:30～13:00、15:00～20:00、冬季平日7:30～12:00、15:00～18:00、冬季土・日8:00～12:15、15:00～19:30
休 宗教行事の際は拝観不可
地 P.346-B
URL www.abbaziasantagiustina.org

その他の見どころ

その他の見どころとしては、スクロヴェーニ礼拝堂の近くにある**エレミターニ教会Eremitani**には、尽大な戦禍から市民の手で復元された、マンテーニャの壁画が残る。またサント広場の南には、ヨーロッパ最古といわれる**植物園Orto Botanico**（→P.347）や19世紀の広場で、中央に堀に囲まれた公園のある**プラート・デッラ・ヴァッレPrato della Valle**がある。この広場に向かって立つ、**サンタ・ジュスティーナ教会Santa Giustina**には、ヴェロネーゼの作品が残る。

市民の手で復元された壁画『聖クリストフォロの殉教』(一部)

珍しい水生植物のある植物園

Ristorante & Hotel　パドヴァのレストラン&ホテル

学生の多い町なので、サンドイッチやピッツァなどの軽食店などには事欠かない。フルッタ広場やエルベ広場周辺には、各種飲食店が集中している。サント広場周辺には、手頃な宿が多い。

ベッレ・パルティ Belle Parti　P.346-A

美食の館
町の中心にある、グルメに愛される店。店内はエレガントで重厚。魚、肉とも最高の素材で、おいしい季節の料理が楽しめる。スタッフも親切。歴史ある名店としても有名。　要予約

住 Via Belle Parti 11
☎ 049-8751822
営 12:30～14:30、19:30～22:30
休 日・祝
予 €60～(コペルト€4.50)
C A.M.V.

ラ・パヴァナ La Pavana　P.346-A

駅近のおすすめ店
雑多な人が多いパドヴァ駅近くで、地元の人でいっぱいの店。前菜、パスタ、メイン料理の種類が多く、おいしく安い。ピッツァもあるので、時間をかけずに食事もできる。

住 Via Trieste, 2
☎ 049-8759994
営 12:30～14:00、19:00～24:00
休 水
予 €20～(コペルト€2)
C M.V.

★★★★ グランディタリア Hotel Grand'Italia　P.346-A

駅近くで便利
エレガントなアールヌーボー建築のパラッツォを改装したホテル。古いスタッコ装飾などを残しながら、客室は明るくモダン。朝食も充実。トレニタリアの駅もトラムも近い。
URL www.hotelgranditalia.it

住 Corso del Popolo 81
☎ 049-8761111
Fax 049-8750850
SB €85～
TB €100～
室 61室　朝食込み W-Fi
C A.D.J.M.V.

★★★★ ドナテッロ Hotel Donatello　P.346-B

聖地の中心にある
客室からはサンタントニオ聖堂が望める、居心地のよいホテル。併設レストランのテラスでの食事が気持ちよい。敷地内に専用ガレージ€15あり(要予約)。
URL www.hoteldonatello.net

住 Via del Santo 102
☎ 049-8750634
Fax 049-8750829
SS €70～
TS TB €85～
室 40室　朝食込み W-Fi
C A.D.J.M.V.

★★★ ヴェルディ Albergo Verdi　P.346-A

モダンで快適
時計塔の近くに位置し、主要な観光スポットやトラムの停留所が徒歩圏内。客室はシンプルだが清潔で、きれいにまとめられている。朝食ルームも明るく快適で、夏は中庭で食べるものよい。
URL www.albergoverdipadova.it

住 Via Dondi dall'Orologio 7
☎ 049-8364163
Fax 049-8780175
TB €95～
室 14室　朝食込み W-Fi
C M.V.

★★ アル・ファジャーノ Al Fagiano Art Hotel　P.346-B

モダンなアートホテル
5つのカラーに分かれた客室は、センスよしのインテリアやアーティストの絵画が飾られていて、2つ星ながら快適な滞在が可能。ロビーや朝食ルームもスタイリッシュにまとめられている。

URL www.alfagiano.com
住 Via Antonio Locatelli 45
☎ 049-8750073
Fax 049-8753396
TS €105～
室 40室　朝食込み W-Fi
C M.V.

※パドヴァの滞在税　YH ★€1　★★€1.50　★★★€2　★★★★～★★★★★€3

Vicenza ヴィチェンツァ

世界遺産

パドヴァの北西30kmにあるヴィチェンツァは、“パッラーディオの町”という異名をもつ。天才的なルネッサンスの建築家アンドレア・パッラーディオAndrea Palladioの造った宮殿が、この人口12万弱の小都市にあふれている。中世から富裕な市民の住んだヴィチェンツァならではの光景だが、ヴェネツィアに負けてはならじと、パッラーディオとその弟子たちは宮殿造りに精魂を傾けた。パッラーディオはローマで古代建築を学び、正面に列柱を使った建築スタイルは、パッラーディアン様式と呼ばれ、イタリアを訪れたイギリスの建築家イニゴウ・ジョーンズによって広く英国内でも人気を博した。そのほかフランスや明治期の日本の建築にもパッラーディアン様式の影響を見ることができる。

パッラーディオ様式のキエリカーティ絵画館

ルネッサンス期の優雅さと、躍動感あふれる彼の宮殿群は、あまたのイタリアの都市のなかで、ヴィチェンツァを愛らしくかつ上品な町に仕立てている。

ヴィチェンツァの歩き方

鉄道駅は町の南側にあり、交通の要であるマッテオッティ広場Piazza Matteottiまでは少し距離があるが、徒歩でも10分ほど。駅前のViale Romaを進み、門を入りアンドレア・パッラーディオ大通りCorso Andrea Palladioを抜けた所がマッテオッティ広場だ。広場の角には、パッラーディオの設計したキエリカーティ宮Palazzo Chiericatiがある。広場の北側の角には、彫像が飾られた緑の庭をもつ、オリンピコ劇場Teatro Olimpicoがある。

再び広場に出て、大通りを200mほど進み左折すると、観光の中心シニョーリ広場Piazza dei Signoriに行き着く。時計塔Torre Bissaraやバジリカ Basilicaなど見どころがめじろ押しだ。ヴィチェンツァは半日あれば十分楽しめる、こぢんまりとした町。

案内所はオリンピコ劇場の入口手前、マッテオッティ広場にある。

●郵便番号 36100

世界遺産

ヴィチェンツァ市街とヴェネト地方のパッラーディオ様式の邸宅群
登録年1994/1996年
文化遺産

ヴィチェンツァへの行き方

ヴェネツィアから
サンタ・ルチア駅からトレニタリアのフレッチャロッサ(FR)やレッジョナーレ・ヴェローチェ(RV)で約45分。イタロ(ITA)でも同様の所要時間で到着。

ミラノから
ミラノ中央駅からFRやITAで約1時間40分。RVで約2時間45分。

ヴェローナから
ポルタ・ヌオーヴァ駅からFRやITAで約30分。RVで約40分。

市内交通
駅から中心部までは歩いて15分ほど。駅前の緑豊かなマルツィオ広場を歩くのもすがすがしい。バスでは1、5、7番などがマッテオッティ広場まで行く。バスの切符料金は以下のとおり。
●1回券 €1.70(90分間有効)
●1日券 €6.60
URL www.svt.vi.it

ℹヴィチェンツァの観光案内所
住 Piazza Matteotti 12
☎ 0444-320854
開 9:00～17:30
休 一部の祝日
地 P.351-A
※見どころによっては切符売り場がないところもあるので、ここで購入するのがベター

共通入場券
ビリエット・ウニコ・ヴィチェンツァカード
Biglietto Unico Vicenza Card
　オリンピコ劇場、キエリカーティ絵画館、リソルジメント博物館、サンタ・コローナ教会、パッラーディオ博物館、考古学博物館などに共通€20。7日間有効。オリンピコ劇場前の案内所などで販売。

●オリンピコ劇場
住 Piazza Matteotti 11
☎ 0444-320854
開 7～8月10:00～18:00、9月～6月9:00～17:00（最終入場30分前）
休 月、1月1日、12月25日
料 €11、ヴィチェンツァカード対象施設
URL www.teatrolimpicovicenza.it

●サンタ・コローナ教会
住 Contrà Santa Corona 2
☎ 0444-320854
開 7～8月10:00～18:00、9月～6月9:00～17:00（最終入場30分前）
休 月、1月1日、12月25日
料 €3、ヴィチェンツァカード対象施設

●バジリカ
住 Piazza dei Signori
☎ 0444-222850
URL www.mostreinbasilica.it
※開館時間や料金はイベントによって異なる

シニョーリ広場の円柱

ヴィチェンツァの見どころ

パッラーディオの力量が光る見事な舞台　MAP P.351-A

オリンピコ劇場

Teatro Olimpico　テアトロ オリンピコ

オリンピコ劇場内部

古代円形劇場を模した、パッラーディオ晩年（1580年）の建築で弟子のスカモッツィが完成させた。木と漆喰を使った小さな舞台は、遠近法とだまし絵が巧みに用いられて大きな広がりを感じさせる。音響効果もよく、案内人の声も朗々と聞こえて見事だ。

ベッリーニの傑作が飾る　MAP P.351-A

サンタ・コローナ教会

Santa Corona　サンタ コローナ

ドメニコ派の教会。1261年に建築が始まり、大理石造りの壮大な入口とエレガントな鐘楼をもつ。内部は、ゴシック様式の3身廊。聖堂内陣はルネッサンス様式の上に増築された、ロレンツォ・ダ・ボローニャの作と思われる。右側、第3祭壇には、ヴェロネーゼの『東方三博士の礼拝』Adorazione dei Magi（アドラツィオーネ デイ マージ）がある。内陣席は、15世紀の寄せ木細工。身廊左側の美しい建築様式の第5祭壇には、ジョヴァンニ・ベッリーニの傑作である『イエスの洗礼』Battesimo di Gesù（バッテージモ ディ ジェズ）がある。

傑作『イエスの洗礼』がすばらしい

シニョーリ広場

パッラーディオならではの空間　MAP P.351-A

バジリカ

Basilica　バジリカ

パッラーディオの代表作。ヴェネツィアのサン・マルコ広場に似た2本の円柱で飾られた細長いシニョーリ広場に立つ。ドーリス式とイオニア式の白い回廊が重なり、力強さと優美さを感じさせる。堂々としたたたずまいは、パッラーディオ円熟期の技量を実感させてくれる。貴族や商人の集会場として使われていた。

広場の横には、12世紀の櫓（やぐら）である、時計塔Torre Bissaraが立つ。見上げると目がくらむような高さで、針のような時計台と呼ばれている。

バジリカと時計塔

パッラーディオの未完の作品 MAP P.351-A

ヴェネツィア共和国総督官邸 ☆

Loggia del Capitaniato ロッジア デル カピターニアート

バジリカの向かいにある建物。かつてのヴェネツィア共和国の総督の宮殿。3つのアーチをもつ美しいスタッコ装飾の建物でパッラーディオの設計だが、未完のまま現在にいたる。石段に腰かけて広場を眺めるのも一興だ。

柱頭とスタッコ装飾に注目
ヴェネツィア共和国総督官邸

壮大な建物群が並ぶ MAP P.351-A

A.パッラーディオ大通りとポルティ通り ☆

Corso Andrea Palladio & Contrà Porti コルソ アンドレア パッラーディオ&コントラ ポルティ

町を東西に走るアンドレア・パッラーディオ大通りと、この通りの中ほどを北に走るポルティ通りは、パッラーディオとその弟子スカモッツィの設計によって建てられた壮大な建物が両脇に並んでいる。パッラーディオ大通りの98番地には、スカモッツィの傑作で市庁舎の**トリッシーノ・バストン館**palazzo Trissino Baston。ポルティ通り11番地のバルバラーノ館palazzo Barbaranoには、**パッラーディオ博物館**がおかれている。対面のティエーネ館palazzo Thieneはパッラーディオの傑作だ。

パッラーディオ博物館のおかれる
バルバラーノ館

パッラーディオの生涯や傑作をたどる見どころを訪れる

ファサードの柱廊が古典的な美しさを見せるキエリカーティ絵画館は観光案内所向かいにある。足を延ばして、中心部からバスで約15分のラ・ロトンダVilla Capra Valmarana "La Rotonda" に訪れるのもおすすめ。時間が合えばぜひ。また、パッラーディオ博物館では、模型などで建築様式を紹介。

●キエリカーティ絵画館
URL www.museicivicivicenza.it

●パッラーディオ博物館
URL www.palladiomuseum.org

●ラ・ロトンダ
交 ヴィチェンツァ駅前からバス8番などで約10分
URL www.villalarotonda.it

Ristorante & Hotel　ヴィチェンツァのレストラン&ホテル

ヴィチェンツァ市内には、ホテルの数が限られているので、町なかに宿を取る場合は、早めの到着を。レストラン、カフェなどは旧市街が充実している。

ポンテ・デッレ・ベレ
Ponte delle Bele P.351-A

郷土料理も充実
サルヴィ公園近く、チロル風の木作りのインテリアが印象的なレストラン。ヴィチェンツァの郷土料理と南チロルの料理が手頃な料金で味わえる。自家製デザートも好評。 できれば予約

住 Contrà Ponte delle Bele 5
☎ 0444-320647
営 12:00〜14:15、19:15〜22:00
休 日、8月2週間
予 €30〜(コペルト€3)
C A.D.J.M.V.

リゲッティ
Self Restaurant Righetti P.351-B

人気のセルフレストラン
昔ながらのレストランを改装した、町の人に人気のセルフ。カウンターで料理を注文し、料理をレジで見せ、帰るときに自己申告で会計をするシステム。英語もよく通じるので安心。

住 Piazza Duomo 3
☎ 0444-543135
営 12:00〜15:00、19:00〜22:30
休 土・日・祝、8月3週間
予 €20〜(コペルト€1)
C D.M.V.

★★★★ カンポ・マルツィオ
Hotel Campo Marzio P.351-B

駅からも徒歩圏
駅から町へと続く大通りに面し、周囲には公園が広がる。内部は明るくモダンな雰囲気。客室は快適で、スーツケースを開けられる広さがあるのもうれしい。
URL www.hotelcampomarzio.com

住 Viale Roma 21
☎ 0444-545700
Fax 0444-320495
SS €80〜
TS €125〜
室 35室　朝食込み W-F
C A.M.V.

★★ ドゥエ・モーリ
Hotel Due Mori P.351-A

2つ星なのにすてき!
シニョーリ広場近くの小路に面した、歴史あるパラッツォを改装したホテル。ロビーは2つ星ホテルとは思えない重厚な雰囲気。部屋は広く、清潔。エレベーターあり。
URL www.albergoduemori.it

住 Contrà Do Rode 24
☎ 0444-321886
Fax 0444-326127
SS €55〜
TS €90〜
室 30室　朝食込み W-F
C M.V.

※ヴィチェンツァの滞在税　1泊料金で区分け、〜€15 €1、€15.01〜25 €1.50、€25.01〜70 €2、€70.01〜130 €2.50、€130.01〜 €3、14歳以下免除

Verona ヴェローナ

●郵便番号　　37100

世界遺産

ヴェローナ市
登録年2000年　文化遺産

『ロミオとジュリエット』のイメージがあちこちに残る町、夏の野外オペラの町。ヴェローナは、アルプスに源を発するアディジェ川が町の中央をS字型に流れる落ち着いた古都。北イタリアの要衝として、ゲーテの『イタリア紀行』にも登場するこの町は、北はアルプス、南はローマ、西はジェノヴァ、東はアクイレイアを結ぶ3本の道路の交差する町であった。困難なアルプス越えをして、イタリアに憧れてやって来た旅人を優しく迎え入れたのは、今も変わらない落ち着いた町並みだったに違いない。

アディジェ川とバラ色の落ち着いた町並みが続く町

ヴェローナ
Verona

サン・ジョルジョ・イン・ブライダ教会
S. Giorgio in Braida
Via F. T. d. Uberti
ヴィットリオ・ヴェネト広場
P.za Vittorio Veneto
Via de Mille
ピエトラ橋
Ponte d. Pietra
サン・ピエトロ城跡
V. F. Anzani
P.te Garibaldi
ドゥオーモ
Duomo
テアトロ・ロマーノ（考古学博物館）
Teatro Romano
サンタナスタージア教会
S. Anastasia
Via Duomo
Via Tommaso Da Vico
Via Risorgimento
サンタ・キャーラ
S.Chiara
プロテツィオーネ・デッラ・ジョーヴァネ
Protezione della Giovane
ソットリーヴァ
Sottoriva
A
P.te Risorgim
スカラ家の館
Palazzo del Governo
ドゥエ・トッリ
Due Torri
ドゥ・デ・コーペ
Du De Cope
シニョーリ広場
P.za d. Signori
Via Emilei
スカラ家の廟
Arche Scaligere
P.te d. Vittoria
サン・ゼーノ・マッジョーレ教会
S. Zeno Maggiore
エルベ広場
P.za d. Erbe
Via Cairoli
Corso P.ta Borsari
ボルサーリ門
P.ta d. Borsari
ジュリエッタの家
Casa di Giulietta
ランベルティの塔
アディジェ川
Adige
Via S.Giuseppe
Regaste S. Zeno
Via Mazzini
Via A. Cantore
V. Oberdan
Via Cappello
スカリジェロ橋
Ponte Scaligero
クアトロ・クオーキ
4 Cuochi
Via Scarsellini
Corso Cavour
トルコロ
Torcolo
ボローニャ
Bologna
サン・フェルモ・マッジョーレ教会
S. Fermo Maggiore
P.te Navi
カステルヴェッキオ（市立美術館）
Castelvecchio
アレーナ
Arena
Via S. Paolo
Via Roma
ブラ広場
P.za Brà
Str. S. Fermo
ポンペイ宮殿
Pal. Lavezola Pompei
Gran Guardia Nuova（市庁舎）
Via d. Alpini
Stradone Porta Pallo
Via Scalzi
Adige
Corso Porta Nuova
P.te Aleardi
パリオ門
P.ta d. Palio
Via Valverde
V. Battisti
B
動物園
Giardino Zoologico
ジュリエッタの墓
Tomba di Giulietta
インディゴ・ヴェローナ
Indigo Verona
Viale Luciano Dal Cero
Via del Fante
アディジェ川
ヌオーヴァ門
P.ta Nuova
N
トレニタリア ポルタ・ヌオーヴァ駅
Stazione Porta Nuova F. S.
Via Franco Faccio
P.te S. Francesco
1
2
0　150　300m

ヴェローナの歩き方

中央駅はポルタ・ヌオーヴァ駅Stazione Porta Nuovaで町の南側に位置している。駅から町の中心ブラ広場Piazza Bràまでは1.5㎞の距離。歩いて20分ほどだが、車の多い道なのでバスに乗るのがよい。ただし循環バスなので行き先を確認しよう。ヌオーヴァ門をくぐり大通りを進めば突き当たりの芝生の公園に映える大噴水が目に飛び込んでくる。この広場を中心に半径700mほどの所に主要な見どころが集中しているので、そこだけ見るなら半日で十分な町だ。ブラ広場の南側、市庁舎そばに観光案内所がある。

■必ず訪ねてみたいふたつの広場

ブラ広場の前にそびえるのは、ローマ時代の円形劇場アレーナ、ヴェローナの顔である。広場の一角には市庁舎Gran Guardia(グラン グアルディア) Nuova(ヌオーヴァ)が18世紀のネオ・クラシック様式の堂々とした姿を見せている。アレーナから北東に走る、マッツィーニ通りVia Mazziniの散歩を楽しみながらエルベ広場Piazza delle Erbeに向かおう。

マッツィーニ通りとアレーナ

マッツィーニ通りはヴェローナきっての繁華街。イタリアンカラーの色彩のあふれるブティックや宝石店など、眺めるだけでも十分楽しい。ブラ広場からなら10分ほどでエルベ広場に到着。細長い楕円形の広場には午前中、毎日市が立ち、ヴェローナ市民の社交場となっている。

エルベ広場はショッピングにも便利

広場の南東を走るカッペッロ通りVia Cappelloを50mほど歩くと左側に、『ロミオとジュリエット』のヒロイン、ジュリエッタの家Casa di Giuliettaがある。エルベ広場と建物を挟んで向かい合わせにあるシニョーリ広場Piazza dei Signoriは、雰囲気がまったく違う広場だ。中央には物思いにふけるダンテの像がある、落ち着いた静かな広場になっている。

いつもにぎやかなジュリエッタの家

さて次はアディジェ川沿いの古城Castelvecchio(カステルヴェッキオ)へ急ごう。広場からボルサーリ門大通りCorso Porta Borsariを南西に進むとカヴール大通りCorso Cavourに出る。ここは、中世のヴェローナのメインストリート。堂々とした建物の並ぶ川沿いの道の散歩を楽しみたい。

ヴェローナへの行き方

ヴェネツィアから

サンタ・ルチア駅からトレニタリアのフレッチャロッサ(FR)で約1時間15分。イタロ(ITA)でも同様の所要時間で到着。レッジョナーレ・ヴェローチェ(RV)では約1時間30分。

ミラノから

ミラノ中央駅からFRやITAで約1時間15分。レッジョナーレ(R)で約2時間。

ボローニャから

ボローニャ中央駅からFRやITAで約50分。RVやRで約1時間30分。

市内交通

駅から市内中心部まで少し距離があるので、バスの利用が便利。

バス

駅前は比較的大きなバスターミナルになっていて、11、12、13、90番などのバスがアレーナArena方面行き。B-1乗り場で待とう。中心部のみの料金は以下のとおり。

●1回券　€1.50(90分間有効)
※車内購入で€2
●1日券　€5
●10回券　€12.50(90分間有効)
URL www.atv.verona.it

タクシー

固定料金があり、市内とポルタ・ヌオーヴァ駅間は€10（深夜・祝日€12）。市内から駅まで向かう場合、エルベ広場にタクシーが停まっている。

ポルタ・ヌオーヴァ駅の荷物預け

ホームを背にして、1階の建物一番左端にKiPointがある。
営 8:00～20:00
料 荷物1個につき4時間まで€6、以降1時間ごとに€1加算

ℹヴェローナの観光案内所

住 Via Leoncino 61
☎ 045-8068680
開 9:00～17:00、日9:30～16:00
休 一部の祝日
地 P.354-B2

市内⇔空港間のアクセス

ポルタ・ヌオーヴァ駅からヴェローナ・ヴィッラフランカ空港まではバスが運行。ヴェローナ・エアリンク€7（75分間有効）で、E乗り場から。市内中心部から空港へのタクシーは€30（夜間・祝日€35）、ポルタ・ヌオーヴァ駅からは€26（夜間・祝日€30）。

●ヴェローナ・ヴィッラフランカ空港(通称カトゥッロ空港)

URL www.aeroportoverona.it

お得な共通券をゲット

アレーナ、ランベルティの塔、ジュリエッタの家、ジュリエッタの墓、テアトロ・ロマーノ、カステルヴェッキオ、サン・ゼーノ、ドゥオーモなどの主要見どころ15ヵ所を網羅した共通券がヴェローナ・カードVerona Card。市内バスも無料になる。各見どころや公式サイトで販売。入場の際には係員に提示し、カードにチェックを受ける。

●24時間券 €27
●48時間券 €32
URL theveronacard.com

●アレーナ
住 Piazza Brà 1
☎ 045-7110129
開 9:00～19:00（最終入場30分前）
休 月、公演開催日
料 €12、60歳以上€9、18～25歳€3、11～3月の第1日曜€1、ヴェローナ・カード対象施設
※オペラシーズンは開館時間に変更の場合あり

音楽祭の当日券は?

アレーナ翼壁のEnte Arenaで販売。

住 Via Dietro Anfiteatro 6/b
☎ 045-8005151（コールセンター）
開 公演日は9:00～18:00の営業
※自由席の場合は、早めに出かけて席を確保しよう。

ヴェローナの見どころ

ヴェローナのシンボル  P.354-B2

アレーナ（円形闘技場） ☆☆

Arena（Anfiteatro Romano） アレーナ（アンフィテアトロ ロマーノ）

1世紀の建築で、ほぼ完全な形で残されている貴重なものだ。長さ152m、幅128m、高さ30m、1万8000人の席が用意されているという途方もない大きさ。毎年6月下旬から8月にかけて、ここで開かれる野外オペラ祭は有名。

野外オペラの舞台は迫力満点。夏のアレーナ

屋台の並ぶにぎやかな市場 MAP P.354-A2

エルベ広場 ☆☆

Piazza delle Erbe ピアッツァ デッレ エルベ

広場を覆う白いパラソルの下の屋台には果物、野菜、花などがところ狭しと並べられ、にぎやかな市場が広がっている。ローマ時代にはフォロ・ロマーノと呼ばれ、市民が裁判や政治集会を行った公共広場だったという。

広場中央には14世紀に造られた、「ヴェローナのマドンナ」Madonna di Veronaと呼ばれる愛らしい噴水がある。広場を取り囲む建物はいずれも中世からルネッサンス期にかけて建てられた豪壮な館や塔。

16世紀のフレスコ画で飾られたマッツァンティ家の家並み

アレーナ音楽祭

よい席から①～⑦の順。公演により区分に変更あり。

①Poltronissima Gold　€200～270
②Poltronissima　€150～210
③Poltrona　€125～180
④Gradinata numerate 1° settore　€105～140
⑤Gradinata numerate 2° settore　€86～115
⑥Gradinata numerate 3° settore　€65～90
⑦Gradinata numerate Settori 4°～6°　€28～70

①～③が椅子席（①②は舞台正面）、④～⑥は座席指定の階段席。⑦は指定範囲のある階段の自由席。開演は20:45～21:00で、終演は翌1:00頃。バールがあり、また幕間には売り子がパンフレットや飲み物を販売して歩く。階段席は冷える場合があるので、敷き物（有料で座布団の貸し出しあり）や羽織り物があるといい。また、日本語のオペラガイドで事前にストーリーを予習し、オペラグラスや双眼鏡、ペンライトなどがあると、より楽しめる。

●2024～25年アレーナ音楽祭の演目はP.601参照
URL www.arena.it（予約可、割引情報あり）

美しい静寂の広場　MAP P.354-A2

シニョーリ広場 ★

Piazza dei Signori　ピアッツァ デイ シニョーリ

シニョーリ広場の中央に立つのはダンテの像

広場の左側には初期ルネッサンス様式の美しい**コンシリオの回廊**Loggia del Consiglioとヴェローナの名門**スカラ家の館**Palazzo di Cangrandeが立ち並ぶ。この館には、ジョットもダンテも招待されたという。右側には**市庁舎**Palazzo del Comune（ラジョーネ宮ともいう）。中庭と階段は必見の美しさだ。また、右の市庁舎に付属する**ランベルティの塔**Torre dei Lambertiへは上ることもできる。塔上からの広場とヴェローナ市街の眺望を楽しもう。

●ランベルティの塔
住 Via della Costa 2
☎ 045-9273027
開 10:00〜18:00、土・日11:00〜19:00（最終入場45分前）
休 12月25日
料 €6、60歳以上・8〜14歳€4.50、7歳以下無料、ヴェローナ・カード対象施設
URL www.torredeilamberti.it
※塔に上るには階段またはエレベーターを利用。エレベーターを利用する場合、別途€1が発生する

ランベルティの塔に上ろう

壮大かつ豪華な墓　MAP P.354-A2

スカラ家の廟（びょう） ★★

Arche Scaligere　アルケ スカリジェーレ

墓を囲んでいる鉄格子の模様は、スカラ家の家紋。スカリジェーレ＝スカラ（階段）の名のとおり、四弁の花の中央には階段のようにゴシック様式の尖塔が配置されている。

●スカラ家の廟
住 Via S. Maria Antica 4
☎ 045-8062611
開 6〜9月10:00〜18:00（柵の外側から外観はいつでも見学可能）
休 月
料 €1、ヴェローナ・カード対象施設

カングランデ1世を頂に置くスカラ家の廟

ツタの絡まるロマンティックな館　MAP P.354-A2

ジュリエッタの家 ★★

Casa di Giulietta　カーサ ディ ジュリエッタ

シェイクスピアの悲劇『ロミオとジュリエット』の舞台となったヴェローナには、ふたりの存在を強く実感させる館が残っている。このジュリエッタの家は、一般に公開されており、建物内部の見学も可能だ。中には映画で使われたベッドやシーンの写真なども展示され、有名なバルコニーに出ることもできる。

実際のところ、シェイクスピアはヴェローナを訪れたことがなく、彼の作品中のふたりは創作された人物だが、有名なバルコニーに立ち、人が途切れた静かな中庭を見下ろすと、自分が芝居の主人公のような気分になるから不思議だ。

ジュリエッタの家の内部

●ジュリエッタの家
住 Via Cappello 23
☎ 045-8034303
開 9:00〜19:00
休 月
料 €6、18〜25歳€3、17歳以下無料、ヴェローナ・カード対象施設
※中庭に鎮座するジュリエッタの像は無料で見学できる
※ジュリエッタの墓（→P.358）との共通券€7

橋と城の雄大な眺望が広がる　MAP P.354-A・B1

カステルヴェッキオとスカリジェロ橋 ★★

Castelvecchio e Ponte Scaligero　カステルヴェッキオ エ ポンテ スカリジェーロ

要塞としての役割をもった城

ヴェローナの領主であったスカラ家の権威を象徴する城。14世紀、カングランデ2世の命により築城されたもの。アディジェ川に面して立つ城の姿は雄大。城の内部は市立美術館Civico Museo d'Arteになっており、ピサネッロ、マンテーニャなどの作品がゆったりと展示されている。

城から延びた橋がスカリジェロ橋で、14世紀のものだが、第2次世界大戦中に爆破され、その後市民の力により再建された。

アディジェ川に架かるスカリジェロ橋

堂々たるロマネスク教会　MAP P.354-A1

サン・ゼーノ・マッジョーレ教会 

San Zeno Maggiore　サン ゼーノ マッジョーレ

ロマネスク様式のバラ窓が美しいサン・ゼーノ・マッジョーレ教会

イタリア屈指のロマネスク様式の教会。ブロンズ製の浮き彫りのある正面扉は11～12世紀のもので必見。町の守護聖人である聖ゼーノの生涯が刻まれている。扉の上を飾るバラ窓もこの教会独自のもの。内部主祭壇には、マンテーニャの三幅対祭壇画『聖母と諸聖人』がある。

マンテーニャの傑作『聖母と諸聖人』

その他の見どころ

今でも町の人たちの演劇発表会に使われる**ローマ劇場のテアトロ・ロマーノ**Teatro Romanoには考古学博物館がおかれる。近くの**サン・ピエトロ城跡**からの眺めは圧巻だ。そのほかにもフレスコ画博物館として新装オープンした**ジュリエッタの墓**Tomba di Giuliettaなどを訪ねたい。

ヴェローナーのビューポイント、サン・ピエトロ城跡

●カステルヴェッキオ（市立美術館）
住 Corso Castelvecchio 2
☎ 045-8062611
開 10:00～18:00（最終入場45分前）
休 月、一部の祝日
料 €9、65歳以上€6、18～25歳€2、17歳以下・ヴェローナ・カード提示で無料

✉ **美しいスカリジェロ橋**

まるで要塞のようなスカリジェロ橋はヴェローナの人気観光スポットでした。私のおすすめは早朝と夜。朝霧のなか、人影の少ない橋はおとぎ話に出てくるようでした。夜のライトアップも美しかったです。（かび）

●S.Z.マッジョーレ教会
住 Piazza San Zeno 2
☎ 045-592813
開 10:00～17:00、土9:30～18:30、日・祝13:00～17:30
休 宗教行事の際は拝観不可
料 €4

教会巡りの共通券もあり

市内の主要教会に入場できる共通券「Percorso delle quattro chiese」も販売。対象はサン・ゼーノ・マッジョーレ、サンタナスターシア、サン・フェルモ、ドゥオーモで料金は€8、65歳以上・学生€7。ちなみに、各教会の1回券は€4。

疲れたら帰りはバスで戻ろう

ブラ広場からカステルヴェッキオへは、徒歩7～8分程度。カステルヴェッキオからS.Z.マッジョーレ教会までは徒歩約15分。帰りはバス31、32番に乗り、Corso Cavour下車でブラ広場へ。駅へ戻るには61番などが便利。

●テアトロ・ロマーノ（考古学博物館）
住 Rigaste Redentore 2
☎ 045-8000360
開 10:00～18:00（最終入場30分前）
休 月、一部の祝日
料 €9、65歳以上€6、18～25歳€2、17歳以下・ヴェローナ・カードの提示で無料
地 P.354-A2

●ジュリエッタの墓
住 Via Luigi da Port 5
☎ 045-8000361
開 10:00～18:00（最終入場30分前）
休 月、一部の祝日
料 €6、65歳以上€4、18～25歳€2、17歳以下・ヴェローナ・カードの提示で無料（フレスコ画博物館と共通）
地 P.354-B2

ヴェロ－ナのレストラン&ホテル

Ristorante & Hotel

5つ星から2つ星まで、ヴェローナのホテルの数は多いが、中心は3つ星のこぢんまりした宿だ。どこも部屋数はさほど多くないので、夏のアレーナでのオペラの時期は予約が必要。オペラの切符購入と同時に早めに予約しておこう。

レストランを併設しているホテルも多い。ブラ広場にはセルフから高級店までが並び、川沿い近くの小道には庶民的な店も多い。夏は予約するか早めに出かけよう。

ロカンダ・クアトロ・クオーキ
Locanda 4 Cuochi

P.354-A2

美味でスタイリッシュ

アレーナ近く、シンプルな店内だが、プレゼンテーションが楽しいテーブル。季節の素材と料理法にこだわった伝統的な郷土料理が、手頃な値段で味わえる。ミシュランの星付き店と同経営。スタッフも親切。定食がおすすめ。必ず予約を!

住 Via Alberto Mario 12
☎ 045-8030311
営 12:30～14:30、19:30～22:30 火19:30～22:30
休 月、1月末～2月上旬
料 €40～(コペルト€2.50)
C A.D.M.V.

ピッツェリア・ドゥ・デ・コーペ
Pizzeria Du De Cope

P.354-A2

人気のピッツァを

店内の一角にある大きな薪窯で焼かれるピッツァは種類豊富で、パリパリした本格派でボリューミー。各種あるサラダの量もたっぷり。サラダとピッツァをシェアするのがおすすめ。

住 Galleria Pellicciai 10
☎ 045-595562
営 12:00～14:30、19:00～22:30、金・土12:00～14:30、19:00～23:30、日12:00～14:30、18:30～22:00
休 一部の祝日 予 €15～(コペルト€2) C M.V.

オステリア・ソットリーヴァ
Osteria Sottoriva

P.354-A2

庶民的なオステリア

河の下の意味の店名どおり、アディジェ川沿いの風情ある小道にあるオステリア。名物は、郷土料理のミートボール。魚や野菜などもありさっぱりとおいしい。お財布の心配のない一軒。

住 Via Sottoriva 9/a
☎ 045-801-4323
営 11:00～15:00、18:30～22:30
休 水
予 €30～(コペルト€2)
C M.V.

★★★★★ ドゥエ・トッリ
Due Torri

P.354-A2

町一番の伝統と格式

歴史と格式を誇るヴェローナを代表する老舗ホテル。ロビーや客室のエレガントな内装では、リバティ様式が特に美しい。屋上のレストランは眺めがよい。朝食の食材はよく吟味されている。

URL www.duetorrihotels.com
住 Piazza S.Anastasia 4
☎ 045-595044
Fax 045-8004130
SB €260～
TB €295～
室 89室 朝食込み W-Fi
C A.D.J.M.V.

★★★★ インディゴ・ヴェローナ
Hotel Indigo Verona

P.354-B1

カフェ&バーも利用したい

世界的なチェーン、インディゴブランドのホテル。オペラ『ロミオとジュリエット』をモチーフにした館内は、モダンなインテリアや絵画などでまとめられている。居心地のよい中庭も◎。

URL www.indigoverona.com
住 Corso Porta Nuova 105
☎ 045-595600
Fax 045-596385
SB TB €175～
室 62室 朝食込み W-Fi
C A.D.J.M.V.

★★★ ボローニャ
Bologna

P.354-A2

レストラン併設で便利

アレーナの近くにある、伝統的なホテル。内部は機能的で快適。スイートルームはテラスとジャクージ付きで景観も抜群。ビュッフェの朝食がよい。

URL www.hotelbologna.vr.it
住 Piazzetta Scalette Rubiani 3
☎ 045-8006830
Fax 045-8010602
SS €90～
TB €110～
室 32室 朝食込み W-Fi
C A.M.V.

★★ トルコロ
Torcolo

P.354-A・B2

手頃な値段がうれしい

✉ アレーナまで5分ほどで野外オペラ鑑賞にはぴったり。朝食メニューも豊富で満足! オープンテラスで楽しみました。部屋にポットもありお茶を飲めたのも◎。(神奈川県 ひまわり)['24]

URL www.hoteltorcolo.it
住 Vicolo Listone 3
☎ 045-8007512
Fax 045-8004058
SS €70～
TB €90～
室 17室 朝食込み W-Fi
C A.J.M.V.

プロテツィオーネ・デッラ・ジョーヴァネ
ACISJF Protezione della Giovane

P.354-A2

女の子なら安心の宿で

カトリック国際協会の運営で、ユース並みの料金で、部屋は広くてきれい。宿の人も優しい感じでよい。女性のみ利用可。受付は14:00～20:00(門限23:00)、オペラの時は門限は終了時刻まで延長。

URL www.protezionedellagiovane.it
住 Via Pigna 7
☎ 045-596880
Fax 045-8005449
料 D €25 W-Fi
C M.V.

サンタ・キャーラ
Ostello Gioventu "Santa Chiara"

P.354-A2

旧市街近くで便利

町の東側、ローマ劇場近くに修道院を改装し2019年にオープン。庭園やインテリアに中世の面影が残るのも素敵。駅からはバス73番(Piazza Isola行き)、日・祝と夜間は93番で。

URL www.ostelloverona.it
住 Via Santa Chiara 10
☎ 045-590360
料 D €30
室 60床 朝食込み W-Fi
C 不可

※ヴェローナの滞在税 ★€1 ★★€1.50 ★★★€2.50 ★★★★€3.50 ★★★★★€5

Bassano del Grappa

バッサーノ・デル・グラッパ

●郵便番号　36061

バッサーノ・デル・グラッパへの行き方

トレニタリアでパドヴァからバッサーノ・デル・グラッパ駅まで、レッジョナーレ(R)で約1時間。Busitaliaのプルマンバス E021番でパドヴァからバッサーノ駅まで約1時間30分。

ⓘバッサーノの観光案内所
住 Piazza Garibaldi 34
☎ 0424-519917
開 10:00〜19:00
休 一部の祝日　地 P.360-1

●市立博物館
住 Piazza Garibaldi 34
☎ 0424-519901
開 10:00〜19:00（最終入場1時間前）
休 火、復活祭、12月25日
料 €8、65歳以上・11〜26歳 €6

●グラッパ博物館
Poli Museo della Grappa
住 Via Gamba 6
☎ 0424-524426
開 9:00〜19:30
休 1月1日、復活祭、12月25日
料 €3.50（試飲付き）
URL www.poligrappa.com

●ストゥルム邸（陶器博物館）
住 Vicolo Schiavonetti 40
☎ 0425-519940
開 10:00〜19:00（最終入場1時間前）
休 火、復活祭、12月25日
料 €8、65歳以上・11〜26歳€6

Ⓡカルデリーノ
Antico Ristorante Cardellino

壁にかかった古い鍋、この地特有の木の格子棚などで飾られた店内で伝統的郷土料理が味わえる。日本語メニューあり。
住 Via Bellavitis 17
☎ 0424-220144
営 11:45〜14:00、18:45〜22:00
休 木
予 €25〜（コペルト€2.50）
C A.D.J.M.V.　地 P.360-1

バッサーノ・デル・グラッパは、アルプスからのおいしい空気に満ちた小さな町だ。町の近郊（32㎞）にはグラッパ山Monte Grappaがそびえ、町の中心をブレンタ川Brentaが流れる。赤いれんが屋根の家々の窓にはゼラニウムが咲き誇り、酒屋さんのディスプレイは、この地のお酒グラッパGrappa一色。グラッパ焼という色彩の美しい陶器も有名で、水差しやワインのデキャンタなど欲しくなってしまうものばかり。人口4万ほどのこの町、都会の喧騒に疲れたら訪ねたい。

ブレンタ川とアルピーニ橋との調和が美しい古都

バッサーノ・デル・グラッパの歩き方

鉄道駅は町の東側にあり、駅前がバスターミナル。市内や近郊へのバス路線が充実している。観光案内所は町の中心のガリバルディ広場の市立博物館入口そばにある。

さて、バッサーノの町では小さな路地を縫っての散歩を楽しんだり、川沿いの道で気持ちよい風に吹かれたりしたいもの。

町一番の見どころは、**コペルト橋**Ponte Coperto（別名ヴェッキオ橋Ponte Vecchio）。イタリア一有名な13世紀からの屋根の付いた木造の橋だったが、第2次世界大戦の際に爆破され、その後架け替えられた。オリジナルと同じ昔風の木の橋は、徒歩でしか渡れない。ここからのブレンタ川の眺めは、まさしく絵のようで、今までのイタリアの町とはひと味違う趣だ。この橋の東側にはポーリ社の**グラッパ博物館**、橋のたもとにはナルディーニ社のグラッペリアGrapperia（グラッパのバール）がある。製造法や古い機器の展示などもあり、この町の伝統を感じられる場で名産品を味わってみるのも一興だ。

市立博物館Museo Civicoには、この町出身で別名バッサーノと呼ばれる**ヤコポ・ダ・ポンテ**の傑作がある。また、**ストゥルム邸**Palazzo Sturmでは数々のグラッパ焼を展示している。

Trento トレント

ブオンコンシリオ城

町の西側をアディジェ川が流れ、町の東側には、ブオンコンシリオ城の雄姿がそびえるトレントは、トレンティーノ・アルト アディジェ州の州都であり、1545〜63年に開かれたトレント公会議で歴史上知られた町。この会議は、ルターやカルヴィンの率いた宗教改革運動を食い止めるため、カトリックの勢力を結集しようと開かれたもの。当時のカトリック勢力の強大さを誇示するために造られたブオンコンシリオ城の大きさに、圧倒されるだろう。

トレントの歩き方

鉄道駅は町の北側、アディジェ川の東側にある。駅の東、500mほどの所に、ブオンコンシリオ城、駅の南500mほどの所にドゥオーモがあり徒歩で十分の町。町の中心**ドゥオーモ広場**Piazza del Duomoには、バロック様式の**ネプチューンの噴水**があり、市民たちの憩いの場となっている。**ドゥオーモ**Duomoは、ロンバルディア・ロマネスク様式。内部の**礼拝堂**Cappella del Crocifissoにある大きな木製のキリスト像の前で、公会議の決定の布告がなされた。ドゥオーモ広場に立つ**プレトリオ宮殿**Palazzo Pretorioは、現在、**司教区博物館**Museo Diocesano Tridentino（ムゼオ ディオチェザーノ トリデンティーノ）になっている。内部には、公会議の様子を描いた絵や7枚のすばらしいルネッサンス期の**タペストリー**があり、必見。

ドゥオーモ広場のネプチューンの噴水

町の東側にそびえる**ブオンコンシリオ城**Castello del Buonconsiglioは、現在、地方美術館になっている。左側の建物は、13世紀の**カステルヴェッキオ（旧城）**、真ん中は16世紀のルネッサンス様式の**マーニョ宮殿**Magno Palazzo。城の南に位置する**アクィラの塔**Torre Aquilaのフレスコ画の連作**『12の月』**には14世紀末頃の生活が詩情豊かに描かれている。

●郵便番号　38100

トレントへの行き方

トレニタリアでヴェローナ・ポルタ・ヌオーヴァ駅からトレント駅まで、フレッチャロッサ（FR）やレッジョナーレ（R）で約1時間。イタロ（ITA）でも約1時間。

ℹトレントの観光案内所
住 Piazza Dante 24
☎ 0461-216000
開 9:00〜18:00、日・月9:00〜13:00
休 12月25日
地 P.341-B

●司教区博物館
住 Piazza Duomo 18
☎ 0461-234419
開 10:00〜13:00、14:00〜18:00
休 火、1月1・6日、復活祭、6月26日、11月1日、12月25日
料 €7（ドゥオーモへの入場含む）
URL www.museodiocesanotridentino.it

プレトリオ宮殿

●ブオンコンシリオ城
住 Via Bernardo Clesio 5
☎ 0461-233770
開 9:30〜17:00（最終入場30分前）
休 月、一部の祝日
料 €10、65歳以上€8、15〜26歳€6
URL www.buonconsiglio.it

Ristorante & Hotel トレントのレストラン&ホテル

スクリーニョ・デル・ドゥオーモ Scrigno del Duomo P.341-B

ワインバー併設
1階のワインバーではワインと軽い食事が楽しめ、2階はレストラン。季節の土地の味わいを大切にしたメニューは20日程度で変わる。チーズやサラミも充実の品揃え。

住 Piazza Duomo 29
☎ 0461-220030
営 11:00～14:30、17:00～23:00（祝前日11:00～14:30、17:00～23:30）
休 一部の祝日
予 €35～(コペルト€3)
C A.D.J.M.V.

カンティノータ Cantinota P.341-A

手軽に土地の料理を
町の中心にある、60年続く土地の伝統的料理が味わえる店。16世紀の酒蔵を改装した店内には、ピアノバーやエノテカ、ターヴォラ・カルダ、ディスコもあり、手頃に食事したいときにも便利。

住 Via San Marco 22/24
☎ 0461-238527
営 12:00～14:30、19:00～22:30
休 木
予 €40～(コペルト€2.50)
C A.D.M.V.

★★★★ グランド・ホテル Grand Hotel Trento P.362-A

ロビーエリアが美しい
駅からも中心部からも近く、内装がエレガントな4つ星ホテル。バスタブ付きの客室もあり、窓からの眺めもすばらしい。パノラマビューが広がるレストランや、バー、ジムも併設する。

URL www.grandhoteltrento.com
住 Piazza Dante 20
☎ 0461-271000
SS €125～
TS €145～
室 136室　朝食込み W-Fi
C A.M.V.

オステッロ・ディ・トレント Ostello di Trento Giovane Europa P.341-A

便利で経済的
駅とバスターミナルに近く、中心街へも徒歩10分程度。明るく近代的なホステル。広々としたサロンやカフェテリアやレストラン、セルフランドリーもある。
URL www.ostelloditrento.it

住 Via Torre vanga 11
☎ 0461-1830240
Fax 0461-222517
SS €60～　TS €70～
4S €110～
室 32室　W-Fi
C M.V.

イタリア美術史

Arte rinascimentale-2 ルネッサンス美術-2

ティツィアーノ『聖愛と俗愛』

トスカーナ以外の地方では、レオナルドの影響を深く受けたコッレッジョCorreggio（1489～1534）がエミリア地方で活躍し、一方、16世紀のヴェネツィアはジョルジョーネGiorgione、ティツィアーノ、ティントレット、ヴェロネーゼを擁して美術界の主流を占める。ジョルジョーネ（1476、78頃～1510）はこの世紀のヴェネツィア絵画の方向を決定した画家として重要で、死後、ティツィアーノ・ヴェチェリオTiziano Veccellio（1489頃～1576）がその芸術を吸収し、人間と自然の調和世界を鮮やかな色調で表現。とりわけ色彩表現に優れ、『聖愛と俗愛』Amore sacro e profano（ローマ、ボルゲーゼ美術館→P.102）、『聖母被昇天』Assunta（ヴェネツィア、サンタ・マリア・グロリオーサ・デイ・フラーリ聖堂→P.259）、『ウルビーノのヴィーナス』Venere di Urbino（フィレンツェ、ウフィーツィ美術館→P.169）、そして絶筆の『ピエタ』Pietà（ヴェネツィア、アカデミア美術館→P.255）では劇的性格とともに色彩も燃えるような輝きを帯びる。

ティツィアーノに学んだティントレットTintoretto（1518～1594）はヴェネツィアの伝統にトスカーナ地方のマニエリスムを融合させる。短縮法を強調した『囚人を救出する聖マルコ』San Marco che salva i Prigionieri（ヴェネツィア、アカデミア美術館→P.255）、均衡と調和の『キリストの磔刑』Crocifisso（ヴェネツィア、スクオーラ・ディ・サン・ロッコ＝サン・ロッコ信者会→P.257）などが代表作。彼と同時代のパオロ・ヴェロネーゼPaolo Veronese（1528～1588）は、仰視的な構図を多用し、青い空を背景とする明るい画面を作り上げている（『レヴィ家の晩餐』Banchetto dei Levi、ヴェネツィア、アカデミア美術館→P.255）。

16世紀後半の建築ではヴェネト地方で活躍したアンドレア・パッラーディオAndrea Palladio（1508～1580）、彫刻ではベンヴェヌート・チェッリーニBenvenuto Cellini（1500～1571）、ジャンボローニャGianbologna（1529～1598）、絵画ではポントルモPontormo（1494～1556または、57）、ブロンジーノBronzino（1503～1572）らのマニエリスムの旗手が出ている。（望月一史）

※トレントの滞在税　YH、B&Bなど€1.50　★★★€2　★★★★€2.50　★★★★★€3 10泊まで

SB シャワーまたはバス付きシングル料金　TS シャワー付きツイン料金　TB シャワーまたはバス付きツイン料金　SU スイート

Bolzano ボルツァーノ

中世ドイツの詩人ヴァルター像のあるヴァルター広場

アルト・アディジェ地方Alto Adigeの州都。オーストリアに近い（国境から50㎞）ので、チロル風の雰囲気がある町だ。町の人々は、イタリア語と同様にドイツ語を話す。

ドロミテ溪谷への入口にあたるボルツァーノから、ドロミテの中心地コルティナ・ダンペッツォのバス旅行を楽しみたい。100㎞あまりのドロミテ街道は、かつてのイタリアとオーストリアを結んだ通商路。街道沿いの周辺の小さな村々の生活風景や大自然の光景がとても新鮮だ。

ボルツァーノの歩き方

駅から緑の公園を抜けた、ドゥオーモを囲むヴァルター広場Piazza Waltherが町の中心。ドゥオーモは、色タイルの屋根がドイツ的なロマネスク・ゴシック様式。中世の家々が並ぶポルティチ通りVia dei Porticiや果物や野菜の市の立つエルベ広場Piazza delle Erbeを抜けての散歩を楽しもう。イタリアに慣れた目にはオーストリア的な町並みが新鮮に映るはずだ。約5000年前のアイスマンのミイラには、考古学博物館で出合える。

色とりどりの果物や野菜の並ぶエルベ広場

●郵便番号　39100

ボルツァーノへの行き方

トレニタリアでヴェローナ・ポルタ・ヌオーヴァ駅からフレッチャロッサ（FR）で約1時間30分、イタロ（ITA）でも約1時間30分。

ℹボルツァーノの観光案内所

住 Piazza del Grano 11
☎ 0471-307000
開 10:00～18:00
休 日、一部の祝日
地 P.363-B1・2

バスターミナル

ドロミテの町へ向かうプルマンのターミナルは、駅を出て北東に300mほど。ここで、事前にバスの路線や時刻表をチェックしよう。

州内の移動と観光に便利な券

州内の列車やプルマンバス（コルティナ・ダンペッツォなど）、ボルツァーノからのロープウエイなどが乗り放題になる共通券「Mobilcard Südtirol」。美術・博物館もセットとなったMuseumobil Cardもある。観光案内所やプルマンの切符窓口などで購入しよう。

●交通機関：1日券€20、3日券€30、7日券€45（6～13歳半額）
●交通機関＋美術・博物館：3日券€55、7日券€65（6～13歳半額）

ドロミテからショートトリップ

ドロミテからはドロミテ周遊ツアーが運行。申し込みは案内所で。また、駅を背に右に進んだロープウエイに乗れば一気に1000mの高みのレノンの町。ロープウエイの上駅すぐそばから100年以上の歴史を誇る愛らしいレノン鉄道が運行。森の中を進み、車窓からは遠くにドロミテの山々を望む。半日のショートトリップにおすすめ。

ボルツァーノの見どころ

アイスマンから古代を知る　MAP P.363-A1

考古学博物館　★★

Museo Archeologico dell'Alto Adige　ムゼオ アルケオロジコ デッラルト アディジェ

旧石器時代から10世紀頃までのアルト・アディジェ州の発掘品を展示。特に名高いのは、1991年にシミラウム氷河から発見された凍結ミイラのオーツィOetzi/エッツィÖtzi。別名アイスマンと呼ばれ、猟師の姿をし、背中に傷があることから、狩りの途中誤って仲間の弓矢を受けたとか、戦いで死亡したともいわれている。約5300年前に死亡し、そのまま氷河に閉じ込められたため、その姿、持ち物がよく保存されている。当時の様子もビデオで再現され、紀元前の様子をよく知ることができる。

アイスマン見学の人が絶えない考古学博物館

●考古学博物館
住 Via del Museo 43
☎ 0471-320100
開 10:00～18:00（最終入場30分前）
休 月（7・8、12月は除く）、1月1日、5月1日、12月25日
料 €13、65歳以上・27歳以下の学生€10
URL www.iceman.it

アイスマンのミステリー
発見者や研究者、カメラマンなど、アイスマンに関わった人々が'93年～'06年にかけて、相次いで7人も亡くなったことから、一時は「アイスマンの呪い」と騒がれた。たたりを恐れ、オーストリアとイタリア国境の発見場所に戻すべきだとの声もあったが、今も氷河が再現された冷凍庫のような展示室に保管され、見学者は小窓からのぞくことができる。

タルヴェラ橋へ
考古学博物館の西側には、タルヴェラ橋が架かり、周囲は緑の遊歩道として整備されている。季節の花々と緑が美しい。

緑のなかの古城　MAP P.363-A1外

ロンコロ城　★

Castel Roncolo　カステル ロンコロ

町から約2.5km、サレンティーナ渓谷Val Sarentinaの緑の高台に雄姿を見せる。13世紀に建てられ、19世紀に再建されたもの。内部には14～15世紀の騎士物語のフレスコ画が残っている。

緑のなかに立つロンコロ城

●ロンコロ城
住 Sentiero Imperatore Francesco Giuseppe 1
☎ 0471-329808
開 夏季10:00～18:00、冬季10:00～17:00
休 月、1月1日、12月24・25・31日
料 €10、65歳以上・学生€7
URL www.runkelstein.info
※ヴァルター広場からは、市バス12番（月～土、日は14番）などで、所要約15分。遊歩道なので、季節がよければ徒歩やレンタサイクルでも楽しい

Ristorante & Hotel　ボルツァーノのレストラン&ホテル

フォッペン&コー　Hopfen & Co.　P.363-A・B1

地下に醸造所あり
気取らない雰囲気のボルツァーノらしいビッレリア。自家製の生ビールが楽しめる。夏は開放的な道沿いのテーブル席でビールを飲む人や食事をする人でにぎやか。店内は落ち着いた民俗風なインテリア。

住 Piazza dell'Erbe 17
☎ 0471-300788
営 9:00～24:00、木～土9:00～翌1:00
休 無休
予 €30～（コペルト€1）
C A.M.V.

★★★★ ルナ・モントシャイン　Parkhotel Luna-Mondschein　P.363-A2

庭園でリラックス
木々に囲まれた気持ちのよい庭園があり、くつろぎのひとときや朝食に最適。客室内は重厚な雰囲気で広くて快適。レストラン併設。観光に便利なロケーション。
URL www.parkhotelmondschein.com

住 Via Piave 15
☎ 0471-975642
Fax 0471-975577
SB €190～
TB €220～
JS €320～
室 78室　朝食込み W-Fi
C A.D.M.V.

★★★ レジーナ　Regina　P.363-B2

駅前の手頃なホテル
鉄道駅のほぼ正面に位置し、移動にも観光にも便利な立地。室内は広く、窓は二重窓なので、騒音や寒さも入らず快適。最大5名まで宿泊可能なファミリールームもある。
URL www.hotelreginabz.it

住 Via Renon 1
☎ 0471-972195
Fax 0471-978944
TS €160～
室 37室　朝食込み W-Fi
C A.J.M.V.

オステッロ・ディ・ボルツァーノ　Ostello della Gioventu di Bolzano　P.363-A2外

✉きれいでおすすめ。シャワー・トイレ付きの個室もあります。ここから一番近いロープウェイで上る、ソプラ・ボルツァーノ・レオンからはすばらしい絶景が望めます。（岐阜県　まこっちゃん）['24]
URL www.youthhostel.bz

住 Via Renon 23
☎ 0471-300865
Fax 0471-300858
SS €45～
D €30～
室 81床　朝食込み W-Fi
C A.D.J.M.V.

※ボルツァーノの滞在税　YH ★～★★€1.70　★★★€2.20　★★★★～★★★★★€2.70　14歳以下無料

悠久の歴史を刻む、3000m級の山々

ドロミーティ
登録年2009年　自然遺産

ドロミテ山塊
The Dolomites / Le Dolomiti

ラテマール山と針葉樹林のコントラストが美しいカレッツァ湖

ドロミテ街道の名所ポルドイ峠(2239m)も観光ブームですっかり開けた

イタリアの北東、3000m級の山々が連なるドロミテ山塊。赤茶色の独特な岩肌を見せ、垂直に切り立った山々が続く。日暮れ時には、山々は夕日に照らされて赤く染まり、その風景は息をのむほどに感動的。

ドロミテの西の拠点は**ボルツァーノ**、東が**コルティナ・ダンペッツォ**。この間を**ドロミテ街道**が通じている。ドロミテ山塊の旅はプルマンやバスを利用。まずは、このふたつの町のどちらかでバスなどの交通手段の情報を集めて出かけよう。また、観光シーズンは短く、6月下旬から9月上旬。

峡谷を流れ落ちる清洌(せいれつ)な川、山と森に囲まれた美しい湖、夏でも雪をかぶる氷河、カウベルが響く牧草の広がる丘……と、さまざまな顔を見せるドロミテの自然。ときにはホテルのベランダから雄大な山々を眺め、あるときはロープウエイやリフトに乗ってオーストリア・アルプスまでも見渡せるパノラマを楽しみながらのトレッキングなど、自分流にこの自然美を満喫しよう。

標高2000mを超えるファルツァレーゴ峠。チンクエ・トッレ(5つの頂)や遠くにはマルモラーダ山を望む

後方にクリスタッロ山とトファーネ山を抱くコルティナの町。旧ポコロ展望台より望む

Trieste
トリエステ

●郵便番号　34100

✉ ミラマーレ城へ

エリザベートの城には城主の生活感が漂い、白い城と青い海のコントラストがとても印象的でした。

（奈良県　杉本秀子）

イタリアの東端、スロヴェニアとの国境にほど近いトリエステ。古代ローマ時代に源を発するこの町は、中世には海洋都市ヴェネツィアの支配下におかれた。その後オーストリアとの統合、国連の管理下におかれるなど、めまぐるしい変遷を遂げ、1954年にイタリア領として復帰した。町はオーストリアの影響を受け、バロック、ネオ・クラシックなどの堂々とした建物が並ぶ。そして広い通りの走る町を抜ければ、白いヨットが風を受けて疾走する紺碧（こんぺき）の海が待っている。

高台から望む、トリエステの町

特殊な地理的条件と複雑な歴史的背景のせいで、人種も言語も多様なトリエステは、一種独特の雰囲気をもつ町になっている。町の中心は船会社や政庁舎が並ぶ、海沿いの**ウニタ・ディタリア広場**。中央駅からは約1km。バス8、30、24番で約5分。

トリエステへの行き方

トレニタリアでヴェネツィア・サンタ・ルチア駅からレッジョナーレ・ヴェローチェ（RV）を利用してトリエステ中央駅まで約3時間。ヴェネツィア・メストレ駅からはフレッチャロッサ（FR）で約2時間。

市内交通

トリエステ中央駅からウニタ・ディタリア広場までは徒歩約15分。市バスは1回券€1.45（60分間有効）。

トリエステの見どころ

古き面影を残す海辺の広場　MAP P.366-B1

ウニタ・ディタリア広場

Piazza dell' Unità d'Italia　ピアッツァ デッルニタ ディタリア

港に面して広がる広場。かつてこの町の経済・政治の中心地で、今も古きよき面影を残す建物が並んでいる。このあたりの海沿いの道は絶好の散歩道である。

バラ窓とモザイクが美しい　MAP P.366-B2

サン・ジュスト聖堂　★★

Basilica di San Giusto　バジリカ ディ サン ジュスト

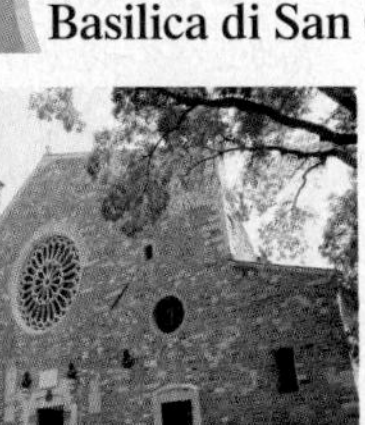
サン・ジュスト聖堂

ウニタ・ディタリア広場から海に背を向け、長い階段と坂道を上ると到着。古代ローマ時代商業の取引や裁判の法廷として使用された、バジリカの遺構の上に建てられた教会。正面はゴシックの円花窓とロマネスク様式で飾られ、内部には、12〜13世紀のモザイク、11世紀のフレスコ画などが残っている。

広場からは海と町が一望できる。広場横のサン・ジュスト城Castello di S. Giusto（カステッロ ディ サン ジュスト）からは、より開けた風景が眺められる。内部には武器庫Armeriaがおかれ古武器を展示。中庭から階段を下りると（16世紀の堡塁（ほうるい）地下）にはテルジェスティーノ石碑博物館Lapidario Tergestinoがある。

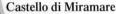

エレガントな白亜の城　MAP P.346-A2外

ミラマーレ城　★★

Castello di Miramare　カスッテロ ディ ミラマーレ

白亜のミラマーレ城

町から北西へ8km。海に面した崖の上にある白亜の古城。オーストリアの皇太子F.マクシミリアン大公の城で、エレガント。内部は歴史博物館Museo Storicoで、王族由来の品々や豪華な調度品を見ることができる。夏季にはコンサートなどの催事も行われる。

ⓘトリエステの観光案内所
住 Piazza Unità 4/b
☎ 040-3478312
開 9:00〜18:00
休 一部の祝日
地 P.366-B1

●サン・ジュスト聖堂
住 Piazza della Cattedrale 2
☎ 380-5909544
開 8:00〜18:30、日・祝9:00〜19:30
休 宗教行事の際は拝観不可
料 無料
URL www.sangiustomartire.it

●サン・ジュスト城
住 Piazza della Cattedrale 3
☎ 040-309362
開 4〜9月10:00〜19:00、10〜3月10:00〜17:00（最終入場30分前）
休 10〜3月の月曜、1月1日、12月25日
料 €6（武器庫や石碑博物館などへの入場含む）
URL castellodisangiustotrieste.it

●ミラマーレ城
住 Viale Miramare
☎ 040-22413
開 9:00〜19:00（最終入場30分前）
休 一部の祝日
料 €12、ガイド付き€20
交 トリエステ中央駅からバス6番で約15分。トリエステ中央駅からミラマーレ駅までレッジョナーレ（R）で約10分。ただし本数は少なめ
※オーディオガイド€4
※庭園のみの見学は無料。開園時間は月によって異なるので公式サイトをチェック。4〜10月は城内を電動カートが走る

北部3州◆トリエステ

Ristorante & Hotel　トリエステのレストラン&ホテル

ダ・ペーピ　Buffet Da Pepi　P.366-B2

町の名物店
ブッフェBuffetとは、トリエステ独特の朝から晩まで通しで営業している食堂のこと。町でも古いこの店は1897年創業。豚肉ひとすじで、店内ではゆでた豚肉を切り分ける姿も見られる。盛り合わせ=ミストMistoを。

住 Via C.di Risparmio 3
☎ 040-366858
営 8:30〜22:00、日10:00〜16:00
休 無休
予 €15〜（コペルト€1.50）
C A.D.J.M.V.

★★★★ ドゥーキ・ダオスタ　Duchi d'Aosta　P.366-B1

町の栄華を伝える
古きよき時代を伝える白亜のパラッツォにあるホテル。クラシックな雰囲気の客室の設備は近代的で全室にジャクージ設置。冬季は休業していることも。
URL www.duchidaosta.com

住 Piazza Unità d'Itaria 2
☎ 040-7600011
Fax 040-366092
SB €440〜
TB €470〜
室 53室　朝食込み W-Fi
C A.D.M.V.

★★★ コロンビア　Hotel Colombia　P.366-A2

駅近くで便利
駅から約300m、現代美術の飾られたロビーはモダンな雰囲気。客室はカントリー風からモダンなテイストまでいろいろで、それぞれ雰囲気が異なる。ジャクージ付きの部屋もあり。
URL www.hotelcolombia.it

住 Via della Geppa 18
☎ 040-369191
Fax 040-369644
SS SB €60〜
TS TB €110〜
室 40室　朝食込み W-Fi
休 年末年始
C A.D.J.M.V.

アッフィッタカメレ・ベルツィ　Affittacamere Berzi Patrick　P.366-A2

2023年リニューアル
✉案内所で経済的な所を紹介してもらいました。1泊ツイン（トイレ・バス共同）で€70でした。町の中心にあり、明るく清潔な雰囲気。C 不可。
（京都府　とっちゃん）['24]

URL www.affittacamereberzi.it
住 Via Roma 13(2階)
☎ 040-636249/333-5892636
ST €60〜
TS €70〜
3S €120〜
室 5室 W-Fi

SS シャワー付きシングル料金　3S シャワー付きトリプル料金　D ドミトリー料金　SB シャワーまたはバス付きシングル料金　TS シャワー付きツイン料金　TB シャワーまたはバス付きツイン料金　※アッフィッタカメラは「部屋貸し」のことで、朝食なしのB&Bスタイル。

アドリア海に面したヴェネト州とフリウリ・ヴェネツィア・ジュリア州。海に近い町では、魚介類がごちそうだ。ドロミテ山塊を擁するトレンティーノ・アルト・アディジェ州は骨太の山岳料理が中心で、オーストリア風の料理やデザート、パンなどが新鮮な驚き。州全体で付け合わせにはポレンタが欠かせない。やや味わいが異なる白と黄色があり、料理に合わせて変えるのはこの土地ならではのこだわり。

町ごとの郷土料理を楽しもう

■ヴェネト州の料理

南にアドリア海、北にドロミテ山塊を挟み、東西に平野が広がるヴェネト州。個性あふれる町が多いヴェネト州では各町に名物料理があり、**ヴィチェンツァ風バッカラBaccalà alla Vicentina**は干しタラのミルク煮、パドヴァでは**馬肉Cavallo**がサラミなどに加工され、ヴェローナでは**ロバ肉Asino**が煮込みStracotto d'Asinoなどに料理されるのも珍しい。

州全体の名物パスタは**ビゴリBigoli**。器具で押し出して作る丸くやや太めのパスタ。かつてはソバ粉で作られていたが現在は全粒粉や小麦粉製で**Bigoli in Salsa**はニンニク、タマネギ、アンチョビーを炒めたシンプルなソースであえたもの。

素朴な味わい
ビゴリ・イン・サルサ

隣国の影響を受けたボリューミーな料理を

■トレンティーノ・アルト・アディジェ州とフリウリ・ヴェネツィア・ジュリア州の料理

ドロミテ山塊が広がる地で、国境を接したオーストリアの影響を感じさせる料理が多い。前菜に欠かせないのが**風乾牛肉のスペックSpeck**や**ドイツ風のザワークラウトとソーセージCrauti ai Würstel**。パン、チーズ、肉、野菜などで作ったさまざまなタイプの**お団子Knödel／Canaderli**も定番で、溶かしバターをかけてプリモとして、あるいはスープやそのままサラダと一緒に食べることが多い。**シュペッツレSpatzle**は卵を使った軟らかなパスタの一種で、そのままソースであえたり、肉料理の付け合わせにされる。ハンガリーが発祥の地とされる**牛肉のトマト煮のパプリカ風味Gulash**もこの地の伝統料理だ。

スペックをメインに名物チーズも盛られたご当地前菜

牛肉の煮込みとカナデルリ

デザートでは、アップルパイの**シュトゥルーデルStrudel**やパンケーキを崩してジャムを添えた**カイザーシュマーレンKaiserschmarren**が人気。お隣のフリウリ・ヴェネツィア・ジュリア州は海辺の町では海の幸を。内陸部はトレンティーノ・アルト・アディジェ州の料理によく似ている。日本ではまだ口にできることが少ない名産の**サン・ダニエレの生ハムProsciutto di S.Daniele**（写真）はぜひ味わってみよう。

●おすすめワイン●

プロセッコ Prosecco（一部地域は**D.O.C.G**）

白、辛口～中甘口、発泡性

ヴェネト州を代表する発泡性のさわやかな白ワイン。コスパがよく、バーカロの定番

ソアーヴェ Soave
（Superiore、Recioto甘口は**D.O.C.G**）

白、辛口

ヴェローナの西で産する、イタリアを代表するエレガントな白ワインのひとつ

ヴァルポリチェッラ Valpolicella
（Recioto、Amaroneは**D.O.C.G**）

赤、辛口

ヴェローナの北・西側で産する、ほのかにチェリーを感じさせるバランスのよいワイン

ジェノヴァとリグーリア州

Genova e Liguria

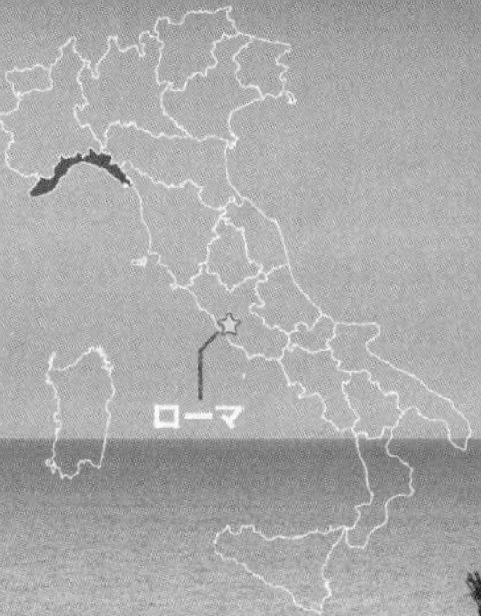

ローマ

チンクエテッレのヴェルナッツァ

リグーリア海に面して、フランスまで細長く延びる州。アルプス山脈とアペニン山脈によって造られた渓谷が続き、海岸地帯はイタリアン・リヴィエラと呼ばれるリゾート地。ジェノヴァを境に、西リヴィエラは音楽祭で有名なサンレモがあり、東リヴィエラには静かなリゾート地、ポルトフィーノや世界遺産のチンクエテッレがある。州都ジェノヴァはイタリア最大の港湾都市。

観光のヒント

ジェノヴァはミラノから約1時間半。ジェノヴァからはポルトフィーノ、フィレンツェなど中部の町々からはラ・スペツィアを目指してチンクエテッレを回ろう。

州の名産品

ペスト・ジェノヴェーゼが有名だが、海の幸ももちろんおすすめ。ジェノヴァから30分ほどの町カモーリでは5月に魚祭りが行われる。

●郵便番号　16100

Genova
Roma

ミラノの南145km、リグーリア海と緑の丘に挟まれ、海岸線に沿うように広がるジェノヴァ。海洋貿易で栄え、ヴェネツィアとともに2大海洋共和国として覇(は)を争った。この町が全盛期を迎えた16～17世紀に競うように築かれた豪壮な館は現在も町の東側に残り、その栄華を伝えている。

海の博物館からの眺望

港町らしい細く薄暗い坂道、華麗な邸宅群、大型客船が寄航する港には広々とした開放的なプロムナードなど、ジェノヴァはいくつもの顔を見せる。

1
2
A
B
P.za Ferreira
Corso Doggali
リーギ Righiへ↑
Cast. d'Albertis (Museo Etnogr.)
Albergo dei Poveri
グランドホテル・サヴォイア Grand Hotel Savoia
コロンブスの像
エレベーター
トララレロ Tralalero
Staz.
トレニタリア プリンチペ駅
コンチネンタル・ジェノヴァ Continental Genova
P.za Principe
Principe
アクアヴェルデ広場 P.za Acquaverde
ヌオーヴォ・ノルド Nuovo Nord
Corso Carbonara
Via S. Benedetto
Pal. Doria o d. Principe
オステッロ・ベッロ Ostello Bello
サン・ジョヴァンニ・ディ・プレ教会 San Giovanni di Prè
大学宮殿 Pal.dell' Università
V.Brignole De Ferrari
ケーブルカー Funicolare per Righi
Corso Firenze
C. Paganini
Via d. Adua
バルビ通り
Via Balbi
ストラーデ・ヌオーヴェ
Via di Prè
王宮 Pal. Reale
アンヌンツィアータ教会 SS. Annunziata
P.za Bandiera
ガラータ海の博物館 Galata-Museo del Mare
Via Sopraelevata A. Moro
Via Antonio Gramsci
P.za d. Nunziata
Staz. Marittima
P.374
Largo Zecca
Staz.
B&B イ・リーヴィ B&B I Rivi
Via P. Bensa
Via Caffaro
ケーブルカー Funicolare S. Anna
Darsena
展望台 Spianata Castelletto
レ・ルーネ Le Rune
Ponte dei Mille
Ponte Parodi
Via d. Campo
V. Cairoli
白の宮殿 Pal. Bianco
ヴィレッタ・ディ・ネグロ Villetta di Negro
Gal. Garibaldi
ポルト・アンティコ Porto Antico
キオッソーネ東洋美 Museo d'Arte Orient
ドーリア・トゥルシ宮 Pal. Tursi
P.za Portello
NHコレクション・ジェノヴァ・マリーナ NH Collection Genova Marina
Ponte Calvi
ガリバルディ通り Via Garibaldi
赤の宮殿 Pal. Rosso
ガレー船 Galeone
Via S. Luca
ヴェッキオ港(旧港) Bacino Porto Vecchio
カレーガ Carega
スピノーラ宮殿 国立絵画館 Galleria Nazionale di palazzo spinola
P.za delle Fontane Marose
ジェノヴァ水族館 Acquario di Genova
Via Luccoli
Via XXV aprile
サン・ジョルジョ宮殿 (リソルジメント博物館) Pal. S. Giorgio
P.za d. Banchi
サン・マッテオ広場 P.za S. Matteo
Via Roma
P.za Piccapietra
イル・マリン Il Marin
ドーリアの館 Casa di Doria
サン・マッテオ教会 S. Matteo
San Giorgio
Via S. Lorenzo
Teatro Carlo Feli
ドゥカーレ宮殿 Pal. Ducale
アカデミア宮殿 Accademia Ligustica
サン・ロレンツォ教会 San Lorenzo
De Ferrari
Via del Molo
Mura d. Grazie
Molo Vecchio
P.za G. Matteotti
フェッラーリ広場 P.za De Ferrari
V. Turati
シャマッダ Sciamadda
Via XX Settem
マッテオッティ広場 P.za Matteotti
Via S. Bernardo
ヴェッキオ埠頭 Molo Vecchio
ヴィーコ・パッラ Vico Palla
サンドナート教会 S. Donato
P.za S. Andrea
S. Maria di Castello
コロンブスの家 Casa di Colomb
ソプラーナ門 P.ta Soprana
サン・アゴスティーノ教会 S.Agostino
N
P.za Sarzano
Sarzano(季節により閉鎖)
Sopraelevata
Corso M. Quadrio
Via Fieschi
Via Ravasco
0　100　200　300m
P.za Carignano
Via Atess
サンタマリア・カリニャーノ教会 S. M. Assunta di Carignano

ジェノヴァ
Genova

ジェノヴァの歩き方

Genova～という駅は20以上あるが、幹線上の駅は町の西側のプリンチペ駅と東側のブリニョーレ駅。路線や列車の種類によりプリンチペ駅、ブリニョーレ駅の両方、あるいはいずれかのみに停車するものがあるので、下車駅が決まっている場合は乗車前に確認をしておこう。プリンチペ駅とブリニョーレ駅は鉄道(地下鉄と共用)で約5分で結ばれている。ジェノヴァの中心は**フェッラーリ広場**Piazza De Ferrari。この広場へはブリニョーレ駅からが近く、その周辺に見どころも多い。とりわけ北側コルヴェット広場北西の約1.5kmにわたるガリバルディ通り、カイローリ通り、バルビ通り、サン・ルーカ通りなどは総称して**ストラーデ・ヌオーヴェ**Strade Nuoveと呼ばれ、ここに点在する**邸宅群(ロッリ)**が「世界遺産」に登録されている。堂々たる邸宅のたたずまいを見上げ、開かれた中庭や大玄関をのぞきながらの散策が楽しい。ヌンツィアータ広場Piazza della Nunziataからプリンチペ駅を結ぶ500mほどの通りは、ジェノヴァの繁栄の跡がしのばれる。堂々たる王宮や大学宮殿がこの通りにある。

ストラーデ・ヌオーヴェの「赤の宮殿」や「トゥルシ宮」などでは、天気がよければ案内係の先導で屋上のテラスへと上がることができ、すばらしい眺望を楽しむことができる。水族館や海の博物館、観光ガレー船がおかれた**ポルト・アンティコ**Porto Anticoも観光地として注目を集める界隈なので、時間が許せば散策してみよう。また、ヴェッキオ港(旧港)からはチンクエテッレへの観光船も出港している。

大型客船も入港するヴェッキオ港

世界遺産

ジェノヴァ:レ・ストラーデ・ヌオーヴェとパラッツィ・デイ・ロッリ制度
登録年2006年　文化遺産

ジェノヴァへの行き方

メインのターミナル駅は、ジェノヴァ・プリンチペ駅。宿泊場所によっては、ジェノヴァ・ブリニョーレ駅を利用するのがよい場合も。プリンチペ駅とブリニョーレ駅間は地下鉄で所要約5分。

ミラノから

ミラノ中央駅からジェノヴァ・プリンチペ駅まで、フレッチャロッサ(FR)やフレッチャビアンカ(FB)、インテルシティ(IC)で約1時間30分。レッジョナーレ・ヴェローチェ(RV)やレッジョナーレ(R)で約2時間。イタロ(ITA)の場合、約1時間45分～2時間。

トリノから

ポルタ・ヌオーヴァ駅からプリンチペ駅まで、ICで約1時間50分、RVで約2時間。

ミラノからのプルマンバス

地下鉄M1線ミラノ・ランプニャーノ駅やM3線サン・ドナート駅などからジェノヴァ・プリンチペ駅まで、FlixBusを利用して約2時間。2～3時間に1便程度で、€2.99～25.99。
URL www.flixbus.it

ジェノヴァ空港からのアクセス

ジェノヴァ市内から約7km西に位置している。空港からはVOLABUSがプリンチペ駅、フェラーリ広場を経由して、ブリニョーレ駅まで運行、所要約30分。空港発5:30～24:00、ブリニョーレ駅前発5:00～23:15、約1時間に1本程度の運行で切符€10。

また、空港からは最寄りのGenova Sestri Ponente駅までエアリンクシャトルが運行。空港発6:00～22:00に約15分間隔。切符€2(市バスと共通)。列車に乗り換えて、プリンチペ駅まで所要約15分。

●ジェノヴァ・セストリ空港
URL www.airport.genova.it

Information

市内の観光案内所
ⓘIAT Garibaldi
住 Via Garibaldi 12r
☎ 010-5572903
開 9:00～18:20
休 一部の祝日　地 P.370-A2
ⓘIAT Porto Antico
住 Ponte Spinola
☎ 010-5572903
開 4～9月9:00～18:20、10～3月9:00～17:50
休 一部の祝日　地 P.370-A2

市内交通
バス・地下鉄・ケーブルカー
　料金は共通。ケーブルカーはリーギRighi線、サンタンナ線Sant' Anna線の2ラインある。地下鉄は1路線で、Brin駅からBrignole駅をつなぐ。バスは140路線以上あり、少々複雑だが、さまざまな観光スポットへアクセスしやすい。
●1回券　€2(110分間有効)
●1日券　€10
タクシー
　市内中心部の初乗り料金は€4.50で、最低利用料金€7～。夜間や週末になると€2.50が加算される。空港⇔プリンチペ駅間は固定料金もあり、3人乗車の場合1人当たり€7、4人乗車の場合1人あたり€6。1人1個の荷物が含まれ、夜間と週末は€1が加算される。
ブリニョーレ駅の荷物預け
　駅構内のタバッキ隣にある。
営 8:00～20:00
料 手荷物1点につき4時間€6、その後1時間超過するごとに€1

観光に便利な共通チケット
●ジェノヴァ・シティ・パス
　市内の公共交通機関が無料になり、主要な観光スポットや美術・博物館への無料アクセスが可能。24時間券€20、48時間券€40、金～日限定の週末48時間券€35。
URL www.genovacitypass.it
●ジェノヴァ・ミュージアム・パス
　赤の宮殿、白の宮殿はじめ市内28ヵ所の美術・博物館に入場でき、さまざまな割引や特典が付いて€15。
URL www.museidigenova.it

●ジェノヴァの観光案内所
　赤の宮殿近くに案内所のメインオフィス、ポルト・アンティコ(旧港)の水族館近くと空港にブースがある。各種の資料が揃っている。

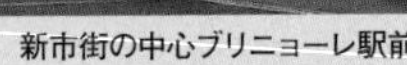
新市街の中心ブリニョーレ駅前

●郵便局　中央郵便局はフェッラーリ広場の南。プリンチペ駅にも郵便局がある。

●クルーズ　海からジェノヴァの町並みを眺めるツアーや季節限定のツアーなど各種あり。出発は水族館横の埠頭から。旧港クルーズの料金は約1時間€8～と良心的。

●市内の交通　前が海、後ろが山という地形のため、交通機関としては地下鉄とバスのほかに町の北側の高台に上る足として**ケーブルカー**Funicolareと**エレベーター**Ascensoreがある。

　なかでも、カイローリ通りが始まるLargo Zeccaと高台のRighiをつなぐケーブルカーがおすすめ。終点Righiの広場からはジェノヴァ市街や港のパノラマが望める。ガリバルディ通り北側のポルテッロ広場Piazza Portelloからエレベーター Ascensore Portello-Castellettoを利用して上がる、モンタルドの見晴らし台Belvedere Montaldoからもすばらしい風景を眺めることができる。地下鉄は町の郊外チェルトーザCertosaからプリンチペ駅を経由して港に沿って新市街のフェッラーリ広場からブリニョーレ駅まで運行している。

●ショッピング　ジェノヴァ一番の高級ショッピング・ストリートはローマ通りVia Roma。フェラガモ、ルイ・ヴィトンなどのおなじみのブランドショップが軒を連ねる。町のメイン・ストリート9月20日通りVia XX Settembreには商店やカフェが通りの左右にズラリと並ぶ。

　食料を調達したい人が必訪なのはVia XX SettembreとVia Colomboの間にある市場Mercato Orientale。修道院のキオストロを利用して1899年にオープンした歴史ある市場。肉や魚、果物、パン、雑貨などたいていのものが手に入る。港町ならではの活気を肌で感じよう。

メルカート・オリエンターレをのぞいてみよう

歴史

●地中海の王者　ジェノヴァ

　ジェノヴァは、紀元前にローマと南仏を結ぶ**アウレリア街道**Via Aureliaが建設されてから、交易地として発展してきた。しかし、第1の黄金期は、ヴェネツィア同様に、**十字軍遠征の頃からルネッサンス期まで**。強大な商戦隊や軍艦を所有し、ジェノヴァ共和国として、アマルフィ、ピサを向こうに回し、地中海の王者として君臨した。地理的な優位性もあり、強大な海軍国として発展した。次の黄金期は、1850年代。ナポレオンのリグーリア占領により衰退した**ジェノヴァ**だが、イタリア統一の指導者ガリバルディは、ジェノヴァ港からイタリア統一軍をシチリアに送った。以後は、新生イタリアの主要港として、イタリアとともに発展してきた。現在は、イタリア**第1の港湾施設**を誇る、人口65万の町。町の西側はサン・ピエール・ダレーナの工業地帯。リグーリア州最大の都市として発展を続けている。

ジェノヴァの見どころ

ポルト・アンティコ付近の見どころ

ガレー船の近くはすてきな散歩道

開発が進む**ポルト・アンティコ**☆☆は潮風が気持ちよい散歩道として整備されている。人気の高い水族館、海の博物館、海の上の温室、観光用ガレー船などがあり、観光スポットとしても欠かせない場所だ。ただし、路地は港町ならではの雰囲気があるので、女性はひとりで路地に入るのは避けよう。

ヴェッキオ港のガレー船近くから、港クルーズやチンクエテッレへの遊覧船が出ている。

行列のできる巨大水族館 MAP P.370-A1・2

ジェノヴァ水族館 ☆☆☆

Acquario di Genova アクアリオ ディ ジェノヴァ

水族館は
ポルト・アンティコにある

1992年コロンブス生誕500年を記念して開館した、ヨーロッパ最大級の近代的な水族館で、入館待ちの行列ができるほどの人気。

40を超える大型水槽には世界中の海洋生物が展示され、さながら水中で全世界を旅するよう。趣向を凝らした展示方法も人気で、いつも家族連れでにぎわう。

移民、造船、海洋……、海にまつわる博物館 MAP P.370-A1

ガラータ海の博物館 ☆☆

Galata-Museo del Mare ガラータ ムゼオ デル マーレ

新名所になった
海の博物館

水族館のすぐ近く、かつての造船場に面して立つ、大きなガラス張りの4階建て。海とともに生きたジェノヴァ500年の歴史が凝縮した博物館だ。3階Terzo Pianoから見学を始めよう。3階は19世紀の移民の際の手続き、移民船や移民風景を再現。1・2階には航海術をはじめ難破や嵐のドキュメント、ガレー船の歴史やその構造、ジェノヴァの海洋の歴史、地下1階にはこの町で生まれた冒険家**C.コロンブスの航海の歴史**や17世紀の長さ40mの**ガレー船**、武具を展示。屋上テラスからの海と市街の眺めもすばらしい。すぐ近くの海に浮かぶ**潜水艦**S518 Nazario Sauroの内部見学は貴重な体験だ。

コロンブスの船模型

✉ 荷物を預けて観光

プリンチペ駅の11番ホーム中央に荷物預けがあります。途中下車して荷物を預け、身軽になってジェノヴァの見どころをぐるっとひと回りしました。観光に疲れたら、ガラータ海の博物館で楽しいひとときを。一番の見どころは潜水艦見学。大人も童心に戻って楽しめます。
(山梨県 佐藤聖美)['24]

✉ 寄り道に注意！

一番危ないのは、プリンチペ駅からバルビ通りより海側の路地。夕方には商売女性がいっぱい立つあたりです。(大阪府 T.H.)['24]

旧市街、スピノーラ宮殿付近や港近くの小道は、港町ならではの雑多で猥雑な雰囲気。なるべく明るく広い道を歩き、不用意に小道に入るのは避けよう。(編集部)

●ジェノヴァ水族館
住 Ponte Spinola, Area Porto Antico
☎ 010-23451
開 夏季9:00～20:00、冬季10:00～20:00、土・日・祝9:00～20:00(最終入場2時間前)
休 一部の祝日
料 €22～32、65歳以上€18～28、4～12歳€14～23、3歳以下無料
URL www.acquariodigenova.it
※日付指定券とオープンチケットがあり、指定券のほうが安い

●ガラータ海の博物館
住 Calata De Mari 1
☎ 010-2533555
開 3～10月10:00～19:00、11～2月10:00～18:00、土・日・祝10:00～19:00(最終入場1時間前)
休 11～2月の月
料 €17、65歳以上・17歳以下€12(潜水艦見学を含む)
URL galatamuseodelmare.it

✉ 楽しい博物館

入館の際にもらうパスポートのバーコードを移民窓口などにある差し込み口に入れると、画面の係員が手続きをしてくれ、再現された移民船に乗ってアメリカへ入管するまでが体験できます。ガレー船の一部に入れたり、潜水艦見学もできます。海好きはもちろん、子供も大人も楽しめる博物館です。 (東京都 勇気丸)['24]

港に浮かぶ潜水艦

世界遺産のロッリの邸宅群＝ジェノヴァ貴族の館の特徴

16〜17世紀、貴族が贅を尽くし、ジェノヴァに集まった一流の職人や芸術家の手により生まれた貴族の館。内部はジェノヴァ風後期バロックと呼ばれるロココ風に華やかに装飾されている。花や草をモチーフにし、壁や天井が金色に塗られた唐草模様で飾られているのが特徴だ。

また、建築様式としては、室外と室内があたかもつながっているかのように、ロッジアや階上庭園Giardino Pensile、眺望のよいテラスを設けているのも目を引く特徴のひとつだ。

パノラマを楽しもう

スピノーラ宮、赤の宮殿などでは、屋根の上に張り出したような屋上テラスに出ることができる。海と山を背景にジェノヴァの町を見下ろし、すばらしい眺めが楽しめる。係員が鍵を開けて案内してくれる。雨や風の強い日は危険なため、閉鎖となる。

●王宮
住 Via Balbi 10
☎ 010-2705236
開 9:00〜19:00、火・毎月第1日・祝13:30〜19:00（最終入場18:30）
休 日・月、1月1日、12月31日
料 €10、17歳以下無料
URL palazzorealegenova.cultura.gov.it

ストラーデ・ヌオーヴェ付近の見どころ

1576年、ジェノヴァでは貴族の館を賓客のもてなし場（ゲストハウス）として利用することを法律で定めた。この貴族の邸宅リストは**ロッリ**Rolliと呼ばれ、これに登録された豪壮な邸宅群が**ストラーデ・ヌオーヴェ**☆☆☆に並ぶ。ストラーデ・ヌオーヴェとはコルベット広場から北西に約1.5km、南に600mに及ぶ、ガリバルディ通り、バルビ通り、カイローリ通り、ロメッリーニ通り、サン・ルーカ通りなどの総称だ。ゆったりとした坂道の左右にバロックやルネッサンス様式の邸宅が並ぶ。ファサードはスタッコ（漆喰細工）や掻き画、彫像などで飾られ、この町の栄華をとどめている。ほとんどの邸宅が現在も銀行やオフィスなどに利用されているため、見学は外観のみ。

ガリバルディ通り

美しい邸宅が続く

美しいロッリの中庭の天井

18世紀貴族の館の典型 MAP P.374-1

王宮

Palazzo Reale/Galleria di Palazzo Reale パラッツォ レアーレ/ガッレリア ディ パラッツォ レアーレ

17世紀に建築されたバルビ家の大邸宅。1830年頃に、サルデーニャ王のサヴォイア家の住まいとなったため、王宮と呼ばれている。

スタッコ（漆喰細工）やフレスコ画で装飾された華麗な室内が広がり、とりわけ名高いのが「鏡の間」La Galleria degli Specchi。

イタリア国王サヴォイア家の住居

玉座が置かれた「謁見の間」Sala delle Udienzeにはヴァン・ダイクによる堂々とした『カテリーナ・バルビ・ドゥラッツォの肖像』、「王の寝室」には『磔刑（たっけい）』が飾られている。

遊び心あふれるフレスコが飾る　MAP P.374-2

赤の宮殿 ★★

Musei di Strada Nuova Palazzo Rosso/Palazzo di Ridolfo e Gio Francesco Brignole Sale

ムゼイ ディ ストラーダ ヌオーヴァ パラッツォ ロッソ/パラッツォ ディ リドルフォ エ ジオ フランチェスコ ブリニョーレ サーレ

赤の宮殿の名称がうなずける

17世紀後半、ブリニョーレ・サーレ家の兄弟により建築された館で、1874年に邸宅とコレクションが市に寄贈された。

1階には、ヴェロネーゼの『**ホロフェルヌスの頭を持つユディット**』Giuditta con la testa di Oloferne、グエルキーノの『**クレオパトラの死**』Morte di Cleopatra、デューラーの『**若者の肖像**』Ritratto di Giovaneなど。

中2階には、ヴァン・ダイクがジェノヴァ滞在中に描いたという貴族の肖像が並ぶ。

大階段が印象的　MAP P.374-2

白の宮殿 

Musei di Strada Nuova Palazzo Bianco/Palazzo di Luca Grimani

ムゼイ ディ ストラーダ ヌオーヴァ パラッツォ ビアンコ/パラッツォ ディ ルーカ グリマーニ

16世紀に建築され、18世紀に現在見られるバロック風のファサードやトゥルシ宮とつながる中庭が造られた。19世紀後半に市に寄贈され、建物の一部は市庁舎として使用されている。玄関を入ると左右に彫像を従えた大階段、その先に広い中庭が広がる。

見学は3階から。17〜18世紀のジェノヴァ派とフランドル派の絵画が充実。ハンス・メムリング『**祝福を受けるキリスト**』Cristo Benedicente、ルーベンスの『**ヴィーナスとマルス**』Venere e Marteなど。

パガニーニの遺品を展示　MAP P.374-2

ドーリア・トゥルシ宮 ★

Palazzo Doria Tursi/Palazzo di Nicolo Grimaldi

パラッツォ ドーリア トゥルシ/パラッツォ ディ ニコロ グリマルディ

現在は市庁舎として利用されており、見学のための入口は白の宮殿の最上階から続いている。ジェノヴァの風景画、かつては薬として使われていた香草や香辛料を入れたジェノヴァとリグーリア州産のマヨルカ焼の壺、ストラーデ・ディ・ヌオーヴェのジオラマなどを展示。音楽ファンには必見のパガニーニが愛用したバイオリン、グァルネリGuarneri del Gesùやカノン Cannoneをはじめ、彼の遺品を展示。

トゥルシ宮のロッジア

●ストラーダ・ヌオーヴァ美術館
Musei di Strada Nuova
赤の宮殿、白の宮殿、ドーリア・トゥルシ宮への入場に共通。

住 Via Garibaldi
☎ 010-5572193
開 夏季9:00〜19:00、土・日10:00〜19:30、冬季9:00〜18:30、土・日9:30〜18:30(最終入場1時間前)
休 月
料 €9、65歳以上€7、18歳以下無料（赤の宮殿、白の宮殿、ドーリア・トゥルシ宮に共通）

✉ **赤&白の宮殿を探訪**

私が行った1月は日曜にもかかわらず、訪れる人は2〜3人で完全な貸し切り状態。屋上の見事なパノラマには歓声を上げてしまいました。雪山と青い海、家々のコントラストがすばらしい風景をつくり出していました。じっくり見ると2〜3時間はかかる見応えのある美術館でした。(東京都　蘭泉)['24]

白亜の宮殿

パガニーニ愛用のグァルネリ

16世紀に建てられた現在の市庁舎

貴族の生活を感じさせる16世紀の小館 MAP P.374-2

スピノーラ宮殿

Palazzo Spinola/Galleria Nazionale di Palazzo Spinola

パラッツォ スピノーラ/ガッレリア ナツィオナーレ ディ パラッツォ スピノーラ

外観・内部ともにロココ風に装飾され、1階の大広間Saloneの天井には、この館の最初の主であるグリマルディ家の栄光をたたえるフレスコ画が描かれている。2階はとりわけ華やかな空間。3階のアントネッロ・ダ・メッシーナによる『この人を見よ』Ecco Homoはこの美術館の傑作。4階からエレベーターで眺望のよいテラスへ行くことができる。

エレガントなスピノーラ宮殿

●スピノーラ宮殿
住 Piazza Pellicceria 1
☎ 010-2705300
開 9:00～19:00、火・毎月第1・3日曜13:00～19:00（最終入場30分前）
休 月、第2・4・5日曜、祝日
料 €10、18～25歳€2
URL palazzospinola.cultura.gov.it

フェッラーリ広場付近の見どころ

フェッラーリ広場の噴水

貴族の館の並ぶ、ガリバルディ通りが中世の高級住宅街とするならば、このあたりはさしずめ官庁街だった所。現在でも市の中心。**ドゥカーレ宮殿** Palazzo Ducaleは、都市国家ジェノヴァの総督の公邸だった所。すぐ西側には、**サン・ロレンツォ教会（ドゥオーモ）** San Lorenzoの雄姿。黒と白の大理石の正面（ファサード）は、ゴシック様式だ。キリストが最後の晩餐に使ったといわれる聖杯Sacro Catino（サクロ カティーノ）が左奥のモダンな造りの宝物殿に収められている。

●ドゥカーレ宮殿
住 Piazza Matteotti 9
☎ 010-8171600
開 7:00～23:00（展示会やイベントによって異なる）
地 P.370-B2
URL palazzoducale.genova.it

●サン・ロレンツォ教会宝物殿
住 Piazza S. Lorenzo
☎ 010-2700295
開 9:00～12:00、15:00～18:00
休 日、一部の祝日
料 無料、宝物庫€5
地 P.370-B2

サン・ロレンツォ教会

各時代の様式美が集中 MAP P.370-B2

サン・マッテオ広場 ★★

Piazza San Matteo

ピアッツァ サン マッテオ

ドゥカーレ宮殿の南側にある小さな広場だがジェノヴァの名門、ドーリア家の建物が集まっている所。12～15世紀に建てられた宮殿は4つあり、各時代の様式を象徴して興味深い。写真のブランカ・ドーリア宮殿は13世紀の建築。この向かいがサン・マッテオ教会S.Matteo。ここには海の王者といわれたアンドレア・ドーリアが眠る。

ブランカ・ドーリア宮殿(左)とサン・マッテオ教会

コロンブスが暮らした MAP P.370-B2

コロンブスの家 ★

Casa di Colombo

カーサ ディ コロンボ

ツタの絡まる小さな家。コロンブスが少年時代を過ごしたこの場所に、18世紀に復元されたもの。

●コロンブスの家
住 Via di Porta Soprana
☎ 010-4490128
開 夏季10:00～18:00、土・日10:00～19:00、冬季10:00～17:00、土・日10:00～17:30
休 月、一部の祝日
料 €3、18歳以下無料
※サンタンドレアの塔Torri di Sant'Andreaなどとの共通券€8

コロンブスの家

コルヴェット広場付近の見どころ

コルヴェット広場の北西側には、小高い公園ヴィレッタ・ディ・ネグロVilletta di Negroがあり、うっそうとした緑が広がる。

充実した東洋美術コレクション MAP P.374-2

キオッソーネ東洋美術館 ☆

Museo d'Arte Orientale(E. Chiossone)　ムゼオ ダルテ オリエンターレ(E.キオッソーネ)

日本の古美術コレクションが見事

ヴィレッタ・ディ・ネグロの頂にあり、**日本の古美術や11～19世紀の日本絵画や日本、中国、タイの仏像、日本の武具、陶磁器、漆器類、衣装類のコレクション**が、吹き抜けになった7階に分かれたフロアに展示。**3000点を超す版画**など、画家キオッソーネが、明治時代に日本に滞在したときに集めたもの。掛け軸・屏風などの展示方法が日本と違っていておもしろい。また、どれも保存状態がよいことに驚かされる。

●キオッソーネ東洋美術館
住 Piazzale Mazzini 4
☎ 010-5577950
開 6月下旬～9月頃9:00～19:00、土・日10:00～19:30、10月～6月中旬9:00～18:30、土・日9:30～18:30（最終入場30分前）
休 月、1月1・6日、12月25・26日
料 €5
URL palazzospinola.cultura.gov.it

キオッソーネ美術館への行き方

美術館への道は地図を見てもわかりにくく、正面がどちら向きかもわかりません。コルヴェット広場から北西方向を見ると、円柱のG.Mazziniの記念碑が見えます。この脇を回り込んだ先に道があります。左上を上ると美術館の正面に出ます。美術館には車ではアプローチできません。
（愛知県　中村宏雄）

Ristorante ジェノヴァのレストラン

充実した軽食を出すバールや高級店など、さまざまなタイプの店が充実しているジェノヴァ。郷土料理を出す店が多いのも旅行者にはうれしい。駅や大きな広場周辺などに店が多い。

イル・マリン Il Marin-Eataly　P.370-B2

海を眺めながら
水族館の近く、ポルト・アンティコにあるイータリーの最上階のガラス張りのレストラン。買い物や観光途中に便利な立地で、窓の外に広がる海を感じながらの食事が楽しい。郷土料理を中心とした料理が楽しめる。

住 Calata Cattaneo 15
☎ 010-8698722
営 19:30～22:30、土・日12:30～15:00、19:30～22:30
休 火、1月
予 €50～（コペルト€3）
C A.J.M.V.

トラララレロ Tralalero　P.370-A1

郷土料理が楽しめる
ホテル内にあるオステリアだが、開放的で敷居は低い。伝統的なリグーリア料理が楽しめる。プリンチペ駅からも近く便利。特にランチのセットメニューがお値ごろでおすすめ。旬の魚料理も人気だ。

住 Via Arsenale di Terra 1
☎ 010-2772834
営 12:30～14:45、19:00～22:30
休 一部の祝日
予 €50～（コペルト€2.50）
C A.D.J.M.V.

ヴィーコ・パッラ Antica Osteria di Vico Palla　P.370-B1

旧港近く、歴史あるオステリア
旧港、水族館近くの埠頭にある、歴史ある家族経営のレストラン。伝統的な郷土料理を中心に新鮮な魚料理が味わえる。魚介のフリットFritturaなどがおすすめ。 要予約

住 Vico Palla 15/r
☎ 010-2466575
開 12:15～14:45、19:30～22:45
休 月、1月
予 €40～（コペルト€2）
C A.J.M.V.

レ・ルーネ Le Rune　P.370-A2

定食がおすすめ！
S.Annaのケーブルカー駅近くにある、リグーリア料理のカジュアルレストラン。魚介類中心のアラカルトもおすすめ。メニューは季節によって変わるので、リピーターも多い。夜は要予約。

住 Salita Sant'Anna 13r
☎ 010-594951
営 12:30～14:00、19:00～22:00、土18:30～22:00
休 日・月
予 €40～
C A.M.V.

ジェノヴァのB級グルメ

ジェノヴァ名物の**ファリナータ**Farinataは、エジプト（ヒヨコ）豆の粉を水で溶いて薄く焼いたもの。おすすめは、**アンティーカ・シャマッダ**Antica Sciamadda（住 Via San Giorgio 14r　営 10:00～14:30、17:30～19:30　休 日、7月中旬～8月　地 P.370-B2）。揚げ物なら、オリーブ油で揚げた新鮮な魚介類がレストランに勝るとも劣らない**アンティーカ・フリッジトリア・カレーガ**Antica Friggitoria Carega（住 Via di Sottoripa 113r　営 8:30～19:00、日9:00～17:00　休 月、7月　地 P.370-A2）。

揚げ物店にて

Hotel ジェノヴァのホテル

ジェノヴァには、経済的なホテルやペンショーネがめじろ押し。町のいたるところに、経済的なホテルが点在している。夜遅く駅に着いても、駅近くにもペンショーネが密集しているので安心。一番安い地域は旧市街地の港近くだが、女性のひとり旅の場合は避けたほうがよい。

プリンチペ駅付近と旧市街

★★★★★ グランドホテル・サヴォイア Grand Hotel Savoia P.370-A1

町の歴史を伝える
プリンチペ駅前にある1897年創業のこの町を代表するホテル。ジェノヴァらしいインテリアの客室や創業当時のたたずまいを残した重厚なバーで町の歴史に思いをはせたい。ジェノヴァ湾を見下ろすテラスからの眺めもすばらしい。レストラン併設。

URL www.grandhotelsavoiagenova.it
住 Via Arsenale di Terra 5
☎ 010-27721
Fax 010-2772825
SB €150～
TB €170～
室 117室 朝食込み W-F
C A.D.M.V.

★★★★ NHコレクション・ジェノヴァ・マリーナ NH Collection Genova Marina P.370-A1

海に囲まれて
水族館や海の博物館のすぐ近く、ポルト・アンティコの埠頭に立つ。朝食室やバルコニー付きの部屋からはヨットハーバーやかつての造船場の風景が広がり、ジェノヴァに来たことを実感させてくれる。部屋は近代的で清潔。郷土料理が楽しめるレストラン併設。

URL www.nh-hotels.com
住 Molo Ponte Calvi 5
☎ 010-25391
Fax 010-2511320
SB €150～
TB €180～
室 133室 朝食込み W-F
C A.D.J.M.V.

★★★ ヌオーヴォ・ノルド Hotel Nuovo Nordo P.370-A1

王宮そば、静かで清潔
1800年代の館を改装したホテル。モダンな客室は広めで清潔、二重窓で騒音の心配もない。プリンチペ駅から約500m。エレベーターはない。
URL www.hotelnuovonord.com

住 Via Balbi 153r
☎ 010-2464470
Fax 010-2727265
SB €60～
TS €70～
3S €120～
室 19室 朝食込み W-F
C A.M.V.

★★★★ コンチネンタル・ジェノヴァ Hotel Continental Genova P.370-A1

落ち着いたブティックホテル
アールヌーヴォー式のクラシックな建物だが、ホテルの中はカラフルかつモダン調度品が並び、客室も居心地がよい。バスタブ付きの部屋もあり。レストランでは新鮮な魚料理を提供。

URL www.hotelcontinentalgenova.it
住 Via Arsenale di Terra 1
☎ 010-261641
TS €135～
3S €195～
室 44室 朝食込み W-F
C A.J.M.V.

B&B イ・リーヴィ B&B I Rivi P.370-A2

清潔な邸宅B&B
19世紀の邸宅を改装したB&B。客室は清潔でフレスコ画が残る部屋もある。オーナーは親切で朝食も充実。プリンチペ駅からバス34番でPiazza Fontane Maroseで下車後、徒歩約6分。

住 Scalinata Lercani 2/21
☎ 010-2512585
SB €80～
TB €105～
室 1室 朝食込み W-F
C M.V.

オステッロ・ベッロ・ジェノヴァ Ostello Bello Genova P.370-A1

観光にも移動にも便利
イタリアに展開しているホステル。ドミトリーの各ベッドにコンセントや読書灯が付いていて便利。個室は専用バスルーム付き。チェックイン時にドリンクサービス券がもらえるのもうれしい。

URL ostellobello.com
住 Via Balbi 38
☎ 010-2470800
D €30～
TS €80～
室 219床 朝食込み W-F
C M.V.

ブリニョーレ駅付近

★★★★ モデルノ・ヴェルディ Best Western Hotel Moderno Verdi P.371-B3

駅前で快適・便利
ブリニョーレ駅前にあり、イタリア人ビジネスマンの利用も多い。1920年代の建物を改装した室内はエレガント。レストランを併設している(夜のみ)。
URL www.modernoverdi.it

住 Piazza G.Verdi 5
☎ 010-5532104
Fax 010-581562
SB €120～
TB €150～
室 87室 朝食込み W-F
C A.D.M.V.

★★★★ アストリア Hotel Astoria P.371-B3

居心地よい客室
ブニリョーレ駅に近く、客室は広々としていて、バスルームも明るく清潔。バーラウンジやジムも併設している。連泊割引あり(公式サイトをチェック)。スタッフもみな親切で頼りになる。

URL www.astoriagenova.it
住 Piazza Brignole 4
☎ 010-4556125
TS €140～
3S €190～
室 69室 朝食€15 W-F
C A.D.J.M.V.

※ジェノヴァの滞在税 YH€2 ★€2 ★★€2.50 B&B、★★★€3 ★★★★€4 ★★★★★€5 最長8泊、14歳以下免除

自然と歴史に育まれた海岸線

チンクエテッレ 世界遺産 Cinqueterre チンクエテッレ

トレッキングロードからヴェルナッツァ遠望

チンクエテッレとは、リヴィエラの終点ラ・スペツィアの西にほぼ等間隔で並んだかつての**5つの漁村の総称**だ。ジェノヴァ寄りから、モンテロッソ・アル・マーレ、ヴェルナッツァ、コルニーリア、マナローラ、リオマッジョーレと続く。さらに西側のポルトヴェーネレとパルマリア島を含めてユネスコの世界遺産に登録されている。

船が停泊できるリオマッジョーレ

この一帯は、交通手段が船に限られた時代が長かったため、時の流れに置き去られたようなひなびた集落が残り、独自の文化が育まれたという。切り立った丘には何世紀にもわたり人の手により、セメントなどの接合剤を使わずに石組みが築かれ、その総延長は7000㎞にも及ぶ。気の遠くなるような忍耐強い人々の営みは、海へと続く段々畑に整然とブドウ畑が広がる風景をつくり出した。

ジェノヴァ湾を行き交う船

美しい自然と景観、そして特産の甘口ワイン、シャッケートラSciacchetraが旅人を遠い昔の世界に誘ってくれる。

世界遺産

ポルトヴェーネレ、
チンクエ・テッレ及び小島群
登録年1997年　文化遺産

チンクエテッレへの行き方

ジェノヴァから
トレニタリアで、ジェノヴァ・プリンチペ駅からモンテロッソ・アル・マーレまではインテルシティ(IC)で約1時間20分、レッジョナーレ(R)で約2時間。

フィレンツェから
トレニタリアで、フィレンツェS.M.N.駅からRで約2時間20分。

ラ・スペツィアからの遊覧船
復活祭の時期から10月末には、ラ・スペツィアからポルトヴェーネレやチンクエテッレの村へ遊覧船が運航している。1日券€39、片道€30など
URL navigazionegolfodeipoeti.it

チンクエテッレ周遊はどこから?
大きな町は西のジェノヴァ、東のラ・スペツィアだ。町の規模も大きいので、ホテル探しも簡単だ。ただ、ラ・スペツィアは駅から港まではやや距離があるのが難点。ジェノヴァでの宿泊を考えて、コースを考えよう。それぞれの町との間は5分程度で結ばれ、モンテロッソからリオマッジョーレまでは列車Cinque Terre Expressで約15分。ジェノヴァから近いモンテロッソで下車し、遊覧船で各町の景観を楽しみ、リオマッジョーレから鉄道で帰路に着くのもいい(または逆コースも◎)。モンテロッソの遊覧船乗り場は駅から約500mあるが、ビーチやかつての漁村の雰囲気を楽しみながら歩こう。リオマッジョーレの船着場は駅を下りてほぼ真っすぐ進み、海への小道を進んだ崖の上にある。遊覧船の切符は手前の切符売り場または船で直接購入可。

モンテロッソ・アル・マーレ Monterosso al Mare

駅のそばに広がる海水浴場

チンクエテッレで一番大きな集落。駅を出るとすぐに目の前に海が広がる。遊歩道の下では、大きな岩に波が砕け、砂浜では人々が波と戯れる。砂浜に張り出したテラスで海を眺めながらゆっくり過ごすのも旅の思い出だ。町は駅を出ると左右に広がり、左のトンネルを越えた集落は昔の漁村の面影を残し、細い路地が続いている。右側はホテルやレストラン、みやげもの店などが続く。

いざ、チンクエテッレの村々へ

ⓘモンテロッソ・アル・マーレの観光案内所
住 Via Fegina 38
☎ 0187-817506
開 9:00～19:00
※冬季は休業の場合あり
※荷物預けあり

船着場の場所は？
駅を背に左へ進み、トンネルを越えた湾の右側。手前に切符売り場あり。

フィレンツェ発日帰りツアー
公共交通機関でチンクエテッレを訪れてみたいが、移動に不安が残る……という人はフィレンツェ発の日帰りツアーに参加するのも手だ。日系の旅行会社では日本語アシスタント同行でフィレンツェS.M.N.発着ツアーを催行していたりもするので、チェックしてみよう。

Hotel モンテロッソ・アル・マーレのホテル

海や散歩道の美しいチンクエテッレは、少ない荷物で身軽に訪れたい。そのためには、モンテロッソ・アル・マーレに宿を取るのがおすすめ。 ※滞在税 ★～★★★€2 ★★★★以上€2.50 3泊まで

★★★ パスクアーレ Hotel Pasquale

海に近いホテル
ホテルからの眺めは最高。シーズン中は、1階にあるレストランの3食付きで泊まれる。冷房付き。駅を出たら左に約600m。公式サイトは日本語にも対応している。
URL www.pasini.com

住 Via Fegina 4
☎ 0187-817550
Fax 0187-817056
SS €90～
TS €135～
4S €180～
室 15室 朝食込み W-F
休 11～2月 C J.M.V.

★★★ ヴィッラ・ステーノ Villa Steno

静かなホテル
ほとんどの部屋には、海の見える小さなバルコニーが付いている。車の騒音なんて絶対に聞こえてこない。のんびりできる家庭的なホテル。料理教室も開催している(要予約)。
URL www.villasteno.com

住 Via Roma 109
☎ 0187-817028
Fax 0187-817354
SS €90～
TB €150～
3B €185～
室 16室 朝食込み W-F
休 冬季 C M.V.

ヴェルナッツァ　Vernazza

中世の雰囲気を残すヴェルナッツァの夕暮れ

海から望むヴェルナッツァの光景

高台から眺めるヴェルナッツァの美しさはまるで1枚の絵のよう。小さな湾には船が浮かび、その周囲にはピンクに彩られた家々が並ぶ。中世の面影を残す石畳の路地、柱廊、階段に導かれる高台には、中世の城砦で11世紀に再建された塔がそびえる。穏やかな湾には13世紀のジェノヴァ・ロマネスクの教会S. Margherita di Antiochiaが立ち、周囲には飲食店が並ぶ。日光浴する人たちがカラフルな色彩を添え、リゾート気分満点な村。

ヴェルナッツァに上陸

駅からすぐに海へと続くメインストリートが始まるので、時間に余裕のない人はここを訪ねよう。

チンクエテッレのトレッキング・ルート

チンクエテッレを歩くルートはいくつかあり、案内所では簡単な地図を配布している。ちなみに、案内所の資料ではモンテロッソ・アル・マーレからリオマッジョーレ間は約4時間30分。リオマッジョーレから高台の町で景色の美しいポルトヴェーネレ間は約3時間30分。尾根づたいにモンテロッソ・アル・マーレからポルトヴェーネレへ抜けるコースは10時間30分。本格的にトレッキングを楽しみたい向きは、詳しい地図と装備を忘れずに。

トレッキングロードは有料(チンクエテッレ・カードのみで単独券はない)。各ルート入口に切符売り場あり。

✉ トイレ情報

チンクエテッレの5駅のトイレはすべて有料 (€1)。ちなみにレヴァント駅のトイレは無料です。

(兵庫県　神戸のたぬき)['24]

チンクエテッレ・カード (→P.383) を持っている人は無料でトイレを利用できる。(編集部)

✉ 列車の遅れに注意

チンクエテッレ・カードを購入したら列車の時刻表もくれました。9:00台の列車は40分遅れました。乗り継ぎなどの予定がある方は早めの行動を。

(兵庫県　神戸のたぬき)['24]

✉ 絶景を求めて

高台からヴェルナッツァの風景を見るため、夕暮れ時に合わせて観光船を下船しました。船着場から駅へ向かうみやげもの屋が並ぶ通りの途中にモンテロッソへ向かうトレッキングロードが左に続いています (表示を見逃さないように。駅からの道は遠回りです)。中世の面影を残す石畳を上り下りすること、約15分で絶景が目の前に現れます。　(山梨県　佐藤聖美)['24]

✉ ジェノヴァから日帰りの際の注意点

ジェノヴァからリオマッジョーレへの直行便は少なく、帰りの便も乗り換えが必要(ICは除く)。マナローラからレヴァント方面行きも1時間に1便しかありませんでした。駅の案内所で時刻表を調べてもらって計画を立てるのが時間を有効に使えます。

(京都府　山田さゆり)['24]

チンクエテッレの鉄道時刻表や料金は以下の観光サイトにまとまっている。(編集部)

URL www.cinqueterre.eu.com/en/cinque-terre-timetable

ミニバス乗り場

駅を出て、左へ。坂道の途中にバス停がある。

✉ 遊覧船の時刻表

一応時刻表はありますが、夏は大勢の人が乗り降りするため、遅れが出ます。時刻表はあまりアテにせず、船着場へ向かうのが最善の方法です。2階のテラス席からの眺めは最高で潮風や太陽が気持ちよかった。　（東京都　右京）

トレッキングロードには標識が完備

コルニーリア　Corniglia

高台の町コルニーリア

船の寄航しない浜はとっても静か

チンクエテッレで唯一海から行くことができない集落。船が寄航できない集落は険しい崖とブドウ畑の上に広がる。駅からは長くややきつい階段（377段）を上がるかミニバスを利用する。つづら折りの階段の途中から眺める海は、格別な美しさ。村の入口、ミニバスの終点に立つのが14世紀のSan Pietro教会。集落は細い路地が迷路のようで、祈禱所(きとう)Oratorio dei Disciplinatiや断崖の下に白波を上げる海岸へと続いている。

2024年現在、トレッキングルートはここからモンテロッソ・アル・マーレへ続いている。教会を背に右に舗装道路を上ると切符売り場と登り口がある。

2024年夏再開？　愛の小道とトレッキングロード

しっかりとした靴で！

チンクエテッレ各所にはトレッキングロードが整備されている。リオマッジョーレからマナローラへと続く海沿いの道は**「愛の小道」**Via dell'Amoreと呼ばれて有名だ。舗装されて歩きやすく、眺望のよい所だが、2024年3月現在も、土砂崩れのためほぼ通行禁止。しかし、大規模な修復工事を経て、2024年7月に再オープンを予定。ここから続く、コルニーリアとモンテロッソ・アル・マーレ間は通行可能。コルニーリア、モンテロッソ・アル・マーレいずれからスタートしてもやや長い階段の上りがあり、難易度は同じくらい。総計約7㎞。各所にあるSentiero Corniglia-VernazzaやSentiero Monterosso-Vernazza No.592 "Sentiere Verde-Azzurro"の標識を目印に進もう。迷う心配は少ないが、心配なら近くの人に尋ねてみよう。コルニーリアからヴェルナッツァ、ヴェルナッツァからモンテロッソまでいずれも観光案内所によると所要1時間30分程度。自分の体力や経験などを考慮して計2時間30分から3時間30分程度を見込んでおこう。

まだほぼ通行止め

森やブドウ畑に続く小道からはところどころですばらしい海岸の眺望が広がり、かつて人力のみで積み上げた石の垣根が見られ、自然と共存した先人の苦労がしのばれる。すれ違いが難しい小道や急な階段があり、足元もときにはザレ場が続く。多くの人はトレッキングシューズにザック、手には登山用のポールを手にしている。集落間にはバールなどはないので、軽食や水を持っていこう。

モンテロッソ・アル・マーレからの入口は駅を背に左に進み、トンネルを出て海岸を越えた高台へ続く道から。コルニーリアからは上記、町の項参照。入口近くに切符売り場がある。

■マナローラ　Manarola

古い漁村の雰囲気のマナローラの村

老若男女に人気のトレッキングロード

みやげもの店の並ぶ短い目抜き通りを抜けて海岸線へ出ると、かつての漁村の雰囲気がよく残っている。トレッキングロードから遠望する湾越しの眺めがよい。クリスマス時期には集落全体が「世界で一番大きいプレゼーピオ（キリスト生誕の様子を表したジオラマ）Il più grande presepe nel mondo」と称されるイルミネーションで飾られることでも知られている。

■リオマッジョーレ　Riomaggiore

船着場からの眺めがすばらしいリオマッジョーレ

ここからは鉄道も利用しよう！

リオマッジョーレに上陸する

観光船が入る岩礁が張り出した船着場は波が打ちつける大きな岩に囲まれ、ドラマチックな雰囲気。船を利用せずとも、ぜひ船着場まで足を延ばしてみよう。海辺にはアーチを描く古い建物、高台にはピンクや黄色の色とりどりの家々が並ぶ。小さな集落ながら、坂道を上り下りする高低差で変わる風景を楽しもう。

お得な共通券をゲット！

チンクエテッレを歩くときに便利なチンクエテッレ・カードCinque Terre Card。

●チンクエテッレ・トレッキングカード

モンテロッソ～ヴェルナッツァ間およびヴェルナッツァ～コルニーリア間以外のすべてのトレッキングロードが無料に。またチンクエテッレ公園内を運行するミニバス利用が無料。博物館への割引入場などの特典もあり。

料 1日券€7.50、2日券€14.50、4～11歳1日券€4.50、2日間券€7.20。

●チンクエテッレ・トレノ・MSカード

上記トレッキングカードの内容に加えて、レヴァントからラ・スペツィアまでの列車の切符込み（2等利用、期間内無制限に利用可）。

料 ハイシーズン時の1日券€19.50～、2日券€34～、3日券€46.50～、4～11歳1日券€12.50～

※夏季と冬季で料金が異なるので、事前に観光案内所やウェブサイトで確認しよう

URL www.cinqueterre.eu.com/en/cinque-terre-card

香草、オリーブオイル、魚介類、野菜が主役 B級グルメにも注目

■リグーリア州の料理

フランスの一大リゾート、コート・ダジュールから続くリヴィエラ海岸に沿って広がるリグーリア州。州都ジェノヴァは中世にはヴェネツィアと覇を競い、今もイタリア最大の港湾都市だ。陽光に恵まれ、温暖なこの地は香草、各種野菜、オリーブオイルの特産地であり、これと水揚げされたばかりの**新鮮な魚介類**がテーブルの主役だ。

オリーブオイルやオリーブを使用して魚が登場

また、古くから海洋貿易の中継地であったこの地には北の大西洋産の**塩漬け干しタラBaccalà**や**風乾した干しタラStoccafisso**が運ばれ、ギリシア、サルデーニャ、シチリアなどからもたらされた料理も多い。

ここで最も名高いのが**ペースト・ジェノヴェーゼPesto Genovese**。バジリコ、松の実、オリーブオイル、ペコリーノチーズで作ったグリーンのソースで、スパゲッティを平たくつぶした**Trenette**や細くてツイストしたパスタの**Trofie**であえることが多い。

トロフィエのジェノヴェーゼ。ジャガイモが入ることが多い

野菜類を詰めたラビオリの一種**パンソティの生クルミソースあえPansoti in salsa di Noci**もよく知られている。

揚げたてを店頭で。イワシのフライがおいしい

前菜では**詰め物をしたイワシのフライAcciughe Ripieni**、**復活祭のパイTorta Pasqualina**（ゆで卵の切り口が鮮やかな野菜入りのパイ。今では1年中食べられる）、**Moscaldini alla Ligure**はタマネギがたっぷり入った小タコのマリネ。

港近くの揚げ物店が盛況

Cozze alla Spezzinaはモルタデッラソーセージまたはツナ、パン粉、チーズなどを詰めたムール貝の蒸し煮。**カッポン・マグロCappon Magro**は、本来ふんだんに魚介類を使って大皿でサービスされる豪華な前菜だが、現在はおしゃれにアレンジされたひと皿として供されることが多い。

セコンドでは、**チーマのジェノヴァ風Cima alla Genovese**は子牛肉の塊をポケット状に開き、ひき肉、チーズ、ゆで卵、グリーンピースなどを詰めて縫い合わせて、ボイルして薄切りにしたもの。干しタラは油で揚げて**フリットFriscieu**やオリーブやジャガイモと煮込んだ**Stoccafisso Accomoda**などに料理される。

この州で欠かせないB級グルメが**ファリナータFarinata**。**Ceci**＝エジプト豆（ヒヨコ豆）の粉を水で溶いて大きく薄く焼き上げたもの。**フォカッチャFoccacia**はピッツァの生地を天板にのばしてたっぷりのオイルをふって焼き上げたものでほかの地域に比べて軟らかく香ばしい。

ファリナータはご当地B級グルメの代表

●おすすめワイン●

チンクエテッレ Cinqueterre
白、薄甘口～甘口
世界遺産のチンクエテッレ産のワイン。シャッケートラSciacchetràは甘口の極上デザートワイン

コッリ・ディ・ルーニ Colli di Luni
赤・白、辛口
トスカーナ州寄りの丘で造られるワイン。**ヴェルメンティーノ**Vermentino（白）がおすすめ

ボローニャと エミリア・ロマーニャ州

Bologna e Emilia-Romagna

ローマ

州の真ん中を貫通するエミリア街道を中心に、古代から交通の要衝として発達。エトルリアの遺品からビザンチン、ロマネスク、ゴシック……。今でも各時代の美術品がさまざまな町に点在している。ポー川流域は豊かな穀倉地帯で、小麦やブドウ、牛や豚の飼育が盛ん。パルマやモデナなど美食の町としても名高い。州都ボローニャは、ヨーロッパ最古の大学があることでも有名。

ボローニャの町角

観光のヒント

ボローニャを拠点にして各町へ行こう。すべて日帰り観光が可能だが、サン・マリノ共和国に足を延ばすなら、最低でも1泊したいところだ。

州の名産品

パルミジャーノ・レッジャーノ、パルマの生ハム、モデナのバルサミコ酢など各町に特産品がある。微発泡赤ワインのランブルスコも人気。

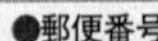

●郵便番号　40100

世界遺産

ボローニャのポルティコ群
登録年2021年　文化遺産

ボローニャへの行き方

ローマから
ローマ・テルミニ駅からボローニャ中央駅までフレッチャロッサ(FR)やイタロ(ITA)で約2時間〜2時間30分。

フィレンツェから
フィレンツェ・サンタ・マリア・ノヴェッラ駅からボローニャ中央駅までFRやITAで約40分、レッジョナーレ(R)では、プラートPrato乗り換えなどで約1時間45分。

ミラノから
ミラノ中央駅からボローニャ中央駅までFRやITAで約1時間、インテルシティ(IC)やRで約3時間。

市内交通
中央駅からマッジョーレ広場までは徒歩約20分。バスならA、25、30番などで約10分。駅から中心部まで柱廊のポルティコが続き、道も平坦なので、スーツケースを引きながらでも歩きやすい。

バス
●1回券　€1.50(75分間有効)
※車内で購入する場合€2
●1日券　€6(最初に切符を刻印したときから24時間)
URL www.tper.it

タクシー
初乗り€3.40、休日€5.30、夜間€6.10。人数や荷物の量によって追加料金が発生。

2020年に誕生した空港⇔市内間のマルコーニ・エクスプレス
ボローニャ空港とボローニャ中央駅間をつなぐモノレール、マルコーニ・エクスプレスMarconi Express。所要約10分、約10〜15分間隔の運行で片道€12.80、往復€23.30。中央駅は、旧市街方面とは反対の北側出口に乗り場がある。
URL www.marconiexpress.it

●ボローニャ・マルコーニ空港
URL www.bologna-airport.it

屋根瓦の赤やオレンジが映える町ボローニャ

ミラノから約200km。赤いれんが色に染まる「芸術の町、ボローニャ」は、今も中世、ルネッサンス、バロック時代の息吹がそこここに感じられる古都だ。高い甍(いらか)の豪壮な館が軒を連ね、通りにはポルティコ(柱廊)がどこまでも続く。

現在のボローニャはイタリアを牽引する重要な経済都市であり、絵本、靴、美容器具をはじめとする国際見本市が開かれることでも有名だ。ビジネス都市として近代的な顔を見せる反面、ほかのイタリアの町に比べて昔ながらの市場や個人商店のにぎわいに驚かされる。エコロジー、地産地消という、ボローニャ人の堅実な暮らしぶりがうかがえる町である。活動的で先進的な人々の営みとよく保存された中世の町並みが、イタリアのほかの町にはない一種独特の景観と雰囲気をつくり上げている。

ボローニャの歩き方

ボローニャ中央駅は市の北側にある。観光の中心マッジョーレ広場へは駅前から延びるインディペンデンツァ通りを真っすぐ約1km。バスなら広場付近まで5〜10分だ。マッジョーレ広場周辺にボローニャの見どころが集中している。観光に半日しか割けないならこの周辺の観光のみでOKだ。広場の一角に観光案内所もある。

マッジョーレ広場から南に続くアルキジンナージオ通りはこの町きってのおしゃれな通りで、通りの中ほどに**アルキジンナージオ宮**=旧ボローニャ大学がある。隣接して**市立考古学博物館**Museo Civico Archeologicoがあり、古代エジプト、ギリシア、ローマ、エトルリアのコレクションが豊富。特にエトルリアの壺類はすごい。

マッジョーレ広場の前のリッツォーリ通りVia Rizzoliを東に300mほど行くと、**ポルタ・ラヴェニャーナ広場**Piazza Porta Ravegnanaがある。広場には、**ボローニャの斜塔**といわれる2本の塔がある。12〜13世紀、ボローニャの黄金時代には、200本の塔が立っていて、ダンテもびっくりしたという話が伝わっているが、貴族たちが自分の権力を誇示するために建てたものらしい。

このあたり一帯は、ボローニャでも特に中世風の雰囲気が感じられる場所だ。斜塔の南側の**メルカンツィア広場**Piazza della Mercanziaにある、商人組合の建物のポルティコやゴシック建築の織りなす光と影に、中世都市ボローニャの空気が漂っている。

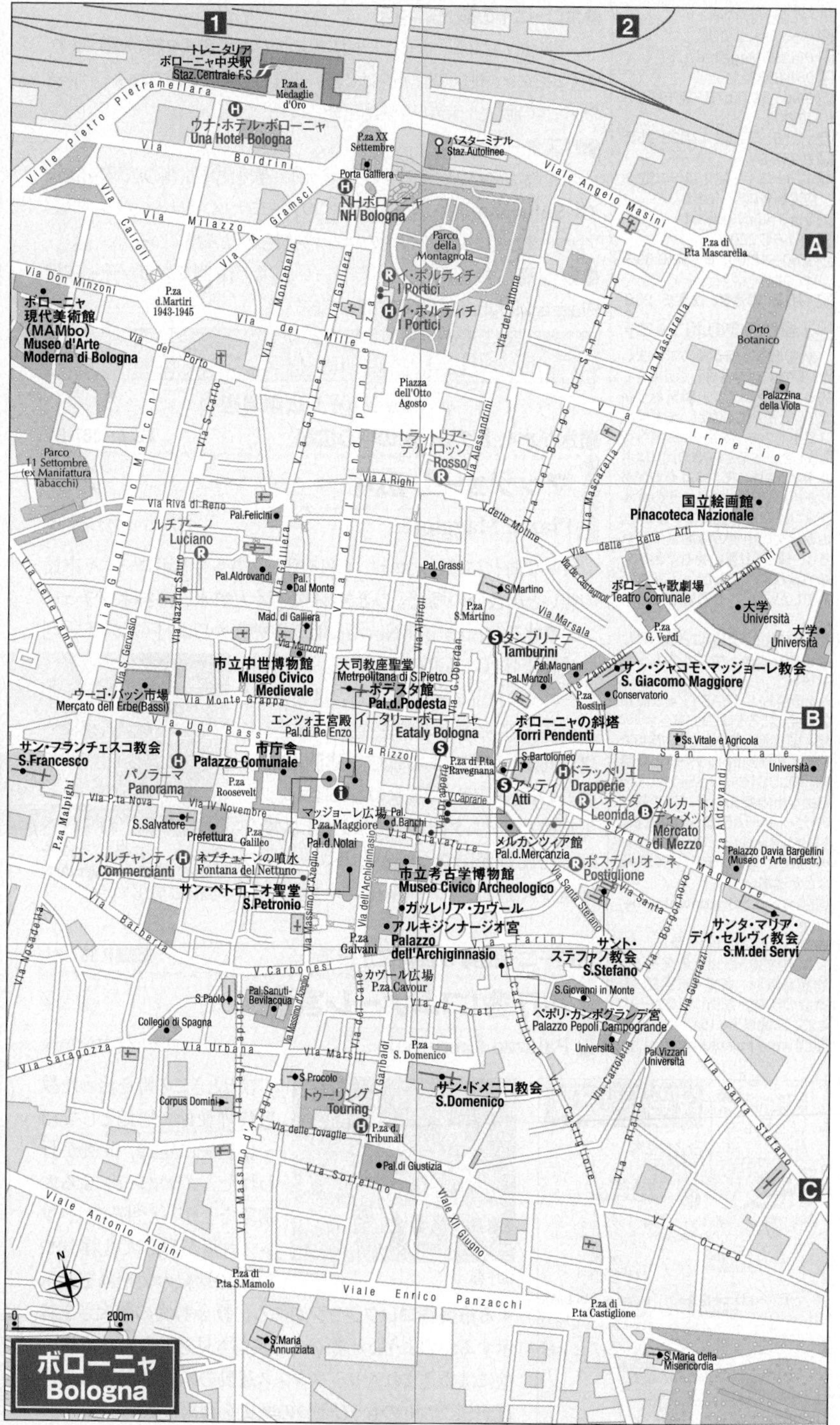
ボローニャ
Bologna
1
2
A
B
C
トレニタリア
ボローニャ中央駅
Staz.Centrale F.S
P.za d.
Medaglie
d'Oro
ウナ・ホテル・ボローニャ
Una Hotel Bologna
P.za XX
Settembre
Porta Galliera
NHボローニャ
NH Bologna
バスターミナル
Staz.Autolinee
Parco
della
Montagnola
イ・ポルティチ
I Portici
イ・ポルティチ
I Portici
Viale Pietro Pietramellara
Via Boldrini
Via Milazzo
Via Cairoli
Via A. Gramsci
Viale Angelo Masini
P.za di
P.ta Mascarella
Via Don Minzoni
P.za
d.Martiri
1943-1945
ボローニャ
現代美術館
（MAMbo）
Museo d'Arte
Moderna di Bologna
Via dei Mille
Via del Porto
Via Montebello
Via Galliera
Via dell'Indipendenza
Via del Pallone
Via di San Pietro
Via Mascarella
Orto
Botanico
Palazzina
della Viola
Piazza
dell'Otto
Agosto
トラットリア・
デル・ロッソ
Rosso
Via A.Righi
Via Alessandrini
Via del Borgo
Via Irnerio
Parco
11 Settembre
(ex Manifattura
Tabacchi)
Via Marconi
Via S.Carlo
Via Riva di Reno
Pal.Felicini
ルチアーノ
Luciano
Via Guglielmo Marconi
Via delle Lame
Pal.Aldrovandi
Via Nazario Sauro
Pal.
Dal Monte
V.delle Moline
Via delle Belle Arti
国立絵画館
Pinacoteca Nazionale
Pal.Grassi
S.Martino
P.za
S.Martino
Via de' Castagnoli
Via Marsala
ボローニャ歌劇場
Teatro Comunale
大学
Università
P.za
G. Verdi
大学
Università
Via Zamboni
Mad. di Galliera
Via Manzoni
Via Altabella
Via Oberdan
タンブリーニ
Tamburini
Via S. Gervasio
市立中世博物館
Museo Civico
Medievale
大司教座聖堂
Metropolitana di S.Pietro
ポデスタ館
Pal.d.Podesta
Pal.Magnani
Pal.Manzoli
サン・ジャコモ・マッジョーレ教会
S. Giacomo Maggiore
P.za
Rossini
Conservatorio
ウーゴ・バッシ市場
Mercato dell Erbe(Bassi)
Via Monte Grappa
Via Ugo Bassi
エンツォ王宮殿
Pal.di Re Enzo
イータリー・ボローニャ
Eataly Bologna
ボローニャの斜塔
Torri Pendenti
Ss.Vitale e Agricola
Via San Vitale
サン・フランチェスコ教会
S.Francesco
市庁舎
Palazzo Comunale
Via Rizzoli
P.za di P.ta
Ravegnana
S.Bartolomeo
ドラッペリエ
Drapperie
Università
パノラーマ
Panorama
P.za
Roosevelt
アッティ
Atti
V.Caprarie
レオニダ
Leonida
メルカート・
ディ・メッゾ
Mercato
di Mezzo
Via P.ta Nova
Via IV Novembre
マッジョーレ広場
P.za.Maggiore
Pal.
d.Banchi
Via Drapperie
Strada Maggiore
S.Salvatore
Via Malpighi
Prefettura
P.za
Galileo
Pal.d.Nolai
Via Clavature
メルカンツィア館
Pal.d.Mercanzia
Via Aldrovandi
Palazzo Davia Bargellini
(Museo d' Arte Industr.)
コンメルチャンティ
Commercianti
ネプチューンの噴水
Fontana del Nettuno
ポスティリオーネ
Postiglione
市立考古学博物館
Museo Civico Archeologico
サン・ペトロニオ聖堂
S.Petronio
Via dell'Archiginnasio
Via Massimo d'Azeglio
ガッレリア・カヴール
Via Santo Stefano
Via Borgo nuovo
Via Barberia
アルキジンナージオ宮
Palazzo
dell'Archiginnasio
P.za
Galvani
Via Farini
サンタ・マリア・
デイ・セルヴィ教会
S.M.dei Servi
Via Nosadella
サント・
ステファノ教会
S.Stefano
V.Carbonesi
カヴール広場
P.za.Cavour
S.Paolo
Pal.Sanuti-
Bevilacqua
Via de' Poeti
S.Giovanni in Monte
Via Guerrazzi
Collegio di Spagna
Via Castiglione
ペポリ・カンポグランデ宮
Palazzo Pepoli Campogrande
Via Urbana
Via Saragozza
Via Tagliapietre
Via del Cane
Via Marsili
Università
Pal.Vizzani
Università
Via Cartoleria
P.za
S. Domenico
S.Procolo
V.Garibaldi
サン・ドメニコ教会
S.Domenico
Corpus Domini
トゥーリング
Touring
Via delle Tovaglie
P.za d.
Tribunali
Via Rialto
Via Santo Stefano
Pal.di Giustizia
Via Solferino
Viale Antonio Aldini
Via Massimo d'Azeglio
Viale XII Giugno
Via Orfeo
P.za di
P.ta S.Mamolo
Viale Enrico Panzacchi
P.za di
P.ta Castiglione
0
200m
N
S.Maria
Annunziata
S.Maria della
Misericordia

Information

市内の観光案内所
ⓘマッジョーレ広場
住 Piazza Maggiore 1/e
☎ 051-6583111
開 9:00〜19:00、日・祝10:00〜17:00
休 1月1日、復活祭、12月25・26日
地 P.387-B1
ⓘボローニャ・マルコーニ空港
空港到着ロビーにある。
住 Via Triumvirato 84
☎ 051-6472201
開 9:00〜18:00、日・祝10:00〜17:00
休 1月1日、復活祭、12月25・26日

✉ 傘いらずのボローニャ

駅を出ると雨が降っていました。駅前には傘を押しつけてきて売るが人がいて、一瞬買おうかな？ と思いましたが、まずはバスで中心のマッジョーレ広場へ行きました。すると広場の周りはポルティコがあって、傘は必要がありませんでした。なんとそのポルティコは駅まで続いていました。おかげで、中世の雰囲気に浸れるし、ゆっくり買い物もできるし、傘も買わずに済んでいいことずくめでした。　（滋賀県　ピン）

お得な共通入場券は2種類あり
●ボローニャ・ウエルカム・カード
2種類あり、「EASY」€25は市営の見どころをはじめ（アシネリの塔、国立絵画館を含む）、徒歩でのガイド付き市内ツアーなどが無料。「PLUS」€40はさらに乗り降り自由な市内観光の赤バスや郊外のサン・ルーカ聖堂への観光ミニトレインSan Luca Sky Expressの利用や、聖堂のテラスへの入場などが追加。
URL www.bolognawelcome.com
●カード・クルトゥーラ
県内約30ヵ所以上の美術・博物館が無料。劇場・映画館・音楽会の切符が割引になるカード。€25、26歳以下€15。
URL www.museidibologna.it

●ボローニャの観光案内所

メインオフィスは、マッジョーレ広場に面した**ポデスタ館**の1階にあり、広くてモダン。地図の配布をはじめ、共通券やおしゃれでおみやげ向きのグッズの販売、ホテル予約も可能。

●バスターミナル

駅正面は市バスが発着するターミナル。駅を出て左側の広場Piazza XX Settembre にあるのがプルマンのターミナル。ミラノ、フィレンツェ、アンコーナなど、主要都市へのプルマン便もたくさん出ている。

●郵便局　郵便局は、マッジョーレ広場の南側ミンゲッティ広場Piazza Minghettiの北側に面してある。

ボローニャの見どころ

マッジョーレ広場周辺

噴水が水を上げる、町の中心広場　MAP P.387-B1

マッジョーレ広場 ★★
Piazza Maggiore　ピアッツァ マッジョーレ

ローマ時代にはフォロとして利用され、昔も今もボローニャ市民の憩いと出会いの場だ。ひときわ目を引く大噴水、**海神ネプチューンの噴水**Fontana del Nettunoは、町の人からは「巨人ジガンテ」の愛称で呼ばれる町のシンボル。ジャンボローニャの作品で鋤（すき）を手にし、足元には4人の半人半鳥の海の精を従えている。広場に向かって右にある重厚な建物が市庁舎（コムナーレ宮）、噴水の左にはエンツォ王宮殿とポデスタ館。ポデスタ館と広場を隔てた反対側に立つのが、ボローニャの守護聖人を祀るサン・ペトロニオ聖堂だ。

マッジョーレ広場のジガンテの噴水。ポデスタ宮殿内の案内所は広々としている

ボローニャ出身の芸術家が彩る　MAP P.387-B1

市庁舎（コムナーレ宮） ★★
Palazzo Comunale　パラッツォ コムナーレ

市庁舎

ひとときこの町を治めた教皇代理使節の居館として13〜15世紀に建造、改築が行われた。ブラマンテによる大階段を上がった3階には、フレスコ画が彩る大礼拝堂や14〜19世紀の美術品を展示する**市美術コレクション**がある。教会勢力の強大さを誇示するかのような壮麗な内部装飾も見逃せない。建物外壁にはめ込まれたレジスタンス運動の犠牲者2000人の写真が、この町のもうひとつの歴史を物語っている。

大美術館を思わせる聖堂　MAP P.387-B1

サン・ペトロニオ聖堂 ★★★

Basilica di San Petronio　バジリカ ディ サン ペトロニオ

サン・ペトロニオ聖堂内部

ゴシック様式の聖堂で、14世紀から17世紀にかけて建設され、今も未完成。奥行き132m、横58m、高さ44mの堂々たる聖堂で、5世紀にこの町の司教であり、後に守護聖人となったサン・ペトロニオにささげられた。中央入口の周りを飾る彫刻は、初期ルネッサンスの傑作のひとつ。『聖母とキリスト』を中央に、左右に『聖ペトロニオ』と『聖アンブロージョ』が守っている。シエナのヤコポ・デッラ・クエルチャによる15世紀中頃の作品で、彼は12年の歳月をかけて彫ったといわれる。

聖堂内部は修復が続くが、左側廊には15世紀のボローニャの有力家系**ボログニーニ家の礼拝堂**(左側廊4番目)があり、全面をジョヴァンニ・ダ・モデナによる『東方三博士の礼拝』、『サン・ペトロニオの生涯』、『天国と地獄』のフレスコ画で飾られ圧巻の空間だ。

隣の**サン・セバスティアーノ礼拝堂**にはロレンツォ・コスタ、左入口から8つ目の**サン・ロッコ礼拝堂**にはパルミジャニーノなど、数多(あまた)の芸術家の作品が残る。床面に引かれた線は、17世紀の**大型日時計**La Meridianaで、冬至と夏至、黄道十二宮が描かれている。主祭壇左奥の博物館には、14世紀からの聖堂建設の貴重なデッサンやさまざまな宝物を展示。

町の歴史が息づくふたつの宮殿　MAP P.387-B1

ポデスタ館とエンツォ王宮殿 ★

Palazzo del Podestà e Palazzo di Re Enzo　パラッツォ デル ポデスタ エ パラッツォ ディ レ エンツォ

これらの宮殿には、ボローニャの歴史が息づいている。中世自由都市ボローニャは、独立と自治のため、しばしば戦いを余儀なくされた。**神聖ローマ帝国皇帝フレデリック2世**との間の**フォッサルタの戦い**でボローニャは勝利を治め、**皇帝の息子エンツォ**を捕虜とした。エンツォは、その死までの23年間を幽閉され、エンツォ王宮殿で暮らした。

自由都市ボローニャの証、ポデスタ館

ポデスタ館は、神聖ローマ帝国皇帝の任命した都市長官の住まいだった所。フレデリック1世の任命によってやってきた長官をボローニャの市民が1164年に追い出し、ここに自由都市ボローニャが誕生した。市民は首長(カピターレ)を選出し、以後はそのオフィスとして機能した場所。マッジョーレ広場から見る正面は、ルネッサンス時代のもので、柱廊は必見。

●サン・ペトロニオ聖堂
住 Corte de' Galluzzi 12/2
☎ 051-231415
開 8:30～13:00、14:30～18:00
休 宗教行事の際は拝観不可
URL www.basilicadisanpetronio.org
※内部撮影には€2が必要
※大きな荷物の持ち込みや肌を出した服装不可

●ホログニーニ家の礼拝堂
Cappella dei Bolognini/Cappella dei Magi
ホログニーニ家の礼拝堂やサン・セバスティアーノ礼拝堂などの入場が含まれる。
開 9:00～12:30、14:30～17:30（最終入場15分前）
料 €5、65歳以上・11～18歳€3、10歳以下無料

サン・ペトロニオ聖堂を眺めながら広場のカフェでひと休み

食欲をそそる散歩道

マッジョーレ広場の東側に広がる、Via CaprarieやVia Drapperie周辺には老舗の食料品店が多く並び、創業当時そのままの古色蒼然とした店先のディスプレイは圧巻。1932年創業のタンブリーニ Tamburini、1880年からお菓子やパンを製造するアッティAtti、今のイタリアの食トレンドがわかるイータリーEataly Bolognaなどを見てみたい。また、ピッツェリアやパスタ専門店からバールまでがところ狭しと並ぶメルカート・ディ・メッゾMercato di Mezzoは手軽に利用できて、便利だ。

●メルカート・ディ・メッゾ
住 Via Clavature 12
☎ 379-1855172
開 9:00～24:00
休 店舗によって異なる
地 P.387-B2

昔ながらの青果店もある

世界初の人体解剖室のある

MAP P.387-B1

アルキジンナージオ宮

Palazzo dell' Archiginnasio　パラッツォ デッラ ルキジンナージオ

アルキジンナージオ宮は、1803年までのボローニャ大学。11世紀に創立された、ヨーロッパ最古の大学で、ヨーロッパ各地からの学究がボローニャに集まった。自由な空気こそが学問の発展を促すが、自由都市ボローニャの大学では、教会の反対をものともせず、世界初の人体解剖が行われたという。その**解剖学大階段教室**Teatro Anatomico(テアトロ アナトーミコ)がここに残されている。17世紀に建築され、床、壁、天井が木で装飾された室内はまるで小劇場のよう。中央の解剖台や教壇脇の「**皮をはがされた人**Spellati」の2体の彫像が厳かな雰囲気だ。

美しい**中庭**の周囲と2階の廊下の壁には、ここに学んだ学生や学者の**紋章**がぎっしりと並んでいて、その数の多さが歴史の重みを感じさせる。

ポルタ・ラヴェニャーナ広場付近

ボローニャのシンボル

MAP P.387-B2

ボローニャの斜塔

★

Torri Pendenti　トッリ ペンデンティ

並んで立つ2本の塔は、それぞれ12世紀、ともに**皇帝派**(ギベリン)だった**貴族のもの**。中世のイタリアを二分した、皇帝派(ギベリン)対教皇派(ゲルフ)の争いは、どれだけ高い砦=塔を造るかにあった。

高い塔が、アシネッリの塔Torre degli Asinelli（97m）最上階まで498段の階段で上れる。狭くて擦り減った木の急階段はかなり怖いが、ボローニャ市街のパノラマが楽しめる。晴れた日には、遠くアルプスまで望むことができる。低いガリセンダの塔(入場不可)Torre Garisenda(48m)は、傾き過ぎたので、少し削ったとか。

ガリセンダ(左)とアシネッリ(右)の塔

●アルキジンナージオ宮（旧ボローニャ大学）
住 Piazza Galvani 1
☎ 051-276811
開 9:00～19:00、土9:00～18:00、解剖学大階段教室10:00～18:00
休 日・祝
料 無料、解剖学大階段教室€３
URL www.archiginnasio.it
※週末は予約を推奨している。チケットの事前予約は以下の予約サイトで。10分ごとに最大30名までの予約。手数料€0.50が発生する
URL ticket.midaticket.it/teatroanatomicobologna

解剖学大階段教室のみ有料

●ボローニャの斜塔（アシネッリの塔）
住 Piazza di Porta Ravegnana
開 夏季10:00～19:00、冬季10:00～17:15、春・秋季10:00～18:00（見学再開時に変更の可能性あり）
休 一部の祝日
料 €5、65歳以上・4～11歳€4
※2024年3月現在、修復工事中のため見学不可

時計塔に上って町を一望！

倒壊の可能性があるという理由から、残念ながら斜塔は現在見学不可。代わりに観光案内所では市庁舎の時計塔へのガイドツアーをおすすめしている。

●時計塔
Torre dell'Orologio
住 Piazza Maggiore 6
☎ 051-6583111（観光案内所）
開 2024年10月27日まで10:00～18:20、10月28日～2025年2月25日10:00～17:20（1時間に毎時00分、20分、40分）
休 5月1日、12月25日
料 €8（市立美術コレクションへの入場を含む）

歴史　●進取の気風に富む自由都市　ボローニャ

町の歴史は紀元前10世紀に遡り、エトルリア文明、ローマ帝国の洗礼を受け、中世には教会勢力により都市の再生が図られた。

ローマの道のひとつ、エミリア街道Via Emiliaの中心都市として5世紀まで繁栄は続いた。11世紀には自治都市コムーネが形成され、この頃ヨーロッパ最古の大学が創設された。全ヨーロッパから学者や学生が集まり、文化、学問の中心地となり、経済も発展。

イタリア半島が**皇帝派**(ギベリン)と**教皇派**(ゲルフ)に二分された中世期には、ボローニャはゲルフ派の都市として有名だった。12世紀の**自由都市**(コムーネ)の成立後は、ヨーロッパで初めて農奴を廃止するなど、進取の気風に富んでいた。しかし、町が繁栄を極めた13～14世紀以降は、宗教対立、貴族政治の失敗などが重なり再び教会領となった。1798年のナポレオン入城、オーストリア支配を経て、1860年にイタリア王国に統一された。

小美術館の趣 MAP P.387-C2

サン・ドメニコ教会 ☆☆

San Domenico サン ドメニコ

傑作の残る
サン・ドメニコ教会

ドメニコ会の創設者でボローニャで亡くなったサン・ドメニコを祀る教会。右側中ほどがサン・ドメニコの礼拝堂で、ここに彼の墓がある。墓は、N.ピサーノやその弟子であったカンビオ、N.ダ・バーリらにより制作され、聖人の物語が刻まれている。石棺右の『燭台を持つ天使』は若き日のミケランジェロによる佳品だ。正面、後陣のドームにはグイド・レーニの『聖ドミニクスの栄光』、主祭壇先の右側の礼拝堂にはフィリッピーノ・リッピによる聖幼子から指輪を贈られる『聖カテリーナの結婚』のフレスコ画がある。

美術品の宝庫 MAP P.387-B2

サン・ジャコモ・マッジョーレ教会 ☆☆

San Giacomo Maggiore サン ジョコモ マッジョーレ

華やかな教会内部

この町で最も美術品で彩られた13世紀の教会。35の礼拝堂が並び、カラッチ、ヴェネツィアーノらの作品で飾られている。とりわけ名高いのが、主祭壇奥左のベンティヴォーリオ礼拝堂Cappella Bentivoglioで正面はフランチェスコ・フランチャの『聖母と聖人』、左右にはロレンツォ・コスタによる『ベンティヴォーリオの聖母』(右)、『死と生の凱旋』(左)。この礼拝堂のほぼ対面の墓碑はクエルチャの最晩年の作品。

ほぼ隣接するサンタ・チェチーリア祈祷堂Oratorio di S.Ceciliaには、音楽の聖人である聖チェチーリアの生涯を描いたフレスコ画が壁面いっぱいに描かれている。

そのほかの教会

サント・ステーファノ教会群の前の広場はボローニャ市民の憩いの場所

チマブーエの『荘厳の聖母』Maestà(マエスタ)が飾られたサンタ・マリア・デイ・セルヴィ教会。4世紀に着手され、その後「聖なるエルサレムの地」のシンボルとして複数の教会とふたつの中庭をひとつにしたサント・ステファノ教会群では、ロンゴバルドからロマネスク、ルネッサンスへの様式美の変遷とあつい信仰を見ることができる。

●サン・ドメニコ教会
住 Piazza San Domenico 13
☎ 051-640041
開 9:00〜12:00、15:30〜18:00、日15:30〜17:00
休 宗教行事の際は拝観不可
URL sandomenicobologna.it

『聖ドミニクスの栄光』

●サン・ジャコモ・マッジョーレ教会
住 Piazza Gioacchino Rossini
☎ 051-225970
開 7:30〜12:30、15:30〜18:00、土9:30〜12:30、15:30〜18:00、日8:30〜12:30、15:30〜18:00
休 宗教行事の際は拝観不可

『死と生の凱旋』

●サンタ・マリア・デイ・セルヴィ教会
住 Strada Maggiore 43
☎ 051-226807
開 8:30〜12:30、15:30〜18:30、月15:30〜18:30
地 P.387-B2

●サント・ステファノ教会
住 Via S. Stefano 24
☎ 051-4983423
開 7:30〜12:30、14:30〜19:30、日8:30〜13:00、14:30〜19:30、月18:00〜19:30
URL www.santostefanobologna.it
地 P.387-B2

チマブーエ作、『荘厳の聖母』

●市立中世博物館
住 Via Manzoni 4
☎ 051-2193916
開 10:00〜19:00、火10:00〜14:00、水・金14:00〜19:00
休 月、5月1日、12月25日
料 €6、19〜25歳€4（市立美術館、ダヴィア・バルジェッリーニ博物館、織物博物館への入場含む）

ボローニャ市民のボランティアが熱心な美しい博物館

●市立考古学博物館
住 Via dell'Archiginnasio 2
☎ 051-2757211
開 9:00〜18:00、土・日・祝10:00〜19:00(最終入場1時間前)
休 火、5月1日、12月25日
料 €6、65歳以上€4、19〜25歳€2

『アテナ・レムニアの頭部』が美しい

●市立博物館の公式サイト
URL www.museibologna.it

訪ねてみたい ボローニャの美術館と博物館

学者の町ボローニャの歴史を知る  MAP P.387-B1

市立中世博物館 ★★★

Museo Civico Medievale ムゼオ チヴィコ メディエヴァーレ

15世紀のルネッサンス様式の貴族の館にあり、考古学出土品から15世紀頃までの幅広い収蔵品が並ぶ。第7室マノン・ダ・バンディーニ・ディ・シエナの『**ボニファキウス8世像**』Bonifacio Ⅷは銅とブロンズ、金による大きなもの。9室には小品ジョヴァンニ・ダ・バルドゥッチョの『**殉教者**』S.Pietro Martire、11室クエルチャの『**三翼の祭壇、聖母子**』Trittico con Madonna col Bambinoは1435〜1438年のクエルチャ最後のボローニャ滞在中に制作されたもので、若きミケランジェロに影響を与えた作品。15室ジャンボローニャによるネプチューン、メルキュールなど、マッジョーレ広場の彫像の習作。1階には多くの「**学者たちの墓碑**」が展示され、講義に耳を傾ける学生の姿が刻まれている。大学教授たちの当時の影響力を感じるとともに、学生たちの姿がほほ笑ましい。3階にはガラスや象牙の小品を展示。

学生の姿が刻まれた大学教授の墓碑

古代ギリシアからボローニャまで広範囲の収蔵品を誇る  MAP P.387-B1

市立考古学博物館 ★★

Museo Civico Archeologico ムゼオ チヴィコ アルケオロジコ

15世紀の病院だった館を利用し、大学や個人コレクションをもとに1881年に開館。地下エジプトコレクションには、ホレンヘブ王の墓からの『**農耕場面のレリーフ**』、『**ファラオの像**』、ミイラ、石碑など。1階切符売り場右にボローニャで発掘された『**ネロ帝像**』Nerone。中庭には紀元前1〜紀元2世紀の石碑。ここから2階へ続き、広い展示室には先史時代からエトルリア、古代ギリシアなどの陶器が中心に並ぶ。ボローニャのネクロポリで発掘された、動物をモチーフにした**水差し**Askos Benacci（紀元前8世紀）、農耕場面などが刻まれた**青銅製の壺**Situla di Certosa(紀元前6世紀)はとりわけ貴重なもの。奥のⅣ室の『**アテナ・レムニアの頭部**』Atena Lemniaは紀元前5世紀のブロンズ像の摸刻ながら、当時から名高いものと伝えられている。

展示方法も楽しく、館内も美しい博物館

ボローニャ派絵画を展示 MAP P.387-B2

国立絵画館 ★★★

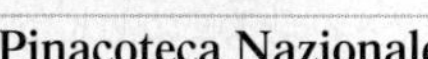

Pinacoteca Nazionale ピナコテーカ ナツィオナーレ

国立絵画館には
大型のバロック絵画が

17世紀のイエズス会修道院を利用し、絵画館と美術学校がおかれている。13～18世紀のボローニャ派およびイタリア絵画を展示。ジョットの祭壇画『**聖母子**』Madonna in trono col Bambino、ラファエッロ『**聖チェチリアと聖人**』S.Cecilia con S.Paolo, S.Giovanni Evangelista、ペルジーノ『**栄光の聖母子**』Madonna col Bambino in Gloria、アンニバーレ・カラッチ『**聖ルドヴィーコの聖母**』Madonna di S.Ludovico、グイド・レーニ『**えい児虐殺**』Strage degli Innocentiなどの傑作が並ぶ。『ペストの祭壇画』Pala della Pesteには塔のある当時の町並みが描かれていて興味深い。

絵画館入口近くの外壁には、この地で生まれたカラッチ一族3人の彫像がある。彼らはボローニャ派を代表する画家であり、この町に美術学校を設立し、グイド・レーニら多くの後進の画家を育てた。

●国立絵画館
住 Via delle Belle Arti 56
☎ 051-4209411
開 9:00～19:00（最終入館30分前）
休 月、一部の祝日
料 €10、18～25歳€2、17歳以下・毎月第1日曜無料（ペポリ・カンポグランデ宮との共通券）
URL www.pinacotecabologna.beniculturali.it

●ペポリ・カンポグランデ宮
Palazzo Pepoli Campogrande
国立絵画館の分館。17世紀後半から18世紀初頭までのフレスコ画やボローニャ出身の上院議員であったザムベッカリが18世紀に収集したコレクションが鑑賞できる。
住 Via Castiglione 7
☎ 051-4209411
開 9:00～19:00（最終入場30分前）
休 月・火・木・金・日・祝
地 P.387-C2

「今」の美術を知るなら MAP P.387-A1

ボローニャ現代美術館(MAMbo) ★

MAMbo(Museo d'Arte Moderna di Bologna) マンボ(ムゼオ ダルテ モデルナ ディ ボローニャ)

かつてのパン工場を利用した近代的な複合建築で白とガラスが多用された広い内部はまさに現代美術の工場のよう。常設展示のほか、意欲的な企画展も随時開催されている。20世紀前半に活躍した、ボローニャ出身の画家であるモランディのコーナーでは、彼の静物画が多数展示されている。

斬新な美術館入口に
期待が高まる

●ボローニャ現代美術館
住 Via Don Minzoni 14
☎ 051-6496611
開 10:00～18:30
木10:00～22:00
休 月
料 €5、65歳以上€3
※10～3月の第1日曜無料

食のテーマパーク FICO（フィーコ）

2017年ボローニャ近郊に、イータリーがオープンさせた「食のテーマパーク」。チーズやパスタ、お菓子など、イタリア名産品の製造の様子がみられて購入でき、イートインも充実。周囲には動物の飼育場や農園が広がり、子供連れにも楽しい施設。夕方から夜にかけてはライブ演奏もある。内部は直線で1.2km、徒歩で約1時間。買い物用の自転車があり、周囲にはミニバスも運行。ジェラート作りなど各種の体験イベントなども実施（公式サイトから要予約。有料）。

●FICO(Fabbrica Italiana Contradina)
住 Via Paolo Canali 8 開 10:00～23:00(土24:00)
休 12月25日 URL www.eatalyworld.it/en
行き方 ボローニャ中央駅から道を渡ったホテル・メルキュールの少し先のバス停から市バスF番で所要約20分。平日1時間に2便、土・日・祝1時間に3便程度の運行。切符（往復€7)はバス停先のタバッキで。

記念撮影スポットの
大看板

Ristorante ボローニャのレストラン

美食の都として知られたボローニャ。手打ちパスタや乳製品を使ったちょっと濃厚な味わいが特徴だ。町の中心には、おいしいリストランテやトラットリアがめじろ押し。自分の予算に合ったステキなディナーが楽しめる。食通の都ボローニャでは少し豪華にやりましょう！

美食の伝統を感じたかったら、マッジョーレ広場すぐ東側のVia dei Oreficiあたりに出かけてみよう。老舗の食料品が並び、ディスプレイを見ているだけでも楽しい。店内で簡単な食事も可。

イ・ポルティチ
Ristorante I Portici

P.387-A1

ミシュランの1つ星

同名ホテル（P.395）内、かつての劇場を改装したモダンで洗練されたレストラン。エミリア地方とシェフの出身地カンパニアのふたつの料理のフュージョンで現代人の嗜好にマッチした味わいとスタイルで人気が高い。 要予約

住 Via Indipendenza 69
☎ 051-4218562
営 19:15～21:30最終入店
休 日・月、年末年始、8月の3週間
予 €80～（コペルト€4）
C A.D.J.M.V.

レオニダ
Trattoria Leonida

P.387-B2

雰囲気のよい小路に立つ

斜塔からマッジョーレ通りを150mほど歩いた右側の小さな路地に面して立つトラットリア。伝統的なボローニャ料理の店。雰囲気、味もよいが、店内は狭いので、早めに出かけるか、予約をしよう。 要予約

住 Vicolo Alemagna 2
☎ 051-239742
営 12:30～14:30、19:00～22:30
休 日、8月
予 €40～（コペルト€3.50）
C A.J.M.V.

タベルナ・デル・ポスティリオーネ
Taverna del Postiglione

P.387-B2

伝統的な郷土料理

メルカート・ディ・メッゾの北側、町の中心に位置する土地の人の利用も多いトラットリア。古い邸宅を改装した店内は落ち着いた雰囲気で伝統的な郷土料理が味わえる。自家製のデザートやこの町ならではのパンもおいしい。

住 Via Marchesana 6/E
☎ 051-263052
営 12:30～14:30、19:30～23:00、土・日12:00～15:00、19:00～23:00
休 無休
予 €40～（コペルト€3.50）
C M.V.

トラットリア・デル・ロッソ
Trattoria del Rosso

P.387-A2

郷土料理が充実

日曜も営業しているカジュアルなトラットリア。細長く奥まで続く店内は観光客やたくさんの地元客でにぎわう。メニューはボローニャ料理の定番が中心。家庭的な味にほっとする。生ハムやボローニアソーセージの盛り合わせと揚げパンの前菜がおすすめ。

住 Via Augusto Righi 30
☎ 051-236730
営 12:00～15:00、19:00～22:00、日12:00～15:00
休 無休
予 €30～（コペルト€2）
C M.V.

ロステリア・ルチアーノ
Rosteria Luciano

P.387-B1

地元の人が集まる

フンギとタルトゥーフォ（トリュフ）のサラダは絶品。トルテッリのスープTortellini in Brodoやボローニャ風フリット（揚げ物）盛り合わせFritto Misto alla Bologneseがお店のおすすめ。 できれば予約

住 Via Nazario Sauro 19
☎ 051-231249
営 12:30～14:30、19:30～22:30、日12:30～14:30
休 月
予 €30～（コペルト€3）
C A.M.V.

イータリー・ボローニャ
Eataly Bologna

P.387-B2

昼休みなしで、食品調達可

日本でもおなじみ、グルメご用達のイータリー。広い店舗にはバール、トラットリア、ワインとビールのバー、本屋そして、食料品まで揃い、いつでも利用できて便利。朝食利用にも助かる存在。

住 Via degli Orefici 19
☎ 051-0952801
営 9:00～23:00、日10:00～23:00
休 一部の祝日
予 €25～（食事利用の場合）
C A.D.J.M.V.

Hotel ボローニャのホテル

ボローニャは見本市の町。この期間のホテルは割高。駅前周辺には近代的なホテルが多く、4つ星でも季節によってはお値頃なので、ネット予約を上手に利用しよう。町の中心を離れるほど経済的なホテルを見つけやすい。なお、規模の大きい見本市が開催されるのは、3～5月、9～11月。この期間はほとんどのホテルでハイシーズン料金が適用される。予約も取りにくくなるので、早めの手配がベターだ。

★★★★ イ・ポルティチ Hotel I Portici

P.387-A1

駅にも近い

1800年代のパラッツォを現代風に全面改装したホテル。客室は現代風、アールヌーヴォー風などさまざまなインテリア。いずれも明るく、あたたかな雰囲気でまとめられている。ミシュランの1つ星レストラン併設。

URL www.iporticihotel.com

住 Via Indipendenza 69
☎ 051-42185
Fax 051-4218536
SS €120～
TS €140～
室 30室　朝食€15 W-F
C A.D.M.V.

★★★★ コンメルチャンティ Art Hotel Commercianti

P.387-B1

中世の館を改装したホテル

サン・ペトロニオ聖堂の真横にある12世紀の建物がホテルになっている。ロケーションもよく、快適。部屋ごとに異なるコンセプトの絵画やインテリアでまとめられている。無料の貸し自転車あり。キッチン付き別館アパートも。

URL www.art-hotel-commercianti.com

住 Via de'Pignattari 11
☎ 051-7457511
Fax 051-7457522
SS SB €140～　TS TB €170～
SU €270～
休 3・4月中・下旬、9月下旬、10月中旬、11月上旬
室 34室　朝食込み W-F　C A.M.V.

★★★★ ウナホテル・ボローニャ Una Hotel Bologna Centro

P.387-A1

駅近で移動ストレスなし

駅からすぐなので荷物を持っての移動に便利。比較的新しく清潔。スタイリッシュでモダンな内装の客室、ビュッフェの朝食もよい。フロントのスタッフも親切。価格も良心的でコスパ◎。

URL www.gruppouna.it
住 Via Pietro Pietramellara, 41
☎ 051-60801
SB €130～
TB €130～
室 99室　朝食込み W-F
C A.D.J.M.V.

★★★★ NHボローニャ NH Bologna de la Gare

P.387-A1

駅にも近い

客室はタイプにより、モダンとクラシックな雰囲気でまとめられ、上階の部屋は明るく広々とした印象。古さは否めないが料金と便利さで納得。

URL www.nh-hotels.it

住 Piazza XX Settembre 2
☎ 051-281611
Fax 051-249764
TS €150～
室 156室　朝食込み W-F
C A.D.J.M.V.

★★★ トゥーリング Hotel Touring

P.387-C1

眺めのよいホテル

マッジョーレ広場の南側、サン・ドメニコ教会のすぐ近く。町の中心で眺めもよく、無料貸自転車もある。値段も低めでおすすめ。駅からバスA番などでPiazza Tribunali下車後、歩いてすぐ。

URL www.hoteltouring.it
住 Via de'Mattuiani 1/2
☎ 051-584305
Fax 051-334763
SS €80～
TS €120～
室 36室　朝食込み W-F
C M.V.

★★★ ドラッペリエ Albergo delle Drapperie

P.387-B2

市場の真ん中のプチホテル

マッジョーレ広場近く、食料品街の中にあるプチホテル。1800年代から宿泊所として利用されていた建物を、昔ながらのロカンダの風情を残しモダンに改装。どこか懐かしい雰囲気。エレベーターはない。

URL www.albergodrapperie.com
住 Via delle Drapperie 5
☎ 051-223955
SB €135～
TB €165～
室 21室　朝食込み W-F
C A.M.V.

★ パノラーマ Hotel Panorama

P.387-B1

眺めのよい部屋もある

最上階にあるので日当たりがよく、部屋によっては町の背後の丘陵が望める。室内は広く、エアコン完備。マッジョーレ広場から300m。駅からは25番のバスで4つ目で下車。

URL www.hotelpanoramabologna.it

住 Via Giovanni Livraghi 1
☎ 051-221802
Fax 051-266360
S €45～
T €70～
TS €100～
休 年末年始
室 7室 W-F　C J.M.V.

コンボ・ボローニャ Combo Bologna

地図外

モダンなチェーンホステル

駅からは少々離れるが、共用スペースには使い勝手がよいきれいなキッチンやカフェ、ランドリーがあり、快適な滞在が可能。ドミトリーのベッドには収納スペースやベッドライトが備わる。

URL thisiscombo.com
住 Via de' Carracci 69/14
☎ 051-0397930
D €40～
TS €70～
室 244床　朝食込み W-F
C M.V.

※ボローニャの滞在税　1泊料金で区分け€1～30.99 €3　€31～70.99 €4.20　€71～120.99 €4.60　€121以上 €5　14歳以下免除

Modena
モデナ

世界遺産

●郵便番号　　41100

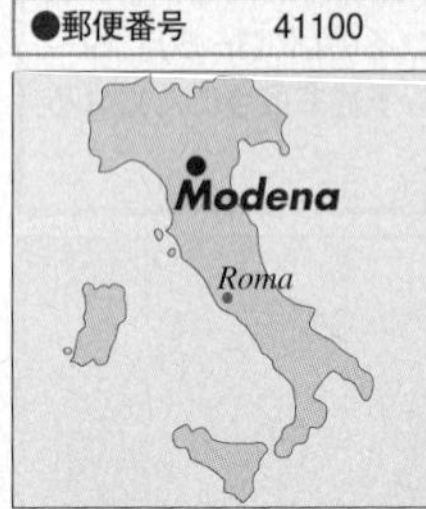

世界遺産

モデナの大聖堂、トッレ・チヴィカ及びグランデ広場
登録年1997年　文化遺産

モデナへの行き方

ボローニャ中央駅からトレニタリアのレッジョナーレ（R）で約30分。ミラノ中央駅からフレッチャロッサ（FR）の直通で約1時間15分、RVで約2時間15分。

グランデ広場とドゥオーモとギルランディーナの塔

先史時代に歴史を遡れば、ローマ人の居住、自治都市としての発展、宗教抗争と、モデナの町はボローニャとよく似た歴史をたどりながらも、ふたつの町はライバルであった。13世紀後半にエステ家が治めたフェッラーラに併合され、その後フェッラーラを追われたエステ家がこの町に逃げのびた。以来、公国の首都となり、エステ家により整備が図られ、現在の美しい町並みが生まれた。グランデ広場を中心にポルティコ（柱廊）と家並みが迷路のように続く、愛らしい古都だ。

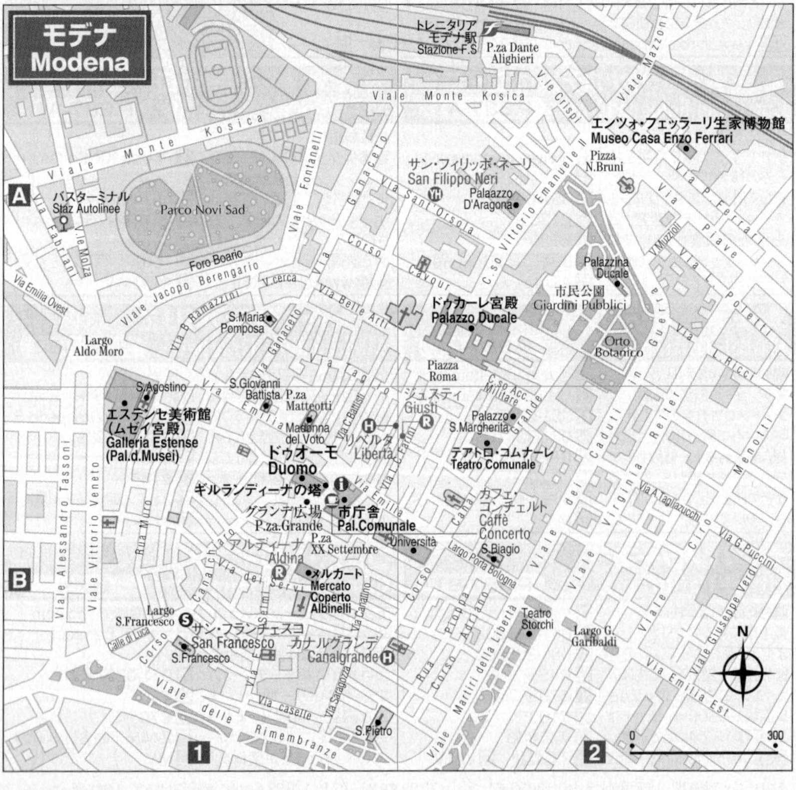

モデナ Modena

トレニタリア モデナ駅 Stazione F.S
P.za Dante Alighieri
Viale Monte Kosica
V.le Crispi
Viale Mazzoni
エンツォ・フェッラーリ生家博物館 Museo Casa Enzo Ferrari
Pizza N.Bruni
サン・フィリッポ・ネーリ San Filippo Neri
Palaazzo D'Aragona
C.so Vittorio Emanuele II
Via P. Ferrari
Via Piave
Via L. Poletti
V.Muzzioli
Palazzina Ducale
市民公園 Giardini Pubblici
Orto Botanico
Via L. Ricci
バスターミナル Staz Autolinee
Parco Novi Sad
Via Fabriani
V.le Molza
Viale Fontanelli
Via Ganaceto
Via Sant'Orsola
Corso Cavour
Foro Boario
Viale Jacopo Berengario
V.cerca
Via Belle Arti
Via Emilia Ovest
Via B.Ramazzini
S.Maria Pomposa
ドゥカーレ宮殿 Palazzo Ducale
Largo Aldo Moro
Via Taglio
Piazza Roma
C.so Acc. Militare
Viale Caduti in Guerra
Via Reiter
Via Menotti
S.Agostino
S.Giovanni Battista
P.za Matteotti
ジュスティ Giusti
Palazzo S.Margherita
エステンセ美術館（ムゼイ宮殿） Galleria Estense (Pal.d.Musei)
Madonna del Voto
リベルタ Libertà
Via C.Battisti
Via L.C.Farini
テアトロ・コムナーレ Teatro Comunale
ドゥオーモ Duomo
ギルランディーナの塔
グランデ広場 P.za Grande
市庁舎 Pal.Comunale
カフェ・コンチェルト Caffè Concerto
Viale Virginia
Via A.Tagliazucchi
Via Ciro
Via G.Puccini
Viale Alessandro Tassoni
Viale Vittorio Veneto
Rua Muro
P.za XX Settembre
Università
S.Biagio
Largo Porta Bologna
アルディーナ Aldina
Via dei Servi
メルカート Mercato Coperto Albinelli
Corso Canalchiaro
Largo S.Francesco
サン・フランチェスコ San Francesco
S.Francesco
Calle di Luca
カナルグランデ Canalgrande
Via Selmi
Via Saragozza
Viale Martiri della Libertà
Rua Pioppa
Corso Adriano
Teatro Storchi
Largo G. Garibaldi
Viale Giuseppe Verdi
Via Emilia Est
Viale delle Rimembranze
Via caselle
S.Pietro
A
B
1
2
N
0　300

モデナの歩き方

駅からグランデ広場へは約1km。駅前からバスが結んでいる。徒歩でも10〜15分で到着だ。観光案内所はグランデ広場の一角にある。石畳の落ち着いたグランデ広場の奥に立つのがドゥオーモ、そのやや斜め後方に立つのが優美な鐘楼ギルランディーナで、市民の塔とも呼ばれている。東には時計塔が正面を飾る市庁舎、南には屋台の立つ小さな広場が広がる。この広場から見えるのはドゥオーモの側面、脇を抜けて正面へ回ろう。

広場の手前を走るエミリア通りの左（西）300mにあるムゼイ宮殿にはエステ家の至宝を集めた**エステンセ美術館**がある。逆の北東側にはエステ家の居城だった**ドゥカーレ宮殿**が立つ。

落ち着いた古都、モデナ

市内交通
駅前からグランデ広場まではバス4、7、11番などで約10分。
●1回券　€1.50（75分間有効）
URL www.setaweb.it/mo

モデナの見どころ

エステ家の至宝が凝縮　MAP P.396-B1

エステンセ美術館 ★★

Galleria Estense(Palazzo dei Musei)　ガッレリア エステンセ（パラッツォ デイ ムゼイ）

エレガントなエステンセ美術館

町の西側に立つ古びた大きな館が美術の館Palazzo dei Museiだ。

最上階にエステンセ美術館がおかれ、規模は大きくないが、「イタリアで最も美しい美術館」と称されている。

エステ家のもとに集ったピサネッロ、コスメ・トゥーラ、ベッリーニ親子の作品をはじめ、エステ家の美意識のもとに集められたコレクションが並ぶ。とりわけ目を引く、威風堂々とした『**エステ家のフランチェスコ1世の彫像**』はバロックの巨匠G.L.ベルニーニの傑作で、この美術館を代表する作品だ。

エステ家の居城　MAP P.396-A2

ドゥカーレ宮殿 ★

Palazzo Ducale　パラッツォ ドゥカーレ

豪奢なドゥカーレ宮殿

1634年に改築され、約2世紀にわたってエステ家の居城となった壮大かつ豪奢（ごうしゃ）な館だ。

門からも眺められる名誉の中庭Cortile d'Onoreから大階段が続き、壮麗な大広間、エステ家の人々の肖像画やフレスコ画で飾られた居室部分へと続く。とりわけ見事な「**金の間**」Salottino d'Oroは1831年の蜂起に際し、フランチェスコ1世が首謀者の死刑を認める署名をした場所だ。

●モデナの観光案内所
住 Piazza Grande 14
☎ 059-2032660
開 9:00〜18:00、日・祝9:30〜18:00
休 12月25日　地 P.396-B1

●エステンセ美術館
住 Largo Porta S. Agostino 337
☎ 059-4395711
開 10:00〜19:30、日・祝10:00〜18:00（最終入場30分前）
休 月（祝日の場合は営業、復活祭翌日の月曜は除く）
料 €8、18〜25歳€2、17歳以下無料
URL gallerie-estensi.beniculturali.it

●ドゥカーレ宮殿
現在、内部は陸軍士官学校のため週末のみガイド付き見学が可能。
住 Piazza Roma15
開 土・日の指定時間（要予約）
料 €10
※モデナの観光サイトまたはグランデ広場の観光案内所（☎ 059-2032660）で電話予約が必要
URL www.visitmodena.it/it/scopri-modena/arte-e-cultura/palazzi-storici-e-castelli/palazzo-ducale-accademia-militare

エステ家の庭園だった市民公園

世界遺産　モデナ・ドゥオーモ案内

ドゥオーモとギルランディーナの塔 Duomo/Torre Ghirlandina

1099年、建築家ランフランコと彫刻家ヴィリジェルモのもと建築が開始され、12世紀に完成。**ロマネスク様式の傑作**と称されている。印象的なバラ窓のファサードの上部にキリスト像を頂き、正面扉の脇を2頭のライオンが支えている。正面、側面ともに旧約聖書などをモチーフにしたヴィリジェルモの作で、ロマネスク彫刻の代表作。

じっくり観賞したいファサード

厳かな内部は、円柱とアーチで仕切られた3廊式で、内陣（正面）が一段高くなった構造だ。内陣を支える柱の上部（ポンティーレ）にはアンセルモ・ダ・カンピオーネによる『弟子の足を洗うキリスト』、『最後の晩餐』などのレリーフが刻まれている。半地下のクリプタに置かれた石棺「聖ゲミニアヌス（サン・ジェミニアーノ）の墓」は町の人々の信仰のよりどころだ。

ポンティーレに注目

ドゥオーモのすぐ脇の**ドゥオーモ博物館**Museo del Duomoは、ドゥオーモを飾った彫刻のオリジナルや聖具などを展示している。

ドゥオーモと一体のように見える塔（鐘楼）がギルランディーナ。1169年に5階建ての**市民の塔**として建てられ、城門の開閉を知らせたり、見張りの塔の役目を果たしていた。その後、ドゥオーモの完成から約200年を経た1319年に円柱と尖塔部分が足され、現在見られる（87m）の姿となった。空に高く伸びる尖塔に繊細なアーチと紋様がレース細工のように刻まれた白大理石の美しい塔だ。内部は入場可。

中世から市民の生活を見守ってきたギルランディーナの塔

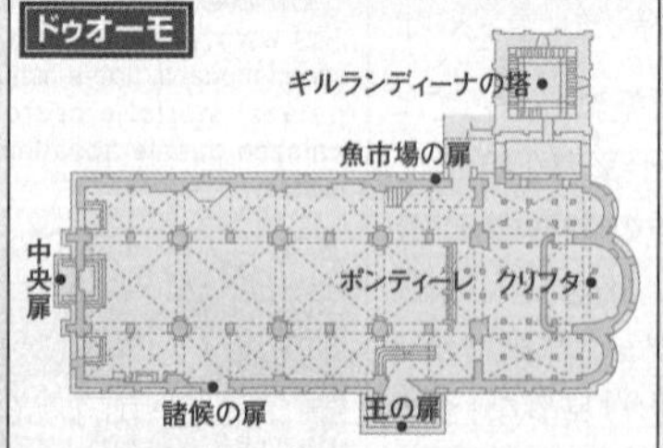

ここに注目！

ドゥオーモ壁面には数々のロマネスク独特のレリーフが刻まれている。そのどこかユーモラスな造形と物語を眺めてみよう。

中央扉上部『創世記』 Storia della Gensi

正面左上から右へと物語が進む。左上：神は天地創造を告げ、最初にアダム、そしてイブが誕生。イブに誘われ、禁じられた善悪の知識（リンゴ）の実をふたりは食す。扉左：禁断の果実を口にしたふたりは、後悔の念をもちつつもエデンの園から追放され、労働を強いられることになる。扉右：ふたりの子供であるカインは農夫、アベルは羊飼い。それぞれ自分の収穫を神にささげる。アベルの供え物である羊は喜ばれたものの、麦を無視されたカインはアベルに嫉妬して殺害。神はカインに「兄弟はどこに？」と尋ねられる。右上：カインと思われる男は弓で射られる。神は地上の人々の悪行を見てこれを洪水で滅ぼそうと、ノアの方舟の建設を命じる。方舟が舟形ではなく、ドゥオーモを思わせるのは、教会が救済のシンボルだから。洪水はやみ、ノアの息子たちは外へ。

ユーモラスなアダムとイブ

諸候の扉 Portale dei Principi

アラベスク状の紋様が刻まれた扉口上部には6枚のパネルがある。これはモデナの守護聖人サン・ジェミニアーノの生涯を描いたもの。

馬に乗り、船に乗り換え、エルサレムを目指して巡礼の旅に出たサン・ジェミニアーノ。王の娘の悪魔払いを行うと、娘の頭上から悪魔が追い出され、王と王妃は聖人に褒美に金の杯を与えた。モデナに戻った聖人の埋葬の場面。このレリーフの上には、石工、鍛冶工、リュート弾きが刻まれている。

聖人の生涯が精巧に描かれる

魚市場の扉 Portale della Pescheria

『アーサー王円卓の騎士たち』のレリーフ。扉口の右側には下から上へ1月から6月、左側下から上へ7月から12月の農作業などのエピソードが刻まれている。

小麦の収穫のエピソード

●ドゥオーモ
住 Corso Duomo
☎ 059-216078
開 7:00～19:00、月7:00～12:30、15:30～19:00
料 無料　地 P.396-B1
URL www.duomodimodena.it
※ミサなどの宗教儀式の際は拝観不可の場合あり。入口に係員がいるので指示に従おう

フェラーリ誕生の地　MAP P.396-A2

エンツォ・フェッラーリ生家博物館 ☆

Museo Casa Enzo Ferrari　ムゼオ カーサ エンツォ フェッラーリ

フェラーリを展示するモダンな建物

モデナ駅へ近づくと列車の車内からも見える、フェラーリらしい黄色の屋根のモダンな建物。敷地に2棟あり、近代的な建物でフェラーリを展示。もう一棟はフェラーリの創始者のエンツォ・フェッラーリの生家が再現されている。若き日のエンツォはこの家を売って最初のスポーツカーを手に入れ、その後この地を買い戻した。最初に手にした1930年代のスポーツカーからF1のマシンまで約20台を展示。カフェやショップも併設。敷地内からマラネッロのフェラーリ博物館へのミニバスも運行。

●エンツォ・フェッラーリ生家博物館
住 Via Paolo Ferrari 85
☎ 0536-4397979
開 4～5・9～10月9:30～19:00、6～8月9:00～19:00、11～3月9:30～18:00(最終入場45分前)
休 1月1日、12月25日
料 €27、65歳以上・10歳以上の学生€22、19歳以下€9
※マラネッロのフェラーリ博物館との共通券「Musei Ferrari Pass」€38、6～19歳€12

マラネッロへのシャトルバス
博物館の駐車場内（博物館玄関側）から発車。ミニバスはモデナ駅→生家博物館→マラネッロのフェラーリ博物館と回り、帰路は逆ルート。往復€12で所要約40分。
URL musei.ferrari.com

Ristorante & Hotel　モデナのレストラン&ホテル

ホステリア・ジュスティ
Hosteria Giusti　P.396-B2

必ず予約して出かけよう
町の中心、ヨーロッパ最古のサラミ屋に続く、古きよき伝統を感じさせる一軒。洗練された郷土料理が味わえる。サラミ類やワインの品揃えも見事だ。超人気店で席数が少ないので必ず予約を！　要予約

住 Via Luigi Carlo Farini 75
☎ 059-222533
営 12:30～14:00
休 日・月・祝、1月1週目、8月、12月
予 €50～
C A.J.M.V.

カフェ・コンチェルト
Caffè Concerto　P.396-B1

ドゥオーモの眺めと充実のビュッフェ
ドゥオーモ広場にテーブルを広げるカフェ。ランチのビュッフェ(飲み物別)やアペリティーヴォの軽食が充実していて、町の人にも人気。飲み物やひと皿だけの利用もOK。観光の途中の利用に便利。　できれば予約

住 Piazza Grande 26
☎ 059-8300508
営 8:30～24:00、金・土8:00～翌2:00
休 一部の祝日
予 €30～(コペルト€2.50)
C A.D.M.V.

アルディーナ
Aldina　P.396-B1

骨太な郷土料理
町の中心グランデ広場の南側に広がる市場近くにあり、平日は昼のみの営業。自家製パスタや豚のスネ肉のグリルStincoなど骨太な料理が味わえる。金・土夜は要予約。

住 Via L.Albinelli 40
☎ 059-236106
営 12:00～14:30、金・土12:00～14:30、20:00～22:30
休 日、8月
予 €30～(コペルト€2.50)
C 不可

★★★★ カナルグランデ
Phi Hotel Canalgrande　P.396-B1

ゆったりとした滞在に
ドゥオーモなどへも近く、観光にも便利な立地。広い庭園に緑が広がるクラシックでエレガントなホテル。レストラン併設。
URL www.phihotelcanalgrande.com

住 Corso Canalgrande 6
☎ 059-217160
Fax 059-221674
SS €120～
TS TB €200～
室 68室　朝食込み W-Fi
C A.D.J.M.V.

★★★ リベルタ
Hotel Libertà　P.396-B1

家族連れにも商用にも
町の中心、小さな路地に位置する歴史ある館を改装したホテル。近代的な設備とあたたかみのあるインテリアがくつろいだ気分にさせてくれる。朝食も充実。
URL www.hotelliberta.it

住 Via Blasia 10
☎ 059-22365
Fax 059-222502
SB €90～
TB €100～
室 51室　朝食込み W-Fi
C A.D.J.M.V.

サン・フィリッポ・ネーリ
Ostello della Gioventù San Filippo Neri　P.396-A2

町なかで便利
駅にも見どころへも近く便利な立地。インターネット接続、コインランドリー、無料の貸自転車などサービスも充実。受付14:00～、門限なし。
URL www.ostellomodena.it

住 Via Sant'orsola 52
☎ 059-234588
D €19～(2～3人部屋)
SS TS €50～
室 70床 W-Fi
C A.D.M.V.

※モデナの滞在税　YH、B&B、★€0.50　★★€1　★★★€2　★★★★€3　★★★★★€4　12歳以下免除

Parma
パルマ

●郵便番号　43100

Parma
Roma

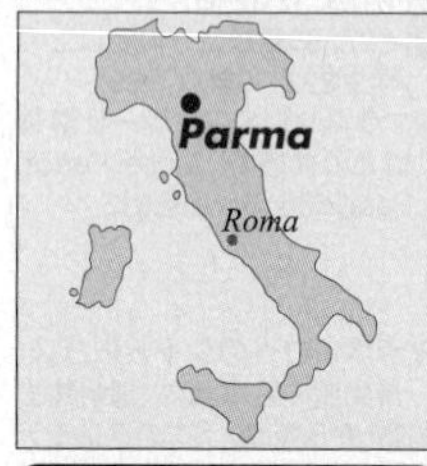

パルマへの行き方

ボローニャから

トレニタリアでボローニャ中央駅からレッジョナーレ・ヴェローチェ（RV）やレッジョナーレ（R）でパルマ駅まで約1時間15分。

ミラノから

トレニタリアでミラノ中央駅からフレッチャ・ロッサ（FR）でパルマ駅まで約50分。

市内交通

駅前から市内中心部までは徒歩約20分。市バスでは1、15番などで約10分。

●1回券　€1.70（80分間有効）

URL www.tep.pr.it

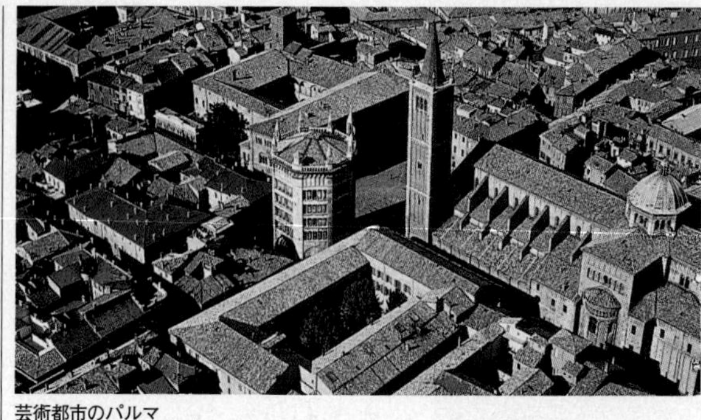

芸術都市のパルマ

パルミジャーノ・レッジャーノ（パルメザンチーズ）と生ハムの町。オペラの殿堂、テアトロ・レージョと大指揮者トスカニーニの故郷。そして、スタンダールの小説『パルムの僧院』の舞台となった町パルマは、まさに"食と芸術の町"だ。

自由都市としての繁栄を誇った中世から、16世紀にはファルネーゼ家のおひざ元、公国の首都として、ルネッサンスの花が咲いた。スペインのブルボン朝の支配下（18世紀）には、国立絵画館などの収集が充実し、19世紀には、ナポレオンの妃でオーストリア皇帝の王女であったマリア・ルイージャが統治し、テアトロ・レージョが建てられた。長い歴史を通じて、さまざまな文化が融合し、際立った個性をもった町パルマが誕生した。これらの芸術品の数々が、パルマをイタリアでも指折りの芸術の都としている。

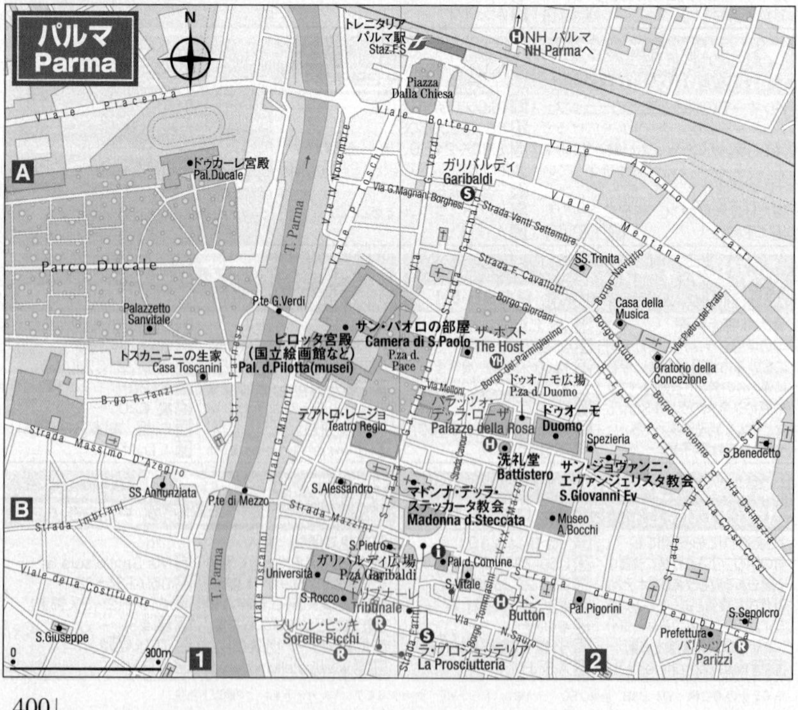

パルマ
Parma
N
トレニタリア
パルマ駅
Staz.FS
NH パルマ
NH Parmaへ
Piazza
Dalla Chiesa
Viale Piacenza
Viale Bottego
Viale Antonio Fratti
Viale Mentana
ドゥカーレ宮殿
Pal.Ducale
ガリバルディ
Garibaldi
Via G.Magnani Borghesi
Strada Venti Settembre
Viale IV Novembre
T. Parma
Parco Ducale
SS.Trinita
Strada F. Cavallotti
Borgo Giordani
Borgo Naviglio
Casa della
Musica
P.te G.Verdi
Palazzetto
Sanvitale
サン・パオロの部屋
Camera di S.Paolo
ザ・ホスト
The Host
ピロッタ宮殿
（国立絵画館など）
Pal. d.Pilotta(musei)
P.za d.
Pace
トスカニーニの生家
Casa Toscanini
Oratorio della
Concezione
ドゥオーモ広場
P.za d. Duomo
B.go R.Tanzi
テアトロ・レージョ
Teatro Regio
パラッツォ・デッラ・ローザ
Palazzo della Rosa
ドゥオーモ
Duomo
Strada Massimo D'Azeglio
Viale G.Mariotti
Spezieria
S.Benedetto
洗礼堂
Battistero
サン・ジョヴァンニ・エヴァンジェリスタ教会
S.Giovanni Ev
SS.Annunziata
P.te di Mezzo
S.Alessandro
マドンナ・デッラ・ステッカータ教会
Madonna d.Steccata
Strada Mazzini
Museo
A.Bocchi
Strada Imbriani
S.Pietro
Pal.d.Comune
Università
ガリバルディ広場
P.za Garibaldi
S.Vitale
Viale della Costituente
S.Rocco
トリブナーレ
Tribunale
ブトン
Button
Pal.Pigorini
Strada della Repubblica
S.Sepolcro
ソレッレ・ピッキ
Sorelle Picchi
Prefettura
パリッツィ
Parizzi
ラ・プロシュッテリア
La Prosciutteria
Viale Toscanini
S.Giuseppe
0
300m
A
B
1
2

パルマの歩き方

パルマ駅は町の北側に位置している。駅周辺は新市街、パルマらしい趣のある旧市街はドゥオーモあたりから南側だ。駅を背に正面に延びるどの道を通ってもかつての領主の居城であり、現在は国立絵画館などがおかれているピロッタ宮殿へ行くことができる。中心街までは徒歩で10分程度だ。まず、国立絵画館を見学してから、東側のドゥオーモや洗礼堂へ向かおう。小さな町なので、足早に外観を見るだけなら半日、じっくりと見学するなら1日は欲しい。

バラ色に輝く MAP P.400-B2

ドゥオーモ ★★★

Duomo/Cattedrale ドゥオーモ／カテドラーレ

コレッジョの『聖母被昇天』

淡いバラ色に輝くドゥオーモは12世紀のロンバルディア・ロマネスク様式でイタリア・ロマネスク建築の傑作のひとつ。背後にゴシック様式の高い鐘楼がそびえ、ファサードの左右の柱を2頭のライオン像が守り、扉口を縁取るアーチには12ヵ月を表したレリーフが刻まれている。

内部は3廊式で、堂内全体を華やかなフレスコ画が飾り、その正面（後陣）のクーポラのフレスコ画はバロック絵画の先駆者であり、パルマ派の巨匠コレッジョによる『聖母被昇天』Santa Maria Assunta。その下、右壁面にはアンテラミによる見事な大理石の浮彫『十字架降下』がある。主祭壇左からはクリプタへと通じている。

ロマネスク彫刻で飾られた MAP P.400-B2

洗礼堂 ★★

Battistero バッティステッロ

洗礼堂の内部

ドゥオーモに隣接する洗礼堂は、パルマで活躍した建築家であり彫刻家であるアンテラミにより12世紀末に建設が始められたロマネスク・ゴシック様式。八角形6層のユニークな形の外壁面はヴェローナのバラ色の大理石で造られた。内部に残るアンテラミらによる彫刻がイタリア・ロマネスクの特徴をよく表している。外壁のロマネスク彫刻は繊細で興味深い。

内部は円柱と半円アーチで分割され、フレスコ画が描かれ、ロッジアの『月』、『四季』、『星座宮』のレリーフは必見。

ドゥオーモ(左)と洗礼堂(右)

ℹパルマの観光案内所
住 Piazza Giuseppe Garibaldi 1
☎ 0521-218889
開 9:00～19:00
休 1月1日、12月25日
地 P.400-B2

●テアトロ・レージョ
パルマの王立歌劇場。
住 Strada Garibaldi 16/a
☎ 0521-203999
開 9:30～12:30、14:30～17:30、日10:00～16:00（1時間ごとのガイド付きツアー、所要時間約30分）
休 月(催事によって変動あり)
料 €7、65歳以上・30歳以下€5、18歳以下€3
地 P.400-B1
URL www.teatroregioparma.it

パルマの食料品店
生ハムやパルミジャーノ・レッジャーノで有名なパルマ。ハムやチーズがズラリと並ぶ食料品店の店頭は圧巻だ。品揃えが豊富で町の人の評判が高いのが**サルメリア・ガリバルディ**Garibaldiと**ラ・プロシュッテリア**La Prosciutteria。駅近くのガリバルディは高級総菜もあり、奥にテーブル席あり。

ラ・プロシュッテリアの見事な品揃え

●ドゥオーモ
住 Piazza Duomo 7
☎ 0521-208699
開 7:45～19:20(最終入場15分前)
休 宗教行事の際は拝観不可
料 無料
URL www.piazzaduomoparma.com

●洗礼堂
住 Piazza Duomo
☎ 0521-208699
開 10:00～18:00(最終入場15分前)
休 宗教行事の際は拝観不可
料 €12、65歳以上・学生€10（Museo Diocesanoへの入場含む）
URL www.piazzaduomoparma.com

●サン・ジョヴァンニ・エヴァンジェリスタ教会
住 Piazzale S.Giovanni 1
☎ 0521-1651508
開 8:30～12:00、15:30～19:30
休 宗教行事の際は拝観不可
料 無料
URL www.monasterosangiovanni.com

コレッジョの美術館 MAP P.400-B2

サン・ジョヴァンニ・エヴァンジェリスタ教会 ☆☆

San Giovanni Evangelista サン ジョヴァンニ エヴァンジェリスタ

美しいファサードと17世紀の鐘楼

大聖堂の右奥に進むとある、ルネッサンス様式の教会。内部はコレッジョの華やかなフレスコ画で飾られ、まさに彼の美術館のよう。クーポラには幻想的な『聖ヨハネの幻視（キリストの昇天）』Transito di S.Giovanni、それを支える四隅のペンデンティブには『福音史家と教会博士』など。聖具室(主祭壇左)扉の上には『若きヨハネ』が展示される。

●国立絵画館／ファルネーゼ劇場
住 Piazzale della Pilotta 5
☎ 0521-233617
開 10:30～19:00（最終入場1時間前）
休 月、一部の祝日
料 €18、18～25歳€2（ファルネーゼ劇場、考古学博物館などへの入場も含む）、毎月第1日曜無料
URL complessopilotta.it

見逃せないコレッジョとパルミジャニーノ MAP P.400-A1

国立絵画館 ☆☆☆

Galleria Nazionale ガッレリア ナツィオナーレ

ファルネーゼ劇場

かつてのファルネーゼ家の居城内にある。ファルネーゼ劇場はヨーロッパ最古の劇場のひとつ。絵画館にはこの町の宝である、この地で生まれたマニエリスムの巨匠パルミジャニーノの『トルコの女奴隷』Schiava turca、この町に愛され活躍したコレッジョの『聖ヒエロニムスのマドンナ』Madonna di S.Girolamoをはじめとするふたりの多くの作品を展示。彼らの作品は入口近くの展示室にまとめておかれている。

パルミジャニーノの『トルコの女奴隷』

●サン・パオロの部屋
住 Via Melloni 3
☎ 0521-218215
開 9:30～17:30、土・日・祝9:30～18:30(最終入場30分前)
休 火・水
料 €8、15～25歳€2、14歳以下無料
※チケットの購入者は無料でガイド付きツアーに参加できる。木曜15:30～の回で予約は e-mail cameradisanpaolo@comune.parma.itで

ルネッサンス期の装飾豊かな生活 MAP P.400-B2

サン・パオロの部屋 ☆

Camera di S.Paolo カメラ ディ サン パオロ

かつての女子修道院に付属する院長の私邸。つつましやかな邸内の天井の円蓋は16分割され、傘のようなドームにはあたかも蔓棚(つるだな)がたれ、そこに愛らしい天使と神々が描かれている。まさに、物語のなかに迷い込んだかのよう。コレッジョの描いたルネッサンスの富裕階級文化の傑作。

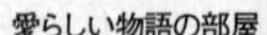
愛らしい物語の部屋

その他の見どころ　音楽の町パルマ

町の西側にはパルマで生まれ育まれたトスカニーニの生家Museo Casa Natale A.Toscaniniがあり、また郊外のラ・ヴィレッタの墓地には名バイオリニストのパガニーニが眠る。意欲的な演目で知られるネオ・クラシック様式のテアトロ・レージョ（王立歌劇場）Teatro Regio（→P.401）にも注目したい。

●トスカニーニの生家
住 Borgo Rodolfo Tanzi 13
☎ 0521-031769
開 10:00～18:00（最終入場30分前）
休 月・火、一部の祝日
料 無料
地 P.400-B1
URL www.museotoscanini.it

Ristorante & Hotel　パルマのレストラン&ホテル

パリッツィ Parizzi
P.400-B2

ホテルも併設、ミシュランの1つ星

1948年創業、長くミシュランの1つ星を維持する家族経営の一軒。モダンな店内では郷土料理をベースにした創造的料理が味わえる。郷土料理のほか、魚介類の料理もおすすめ。スタッフもフレンドリーで親切。 要予約

住 Strada della Repubblica 71
☎ 0521-285952
営 12:00～14:30、19:30～22:30
休 月、8月
予 €60～
C A.D.M.V.

ソレッレ・ピッキ Sorelle Picchi
P.400-B2

テラス席が気持ちいい

歴史あるサルメリアのレストラン。上質なパルマの郷土料理が味わえる。サラミ類の盛り合わせ€13.50と揚げパンTorta Fritta€4.50、自家製パスタ、ランブルスコワインはぜひ味わってみよう。季節にはトリュフもあり。

住 Strada Luigi Carlo Farini 27/A
☎ 0521-1855966
営 12:00～14:30、19:00～22:00
休 一部の祝日
予 €40～（コペルト€3）
C A.D.M.V.

トリブナーレ Trattoria del Tribunale
P.400-B1

手軽にパルマ料理を楽しむなら

町の人の利用も多い、気取らない雰囲気のトラットリア。生ハムや各種サラミ€7～、自家製パスタ€8.50～、パルミジャーノのリゾット€9、馬肉Cavallo（叩いた生またはグリル）€12など郷土料理が充実。

住 Vicolo Politi 5
☎ 0521-285527
営 12:00～15:00、19:00～23:00
休 一部の祝日
予 €25～（コペルト€2.50）
C A.D.J.M.V.

★★★★ パラッツォ・デッラ・ローザ Palazzo della Rosa
P.400-B2

町の中心で観光に便利

中心街にある、中世の邸宅を改装したホテル。観光やショッピングにも便利な立地。モダンなインテリアで部屋によってはドゥオーモや洗礼堂を眺めることができる。スタッフもフレンドリーで親切。

URL www.palazzodallarosaprati.it
住 Strada al Duomo 7
☎ 0521-386429
Fax 0521-502204
SB TB €115～
室 17室　朝食込み W-F
C A.M.V.

★★★★ NH パルマ NH Parma
P.400-A2外

駅近くで便利

パルマ駅から100mほど。シンプルでモダンな客室は清潔で過ごしやすい。アメニティやWi-Fiのアクセスも充実。フィットネスセンターの利用も可。

URL www.nh-hotels.com
住 Via Paolo Borsellino, 31
☎ 0521-792811
SB €120～
TB €150～
室 120室　朝食込み W-F
C A.D.J.M.V.

★★★ ブトン Hotel Button
P.400-B2

経済的ながら充実の滞在

町の南側、ガリバルディ広場近くにある家族経営のホテル。ロビーは居心地のよいクラシックな雰囲気で、客室はシンプルで清潔。見どころへも近く、レストランや商店が多い界隈で便利。

URL hotelbutton.it
住 Borgo della Salina 7
☎ 0521-208039
Fax 0521-238783
SS €75～　TS €85～
室 40室　朝食込み W-F
C M.

ザ・ホスト The Host
P.400-B2

清潔で居心地がよい

シンプルで機能的なホステル。ドミトリーは男女共用と女性専用があり、各部屋にロッカーも備わるので、セキュリティ面も安心。共用エリアではエスプレッソとお菓子のサービスがある。

URL thehostparma.it
住 Vicolo delle Asse 1
☎ 非公開
D €40～
室 16室　W-F
C A.M.V.

※パルマの滞在税　YH、B&B、★～★★★€1　★★★€2　★★★★～★★★★★€3.50

T シャワー共同ツイン料金　SS シャワー付きシングル料金　TS シャワー付きツイン料金　D ドミトリー料金　SB シャワーまたはバス付きシングル料金　TB シャワーまたはバス付きツイン料金

Piacenza
ピアチェンツァ

●郵便番号　29100

ピアチェンツァへの行き方

ミラノから
ミラノ中央駅からピアチェンツァ駅までレッジョナーレ・ヴェローチェ(RV)やレッジョナーレ(R)で約50分。
ボローニャから
ボローニャ中央駅からピアチェンツァ駅までフレッチャロッサ(FR)で約1時間15分。RVで約2時間。

ⓘピアチェンツァの観光案内所
住 Piazza Cavalli 7
☎ 0523-492001
開 10:00～17:00
休 月、一部の祝日
地 P.404-A・B1

●ドゥオーモ
住 Piazza Duomo
☎ 0523-335154
開 8:30～12:30、15:30～19:30、土8:30～19:30
休 宗教行事の際は拝観不可

●ファルネーゼ宮博物館
住 Piazza Cittadella 29
開 10:00～13:00、15:00～18:00、金・土・日10:00～18:00(最終入場30分前)
休 月、一部の祝日
料 €10、65歳以上・18～25歳の大学生・6～18歳€7
URL www.palazzofarnese.piacenza.it

ポー川とともに繁栄した町ピアチェンツァ。12世紀には自由都市となり、ポー川沿いの海運基地としての利用価値から、近隣の諸勢力の間で、ピアチェンツァの運命は揺れ動いたという。16世紀からの300年間は、**パルマのファルネーゼ家の支配**が続いた。旧市街は厚い城壁と砦に囲まれ、細い街路が巡らされ、中世都市の雰囲気を今に伝えている。人口は10万強。観光案内所はコムーネ広場近く、旧市庁舎＝イル・ゴティコIl Goticoの近くにある。

落ち着いた中世都市

ピアチェンツァの歩き方

町の中心のカヴァッリ広場Piazza dei Cavalliには旧市庁舎Palazzo del Comuneが立っている。別名Il Gotico＝ゴシックと呼ばれるとおり、ロンバルディア・ゴシック様式の傑作で赤れんがと大理石の堂々としたもの。広場にはファルネーゼ家の**2体の騎馬像**が構えている。左側は、スペインのフェリーペ2世の傭兵隊長を務めた、アレッサンドロ・ファルネーゼ。右側は、ラヌース1世。ともに17世紀のバロック様式の彫像だ。

旧市庁舎(イル・ゴティコ)

ドゥオーモDuomoは、ロンバルディア・ロマネスク様式の12世紀のもの。左側の鐘楼には、ガッビアGabbiaと呼ばれる鉄の檻(おり)があり、犯罪者は裸にされ、檻(おり)に入れられ、人々のヤジや嘲笑を受けたという。そのほかには、今はファルネーゼ宮博物館Museo di Palazzo Farneseになっているルネッサンス様式の壮大な宮殿、ファルネーゼ宮殿が必見。内部には市立博物館と絵画館などがおかれている。

バラ窓の美しいロマネスク様式のドゥオーモ

Repubblica di San Marino

サン・マリノ

世界遺産

ロープウエイ(Funivia)でサン・マリノに入るのが楽しい

リミニの南24㎞にあるサン・マリノ共和国。エミリア・ロマーニャ州とマルケ州に囲まれ、面積61.2㎢、人口約3万3000人、世界で5番目に小さい国家であり、最も古い共和国だ。丘陵地帯が広がる国土のほぼ中央に標高750mの**ティターノ山**がそびえ、その周囲に旧市街が広がる。アドリア海から直線で約10㎞。晴れた日には高台から、緑の平原と海を望むことができる。涼やかな風が吹き抜ける、石畳の坂道にはみやげもの店が軒を連ね、どこか懐かしい雰囲気だ。

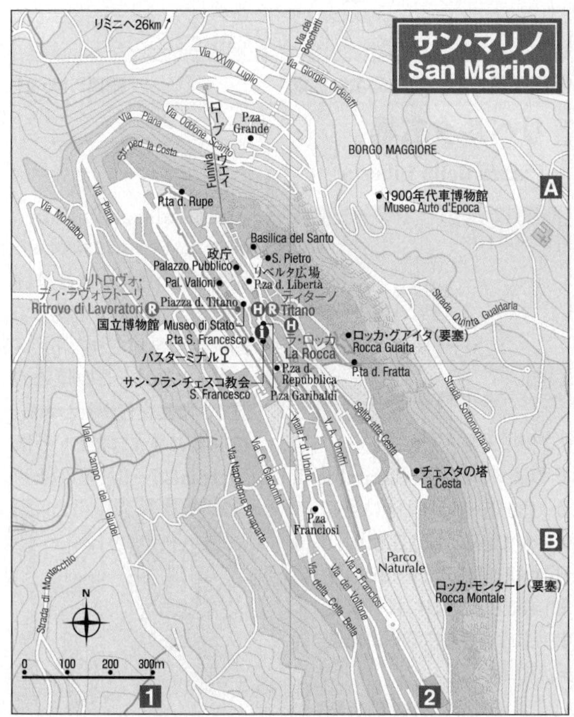

●郵便番号 47890

世界遺産

サンマリノ
歴史地区とティターノ山
登録年2008年 文化遺産

サン・マリノへの行き方

リミニRimini (→P.418) が玄関口。リミニへは、トレニタリアでボローニャ中央駅からフレッチャロッサ(FR)で約1時間、インテルシティ(IC)で約1時間15分。

リミニ駅前からBonellibus社のプルマンバスで、サン・マリノ共和国の城門下の広場Piazzale Calcigni Parkまで約50分。リミニ発8:10～19:25、サン・マリノ発8:10～19:15でそれぞれ1日8便、切符は€6。土・日・祝も毎日運行。広場のエレベーターまたは階段で上れば城門P.ta S.Francescoは目の前だ。

●Bonellibus
URL www.bonellibus.com

リミニのバス停

バス停は、駅を出ると目の前にバーガーキングがあるので、そこまで道を渡り、右に100mほど行くとあります。(長野県 Izumi)['24]

リミニ駅の切符売り場

切符はバーガーキング横のタバッキでも販売。(manmacita)['24]

旅の記念に入国ビザ

入国記念ビザ€5は高い気がしましたが、きれいな印紙とスタンプをパスポートに押してもらい、なかなかよい記念になりました。切手とコインは観光案内所ではなく、コインはみやげもの店、切手は絵はがきを販売しているみやげ店やタバッキで。ポストは観光案内所の近くにありました。
(東京都 にゃん)['24]

夏は最初に水分確保を

チェスタの塔を過ぎると、商店もなくさびしい通りになります。その前に水分補給やペットボトルの購入を。(manmacita)

サン・マリノの交通

サン・マリノの旧市街とボルゴ・マッジョーレ城間をロープウエイFuniviaが結ぶ。所要約2分で、7:45～夜間に約15分おきの運行。切符は片道€3、往復5。旧市街は徒歩で回れる。

ℹサン・マリノの観光案内所
住 Piazzetta Giuseppe Garibaldi 5
☎ 0549-882914
開 9:00～18:00、土・日9:00～13:00、13:30～18:00
休 一部の祝日
地 P.405-A1
※入国記念ビザもこのオフィスで発行している。切手風の印紙代金込みで€5

サン・マリノを楽しむ共通券

プッブリコ宮、サン・フランチェスコ絵画館、国立博物館などに入場できる共通券「San Marino Musei Pass」は€11。選択した2ヵ所の博物館に入場できるチケットは€9。
URL www.museidistato.sm

サン・マリノの歩き方

リミニからのバスは税関で一時停車。ここからふたつの町を経て、ティターノ山麓の町ボルゴ・マッジョーレへ着く。ここでロープウエイFuniviaに乗り換えて町へ向かえば、すばらしいパノラマが楽しめる。ロープウエイは町の北側に到着する。

そのままバスで行く場合は、終点の広場で下車すれば旧市街もすぐ。城門を抜けて町へ入ろう。城壁で囲まれた町は小さく、見どころもこの中にあるので、迷子になる心配はない。サン・フランチェスコ門から入ってすぐ右に見えるのが**サン・フランチェスコ絵画館**だ。まずは、坂を上って町の中心の**リベルタ広場**へ向かおう。広場手前の坂道右側に観光案内所がある。見晴らしのよい美しい広場の正面には、衛兵が見守る**政庁**が立つ。夏季なら30分から1時間おきに行われる**衛兵交代**も眺めてみよう。

広場南に広がるのが旧市街だ。この旧市街を抜けて、塔を目指そう。塔は北から**ロッカ・グアイタ**、**チェスタの塔**、**ロッカ・モンターレ**と並んでいる。チェスタの塔手前の見晴らし台からは、切り立った崖の上に立つロッカ・グアイタの全貌を見ることができる。晴れていれば平原の先に青い海、背後にはアペニン山脈の大パノラマが広がる。これらの要塞は、サン・マリノ共和国のシンボルであり、国旗のモチーフにもなっている。

サン・マリノの見どころ

衛兵が見守る、眺めのよい広場 MAP P.405-A1

リベルタ広場 ★★

Piazza della Libertà ピアッツァ デッラ リベルタ

政庁のあるリベルタ広場

政庁Palazzo Pubblicoが立つ、いつもにぎやかで眺めのよい広場。政庁は14世紀のオリジナルを模して19世紀に再建されたネオ・ゴシック様式。この建物の前で、衛兵交代が行われる。1754年に生まれたという衛兵の儀式、衛兵交代Cambio della Guardiaは7～9月頃の14:30から30分～1時間おきに見ることができる。4月1日と10月1日の執政就任式と9月3日の共和国創立記念日には、伝統装束によるさらに華やかな儀式が行われる。

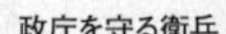
政庁を守る衛兵

すばらしい絶景！

サン・マリノのシンボル　MAP P.405-A·B2

要塞

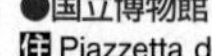

Rocca　ロッカ

城壁と小道を歩き要塞へ

要塞はティターノ山の尾根の3つの頂に位置し、城壁と小道で下の町と結ばれている。町の中心に近いほう(北)から、**ロッカ・グアイタ**Rocca Guaita、**チェスタの塔**La Cesta、**ロッカ・モンターレ**Rocca Montaleと呼ばれる。ロッカ・グアイタ(標高738m)は最初に着手されたもので、11世紀以降修復が施されている。刑務所として使われた時代もあった。チェスタの塔(755m)は、2番目に着手され、13世紀に再建されたもので、ティターノ山の一番高い頂に立っている。ロッカ・モンターレは13世紀の見張りの塔で20世紀に建て直されたもの。マラテスタ軍との戦いでは重要な役割を果たした。

●要塞
住 Salita alla Rocca
☎ 0549-991369
開 6〜8月頃9:30〜18:30、9〜5月頃9:00〜17:00(最終入場30分前)
休 1月1日、11月2日午後、12月25日
料 共通券€8〜10(→P.406)

●国立博物館
住 Piazzetta del Titano 1
☎ 0549-883835
開 6〜8月頃9:30〜18:30、9〜5月頃9:00〜17:00(最終入場30分前)
休 1月1日、11月2日午後、12月25日
料 共通券€8〜10(→P.406)

共和国の歴史の一端に触れる　MAP P.405-A1

国立博物館

Museo di Stato　ムゼオ ディ スタート

サン・マリノ共和国の歴史と関係の深い品々を展示。新石器時代からの考古学分野と14〜19世紀の絵画などを展示。

ロッカ・グアイタから眺めたチェスタの塔

Ristorante & Hotel　サン・マリノのレストラン&ホテル

ホテルの数は少ないが、ツアー客はだいたいリミニやラヴェンナに宿を取るので、個人旅行者には案外穴場だ。観光に便利な旧市街のホテルをご紹介。

リトロヴォ・ディ・ラヴォラトーリ
Ritrovo di Lavoratori　P.405-A1

ローカルの支持を集める
最大の魅力は抜群のコストパフォーマンスで、地元の人々の絶大な人気を誇る老舗。観光客も気軽に入れる雰囲気で、気さくなスタッフはじめ店内は和やかで明るく感じがいい。

住 Via Androne dei Bastioni 4
☎ 0549-992578
開 12:00〜14:00、19:15〜23:00
休 水、冬季休暇あり
予 €30〜(コペルト€1)
C M.V.

リストランテ・テラッツァ・ティターノ
Ristorante Terrazza Titano　P.405-A1

眺めのいいレストラン
下記ホテル内のレストラン。手頃な定食もおすすめ。歴史あるインテリアもすてき。子ども用メニューあり。要予約
✉ 思ったよりもずっとおいしいイタリア料理が味わえました。(ピッピ)['24]

住 Contrada del Collegio 31
☎ 0549-991007
営 12:00〜14:30、19:00〜22:00
休 火
予 €45〜(コペルト€2.50)
C A.M.V.

★★★★ ティターノ
Titano　P.405-A1

100年以上の歴史をもつ格式あるホテル・レストラン
創業1894年、それなりのプライドはあるが決して気取らないホスピタリティあふれるホテル。景色が一望できるレストランもおすすめ。
URL www.hoteltitano.com

住 Contrada del Collegio 31
☎ 0549-991007
Fax 0549-991375
SS SB €65〜
TS TB €85〜
室 45室　朝食込み W-F
休 クリスマス前後、1〜2月中旬
C M.V.

★★ ラ・ロッカ
Hotel La Rocca　P.405-A1·2

眺めのよさに定評あり
✉ 専用バスルーム、バルコニー付きで部屋も広くて清潔。パノラマが圧巻。レストランでは宿泊者は10%の割引もあり、コスパよし！従業員も親切でフレンドリー。(長野県　Izumi)['24]

URL www.hotellaroccasm.com
住 Via Salita alla Rocca 35
☎ 0549-991166
SS €55〜
TS €80〜
室 12室　朝食込み W-F
C M.V.

※サン・マリノの滞在税　★€1　★★€1.20　★★★€2　★★★★€3.20　★★★★★€4.20　14歳以下免除

Ferrara

フェッラーラ

世界遺産

●郵便番号　　44100

世界遺産

フェッラーラ：ルネッサンス期の市街とポー川デルタ地帯
登録年1995/1996年
文化遺産

夜のフェッラーラ

夜になるとエステンセ城、カテドラーレなど町なかがライトアップされ、幻想的で本当に美しい。なかでも、ヴォルテ通りは息をのむほどでした。(HIROKI-H)

正面右側はアーケードになっているカテドラーレ

ルネッサンスの時代にはフィレンツェと並び称された、フェッラーラ。この時代、エステ家の宮廷文化が花開き、イタリア中から数多(あまた)の芸術家が集った。1492年、エステ家のエルコレ1世は「理想都市」を目指し、ピアジオ・ロッセッティに命じて町を拡張。都市概念に基づいた町は、今も美しい町並みを残し、「ルネッサンスの町」として世界遺産に登録された。

「理想都市」として整備された町の北側は石畳の広い歩道に緑の木立、そして高い屋根の豪壮な館が続く。一方、南側に進むと細い路地が迷路のように続き、傾いたポルティコが遠い中世の残り香を運んでくれる。

ふたつの顔をもつフェッラーラ。これもまた、エステ家がこの町に残した偉大なる遺産である。

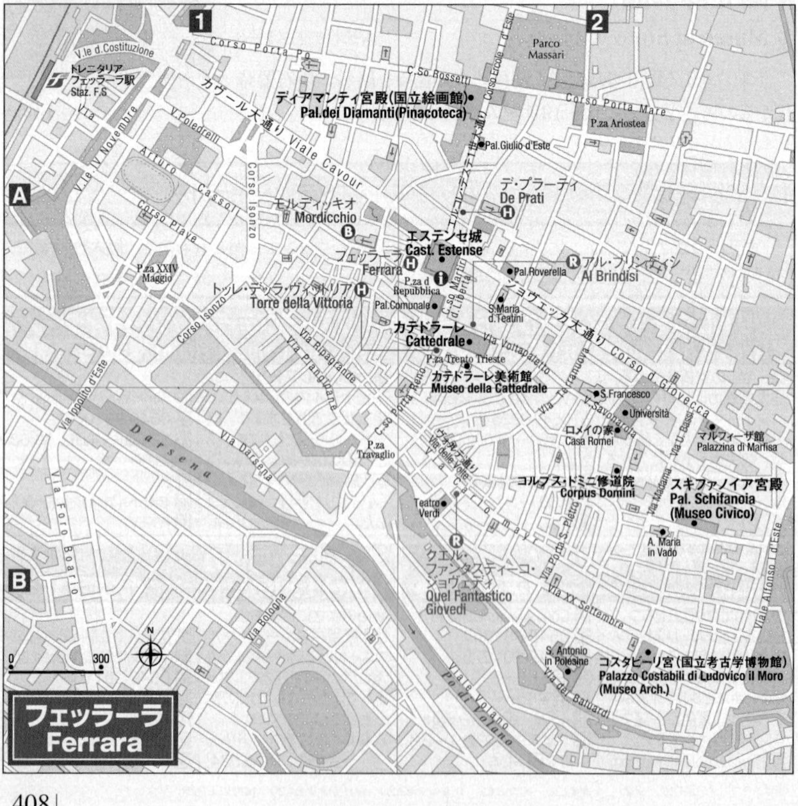

フェッラーラ
Ferrara

1
2
A
B
Corso Porta Po
V.le d.Costituzione
トレニタリア フェッラーラ駅 Staz. F.S
C.so Rossetti
Parco Massari
ディアマンティ宮殿(国立絵画館) Pal.dei Diamanti(Pinacoteca)
Corso Porta Mare
P.za Ariostea
カヴール大通り Viale Cavour
V.Poledrelli
Pal.Giulio d'Este
V.le IV Novembre
Arturo Cassoli
Corso Isonzo
デ・プラーティ De Prati
モルディッキオ Mordicchio
Corso Piave
エステンセ城 Cast. Estense
フェッラーラ Ferrara
P.za d Repubblica
Pal.Roverella
アル・ブリンディシ Al Brindisi
P.za XXIV Maggio
トッレ・デッラ・ヴィットリア Torre della Vittoria
Pal.Comunale
S.Maria d.Teatini
ジョヴェッカ大通り Corso d.Giovecca
カテドラーレ Cattedrale
Via Voltapaletto
P.za Trento Trieste
カテドラーレ美術館 Museo della Cattedrale
Via Ripagrande
Via Prangipane
Via Ippolito d'Este
Darsena
Via Darsena
C.so Porta Reno
S.Francesco
Università
ロメイの家 Casa Romei
マルフィーザ館 Palazzina di Marfisa
P.za Travaglio
ヴォルテ通り Via delle Volte
Via Carlo Mayr
Via Madama
Via D.Bassi
コルプス・ドミニ修道院 Corpus Domini
スキファノイア宮殿 Pal. Schifanoia (Museo Civico)
Teatro Verdi
A. Maria in Vado
Via Foro Boario
クエル・ファンタスティーコ・ジョヴェディ Quel Fantastico Giovedi
Via XX Settembre
Via Porta S.Pietro
Viale Alfonso I d'Este
Via Bologna
S. Antonio in Polesine
コスタビーリ宮(国立考古学博物館) Palazzo Costabili di Ludovico il Moro (Museo Arch.)
Via dei Baluardi
Viale Volano
Po di Volano
0　300
N

フェッラーラの歩き方

駅は町の西側にある。駅のすぐ横に高層住宅、前にはビル。中世の町というイメージは駅付近にはないが、駅の左に延びる公園の、どの道を通っても**大通り**Viale Cavourに出る。街灯がずっと続くその通りを行くと、赤いれんがの堂々とした**エステンセ城**が見える。駅から徒歩約20分。バスは1、6、9番で約10〜15分。すぐ隣に市庁舎、その対面にはカテドラーレが立つ。このあたりまで来ると、この地で生まれた**サヴォナローラ**、ここから嫁いだ**イザベッラ**、この地に眠る**ルクレツィア**が見たであろう風景と重なる。カテドラーレの前には、**サヴォナローラ**の像。北イタリア的なバルコニーをもつファサードのカテドラーレとその横に続く15世紀の2階建て商店街は、建物の壁を利用していておもしろい。ここも徒歩で回る町である。

観光案内所は、エステンセ城内の中庭奥にある。

フェッラーラの見どころ

町を望む堂々たる城塞 MAP P.408-A2

エステンセ城 ★★★

Castello Estense カステッロ エステンセ

豪壮なエステンセ城

エステ家のニッコロ2世が1385年に建設に着手。建設当初は敵からの防御を目的としていたが、完成時の16世紀には、優美な中庭や大理石のテラス、フレスコ画で装飾された広間が続く一族の豪壮な居城となった。水堀が周囲を囲む城の四隅には塔がおかれ、跳ね橋を渡って入る。

1階は台所、塔への階段、牢獄などがある。塔へはややきつい階段が続くが、周囲を一周すると360度の眺望が広がる。

2階からはエステ家の華やかな居室が続く。いずれも天井装飾がすばらしい。置かれた鏡で見てみよう。光あふれるテラスは侯爵夫人たちの憩いの場だった「ロッジアとオレンジの間」、美しい16世紀のフレスコ画が飾る**「オーロラ(曙)の間」**は一番の見どころ。天井の中央に「時間」の寓意画、その下から時計回りに「曙」「昼」「夕暮れ」「夜」と続く。「遊戯の大広間」にはアルフォンソ2世の好みにより、古代競技のシーンが描かれている。

都市計画の美しい家並み。城からの眺望

フェッラーラへの行き方

ヴェネツィアから
ヴェネツィア・サンタ・ルチア駅からフェッラーラ駅まで、フレッチャロッサ(FR)を利用して約1時間。イタロ(ITA)を利用する場合、ヴェネツィア・メストレ駅から約1時間。

ボローニャから
ボローニャ中央駅からフェッラーラ駅まで、FRやレッジョナーレ・ヴェローチェ(RV)、ITAで約30分。

市内交通
フェッラーラ駅から市内中心部のエステンセ城までは徒歩約20分。バスでは、1、6番などで約10分。
●1回券　€1.50(75分間有効)
※車内購入の場合€2
●1日券　€5(最初の打刻から24時間)
URL www.tper.it

ℹフェッラーラの観光案内所
住 Largo Castello
☎ 0532-419190
開 9:00〜18:00、日・祝9:30〜17:30
休 12月25日
地 P.408-A2

お得な共通券をゲット
ほぼすべての美術・博物館や見どころが無料になる「MyFe-Ferrara Tourist Card」。滞在税が免除され、コムナーレ劇場などのコンサート、タクシーなどでも割引を受けられる。購入はエステンセ城、カテドラーレ美術館などの切符売り場で。
料 2日券€20、3日券€22、6日券€25
URL www.ferraraterraeacqua.it/it/myfecard

●エステンセ城
住 L.go Castello 1
☎ 0532-419180
開 10:00〜18:00(最終入場45分前)
休 火、12月25日
料 €12、65歳以上€10、11〜17歳€5、10歳以下・MyFeカード提示で無料
URL www.castelloestense.it

知ってる?
「エステ家の悲劇」
1階の牢獄は天井が低く、かなりの閉塞感だ。そのなかのひとつ「ウーゴとパリジーナの牢獄」Prigioni di Ugo e Parisinaはニッコロ3世の2番目の妻だったパリジーナ・マラテスタと恋に落ちたその義理の息子が幽閉され、とがめを受けた場所。ふたりは打ち首となってその生涯を終えたが、彼女が20歳、彼が19歳だったという。

修復工事を経て2024年3月再開　MAP P.408-A2

カテドラーレ

Cattedrale　カテドラーレ

フェッラーラの守護聖人、サン・ジョルジョを祀り、12〜14世紀のロマネスクの堅牢さとゴシックのエレガントさを併せもつ。2頭のライオンがバルコニーを支えるファサード（正面）の上部の三角破風には「最後の審判」、その下には町の守護聖人サン・ジョルジョ（聖ゲオルギウス）が刻まれている。正面右には町の創建者「フェッラーラのマドンナ」（ローマ時代のもの）が鎮座している。内部はゴシックのフレスコ画で飾られ、時を経てもエステ家らしい華やかさで彩られている。主祭壇右には、ドメニコ・パリスによる15世紀の「サン・マウレリオ」、「サン・ジョルジョ」像がある。

カテドラーレ内部

●カテドラーレ
住 Piazza della Cattedrale
☎ 0532-228011
開 7:30〜12:30、15:00〜19:00

サン・ジョルジョって誰?
聖ゲオルギウスとも呼ばれている。町を恐怖に陥れ、数々の生贄を平らげた竜はついに王女を生贄に要求。その竜を退治した話で知られる戦士の守護聖人。フェッラーラの守護聖人でもある。

カテドラーレのファサード

カテドラーレの宝物を展示　MAP P.408-A2

カテドラーレ美術館

Museo della Cattedrale　ムゼオ デッラ カテドラーレ

カテドラーレのやや南側、小さなサン・ロマーノ教会内にある。

見学は2階からだが、傑作が集中しているのは、1階中庭奥の展示室。1400年代のフェッラーラを代表する画家コスメ・トゥーラの傑作『**サン・ジョルジョと竜**』San Giorgio e il Drago、ヤコポ・デル・クエルチャの『**ザクロの聖母**』Madonna della Melagranaをはじめ、かつてのカテドラーレを飾った『**12ヵ月の扉の彫刻**』Porta dei Mesiもここに展示されている。無名のフェッラーラのマエストロのものだが、見事に季節の一場面を切り取ったゴシックならではの写実性がすばらしい。このほか、16世紀のタペストリーなどを展示。

『ザクロの聖母』

●カテドラーレ美術館
住 Via San Romano
☎ 0532-244949
開 9:00〜13:00、15:00〜18:00
休 月、12月25日
料 €6、65歳以上・大学生€3、18歳以下・MyFeカードの提示で無料

静かな時の流れる美術館

町の統治者エステ家の墓所　MAP P.408-B2

コルプス・ドミニ修道院

Monastero del Corpus Domini　モナステロ デル コルプス ドミニ

ロメイの家のすぐそばにある、エステ家の墓所。最後にアルフォンソ・デステに嫁ぎ、この地で生を終えたルクレツィア・ボルジアもここに眠る。外観は修道院らしい質素なれんが造りの建物だが、イタリアの各地の名家の墓所と同じく、内部は大理石を使った豪華な墓地である。

コルプス・ドミニ修道院

美しく飾られたエステ家の別荘　MAP P.408-B2

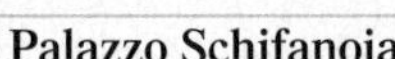

スキファノイア宮殿 ★★★

Palazzo Schifanoia　パラッツォ スキファノイア

かつてのエステ家の別荘で現在は**市立ラピダリオ美術館** Civico Lapidario。一番奥の「**12ヵ月の間**」には、フランチェスコ・デル・コッサとコスメ・トゥーラらが壁いっぱいにフレスコ画を描き、まだ彩色濃く残っている(10〜2月の間は欠損)。

美しいルネッサンス絵巻

広い壁面を縦に12分割し、さらに横に3分割して各月が描かれている。上段は「神の世界」。各月を司る異教の神が凱旋車に乗り、周囲には神話や日常生活のシーン。中段は「12宮(星座のシンボル)」。下段は「人間界」。神に影響される人々と宮廷の季節ごとの生活。注文主であるボルソ・デステは栄光の智として描かれ、占星学を科学として楽しんだエステ家宮廷の趣味が色濃い。町の人にとってもお気に入りの見どころ。

幾重にもアーチを描く中庭は必見　MAP P.408-B2

コスタビーリ宮 ★

Palazzo Costabili di Ludovico il Moro　パラッツォ コスタビーリ ディ ルドヴィーコ イル モーロ

内部は、ガローファロ(ベンベヌート・ティージ)によるフレスコ画で飾られている。また考古学博物館としての収蔵品も充実しており、紀元前6〜5世紀の金の指輪やネックレス、琥珀(こはく)コレクション、ギリシア・エトルリアの彩色陶器など、見応えがある。宮殿および中庭も、ルネッサンス様式の逸品であるとされ、特に中庭の美しさは有名である。

中世が息づく　MAP P.408-B2

ヴォルテ通り ★

Via delle Volte　ヴィア デッレ ヴォルテ

町の南側にある小道で、かつてはこの通りのすぐ脇をポー川が流れていた。狭い小道を見上げると、通りを挟んだ建物をアーチ状の屋根付きの渡り廊下が結び、それが幾重にも続く、珍しい風景が広がる。中世の主要道路のひとつで、その面影を今もよく残している。都市計画された町を見た目にはどこか新鮮。

頭上に家を結ぶ渡り廊下が通る

●コルプス・ドミニ修道院
住 Via Pergolato 4
☎ 0532-207825
開 15:30〜17:30
休 土・日・祝
料 喜捨

●スキファノイア宮殿
市立ラピダリオ美術館
住 Via Scandiana 23
☎ 0532-244949
開 10:00〜19:00(最終入場1時間前)
休 月、一部の祝日
料 €12、65歳以上€9、18歳以下・MyFeカードの提示で無料

●コスタビーリ宮
(国立考古学博物館)
住 Via XX Settembre 124
☎ 0532-66299
開 9:30〜17:00
休 月、一部の祝日
料 €6、18〜25歳€4、17歳以下・MyFeカードの提示で無料

2層の列柱のアーチが美しいコスタビーリ宮

●ディアマンティ宮殿（国立絵画館）
住 Corso Ercole I d'Este 21
☎ 0532-244949
開 9:30～19:30（最終入場45分前）
休 無休
料 €13、65歳以上・大学生・6～18歳€11
URL www.palazzodiamanti.it

カットされたダイヤをはめ込んだようなディアマンティ宮殿

四角錐に刻まれた外観が目を引く  P.408-A2

ディアマンティ宮殿 ★★

Palazzo dei Diamanti パラッツォ デイ ディアマンティ

都市計画を推進したエルコレ1世が拡張・整備した新市街の中心軸のエルコレ1世通りに立つ。1万2500個の大理石で造られたファサードが、太陽にキラキラ光るのが、まさにダイヤモンドのようなので、この名があるという。内部はフェッラーラ派の作品を揃えた国立絵画館Pinacoteca Nazionaleとなっている。

必見はコスメ・トゥーラの（入口からふたつ目の展示室）の**『聖マウレリオの殉教』**Martirio di San Maurelio、**『聖マウレリオの審判』**Giudizio di San Maurelio。ふたつの円形画はかつて祭壇のプレデッラ（裾絵）だったもの。すぐ近くにおかれた彼の工房による**『天文の女神ウラニア』**La Musa Urania、**『天の女神ヘラ』**La Musa Eratoは憂いと不機嫌さを特徴的に描く、彼の個性が感じられる。多数のガローファロの作品をはじめ、カルパッチョなどを展示。

Ristorante & Hotel フェッラーラのレストラン&ホテル

パスタの「きしめん」フェットチーネは、北イタリアではタリアテッレと呼ばれ、フェッラーラで生まれたとされている。エステ家に嫁いできたルクレツィア・ボルジアは髪を結わず金髪を流すのを好んだので、婚礼の宴のためにこの金髪のような形と色をしたフェットチーネが考案されたといわれている。

クエル・ファンタスティーコ・ジョヴェディ Quel Fantastico Giovedi P.408-B2

定食が充実している
現代的でエレガントなレストラン。伝統的な郷土料理から刺身風の新鮮な魚介類までが味わえ、満足度が高い。平日昼のみのワンプレート定食€15は観光の途中に最適。ワインも充実。スタッフも感じがいい。

住 Via Castelnuovo 9
☎ 0532-760570
営 12:30～14:30、19:30～23:00、木19:30～23:00
休 水、1月下旬、7月下旬～8月中旬頃
予 €40～
C A.D.J.M.V.

アル・ブリンディシ Al Brindisi P.408-A2

ヨーロッパ最古の店
1435年にはすでに存在したという歴史あるエノテカ。気取らない雰囲気のなか、昔ながらの伝統的料理が味わえる。料理と数種のグラスワインがセットになった定食もおすすめ。

住 Via degli Adelardi 11
☎ 0532-473744
営 11:00～24:00、日11:00～22:00
休 月・火、1月
予 €30～（コペルト€2）
C A.D.M.V.

Ⓑ モルディッキオ・ラ・ピアディーナ・ロリジナーレ・パンコッタ Mordicchio La Piadina L'originale Pancotta P.408-A1

この地の名物スナックを！
ロマーニャ地方の名物スナック、ピアディーナの店。ピアディーナは無発酵の薄い丸型のパンにチーズやサラミ、野菜などを挟んだもので軽い食事にもピッタリ。店内にはテーブル席もあり、地元の人でいつも大にぎわい。

住 Piazza Sacrati 3
☎ 39202448331
営 12:00～14:30、19:00～22:00、火・木9:00～17:00、日12:00～14:30
休 7月
予 €10～
C 不可

★★★★ フェッラーラ Hotel Ferrara P.408-A2

エステンセ城が望める
カステッロの入口脇にあるガラスを多用したモダンな外観のホテル。1900年代初頭の建物を利用した内部はクラシックと現代が溶け合い、落ち着いた雰囲気。郷土料理が楽しめるレストラン併設。
URL www.hotelferrara.com

住 Largo Castello 36
☎ 0532-205048
Fax 0532-242372
SB €60～
TB €80～
室 58室　朝食込み W-F
C A.D.J.M.V.

★★★ デ・プラーティ Hotel De Prati P.408-A2

静かなプチホテル
カステッロからディアマンテ宮へ向かう通りから小道に入った所にある静かで愛らしいプチホテル。古きよき伝統と懐かしい雰囲気がいっぱい。テラス付きの部屋も。
URL www.hoteldeprati.com

住 Via Padiglioni 5
☎ 0532-241905
Fax 0532-241966
SS €70～
TS €80～
JS €100～
室 16室　朝食込み W-F
C A.D.J.M.V.

★★★ トッレ・デッラ・ヴィットリア Torre della Vittoria P.408-A2

中世の雰囲気を感じる
ドゥオーモ広場に位置し、エステンセ城など主要な観光スポットが徒歩圏内。客室はクラシックな調度品でまとめられ、古いがよく手入れされている。朝食は城が見えるテラス席でいただこう。

URL www.hoteltorredellavittoriaferrara.com
住 Corso Porta Reno 17
☎ 0532-769298
TS €100～
JS €165～
室 10室　朝食込み W-F
C A.J.M.V.

※フェッラーラの滞在税　YH€0.50　★€1　B&B、★★€1.50　★★★€2　★★★★€2.50　★★★★★€3　18歳以下免除

Ravenna
ラヴェンナ 世界遺産

サンタポッリナーレ・ヌオーヴォ聖堂を飾るモザイクの主要部分は、テオドリック王時代のもの

モザイク美術の宝庫

ラヴェンナは、ヴェネツィアの南、約150㎞に位置する、人口16万弱の町。アドリア海に面した、ビザンチン美術の花咲いた古都である。漆黒の夜空に満天の星が煌(きらめ)くような荘厳なモザイクは古代から多くの人を魅了し、ダンテもダヌンツィオもその美しさを詩に歌った。イタリア観光のメインルートから外れているが、ビザンチン美術に興味のある人には、ラヴェンナを抜きにしてはモザイクを語れないほどに重要な町。ヨーロッパに残る最も完成された**ビザンチン文化**(モザイク)は町のあちこちに残っている。

●郵便番号　48100

世界遺産

ラヴェンナの
初期キリスト教建築物群
登録年1996年　文化遺産

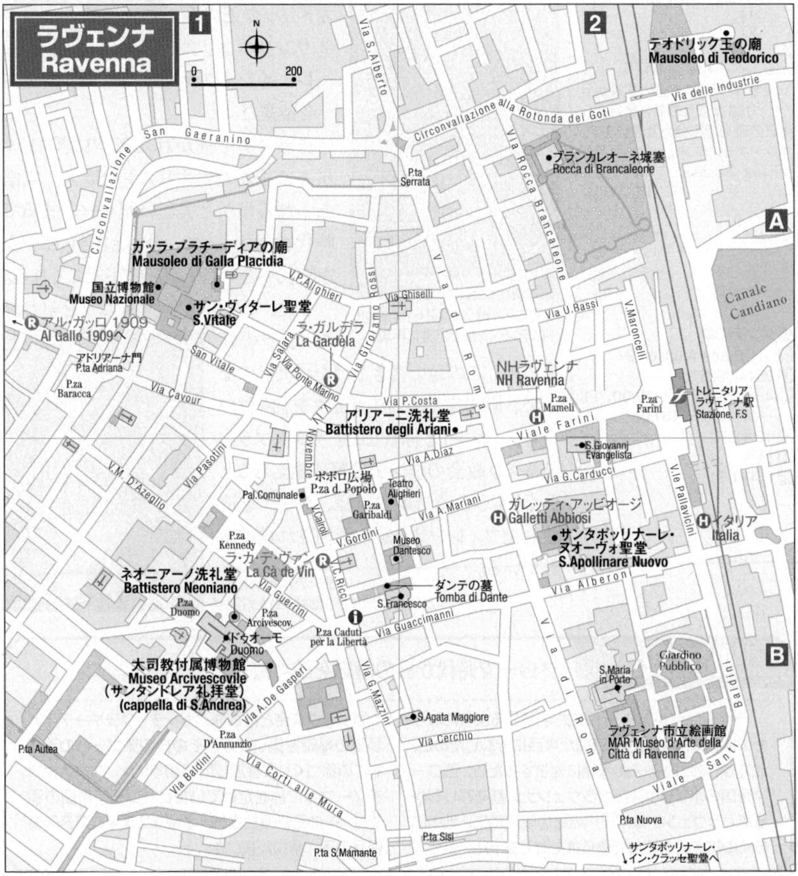

ラヴェンナ
Ravenna

1 2 A B
N
0 200
テオドリック王の廟
Mausoleo di Teodorico
Via delle Industrie
Circonvallazione alla Rotonda dei Goti
Via S.Alberto
San Gaeranino
Circonvallazione
P.ta Serrata
ブランカレオーネ城塞
Rocca di Brancaleone
Via Rocca Brancaleone
ガッラ・プラチーディアの廟
Mausoleo di Galla Placidia
国立博物館
Museo Nazionale
サン・ヴィターレ聖堂
S.Vitale
V.P.Alighieri
Via Ghiselli
Via Girolamo Rossi
Via di Roma
Via U.Bassi
V.Maroncelli
Canale Candiano
アル・ガッロ 1909
Al Gallo 1909へ
ラ・ガルデラ
La Gardela
アドリアーナ門
P.ta Adriana
P.za Baracca
San Vitale
Via Salara
Via Ponte Marino
NHラヴェンナ
NH Ravenna
P.za Mameli
P.za Farini
トレニタリア ラヴェンナ駅
Stazione. F.S
Via Cavour
Via P.Costa
アリアーニ洗礼堂
Battistero degli Ariani
Via XIII Novembre
Viale Farini
S.Giovanni Evangelista
Via A.Diaz
Via Pasolini
V.M. D'Azeglio
ポポロ広場
P.za d. Popolo
Pal.Comunale
Teatro Alighieri
P.za Garibaldi
Via A.Mariani
Via G.Carducci
ガレッティ・アッビオージ
Galletti Abbiosi
イタリア
Italia
V.le Pallavicini
V.Cairoli
V.Gordini
P.za Kennedy
ラ・カ・デ・ヴァン
La Cà de Vin
Museo Dantesco
サンタポッリナーレ・ヌオーヴォ聖堂
S.Apollinare Nuovo
ネオニアーノ洗礼堂
Battistero Neoniano
V.C.Ricci
ダンテの墓
Tomba di Dante
S.Francesco
Via Alberoni
P.za Duomo
Via Guerrini
P.za Arcivescov.
P.za Caduti per la Libertà
Via Guaccimanni
ドゥオーモ
Duomo
大司教付属博物館
Museo Arcivescovile
(サンタンドレア礼拝堂)
(cappella di S.Andrea)
Via A.De Gasperi
Via G.Mazzini
Giardino Pubblico
S.Maria in Porto
Baldini
S.Agata Maggiore
ラヴェンナ市立絵画館
MAR Museo d'Arte della Città di Ravenna
P.za D'Annunzio
Via Cerchio
P.ta Autea
Via Baldini
Via Corti alle Mura
Viale Santi
P.ta Nuova
P.ta Sisi
P.ta S.Mamante
サンタポッリナーレ・イン・クラッセ聖堂へ

ラヴェンナへの行き方

ボローニャから
ボローニャ中央駅からラヴェンナ駅まで、レッジョナーレ（R）直通で約1時間15分。日中は約1時間に1便程度。

リミニから
リミニ駅からラヴェンナ駅まで、フレッチャロッサ（FR）で約1時間。

市内交通
ラヴェンナ駅から市内中心部のポポロ広場までは徒歩約10分。バスは€1.50（60分間有効）
URL www.startromagna.it

ℹラヴェンナの観光案内所
住 Piazza S. Francesco 7
☎ 0544-35404
開 8:30～18:00、日・祝10:00～16:00
休 無休
地 P.413-B1
※2024年3月時点、敷地のリニューアル工事のため、住 Via Corrado RICCI 39に一時的に移転

✉ ラヴェンナ観光
モザイク画は本当に美しかった!! 小さな町なので、早足なら半日の観光で十分だと思います。サン・マリノやフェッラーラとセットにするとよいのでは?
(HIROKI-H)

●ダンテの墓
住 Via Dante Alighieri 9
☎ 0544-30297
開 4～10月10:00～19:00、11～3月10:00～18:00
休 12月25日
料 無料
地 P.413-B1

ラヴェンナの歩き方

市民の集う、ポポロ広場

ラヴェンナの鉄道駅は町の東側。駅前から街路樹の美しい大通りViale Fariniを500mほど西に歩くと、町の中心の**ポポロ広場**Piazza del Popoloに突き当たる。見どころはこのポポロ広場周辺500m四方の所にほぼ集中しているので徒歩で十分（下記の⑧のみバスや鉄道利用で）。

ユネスコの世界遺産**『ラヴェンナの初期キリスト教建築物群』**として登録されたのは、8ヵ所で、**①サン・ヴィターレ聖堂②ガッラ・プラチーディアの廟③アリアーニ洗礼堂④ネオニアーノ礼拝堂⑤サンタンドレア礼拝堂⑥サンタポッリナーレ・ヌオーヴォ聖堂⑦テオドリック王の廟⑧サンタポッリナーレ・イン・クラッセ聖堂**だ。

本文③のクーポラ天井。中央には「キリストの洗礼」と「12使徒の行列」

本文⑤の「戦うキリスト」。首から下はテンペラ画で忠実に再現

モザイクで描かれた天空にきらめく星々に抱かれたキリストや聖人。威厳あふれる皇帝と美しい妃……。まるで時代絵巻のようで、ひとときをきらびやかな時代へとタイムスリップさせてくれる。

また、この町はフィレンツェを追われたダンテの終焉の地。この地で書き上げた『神曲』のなかで、町の宝であるモザイクを「色彩のシンフォニー」と称賛した。サン・フランチェスコ教会の**ダンテの墓**に絶えることなくともされる灯明の油は、ダンテを追放したフィレンツェから奉納され続けられている。

ダンテの墓の上には
フィレンツェから奉納された灯明が

歴史 ●ローマ時代からの歴史を紡ぐ町

ラヴェンナが歴史上、脚光を浴びるようになったのは、402年。ローマ帝国が東西に分裂したあと、北方からのゴート人の侵略に対抗するため、西ローマ帝国のホノリウス帝がラヴェンナに都を移してからだ。ラヴェンナはポー川流域の沼沢地に、地中に多くの杭を打ち込んで造られた町であった。

ホノリウス帝と彼の妹、ガッラ・プラチーディアが町の基礎を築いたが、その後の東ゴートの王らもこの都づくりに参加した。540年には、コンスタンチノープルに都を定めていたビザンチン帝国の手でゴートの王が追放され、名帝**ユスティニアヌス**の保護の下、繁栄が続いた。

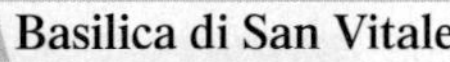

ラヴェンナの見どころ

壮大な空間に圧倒的モザイクが輝く MAP P.413-A1

サン・ヴィターレ聖堂 ☆☆☆

Basilica di San Vitale　バジリカ ディ サン ヴィターレ

後陣は『若きキリストが天球(宇宙)に座る図』

サン・ヴィターレ聖堂は、548年建立の古い歴史をもつ八角形の建物。外観はシンプルだが、内部の**モザイク**の装飾には圧倒される。とりわけ主祭壇左側の壁面上部に描かれた『**ユスティニアヌス帝が宮廷人を従えた図**』とその向かいの『**テオドラ妃と随臣・侍女たちの図**』は、金色のバックに鮮やかなコントラストで見事のひと言に尽きる。聖書のエピソードやキリスト像の間には、**自然の景観や動物**などがほどよく配置され、調和の取れた美しさは時がたつのを忘れさせる。

サン・ヴィターレ聖堂に隣接して**国立博物館**Museo Nazionaleがあり、東方の影響を受けたビザンチン文化にふさわしいイコンや**象牙**、**織物**、ビザンチンの**浮き彫り**などのコレクションがある。

傑作『テオドラ妃と随臣・侍女たちの図』

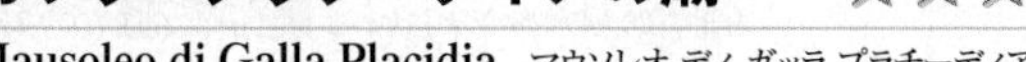

モザイクで包まれた小さな廟 MAP P.413-A1

ガッラ・プラチーディアの廟 ☆☆☆

Mausoleo di Galla Placidia　マウソレオ ディ ガッラ プラチーディア

5世紀の半ばにホノリウス帝の妹で、皇帝とともにラヴェンナの基礎をつくったガッラ・プラチーディアによって建てられた、こぢんまりとした十字架形の建物。ここのモザイクは色調のバラエティに富んでいることで有名。絶妙な構図の『**よき羊飼いの図**』や『**水盤から水をのむ白い鳩の図**』は名高い。

コプト織(6〜7世紀の織物)に見られる珍しい図柄の天井

丸天井は、満天の星を思わせる深い青に金色の石片が埋められ、窓から差し込むやわらかい光線によって、この世のものとは思えぬほどの世界が広がる。

サン・ヴィターレ聖堂

●サン・ヴィターレ聖堂
住 Via Argentario 22
☎ 0544-541688
開 夏季9:00〜19:00、冬季10:00〜17:00（最終入場30分前）
休 1月1日、12月25日
料 €10、10歳以下無料（サンタポッリナーレ・ヌオーヴォ聖堂、大司教付属博物館への入場が含まれる、7日間有効）
URL www.ravennamosaici.it

●国立博物館
住 Via San Vitale 17
☎ 0544-213902
開 火〜金、毎月第1日曜8:30〜19:30、土・日8:30〜14:00
休 月、1月1日、12月25日
料 €6、17歳以下無料
※国立博物館、サンタポッリナーレ・イン・クラッセ聖堂、テオドリック王の廟の共通券€10(3日間有効)もあり
地 P.413-A1

●ガッラ・プラチーディアの廟
住 Via San Vitale 17
☎ 0544-541688
開 夏季10:00〜17:00、冬季9:00〜19:00（最終入場15分前）
休 1月1日、12月25日
料 €12（サン・ヴィターレ聖堂の入場料€10＋ガッラ・プラチーディアの廟とネオニアーノ洗礼堂への入場料€2）
URL www.ravennamosaici.it
※ガッラ・プラチーディアの廟とネオニアーノ洗礼堂への入場には事前予約必須。公式サイトでは購入時に日時を選択する

外観は簡素なガッラ・プラチーディアの廟

印象的な十二使徒が見守る　MAP P.413-B1

ネオニアーノ洗礼堂／大司教付属博物館 ☆☆

Battistero Neoniano　バッティステロ ネオニアーノ
Museo Arcivescovile　ムゼオ アルチヴェスコヴィーレ

円天井のモザイクが圧巻

ポポロ広場の南西にある八角形の5世紀の建物。円天井の、強烈な色彩を大胆に使ったモザイクは圧巻。**キリストの洗礼と十二使徒**がモチーフになっている。近接するドゥオーモDuomoは18世紀の建立。**大司教付属博物館**にある、**マクシミアヌスの司教座**は象牙の浮き彫り椅子で6世紀のもので、ビザンチン工芸を代表する作品として有名。ブルーの天井にはめ込まれた金色の十字架や聖人を描いた、大司教博物館内の**サンタンドレア礼拝堂のモザイク**も必見。小さいながらラヴェンナでも指折りの美しさだ。

簡素な外観、内部は圧巻のモザイク　MAP P.413-B2

サンタポッリナーレ・ヌオーヴォ聖堂 ☆☆☆

Basilica di S.Apollinare Nuovo　バジリカ ディ サンタポッリナーレ ヌオーヴォ

6世紀初め、テオドリック王によって築かれた王宮教会。内部壁面、左には『東方三賢王と22人の聖女が貢物をささげる図』、右には『貢物を手にした26人の殉教者が王の宮殿からキリストのもとに向かう図』のモザイクがドラマチックに広がる。

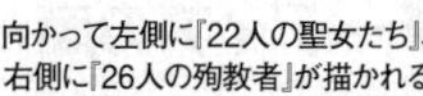
向かって左側に『22人の聖女たち』、右側に『26人の殉教者』が描かれる

緑に包まれ清澄な時が流れる　MAP P.413-B2外

サンタポッリナーレ・イン・クラッセ聖堂 ☆☆☆

Basilica di Sant' Apollinare in Classe　バジリカ ディ サンタポッリナーレ イン クラッセ

町の南5kmの野原のなかにある。6世紀半ばに建てられ、ラヴェンナのビザンチン教会建築として最も見事なもの。内陣を飾る**『聖アポッリナーレと十二使徒を表す羊』のモザイク**は、素朴な構図ながら鮮やかな色彩がみずみずしい。

聖堂内部も美しい

後陣には、聖アポッリナーレと12人の信者たちの象徴である羊が描かれる

●ネオニアーノ洗礼堂
住 Piazza Arcivescovado 1
☎ 0544-541688
開 夏季10:00～17:00、冬季9:00～19:00（最終入場15分前）
休 1月1日、12月25日
料 ガッラ・プラチーディアの廟（→P.415）と同様

●大司教付属博物館／サンタンドレア礼拝堂
住 Piazza Arcivescovado 1
☎ 0544-541688
開 夏季9:00～19:00、冬季10:00～17:00（最終入場30分前）
休 1月1日、12月25日
料 サン・ヴィターレ聖堂（→P.415）と同様

●サンタポッリナーレ・ヌオーヴォ聖堂
住 Via di Roma 53
☎ 0544-541688
開 夏季9:00～19:00、冬季10:00～17:00（最終入場30分前）
休 1月1日、12月25日
料 サン・ヴィターレ聖堂（→P.415）と同様

S.A.ヌオーヴォ聖堂

S.A.クラッセ聖堂

●サンタポッリナーレ・イン・クラッセ聖堂
住 Via Romea Sud 224
☎ 0544-527308
開 8:30～19:30、日・祝13:30～19:30（最終入場30分前）
休 1月1日、12月25日
料 €5、17歳以下無料
※国立博物館などとの共通券€10あり（→P.415）

✉ クラッセ聖堂へ行くなら

町から約15分、大きな聖堂が見えたら次のバス停で下車。帰りは聖堂を出て右に曲がるとバス停があります。実はラヴェンナのひとつ先の駅（アンコーナ方面）がクラッセ駅です。ラヴェンナからリミニなどへ向かう場合は列車利用が便利です。
（在英国　美術史博士）

いにしえをしのぶ堂々たるたたずまい **MAP** P.413-A2

テオドリック王の廟 ☆

Mausoleo di Teodorico マウソレオ ディ テオドリコ

520年頃テオドリック王が建造した要塞のような霊廟(れいびょう)。直径11mのドームはイストリア産の一枚岩から彫り出されている。内部はまったく飾り気がなく、ロマネスクの水盤が棺として置かれている。

テオドリック王の廟

●テオドリック王の廟
住 Via delle Industrie 14
☎ 0544-456701
開 夏季8:30〜19:30、冬季8:30〜13:30、金〜日・祝8:30〜16:30(最終入場30分前)
休 1月1日、12月25日
料 €4、17歳以下無料
※国立博物館などとの共通券€10あり(→P.415)

Ristorante & Hotel ラヴェンナのレストラン&ホテル

駅近くは、少し雑然とした雰囲気だが、ポポロ広場周辺まで歩くと雰囲気が一変。レストランやカフェは旧市街で探せる。駅近くのホテル2軒はよい。レストランはできれば予約が望ましい。

アル・ガッロ 1909
Antica Trattoria al Gallo 1909 P.413-A1外

町一番の歴史ある店
国立博物館から西へ約400m。ポポロ広場からも徒歩10分程度で十分歩ける距離。1909年から続く家族経営のエレガントな店。野菜をふんだんに使った郷土料理がお得意。季節にはトリュフ料理も味わえる。町の人に大人気の店。
できれば予約

住 Via Maggiore 87
☎ 0544-213775
営 12:15〜14:00、19:15〜22:00、日12:15〜14:00
休 月・火、復活祭、クリスマス
予 €30〜(コペルト€3)
C A.M.V.

ラ・ガルデラ
La Gardèla P.413-A1

郷土料理を味わうなら
ゆったりとしたクラシックな雰囲気でエミリア・ロマーニャ料理が味わえる一軒。町の中心に位置し、観光の途中に利用するのにも最適。地元の人に愛されてきた店。
できれば予約

住 Via Ponte Marino 3
☎ 0544-217147
営 12:00〜14:30、19:00〜22:30
休 月、1月と6月の10日間
予 €25〜(コペルト€1.50)
C A.D.M.V.

ラ・カ・デ・ヴァン
La Cà de Vin P.413-B1

天井の美しい歴史ある店
✉ ワインバーとレストランが一緒になっていて、ワインバーで30分ほど立ち飲みをしたあとにレストランに案内してくれました。地元ワインの品揃えが豊富。
(在ジュネーブ　コウイチロウ)['24]

できれば予約
住 Via Corrado Ricci 24
☎ 0544-30163
営 11:00〜14:30、18:30〜22:00
休 月
予 €35〜
C A.D.J.M.V.

★★★★ NHラヴェンナ
NH Ravenna P.413-A2

安心のチェーンホテル
駅正面の大通りを200mほど進んだ右側。観光にも便利な立地。明るい室内はシンプルだが、設備は使い勝手がよい。レストラン併設。朝食はもちろん、夜はディナーを提供。バーとしても利用できる。
URL www.nh-hotels.com

住 Piazza Mameli 1
☎ 0544-35762
Fax 0544-216055
SS €80〜
TS €80〜
SU €150〜
室 84室　朝食込み W-F
C A.D.J.M.V.

★★★ イタリア
Italia P.413-B2

トレニタリア駅そばで便利
駅から約200m、郷土料理が味わえるレストランも併設されている便利なホテル。改装で、より機能的に。トリプルルームや4人向けの部屋も用意あり。
URL www.hitalia.it

住 Viale Pallavicini 4/6
☎ 0544-212363
Fax 0544-217004
SS €95〜
TS €110〜
室 45室　朝食込み W-F
C A.D.J.M.V.

★★★ ガレッティ・アッビオージ
Palazzo Galletti Abbiosi P.413-B2

装飾に見応えあり
18世紀の建物を改装したホテル。駅にも見どころにも近い立地で、敷地内には教会も。一部の客室には、アーチ型の天井にフレスコ画が描かれていて趣深い。庭園でのんびりするのもいい。

URL palazzogallettiabbiosi.it
住 Via di Roma 140
☎ 0544-31313
TS €85〜
JS €180〜
室 34室　朝食付き W-F
C A.M.V.

※ラヴェンナの滞在税　YH€1〜2　★〜★★€1　B&B、★★★€2　★★★★€3　★★★★★€4　7泊まで

Rimini

リミニ

●郵便番号　47921

リミニへの行き方

ボローニャからフレッチャロッサ（FR）直通で約1時間、インテルシティ（IC）約1時間15分

ℹリミニの観光案内所
住 Piazzale Cesare Battisti 1
☎ 0541-51441
開 9:00～15:00
休 火　地 P.418-A2

エミリア・ロマーニャ州の東、アドリア海に面したリミニ。ローマから延びる、かつての執政官道路のフラミニオ街道とエミリア・ロマーニャ州を横断するエミリア街道の分岐の町として古代ローマの時代から軍事的かつ交通の要所。また、長い砂浜が続くリゾートであり、明るく開放的な町並みにはローマ時代の遺跡やルネッサンスの遺物が残り、そぞろ歩きが楽しい町だ。サン・マリノ共和国（→P.405）へのバスも発着し、観光の拠点としても便利。

ビーチチェアが並び、観覧車が回る、夏のリミニのビーチ

リミニの歩き方

市民が集う、落ち着いた雰囲気のカヴール広場。町一番の大きさを誇るアレンゴ館、行政長官の館、奥が劇場

駅前のほぼ1km四方に見どころは集中している。駅を背に左、案内所脇から延びるVia DanteからVia Ⅳ Novembreを進もう。まもなく左に**マラテスタ聖堂**だ。その先のトレ・マルティーニ広場を左折すると**アウグストゥスの凱旋門**。初代ローマ皇帝アウグストゥスの栄誉を讃えて紀元前27年に建造された現存する最古のもの。再び来た道を戻り、真っすぐ進んだ**カヴール広場**には歴史的建造物が続き、奥にはかつての魚市場跡があり、今も大理石のカウンターが並んでいる。さらに進むと**ティベリウスの橋**だ。橋上からの開けた風景がすがすがしく、橋を渡ると緑陰に広場が広がる。このあたりには手頃な飲食店が多いのでひと休みがおすすめ。気候のよい季節なら、ビーチへも足を延ばしてみよう。

リミニの青い空と周囲の広場に映える、白く輝く堂々たる凱旋門

グランドホテルとビーチ
Grand Hotel/Spiaggia

駅から約1km、緑の街路樹の先に砂浜が広がっている。海岸通りの中心に立つグランドホテルは1908年に建てられた、アールヌーヴォー様式のリミニを代表するホテル。この地で生まれたイタリア映画の巨匠フェリーニが子供の頃から愛し、映画『アマルコルド』でも印象的なシーンに使われた。このホテルの前は緑が広がるフェリーニ公園となっており、海に面した広場にはフェリーニにささげられたカメラのオブジェなどが置かれている。ここまで来ると砂浜Spiaggiaは目の前。夏にはパラソルが花開いてにぎわいを見せる砂浜は約15kmにわたって続いている。

海岸通りにひときわ目を引く白亜のグランドホテル。緑濃い庭園やクラシックな内部もすてき

威風堂々と白く輝く　**MAP** P.418-B1

マラテスタ聖堂 ☆☆☆

Tempio Malatestiano　テンピオ マラテスティアーノ

ドッチョによる白く輝くような壁面装飾が見事な「イゾッタ・デリ・アッティの墓」

凱旋門に想を得たファサードは威厳にあふれ、イタリア・ルネッサンス建築の傑作のひとつ。入ってすぐに右の壁には、**領主シジスモンドの墓**、右側ふたつ目の礼拝堂はシジスモンドがとりわけ愛した3人目の妻（ちなみに1人目は毒殺、2人目は絞殺……）、**イゾッタ・デリ・アッティの墓**がある。全体がドッチョによる繊細で優雅なレリーフで飾られ、天使が踊り、音楽を奏でている。象に支えられた石棺の前に横たわるのが妻だ。さらに進んだ礼拝堂には、ピエロ・デッラ・フラカチェスカによる**『聖シジスモンドの前にひざまずくシジスモンド・マラテスタ』**がある。主祭壇に飾られているのはジョットの『十字架刑』Crocifisso di Rimini。

●マラテスタ聖堂
住 Via Ⅳ Novembre 35
☎ 0541-51130
開 8:30～12:00、15:30～18:30
休 宗教行事の際は拝観不可
料 無料

領主シジスモンド・マラテスタが自らの墓所として着手

今も残るローマ橋　**MAP** P.418-A1

ティベリウスの橋 

Ponte di Tiberio　ポンテ ディ ティベリオ

ローマの初代皇帝アウグストゥスにより14年に着手され、ティベリウスによって21年に完成。マレッキア川に架かる5つのアーチを描くイストリア石造りの橋で、現在も車や人が通行する、古代ローマの土木・建築技術の見事な一例だ。ここからピアチェンツァまで260kmにわたってエミリア街道が続いている。

完成から2000年余り、今も通行できることに驚嘆。すり減った歩道が時を感じさせる

Ristorante & Hotel　リミニのレストラン＆ホテル

ラ・マリアンナ
La Marianna　P.418-A1

シーフードが安くておいしい！
ティベリウス橋を渡ってすぐ、大きな木の下の開放的なテラスにテーブルが並ぶシーフード中心のレストラン。全体的にボリューミーで、魚介の前菜や魚のグリルがおすすめ。メインと水とコーヒー付きのセット€10。
URL www.trattorialamarianna.it

住 Viale Tiberio 19
☎ 0541-22530
営 12:30～15:00、19:30～23:00
休 一部の祝日
予 €30～（コペルト€2.50）
C A.D.M.V.

★★★★ カード・インターナショナル
Hotel Card International　P.418-A2

朝食が充実している
リミニ駅からダンテ通りを200mほど進んだ右側にある。明るくモダンなホテル。客室は広くはないが、過不足なく清潔で居心地がよい。現代的なテイストの朝食も好評。

URL www.hotelcard.it
住 Via Dante Alighieri 50/52
☎ 0541-26412
SB €55～
TB €80～
室 55室　朝食込み W-F
C D.M.V.

★★★ ヴィッラ・ルイージャ
Hotel Villa Luigia　P.418-A2外

ビーチに近いのが魅力
ビーチまで約50mというロケーションで、リゾート気分が味わえるホテル。駅や町までも徒歩圏内。部屋は快適で広々としていて、水回りもきれい。バルコニー付きの部屋もある。

URL www.hotelvillaluigia.com
住 Viale Tripoli 258
☎ 0541-390910
SS €55～
TS €75～
室 30室　朝食付き W-F
C D.M.V.

生ハム、パルミジャーノ、バルサミコ イタリア一、おいしいものが集合

■エミリア・ロマーニャ州の料理

美食の地、エミリア・ロマーニャ州。イタリア料理に欠かせない、「チーズの王様」**パルミジャーノ・レッジャーノ・チーズParmigiano Reggiano**やパルマの**生ハム**をはじめ、**クラテッロ、モルタデッラ、ザンポーネ**など種類さまざまなサラミやソーセージ類、さらに最高級の**アチェート・バルサミコ・トラディツィオナーレAceto Balsamico Tradizionale**の特産地だ。

パルミジャーノ・レッジャーノの倉庫は壮観

エミリア・ロマーニャ州とひと言で言うが、ボローニャからほぼ西側がエミリア地方、東側がロマーニャ地方と分けられ、料理も異なる。エミリア地方は州を接するロンバルディア州やリグーリア州の料理も多く、バターとチーズがよく使われ、濃厚でクリーミーな味わいが土地の豊かさを感じさせる。一方、アドリア海側のロマーニャ地方は魚料理がよく食卓に上る。

前菜の代表は**パルマ産生ハムProsciutto di Parma**で小さな揚げパンを添えるのが定番だ。この揚げパンは、各地で呼び方が異なり、ボローニャでは**Crescentina**（クレシェンティーナ）、パルマでは**Torta fritta**（トルタ フリッタ）／**Gnocco fritto**（ニョッコ フリット）、フェッラーラでは**Pinzino**（ピンツィーノ）と呼ばれ、プックリ膨れたものや平べったいものもあり、大きさもいろいろ。イタリアのほかの地域にはない組み合わせだが、塩味の生ハムとアツアツのパンが食欲を刺激してペロリといけてしまう。

生ハムやサラミには揚げパン(別途注文)を添えて

手打ちパスタは、きし麺状にカットしたタリアテッレをミートソースであえた**Tagliatelle alla Bolognese**（タリアテッレ アッラ ボロネーゼ）や板状にして**ラザーニャLasagna**に。あるいは詰め物をして、バターとあえたり、スープの具として食べられる。詰め物をしたパスタは形、大きさ、呼び方もさまざまで、指輪形の詰め物をしたパスタでも**Anolini**（アノリーニ）（**Agnolini**（アニョリーニ））、**Tortellini**（トルテッリーニ）、**Cappelletti**（カッペレッティ）……。形はもちろんのこと、大きさ、縁に出た生地の折り方、または土地ごとで名前が変わり、旅の途中で違いを感じるのもおもしろい。

伝統的な手打ちパスタを作るシェフ

セコンドの冬の定番はボイル・ミートの盛り合わせ**Bollito Misto**（ボッリート ミスト）。大きな肉の塊をのせたワゴンがテーブルに運ばれて、目の前で切り分けてくれる。近年はこのプレゼンテーションは減少傾向にあるが、伝統的レストランの日曜のランチでは遭遇率が高い。付け合わせには辛子の効いた果物砂糖漬け**Mostarda**（モスタルダ）やさっぱりとしたグリーンソース**Salsa verde**（サルサ ヴェルデ）が決まり。このほか、**Cotoletta alla Bolognese**（コトレッタ アッラ ボロネーゼ）は薄いカツレツの上に生ハムとチーズをのせ、トマトソースかデミグラスソースをかけて焼いたもの。**Stracotto**（ストラコット）は牛肉または馬肉**Cavallo**（カヴァッロ）の煮込みだ。

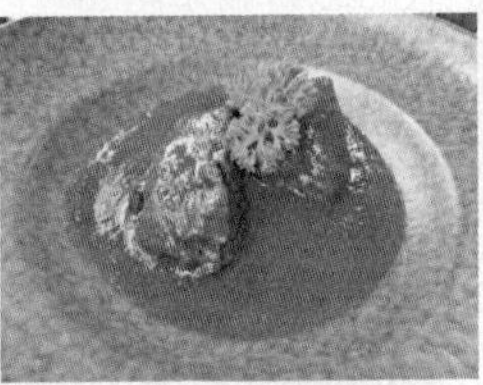
ストラコットを味わってみよう！

B級グルメの代表は**ピアディーナPiadina**。トルティーヤに似た塩味の薄いパンケーキにハムやチーズを挟んだもので、今やイタリア中で食べられる。

●おすすめワイン●

ランブルスコ Lambrusco

赤、辛口、薄甘口、甘口、微発泡

こってりとした料理と相性のよい微発泡性赤ワイン。薄甘口のamabileがおすすめ

コッリ・ディ・パルマ Colli di Parma

赤、白、辛口〜甘口、微発泡〜発泡性

パルマ周辺の丘陵地帯で造られるワイン。フルーティで豊かな香りの発泡性の**マルヴァジアMalvasia**がおすすめ

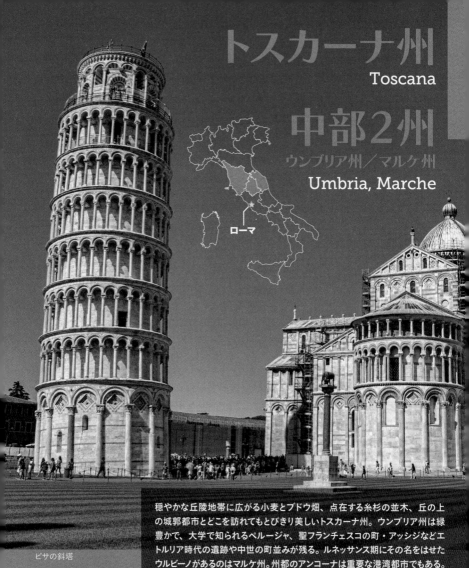

トスカーナ州
Toscana

中部2州
ウンブリア州／マルケ州
Umbria, Marche

ローマ

ピサの斜塔

穏やかな丘陵地帯に広がる小麦とブドウ畑、点在する糸杉の並木、丘の上の城郭都市とどこを訪れてもとびきり美しいトスカーナ州。ウンブリア州は緑豊かで、大学で知られるペルージャ、聖フランチェスコの町・アッシジなどエトルリア時代の遺跡や中世の町並みが残る。ルネッサンス期にその名をはせたウルビーノがあるのはマルケ州。州都のアンコーナは重要な港湾都市でもある。

観光のヒント

主要都市は鉄道でも回れるが、プルマン利用の方が便利な町も多い。オルヴィエートなどウンブリア州の町はローマから訪れるのが近い。

州の名産品

なんといってもキアンティに代表されるトスカーナ州の赤ワイン、ウンブリア州の黒トリュフは押さえておこう。マルケ州は魚介が◎。

●郵便番号　56100

世界遺産

ピサのドゥオモ広場
登録年1987年　文化遺産

ピサへの行き方

トレニタリアでフィレンツェ・サンタ・マリア・ノヴェッラ駅からピサ中央駅Pisa Centraleまで、レッジョナーレ・ヴェローチェ(RV)やレッジョナーレ(R)で約1時間～1時間30分。

S.ロッサーレ駅から

ピサ中央駅から大混雑のバスでドゥオーモ広場へ移動するのが一般的ですが、Pisa San Rossare駅下車が安全で便利です。ピサ中央駅から各駅停車(R=Regionale)のLa Spezia行きに乗り換え、1駅約5分で到着。斜塔まで徒歩5分。Rは約15～30分間隔の運行。以前は無人駅でしたが、現在は駅舎もでき、切符も買えます。　(takk)['24]

フィレンツェ・サンタ・マリア・ノヴェッラ駅から直通列車もあり、所要約1時間20分。ただし、2023年10月取材時はPisa San Rossare駅の駅舎が休日でクローズしていたうえに、複数箇所ある自動券売機が故障中。フィレンツェで往復の切符を買っておくほうがベター。
(編集部)['24]

市内交通

ピサ中央駅前のバスターミナルから市バス「LAM ROSSA」路線を利用して、Torre1で下車。約10～25分ごとの運行で所要約10分。LAM ROSSAは循環路線で空港、中央駅、ドゥオーモ広場を結んでいるため、逆方向に乗らないようにご注意を。

●1回券　€1.70(70分間有効)
●10回券　€15.50

緑の芝生と大理石の建築群が映えるドゥオーモ広場

斜塔の町として、あまりにも有名だ。この斜塔、実は1173年の建設当時から地盤沈下のため毎年傾斜し続けていた。いつ倒れるかと、世界中の心配と好奇の的。実際、塔は体が傾いてしまいそうな迫力で迫ってくる。広々とした緑の芝生の上に立ち、陽気な観光客が足を踏んばり、両手で斜塔を支えるポーズで、記念写真を撮っている。

ピサでは斜塔ばかりがクローズアップされるが、かつては地中海の大海運国としてジェノヴァやヴェネツィアとその覇を競っていた町だ。当時は、近隣のルッカ、ピストイア、アレッツォなどを支配下におき、勇敢なピサの海の男たちは外国へも乗り出していったのだった。しかし13世紀末には、近隣の競争相手のジェノヴァやフィレンツェに圧倒され、ついにはフィレンツェ大公国の支配の下におかれることになった。当時のピサ大学で医学を学ぶガリレオが、斜塔で「落下の法則」の実験をし、ドゥオーモにつり下げられたランプから「振り子の等時性」を発見したというのは、あまりにも有名なエピソードだ(実際は違うらしいが)。それ以来、ピサ大学は、イタリア有数の科学と数学の伝統を誇っている。

ピサの歩き方

見どころは、アルノ川沿いにあるサン・マッテオ国立美術館を除いて、すべて斜塔のあるドゥオーモ（ミラーコリ）広場に集中しているのでわかりやすい。駅前のバスターミナルを起点にドゥオーモ広場へ向かおう。約2kmの道のり。徒歩の場合は、駅前広場から、V.エマヌエーレ2世広場を抜け、**クリスピ通りVia F. Crispi**を800mほど歩くと、橋の手前右側に名前のとおり何本も針（スピーナ）を立てたような小さな教会**サンタ・マリア・デッラ・スピーナ教会**が見えてくる。それを右に見て、アルノ川を渡ったら、植物園の緑を右に見て、**ローマ通りVia Roma**を1km も行けば着く。徒歩で約30分の道のりだ。駅前広場からバスを利用すれば10～15分で到着だ。

ピサの斜塔、
頂上まで登ってみよう

みやげもの店が軒を連ねているドゥオーモ広場で、右側に傾い

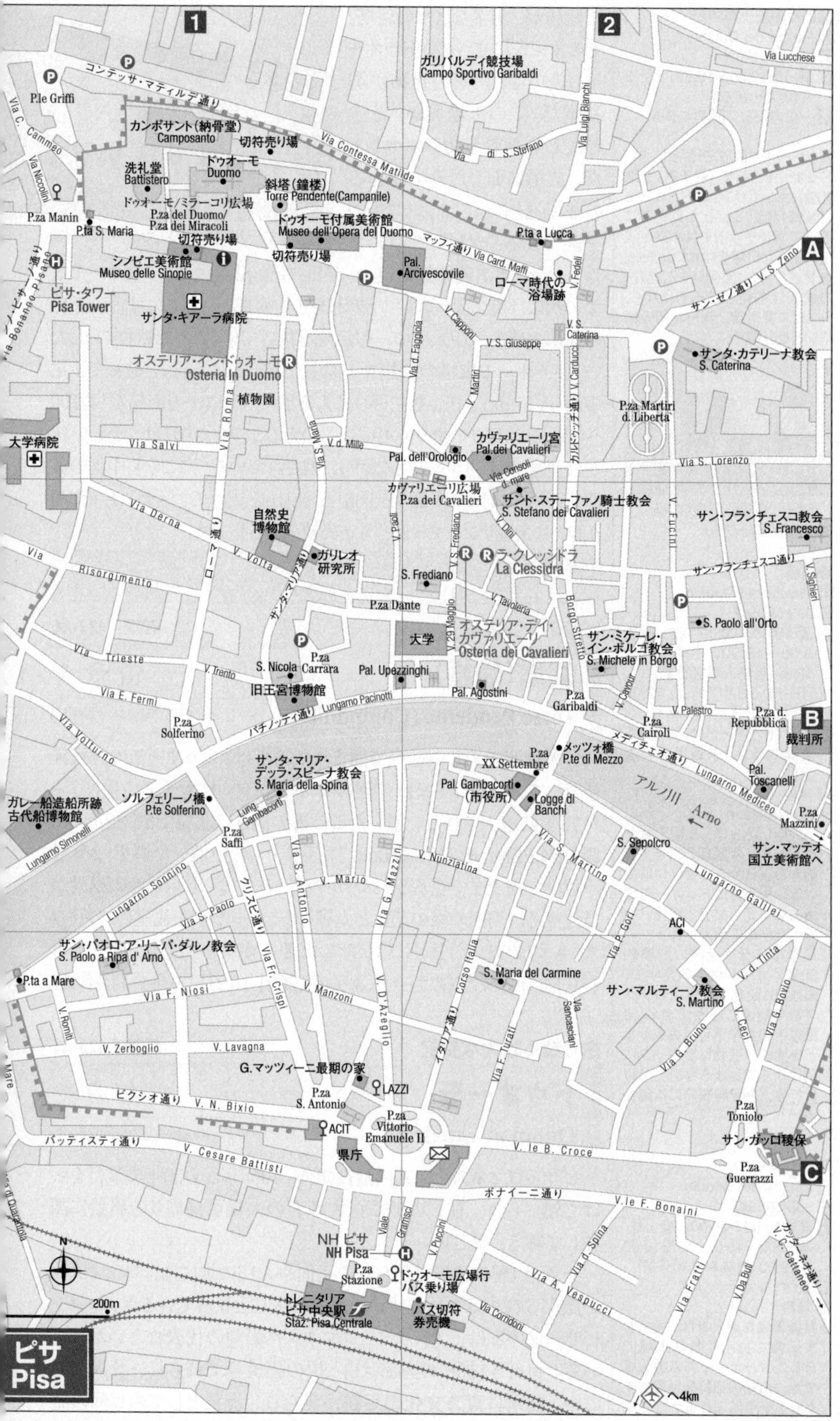
ピサ
Pisa
1
2
A
B
C
コンテッサ・マティルデ通り
Via Contessa Matilde
P.le Griffi
Via C. Cammeo
Via Niccolini
カンポサント(納骨堂)
Camposanto
切符売り場
洗礼堂
Battistero
ドゥオーモ
Duomo
斜塔(鐘楼)
Torre Pendente(Campanile)
ドゥオーモ/ミラーコリ広場
P.za del Duomo/
P.za dei Miracoli
P.za Manin
P.ta S. Maria
切符売り場
ドゥオーモ付属美術館
Museo dell'Opera del Duomo
切符売り場
シノピエ美術館
Museo delle Sinopie
ピサ・タワー
Pisa Tower
サンタ・キアーラ病院
ガリバルディ競技場
Campo Sportivo Garibaldi
Via Lucchese
Via di S. Stefano
Via Luigi Bianchi
P.ta a Lucca
マッフィ通り Via Card. Maffi
Pal. Arcivescovile
ローマ時代の浴場跡
V. Fedeli
サン・ゼノ通り V. S. Zeno
V. Capponi
V. S. Caterina
V. S. Giuseppe
サンタ・カテリーナ教会
S. Caterina
オステリア・イン・ドゥオーモ
Osteria In Duomo
植物園
Via Roma
Via d. Faggiola
V. Martiri
V. Carducci
カルドゥッチ通り
P.za Martiri d. Liberta`
大学病院
Via Salvi
V. d. Mille
Via S. Maria
Pal. dell'Orologio
カヴァリエーリ宮
Pal. dei Cavalieri
Via Consoli d. mare
Via S. Lorenzo
カヴァリエーリ広場
P.za dei Cavalieri
サント・ステーファノ騎士教会
S. Stefano dei Cavalieri
V. Fucini
サン・フランチェスコ教会
S. Francesco
Via Derna
自然史博物館
V. Volta
ガリレオ研究所
サンタ・マリア通り
V. Paoli
V. S. Frediano
V. Dini
ラ・クレッシドラ
La Clessidra
Via Risorgimento
S. Frediano
サン・フランチェスコ通り
V. Sighieri
V. Tavoleria
P.za Dante
Borgo Stretto
S. Paolo all'Orto
大学
V. 29 Maggio
オステリア・デイ・カヴァリエーリ
Osteria dei Cavalieri
サン・ミケーレ・イン・ボルゴ教会
S. Michele in Borgo
Via Trieste
V. Trento
S. Nicola
P.za Carrara
Pal. Upezzinghi
Via E. Fermi
旧王宮博物館
Lungarno Pacinotti
Pal. Agostini
V. Cavour
P.za Garibaldi
V. Palestro
P.za d. Repubblica
裁判所
P.za Solferino
パチノッティ通り
P.za Cairoli
Via Volturno
サンタ・マリア・デッラ・スピーナ教会
S. Maria della Spina
メッツォ橋
P.te di Mezzo
P.za XX Settembre
メディチェオ通り
Lungarno Mediceo
Pal. Toscanelli
アルノ川
Arno
ソルフェリーノ橋
P.te Solferino
Pal. Gambacorti
(市役所)
Logge di Banchi
ガレー船造船所跡
古代船博物館
Lung. Gambacorti
P.za Mazzini
Lungarno Simonelli
P.za Saffi
Via S. Antonio
Via G. Mazzini
V. Nunziatina
Via S. Martino
S. Sepolcro
サン・マッテオ国立美術館へ
Lungarno Sonnino
V. Mario
Lungarno Galilei
Via S. Paolo
クリスピ通り
ACI
サン・パオロ・ア・リーパ・ダルノ教会
S. Paolo a Ripa d' Arno
Via Fr. Crispi
V. P. Gori
Corso Italia
V. d. Tinta
P.ta a Mare
Via F. Niosi
V. Manzoni
V. D'Azeglio
S. Maria del Carmine
サン・マルティーノ教会
S. Martino
V. Romiti
イタリア通り
Via Sancasciani
Via G. Bovio
V. Ceci
V. Zerboglio
V. Lavagna
Via F. Turati
Via G. Bruno
G.マッツィーニ最期の家
LAZZI
ピクシオ通り
V. N. Bixio
P.za S. Antonio
ACIT
P.za Vittorio Emanuele II
P.za Toniolo
バッティスティ通り
V. Cesare Battisti
V. le B. Croce
サン・ガッロ稜堡
県庁
P.za Guerrazzi
ボナイーニ通り
V.le F. Bonaini
Viale Gramsci
V. Puccini
NH ピサ
NH Pisa
P.za Stazione
ドゥオーモ広場行バス乗り場
V. d. Spina
カッターネオ通り
V. C. Cattaneo
トレニタリア
ピサ中央駅
Staz. Pisa Centrale
バス切符券売機
Via A. Vespucci
Via Corridoni
Via Fratti
V. Da Buti
N
200m
へ4km

ⓘピサの観光案内所
住 Piazza del Duomo 7
☎ 050-550100
開 3～10月9:30～19:30、11～2月10:00～16:00
休 一部の祝日　地 P.423-A1

ドゥオーモ周辺のチケット
ドゥオーモ、斜塔（要予約）、洗礼堂、カンポサント、ドゥオーモ付属博物館、シノピエ美術館に入場できるチケットは€27。斜塔に上らない場合は€10。また、各見どころの1回券は€7。切符の購入は各見どころではなく、シノピエ美術館、斜塔北側の斜塔切符売り場で。

ドゥオーモ広場の切符売り場。左手にはクロークも

●斜塔
住 Piazza del Duomo
☎ 050-560547
開 夏季9:00～20:00、春・秋季9:00～19:00、冬季9:00～18:00（最終入場30分前）
※6月中旬～8月下旬は、22:00まで開場延長の場合あり
料 €20（ドゥオーモへの入場も含まれる）、共通券も利用可能
休 無休
URL opapisa.it
※予約申し込みは、上記公式サイトから。希望日の約3ヵ月前から当日分まで受け付けている。当日券はドゥオーモ広場の切符売り場でも販売。なるべく早めに購入しよう
※見学は15分おきで、所要約30分。ガイド付きの見学で、階段251段を上り頂上のテラスまで行くことができる。8歳以下の見学不可。カメラなどを除き、荷物はクロークに預けなくてはならない。早めに行き、指定時間前には集合場所へ

●ドゥオーモ
住 Piazza del Duomo
☎ 050-560547
開 夏季10:00～20:00、春・秋季10:00～19:00、冬季10:00～18:00（最終入場30分前）
休 無休
料 無料
※共通入場券購入者は、そのまま切符を提示すれば入場できる。ドゥオーモのみの入場でも、広場の切符売り場でチケットを手に入れる必要あり

た建物が、有名な**ピサの斜塔**。そのすぐ左に立つのが**ドゥオーモ**、続いて、円形の建物が**洗礼堂**だ。この広場奥が、芝生の美しい納骨堂**カンポサント**だ。広場に面したみやげ物店の並ぶ通りには、フレスコ画の下絵であるシノピアを収めた珍しい**シノピエ美術館**Museo delle Sinopieもある。ドゥオーモ広場の次に目指すはサン・マッテオ国立美術館だ。ここには古い歴史の面影の残る、**カヴァリエーリ広場**を抜けていくことをおすすめしたい。ドゥオーモ広場の斜塔を左に見てVia S. Mariaを進んで、途中からVia dei Milleを左（東）に入るとカヴァリエーリ広場だ（約700～800m）。ピサの歴史の中心ともいえるこのあたりには、美しい16～17世紀の建物が当時さながらに残されている。ここから中世の雰囲気の残るストレット通りBorgo Strettoを抜けて、メディチェオ通り沿いにあるサン・マッテオ国立美術館を目指そう。

カヴァリエーリ広場に立つ、カヴァリエーリ宮

ピサの見どころ

ピサのシンボル　MAP P.423-A1

斜塔（鐘楼）

Torre Pendente (Campanile)　トッレ ペンデンテ（カンパニーレ）

白大理石の美しい柱列で囲まれた斜塔は、ドゥオーモの付属鐘楼として、この町生まれの**建築家ボナンノ・ピサーノ**の手により1173年に着工された。傾いたこの塔の高さは北側で**55.22m**、南側で**54.52m**とその差は**70cm**だ。手すりもない傾いた塔を、251段の階段で屋上まで登ると、スリルのあとにすばらしいピサの風景が見渡せる。周囲の緑の芝生と光輝くドゥオーモや洗礼堂のコントラストもすばらしく、遠くにはピサの町並みが続く。倒壊を防ぐ工事が長期にわたって続けられていたが、2001年12月より再公開された。

白く輝く壮大な聖堂　MAP P.423-A1

ドゥオーモ

Duomo/Cattedrale　ドゥオーモ/カテドラーレ

ピサ・ロマネスク様式の最高傑作。1068年から50年の歳月をかけて建てられ、柱列の並ぶ白大理石の大伽藍（だいがらん）は周りの風景に調和して輝き、美しい。

正面は4層の柱列で飾られ、正面や入口の扉には、ロマネスクの像が並びすばらしい。特に、現在の入口となっているボナンノ・ピサーノの扉は、イタリア・ロマネスク彫刻の代表作といわれている。奥行き100mの内部は白と黒の縞（しま）模様で飾られ、壮大で明るい。随所に**東方文化の足跡**が見られ、海港としてのピサの歴

史がしのばれる。目指すは、ジョヴァンニ・ピサーノによる説教壇Pulpitoだ。6本の柱と、彫刻で飾られた5本の支柱で支えられ、中央には信仰・希望・慈愛を表現した彫刻がある。劇的な構成と人体のゴシック的表現は圧巻だ。

もうひとつ忘れてはならないのが、この説教壇近くに天井からつり下げられたブロンズのランプだ。揺れ動くこのランプからガリレオは「振り子の法則」を発見したということになっているが、実際には法則の発見はランプができるより前のことであった。

ピサ・ロマネスク様式のファサードが見事なドゥオーモ

美しい宝石箱 MAP P.423-A1

洗礼堂(バッティステロ)

Battistero バッティステロ

12世紀半ばから、14世紀にかけて建造されたものだ。中に入って、すぐに目につく、お風呂を思わせる大きな洗礼槽は、体を水につける浸礼のためのものだ。ここのハイライトは、ニコラ・ピサーノによる説教壇Pulpitoと、この空間の音響効果のすばらしさだ。ときには堂内の番人が、歌ったり手を打ってみせてくれることもある。

美しい宝石箱、洗礼堂

●洗礼堂／シノピエ美術館
住 Piazza del Duomo
☎ 050-560547
開 夏季9:00～20:00、春・秋季9:00～19:00、冬季9:00～18:00(最終入場30分前)
休 無休
料 共通券・または1回券(→P.424)で入場可能
※約30分おきに音響パフォーマンスが行われる
※2024年3月現在、洗礼堂内部が修復中のため一部シートで覆われている

緑に包まれる墓地 MAP P.423-A1

カンポサント(納骨堂)

Camposanto カンポサント

大理石の高い壁で囲まれた納骨堂。回廊に囲まれた広い中庭があり、周りの木立の影を映して美しい。展示品は町の歴史を物語る品々から、14～15世紀のフレスコ画までとさまざまだが、見逃せないのがフレスコ画『死の凱旋』Trionfo della Morteだ。3つの棺と楽しげな貴族の対比は「いつか死ぬことを忘れるな」という教訓とか。

●カンポサント
住 Piazza del Duomo
☎ 050-560547
開 夏季9:00～20:00、春・秋季9:00～19:00、冬季9:00～18:00(最終入場30分前)
休 無休
料 共通券・または1回券(→P.424)で入場可能

トスカーナ、ピサ派を収集展示 MAP P.423-B2外

サン・マッテオ国立美術館

Museo Nazionale di San Matteo ムゼオ ナツィオナーレ ディ サン マッテオ

かつてのS.マッテオ修道院を美術館にしたもの。ジョット派、マザッチョ、フラ・アンジェリコなど12～15世紀のトスカーナ絵画やピサ派の彫刻のコレクションで知られている。

●S.マッテオ国立美術館
住 Piazza San Matteo Soarta 1
☎ 050-541865
開 9:00～19:00、日9:00～13:00(最終入場30分前)
休 一部の祝日
料 €5
※王宮博物館Museo Nazionale di Palazzo Realeとの共通券€8もあり

Ristorante & Hotel

ピサのレストラン&ホテル

一大観光都市、ピサ。ドゥオーモ広場前には、手頃な値段で利用できる飲食店がズラリと並び観光客でいつも大にぎわいだ。町の人やここで学ぶ学生たちが手頃な味わいを求めるのは、(駅方向から)メッツォ橋を渡ったBorgo Strettoと大学に挟まれた、小さな市場の立つ周辺。小さなトラットリアや揚げ物の店が並ぶ。駅周辺にはレストランは少ない。

オステリア・デイ・カヴァリエーリ Osteria dei Cavalieri

P.423-B2

トスカーナの山と海の幸を満載

古い館を改装した雰囲気あるレストラン。土地で取れた海の幸と山の幸が存分に味わえる。昼はひと皿に前菜、プリモ、セコンドを盛り合わせたPiatti Uniciの手頃なセットメニューあり。夜は伝統的なトスカーナ料理を。

できれば予約

住 Via S. Frediano 16
☎ 050-580858
営 12:15～14:15、19:45～22:30
休 日・祝、8月、年末年始
予 €35～(コペルト€2.50)
C A.J.M.V.

ラ・クレッシドラ La Clessidra

P.423-B2

魚介類を食べるなら

地元客や観光客でにぎわう魚介類に定評のあるお店。常時各種あるカルパッチョが人気。地元産のワインが充実でおすすめ。よい季節には中庭席もよい。ピッツァもある。

住 Via del Castelletto 26/30
☎ 050-540160
営 19:30～22:30 (予約でランチも可)
休 日、1月1週間、8月20日間ほど
予 €30～(10%)
C A.D.M.V.

オステリア・イン・ドゥオーモ Osteria In Duomo

P.423-A1

地元でも評判の人気店

地元の食材を積極的に使い、ピサ周辺の郷土料理が楽しめるオステリア。斜塔にも近いので、観光の合間に利用できて便利。ジビエのラグーソースを使ったタリアテッレなどがおすすめ。

住 Via Santa Maria 129
☎ 050-555542
営 12:00～15:30、19:00～22:30
休 月、一部の祝日
予 €30～
C M.V.

★★★★ NH ピサ NH Pisa

P.423-C2

駅前で便利

ピサ駅前の便利な立地のモダンでおしゃれなホテル。併設レストランは駅前周辺に飲食店の少ないピサでは、町の人の利用も多い。伝統的料理が味わえる。

URL www.nh-hotels.com

住 Piazza della Stazione 2
☎ 050-43290
Fax 050-502242
SS €80～
TB €90～
室 98室　朝食込み W-Fi
C A.D.J.M.V.
交 駅前広場

★★★ ホテル・ピサ・タワー Hotel Pisa Tower

P.423-A1

斜塔すぐの魅力的な立地

ポルタ・ヌオーヴァ門に近く、斜塔へのアクセスが抜群。ファミリー向けの4人部屋は近くの別館にある。ソファが置かれた中庭では喧噪を離れたゆったりとしたステイが楽しめる。

URL www.hotelpisatower.com
住 Piazza Manin 9
☎ 050-550146
TS €85～
3S €110～
室 15室　朝食付き W-Fi
C M.V.

※ピサの滞在税　キャンプなど ★€1～2　★★～★★★€1.50～2.50　★★★★～★★★★★€2～3

ピサから足を延ばして

中世の面影を求めて
ルッカLuccaへ

ピサ中央駅からトレニタリアのRで約30分、**緑の城壁とロマネスク建築**に彩られたルッカの町。鉄道駅のすぐ近くに旧市街が広がり、アクセスも容易だ。城壁を抜けると石畳の道が続き、中世の雰囲気にあふれ、そぞろ歩きが楽しい。見どころはロマネスク様式の**ドゥオーモ**Duomoをはじめ、**プッチーニの生家博物館、国立博物館**など。**城壁**上の散策(1周約4km)もいいし、町を俯瞰するなら**グイジーニの塔**Torre Guiginiに上ってみよう。

美しいロマネスクの教会

白トリュフを食べに
サン・ミニアートSan Miniatoへ

ピサ中央駅からRで30～40分、S.Miniatoで下車し、駅前からAutolinee Toscane社のバス290番(30分～1時間に1便程度)で約15分。アルノ川を見下ろす、丘の上に広がる、塔が印象的な中世の町。秋の**白トリュフ祭り**Mostra Mercato Nazionale del Tartufo Bianco di San Miniatoには屋台が出てドゥオーモ広場周辺はたいへんなにぎわいだ。祭りの時期以外にも秋から冬にかけては白トリュフが味わえるので、興味があったら出かけてみよう。白トリュフ祭りは11月の土・日曜に開催され、毎年ほぼ同時期。詳しい情報は URL www.sanminiatopromozione.itで。

教皇ピウス2世の理想都市

ピエンツァとオルチャの谷 世界遺産

Pienza / Val d'Orcia　ピエンツァ/ヴァル・ドルチャ

アルベルティの影響が見られるファサード

15世紀、教皇ピウス2世PioⅡは衰退した故郷をルネッサンス様式の町並みに統一しようと計画。建築家ベルナルド・ロッセリーノとともに15世紀のフィレンツェ風の町造りを開始した。約3年の間に町の核となる**ピウス2世広場**Piazza PioⅡ、**大聖堂**Cattedrale、**ピッコローミニ宮**Palazzo Piccolominiなどを次々に建設し、町の名前も自分の名を取ってピエンツァと改名したのだった。

ピッコローミニ宮と井戸

オルチャの谷の眺め

教皇のこのプランはイタリアにおける最初の都市計画となった。中心となるピウス2世広場を中心に、空間的な広がりや周囲の風景までも考えた町並みは、後年ほかの都市計画にも影響を与えた。

東西400mほどの箱庭のような小さな町の背後には、「世界遺産」の**オルチャの谷**とアッソ渓谷が広がる。季節には麦畑が一面に波打つ美しい谷の風景はトスカーナきっての絶景でもある。城壁に沿って造られた**カステッロ通り**Via del Castelloやピッコローミニ宮の上階などから眺めてみよう。

●郵便番号　53026

世界遺産

ピエンツァ市街の歴史地区
登録年1996年　文化遺産
オルチア渓谷
登録年2004年　文化遺産

ピエンツァへの行き方

トレニタリアのシエナ駅から、レッジョナーレ・ヴェローチェ(RV)でブウオンコンヴェント駅Buonconventoまで約30分。駅前のバス停から、Toscane Autolinee社のバス112番でピエンツァまで約35分、月～土の運行で1日5便程度。郵便局前の停留所で下車。心配なら運転手さんにピエンツァで降りることを告げて教えてもらおう。緑が広がる庭園の先に城門があり、城門をくぐると町が広がる。
URL www.at-bus.it/en/linee-e-orari/siena-extraurbano-112

ⓘピエンツァの観光案内所
住 Corso il Rossellino 30
☎ 0578-749905
開 夏季10:30～13:30、14:30～18:00、冬季10:00～16:00
休 夏季：火、冬季：平日
地 P.427-B1

●ピッコローミニ宮
住 Piazza Pio II
☎ 0577-286300
開 10:00～16:30(12月～年末年始は変動あり)
休 火、1月1日、1月～2月中旬、11月中旬～下旬、12月25日
料 €7
地 P.427-B1
URL www.palazzopiccolominipienza.it

眺めのよいカステッロ通り

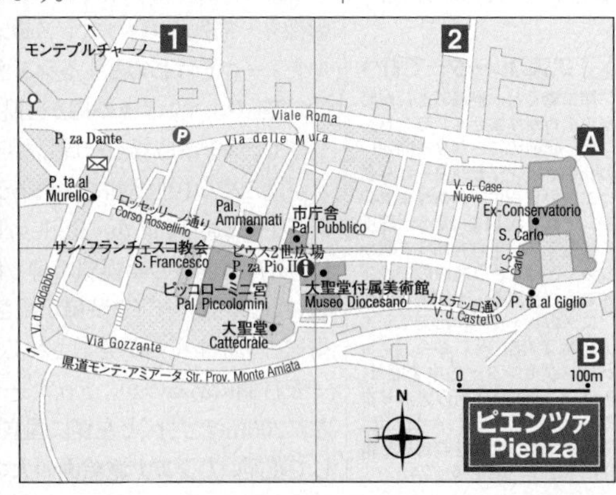

Siena
シエナ

世界遺産

●郵便番号　53100

世界遺産

シエナ歴史地区
登録年1995年　文化遺産

シエナへの行き方

トレニタリアのフィレンツェ・サンタ・マリア・ノヴェッラ駅からシエナ駅まで、レッジョナーレ(R)で約1時間30分。

シエナへはバス利用が便利！
シエナはトレニタリアの主要幹線から外れているため、鉄道利用は実際の距離より時間がかかる。また、駅と旧市街が離れていることもあり、フィレンツェの駅前からシエナの中心部まで直通のバスがおすすめ。Autolinee Toscane社のバスで、駅前からサン・ドメニコ教会まで131R番などで約1時間30分。

市内交通
駅から旧市街までは、エスカレーターもしくはバス利用がベター。
市バスでは、S10番などで駅前からPorta Camolliaまで約10分。カンポ広場までは徒歩約15分。
●1回券　€1.70(70分間有効)

✉ エスカレーターで町へ

駅に着くと、谷底でどこが町かよくわかりません。町へ行くには、駅前のロータリー向かいのショッピングセンターから長いエスカレーターがありますので、それを利用すると5分程度で到着です。それを知らず駅から歩くとけっこう遠いので、ご注意を。(兵庫県　七重塔)['24]
エスカレーターの始発はシエナ駅地下1階。そこから、ショッピングセンターの中を通り、Porta Camollia手前の大通りまで。シエナ駅からは「Antiporto」や「Porta Camollia」の表示を頼りに歩こう。(編集部)['24]

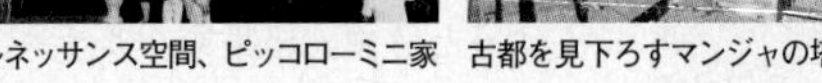

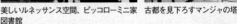

美しいルネッサンス空間、ピッコローミニ家図書館　古都を見下ろすマンジャの塔

フィレンツェと並び称される、トスカーナの古都シエナ。糸杉とブドウ畑に囲まれた古いたたずまいを残す町。まさに絵の具のSienna色とは、この町の色だ。幾重にも交差する細い路地や階段を歩いていると、まるで中世に迷い込んだよう。

シエナの歩き方

フィレンツェからブドウ畑の丘を抜け、シエナに着いたら、目指すは町の中心にある世界一美しい**カンポ広場**Piazza del Campoだ。町を囲む城壁の外にある鉄道駅からは約2kmの距離でバスの便もある。バスターミナルからは、坂道の**テルミニ通り**Vie dei(ヴィア デイ) Termini(テルミニ)を500mも行けば広場だ。シエナの町の見どころは、このカンポ広場周辺とその西200mほどにある**ドゥオーモ**と**ふたつの美術館**だ。

ガイアの泉(コピー)

緩やかなスロープを描く独創的な扇形の**カンポ広場**。広場の中央にあるのが、**ガイアの泉（噴水）**(現在のものはコピー。実物はサンタ・マリア・デッラ・スカラ博物館→P.17に展示)。広場を見下ろし天を突くれんが造りの鐘楼が、**マンジャの塔**Torre del Mangiaだ。塔の下には**広場(カンポ)の礼拝堂**Cappella di Piazzaがある。このふたつを抱えて堂々と立っているのが**プッブリコ宮**だ。透かし模様細工のすばらしい鉄柵で囲まれ、14世紀の彫像も一部残るルネッサンス様式のもの。内部には、シモーネ・マルティーニをはじめとする**シエナ派**の一大コレクションがある。ここの3階や、マンジャの塔から眺めるトスカーナの風景は圧巻だ。

さて、カンポ広場を一周したら、次は**ドゥオーモ**を目指そう。パリオがはためく中世情緒あふれる**チッタ通り**Via di Cittàを抜け**ペッレグリーニ通り**Via dei Pellegriniを100mも行けば、白と濃緑色とピンクの大理石の縞(しま)模様で飾られた豪壮なドゥオーモだ。3000m²の床いっぱいにモザイク装飾が施され、ここに費やされた400人もの芸術家のエネルギーが発散されていそうで私たちを圧倒する。**ドゥオーモ**右側にあるのが、**ドゥオーモ付属美術館**。ドゥオーモを出て、左に200mほど行くと左側に**国立絵画館**があり、フィレンツェに対抗して花開いたシエナ派絵画の大コレクションが待っている。

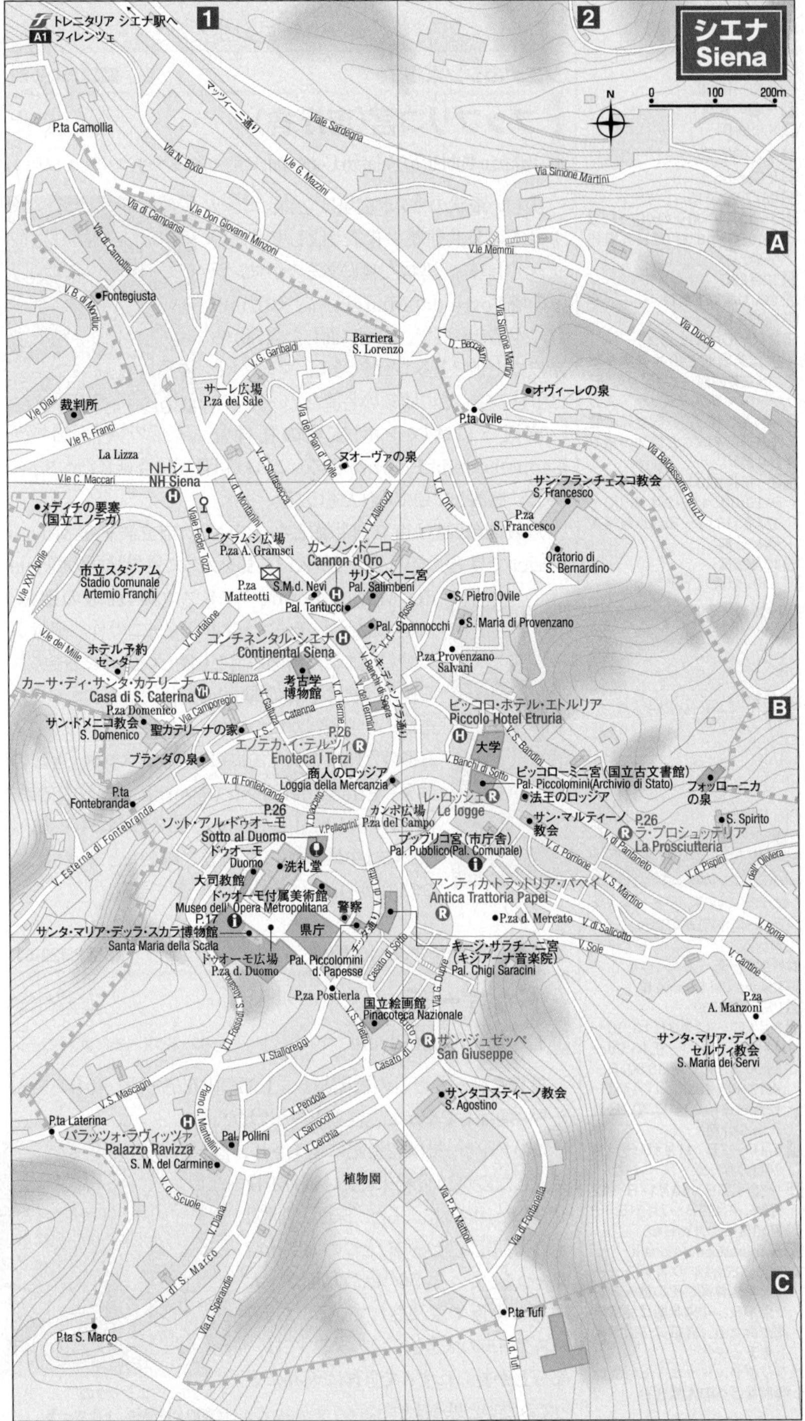
シエナ
Siena
トレニタリア シエナ駅へ
A1 フィレンツェ
P.ta Camollia
Fontegiusta
裁判所
La Lizza
NHシエナ
NH Siena
メディチの要塞
(国立エノテカ)
グラムシ広場
P.za A. Gramsci
市立スタジアム
Stadio Comunale
Artemio Franchi
サーレ広場
P.za del Sale
Barriera
S. Lorenzo
ヌオーヴァの泉
オヴィーレの泉
P.ta Ovile
サン・フランチェスコ教会
S. Francesco
P.za
S. Francesco
Oratorio di
S. Bernardino
カンノン・ドーロ
Cannon d'Oro
サリンベーニ宮
Pal. Salimbeni
P.za
Matteotti
S.M.d. Nevi
Pal. Tantucci
S. Pietro Ovile
Pal. Spannocchi
S. Maria di Provenzano
P.za Provenzano
Salvani
ホテル予約
センター
コンチネンタル・シエナ
Continental Siena
考古学
博物館
カーサ・ディ・サンタ・カテリーナ
Casa di S. Caterina
P.za Domenico
サン・ドメニコ教会
S. Domenico
聖カテリーナの家
ブランダの泉
P.ta
Fontebranda
P.26
エノテカ・イ・テルツィ
Enoteca I Terzi
ピッコロ・ホテル・エトルリア
Piccolo Hotel Etruria
大学
商人のロッジア
Loggia della Mercanzia
ピッコローミニ宮(国立古文書館)
Pal. Piccolomini(Archivio di Stato)
法王のロッジア
フォッローニカ
の泉
レ・ロッジェ
Le logge
サン・マルティーノ
教会
S. Spirito
P.26
ラ・プロシュッテリア
La Prosciutteria
P.26
ソット・アル・ドゥオーモ
Sotto al Duomo
カンポ広場
P.za del Campo
プッブリコ宮(市庁舎)
Pal. Pubblico(Pal. Comunale)
ドゥオーモ
Duomo
洗礼堂
大司教館
ドゥオーモ付属美術館
Museo dell' Opera Metropolitana
警察
アンティカ・トラットリア・パペイ
Antica Trattoria Papei
P.za d. Mercato
P.17
サンタ・マリア・デッラ・スカラ博物館
Santa Maria della Scala
県庁
キージ・サラチーニ宮
(キジアーナ音楽院)
Pal. Chigi Saracini
ドゥオーモ広場
P.za d. Duomo
Pal. Piccolomini
d. Papesse
P.za Postierla
国立絵画館
Pinacoteca Nazionale
サン・ジュゼッペ
San Giuseppe
P.za
A. Manzoni
サンタ・マリア・デイ・セルヴィ教会
S. Maria dei Servi
サンタゴスティーノ教会
S. Agostino
P.ta Laterina
パラッツォ・ラヴィッツァ
Palazzo Ravizza
Pal. Pollini
S. M. del Carmine
植物園
P.ta S. Marco
P.ta Tufi
Viale Sardegna
マッツィーニ通り
Via N. Bixio
V.le G. Mazzini
Via di Campansi
V.le Don Giovanni Minzoni
Via di Camollia
V.B. di Montluc
Via Simone Martini
V.le Memmi
Via Duccio
V. D. Beccafumi
V.le Diaz
V.le R. Franci
V.le C. Maccari
V.G. Garibaldi
Via del Pian d' Ovile
V. d. Stufasecca
V.d. Montanini
Viale Feder. Tozzi
V. d. Orti
V.V. Allerozzi
Via Baldassarre Peruzzi
V.le XXV Aprile
V.le dei Mille
V. Curtatone
V. d. Sapienza
Via Camporegio
V. Galluzza
Catenna
V. d. Terme
V. dei Termini
V. Banchi di Sopra
バンキ・ディ・ソプラ通り
V. d. Rossi
V. S. Bandini
V. Banchi di Sotto
V. di Fontebranda
V. Esterna di Fontebranda
V. Diacceto
V. Pellegrini
V. d. Città
チッタ通り
V. d. Porrione
V. d. Pantaneto
V. d. Pispini
V. S. Martino
V. dell' Oliviera
V. di Salicotto
V. Sole
V. Roma
V. Cantine
Casato di Sotto
Via G. Duprè
V. S. Pietro
V. D. Fossi
V. Stalloreggi
Casato di S.
V. S. Mascagni
Piano d. Mantellini
V. Pendola
V. Sarrocchi
V. Cerchia
V. d. Scuole
V. Diana
V. di S. Marco
Via d. Sperandie
Via P.A. Mattioli
Via di Fontanella
V. d. Tufi
N
0
100
200m
1
2
A
B
C

市内の観光案内所
❶カンポ広場
住 Il Campo 7
☎ 0577-292222
開 9:00～18:00
休 一部の祝日
地 P.429-B1
❶市立美術館(プッブリコ宮)
住 Il Campo 1
☎ 0577-292615
開 3～10月10:00～19:00、11～2月10:00～18:00（最終入場45分前）
休 12月25日
料 €6、11歳以下無料
地 P.429-B2
マンジャの塔に上ろう！
市立美術館との共通券€15や、市立美術館、マンジャの塔、サンタ・マリア・デッラ・スカラ博物館(→P.17)、国立絵画館との共通券€24など複数の組み合わせあり。
開 3～10月10:00～13:45、14:30～19:00、11～2月10:00～13:00、13:45～16:00（最終入場45分前）
休 12月25日
料 €10、11歳以下無料

シエナ派の巨匠、シモーネ・マルティーニ作『荘厳の聖母』

●ドゥオーモ
住 Piazza del Duomo 8
☎ 0577-286300
開 3月1日～11月3日10:00～19:00、土・日・祝13:00～18:00、5月10:00～18:00、日・祝13:00～18:00、11月4日～12月24日10:30～17:30（最終入場30分前）
休 8月1～17日、11月4日～12月24日の月～土
料 1～6月26日・10月17日～12月€5、6月27日～7月31日・8月18日～10月16日€8
URL operaduomo.siena.it
※上記は2024年のスケジュールと料金体系。その他祝前日や催事日、年末年始は開館時間が異なる。詳細は公式サイトをチェック
※クリプタ、ドゥオーモ付属博物館などへの入場含む

シエナの見どころ

シエナのシンボル　MAP P.429-B2

プッブリコ宮(市庁舎)　★★★

Palazzo Pubblico (Palazzo Comunale)　パラッツォ プッブリコ(パラッツォ コムナーレ)

プッブリコ宮とマンジャの塔

美しい扇状のカンポ広場に立つ、ゴシック様式の公共建築の代表例として名高いプッブリコ宮。建物左側にあるのがマンジャの塔Torre del Mangia。高さ102mのれんが造りの塔で、内庭に面した入口から階段で上まで上ることができる。マンジャとは中世の鐘つきの頭領の名前だという。

宮殿下には(カンポ)広場の礼拝堂Cappella della Piazzaがある。これは14世紀に蔓延(まんえん)したペストの終焉(しゅうえん)に感謝して建てられたものだ。

宮殿内の2階は市立博物館となっている。**市立美術館**Museo Civicoで見逃せないのは、2階入口右側を入った**世界地図の間**Sala del Mappamondo(サラ デル マッパモンド)のフレスコ画**『荘厳の聖母』**Maestà(マエスタ)だ。**シモーネ・マルティーニ**の作。聖母が天使に囲まれた構図の何とも優しい気分にさせられる絵だ。次は**平和の間**Sala della Pace(サラ デッラ パーチェ)。かつては市政の中心だった所なので、A.ロレンツェッティによる善政と悪政を寓意的に扱ったフレスコ画**『善政の効果』**Effetti del Buon Governo(エフェッティ デル ブォン ゴヴェルノ)、**『悪政の効果』**Effetti del Mal Governo(エフェッティ デル マル ゴヴェルノ)があるのがおもしろい。ほかには中世のコイン、陶器、彫刻などを展示。ここの3階からはシエナ市街が一望できる。

あでやかなたたずまいの聖堂　MAP P.429-B1

ドゥオーモ　★★★

Duomo/Cattedrale　ドゥオーモ／カテドラーレ

外壁を飾る大理石の縞模様と、上部の円花窓を囲む40もの聖人たちの像はあでやかで、言葉を失うほどだ。

イタリアン・ゴシックの代表的な建築物、ドゥオーモ

このドゥオーモは12世紀に起工され、完成したのが14世紀末と長い歳月が投ぜられた。内部に入ると、**床面**(期間限定の公開)は色と線のひとつの大芸術空間をつくっている。56の宗教場面が、大理石の象嵌(ぞうがん)で表現されている。あまりのスケールの大きさに、立っていては一部分しか見られず、できれば天井に上ってみたいと思うほどだ。

床以外に忘れてならないのが、内陣左側にあるピサーノとその息子らによる八角形の説教壇Pulpito ottagonaleとピッコローミニ家の図書室Libreria Piccolominiだ。図書室はルネッサンス様式で、美しいフレスコ画で飾られている。すばらしい装飾を施した15世紀の聖歌本や中央の三美神の小彫刻は必見だ。

洗礼堂Battistero di S. Giovanniは、ドゥオーモ後陣部の地下にあるが、入口はちょうどドゥオーモの裏側。見逃せないのが洗礼堂中央にある15世紀の洗礼盤Fonte Battesimale。ドナテッロやギベルティらによるその周辺を飾る金張りのブロンズ像も必見。

大作『マエスタ』は必見

MAP P.429-B1

ドゥオーモ付属美術館

Museo dell' Opera Metropolitana ムゼオ デッロペーラ メトロポリターナ

ドゥオーモと関係深い美術品の展示場だ。

1階はジョヴァンニ・ピサーノなどのゴシック彫刻、2階に絵画を展示。見逃せないのは、ドゥッチョの代表作『荘厳の聖母』Maestàだ。このマエスタとは中央の『マドンナの戴冠』をはじめとする一連の大作の総称。展望台Panorama dal Facciatoneからの眺めもよい。

ドゥオーモ付属美術館は収蔵品もすばらしい

シエナ派絵画の集大成

MAP P.429-C1

国立絵画館

Pinacoteca Nazionale ピナコテーカ ナツィオナーレ

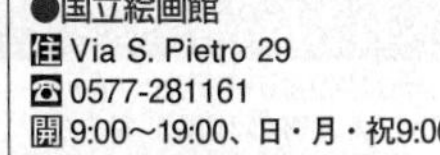

●国立絵画館
住 Via S. Pietro 29
☎ 0577-281161
開 9:00～19:00、日・月・祝9:00～13:30(最終入場30分前)
休 一部の祝日
料 €6
URL www.pinacotecanazionalesiena.it

シエナ派の12世紀後半から16世紀の作品をほぼ網羅した、一大コレクションを誇っている。2階と3階に分かれているが、年代順に見学するためには、3階の右側から始めよう。

まずは第2室12～13世紀の十字架像、第4室ドゥッチョとその一派、第6室シモーネ・マルティーニの作品、第7室アンブロージョ・ロレンツェッティの『受胎告知』、第11室タデオ・ディ・バルトーロの『受胎告知』、第12室ジョヴァンニ・ディ・パオロの『十字架のキリスト』、第14室マッテオ・ディ・ジョヴァンニの『聖母子』。2階では、第32室ソドマの『キリストの苦しみ』、ベッカフーミの『地獄のキリスト』などは観ておきたい。

国立絵画館入口

パリオ　Palio

7月2日と8月16日にカンポ広場で催される世界的な伝統行事。きらびやかな中世装束のパレードに続いて行われる、裸馬の競馬がハイライトだ。熱狂する人々の興奮のるつぼとなる。パリオは19:00または19:30頃のスタート。16:00～17:00頃からパレードが行われる。広場の中での見物には切符は不要。ただしパリオの3時間前から広場へは入場ができない。よく見える前列をキープするなら朝から場所取りをするのがベターとは、事情通の弁。切符はウェブサイトで購入可だが、公認の販売サイトはないので、事前に観光案内所などへ問い合わせを。旅行会社ではホテル宿泊とのセット券もある。

URL www.paliotours.com

席は立ち見と椅子席がある。

Ristorante & Hotel シエナのレストラン&ホテル

カンポ広場には手軽に食事のできるセルフサービスレストランのチャオCiaoやピッツェリアがプッブリコ宮側にあり、伝統的なリストランテ、クラシックなカフェなども並んでいる。

時間が許せば、何日でも滞在したい魅力あふれる古都シエナ。夏のパリオ祭7月2日、8月16日あたりは、特に混雑する。町特有の雰囲気を味わうには、日帰りでなく宿泊を。トスカーナの休日を楽しみたい。

サン・ジュゼッペ La Taverna di San Giuseppe

P.429-C2

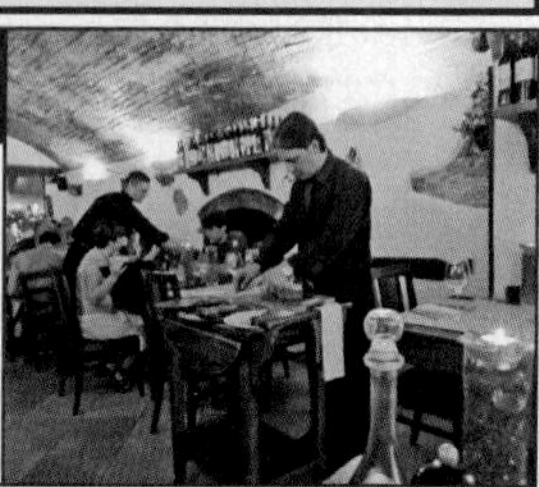

上質な郷土料理を

古い大きなテーブルがおかれ、昔ながらのタヴェルナの雰囲気とモダンなテイストがミックスされた店内は町の人と観光客でいつもいっぱい。トリュフをはじめ季節の茸を使ったパスタやキアーナ牛のグリルなどがおすすめで、自家製のデザートも人気。 要予約

住 Via G.Duprè 132
☎ 0577-42286
営 12:00～14:30、19:00～21:30
休 日・祝、1・7月下旬
予 €40～(10%)
C A.D.M.V.

オステリア・レ・ロッジェ Osteria Le logge

P.429-B2

テラス席が気持ちいい

夏は小道にテーブルが並ぶ。1800年代末の建物を改装した店内はアンティークな雰囲気でまとめられている。シエナ料理のほか、手打ちパスタやチーズが充実。 できれば予約

住 Via del Porrione 33
☎ 0577-48013
営 12:00～14:30、19:00～22:15
休 日、1月
予 €40～
C A.J.M.V.

アンティカ・トラットリア・パペイ Antica Trattoria Papei

P.429-B2

トスカーナ料理が充実

カンポ広場、プッブリコ宮の裏手にあるお手頃価格で料理も充実している一軒。シエナ料理の店。夏はマンジャの塔を眺められる外のテーブルで食事するのも楽しい。 要予約

住 Piazza del Mercato 6
☎ 0577-280894
営 12:00～15:00、19:00～22:30
休 無休
予 €25～
C A.M.V.

★★★★ NHシエナ NH Siena

P.429-B1

居心地のよいホテル

ビジネス客の利用が多く、落ち着いた雰囲気。ロビーや客室はモダンにまとめられ、使い勝手もよい。郷土料理が味わえるレストランが併設されているのも便利。

URL www.nh-hotels.com

住 Piazza La Lizza 1
☎ 0577-382111
SB €95～
TB €115～
室 129室 朝食込み W-F
C A.D.J.M.V.

★★★ パラッツォ・ラヴィッツァ Palazzo Ravizza

P.429-C1

庭園が魅力

町の南側、トスカーナの丘を見下ろす高台に立つ17世紀の邸宅を利用したホテル。長い歴史を感じさせる、エレガントで落ち着いたたずまいと緑あふれる広い庭園が魅力的。

URL www.palazzoravizza.it

住 Pian dei Mantellini 34
☎ 0577-280462
Fax 0577-221597
SS SB €95～
TS TB €105～
室 39室 朝食込み W-F
休 11～3月
C A.D.M.V.

★★★★★ コンチネンタル・シエナ Grand Hotel Continental Siena

P.429-B1

きらびやかな5つ星

1500年代の宮殿を改装した美しいホテル。客室はクラシックで上質な雰囲気にまとめられており、バスタブ付きの部屋もある。テラス付きの客室からはシエナの景観を見ることができる。

URL collezione.starhotels.com
住 Banchi di Sopra 85
☎ 0577-56011
SS TS €270～
JS €390～
室 51室 朝食付き W-F
C A.D.J.M.V.

★★ カンノン・ドーロ Albergo Cannon d'Oro

P.429-B1

雰囲気のよい宿

バスターミナルからも近く、駅からはバス7番などで。奥まった所に入口があるが、雰囲気もよく、騒音もない。設備は古いが、部屋は清潔に保たれていて、コストパフォーマンスがよいホテル。

URL www.cannondoro.com
住 Via d. Montanini 28
☎ 0577-44321
Fax 0577-280868
SS €70～
TS €90～
室 30室 朝食込み W-F
C A.D.J.M.V.

★★ ピッコロ・ホテル・エトルリア Piccolo Hotel Etruria

P.429-B2

価値ある2つ星ホテル

町の中心へも近く、部屋もきれいで、シャワーやトイレも機能的。冷房完備。リーズナブルな1軒。障害者用エスカレーターあり。バスターミナルから約500m。

URL www.hoteletruria.com

住 Via delle Donzelle 3
☎ 0577-288088
Fax 0577-288461
SS €70～
室 20室 朝食€12 W-F
休 クリスマス期間
C A.M.V.

サントゥアリオ・カーサ・ディ・サンタ・カテリーナ・アルマ・ドムス Santuario Casa di S.Caterina Alma Domus

P.429-B1

眺めのよい宗教施設

宗教団体の運営でS.ドメニコ教会近く。窓からの眺めは最高。冷房完備。受け入れ制限なし。受付時間14:00～23:30。駅から3、9、10番のバスで。

URL www.hotelalmadomus.it

住 Via Camporegio 37
☎ 0577-44177
Fax 0577-47601
SS €50～ TS €75～
3S €120～
室 28室 朝食込み W-F
休 1月 C M.V.

※シエナの滞在税 期間 ①2月28日または2月29日～10月31日と②11月1日～3月1日に分かれ YH、キャンプ ①€1.50 ②€1 ★～★★★★ ①€2.50 ②€1.50 ★★★★★と歴史的ホテル ①€5 ②€3 6泊まで、12歳未満免除。

イタリア美術史

Arte gotica
ゴシック美術

サンタ・クローチェ聖堂

北方起源のゴシック様式はすでに12世紀からイタリアに浸透しており、13〜14世紀にはイタリア的なゴシックとして結実する。フィレンツェの**サンタ・マリア・デル・フィオーレ大聖堂**Santa Maria del Fiore（→P.165）、**サンタ・クローチェ聖堂**Santa Croce（→P.178）、**シエナ大聖堂**Duomo di Siena（→P.430）、パドヴァの**サンタントニオ聖堂**Sant'Antonio（→P.349）、アッシジの**サン・フランチェスコ聖堂**San Francesco（→P.441）などの宗教建築と並んで、この時代の特徴は、世俗建築が大いに隆盛したことである。

イタリアの各地の都市は大小を問わず「市庁舎」をもち、地方によってその名称が異なる。北部では〈**ブロレット**Broletto〉〈**アレンガリオ**Arengario〉〈**ラジョーネ**Ragione〉中部では〈**コムーネ**Comune〉〈**シニョーリア**Signoria〉〈**ポーポロ**Popolo〉〈**プリオーリ**Priori〉〈**コンソリ**Consoli〉〈**ポデスタ**Podestà〉〈**カピターノ**Capitano〉という具合である。いずれも市の中心である大広場に面して建てられている。代表的なものには**コモ**（→P.325）、**ブレーシャ**（→P.334）、**ピアチェンツァ**（→P.404）**の市庁舎、フィレンツェの〈シニョリーア**（→P.168）〉、**シエナの〈プッブリコ宮**Palazzo Pubblico（→P.430）〉、ほかに**ペルージャ、グッビオ、トーディ、ヴィテルボ**がある。また軍事建築もこの時代に発展し、ローマの**カステル・サンタンジェロ**Castel Sant'Angelo（→P.111）、**トッレ・デッレ・ミリツィア**、南イタリアの**カステル・デル・モンテ**Castel del Monte、ナポリの**カステッロ・ヌォーヴォ（ヌオーヴォ城）**Castello Nuovo（→P.290）が挙げられよう。

彫刻では、**ニコラ・ピサーノ**Nicola Pisano（ピサの洗礼堂説教壇）、**ジョヴァンニ・ピサーノ**Giovanni Pisano（ピサ大聖堂説教壇、シエナ大聖堂正面彫刻、ペルージャの大噴水）のほかに、**アルノルフォ・ディ・カンビオ**Arnolfo di Cambio、**ティーノ・ディ・カマイーノ**Tino di Camainoが活躍、フィレンツェでは**アンドレア・ピサーノ**Andrea Pisanoが洗礼堂南扉の彫刻を手がけ、**アンドレア・オルカーニャ**Andrea Orcagnaは**オルサンミケーレ聖堂壁龕**Tabernacolo di Orsanmichele（→P.167）を制作。

シエナ、パラッツォ・プッブリコ

14世紀の絵画は、根強く残っていたビザンチン様式を放棄し、イタリア独自の絵画様式を形成する。**ピエトロ・カヴァッリーニ**Pietro Cavallini、**チマブーエ**Cimabue、**ドゥッチョ・ディ・ブオニンセーニャ**Duccio di Buoninsegnaなどを継承し、偉大な巨匠**ジョット・ディ・ボンドーネ**Giotto di Bondoneはルネッサンスの先駆といえる人物像を描き、絵画を革新する。主要作品はアッシジ（**サン・フランチェスコ聖堂**（→P.441））、パドヴァ（**スクロヴェーニ礼拝堂**Cappella Scrovegni（→P.348））、フィレンツェ（**鐘塔**（→P.166））にある。シエナではドゥッチョの弟子**シモーネ・マルティーニ**Simone Martiniが宮廷的な華麗な絵画を描き、ピサ、オルヴィエート、アッシジに作品がある。一方**ロレンツェッティ兄弟**Lorenzetti（ピエトロとアンブロージョ）はシエナ派の雅とフィレンツェの力強さを融合した（**アンブロージョ**Ambrogioの『善政』『悪政』、シエナ、パラッツォ・プッブリコPalazzo Pubblico（→P.430））。

（望月一史）

シモーネ・マルティーニの傑作『受胎告知』

San Gimignano サン・ジミニャーノ

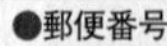

●郵便番号　53037

周囲にブドウとオリーブの畑が広がる、サン・ジミニャーノ遠望

「美しき塔の町」と呼ばれるサン・ジミニャーノ。中世情緒あふれる町並みとそこにそびえる塔の群れは、まさに一枚の絵だ。

この美しい塔も、13～14世紀には教皇派と皇帝派の間の血なまぐさい戦の場となり、次いで、町の貴族たちの富と権力の虚栄のシンボルとして空に高く高く伸びていったのだった。

最盛期には70を超えた塔も今は14となり、人間くさい歴史のドラマも忘れたかのように、寂寞（せきばく）のなかにある。

世界遺産

サン・ジミニャーノ歴史地区
登録年1990年　文化遺産

サン・ジミニャーノへの行き方

フィレンツェ・サンタ・マリア・ノヴェッラ駅からレッジョナーレ(R)で、ポッジボンシPoggibonsiまで約1時間。駅前のバス停から、130、131番などで約20分。

バスで行くなら？

フィレンツェから、Autolinee Toscane社のプルマンバスを利用する場合も、ポッジボンシ駅前でサン・ジミニャーノ行きに乗り換える必要があるので、鉄道パスなどを持っている場合は列車利用がおすすめ。シエナからも同様だ。フィレンツェ⇔ポッジボンシ間の列車は、日中であれば1時間に1便程度。

ポッジボンシ駅前では、乗り継ぎのプルマンバスが停車していることが多いので、先に往復分を購入しておくとよい。いずれのバスも日・祝はかなりの減便での運行。

URL www.at-bus.it

ⓘサン・ジミニャーノの観光案内所

住 Piazza del Duomo 1
☎ 0577-940008
開 3～10月10:00～13:00、15:00～19:00、11～2月10:00～13:00、14:00～18:00
休 1月1日、12月25日
地 P.434-A

サン・ジミニャーノの歩き方

ポッジボンシなどからのバスは町の南側、サン・ジョヴァンニ門の前に到着だ。門をくぐれば、中世さながらの石畳の町が始まる。町は南北1km、東西500mほどの大きさで周りを城壁が取り囲み、周囲には田園風景が広がる。門から続く通りサン・ジョヴァンニ通りVia San Giovanniを上がると、町の中心のチステルナ広場Piazza della Cisterna。かつては町の重要な水源だった井戸=チステルナがある。

左前方に続く広場が7つの塔に囲まれたドゥオーモ広場Piazza del Duomo。階段上にあるのが参事会教会／ドゥオーモ。その左、高さ54mの四角い塔があるのがポポロ宮Palazzo del Popolo、広場手前に案内所がある。広場を挟んでドゥオーモと向き合って立つのが、13世紀に建てられたポデスタ宮Palazzo del Podestàだ。

サン・ジミニャーノの見どころ

「スミレの聖女」のフレスコ画が飾る　MAP P.434-A

ドゥオーモ(参事会教会)

Duomo (Collegiata)　ドゥオーモ コッレジャータ

外観が簡素な参事会教会

簡素なファサードながら、内部は壁面全体にフレスコ画が描かれて厳かな雰囲気。一番の見どころは、入口のほぼ対面にある**サンタ・フィーナ礼拝堂**Cappella di S.Fina。ギルランダイオとその一派による**『聖女フィーナの生涯』**のフレスコ画が描かれている。町の守護聖人サンタ・フィーナ(別名スミレの聖女)が15歳で天に召された日に、この町の塔にスミレが咲き乱れたという伝説がある彼女の生涯を描いたもの。背景の当時の町と塔の様子が興味深い。

ギルランダイオ作「聖女フィーナの生涯」

主祭壇に向かった左には**『旧約聖書』**、右には**『新約聖書』**、出口(本来の入口)には**『最後の審判』**(上)と**『聖セバスティアーノの殉教』**が描かれている。

お得な共通入場券
　ポポロ宮(市立美術館やグロッサの塔含む)やドゥオーモと付属美術館Museo di Arte Sacraなどに入場できる「SAN GIMIGNANO PASS」€13、6～17歳€10もある。

●ドゥオーモ(参事会教会)
●サンタ・フィーナ礼拝堂
住 Piazza delle Erbe
☎ 0577-286300
開 4～10月10:00～19:30、土10:00～17:00、日12:30～19:30、11～3月10:00～17:00、日12:30～17:00(最終入場30分前)
休 一部の祝日
料 €5、6～18歳€3
URL www.duomosangimignano.it
※階段(正面)に向かって、左の小さな広場に切符売り場がある。入口はロッジア(開廊)から。切符のバーコードを機械にかざして入場

ルネッサンス絵画とパノラマを堪能　MAP P.434-A

ポポロ宮(市立美術館)

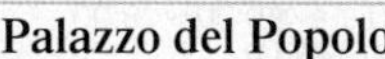

Palazzo del Popolo　パラッツォ デル ポポロ

風情のある入口

脇に大きな塔を従えた、かつての新執政官宮殿。中庭には14世紀の井戸が残り、まるでルネッサンス時代にタイムスリップしたようだ。中庭から階段を上がろう。切符売り場すぐ左の**「執政長官の間」**Camera del Podestàには、**「愛のシーン」**のフレスコ画がある。

3階の絵画館Musei e Pinacotecaではピントゥリッキオの**『聖母と聖人』**、フィリッピーノ・リッピによる2枚のトンド(円形画)**『受胎告知』**などが見逃せない。

ここで最初に訪ねたいのは、高さ54mの**「グロッサの塔」**Torre Grossaの頂上。階段を上がった先には、町を一望する迫力ある風景が広がっている。

双子の塔と田園風景

●市立美術館
住 Piazza Duomo 2
☎ 0577-286300
開 4～10月10:00～19:30、11～3月11:00～17:30、土・日11:00～18:00(最終入場30分前)
休 一部の祝日
料 €9、65歳以上・6～17歳€7(隣接する塔Torre Grossaへの入場含む)

そのほかの見どころ

旧サンタ・フィーナ薬局

町の北側に、B.ゴッツォリのフレスコ画がすばらしいサンタゴスティーノ教会。その近くには旧サンタ・フィーナ修道院ex Convento di S.Chiaraがある。内部は古代からのこの町の歴史と文化・芸術を凝縮したような美術・博物館になっており、特産のハーブを使ったグッズもブックショップに並んでいる。併設の近・現代美術館のサロンからは塔が8本並ぶ迫力ある眺めも楽しめ、時間があれば訪ねてみたい。

●サンタゴスティーノ教会
住 Piazza Sant'Agostino 10
☎ 0577-904313
開 7:00～12:00、15:00～18:00
地 P.434-A
URL conventosantagostino.it

Ristorante & Hotel サン・ジミニャーノのレストラン&ホテル

イル・ピーノ Il Pino P.434-A

郷土料理が充実
1929年から続く家族経営の店。トスカーナの伝統的郷土料理が手頃な値段で味わえる。ワインは300種以上も揃う。階上の宿泊用の部屋は5室あり。
できれば予約

住 Via Cellolese 6
☎ 0577-907003
開 12:00～15:00、19:00～22:00、月・木・日12:00～15:00
休 無休
予 €40～(コペルト€2)
C A.D.J.M.V.

ドランド Dorandò P.434-A

トスカーナ料理の古典を
ドゥオーモ広場から一歩入った小道にある店。町一番の店として名高い。昔のレシピで作ったトスカーナ料理の原型にありつける。席数は35席と少ない。
できれば予約

住 Vicolo dell' Oro 2
☎ 0577-941862
営 12:00～14:30、19:00～21:30
休 冬季の月曜、1月、11月中旬～12月下旬
予 €35～(コペルト€3)
C A.J.M.V.

B リッカピッツァ RiccaPizza P.434-A

手軽なランチに
いつも行列ができている立ち食いピッツァの店。小腹がすいたときの利用に便利。立ち食い用にカットして厚紙にのっているので食べやすい。ピザは1枚€8～10、大きいサイズは€20前後。

住 Via San Giovanni 94
☎ 0577-941817
営 11:00～22:00
休 一部の祝日
予 €15～
C 不可

ジェラテリア・ドンドリ Gelateria Dondoli P.434-B

町の名物ジェラテリア
2006-2007、2008-2009年のジェラートの世界チャンピオンの店。オリジナルのヴェルナッチャ・ワインを使ったChampelmo、オレンジ風味のSanta Finaなど約50種が並ぶ。
日本語メニュー

住 Piazza della Cisterna 4
☎ 0577-942244
営 夏季9:00～23:00、冬季9:00～18:00
休 1月
予 €4～
C M.V.

★★★ ラ・チステルナ Hotel La Cisterna P.434-B

ツタの絡まるホテル
ホテル代の安い田舎では、ちょっと奮発。眺望絶景のルネッサンスの館でくつろぐひとときは、旅のよい思い出。レストラン併設。伝統的なトスカーナ料理が自慢。
URL www.hotelcisterna.it

住 Piazza Cisterna 23
☎ 0577-940328
Fax 0577-942080
SB €90～
TB €120～
室 48室　朝食込み W-F
休 12～3月(年末年始を除く)　C A.M.V.

★★★ ベル・ソッジョルノ Hotel Bel Soggiorno P.434-B

眺望のよいホテル
バスターミナルからも近い。バルコニーからは、穏やかな田園風景が望める。ルネッサンス風にまとめられた落ち着いた雰囲気。バスルームもモダンで清潔。レストラン併設。
URL hotelbelsoggiorno.it

住 Via S. Giovanni 91
☎ 0577-940375
SB €110～
TB €130～
室 31室　朝食€7 W-F
休 1～3月
C A.M.V.

★★★ レオン・ビアンコ Leon Bianco P.434-A

中世のたたずまいが残る
町の中心、チステルナ広場にある、11世紀の貴族の館を改装したホテル。当時の雰囲気を保存すべく改装され、町の雰囲気とともに思い出に残りそう。部屋は広くて快適。
URL www.leonbianco.com

住 Piazza Cisterna 13
☎ 0577-941294
Fax 0577-942123
TS €95～
3S €155～
室 26室　朝食込み W-F
休 1～2月、11月中旬～12月下旬
C A.D.J.M.V.

カーサ・デイ・ポテンティ Casa dei Potenti P.434-A

手頃な宿泊施設
1300年代のパラッツォを改装した宿泊施設で城壁に付随している唯一のホテル。部屋はきれいで、シャワーやトイレも清潔。プライベートの駐車場あり。
URL www.casadeipotenti.com

住 Piazza delle Erbe 10
☎ 347-7073901
SS €65～（ツインのシングルユース）
TS €70
3B €90
朝食込み W-F
C J.M.V.

※サン・ジミニャーノの滞在税　期間　3～10月に、キャンプ€0.50　★€0.75　★★ B&B アグリトゥーリズモ€1.50　★★★€2　★★★★€2.50　★★★★★€3　5泊まで、10歳未満免除 T シャワー共同ツイン料金　SB シャワーまたはバス付きシングル料金　TB シャワーまたはバス付きツイン料金　JS ジュニアスイート

美食の伝統が息づく地、海の幸、山の幸、ワインも充実

■トスカーナ州の料理

自然豊かなアペニン山脈と美しきティレニア海からの自然の産物に富んだトスカーナの町々。海辺の町では新鮮な魚が食欲をそそり、山合いの町では香り高きポルチーニ茸、トリュフ、オリーブオイルが生まれる。キアーナ渓谷で育てられるキアーナ牛のうまさはフィレンツェ風ビフテキとして世界的に有名だ。フィレンツェの料理(→P.189)も参照。

前菜は**生ハムやサラミ類の盛り合わせProsciutto e salame Toscana**が定番。サラミ類はシエナ産がとりわけ名高く、**イノシシの生ハムProsciutto di Cinghiale**や**ウイキョウの種が入ったサラミFinocchione**、ゼラチン質が煮凝りのような**Soppressata**など、種類も豊富。大理石の産地として名高いコロンナータ特産の真っ白い**ラードの塩漬けLardo**は高級品だ。サラミ類には**クロスティーニCrostini**（鶏レバーのペーストのせカナッペ）やオリーブオイルが香る**Fettunta**（ガーリックトースト）を合わせることが多い。

生ハムやサラミにクロスティーニを添えて

プリモでは**ピチPici**が筆頭に挙げられる。ピチは小麦粉と水、塩のみで作られた、丸くやや太めのパスタ。かつての貧しい農民が生みの親といわれ、シンプルにチーズと胡椒であえた**Pici cacio e pepe**やポルチーニ茸であえた**Pici ai Funghi Porcini**やイノシシのミートソース**Pici al Cinghiale**などで。イノシシのミートソースは卵入りの幅広の手打ちパスタのパッパルデッレであえた**Pappardelle al Cinghiare**もよく食卓に上る。ルッカ周辺が特産地である古代小麦（スペルト小麦）を使った**野菜スープMinestra della Farro**も有名だ。スペルト小麦は紀元前8000年に遡るという小麦。

ピチのフンギ・ポルチーニあえ

ティレニア海の漁港リヴォルノでは魚介のスープの**カチュッコCacciucco**が名物だ。料理名にCが5つあることで、5種類以上の魚介類を使うのが決まりといわれている。かなりボリューミーなスープなので、女性ならこれだけでおなかいっぱいになってしまうはず。

トスカーナはペコリーノチーズ（羊乳製）の産地としても名高く、とりわけ世界遺産の町ピエンツァの**Pecorino di Pienza**が有名。熟成の違いを味わってみよう。ピエンツァなら、バールでも味わえるし、食前酒を注文するとおつまみとして出てくることが多い。

ピエンツァにはペコリーノチーズを売る店が多い

お菓子なら、シエナの名物、優しい口当たりで粉砂糖をまぶしたアーモンド菓子**Ricciarelli**を味わってみたい。**ビスコッティBiscotti di Prato**または**カントゥッチCantucci**と呼ばれるナッツ入りのハード・ビスケットは最もポピュラーな一品。デザートワインの**ヴィン・サントVin Santo**のお供に。

● おすすめワイン ●

キアンティ・クラッシコ
Chianti Classico **D.O.C.G**
赤、辛口
イタリアを代表するワイン。生産量が多く、個性もいろいろ。フィレンツェとシエナの間で造られるのがクラッシコ

ブルネッロ・ディ・モンタルチーノ
Brunello di Montalcino **D.O.C.G**
赤、辛口
シエナの近くで造られるイタリアを代表する銘醸ワインのひとつ。長期熟成タイプ

ヴェルナッチャ・ディ・サン・ジミニャーノ
Vernaccia di San Gimignano **D.O.C.G**
白、辛口
ミケランジェロも愛した、州唯一のD.O.C.Gの白ワイン。本来はさわやかでアロマに富む

Arte rinascimentale-1
ルネッサンス美術-1

ルネッサンスの15世紀は、1401年のフィレンツェの**洗礼堂第2青銅扉**コンクールから始まる。**ロレンツォ・ギベルティ**Lorenzo Ghiberti、**フィリッポ・ブルネッレスキ**F.Brunelleschiなど多数の彫刻家が、聖書の「イサクの犠牲」Sacrificio di Isaccoの場面を競って制作した。両者とも人文主義的教養を身に付けてはいるが、新しい造形空間を構築したブルネッレスキの作品があまりにも革新的であったため、ゴシックの名残の見られるギベルティの作品が優勝した。彼はこの青銅扉制作に生涯の大半を費やし、のちにミケランジェロが**〈天国の扉Porta del Paradiso〉**と称えるほどの傑作をなす。

ブルネッレスキ作「フィレンツェ大聖堂」ドーム

一方ブルネッレスキは建築に専念し、**サンタ・マリア・デル・フィオーレ大聖堂ドーム**Cupola di S.Maria del Fiore（→P.165）をはじめ、**オスペダーレ・デリ・インノチェンティ**、**サン・ロレンツォ聖堂**San Lorenzo（→P.174）、ならびに同聖堂旧聖器室、パッツイ家礼拝堂などを手がけ、ルネッサンス建築の創始者となる。建築家、芸術理論家として知られる**レオン・バッティスタ・アルベルティ**L.B.Albertiは、リミニの**テンピオ・マラテスティアーノ**Tempio Malatestiano（→P.419）、マントヴァの**サンタンドレア聖堂**Sant'Andreaを設計。**ドナート・ブラマンテ**D.Bramante（1444～1514）は、ミラノの**サンタ・マリア・デッレ・グラツィエ聖堂**Santa Maria delle Grazie（→P.222）、ローマのサン・ピエトロ・イン・モントリオ聖堂およびヴァチカンの**サン・ピエトロ大聖堂**San Pietro in Montorio（→P.110）のプランで知られている。ほかにメディチ宮を設計した**ミケロッツォ**（1396～1472）、**メディチ家別荘の作者ジュリアーノ・ダ・サンガッロ**G.da.Sangallo(1445～1516)がいる。

ブラマンテ作『サンタ・マリア・デッレ・グラツィエ聖堂』の後陣内部

15世紀彫刻の先駆者には**〈国際ゴシック様式Gotico internazionale〉**に抗した**ヤコポ・デッラ・クエルチャ**Jacopo della Quercia（1371頃～1438）がおり、シエナの**「フォンテ・ガイア」**Fonte Gaia（→P.428）、ボローニャの**サン・ペトロニオ聖堂**San Petronio（→P.389）の浮彫がある。ブルネッレスキとともにローマで古典の研究をした**ドナテッロ**Donatello（1386～1466）は、劇的でリアリスティックな表現の**「ダヴィデ像」**Davide、**「聖ゲオルギウス像」**San Giorgio（両者ともフィレンツェ、バルジェッロ美術館（→P.170））、**「聖母子像」**（パドヴァ、サンタントニオ聖堂）、**「ガッタメラータ騎馬像」**Il Gattamelata（→P.349）（パドヴァ）などを制作し、ルネッサンス彫刻に革新をもたらした。一方、**ルーカ・デッラ・ロッビア**Luca della Robbia（1400頃～1482）は甘く感傷的な**聖母子像、童子像をマヨリカ焼**で多数制作。ドナテッロの追随者としては、**デシデリオ・ダ・セッティニャーノ**Desiderio da Settignano（1428頃～1464）、**ミーノ・ダ・フィエーゾレ**Mino da Fiesole（1429～1484）、**アントニオ・デル・ポッライオーロ**Antonio del Pollaiuolo（1431～1498）がいる。レオナルドの師**ヴェッロッキオ**Verrocchio（1435～1488）の有名な**「海豚（いるか）を抱く小童」**Putto col delfino（フィレンツェ、パラッツォ・ヴェッキオ（→P.168））には彼の洗練された芸術が見て取れ、**「コッレオーニ騎馬像」**Bartolomeo Colleoni（→P.258）（ヴェネツィア）は力強い。15世紀の絵画は当初**〈国際ゴシック様式〉**の影響が大きく、**ジェンティーレ・ダ・ファブリアーノ**Gentille da Fabriano（1370頃～1427）の**「東方三博士の礼拝」**Adorazione dei Magi（フィレンツェ、ウフィーツィ美術館）、**ピサネッロ**Pisanello（1395～1455頃まで消息あり）の**「聖ゲオルギウスの出発」**Partenza

ピサネッロ作『聖ゲオルギウスの出発』

di San Giorgio（ヴェローナ、カステルヴェッキオ美術館）から**フラ・アンジェリコ**Fra Angelico（1400頃～1455）の**「受胎告知」**Annunciazione（フィレンツェ、サン・マルコ美術館）、**マゾリーノ・ダ・パニカーレ**Masolino da Panicale（1383?～1440頃）の**「ヘロデ大王の饗宴」**Il Banchetto di Erode（カスティリオーネ・オローナ洗礼堂）などがそれである。そしてこのような状況下でルネッサンス絵画を確立したのが**マザッチョ**Masaccio（1401～1428）であった。わずか27歳で夭逝したマザッチョはブルネッレスキ、ドナテッロの革新を絵画に生かし、厳しい造形性をもった人物を具体的な空間に配し、リアリティーを追求（**「聖三位一体」**Trinitàサンタ・マリア・ノヴェッラ聖堂、**「貢の銭」**Il tributoカルミネ聖堂ブランカッチ礼拝堂（→P.173）、いずれもフィレンツェ）。

マザッチョに続く15世紀前半の画家には、遠近法を追求した**パオロ・ウッチェッロ**Paolo Uccello（1396、97～1475）、美しい光の階調の**ドメニコ・ヴェネツィアーノ**Domenico Veneziano（1461没）、写実的把握に優れた**アンドレア・デル・カスターニョ**Andrea del Castagno(1421～1457)がいる。

15世紀後半にモニュメンタルな様式をつくり上げた**ピエロ・デッラ・フランチェスカ**Piero della Francesca（1410、20～1492）は清朗、明晰な**「聖十字架伝説」**Leggenda della croce壁画連作（アレッツォ、サン・フランチェスコ聖堂）を制作。フラ・アンジェリコの弟子**ベノッツォ・ゴッツォリ**Benozzo Gozzoli（1421頃～1497）は華麗な宮廷趣味を描き、**フィリッポ・リッピ**Filippo Lippi（1406頃～1469）は抒情主義的な画面をものにし、さらに弟子のボッティチェッリが描線の魅惑をいっそう精妙にする。**サンドロ・ボッティチェッリ**Sandro Botticelli(1445頃～1510)はメディチ・サークルの新プラトン主義の影響を受け**「プリマヴェーラ」**La Primavera(春)、**「ヴィーナスの誕生」**La Nascità di Venere（いずれもフィレンツェ、ウフィーツィ美術館（→P.169））などを描く。15世紀フィレンツェ派の写実主義の前後を飾るのは**ドメニコ・ギルランダイオ**Domenico Ghirlandaio（1449～1494）である。また裸体の写実的表現に強い関心を寄せた**ルーカ・シニョレッリ**Luca Signorelli（1492～1502）はオルヴィエート大聖堂（→P.449）に壁画連作を残す。

トスカーナ地方以外ではウンブリア地方の**ペルジーノ**Perugino（1450頃～1523）、ヴェネト地方のパドヴァでは**アンドレア・マンテーニャ**Andrea Mantegna（1431頃～1506）が北イタリアでルネッサンス絵画の課題を本格的に追求（**「死せるキリスト」**Cristo mortoミラノ、ブレーラ美術館（→P.218））。また、ヴェネツィア派の形成に決定的な影響を与えたのは**アントネッロ・ダ・メッシーナ**Antonello da Messina（1430頃～1497）で、フランドルの油彩技法をこの町に伝えたといわれる。**ジョヴァンニ・ベッリーニ**Giovanni Bellini（1430頃～1516）は激情的な写実主義（**「ピエタ」**Pietà、ミラノ、ブレーラ美術館（→P.218））から極めて詩的な抒情性をもつ表現に移行し、以後のヴェネツィア派に深い影響を与える。（望月一史）

ピエロ・デッラ・フランチェスカ作『聖十字架伝説』の描かれたサン・フランチェスコ教会

Assisi アッシジ

●郵便番号　06081

世界遺産

アッシージ、聖フランチェスコ聖堂と関連遺跡群
登録年2000年　文化遺産

アッシジへの行き方

ローマから

ローマ・テルミニ駅からレッジョナーレ・ヴェローチェ(RV)やインテルシティ(IC)でアッシジ駅まで約2時間。直通は1日3～4便程度。

フィレンツェから

フィレンツェ・サンタ・マリア・ノヴェッラ駅からRV直通でアッシジ駅まで約2時間30分。

市内交通

アッシジ駅前からバスLinea Cに乗り、丘を上るとマッテオッティ広場Piazza G.Matteotti(終点)に到着。所要約15分。ここはペルージャやフォリーニョ行きのバスも発着する。
●1回券　€1.30(90分間有効)
※バスの車内購入で€2
●10回券　€11

✉ トリュフが有名！

トリュフの産地としても有名です。オリーブオイルにトリュフの風味をつけたトリュフオイルはほとんどの食材店にあって、日本よりかなり安く購入できました。おみやげにも最適。（かぴ）

✉ 春祭りの時期

毎年5月の第1木・金・土に春祭りのカレンディ・マッジョがコムーネ広場を中心に開催されます。期間中はほかの場所でも随時イベントがあるようで、中世の衣装を着た人でいっぱい。町なかが中世一色になる楽しいお祭りです。（埼玉県　石山祐）
詳細は公式サイト（URL www.calendimaggiodiassisi.com）をチェック。（編集部）

ウンブリアの緑と真っ白な聖堂の調和が美しい

オリーブの丘の上、周囲に広がる緑の平野を見下ろすアッシジ。12世紀の**清貧の聖者フランチェスコの町**である。この町の豪商の息子として生まれ、放蕩無頼（ほうとうぶらい）の生活を送っていた彼を、一転敬虔な宗教の世界へ誘ったのはこの**豊かな自然**である。オリーブと杉木立のうっそうとした緑のなか、小鳥はさえずり、人々は世界中から聖者の面影を求め今も集う。ジョットの描いた『小鳥に説教する聖フランチェスコ』をまさに具現している町なのである。

アッシジの歩き方

コムーネ広場が町の中心

町の中心は**コムーネ広場**Piazza del Comune。ここに案内所もある。広場の向かいには、ローマ時代の小さな**ミネルヴァ神殿**Tempio di Minervaも残っている。

ここから約600m西へ進めば聖フランチェスコの墓や彼を題材にした壁画で有名な**サン・フランチェスコ聖堂**Basilica di San Francescoがある。

サン・フランチェスコ聖堂の下の教会入口。ここから参拝(見学)を始める

町の丘の頂には中世の**大城塞**Rocca Maggioreがあり、ここから望む、アッシジの町とそれを取り囲む平野の眺めは一見に値する。コムーネ広場まで戻れば、愛らしい**サンタ・キアーラ聖堂**Basilica di Santa Chiaraも近くだ。ここからさらにヌオーヴァ門Porta Nuovaを抜け南へ2.5kmも下ると、緑の田園風景のなかに聖フランチェスコと聖キアーラの精神を伝える**サン・ダミアーノ修道院**Convento di San Damianoがある。緑のなか、サン・フランチェスコはここで神の声を聞いたという。この地で彼の精神を感じてみよう。入口にはタクシーが客待ちしているので、歩き疲れたら利用しよう。

展望台が完備され、大パノラマが楽しめる大城塞

町は城壁に囲まれ、細く曲がりくねった石畳の坂道が続く。そこには中世の面影と門前町特有の慎み深さとにぎやかさが混在する。ここでは道に迷うのも忘れてゆっくり散策したいものである。

サン・フランチェスコ通りは、アッシジならではの巡礼者のための通り

アッシジの見どころ

フレスコ画の傑作で埋め尽くされた MAP P.442-A1

サン・フランチェスコ聖堂 ★★★

Basilica di San Francesco バジリカ ディ サン フランチェスコ

上下2層になった聖堂。1230年に完成した下の教会は天井が低く壮厳で、シモーネ・マルティーニによる『聖マルティーノの生涯』La Vita di San Martinoや、チマブーエによる『聖母と天使と聖フランチェスコ』Madonna con Angeli e San Francescoなど優れた中世絵画がある。さらに階段を下ると聖フランチェスコの墓がある地下室だ。この教会前の広場にはいくつものアーチの続く回廊が巡らされ、この町らしい独特の雰囲気を醸し出している。

1253年に完成した上の教会は、明るく趣が異なる。ここはジョットのフレスコ画美術館である。『小鳥に説教する聖フランチェスコ』をはじめ、彼の生涯のエピソードが28場面に描かれている。

ジョット作『小鳥に説教する聖フランチェスコ』

上部聖堂の美しいキオストロ

ℹアッシジの観光案内所
住 Piazza del Comune 10
☎ 075-8138680
開 9:00～17:00
休 一部の祝日
地 P.442-A2

●サン・フランチェスコ聖堂
住 Piazza San Francesco 2
☎ 075-8109001
開 下部聖堂6:00～18:30、水6:00～18:00、土6:00～19:00、上部聖堂8:30～17:45
休 宗教行事の際は拝観不可
URL www.sanfrancescoassisi.org
※内部は写真撮影禁止
※音声ガイド付きツアー（日本語あり）は、上記公式サイトで要予約、€6。当日身分証明書をデポジットとして預ける必要あり

✉ 入場前に
セキュリティチェックがあります。内部では「静粛に」と何度もアナウンスされていました。
（埼玉県　正武統子）

●「聖フランチェスコの生涯」を描いたフレスコ画

上部聖堂の３つの壁面には右奥から入口、入口左から左奥への順序で聖フランチェスコのエピソードが28場面にわたって描かれ、順にたどっていくと彼の生涯が理解できる。彼の精神を感じながら、観ていこう。ちなみに、一番有名な『小鳥に説教する聖フランチェスコ』は入口上部にある。

サン・フランチェスコ聖堂（上部聖堂内部）
入口
聖フランチェスコの生涯

1. 弱き者から尊敬を受ける聖フランチェスコ
2. マントを差出す聖フランチェスコ
3. 武具で飾られた宮殿の夢
4. 十字架からの声を聞く聖フランチェスコ
5. 世俗に別れを告げる聖フランチェスコ
6. 教皇インノケンティウス3世の夢に現れた聖フランチェスコ
7. 教皇からの会則の承認
8. 火の車の幻（預言者エリアの再現）
9. 天国での座席の示し
10. アレッツォの町の悪魔払い
11. イスラム教徒との火中対戦
12. 聖フランチェスコの脱魂
13. グレッチョの馬小屋
14. 湧き水の奇跡
15. 小鳥に説教する聖フランチェスコ
16. 騎士の死
17. 教皇と枢機卿の前での説教
18. 聖アントニオの前に現われた聖フランチェスコ
19. ベルナ山での聖痕
20. 聖フランチェスコの死
21. 修道士と司教に天国への旅立ちを告げる
22. 聖痕の確認
23. サンタ・キアーラ会の修道女の悲しみ
24. 聖フランチェスコの列聖式
25. 教皇の前に現われる
26. 奇跡の治癒
27. 夫人の懺悔
28. 異端者の釈放

サンタ・キアーラ聖堂

●サンタ・キアーラ聖堂
住 Piazza S. Chiara 1
☎ 075-812216
開 夏季6:30〜12:00、14:00〜19:00、冬季6:30〜12:00、14:00〜18:00
休 宗教行事の際は拝観不可
URL www.assisisantachiara.it

聖女キアーラをしのぶ MAP P.443-B3

サンタ・キアーラ聖堂 

Basilica di Santa Chiara バジリカ ディ サンタ キアーラ

白とピンクの大理石で造られたこぢんまりしたゴシックの聖堂。聖フランチェスコの忠実な弟子であった聖キアーラにささげられたものである。内部地下室（クリプタ）には、彼女の遺体をはじめ遺品の数々が収められている。翼廊に描かれたフレスコ画『聖女キアーラの生涯』は印象的な作品だ。

●ロッカ・マッジョーレ
住 Via della Rocca
☎ 075-8138680
開 10:00〜17:00（最終入場45分前）
休 一部の祝日
料 €6、65歳以上・学生€4
※サン・ルフィーノ大聖堂広場手前を左に坂を上がる。城砦入口まで、さらに城砦内も階段が続く。荒天の際は閉場の場合あり

大パノラマがすばらしい MAP P.442-A2

ロッカ・マッジョーレ（大城塞） 

Rocca Maggiore ロッカ マッジョーレ

町を見下ろす高台にある。城砦の歴史はローマ時代に遡り、現在見られるのは14世紀に枢機卿アルボルノツにより建てられたもの。ふたつの塔や塔をつなぐ通路など、要塞の中を歩くのはアドベンチャー気分だ。塔の最上階の展望台からは360度のすばらしいパノラマが広がる。

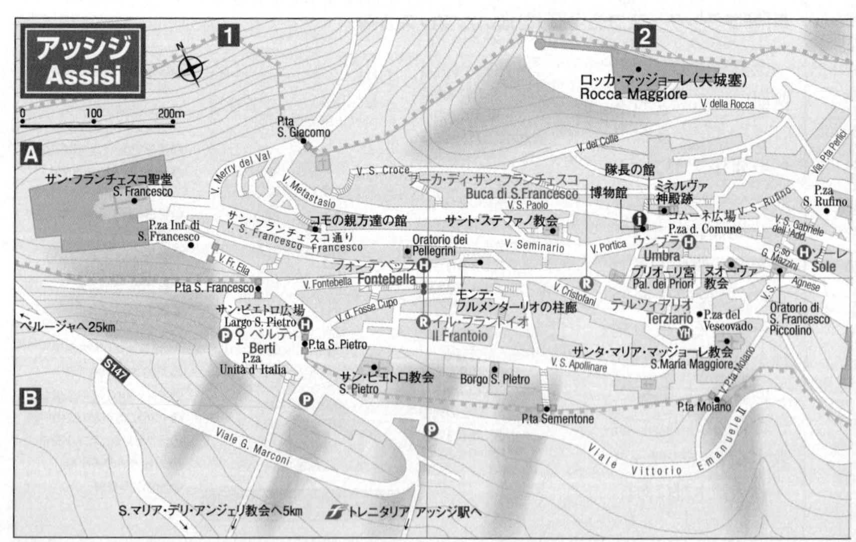

木立の中の聖なる地 MAP P.443-B3外

サン・ダミアーノ修道院 ★★
Convento di San Damiano　コンヴェント ディ サン ダミアーノ

小さな礼拝堂は、花が絶えることがない。左は聖キアーラ創設の修道院

聖フランチェスコがこの地で、修道生活への召し出しを乞う神の声を聞き、再生を祈った場所。彼の第一の信奉者であった聖キアーラが暮らし、信仰生活を送った所でもある。ここに立つサン・ダミアーノ教会は、質素なたたずまいであるが、そこには今も彼らの精神が宿っている。

聖フランチェスコの精神を具現する MAP P.443-A3外

カルチェリの庵 ★★
Eremo delle Carceri　エレーモ デッレ カルチェリ

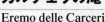

庵の前庭にある、聖人の祈りで湧き出たという井戸

広大な緑の広がる隠遁と瞑想の場。僧院は14世紀に建てられたもので、内部には驚くほど小さく粗末な聖フランチェスコの寝室が残されている。建物の前にある井戸は、聖フランチェスコの祈りによって湧き出たと伝えられている。

僧院から道を下ると、広大な森が広がり、聖フランチェスコやその信者が祈りの場としていた、いくつもの洞窟が点在している。

うっそうとした緑のなか、風の音と鳥のさえずりだけに身を任せ、自然と神と対話することは大きな喜びであったに違いない。宗教とは無縁なわれわれも、ひととき聖フランチェスコの精神を感じられる場だ。

聖フランチェスコたちの祈りの場は今も森閑とした静けさに包まれる、カルチェリの庵

●サン・ダミアーノ修道院
住 Via San Damiano 7
☎ 075-812273
開 夏季10:00～12:00、14:00～18:00、冬季10:00～12:00、14:00～16:30
休 宗教行事の際は拝観不可
交 コムーネ広場から徒歩約25分
※ヌオーヴァ門Porta Nuovaからは徒歩約13分。アッシジ駅からはバスLinea CでViale Vittorio Emanuele II下車後、徒歩約15分

✉ 観光に便利なバス停
ヌオーヴォ門のバス停が便利です！　コムーネ広場からはサンタ・キアーラ聖堂へ向かう道を歩き、3つ目の門をくぐった所です。コムーネ広場の噴水から徒歩10分ほどのわかりやすい道です。
(kurumi)['24]

●カルチェリの庵
住 Via Eremo delle Carceri 38
☎ 075-812301
開 夏季6:30～19:00、夏季祝日7:30～19:00、冬季6:30～18:00、冬季祝日7:30～18:00
休 宗教行事の際は拝観不可
※公共交通機関はなく、カップチーニ門Porta Cappucciniから歩いて約1時間

Ristorante & Hotel アッシジのレストラン&ホテル

世界的な観光地としては、宿泊代や飲食代などの物価は安い印象だ。宗教団体運営の宿泊施設も多く、女性には強い味方。しかし、5月上旬中世の華麗な衣装をつけて行われるカレンディ・マッジョの祭りの頃や復活祭、そして8月には予約さえも難しくなる。宿が見つからないときや、より安い宿(ホステルなど)を探すには、近隣のフォリーニョFolignoやペルージャPerugiaへ行くとよい。バスで10～30分程度の距離だ。

ブーカ・ディ・サン・フランチェスコ Buca di S. Francesco

P.442-B2

格式があってもフレンドリー

中世の風情にあふれる、田舎風の重厚な雰囲気。20年以上続く家族経営の老舗でひと味違うウンブリア料理が堪能できる。トリュフポルチーニ茸などこの土地の名産も。ウンブリアのワインの品揃えが豊富。英語OK。 できれば予約

住 Via Eugenio Brizi 1
☎ 075-812204
営 12:00～14:30、19:00～21:30
休 月、7月2週間、1月～2月中旬
予 €30～(コペルト€2.50)
C A.J.M.V.

ダ・エルミニオ Da Erminio

P.443-A3

ウンブリアの味を

地方からのファンも多いというアッシジでも評判の郷土料理の店。客席すぐのストーブで焼かれる肉料理の香りが食欲をそそる。店内はアットホーム。仕入れによってはイノシシやウサギ料理がある日も。

住 Via Montecavallo 19
☎ 075-812506
営 12:00～14:00、19:00～21:00
休 木、2月
予 €30～(コペルト€1.50)
C A.M.V.

イル・フラントイオ Il Frantoio

P.442-B1

ウンブリア料理が楽しめる

アッシジらしい雰囲気と夏には戸外で食事ができるのがうれしい。トリュフを使ったウンブリア料理や日替わりの自家製ケーキがおすすめ。英語OK。特に冬季は予約が望ましい。 要予約

住 Via Fontebella 25
☎ 075-812242
営 12:30～14:30、19:30～22:30
休 1～2月
予 €60～(コペルト€6)
C M.V.

★★★ ウンブラ Hotel Umbra

P.442-A2

アッシジでも有名なプチホテル

テラスから町が見下ろせて気持ちがよい。朝食はビュッフェで充実している。夏には屋外レストランも開く、ちょっとおしゃれなホテル。静かな環境にある。客室はシンプルだが、光が差し込んで明るく、居心地がよい空間だ。

URL www.hotelumbra.it

住 Vicolo degli Archi 6
☎ 075-812240
Fax 075-813653
SS €85～
TS TB €120～
室 24室 朝食込み W-F
休 11月～3月末
C A.J.M.V.

★★★★ フォンテベッラ Fontebella

P.442-B1

食住接近で便利

サン・フランチェスコ教会へ向かう坂道の途中にあり、場所によっては眺めが楽しめるホテル。隣接のレストラン、イル・フラントイオは同じ経営。

URL www.fontebella.com

住 Via Fontebella 25
☎ 075-812883
Fax 075-812341
SS SB €80～
TS TB €100～
室 43室 朝食込み W-F
C M.V.

★★ ベルティ Hotel Berti

P.442-B1

立地が最高！

バスの停車するサン・ピエトロ広場に隣接する小さなホテル。室内はシンプルながら清潔で気持ちよい。夏には玄関前の小さな中庭で朝食が楽しめる。

URL www.hotelberti.it

住 Piazza San Pietro 24
☎ 075-813466
Fax 075-816870
SB €75～
TB €125～
休 冬季
室 10室 朝食込み W-F
C A.D.J.M.V.

★★ ソーレ Hotel Sole

P.442-A2

✉清潔で居心地がよい

サンタ・キアーラ聖堂から歩いて5分の所にある居心地のよいホテル。駅からバスに乗り、Porta Nuovaか終点のPiazza Matteotti下車。経済的で雰囲気のあるホテルです。 (東京都 津崎園子)['24]

URL www.assisihotelsole.com
住 Via S.Chiara 2
☎ 075-812373
SS SB €85～
TS TB €105～
室 18室 朝食込み W-F
C A.D.J.M.V.

カーサ・デル・テルツィアリオ Casa del Terziario Accoglienza Santa Elisabetta d'Ungheria

P.443-B2

祈りの町にふさわしい

町の中心にある宗教施設の宿泊所。小さな礼拝堂や庭園があり、落ち着いた雰囲気。受け付け8:00～23:00(門限)、7泊まで。

URL www.casaterziario.org

住 Piazza del Vescovado 5
☎ 075-812366
Fax 075-816377
SS €70～
TS €85～
3S €120～
室 40床 朝食込み W-F
休 11～3月 C A.M.V.

※アッシジの滞在税 キャンプ場、YH€1 B&B、宗教施設、アパート、★～★★★€2 ★★★★€3 ★★★★★€5

Perugia ペルージャ

プリオーリ宮と噴水

ウンブリアの州都ペルージャは、エトルリア時代に源を発する丘の上の町だ。いたるところに古代ローマ以前の美術、史跡が残る一方、外国人のためのイタリア語講座がペルージャ大学に設けられているため、国際色にもあふれている。また夏にはジャズフェスティバルが催され、夜遅くまで広場は若者の熱気で包まれる。中世の町並みに生きいきとした現代感覚がマッチした町である。

ペルージャの歩き方

迷路のようなペルージャの町

町の中心は11月4日広場Piazza Ⅳ Novembre。ニコラ・ピサーノの手による町のシンボルである大噴水(フォンタナ マッジョーレ)Fontana Maggioreや、大聖堂、ゴシック建築のプリオーリ宮が広場に並び、いつも人通りが絶えない。さらに進むとコッレージョ・デル・カンビオがある。このあたりは下り坂の細い路地が迷路のように走っている。だが迷っても心配はない。坂を上れば必ず11月4日広場に戻れる。

●郵便番号　06100

ペルージャへの行き方

ローマから
ローマ・テルミニ駅からレッジョナーレ・ヴェローチェ（RV）でペルージャ駅まで約2時間30分。直通は1日3便程度。

フィレンツェから
フィレンツェ・サンタ・マリア・ノヴェッラ駅からRVでペルージャ駅まで約2時間10分。
※ペルージャ～駅というのが複数あるが、町へ行くならペルージャ駅Perugia下車

市内交通
ペルージャ駅から町までは約2km。駅からはミニ・メトロを利用して約10分。終点Pincettoで下車後、エスカレーター（スカーラ・モービレ）を利用してマッテオッティ広場へ。ペルージャ駅でのミニ・メトロ乗り場は駅を左に出て約300m。7:00～21:05、日・祝9:00～20:45間に、約5分間隔の運行。市バスと共通料金。
●1回券　€1.50(70分間有効)
※バスは車内購入で€2
●1日券　€5.40（最初の打刻から24時間有効）
URL www.minimetrospa.it

どこで降りる？
終点ひとつ手前Cupaで下車し、エスカレーターでマッテオッティ広場へ向かうのが便利。ミニメトロはかわいい楽しい乗り物でした。間違えて、反対の終点に行ってしまったら、ショッピングセンターがありました。
（東京都　Seiko）['24]

ペルージャのミニ・メトロ

ⓘペルージャの観光案内所
住 Via della Rupe
☎ 075-5736458
開 9:00〜18:00
休 一部の祝日
地 P.445-A2

●大聖堂
住 Piazza IV Novembre
☎ 075-5732832
開 8:30〜12:30、15:30〜19:30、日・祝8:30〜12:30、15:00〜19:00（夏季は通し営業の場合あり）
休 宗教行事の際は拝観不可
URL www.cattedrale.perugia.it

●国立ウンブリア美術館
住 Corso Vannucci 19
☎ 075-5721009
開 8:30〜19:30、3〜10月頃の月12:00〜19:30（最終入場1時間前）
休 11〜2月頃の月、一部の祝日
料 €10
URL gallerianazionaledellumbria.it

●コッレージョ・デル・カンビオ
住 Corso Vannucci 25
☎ 075-5728599
開 9:00〜13:00、14:30〜17:30、日・月・祝9:00〜13:00
休 1月1日、12月25日
料 €6
URL www.collegiodelcambio.it

お得な共通入場券をゲット
　コッレージョ・デル・カンビオや商人組合の間含む市内5ヵ所の市立美術・博物館に入場できる「La Perugia del Perugino」€17もある。購入から3日間有効で、コッレージョ・デル・カンビオなどで購入可能。

ペルージャの見どころ

町の人々の信仰の中心　MAP P.445-A1・2

大聖堂 ☆☆

Cattedrale　カテドラーレ

　町の守護聖人サン・ロレンツォを祀るゴシックの教会。付属の美術館には、ルカ・シニョレッリの『玉座の聖母』などがある。

粗石が印象的な大聖堂の外壁

イタリアでも屈指の美術館　MAP P.445-A1

国立ウンブリア美術館 ☆☆☆

Galleria Nazionale dell' Umbria　ガッレリア ナツィオナーレ デッルンブリア

　プリオーリ宮Palazzo dei Priori内にあるウンブリア派の絵画などを展示した美術館。ウンブリアが生んだ画家ペルジーノPerugino（ラファエッロの師）、ピントゥリッキオPinturicchioやピエロ・デッラ・フランチェスカPiero della Francescaの作品が有名。豊かな情感あふれるウンブリア絵画の数々をゆっくり鑑賞できる。

プリオーリ宮にある国立ウンブリア美術館

ウンブリア絵画を代表する画家ピエロ・デッラ・フランチェスカ作『サンタントニオ祭壇画』は美術館の至宝

見事な寄せ木細工とフレスコ画を飾る　MAP P.445-A1

コッレージョ・デル・カンビオ ☆☆

Collegio del Cambio　コッレージョ デル カンビオ

ペルジーノ作『羊飼いの礼拝』

　プリオーリ宮内にある建物。15世紀には両替商の本部がおかれた。内部は、ひとつの手工芸品ともいうべき精密で美しい寄せ木細工と、ペルジーノとその弟子たちによる壁画で飾られている。15世紀のマイアーノ彫刻『正義の像』も必見。

寄せ木細工に目を見張る  P.445-A1

商人組合の間 ★★

Collegio della Mercanzia　コッレージョ デッラ メルカンツィア

同じくプリオーリ宮内にある(入口は別)。同業者組合のなかでも、当時一番の富と権力を誇った「商人組合」がおかれていた場所で、壁や天井一面が15世紀の北方ヨーロッパの精巧な寄せ木細工で覆われ、厳かで豪華な雰囲気。

●商人組合の間
住 Corso Pietro Vannucci 15
☎ 075-5730366
開 3～10月9:00～13:00、14:30～17:30、日・祝9:00～13:00、11～2月8:00～14:00、水・土8:00～16:30、日・祝9:00～13:00
休 月、一部の祝日
料 €2、共通券La Perugia del Perugino(→P.446)対象施設
URL www.mercanziaperugia.it

2000年余りの時を刻む MAP P.445-A2

アウグストゥスの門(エトルリア門) ★

Arco d' Augusto (Arco Etrusco)　アルコ ダウグスト(アルコ エトルスコ)

2300年以上の時を刻むエトルリア門

ドゥオーモの北200mにあるエトルリア人による紀元前3～2世紀の巨大な城門。その後紀元60年にローマ人により上部のアーチが付け足され、16世紀にも修復の手が加えられた。今も人々の生活に溶け込んでいる。

Ristorante & Hotel ペルージャのレストラン&ホテル

ラ・タヴェルナ La Taverna P.445-B1

肉料理がおいしい
1988年から続く、町の人おすすめの店。店内は重厚な雰囲気で夏は店前のテラス席が気持ちいい。サービスもよく、洗練された郷土料理が味わえる。ワインやデザートも充実。夏季は要予約。

住 Via delle Streghe 8
☎ 075-5732536
営 12:30～14:30、19:00～22:30
休 無休
予 €40～(コペルト€2)
C A.M.V.

ピッツェリア・メディテラーネア Pizzeria Mediterranea P.445-A2

ピッツァを食べるなら
釜焼きのナポリピッツァの店。小さくシンプルな店構えながら、雰囲気、サービスもよく、行列ができる人気店。メニューはピッツァ€10前後とデザートと飲み物のみ。

住 Piazza Piccinino11
☎ 075-5724021
営 12:30～14:30、19:30～23:00
休 一部の祝日
予 €15～(コペルト€1.10)
C J.M.V.

★★★★★ シーナ・ブルファーニ Sina Brufani P.445-B1

町一番の格式
町の中心、イタリア広場に堂々と立つ。町の歴史を凝縮したようなエレガントで重厚な雰囲気にあふれ、レストラン併設。
✉眺望がすばらしかった。ビュッフェの朝食も充実。(東京都　Seiko)

URL www.brufanipalace.com
住 Piazza Italia 12
☎ 075-5732541
Fax 075-5720210
SB €150～
TB €190～
室 94室　朝食込み W-F
C A.D.J.M.V.

★★★★ サンガッロ・パレス Sangallo Palace Hotel P.445-B1

眺めのよいホテル
ルネッサンスの雰囲気がいっぱいのホテル。客室は広く、使い勝手がよい。バスタブ付きの部屋もある。バルコニー付きの客室からは、ペルージャの町並みが一望できる。プールとジムを併設。

URL www.sangallo.it
住 Via L. Masi 9
☎ 0755-730202
Fax 0755-730068
SS SB €120～
TS TB €130～
室 52室　朝食込み W-F
C A.D.M.V.

★★★ フォルトゥーナ Hotel Fortuna P.445-B1

家族経営で居心地よし
13世紀の館を改装した便利できれいな造り。冷房完備で親切な家族経営。バスタブ付きの部屋もある。バルコニー付きの客室からは、ペルージャの町並みが一望できる。プールとジムを併設。

URL www.hotelfortunaperugia.com
住 Via Bonazzi 19
☎ 075-5722845
Fax 075-5735040
SS €90～　TS TB €120～
室 45室　朝食込み W-F
C A.D.M.V.

★★ シーニャ Hotel Signa P.445-B2外

バスターミナル近くの静かな宿
パルティジャーニ広場から徒歩10分、サン・ピエトロ門の少し手前で右折。中庭付きの静かな宿。冷房完備、部屋からの眺望よし。朝食会場やロビースペースにもフレスコ画が残り、趣深い。

URL www.hotelsigna.it
住 Via del Grillo 9
☎ Fax 075-5724180
SS €55～
TB €75～
室 22室　朝食込み W-F
C M.V.

※ペルージャの滞在税　★€0.50　★★€1　★★★€1.50　★★★★€2　★★★★★€2.50、10泊まで、14歳以下免除

Orvieto

オルヴィエート

ローマの北120kmにあるオルヴィエートの町へは、古代ローマの道のひとつであるカッシア街道から入りたい。木立の中の曲がりくねった道を行くと、急に視界が開け、平野の中にぽっこり盛り上がったオルヴィエートの町が現れてくる。オルヴィエートのドラマチックな地形を知るためには、特におすすめのコースだ。

町の歴史は古く、紀元前、古代ローマ以前のエトルリア時代に遡る。13～14世紀には多くの教皇の隠れ里として、黄金時代を築いた。サン・パトリツィアの井戸をはじめ、オルヴィエート・アンダー・グラウンド・ツアー(→P.33)などアクティビティも楽しい。

オルヴィエートの歩き方

駅前からケーブルカーで丘の上まで行き、ミニバスや徒歩で町の中心のドゥオーモ広場Piazza del Duomoに到着する。

町は端から端まで歩いても2kmに満たない小さなもの。町の中心は、壮麗なドゥオーモ。人口2万の町には不釣り合いなほどの華麗さを誇る。そのほかの見どころとしては、**クアルティエーレ・ヴェッキオ**Quartiere Vecchioと呼ばれる町の西側に広がる中世の面影を残す一帯。そぞろ歩きを楽しみたい。**ポポロ宮**Palazzo del Popoloは、ロマネスク・ゴシック様式の建物でバルコニーのある正面が美しい。今は2階が博物館になっている**教皇の宮殿**Palazzo dei Papiは、この町が教皇領であったことの証だ。もうひとつ忘れてはならないのが特産の**白ワイン**。ローマっ子のお気に入りのオルヴィエートの白は、中部イタリアで生産される、最高ワインのひとつ。ドゥオーモ周辺には、みやげもの店を兼ねたワイン店が軒を連ねているので、試飲してみよう。

自治都市時代の隊長の館、ポポロ宮

●郵便番号　05018

オルヴィエートへの行き方

ローマから
ローマ・テルミニ駅からレッジョナーレ・ヴェローチェ(RV)で約1時間30分。インテルシティ(IC)で約1時間15分。

フィレンツェから
フィレンツェ・サンタ・マリア・ノヴェッラ駅からRVで約2時間15分。

駅から町までのアクセス
駅の向かいにケーブルカー乗り場がある。ケーブルカーに乗車して、カヘン広場まで約5分。約10分間隔で、7:15～20:30、休・祝日8:00～20:30の運行。広場からドゥオーモまでは道なりに徒歩約15分。カヘン広場から市バスA番などでドゥオーモ広場まで約5分。ケーブルカーとバスの切符は共通。ケーブルカー乗り場で購入して、そのままバスに乗車できる。
●1回券　€1.30(90分間有効)
●1日券　€5.40

お得な共通券をゲット!
ドゥオーモ、サン・パトリツィオの井戸、市内の博物館に入場できる「Carta Orvieto Unica」は€25、65歳以上・学生€20。各見どころや、カヘン広場のケーブルカー乗り場横の切符売り場などで販売。
URL cartaunica.it/en/orvieto-carta-unica-2023-en/

✉ おすすめの町
のどかで人も優しく、中世の町並みの散策も楽しいし、高台からの景色もすごくよくて感激です。小道には陶器のお店が並びおみやげ選びも楽しい。手軽な日帰り旅行におすすめです。
(三嶋綾子)
ドゥオーモへ向かうカヴール通りCorso Cavourは特産の陶器やワインを売る店が並び、眺めながら歩くのが楽しい。巻頭特集P.32もチェック。
(編集部)['24]

ⓘオルヴィエートの観光案内所
住 Piazza Duomo n.24
☎ 0763-306507
開 4～10月9:00～18:00、金～日・祝9:00～19:00、11～2月9:00～17:00、金～日・祝9:00～18:00
休 一部の祝日　地 P.448-1

オルヴィエートの見どころ

燦然と輝く町のシンボル　 P.448-1

ドゥオーモ(カテドラーレ) ★★★

Duomo / Cattedrale　ドゥオーモ／カテドラーレ

イタリア・ゴシック建築を代表するドゥオーモ

13世紀の終わりに着手され、16世紀になっても完成しなかったというドゥオーモは、延べ33人の建築家、152人の彫刻家、68人の画家、90人のモザイク師の手が加えられたという。実際、空高くそびえる塔と太陽に燦然と輝く鮮やかなモザイクで飾られていた**正面**(ファサード)は、いつまでも見飽きない。内部の**サン・ブリツィオ礼拝堂**にはフラ・アンジェリコやミケランジェロの前兆ともいわれたルカ・シニョレッリの手による、みずみずしい魂だけに描けるような**フレスコ画**がある。

●ドゥオーモ／サン・ブリツィオ礼拝堂
住 Piazza del Duomo
☎ 0763-342477
開 4～9月9:30～19:00、3・10月9:30～18:00、1・2・11・12月9:30～17:00
休 宗教行事の際は拝観不可
料 €5（ドゥオーモ博物館などへの入場含む）、Carta Orvieto Unica提示で無料
URL www.duomodiorvieto.it

水源確保のため教皇が掘らせた　MAP P.448-2

サン・パトリツィオの井戸 ★

Pozzo di San Patrizio　ポッツォ ディ サン パトリツィオ

教皇が掘らせたサン・パトリツィオの井戸

メディチ家出身の教皇クレメンス7世の命によって造られた井戸。凝灰岩をくり抜いた深さ62mの井戸へは、248段のらせん階段で下りることができる。この階段、下りる人と上る人がすれ違わないようになっているのが不思議。

●サン・パトリツィオの井戸
住 Pizza Cahen 5B
☎ 0763-343768
開 3・4・9・10月9:00～19:00、5～8月9:00～20:00、1・2・11・12月10:00～17:00
休 無休
料 €5、65歳以上€3.50

Ristorante　オルヴィエートのレストラン

イ・セッテ・コンソリ
I Sette Consoli　P.448-1・2

静かで緑あふれる中庭で
旧市街のメインストリートの奥、小さな入口からは想像できないが、緑あふれる中庭が広がるエレガントな店。ウンブリアの土地の味わいを現代風にアレンジした料理を楽しめる。自家製デザートもおすすめ。
要予約

住 Piazza Sant'Angelo 1/A
☎ 0763-343911
営 12:30～15:00、19:30～22:00、日12:30～15:00
休 水
予 €50～(コペルト€3)
C A.D.J.M.V.

デル・モーロ
Trattoria del Moro Aronne　P.448-1

オルヴィエートのワインを！
ポポロ宮の南側。家族経営で60年続く、手頃な値段でウンブリアの郷土料理が楽しめる雰囲気のよい店。お店のおすすめは、イノシシのパッパルデッレPappardelle Cinghiale。食べやすいウンブリアの味だ。ワインも地元ならではのおいしさ。

住 Via San Leonardo 7
☎ 0763-342763
営 12:30～14:30、19:30～21:30
休 火、7月10日間ほど
予 €30～(コペルト€2.50)
C A.J.M.V.

●郵便番号　61029

世界遺産

ウルビーノ歴史地区
登録年1998年　文化遺産

ウルビーノへの行き方

ボローニャとアンコーナを結ぶ幹線上にあるペーザロ駅Pesaroが最寄り駅。ボローニャ中央駅からフレッチャロッサ(FR)でペーザロ駅まで約1時間15分。インテルシティ(IC)で約1時間45分。

2020年からペーザロ駅⇔ウルビーノ間をトレニタリアが運行するバス、ウルビーノ・リンクが走り、駅の自動券売機で切符が購入できる。6:25～20:30に約30分間隔の運行で、バスの片道は€3.90。

Adriabus社のバスLV番（復路はLR番）でも約1時間。ペーザロ駅発6:25～20:30間で、約30分に1便程度。切符はバスターミナルのバール、キオスクなどで販売。ウルビーノでは切符は乗車前の購入が安心。

URL www.adriabus.eu

ラファエッロRaffaelloやルネッサンスの偉大な建築家**ブラマンテ**Bramanteを生んだ町ウルビーノ。この古都は12世紀から、**モンテフェルトロ家**Montefeltroという公爵家によって治められていた。15世紀、**フェデリコ公**とその子**グイドゥバルド**の時代には、善政と学芸保護政策の下にすばらしいルネッサンス文化の華が咲いた。

パノラマ通りから眺めたウルビーノの町

ウルビーノの宮廷の名残は、現在美術館となっている**ドゥカーレ宮殿**のあちこちに見られる。その美しさのあまりに「**神の建築**」と称賛された宮殿には、ヨーロッパ中の学者、思想家、芸術家が集まった。洗練されたマナーのウルビーノの宮廷から、ヨーロッパ宮廷および上流社会の礼儀作法が生まれたといわれている。

ウルビーノの見どころ

壮大・華麗な宮殿　MAP P.450-B

ドゥカーレ宮殿　★★★

Palazzo Ducale　パラッツォ ドゥカーレ

この地の領主、モンテフェルトロ家の宮殿だったもの。15世紀のルネッサンス様式だが、2本の円柱状の塔が一隅を飾り、ゴシックの名残も見られる。茶褐色の落ち着いた風情をもった宮殿は当時の姿そのままに訪れる者を魅了している。

2本の塔が脇を飾るドゥカーレ宮殿

眺望絶佳のストリート　MAP P.450-A

パノラマ通り

Strada Panoramica　ストラーダ パノラミカ

ウルビーノの全景を眺めるなら、**ローマ広場**Piazzale Romaから**パノラマ通り**を歩いてみたい。町と向き合う丘の上までの400～500mの散歩を楽しむと、すばらしい風景が目の前に広がる。標高500mのウルビーノの町は、イタリアの**"古き美しき町"**のたたずまいを完璧なまでに保っている。

絵画史上の傑作を展示 MAP P.450-B

国立マルケ美術館 ★★★

Galleria Nazionale delle Marche ガッレリア ナツィオナーレ デッレ マルケ

ドゥカーレ宮殿内は、美術館になっている。この地で生まれたラファエッロRaffaelloの描いたタペストリーの下絵素描や肖像画が残る。そのほかには、ルネッサンス期にこの町を訪れた巨匠ピエロ・デッラ・フランチェスカPiero della Francescaの作品(第15室)やボッティチェッリBotticelliの描いた寄せ木細工の下絵が、名君フェデリコ公の書斎を飾っている。

ピエロ・デッラ・フランチェスカ作『セニガッリアの聖母』

❶ウルビーノの観光案内所
住 Via Puccinotti 35
☎ 0722-2613
開 10:00～16:00
休 一部の祝日
地 P.450-B

●国立マルケ美術館(ドゥカーレ宮殿)
住 Piazza Rinascimento 13
☎ 0722-350077
開 8:30～19:15（最終入場1時間前）
休 月、1月1日、12月25日
料 €10、18～25歳€2、毎月第1日曜無料
URL gndm.it

●ラファエッロの生家
住 Via Raffaello 57
☎ 0722-320105
開 3～10月9:00～13:00、15:00～19:00、11～2月9:00～14:00、日・祝10:00～13:00、15:00～18:00（最終入場30分前）
休 1月1日、12月25日
料 €3.50
URL www.casaraffaello.com

ルネッサンスの天才の生家 MAP P.450-A

ラファエッロの生家 ★

Casa Natale di Raffaello カーサ ナターレ ディ ラファエッロ

宮殿の北には、この町生まれのルネッサンスを代表する画家ラファエッロの生家がある。14歳まで過ごした家の壁には、この天才の最初の作品と思われる『聖母子像』が残されている。

簡素なラファエッロの生家

Hotel ウルビーノのホテル

小さな町なので、ホテルも小規模で数もそれほど多くない。学生向きの簡単に食事のできる店が多い。ウルビーノ公も食したスナックCresce Sfogliate（ピアディーナ＝薄焼きパンの一種）にトライ。バールやパン屋で売っているし、専門店もある。

★★★★ サン・ドメニコ
Albergo San Domenico P.450-B

かつての修道院ホテル
ドゥカーレ宮殿の前、15世紀の修道院を改装したホテル。中庭を中心とした回廊にソファが置かれリラックス。静かで、落ち着いた客室には19世紀の家具が置かれ、エレガントな雰囲気。

URL www.viphotels.it
住 Piazza Rinascimento 3
☎ 0722-2626
Fax 0722-2727
SB €100～
TS TB €145～
室 31室　朝食€11 W-Fi
C M.V.

★★★ ラファエッロ
Hotel Raffaello P.450-A

ドゥカーレ宮殿を望む
サン・ジョヴァンニ教会脇、ラファエッロの生家にもほど近く、静かで落ち着いた小さなホテル。部屋は快適で清潔。バルコニーからの眺望もよい。
URL www.albergoraffaello.com

住 Via Santa Margherita 40
☎ 0722-4784
Fax 0722-328540
SS SB €50～
TS TB €70～
室 14室　朝食込み W-Fi
C M.V.

※ウルビーノの滞在税　★€1　★★€1.30　★★★、B&B€1.50　★★★★€2　★★★★★€2.50、12歳以下免除
SB シャワーまたはバス付きシングル料金　TB シャワーまたはバス付きツイン料金　3B シャワーまたはバス付きトリプル料金

ウンブリア州、マルケ州、トスカーナ州、ラツィオ州などイタリア中部地方の山間の名物料理は子豚の丸焼きポルケッタPorchetta。町角にはワゴン車や簡単なカウンターの店があり、薄切りにしたものをパニーノにして売っている。皮がパリパリと香ばしく、肉汁たっぷりの焼きたての味は格別だ。

子豚の丸焼きから
アドリア海の海の幸を楽しめる

■ウンブリア州の料理

ちょっとしたトラットリアにもトリュフ料理がある

ウンブリア州の特産品のひとつが**トリュフTartufo**だ。今ではほぼ1年中味わえ、ほかの地域に比べて手頃なのも魅力。トスカーナ州のピチに似た小麦粉と水で作ったやや太めのパスタのストランゴッツィと合わせた**Strangozzi al Tartufo Nero**などがポピュラーな料理。セコンドでは肉類をシンプルに焼いた**ローストArrosto**や**串焼きArrostini**、ハトをローストして、ワイン、ケッパー、生ハム、サルビアなどで作ったソースをかけた**Piccione alla Ghiotta／Palomba alla Ghitta**もよく知られたひと皿。ウンブリアの田舎では店内に暖炉が燃え、そこで肉類をグリルすることも多く、それを見ながらの食事も楽しい経験だ。

ポルケッタの屋台は中部イタリアの名物

菓子類は素朴なものが多い。**Rocciata／Attorta**はシュトゥルーデルによく似たもので、丸く仕上げられるのが特徴。また、季節行事に合わせた伝統菓子が味わえるのもこの州の魅力だ。日本でもなじみのあるチョコの「Baci」はペルージャ生まれ。ガイド付き工場ツアーもある。

■マルケ州の料理

アドリア海の海の幸と山の幸が楽しめるマルケ州。トリュフやキノコ、サラミ、チーズなど名産品もめじろ押し。珍しいのが生サラミの**チャウスコロCiauscolo**。パンに塗って食べるパテのようなもので、できたてが味わえるのは土地ならでは。前菜に欠かせないのが、大きなオリーブに肉類の詰め物をしてフライにした**Olive all'Ascolana**。発祥のアスコリ・ピチェーノの町では広場の屋台でも売られるほどの人気だ。

アスコリ風オリーブの揚げ物

プリモではマルケ風ラザーニャの**ヴィンチスグラッシVincisgrassi**（lasagna）が欠かせない。ソースに鶏レバーが入り、普通のラザーニャよりリッチな味わいだ。魚料理で一番に挙げられるのは**ブロデットBrodetto**。イタリア各地にあるトマト味の具だくさんの魚介のスープだが、ここではこう名前を変える。肉料理では、詰め物をしたウサギのロースト**Coniglio Farcito**やポルケッタと同様に焼いた**Coniglio in Porchetta**などがよく知られている。

具だくさんの魚のスープ、ブロデット

●おすすめワイン●

モンテファルコ・サグランティーノ
Montefarco Sagrantino **D.O.C.G**
赤、辛口、(パッシート)
州最高のワインと呼ばれる、濃いルビー色の優雅な赤。土地でぜひ味わいたい一本

オルヴィエート・クラッシコ
Orvieto Classico
白、辛口～甘口
辛口が主流だが、昔ながらのエレガントな甘口は午後の一杯に試したい

ヴェルディッキオ Verdicchio
(Riservaは**D.O.C.G**)
白、辛口～甘口
古くからの土着品種により州中央部で造られる、フレッシュでアロマティックな白

カンパニア州
Campania

南部3州

プーリア州／バジリカータ州／カラーブリア州
Puglia, Basilicata, Calabria

ローマ

ナポリ湾を囲む肥沃な土地には、麻、たばこやオリーブ、ブドウ畑が広がっている。ヴェスーヴィオがそびえ、麓にポンペイの遺跡が広がる魅力的な風景は、古代への夢をかき立てる。「青の洞窟」で有名なカプリ島やソレントの美しさはため息もの。プーリア州の海岸線は夏のバカンスで人気のエリア。アルベロベッロやマテーラなどの印象的な景観が旅人に驚きを与えてくれる。

マテーラの街並み

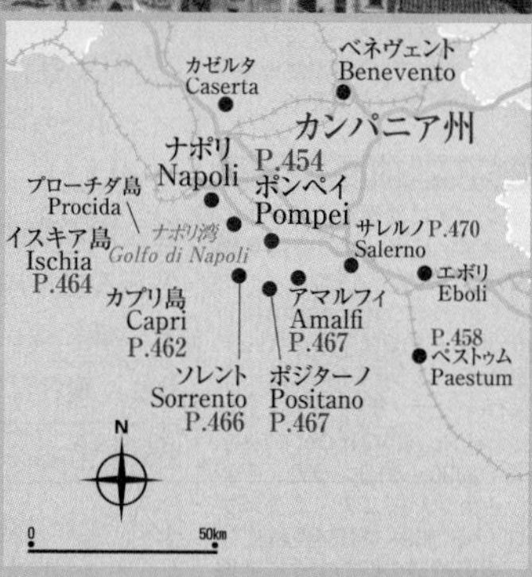

観光のヒント

南部の旅はバスも鉄道も遅れることがしょっちゅう。特にリゾート地は、宿泊をともなったゆったり滞在型の旅がおすすめ。ポンペイなどの遺跡巡りは日帰りでも行ける。

州の名産品

プーリア州はオリーブオイルの産地として有名。アグリトゥーリズモの施設も多く、オリーブや野菜の収穫を手伝える民宿が点在する。

ナポリ周辺、「古代の夢」巡り

人間臭さ、生活感あふれる古代遺跡を訪ねて

輝く風光と温暖な気候のもと、古代ギリシアの植民都市として発達したナポリ周辺には、古代のロマンがぎっしり詰まっている。紀元1世紀のある日、一瞬にして死の灰に覆われてしまった町、ポンペイ、エルコラーノ。ヨーロッパーの保存状態を誇るペストゥムのギリシア神殿などを訪ねてみよう。

ヴェスーヴィオ火山を背景にしたジュピター神殿

●郵便番号　80045

世界遺産

ポンペイ、エルコラーノ及びトッレ・アヌンツィアータの遺跡地域
登録年1997年　文化遺産

ポンペイへの行き方

ポンペイには複数の駅があるので注意。日帰りでの遺跡見学が目的なら、ヴェスーヴィオ周遊鉄道Ferrovia Circumvesuvianaのナポリ・ポルタ・ガリバルディ駅から、ポンペイ・スカーヴィ・ヴィッラ・デイ・ミステリPompei Scavi Villa Dei Misteri駅まで約30～40分。また、ナポリからカンパーニア・エクスプレス（→P.283）が1日4便程度運行。周遊鉄道の駅前すぐに遺跡の入口がある。

新市街に近いのは、トレニタリアのポンペイ駅。ナポリ中央駅からは約40分。また、近くにはヴェスーヴィオ周遊鉄道のポンペイ駅もある。ふたつの駅から遺跡へは、野外劇場そばのPiazza Anfiteatroにある入口からの入場が便利。

一瞬にして火山灰に包まれた古代都市

ポンペイ 世界遺産

Pompei　ポンペイ

エルコラーノと同じく、約1900年前のヴェスーヴィオ火山の大噴火により一瞬にして、死の灰に閉ざされた町だ。道には、水を運んだ鉛管や、轍（わだち）、道路標識などが当時のまま残る。カウンターのある居酒屋の店先には、ハチミツやワインを入れたかめが並び、その横には、小銭を大きさごとに入れた、小さな穴があいていたりと、知れば知るほど、想像力をかき立てられる場所だ。

遺跡は広く、標識はあるものの迷いやすいので、まずは切符売り場で配布している地図をもらってから歩き始めよう。

夏の見学には帽子を忘れずに。フォロにて

入口のマリーナ門を入ると、右側には当時の法廷の役割を果たしたBasilica(バジリカ)。左には、48本のイオニア式円柱の並ぶ**アポロ神殿**Tempio di Apollo(テンピオ ディ アポッロ)。さらに坂を上ると、古代の社会生活の中心地**Foro**(フォロ)だ。この北、ヴェスーヴィオ火山に臨んで立っているのが、**ジュピター神殿**Tempio di Giove(テンピオ ディ ジョーヴェ)。

モザイクの傑作が飾られていた牧神の家

北には、**悲劇詩人の家**Casa del Poeta Tragico(カーサ デル ポエータ トラジコ)。「猛犬に注意」と書いてある、床モザイクの犬に注目。さらに進むとナポリの考古学博物館展示のモザイクや牧神の像が飾られていたポンペイ最大の貴族の館**牧神の家**Casa del Fauno(カーサ デル ファウノ)。像のコピーが飾られ、自然のなかで今も牧神は踊っている。

その先には**ヴェッティの家**Casa dei Vetti(カーサ デイ ヴェッティ)。入口右側の壁や寝室には、ポルノまがいの描写があるので有名だが、実は当時の魔よけのお守り。風情のある中庭同様見逃せないのが、**ポンペイの赤**と呼ばれる独特の赤茶けた色調のフレスコ画や黒地の装飾帯で仕切り、神話などのテーマで描かれた**第4様式のフレスコ画**。**スタビアーネ浴場**Terme Stabiane(テルメ スタビアーネ)はポンペイに残る3つの浴場のうち、最も保存状態のよいものだ。浴室は、男女別々に左右に配され、床は二重構造で蒸気で一定の室温が保たれていた。

紀元前2世紀に増築されたスタビアーネ浴場

この浴場の通り**Via dell'Abbondanza**(ヴィア デッラッボンダンツァ)は、かつてポンペイの商業の中心地であった。遺跡内に約90もあったといわれる**テルモポリオ**Thermopolium(居酒屋)が多い。

最大規模のララーリオのテルモポリオ

ヴェスーヴィオ周遊鉄道の駅

ナポリ中央駅構内または正面からエスカレーターや階段で下った地下に駅がある。改札手前に切符売り場と周遊鉄道の案内所もある。夏季の海水浴客による混雑を避けるなら、ひとつ先の始発駅へ移動して乗り込むのもいい。

●ポンペイの遺跡
☎ 081-8575347
開 4～10月9:00～19:00、11～3月9:00～17:00（最終入場1時間30分前）
休 1月1日、5月1日、12月25日
料 €18
URL pompeiisites.org
※秘儀荘への入場を含むポンペイ・プラス・チケットは€22。また、郊外の遺跡含む3日間のチケット€26（各サイトへは1回の入場のみ）
※公式サイトからの購入で手数料€1が発生する

目的に合わせたチケットを

入場の行列ができるポンペイ遺跡。これをパスできる優先入場券やローマ、ナポリ、ソレントでの公共交通機関がセットになった券、ガイド付きツアーなど、さまざまな種類のチケットが販売されている。
URL www.pompeionline.net

遺跡見学のコツ

遺跡は広く、道は昔のままにデコボコしている。歩きやすい靴で出かけよう。照り返しが強い夏は帽子とサングラス、飲み物もあるといい。ヴェスーヴィオ火山と遺跡の眺めがよいフォロ近くに、レストランやバール、トイレなどもあるので、疲れたら利用しよう。

遺跡にまつわるプチ情報

神殿が並ぶフォロ周辺には、遺跡からの発掘品が並ぶ簡単な展示スペース（かつての穀物倉庫）がある。また円形闘技場近くで目を引く石膏の人型は、生きたまま火山灰に閉じこめられた人たちのもの。今にも断末魔の声が聞こえてきそうなほどリアルだ。

ⓘポンペイの観光案内所
住 Via Sacra 1
☎ 081-8507255
開 8:00～15:30　休 日

発掘調査は今も継続中

ポンペイ遺跡では現在も発掘調査が行われていて、新しい発見があるたびにニュースにもなっている。2023年は、ピッツァのような食べ物の壁画や奴隷やロバを閉じ込めて強制労働させていた「監獄のパン製造所」などが見つかっている。

クロークを活用

入口には無料クロークあり。遺跡内には、30cm×30cm×15cmを超える荷物の持ち込みが禁止されている。

そして、この南には、今でも夏の夜にはオペラやバレエの催される**大劇場**Teatro Grandeや**オデオン座**Odeon, Teatro Piccoloがある。時間があればスタビアーネ浴場から500m東にある、1万2000人収容の**円形闘技場**Anfiteatroや**大体育場**Palestra Grandeを訪れよう。

最後に、ポンペイ遺跡一番の見どころ、**秘儀荘**Villa dei Misteriを忘れてはならない。遺跡西側のエルコラーノ門から、お墓の並ぶセポルクリ通りVia dei Sepolcriを進むと秘儀荘だ。

大小60の部屋からなる大邸宅で、大広間の壁一面に描かれた等身大の人物の、怯えるかのような顔立ちと、「ポンペイの赤」のバックが神秘的な雰囲気を盛り上げている。

「ポンペイの赤」で描かれた秘儀荘の壁画

Ristorante & Hotel　ポンペイのレストラン＆ホテル

ナポリを離れ、静かな町でゆっくりと宿を取りたいと思う向きには、ポンペイの新市街の宿がおすすめだ。ポンペイ・スカーヴィ駅から遺跡横のドゥオーモに向かう通りにはペンショーネがめじろ押し。

プレジデント President

ミシュランの1つ星

トレニタリアの駅を出て、教会広場の手前を左に曲がってすぐの広場にある。魚介類が中心の店で、カキとエビのフェットチーネ、伊勢エビのワイン蒸しなどがお店のおすすめ。 できれば予約

住 Piazza Schettini 12
☎ 081-8507245
営 12:00～15:00、19:00～23:30、日12:00～15:00
休 月・火
予 €60～
C A.D.J.M.V.

ツィ・カテリーナ Zi Caterina

町の人がいっぱい

地元の人にも人気のあるピッツェリア兼レストラン。中央には、海の幸や前菜がズラリと並び、奥の窯でピッツァが焼かれる。店の名物だというレモンとチーズのピッツァは、不思議な味わい。

住 Via Roma 20
☎ 081-8507447
営 11:00～16:00、19:00～24:00
休 火、一部の祝日
予 €40～
C D.J.M.V.

★★★★ フォーラム Hotel Forum Pompei

朝食のフレッシュジュースがgood

トレニタリアの駅を出て、教会広場を抜け、メインストリートを歩くと左にある。新市街の中心地で、便利。ホテルは奥まっているので騒音はない。部屋は清潔で広々としており、朝食もおいしいと評判。

URL www.hotelforum.it

住 Via Roma 99/101
☎ 081-8501170
Fax 081-8506132
SB TB €145～
SU €400～
室 36室　朝食込み W-F
C A.D.J.M.V.

★★★★ グランド・ホテル・ロイヤル Grand Hotel Royal

P.454

レンタカー派にもいい

トレニタリアのポンペイ駅から徒歩5分ほどの距離にあり、ガソリンスタンドが目の前なのでレンタカー派にも◎。客室も水回りも清潔に保たれており、スタッフは親切で英語が話せる。

URL www.grandhotelroyalpompei.com
住 Viale G. Mazzini 49
☎ 081-2249949
TS €95～　3S €110～
室 96室　朝食込み W-F
C D.M.V.

サンクチュアリ・ルームズ Sanctuary Rooms

節約派におすすめ

駅から徒歩10分、近くにレストランもあり町の散策も楽しめるこぢんまりとしたB&B。スタッフは常駐していないので、事前にメールや予約サイトで入り方を教えてもらう。客室は広々。

URL www.sanctuaryroomspompei.com
住 Via Lepanto 137
☎ 388-9806546
TS €60～
3S €90～
室 5室　朝食込み W-F
C D.M.V.

※ポンペイの滞在税　YH、B&B、★～★★★€2、★★★★€3、★★★★S～★★★★★€4　最大7泊、15歳以下70歳以上免除

豊かな生活がしのばれる遺跡

エルコラーノ 世界遺産 ☆☆

Ercolano エルコラーノ

後方に見える新市街との対比がおもしろいエルコラーノ

ナポリとポンペイの中間に位置し、ポンペイとともに79年のヴェスーヴィオ火山の噴火で、一瞬にして埋まった町。ポンペイが、商業都市として1万6000の人口を抱え活況を呈していたのに比べ、ここは人口5000ほどの港町で、富裕な貴族たちが保養地として愛した地という。喧騒の町を抜け、遺跡の入口からの坂道を下ると、緑濃い松の木陰からは、碧い海がきらめき貴族たちが愛でたと同じであろうすがすがしい光景が広がる。

ポンペイに比べ規模は小さいが、そのぶん、より身近にかつての生活を感じることができる。とりわけ流れ込んだ火砕流は一瞬にして、町を覆い尽くしたため、パン店、穀物店の跡はもとより、家の骨組みやテーブルやベッドの木材が炭化して、そのままの姿を今に残しているのが興味深い。

色彩豊かなネプチューンのモザイク

遺跡は3本の大きな通りにより分割されている。見どころは、**フォロの浴場**Terme del Foro（入口右側の円天井の脱衣所の床にはトリトーンが海の生き物に囲まれたモザイク)、**サムニテスの家**Casa Sannitica、**ネプチューンとアンピトリティスの家**Casa di Nettuno e Anfitrite（奥の色彩豊かで、優美なネプチューンのモザイクは必見)、食堂、寝室などの壁画が美しい**大玄関の家**Casa del Gran Portale、ポンペイの赤で描かれたダイナミックな壁画の残る**アウグスターレのコレギウム**Collegio degli Augustali、**体操場**Palestroなど。ナポリ湾を望むテラスには当時のままにテーブルが置かれている。**鹿の家**Casa dei Cerviでは、この町の生活の心地よさが十分に感じられる。壁には黒地の壁画が一部残るだけだが、床面のモザイクがすばらしい。鹿の家とは、猟犬に追われる鹿の彫刻が、ここから発掘されたため。

かつての商家。オリーブオイルなどを売っていたとか

世界遺産

ポンペイ、エルコラーノ及びトッレ・アヌンツィアータの遺跡地域
登録年1997年　文化遺産

エルコラーノへの行き方

ヴェスーヴィオ周遊鉄道Ferrovia Circumvesuvianaのナポリ・ポルタ・ガリバルディ駅からエルコラーノ・スカーヴィ駅Ercolano Scaviまで約20分(€2.50)。ポンペイからはトッレ・アンヌンツィアータ乗り換えで約20分。周遊鉄道にはErcolano Miglio D'Oroという駅も存在するが、遺跡を訪れるならErcolano Scaviで下車。

●エルコラーノの遺跡

住 Corso Resina（入口）
☎ 081-0106490
開 夏季8:30～19:30、冬季8:30～17:00(最終入場1時間30分前)
休 1月1日、12月25日
料 €13、毎月第1日曜無料
URL ercolano.beniculturali.it
※チケット売り場に無料の手荷物預かり所がある

ℹエルコラーノの観光案内所

住 Via Vittorio Veneto 18
☎ 081-6334262
開 8:30～20:00、日8:30～14:00
休 一部の祝日

駅から遺跡へ

エルコラーノ・スカーヴィ駅を出て、真っすぐ坂を500mほど下ると入口。さらに遺跡沿いに道を進むと、切符チェックの係員がいる。

✉ エルコラーノ遺跡へ

駅を出ると、タクシーの呼び込みがおり、「遺跡の入口が3km先に変更になった」と乗車をすすめてきました。ところが、記載どおり、緩い坂を500mほど下った所に入口はありました。惑わされないでネ。
（千葉県　吉田伴子）

世界遺産

パエストゥムとヴェリアの古代遺跡群を含むチレントとディアノ渓谷国立公園とパドゥーラのカルトゥジオ修道院
登録年1998年　文化遺産

ペストゥムへの行き方

ナポリから
トレニタリアのナポリ中央駅からペストゥム駅まで、インテルシティ（IC）やレッジョナーレ（R）直通で約1時間15分。1時間に1便程度だが、9時台と10時台の便はない。

サレルノから
トレニタリアのサレルノ駅からICやRでペストゥム駅まで約30分。
※ペストゥム駅は無人なので、出発地で往復分を購入しておこう

駅から遺跡までの道のり
駅を降りたら、正面の農道を真っすぐ1kmほど進む。大通りに突き当たったら、右に進むと博物館や神殿の入口がある。このあたりが一番にぎやか。ホテルは遺跡の南側、海岸近くに多いが駅からのバスの便はない。駅前には、バスもタクシーもいないので、宿泊するならホテルに送迎を頼んでおくのがベター。

ℹペストゥムの観光案内所
住 Via Magna Graecia 823
☎ 0288-1999872
開 9:00～14:00、14:30～20:00
休 一部の祝日
地 P.459-A

緑の草原に立つ荘厳な神殿群

ペストゥム／パエストゥム 世界遺産 ☆☆☆

Paestum　ペストゥム／パエストゥム

緑の草原に残るギリシア遺構、ペストゥム全景

美しいギリシア神殿の残る町。紀元前に、ギリシアの植民地として建設され、3世紀にはローマ人の侵攻、次いで洪水、マラリヤ、最後はサラセン人の侵入で廃虚と化した。その後18世紀の道路工事の際に偶然発見された。

広い遺跡は、今も修復が続いているが、巨大な神殿が3つ、その間に**フォロ**Foro、**円形闘技場**Anfiteatro、**運動場**Gymnasium、**浴場**Termeなどが点在している。特別な表示はないが、古代の生活をしのびながら緑の多い遺跡を歩くのは気持ちがよい。神殿は南から**バジリカBasilica**（紀元前6世紀のもの。先が細くなってふっくらと豊かさを感じさせる50本の列柱が並んでいる）、中央に**ネプチューン神殿**Tempio di Nettuno、北に**ケレス神殿**Tempio di Cerereとなっている。柱の形などから時代の移り変わりを見て取れる。全体の姿が現れているのは、紀元前5世紀のものというドーリス式のネプチューン神殿で、保存状態もよく壮大華麗。

保存状態のよいネプチューン神殿

ケレス神殿

遺跡から大通りを渡ると、発掘品を展示した**国立考古学博物館**Museo Archeologico Nazionaleがある。明るい展示室には、神殿やセレ川近くの遺跡から発掘された発掘品が並び、ギリシア植民都市を知るうえで貴重な場だ。特に名高い展示品を挙げてみよう。

古代至聖所の宝物庫「テサウロス」Tesaurosを取り巻いていた紀元前6世紀前半の33枚のメトープMetope（壁面装飾）には、「ヘラクレスの功業」La Fatiche d'Ercole、「ポロスとケンタウロスの戦い」Lotte di Folo e dei Centauriなどのエピソードが躍動感あふれる姿で描かれている。また、石棺内部に描かれた紀元前5世紀頃の貴重なフレスコ画も鮮やかだ。横たわった人々が杯を上げ、楽器を手にした宴の場面は、故人を送る葬礼絵画の典型的な構図だ。とりわけ有名な紀元前5世紀頃の「**飛び込み男の墓**」Tomba del Tuffatoreは、まさに彼岸への旅立ちを表現している。

飛び込みの絵が不思議

●ペストゥムの遺跡
●国立考古学博物館
住 Via Magna Grecia 919（博物館）
☎ 0828-811023
開 8:30～19:30（最終入場1時間前）
料 3～11月€15、18～25歳€2、12～2月€10、18～25歳€2（遺跡と考古学博物館への入場含む）
休 一部の祝日
URL www.paestumsites.it
※切符売り場は考古学博物館にある。公式サイトでも購入可能
※開館時間は月によって変動あり。詳細は公式サイトをチェック

このほか、持ち手に手の紋様が施された紀元前4世紀頃のブロンズ製の壺Hydrie、紀元前520～510年頃のアッティカ様式の黒絵式の壺、紀元前6世紀末のケレス神殿のイオニア式の柱頭、同時代に奉納された、彩色の「ゼウスまたはポセイドン像」Statua di Zeus/Poseidonなど。ハチミツを満たして蝋（ろう）で封印されまま発掘された壺などは、2000年近くの歳月を経ているとは思えないほどの、高い保存技術と生活感が感じられる。

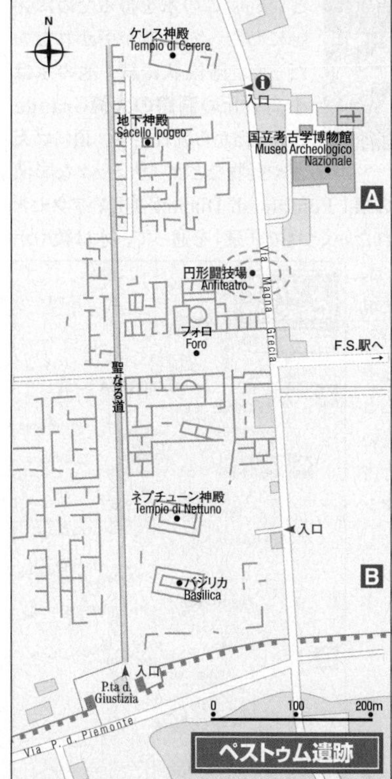

ペストゥムはモッツァレッラチーズの生産地として名高く、水牛の飼育が盛んに行われている。海岸へ向かう放牧地では、ときには水牛の姿を見ることができる。

黒絵式の壺

緑のなかに映える壮大な王宮と水の饗宴

カゼルタ 世界遺産

Caserta

カゼルタ

宮殿から3kmにわたって広がる庭園は見事

ナポリの北約30km、丘の麓に18世紀ナポリ王国・ブルボン家のカルロス7世とその息子が築いた**宮殿レッジャReggia**が堂々と立つ。フランスのベルサイユ宮殿を参考に建築家L.ヴァンヴィテッリとその息子が手がけたもの。宮殿は縦247m、横184mという巨大さを誇り、その裏手には3kmにわたる遊歩道を中心に広大な庭園が広がっている。

1200もの部屋があるという宮殿は、一部が公開されている。ライオンが左右に置かれた**大階段Scalone d'Onore**は、広々と高く威風堂々たるたたずまいで、クーポラのバルコニーでは、王や賓客が訪れた際には音楽が奏でられたという。シャンデリアが飾られ、ロココ様式の華やかな装飾が施された新旧の**王の居室Appartamento Reale**には、玉座の間、寝室、浴室などが続く。窓から眺める庭園もすばらしい。

ヴィーナスとアドニスの泉

王宮庭園の見どころは、「池」と「泉」。この水を得るために40kmにわたって水道が引かれたのだった。階段状に続く池の水は小高い丘の**洞窟の大滝Grande Cascata**から流れ出す。頂には天使や動物などダイナミックな彫像で飾られた「**ディアナの泉**」Fontana di Dianaが美しいアクセントとなり、彫像で飾られたいくつもの「泉」を通って、水は緩やかな傾斜を流れ落ちる。水の力とその美しさが表現され、圧倒されるほどだ。「ディアナの泉」の右手からは、当時流行したというイギリス庭園が続いている。南国の植物と古代遺跡が配され、ロマンティックな趣だ。

豪快な大滝

世界遺産

カゼルタの18世紀の王宮と公園、ヴァンヴィテッリの水道橋とサン・レウチョ邸宅群
登録年1997年　文化遺産

カゼルタへの行き方

トレニタリアで、ナポリ中央駅からレッジョナーレ（R）で約40分。ナポリへ通勤・通学する人が多いので、通勤・通学時間帯は運行本数が多め。

ナポリ中央駅からEAV社の地下鉄ノルド・エスト線Metro Campania Nord Estで所要約50分。1～2時間に1便の運行、日・祝運休。

※王宮はカゼルタ駅から真っすぐ約500m。王宮に入った左側が切符売り場。

ℹカゼルタの観光案内所
住 Piazza Luigi Vanvitelli 40
☎ 0823-321137
開 9:00～13:00、15:30～20:30
休 土・日・祝
地 P.460-B

●王宮
住 Piazza Carlo di Borbone
☎ 0823-448084
開 8:30～19:30（最終入場45分前）
休 火、1月1日、12月25日
料 王宮€10（17:00以降€3）、庭園€9、王宮＋庭園の共通券€14
URL reggiadicaserta.cultura.gov.it
※庭園は季節や月によって開園時間が異なる。4～9月8:30～19:00、一番開園時間が短い11～12月は8:30～15:30（いずれも最終入園1時間前）。詳細は公式サイトをチェック
※公式サイトからの購入で手数料€1が発生

広大な庭園を楽しむには

案内所近くには、トイレ、バール、セルフサービスレストランがある。

王宮庭園内はミニバス（往復切符€2.50は車内で購入）が運行。王宮を背にした右側からイギリス庭園入口まで運行。途中停車はしない。自転車のレンタル（1時間€4～）もある。

日曜や祝日はピクニックを兼ねた子供連れでにぎわいを見せる。おやつを持って出かけて、周囲の緑と水の流れを楽しもう。

古代と中世が息づく高台の町

ベネヴェント 世界遺産

Benevento ベネヴェント

ベネヴェントの起源は古く、紀元前8世紀に遡る。古代ローマの帝政時代にはイタリアを南北に結んだアッピア街道の恩恵に浴し、今も、ほぼ完璧に残る凱旋門など数々の壮麗な建築物が建てられた。中世にはこのアッピア街道を通り、**ロンゴバルド族**が南に歩を進め、571年にはここに公国を築き、再び繁栄を収めた。

保存状態のよい
トラヤヌス帝の凱旋門

駅から町へはバス1、11番で。高台の旧市街の入口に立つのが**トラヤヌス帝の凱旋門**Arco di Traiano。114年にアッピア街道の開通を祝って建てられたもの。ガリバルディ通りCorso Garibaldiに立つのがサンタ・ソフィア教会。その裏手に、サンニオ博物館がある。

サンタ・ソフィア教会S.Sofiaは、より複雑なロンゴバルド建築の特色がよく保存された建物のひとつ。760年頃にベネヴェント公爵のアルキ(アリキス)2世の個人的な礼拝堂として、また国の聖所として建築された。薄暗い内部には、高いクーポラを支えるように、アーチを描く列柱が中央に六角形、さらに同心で十角形を描く。祭壇後ろには、キリストの生涯を描いた絵の断片が残り、右は福音書の場面、左は聖ザッカリアの生涯を描いたもの。

8世紀の創建

サンニオ博物館Museo del Sannioは先史時代からのこの地の歴史を伝える博物館。紀元前8～3世紀のギリシア植民地時代の色絵壷、イシデ神殿からのエジプト彫刻、トライアーノ帝と妻の彫像などが続き、展示室の最後にまとめてロンゴバルドの展示がある。レリーフ彫刻、剣や槍、防具などの武具、金、銀、動物の骨から作られた首飾りや留め具などのアクセサリー、ロンゴバルド王国とその王女の造幣局が造ったという金貨などを展示。見学コースの最後になっている**キオストロ**は、ロマネスクの時代に再建されたものだが、47本の柱の一本として同じものがなく、柱基、柱頭飾りにロンゴバルドらしい彫刻が刻まれている。

充実した収集を誇るサンニオ博物館

世界遺産

イタリアのロンゴバルド族：権勢の足跡
「サンタ・ソフィア教会の複合建築」
登録年2011年　文化遺産

ベネヴェントへの行き方

ナポリ中央駅地下からベネヴェント・アッピアBenevento Appia駅まで、EAV社のノルド・エスト線Nord Estで所要1時間50分。町までは約15分。トレニタリアでナポリ中央駅からベネヴェント駅まで、レッジョナーレ(R)直通で約2時間。直通は平日1日5便程度で、カゼルタを経由することがほとんど。町までは約20分。

ℹベネヴェントの観光案内所
住 Via Traiano 3
☎ 0824-28171
開 9:00～16:00
休 一部の祝日
地 P.461-B

●サンタ・ソフィア教会
住 Piazza S.Sofia
☎ 0824-21206
開 8:00～12:00、16:30～20:00
休 宗教行事の際は拝観不可
地 P.461-B

●サンニオ博物館
住 Piazza S.Sofia
☎ 0824-774763
開 9:00～19:00
休 月、一部の祝日
料 €6、キオストロのみ€2
URL www.museodelsannio.it
地 P.461-B

力強さとおおらかさが
ロンゴバルド芸術の特徴だ

ナポリからの「恋と夢と太陽の島」巡り

紺碧(こんぺき)の海、輝く太陽、緑の島影にロマンを求めて

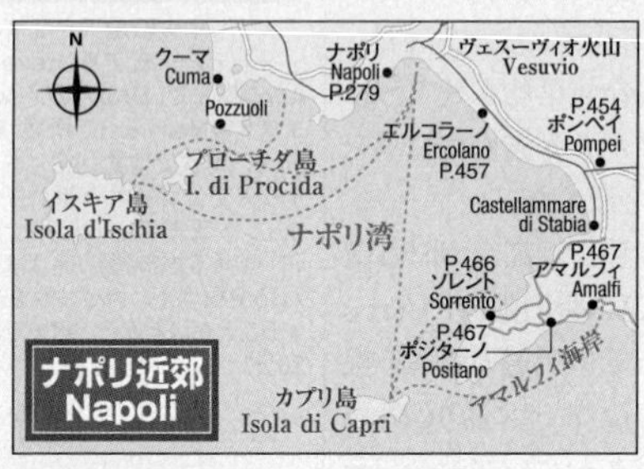

夢の島カプリと緑のイスキア。温暖な気候、咲き乱れる花々、湧き出る温泉、美しい海岸線……古代から人々を魅了してやまないこの地は、今も世界中の憧れの保養地。さぁ、海の泡から生まれたヴィーナスを探しに出かけよう。

●郵便番号　80071

カプリ島への行き方

ナポリからフェリーで約1時間30分、高速船で約1時間、水中翼船で約50分。数社の船が運航しているので、往復切符を購入した際には、乗る船に注意。夏季は、カプリ、イスキア、アマルフィ、サレルノ、ポジターノなどの各港から船がある。

ナポリ⇔カプリ島の料金
●フェリー　Traghetto　€16.50
●高速船　Nave Veloce　€22.80
●水中翼船　Aliscafo Jet　€23～27
※カプリ島への船の時刻表は URL www.capritourism.comをチェック

カプリ島の公共交通機関

青の洞窟のイメージが強いカプリ島だが、島内は案外広い。宿泊して巡るなら交通機関を利用しよう。

バス
●1回券　€2.40
●1日券　€8.20

ケーブルカーFunicolare
1時間に3～4本だが、冬季の1～2月は運休している。
●1回券　€2.40

リフトSeggiovia
山頂までは約15分。
開 5～10月9:30～17:00、11～2月9:30～15:30、3・4月9:30～16:00
料 片道€11、往復€14

ℹカプリ島の観光案内所
住 Piazza Umberto I
☎ 081-8370686
開 8:30～16:15
休 一部の祝日

皇帝をも魅了した夢の島

カプリ島

Isola di Capri　イソラ ディ カプリ

輝く太陽の下、美しい海岸線が広がるカプリ島。古代ローマの皇帝たち（アウグストゥスやティベリウス）に愛され、多くの芸術家がその美しさに感嘆の声を上げた。

手漕ぎボートに乗り換え、青の洞窟へ。入るときにはスリル満点

さて、船がマリーナ・グランデ港に着いたら、この島の一番の見どころである**青の洞窟Grotta Azzurra**（グロッタ アッズッラ）へ向かう船に乗ろう。何しろ、午前中に行くのが太陽光線の関係でおすすめ。洞窟までの船旅、ボートに乗り換えてからのスリリングさ、そして透き通るような青に輝く洞窟と、一番の思い出になるはずだ。マリーナ・グランデ港から島巡りの乗合バスに乗って島を一周し、その景勝美を楽しむのもよい。

島の中心は、ケーブルカーやバスで上った高台のカプリだ。白壁の続く小道を上り、到着する**ウンベルト1世広場**Piazza UmbertoⅠは、カフェのパラソルとテーブルが並び、リゾート気分がいっぱいだ。ここからは島のパノラマを楽しみに、カメレッレ通りVia Camerelleを通って**トラガラの見晴らし台**Belvedere di Tragara

ウンベルト1世広場の時計台

アウグスト公園の展望台からの眺め

へ。途中のアウグスト公園Giardini d'Augustoからはトラガラ岬の眺めがよい。この下は、マリーナ・ピッコラMarina Piccolaで、海水浴に最適のスポット。もとの道に戻り、ティベリオ通りVia Tiberioを1.5km も行くと、ティベリウス帝の別荘のヴィッラ・ジョヴィスVilla Jovisだ。海に面した皇帝の部屋などの跡が残り、ティベリウス帝も愛(め)でたであろうすばらしい眺めが広がる。再びカプリに戻ったら、西側のアナカプリに向かおう。約2kmの道のりだがバスが便利だ。ここからリフトに乗って、ソラーロ山に登れば、この島一番の高みからカプリ島を見下ろすことができる。ここから続くアナカプリの町並みは、多くの作家が書き残したとおり、明るく洗練された陽気さに包まれている。リフト乗り場を左折して小路を進むと、ヴィッラ・サン・ミケーレVilla San Micheleがあり、古代彫刻などのコレクションがある。

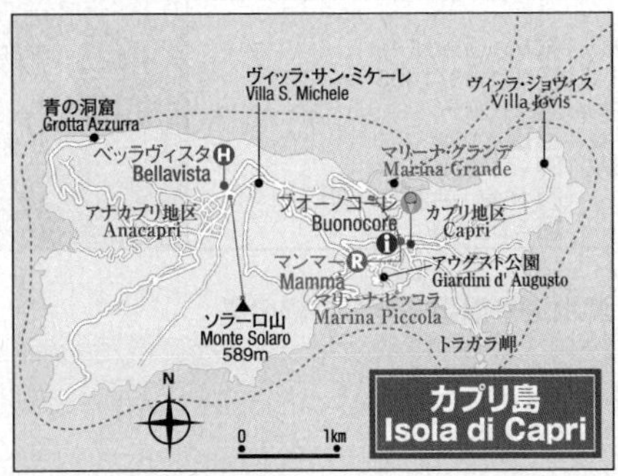

青の洞窟の料金
本誌記載の青の洞窟の料金は、カプリの観光案内所が公表するもの。チップについては強制されるものではないが、弾めば歌が付く場合もある。チップを要求する場合があるようだが、せいぜい1人€1～3くらいが相場とのこと。(編集部)

青の洞窟への船の運航会社
●Motoscafisti Capri
☎ 081-8375646
URL www.motoscafisticapri.com
●Laser Capri
☎ 081-8375208
URL www.lasercapri.com
※上記の公式サイトで予約可。割引情報あり。青の洞窟情報は当日9:00～電話で確認を

✉ 青の洞窟へはぬれてもいい服装で
小船が揺れるため、かなりの確率で体に波がかかります。また、船内もぬれている場合が多いため、洋服をぬらしたくない場合はレジャーシートや大型のナイロンシート、カッパの持参を。(Emi)

●アウグスト公園
住 Via Matteotti 2
☎ 081-8386214
開 夏季9:00～20:00、冬季9:00～16:00
料 €2.50

青の洞窟情報

青の洞窟は入口が狭く、大潮や波のある日は船が出ない。青の洞窟へはマリーナ・グランデから海路(グループ・ツアー)、バスで陸路から行くこともできる。洞窟への船のツアーはMotoscafisti Capri社とLaser Capri社、Capricruise社が運航。このほか、島を一周したり、島の周囲に小島のように点在する岩礁を巡るツアーもある。マリーナ・グランデの船着場で「グロッタ(洞窟)」「ジーロ(島巡り)」と客引きをしているので迷うことはない。洞窟へは、モーターボートから手漕ぎボートに乗り換え、全員があおむけの体勢になり、船頭がチェーンをたぐって入る。モーターボートでは波しぶきも浴びるので、ぬれてもいい格好で出かけよう。青の洞窟の内部は、光の関係で午前中のほうがきれいといわれている。
開 9:00～17:00

●海路
青の洞窟だけ行くツアー
Escursione alla Grotta Azzurra Via Mare
中型のモーターボートで洞窟前に行き、手漕ぎボートに乗り換える。所要約1時間。料金€21(洞窟へのボート代、入場料別途)
※カプリ島1周クルーズ€22

●陸路
青の洞窟行きのバス(夏季のみ)はアナカプリ↔青の洞窟を結んでいる。時間が合えば港からアナカプリ行きのバスに乗車。またはケーブルカーに乗り、上駅を出て右に進むと、右側に小さなバスターミナルがあるので、ここからアナカプリ行きのバスに乗車。アナカプリではヴィットリア広場Piazza del Vittorioのバス停下車。進行方向のVia T. Tommasoを50mほど進んだVia Filietto近くに青の洞窟行きのバス停がある。青の洞窟まで所要15分、30分に1便程度の運行。バスの切符は1回券€2.40(車内購入€2.90、ケーブルカーなどとの1日券は別会社なので使用不可)。バスは小型のため、満員で乗れない場合があるので、時間の余裕をもって出かけよう。
徒歩ならアナカプリから約1時間。岩場の階段を下ると、洞窟へのボートが客待ちしている。洞窟へはボート代、入場料が必要。悪天候や大潮などで港からのツアーが出ない日はボートも運休。

Ristorante & Hotel カプリ島のレストラン&ホテル

島の情緒を味わうなら、ゆっくり数日は滞在したい。多くのホテルは小規模かつ長期滞在客が多いので、シングルや1泊程度では宿を探すのは少々難しい。また、ほとんどのホテルは春から秋までの季節営業。

マンマー Mammà

P.463

眺望と味を楽しむ
ウンベルト広場を背にした右の階段を上った、細い路地にある。リゾート感満点の店内からは海と集落を見下ろすすばらしい眺めが広がる。料理は郷土料理をアレンジした創作料理。

住 Via Madre Serafina 6
☎ 081-8377472
営 12:30～15:30、19:30～23:30
休 火、10月中旬～4月上旬
予 €80～(15%)
C A.D.M.

B ブオーノコーレ Pasticceria Gelateria R. Buonocore

P.463

おすすめジェラート
ジェラートは焼きたてのコーンに入れてくれて、おいしさ2倍。カプリの中心、フェラガモとホテル・ラ・パルマとの間。あたりに漂う香ばしい香りが目印。ジェラートのほか、食事もできる。テイクアウトも可。

住 Via Vitt. Emanuele 35
☎ 081-8377826
営 8:00～翌1:00
休 11～3月中旬
予 ジェラート€2.50～
C D.J.M.V.

★★★ ベッラヴィスタ Bellavista

P.463

自然があふれる静かなアナカプリ
部屋は広く、バス・トイレ付き。部屋からは海が眺められ、緑濃い庭のある静かなホテル。アナカプリの観光案内所から北へ約500m。レストラン併設。料理の素材やワインもすべて自家製のこだわり。
URL www.bellavistacapri.com

住 Via Orlandi 10
☎ 081-8371463
SB €100～
TS TB €180～
休 11～3月
室 15室　朝食込み W-F
C A.D.J.M.V.

iイスキア島の観光案内所
住 Via Iasolino 7
☎ 081-984163
開 8:00～15:45
休 冬季

●アラゴンの城
住 Castello Aragonese
開 9:00～日没（最終入場日没1時間30分前）
休 無休
料 €12、19～26歳の学生€10、10～18歳€6、9歳以下無料
URL www.castelloaragoneseischia.com
※イスキア港からはバス7番が運行

海水浴や温泉も楽しい緑の島

イスキア島

Isola d'Ischia　イソラ ディスキア

かつて古代ローマのアウグストゥス帝の所有していた島。島の最高峰エポーメオ山(788m)山麓には、古代ローマ人が植え付けたブドウ畑が広がり、今もワインの産地になっている。

イスキア港の脇にはアラゴンの城(カステッロ アラゴネーゼ)Castello Aragoneseが立ち、眺めがすばらしい。とりたてて見どころはないが、島一周の観光や、島の特産品の焼き物を見たり、海水浴や温泉につかったりしてゆっくり過ごそう。ここは、誰もがゆったり気持ちよく過ごすために訪れるリゾート地だから、スピード旅行は禁物だ。

島の特産の陶器

イスキアの最大名所である城から旧市街を望む

アマルフィ海岸を周遊する

中世の海洋国と美しい海岸線を訪ねて

町からすぐにビーチの広がるアマルフィ

南国情緒そのままにレモンやオレンジがたわわに実り、連なる丘ではオリーブの木々が緑灰色の葉を風にそよがせる。碧(あお)い海を見下ろし、太陽に白く輝くヴィッラ（別荘）群。碧(あお)い海と空、輝く太陽と地上の楽園と錯覚するアマルフィの海辺。

アマルフィの海岸線巡りは、ナポリ湾を望む西側のソレントを出発し、中世の海洋王国サレルノまで約50kmの道のりだ。

アマルフィ海岸Costiera Amalfitana(コスティエーラ アマルフィターナ)とは……

ナポリから南へ50km、ティレニア海に延びる半島がアマルフィ海岸。ローマ帝国の時代から愛されてきた、温暖で風光明媚な地。ブーゲンビリアや夾竹桃(きょうちくとう)の花が咲き、山あいにはレモンやオレンジが実る。青い海から続く斜面には、太陽に反射して白く輝く家並みが重なり合う。海からの光景はまさに絵画的な美しさと言えよう。アマルフィ海岸巡りの玄関口は、サレルノとソレント。サレルノへはナポリからトレニタリア利用で約1時間、ソレントへはナポリからヴェスーヴィオ周遊鉄道で約1時間、ポンペイから約30分だ。船ならナポリのベヴェレッロ港からソレントまで約1時間30分。

世界遺産

アマルフィ海岸
登録年1997年　文化遺産

アマルフィ海岸への行き方

ソレント駅前からSITA社のプルマンバスに乗り込もう。切符はバス入口で販売。

ソレントを出発したバスはポジターノを経て、アマルフィの海沿いのバスターミナルPiazza Flavio Gioiaが終点、約1時間30分～2時間だ。ここでサレルノ行きのバスに乗り換えれば、ヴィエトリ・スル・マーレを経てサレルノまで約1時間15分。アマルフィのバスターミナル脇の港からはアマルフィ海岸各地への船も運航している。

バスの検札は厳しく、車掌が乗り込んでくる場合がある。切符は目的地まで購入し、往復する場合は帰路の切符も最初に買っておこう。またはアマルフィ海岸24時間券の利用が便利。乗車したら、必ず自動刻印機に通して、日付と時間を刻印しておこう。

乗り合いの船もサレルノ～アマルフィ～ポジターノ～カプリの間を運航している。海岸線の美しさを楽しむには、一度は船も利用したい。

海岸巡りに便利な各種切符

サレルノからソレントまでのSITA SUD社のプルマンバスに乗り降り自由な24時間券€10や、サレルノからソレントまでのバスに加えて、サレルノ⇔ポジターノ間のフェリーも利用できるTravelmar社の24時間券などがある。いずれも、SITA SUD社、Travelmar社の切符売り場や係員から購入。

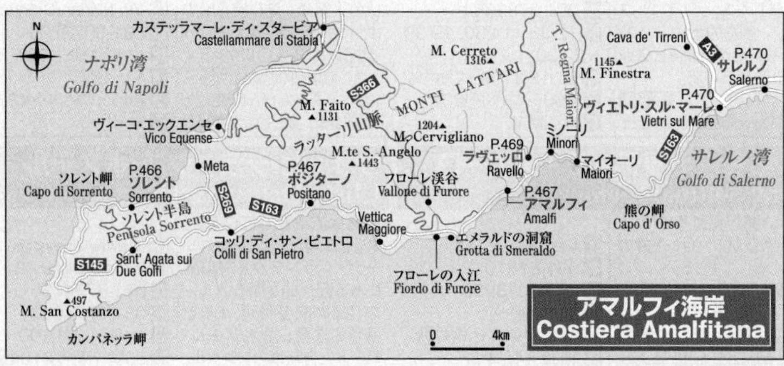

ソレントへの行き方

ヴェスーヴィオ周遊鉄道ナポリ・ポルタ・ガリバルディ駅からソレント駅まで約1時間10分。夏季限定の観光列車、カンパーニア・エクスプレス（→P.283）の利用が便利で快適。

水中翼船などで水路を行くのもよい。所要約40分で、ソレントを経由し、船はカプリ、イスキアへ向かう。

便利なエレベーター

市民公園には港へ下りるエレベーターが新設され、港や海岸へのアクセスが便利になった。片道€1.10、往復€2。

ℹソレントの観光案内所

住 Via Padre Reginaldo Giuliani 46
☎ 081-8771784
開 9:00～21:00
休 一部の祝日
URL www.sorrentotouristoffice.com

●テッラノーヴァ博物館

住 Via Correale 50
☎ 081-8781846
開 9:00～18:00、日・祝9:00～13:00(最終入場1時間前)
休 月
料 €15、11～25歳の学生€7.5、10歳以下無料
URL www.museocorreale.it

眺望絶佳のリゾート

ソレント

Sorrento

ソレント

夏は海水浴場として、冬は避寒地として有名なこの町は、しゃれたカフェや観光客向けの愛らしい幌馬車が日につき、リゾート気分がいっぱい。とりわけ**タッソ広場**Piazza Tassoあたりが一番にぎやかだ。まずは、この広場から北に300m歩き、海に面した**市民公園**Villa Comunaleへ向かおう。眼下には、色とりどりのパラソルの並ぶ海水浴場、湾の右側にはヴェスーヴィオ火山。左側遠くには、プローチダの島影が望めるすばらしい見晴らしだ。公園を出たら、ほぼ正面奥の**旧市街**Via S.Cesareoへ入ってみよう。小さな商店が続き、いつもにぎやかだ。再びタッソ広場を目指し、Corso Italiaを歩きVia Capassoを左折する。その道沿いに立つ18世紀のヴィッラが**テッラノーヴァ博物館**Museo Correale di Terranova。この地を治めた貴族の邸宅を利用し一族のコレクションを展示しており、この町の豊かな歴史を感じさせる場だ。博物館に付属する**展望台**（庭園を300mほど進む）からはすばらしいパノラマが広がる。

にぎやかなタッソ広場周辺

展望台からのパノラマ

Ristorante & Hotel　ソレントのレストラン&ホテル

イル・ブーコ Il Buco

ミシュランの1つ星

町の中心、かつての修道院を改装したエレガントなレストラン。創造的なソレント料理とあたたかいサービスが思い出に残る一軒。

要予約

URL www.ilbucoristorante.it
住 Via 2° rampa Marina piccola 5/Piazza S.Antonio
☎ 081-8782354
開 12:30～14:30、19:30～22:30
休 水、12月下旬～2月中旬
予 €80～(コペルト€3)
C A.D.M.V.

ダ・エミリア Da Emilia

海を眺めて!

地元客と観光客で大にぎわいの人気店。海に突き出すようにあるテラス席から眺める夕暮れは美しく、ロマンティック。お値頃な価格ながらシーフードをふんだんに使った料理は味、量ともに大満足!

URL www.daemilia.it
住 Via Marina Grande 62
☎ 081-8072720
営 12:00～15:00、18:00～22:00
休 11～2月
予 €40～(コペルト€2.50)
C M.V.

★★★ セッティモ・チエーロ Hotel Settimo Cielo

美しい海が見える

町の中心からソレント岬のほうに歩いて約15分。フロント階が一番上で地下に3フロア。部屋のほとんどは海向き。宿泊日数条件あり。

URL www.hotelsettimocielo.com
住 Via Capo 27
☎ 081-8781012
Fax 081-8073290
T TS €160～
室 41室　朝食込み W-Fi
休 11月～4月中旬
C A.D.J.M.V.

ウリッセ・デラックス・ホステル Ulisse Delux Hostel

個室は広々としている

タッソ広場から800m、マリーナ・グランデから300mにある近代的な明るいユース。24時間受付可、1年を通じて営業。温水プール、バール、自転車のレンタル、ランドリーなどもあり。

URL www. ulissedeluxe.com
住 Via del Mare 22
☎ 081-8774753
Fax 081-8774093
D €40～　TB €90～
室 50室　朝食€10 W-Fi
C A.J.M.V.

※ソレントの滞在税　YH ★～★★★€2　★★★★€4　★★★★★€5　最長7泊、18歳以下免除

白く輝く路地がミステリアス

ポジターノ

Positano ポジターノ

高台から海へと色とりどりの家が続く、ポジターノ。海路ならでは風景が美しい

小説や映画の舞台となっている華やかなリゾート。白い家々が重なるように断崖に立つ光景は、まさに絵はがきのような美しさ。この風景を十分に楽しむには、海から訪れることをおすすめしたい。この町の歴史はローマ時代に遡り、9～11世紀にはアマルフィ共和国の一部として繁栄し、16～17世紀には絹や香辛料の交易でより栄えた。特別な見どころはないが、**白い細い路地**に並ぶカラフルなリゾートウエアを売る店やおみやげ店を眺めて歩くのも楽しい。高台のスポンダへと向かう通りからは町と海のすばらしい眺望が楽しめる。

スポンダから町へ下る

ポジターノへの行き方

ソレントから
SITA社のプルマンバスで約1時間。船利用で約45分。

アマルフィから
SITA社のプルマンバスで約40分。船利用で約30分。

SITA社のバス停
海辺沿いに広がる町の階段道を上がり、正面にタバッキのある車の通る道を右に進み、国道とぶつかる所にある。海岸から約1km。

船でポジターノへ
サレルノから約1時間15分、アマルフィからは約40分。サレルノでは駅を背に進んだ港から、アマルフィではプルマンバスの発着する港からの出航となる。料金や予約方法、時刻表は以下をチェック。
URL www.travelmar.it

✉ 夏でも羽織るものを
ポジターノでは日中は暑くても夕方は一気に冷えました。薄い羽織るものを持ったほうがよいです。
(Hero)

観光の拠点となる美しき町

アマルフィ

Amalfi アマルフィ

最強の海洋共和国として君臨したアマルフィのドゥオーモ

海洋共和国として、ローマ帝国滅亡後も、地中海に君臨したアマルフィ共和国の古都。今は、海岸線の遊歩道を人々がゆったり散歩するリゾートであり、アマルフィ海岸観光の拠点。町の中心はバスターミナルの奥のドゥオーモ広場周辺。特産のレモンやオレンジ、レモンのリキュールのレモンチェッロ、陶器、お菓子など、さまざまな店が並んでいて、観光地の楽しい雰囲気にあふれている。

広場の階段の頂に、町を見下ろすように立つ**ドゥオーモ**Duomoの正面は、さまざまな色石のモザイクで飾られ、太陽の光を受けて輝いている。内部には、富裕なこの町の歴史を物語るような12世紀の豪(ごう)奢(しゃ)な燭台、説教壇がある。ドゥオーモの左側には、かつてはフレスコ画が描かれていた、ロマネスク風の**天国の回廊**Chiostro del Paradiso(キオストロ デル パラディーゾ)がある。

アマルフィへの行き方

ソレントからSITA社のプルマンバスで約1時間30分～2時間。

ⓘアマルフィの観光案内所
住 Corso delle Repubbliche Marinare 27
☎ 089-871107
開 9:00～13:00、14:00～18:00、土9:00～13:00
休 日・祝

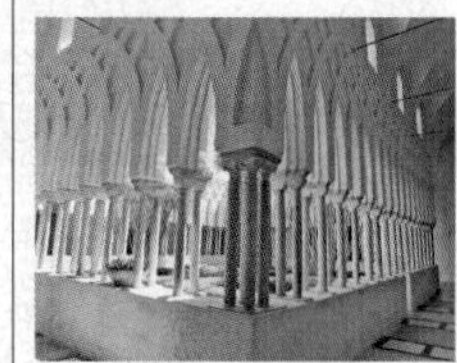
静かな時が流れる天国の回廊

●ドゥオーモ／天国の回廊
住 Piazza Duomo 1
☎ 089-871324
開 10:00～18:00
休 宗教行事の際は拝観不可
料 天国の回廊€4（博物館、クリプタへの入場含む）

●アマルフィ紙の博物館
住 Via delle Cartiere 23
☎ 089-304561
開 3～10月10:00～19:00（最終入場18:20）、11～1月上旬10:00～17:00（最終入場16:30）
休 12月24～26日、1～2月
料 €4.50、12歳以下€3
URL www.museodellacarta.it

シンプルな構造のかつての大聖堂

その右側から十字架上のキリストの聖堂Basilica del Crocifissoと呼ばれるかつての大聖堂が続き、共和国の富と繁栄を示す宝物を展示。ここから現在のドゥオーモ、さらに教会地下礼拝堂La Criptaへも続いている。

時間があれば、ドゥオーモの脇を抜けて坂道を上がってみよう。白い壁に細い路地が続く、南イタリアらしい光景が広がる。さらに坂道を進むと、15世紀にはその名を知られたアマルフィ紙の博物館Museo della Cartaがある。アラブ圏との交易により中国から紙が伝えられ、その製造が始まった。紙製造に重要な役割を果たした渓谷からの水が今も流れている。

紙の博物館

Ristorante & Hotel　アマルフィのレストラン&ホテル

手頃なホテルは、ポジターノに向かう道沿いにもあるが、町からはやや離れている。下記のホテル・ルナ・コンヴェントを越えれば、隣のアトラーニの町が近く、手頃なホテルやレストランもある。アマルフィ市街にも、新しいホテルやB&Bが増加中。

ラ・カラヴェッラ La Caravella dal 1959

歴史ある名店
町の中心、11世紀のドージェの館にあり、店内には1800年代からの陶器や絵画が飾られ美術館のよう。1966年からミシュランの1つ星に輝く名店。創造的な郷土料理が味わえる。 要予約

住 Via Matteo Camera 12
☎ 089-871029
営 12:00～14:30、19:00～23:00
休 火、冬季
予 コース€150～
C A.M.V.

マリーナ・グランデ Marina Grande Ristorante Lounge Bar Marina Grande

ビーチを眺めながら
ビーチに面した眺めのよいおしゃれな雰囲気のレストラン。開放的なランチ、ロマンティックな夜もおすすめ。昼定食は日替わりで、1皿にサラダ、パスタ、魚料理などを盛り合わせ、デザート付きでお値頃。

住 Viale delle Regioni 4
☎ 089-871129
営 12:00～14:45、18:30～21:45
休 水(7～8月は除く)、11月～3月上旬
予 €60～
C A.J.M.V.

★★★★ ルナ・コンヴェント Luna Convento

かつての修道院
町のはずれ、サラセンの塔のすぐ左にあり、エレベーターでホテルに上がる。12世紀のカプチン派の修道院を利用したホテルで、昔のままの回廊にはレモンの木があったりと雰囲気満点。湾を見下ろす絶好のロケーション。

URL www.lunahotel.it
住 Via P. Comite 33
☎ 089-871002
Fax 089-871333
SB TB €300～
休 11月中旬～3月中旬
室 43室　朝食込み W-Fi
C A.M.V.

★★★ ランティコ・コンヴィット L'Antico Convitto

便利でフレンドリー
ドゥオーモ前の道を進んだ右の小路奥、いくつかのホテルやB&Bが入った建物内にある。シンプルだが居心地のよい空間が広がる。屋上テラスがあり、朝食や日光浴も可。スタッフもフレンドリー。入口手前にスーパーがあって便利。

URL www.lanticoconvitto.com
住 Via Salita dei Curiali 4
☎ 089-871849
Fax 089-94931159
SB €150～　TB €170～
休 11～4月上旬
室 10室　朝食込み W-Fi
C A.D.M.V.

★★★ アルベルゴ・リドマーレ Albergo Lidomare

バスターミナルのすぐそば
ソレントへと向かう国道沿いにあり、入口は国道とは反対側。建物は古いが、内装は新しい。全室冷房付き、バス付きにはジャクージが付いた部屋もある。冬季もオープン。
URL www.lidomare.it

住 Largo Piccolomini 9
☎ 089-871332
Fax 089-871394
SS €135～
TS TB €175～
室 15室 W-Fi
C A.M.V.

★★ アスカリナテッラ A'Scalinatella

アトラーニのホテル
アマルフィからサレルノ方面へ歩き、トンネルの手前を下るとある。清潔で格安、海もすぐそば。サレルノ、ソレントからバスSITA社で、Atrani下車。男女共用と女性専用のドミトリーもあり、節約派にもうれしい。

URL www.hostelscalinatella.com
住 Piazza Umberto I 5/6
☎ 089-871492
Fax 089-871930
D €45～
SB €80～
室 3室　朝食込み W-Fi
C M.V.

※アマルフィの滞在税　★～★★★€1.50　★★★★€4　★★★★★€5　4泊以降半額　10歳以下、学生免除
SS シャワー付きシングル料金　SB シャワーまたはバス付きシングル料金　TS シャワー付きツイン料金　TB シャワーまたはバス付きツイン料金

アマルフィ海岸の天然のバルコニー

ラヴェッロ

Ravello ラヴェッロ

ヴィッラ・ルーフォロのバルコニーからは、海岸線を一望するパノラマ

アマルフィ海岸の高台に海を見下ろす町。町の中心のドゥオーモ前の広場にはバールのテーブルが並び、人々がくつろいでいる。海沿いのどこか華やかさを感じさせる町からここに来ると、のんびりとした南イタリアを実感できる。

さて、バスを降りて、トンネルを抜け、すぐ左がヴィッラ・ルーフォロVilla Rufoloだ。ここの庭園から張り出したバルコニーからは海岸の東側が遠くまで見渡せて、まさに絶景。ここを訪れたワーグナーはその美しさに感動し、「これこそパルジファルにあるクリングゾルの神秘の庭だ」と叫んだという。後年、そのイメージからあの歌劇『パルジファル』が生み出されたのだ。毎年7月には、この絶景をバックにワーグナー音楽祭が催される。その右側のドゥオーモDuomoは、11世紀後半に建てられたもので、ブロンズの扉や説教壇Pulpito、付属博物館を訪ねる人が多い。その広場の左のVia S. Francescoの細い石畳の道を1kmも上ると、ヴィッラ・チンブローネVilla Cimbroneだ。ヴィッラ・チンブローネへ向かう道には、近在の名産の色鮮やかな焼き物を並べるみやげもの店や、クラシックが流れ、眺めと雰囲気のよいカフェ、ブドウ畑があり、楽しい散歩道となっている。ヴィッラ・チンブローネも張り出したテラスからの海の眺めがすばらしい。どちらのヴィッラも館内は公開されないものの、緑と花のあふれる手入れの行き届いた庭園と眺望を愛(め)でる絶好のスポットになっている。

説教壇の美しいモザイクの柱

胸像が続く
ヴィッラ・チンブローネのテラス

ラヴェッロへの行き方

SITA社のバスでアマルフィからスカラScalaの町を経由し、ラヴェッロまで約30分。

✉ 交通機関の注意事項

行きのバス運転手は紳士的で親切でした。特にバスは、事前に乗車券を往復で買うのがよいです。ない人が乗車拒否されているのを見ました。便数が少ないときもあるので切符の事前の準備はマストです。タクシーは小さな町ではつかまりません。閑散期3月までと、観光シーズン4月からとは、バス・船とも運行時間が変わります。バスなどの時刻表調べは要注意です。
(神奈川県　よっち)['24]

ℹラヴェッロの観光案内所
住 Via Richard Wagner 4
☎ 089-857096
開 9:00〜18:00
休 一部の祝日

●ヴィッラ・ルーフォロ
住 Piazza Duomo
☎ 089-857621
開 9:00〜17:00（最終入場30分前）
休 一部の祝日
料 €8、65歳以上・5〜12歳€7
URL villarufolo.com

●ドゥオーモ
住 Piazza Duomo
☎ 089-858029
開 9:00〜12:00、17:30〜19:00
休 宗教行事の際は拝観不可

●ヴィッラ・チンブローネ
住 Via Santa Chiara 26
☎ 089-857459
開 9:00〜17:00（最終入場30分前）
休 不定休　料 €10

Ristorante & Hotel　ラヴェッロのレストラン&ホテル

サルヴァトーレ Salvatore

眺めのよいレストラン

アマルフィ海岸を見下ろしながら、地元の料理に舌鼓を打つ。ここまで来たならそんな贅沢もしてみたい。魚料理がおすすめ。ホテルも併設。日・祝は要予約。

住 Via della Repubbliche 2
☎ 089-857227
営 12:30〜15:00、19:00〜22:00
休 月、冬季
予 €45〜
C M.V.

★★★★　ヴィッラ・マリーア Villa Maria

眺めが最高

広い部屋の天井は高く、大きな窓からの眺めは最高。レストランも最上級。屋外プールやジャクージ、サンルームなどが備わっている。

URL www.villamaria.it
住 Via S. Chiara 2
☎ 089-857255
Fax 089-857071
SB TB €120〜
室 21室　朝食込み W-F
C A.J.M.V.

※ラヴェッロの滞在税　★〜★★★€3　★★★★€4　★★★★★€5　4〜9月、他の時期は50〜70%に減額　最長7泊、15歳以下免除

ヴィエトリ・スル・マーレへの行き方

アマルフィからSITA社のプルマンバスで約1時間。サレルノ駅前からSITA社または市バスで約20分。バス停は町の外側にふたつあり、バスは町の中へは入らない。ふたつのバス停はさほど離れていないが、サレルノからはヴィエトリ・スル・マーレの最初のバス停下車が便利。

店舗に描かれたタイル画を眺めて歩くだけでも楽しい

サレルノへの行き方

トレニタリアでナポリ中央駅からサレルノ駅まで、フレッチャロッサ（FR）で約40分、レッジョナーレ・ヴェローチェ（RV）、レッジョナーレ（R）で約40分。イタロ(ITA)で約45分。

アマルフィ行きのバス

アマルフィ行きのプルマンバスはサレルノ駅前広場、駅を背にした右側から発車。切符は駅の売店や旅行会社で販売。アマルフィ方面からのプルマンバスは駅前広場には入らないので、海岸通りのバス停で下車。大通りを渡ってほぼ真っすぐ進めば右側が駅。港へは駅からほぼ真っすぐ進む。徒歩約10分。

ⓘサレルノの観光案内所
住 Lungomare Trieste 7/9
☎ 089-231432
開 9:00〜14:00
休 一部の祝日

●ドゥオーモ
住 Piazza Alfano I
☎ 089-231387
開 9:30〜19:00
休 宗教行事の際は拝観不可
URL www.cattedraledisalerno.it

✉ サレルノは安全な町

サレルノはイタリア人がバカンスを過ごす所のようで、町全体が落ち着いていて、歩いていてとても安全だと思いました。ドゥオーモは駅前のホテルから離れていたため、何度か現地の人に聞きながら行きました。「サン マッテオ」と現地では呼ばれていました。地下聖堂はとても明るく豪華で華やかで驚きました。一見の価値ありです！　（群馬　Yoko）

15世紀から続く、陶器の町

ヴィエトリ・スル・マーレ

Vietri sul Mare　ヴィエトリ スル マーレ

庶民的なヴィエトリ・スル・マーレの町並み

バスを降りて町に入ると、すぐに海を見下ろす見晴らし台のある小さな広場が広がる。石畳が続く小さな町は、どこかのんびりして、人々の暮らしが身近に感じられる。ここは、観光地というよりも、**陶器の生産地**として名高い。路地の左右には陶器店が軒を連ね、建物の外壁、ドゥオーモのクーポラ、階段などいたるところが陶器や陶板タイルで飾られている。お気に入りを探してそぞろ歩くのが楽しい町だ。

名産の絵タイルや小皿、水差しなど。南イタリアの旅の思い出グッズが見つかる

緑の遊歩道が続く、一大海洋王国

サレルノ

Salerno　サレルノ

ヤシの木の続く海岸沿いの遊歩道

中世には、ピサ、ヴェネツィア、ジェノヴァと並ぶ一大海洋都市だった。バスや列車の時間があれば、駅前から真っすぐ500mの港での日光浴もいいかもしれない。この港の東からは、町の中心に向かってヤシの木の続く、**海岸沿いの遊歩道**（ルンゴマーレ トリエステ）Lungomare Triesteが延びている。サレルノ湾の美しい海を眺めたら、奥の路地の**メルカンティ通り**Via Mercantiへ入ろう。かつての旧市街の趣を残すこの通りは、狭い路地に活気があふれ、南イタリア独特の雰囲気がいっぱいだ。さらに奥には、11世紀のアラブ・ノルマン様式の**ドゥオーモ**Duomoがある。聖マタイにささげられた聖堂で、その遺体が地下の聖堂に安置されている。**説教壇**Pulpitoの12世紀の美しいモザイクも見逃せない。

モザイクの美しい説教壇

海と太陽の恵みにあふれ、シンプルで味わい深いイタリア料理が大集合

■カンパニア州の料理

豊かな太陽の恵みを受け、輝く地カンパニア州。その大地は鮮やかな野菜を生み、ティレニア海からはムール貝、アサリ、イワシなどが水揚げされる。**モッツァレッラ**をはじめ、丸い瓢簞型の**カッチョカヴァッロCaciocavallo**などのチーズ作りも盛んだ。とりわけこの地を語るときに欠かせないのが乾燥パスタ類。有数の小麦産地であり、乾燥した気候がパスタ作りに適していたからであるが、むしろひと皿で満腹感を得られる料理を必要としたかつての貧しさゆえの産物といわれている。特に**グラニャーノGragnano**産は高く評価されている。

シンプルな**トマトのパスタSpaghetti al pomodoro**もこの地ならではのおいしさだし、**魚介類を使ったパスタSpaghetti alla Pescatore／Spaghetti allo Scoglia**は日本人好み。**娼婦のパスタSpaghetti alla Puttanesca**はトマト、ケッパー、オリーブで作ったソースであえたもの。ハレの日の料理のひとつ、**ティンバッロTimballo**はソースであえたパスタをタルト生地で包んで焼いたもの。**ソレント風ニョッキGnocchi alla Sorentina**は、トマトソースであえたジャガイモのニョッキにモッツァレッラをのせて焼いたもの。ちょっと珍しいのが、アマルフィ海岸のチェターラCetara特産の**魚醤Colatura di Alici**を使った**Spaghetti con Colatura**。スパゲッティ・アーリオ・オーリオ・ペペロンチーノにひと匙のコラトゥーラを加えたもので、海のエキスを感じさせる。

手打ちパスタと魚介類のトマトソースあえを味わって！

前菜では、**ムール貝のソテーImpepata di Cozze**、各種野菜にパン粉やアンチョビなどの詰め物をしてグリルした**Verdure Ripieni**、ズッキーニを酢とニンニクで味付けした**Zucchine alla Scapece**、**ナスのニンニクソテーMelanzane a Funghetto**、各種野菜のトマト煮の**カポナータCaponata**など。

セコンドはナポリ同様に**魚介を焼いたり、揚げたり**することが多い。イスキア島風**ウサギの煮込みConiglio all'Ischiatana**はウサギのぶつ切りを白ワイン、トマト、ローズマリーで煮込んだもの。**生ソーセージSalsiccia**もスカモルツァチーズと一緒に焼いて、ひと皿にされることが多い。

魚介のグリルもお値頃なのがうれしい

デザートはレモン産地のアマルフィ海岸では、**デリツィア・アル・リモーネDelizia al Limone**が大人気。フワフワのスポンジに滑らかなレモンクリームを挟んでドーム形に仕上げたもの。今やイタリア中で食べられる**カプリ風トルタTorta alla Caprese**はチョコレートケーキ。

デリツィア・アル・リモーネは日本人好み

仕上げの食後酒はレモンのリキュール、**リモンチェッロLimoncello／Lemoncello**を。レモンが香り、甘い口当たりながらアルコール度数は約30度。よく冷やして、小さなグラスでキュッとやるのが流儀だ。

ナポリ料理(→P.297)も参照。

● おすすめワイン ●

グレコ・ディ・トゥーフォ
Greco di Tufo　D.O.C.G
白、辛口(発泡性)
ギリシア由来のブドウから造られる歴史あるワイン。フルーティでアロマティック

ファランギーナ Faranghina
白、辛口
近年人気上昇中のコストパフォーマンスのよいワイン。みずみずしくフルーティ

タウラージ Taurasi　D.O.C.G
赤、辛口
しっかりとしたボディ。リゼルヴァRiservaは南イタリア最高ワインとの誉れ高い

Bari
バーリ

●郵便番号　70100

バーリへの行き方

ローマから
ローマ・テルミニ駅からバーリ中央駅までフレッチャロッサ（FR）やフレッチャルジェント（FA）で約4時間。イタロ（ITA）で約4時間30分。

ナポリから
ナポリ中央駅からバーリ中央駅までFRやFA、レッジョナーレ（R）を乗り継いで約4～6時間。乗り継ぎ駅はカゼルタやフォッジアなど。

ナポリ⇔バーリはバスが便利
ITABUS、FlixBus、MARINO、MAROZZI/SITAの4社が運行し、所要約3～4時間。本数も多いので効率よく活用したい。曜日や時間帯により、料金が異なる。

ナポリから
FlixBusとMARINOはナポリ中央駅に向かって右の駐車場奥のバスターミナル（Napoli Metropark Staz.FS Terminal Bus）から出発。MAROZZI/SITAはバスターミナル南側のVia Ferraris INPS前から。

バーリから
バーリ中央駅正面のアルド・モーロ広場から駅構内の地下道を利用し、駅裏の小さな広場（Largo Sorrentina）周辺道路から出発。MAROZZI/SITAはバーリ中央駅の駅裏手にある大通りVia G.Capruzzi 224から。いずれも多くのバスが発着し、バス停がわかりづらいので時間に余裕をもって行こう。

切符の買い方
各バスのホームページでも購入可能。ナポリもバーリもバスターミナルに切符売り場あり。
ITABUS　URL www.itabus.it
FlixBus　URL www.flixbus.it
MARINO　URL www.marinobus.it
MAROZZI　URL www.marozzivt.it

アドリア海に面した**プーリア州の州都**、バーリ。青い海とオリーブの巨木がどこまでも美しい風景が広がるプーリア州の**交通の要所**だ。この町から幾重にも鉄道が延び、世界遺産として注目を集めるアルベロベッロやマテーラなどへ続いている。

アドリア海に面した港町、バーリ

駅前広場には棕櫚（しゅろ）の木が茂り、その先に緑の公園、さらに南イタリアでも屈指の華やかなショッピングストリートが続く。さらにその先は細い小道に古い町並みが続く**旧市街**だ。

夏なら、ぜひ海岸まで足を延ばしてみよう。穏やかな海に散歩道が広がるのびやかな風景はリゾート感いっぱいで、南イタリアに来たことを実感させてくれる。ここまで来たら海岸通り手前の**メルカンティーレ広場**に行ってみよう。飲食店が集中する界隈で、とりわけ夏の週末の夕方からは揚げポレンタや小さな揚げパンPettoleの屋台も出て、にぎわいと活気にビックリするはずだ。

バーリの歩き方

バーリには、ふたつの町がある。ひとつは、プーリア州の首都として南イタリア最大の商工業都市である**新市街**。ナポレオンの義弟であった啓蒙思想家のミュラによって、都市計画に基づいてつくられた町だ。道路は広く、碁盤の目のように交差している。

バーリのもうひとつの町は、北側に広がる旧市街だ。小高い丘の町である旧市街の坂道には、民家が建て込み迷路のようだ。旧市街の中心には**カテドラーレCattedrale**が、北側には町の守護聖人を祀る**サン・ニコラ教会San Nicola**がある。東側の**城Castello**はノルマンの王フリードリッヒ2世の手により建設された。

●バーリの観光案内所

旧市街にも観光案内所がある

バーリ中心部の観光案内所は、中央駅前のアルド・モーロ広場と旧市街のヴィットリオ・エマヌエーレ2世大通り沿いにある。バーリ市内の情報や地図が手に入るほか、市内のウオーキングなど各種オプショナルツアーも開催している。旧市街の案内所は自転車レンタルや手荷物預かりなどにも対応。

南イタリアの交通の要、バーリ

●空港

町から約9kmに位置し、ミラノやローマ、ボローニャをはじめ、ヨーロッパの各地を空路で結ぶのが**バーリ・バレーゼ空港** Aeroporto Bari Barese。

●空港から市内へ

鉄道とバス（2社）が結んでいる。到着ロビーを背に左に出ると、市内へ向かう私鉄バーリ・ノルド線 Bari Nordへの入口がある。バスの乗り場はその右側。バーリ・ノルド線のバーリ駅はトレニタリアのバーリ中央駅とは別の建物（下記参照）。

●鉄道

トレニタリアのバーリ中央駅と隣接する形で私鉄駅が点在している。アルベロベッロへ向かうスド・エスト線 Sud-estは、トレニタリアのバーリ中央駅南側にホームがある。中央駅の正面を背にして左手にはバーリ・ノルド線の近代的な駅舎が見え、空港と市内（空港線／Ferrotramviaria）、さらに世界遺産のカステル・デル・モンテの最寄り駅であるアンドリア Andriaやバルレッタ Barlettaを結んでいる。さらにそのひとつ先の建物2階（1階がバールになっている）からはマテーラへ向かうアップロ・ルカーネ線Appulo Lucaneが運行。

左がバーリ・ノルド線の建物。右はマテーラ行きのアップロ・ルカーネ線の入口

●長距離バスPullman

アルベロベッロをはじめとするプーリア州各地やマテーラ、ナポリなどイタリア南部の主要都市とを結んでいる。また、首都のローマへの直通バスもある。おもに中央駅南（裏側）の広場からの発着。

●船

フェリーなどの大型船や観光船は、旧市街先の港から出航している。旧市街からは徒歩で約10分。バーリ中央駅からは市バスも走っている。アルバニア、クロアチア、モンテネグロ、ギリシアなどと結んでいて、行き先により乗船地が異なる。

観光案内所の情報

❶駅前広場
住 Piazza Aldo Moro
☎ 080-9909341
開 9:00～12:30、16:00～19:30、土9:00～12:30
休 日・祝　地 P.472-B

❶旧市街
住 Piazza del Ferrarese 29
☎ 331-5452520
開 10:00～18:00
休 無休　地 P.472-A

バーリ中央駅の手荷物預け

駅舎東側、ホームに面してKi pointがある。
☎ 080-3210848
開 8:00～20:00
料 手荷物1点につき4時間€6、その後1時間超過するごとに€1

空港⇔市内間のアクセス

鉄道で

空港発5:01～23:33、バーリ中央駅発4:55～23:07。5～20分間隔の運行で所要約18分、切符€5.30。空港からはバーリ市内行き、逆方向のバルレッタ行きの両方面が運行しているので行き先を確認して乗り込もう。切符は改札を出る際にも必要。
URL www.ferrovienordbarese.it

バスで

●空港バス・ナベッタ
空港発5:35～20:30、中央駅前発5:10～21:00。1時間に1便程度、所要約30分、切符€4は車内で購入。
URL www.autoservizitempesta.it

●市バス（16番）
空港発5:25～22:10、中央駅前発5:20～23:00。1時間に2便程度、切符€1（車内購入は€1.50）。

タクシーで

定額料金で約30分、€25。
URL www.taxibari.it

市内交通

バーリ中央駅目の前のアルド・モーロ広場から市バスが走っている。旧市街までは所要約10分、切符は広場の窓口やバスの車内で購入できる。車内で刻印を忘れずに。駅から旧市街までは徒歩でも約20分。
●1回券 €1
※車内で購入すると€1.50
●90分券 €1.20
●1日券 €2.50
URL www.amtab.it

フェリーの利用

フェリーターミナルの地図や運行状況は URL www.aplevante.orgで確認を。

バーリの見どころ

サンタクロースゆかりの教会　MAP P.472-A

サン・ニコラ教会

San Nicola　サン ニコラ

カテドラーレの北にある、バーリの守護聖人サン・ニコラを祀る教会。サン・ニコラとはあのサンタクロースの伝説を生んだ聖人のこと。12世紀建造のプーリア・ロマネスク様式で、"旧市街の心"とたたえられる教会。市立博物館から続いている。

●サン・ニコラ教会
住 Largo Abate Elia 13
☎ 080-5737111
開 6:30〜20:30、日6:30〜22:30

サンタクロース(サン・ニコラ)を祀る教会

バラ窓が飾る、ロマネスク教会　MAP P.472-A

カテドラーレ ★★

Cattedrale　カテドラーレ

プーリア・ロマネスクの典型。大きなバラ窓が特徴的な堂々とした教会。11世紀前半に建造された。バーリが十字軍遠征の中心都市であった頃に建てられたもの。

●カテドラーレ
住 Piazza d. Odogitria
☎ 080-5210605
開 8:30〜19:00、日8:00〜10:00、11:15〜19:00

統治の時代をしのぶ　MAP P.472-A

城 ★★

Castello Normanno Svevo　カステッロ

カテドラーレの西にある、ノルマンの時代(11世紀)に造られた城。フリードリッヒ2世の統治下(13世紀)に再建されたもの。さらに、16世紀には、堡塁(ほうるい)と本丸が付け加えられた。内部にはカテドラーレのファサードを飾った彫像などが展示されている。

●城
住 Piazza FedericoⅡdi Svevia
☎ 080-8869304
開 9:00〜19:00、日・祝9:00〜13:30(最終入場1時間前)
休 月、1月1日、5月1日、12月26日
料 €10、18〜25歳€2

フリードリヒ2世の築いた塔が残る

Ristorante & Hotel　バーリのレストラン&ホテル

ヴィーニ・エ・クチーナ　Vini e Cucina　P.472-A

充実した郷土料理を

フェッラレーゼ広場から入った小道にある昔ながらのオステリア。飾らない郷土料理が味わえ、アンティパストは€5〜。セコンドも魚料理と肉料理の種類が豊富で€9〜12と良心的なのがうれしい。

住 Strada Vallisa 23
☎ 388-3775389
営 12:00〜15:00、19:00〜23:00、日12:00〜15:00
休 水、一部の祝日
予 €30〜(コペルト€2)
C M.V.

イル・ルースティコ　Pizzeria Trattoria il Rustico　P.472-B

値段も魅力的なピッツァ

町の人に人気で、いつも激混みの庶民的なピッツェリア。ピッツァと飲み物で€8。ピッツァと約10種類の前菜込みで€12という値段が魅力。プラスチックのコップはご愛敬。

住 Via Quintino Sella 95
☎ 080-5216727
営 19:00〜24:00
休 日
予 €8〜
C 不可

★★★ アドリア　Hotel Adria　P.472-B

南部旅行の起点におすすめ

バーリ中央駅すぐという便利な立地で、建物自体は古いがよく手入れされていて清潔。屋上テラスからはバーリの町並みが望める。フロントは24時間営業。

URL www.adriahotelbari.com

住 Via Luigi Zuppetta 10
☎ 080-5246699
SS €110〜
TS €130〜
室 38室　朝食込み W-Fi
C A.D.M.V.

★★★ ボストン　Hotel Boston　P.472-B

ゆったり過ごしたい人に

南イタリアの喧騒のなかでは、快適なモダンホテル。周辺にはレストランや商店が多く、目の前にはスーパーマーケットがある。ボリューミーな朝食に定評あり。

URL www.bostonbari.it

住 Via Piccinni 155
☎ 080-5216633
Fax 080-5246802
SS SB €160〜
TS TB €180〜
室 69室　朝食込み W-Fi
C A.D.M.V.

S シャワー共同シングル料金　SS シャワー付きシングル料金　SB シャワーまたはバス付きシングル料金　T シャワー共同ツイン料金　TS シャワー付きツイン料金　TB シャワーまたはバス付きツイン料金

白く輝くトゥルッリの町

アルベロベッロ 世界遺産

Alberobello アルベロベッロ

おみやげを探しながらの散策が楽しいリオーネ・モンティ地区

高い円錐（えんすい）形の屋根をもつトゥルッリTrulliがあることで有名な町。トゥルッリは、この地方独特の住居だが、真っ白に塗られた壁と円い屋根をもち、おとぎ話の家のようだ。強烈なプーリア地方の太陽の下で、白い家はキラキラ輝き、白雪姫と7人の小人が登場してきても不思議でないようなメルヘンの雰囲気を漂わせている。

現在のトゥルッリはみやげもの店やレストラン、B&Bなどに転用され、旧市街はいつも観光客の絶えない一大観光地だ。気ままに坂道を上り下りし、町並みを楽しもう。静かなたたずまいを見るなら、アイア・ピッコラ地区へ。町の北側、トゥルッロ・ソヴラーノ周辺は最近人気のスポットで、散策が楽しい。

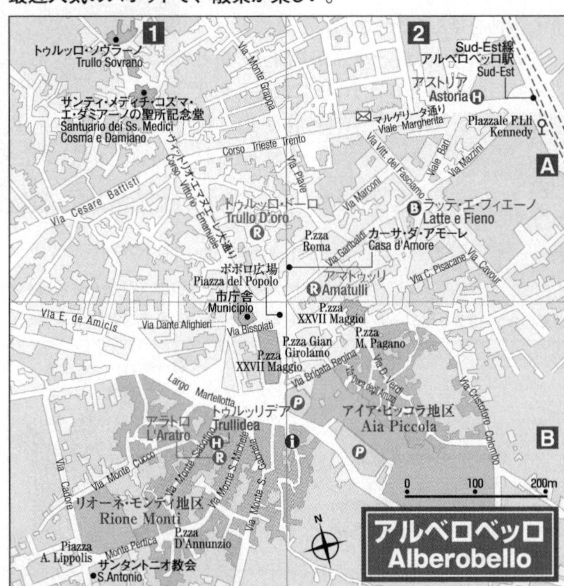

世界遺産

アルベロベッロのトゥルッリ
登録年1996年　文化遺産

アルベロベッロへの行き方

バーリ中央駅から私鉄スド・エストSud-Est鉄道（FSE）のマルティーナ・フランカMartina Francaまたはターラント行きでアルベロベッロ駅まで約1時間30分～約2時間、€4.80。30分～2時間に1便程度。時間帯によってはプティニャーノ Putignanoで乗り継ぎの場合もあるが、本数が少なく、列車が遅れて時間どおりに来ないと乗り継ぎに失敗して長時間待つことになってしまう。なるべく直通を選びたいところ。

●Ferrovie del Sud Est
URL www.fseonline.it

バーリ中央駅での注意事項

アルベロベッロへ向かうスド・エスト鉄道のホームは、バーリ中央駅正面から入って地下道を抜けたトレニタリア10番線の奥にある。地下道のひとつは10番線に通じていないので、注意しよう。スド・エスト鉄道はユーレイルパスの使用不可。知らずに乗ると罰金を取られるので、スド・エスト鉄道ホームの切符売り場と切符自販機で、必ず切符を購入しよう。

バーリ⇔アルベロベッロ間のバス

スド・エスト鉄道がバーリ⇔アルベロベッロ間のバスを運行。日・祝は鉄道の本数が少ないので、バス利用がベター。所要約1時間。バスのチケットはスド・エスト鉄道ホームの切符売り場や自販機で購入可能。電車の切符と間違えないように。ちなみに、車内で切符は購入できないので、必ず事前に買っておくこと。公式サイトでも購入できる。

発車はバーリ中央駅の裏手から。多数のバスが発着してわかりづらいので、早めに行って運転手に行き先を確認してから乗り込もう。

ℹアルベロベッロの観光案内所

住 Via Monte Nero 1-3
☎ 348-8972795
開 10:30～12:30、15:00～19:00
休 一部の祝日
地 P.475-B2

トゥルッリのサンタントニオ教会

アルベロベッロの歩き方

駅からの道を500mほど進むとポポロ広場Piazza del Popoloだ。この広場の先の教会のテラスからは、丘の斜面を埋め尽くす白いトゥルッリの集落が一望できる。

ポポロ広場の教会のテラスからの眺め

集落は旧市街の東西に広がり、西側がリオーネ・モンティRione Monti地区で約1000のトゥルッリにみやげ物店などが並ぶ、にぎやかな商業地区。東側は約400のトゥルッリが集中するアイア・ピッコラAia Piccola地区で、その多くは今も住居として使われている。みやげ物店やレストランとして転用されているので、利用がてら内部を見せてもらうのも可能だ。町の北側には珍しい2階建てのトゥルッロ・ソヴラーノTrullo Sovranoがあり、18世紀当時の裕福な生活を見ることができる。

坂道の続く商業地区、
リオーネ・モンティ地区

蛇行する道が印象的な風景をつくる
アイア・ピッコラ地区

おみやげは、トゥルッリをモチーフにした、絵皿、模型、織物……

ただ、町全体はもうすっかり観光の町となってしまい、トゥルッリの前にはおみやげ物が山と積まれ売られている。生活のなかで生きいきしたトゥルッリを見たいのなら、沿線を走るスド・エスト線の車窓風景

生活のなかで生かされるトゥルッリ群

2階建ての
トゥルッロ・ソヴラーノ

トゥルッリとは?

その歴史は古く、有史以前からの建築技法を受け継ぐものだという説もある。

構造は、モルタルなどの接合剤を用いずに石を重ね、屋根も平らな石を積み上げただけ。簡素な構造のため本来の住居として見なされなかったトゥルッリは、領主が好きなときに壊して小作人を追い出すことができたから好都合だったとか、あるいは税の徴収人が来たときには屋根を外して家への課税を逃れる農民の功利手段だったといわれている。

構造はシンプルながら機能的。壁は二重構造になっているため、冬は暖かく、夏は涼しい。屋根には雨水導入口が設けられ、雨水は地下の井戸に蓄えられる仕組みだ。扉や廊下はなく、部屋はカーテンなどで仕切るのが一般的だ。

みやげ物店やレストランなどで、手軽にトゥルッリの内部を見ることができる。

●トゥルッロ・ソヴラーノ
住 Piazza Sacramento 10
☎ 080-4326030
開 10:00〜12:45、15:30〜18:30、11〜3月10:00〜12:45、15:30〜18:00
休 一部の祝日
料 €2
URL www.trullosovrano.eu
地 P.475-A1

トゥルッリ断面図
(単数形でトゥルッロTrullo)

A.小尖塔
B.屋根の閉じ目
C.環状屋根
D.中空層
E.半円筒天井(ヴォールト)
F.井戸への雨水導入口
G.入口
H.屋根裏部屋(物置や寝室)
I.アルコーブ(壁の切り込み)
J.井戸

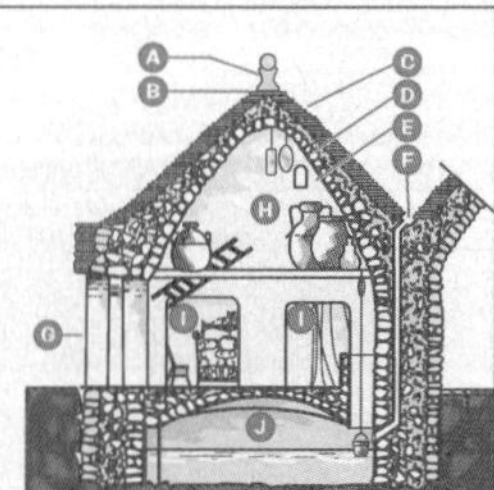

を楽しみたい。オリーブの木々の間に見える真っ白なトゥルッリと、そこで生活する人々の光景は南イタリアの自然のなかでしっくりしている。

トゥルッリの起源は明らかでないが、中近東からギリシアを渡って伝えられたのではないかとも考えられている。スレート屋根にはシンボル化した魚とか鳥とか心臓、またはギリシア語で神を表す文字などが描かれている。この地方にしかないトゥルッリ、南イタリアに行ったら絶対見てみたい。

屋根に描かれた文字はいまだすべては解明されていない

動きやすさ重視で散策を！

アルベロベッロは石畳の坂道でかなり勾配がきついので、町歩きには動きやすい服装と歩きやすい靴が必須。特に石畳は滑りやすいので、気をつけて。ポポロ広場のカーサ・ダモーレからプレビシート広場の方面に歩いていくと、サンタルチア展望台があるので、ここからアルベロベッロの景観を楽しむのもよいだろう。夏場はサングラスや帽子も忘れずに。

Ristorante & Hotel アルベロベッロのレストラン&ホテル

トゥルッロ・ドーロ Trullo D'oro
P.475-A1

トゥルッリで土地の味わいを

古いトゥルッリをレストランに改装した1軒。いくつかある同様のレストランのなかでもおすすめの理由は、充実したフレッシュ・パスタや郷土料理。地元産ワインの種類も豊富で、値段も良心的。グルテンフリーのメニューもある。 できれば予約

URL www.ristorantetrullodoro.com
住 Via Felice Cavallotti 27
☎ 080-4321820
営 12:00～14:30、20:00～22:30、日12:00～14:30
休 月、1月2週間
予 €50～（コペルト€3）
C M.V.

アラトロ L' Aratro
P.475-B1

ワインの品揃えがよい

プーリア州名物のサルシッチャ「プンタ・ディ・コルテッロ」はじめ肉料理に定評がある。テイスティングコース€36と€59も。店のオーナー・ドメニコ氏が陽気に出迎えてくれ、情緒あるトゥルッリでの食事が体験できる。 要予約

URL www.ristorantearatro.it
住 Via Monte San Michele 25/29
☎ 080-4322789
営 12:00～15:00、19:30～22:30
休 無休
予 €40～（コペルト€3.50）
C A.D.J.M.V.

Ⓑ ラッテ・エ・フィエーノ Latte e Fieno
P.475-A2

チーズの販売店

✉ブッラータチーズがすごくおいしかったです。1個€1.40で、その場で食べてもいいかと聞くと、プラスチックの小皿とフォークをつけて出してくれました。
（埼玉県 SATOMI）

URL www.lattefieno.it
住 Via Cavour 1
☎ 379-1231049
営 8:30～21:00
休 日、一部の祝日
予 €1.40～
C 不可

アマトゥッリ Amatulli
P.475-A2

手軽に郷土料理を

気取らない雰囲気で、値段も手頃な家庭料理が充実したトラットリア。日替わりのボリューミーなアンティパスト（いずれも€15前後）がおすすめ。日曜限定のテイスティングコースも用意されている。

住 Via Giuseppe Garibaldi 13
☎ 080-4322979
営 12:00～14:30、19:30～22:00、日12:00～14:30
休 月、11月～3月の平日
予 €40～（コペルト€2）
C A.J.M.V.

★★★★ アストリア Hotel Astoria
P.475-A2

駅に近くて便利

駅から近く、モダンなインテリアと機能性がともなっている。カード式の鍵になっていて、50%の部屋にはバスタブが付いている。エアコン、ミニバー、TV、ドライヤー付き。駐車場あり。

URL www.astoriaweb.it
住 Viale Bari 11
☎ 080-4323320
Fax 080-4321290
SB TB €100～
室 59室　朝食込み W-Fi
C A.D.J.M.V.

★★★ トゥルッリデア Trullidea Resort
P.475-B1

トゥルッリのホテル

駅から歩いて10分ほど。トゥルッリ地区にあるトゥルッリの宿。コテージ式の宿なので、3人以上だとキッチンの利用も可。朝食は、宿の近くのレストランで。スタッフもフレンドリー。

URL www.trullidea.it
住 Via Monte Sabotino 10
☎ Fax 080-4323860
SS TS €160～
室 7室　朝食込み W-Fi
C A.D.J.M.V.

※アルベロベッロの滞在税　B&B、★～★★★★★€2　★★★★★€3　最長3泊、13歳以下免除

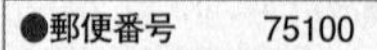

世界遺産

マテーラの洞窟住居と岩窟教会公園
登録年1993年　文化遺産

マテーラへの行き方

私鉄

バーリ中央駅から私鉄アップロ・ルカーネ Appulo Lucane鉄道(FAL)のマテーラ・スド Matera Sud行きでマテーラ中央駅まで約1時間40分～2時間、€5.70。一部アルタムーラ Altamuraで乗り換えが必要。平日は50分～2時間に1便程度の運行。

バス

日・祝はアップロ・ルカーネ鉄道が運行していないのでフレッチャリンク FrecciaLinkのバス便のみ。所要約1時間半、€5。

●Ferrovie Appulo Lucane
URL www.ferrovieappulolucane.it

アップロ・ルカーネ鉄道の注意

バーリ中央駅では、バーリ・ノルド線のホームと間違いやすいので注意。アップロ・ルカーネ鉄道は2階にホームがある。また、バーリ中央駅では乗・降車の際に切符を改札機に通す必要があるので、特に帰路はなくさないように。途中のアルタムーラ駅では車両の切り離しがあることも。前方の車両に乗り込むのが安心。

南イタリア各地からのバス

バーリ空港から

所要1時間30分～4時間。1日3便程度。
URL www.cotrab.eu

ナポリから

MICCOLISとMARINOが運行しているプルマンバスで所要4～5時間、€17.60～。1日3～5便程度。
URL miccolis-spa.it

サレルノから

バスFrecciaLinkで所要約3時間。1日1～2便程度の運行。

どこか白日夢を見ている気分になるサッシ群

マテーラは**サッシSassi（洞窟住居）の町**だ。町の後方の山や、**旧市街**Città Vecchiaには、今にも崩れそうなサッシが数えきれないほどびっしりだ。そのサッシの形にしろ、雰囲気にしろ、見た者にだけ伝わる怨念のようなものが感じ取れてしまう。

サッシには、戦後の農地解放前の小作農民が住んでいた。当時は電気も水道もなく、貧しい、現代の文明から取り残された人々の住居であったという。まぶしい南イタリアの太陽の下、サッシ群は白日夢を楽しむかのように、今は静かにたたずんでいる。

マテーラの歩き方

列車の着く**マテーラ中央駅は地下駅**。地上に出ると、そこは町の中心にある**マッテオッティ広場**Piazza Matteottiだ。さあ、このユニークな町を歩き始めよう。

駅からサッシ街までは約1km。まずは**ヴィットリオ・ヴェネト広場**のテラスから眼下に広がるサッシの町並みを眺め、階段でサッシへ下りてみよう。Via Fiorentiniから洞窟教会のひとつである、**マドンナ・デッレ・ヴィルトゥ**と、**サン・ニコラ・デイ・グレーチ教会**の大きな複合建築を目指すと、道なりにVia Madonna delle Virtù（**パノラマ通り**）となり、この通りからはサッシが重なり合う町並みや対岸の丘に点在するサッシなど、この町らしい風景を楽しむことができる。

マテーラの見どころ

印象的な風景を求めて MAP P.478-A2・B2

サッシ地区 ★★★

Sassi サッシ

バリサーノ地区のサッシ

高台のドゥオーモを挟んでサッソ・バリサーノSasso Barisano、サッソ・カヴェオーソSasso Caveosoが広がる。サッシを歩き始める前に、高台から全体像を眺めてみよう。サッソ・バリサーノはヴィットリア・ヴェネト広場の展望台やドゥオーモ広場のテラスから、サッソ・カヴェオーソはサンタ・ルチア・アッレ・マルヴェ教会横のテラスへ。昼間は寂寥感を感じさせ、ライトアップされた夜はどこかロマンティック、どちらも印象的。

サッシを見下ろす大伽藍 MAP P.478-B2

マテーラ大聖堂 

Basilica Cattedrale di Matera バシリカ・カッテドラーレ・ディ・マテーラ

高台に立つドゥオーモ

ふたつのサッシを見下ろすチヴィタの丘に立つ、13世紀創建の堂々とした**プーリア・ロマネスク様式の聖堂**。正面には輪廻を表すバラ窓、その奥には54mの鐘楼を従える。側面のふたつの**扉飾りの彫刻**も見逃せない。内部は、スタッコの白と金色に装飾され、輝くよう。入ってすぐ左には『最後の審判』のフレスコ画、主祭壇左、ガラス張りの中の古代マテーラの遺構の先に16世紀のプレゼーピオがあり、当時のマテーラの風俗が再現されている。入口右側の礼拝堂は、この町の守護聖人「**ブルーナの聖母**」を祀っている。

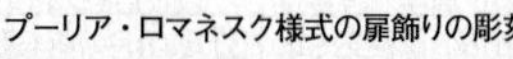

プーリア・ロマネスク様式の扉飾りの彫刻

バス利用は下車地に注意

MICCOLISやMARINOなどのプルマンバスはマテーラ中央駅ひとつ手前にあるマテーラ・ヴィッラ・ロンゴ Matera Villa Longo駅から徒歩5分のバスターミナル(住 Via Don Luigi Sturzo)が終点。中心地行きのバスはないので、アップロ・ロカーネ線に乗り換えてマテーラ中央駅まで行くか(所要約5分)、タクシーをつかまえる必要がある。

道に迷ったら?

サッシ地区は迷路のように道が続き、また特に目立つ建物や標識がないので、歩いていると不安になるかもしれない。でも、大丈夫！道に迷ったら、高台を目指して階段を上がれば新市街へと運んでくれる。町の人も親切なので、道に迷ったら尋ねてみよう。また、旧市街にはガイドツアーを兼ねたツーリストインフォメーションが複数ある。

サッシとは?

サッシはイタリア語でサッソSasso=石・岩の複数形。マテーラのサッシは石灰岩の洞窟をくり抜いた教会や住居のこと。11世紀の頃、イスラム教徒の迫害を受け、移住してきたトルコの僧により築かれたのがその始まり、または、旧石器時代からの住居だという説もある。その歴史は長く、1952年に強制移住の法律が制定されるまで、ここで暮らしが営まれた。洞窟をくり抜いたため、本来は扉はなく、上下水道もなし、家禽と同居スペースがあるのが特徴だ。興味があったら、サッシ住居を訪ねてみよう。ヴィコ・ソリタリオのグロッタの家Casa Grotta di Vico Solitario(住 Sasso Caveoso Vicinato di Vico Solitario 11)などがある。

●マテーラ大聖堂
住 Piazza Duomo
☎ 0835-332908
開 9:00～17:30、日9:00～10:30、12:30～17:30
料 €3.50(付属博物館共通券)

マテーラではなに食べる?

マテーラのパンはイタリアでも有名。皮はクリスピーで中はもっちり。前菜の定番はチコリアと乾燥ソラマメのピューレFave e Ciccoria。揚げパンのペットレPettole、リコッタチーズRicottaも外せない。メニューにあれば、大型唐辛子ペペローニ・クロスキPeperoni Croschiの素揚げもおすすめ。パスタは耳たぶ形のオレキエッテOrechietteやカヴァテッリCavatelliなどが好まれ、チーマ・ディ・ラーパ(菜の花に似た野菜)やトマトソースなどでシンプルに調理される。セコンドは羊や豚のミックスグリルCarne Misto Grigliataをいただこう。

マテーラのパンをどうぞ！ Pane Paceにて

町一番の見どころ　MAP P.478-A・B2

洞窟教会

Chiese Rupestri

キエーゼ ルペストリ

岩をくり抜いたイドリス教会

サンタ・ルチア・アッレ・マルヴェ教会は8世紀創建、修復されたフレスコ画が美しい。入口左の壁には13世紀の『授乳の聖母』『大天使ミカエル』、祭壇奥の左には『聖女ルチア』が描かれている。内部が細かに分割されているのは後年の改築によるもの。サンタ・マリア・デ・イドリス教会は、サッソ・カヴェオーソ地区の高台に立ち、巨大な岩に十字架が載る姿が印象的。祭壇奥から別の教会へと続いており、11〜12世紀のフレスコ画が残っている。マドンナ・デッレ・ヴィルトゥ教会とサン・ニコラ・デイ・グレーチ教会はパノラマ通りに面して立つ、洞窟教会と修道院の2階建ての大きな複合建築。11世紀に掘られた内部は3廊式で、天井にはクーポラが載り、アーチが弧を描き、十字架が彫り込まれた祭壇が安置されている。人力で掘られたことに畏敬の念を覚える空間だ。

パノラマ通りの洞窟教会内部

●マドンナ・デッレ・ヴィルトゥ
●サン・ニコラ・デイ・グレーチ
住 Rioni Sassi
☎ 377-4448885
開 10月10:00〜20:00、10:00〜13:30、15:00〜18:00、11〜2月10:00〜13:30、3月10:00〜13:00、3月土・日10:00〜13:30、15:00〜17:30、4〜5月10:00〜13:30、15:00〜18:00(最終入場各30分前)
休 一部の祝日
料 €5

●サンタ・マリア・デ・イドリス-サン・ジョヴァンニ・イン・モンテローネ
●サンタ・ルチア・アッレ・マルヴェ
●サン・ピエトロ・バリザーノ
営 10:00〜16:00
休 一部の祝日
料 3ヵ所共通券€8、2ヵ所券€7、1ヵ所券€4

オールインクルーシブチケット

上述した3つの洞窟教会に加えて、グロッタの家 Casa Grotta やイッメルシヴォ・デッラ・ブルーナ美術館 Museo Immersivo della Brunaなど8ヵ所に入場できるオールインクルーシブチケット€25もある。チケットは事前に公式サイトでも購入可能。また、サイトでは洞窟教会の入場予約もできる。

URL www.oltrelartematera.it

Ristorante & Hotel　マテーラのレストラン&ホテル

トラットリア・ルカーナ Trattoria Lucana　P.478-B1

便利な立地

町の中心にあって便利。野菜を使った農夫風前菜 Antipasto Contadinoやミックス・ミートのグリル Spedino di Carne Mistoなどがおすすめ。予約不可なので開店前に並ぼう。

住 Via Lucana 48
☎ 0835-336117
営 12:45〜15:00、20:00〜22:00
休 日、7月の10日間
予 €40〜(コペルト€2)
C A.D.J.M.V.

ダ・マリオ Da Mario　P.478-A1

大きな看板が目印！

ピザやパスタがリーズナブルで、マテーラ風前菜の盛り合わせAntipasto alla Materanaが絶品。店長が気さくでお店の雰囲気もよく、いつも地元客でにぎわう安定の人気店。

住 Via XX Settembre 14
☎ 0835-336491
営 12:30〜15:30、20:00〜24:00
休 日、8月の第1週
予 €40〜(コペルト€2)
C A.D.M.V.

★★★ サッシ・ホテル Sassi Hotel　P.478-B2

サッシを改装したホテル

サッソ・バリアーノ地区にある18世紀のサッシを改装したホテル。窓からは幻想的なサッシの風景が眺められる。夜のサッシは印象的だ。洞窟の雰囲気が味わえる部屋も。

URL www.hotelsassi.it
住 Via San Giovanni Vecchio 89
☎ 0835-331009
Fax 0835-333733
SS €85〜
TS TB €125〜
室 32室　朝食込み W-F
C A.D.J.M.V.

★★★ アルベルゴ・ローマ Albergo Roma　P.478-B1

経済的で清潔なホテル

駅前の広場から一番左の道を行って少し下ると左側。看板があるのですぐわかる。駅から近い。コストパフォーマンスにすぐれ、サッシ地区に近いのもおすすめポイント。

URL www.albergoroma-matera.it
住 Via Roma 62
☎ Fax 0835-333912
SS €60〜
TS €80〜
室 11室　朝食込み W-F
C D.M.V.

※マテーラの滞在税　★〜★★★€2　★★★★〜★★★★★€4　最長3泊、14歳以下免除

ブロンズの光に満たされた町、バロックのフィレンツェ

レッチェ

Lecce

レッチェ

サンタ・クローチェ聖堂と県庁

バロックの町、レッチェ。華やかなバロック様式の彫刻が施されたブロンズ色のレッチェ石の邸宅や教会が立ち並び、建物を眺めながらのそぞろ歩きが楽しい町だ。

レッチェは紀元前12世紀からの歴史を誇り、ローマ時代にはアッピア街道の終点ブリンディシとトラヤヌス街道で結ばれ、商業都市として栄えた。ノルマン王朝支配下の15世紀には南イタリアきっての芸術都市であり、バロック様式の建物は16～17世紀、スペインの統治時代に築かれた。現在は、リゾートとして人気を集めるサレント半島の交通の拠点となっている。

鉄道駅は町の南西、町の中心の**サントロンツォ広場**Piazza S. Oronzoへは約1km。町を眺めながら歩いていこう。広場にはしゃれたカフェなどがあり、小休止にも最適。広場には町の守護聖人を頂く**サントロンツォの円柱**Colonna di S. Oronzoが立ち、南側に2世紀頃の**ローマ劇場**Anfiteatro Romanoがある。さらに南へ200mほど進むと、レッチェの一番の見どころの**サンタ・クローチェ聖堂**Santa Croceだ。レッチェ・バロックを代表する聖堂で、正面の丸い花窓の周りをバロック模様の花々が取り囲む。150年の歳月を要したという姿は堂々かつ華麗。その迫力に圧倒される。

正面に立つと装飾が圧巻のドゥオーモ

サントロンツォ広場の円柱

レッチェへの行き方

トレニタリアでバーリ中央駅からレッチェ駅までフレッチャロッサ（FR）などで約1時間20～30分。インテルシティ（IC）で約1時間45分。

ℹレッチェの観光案内所

住 Piazza del Duomo 2
☎ 0832-521877
開 9:30～13:00、15:30～19:00
休 日・祝
地 P.481-A1

レッチェのホテル事情

節約旅行者は、ℹでペンショーネ(B&B)を紹介してもらおう。リッチ派には、サンタ・クローチェ聖堂の前にある5つ星のパトリア・パレスが値頃感がありおすすめ。

Ⓗパトリア・パレス
Patria Palace

住 Piazzetta Riccardi 13
☎ 0832-245111
Fax 0832-245002
SB €80～155
TB €110～290
室 67室　朝食込み W-F
休 1～3月　地 P.481-A2
URL patriapalace.com

Ⓗグランド・ホテル・ディ・レッチェ
Grand Hotel Di Lecce

住 Via Oronzo Quarta 28
☎ 0832-309405
SS SB €80～150
TS TB €100～350
室 53室　朝食込み W-F
C A.M.V.　地 P.481-B1
URL www.grandhoteldilecce.it

●サンタ・クローチェ聖堂

住 Via Umberto 1
☎ 0832-241957
開 夏季9:00～21:00、冬季9:00～18:00
（最終入場15分前）
地 P.481-A2
URL basilicasantacrocelecce.it

●ドゥオーモ

住 Piazza Duomo
☎ 0832-308557
開 夏季9:00～21:00、冬季9:00～18:00
地 P.481-A1

※ドゥオーモやS.クローチェ教会に入場できる共通券€11、鐘楼への入場も含める場合€21
URL www.chieselecce.it

✉ 長い昼休みにご注意

宿泊するなら問題はありませんが、日帰りや立ち寄る程度なら夕方からがおすすめです。お店の昼休みが13:00～17:00（または18:00）と長いためです。また、サンタ・クローチェ聖堂のライトアップもきれいなのでおすすめ。
（静岡県　coca）

南イタリア、そのほかの町

紺碧の海と古代文明の足跡を訪ねて

イタリア半島の先端、アドリア海とティレニア海に挟まれて、美しい海岸線が続くプーリア州やカラーブリア州。どこまでも続く砂浜やオリーブの巨木の連なる独特な風景が広がり、森林地帯は野生のキノコの宝庫。秋には錦繍(きんしゅう)に森は輝く。また、古代遺跡も多く、考古学ファンには興味深いデスティネーションだ。

紀元前8世紀に遡る、ギリシア植民地

ターラント

Taranto ターラント

ターラントの町の起源は古く、ローマの海の神ネプチューンが活躍した紀元前8世紀に遡るといわれる。マーニャ・グレーチャMagna Grecia(大ギリシア)の時代にはギリシアの植民都市として30万もの人々が住んだ。当時のターラントは母国ギリシア、アテネとの貿易港であり、近隣の豊富な農作物の集散地であり、高い知性をもった哲学者たちの移り住んだ土地であった。

軍の施設ながらガイド付きで見学のできるアラゴン城

旧市街は旧ターラントとも呼ばれ、ギリシアの植民都市であった頃の中心地。島を抜けて、ジレヴォレ橋を渡ると新市街に出る。旧市街の島の真ん中にあるドゥオーモは、バロック様式を正面(ファサード)にもち、人々の信仰のよりどころ。内部右奥のサン・カタルド礼拝堂の大理石の象嵌細工は華麗で、必見だ。

新市街は活発な商業地区。マーレ・グランデ沿いのヴィットリオ・エマヌエーレ3世(テルツォ)通りはヤシと夾竹桃(きょうちくとう)の植えられた美しい海辺の散歩道Lungomareとなっている。市立公園にもテラスが造られ、ここからのマーレ・ピッコロの眺めもよい。

公園の近くには国立考古学博物館MARTAがあり、ターラントを支配したギリシアとそれに続くローマの遺品が展示され、南イタリア屈指の収集を誇る。

2016年、美しく生まれ変わり展示方法がすばらしいMARTA

見事な金細工。MARTAにて

ターラントへの行き方

トレニタリアでバーリ中央駅からターラント駅までフレッチャロッサ(FR)で約1時間、1日1便程度。レッジョナーレ(R)直通で約1時間30分。

駅から旧市街のドゥオーモ周辺までは徒歩15分程度。市バスでは3、8番などで約5分、1回券€1、1日券€2.60。新市街へも同様のバスで行くことができる。

URL www.kymamobilita.it/viaggia-in-autobus

ⓘターラントの観光案内所

住 Piazza Castello 4
☎ 334-2844098
開 9:00～13:00、15:00～18:00
休 一部の祝日

●ドゥオーモ

住 Via Duomo
☎ 099-4608268
開 8:30～12:45、16:30～19:30

●国立考古学博物館MARTA

住 Via Cavour 10
☎ 099-4532112
開 8:30～19:30 (最終入場30分前)
休 1月1日、12月25日
料 €10、18～25歳€3、17歳以下無料
URL museotaranto.cultura.gov.it

●アラゴン城

住 Piazza Castello 4
☎ 099-7753438
開 9:30～翌2:00 (9:00～翌1:00にガイド付き見学あり)
休 一部の祝日 料 無料
URL www.castelloaragonesetaranto.com

✉ 気持ちいい港町

バーリからトレニタリアで日帰りで出かけました。駅前周辺はやや雑多な雰囲気でしたが、ドゥオーモでは華やかな象嵌細工に圧倒されました。新市街は海の風景と調和した楽しいプロムナードが広がり、新装なった国立考古学博物館は見応え十分!! 港で水揚げされたばかりの魚介料理もお手頃価格で美味。短い滞在を満喫しました。 (東京都 MCI)

アッピア旧街道の終着地

ブリンディシ

Brindisi ブリンディシ

「長靴のかかと」の町、ブリンディシ。古代ローマ時代にはアッピア街道の終点であり、中世には十字軍を送り出す港であった。

長い歴史が刻まれた美しい旧市街、港町らしい雰囲気の新市街、陽光輝く**海岸の散歩道**が相まって独特の美しい風景をつくり出している。まずは、入江に延びる海岸の遊歩道をゆっくりと散策したい。この遊歩道沿い、階段上にあるのが、アッピア旧街道の終点を示す**古代ローマの円柱**Colonne Romane。オリジナルは**グラナフェイ・ネルヴェーニャ宮**で間近に見ることができる。円柱から近い、ドゥオーモ広場Piazza del Duomoにある**県立リベッツォ考古学博物館**には、独自の文字をもっていた先住民族メッサピ人の石碑をはじめ、紀元前6～3世紀の近郊からの発掘品を展示。

復元されたアッピア街道の記念柱

ブリンディシ湾と「水兵の記念碑」

シチリア島の島影が身近に迫る海峡の町

レッジョ・ディ・カラーブリア

Reggio di Calabria レッジョ ディ カラーブリア

長靴の形のイタリアの爪先がカラーブリア地方。その爪先の目と鼻の先はシチリア島。レッジョ・ディ・カラーブリアの町はメッシーナ海峡を挟んで、シチリア島と向き合った町だ。

見どころは、真っ白な大きい**ドゥオーモ**Duomo。信仰深い南イタリアの人たちのよりどころとして、ドゥオーモは人々の生活の場にもなっている。内部はステンドグラスの光が優しい。

次に目指すのは**国立博物館**Museo Nazionale。ここには、カラーブリア州で発掘されたギリシア時代の仮面像やハト、イチジク、ブドウなどのテラコッタ（素焼き）などがある。どれも興味深いものばかりだが、特に有名なのは、1972年、イオニア海から引き揚げられたギリシア時代のブロンズ像2体だ。**Bronzi di Riace**（ブロンズィ ディ リアーチェ）と呼ばれる、美しいギリシア時代の男性像は一見の価値がある。紀元前5世紀ギリシアの植民都市としてカラーブリアが栄えた頃のもので、人間のあるべき姿のように、筋肉と引き締まった肉体をもつブロンズ像は、世界的な芸術品のひとつに数えられている。博物館でじっくり時を過ごしたあとは、**海辺の遊歩道**Lungomare（ルンゴマーレ）の散歩を楽しもう。

ブリンディシへの行き方

トレニタリアでバーリ中央駅からブリンディシ駅までフレッチャロッサ（FR）で約1時間。レッチェからFRで約20分。

ℹブリンディシの観光案内所
住 Via Duomo 20
☎ 0831-229784
開 8:00～20:00
休 一部の祝日

●県立リベッツォ考古学博物館
Museo Archeologico Provinciale Ribezzo
住 Piazza Duomo 6
☎ 0831-544257
開 9:00～19:15
休 月 料 無料

●グラナフェイ・ネルヴェーニャ宮
Palazzo Granafei-Nervegna Ex Palazzo Corte d'Assisi
住 Via Duomo 20
☎ 0831-229647
開 8:00～20:30
休 一部の祝日 料 無料

レッジョ・ディ・カラーブリアへの行き方

トレニタリアでナポリ中央駅からレッジョ・ディ・カラーブリア駅までフレッチャロッサ（FR）で約4時間30分。インテルシティ（IC）では約5時間30分。イタロ（ITA）は1日1便程度運行しており、約5時間。

●国立博物館
住 Piazza De Nava 26
☎ 0965-898272
開 9:00～20:00（最終入場30分前）
休 月、一部の祝日
料 €8、18～25歳以下€2
※リアーチェのある展示室への入室は1回20人まで。見学者はそれほど多くないので、展示室手前で文化財保護のためのフィルター室に2分とどまり、すぐに入室可。時間制限もない。

力強いリアーチェのブロンズ像

イタリア半島の先端、まさに靴の形をした、プーリア州、バジリカータ州、カラーブリア州。海に囲まれて豊かな自然が残るものの、やや痩せた土地が多い。料理もこの3州は似ていて、豚肉、豊富な野菜、唐辛子をよく使うのが特徴だ。

■プーリア州の料理

豊富な前菜と海の近くでは**生crudoの魚介類を**食べるのがプーリア州の特徴だ。生の魚介類は、カキOstriche、ムール貝Cozze、ウニRiccio di Mare、エビGambelloなど。特産のフレッシュチーズも欠かせず、**モッツァレッラMozzarella**やモッツァレッラにクリームを詰めた**ブッラータBurrata**、ブッラータの中身だけのトロトロでクリーミーな**ストラッチャテッラStracciatella**などは、ぜひ産地で味わいたいデリケートなチーズだ。このほか、各種の野菜料理や特産のオリーブや、小さな指輪形の固いパンの**タラーリTaralli**などがテーブルいっぱいに並ぶ。プリモで一番有名なのは、耳たぶ形のパスタ、**オレキエッティ**。**チーマ・ディ・ラーパ**(菜の花に似た野菜)と合わせた**Orechietti con cima di rapa**は最もポピュラーなひと皿。セコンドあるいは前菜として南部3州でよく食べられるのが**Purè di fave e Cicoria**で乾燥ソラマメのピューレとちょっと苦いチコリアのニンニク炒めの盛り合わせ。

揚げダコにも出合えるプーリア州

プーリア州の州都バーリのB級グルメは揚げ物。メルカンティーレ広場周辺では、**小さな揚げパンPopizze**(**Pettole**)や**揚げポレンタPolenta fritta**の屋台が出て、アツアツをほおばる人でいっぱいだ。

■バジリカータ州の料理

前菜は**Purè di fave e Cicoria**や**リコッタチーズRicotta**が定番。ほかの地域では見かけない**大きな唐辛子Peperoni Cruschi**は辛味のない唐辛子で、軽くオリーブオイルで揚げてサービスされる。また、**マテーラのパンPane Materese**にも注目。1個1～2kgもある大きくて、ふんわりもっちりしたパンだ。

素朴なひと皿、ピュレ・ディ・ファーヴェ・エ・チコリア

プリモもオレキエッティや**カヴァテッリCavatelli**など水と小麦で作られたシンプルなパスタが多い。チーズのほかにパスタに添えられるのが、パン粉をニンニク、パセリ、オリーブオイルなどで香ばしく炒めた**「貧者のチーズ」Formaggio dei Poveri**と呼ばれる伝統的な南イタリアの調味料。パスタにかけてみよう。「貧者のチーズ」のみでパスタ(カヴァテッリ)を味付けした**la mollicca Cavatelli**もあるほどだ。豚や羊の飼育も盛んでグリルや煮込みにされる。**Agnello al Tegame**は子羊の煮込み、豚の煮込みは**Spezzatino di Maiale**だ。土地の食後酒で有名なのが**アマーロ・ルカーノAmaro Lucano**。ハーブが香る、甘くて苦いリキュールで、今ではイタリア中で飲まれている。

■カラーブリア州の料理

南部3州では唐辛子を使った料理が多いが、この州はより辛さが際立つ。前菜には**サラミ類の盛り合わせAntipasto di Italiana**を。サラミにも唐辛子が入ったものがあるが特に珍しいのが、**ンドゥーヤNduja**。真っ赤なペースト状のサラミでパンに塗って食べる。

セコンドは、羊や豚などの素朴なグリル

プリモでは**ラザーニャSagnechie／Ncasciata Calabrese**や**パスタグラタンPasta al forno**などのグラタン系、セコンドは豊富な野菜を使ったものが多い。

●おすすめワイン●

カステル・デル・モンテ
Castel del Monte　(一部**D.O.C.G**)

赤、ロゼ、辛口

世界遺産のカステル・デル・モンテ周辺で産するエレガントなワイン

ロコロトンド Loccorotondo

白、辛口

アルベロベッロ周辺で生産している、フレッシュで飲みやすいワイン

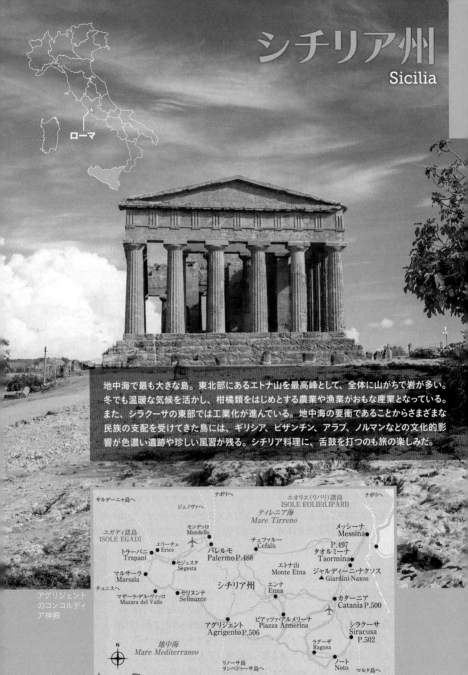

シチリア州
Sicilia

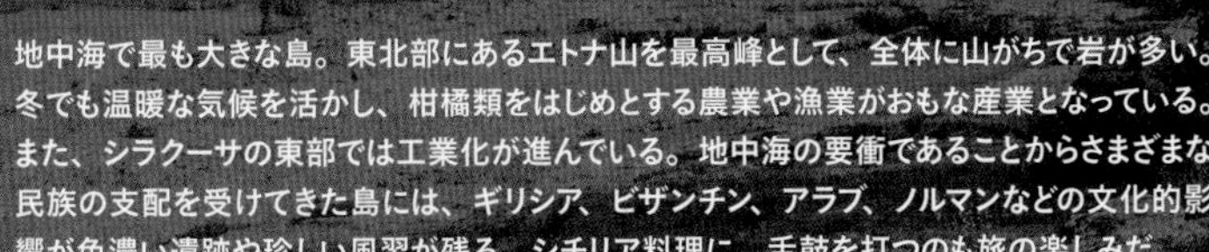

地中海で最も大きな島。東北部にあるエトナ山を最高峰として、全体に山がちで岩が多い。冬でも温暖な気候を活かし、柑橘類をはじめとする農業や漁業がおもな産業となっている。また、シラクーサの東部では工業化が進んでいる。地中海の要衝であることからさまざまな民族の支配を受けてきた島には、ギリシア、ビザンチン、アラブ、ノルマンなどの文化的影響が色濃い遺跡や珍しい風習が残る。シチリア料理に、舌鼓を打つのも旅の楽しみだ。

アグリジェントのコンコルディア神殿

観光のヒント

島は想像以上に広い。鉄道も通るが、場合によっては直通のプルマンを利用したい。アグリジェントのギリシア神殿などはオプショナルツアー参加も手だ。

州の名産品

イメージどおり、太陽の恵みをたっぷり受けたレモンなどの柑橘類やその加工品がみやげものにいい。郷土菓子のカンノーリもおすすめ。

地中海文明の交差点シチリア

イスラム文化とキリスト教文化の融合した島

ノルマン王宮内、パラティーナ礼拝堂のモザイク。黄金色の空間

太陽とオリーブの島、アーモンドの白い花が咲き誇り、オレンジの実る島という美しい形容詞で呼ばれてきたシチリア。

東に**ギリシア、フェニキア**、南に**カルタゴ、アラブ世界**を控えたシチリアは**地中海文明の十字路**に位置している。最初にこの島を支配したのは、都市国家づくりのために、ギリシア本土からやって来た**古代ギリシア人**だった。**マーニャ・グレーチャ**(大ギリシア)の一部を形づくる都市国家がシチリアの各所に築かれた。

次にやってきたのは**カルタゴ人**。そして**ローマ人**。8世紀には北アフリカの**アラブ人**。アラブ人はシチリアにアーモンドとオレンジを持ち込んだといわれている。

11世紀には、十字軍のノルマンディー騎士団を構成する**ノルマン人**(北の人の意味)がやってきてシチリア王国をつくり、**ノルマン、ビザンチン、イスラム**の3様式の共存を唱えた。次にシチリアを支配したのは、なんとドイツのホーエンシュタウフェン家であり、**ハインリッヒ6世**から**フリードリッヒ2世**に王位が継承された。

さて、フリードリッヒ2世は、ドイツ国王とシチリア国王を兼ね、神聖ローマ帝国の皇帝であったがパレルモに居を定めた。彼の統治下、**パレルモの黄金時代**が訪れる。アラブ人もノルマン人もパレルモに都を定めたが、この時期のパレルモは、今までの都とはひと味もふた味も違っていた。ヨーロッパ中から詩人や音楽家が集まり文化の花が咲く一方、官僚制を整え裁判権を集中させ、政治的にも安定した。自ら詩作も楽しんだフリードリッヒは、近隣の地アフリカの国々とも友好関係を維持し、首都パレルモには王宮を中心とした国際的な文化が開花した。

そして、**フランスのアンジュー家**の支配に続き、13世紀から19世紀の間は、**アラゴンをはじめスペイン**の圧政下にあった。スペイン支配の下では、一種の植民地として、財政的な収奪が行われ、農民たちの反乱や蜂起は力で抑えられた。強権的なこの支配に対抗するため、今日の**マフィア**の伝統や組織が生まれたといわれる。さまざまな支配の下で、力強く育った**シチリア人**は、逆境に強く、頑固な性格をもっている。イタリアの北と南で人種が異なるのはよくいわれることだが、シチリア人は、そのどちらにも属さない独特の性格をもった人々でもある。

この島で育まれた**シチリア人の魂**を肌で感じる旅をしてみたい。

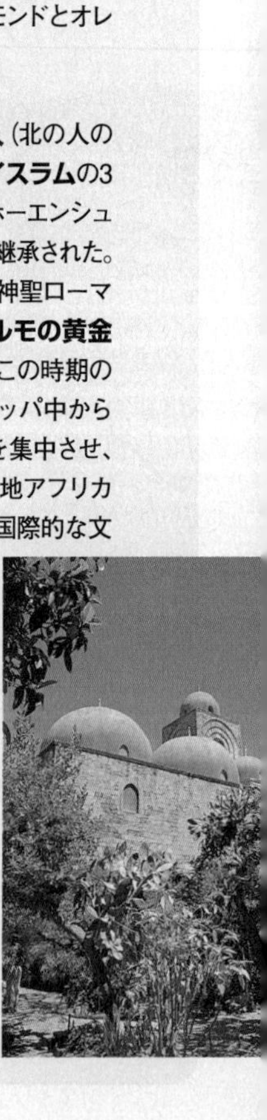

アラブ・ノルマン様式のエレミティ教会

シチリア島の情報

メッシーナへ向かうフェリー

●鉄道　ローマやナポリからの列車は、シチリアの玄関口**メッシーナ海峡**を渡る。列車は長靴の爪先に当たるカラーブリア州の**ヴィッラ・サン・ジョヴァンニ駅**Villa San Giovanniで、2～3両ずつ切り離され(鉄道ファンは必見)、連絡船に積み込まれる。対岸の**メッシーナ港駅**Messina Marittimaまでは約40分。そこで切り離された列車の連結作業が終わると、**メッシーナ中央駅**Messina Centraleに向かう。

ここで列車は、北海岸方面(パレルモ)と東海岸方面(タオルミーナ、カターニア、シラクーサ)に分かれる。メッシーナ～パレルモ(約3～4時間)、メッシーナからタオルミーナ(約35分～1時間15分)、メッシーナ～カターニア(約1時間20分～2時間)、メッシーナ～シラクーサ(約2時間30分～4時間)の道のり。主要幹線から外れる、内陸部のエンナ、西海岸のトラーパニ、マルサーラに鉄道で行く場合には周到な下調べが必要。

荒涼としたシチリアを走るプルマン

●プルマン(長距離バス)

空港から各地へのアクセスがよいプルマン

高速道路が整備され、主要幹線道路が海岸線をぐるりと囲んでいるシチリア島では、プルマンの旅がおすすめだ。特に内陸部を横断する場合などは、レッジョナーレ(R)の各駅停車に比べて数段早いプルマンの旅になる。特に、標高が1000m近いエンナの町周辺をバスで走るのは何とも言えない絶景だ。

カターニア↔パレルモ間のプルマン。シチリアではプルマンを使いこなそう

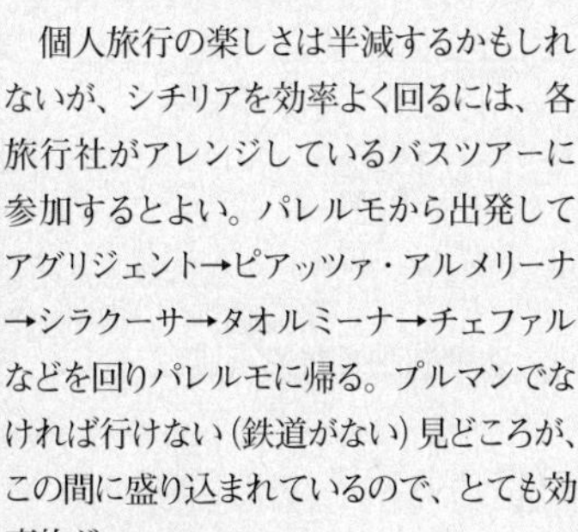

個人旅行の楽しさは半減するかもしれないが、シチリアを効率よく回るには、各旅行社がアレンジしているバスツアーに参加するとよい。パレルモから出発してアグリジェント→ピアッツァ・アルメリーナ→シラクーサ→タオルミーナ→チェファルなどを回りパレルモに帰る。プルマンでなければ行けない(鉄道がない)見どころが、この間に盛り込まれているので、とても効率的だ。

●飛行機　イタリアの主要都市から、国内便がパレルモ、カターニア間を飛んでいる。ローマから約1時間、ミラノから約1時間30分。短時間に長距離移動したい人に。

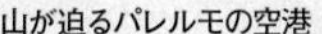

山が迫るパレルモの空港

オプショナルツアーを利用!

がっつり1週間～10日間かけて回りたいシチリアだが、もし数日だけというなら現地でオプショナルツアーに参加するのも手だ。日本語ガイド付きもあり、パレルモやタオルミーナ発の日帰りツアーなどを実施。なかには映画『ゴッド・ファーザー』のロケ地を訪れる聖地巡礼ツアーも。

●VELTRA

URL www.veltra.com/jp

✉ ナポリからタオルミーナ鉄道の旅

ナポリ中央駅からタオルミーナまでを列車で移動。6時間半の長旅でしたが、1等車の安全でゆったりとした座席で海を眺めながらの旅は楽しかった。　(匿名希望)

メーターがない!?
シチリアのタクシー

南イタリアやシチリアでは、町によっては車体にタクシーの表示があってもメーターが付いていない場合もある。最初に料金交渉をして乗り込もう。不安なら、ホテルの人などに料金交渉をしてもらうといい。また、白タク(無認可タクシー)が多く、空港や大きな駅では客引きも盛んだ。長距離を乗る場合は必ず、しっかり事前に交渉しよう。カターニア空港やパレルモの空港から町へはプルマンやバスなどが頻繁に走っており、町のバスターミナルからは各地へのプルマンが運行している。多少の時間はかかるが、プルマン利用なら料金トラブルは防げる。

Palermo

世界遺産 パレルモ

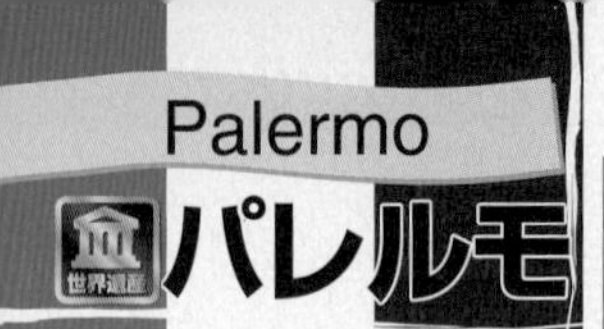

●郵便番号　90100

Roma
Palermo

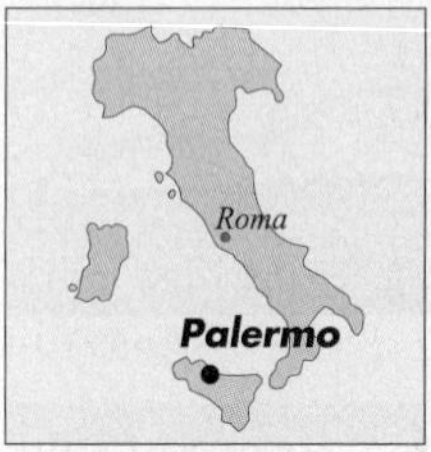

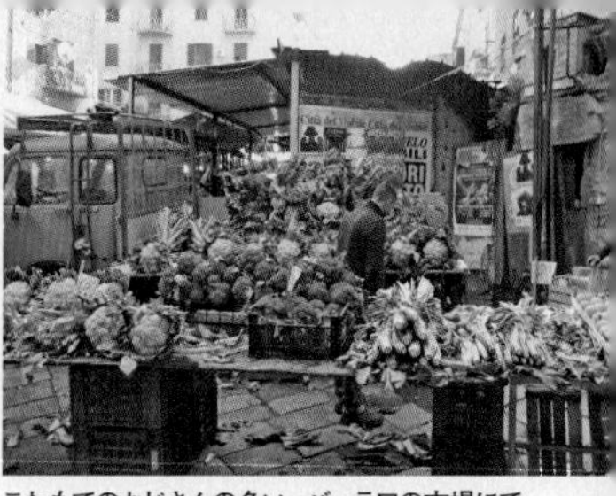

こわもてのおじさんの多い、バッラロの市場にて

シチリア島の中心、パレルモを、ゲーテは**「世界で最も美しいイスラムの都市」**とたたえた。赤い円屋根とアラブ風の回廊に、南欧の美しい植物を植えた庭をもつエレミティ教会を見れば、その言葉も納得できる。何しろシチリアでは、**「パレルモはフィレンツェを10集めた価値のある町」**といわれている。しかし、この町がより魅力的なのは、ここに住む人たちのおかげだ。洗練とか愛想のよさとかいう、ソフィスティケートされた人種ではないが、彼らは実に親切だ。直線的で骨太の親切とでも表現しようか。

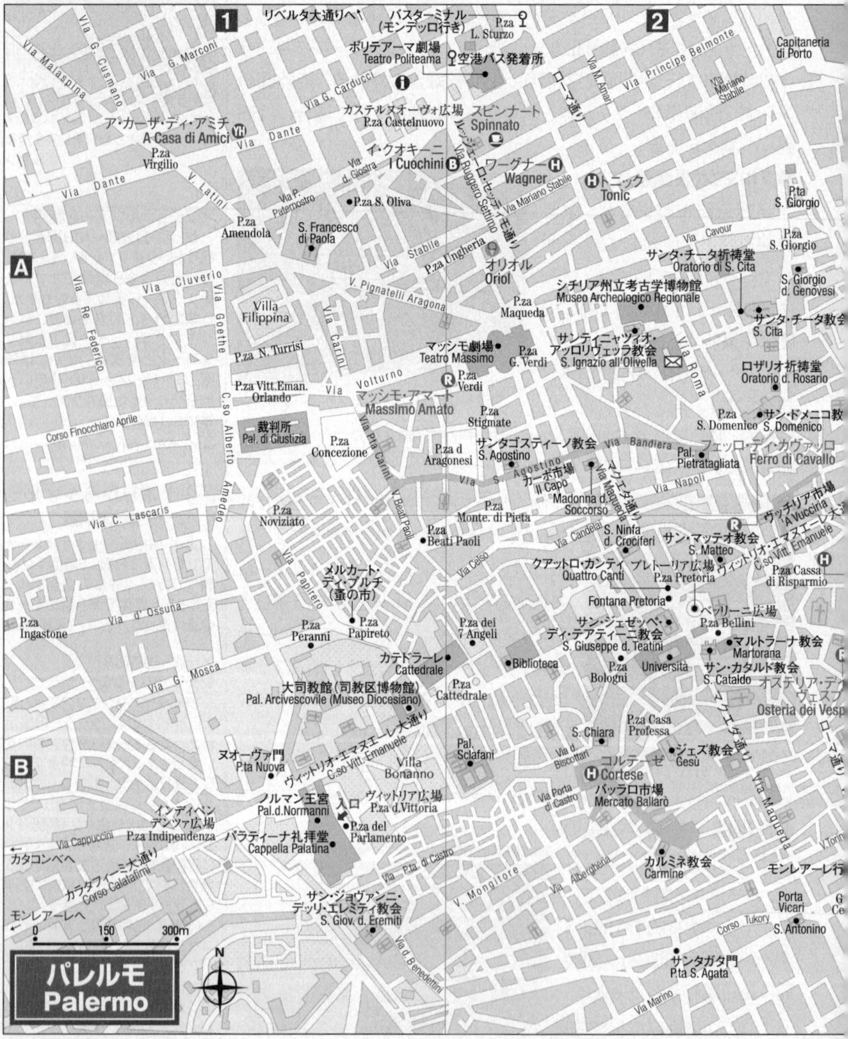

1
2
A
B
リベルタ大通りへ
バスターミナル（モンデッロ行き）
P.za L. Sturzo
ポリテアーマ劇場
Teatro Politeama
空港バス発着所
Capitaneria di Porto
Via Malaspina
Via G. Cusmano
Via G. Marconi
Via G. Carducci
Via M. Amari
Via Principe Belmonte
Via Mariano Stabile
ローマ通り
カステルヌオーヴォ広場
P.za Castelnuovo
スピンナート
Spinnato
ア・カーザ・ディ・アミチ
A Casa di Amici
Via Dante
P.za Virgilio
イ・クオキーニ
I Cuochini
ワーグナー
Wagner
トニック
Tonic
ルッジェーロ・セッティモ通り
Via Ruggero Settimo
Via Mariano Stabile
V. Latini
Via P. Paternostro
P.za S. Oliva
P.za Amendola
S. Francesco di Paola
Via Stabile
P.za Ungheria
オリオル
Oriol
Via Cavour
P.ta S. Giorgio
P.za S. Giorgio
サンタ・チータ祈祷堂
Oratorio di S. Cita
S. Giorgio d. Genovesi
サンタ・チータ教会
S. Cita
シチリア州立考古学博物館
Museo Archeologico Regionale
Via Cluverio
Via Goethe
Via Re Federico
Villa Filippina
V. Pignatelli Aragona
P.za Maqueda
マッシモ劇場
Teatro Massimo
P.za G. Verdi
サンティニャツィオ・アッロリヴェッラ教会
S. Ignazio all'Olivella
Via Roma
ロザリオ祈祷堂
Oratorio d. Rosario
P.za N. Turrisi
Via Carini
Via Volturno
P.za Verdi
マッシモ・アマート
Massimo Amato
P.za Vitt.Eman. Orlando
C.so Alberto Amedeo
Corso Finocchiaro Aprile
裁判所
Pal. di Giustizia
P.za Concezione
Via P.ta Carini
P.za Stigmate
P.za S. Domenico
サン・ドメニコ教会
S. Domenico
P.za d Aragonesi
サンタゴスティーノ教会
S. Agostino
Via Bandiera
Pal. Pietratagliata
フェッロ・ディ・カヴァッロ
Ferro di Cavallo
Via S. Agostino
カーポ市場
Il Capo
マクエダ通り
Via Maqueda
Via Napoli
Madonna d. Soccorso
P.za Monte. di Pieta
ヴッチリア市場
'A Vuccirìa
ヴィットリオ・エマヌエーレ大通り
C.so Vitt. Emanuele
Via C. Lascaris
P.za Noviziato
V. Beati Paoli
P.za Beati Paoli
Via Candelai
S. Ninfa d. Crociferi
サン・マッテオ教会
S. Matteo
P.za Cassa di Risparmio
Via Celso
クアットロ・カンティ
Quattro Canti
プレトーリア広場
P.za Pretoria
Via Papireto
メルカート・ディ・プルチ（蚤の市）
Fontana Pretoria
ベッリーニ広場
P.za Bellini
P.za Ingastone
Via d' Ossuna
P.za Peranni
P.za Papireto
P.za dei 7 Angeli
サン・ジェゼッペ・ディ・テアティーニ教会
S. Giuseppe d. Teatini
マルトラーナ教会
Martorana
カテドラーレ
Cattedrale
Biblioteca
P.za Bologni
Università
サン・カタルド教会
S. Cataldo
オステリア・ディ・ヴェスプリ
Osteria dei Vespri
Via G. Mosca
大司教館（司教区博物館）
Pal. Arcivescovile (Museo Diocesiano)
P.za Cattedrale
S. Chiara
P.za Casa Professa
ジェズ教会
Gesù
Pal. Sclafani
Via d. Biscottari
コルテーゼ
Cortese
ヌオーヴァ門
P.ta Nuova
ヴィットリオ・エマヌエーレ大通り
C.so Vitt. Emanuele
Villa Bonanno
バッラロ市場
Mercato Ballarò
Via Porta di Castro
ノルマン王宮
Pal.d.Normanni
入口
ヴィットリア広場
P.za d.Vittoria
インディペンデンツァ広場
P.za Indipendenza
P.za del Parlamento
パラティーナ礼拝堂
Cappella Palatina
Via Cappuccini
カタコンベへ
カラタフィーミ大通り
Corso Calatafimi
Via P.ta di Castro
V. Mongitore
Via Albergheria
カルミネ教会
Carmine
モンレアーレ行
Via Torino
Porta Vicari
モンレアーレへ
0　150　300m
サン・ジョヴァンニ・デッリ・エレミティ教会
S. Giov. d. Eremiti
Via d. Benedettini
Corso Tukory
S. Antonino
サンタガタ門
P.ta S. Agata
Via Marino
N
パレルモ
Palermo

市場のスナックが珍しい

パレルモの歩き方

パレルモの中央駅は町の南側に位置している。人口は68万の大都市。町は新旧の市街に二分される。鉄道駅から延びる**ローマ通り**Via Romaと**マクエダ通り**Via Maquedaの周辺は**旧市街**。庶民的な活気あふれる界隈だが、スラム化とはいえないまでも雑然とした雰囲気が漂う。しかし、パレルモの見どころは、すべて旧市街に集中している。**マッシモ劇場**Teatro Massimo、考古学博物館から北へ300mほど向かった**ポリテアーマ劇場**Teatro Politeama**周辺は新市街**。**リベルタ大通り**Viale della Libertàを挟んで高級アクセサリーやブティック、しゃれたカフェやレストランが軒を連ね、駅周辺と同じ町とは思えない風情だ。洗練された町並みは、北イタリアの町の雰囲気に近い。

さて、パレルモで見るべきものはふたつ。庶民のパレルモを代表する**クアットロ・カンティ**Quattro Canti**周辺の旧市街**と、町のいたるところに散らばる**アラブ・ノルマンの遺品**（2015年に世界遺産に登録）だ。町は中心を2本のバス路線が走りわかりやすい。駅から新市街のポリテアーマ劇場までは2kmほど。駅横のバス停からバス（101番）が出ているので新市街に行く場合は利用しよう。旧市街周辺の散策なら徒歩で十分。急ぎの場合は、午前中にノルマン王宮のパラティーナ礼拝堂のモザイクやエレミティ教会など、アラブ・ノルマンの教会を見学し、午後は旧市街を散歩。パレルモ庶民の活気に接するためにメルカートをのぞき、食料を調達したり、スナックをつまんだりするのが楽しい。

世界遺産

アラブ・ノルマン様式のパレルモおよびチェルファとモンレアーレの大聖堂
登録年2015年　文化遺産

パレルモへの行き方

ローマから

●飛行機の場合
ローマ・フィウミチーノ空港からパレルモ空港まで直行便で約1時間10分。

●鉄道の場合
ローマ・テルミニ駅からパレルモ中央駅までインテルシティ（IC）直通で約11時間30分。夜行列車インテルシティ・ノッテ（ICN）直通で約13時間。

ナポリから

●飛行機の場合
ナポリ国際空港からパレルモ空港まで直行便で約1時間。

●鉄道の場合
ナポリ中央駅からパレルモ中央駅までIC直通で約9時間。ICNで約10時間20分。

空港⇔市内間のアクセス
空港から市街へは約30km。プルマンバスと鉄道が運行している。

プルマンで
Prestia e comandè社のバスがパレルモ中央駅まで運行。空港発5:05～翌1:05、パレルモ中央駅発3:30～21:30、約30分間隔で所要約50分。料金€6.50、往復€11。空港を出た右側に停車し、空港出口近くに切符売り場がある。市内からの切符は車内で購入。
URL www.prestiaecomande.it

鉄道で
空港地下からトレニタリアの列車が運行。所要約1時間、約30分に1便程度。€6.80

●パレルモ空港
URL www.aeroportodipalermo.it

パレルモの市内交通

パレルモ中央駅からベッリーニ広場まで徒歩約10分、駅からマッシモ劇場までも約20分と、見どころは比較的コンパクトにまとまっている。市内にはAMAT社のバスとトラムが走る(切符は共通)。

●1回券　€1.40(90分間有効)
※車内購入時€1.80
●1日券　€3.50
URL www.amat.pa.it

市内の観光案内所
ⓘカステルヌオーヴォ広場周辺
住 Via Pricipe di Belmonte 92
☎ 091-585172
開 8:30～13:30、木8:30～13:30、14:30～17:30
休 土・日・祝
地 P.488-A1

長距離バス／プルマン

切符はバターミナルの切符売り場で購入。アグリジェント行きは車内で販売。

●サイスSAIS社
☎ 091-6166028
URL www.saisautolinee.it
行き先　カターニア

セジェスタ社、インターバス社、エトナ・トラスポルティ社、シチリーバス社と共通
URL www.etnatrasporti.it

●インテルバスInterbus社
☎ 06-164160
URL www.interbus.it
行き先　シラクーサ、トラーパニ

●クッファロCUFFARO社
☎ 091-6161510
URL www.cuffaro.info
行き先　アグリジェント
※各社、同日のみ往復割引もあるので、購入時に確認を

●パレルモの観光案内所

案内所は空港バスのバス停があるカステル・ヌオーヴォ広場近くのVia Principe di Belmonteと空港Aeroporto Punta Raisi/Falcon-Borsellinoの出入り口近く(タクシー、空港バス乗り場そば)にある。このほか、市内各所にブースが設けられており、地図の配布や観光の相談に応じてくれる。

頼れる存在の案内所

●市内のバス

市バスAMAT社の路線は充実しており、2両連結バスや小型の電気バスも運行。モンレアーレやモンデッロなどの郊外とも結ばれている。

観光に便利な路線

●101番往路：中央駅→ローマ通り→ストゥルツォ広場Piazza Struzo→リベルタ通り→ヴィットリオ・ヴェネト広場Piazza V.Veneto→クローチェ・ロッソ通りViale Croce Rosso→P.za Papa Giovanni Paolo Ⅱ→クローチェ・ロッソ通り→サレルノ門→スタディオ

●101番復路：スタディオ→P.za Papa Giovanni Paolo Ⅱ→クローチェ・ロッソ通り→ヴィットリオ・ヴェネト広場→リベルタ通り→ドン・ストゥルツォ広場→ジュリオ・チェーザレ広場→ファゼッロ通り→ローマ通り→中央駅
※土15:00～20:00、日・祝8:00～20:00はリベルタ通り以降は歩行者天国のため一部経路を変更し、終点へ向かう。

●109番：バジーレ駐車場→Via E.Basile→Corso Tukory→サン・ジョヴァンニ・デッリ・エレミーティ教会→Corso Tukory→Via Arcoleo→中央駅→Corso Tukory→サン・ジョヴァンニ・デッリ・エレミーティ教会→インディペンデンツァ広場Piazza Indipendenza→Corso Re Ruggero→バジーレ駐車場→P.za Papa Giovanni Paolo Ⅱ

●バスターミナル

パレルモ中央駅の奥左(東側)のカイロリ広場Piazza Cairoliにあり、乗り場手前に切符売り場、待合室がある。

カターニア行きのSAIS社は駅を挟んだ反対側のバスターミナルから。日帰りする場合は、帰りの便の時刻表もチェックしておこう。1月1日、復活祭の日(と翌日)、5月1日、8月15日、12月25日はほぼ全面運休なので、この日の移動は慎重に。

✉フェリーでナポリへ

港のメインゲートから入ってすぐ右側の駐車場の向こうが切符売り場。ここでネットで予約しておいた予約書を切符に換えてもらって乗船。乗船は出港の約1時間前から。乗ってすぐにエスカレーターやホテルのようにフロントもあり、ここで部屋の鍵をもらいます。レストランやバールも揃っていてなかなか快適でした。私たちはシャワー、トイレ付き、2段ベッドが2セットの1部屋を2人で予約。料金はインサイド・ダブル・キャビン、1等がふたりで往復€290～350でした。(大分県　F.N.)[24]

●ティレニアTirrenia汽船
URL www.tirrenia.it

パレルモの見どころ

クアットロ・カンティ付近

彫刻で飾られた四つ角 MAP P.488-B2

クアットロ・カンティ ★★
Quattro Canti クアットロ カンティ

野外彫刻展示場のような、クアットロ・カンティ

クアットロ・カンティとは"**四つ辻**"の意味。Maqueda(マクエダ)通りとV. Emanuele(エマヌエーレ)大通りが交差する角の建物は、シチリアン・バロック様式の彫刻で飾られている。曲線を描く家の壁は、町の守護聖人、スペインの王様、四季を表す噴水の彫像で飾られている。

ダイナミックな空間が広がる MAP P.488-B2

プレトーリア広場 
Piazza Pretoria ピアッツァ プレトーリア

階段状の大きなプレトーリアの噴水Fontana Pretoriaが中心にある広場。16世紀のトスカーナの彫刻家によって造られた豪華な噴水はすばらしい。周囲を取り巻く裸体の彫像の数は30を下らない。地元の人の話では、このヌードの彫刻のために「恥の広場」(Piazza Vergogna)とも呼ばれたりするとのこと。

彫像がエレガントなプレトーリア広場

パレルモならではの景観 MAP P.488-B2

ベッリーニ広場 
Piazza Bellini ピアッツァ ベッリーニ

プレトーリア広場の南にあるアラブ風とノルマン風の雰囲気の残る広場。パルレモを代表するふたつの教会が並んで立っている。ひとつは、バロック様式の正面(ファサード)をもつ**マルトラーナ教会**Martorana。隣接する**サン・カタルド教会**San Cataldoも同じく12世紀のものだが、こちらはまったく異なるスタイルをもった教会だ。教会の屋根に並ぶ、真っ赤な3つのドームに注意を払ってほしい。これはドームや幾何学的なデザインがアラブ風で、ノルマン人の教会建築の手法に多大な影響を与えた。

このような教会は、回教徒がキリスト教の教会の建築に手を貸したことから生まれたもの。**パレルモ風**としか表現できないユニークなものなのでお見逃しなく。

赤いドームが目印のサン・カタルド教会

パレルモの見どころの閉場日

「祝日」とあるのは、1月1～6日、復活祭の日曜、4月25日、5月1日、6月2日、8月15日、11月1日、12月25・26日を含む。

伝統芸能を鑑賞しよう

シチリアをはじめ、イタリアの伝統的な人形を道具立てともに展示。また、公演も行われるので一緒に楽しむのもいい。

●国際マリオネット博物館
Museo Internazionale delle Marionette
住 Piazzetta A.Pasqualino 5
☎ 091-328060
開 10:00～18:00、日・月10:00～14:00(最終入場1時間前)
休 祝日
料 €5、学生・子供€3
URL www.museodellemarionette.it
※人形劇は月11:00、火～土17:00に開催。博物館への入場とショー(45分間)付きのチケットは€10、学生・子供€8

マッシモ劇場も注目

ヨーロッパ有数の美しいオペラの殿堂。ガイド付き見学ツアーあり。演目情報や予約は公式サイトで。
URL www.teatromassimo.it

修復が終わったマルトラーナ教会

●マルトラーナ教会
住 Piazza Bellini 3
☎ 091-6167247
開 9:30～13:00 休 日・祝
料 €2、65歳以上・学生€1

●サン・カタルド教会
住 Piazza Bellini 3
☎ 091-2713837
開 10:00～18:00 休 祝日
料 €2.50、マルトラーナ教会の入場券提示で€1.50

シチリア州議会がおかれているノルマン王宮。「王族の間」は曜日限定

華やかなモザイクで飾られた

MAP P.488-B1

ノルマン王宮 世界遺産 ☆☆

Palazzo dei Normanni パラッツォ デイ ノルマンニ

11世紀にアラブ人が築いた城壁の上に、12世紀にノルマン人が拡張、増改築したアラブ・ノルマン様式の王宮。16世紀に再び改装が施された。現在もシチリア州議会堂として使われているため、見学は議会のない日のみ。ノルマン王たちの居室部分のなかでも、一見の価値があるのは**ルッジェーロ王の間**Sala di re Ruggero。寝室だったこの部屋の壁画は、狩猟場面や植物などの華やかなモザイクで飾られている。

華やかなモザイクで飾られたルッジェーロ王の間

見事なモザイクが圧巻

MAP P.488-B1

パラティーナ礼拝堂  

Cappella Palatina カッペッラ パラティーナ

高見から見下ろす「全知全能の神」(上)とその下には「祝福のキリスト」が描かれている

ノルマン王宮の2階に位置し、ノルマン王のルッジェーロ2世が1132年から8年の歳月をかけて造った礼拝堂。王宮の玄関を入り、右側の広い階段を上がった突き当たりの部屋。**壁、祭壇のすべてが、金色を主体としたモザイクで飾られている**。ラヴェンナのモザイクにもひけをとらないすばらしさ。**天井と柱の模様にアラブ風**の影響が残る。玉座の上のモザイクは、14世紀に作られた『**聖ペテロと聖パウロを従えた玉座のキリスト**』、内陣(クーポラ)上には12世紀の『**天使に囲まれた全知全能の神キリスト**』。その下には『ダヴィデ』『ソロモン』『ザカリア』『洗礼者ヨハネ』。聖書の世界が金色を主体に色鮮やかに描かれ、心奪われる空間だ。アラブ・ビザンチン風の**床モザイク**、イスラムの職人による**鍾乳石模様の天井**など各文明の融合がすばらしい。短パン、タンクトップなどでは拝観できないので注意すること。

側廊のモザイクには、聖人の生活が描かれる

●ノルマン王宮／パラティーナ礼拝堂

住 Piazza del Parlamento 1
☎ 091-7055611
開 8:30〜16:30、日・祝8:30〜12:30
休 1月1日、12月25日
料 月・金〜日・祝€19、65歳以上€15.50、18〜25歳€17、14〜17歳€11、火〜木€15.50、65歳以上・18〜25歳€13.50、14〜17歳€9
URL www.federicosecondo.org
※オーディオガイド€5（英・伊あり）
※短パン、タンクトップなど肌の露出が多い服装での入場不可
※入口でセキュリティチェックあり。館内にクロークがないので、大きな荷物は宿に置いておくのがベター

王宮はどう回る？

パラティーナ礼拝堂は、観光シーズンになると大行列。混雑時は入場制限あり。パラティーナ礼拝堂の見学後、階段で3階に上がって、ルッジェーロ王の間や議会堂Sala d'Ercoleなどの見学を。3階は議会堂として現在も使用されているため、議会のない日のみ見学可能。パラティーナ礼拝堂はミサの時間にあたると入場不可の場合あり。

鍾乳石模様の天井(ムカルナス)

赤いドームが印象的 MAP P.488-B1

サン・ジョヴァンニ・デッリ・エレミティ教会 世界遺産 ★★

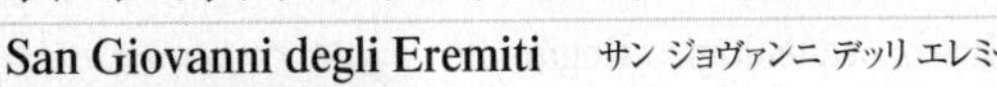

San Giovanni degli Eremiti　サン ジョヴァンニ デッリ エレミーティ

南国ムードの小回廊から
ドームを眺める

ルッジェーロ2世が1142年に建立した教会。アラブ・ノルマン様式の赤いドームと棕櫚の木が、非イタリア的な空間をつくり出している。

回廊の柱が囲む中庭も、自然な造作で美しい。現在は教会としての役目を終え、内部はがらんとしている。

パレルモの歴代王を祀る MAP P.488-B1・2

カテドラーレ 世界遺産 ★★

Cattedrale　カテドラーレ

広々とした広場に立つカテドラーレ

12世紀末建築のシチリアン・ノルマン様式の大きな教会。ふたつのゴシック式のアーチが、大聖堂と鐘楼をつないでいる。中央の円屋根と建物の上部を飾る細かな彫刻が珍しい。何度も改築や増築が行われたため、オリジナルの姿はわかりにくい。

内部(入口すぐ左側)の第1・第2礼拝堂は、**皇帝と王の霊廟**でアラゴン家のコスタンツァ2世をはじめとする王族の豪華な墓が飾り天蓋の下に並んでいる。宝物庫Tesoroには、**金色に輝くコスタンツァ2世の王冠**や式典の聖具、金細工などを展示。さらに階下には、納骨堂Criptaがあり、ローマ時代の石棺などを見ることができる。

その他の地区

独自の文化・芸術を展示 MAP P.489-B3

シチリア州立美術館 ★★

Galleria Regionale della Sicilia　ガッレリア レジョナーレ デッラ シチリア

ダ・メッシーナ作
『受胎告知のマリア』

15世紀に建てられた、アバテッリス宮殿Palazzo Abatellis内にある美術館。宮殿の小さなゴシック風の窓やエレガントな玄関にも注目。この美術館で必見なのは、**15世紀のフレスコ画『死の凱旋』**。作者は不詳だが並々ならぬ技量を感じさせる大作。保存状態もよく、淡い夢見るような色彩は、パレルモのルネッサンスの特異性を感じさせる。ほかにも、シチリアの画家アントネッロ・ダ・メッシーナA. da Messinaの4枚の傑作が残る。特に**『受胎告知のマリア』**Annunziataは必見。中庭も美しい。

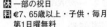

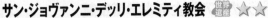

●S.G.デッリ・エレミティ教会
住 Via dei Benedettini
☎ 091-6515019
開 9:00～19:00、日・祝9:00～13:30(最終入場30分前)
休 一部の祝日
料 €7、65歳以上・子供・毎月第1日曜無料

●カテドラーレ
住 Corso V. Emanuele
☎ 091-334373
開 7:00～19:00、日8:00～13:00、16:00～19:00 (最終入場30分前、屋上1時間前)
休 一部の祝日
料 €12、11～17歳€6 (霊廟、宝物庫・地下遺構、クリプタ、屋上への入場含む)
URL www.cattedrale.palermo.it
※霊廟のみ€2、宝物庫・地下遺構とクリプタ€6など組み合わせによって料金に変動あり

新古典様式の内部

●シチリア州立美術館
住 Via Alloro 4
☎ 091-6230011
開 9:00～19:00、日・祝9:00～13:30(最終入場30分前)
休 月、一部の祝日
料 €8

エレガントな逸品揃いの美術館

●シチリア州立考古学博物館
住 Piazza Olivella 24
☎ 091-6116805
開 9:00〜19:00、日・祝9:00〜13:30(最終入場30分前)
休 月、一部の祝日
料 €7、18歳以下無料

パピルスの茂る噴水のある中庭

●カプチン派のカタコンベ
住 Piazza Cappuccini 1
☎ 091-6527389
開 9:00〜12:30、15:00〜17:30(最終入場20分前)
休 一部の祝日
料 €5
URL www.catacombefraticappuccini.com

モンレアーレへの行き方

ノルマン王宮西側のPiazza Indipendenzaから市バス389番で所要約30分。約40分に1便間隔の運行。夏季や日・祝は減便。

●ドゥオーモ
住 Piazza Duomo
☎ 327-3510886
開 9:00〜13:00、14:00〜17:00、日14:00〜17:00(最終入場15分前)
休 一部の祝日　料 €6
URL www.duomomonreale.com

●サンタ・マリア・ラ・ヌオーヴァの回廊付き中庭 Chiostro Monreale di Santa Maria La Nuova
住 Piazza Guglielmo il Buono
☎ 091-7489995
開 9:00〜19:00、日・祝9:00〜13:30(最終入場30分前)
休 一部の祝日　料 €7

古代ギリシアをしのぶ、心地よい博物館

MAP P.488-A2

シチリア州立考古学博物館

Museo Archeologico Regionale　ムゼオ アルケオロジコ レジョナーレ

セリヌンテの神殿遺跡の出土品の展示室

イタリア中から出土した古代ギリシア関係の遺品が集められている。特にセリヌンテのギリシア神殿から出土した古代ギリシアの美術品に注目したい。シラクーサで発掘された青銅の『牡羊像』L'Ariete(ラリエーテ)は必見。ここの建物はかつての修道院を改造したもの。回廊に並べられた石棺をじっくり眺めたりパピルスの茂る噴水のある中庭で休息したりと、気持ちのよい時間がもてる博物館だ。

8000体のミイラが見守る

MAP P.488-B1外

カプチン派のカタコンベ

Catacombe dei Cappuccini　カタコンベ デイ カップチーニ

カタコンベ内部

17世紀から19世紀までの約8000体の遺体が晴れ着をまとい、左右200m、2段になって保存され、その様子は圧巻。保存状態はよく、髪やひげのあるものも。とりわけ、幼女ロザリアのミイラは、まるで眠っているかのようだ。

パレルモ郊外の見どころ

見事なモザイクに圧倒される

モンレアーレ 世界遺産

Monreale　モンレアーレ

ドゥオーモ内部を飾るモザイク

パレルモ市街から南西8kmのカプート山の中腹には、ノルマン・アラブ様式の見事なドゥオーモで有名なモンレアーレがある。1174年からたった2年で完成された聖堂内部は、輝く黄金のモザイクで覆われている。旧約聖書の場面、イエスの生涯などの美しさは息をのむほどだが、内陣の大きなキリスト像が何といっても圧倒的だ。テラスTerrazza(テラッツァ)からの眺めは絶景。また、付属の回廊付き中庭Chiostro(キオストロ)は、回教寺院の中庭風の雰囲気があり必見。

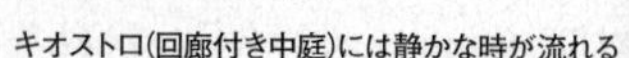
キオストロ(回廊付き中庭)には静かな時が流れる

Ristorante パレルモのレストラン・カフェ

シチリアの中心パレルモには、さまざまな店がひしめきあっている。活気にあふれ、一種独特の雰囲気のあるヴッチリアの市場の臓物料理、気持ちよい屋外のテラスのピッツェリア、そしてろうそくのともる高級店。カフェも立ち食いのお店も充実している。A級グルメもB級グルメも楽しめる町だ。

オステリア・デイ・ヴェスプリ
Osteria dei Vespri

P.488-B2

洗練のシチリア料理

ヴィスコンティの『山猫』のワンシーンにも登場したという由緒ある館の一角にあるエノテカ兼レストラン。シンプルな店内ではシチリア料理をアレンジした、目にも舌にも独創的な料理が味わえる。 要予約

✉ 料理はとても洗練されていておいしく、滞在中に2度行きました。（弾丸ツーリスト）

URL www.osteriadeivespri.it
住 Piazza Croce dei Vespri 6
☎ 091-6171631
営 12:30～14:45、19:30～22:45
休 日
予 €70～(コペルト€4)
C A.D.J.M.V.
交 クアットロ・カンティから徒歩5分

フェッロ・ディ・カヴァッロ
Ferro di Cavallo

P.488-B2

地元の人で大にぎわい

1944年創業の家族経営のパレルモ料理が味わえるトラットリア。前菜やプリモが€7～、セコンド€8という料金と家庭的な味わいが人気で、いつも地元の人で大にぎわい。開店まもなくに出かけるのがおすすめ。8月と12月は営業時間が異なることもあるので確認を。

住 Via Venezia 20
☎ 091-331835
営 12:00～15:00、18:30～23:00、月・火12:00～15:30
休 日、12月は昼のみ営業
予 €25～(コペルト€1)
C A.D.M.V.
交 サン・ドメニコ教会から徒歩2分

トラットリア・デル・マッシモ・アマート
Trattoria del Massimo Amato

P.488-A1・2

シチリア料理が充実

マッシモ劇場の裏手、わかりやすい場所にある、地元の人の食堂的なトラットリア。ランチの手頃なコースが用意されている。シチリア料理の前菜など、家庭料理が充実している。自家製パスタがおすすめ。店内は広くゆったりして居心地がよい。

住 Piazza Giuseppe Verdi 25/26
☎ 091-326155
営 12:30～15:30、19:00～22:30
休 不定休
予 €30～(コペルト€1)
交 マッシモ劇場から徒歩1分

Ⓑ イ・クオキーニ
I Cuochini

P.488-A2

小腹がすいたときに

1826年から続く、パレルモの伝統的スナックの揚げ物やパニーノの店。いつでもできたてがガラスケースに並んでいる。ちょっと小ぶりで1個€1～。店内には立って食べるスペースあり。

住 Via Ruggero Settimo 68
☎ 091-581158
営 8:30～14:30
休 日・祝、8月後半
予 €1～ C M.V.
交 カステルヌオーヴォ広場から徒歩1分

Ⓑ アンティーカ・フォカッチェリア・サン・フランチェスコ
Antica Focacceria San Francesco

P.488-B2

全土にチェーン展開

1834年創業の歴史ある店。名物はモツのスライス煮込みとチーズを挟んだフォカッチャ・マリタータFocaccia Maritata。ほかにもアランチーノなどのスナックが豊富でテイクアウトも可。

住 Via Alessandro Paternostro 58
☎ 091-320264
営 11:00～23:00
休 火、1月
予 €10～
C A.D.M.V.
交 パレルモ中央駅から徒歩11分

アンティーコ・カフェ・スピンナート
Antico Caffè Spinnato

P.488-A2

高級感あふれるカフェ

ナッツでコーティングされたカップCoppa Realeに好みのアイスクリームを盛り合わせてもらえばボリューム満点。また店内で売っているシチリアらしい菓子の詰め合わせなどはおみやげにも最適。

住 Via Principe del Belmonte 107/115
☎ 091-329220
営 7:00～翌1:00
休 12月25日
予 €15～ C A.D.J.M.V.
交 考古学博物館から徒歩3分

オリオル
Oriol Gelateria

P.488-A2

人気のジェラテリア

夏は狭い店内からはみ出すほどお客が並ぶ人気のジェラテリア。ボリュームたっぷりのブリオッシュにはさんだシチリア名物のジェラートをお試しあれ。冬季はチョコレートも店頭に並ぶ。

住 Piazza Ungheria 8
☎ 376-1036965
営 夏季10:00～21:00、冬季10:00～20:00
休 2月～3月中旬
予 €2～ C 不可
交 ポリテアーマ劇場から徒歩3分

Hotel パレルモのホテル

パレルモで経済的な宿を探すのは、そう難しくない。イタリアのほかの都市と比較しても、宿は安め。新市街入口のカステルヌオーヴォ広場近くには、中・高級ホテルが点在し、空港へのプルマンが発着し便利だ。旧市街のベッリーニ広場周辺も中・高級ホテルが多く、駅までは徒歩圏だ。

★★★★★ グランド・ホテル・ワーグナー Grand Hotel Wagner

P.488-A2

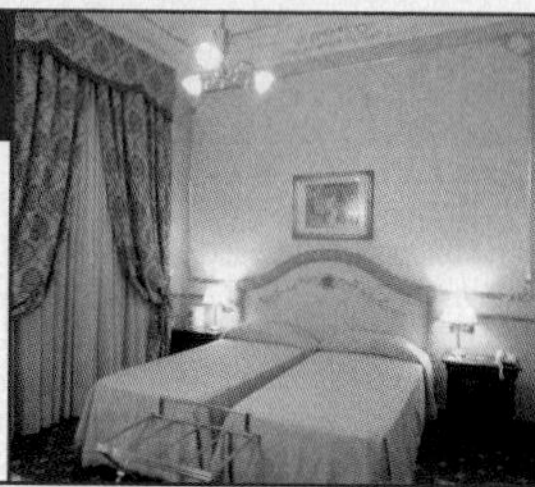

パレルモ貴族の邸宅を改装

20世紀はじめの貴族の大パラッツォを改装したホテル。ロビーやバーはスタッコ細工やフレスコ画で飾られ、古きよき時代を感じさせる重厚なクラシックスタイル。バーのシャンデリアは映画『山猫』の舞踏会シーンで使われたもの。

URL www.grandhotelwagner.it

住 Via Riccardo Wagner 2
☎ 091-336572
Fax 091-335627
SB €120～
TB €150～
室 61室 朝食込み W-F
C A.D.J.M.V.
交 ポリテアーマ広場から徒歩3分

★★★★ グランド・ホテル・ピアッツァ・ボルサ Grand Hotel Piazza Borsa

P.488-B2

歴史あるパラッツォが変身

16世紀に修道院だった歴史ある大パラッツォを全面改装して誕生。広々とした中庭や、19世紀のフレスコ画の残るサロン、ベルエポック様式のレストランなどパレルモの伝統空間が広がる。客室はモダンでエレガント。

URL www.piazzaborsa.com

住 Via dei Cartari 18
☎ 091-320075
Fax 091-6116700
TB €150～
室 127室 朝食込み W-F
C A.D.J.M.V.
交 パレルモ中央駅から徒歩12分

★★★ トニック Hotel Tonic

P.488-A2

便利な立地

港や空港からのバスの停車するカステルヌオーヴォ広場からも近く、観光やショッピングにも便利な立地。こぢんまりした外観ながら、客室は広くて清潔。ホテルの人も感じよく、親切。朝食は、軽食かビュッフェ形式かを予約時に選ぶことができる。

URL www.hoteltonic.it
住 Via Mariano Stabile 126
☎ 091-581754
Fax 091-585560
SB €60～ TS €70～
室 39室 朝食€8 W-F
C A.D.M.V.
交 マッシモ劇場から5分

★★ コルテーゼ Hotel Cortese

P.488-B2

静かで清潔

バッラロ広場のすぐ近く。市場に近くて便利だが、ホテルの周囲は静か。室内は清潔でエアコンも完備。長く続く家族経営らしい落ち着いたホテル。フロントは2階にある。

URL www.hotelcortese.info

住 Via Scarparelli 16
☎ Fax 091-331722
S €50～ SS €55～
T €60～ TS €70～
3S €75～
休 冬季
室 27室 朝食込み W-F
C A.M.V.

★★ ヴィッラ・アルキラーフィ Hotel Villa Archirafi

P.489-B3

2つ星では感動もの

駅から約500m。すぐ近くに植物園が広がり海にも近い。外見はいまひとつだけれど、中はきれいで清潔。長期滞在用のキッチン付きアパートもあり。エアコン付き。

URL www.villaarchirafi.com

住 Via Lincoln 30
☎ Fax 091-6168827
SS €60～
TS €75～
3S €90～
室 37室 朝食込み W-F
C A.D.J.M.V.

★ カヴール Albergo Cavour

P.488-B3

駅チカ、便利で快適

空港からのバスも停車する中央駅そばにあり、便利。古さは感じるものの客室は広くて清潔。客室によっては海が見えるのもポイント。朝食は部屋に運んでくれる。

URL www.albergocavour.com

住 Via Alessandro Manzoni 11、5Piano(6階)
☎ Fax 091-6162759
SS €50～
TS €70～
室 9部屋 朝食込み W-F
C D.M.V.

ア・カーザ・ディ・アミチ A Casa di Amici

P.488-A1

観光スポットに近い

見どころやレストラン、空港行きのバス停にも近く滞在に便利。ドミトリーは男女共用と女性専用に分かれている。個室も2～4名用があり、さまざまな用途に応じて利用できるのがうれしい。

URL www.acasadiamici.com
住 Via Dante 57
☎ 091-7654650
D €25～
TS €70～
室 11部屋 W-F
C D.M.V.

※パレルモの滞在税 YH★€1 ★★€1.50 ★★★€3 ★★★★€4 ★★★★★～★★★★★★€5 最長4泊 11歳以下免除

Taormina
タオルミーナ

美しいパノラマが広がるタオルミーナからの眺め

メッシーナとカターニアのちょうど真ん中に位置するタオルミーナは、シチリアで最も知られたリゾートの町。標高206mの高台にあるため、前には美しいイオニア海を見晴らせ、背後には雄大なエトナ山を望めるというすばらしいパノラマが自慢。年間をとおして楽しめるが、やはり春から秋にかけてがベストシーズン。イタリア人のハネムーナーの多い町。何日か滞在して、ただのんびり過ごしたい。

タオルミーナの歩き方

鉄道駅は町の南、海岸近くにあるので、駅前からはバスに乗る。町の入口は、東側にある**メッシーナ門**Porta Messina。ここから西側の**カターニア門**Porta Cataniaまで続く**ウンベルト1世大通り**Corso Umberto Ⅰがメインストリートだ。通りの中ほどには、**展望台**になっている**4月9日広場**Piazza Ⅸ Aprileが、カターニア門寄りのドゥオーモ広場Piazza del Duomoには、町のシンボルである「女ケンタウロス像」の彫刻が付いた**噴水**とこぢんまりした**大聖堂**がある。夕方や夜など、店のウインドーをのぞきながらこの通りをそぞろ歩いたり、広場のベンチから海をぼんやり眺めたりするのも楽しい。

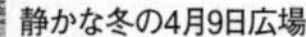
静かな冬の4月9日広場

●郵便番号　98039

タオルミーナへの行き方

パレルモから
トレニタリアでパレルモ中央駅からタオルミーナ駅まで、メッシーナ中央駅、タオルミーナ-ジャルディーニ駅Taormina-Giardiniで乗り継ぎ、レッジョナーレ（R）で所要約4時間30分～6時間。

カターニアから
カターニア中央駅からタオルミーナ駅まで、タオルミーナ-ジャルディーニ駅Taormina-Giardiniで乗り継ぎ、バスで約1時間15分。

プルマンバスで各地から
シチリア各地からINTERBUS/ETNA TRANSPORTI社が運行。メッシーナからタオルミーナまでは約1時間15分～1時間45分で片道€4.30。カターニアからは空港からも直行便が出ており、約1時間30分、片道€7。カターニアの町のバスターミナルからタオルミーナまでは約1時間程度で、€4.60～€5.10。
URL www.interbus.it

ⓘタオルミーナの観光案内所
住 Piazza S. Caterina
☎ 0942-23243
開 8:30～14:00、16:00～19:00、金8:30～14:00
休 土・日・祝
地 P.497-A1

ロープウエイ情報
タオルミーナの旧市街とマッツァーロを結ぶロープウエイ。
開 夏季8:00～翌1:30、冬季8:00～20:00
料 片道€6、往復€10、1日券€20
URL www.traveltaormina.com/en/how-to-reach-us/cable-car.html

●ギリシア劇場
住 Via Teatro Greco 1
☎ 0942-51001
開 5～8月9:00～19:45、4・9月1～15日・10月9:00～19:15、9月16～30日9:00～18:45、10月1～15日9:00～18:15、10月16～30日9:00～17:45、11・12月9:00～16:45（最終入場各45分前）、1月・2月1～15日9:00～16:00、2月16～29日9:00～16:30、3月1～3月15日9:00～17:00、3月16～31日9:00～17:30
休 一部の祝日
料 €12
地 P.497-A2

イソラ・ベッラへの行き方
上述したロープウエイが出ている。健脚派はL.ピランデッロ通りVia L. Pirandelloの展望台Belvedereから細い脇道に入り、坂道と階段を下るとマッツァーロの海岸へ出る。

城塞への行き方
カステルモーラ行きのバスで。徒歩の場合はチルコンヴァッラツィオーネ通りVia Circonvallazioneからつづら折りの急な階段を上る。

さて、タオルミーナの一番の見どころは**ギリシア劇場**Teatro Greco（Teatro Antico Taormina）。メッシーナ門を入ってすぐのエマヌエーレ広場Piazza Vittorio Emanueleから左に延びる緩やかな坂道を、みやげもの店を眺めつつ行くと、突き当たりが入口だ。シラクーサのものに次いでシチリアで2番目に大きなこの劇場は、紀元前3世紀に建造され、その後ローマ人により手が加えられた。美しい空と海とエトナ山を背景にした舞台では、夏の間、演劇、バレエ、コンサートなどさまざまな催しが行われ、今も盛んに使われている。

町の南側の崖の上にあるのは**市民公園**Villa Comunale。ブーゲンビリアやオレンジの木など、エキゾチックな植物が茂る公園のテラスからは、美しい海が見下ろせる。

カステルモーラの村

町の北側のひときわ高いMonte Tauro山頂には、中世の城塞（カステッロ）Castelloが立っている。高台にある中世の町カステルモーラCastelmola行きのバスに乗ってもよいが、チルコンヴァッラツィオーネ通りVia Circonvallazioneからつづら折りの急な階段を苦労して上ったあとに眼前に開ける**パノラマ**は、息をのむすばらしさで疲れも吹き飛ぶ。天気がよければ、煙を吐く**エトナ山**の姿が広大な裾野まで見られるはずだ。向かい側に見えるカステルモーラも美しい。

カステッロからのパノラマ

イソラ・ベッラ　Isola Bella

海辺のリゾート地は、町からバスで10分ほど下った所。**マッツァーロ海岸**Lido di Mazzaroには、高級ホテルが並び、ホテルのプライベートビーチでゆったりとくつろぐ客は皆、長期滞在者。ゆったりと命の洗濯をしに訪れるイタリア人が絶えない。ここと高台の町とは、**ロープウエイ**で行き来できる。上の駅は、バスターミナルとメッシーナ門の中間、Via Luigi Pirandelloのガソリンスタンドの向かい側にある。

映画『グラン・ブルー』の舞台、イソラ・ベッラ

タオルミーナとマッツァーロの町を結ぶロープウエイ

夏場であれば、タオルミーナから近郊へのバスツアーが設定されており、半日から1日かけてエトナ山にガイド付きで登ることもできるので、案内所や町なかにある旅行会社で聞いてみるとよい。

タオルミーナの案内所は、V.エマヌエーレ広場に面したコルヴァヤ館の中にある。きれいなオフィスで働くスタッフは、親切でホテル選びの相談にも乗ってくれる。

シチリアで2番目に大きいギリシア劇場。眼下の海が絶景

見晴らしのいい町

町から約5km、狭い道路の先にカステルモーラCastelmolaの集落がある。標高529m、石灰岩の断崖の上に築かれた中世の町で、すばらしい眺望が広がる。

駅もしくはバスターミナルからINTERBUS/SAIS社のバスで所要約15分、料金片道€1.90で、1日4～9便。帰りの時間も確認しておこう。

Ristorante & Hotel タオルミーナのレストラン&ホテル

夏場は非常に混むので、予約なしで宿を取るのは難しい。また、冬は閉めてしまうホテルもけっこうあるので注意すること。高級なリゾート気分を満喫したいなら、4～5つ星ホテルのレストランもいい。

マルヴァシア Ristorante Malvasia P.497-A1

町の人のおすすめ名店

スパゲッティ・アッレ・ボンゴレやスパゲッティ・アッラ・ボッタルガ(イカ墨)など、新鮮な魚介類のパスタに定評がある。スタッフも親切でコスパもよいので、普段使いできるのも魅力。

住 Viale Apollo Arcageta 8
☎ 0942-625858
開 12:00～15:00、18:30～23:00
休 一部の祝日
予 €40～(コペルト€2)
C M.V.

★★★★★ NH コレクション・タオルミーナ NH Collection Taormina P.497-A1

明るくセンスよいホテル

海を一望できるプールや屋上テラス、くつろげるスパなど施設が充実。オーガニックにこだわった朝食も人気のひとつ。ハネームーナーにもおすすめ。

URL www.nh-collection.com
住 Via Circonvallazione 11
☎ 0942-625202
SB TB €250～
JS €450～
室 63室　朝食込み W-F
C A.D.J.M.V.

★★★ コンドール Condor P.497-A1外

町の北側、高台にある

テラスからは海と町を見下ろす、すばらしい景色が広がる。5名まで利用可能なキッチン付きの別館アパートもある。眺望のよいテラスでの朝食も思い出に残るはず。

URL www.condorhotel.com
住 Via Dietro Cappuccini 25
☎ 0942-23124
Fax 0942-625351
SS €100～
TS €120～
室 12室　朝食込み W-F
休 11月下旬～3月下旬
C A.J.M.V.

★ ヴィッラ・アストリア Pensione Villa Astoria P497-A2

経済的で便利な立地

バスターミナルの前で便利な立地。安くて、きれいで、窓からの眺めもよく、庭もある。駐車場(€15)あり。海を眺められるバルコニー付きの部屋もある。チェックイン14:30～20:30。

URL www.villastoriataormina.com
住 Via L. Pirandello 38
☎ 0942-23943
Fax 0942-629422
SS €75～
TS €110～
室 8室　朝食込み W-F
休 冬季
C M.V.

ジャルディーニ・ナクソスのホテル

タオルミーナから約5km、バスで約10分でジャルディーニ・ナクソスGiardini-Naxosの町へ到着。観光客でにぎわうタオルミーナに比べ、落ち着いていて、治安もよく、ホテルやレストランも手頃で充実している。

★★★ アラテーナ・ロック Arathena Rocks 地図外

シチリア気分に浸れる

海岸通りの喧騒からは、遠く離れ静か。海とプールに囲まれ、シチリアの民芸家具の客室と古きよき時代の香をとどめるサロンなど、雰囲気満点。食事付きのハーフ・ペンショーネが一般的。

住 Via Calcide Eubea 55
☎ 0942-51349
Fax 0942-51690
SS TB €120～
3B €170～
室 51室　朝食込み W-F
休 冬季
C A.J.M.V.

★★★ パッラーディオ Hotel Palladio 地図外

ロケーション抜群

アットホームな雰囲気で客室ごとに異なるインテリアでまとめられている。海側の部屋が開放感あっておすすめ。レストランは4～9月のみ営業。スタッフも親切で居心地がよい。

URL www.hotelpalladiogiardininaxos.it
住 Corso Umberto 470
☎ 0942-52267
Fax 0942-551329
TS €130～
室 19室　朝食込み W-F
C A.D.M.V.

※タオルミーナの滞在税　★€1.50　★★€2.50　★★★€3　★★★★€4　★★★★★€5　最長10泊、12歳以下免除
※ジャルディーニ・ナクソスの滞在税　B&B、★～★★€1.50　★★★€2　★★★★～★★★★★€3　最長10泊、14歳以下免除

Catania
カターニア

世界遺産

●郵便番号　　95100

2013年に世界遺産に登録されたエトナ山を、カターニアの町から望む

ガリバルディ門の時計に刻まれた「私は私の灰から美しく再生した」という誇り高きモットーの似合う町カターニアは、たび重なるエトナ山の噴火に苦しめられた町であった。過去9回もの破壊と再建を繰り返しながら、パレルモに次ぐシチリア第2の都市となった。古い遺跡や数多くのバロック建築が残り、作曲家ベッリーニVincenzo Belliniや作家ヴェルガGiovanni Vergaの生まれた文化の町でもある。

世界遺産

ヴァル・ディ・ノートの後期バロック様式の町々（シチリア島南東部）
登録年2002年　文化遺産

カターニアへの行き方

パレルモから

パレルモ中央駅からカターニア中央駅まで、メッシーナ中央駅で乗り継ぎ、インテルシティ（IC）やレッジョナーレ・ヴェローチェ（RV）で約4時間30分。

シラクーサから

シラクーサ駅からカターニア中央駅までICやRVで約1時間10分。

空港から市内まで

アリバスALIBUSが運行。€4（車内で購入可能）。
●カターニア空港
URL www.aeroporto.catania.it

市内交通

バスと地下鉄の切符は共通。
●1回券　€1（90分間有効）
●1日券　€2.50
URL www.amts.ct.it

カターニアの歩き方

鉄道駅は、町の東1kmの海沿いにある。町の中心部へは、バスか徒歩で約20分。

カターニア生まれの作曲家ベッリーニの像（Piazza Stesicoroにて）

この町では、パレルモ同様シチリアの華やかな面に目を向けたい。ドゥオーモ広場から北に延びる**エトネア通り**Via Etneaを歩きウインドーショッピングを楽しんだり、手入れの行き届いた**ベッリーニ公園**Villa Belliniでのんびりしたり、しゃれたカフェでエスプレッソを注文し、道行く人々を見物してみたい。

なお、ベッリーニ劇場の西側あたりはあまり治安がよくないので、夜は出歩かないこと。

カターニアの見どころ

手入れの行き届いたベッリーニ公園

この地生まれの作曲家ベッリーニV. Belliniを記念した建物などが町にはあふれている。**ベッリーニ公園**Villa Belliniは、亜熱帯の植物が美しい広大な庭園。パピルスの生える泉をかたどった池は詩情豊かで、隅々に芸術性を感じさせる公園だ。**ベッリーニ博物館**Museo Belliniはベッリーニの生家を改造して彼に関する資料を展示している。**ベッリーニ劇場**Teatro Belliniは19世紀建造のオペラ劇場で、重厚な造りの建物で、ベッリーニ広場の一角にある。

また、かつてはギリシア劇場であった、**ローマ劇場**Teatro Romanoや**円形闘技場**Anfiteatroの古い遺跡も残っている。ローマ劇場は紀元前415年に造られ、ローマ時代に改修されたもので、7000人収容の堂々としたもの。

G.B.ヴァッカリーニ作のファサード

そのほかには、バロック様式の**ドゥオーモ**Duomoや**象の噴水**と市庁舎のある**ドゥオーモ広場**Piazza del Duomo、13世紀にローマ時代の遺跡の上に神聖ローマ皇帝の命で造られた**ウルシーノ城**Castello Ursino（内部は市立博物館）など。町一番の繁華街**エトネア通り**Via Etneaには高級ブティックやカフェが軒を連ねる。

フリードリッヒ建造の城

町の観光案内所
ℹドゥオーモ前
住 Via Vittorio Emanuele Ⅱ 172
☎ 095-7425573
開 8:00～19:00、日8:30～13:30
休 一部の祝日
地 P.500-B1
ℹカターニア空港
住 Via Fontanarossa
☎ 095-7239111
開 8:00～19:15
休 日・祝

●ベッリーニ博物館
住 Piazza S. Francesco d'Assisi 3
☎ 095-7150535
開 9:00～19:00、日9:00～13:00
休 一部の祝日
料 €5　地 P.500-B1
URL www.museovincenzobellini.it

●ベッリーニ劇場
住 Via Giuseppe Perrotta 12
☎ 095-7306111
開 9:30～13:00（ガイド付きツアーのみ、最終入場30分前）
休 日・月
料 €6.50、65歳以上・18歳以下€4.50
地 P.500-B1
URL www.teatromassimobellini.it
※オペラやバレエの公演、チケット情報も公式サイトをチェック

●ドゥオーモ
住 Via Vittorio Emanuele II 163
☎ 095-320044
開 7:15～12:30、16:00～19:00、日7:45～12:30、16:00～19:00
休 宗教行事の際は拝観不可
地 P.500-B1
URL www.cattedralecatania.it

●ウルシーノ城内市立博物館
住 Piazza Federico di Svevia
☎ 095-345830
開 9:30～19:00(最終入場1時間前)
休 一部の祝日　料 €12
地 P.500-B1

Ristorante & Hotel　カターニアのレストラン&ホテル

アンティカ・マリーナ
Osteria Antica Marina　P.500-B1

新鮮な海の幸なら
近くの市場で仕入れたばかりの新鮮な魚介類を中心にしたカターニア料理が味わえる。種類豊富な前菜やスペシャリテをセットした手頃な定食も人気。
できれば予約

住 Via Pardro 29
☎ 095-348197
営 12:30～15:00、19:30～23:00
休 1月の15日間
予 €50～(コペルト€2.50)
C A.D.M.V.
交 ドゥオーモから徒歩2分

★★★★ リバティ・ホテル
Liberty Hotel　P.500-A1

クラシックな雰囲気
客室は上品でエレガントな調度品が置かれ、モザイク画が施されたバスルームが美しい。バスタブ付きもある。デラックススイートルームはメゾネットタイプで広々と快適。スタッフも親切。

URL www.libertyhotel.it
住 Via San Vito 40
☎ 095-311651
SS €170～
TS €200～
室 18室　朝食込み W-F
C A.J.M.V.

※カターニア滞在税　B&B、★～★★★€2　★★★★€2.50　★★★★★€3.50　最長3泊、18歳以下免除

Siracusa シラクーサ

●郵便番号　　96100

世界遺産

シラクーザとパンタリカの
岩壁墓地遺跡
登録年2005年　文化遺産

シラクーサへの行き方

メッシーナから
トレニタリアでメッシーナ中央駅からシラクーサ中央駅まで、インテルシティ（IC）やレッジョナーレ・ヴェローチェ（RV）で約2時間30分〜2時間50分。

カターニアから
カターニア中央駅からシラクーサ中央駅まで、ICやRVで約1時間15分。

パレルモからはプルマンバス利用がおすすめ
パレルモからは鉄道を使うと乗り継ぎが発生するのでバスのほうが便利。シラクーサ中央駅前のVia Rubinoのターミナルに到着。アグリジェントからもFlixBusなどの利用でシラクーサ中央駅まで約3時間。

パレルモから
内陸部の高速道路を抜けてINTERBUS社のプルマンで約3時間20分。平日は1日2〜3便程度。

市内交通
駅前からオルティージャ島へは徒歩約20分。SAIS社のバス3番が約30分ごとの運行で、所要約10分。ネアポリス考古学公園方面へも歩くと約20分で市バス105番などを利用。
●1回券　€1.50（90分間有効）

緑いっぱいの考古学地区

すべてのギリシア都市のなかで、最も大きく、最も美しいとたたえられたこの町は、「アルキメデスの原理」で有名なギリシアの数学者アルキメデス（紀元前287？〜212）の生まれた所。

全シチリアに影響を与えるだけの力をもつ町に発展したシラクーサだが、ここではアテネのような民主主義は育たず、僭主（せんしゅ）ディオニュシオスの専制政治の下に人々は暮らすようになった。

やがて、ローマの支配に続き、聖パオロの布教でキリスト教都市になるが、9世紀にアラブ人に征服された。

シラクーサの歩き方

マドンナ・デッレ・ラクリメ聖所祈念堂は、新市街のシンボル

シラクーサへのプルマンはパレルモ、カターニアを結ぶINTERBUS社、ノート、カターニアを結ぶAST社が運行しており、トレニタリア中央駅前近くのバスターミナルが終始点。ここからオルティージャ島の入口までミニバスが運行している。徒歩でも20分程度。シラクーサの見どころは、ギリシア・ローマ時代の遺跡が残る**ネアポリス考古学公園**Parco Archeologico della Neapolis（パルコ アルケオロジコ デッラ ネアポリス）と、橋でつながれた**オルティージャ島**に広がる**旧市街**Città Vecchia（チッタヴェッキア）の2ヵ所に固まっている。鉄道駅の東側には、**新市街**が広がり、北側にネアポリス考古学公園、南東に旧市街が位置している。どこに行くにも徒歩で十分。特にオルティージャ島の細い路地を歩くのは楽しい。オルティージャ島入口近く、アポロ神殿から海沿いの一帯では平日の午前中に活気あふれる生鮮市場が店開きする。島の西側のフォロ・イタリコは緑のプロムナード。映画『マレーナ』の撮影にも使われた場所。夏の夜は涼を求める町の人たちでにぎわいを見せる。

シラクーサの見どころ

ネアポリス考古学公園

ギリシア・ローマ時代の遺跡が広々とした公園の中に点在する。近くには遊園地もあり市民の憩いの場になっている。必見なのは、ギリシア劇場、天国の石切り場、円形闘技場だが、そのほかヒエロン2世の祭壇Ara di Ierone Ⅱ（アーラ ディ イエローネ セコンド）、ネクロポリNecropoli dei Grotticelliなどがある（ネアポリス考古学公園、ギリシア劇場の共通券€13.50）。

夏季週末のギリシア劇場は催事のため入場は16:00頃までの場合がある。切符にスタンプをもらえば翌日の午前に見学できるが、なるべく早めに見学してしまうのがベターだ。

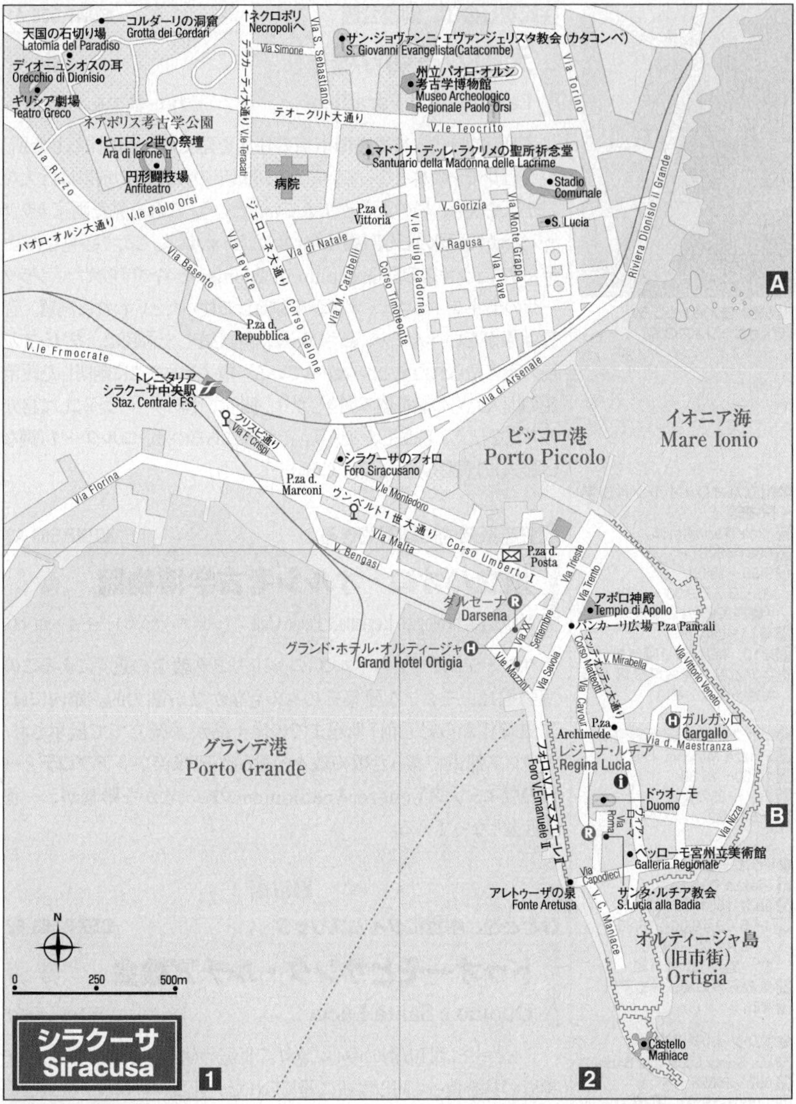

コルダーリの洞窟
Grotta dei Cordari
天国の石切り場
Latomia del Paradiso
ディオニュシオスの耳
Orecchio di Dionisio
ギリシア劇場
Teatro Greco
ネアポリス考古学公園
ヒエロン2世の祭壇
Ara di Ierone II
円形闘技場
Anfiteatro
ネクロポリ
Necropoliへ
Via Simone
Via S. Sebastiano
テラカーティ大通り Vle Teracati
サン・ジョヴァンニ・エヴァンジェリスタ教会（カタコンベ）
S. Giovanni Evangelista(Catacombe)
州立パオロ・オルシ考古学博物館
Museo Archeologico Regionale Paolo Orsi
Via Torino
テオークリト大通り
V.le Teocrito
マドンナ・デッレ・ラクリメの聖所祈念堂
Santuario della Madonna delle Lacrime
Stadio Comunale
S. Lucia
Via Rizzo
病院
パオロ・オルシ大通り V.le Paolo Orsi
ジェローネ大通り
P.za d. Vittoria
V. Gorizia
V. Ragusa
Via Monte Grappa
Via Piave
Riviera Dionisio il Grande
Via di Natale
Via Basento
Via Tevere
Via M. Carabelli
Corso Timoleonte
V.le Luigi Cadorna
Corso Gelone
P.za d. Repubblica
V.le Frmocrate
トレニタリア
シラクーサ中央駅
Staz. Centrale F.S.
Via d. Arsenale
イオニア海
Mare Ionio
クリスピ通り
Via F. Crispi
シラクーサのフォロ
Foro Siracusano
ピッコロ港
Porto Piccolo
Via Florina
P.za d. Marconi
ウンベルト1世大通り
V.le Montedoro
Via Malta
Corso Umberto I
V. Bengasi
P.za d. Posta
Via Trieste
Via Trento
ダルセーナ
Darsena
アポロ神殿
Tempio di Apollo
パンカーリ広場 P.za Pancali
グランド・ホテル・オルティージャ
Grand Hotel Ortigia
Via XX Settembre
V.le Mazzini
Via Savoia
マッテオッティ大通り
Corso Matteotti
V. Mirabella
Via Vittorio Veneto
Via Cavour
P.za Archimede
ガルガッロ
Gargallo
Via d. Maestranza
グランデ港
Porto Grande
フォロ・V.エマヌエーレII
Foro V.Emanuele II
レジーナ・ルチア
Regina Lucia
ドゥオーモ
Duomo
ヴィア・ローマ
Via Roma
Via Nizza
ベッローモ宮州立美術館
Galleria Regionale
Via Capodieci
アレトゥーザの泉
Fonte Aretusa
サンタ・ルチア教会
S.Lucia alla Badia
V. C. Maniace
オルティージャ島
（旧市街）
Ortigia
N
0
250
500m
Castello Maniace
シラクーサ
Siracusa
A
B
1
2

巨大な古代劇場 MAP P.503-A1

ギリシア劇場 ★★★

Teatro Greco テアトロ グレコ

紀元前5世紀のシラクーサ全盛期のもの。直径130mという大きな劇場で、保存状態も非常によい。半円形のギリシア劇場はどこからでも舞台が見渡せ、現代でも優れた劇場だと納得できる。5月と6月（隔年）には本格的なギリシア劇が上演される。劇場の背後の小高い丘は、ギリシア人たちの墓になっている。古代の人は死んでも劇を観る楽しみを失いたくなかったからとか。

●ネアポリス考古学公園
住 Via del Teatro Greco
☎ 0931-876602
開 8:30〜17:30（最終入場16:00）、土・日・祝8:30〜13:40（最終入場12:30）
料 €13.50、17歳以下・毎月第1日曜無料

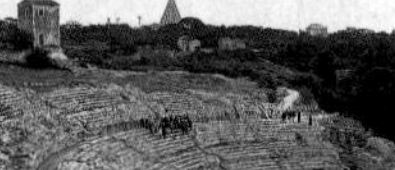

世界最大の古代劇場

形も言い伝えもおもしろい「ディオニュシオスの耳」

往時をしのぶ、洞窟公園

MAP P.503-A1

天国の石切り場

Latomia del Paradiso ラトミーア デル パラディーソ

ギリシア時代、神殿や旧市街の住居を建てるために採石した所。現在はレモンの林となっているが、1693年の大地震の前には巨大な岩が天を突き、岩の天蓋ができていたという。これを見た画家カラヴァッジョが"天国の石切り場"と名づけたといわれる。ここで必見なのは、ディオニュシオスの耳Orecchio di Dionisio(オレッキオ ディ ディオニージョ)と名づけられた、シラクーサの僭主(せんしゅ)ディオニュシオスが牢獄として使ったといわれる洞窟。音響効果がたいへんよい、高さ36mの耳の形をした洞窟は、ギリシア劇場の上に造られた墓とつながっている。僭主は、ここに幽閉した政治犯の囚人たちの話を盗み聞きしたり、彼らに"神の声"のようにして自分の考えを伝え、洗脳したという。その隣にあるのは、コルダーリ(縄ない職人)の洞窟Grotta dei Cordari。

歴史を系統的に理解できる

MAP P.503-A2

州立パオロ・オルシ考古学博物館

Museo Archeologico Regionale Paolo Orsi ムゼオ アルケオロジコ レジョナーレ パオロ オルシ

サン・ジョヴァンニ・エヴァンジェリスタ教会の近くにあるこの博物館は、モダンな建築そのものもなかなか魅力的。館内には、先史時代から紀元前7世紀までの出土品が系統立てて展示され、ギリシア都市であった頃の数々の遺品が興味深い。アフロディーテのヴィーナスVenere Anadiomene(ヴェーネレ アナディオメーネ)のふくよかな彫刻が、一番の目玉となっている。

●州立パオロ・オルシ考古学博物館
住 Viale Teocrito 66
☎ 0931-489511
開 9:00～19:00、土・日・祝9:00～14:00（最終入場1時間前）
休 月、一部の祝日
料 €10、毎月第1日曜無料
※ネアポリス考古学公園との共通チケット€18

ℹシラクーサの観光案内所
住 Piazza Minerva 4
開 10:30～13:30
休 日、一部の祝日
地 P.503-B2

旧市街

ひとときき、中世にタイムスリップ

MAP P.503-B2

ドゥオーモとサンタ・ルチア教会

Duomo e Santa Lucia ドゥオーモ／サンタ・ルチア

ドゥオーモは旧市街の中心にあり、7世紀の建造。かつてのギリシア神殿の柱を使って同じ場所に建てられた。正面(ファサード)のバロック様式は重厚で必見。ドゥオーモ広場に立つと一瞬中世にタイムスリップした気分になる。広場に面した建物はバロック様式だが、装飾が少なくシンプルな印象を与える。

ドゥオーモ広場の南側に立つのがサンタ・ルチア教会。主祭壇を飾るのは、シラクーサに逗留した晩年のカラヴァッジョによる『聖ルチアの埋葬』Seppellimento di S.Lucia。横たわる聖ルチアを囲み、墓掘り人と死を悼む人々の姿が劇的に描かれている。

カラヴァッジョ作『聖ルチアの埋葬』

●ドゥオーモ
住 Piazza Duomo 5
☎ 0931-1561472
開 4～6・9月9:00～18:30、7・8月9:00～19:00、10～3月9:00～17:30
休 宗教行事の際は拝観不可
料 €2

●サンタ・ルチア教会
住 Via Santa Lucia alla Badia 2
☎ 0931-65328
開 11:00～16:00 休 月

バロック様式で重厚なドゥオーモ

シチリアゆかりの美術を展示　MAP P.503-B2

ベッローモ宮州立美術館 ☆

Galleria Regionale di Palazzo Bellomo　ガッレリア レジョナーレ ディ パラッツォ ベッローモ

趣のあるカタロニア様式の残る、13世紀建造の美しい宮殿にある美術館。中世から現代までの絵画と彫刻を中心に展示している。収蔵品のなかでよく知られているのは、アントネッロ・ダ・メッシーナの『受胎告知』Annunciazione（アンヌンチャツィオーネ）など。

趣のあるベッローモ宮にある美しい美術館

●ベッローモ宮州立美術館
住 Via Capodieci 14
☎ 0931-69511
開 9:00～19:00、日9:00～13:30（最終入場30分前）
休 月、一部の祝日
料 €8

悠久の時を知るパピルスが茂る　MAP P.503-B2

アレトゥーザの泉 ☆

Fonte Aretusa　フォンテ アレトゥーザ

旧市街の西側の海沿いにある小さな淡水の池。池にはパピルスが自生し、白鳥が泳ぐ。この泉には、ニンフのアレトゥーザが川の神アルフェウスに追われて泉になったという伝説がある。泉の脇から海岸通りへ下りることもできる。

●アレトゥーザの泉
住 Largo Aretusa
☎ 0931-65861
開 10:00～13:00、土・日18:00～21:00（最終入場30分前）
休 火
料 €5、7～18歳以下€3、6歳以下無料
URL www.fontearetusasiracusa.it

アレトゥーザの泉

Ristorante & Hotel　シラクーサのレストラン&ホテル

中・高級ホテルは新市街地の北東に点在。手頃な値段の3つ星から2つ星のホテルや、B&Bはオルティージャ島に点在する。シラクーサはシチリアきっての食通の町として有名。

ダルセーナ
Ristorante Darsena Da Ianuzzo　P.503-B2

地元では有名な店
お店に活気があり食材も新鮮。値段もリーズナブル。オルティージャ島への橋近く。魚料理が中心。ビュッフェの前菜やウニのスパゲティはお店の人のおすすめで人気メニュー。

住 Riva Garibaldi 6
☎ 331-3422000
営 12:30～15:30、19:30～23:00
休 水
予 €35～（コペルト€2.50）
C A.D.J.M.V.

レジーナ・ルチア
Ristorante Regina Lucia　P.503-B2

おいしい魚料理
ドゥオーモ広場にある。夏は広場のテーブルで美しい広場を見ながらの食事もいい。店内はエレガントな雰囲気。郷土料理をひとひねりした料理が味わえる。
できれば予約

住 Piazza Duomo 6
☎ 0931-22509
営 12:00～23:00
休 火、11月2週間
予 €60～（コペルト€4）
C J.M.V.

★★★★★ グランド・ホテル・オルティージャ
Grand Hotel Ortigia　P.503-B2

雰囲気・サービスともよい
海沿いに立つ、町一番の伝統ホテル。最新式の設備に親切なスタッフ、廊下にはオレンジの篭（かご）。美しい海を見ながらの朝食もグッド。シラクーサの駅から2km。
URL www.grandhotelortigia.it

住 Viale Mazzini 12
☎ 0931-464600
Fax 0931-464611
SS SB €190～
TS TB €230～
室 58室　朝食込み W-Fi
C A.D.J.M.V.

★★★ ガルガッロ
Hotel Gargallo　P.503-B2

ロケーションが抜群
旧市街の中心部にあり、さまざまな見どころへのアクセスがいいプチホテル。冬季は値段が下がり、公式サイトからの予約がお得に。1階にレストランを併設していて、シチリア料理が楽しめる。

URL hotelgargallo.it
住 Via Tommaso Gargallo 58
☎ 0931-464938
Fax 0931-69987
TS €95～　JS €130～
室 16室　朝食込み W-Fi
C A.M.V.

※シラクーサの滞在税　宿によって€3～5が発生する、最長7泊

Agrigento
アグリジェント

世界遺産

●郵便番号　92100

世界遺産

アグリジェントの遺跡地域
登録年1997年　文化遺産

アグリジェントへの行き方

パレルモから

パレルモ中央駅からアグリジェント中央駅までレッジョナーレ（R）で約2時間。1時間に1便程度。

カターニアから

カターニア中央駅からメッシーナ中央駅Messina Centrale、Termini Imereseと2回乗り継いでアグリジェント中央駅まで約6時間。

プルマンバスでパレルモから

パレルモのバスターミナルからCUFFARO社の運行でアグリジェントまで所要約2時間、平日7便、土5便、日・祝3便程度。片道€9、往復€14.20。切符は車内購入可。アグリジェントではプルマンのターミナルと鉄道駅はほぼ同じ。いずれも遺跡へは市内バスなどでの移動が必要。

URL www.cuffaro.info

市内交通

アグリジェント中央駅から神殿の谷までは徒歩約30分。市バスLinea 1で所要約10分。

●1回券　€1.20（90分間有効）
●1日券　€3.40

アグリジェント行きの列車

パレルモからの列車は途中切り離しがあるので、進行方向前方2両に乗車しよう。終点のアグリジェント中央駅で下車したら、ホームを背に右の階段を上がる。途中のバールでバスの切符を販売している。外に出て、広場を横切った道路の突き当たりに神殿の谷へ行くバス停がある。

夕方にはアグリジェント駅の切符窓口は閉まる。自動券売機はあるが、心配ならパレルモ駅で往復の切符の購入を。

アグリジェントのシンボル、ディオスクロイ神殿と遺跡群

ギリシアの大叙情詩人ピンダロスが“世界で最も美しい”とうたい上げた町、アグリジェント。今もギリシアの遺跡は、町の南部に当時の姿そのままに残る。

“神殿の谷”と呼ばれ、20あまりの神殿が残る一帯にいたる道の両脇には、春にはアーモンドの白い花が、真夏には夾竹桃（きょうちくとう）の真っ赤な花が咲き誇り旅人を迎えてくれるだろう。花々に囲まれてプロムナードを歩いていると、一瞬ギリシアにいるような錯覚に陥ってしまうに違いない。

アグリジェントの歩き方

駅は新市街の南にあり、駅前広場の脇の階段を上がると新市街だ。神殿の谷へは、駅前から出ている1、2、3番など（多数の便あり）のバスで向かおう。

神殿の谷は、町の中心から3kmほどの、なだらかな傾斜が続いている所。日没の頃、神殿の谷から町の方角を眺めると、黒いシルエットの中に町が浮かび上がり実に美しい。神殿の脇にはオリーブや夾竹桃が枝を伸ばすものの、夏の日差しは厳しい。帽子や日焼け止め、水などを準備して歩こう。

案内所は、駅構内（ホーム手前）に小さなデスクがあるほか、駅前の広場Piazza Marconiから左にある広場Piazzale A. Moroへ500mほど進んだ左側にある。見やすい地図やパンフレットなどがもらえる。

アグリジェントの見どころ

古代ギリシアを今に伝える　MAP P.506-B

神殿の谷　★★★

Valle dei Templi　ヴァッレ デイ テンプリ

カルタゴにより完全破壊された

ディオスクロイ(カストール・ポルックス)神殿

Tempio dei Dioscuri(di Castore e Polluce)★★

紀元前5世紀の神殿の跡。カルタゴ軍により完全に破壊されてしまったが、この地点で見つかった断片を用いて1832年にごく一部だけ復元された。オリジナルの白い漆喰(しっくい)が残っている。

巨大な石像が支えた神殿

ジョーヴェ・オリンピコ(ジュピター)神殿

Tempio di Giove Olimpico　★

地震により神殿は崩壊してしまい、石積みの跡が残っている。横たわる7.75mの巨大な**人像柱**Telamoneが目を引くが、これは神殿を支えていた柱のひとつをコピーしたもの。オリジナルは州立考古学博物館にある。

巨大な列柱の神殿跡

エルコレ(ヘラクレス)神殿　Tempio di Ercole ★★

アグリジェント最古の
エルコレ神殿

紀元前520年に建てられた、アグリジェント最古の初期ドーリス式神殿。ほかの神殿と同様、かつての地震で崩れてしまっていたが、英国人考古学者ハードキャッスル卿が8本の柱を復元した。すぐ近くには、**「テローネの墓」**Tomba di Teroneと呼ばれる、カルタゴ軍と戦ったローマ兵の記念碑が立っている。

また、エルコレ神殿とコンコルディア神殿の間には、古代の壁に造られたキリスト教時代の墓(ネクローポリ)Necropoliが多く見られる。

アグリジェントのシンボル

コンコルディア神殿　Tempio della Concordia ★★★

シチリア最大の
コンコルディア神殿

紀元前450〜440年に建てられたドーリス式の神殿で、シチリア最大のもの（42×19.7m)。保存状態もよく、ギリシア神殿としては、アテネのパルテノンに次いで完全なもの。6世紀にキリスト教教会として利用されていたが、それが逆にこの異教の神殿を良好な状態で残すこととなった。

●神殿の谷
☎ 0922-621611
開 8:30〜20:00（最終入場1時間前）
休 無休
料 €12、毎月第1日曜無料
※神殿の谷は道路を隔て2ヵ所に分かれているが公園内の歩道橋で接続している
※トイレは駐車場の向かいから入る公園内、坂を上った左側に設置

神殿の谷と州立考古学博物館の共通入場券

神殿の谷と州立考古学博物館の共通券は€16.50。企画展などが行われている場合は、料金の変動あり。

ディオスクロイ神殿

神殿の谷の歩き方

ポルタ・クイントから入ると、一番端のジュノーネ・ラチニア（ヘラ）神殿へは緩やかな坂道を2km上がる。季節には水仙やアーモンドの花が咲き、緑と遺跡のなかに道が続いており、神殿も目印になるので迷うことはない。途中にトイレやバールなどもある。

神殿の谷のバス停とミニバス

神殿の谷入口のバス停はサンタンナSant'Annaポルタ・クイントPorta V（Quinto)。進行方向左に広い駐車場がある。駅から約10分。ややわかりづらいので、運転手に教えてもらおう。切符売り場は各種売店の先にある。季節によっては駐車場近くからジュノーネ・ラチニア(ヘラ)神殿まで大きなカートのようなミニバスが運行。

バスで移動を

州立考古学博物館やその近くのヘレニズム・ローマ期地区へは駅と神殿の谷行きを結ぶバスの経路。神殿の谷から博物館などへは、バスを利用しよう。カーブで交通量も多く、歩道のない場所もあるので、歩くのは避けるのが無難。

●州立考古学博物館
住 Contrada San Nicola
☎ 0922-401565
開 9:00～19:30（最終入場30分前）
休 一部の祝日
料 €9、毎月第1日曜無料、神殿の谷との共通券あり（→P.507）

巨大なテラモーネ

●ヘレニズム期・ローマ期地区
開 8:30～20:00（最終入場1時間前）
休 無休
料 神殿の谷（→P.507）と同様

ℹアグリジェントの観光案内所
住 Via San Francesco d'Assisi 1
☎ 0922-611129
開 9:00～13:00、15:00～19:00
休 月、一部の祝日
地 P.506-A

ほぼ完全な姿で残る優美な神殿

ジュノーネ・ラチニア（ヘラ）神殿
Tempio di Giunone Lacinia ★★

東の端にあるこの神殿は、紀元前460～440年に建てられた。34本の柱のうち25本がほぼ完全な姿で残っており、後期ドーリス式の洗練されたスタイルを見ることができる。

ジュノーネ・ラチニア神殿

古代シチリアの文化を展示 MAP P.506-B

州立考古学博物館 
Museo Archeologico Regionale ムゼオ アルケオロジコ レジョナーレ

町と神殿群の間にある、シチリアで第2の規模の博物館。アグリジェントをはじめ、中部から出土した陶器のコレクションがすばらしい。ジョーヴェ・オリンピコ神殿にあったTelamone（テラモーネ）のオリジナルは圧倒的な迫力。横にほかのテラモーネの頭部が展示されているが、左から「アジア」「アフリカ」「ヨーロッパ」を表しているのだそうだ。モザイク、仮面、石棺などもある。

博物館の隣には、紀元前1世紀のファラリーデの小礼拝堂Oratorio di Falaride（オラトリオ ディ ファラリーデ）と呼ばれる、元来はヘレニズム期の小さな神殿と推測されるものがある。また、市民会議が行われた3000人収容の小円形劇場Comitium（コミティウム）跡、神殿群がよく見渡せる13世紀のサン・ニコラ教会San Nicolaがあるので、寄ってみるとよい。

古代ローマの町をしのぶ MAP P.506-B

ヘレニズム期・ローマ期地区 
Quartiere Ellenistico-Romano クアルティエーレ エッレニスティコ ロマーノ

考古学博物館のすぐ近く。4本の大通りが走るこの遺構を見ると、紀元前4～3世紀頃のローマの町がどういう造りになっていたかがよくわかる。価値の高いモザイクの床は、覆いの下に保護されている。

ローマ期地区

Ristorante & Hotel

アグリジェントのレストラン&ホテル

デイ・テンプリ Dei Templi
P.506-B

眺望と料理を楽しむ
神殿の谷を見下ろす場所にたつレストラン。眺めも味もよく、散策で疲れた昼どきには最適だ。オーソドックスなシチリア料理をベースにして、特に魚料理には定評がある。 要予約

住 Via Panoramica dei Templi 15
☎ 0922-403110
営 12:30～15:00、19:30～23:00、金12:00～23:00
休 日
予 €35～(コペルト€2)
C A.D.M.V.

★★★★★ ヴィッラ・アテナ Villa Athena
P.506-B

神殿を目と鼻の先におく
抜群のロケーションのホテル。映画俳優や著名人も多数訪れた。15の部屋がコンコルディア神殿の方向に面しており、夜はライトアップされた神殿を部屋から眺められる。駅からはバスで。

URL www.hotelvillaathena.it
住 Via Passegiata Archeologica 33
☎ 0922-596288
Fax 0922-402180
TB €300～
室 29室　朝食込み W-F
C D.J.M.V.

★★★★ コッレヴェルデ・パーク・ホテル Colleverde Park Hotel
P.506-B

眺望と美しい庭園
神殿の谷のすぐ前にあるホテル。少々高いが、神殿がよく眺められる美しい庭園とテラスがあるし、部屋からの眺めもよい。バルコニー付きの部屋がおすすめ。

URL www.colleverdehotel.it
住 Via Panoramica dei Templi
☎ 0922-29555
Fax 0922-29012
SB TB €100～
室 48室　朝食込み W-F
C A.D.J.M.V.

★★★★ ホテル・デッラ・ヴァッレ Hotel della Valle
P.506-A

駅も遺跡も徒歩圏内
建物自体は古いが清潔でよく手入れされている。敷地内にあるプールは広々としており、ここでのんびり過ごす観光客の姿も見受けられる。レストランを併設しているのでディナーもここで。

URL www.hoteldellavalleagrigento.it
住 Via Ugo la Malfa 3
☎ 0922-26966
TS €95～
3S €155～
室 113室　朝食込み W-F
C A.D.M.V.

※アグリジェントの滞在税　★～★★★€1　★★★€2　★★★★～★★★★★€3　最長4泊

イタリア美術史

Arte greca　ギリシア美術

コンコルディア神殿

古代ローマ帝国は古代地中海文明を統合し、西洋文化の基盤を形成したわけであるが、この壮大な規模のローマ文化ももとはといえば、ローマ地方やイタリア半島に栄えた先住民族の文化を背景にしている。なかでも南イタリア、シチリア島のギリシア植民都市とエトルリアのふたつの文化が大きな役割を果たしている。

E神殿(セリヌンテ)

ギリシア劇場(シラクーサ)

●ギリシア植民都市 Magna Grecia

紀元前8世紀以降、半島南部とシチリア島の海岸沿いの地域にギリシア人が植民都市を建設し、マグナ・グレキア(大ギリシア)と呼ばれる。各都市は地中海貿易を通して繁栄し、ギリシア本土の都市をしのぐほどであった。都市の勢力を誇示する象徴的で同時にモニュメンタルな宗教建築が次々と建てられ、紀元前6世紀にはドーリス式とイオニア式の二大建築様式が流入する。シチリアのギリシア神殿の特徴は、縦長のプランで内部空間の構造が本土とは異なることと、正面を強調したモニュメンタル性である。セリヌンテSelinunteの神殿群は、前室、神室、アデュトンという構造をもつ縦長のプランで、正面は前柱式によって際立っている。広大な空間への志向とイオニア式プランをドーリス式の構造で処理した典型例。ほかにアグリジェント(コンコルディア神殿Tempio della Concordia、紀元前5世紀)、ナポリ近郊のパエストゥムPaestum (ヘラ神殿Ⅱ Tempio di HeraⅡ、紀元前5世紀) (→P.458) に代表例があり、シラクーサにはギリシア世界最大の野外劇場が現存。

(望月一史)

「文明の十字路」シチリア、異文化と熱き大地、青海原が育んだ料理

■シチリア州の料理

前菜は野菜料理を使ったものが多くCaponata(カポナータ)はナスやズッキーニ、大型ピーマンとトマトの蒸し煮で**イタリア風ラタトゥイユ**。Parmigiano di Melanzane(パルミジャーノ ディ メランザーネ)はナスのグラタン、意外な感もあるが**ミートボール**Polpettine(ポルペッティーネ)のトマト煮も人気。特産のオレンジは**サラダ**Insalata di Arance(インサラータ ディ アランチェ)として前菜に登場する。Sarde a Beccafico(サルデ ア ベッカフィーコ)はイワシにパン粉や松の実などを詰めて焼いたもの。**メカジキ**Pesce Spada(ペーシェ スパーダ)の**燻製**Affumicato(アッフミカート)の薄切りなどが定番だ。

シチリア風野菜の前菜いろいろ

プリモでは**イワシのパスタ**Pasta con le Sarde(パスタ コン レ サルデ)は個性的なひと皿。イワシを松の実、野生のウイキョウFinocchio(フィノッキオ)とソテーして、パスタとあえたもの。混然一体となった黒っぽいソースにちょっと驚くがシチリアを代表するひと皿だ。シチリア出身のベッリーニのオペラから名前がつけられた**ノルマ風パスタ**Pasta alla Norma(パスタ アッラ ノルマ)はトマトソースとリコッタであえ、大きなナスのフライがのったもの。

イワシのパスタにもチャレンジ!

セコンドでもやはり**メカジキ**Pesce Spada(ペーシェ スパーダ)が欠かせない。厚めのスライスをグリルやソテーにしたり、Involtini di Spada(インヴォルティーニ ディ スパーダ)は薄切りにしたトマトやケッパーなどを挟んで巻いて串に刺して焼いたもの。ほかの南イタリアの町と同様に魚介類の**フリット**Fritto Misto(フリット ミスト)も定番だ。トラーパニをはじめシチリア西部で食べられる**クスクス**Cous cousは本来はアラブ料理ながら、ここでは魚を主体にアレンジされている。うま味が濃いスープをかけて食す。

魚介のフリットは最強の定番だ

シチリア菓子のおいしさは、イタリアでも評価が高い。**ジェラート**Gelatoはフカフカのブリオッシュ Brioche(ブリオッシュ)に挟むのがシチリア流。特産のレモンLimone(リモーネ)やアーモンドMandorle(マンドルレ)のシャーベット=**グラニータ**Granitaは土地ならではのおいしさ。**カンノーロ**Cannoloは筒形の揚げパイにリコッタチーズとドライフルーツを詰めたもの。**カッサータ**Cassataはスポンジケーキでドライフルーツとリコッタチーズを挟み、砂糖衣をかけてドライフルーツを飾った豪華なもの。

レモンの柔らかなシャーベット、グラニータがおいしい

シチリアのB級グルメは、揚げたライスボールの**アランチーニ**Arancini。オレンジArancia(アランチャ)のように丸く大きく、ミートソース味Ragu(ラグー)などでボリュームも満点。パレルモの下町や屋台で、よく見かけるパニーノは子牛の肺と脾臓をゆでたものを挟んだPanino con Milza(パニーノ コンミルツァ)。地元の人に大人気のスナックだ。エジプト豆の粉を練って揚げたものを挟んだPanino con Panelle(パニーノ コン パネッレ)は食べやすい。

B級グルメが充実!
パニーノ・コン・ミルツァ

●おすすめワイン●

チェラスオーロ Cerasuolo　　**D.O.C.G**

赤、辛口

シチリア唯一のD.O.C.Gワインで香り高くエレガント

アルカモ Alcamo

赤(辛口)、白(辛口、半甘口)、ロゼ(辛口)

白の産出量が多く、フレッシュで魚料理に最適

エトナ Etna

赤、白、ロゼ、辛口

エトナ山周辺で産出される、人気上昇中のワイン。白はフレッシュ、赤は果実味が強い

サルデーニャ州
Sardegna

サルデーニャ島はほぼ4つの地域に分けられる。島最大のカンピダノ平野は南のカリアリから西のオリスターノまで続くが、気候も温和で麦や野菜、オリーブが取れる肥沃な地でもある。ヌーオロを中心とした内陸部は“陰の国”と呼ばれ、女性は黒っぽい衣装をまとい、羊の放牧で生計を立てている人が多い。島の北部一帯は世界にも名だたる一大リゾート地。西海岸にはスペインの影響が残る。

サルデーニャの伝統的な祭り

観光のヒント

島の玄関口となる空港があるのは、カリアリ、オルビア、アルゲーロなど。時間がある人は船で訪れるのもよいだろう。島内のおもな移動は全域に張り巡らされるバスが便利。駆け足でも最低3日は必要だ。

州の名産品

独自の食文化が形成されたことで、カラスミ（ボッタルガ）からペコリーノチーズまで、幅広い食材が手に入る。料理以外にも、手織物や陶芸など伝統工芸が息づくので、みやげもの探しも楽しいはず。

イタリアの秘境 サルデーニャ

悠久の歴史と独自の文化を誇る美しき別天地

サッサリの民族衣装

サルデーニャ島は、シチリアに次ぐ地中海第2の大きさを誇る島。島の歴史は古く、島に伝わる伝説によれば、地球が混沌(こんとん)とした形も定まらない泥沼だった頃、神が泥の中に足を踏み入れて、その足跡を残したのがサルデーニャだという。紀元前にこの島を訪れたフェニキア人もギリシア人も、この島のことを足跡(サラデ)とかサンダル(サンダリオタ)と呼んだという。

現実のサルデーニャは、白く輝く砂浜に、6月には泳げる暖かいエメラルド色の海をもつ地上の別天地だ。美しいサンゴの岩礁が続く海辺に寝そべっていると、時の流れをひとときき忘れてしまいそうになる。その名もエメラルド海岸Costa Smeralda(コスタ スメラルダ)と名づけられた島一番の観光地には超高級なリゾートホテルが並び、ヨーロッパのセレブたちが贅沢の限りのバカンスを謳歌するため、島にやってくる。

一方内陸部へ足を踏み入れると、険しい山が続き、羊がひっそりと草をはんでいる。かつて"陰の国"と呼ばれた内陸部、女性たちの多くがいまだ黒装束だったりする。その一方、各地で催される祭りや博物館で見られる伝統的な衣装はカラフルで繊細な手仕事が見事だ。男たちは一様に背が低く、黒髪で、がっちりしていて、およそ本土で見かけるイタリア人らしくない。その眼光は鋭く、どこか警戒する心を忘れていない人々のようだ。人当たりのよいイタリア人を見慣れた目には一種独特な人々と映る。

アルゲーロ近く、ポルティチョロの入江

今では「長寿の島」としても知られるサルデーニャ。旅の途中、その秘密を探してみるのも一興だ。

ヌラーゲの島

サルデーニャの内陸部を旅していると、ヌラーゲNuragheと呼ばれる石の砦が見られる。古代サルデーニャ人が地中海の外敵の襲撃などを防ぐために築いた円形の石塁兼住居である。形は半球形の小さなものから円筒のような大きなものまでさまざま。島に7000も残るといわれるヌラーゲは、侵略に対して常に戦い続けてきたサルデーニャの人々のシンボルのようだ。

多くの異民族に支配されながらも、この島を完全に支配し、制圧した支配者はいない。異民族に屈しないことではイタリアで最も強い人々、それがサルデーニャ人の顔でもある。

このサルデーニャ人の不屈の精神は、本土イタリアに優秀な人々を送り続けた。イタリア共産党の指導者グラムシや、ノーベル文学賞を受けたグラツィア・デレッダなど。彼女は、サルデーニャの人物や風景をリアルに描くことで、自分の故郷へのイタリア文明の侵入に対して反抗した。

現在は、バルミニからバスで訪れることができる遺跡、ヌラーゲ・スゥ・ヌラクシ(→P.517)を見学できるほか、カリアリの国立考古学博物館(→P.515)などにも発掘品が展示されている。

サルデーニャの歩き方

サルデーニャへは海路か空路を利用して入ることになる。時間がかかっても経済性を追求するなら船、効率よく移動するなら飛行機だ。夏季はイタリア各地の港や空港から頻繁に便が出ているので、上手に利用しよう。

ティレニア汽船は、ローマの北80kmほどの所にある**チヴィタヴェッキア**Civitavecchiaからは、島の北の玄関**オルビア**Olbiaまで、所要約8時間で、毎日運航している。島の南の玄関口、**カリアリ**Cagliariまでは、約12時間〜14時間30分で、毎日運航。ほかにも、ジェノヴァ、ナポリ、パレルモなどからの船旅が楽しめる。

アルゲーロのフェルティリア空港

飛行機でサルデーニャ島入りするのがたいへん便利だ。島には**カリアリ**、**オルビア**、**アルゲーロ**Alghero、**アルバタックス**Arbataxと4ヵ所に空港があり、ミラノ、ローマ、トリノ、ヴェネツィア、ピサなどからITA Airways、Ryanair社などが、毎日運航している。所要時間45分〜1時間で本土とサルデーニャを結んでいる。

島内の交通機関は、いまだ十分に発達しているとはいえない。**トレニタリア**は、オルビア、サッサリ、オリスターノとカリアリの間を結ぶ縦断幹線が中心で、ほかの小さな町へは、**バスか私鉄**(F.d.S.=ARST社など)を利用するしか方法がない。バスは**ARST社**が島のほぼ全域にバス網を張り巡らせている。いずれにしても、サルデーニャの町々を結ぶバスは朝の5:00〜7:00に運行されると昼過ぎまでは便がないことが多い。日程に余裕をみたプラン作りが望まれるサルデーニャの旅である。

バス網は充実している

効率よくサルデーニャ島を回るなら、やはりレンタカーが便利。島内の道路はよく整備され、大都市のような混雑もないので、比較的安心して運転できる。ただ、高速道路は少なく、海岸線や山間部の道が多いので時間に比べ距離を稼げない。ゆったりとした時間配分でドライブしよう。

各空港にはレンタカーのブースが

チヴィタヴェッキアへの行き方

トレニタリアでローマ・テルミニ駅からチヴィタヴェッキア駅まで、フレッチャビアンカ(FB)で約50分、レッジョナーレ(R)で約1時間。いずれも直通。駅からフェリー乗り場まで約500m。

フェリーに関する総合サイト

●TraghettiPer Sardegna
サルデーニャの航路に特化したオンラインチケットサイト。
☎ 0565-960130
URL www.traghettiper-sardegna.it

●Ferriesonline.com
イタリア国外からの航路や国内航路に関するフェリー各社の情報を掲載。
☎ +44-2039208935
URL www.ferriesonline.com

サルデーニャのフェリー会社

●ティレニア汽船
☎ 02-76028132
URL www.tirrenia.it

●モビー・ライン社
☎ 02-76028132
URL www.moby.it

サルデーニャの公共交通

路線、時刻表、料金などは公式サイトで検索可能。

●SardegnaMobilita
サルデーニャ島内の公共交通機関に関する検索サイト。
URL www.sardegnamobilita.it

●ARST社
☎ 351-8374226
URL www.arst.sardegna.it

●サルデーニャの観光サイト
URL www.sardegnaturismo.it

サルデーニャ島のシンボル、サルデーニャの旗

Cagliari
カリアリ

●郵便番号　09100

カリアリへの行き方

飛行機の場合

ローマ・フィウミチーノ空港からカリアリ空港までITAエアウェイズで約1時間。ミラノ・リナーテ空港からITAエアウェイズで約1時間30分。

船の場合

チヴィタヴェッキアから所要約12時間45分～14時間30分、ナポリから約13時間30分、パレルモから約12時間～14時間30分など。その他、ジェノヴァからも運航。

空港から町へ

トレニタリアを利用し、到着ロビーに隣接するStazione Cagliari-Elmasからカリアリ駅まで約10分。切符€1.30は自動券売機で購入。

●カリアリ空港
URL www.sogaer.it

鉄道で各地から

オルビアから南下する場合はトレニタリアのオルビア駅からカリアリ駅まで、レッジョナーレ(R)でMacomerやOzieri Chilivaniで乗り継ぎ、約4時間。ジェノヴァからの船が到着するポルト・トッレスPorto TorresからはRで約4時間25分～6時間。

かつての牢獄、
パンクラーツィオの塔

街路樹の花が美しい初夏の下町、チッタ・バッサ

島の南部に位置する州都でサルデーニャ最大の町。最も都会的な商工業都市でもある。

大木が茂る駅前広場には民芸品や日用品の市場が広がり、活気がある。駅前から続く大通りにはデパートやカフェが並び、正面には港が望める。見どころは、丘の上の旧市街に集中している。

カリアリの歩き方

海を目前に高台のカステッロCastello地区と下町のチッタ・バッサCittà Bassaがまるで舞台風景のように広がるカリアリの町。まずは、町の全体像を知るために高台に上がってみよう。テラッツァ・ウンベルトTerrazza Umbertoはスペイン軍の砦の上に19世紀に築かれたもの。大理石の長い階段が見晴らし台へと続き、広々とした海と町のパノラマが広がる。

町が一望できる
テラッツァ・ウンベルト

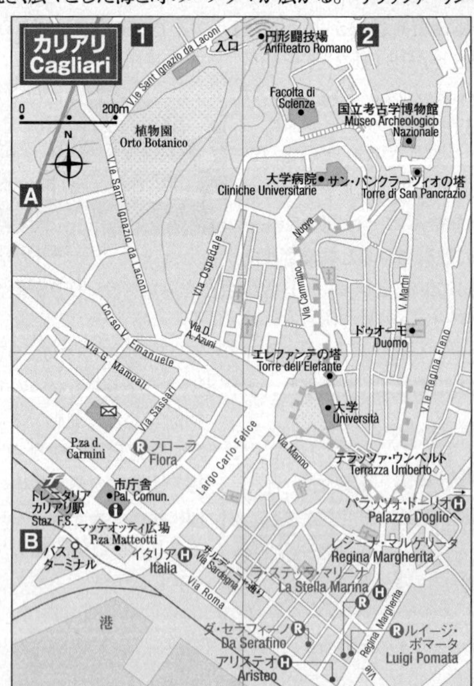

ここから古い路地をほぼ真っすぐ進むと、ロマネスク様式の**ドゥオーモ**Duomoを経て、**サン・パンクラーツィオの塔**Torre di San Pancrazioだ。この塔はサルデーニャがピサの支配を受けた14世紀に建てられた牢獄。この先の右側に**国立考古学博物館**Museo Archeologico Nazionaleがある。考古学博物館には、サルデーニャの先住民族が築いたヌラーゲNuragheの模型やそこからの発掘品を展示しており、必見の場所。聖職者の像をはじめとするブロンズ像、宝飾品、黒絵壺、古代ローマのガラスなど、当時の高い文明を知ることができる。

ヌラーゲから発掘された
ブロンズ像が興味深い

国立考古学博物館からさらに進むと、左にローマ時代の**円形闘技場**Anfiteatro Romanoが見えてくる。岩場をえぐるように造られた、サルデーニャ最大のものだ。

時間が許せば、駅前からPQ、PF番のバスで**ポエットの浜**Spiaggia del Poettoへ足を延ばしてみよう。バスの車窓から砂浜や塩田、遠くにフラミンゴの姿が眺められる。夏は人気の海水浴場だ。

催しに使われる
ローマ時代の円形闘技場

旧市街に忽然と現れるドゥオーモ

iカリアリの観光案内所
住 Via Roma 145
☎ 070-6777397
開 4～10月9:00～20:00、11～3月10:00～13:00、14:00～18:00、日10:00～13:00
休 一部の祝日
地 P.514-B1

●国立考古学博物館
住 Piazza Arsenale 1
☎ 070-655911
開 8:45～19:45(最終入場45分前)
休 火、一部の祝日
料 €9、毎月第1日曜無料
地 P.514-A2
URL museoarcheocagliari.beniculturali.it

サルデーニャの民族衣装

民族衣装を保存するためにクラブが作られている

町のなかで日常着として民族衣装を身に着けている人の姿は少なくなった。しかし、祭りの際の絢爛(けんらん)豪華さは今も昔も変わらない。カリアリの聖エフィジオ祭り(5月)、サッサリのカヴァルカータ・サルダ祭り(5月)、ヌーオロの贖(あがな)い主の祭り(8月)などの大きな祭りはまるで絵巻物のような美しさだ。これらの大きな祭りでなくとも、年に2000もの祭りがあるというサルデーニャ島では民族衣装の人々を目にする幸運に恵まれている。町(村)祭りなどでは、周辺の町々の有志たちが作る民族衣装クラブのような存在が目を楽しませてくれる。小学生から若者まで揃い、晴れ着と見物客にちょっと緊張した子供たちの姿は日本の七五三を思い起こさせる。博物館の重厚で贅を尽くした民族衣装とはやや異なるが、やはり目を引く鮮やかさだ。

祭りの日、民族衣装で
着飾った子供たち

Ristorante & Hotel カリアリのレストラン&ホテル

カリアリには経済的な宿が多い。しかし、9月の新学期から6月中旬までは、島中から集まった学生に占領され、7月中旬から9月いっぱいは観光客が集中しているので、なるべく予約を入れるか、着いたら早めの時間に宿探しを始めたい。

レストランは、リナシェンテの裏手、サルデーニャ通りVia Sardegna周辺に集中している。レストランのオープンは遅めなので、20:00過ぎ頃にそのあたりを歩いて、気に入った店に入るのもいい。

フローラ Flora
P.514-B1

名物料理を味わうなら

ガレが飾られた、モダンな店内は洗練された雰囲気。夏は緑いっぱいの中庭での食事も楽しい。アラゴスタ（伊勢エビ）をはじめ、魚介類を使ったさまざまなサルデーニャ料理が味わえる。4つ星ホテル（URL www.hotelfloracagliari.it）も併設。

住 Via Sassari 45
☎ 070-658219
営 12:00～15:30、20:00～23:30
休 日
予 €30～
C A.D.J.M.V.

ダ・セラフィーノ Da Serafino
P.514-B2

いつも地元の人でいっぱい

昼間は界隈で働く人でいつも満席状態。店内は明るく、サービス係も親切。カラスミとボンゴレのパスタSpaghetti Vongole e Bottargaや地魚のフリット・ミストFritto Misto del Golfなどおすすめ。庶民的なサルデーニャ料理が味わえる。 要予約

住 Via Lepanto 6
☎ 070-651795
営 11:00～15:00、19:00～24:00
休 8月中旬～下旬
予 €25～（コペルト€1.50）
C A.M.V.

ルイージ・ポマータ Luigi Pomata
P.514-B2

魚介類が充実

レストランと手ごろなビストロを併設。テラス席が気持ちいい。生カキをはじめ、魚介類が充実。土地の素材を生かした創作料理が味わえる。 できれば予約

住 Viale Regina Margherita 18
☎ 070-672058
営 13:00～15:00、20:00～23:00、月20:00～23:00
休 日、一部の祝日
予 €55～（サービス料8%）
C A.D.M.V.

ラ・ステッラ・マリーナ・ディ・モンテクリスト La Stella Marina di Montecristo
P.514-B2

気取らないトラットリア

気取らない雰囲気の魚料理が中心のトラットリア。ほんのり暗い店内の独特の雰囲気と€35のセットメニューのみなので、最初は戸惑うが、サービス係も親切でくつろげる。 できれば予約

住 Via Sardegna 140
☎ 347-5788964
営 13:00～15:00、20:00～23:00
休 日、8月1週間
予 €35～
C M.V.

★★★★★ パラッツォ・ドーリオ Palazzo Doglio
P.514-B2外

町一番の高級ホテル

茶色とグレーを基調とした上品な客室に、広々としていて快適なバスルームがうれしい。館内にはレストランやバーのほか、ジムも併設。敷地内には寿司店やペストリーショップもある。

URL www.palazzodoglio.com
住 Vico Logudoro 1
☎ 070-64640
TB €205～
SU €445～
室 72室　朝食込み W-F
C A.D.J.M.V.

★★★ アリステオ Hotel Aristeo
P.514-B2

客室の内装にも注目

港にも町の中心にも近く、バルコニー付きのジュニアスイートからは海を望むことができる。部屋ごとにキーカラーが異なり、シンプルでかわいらしくまとめられている。朝食もおいしい。

URL www.hotelaristeocagliari.com
住 Viale Regina Margherita 6
☎ 070-5926982
TB €95～
JS €120～
室 72室　朝食込み W-F
C A.D.J.M.V.

★★★★ レジーナ・マルゲリータ Hotel Regina Margherita
P.514-B2

快適で過ごしやすい

4つ星ホテルのなかでは、駅から700mと一番近くて便利。テラッツァ・ウンベルト（展望台）の近く。フロントは、全員英語が通じる。
URL www.hotelreginamargherita.com

住 Viale R. Margherita 44
☎ 070-670342
Fax 070-668325
SS €125～
TS TB €170～
室 99室　朝食込み W-F
C A.M.V.

★★★ イタリア Hotel Italia
P.514-B1

駅近くで便利

カリアリーの繁華街、ローマ通りの裏手に位置し、駅やバスターミナルにも近くて便利。レストラン街にも近い。室内は簡素だが、過不足ない設備。全室冷房つき。
URL www.hotelitaliacagliari.com

住 Via Sardegna 31
☎ 070-660410
Fax 070-650240
SS €95～
TS TB €120～
3S €135～
室 108室　朝食込み W-F
C A.D.J.M.V.

※カリアリの滞在税　★～★★€1　★★★€1.50　★★★★～★★★★★€2

サルデーニャの先史時代を知る遺跡 MAP P.511

ヌラーゲ・スゥ・ヌラクシ 世界遺産

Nuraghe su Nuraxi

ヌラーゲ スゥ ヌラクシ

サルデーニャ民族のシンボル、ヌラーゲ

先住サルデーニャ民族の巨石文化ヌラーゲNuraghe。サルデーニャには7000ものヌラーゲが残るといわれているが、このヌラーゲ・スゥ・ヌラクシは1950年代まで地下に埋もれていたため、良好な保存状態を保っている。

遠くからは石の小山のように見えるヌラーゲだが、巨石を接合剤なしに積み上げたもの。一番古い塔は紀元前15世紀のもので、紀元前6世紀頃まで建築が続けられ、紀元前7世紀には破壊されたものの、その後古代ローマ人が住んだという。

ガイド付き見学が原則

迷路のような内部

4つの隅塔と防壁が城砦を形作り、その下には住居が形成されていた。カパンナと呼ばれる住居は7つの室からなる16戸で形成され、屋根や壁は山から運んだ板や草で覆われていたという。内部にはかまどや小麦をひいた跡、聖なる儀式に使った水盤などが残されている。

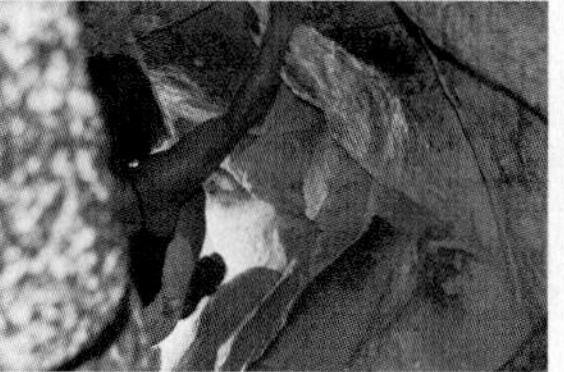

見学には身軽な服装が必要だ

ヒンヤリとしたヌラーゲ内部は、迷路のように通路が巡らされ、外観よりも広々としている。天井までの高さは20mに及び、石の表面も滑らかだ。一部2階と3階建てで、一番大きな首長の部屋は会議が行われた場所。この入口は防御の人間が隠れるように立つ場所も設けられている。壁には食品を保存したといわれるニッチがあり、井戸も掘られていて、古代文明が近しいものに感じられる。

見学ルートの最後、「塔の見晴らし台」からは、緩やかな緑が広がる風景を遠くまで見渡すことができる。

3階部分より塔の内部を見下ろす

世界遺産

スー・ヌラージ・ディ・バルミニ
登録年1997年　文化遺産

ヌラーゲ・スゥ・ヌラクシへの行き方

バルミニBarminiが最寄りの大きな町。カリアリの駅前からARST社のプルマンで約2時間、片道€4.90。ただ、バルミニからヌラーゲ・スゥ・ヌラクシへの公共交通機関はない。町から約1kmは徒歩で約15分。バス停から（進行方向）左の道を進むと、左手にヌラーゲが見えてくる。帰りのバス停は下車したバス停の反対側。現地で再度帰りの便を確認してから出かけよう。

●ヌラーゲ・スゥ・ヌラクシ

住 Viale Su Nuraxi
☎ 070-9368128
開 4・9月9:00～19:30、5～8月9:00～20:00、10月9:00～18:30、11～2月9:00～17:00、3月9:00～17:30（最終入場1時間前）
休 無休
料 €15、13～17歳€12、7～12歳€9
URL www.fondazionebarumini.it
※ガイド付きツアーのみの訪問。30分ごとに出発し、所要約1時間
※雨天時など、見学場所に制限がある場合は€7

夏・冬それぞれの持ち物

暑い夏は、帽子や日焼け止めクリーム、水を忘れずに。反対に雨が多い冬はレインコートや滑りにくい靴を着用して行くのがベター。

バルミニのホテル、レストラン

ホテルは町にいくつか点在。バルミニのバス停横のバールCENTRAL1961の上階にあるホテルが一番遺跡に近い。ヌラーゲ近くにはバール、レストラン、ホテルが1軒ずつある。

Alghero
アルゲーロ

●郵便番号　07041

アルゲーロへの行き方

私鉄F.d.S線（→P.513）でサッサリからアルゲーロ駅まで約40分。30分～2時間に1便程度。この線はユーレイルパスやトレニタリアパスは使えないので注意。サッサリからプルマン（F.d.S.、ARST）のほうが平野部を走り、風景はよい。所要約1時間。

アルゲーロ空港からのバス

空港から町へのバスはARST社が運行。所要約20分。空港発5:20～23:00、市内（F.d.S.駅前）発5:00～22:30で、約1時間間隔の運行。切符€1は到着出口にある自動券売機で購入しよう。

●アルゲーロ空港
URL www.aeroportodialghero.it

ⓘアルゲーロの観光案内所
住 Via Cagliari 2, 07041
☎ 079-979054
開 9:00～13:00、15:00～18:00
休 日・祝
地 P.518-A2

✉ アルゲーロのバス乗り場

ほぼすべてのプルマンバスが公園北側のバスターミナルから出ています。私たちはここからサッサリへ向かいました。旧市街に泊まっていたので便利でした。
（愛知県　青木夫妻）['24]

細い路地の散歩が楽しい

サルデーニャ島の美しい西海岸の湾に突き出た、アルゲーロの町。カタロニア時代の植民地として発達し、現在も当時の城壁が町を取り囲んでいる。

手仕事のおみやげが町のいたるところに

スペインのカタラン語が話される町として有名。14世紀にスペインのアラゴン家の率いるカタラン人によって占拠されて以来、“小さなバルセロナ”と呼ばれた。今も、細い路地が続く町並みや教会、塔などは異国風を感じさせ、食卓にはパエリヤが上る。サルデーニャのなかでもスペイン・カタロニアの影響を色濃く感じさせる町だ。

リゾート開発の進んだ北部の海岸地域

最近では、アルゲーロの町は海岸線に沿って新市街が広がり、マリン・リゾートとしての顔を見せている。

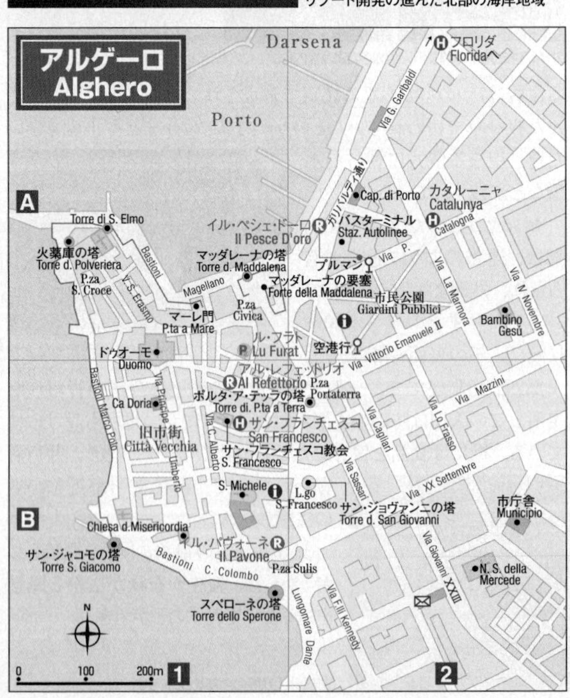

アルゲーロの歩き方

旧市街をとり囲むカタロニアの城壁の一部

見どころは、**カタロニアの城壁**Mura Catalane。旧市街の海岸線を取り囲み、要所には見張りの塔が残っている。マッダレーナの要塞の西には旧市街に入るためのマーレ(海)の門。港を守るいくつもの塔の、南東に位置する**スペローネの塔**は、1364年にはすでに存在していたもの。新市街との境界上にも、14世紀のふたつの塔が町を見下ろしている。

マッダレーナの塔の見える海岸通り

ドゥオーモ内部には、カタラン時代の後期ゴシックの後陣が残る。**サン・フランチェスコ教会**は、14世紀創建で、その後ルネッサンス様式に建て替えられたが、一部にゴシック様式を残している。

興味深いのは**旧市街**Città Vecchiaの狭い通り。旧市街は古い町並みが続き、港からはネプチューンの洞窟への船も出る。バス(プルマン)は市民公園脇のバスターミナルに到着する。新市街は港から続く、海岸線沿いや、市民公園の東に広がる。海水浴場やホテル、ピッツェリアなども多い。駅は町の東側、内陸に約1kmほど入った場所にある。駅から旧市街へは徒歩20～30分。バスは、AF、AP番、新市街からはAO番が約30分に1本ある。

特産のサンゴをおみやげに

ネプチューンの洞窟への船乗り場

散歩をしたり、通りに並ぶサンゴの専門店でショッピングを楽しみたい。指輪なら1000円ぐらいからあり、値段は日本の半額以下。サルデーニャ産のサンゴが格安で手に入る町だ。

近くの見どころとしては、船で行く**ネプチューンの洞窟**Grotta(グロッタ) di Nettuno(ディ ネットゥーノ)などで、海の浸食によってできたもの。

空港近くにはこの島で一番広い**ネクロポリ**Necropoli di Anghelu Ruju(ネクローポリ ディ アンゲル ルージュ)、コンテ湾近くには**ヌラーゲ**Complesso(コンプレッソ) Nuragico di Palmavera(ヌラージコ ディ パルマヴェーラ)があり、島の歴史を知るためにも訪れたい。どちらも町から約10km。

夏には音楽会も開かれる。ネプチューンの洞窟の内部

●ドゥオーモ
住 Piazza Duomo 2
☎ 079-979222
開 7:00～19:00
休 宗教行事の際は拝観不可
地 P.518-A1

●サン・フランチェスコ教会
住 Via Carlo Alberto 46
☎ 351-6428081
開 4～9月9:00～13:00、16:00～20:00、10～3月9:00～13:00、15:00～18:00、月15:00～18:00、木9:00～13:00、金・土9:00～17:00(最終入場30分前)
休 日、一部の祝日
料 €3、12歳以下無料
地 P.518-B1
URL www.complessosanfrancescoalghero.com
※鐘楼の開館時間は公式サイトをチェック
※施設では荷物預かりサービスを行っており、荷物1個3時間€4、それ以降1時間ごとに€1

ネプチューンの洞窟に到着

●ネプチューンの洞窟
住 Escala del Cabirol
☎ 079-979054
開 夏季9:00～19:00、冬季10:00～15:00
休 12月24・25日、荒天時
料 €14、7～14歳€10
URL grottadinettuno.it
※見学は徒歩によるガイド付きで1時間おき。所要約30分

洞窟への行き方

バスで

駅前のバス停Alghero La PietraiaからARST社のバス9321番でC。apo Cacciaまで約40分、片道€2.50。帰りの時刻は事前に確認を。

フェリーで

4～10月は、アルゲーロ港から洞窟までフェリーが運航。各1日6～7便程度で、往復€16～17、子供€8。入場料は別途。

●Navisarda
URL www.navisarda.it
●Frecce delle Grotte
URL www.grottedinettuno.it

Ristorante & Hotel　アルゲーロのレストラン&ホテル

　アルゲーロのレストランの多くは、旧市街Centro Storicoに集中しているので、旧市街を散策しながら気に入った店を探すのが楽しい。本書で紹介のレストランもすべて旧市街にある。

　一方ホテルは、旧市街にあるのは1軒のみだが、近年B&Bが増加中。旧市街で手頃なB&Bを見つけることができる。プールや庭園などを併設するリゾートホテルは、北に延びるガリバルディ通りの先、リド地区に多い。荷物を持って歩くには少し距離があるが、美しい海岸線が魅力的な地域で、数日滞在するのならおすすめ。荷物がなければ、旧市街からは徒歩圏。

イル・ペシェ・ドーロ Il Pesce D'oro　P.518-A2

海鮮パスタが人気！
カタローニャ通りの公園に面した通りのレストラン。鮮度抜群の魚料理を中心に、ピッツァなども提供している。冬季も営業しているのがうれしい。平日ランチはセットメニュー€18〜20もある。

住 Via Catalogna 12
☎ 072-952-602
営 12:30〜14:30、19:30〜23:00、木19:30〜23:00
休 水、一部の祝日
予 €40〜(コペルト€2)
C M.V.

イル・パヴォーネ Ristorante Il Pavone　P.518-B1

海鮮パスタが人気！
1979年に創業したリストランテ。オープン以来人気メニューのひとつ、ムール貝のパスタや肉、魚料理までひと通りなんでも揃う。テイスティングメニューは3種類あり、€40〜60。

住 Piazza Sulis 3-4
☎ 079-979584
営 12:15〜14:00、19:00〜22:00、日12:15〜14:00
休 水、12月中旬〜下旬
予 €50〜(コペルト€3)
C M.V.

アル・レフェットリオ Al Refettorio　P518-B1

海の幸とワインが楽しめる
町の中心の小道にあり、厳選されたワインと料理が味わえる店。生のカキやエビ、アルゲーロ風パエリアPaella algheraseやムール貝の蒸し煮Zuppa cozzeがおすすめ。ピッツァ€10〜15にも定評がある。週末は予約して行くのがベター。

住 Vicolo Adami 47
☎ 079-9731126
営 12:00〜14:30、19:00〜23:30
休 月、一部の祝日、2月
予 €45〜(コペルト€2)
C M.V.

ル・フラト Lu Furat　P.518-A1

味と値段がgood！
旧市街のポルト・テッラ広場近く、通り沿いのわかりやすい場所にある。雰囲気よく、薄い生地のピッツァがおいしいと評判。趣向を凝らしたメニューが楽しい。サービスも感じよい。

住 Via Minerva 19/Via Columbano 8
☎ 079-9736052
営 12:00〜14:30、18:30〜23:00
休 月、1月〜3月中旬
予 €40〜
C M.V.

★★★★ カタルーニャ Hotel Catalunya　P.518-A2

冬季も休まず営業
バルコニー付きの部屋から見える美しい眺望に、広々とした客室でリラックスした滞在がかなう。9階にあるバーは朝食会場にもなるほか、冬季も営業していて、パノラマビューが見られる。

URL www.hotelcatalunya.it
住 Via Catalogna 22
☎ 079-953172
Fax 079-953177
TS €115〜
JS €175〜
室 121室　朝食込み W-F
C A.D.M.V.

★★★ フロリダ Florida　P.518-A2外

リゾート気分に浸るなら
新市街の海岸通り沿いに立つ、近代的なホテル。部屋からは砂浜が望め、庭園のプールサイドにはサンデッキが並んで開放的なリゾート気分がいっぱい。宿泊者専用レストランあり。公式サイトからの予約で割引あり。
URL www.hotelfloridaalghero.com

住 Via Lido 15
☎ 079-950500
Fax 079-985424
SS €90〜
TS €140〜
室 73室　朝食込み W-F
休 11〜4月頃
C A.D.M.V.

★★★ サン・フランチェスコ Hotel San Francesco　P.518-B1

修道院に宿泊
✉ アルゲーロの旧市街にたつ、サン・フランチェスコ教会付属のかつての修道院の回廊に並ぶ個室がホテルに転用されている。すがすがしく、厳かな時間を回廊で過ごし、思い出に残る滞在になった。
(東京都　Kasai)['24]

URL www.sanfrancescohotel.com
住 Via Ambrogio Machin 2
☎ Fax 079-980330
SS €140〜
TS €180〜
休 11月〜春まで
室 20室　朝食込み W-F
C M.V.

※アルゲーロの滞在税　B&Bなど€1　★〜★★★€2　★★★★〜★★★★★€4

SS シャワー付きシングル料金　SB シャワーまたはバス付きシングル料金　TS シャワー付きツイン料金　TB シャワーまたはバス付きツイン料金

東海岸の一大リゾート地区

オルビアとエメラルド海岸

Olbia & Costa Smeralda　オルビア&コスタ・スメラルダ

クルーザーの停泊するポルト・チェルヴォ

故ダイアナ妃をはじめ、芸能人やセリエAの選手などヨーロッパ・セレブに人気の高い**エメラルド海岸**Costa Smeralda。島の北東部、カプレーラ島を望む入江からオルビアの北に広がる海岸線だ。中心地は**ポルト・チェルヴォ**Porto Cervoで、高級ブティックが並び、港には豪華ヨットが浮かぶ。このあたりの高級ホテルはひとり1泊30万円も珍しくはない。セキュリティは厳重で、庶民がセレブの姿を目にすることはない。この厳重さがセレブを引き付ける魅力でもある。

広い敷地の高級ホテル

さて、エメラルド海岸で比較的安い宿が多いのが**オルビア**Olbia。オルビアは、東海岸の深い入江であるオルビア湾にあり、イタリア本土からは直線距離で最も近い。チヴィタヴェッキアとの間をフェリーが結んでおり、多くの長距離バスがサルデーニャの各地を結んでいる。ここから庶民的な海水浴場へはバスで簡単にアクセスできる。また、**オレンジ湾**Golfo Aranci行きの列車で行くマリネッラMarinellaやカーラ・サビーナCala Sabinaの砂浜も美しいが、こちらはほぼ無人駅。海水浴場としては整備されていない。飲み物や食料を持ち、帰りの列車の時間を確認してから出かけよう。

オルビア駅

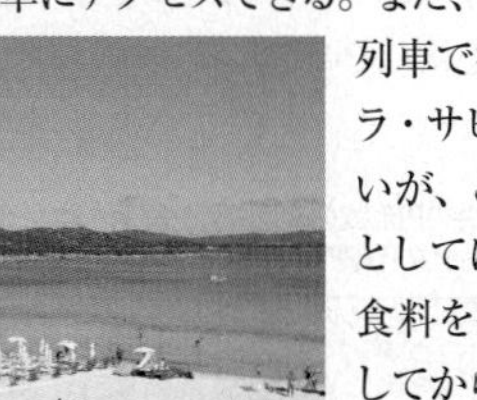
ゴルフォ・アランチからの車窓のビーチ

空港から市内まで

オルビア空港から町までは、バス2、10番などで約10分。空港到着ロビーの自動券売機で切符を購入。市内からはVia Romaなどのバス停から同じ番号のバスに乗って空港まで行くことができる。

●オルビア・コスタ・スメラルダ空港
URL www.geasar.it

オルビアのホテル

Ⓗカヴール
Hotel Cavour★★★
明るくて清潔
オルビアの駅やバスターミナルからも近い経済的なホテル。サルデーニャらしい白を基調にした館内には絵画が飾られエレガントな雰囲気。ホテルの人も感じがよい。
URL hotelcavourolbia.it
住 Via Cavour 22
☎ 078-9204033
SS €75～
TS €110～
室 21室　朝食込み W-F
C A.M.V.

✉ マッダレーナ諸島で海水浴

エメラルド海岸近くのパラウの港からフェリーでレンタカーごとマッダレーナ島へ渡りカプレーラ島のビーチへ行きました。8月にもかかわらず海水は冷たかったのですが、海岸はとてもきれいで、日本では経験できない景色が広がっていました。ただ、駐車場はなく道路に駐車は可能ですが、遅くなるとスペースがありません。港にレンタサイクルがあるので、これを利用したほうが便利かもしれません。レストランや売店なども少ないので、クーラーボックスで飲食物を持参することをおすすめします。
(hyshhime)

オルビアOlbiaからのプルマン

古代カルタゴ起源の町といわれるオルビアだが、取り立てて見どころなどはない近代的な町。ただ、オルビアは、サルデーニャのなかでは手頃なホテルが集中しており、交通網もここを中心に島の各地に張り巡らされているので、この町をサルデーニャ島観光の拠点にするのもいい。オレンジ湾やエメラルド海岸の主要な町。西側のサッサリ、アルゲーロ。内陸部の町ヌーオロにも、1回の乗り換えで行くことができるので、各地への日帰りも可能。

各町へのバス停は、オルビア駅の南を走るCorso Vittoria Veneto(駅から100mほど)にあり、チケットは乗り場近くのバールでも販売されている。

各地へのバス停

島北部の中心都市

サッサリ

Sassari　サッサリ

アラゴン風ゴシック様式のドゥオーモ

中世に源を発する、活気あるサルデーニャ第2の都市。丘に広がる坂道の多い町は、旧市街と新市街に二分される。昔ながらの町並みが続く旧市街は旅人の郷愁を誘う。一方、新市街はしゃれたカフェや堂々とした建物が続き、都会的な雰囲気が漂う。新旧のコントラストが鮮やかだ。

町一番の見どころは**ドゥオーモDuomo**。多くの様式が混在する独特なもの。13世紀、ロマネスクの鐘楼に、ゴシック様式の内部、正面はスペイン・バロック様式の17世紀という具合で、複雑な装飾の彫像で飾られている。

町の中心、イタリア広場

町の南の新市街にある**サンナ国立博物館Museo Nazionale G. A. Sanna**は、考古学部門とサルデーニャの民族衣装や織物などが展示された民俗学部門に分かれている。とりわけ、ヌラーゲの時代などの生活を描いたイラストは興味深い。

丸天井の円形式のヌラーゲが展示され、ヌラーゲ文化部門が充実

プルマンはARST社がカリアリ、ヌオーロ、オリスターノ、オルビアなどを結んでいる。

サッサリへの行き方

ジェノヴァからサルデーニャの西の玄関口、ポルト・トッレスPorto Tórresまで所要約10時間30分～13時間30分。ポルト・トッレスからは、トレニタリアのレッジョナーレ(R)で約15分。オルビアからサッサリまでは、トレニタリアのRで約1時間50分。

ⓘサッサリの観光案内所
住 Via Sebastiano Setta 13
☎ 0792-008072
開 9:00～13:30
休 日、一部の祝日
地 P.522-A1

●サンナ国立博物館
住 Via Roma 64
☎ 079-272203
開 9:00～13:45、水・金14:00～19:30(最終入場30分前)
休 月、第2～5日曜
料 €6、毎月第1日曜無料
地 P.522-B2
URL museosanna.cultura.gov.it
※2024年3月現在、一部修復工事中のため見学不可の部分あり

レストラン&ホテル

Ⓡジャマラント Giamaranto
洗練された魚介料理を
海の幸を中心とした新鮮な土地の素材を使った、洗練された郷土料理が味わえる。店内もおしゃれな雰囲気。
住 Via Alghero 69/A
☎ 079-274598
営 13:00～15:00、20:00～23:00
休 日、8月、年末年始
予 €30～(コペルト€2)
C M.V.

Ⓗレオナルド・ダ・ヴィンチ Hotel Leonardo da Vinci
★★★
観光、散策にも便利
サンナ国立博物館近く、使い勝手のよい設備など満足できる。駅からバス8番で。
URL www.leonardodavinci-hotel.it
住 Via Roma 79
☎ 079-280744
Fax 079-2857233
SB €120～
TB €150～
室 116室　朝食込み W-Fi
休 1月～春
C A.D.M.V.
地 P.522-B2

ラ・バルバジアを代表する町

ヌーオロ

Núoro　ヌーオロ

民族衣装

サルデーニャの内陸部を代表する町。ラ・バルバジア（野蛮人の地）と呼ばれ、古来、強固な人々の住んだ山岳都市の中心。周辺は標高2000m級のジェンナルジェント山塊で囲まれ、今なお深く森林が生い茂って、人の侵入を拒否している。周囲に広がるマキmaquisと呼ばれる荒れ地は、伝統的に島の掟を破った者が逃げ込む土地とされていた。

国立考古学博物館

町の見どころは、**ヌーオロ民族衣装博物館**Museo del costume Nuoro。ここには、サルデーニャの各地方の民族衣装や、祭りの様子、かつての山岳地域の人々の暮しの様子がわかる居間などが展示されている。

特に女性の婚礼の衣装が多いが、山岳民族独特の細かい工夫がなされ、アクセサリー類のオリジナリティには驚く。女性の胸（＝豊作を意味する）や羊飼いたちの利用した楊枝（ようじ）などがデザイン化されて、銀細工の美しいアクセサリーになっている。ドゥオーモ近くの**国立考古学博物館**には、新石器時代からヌラーゲの時代にいたる、ヌーオロ一帯の発掘品が展示され興味深い。

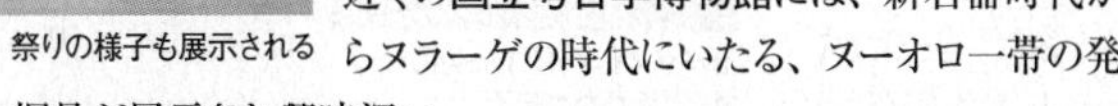
祭りの様子も展示される

市庁舎から東に500mほどの閑静な界隈に、ノーベル賞作家の**グラツィア・デレッダ**Grazia Deleddaの家（記念館）なども残る。

ヌーオロへの行き方

サッサリからヌーオロまでARST社のバス9341番などで約2時間30分、片道€8.10。オルビアからサッサリまで、バスで約2時間30分。オルビア空港からもバスが運行。

ℹヌーオロの観光案内所
住 Piazza Italia 9
☎ 351-6808693
開 9:45～16:45
休 一部の祝日
地 P.523-A1

●ヌーオロ民族衣装博物館
住 Via A. Mereu 56
☎ 0784-257035
開 3月16日～9月10:00～13:00、15:00～20:00、10月～3月15日10:00～13:00、15:00～19:00
休 一部の祝日
料 €5、65歳以上・18歳以下€3、毎月第1日曜無料
地 P.523-B2

●国立考古学博物館
住 Via Mannu 1
☎ 0784-31688
開 9:00～15:30
休 日・月、一部の祝日
料 €4、65歳以上・18歳以下€2
地 P.523-A2

●グラツィア・デレッダの家
住 Via Grazia Deledda 42
☎ 0784-242900
開 3月16日～9月10:00～13:00、15:00～20:00、10月～3月15日10:00～13:00、15:00～19:00
休 一部の祝日
料 €5、65歳以上・18歳以下€3、毎月第1日曜無料
地 P.523-A2

手頃なホテル・レストラン

Ⓗ グリッロ
Hotel Ristorante Grillo
★★★

郷土料理が味わえるレストランもある3つ星ホテルで、レストランの少ないヌーオロでは、便利、そして、値段も手頃。

URL www.grillohotel.it
住 Via Monsignor Melas 14
☎ 0784-38678
SS €85～
TS €110～
室 45室　朝食込み W-Fi
予 レストラン：€20～40
休 1月～春
C A.D.M.V.
地 P.523-B2

豊富な海と山の幸
島独自の文化・歴史が育んだ
サルデーニャ料理

■サルデーニャ州の料理

地中海で2番目に大きな島、サルデーニャ島。白く輝く砂浜の海岸線が続き、内陸部には深い森と羊が草を食む草原が続く。イタリア本土とは歴史を異とするこの島は、独自の文化を育み、料理も例外ではない。料理名も独特で、解読は難しい。

カラサウにスモークサーモンをのせて

さて、この島で最初に気づくのが独特なパン。極薄い香ばしいパンは**カラサウCarasau**(地域によってはPistocu)で、塩とオリーブオイルをかけてテーブルに運ばれる。

料理は**魚介類**や**豚・羊肉**がよく使われる。前菜で欠かせないのが**カラスミBottarga**。薄切りにしてそのまま食すほか、粉状にしてアサリのスパゲッティやアーリオ・オーリオ・ペペロンチーノに振るのが定番だ。生のカキOstricheやウニRiccio di mareも人気だ。

新鮮な生ガキや生エビも登場

島で最も知られたパスタは**マッロレッドゥスMalloreddus／Gnocchi di Sardo**で、セモリナ粉と水で作られた小さな貝殻形のパスタ。生ソーセージ、トマトソース、ペコリーノチーズなどでシンプルに味付けされる。ポテトクリームを詰めたパスタの**クルルジョネスCulurgiones**は大きな餃子のような形で優しい味わいだ。スペインの影響の濃い地方ではパエリャも食卓に上る。**パエリャのアルゲーロ風Paella Alghese**はサルデーニャの小さな丸状のパスタ、フレグーラFregulaを米の代わりに使い、魚介類などで炊き込んだもの。このフレグーラはゆでて魚介類と合わせて**Fregura con Frutta di Mare**などにも料理される。

特産の伊勢エビのパスタ。チャレンジしてみたい

セコンドではぜひトライしたいのが**伊勢エビのサラダAragosta alla Catalana**。近年ずいぶん小さくなったとお店の人は嘆くが、ゆでた伊勢エビのぶつ切りとトマトを合わせた豪快なひと皿だ。肉類なら**乳飲み子豚のローストPorchetta Arrosto／Porceddu**や子羊とアーティチョークの煮込み**Agnello con i Carciofi**など。

前菜がどこまでも続く、サルデーニャの食卓

サルデーニャは羊のチーズ、ペコリーノで有名で**ペコリーノ・サルドPecorino Sardo**と呼ばれる。ローマやトスカーナ産とはひと味違う、大自然の恵みがギュッと凝縮した味わいにトライしてみよう。

セバダスを半分にしたもの。甘くて素朴なお菓子

菓子類は色とりどりの砂糖でコーティングしてあり、見ているだけでも楽しい。パイ生地にチーズを詰めて揚げ、ハチミツをかけた**セバダスSebadas**は多くのレストランでも出されるポピュラーなデザート。

●おすすめワイン●

ヴェルメンティーノ・ディ・ガッルーラ
Vermentino di Gallura　**D.O.C.G**

白、辛口

スペイン由来のブドウから造られるフルーティなワイン。魚介類と合わせて

カンノナウ・ディ・サルデーニャ
Cannonau di Sardegna

赤、ロゼ、辛口、甘口

カンノナウ種から造られる果実味が豊かな力強い赤と繊細なロゼ

旅の準備と技術

ミラノ中央駅

旅の必需品を総点検

事前に申請や手続きが必要な、海外旅行に欠かせないパスポート、海外旅行保険などについて考えてみよう。レンタカーを借りる予定なら(→P.546)、国外運転免許証も取得必須だ。

パスポート(旅券)

政府から発給された国際的な身分証明書がパスポート。日本からの出国、他国へ入国するために必要なものだ。パスポートは有効期間が5年(濃紺)と10年(エンジ)の2種類がある。パスポートの申請から取得までは1～2週間かかる。直前に慌てないよう、早めに取得しておこう。

※イタリア入国の際には、パスポートの有効残存期間がイタリアを含むシェンゲン協定国出国予定日から90日以上必要。

◆申請場所

住民登録をしてある各都道府県庁の旅券課またはパスポートセンター。

◆必要書類

・一般旅券発給申請書1通(外務省のウェブサイトからダウンロード可)
・戸籍謄本1通(切り替え発給で記載事項に変更がなければ原則不要)
・顔写真1枚(タテ4.5cm×ヨコ3.5cm)
・本人確認用書類(運転免許証やマイナンバーカードなど)

◆受領方法

パスポート名義の本人が申請窓口で受け取る。申請後、土・日・祝や年末年始を除いて6日間ほどで発給される。

ビ　ザ

日本のパスポート所持者は、イタリアでの90日以内の滞在には不要。ただし、原則として有効残存期間が90日以上あること。仕事などでイタリアに91日以上滞在する場合は、ビザと滞在登録が必要。ビザの取得はイタリア大使館、領事館で。滞在登録は到着後現地で行う必要がある。

滞　在　登　録

イタリアに91日以上滞在する場合は、目的地に到着後8日以内に警察署Questura(クエストゥーラ)で滞在登録をしなければならない。

ローマのクエストゥーラは共和国広場を下ったところにある

国際学生証 ISIC International Student Identity Card

国際的に学割が利用できるのが国際学生証。一部の博物館、美術館などの見どころや劇場などで、入場料が割引や無料になる。入場料が高い観光地では心強い存在だ。現在はオンライン申請でバーチャルカードの発行ができる。有効期間は1年間。

パスポート情報

最新情報や各都道府県の申請窓口一覧については、外務省の公式サイトをチェック。
URL www.mofa.go.jp/mofaj/toko/passport/index.html

旅券発給手数料

10年旅券　1万6000円
5年旅券　1万1000円(12歳未満は6000円)

収入印紙や現金(各自治体により異なる)で納付。旅券受け取り窓口近くに売り場がある。

パスポートやカードのサイン

パスポート申請の際に記入する「所持人自署」。日本の印鑑代わりとなる大切なもの。ローマ字でも、漢字表記でもよい。漢字だと、外国では真似されにくいので安心感がある。また、クレジットカード利用時には、カードの裏面同様のサインが要求されることもあるので、サインを統一しておくと迷わない。

2025年にETIAS導入予定

ビザを免除されている日本やアメリカなどの国民がシェンゲン協定加盟国(→P.532)にビザなしで入国する際、ETIAS(エティアス、欧州渡航情報認証制度)電子認証システムへの申請が必須となる予定。

見どころの割引

イタリアの見どころの一部では学生やシルバー割引などを実施している。ただし、EU諸国の人のみを対象としていることもあるので、現地切符売り場や各見どころのウェブサイトでチェックしてみよう。

国際学生証／国際青年旅行証のオンライン申請

12歳以上の学生が対象で、発行はアプリ内のバーチャルIDのみ。また、支払いはPayPalによる決済のみ(各2200円)
URL isicjapan.jp

国際青年旅行証 IYTCカード

学生でなくても、30歳以下なら取得できるカード。国際学生証と同様の特典を受けられる。申請はウェブサイト(→P.526)などで。

国際ユース ホステル会員証

海外のユースホステル(YH)を利用する際に必要なもの。直接イタリアのYHでも作成できる場合もあるが、原則として自国で作成することになっている。人気の高いYHでは国際YH会員証の提示がないと宿泊できない場合もあるので、事前の準備を。会員証の申請は、日本ユースホステル協会、全国のYH協会、大学生協などで。

ユースホステルはドミトリーがメイン。貴重品の管理をしっかりしよう

国外運転免許証 International Driving Permit

イタリアでレンタカーを利用する人は必要だ。その際には、日本の免許証の提示も求められることもあるので一緒に持っていこう。レンタカー会社によっては年令や運転歴によって貸し出し制限があるので注意。申請は住民登録をしている都道府県の公安委員会。

そのほか

意外と役に立つのはパスポートのコピー。パスポートの盗難の危険を避けるため、ローマなどの一部の銀行ではコピーで両替を受け付けるところもある。クレジットカード利用の際に、身分証明書の提示を求められることもある。また、イタリアでは60歳または65歳以上でシルバー割引を実施している見どころもあるので、パスポートのコピーを持っているとよい。

また、紛失や盗難に備えて、クレジットカードの番号、有効期限、緊急連絡先などを控えて、航空券eチケット(旅程表)のコピーとともに別に保管しておくといざというときに心強い。

海外旅行保険

必要に応じて、傷害死亡、後遺症、傷害治療費用の基本契約のみにするか、盗難に対する携行品保険や救援者費用保険などの特約までを含めるか検討しよう。クレジットカードに海外旅行保険が付帯されることも多いが、制約も多いので事前に確認を。保険の掛け金は旅行期間と補償金額によって変動する。申し込みは、各地の保険会社、旅行会社、各空港内保険カウンター、ウェブサイトなどで。

混雑する場所では、携行品に注意を！

✉ 年齢確認できるものを

美術・博物館などの見どころ、時にはプルマンの切符売り場でも65歳以上や学生で割引を受けられるところがあります。年齢証明ができるものがあるといいです。子供なら、顔を見ただけで割引してくれますが、大人は証明書の提示が厳格です。日本の学生証でも割引が受けられる場合もありました。
(東京都　家族3人)

国際ユースホステル会員証の申請先

日本ユースホステル協会や最寄りのYH協会で申し込めば作成可能。身分証明書と入会金2500円(19歳以上)を持参すればOK。有効期間は1年間。
URL www.jyh.or.jp

国外運転免許証の情報 警視庁

運転免許証、写真1枚(タテ4.5cm×ヨコ3.5cm)、パスポート原本を持参して申請。以下は東京都のウェブサイト。在住している各都道府県の情報を確認すること。
URL www.keishicho.metro.tokyo.lg.jp/menkyo/menkyo/kokugai/kokugai01.html

日本国
JAPAN
国際自動車交通
INTERNATIONAL MOTOR TRAFFIC
国際運転免許証
INTERNATIONAL DRIVING PERMIT
1949年9月19日の道路交通に関する条約
CONVENTION ON ROAD TRAFFIC OF 19 SEPTEMBER 1949
発給地 Issued at TOKYO, JAPAN
発給年月日 Date of Issue JUN 07, 2012
12-801440-207753825933
東京都公安委員会
TOKYO METROPOLITAN PUBLIC SAFETY COMMISSION
Yoshie Ota

国外運転免許証の有効期間は発給日より1年間

「地球の歩き方」で海外旅行保険について知ろう

「地球の歩き方」公式サイトでは海外旅行保険情報を紹介している。保険のタイプや加入方法の参考に。
URL www.arukikata.co.jp/web/article/item/3000681/

Soldi per Viaggio
お金は何で持っていくか

自分の旅のスタイルにマッチした通貨、方法の選び方。旅に必要なお金をどういう形で持っていくか検討してみよう。

現地での両替に関して

イタリア現地での両替やキャッシングに関する情報はP.552をチェック。

最新の為替レート

「地球の歩き方」公式サイトで確認しよう。

URL www.arukikata.co.jp/rate/

日本で外貨に両替するなら?

外貨両替専門店のワールドカレンシーショップなら、銀行閉店後の15:00以降も空いていて便利。

URL www.tokyo-card.co.jp

ユーロが利用できる国

アイルランド、イタリア(ヴァティカン、サンマリノ含む)、エストニア、オーストリア、オランダ、キプロス、ギリシア、クロアチア、スペイン、スロヴァキア、スロヴェニア、ドイツ、フィンランド、フランス、ベルギー、ポルトガル、マルタ、ラトビア、リトアニア、ルクセンブルクなどで流通している。(2024年3月現在)

おもなクレジットカード発行金融機関

URLから、各種取り扱いカード、入会申し込み、トラブルの対処法などがわかる。

■アメリカン・エキスプレス
URL www.americanexpress.com
■ダイナース
URL www.diners.co.jp
■JCB
URL www.jcb.co.jp
■VISA
URL www.visa.co.jp
■Master
URL www.mastercard.co.jp

現 金

タバッキやスーパーなど少額でもクレジットカードが使えるところが格段に増え、現金を持ち歩かなくても旅がスムーズに。円からユーロに変えるなら、日本で両替しておいたほうが、レートがいい傾向に。町なかの銀行や空港の銀行で両替して、€1～20札をバランスよく持っていこう。イタリアの両替所は手数料がかなり高額なので、避けるべし。利用する場合は、レートだけでなく、手数料を最初にチェックして比較検討を。

クレジットカード

いちいち両替の必要がなく、現金を持ち歩かなくてもよいのがクレジットカード。イタリアでも多くのホテルやレストラン、商店で利用できる(ただし、経済的なホテルやレストラン、少額の買い物などではいまだに使えないことがある)。レンタカーやホテルの予約、チェックイン時にも、提示を求められ、一種の支払い能力の証明ともなっているので持っていると安心だ。しかし、クレジットカードの種類によってはほとんど通用しない可能性もあるし、ときとして読み取り不能の場合もあるので、できれば複数の国際カードを持っていこう。

使用する際には身分証明書の提示が必要なこともあるので、パスポートやコピーを持ち歩くように。また、最近では自動券売機などICチップ入りカードしか使えないところもある。ICチップ入りの場合はPIN(暗証番号)の入力が必要なので忘れずに。また、ICカード付きのクレジットカードで改札機を通れる地下鉄やバスも増えてきた(→P.36)。

海外専用プリペイドカード

海外専用プリペイドカードは、カード作成時に審査がなく、外貨両替の手間や不安を解消してくれる便利なカードのひとつだ。出発前にコンビニATMなどで円をチャージ(入金)し、入金した残高の範囲内で渡航先のATMで現地通貨の引き出しやショッピングができる。各種手数料が別途かかるが、使い過ぎや多額の現金を持ち歩く不安もない。おもに下記のようなカードが発行されている。

●MoneyT Global マネーティーグローバル(アプラス発行)

URL www.aplus.co.jp/prepaidcard/moneytg/

●Travelex Money Card　トラベレックスマネーカード
(トラベレックスジャパン発行)

URL www.travelex.co.jp/travel-money-card

デビットカード

使用方法は、クレジットカードと同じだが、支払いは後払いではなく発行銀行の預金口座から原則即時引き落としとなる。

口座の残高以上は使えないので、予算管理にも便利。ATMで現地通貨も引き出し可能だ。デビットカードは、JCB、VISAなどの国際ブランドで、各銀行などの金融機関がカードを発行している。

URL www.jcb.jp/products/jcbdebit
URL www.visa.co.jp/pay-with-visa/find-a-card/debit-cards.html

Preparativi Per Viaggio

日本で情報を入手する

旅の楽しみのひとつは、出発までの浮き立つ気分でのプランニング。訪れる町々へ思いをはせるひとときは格別だ。必要かつ快適で楽しい旅行のための情報収集のできる機関を紹介。

ENITイタリア政府観光局

イタリア各地の旅の情報を提供しており、日本語で情報を知りたい人は2024年1月に開設されたnoteがおすすめだ。見どころ・イベントの紹介だけでなく、各地の情報（ヴェネツィアの入島税に関する情報）なども更新されているので、計画を立てる際にのぞいてみよう。資料は現在デジタル化されているため、直接イタリアで入手するか、イタリア観光の公式サイト（右記）から、各州の観光局の公式サイトもチェックしてみよう。インスタグラム（@italiait）をはじめ各種SNSもある。ただし現在はイタリア語や英語のみ。

イタリア政府観光局ENIT
住 〒108-8302
東京都港区三田2-5-4
（イタリア大使館内）
URL www.italia.it
※一般の問い合わせ不可

イタリア文化会館

イタリアの芸術、言語、文学、文化などを日本に紹介するための機関。イタリア語の語学コースや文化講座などを開講しているほか、無料のイベントなども実施。付属の図書室は一般公開されていて（年間利用料2000円）、資料をウェブサイトで検索することもできる。また、イタリア政府機関として、イタリア高等教育機関（大学、音楽院、美術学院）をはじめ専門学校や語学学校への留学、政府奨学金などについての豊富な留学情報を提供している。

イタリア文化会館
住 〒102-0074
東京都千代田区
九段南2-1-30
☎ 03-3264-6011
開 10:00～13:00、14:00～18:00
休 土・日・祝、年末年始
URL iictokyo.esteri.it/ja/

ウェブメディアやSNS、ブログなど

旬の情報を手に入れるなら、イタリア現地在住の日本人が更新しているウェブマガジンやブログなども役に立つ。『ITALIANITY』では食やファッション、文化までさまざまな情報を掲載しており、インタビューや取材記事も読みごたえがある。「地球の歩き方」公式サイトでは、現地特派員による最新ニュースが更新。フリーペーパー『イタリア好き』も取材陣のコアな情報が手に入る。エリアやテーマに特化した書籍も多くあるし、ブログやSNS等で発信している人も多いので、旅の目的にあわせてチェックを。

●地球の歩き方特派員
URL www.arukikata.co.jp/web/summary/area/it/

海外旅行の最旬情報はここで！
「地球の歩き方」公式サイト。ガイドブックの更新情報や、海外在住特派員の現地最新ネタ、ホテル予約など旅の準備に役立つコンテンツ満載。
URL www.arukikata.co.jp

自分だけの旅をプランニング

個人旅行で、地方の村々やアクセスしにくい場所に行きたいという場合、また、アグリトゥーリズモや料理教室、ワイナリーやチーズ、オリーブオイルの工場見学……などちょっとディープな体験をしてみたいという人は、旅行会社が主催するツアーではなく、日本人ガイド・通訳に同行してもらうプライベートツアーに申し込むというのもひとつの手だ。事前にメールのやり取りで各々に合ったプランを作成してもらい、当日のアテンドから通訳をお願いできるというもの。予算に応じて車のチャーターや公共交通機関を使うのかなども相談に乗ってもらえる。在住エリアや得意分野によって提供しているサービスは異なるので、問い合わせフォームから聞いてみるのもよいだろう。

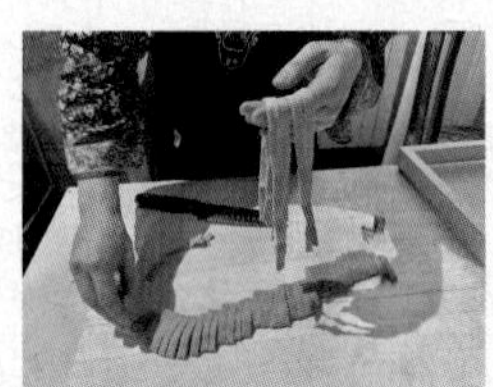

プライベートツアー
●トスカーナ自由自在
『イタリアの美しい村を歩く』（東海教育研究所）著者の中山久美子さんがおもにトスカーナ州の小さな町や村での滞在、体験を紹介。
URL toscanajiyujizai.com

●Sol Levante Tour Blog
日本人ドライバーによるエミリア・ロマーニャ州の個人ツアー。旅の情報も更新中。
URL sollevantetourblog.com

●Piazza Italia
『ナポリとアマルフィ海岸周辺へ』（イカロス出版）著者の祝さんによる南部のツアーが満載。ナポリ周辺のみならずアマルフィやアルベロベッロにも対応。
URL www.piazzaitalia.info

賢い航空券の買い方

インターネットで「航空券」と入力すれば、航空券を販売する旅行会社のサイトや比較サイトがいくつも表示される時代。クレジットカードがあれば、希望に合わせてすぐに簡単に購入できる。ちょっとしたコツや注意したい点を見ていこう。

経済的に買うなら

まずは、航空券の価格について。航空券は需要と供給のバランスの世界。一般的な休暇期間の夏休みや正月休みには高くなる。ちょっと無理をしても期間をずらすのが節約するコツ。また、早めの予約（3ヵ月以上前）ならかなり割安で購入できる可能性大だ。**航空券比較サイト**に希望の日程を入れて料金を把握しよう。次は、目星をつけた**航空会社の公式サイト**を確認しよう。期間限定などの独自のセールを行っている場合もある。

マイルを貯めれば、航空券が無料で取得できたり、アップグレード、上級ラウンジが利用できるなどの利点がある。まずは無料の会員手続きが必要だ。マイルやポイントを貯めるなら、該当航空会社、あるいは航空連合であるスカイチーム、スターアライアンスなど、共通ポイントが取得できる加盟会社を選ぼう。また、クレジットカードや各種のポイントカードでは取得ポイントを有利にマイルに交換できるものがあるので、自分がよく利用するものがあれば、調べてみよう。

ここに注意！

イタリアへ向かう場合はノンストップで目的地まで行く直行便、もしくはほかの国で飛行機を乗り換えることになる。まずは所要時間、さらに乗り継ぎの待ち時間や到着時間、航空券の金額などを考慮しよう。直行便でも片道約14時間の長旅は疲れるもの。乗り換え待ちがあればなおさらだ。安心・安全のためにも深夜到着は避けたい。経由便の場合、ヨーロッパの主要国、もしくは最近ではドバイ（エミレーツ航空）やアブダビ（エティハド航空）をはじめとする中東経由が人気。

国際観光旅客税

2019年1月7日より日本を出国するすべての人に、出国1回につき1000円の国際観光旅客税がかかるようになった。支払いは原則として航空券代に上乗せされる。

燃油サーチャージ

各航空会社は航空券の運賃に、燃油サーチャージ（燃油特別付加運賃）を加算して販売。時期や旅行会社によって異なるので、必ず合計金額を確認してから購入しよう。

空港へは何時間前に到着？

チェックインは一般的に、国際線がフライトの2時間前、国内線が1時間前。ただし、世界情勢の変化により重量制限や手荷物制限の厳格化などで、チェックインや出入国審査も以前より時間がかかることも。予期せぬ交通トラブルやアクシデントに備えて、余裕をもって出かけよう。

航空会社連絡先

- ●ITAエアウェイズ
  ☎03-6388-6292（カスタマーセンター）
  URL www.ita-airways.com/ja_jp
- ●日本航空
  ☎0570-025-031
  URL www.jal.co.jp
- ●全日本空輸
  ☎0570-029-075
  URL www.ana.co.jp

液体物の機内持ち込み

機内持ち込み手荷物の規則

あらゆる液体物（歯磨き、ジェルおよびエアゾールを含む）は100mℓ以下の容器に入れ、再封可能な容量1000mℓ（20cm×20cm）以下の透明プラスチック製袋（ジップロックなど）に余裕をもって入れる。袋は1人1つまで。ただし、医薬品、乳幼児食品（ミルク、離乳食）などは除外されるが、処方箋の写し、乳幼児の同伴など適切な証拠の提示を求められる。

ライターやマッチ、電子たばこなど預け入れできない機内持ち込み手荷物については、利用航空会社や国土交通省航空局の公式サイトを参考に。

URL www.mlit.go.jp/koku/03_information/13_motikomiseigen/index.html

同日乗り換えの場合は、機内手荷物制限にご注意

化粧品などの液体物は、最初からスーツケースなどに入れてチェックインしてしまえば問題はない。制限対象となるのは、左記の通り機内持ち込みをするもの。また、チェックイン後に免税店で購入した酒類や化粧品は、そのまま持ち込むことができる。

ただし、乗り換えをする場合は、免税店で購入した物も含めて、経由地で100mℓを超える物は廃棄、100mℓ以下の場合はパッケージを開けて再封可能な袋に入れることが求められる。同日に乗り換えを予定している人は注意しよう。免税品については、経由地により、やや異なることがあるので、購入前に免税店で確認しよう。

どこの航空会社を選ぶのか？

さて、実際どこの航空会社を利用すればよいか？　それは各自が何を優先させるかによる。寄り道せずにとにかく真っすぐイタリアに入りたいのなら、**直行便**がおすすめ。2024年3月現在、ITAエアウェイズが羽田空港からローマ・フィウミチーノ空港の直行便がある。2024年4月からは毎日運航する予定で、羽田からは約15時間、ローマからは約12時間30分。羽田を13:20に出発すると、ローマには20:15到着という計算だ。

また、**乗り継ぎ**でかまわないなら、航空会社はいくらでもある。ヨーロッパ系の航空会社なら、ヨーロッパの主要都市でストップオーバーできるうまみがある。それ以外の航空会社は、時間がかかるが安いのが利点だ。

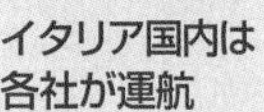

イタリア国内は各社が運航

イタリアの国内線には主要都市を結ぶ、ITAエアウェイズ、アエロイタリアAeroitalia、ライアンエアーRyanair、ヴォロテアVoloteaなど各社が運航している。航空会社によりミラノ発でもマルペンサ空港、リナーテ空港発のものがあるので、自分の旅のルートに合わせて選ぼう。

ストップオーバーを利用

イタリア国内を飛行機で移動する予定なら、イタリア国内に飛行路線をもっている航空会社を選ぶのが得策。格安航空券を除き、一般的には1～2フライトを無料でつけられるシステムがある（ストップオーバーの場合は別途チャージが発生）。路線がない場合でも、正規料金より割安で利用できることもあるので購入時に聞いてみよう。ストップオーバーを利用する場合は発券時にルートや日時を確定していなければならない。

イタリアのLCC（ロー・コスト・キャリア）

日本同様、イタリアでも格安な料金で人気が高い。イタリア国内で利用できるのはITAエアウェイズの国内線、ライアンエアー、イージージェット、ヴォロテアなど。空港は、ミラノならマルペンサやリナーテのほか、ベルガモのオーリオ・アル・セーリオ空港Orio al Serio、ローマはフィウミチーノのほかチャンピーノ空港Ciampino、ヴェネツィアはマルコ・ポーロ空港のほかトレヴィーゾ空港など、郊外の空港を利用する場合が多い。LCC利用者の増加とともに、各空港と市内を結ぶプルマンなどが整備されているので、移動に問題はない。利用する空港の公式サイトなどを見てアクセスを確認しておくと安心だ。

航空券はオンラインでのクレジットカード決済が主流で、購入は早いほど、料金は安いのが一般的。スポット的に購入日、利用日限定のキャンペーンもあったりする。ただ、表示料金は安いものの、ボーディングパスのプリントアウト、オンライン・チェックインなどを忘れると高額な料金を請求されたり、優先搭乗、受託手荷物などが別料金となることも。また、機内持ち込み手荷物の制限も厳格。各社により、規定や料金が異なるので、損をしないためには購入前によく読んでおくのが肝要だ。日本の旅行会社でも格安航空を手配してくれるところもあるので、相談してみるのも一考だ。

ITAエアウェイズはブルーの機体が目印

2024年1月からITAエアウェイズと全日空がコードシェア開始

異なる航空連合に加盟する全日空（スターアライアンス）とITAエアウェイズ（スカイチーム）が、羽田⇔ローマ線と複数の国内線でコードシェア便の運航を開始。コードシェアとは、2社以上の航空会社が共同で運航する便のことで、これにより全日空の公式サイトからも羽田⇔ローマ便の予約・購入が可能になり、マイルも付与されることになる。さらに、2024年秋からは羽田⇔ミラノ・マルペンサ空港便が開設予定。ますます、アクセスしやすくなるはずだ。

海外航空券比較サイト

おもな比較サイトは以下のとおり。

●スカイスキャナー
URL www.skyscanner.jp
●エクスペディア
URL www.expedia.co.jp/air
●サプライス！
URL www.surpricenow.com
●エアトリ
URL www.airtrip.jp

格安航空会社の公式サイト

●ライアンエアー
URL www.ryanair.com
●イージージェット
URL www.easyjet.com
●ヴォロテア
URL www.volotea.com

重量制限に注意

多くの航空会社では、無料で預けられる荷物の個数・重さ・大きさが決まっている。例えばITAエアウェイズの場合、最大寸法158cm以内（タテ+ヨコ+高さの合計）といった制限がある。出発前に利用航空会社の公式サイトで確認をしよう。

Romaへ

レオナルド・ダ・ヴィンチ空港と入国手続き

日本からローマへの所要時間が一番短いのはITAエアウェイズで約13〜15時間、ヨーロッパ各国や中東を経由して約16〜20時間のフライトで永遠の都ローマに到着する。飛行機の窓から紺碧のティレニア海とイタリア特有の唐傘松の木立を眼下にすると、まもなくイタリア一の天才の名を冠したローマの国際空港**フィウミチーノ空港**（レオナルド・ダ・ヴィンチ空港）に到着する。まずは人混みに交じって列に並んで**入国手続き／パスポート・コントロール**だ。日本人は電子ゲートでパスポートと顔写真を認証すればすぐ入国できるようになった。その後、人の流れに従うとターンテーブルのあるエリアに到着する。ここにはトイレ、両替所、ATMなどがある。ユーロの持ち合わせがない場合はここで両替しておこう。カートはカートプールの機械に硬貨を投入して引き出して利用する。自分の利用したフライトが表示されたターンテーブルから荷物を引き取って進むと出口そばに**税関Dogana**がある。これを越えれば、到着の人を待つ広いロビーだ。このフロアにはレンタカー事務所、観光案内所、各種売店、バールなどが並ぶ。ローマ市内へ鉄道で向かう場合は、税関を出てすぐ右へ進み、左の下りエスカレーターに乗り、連絡通路を標識に従って進むとトレニタリアのフィウミチーノ駅だ。または、空港出口を出て道路を渡るとエレベーターがあるので、これを利用してもいい。この出口にはタクシー乗り場もある。市内へは定額制(→P.56)なので、最初に確認を。

荷物の取り間違えに注意！

バスを利用する場合は、税関出口を背に右へ。標識に従って建物内部を行ってもいいし、建物沿いに歩道を進んでも同じ。建物を越えた先にあるバスの駐車場がバスターミナル。切符は切符売り場やバスの入口近くの係員から購入。やや時間はかかるが、経済的(ローマ市内へのアクセス→P.55)。

Milanoへ

マルペンサ空港から市内へ

空港から市内へはバスや列車が運行されている。ミラノ中央駅へはシャトルバスが便利。乗り場は空港建物を出たほぼ正面、運転手から切符を購入できる。

また、列車のマルペンサ・エクスプレスがミラノ中央駅へ乗り入れており、ミラノはもとよりほかの町へ鉄道を利用して移動する場合は便利。ミラノ中央駅またはミラノ・カドルナ駅（地下鉄カドルナ駅接続）が終点。パス類の使用不可。空港駅はターミナル1の地下にある（ミラノ市内へのアクセスは→P.202）。

マルペンサ・エクスプレスは時間が読めるので安心

入国時の免税限度枠

下記のとおり、個人使用に限りイタリア国内に無税で持ち込める。

●酒類（18歳以上）ワイン4ℓ、ビール16ℓ、22度以上のアルコール飲料1ℓまたは22度未満のアルコール飲料2ℓ。

●たばこ（18歳以上）紙巻たばこ200本、または細葉巻（各最大3gまで）100本、葉巻50本、または刻みたばこ250g。

イタリアへの通貨の持ち込み・持ち出し制限

ユーロ、外貨ともに1万ユーロ相当額以上のEU圏内への持ち込み、持ち出しには申告が必要。申告を怠った場合は、所持金の没収や処罰の対象となる場合ある。申告は税関や申請所Controllo Valutaで。

シェンゲン協定加盟国で飛行機を乗り継ぐ場合の入国審査

シェンゲン協定加盟国で乗り継ぐ場合は、乗り継ぎ地の空港で入国審査を受ける。2024年3月時点での加盟国は、アイスランド、イタリア、エストニア、オーストリア、オランダ、ギリシア、クロアチア、スイス、スウェーデン、スペイン、スロヴァキア、スロヴェニア、チェコ、デンマーク、ドイツ、ノルウェー、ハンガリー、フィンランド、フランス、ベルギー、ポーランド、ポルトガル、マルタ、ラトビア、リトアニア、リヒテンシュタイン、ルクセンブルク。

出入国の注意事項

成田からオランダ・アムステルダム経由でローマに行きました。アムステルダムでの乗継時にはまずオランダに入国。ローマに到着後は預けた荷物を受け取るだけで入国審査はありません。帰りもほぼ同様。これはEU圏のシェンゲン協定によるものですが、EU圏初旅行の私たちは間違えてEUパスポートの出口から荷物を受け取らずに出てしまったりして少し苦労しました。旅の限られた時間を有効に使うためにもEU圏のルールを知っておくことが大事だと感じました。（山梨県　DL）

Viaggio in Treno

イタリア鉄道の旅

イタリアには、トレニタリアTRENITALIA（fs線とも呼ばれる）とイタロitaloというふたつの鉄道会社がある。トレニタリアは日本でいうところのJRのような存在で、イタリア全土1万6000kmに張り巡らされている。イタロは2012年に運行を開始した比較的新しい鉄道会社。それ以外に、ポンペイへ行くヴェスーヴィオ周遊鉄道やアルベロベッロへ向かうスッド・エスト線、ミラノからコモ湖方面へ行く北ミラノ鉄道線など私鉄も走っている。遅延やストライキの多さなどが話題になるイタリアの鉄道だが、コツさえつかめば旅の大いなる味方になってくれるはずだ。

列車の種類と予約

トレニタリアの列車は大きく分けて長距離部門と地域運輸部門に分けられる。長距離部門の列車は、高速列車である**フレッチャロッサFrecciarossa（FR）、フレッチャルジェントFrecciargento（FA）、長距離列車のインテルシティIntercity（IC）、夜行列車のインテルシティ・ノッテIntercity Notte（ICN）**がある。これらは乗車券と指定券がひとつになったチケットでの利用となるため全席指定制。

ユーレイル イタリアパスなどの鉄道パスを利用する場合、座席の予約と追加料金€3〜13（列車の種類によって異なる）が必要となる。現地で予約すると、さらに手数料€2が発生するので、なるべく事前にユーレイルパスの公式サイトから予約したいところ。予約の変更などは、各駅のトレニタリアの窓口などで可能である。

地域運輸部門は、**普通列車のレッジョナーレRegionale（R）と快速列車のレッジョナーレ・ヴェローチェRegionale Veloce（RV）**がある。予約不要で、乗車日指定または当日券を購入。公式サイトやアプリからの購入で事前チェックインが必須に。乗車前に打刻機（→P.540）で刻印をすること。

フレッチャロッサ（FR）

2024年最新！注意事項

2023年8月から、ウェブサイトやアプリでレッジョナーレ・ヴェローチェ（RV）とレッジョナーレ（R）の切符を購入する場合、乗車する列車の指定や乗車前に送られてくるメールでのオンラインチェックインが必要となった（→P.540）。車内検札の際にチェックインが済んでいないと罰金の対象になることもあるので気をつけて。

おもな鉄道会社の公式サイト

時刻表や路線図の検索ほか、切符の購入もできる。英語対応あり。

●トレニタリア
URL www.trenitalia.com
●イタロ
URL www.italotreno.it

北部を走るトレノルド

ミラノをはじめロンバルディア州では、トレニタリアの子会社である「トレノルドTrenord」が近郊路線を担当。日立製の車両を採用しており、新しい車両はトイレもきれい。ミラノ中央駅にはトレノルドの窓口もある。

ユーレイルパス（→P.539）

パスの購入者は、以下のサイトでイタリア国内の高速列車の座席指定・予約もできる。
URL www.eurail.com

イタリアの高速列車

イタリアの高速列車は、トレニタリアとNTV社の2社で運行している。運行区間も同じようなルートで運行していることが多い。トレニタリアの高速列車のブランドは、フレッチャロッサに統一する方向で進んでいる。NTV社は、「.italo（イタロ）」のブランド名で運行している。

●フレッチャロッサFrecciarossa（FR）

「赤い矢」の意味でETR400（フレッチャロッサ1000）、ETR500、ETR600、ETR700による運行。トリノ〜ミラノ〜ボローニャ〜フィレンツェ〜ローマ〜ナポリ〜サレルノ間などやイタリア主要都市間で運行。ETR400とETR500は「Executive」、「Business」、「Premium」、「Standard」の4クラス制での運行、ETR600とETR700は、「Executive」を除いた3クラス制で運行している。一部の在来線区間では、「銀の矢」を意味のフレッチャルジェントFrecciargento（FA）のブランドで運行している。ユーレイル イタリアパスなど鉄道パス割引を利用する場合は、1等パスの場合は「Business」と「Standard」、2等パスの場合は「Standard」で利用できる。

●イタロitalo

2012年4月に登場したNTV社の高速列車。ミラノ〜ボローニャ〜フィレンツェ〜ローマ〜ナポリ〜サレルノ間などで運行。「Club Executive」、「Prima」、「Smart」の3クラスで運行。ユーレイル イタリアパスなど鉄道パスで利用はできない。

フレッチャロッサの座席クラス

●エグゼクティブ　Executive
特等席。横1+1席の座席配置。食事付き。

●1等ビジネス　Business
横1+2席の座席配置。ドリンクとスナックのサービスあり。

●2等プレミアム　Premium
横2+2席の座席配置。ドリンクとスナックのサービスあり。

●2等スタンダード　Standard
横2+2席の座席配置。

高速列車①
フレッチャロッサ

もともとは国営鉄道だっただけあり、イタリア全土にまんべんなく張り巡らされているトレニタリアの高速列車「フレッチャロッサ Frecciarossa（FRと略される）」。カラーブリア州やプーリア州など南部の停車駅も充実しており、北部のトリノ・ポルタ・ヌオーヴァ駅を始発として、サレルノやレッチェが終点という列車もある。もちろん効率を考えれば飛行機に軍配が上がるが、移りゆく景色を見ながらの列車の旅も醍醐味だ。FRにはクラスに関係なく各座席にコンセントがあり、Wi-Fiの利用が可能。スタンダードクラス以外はドリンクとスナックのサービスがあり、エグゼクティブクラスはしっかりとした料理が提供される。

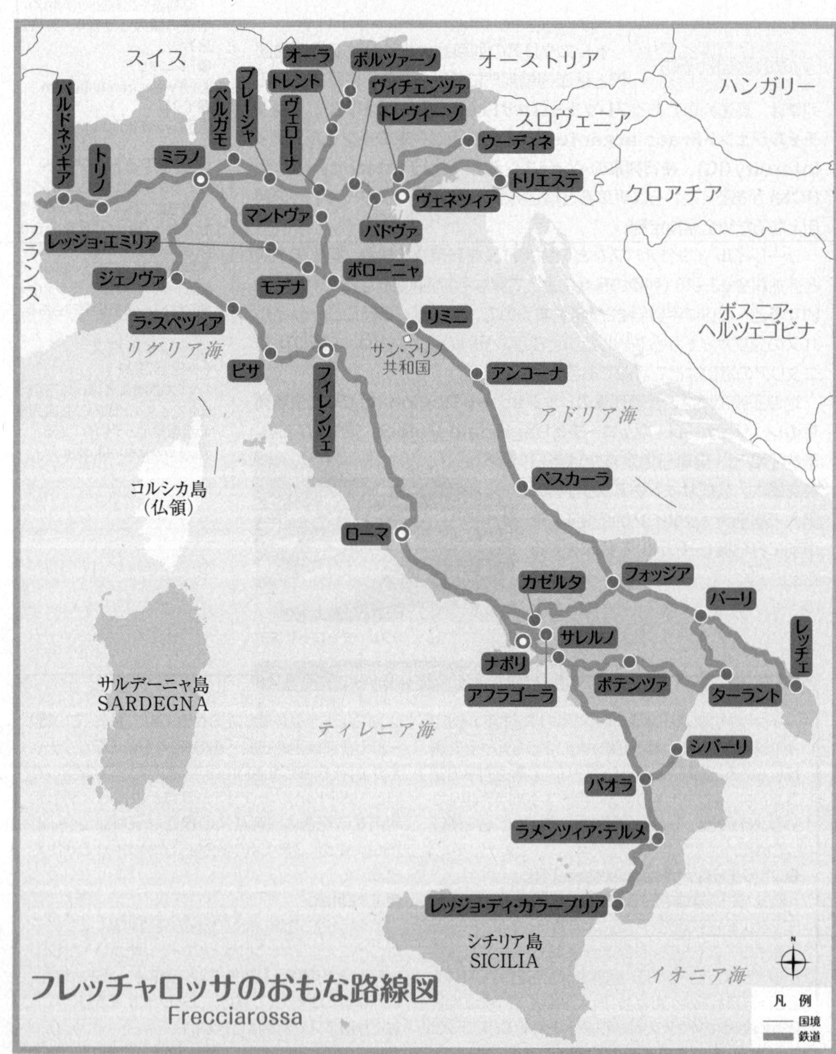

フレッチャロッサのおもな路線図
Frecciarossa

高速列車② イタロ

2012年に運行開始とだけあって、フレッチャロッサより路線網は限られるが、5大都市を中心にまんべんなく主要な都市を網羅している。全クラスの座席にコンセントがあり、Wi-Fiの利用が可能。車内にはドリンクやスナックの自動販売機があり自由に購入することができるが、プリマはウェルカムドリンクとスナック付き。クラブ・エグゼクティブを予約すると、サンドイッチなど軽食のケータリングが追加される。また、駅の専用ラウンジの利用が可能になるほか、ファストトラックと呼ばれる専用の改札から優先入場が可能。主要駅の自動券売機の前には制服を着たスタッフが立っていて、切符の購入を手伝ってくれる。

イタロの座席クラス

●クラブ・エグゼクティブ Club Executive
横1+2席の座席配置もしくは4人個室（Club Executive Salotto）。

●プリマ Prima
横1+2席の座席配置。ドリンクとスナックのサービスあり。

●スマート Smart
横2+2席の座席配置。手荷物制限あり（75cm×53cm×30cmまで）。

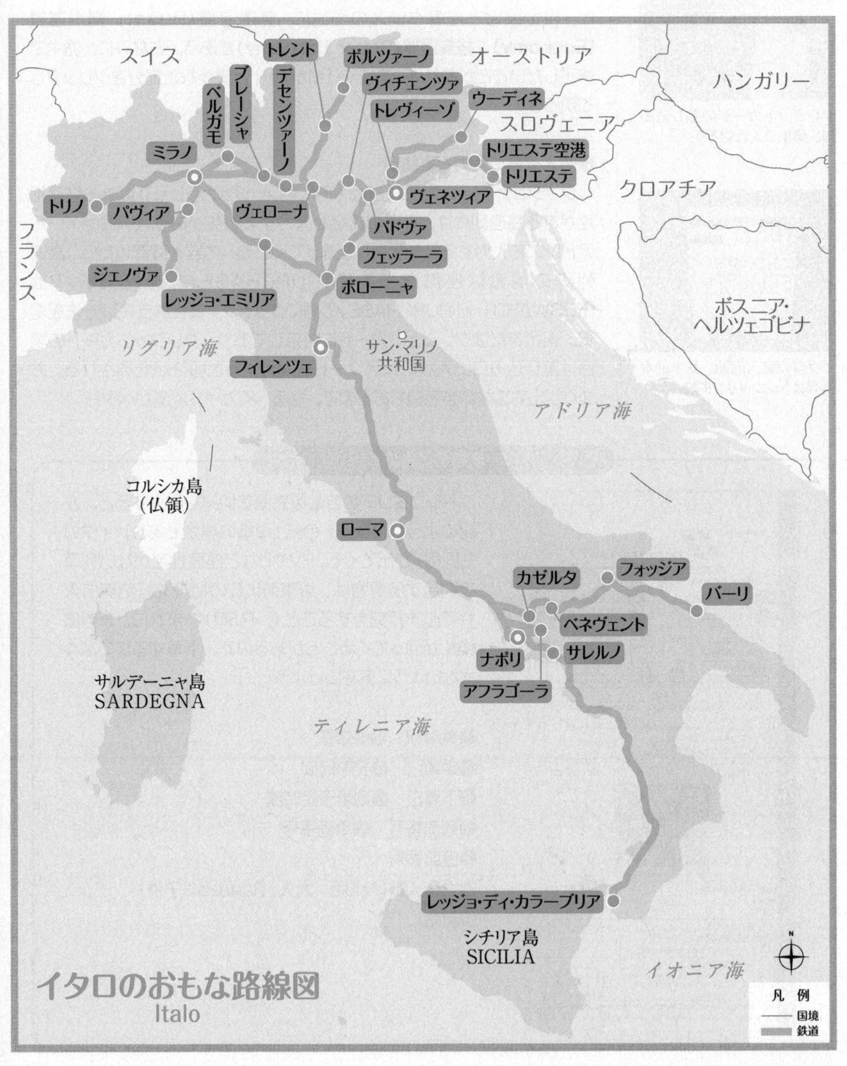

イタロのおもな路線図
Italo

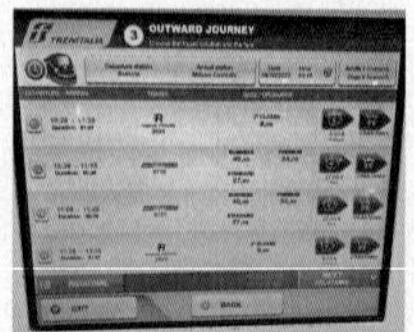

行き先を検索すると普通から高速列車まで一覧が表示される

クレジットカードの差し込み口。奥まで入れ切ろう

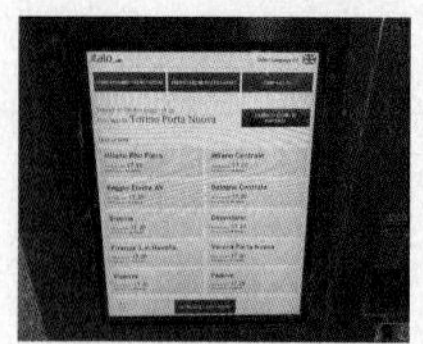

イタロの購入画面。基本的な操作はトレニタリア同様

自動券売機での切符の買い方

まずは、日にちと希望出発(または到着)時間をだいたい決めておこう。列車や行き先、時間帯によっては、満席の場合もあるので、多少の余裕をもったプランニングがよい。以下はトレニタリアの購入の流れ。

●座席や料金の選択まで

自動券売機は駅構内に点在する。できるだけ係員がいる近くかホームに近い券売機を選ぶと、怪しい人に声をかけられずに済む(→P.70)。券売機では英語も対応しているので、言語を選択。「スリに気をつけて！」というアナウンスが流れたのち、「BUY YOUR TICKET」をクリック。出発駅と到着駅、片道・往復、人数、出発日時を選んでいこう。大都市はいくつも同じような駅名があるので、間違えないように。希望の列車を選択すると、料金設定と座席クラスの画面に。**普通運賃(Base)、割引運賃(Economy)、格安運賃(Super Economy)**がある。ちなみに、途中で修正したいことがあれば、右上の「Modify」と書かれた部分をクリックして戻ろう。

●個人情報の入力と支払い

レッジョナーレ・ヴェローチェ(RV)やレッジョナーレ(R)以外の座席指定がある高速列車は、乗客の氏名を入力する必要がある。SMSやメールアドレスを入力するとチケットを送ってくれる。内容を確認したら、高速列車の場合は座席を指定後「PURCHASE」を選択。RVやRは「FORWARD」→「PURCHASE」の順にクリック。最後は支払い方法を選択。現金またはクレジットカードに対応しており、クレジットカードの場合は差し込み口に入れてパスワードを入力すると切符が発券される。おつりが出てこない券売機もあるので、なるべくカード決済がベター。

切符の読み方

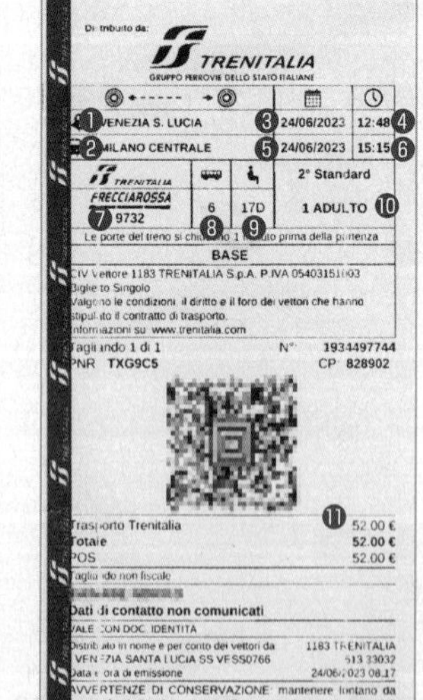

Di tributo da:
TRENITALIA
GRUPPO FERROVIE DELLO STATO ITALIANE

❶ VENEZIA S. LUCIA	❸ 24/06/2023	12:48 ❹
❷ MILANO CENTRALE	❺ 24/06/2023	15:15 ❻

TRENITALIA FRECCIAROSSA ❼ 9732	6 ❽	17D ❾	2° Standard 1 ADULTO ❿

Le porte del treno si chiudono 1 minuto prima della partenza

BASE

CIV Vettore 1183 TRENITALIA S.p.A. P.IVA 05403151003
Biglietto Singolo
Valgono le condizioni, il diritto e il foro dei vettori che hanno stipulato il contratto di trasporto.
Informazioni su: www.trenitalia.com

Tagliando 1 di 1 N° 1934497744
PNR TXG9C5 CP 828902

Trasporto Trenitalia	⓫ 52.00 €
Totale	52.00 €
POS	52.00 €

Tagliando non fiscale

Dati di contatto non comunicati
VALE CON DOC. IDENTITA

Distribuito in nome e per conto dei vettori da	1183 TRENITALIA
VENEZIA SANTA LUCIA SS VESS0766	513 33032
Data e ora di emissione	24/06/2023 08.17

AVVERTENZE DI CONSERVAZIONE: mantenere lontano da luce e fonti di calore, evitare il contatto diretto con materiali plastici

トレニタリアの自動券売機で切符を購入すると、左記のようなレシートの紙(厚紙の場合もあり、イタロも同様)が出てくる。RVやRなど座席指定がない列車を利用する場合は、乗車前にこの切符を打刻機に入れて必ず打刻をすること(→P.541)。まれに、車内に検札が回ってくることがあるので、下車するまでなくさないように気をつけよう。

❶乗車駅　❷降車駅
❸乗車日　❹発車時間
❺下車日　❻到着予定時間
❼列車番号　❽車両番号
❾座席番号
❿乗車人数(Adulti：大人、Ragazzi：子供)
⓫料金

駅の窓口で

列車の情報を得られるほか、もちろん切符の購入ができる。対面で切符を購入する場合、トレニタリア(fs)マークのある旅行会社などでも可能。

ミラノ、ローマ、ヴェネツィア、フィレンツェ、ナポリなどの大きな駅では切符売り場に番号札の発券機があることも。番号札は**案内Informazioni**、**高速列車Freccia**、**変更Cambio**などと分かれているので、希望の札を取り、電光掲示板に自分の番号とカウンターNo.が表示されるのを待とう。表示されたら、該当の窓口へ。窓口では、乗車日と到着または発着のだいたいの時間を告げると該当の列車をいくつか教えてくれ、ときにはモニター画面を見せてくれるので、そこから希望の列車を選ぼう。FRなど高速列車の場合は、座席の希望も確認してくれる。

地方都市の駅の場合は、窓口に並んで順番を待とう。窓口では、切符の変更や座席変更なども可能(ベース料金なら無料)だ。

切符を買うときは、行き先、人数、おおよその出発時間を告げればよい。しかし、言葉が心配な場合は、事前に**列車の種類**、**列車番号**、**出発日時**、**行き先**、**客車の等級**、**往復**か**片道**か、を紙に書いて窓口で示そう。

●購入方法

切符の購入（予約）の希望を紙に書いて窓口で見せるか、口頭で「切符（と予約）をお願いしますBiglietto（ビリエット） (e（エ） prenotazione（プレノタツィオーネ）), per favore（ペル ファヴォーレ）.」と日時や目的地も一緒に伝えよう。英語も通じる。ユーレイルパスや切符を持っている場合は、パスなどを示して「パス（切符）を持っています。席の予約だけをお願いしますHo il pass（オ イル パス） (biglietto（ビリエット）), Solo（ソロ） prenotazione（プレノタツィオーネ）, per favore（ペル ファヴォーレ）.」と伝えよう。希望する時間帯の席が売り切れの場合でも、発車時間を目安に前後の列車を教えてくれることが多い。支払いはクレジットカードでも現金でもOK。切符を手にしたら、間違いがないかその場でチェックしよう。

切符の購入時には周囲への注意も忘れずに

切符を購入するメモを作るのに役立つイタリア語

- ●切符購入　Per l'acquisto di Biglietto
- ●出発日　Giorno di Partenza
  ※日 (Giorno) ／月 (Mese) ／年 (Anno)の順番で記載
- ●列車番号　Numero del Treno
- ●発車時間　Ora di Partenza
- ●目的地　Destinazione
- ●切符の種類　Tipo di Biglietto
  ※片道 (Andata) ／往復 (Andata e Ritorno)
- ●利用クラス　Classe
  ※フレッチャロッサの場合、BusinessやPremiumなど
- ●切符の枚数　Numero di Biglietti
  ※大人 (Adulti) ／子供 (Ragazzi)

駅の窓口でのイタリア語ひとくちガイド

「明日の午後のフィレンツェ行きの列車を知りたいのですが」
Vorrei sapere l'orario dei treni per Firenze di domani pomeriggio.
（ヴォレイ サペーレ ロラーリオ デイ トレーニ ペル フィレンツェ ディ ドマーニ ポメリッジョ）

「紙に書いてください。」
Potrebbe scriverlo.
（ポトレッベ スクリーベルロ）

「予約は必要ですか？」
Bisogna prenotare？
（ビソーニャ プレノターレ）

トレニタリア自動券売機アレコレ

✉ 切符は早めに、まとめて事前購入

自動券売機なら、切符は即座に購入できますが、時間帯によっては売り切れの場合もありました。前日までの購入が安心です。　（東京都　ICM）

✉ 券売機のすすめ

駅の切符売り場の窓口はいつもかなりの混雑。コンコースやホームには英語表示可能の券売機があり、待ち時間なしで切符が購入できます。現金はもちろんカードも使用可能。　（RRB）

✉ 英語地名にとまどい

英語表示があり、とても便利ですが、駅名表示がイタリア語と英語で微妙に異なり、初めは少しとまどいました。一例としてミラノ中央駅はイタリア語ではMilano Centrale、英語ではMilan Main Stationです。　（山梨県　匿名希望）

✉ 時刻表はどうする?

駅で電車の時刻表のパンフレットを探しましたがみつかりませんでした。そこで、自動券売機で調べ、それを写真に撮って利用しました。（岡山県　三村由香梨）

✉ 券売機利用のアドバイス

券売機の列車の選択で**All the Solutions**を押すと、すべての結果が出ます。というのも初期設定で出てくる結果はFA特急などの「おすすめの結果」しか出ないからです。ミラノ中央駅からヴェネツィア・サンタ・ルチア駅までの切符を購入しようとしたのですが、FAは2等でも学生には高い！　しかし、All the Solutionsを押すと、鈍行Rが出てきて、半額程度で購入できました。所要時間は倍近くかかってしまいますが、うち1時間はヴェローナ・ポルタ・ヌオーヴァ駅での乗り換え待ち時間だったので、駆け足でアレーナと市庁舎の観光もできました。私的にはおすすめです。　（埼玉県　ぎーたか）

日本で鉄道切符を購入するには

トレニタリアTRENITALIAの公式サイトなら、日本からも購入でき、手数料もかからない。英語表記を選択してトライしてみよう。不安な人や自力手配が難しいと感じた場合は、多少手数料を払っても日本の旅行会社や日本語で手配できるサイトから購入するのも手だ。

希望区間・日にちを入力

トップページに検索機能が付いているので、Fromに出発地、Toに目的地を入力。途中で駅名が表示されるので選択し、カレンダーから日にちと希望の時間を選ぶ。そのままだと片道のみだが、日時の上にある「Return」ボタンをクリックすると帰路も検索できる。また、「From」の上にあるMain Solutionsを押すとFrecce（高速列車）、Regionale（地方列車）から絞って検索可能だ。

時刻表を表示

時刻表の一覧が表示され、左から列車の種類・番号、発車時間と出発駅名、所要時間、到着時間と到着駅名が表示される。フレッチャロッサ(FR)でも料金の差がある。これは2日以上前の予約で、割引切符がある場合に表示されるもの。FRでもレッジョナーレ（R）と料金がほぼ変わらない場合もある。希望時間の列車の欄をクリックすると、詳細な料金が表示される。

座席の種類(クラス)と料金の表示(列車の種類により異なる)

希望のクラス・切符を選択して、右下のChoose the seatを選択してContinueをクリック。（加算でランクアップまたはサービス追加などの表示が出る場合があるが、不要withoutまたは同意acceptで次へ）。列車と号数、座席が表示されるので、予約可能のAvailable seat（緑色）から席を選択すると赤く表示される。列車の種類によっては、指定料金が発生する。Confirmをクリックすると表示料金にIVA加算の総額が表記される。これが支払い額となる。さらに進むと、購入画面へ。入力が容易な「Passenger」の欄に、Name(名)、Surname(姓)、連絡先などを入力し、支払い方法を選択して利用規約に同意。

クレジット情報の入力

Cardholder firstname/lastname／カード所有者の名姓、Cardnumber／クレジットカードの番号、Expiry date／有効期限、Security code／カード裏面記載の3桁の数字を入力してContinueをクリック。カード確認用のパスワード入力が求められるので、これを入力して購入完了。

購入後

登録したメールアドレスに購入内容が送られてくる。また、RVやRなど座席指定のない列車は、乗車当日の0:00以降に、同じメールアドレスに送られてくるURLをクリックし、オンラインチェックインを行う。切符を印刷する必要はないので、スマホを持ち歩いているなら、検札時に予約内容を画面で見せればOKだ。

2023年から普通列車のオンラインチェックインが必須に！

トレニタリアの公式サイトやアプリで、座席指定なしの地方列車の切符を購入する場合、デジタルチケットが導入され、購入時に利用する列車の指定が必要に。また、事前にオンラインチェックインが必要となった。乗車当日の0:00から出発時刻までに行う必要があり、メールで送られてくるURLをクリックし、チェックインしたい搭乗者名を選択（購入時にも全員分の氏名を入力する必要あり）。内容に問題がなければ「CHECK-IN」をクリック。緑色の枠に「VALIDATO」と表示されたバーコードが表示されたら、チェックイン完了の証拠だ。

乗車日前日までなら日付や利用列車の変更ができる。また、当日は利用列車の変更は可能だが、チェックイン後及び購入時に指定した列車の出発後は不可。

トレニタリアのアプリ

URL www.trenitalia.com/it/informazioni/acquista_con_smartphoneetablet.html

運賃の基本的なルール

イタリアの鉄道チケットには、大きく分けて3つのタイプがある。

●普通運賃

列車の変更やキャンセルなどの条件が一番よい。トレニタリアでは「BASE」、イタロでは「Flex」がこれに当たる。

●割引運賃

普通運賃よりも価格が安いが、変更やキャンセルに条件がある。トレニタリアでもイタロでも「ECONOMY」がこれに当たる。

●格安運賃

一番安いが、変更やキャンセルができない。トレニタリアでは「SUPER ECONOMY」、イタロでは「Low Cost」などに当たる。

鉄道パスについて

2024年現在、「ユーレイル」の鉄道パスは、紙チケットタイプのパスからモバイルパスとなった。ユーレイル イタリアパスやユーレイル グローバルパスの利用には、専用のアプリ「Eurail/Interrail Railplanner」を使うため、スマートフォンなどのデバイスが必要となる。

●ユーレイル グローバスパス　Eurail Global Pass

イタリアをはじめヨーロッパ33ヵ国の国鉄もしくは代表的な鉄道会社で利用できる鉄道パス。有効期間が15日間、22日間、1ヵ月間、2ヵ月間、3ヵ月間の連続利用タイプと利用開始日から1ヵ月間の有効期間内で4日、5日、7日分、および2ヵ月の有効期間内で10日、15日分の鉄道利用日を選べるフレキシタイプの2種類がある。イタリアでは、トレニタリア（fs）の路線で利用できる。

ユーレイル加盟国は2024年3月現在33ヵ国。隣国のフランス、スイス、オーストリア、スロヴェニアなどをはじめ、北欧やトルコまで幅広く利用できるのがうれしい。

●ユーレイル イタリアパス　Eurail Italy Pass

イタリア国内のトレニタリア（fs）の列車で利用できる鉄道パス。イタリアだけの鉄道利用ならこれが便利。1等と2等の設定があり、利用開始日から1ヵ月間の有効期間内で3、4、5、6、8日分の鉄道利用日が選べるフレキシタイプだ。これらの鉄道パスでは、RVやRには追加料金なしで乗車することができる。ただし全席指定制のFR、フレッチャルジェント（FA）、インテルシティ（IC）、夜行列車のインテルシティ・ノッテ（ICN）などは、別途指定券と座席の予約が必要。座席指定料金は種別によって決まっている。また、鉄道パスにはそれぞれ割引料金の設定があり、12歳～27歳にはユースパスが割安だ。

ミラノに入るためには、マルペンサエクスプレスも便利。ただし、ユーレイルパスは使えない

鉄道割引

割引切符の情報はトレニタリアの公式サイトのトップ画面からOur special offersの項目（英語あり）で検索および購入が可能。季節限定のプロモーション、早期割引などがある。一部枚数限定や列車の時間帯指定などがあるが、最大60%引きとなる場合もある。オンラインからのチケットレス、自動券売機のみの発券など制限があるものもある。

高速列車用の案内デスク。ベース料金なら変更は無料だ

ユーレイル公式サイト

日本語サイトあり。

URL www.eurail.com/ja

グローバルパスの料金

以下は大人1名の2等料金を記載。

●連続使用パス

料 15日間€476、22日間€586、1ヵ月€696、2ヵ月€826、3ヵ月€956

●フレキシパス

料 4日間€283、5日間€318、7日間€381、10日間€447、15日間€553

イタリアパスの料金

以下は大人1名の2等料金を記載。

●フレキシパス

料 3日間€165、4日間€196、5日間€223、6日間€247、8日間€292

座席の予約に関する追加料金

イタリア国内のFR、FAは1回につき€13、FBは€10、ICは€3。国境を超えるユーロシティのような国際線は、スイス国際線€13、ドイツ国際線€14.90～€15.90（いずれもユーレイル グローバルパス利用時）。

イタロや空港シャトルの利用

ユーレイルパスに対応しているのは、2024年3月現在トレニタリアのみで、イタロには対応していない。また、ローマ・テルミニ駅⇔フィウミチーノ空港間のレオナルド・エクスプレスに乗車するには、1等のユーレイルパスが必要。2等パスの場合は、切符を購入しなければならない。

日本での鉄道の購入

オンライン購入や現地購入より多少高くつくが、いくつかの旅行会社で予約・発券することもできる。

●EURO RAIL by World Compass
（株式会社ワールドコンパス）

営 10:00～17:00

休 土・日・祝

URL eurorail-wcc.com

e-mail nfo@eurorail-wcc.com

トレニタリア、イタロのチケットや鉄道パスの手配が可能。

列車の乗り方

切符を購入したら、いよいよホームへ。列車に乗り込むまでにやっておくこと、列車の中での過ごし方から降り方までを伝授していこう。

●列車に乗るまで

まず、目的の列車が何番線のホーム（＝ビナリオBinario）に到着するか、駅構内の時刻表や行き先を表示する電光掲示板で確認しよう。**ホームは出発時刻の10〜30分前ぐらいに表示されるが、遅延している場合はギリギリにならないとわからないことも**。最初に表示されたホームから変更される場合も多いので、列車が入線するまでホーム手前で待つのもいい。

2023年10月の取材時は、ローマ・テルミニ駅は自動改札機に通す必要があり、フィレンツェ・サンタ・マリア・ノヴェッラ駅は改札手前で係員にチケットを見せて入場、ミラノ中央駅は自動改札機はあるが誰でも入れるように、それ以外の都市は改札がなく、切符を購入したらすぐホームに行ける仕組みになっていた。

ホームへ移動したら、アナウンスに注意。言葉がわからない場合は、周囲の人の動きを観察しつつ、多くの人が移動を開始したら、近くの人に聞いたり、電光掲示板を確認したりして乗り遅れないようにしよう。**レッジョナーレ・ヴェローチェ（RV）やレッジョナーレ（R）といった地方列車の切符や座席指定がない空港線の切符などは、乗車前に必ず自動打刻機（＝オッブリテラトリーチェObbliteratrice）に切符を入れて日時の打刻を。また、ウェブサイトやアプリからRVやRの切符を買った人は、事前に送られてくるメールからオンラインチェックイン**をしよう。これを忘れると、検札が来た際に切符を持っていても罰金だ。フレッチャロッサやイタロなど時刻と座席が表示されている切符は打刻不要。

高速列車は列に並んで待つ

列車案内板の読み方

駅構内には列車の行き先、種類、発車ホーム、遅れなどを表示する案内板がある。列車の運行状況により最新の情報が掲示されるので、乗車前には必ず確認しよう。到着と発車が左右または上下に分かれて表示されているので、乗車する際はPartenza（出発）の項目を見よう。

電光掲示板のキーワード

●Partenza……発車　●Arrivi……到着

●Treno……列車。ここに列車の分類と番号が書かれる

例）FR 11111／AV 0000（※AVはイタロ）

●Destinazine……目的地

●Orario……（発車または到着）時間

●Rit（=Ritardo）……遅れ、遅延の時間

例）30' と書かれていれば、30分の遅延

●Bin（=Binario）……（発車または到着）ホーム

●Ind.sussidiarie……補足

例）Firenze -Bolognaフィレンツェ-ボローニャ線、Prenotazione Obbligatoria予約義務などの表示あり

駅での電光掲示板の表示例

何番線か見当をつけておこう

電光掲示板に表示されるまで、何番線に来るのかわからないといわれているイタリアの列車。しかも遅延気味となるとやきもきするもの。実は、駅には各列車の出発／到着ホームが記された案内表が設置されている。出発時刻ごとに列車の種別とナンバー、経由地・行き先に加えて、ホームの番号が書かれている。ただし、これをうのみにすると異なるホームだった……なんてこともままあるのだが、ローマやミラノなどホームの数が多い駅にいるときは、列車を待つ場所の指標にはなるはずだ。

ヴェネツィア駅にある番線が書かれた案内表

Ovest・Est表記とは？

一部の主要駅では、電光掲示板の出発／到着ホームの欄に「1 Ovest（西）」や「1 Est（東）」などと書かれていることがある。これは、「1番線」とは別に「1 Ovest=1番線西ホーム」や「1 Est=1番線東ホーム」が別に存在するということで、1番線の西（東）側で待っていても絶対に来ないので注意を。OvestやEstの番線には近距離を運行する各駅停車の列車が停まることが多く、駅の端のほうにあるので、間違えるとホームまでダッシュするはめに。

●乗車してから

RVとRはほぼすべて自由席なので、好きな席に座ろう。入口付近は出入りが激しいので、安全面を考えるとなるべく車内の真ん中に座るのがおすすめ。スーツケースなどの荷物置き場はないので、邪魔にならないように荷物棚に上げるなどする必要がある。

RV、R以外は座席指定制のため、切符に指定されたクラス、号車を確認し、該当車両に乗り込んで、指定された席に着こう。1等車両は先頭または後尾に連結されている。ただし、ホームに入線した先頭車両が1号車とは限らないのが厄介なところ。ホームによっては車両位置を示す案内板が設置されているので参考にしよう。駅のアナウンスで1等車両の位置が知らされる場合もある。

ホームを見上げるとクラスと号車がモニターに表示される。わかったらすぐ移動しよう

●座席と荷物置き場

向かい合わせのコンパートメントタイプが多いイタリア。比較的小さなスーツケースであれば上の荷物棚に入れられるが、大きいものはなかなか置き場所に困るもの。RVやRなら出口付近のコンパートメント式になっていない座席を選ぼう。高速列車は各車両の前後にある荷物置き場に置こう。心配ならなるべく荷物を見張れるドア付近の席を選びたい。

フレッチャのエグゼクティブ。食事も提供される

セキュリティ第一なら

長距離の高速列車に乗る際、荷物の置き場に迷う人は、イタロのファーストクラス、Clubシートがいい。先頭号車にあり、外からは2号車後方から乗車し、先頭の自動ドアを通って1号車に入る仕組みになっているので、怪しい人が入ってきづらい。荷物棚はさらに1号車の先頭側にあるので、より安心。

✉ フレッチャロッサの荷物置き場

車両により異なり、荷物置き場がある場合（スーツケースOK）とない場合があります。荷物置き場がない場合は、車両の後ろのひとり席の横とか通路に置きました。フレッチャ系なら停車駅が少ないので、あまり問題はないようでした。席の上に網棚がありますが、各座席の後ろにキャリーケースが入るスペースがあり、背の低い非力の私はもっぱらこちらを利用しました。

（東京都　拝田尚子）[ʻ24]

✉ イタロの荷物置き場

車両と車両の間に大きめの手荷物を収納する置き場がありました。網棚に乗せられない手荷物の置き場です。ただし、スペースが少なく2段構造で10個程度でした。日本から飛行機で持ち込む30kgを超えるような手荷物は入れづらいです。できれば網棚に乗せられる荷物が望ましいと思います。せめて、20kg以下が便利です。

（茨城県　匿名希望）[ʻ24]

打刻機使用ルール

現地の窓口でレッジョナーレ・ヴェローチェ（RV）やレッジョナーレ（R）などの予約不要な切符を購入した場合は、乗車前にホームの入口などにある打刻機Obbliteratriceに切符を入れて、日付と時間を必ず刻印すること。これを忘れると、切符を持っていても、罰則として違反金を取られてしまうことがある。検札は必ず回ってくるし、車掌さんのチェックは厳しいから注意しよう。

まれに打刻機が故障していることがある。その場合は、乗車（刻印）時間とその日時をその場で切符に書き込めばOK。検札が来たら壊れている旨を伝え、切符を見せよう。

トレニタリアのウェブサイトや旅行会社などでデジタルチケットを購入した場合は、刻印をする代わりに、専用のURLにて必ず利用する列車を決めて、利用日当日にチェックイン手続きをする（→P.538）。そのため、デジタルチケットが提示できるスマートフォンなどのデバイスを持っていたほうが確実だ。

北部で見かける打刻機

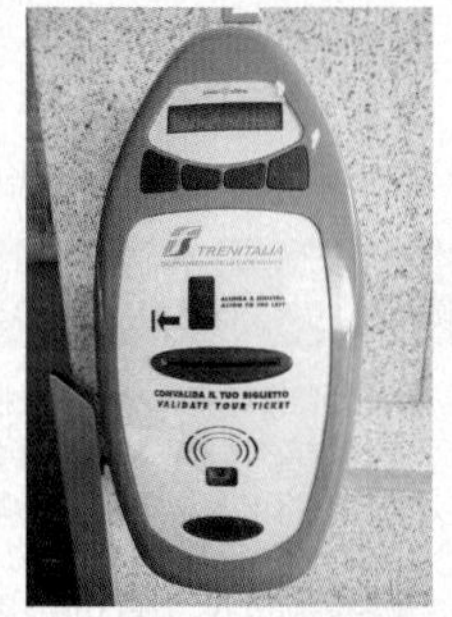

打刻機（オッブリテラトリーチェ）で必ず打刻を。古い型の黄色もあり

✉ 高速列車乗車レポ

ヴェネツィア→フィレンツェはFA、フィレンツェ→ローマはFRに乗車しました。列車の出発ホームは出発時間の20分ほど前にならないと表示されませんでした。ただ、10分もあれば荷物があっても余裕で座席に着けるので焦らずに済みました。ヴェネツィア（始発）では1号車から入線、フィレンツェ（ミラノ発）では最終号車からの入線で、自分の号車の位置や席の向きは乗ってみないとわからないのが実情です。どちらも1等車に乗車しましたが、飲み物とスナック、新聞のサービスがありました。荷物置き場は入口と車内中ほどにありました。発車の合図がないので、気づいたら動いていました。乗り心地は新幹線並みに快適でした。

（めーぷる）

✉ 列車のトイレ

トイレは水道の水が流れないことがあるので、手拭き用のウエットティッシュの持参を。（ねぶくろ）['24]

石鹸を使う前に水が出るかの確認もしよう。（編集部）

✉ 列車内のできごと

物乞いらしき女性がお金を要求してきました。かなりしつこかったのですが、ひたすら「No!」というと立ち去りました。1等という安心感と旅の疲れから仮眠しようとしたところだったのですが、あらためて油断してはいけないと思いました。また、席に「子供がふたりいます。家、仕事なし、家族のためにお金を」と書かれた紙を置いて、お金を要求する人物もいました。無視が一番です。すべての紙を回収して出ていきました。

（神奈川県　N.Y.）

きれいで新しいイタロの車内。コンパートメント式の座席が多い

●車内サービス

高速列車では、フレッチャロッサ（FR）のビジネスとプレミアム、イタロ（ITA）のクラブClubとプリマPrimaはドリンクとスナックの無料サービスがある。またFRのエグゼクティブであれば、席での食事サービスも。FR、ITAともに各席にはコンセントがあり、車内で無料Wi-Fiに接続することも可能。トイレと荷物置き場は車両の連結部分にある。

レッジョナーレ・ヴェローチェ（RV）やレッジョナーレ（R）にはトイレ付きの車両もある。だが、車掌さんに声をかけないと鍵が閉まっているもの、また入れても故障していたり水がうまく流れなかったりするときもあるので、なるべく事前に済ませておきたい。

●列車を降りる

目的地が近づいてきたら降りる準備を始めよう。RVやRの場合は、目的地に近づいてもアナウンスが流れないことも。地図アプリで現在地を調べるか、近くの人に聞いてみよう。ちなみに、扉は自動で開く場合と、自分で開かなければならない場合がある。後者の場合、ノブの近くに開け方が解説してあり、ノブを下げるか、緑のボタンを押すのが一般的だ。この乗降車のタイミングは、一番スリが発生しやすい。大きな荷物に気を取られて貴重品をおろそかにしないように。下車後、切符を改札に通す必要はない。

迷惑ポーターと券売機前の怪しい人物

駅や空港でスーツケースを持ってくれたり、ホームまで案内してくれる人物がいるが、これはあとで料金を請求されるので注意しよう。近年、切符を持っていないとホームへ入場することができなくなったのでかなり少なくなったが、通路で待ち構えていたり、思いがけない場所にも現れる。

また、鉄道や地下鉄の切符の自動券売機前で親切そうに使い方を説明してくる者もいる。これもあとでチップを要求されたり、つり銭を盗られたりするので注意しよう。ここ最近は券売機の周囲には監視カメラが設置されたり、鉄道係員やガードマンが配置されて、この被害も少なくなった模様だ。日中は券売機の近くには係員がいることが多いので、操作方法がわからない場合は、係員（制服を着用）に教えてもらおう。

ストライキ攻略法

イタリアを鉄道で旅する際に避けて通れないのがストライキ問題。イタリア語では「ショーペロSciopero」といい、もはや名物といってもいいほど。旅人にとってはストライキに移動日が重なると絶望的な気持ちになるが、イタリアでは法律によって権利として保障されており、ストの理由は賃金値上げや業務環境の改善などさまざまだ。

ただ、ストライキの日時は事前に告知があるうえ、飛行機・鉄道・バス・タクシーなどすべての公共交通機関がストップするというわけでもない。情報を得てさえいれば、ある程度ストライキのタイミングを外して移動することだってできる。ここでは、ストライキに対する心構えや情報の集め方、チェックしておきたいポイントをいくつか紹介していこう。

●ストライキの事前予告

ストライキは突然発生するものではない。たいてい1週間ぐらい前には事前予告があり、イタリアの国土交通省や各公共交通機関の公式サイトでアナウンスされる。そして、事前予告したからといって、必ず行われるわけでもなく、当日になって延期または中止となることもある。国土交通省のサイトには全国のストライキ情報が集まるが、労働組合ごとに情報が掲載されていることもあり、これはイタリア人に聞いても、どの交通機関が止まるかいまいちよくわからないというのが本音らしい。旅行者にとってはなおさらだ。

電光掲示板に「Cancellato」の文字

おすすめは、ひとまずトレニタリアとイタロのウェブサイトに掲載されているストライキに関するページをブックマークしておくこと。そして、スマホを持っていれば、滞在している町や次に移動する町の名前と「sciopero　2024」（あまりにもスト情報が多いので年も必須）と検索して、最新のウェブニュースをチェックすることだ。もちろん、駅の窓口や観光案内所、宿泊しているホテルでの情報収集も欠かさずに。

トレニタリアのストライキ情報ページ

トレニタリアの公式サイトには、系列会社のストライキ情報も掲載されている。チェックするべきポイントは以下のとおり。

ストライキ情報を見るポイント

●ストライキを行う会社(団体)……Gruppo FS(FSグループつまりトレニタリアも含まれる)、Trenord(トレノルド)、Busitalia Sita Nord srlなど

●ストライキが行われるエリア……例えばウンブリア、ヴェネト、カンパニア、トスカーナ州で運行するBusitalia Sita Nord srlの場合、「ウンブリア州とフィレンツ⇔ペルージャ⇔アッシジ間のフレッチャリンク」など範囲が定められているはず

●ストライキの日時……日にちのみならず、時間帯が定められているかの確認を。2024年2月12日9:00～17:00とあれば、12日のそれ以外の時間帯は動いている

●運行保証時間帯のチェック(→P.544)

週末や休み明けに多い？

例外はあるが、金曜や週明けの月曜にストライキが発生する傾向にあり、なかには木・金と2日間にまたがって行われることも。こうしたことから、土・日とあわせて連休にしてサボりたいだけでは？と皮肉をいう地元民の声もちらほら聞かれる……。

ストライキ情報掲載ページ

これ以外にも各町に掲載されている私鉄やバス会社名＋「Sciopero 2024」と検索をすると情報が得られるはずだ。

●国土交通省

イタリア語のみなので、翻訳にかけてチェックしてみよう。

URL scioperi.mit.gov.it/mit2/public/scioperi

●トレニタリア

URL www.trenitalia.com/it/informazioni/treni_garantiti_incasodisciopero.html

●イタロ

URL italoinviaggio.italotreno.it/it/italo-informa

ストライキ検索方法

例えばミラノのストライキ情報を調べるなら「Milano Sciopero 2024」と検索。たいてい、ミラノ・トゥデイMilano Todayというニュースサイトがトップに表示されるはず。こうしたエリアごとに特化したウェブサイトをブックマークしておくのもおすすめ。

●ローマ

URL www.romatoday.it

●フィレンツェ

URL www.firenzetoday.it

●ミラノ

URL www.milanotoday.it

ストライキを行う団体を確認

例えばトレニタリアとイタロは異なる会社が運営しているため、トレニタリアがストライキをしているからといって、必ずしもイタロもストを行っているわけではない。同様に、ローマやミラノなどでは、トレニタリアは止まっているが、地下鉄は走っているということもある。イタロが動いていたら長距離移動ができるし、地下鉄が動いているなら市内の観光はできる。上述したウェブサイトで、どの会社（団体）がストを行っているか把握しよう。

運行保証時間帯の見方

トレニタリアの公式サイト内、ストライキ情報のページ下部には運行保証時間帯とその列車に関する情報が掲載されている。FRやフレッチャルジェント（FA）、インテルシティ（IC）、インテルシティ・ノッテ（ICN）、ユーロシティなどの高速列車の運行情報はPDFにまとまっており、自分が乗る予定の便名から探すことができる。

RVやRなど普通列車は、プルダウンで調べたい州の名前を選んで検索をかけると、各州の運行保証時間帯や列車の便名がPDFに記載されている。

URL www.trenitalia.com/it/informazioni/treni_garantiti_incasodisciopero.html

切符の払い戻しは？

トレニタリアなら、以下のページから申請が可能。英語もあり。

URL reclami-e-suggerimenti.trenitalia.com/rimborsi/Anagrafica.aspx

鉄道ストライキ時の代替手段

トレニタリアが動いていない場合でもバスは動いている場合もある。ただし、鉄道もバスも長距離の移動が困難！という場合は、ドイツに本社があり、ヨーロッパ中にネットワークが張り巡らされているFlixBusを利用するのがおすすめ。ストライキの影響を受けず、都市間を移動することができる。ただし、FlixBus自体も遅延や運休が起きることも。いずれにしても、予定を詰めすぎず余裕をもったスケジュールに。

URL www.flixbus.it

ホテルへの連絡

移動日にストライキがわかったら、宿泊予定のホテルにも一報を。宿によっては送迎サービスを行っていることもあるので、依頼するのもあり。定額で提示されることが多いので、タクシーより安心な面も。

イレギュラーあり

ストライキが始まったあとに出発した列車でも、労働組合の扇動開始から1時間以内に到着できる場合は最終目的地に到着することも。この時間を過ぎると、列車は最終目的地より前の駅に停車することがある。

ストライキを知らないで駅に行くと立ち尽くすはめに……

●運行保証時間に移動

ストライキだからといって、終日運行休止になることはまれだ。ストライキの日でも、法律によって運行を保証している列車や時間帯があるので、移動を考えている人はその列車に乗ればいい。たいていは、学生や会社員が出社・退社する時間に合わせて数時間運行することが多く、各公共交通機関の公式サイトにも情報が出ている。ただし、運行保証開始直前に出発する（ないしは保証時間終了直後に目的地に到着する）列車は、保証時間内に運行が完結するよう、時間を調整することがある。早めに駅に向かい、窓口で情報収集と切符の確保をしよう。

事前にウェブサイトで高速列車の切符を予約している場合は、前日や翌日の移動、または運行保証時間内の便に切符を振り替えて移動するというのがベストだが、もしキャンセルしたい場合は全額返金されることになっている。問い合わせフォームに内容を書いて申請することもできるが、事前に駅の窓口に行って直接手続きをする方が安心だろう。キャンセルをしてその町に留まる場合、予約したホテルのキャンセルなども対応する必要がある。これも事前に規定を調べておくとよいだろう。

●ストライキに出くわしたら

さて、1週間や10日間前後の旅であれば、毎日のように都市を移動するという人も多いだろう。綿密に予定を組んでいたのに、旅行中にストライキがわかったときの落胆ぶりといったら……。事前に回避する方法を探して、異なる時間帯や日時に振り替えるというのもひとつだが、もしかしたら、もう1日同じ都市に残ってやることを考えよう、と思う人もいるかもしれない。本当は心残りだったレストランがすばらしいものだったら、その旅は結果オーライだし、予想外のハプニングが起こったときにどう対処するか、選択肢はひとつではない。必要以上に怖がらないで大丈夫。心もちひとつで、旅がどう転ぶかはあなた次第なのだから。

イタリアの高速列車、フレッチャロッサの車内

トレニタリア(fs線)情報

切符は事前にネットで

11月のフィレンツェ→ローマのFAの切符を9月にネットで購入しました。たぶん早割りで切符€19+手数料で4400円でした。ユーロに換算するとそのときのレートで計約€29。イタリア到着時にローマの駅窓口で購入したフィレンツェ行きの切符は€43。断然ネットで早めの購入がお得です。（大阪府　ハル）

券売機でも早めがお得!!

イタリア鉄道の切符は1日でも早く買ったほうが安くなります。券売機で発駅・着駅のModifyを覚えれば、操作は簡単です。座席指定のないRやRVでさえ1週間前の購入が安いです。（石川県　川畠喜清）

列車の発着駅に注意

トレニタリアtrenitaliaからのネット予約時にはよく駅名を確認しましょう。私は、ヴェネツィアとフィレンツェで移動を余儀なくされました。（奈良県　miyan5）

大きな都市では複数の駅があり、列車の種類により停車駅が異なる場合もあります。購入時には都市名だけではなく、駅名の確認を。（編集部）

列車乗車時のスリに注意

ローマ・テルミニ駅で荷物を持ってフィレンツェへ行くFA特急列車乗車時のこと。荷物をドア近くの荷物棚に押し込んでいると、女ふたりが近づいてきて、「そのスーツケースは下の段に入れた方がいい」と言うので、そうすると、「あ、そこは予約した人しか入れてはダメ」とかいろいろ話かけてきました。その間、もうひとりはしきりに私の背中を押してくるので、先に進みたかったらどうぞ、と譲っても先に進まないでまた後ろで押して来ます。私は肩からショルダーバッグを下げていて、私の連れがスーツケースを上にしたり下にしたりしているのを手助けしていました。幸いスーツケースはさほど大きくないので、座席の上の棚に十分置けると気づいて、座席の方に歩き始めました。

その時、私のショルダーバッグのファスナーが完全に開いているのに気づきました。列車はもう動き出そうとしているが中を調べたら何も盗まれてはいない。パスポートと現金は首から下げた袋パウチにいれてシャツの下に隠してありましたから……。私は「なんだ君たち、なんでこのバッグのファスナーが開いているんだー！切符を見せろ、どこへいくんだ！」と言ったら彼女ら平然と、ヴェニスへ、と言ってちらっと切符を見せました。頭がカッカして、見慣れぬイタリアの切符の読み方など一瞬ではわからぬ。とにかく何も盗まれていないから、とやっと自分の指定席に着く。そして奴らはどこの席か、と探しましたが、すでに列車を降りていました。

他人が必要以上に体を押しつけてきたら、すぐに遠ざかることをおすすめします。

（在アメリカ　S.Los Angels）

打刻機が使えなかったら

座席指定のない列車を使う場合、打刻が必要ですが、打刻機が壊れていることがあります。その場合は自分で年月日と時間を記入し、検札の際に打刻機が壊れていたことを伝えればOKです。（福岡県　まー）

列車でうたた寝しないこと！

ヴェネツィアからミラノへ、トレニタリアのFRで移動しました。気持ちよくなってうたた寝した間に財布から現金とクレジットカードをスられていました。かばんを前の席にぶら下げていたのがミスでした。席に座ってもしっかり身につけていることをおすすめします。

（ねぶくろ）

乗り継ぎは余裕をもって

鉄道で移動する際は、乗り継ぎには時間的余裕をもったほうがいいです。切符購入の際、駅員の方は乗り継ぎ時間は30分程度で大丈夫とのことでしたが、最初の列車が25分程度遅れてしまい、乗継駅でスーツケースを抱えて走る羽目になりました。階段しかない駅で大変でした。（大阪府　シュートのパパ）

イタロitalo情報

イタロを上手に利用しよう

トレニタリアのほか、italo（→P.533）という会社もフィレンツェ、ミラノ、ローマなどの便を運行しています。早期購入で格安切符をゲットできます。フィレンツェ～ローマ間€9.90、フィレンツェ～ミラノ間€4.40など、破格の料金もあります。ただし、人気があるので直前の予約は難しいので早めにネットで購入を。（哲学博士）

座席はClub Executive、Primo、Comfort、Smartの4種でSmart（fs線の2等車に相当）に乗車。座席は横4列で決して狭くはなく必要十分でした。ローマ・テルミニ～ヴェネツィア・サンタ・ルチア間往復、10日前予約のEconomy料金で片道€35前後、ほかにFrex、大幅割引のLow Costなどの料金設定あり。それぞれ変更やキャンセルの手数料が異なります。同じ区間のトレニタリアのフレッチャロッサと比較すると所要時間に差はなく、料金はEconomyでもおおむね2、3割安く、Low Costが空いていれば半額以下になる列車もあります。路線が主要幹線に限られますが時間帯が合えば便利だと思います。

トレニタリア同様日本からインターネットで予約でき、車内改札ではスマホの予約画面もしくは印刷したQRコードを提示すればよく、駅ホームでのバリデーションは必要ないです。（fukuken）

イタロの好対応

よく遅れると言われるイタリアの鉄道ですが、ローマからフィレンツェに向かうイタロでは、乗る前日に出発遅延見込みのメールが来ました。変更不可の切符だったため、当日は結局80分遅れの予定の列車に乗車。翌日イタロ社から遅延に対してのお詫びと運賃25%分のバウチャーを受け取れる旨のメールがありました。しかし今後イタリアに来る予定がないため、バウチャーを受け取っても使い道がない。そこでイタロ窓口で相談したところ、帰国後に同社に銀行口座情報を伝えれば相当額を海外送金してくれるとのこと。約1ヵ月後、しっかりと相当額を送金してくれました。

（埼玉県　mummom）

早期予約で格安切符をゲット

ローマからナポリへ行く際、イタロで行きました。イタロも予約時期が早いと特別割引料金が設定されており、トレニタリアの高速列車FRと同じ1時間10分で、格安で快適に行くことができました。残席4だけでぎりぎりでしたが、旅程が決まっているなら早めの予約がベストです。主要幹線ならトレニタリアのみでなくイタロも検索する価値大です。（宮城県　いなぐま）

Viaggio in Auto

ドライブの旅

ドロミテの山岳ドライブがおもしろい

覚えておきたい交通用語

SENSO UNICO	一方通行
DIVIETO DI ACCESSO	進入禁止
LAVORI IN CORSO	道路工事中
PASSAGIO A LIVELLO	踏切注意
DIVIETO DI SORPASSO	追越し禁止
SOSTA VIETATA	駐車禁止
PERICOLO	危険
RALLENTARE	スピード落とせ
CURVA PERICOLOSA	カーブ注意

どこまでも続くなだらかな丘にそよぐ麦畑、羊や牛の大群、太陽に向かって精いっぱい咲くヒマワリ畑の黄色、レモン畑と海の間を縫う絶壁の上の道路……。車窓からはイタリアの大自然のパノラマが広がる。

鉄道やバス路線の発達したイタリアだが、小さな村を訪ねる場合などには便が日に2便という場合も少なくない。短い滞在で、効率よく周遊したい場合にはレンタカーが便利だ。ただ、レンタカー代とガソリン代は安くないので、経済性を追求する旅人にはおすすめできない。

日本でのレンタカー予約
●ハーツレンタカー
☎ 0800-999-1406
URL www.hertz-japan.com
●エイビスレンタカー
☎ 0120-311-911
URL www.avis-japan.com

レンタカー比較サイト
●Rentalcars.com
URL www.rentalcars.com

レンタカー

レンタカーは現地での申し込みが可能だが、身元照会に時間がかかるし、希望の車種をすぐに配車してもらうのも難しい。日本で予約しておくと、割引などのサービスもあるし、受付、配車もスムーズにいくのでおすすめだ。利用の際は日本の自動車免許証も持参のこと。

大手の会社の貸し出し条件は、

1. **支払いはクレジットカード**
2. **21～25歳以上(会社により異なる)で、運転歴が1年以上(年齢の上限を設定している場合もあるので事前確認を)**
3. **国際運転免許証を持っていること**

駐車場の利用方法

駐車場にはいろいろある。係員がいて料金を徴収する所、日本の駐車場のように入口でバーが開いて駐車券を受け取り、最後に機械または窓口で精算する所。窓口で精算した場合は、その切符を機械に入れる。また、これも日本と同様に、パーキングメーターで時間分のチケットを買い、車のダッシュボードなど外から見える場所に提示しておく。パーキングメーターによってはナンバープレートの入力が必要な場合もある。英語表示もあるし、不明なら周りの人に聞くと教えてくれる。パーキングメーターは硬貨が主流。チケットは予定時間を見越してそのぶんを買わなければならない。時間を過ぎると違反切符を切られ、警察など指定場所に出向いて支払う必要がある。これはけっこう厳しく交通警察や係員が巡回している。駐車料金は日本に比べて安く、時間帯や曜日により同一の場所でも有料と無料の場合があり、時間制限がある場合もある。駐車スペースのすぐ近くには駐車可能時間、料金などが表記されている。よくわからない場合は、まず周りの人に尋ねたり、近くの車のダッシュボードあたりを見てみよう。駐車場は町の中心から離れるほど安い傾向があるので、見どころのすぐ脇に乗り入れるよりも、少し歩くくらいのほうが町を楽しめる。

✉ 進入禁止区域ZTLに注意

近年、イタリアでは旧市街地での進入禁止地域**ZTL=Zona Traffico Limitato**でのカメラでの取り締まりが厳しくなっています。これは住民やタクシー以外の車が進入した場合、罰金を科せられるもので半年～1年後に通知が郵送されてきてビックリ。ZTLは**赤い丸印の標識**が目印ですが、気づかず進入したり一方通行でやむなく通過した場合でも記録され、ひどいときは同じ場所で2回カウントされます。ホテルの宿泊者は免除されますので、旧市街のホテルへレンタカーで乗りつけるときは、必ずプレート番号をフロントに申し出て免除手続きをしてもらいましょう。 (レオ)['24]

ローマ、フィレンツェ、ミラノ、ナポリなどの大都市を中心に、旧市街や歴史地区に「ZTL」が制定されている。事前に宿泊する宿に問い合わせを。 (編集部)

✉ 私のドライブ術

レンタカーで南イタリアを8日間運転しました。Amazonで購入したUK ThreeのフリーデータSIMを使い、Google mapを見ながら走ったところ、特に問題はありませんでした。南イタリアの高速道路は工事のため、対面通行が多いので要注意。

(神奈川県　北川嘉之)['24]

ドライブ事情

高速道路での追い越し　イタリアの高速道路アウトストラーダAutostradaは日本やアメリカに比べ車線幅が狭く、カーブに見合った勾配があまりないので、追い越しや追い抜きの場合は十分気をつける必要があります。特にカーブでトラックを追い越したり追い抜いたりする場合は、感覚が狂いやすいので避けたほうが無難。追い越し、追い抜きはあくまでも直線で。

制限速度　イタリア半島を縦横に走る道路は大きく3種類に分けられていて、各道路ごとに異なる制限速度が設けられている。

どの車線を走行するの?　2車線の場合は右側が走行車線、左が追い越し車線。一番右の狭い部分は日本同様緊急避難用で走行禁止。3車線の場合は、左から乗用車の追い越し車線、真ん中が乗用車の通常走行および、バスとトラックの追い越し車線、右はバスとトラックの走行車線だ。

地名をメモしておこう　日本人にとって注意しなければならないのが地名だ。目的地に向かう通過地点の地名はあらかじめメモしておくと安心だ。San～、Monte～、Villa～、Castello～などの地名はいたるところにあり間違えやすい。

道路地図　レンタカーを借りると、付近一帯を掲載した地図をくれる。ただ、これが希望の場所を網羅しているとは限らないので、やはり書店などで地図を求めよう。ACI(Automobile Club d'Italia)やde AGOSTINI、Michelinなどの発行のが定評がある。

緊急時　レンタカー利用の場合は、緊急連絡先に連絡する。アウトストラーダでは、2kmごとに緊急通報のSOSボックスが備えられている。上のボタンが故障用、下が緊急用だ。通報すると近くのセンターから緊急車が来る。

給油　早めの給油と係のいるスタンドでの給油がおすすめ。ガソリンスタンドは22:00頃には閉まり、日・祝(地方では土も)は閉店する所が多い。

セルフスタンドも増え、クレジットカードと現金が利用できるが、機械は日本で発行されたカードは受け付けない場合がある。有人スタンドなら、クレジットカードの利用はできる。レンタカーは満タン返しがほぼ決まりで、返却時に満タンでないと、ガソリン代と手数料が請求される。FPOガソリン先払い制度を申し込んだ場合は、満タンは不要。

✉ 地図は大事

イタリアでは何度かドライブを経験しています。今は便利なアプリもありますが、ドライブには全体を見られる地図がやっぱり必要です。ドライブを予定している場合は、イタリアに到着したらまずは本屋へ行きましょう。ミラノ中央駅やローマ・テルミニ駅構内の本屋は品揃えもいいです。だいたいガイドブックがある場所にイタリア全土の地図が地域ごとに揃っています。私的にはTouring Club Italianoのものがおすすめ。　(東京都　Chizu)

道路の種類と制限速度

道路	制限速度
アウトストラーダ(有料自動車道)	130km/h
スーパーストラーダ(幹線国道)	110km/h
ストラーダ・オルディナーレ(一般道)	90km/h

✉ 運転速度は速いよ!

平均運転速度は速く、一般道で60～80km/h、高速で130～160km/hくらい。ミラーに見えたかと思ったとたん追い越していく速い車もいるので、速い車には素直に道を譲りましょう。そういう「譲り合い」は日本よりよっぽどマナーがいいです。　(埼玉県　木下清美)

イタリアドライブの楽しさのひとつ。クラシックカーに遭遇する機会が多い

緊急時の連絡先

車が故障した場合の緊急呼び出しは、イタリア自動車クラブ(ACI)に連絡を。レンタカーなら緊急連絡先も忘れずにメモしておこう。JAF会員であれば、ACI会員に準じたサービスを受けられる。
☎ 803116(ACI)
 www.jaf.or.jp

ガソリン代は高い

高速料金は安いのに、ガソリン代は日本並み。1リットル€1.80〜1.90くらい。経済性を考えれば、コンパクト・カーがおすすめ。車の燃費はかなりいいようだ。また、レンタカーを返却する際は、満タンで返すのが原則。忘れると、ガソリン代のほか手数料がかかる。

チェーン携行義務

冬季(州により期間は異なる)はスタッドレス・タイヤの装着またはチェーンの携行が義務。違反すると罰金の場合あり。レンタカー会社でレンタルしており、別途料金がかかる。

町なかでは駐車規則を守らないと取り締まりは厳しい

ガソリンの入れ方

レンタカー利用で走行距離がさほどでなければ、最初の満タンで十分の場合もある。ガソリンを入れる場合はまず、ガソリン車かディーゼル車かを確認。イタリア語でガソリンはBenzinaベンズィーナ、ディーゼル油はGasolioガソリオ。蓋の裏側には指定燃料が刻印してある。

セルフスタンドの利用方法

日本とほぼ同様。投入額や指定額(満タンはPIENO)に見合った量が給油される。硬貨は不可で紙幣(€5〜50)のみを受け付け、おつりは出ない(レシート持参で後日受け取れる場合あり)。セルフを利用する場合は、少額の紙幣を何枚か用意しておくと安心だ。

駐　車

町なかでは駐車可Pの表示のない場所には駐車しないこと。パーキングメーターがある場合は、日本同様指定の硬貨を投入して、レシートを外から見えるところに提示。係員のいる所もある。駐車違反は約€40〜の罰金だ。

スピード違反と飲酒運転

イタリアでの高速運転は快適とはいえ、スピード違反は厳しい。ネズミ取りも多いので注意しよう。スピード違反はアウトストラーダでは140〜150kmで約€30の罰金、以降180kmで約€500の罰金に免許没収と処罰は厳しい。飲酒運転も認められず、一斉取り締まりもある。

✉ドライブのコツ

オートマ車も増えて、レンタカーの利用が便利になりました。やっぱり燃費がよく、料金の安い小型車がリーズナブル。この場合は、スーツケースは入らないと思ったほうがよいでしょう。そこで、一度ホテルにチェックインしてそこで必要な物だけを出し、残りの荷物はスーツケースごとホテルに預けてドライブに出ましょう。ボストンバッグなら、楽にトランクに積み込めますし、駐車の際も外からは見えません。車を離れるときに車内に貴重品を置かないのが鉄則ですから、不要なトラブルを避けることもできます。　(東京都　姫太郎)

✉トラブルとその伝え方

バッテリーが上がって車がまったく動かなくなってしまいました。キーを抜くときに、ロック解除ボタンだと思ったものがパーキングランプのスイッチで、日中だったため気づかないままひと晩駐車してしまい、バッテリーが上がってしまったのでした。翌日、エンジンがかからず、当初はどうしてよいかも見当がつきませんでした。そこで、借りたハーツレンタカーのキーに書いてあった緊急連絡先に電話。これはフリーダイヤルで24時間の受付。お客さま番号、トラブルの内容、車種、停車場所を告げて救援を待ちました。すぐに救援も来てくれ、バッテリーの交換をしてくれました。

さて、私はお客さま番号というのが理解できずに弱りました。さらに、通りの名前、番地もはっきり伝えなくてはなりません。ホテルの近くなら、ホテルの人に理由を説明して電話をしてもらうのが話が通じやすいでしょう。

今回の一番の教訓は、各部の操作要領をよく確認しておくことです。　(福岡県　新海秀一)

✉高速道路の料金所

料金所は3種類あり、①TELEPASS (日本のETCと同じ、レンタカーでは利用不可)、②CARTE/VIA CARD/SELF SERVICE (クレジットカード払い)、③CASH (現金マークまたは無表示)。私は②のレーンに入ったものの、機械が壊れていて利用できずバックするハメに。イタリア人に聞いたところ彼らも機械を信用しておらず現金払いの人が多いとか。③がいつも混んでいて、有人と機械のところがあります。　(匿名匿住所)

✉土・日のガソリンスタンド

土曜にレンタカー返却で、満タンにする必要がありました。しかし、近くのスタンドは土・日は休み。セルフは利用でき、現金がまだ残っていたので、試しにセルフ機に挿入。しかし、カードの支払いに変更するため途中でキャンセルするとレシートが出てきました。「90日以内にオープン時に店で支払う」と書いてありました。結局、そのまま諦めて、レンタカー屋に寄付しました。土・日にセルフを利用する場合はクレジットカード払いにしたほうがいいです。　(愛知県　まぐー)['24]

※セルフ機はおつりは出ません。主要幹線道路や空港近くでは土・日も有人で営業するスタンドあり。

総合インフォメーション

電話／郵便／etc...

電　話

町なかにある公衆電話では硬貨とテレフォンカードが使えるが、新機種はテレフォンカードのみの場合も。長距離電話で硬貨を使う場合はあらかじめ多めに入れ、電話を切ってから返却ボタンを押すと、残りの硬貨が戻ってくる。基本通話料金€0.10が必要で、通話後に硬貨は返却されるが、テレフォンカードの場合は戻ってこない。故障中の公衆電話も多いので、宿泊しているホテルの客室から電話するのも便利だ。ただし、ホテルによっては高い手数料がかかる場合がある。心配なら、客室の電話でも使えるプリペイド式の国際電話専用カードを購入して活用しよう。テレフォンカードやプリペイド式のカードはタバッキやキオスクなどで手に入る。国際電話のかけ方はP.10をチェック。

クレジットカードが使える公衆電話

インターネット

見どころの事前予約やレストランの情報収集、地図で現在地を確認したり、ホテルとメールのやり取りをしたり……。今や旅に欠かせない存在のインターネット。旅に持参したスマートフォンやタブレット、PCなどを接続する場合にはいくつかの方法がある。旅のスタイルや行程によって選ぼう。

●無料Wi-Fiを利用する

ほとんどのホテルでは無制限で無料Wi-Fiが利用できる。チェックイン時にユーザーIDとパスワードを教えてくれることが多い。このほか、町なかでは自治体による無料Wi-Fiをはじめ、カフェやバール、バスや列車などでも利用できることが多い。カフェなどでは、パスワードがレシートに記載されていたり、お店の人に聞いたりする必要がある。

●海外用のモバイルWi-Fiルーターをレンタル

モバイル用の小型Wi-Fiルーターで、料金は渡航先や容量、サービスの提供会社によって異なる。現地に到着後、電源を入れてパスワードをスマホに入力すれば、すぐ利用できる。ルーター1台で複数の端末につなげられるので、グループでの旅行に便利。

●携帯電話会社の海外パケット定額サービスを利用

携帯電話会社が提供する、海外専用のパケット定額プラン。スマホ1台があれば現地で利用したいタイミングで接続できる。

●現地利用できるSIMカードを購入する

SIMフリーのスマホを持っていれば、イタリアに到着後、現地のキャリアに対応したSIMカードに差し替えて使うことができる。プリペイドタイプのSIMカードであれば、現地の携帯電話会社の店舗で販売しており、スマホの設定もしてもらえることが多い。

テレフォンカードはキオスク（駅の売店）で購入できる

日本での国際電話に関する問い合わせ先

●NTTコミュニケーションズ
☎0120-003300（無料）
URL www.ntt.com
●ソフトバンク
☎0088-24-0018（無料）
URL www.softbank.jp
●au（携帯）
☎0057／157
（auの携帯から無料）
URL www.au.com
●NTTドコモ（携帯）
☎0120-800-000／151
（NTTドコモの携帯から無料）
URL www.docomo.ne.jp
●ソフトバンク（携帯）
☎0800-919-0157／157
（ソフトバンクの携帯から無料）
URL www.softbank.jp

携帯電話を紛失した際の、イタリア（海外）からの連絡先

●利用停止の手続き。全社24時間対応。
●au
（国際電話識別番号00）
+81+3+6670-6944　※1
●NTTドコモ
（国際電話識別番号00）
+81+3+6832-6600　※2
●ソフトバンク
（国際電話識別番号00）
+81-92-687-0025　※3
※1）auの携帯から無料、一般電話からは有料
※2）NTTドコモの携帯から無料、一般電話からは有料
※3）ソフトバンクの携帯から無料、一般電話からは有料

「地球の歩き方」公式LINEスタンプが登場！

旅先で出合うあれこれがスタンプに。旅好き同士のコミュニケーションにおすすめ。LINE STOREで「地球の歩き方」と検索！

渡航先で最新の安全情報を確認できる「たびレジ」に登録

外務省提供の「たびレジ」は、旅程や滞在先、連絡先を登録するだけで、渡航先の最新安全情報を無料で受け取ることのできる海外旅行登録システム。メール配信先には本人以外も登録できるので、同じ情報を家族などとも共有できる。またこの登録内容は、万一大規模な事件や事故、災害が発生した場合に滞在先の在外公館が行う安否確認や必要な支援に生かされる。安全対策として、出発前にぜひ登録しよう。

URL www.ezairyu.mofa.go.jp/index.html

今や海外旅行先でも欠かせないスマートフォン。地図を検索したり、鉄道の切符を購入したり、さまざまなシーンで活躍する。イタリアでスムーズに利用できるよう、出発前にダウンロードしておきたい便利なアプリをご紹介。

❶Omio

電車、バス、フライトの比較ができるアプリ。日本語にも対応しており、そのままチケットの予約・購入可能。

❷WhatsApp

LINEのようなメッセージアプリ。イタリアではこちらの方が一般的で事前にホテルとのやり取りにも使える。

❸Google翻訳

日本語で話しかけると現地語の音声で返してくれる。また、レストランのメニューにかざすと翻訳してくれる。

❹Google Maps

イタリアでもナビとして手助けしてくれる地図アプリ。近くのレストランやショップを探す際にも便利。

❺Italo Treno

イタロの切符の検索や購入ができる。ちなみに、トレニタリアのアプリは日本国内ではダウンロードできない。

❻外務省海外安全アプリ

海外情報がわかる外務省公式の旅行アプリ。ウェブサイト（[URL]www.anzen.mofa.go.jp）とあわせて確認を。

INFORMATION

イタリアでスマホ、ネットを使うには

スマホ利用やインターネットアクセスをするための方法はいろいろあるが、一番手軽なのはホテルなどのネットサービス（有料または無料）、Wi-Fiスポット（インターネットアクセスポイント。無料）を活用することだろう。主要ホテルや町なかにWi-Fiスポットがあるので、宿泊ホテルでの利用可否やどこにWi-Fiスポットがあるかなどの情報を事前にネットなどで調べておくとよい。ただしWi-Fiスポットでは、通信速度が不安定だったり、繋がらない場合があったり、利用できる場所が限定されたりするというデメリットもある。そのほか契約している携帯電話会社の「パケット定額」を利用したり、現地キャリアに対応したSIMカードを使用したりと選択肢は豊富だが、ストレスなく安心してスマホやネットを使うなら、以下の方法も検討したい。

☆海外用モバイルWi-Fi ルーターをレンタル

イタリアで利用できる「Wi-Fiルーター」をレンタルする方法がある。定額料金で利用できるもので、「グローバルWiFi（【URL】https://townwifi.com/）」など各社が提供している。Wi-Fiルーターとは、現地でもスマホやタブレット、PCなどでネットを利用するための機器のことをいい、事前に予約しておいて、空港などで受け取る。利用料金が安く、ルーター1台で複数の機器と接続できる（同行者とシェアできる）ほか、いつでもどこでも、移動しながらでも快適にネットを利用できるとして、利用者が増えている。

▼グローバルWiFi

海外旅行先のスマホ接続、ネット利用の詳しい情報は「地球の歩き方」ホームページで確認してほしい。

【URL】http://www.arukikata.co.jp/net/

郵便

大都市の中央郵便局Posta Centraleは、月曜から金曜までの8:00頃から19:00頃まで営業している。土曜は13:15頃まで。日曜・祝日は休み。その他の支局は、月曜から金曜は14:00頃まで、土・日曜は休み。切手は郵便局のほかタバッキでも販売している。

●日本宛郵便物

宛名は日本語で記入すればOK。宛先の国名Japan/Giapponeは欧文で記入しよう。

切手には値段表記ではなくゾーン表記がされる

赤か黄色の郵便ポストにはふたつの投函口があり、左側が「市内宛」per la città、右側が「他地域宛」per tutte le altre destinazioniになっているので、日本への郵便は右側の口へ。

小包は、郵便局により取り扱いの有無や重量が異なり、また窓口時間が短いので、最初にホテルなどで確認してから出かけよう。箱に詰めた場合は、ガムテープでしっかり封印をしよう。小包用の各種のダンボール箱は、小包取り扱い局で販売している。航空便の日本への所要日数は1～2週間前後。

美術館・博物館など

国立の施設の休館日は原則として月曜および国定祝日。開館時間は、9:00～14:00という所もあるが、19:00頃まで開館する所も増えてきた。屋外のモニュメントなどは9:00～日没1時間前までが普通。ただし、開館時間はよく変更になるので、現地で確認するのが望ましい。午前中ならまず開いているので見学のスケジュールは午前に組むとよい。

人気の美術館や博物館は予約制のところが多い。時間を有効に使うためにも予約を！　ローマ・ボルゲーゼ美術館にて

航空便は
ポスタ・プリオリタリア
Posta Prioritaria

より速く、簡単、経済的にと、登場したシステム。必要な切手と専用シール（エティケッタ・ブルーetichetta blue）を貼るかPosta Prioritariaと書けばOK。イタリア国内で翌日、ヨーロッパなら3日、日本へ1週間前後で到着する。

日本向け(Zona2)航空郵便料金
Posta Prioritaria

はがき	€2.45
封書(20gまで)	€2.45
封書(21g～50g)	€4

切手はヴァティカンで？

「切手の入手は難しい」という投稿多数。ローマのヴァティカン郵便局（サン・ピエトロ広場内＝移動車や広場正面右脇など）なら簡単に入手可。郵便局で出す場合は「切手が欲しいVorrei francobolli.ヴォレイ・フランコボッリ」と告げてみよう。ちなみに記念切手はFrancobolli commemorativiフランコボッリ・コンメモラティィーヴィ。

日本へ宅配便を送るには？

●ヤマト運輸ミラノ支店
住 Via Londra 35
営 9:00～12:30、14:00～17:30
休 土・日・祝
URL www.yamatoeurope.com/japanese/contact/contact.htm#milano

郵便局でのひと口ガイド

●切手	francobollo	(i)	フランコボッロ	(リ)
●はがき	cartolina	(e)	カルトリーナ	(ネ)
●手紙	lettera	(e)	レッテラ	(レ)
●航空書簡	aerogramma	(e)	アエログランマ	(メ)
●速達	espresso	(i)	エスプレッソ	(シ)
●小包	pacco	(pacchi)	パッコ	(パッキ)
●航空便	per via aerea		ペル・ヴィア・アエレア	
●船便	per via mare		ペル・ヴィア・マーレ	

※(　)内の語尾または全体は複数形

ヴァティカン郵便局からの投函が確実との投稿あり

「このはがき(手紙)の日本宛航空便の切手が欲しいのですが」

ヴォレイ　ウン　フランコボッロ　ペル　イル　ジャポーネ　ヴィア　アエレア　ペル　クゥエスタ　カルトリーナ　(レッテラ)
"Vorrei un francobollo per il Giappone via aerea per questa cartolina (lettera)."

現地での両替やATMの利用方法

両替所での ひとこと会話

■「どこで円を両替できますか?」
ドーヴェ ポッソ カンビアーレ リ イェン ジャッポネースィ
Dove posso cambiare gli yen giapponesi?

■「この円(ドル)を両替したいのですが」
ヴォレイ カンビアーレ クゥエスティ エン(ドーラリ)
Vorrei cambiare questi yen (dollari).

■「今日の為替レートはどうなっていますか」
クゥアレ エ イル カンビオ ディ オッジ
Quale è il cambio di oggi?

ATMブースの利用法

24時間利用できるATMは道路に面して設置してあることがほとんどだ。しかし、カード被害などから利用者を守るため、ブース形式のものもある。常に扉が閉められており、クレジットカードなどを扉のノブ近くにあるカード挿入口に入れると、扉が開く仕組み。

日本同様、イタリアもクレジットカードの普及とキャッシング網の広がりは急ピッチ。今や両替所は空港や大規模の駅、一大観光都市にほぼ集中している感がある。とはいえ、イタリアに降り立った途端必要なのが現地通貨のユーロだ。両替について考えてみよう。

両替はどこで?

空港からのバスをはじめ、地下鉄、入場料、バールでの支払いなど、こまごまとした支払いに現金が必要なときがある。

両替は銀行、両替所、郵便局、旅行会社、ホテルなどで行っている。入口などに大きく両替カンビオCAMBIOと表示してあるので、すぐにわかるはずだ。

有利に両替するなら

両替レートはほぼ毎日変わり、これに加え両替手数料が取られることがほとんど。窓口や店頭に両替レートが掲示されているので、両替前に必ずチェックしよう。日本円からユーロに両替する場合は、buying rateが高い所が有利。手数料comissionもかなりの割合になるので確かめよう。

両替率は店や町により異なり、同じ銀行でも支店により違う。有利に両替するなら、いろいろ見て比較検討しよう。両替所と銀行のレートは競争原理が働いている町なかではさほど差がない場合が多いが、空港などは町なかに比べて両替率は悪い。ホテルのフロントでの両替もかなり率が悪いと心得よう。

空港の両替所。レートはあまりよくないのが普通なので、少額の両替を

営業時間

空港の両替所はほぼフライトに合わせて営業している。町なかの両替所は一般商店並みに9:00〜19:00頃の営業だ。銀行は月曜から金曜までの8:30〜13:30、15:00〜16:00頃。

両替レート表の読み方

モニターにズラリと国別の通貨が並び、その横に次の項目に分かれてレートが書いてある。

buying rate ………… 購入レート
selling rate ………… 販売レート
cash ……………………………… 現金
T/C…………トラベラーズチェック
comission ………………… 手数料

円(YENまたはJPYと表記)の現金cashを両替する場合は、その両替所の購入レートbuying rateを見る。この購入レートが高いほうが、両替が有利というわけだ。ただ、このレートがよくても、手数料comissionが高ければ、有利とはいえない。また、no comissionと表記しながら、実際両替するとサービス料servizioをとる悪質な所もある。心配なら、"No comission?, No extra charge?" と尋ねてみよう。

普通は、手数料を取らない所よりは手数料を取る所のレートがよい。たくさん両替すれば有利ということだ。とはいえ、一度に高額の両替をするのは無謀。両替金額と手数料を考慮して計算しよう。

銀行 Banca／バンカ

銀行の営業時間は、月曜から金曜のおおむね8:30～13:30、15:00～16:00となっている。しかし祝日の前などには、半祝日semi festiviとして、昼前で終わってしまうことがある。

銀行の入口は、厳重な自動ドアにより管理されている

銀行への入店

銀行は警備が厳しい。まず二重の自動扉を開けてひとりずつ入り、一瞬扉内に隔離され、外扉が閉まったのが確認されると、内扉横のロックが解除されて銀行内部に入れる仕組みだ。銀行の入口にはロッカーがある所も多くあり、その場合は貴重品以外はロッカーに預ける。アラームが鳴った場合は、警備員の指示に従おう。

また、外貨の取扱銀行が限られており、すべての銀行で両替ができるわけではないので注意。

ユーロの現金引き出し

クレジットカードやデビットカード、トラベルプリペイドカードを使って現地でユーロを引き出せる。24時間利用可能な自動現金預払機ATM/CDは空港、駅をはじめ、銀行など町のいたるところにある。カードのマークの印があれば利用できる。

クレジットカードの場合はまずカードを作成し、キャッシング利用およびPIN（暗証番号）の登録が必要。カードにより利用限度額があるので確認しておこう。

ATMの利用は人通りの多い道に面した銀行を使おう

賢くユーロをゲットする方法

少額決済でもクレジットカードを利用する人が増え、スマホ決済も盛んになったイタリア。旅行中はクレジットカードを利用し、日本で必要な額のユーロを空港で両替しておくのがおすすめだ。また、24時間利用可能なATMの利用にもちょっとした注意が必要だ。

現地でのキャッシング

以前は画面順に操作すれば簡単に通常のレートで現金をゲットできたが、現在は不利なレートが表示される画面が出る場合がある。この画面（機能）は、空港や主要観光地に設置してあるブルーのEuroNetなどだけでなく、銀行のATMでも表示されることがあり、**円換算あるいは円換算と日の丸マークが出たら要注意**。これは為替変動の心配せずに即時に円での支払い金額が確定できるというもの。両替レートがかなり悪く、手数料も高額。この画面には、「あなたの現地通貨で確定しますか? You may select to perform this transaction in your home currency.」などという文章と円換算のレート（と日の丸マーク）、該当ユーロ額の円が表示される。ここでこの画面には「了承Accept」しないこと。画面のwithout conversion/declineまたは戻るbackを押すと、通常のATM画面（ユーロの金額表示のみ、レート表示はない）に切り替わり、通常のカードでのキャッシングが利用できる。もし、途中で心配になったら、テンキー脇の赤のキャンセルボタンを押せば、キャンセルされてカードは返却されるのでご安心を。

店での支払いで

海外でクレジットカードを使ったとき、現地通貨でなく日本円で決済されていることがある。これ自体は合法だが、ちゃっかり店側に有利な為替レートになっていたりするので注意したい。「日本円払いにしますか？」と尋ねられたときは、サインする前に為替レートをきっちりチェック！納得のいかないレートなら現地通貨で決済してもらおう。もし支払い時に説明も確認もなく一方的に日本円で決済されてしまったら、サインしたあとでも、現地通貨に戻して再決済の手続きを依頼できる。帰国後に気づいた場合は、速やかにカード発行金融機関に問い合わせよう。

暗証番号は何桁？

イタリアではATMはBANCO MATバンコマットと呼ばれている。機械によっては5桁の暗証番号の入力を要求されるが、4桁の入力後enterを押せば、次へ進むことができる。

✉ キャッシングが便利で安全

キャッシングは両替率も安定しているので安心して使えます。旅行は、数万円の円とカードだけで十分だと思います。ATM機はどこでも24時間利用可能でした。

（東京都　山水澄子）

旅行前に暗証番号の登録と確認を

クレジットカードを利用する際に暗証番号PIN CODEの打ち込みを求められる。旅行前に暗証番号の登録や確認を。暗証番号の入力ができない場合は、パスポートなどの身分証明書の提示が必要な場合あり。

✉ 現地のATM利用法

登録などは必要なく一般的なクレジットカードを現地の銀行のATMに入れれば簡単に引き出しができる。必要なのはパスワード（PIN NUMBER）だけ。駅ビルのクレジットカードでも使用できました。

（三浦仁）

ATMでのキャッシングは両替よりも便利ですが、たまに使い方が違うのか、うまく引き出せないことがありました。クレジットカードは2枚は用意し、旅行前に暗証番号を確認しておくといいです。（ローマの旅人）

ATM機の使い方

クレジットカードや銀行カードを使って現地でユーロを引き出してみよう。日本でカードを作る際に、PIN（暗証番号）の登録、またカードによっては引き出し額の設定が必要だ。

機械は各種あるが、おおむね以下の通り。数字脇のボタンは

赤:キャンセル　黄:訂正　緑:確認

❶ATM機にクレジットカードのマークまたはカードによっては裏面のCIRRUS、PLUSの印があるかを確認。

❷カードを入れる。

❸画面にタッチして各言語(伊・英・仏・独)からガイダンスの言語を選択。

❹PIN(暗証番号)を入力し、緑のボタンを押す。

❺画面にタッチして希望金額を選ぶ。レシートを希望する旨の表示にYESまたはNOをタッチ。

❻現金の受取口が開いたら、30秒以内に取り出す。

POSTAMAT

Ⓐレシート受取口　Ⓑタッチ画面
Ⓒカード挿入口　Ⓓ現金受取口

現金はすばやく取る

✉巧妙な手口に注意！　カード被害

イタリアの各地にはBANCOMATと呼ばれるATMがあります。このATM機で悪質かつ巧妙なやり方で多額の現金を盗られた例を報告します。

某外資系の銀行カードからATMで現金を下ろして歩き始めたところ、ひとりの男が近づいてきて、「まだ€20も残っていたよ」と英語で声をかけてきました。「まだ、残っているかもしれないから、確認したほうがいいよ」と、親切に言い、手にしていた€20もこちらに渡してきました。ATMに再び戻り、カードを入れて、PIN code（暗証番号）を押すと、通常は表示されない暗証番号が画面に表れ、その男に番号を見られてしまいました。事前に何かの細工がされていたのだと思います。さらに、カード自体がATMから出てこなくなりました。うろたえてキャンセルボタンを押しても、何の反応もありません。男は、自分のカードを入れて見せ、「俺のは大丈夫だ」などと言い残し去って行きました。犯人のこの男が私のカードを下に隠して持ち去ったのか、コピーしたのかは判然としません。すぐに日本の銀行に電話をしてカード利用をストップしたものの、5～10分の間に50万円近い現金が引き出されてしまいました。

このほか、ATMに小型カメラを取り付けて暗証番号を盗み見て、カード本体もスキミングなどでコピーして現金を引き出される被害もあります。

ATMを利用する際は、昼間に警備員のいる銀行やカードを入れて入室する個室ブースの所が安全だと思います。この事件では銀行は何も補償してくれませんでしたし、クレジットカードもキャッシングを利用した場合は補償はないそうです。変な男の口車に乗らないことが一番ですが、自分でも口座残高を少なくしておくとか、キャッシングなら限度額を少額に変更しておくなどの自衛策も必要かもしれません。

（在ローマ　M.S）

私はフィレンツェのピッティ宮前の広場向かいにあるBanca Firenze のATM（ここだけなぜか落書きがあって汚かった）で暗証番号を打ち込んだ瞬間に、浅黒い肌をした女性が困った顔をして、左から「この機械壊れているよ」と話しかけてきました。そして、右から彼女の夫らしき人物が「自分もおろせなかったんだ」と札入れとカードをふってみせてきました。この「カード被害情報」を読んでいたので、すぐに頭に警笛が鳴り、ATMのトランザクションの最中に話しかけてくる人物は、「間違いなくサギか泥棒!!」と思いました。

その瞬間、どちらかがキャンセルボタンを押し、すかさず左から女が落書きを指さして「ホラ、壊れていると書いてあるでしょう」と気をそらせ、次に男が自分の札入れをATMのカード挿入口にかざして、すっと差し抜いたのです。あの札入れの裏には、絶対に私のカードがある、と確信したなぜか冷静な私は、よけようとする男の手首をしっかりつかみ、「You took my card! What are you doing!!??」と怒鳴りつつ、手首をひねると札入れの裏にやっぱり私のカードがありました。奪い返して、ゼーゼーしてる間に、ふたりは慌てることもなく、その場を去って行きました。

日本と違ってワイドオープンのATMがほとんどなので、周囲をチェックしながら利用しましょう。

（東京都　mochi）

B&B／レジデンス アグリトゥーリズモ

全世界の文化財の約40%をもっている国イタリアは、観光が外貨稼ぎの上位を占めるという観光立国。また、普通の生活をしているイタリア人なら夏休みに最低2～3週間のバカンスを過ごすというお国柄だ。いきおい宿泊施設は充実している。世界のお金持ちの憧れの的である、古きよき昔を伝える最高級ホテルから、若者向けの経済的なドミトリーまで、宿の層の厚さでイタリアの右に出る国は少ない。

イタリアの宿泊施設

ホテルのカテゴリー

イタリア語でホテルは、アルベルゴAlbergo、しかしホテルHotelを名乗る宿も多い。こうした宿の多くは、州または各地の観光協会によって星5つから星1つまでの5段階のランクに分けられ、各ランクごとに料金の上限と下限が設けられていたが、ヨーロッパ統合を機にこの料金帯の設定は廃止されることになった。カテゴリーは残ったが、これはそれぞれのホテルの設備のレベルを示すものにとどまり、料金の目安ではなくなった。

花で飾られた山岳地方の3つ星ホテル

カテゴリーはホテルの大きさや部屋数ではなく設備を基準に決められ、☆☆☆☆☆はデラックス、☆☆☆☆は1級、☆☆☆は2級、☆☆が3級、☆が4級となっている。また、料金にはIVAと呼ばれる税金がすでに含まれているのが一般的だ。

個人旅行者は4～3つ星あたりを中心に

イタリアのデラックス(5つ星)ホテルは**ヨーロッパの格式と伝統を誇る**、クラシックで落ち着いた雰囲気のものが多い。4つ星のホテルは豪華ではないが、快適な設備と居心地のよさを売り物にし、**クラシックタイプの宿**と**アメリカンタイプの近代的な宿**とがある。最も層が厚く、そのぶん選択肢もさまざまなのが3つ星のクラスで、**必要な設備と機能性を備え**、部屋のタイプもシャワー付きのシングルからバス付きトリプルまで、人数と予算に応じて選べることが多い。2つ星や1つ星ホテルは造りも規模も質素で、値段が安いだけに、多くを望むことはできないが、探せばけっこう快適な部屋を見つけることも可能だ。

ペンショーネPensioneは家庭的な規模のこぢんまりした宿、ロカンダLocandaはさらに経済的な宿泊所だと考えればよい。このふたつをあわせてベッド&ブレックファストBed & Breakfast(B&B)と呼ぶことも。1週間以上の長期滞在ならレジデンス・ホテルResidence Turistico、また最近イタリアでも人気のあるアグリトゥーリズモAgriturismoの農家滞在(民宿)もいいだろう。

滞在税導入

ローマ、フィレンツェ、ヴェネツィアをはじめ自治体により宿泊の際に滞在税がかかる。詳細は各町のホテルページを参照。

ホテルでも早割り

ホテル(多くが3つ星以上)によっては、早め(3ヵ月前くらいから)の予約で30%程度の割引をしている場合がある。各ホテルのホームページに掲載されているので、早めに調べてみよう。利用条件は、連泊、予約変更不可、予約確定時点でカード決済など、いろいろあるのでこれも必ずチェック。

プラグ変換アダプターを持参しよう

イタリアの電圧は220V、50Hz。日本からの電化製品はそのまま使えない。変圧器とプラグ変換アダプターが必要だ。

ドライヤーなどは、電気店などの旅行用品売り場で販売している電圧の切り替えが自動的にできる物が便利。プラグ変換アダプターは必須。

イタリアのコンセントにはCタイプ(丸い2本)のプラグ変換アダプターが必要だ(→P.12)。

アグリトゥーリズモのサイト

アグリトゥーリズモの団体はいくつかある。イタリア全土のアグリトゥーリズモについて、情報と各アグリトゥーリズモのリンクが州別に掲載されている。

●Agriturismo
URL www.agriturismo.it

クラシックタイプの3つ星ホテルの室内

ホテルの朝食

イタリア人の朝食はカプチーノと、コルネットと呼ばれる甘いパンやビスケットなどが基本。経済的なホテルやB&Bなどはほぼこんなメニューなので、たっぷり朝食を取りたい人には物足りないかもしれない。

3つ星クラス以上のホテルはビュッフェの場合も多い。この場合は各種パン、飲み物、果物、ヨーグルト、ハム、チーズ、お菓子と充実している。

B&Bの朝食風景

✉ WhatsAppの登録

B&Bなどに宿泊するなら、スマホにWhatsAppというアプリを入れておくことをおすすめします。イタリアではLINEでなくこちらが主流のようでほぼ同じように使用できます。宿泊場所を聞いたり、到着時の連絡などイタリアの方は皆さん導入されています。もちろん日本にいるうちに登録も連絡もできます。スマホの住所録に「0039＋相手の携帯電話番号10桁」を入れるとこのアプリが自動で認識してくれます。ホテルの検索サイトを通したやり取りよりもリアルタイムだし、通話もできます。
（大阪府　シュートのパパ）['24]

予約サイトから宿泊予約をしても、ホステルやスタッフが常駐していないB&Bやレジデンスの場合はWhatsAppでチェックインの方法をやり取りするところが増えている。今は翻訳アプリも発達しているので、ほとんど英語でのやり取りでOK。事前に相手の顔や人となりがわかることもメリット。　（編集部）

✉ クレームの伝え方

ローマのホテルでは、スタンドはつかない、冷蔵庫も壊れていて冷えないと散々。こんなときのクレームの伝え方を教えて。
（神奈川県　湯川章子）

いろいろあるが、「調子が悪い。ノン・フンツィオーナ Non funziona」、「壊れている。グアスト guasto」。名詞や動詞をつけなくても、問題の物を指さして告げれば通じる。
（編集部）

イタリア ホテル事情

お風呂について

日本人旅行者が不満をもらすことが多いのがお風呂。イタリア語で**シャワー付きはコン・ドッチャ con doccia、バスタブ付きはコン・バーニョ con bagno**と呼ぶが、コン・バーニョとあっても、シャワーしか付いていないことも多い。イタリアでは、どちらも同じという考え方なので、料金もほぼ同じかバスタブ付きが少し高い。**バスタブ付きの部屋を希望するならコン・ヴァスカ con vasca**と告げたほうが確実だ。予約するときも、念を押しておこう。

4つ星ホテルのシャワーとバスタブ

ただし、経済的なホテルでバスタブ付きの部屋を探すのはほとんど無理と覚えておこう。ホステルなどでは、お風呂はほとんどなく、共同でシャワーを利用することになる。共同の場合や給湯設備が古い場合は、お湯が途中で水に変わってしまうこともあるので、そんな場合はほかの人がお湯を使わない早朝や夕方早くが狙い目だ。もちろん、お湯を無駄にしない心がけも忘れずに。

バスタブ付きを希望する場合には、予約時に確認しておこう

ひとり旅の女性に

女性のひとり旅と見ると、必要以上に親しげな態度にでる宿の主人や従業員もときおり見かける。こんな場合は毅然とした態度で応対し、しつこいときは無視するのが一番だ。ドアには鍵をかけ、室内に人を入れないこと。言葉が通じなくても、嫌なことには、曖昧に笑ったりしないで、ハッキリ拒絶の態度を示すことが大切だ。

ホテルのトイレとビデ

ホテルの部屋にはトイレのほか、普通ビデが付いている。ビデは水と温水の出る蛇口や噴水のような噴き出し口が付き、横と中央あたりに排水口があるもの。トイレと形がやや似ているので間違えないように。形状はやや似ているが、トイレは蓋が付いていて、ビデには蓋がない。ビデは温水洗浄器のように、お尻などを洗ったり、温水をためて足を洗うのに使ったりする。ビデの横には、専用タオルが置いてあることが多い。

ビデ（左）とトイレ（右）

「地球の歩き方」おすすめ！　得するホテル予約

ホテルの予約

ネットを上手に活用しよう

旅の印象を左右するホテル。出発前に日本でじっくり選びたいもの。数ある**ホテル予約サイト**はたくさんのホテルを一度に見られ、日本語で概要を知ることができ、予約、決済までできるので便利で簡単。クレジットカードさえあれば、ほんの数分で予約が完了する。

◉比較が大事

自分の希望が具体化して、いくつか目ぼしいホテルが見つかったら、ホテル比較サイトやクチコミサイトなどで料金、内容を比較してみよう。いちばんスタンダードな部屋の料金が表示され、500円から5000円程度の幅がほとんど。最安値を選ぶのもいいが、ロケーション、治安、朝食の有無など外せないポイントを踏まえながら検討しよう。

◉ホテルの公式サイトもチェック

ホテルが絞り込まれたら、そのホテル独自のホームページで料金、部屋の種類(広さ、サービス)などを比較してみよう。部屋のタイプがより具体的に表示されるので、納得して部屋選びができ、自分の旅を作る実感が高まるはず。また、連泊割引などもあるので、こちらもチェック。さらにキャンセルや支払い方法もチェック。キャンセルについては24～48時間前まで無料が多く、比較的緩やかだが、ここでも「早期割引」予約の場合は、予約時に即決済・変更不可の場合が多い。

実際に予約してみよう

◉ホテル予約サイトからの予約

ホテル予約サイトは各種あり、ホテルを世界的に網羅し、国、地域などを絞り込んで好みを見つける。日本語で、ホテルの説明、予約、決済までできるのがありがたい。ただ、サイトにより、手数料、支払い時期、支払い通貨(円またはユーロ)、予約変更の可否、無料の予約変更期間など詳細は異なる。まずは、予約サイトを開けてみよう。

❶都市の特定

イタリア、ローマなどと入力。または地図をクリック。

❷時期の特定をし、宿泊人数を入力

チェックイン、チェックアウトをカレンダーから選択し、宿泊人数を入れよう。

❸ホテルの絞り込み

❶、❷を入力すると、その時期に宿泊可能なホテルが写真とともにその詳細、料金、泊まった人の評価、人気の高低などが表示される。自分の望む順に並び換えもできるし、さらにホテルのランクを示す星の数、評価、料金、地域、施設(Wi-Fi、スパ、フィットネスジム)など希望するものをリストボックスから選べば、この時点でかなりの数が絞り込まれる。

✉ ホテル選び

イタリアは石畳の道が多く、ヴェネツィアはさらに階段も多いので大きなスーツケースは苦労します。特に非力な女性はホテル選びに「位置」は重要です。また、YHはエレベーターがない所が多かったです。夏だったので、経済的な宿でエアコンがない場合は窓を開けていないと寝られず、窓を開けていると蚊が入ってくるので、虫除けスプレーなどがあるといいです。小さな懐中電灯と騒音に備えて耳栓があると便利。

(愛知県　ヒロコ414)

✉ 蚊対策は必須!?

スーパーでVAPE(日本のベープ。イタリアではヴァーペと発音)の蚊取りマットを見つけました。これで安眠できました。ホテルでは部屋に置いてあったり貸してくれる所もあるので、必要なら頼んでみよう。日本から虫除けスプレーとかゆみ止めも持参するのがベストです。

(かぴ)

✉ 連泊がおすすめ

スーツケースなどの重たい荷物が旅のネック。列車やバスで1～2時間くらいの町なら、宿泊ホテルからの日帰りが便利です。連泊するとホテルでも優遇される気がします。

(東京都　シニア目前)

日本語でイタリアのホテル・ホステル検索と予約が可能なウェブサイト

**地球の歩き方
海外ホテル予約**
URL hotel.arukikata.com

ブッキング・ドットコム
予約がしやすく、料金が現地払いのホテル予約サイト。
URL www.booking.com

エクスペディア
米国に本社がある世界最大級のホテル予約サイト。
URL www.expedia.co.jp

ホテリスタ
口コミ情報やユーザー投稿写真が多い。
URL www.hotelista.jp

ホテルズドットコム
キャンセル無料(ホテル独自のものは除く)、日本語サポートなどのサービスあり。
URL www.hotels.com

ホステルワールド
ホステルのドミトリーや、格安ホテルの手配が可能。経済的に旅したい人におすすめ。
URL www.japanese.hostelworld.com

料金は何種類?

予約サイト、ホテルの公式サイトのどちらでも客室料金が何種類か表示される場合がある。通常料金として、①変更やキャンセルが可能のもの。②長期滞在割引(ホテルによっては2泊程度から)、③予約即決済、予約変更不可のものがある。③の場合、いかなる理由でも返金されないので注意しよう。

✉ 早朝チェックアウト

早朝にしかバスがなく、朝食が食べられない場合でもホテルにひと言尋ねてみるといいです。15~30分程度サービスを早めてくれて、朝食を取ることができました。
(石川県 川畠喜清)

アメニティグッズ

どんなホテルでも石鹸(またはボディシャンプー)はある。ホテルのランクが上がるにつれ、アメニティも充実。日本では当たり前の歯ブラシはないところが多い。ドライヤーは性能の違いはあるが、ほとんどの部屋に完備。もしなくても必要な場合は、フロントに頼めば貸してくれる。

Codice Promozioniとは?

チェーンホテルなどのサイトでよく表記されているCodice Promozioniはプロモーション No.のことでホテル顧客に配られるカードなどに記載されているもの。顧客割引などが表示される。本書でも読者割引を受ける際には、一部のホテルで必要。

✉ どこで予約する?

ホテル予約サイトで予約しました。女ふたり旅でしたが、ほとんどのホテルでダブルベッドの部屋を割り当てられてしまいました。「ツインに換えて」と頼んでも、「予約にはそんなことは書いてない」と冷たく言われてしまいました。

ホテル独自のホームページから予約したチェーンホテルでは予約確認書を持っていったつもりが、予約途中のもので予約が入っていませんでした。でも、対応はよく、すぐに部屋は確保でき、ランクアップもしてくれて快適でした。ホテル予約サイトと独自のホームページからの予約では違うんだなァと思いました。 (埼玉県 佐山由紀子)

❹ホテルを選択

まずは各ホテルの詳細を眺めてみよう。日ごとの料金(朝食込み、または含まず)、部屋の内容や設備(広さ、ノン・スモーキングルーム、エアコン、TV、セーフティボックス、インターネット接続、バスタブ、アメニティなど)がわかる。これで納得したら❺へ進もう。

❺予約画面へ

部屋数と人数のみが表示されることが多く、さらにスーペリア、スタンダードの部屋タイプ、眺望などで異なる料金が示される場合がある。この際、ベッドのタイプも確認しよう。一般的に2名なら、キングサイズ(ダブルベッド)と表示される。ダブルまたはツインどちらかを選びたい場合は追加でリクエストしておくといい。

予約に進むと、

- 名前 ●電話番号
- クレジットカードの番号 ●有効期限
- セキュリティコード(カード裏面の署名欄、または表面にある番号)
- カード所持人名 ●メールアドレス

などが要求される。

❻予約確定

サイトの利用規約に承諾しないと、予約確定画面へは進めない。それほど重要ということ。利用規約には、決済時期、返金の可否、予約変更やキャンセルについて書かれているので、よく読んでおこう。

最後にメッセージ欄があるので、到着時間が遅くなる場合やベビーベッドなどの貸し出し、静かな部屋を希望するならその旨を書いておこう。また、2人部屋としてリクエストした場合、ベッドはキングサイズ、ダブルまたはツインと表示されることが多く、申し込み時点では確定できない。ホテルに到着時点で部屋割りが済んでいて特に遅い時間に到着した場合は変更ができない場合がある。友人同士などでツインを望むなら、リクエストしておくといい。

❼予約確認書の受領

予約後は、予約の詳細が書かれた確認メールが送られてくるので、これをプリントアウトするかスマホですぐ見せられる状態にして、旅行の際に持っていこう。確認メールが届かない場合は予約が完了していないので、サイトで予約確認をするかホテルへ問い合わせよう。

◉ホテル独自のホームページから予約

本誌掲載のホテルや予約サイトなどで見つけたホテルを自分で予約してみよう。URLは本誌に掲載されているし、ホテル名、都市名を入力すれば検索するのも簡単だ。

多くの場合、国旗のマークなどが並び、イタリア語、英語のほか、近年は日本語も選ぶことができるものも増えてきた。また、予約フォームのみ日本語が用意されている場合もある。

ホームページを開くと以下のような項目が並んでいるので、開いてみよう。 ※イタリア語/英語

- **Informazione** / **Information/About us** (総合案内)
- **Posizione** / **Location/Map** (場所)
- **Servizio** / **Service** (サービス)
- **Photo/Facilities** / **Rooms/Virtual Tour/Photo Gallery** (客室や

施設を写真で紹介）

- Tariffe / **Rate/Price** （料金）
- Prenotazione / **Reservation** （予約）などの項目が並んでいて、ホテルの概要を知ることができる。
- Offerte Speciali/Promozioni / **Special Offers** とあれば、特別料金が表示されるので、ここものぞいてみよう。

まずは予約用カレンダーでチェックインとチェックアウトの日付、人数を入力し、空室の有無と料金を確認しよう。チェックアウトのカレンダーがなく、○Nottiとあれば宿泊日数のことなので数を入れよう。すると、部屋のタイプと料金が表示される。単に宿泊料金の総計が示される場合と日ごとに異なる料金が表示され、その総計が表示される場合がある。また、朝食が含まれているかいないかで料金が異なる場合もある。宿泊希望日に特に高い料金が表示されていたなら、その日を避けてもう一度検索してみてもいい。その場合は新たに条件を入力して再検索Ricercaなどで検索してみよう。

気に入ったら予約Prenotazione/Reservationを選んで予約しよう。予約ページに進む前に、キャンセルや支払いの説明Condizioni di cancellazione e pagamentoが出るので読んでおこう（ホテルによっては予約終了後のキャンセルについて説明がある場合もある）。

○ホームページの予約ページのおもな項目 ※イタリア語／英語

Nome / **Name** 名
Cognome / **Last name** 姓
Indirizzo / **Address** 住所
Cap / **Zip** 郵便番号
Nazione / **Nation** 国
Telefono / **Telephone** 電話番号
Indirizzo e-mail / **e-mail address** e-mail
以下はカレンダーやリストボックスからの選択の場合が多い
Data di Arrivo / **Arrival date** 到着日
Data di partenza / **Departure Date** 出発日
Numero di camera / **Number of rooms** 部屋数
Numero di persone(adulti) / **Number of Persons** 人数
Numero di bambini / **Number of Children** 子供の人数
クレジットカードの情報も同時に求められることが多い
Carta di credito / **Credit card** クレジットカード（種類）
Numero di carta di credito / **Account number** 番号
Valido a tutto(Scadenza) / **Expiration date** 有効期限
Intestatario / **Name on card** 所持人
さらにリクエストしたいことがあれば
Commenti/Messaggi/Richiest speciali /
Message/Special requestの欄に記入しよう。送信はInvia / **Send**。
キャンセルはReimposta(Cancellazione) / **Reset(Cancel)**だ。

必要事項を入力すると予約は完了。自動応答システムで予約確認書が瞬時に送付されることが多い。予約応答システムでなくても、1日程度で返信される。返信がない場合はホテルへ確認しよう。宿泊日や料金が載った予約確認書はプリントアウトして持参しよう。

✉ チェーンホテルは狙い目

イタリアではさまざまなタイプのホテルが選べますが、時期によっては4つ星クラスの大型ホテルにかなり手頃な料金で泊まることができます。チェーンホテル（Star、NH、UNAなど）は予約の際に一度はのぞいてみる価値ありです。画一的でつまらないという人もいるかも知れませんが、立地、客室、サービスなどは一定条件を満たしているので、経済的なプランがあればおすすめです。
（埼玉県 佐山由紀子）

チェーンホテルは会員登録でベストレートの提示、客室のグレードアップなどのサービスがあります。チェックして損はありません。
（東京都 八町ゆかり）

ローマ、テルミニ駅至近にもイタリアの有名チェーンホテルがある

ホテル予約事務所とチェーンホテル

- STARHOTELS スターホテルズ
  URL www.starhotels.com/en/
- NH HotelエヌエイチホテルURL www.nh-hotels.com
- UNA Hotels & Resorts ウナホテルズ&リゾーツ
  URL www.gruppouna.it
- ベストウエスタンホテルズ
  URL www.bestwestern.jp
- ヒルトンホテルズ&リゾーツ
  ☎ 03-6864-1633
  URL hiltonhotels.jp
- マリオット・インターナショナル（シェラトン、ウェスティン、セント・レジスなど）
  URL www.mariott.com

食のイタリア

mangiare! Italia

●イタリア料理って？

イタリア料理は素材を生かしたヘルシーメニュー。さまざまなアンティパスト（前菜）がテーブルの上に並び、あなたをお出迎え。ゆでたてのパスタがテーブルに運ばれたら歯応えのあるal dente（アル デンテ）のうちに、気取りなんか忘れて、ワイン片手に陽気にBuon Appetito!（ブオナペティート）"（いただきまーす！）。こんな気軽な雰囲気がイタリア料理の一番の魅力だ。

さて「**イタリアにはイタリア料理はない。あるのは郷土料理だけ**」とよくいわれる。これほど料理に郷土色が濃いのは、1861年の国家統一がなされるまで国土がたくさんの皇国、王領に分割されていたためいやがうえにも郷土意識が高められたからともいわれる。そんな彼らにとって一番の贅沢は、その土地で取れた旬の物を食べること。今では、イタリアのグルメたちは、春には軟らかい**白アスパラガス**を食べにBassano del Grappa（バッサーノ デル グラッパ）へ、秋にはイタリアの松茸とも呼ばれる肉厚の**ポルチーニ茸**を求めて**トスカーナ**へ、秋から冬にかけては香り豊かな**トリュフ**を賞味しにAlba（アルバ）へと出かけていく。

季節の野菜を大切にする
イタリアは日本と似ている

●料理の味付けはマンマの愛情

味にうるさいこんなグルメたちの極めつけは **"おふくろの味"**。高級レストランに足しげく通う何不自由ない紳士たちでさえ、うっとり目を細め「**マンマの味は世界一**」と言ってはばからない。マンマが日曜日に作ってくれた手打ちのパスタFettuccine（フェットゥチーネ）とそのSugo（スーゴ）（ミートソース）のおいしさから始まって、冬に備える保存食作りにいたるまでしゃべりまくる。

結局のところマンマの味は、家の畑で太陽をたっぷり浴びた野菜とその庭をかけ回って育った鶏やウサギ、はたまた猟の獲物を愛情込めて料理したもの。ホスピタリティあふれる食卓がイタリアにはまだまだ残っているのがうれしい。

ヴェネツィアの居酒屋、バーカロ

海の幸がおいしい
ヴェネツィアの前菜

●イタリアを知るために、イタリア料理を食べよう

さて、郷土料理を食べ始める前にもうひと言。一般に**北**イタリアでは**フランス料理に近く**、**バター**、**生クリーム**を多く用い、**南**に行くにつれて、**トマト**、**オリーブオイル**がたくさん使われている、といわれている。それは、オリーブ栽培の北限がガルダ湖で、ポー川流域のパダナ平野はイタリア有数の畜牛、乳牛の産地であるからと地理的にも説明がつく。同様に国境をフランス、スイス、オーストリア、スロヴェニアなどに接したイタリアでは各国料理の影響も忘れることができない。北ではスロヴェニアのGulash（グーラシュ）（パプリカ風味の牛肉の煮込み）、ドイツ、オーストリアのお菓子Strüdel（ストゥルーデル）（りんごパイ）、南のシチリアではアラブ料理のCùscus（クスクス）と挙げていけばきりがないほど。

まさに「**食は文化なり**」。イタリア料理を食べる、知るということは、イタリアの風土、文化、歴史に触れるということなのだ。

旅の途中ホスピタリティあふれる食卓で、陽気なイタリア人に囲まれて食事を満喫したら、それは、もうイタリアの真髄に触れたも同然といえるだろう（各地方の料理については、各章の「州の料理」に詳しく述べてある）。

グルメの憧れ、アルバの
白トリュフをかけたひと皿

●イタリア旅行中の食に関するあれこれ

●レストランで食事はどう注文する？

一般的に、レストランでの注文の仕方は、アンティパスト、プリモ、セコンド、コントルノ(付け合わせの野菜料理)、そしてドルチェ(→P.42)というのがこれまでの伝統だった。そのため、ひと皿だけ食べるというのはいわばマナー違反だったし、量が多い料理をシェアするという文化もなかったといえる。

しかし、このところの健康志向の高まりか、イタリア人の間でも料理選びに変化が生じてきた。前菜はたっぷりの野菜サラダ、パスタはパスし、セコンドは軽めの料理、デザートはフレッシュな果物。もしくは、パスタとコントルノを注文し、ドルチェとカフェでしめるという具合だ。これはかなりの高級店でも見かけられる光景。メニューを眺めてみても、サラダがコントルノの並び以外に、アンティパストの項目にそれなりの値段になって並んでいる。前菜のサラダは中身や盛りつけがコントルノとは異なり、やや高級感がありボリューム多い傾向に。

以前と同様に注文しようとすると「食べ切れませんよ。これとこれでいいでしょう」と、スタッフがアドバイスしてくれることも再三だった。また、コントルノで注文した野菜サラダを、「アンティパストの代わりに持ってこようか？」と提案をしてくれたレストランもある。ミラノでは、カフェなどでも魚介やチーズのたっぷり入った野菜サラダひと皿とパンと飲み物という昼食を取る人が目につく。

もちろん、食に喜びを見いだすイタリアのこと。前菜やプリモを2～3種類並べ、よく食べ飲む、饗宴とも呼べるシーンも目にする。しかし、無理なくそのときどきの健康状態に合わせてメニューを選ぶ選択肢が増えてきたことも事実だ。

●日本人の「シェア」文化も浸透してきた？

基本的にはひとりひと皿をいただき、ピッツァもひとり1枚を食べるというイタリア人。そのため、ひと昔前は日本人同士でレストランに行くと、量が多い料理をシェアするという光景は珍しがられたりしたものだ。ただ、現在は意外とフレキシブル。大都市の人気店では、パスタやピッツァなどは最初に半分にしてテーブルに運んでくれる場合もあるし、注文時に伝えればスムーズに対応してもらえる。ただし、ドレスコードがあるような高級店では断られることも。その場合、ひと皿のプレゼンテーションを楽しもう。

●ひとりご飯はどうする？

外食するなら家族やカップルで、が基本のヨーロッパ。イタリアも例外ではなく、平日の夜は友人とアペリティーヴォ、週末は家族や親戚同士で食事を楽しむ姿が見受けられる。では、ひとり旅派はどうするか？　結論からいうと、意外とどこへでも入れるというのが取材スタッフの意見。ミラノやボローニャなどの都市は仕事の出張客も多く、トラットリアやリストランテでも昼からひとりでワイン片手に食事を楽しむビジネスマンも。ときにはテイクアウトはスーパーを活用しながら、我慢せずにイタリアの陽気なレストランの雰囲気を味わってみて。

自由に注文OK！

ガイドブックにはコースの説明や順番がよく書かれていますが、地元の人や旅行者はパスタやピッツァのみの注文で、飲み物もミネラルウオーターだけという人たちをよく見かけました。メニューの注文はけっこう自由です。　(yummy)

スーパーも活用しよう！

日本同様、個人の食料品屋は少なくなり、スーパーが増加中のイタリア。ほとんどの店舗には総菜売り場があり、前菜、パスタ、肉、魚料理、ハム、チーズ、ピッツァなどが並んでいる。ホテルで食べたいときやスナックを探すのに便利だ。おもなスーパーブランドはP.37へ。

レストラン予約はホテルがおすすめ

今やネットやメールでレストランの予約もできる時代。英語も通じるが、やっぱり言葉が心配。また、お店によってはクレジットカード情報、携帯電話番号などが必要の場合もあり、ちょっと面倒。そして、ときには予約を忘れられていたりすることも……。簡単に予約するなら、ホテルのフロントに依頼するのがおすすめ。宿泊ホテルからだと、信頼感があるのかカードや電話の番号を聞かれることはほぼない。ホテルではサービスの一環として、快くしてくれる。でも、キャンセルする場合は必ず事前に連絡を。

ひとりで入るなら？

ホテル併設のレストランはひとり客にも慣れている印象。また、ミラノ(→P.233)、フィレンツェのイータリーは、店前にテラス席のレストランを構えているので、スタッフに声を掛けやすく、入りやすい雰囲気。行きたいリストランテやトラットリアがあれば、宿泊しているホテルのスタッフにレストランの予約を頼み、ひとりで行く旨を伝えてもらうと、訪れた先でスタッフが気にかけてくれることも。

●イタリアの多種多様な飲食店

●節約派の味方をさらに紹介

高級リストランテから庶民的なトラットリアやオステリア、1日中利用できるバールまで、イタリアにはさまざまなタイプのレストランがある。ヴェネツィアではバーカロ（→P.269）と呼ばれる居酒屋も。ここでは、P.43で紹介しきれなかった飲食店の種類やテイクアウト、量り売りのコツまで一挙大紹介。

●安上がり旅行者の味方、食料品店ジェネーリ・アリメンターリ Generi Alimentariとスーパー Supermercato

パン、ハム、チーズ、お菓子にワインと食べ物なら何でも揃う。ピクニック気分で公園でお弁当を広げたいときや、宿で簡単に食べたいときに便利。パテや高級総菜を扱うDelicatessenも北イタリアには多い。ただし、魚介類のサラダや上等なパテを注文すると、ときにはトラットリアで食事するより高くつく。

店に入ると白衣を着た元気な店員が忙しくハムやチーズを切っている。ショーケースの中の値札に書かれているl'ettoとは100g、al chiloとは1kgあたりのことで、このどちらかの値段が表示されている。注文はl'ettoエット単位で。ちなみに50gはMezzo ettoだ。パンもピッツァも量り売りで、目の前で大きさを適当に示して切ってくれる。小型のパンならば1個単位で売ってくれる。ローマではRosettaという中が空洞のパンを食べることが多い。店ではこのパンにハムやサラミ、チーズを挟んで、簡単なスナックPaninoを作ってくれる。香ばしい焼きたてのパンやフォカッチャに挟んだ新鮮なハムやチーズのおいしさは格別。これは、午前中のおやつとしてイタリア人もよく利用する。

サラミを挟んだPaninoが欲しければ“Vorrei un Panino con salame”と注文しよう。薄切りサラミがタップリ挟まれて1個€3～5もあれば十分だ。このほか、豚のダイス状の脂やピスタチオの入った超特大ソフトソーセージのMortadella、本場イタリアの生ハム、Prosciutto crudo、普通の加熱したハムのProsciutto cottoなどが人気もの。

チーズFormaggioでは、クリーミーで食べやすいBel paese、新鮮さが売り物のMozzarella、ちょっぴり固めでまろやかな風味のProvoloneから、外国産のチーズまで勢揃い。チーズのなかには、辛口Piccanteと甘口Dolceとふたつのタイプに分かれたものがあるので、風味のきついものを好む人はPiccante、穏やかなほうがよければDolceを選ぼう。

さて、買い物をするとその食品の各カウンターごとにレシートをくれるので、それを持ってレジで精算し支払う。

●立ち飲みバールと、座ってゆっくり飲める サラ・ダ・テ、カフェ　Sala da thè、Caffè & Bar

1日に何回もコーヒーを楽しむイタリア人にとって、息抜きの場、社交の場として欠かせないBar。友達同士おしゃべりしながら店に入り、コーヒーやお酒をグッとあおったかと思うとすぐに出て行ってしまう。彼らにとってバールは飲むだけの場。そしてゆっくり座っておしゃべりしながらお茶やコーヒーを楽しむ場が、Sala da thèやCaffè。町のいたるところにあ

オレンジのスプレムータ

●バールのメニュー

〈Bevande　飲み物〉

- Caffè……エスプレッソコーヒー
- Cappuccino……カプチーノ
- Caffè e latte……カフェラッテ
- Latte……ミルク
- Thè……紅茶
- Camomilla……カモミール茶
- Aranciata……炭酸入りオレンジジュース
- Cola……コーラ
- Frullato……ミルクセーキ
- Succo di Frutta……ネクター風のフルーツジュース
- Spremuta・フレッシュジュース
- Acqua Minerale……ミネラルウオーター
- Gelato……アイスクリーム
- Granita……フラッペ／シャーベット

〈Alcolico　アルコール飲料〉

〈Aperitivo　食前酒〉

- Spritz……スプリッツ（プロセッコ＋アペロール）
- Campari……カンパリ
- Cinzano……チンザノ
- Martini……マルティーニ

〈Digestivo　食後酒〉

- Amaro……アマーロ
- Grappa……グラッパ
- Sambuca……サンブーカ
- Brandy……ブランデー
- Whisky……ウイスキー

〈軽食〉

- Tramezzino……サンドイッチ
- Panino……丸型パンのサンドイッチ

るバールBarは、だいたい店構えもシンプル。サラ・ダ・テやカフェは豪華な雰囲気が売り物だが、もちろん立ち飲み用のカウンターもある。立ち飲みの場合は、どこも値段的には差がないのでゴージャスな雰囲気のお店がおすすめ。座った場合は、普通のバールで、立ち飲みの2倍強、ゴージャスな雰囲気のお店では4倍くらい取られる。もちろんレジの横にふたつの値段が表記してあるので、気になったらまずは確かめてから。

屋外のテラス席が楽しい

さて、メニュー解説といこう。**エスプレッソコーヒー**はイタリアでは単に**カフェ**。小さなカップに3分の1くらい（約30cc）、きめ細かに泡立った濃厚なコーヒーが出てくる。これにたっぷり砂糖を入れてミルクなしで飲むのがイタリア人のやり方。カップの底によどんだ砂糖をスプーンですくってなめちゃう人もいるくらい。**カプチーノ**は、蒸気でプシュプシュと温め泡立ったミルク入りコーヒー。ときには上にココアの粉がかけてある。**カフェラッテ**は**イタリア版カフェ・オ・レ**。**カモミッラ**は、イタリア人常用の**ハーブティー**。ちょっとした頭痛、腹痛、安眠に効果的とか。旅に不足しがちなビタミンを補うには**スプレムータ**がおすすめ。注文すると目の前で果物を搾ってくれる。**オレンジ**は**Arancia**、**レモン**は**Limone**、**グレープフルーツ**は**Pompelmo**。つまり**フレッシュレモンジュース**は**Spremuta di Limone**と注文する。オレンジやレモンの産地を南部にもつイタリアならではの味と手頃な値段がうれしい。**ミネラルウオーター**は**ガス入りcon Gas**と**ガスなしsenza Gas**の2種類ある。ただ、Acqua Minerale（ミネラルウオーター）と注文すると、ガス入りが出てくることが多い。

●大衆食堂風のターヴォラ・カルダ、ロスティッチェリア、カフェッテリア Tavola Calda、Rosticceria、Caffetteria

簡単な食事のできる店。カウンター形式、もしくはささやかなテーブルのある店だ。ここでは、料理はすでに調理されてカウンターに並んでいる。指さして注文すれば言葉の心配もいらない。注文の品のレシートを持ってカウンターで支払うか、カフェッテリアならば列の最後で精算する。料理は、ピッツァやお米のコロッケ・アランチーニArancini や各種パスタ、鶏・牛肉のローストやローストポテト、サラダなどの簡単なものが多い。もちろん冷めた料理はオーブンか電子レンジで温めてくれる。ターヴォラ・カルダやロスティッチェリアでは持ち帰りもできる。

上記のほかにも、生ビールと簡単なつまみを出すビッレリアBirreria、日本でもおなじみのマクドナルドをはじめとするファストフード店、駅の構内や大きな町の中心街にあるセルフサービスSelfserviceなどがある。

ヘルシーで洗練されている
ローマのピッツァ

●ピッツェリアのメニュー

ピッツァ マルゲリータ
Pizza Margherita
トマトとモッツァレッラチーズだけの上品な味

ピッツァ コン フンギ
Pizza con Funghi
トマトとチーズのピッツァにマッシュルームの薄切りのせ

ピッツァ コン フンギ エ プロシュット
Pizza con Funghi e Prosciutto
上のピッツァに生ハムをのせたもの

ピッツァ ナポレターナ
Pizza Napoletana
トマトとモッツァレッラのチーズにアンチョヴィー風味

ピッツァ マリナーラ
Pizza Marinara
トマトソースにオレガノ風味

ピッツァ コン ペペローニ
Pizza con Peperoni
甘くて肉厚の赤や黄色のピーマンのせ

ピッツァ クアトロ スタジョーニ
Pizza Quattro Stagioni
四季のピッツァ。4つに分かれた4種類の味が楽しめる

ピッツァ カプリチョーザ
Pizza Capricciosa
気まぐれの意。さまざまな具がのっている

ピッツァ フリッテ
Pizza fritte
揚げピッツァ。チーズやハムなどを包んで油で揚げたもの

カルツォーネ
Calzone
ピッツァの生地にトマトソースやチーズなどを包み込んで焼いたもの

クロスティーノ
Crostino
いわゆるチーズトースト。モッツァレッラチーズとアンチョヴィーや生ハムのハーモニーが最高においしい

ブルスケッタ
Bruschetta
ガーリックトースト

ブルスケッタ アル ポモドーロ
Bruschetta al pomodoro
ガーリックトーストのフレッシュトマトのせ

おもな日本食レストラン

ローマ

●白屋　Shiroya

現地在住の日本人がおすすめするレストラン。ナヴォーナ広場からも近く、町の中心にあるのがうれしい。酒のつまみになる小鉢から天ぷら、寿司まで幅広く揃う。日本酒や梅酒。焼酎の種類も多い。

住 Via de' Baullari 147a
☎ 06-6476-0753
営 12:00～15:00、19:00～22:30
休 月
URL www.shiroya.it

フィレンツェ

●トラットリア・ラ・タナ Trattoria La Tana

2019年のオープン以来、地元の人々にも愛される日本食店。ラーメンから手羽先のから揚げなどの一品料理までホッとする味わい。ランチのセットメニューがお得。

住 Via Palazzuolo 156R
☎ 055-0517127
営 12:00～15:00、19:00～23:00、月19:00～23:00
休 日
URL trattoria-latana.com/ja/

ミラノ

●割烹二宮

イタリアと日本の食材を使用したメニューがいただける。ランチは定食や重箱、夜は魚料理を中心に、寿司や刺身、焼物から天ぷらやから揚げなどの揚物まで豊富。

住 Via Fra Galgario 4
☎ 02-91557472
開 12:00～15:00、19:00～22:30、日12:00～15:00
休 月、毎月最終日曜
URL www.kappou-ninomiya.com

●マスマス MASU MASU

2023年にオープン。日本の居酒屋をコンセプトにしたレストラン。丼やうどん、カレーなどを提供。ラーメン専門店のテノハ・ラーメン・クラブTENOHA RAMEN CLUB（住 Via Vigevano 20）も隣接している。

住 Via Vigevano 18
☎ 02-80889147
営 12:00～15:00、19:00～24:00
休 月
URL www.tenoha.it

●イタリア料理をさらに楽しむために

●イタリアを知るためにはおいしいものを食べるのが一番

イタリアに着いたら観光地巡りもそこそこに、早速、味探訪に出かけよう。ワイナリー巡り（→P.23）や各地のオリーブオイルやバルサミコ酢の生産者やチーズ工場などの見学ツアーに参加するのも貴重な経験だ。

●イタリア料理に欠かせないオリーブオイル

オリーブが育ちやすい地中海沿岸に位置し、世界でも屈指のオリーブオイル生産量を誇るイタリア。ここ最近は年間生産量の王座をスペインに譲ることも増えたが、それでも食卓でもレストランでも、いたるところでオリーブオイルは見かけるし、スーパーマーケットでもコーナーができていて、みやげを検討するにも悩んでしまうほどだ。イタリア全土で栽培されているオリーブだが、南部のプーリア州を筆頭に、中部はトスカーナやウンブリア、北部ではリグーリア州などが盛ん。店に商品として卸さずとも、自分たちの農園で作って消費するという人も多い。一番搾りのオイルのなかでも、酸度が0.8%以下の最高級オイルをエキストラヴァージン・オリーブオイルOlio Extravergine di Olivaと呼び、さまざまな等級やEU圏内で定められた「D.O.P」などの格付けがある。

さて、オリーブの収穫は品種や地域によっても異なるが、だいたい10月中旬頃から翌年の2月ぐらいにかけて行われることが多い。手摘みで収穫したオリーブは、洗浄してから種ごと粉砕。その後、粉砕した実からオイルだけを絞って抽出し、オリーブオイルとして瓶詰めして出荷される。この時期になるとアグリトゥーリズモのなかには、オリーブオイルの収穫体験や搾油場の見学ができるところも。もちろん1年中、テイスティングをしているところもあるので、探してみよう。また、イータリーやスーパーでもさまざまな種類のオリーブオイルが手に入る。

●専門店でチーズや生ハムをゲット！

チーズと生ハムは切っても切れない関係だ。大雑把にいえば、牛乳から水分を除いて発酵させたものがチーズ。副産物である多量の水分＝ホエー（乳清）は、たんぱく質をはじめミネラルや乳酸菌が豊富で、豚に与えると、健康で大きな豚が育ち、おいしい生ハムの最適な原料となる。そして、この過程で欠かせないのは、パルマをはじめとするエミリア・ロマーニャ～ロンバルディア州周辺の気候。「チーズの王様」と称されるパルミジャーノ・レッジャーノParmigiano Reggianoやイタリアを代表する生ハムのプロシュット・ディ・パルマProsciutto di Parmaの生産地もパルマだ。

チーズでは、それ以外にも羊乳のペコリーノPecorino、モッツァレッラMozzarella、ドルチェにも使われるリコッタRicotta、世界3大ブルーチーズのひとつであるゴルゴンゾーラGorgonzolaまで、一度は名前を聞いたことがあるという人も多いはずだ。生ハムはイタリア北東部で生産されるプロシュット・ディ・サン・ダニエーレなども有名。また、生ハムのみならずサラミやベーコン、ハムなどの加工肉もさまざまな種類があり、こうした加工肉専門店をサルメリアSalumeriaと呼ぶ。サルメリアでは、P.562に記載したようなハムやチーズの注文の仕方と同様、量り売りをしている。

●季節ごとの祝い菓子にも注目！

地域ごとの郷土菓子も多くあり、一番有名なのは、クリスマス菓子のパネットーネPenettone。ミラノ発祥で、砂糖漬けのドライフルーツをたっぷり散りばめた菓子パンのようなものだ。ヴェローナでは表面に砂糖がまぶされたパンドーロPandoroと呼ばれるパン菓子も。またベルガモでは、ポレンタ・エ・オゼイPolenta e oseiといって、黄色いマジパンの上に小鳥型のチョコレートがのったケーキも。3月19日のイタリアの父の日に食される南部発祥のゼッポレZeppoleは、揚げドーナツにカスタードクリームとシロップ漬けのチェリーがのったお菓子。

ベルガモのチッタ・アルタはポレンタ・エ・オゼイでカラフルに！

●日本では高級食材のトリュフだが……

世界3大珍味とされるトリュフ。イタリアでは、ピエモンテ州のアルバやトスカーナ州のサン・ミニアートが有名で、秋から冬にかけてはトリュフ祭りも行われるほど。この時期に産地近くの町に行くと、レストランではトリュフブルスケッタに始まり、トリュフパスタやトリュフリゾットまで、トリュフ推しのメニューがずらり。そして、テーブルの上でトリュフを削るスタッフの豪快なこと！　料理が見えなくなるほどの量がまぶされ、香り高い珍味をいただくのは至福のときだ。大まかに分けるとトリュフには黒と白があり、白トリュフの方が希少価値が高いことから料金も少し上がる傾向。

●イタリアで食べる日本食レストラン

今や当たり前のようにヨーロッパ各地に存在する日本食レストラン。イタリアとて例外ではないが、さすがは美食の国。日本人がシェフやオーナーを務めていて、本場の味を提供する店こそはやっているように思う。人気の筆頭はやはりラーメンだが、イタリアでは麺類をすすって食べるのはマナー違反。P.564では編集部が取材中に訪れたり、現地在住日本人が通ったりしている店をいくつかピックアップした。

●ミシュランとガンベロロッソ

日本でもおなじみのミシュランガイド。イタリアでも数えきれないほどのレストランが星を獲得しており、『ミシュランガイドイタリア2023』では、コストパフォーマンスにすぐれた「ビブグルマン」やサステナブルな取り組みを行うレストランに与えられる「ミシュラン・グリーンスター」を含めると約700軒にものぼる。もちろん、選ばれていなくても地元の人々に高い評価を受けている店も多く存在するが、限られた旅程のなかで、こうしてお墨付きのレストランを探すのであれば、もうひとつ参考になるのは「ガンベロロッソ Gambero Rosso」。国内でも重要な指標となっているイタリアのワインの専門誌だが、ウェブサイト（URL www.gamberorosso.it）では、さまざまなレストランの記事がアップされているほか、イタリア国内におけるイタリア料理の格付けを行うガイドも刊行。星ではなくフォーク1～3本の間で評価し、フォークが多いほど評価が高いという証に。

イタリアのビール事情

イタリアでの食事のお供はワインという人も、「とりあえずビール」が恋しくなる人もいるだろう。イタリア語でビールはビッラBirra。生ビールはビッラ・スピーナBirra alla spina。イタリアの瓶入りビールで一般的なのは、青いリボンという名のナストロ・アズーロNastro Azzurroやひげのおじさんがラベルに描かれたモレッティMoretti、ローマ生まれのペローニPeroniなど。日本でもおなじみのハイネケンしか置いていない店もあるが、近年では日本同様クラフトビールがブームになっている模様。

こだわりコーヒー話

コーヒーにこだわるイタリア人。泡立った濃厚なコーヒーを最高とする彼らでも、いろいろなバリエーションを楽しむ。いつもよりさらに濃いコーヒーを望むときにはCaffè Ristrettoカフェ・リストレット、薄い物はCaffè Lungoカフェ・ルンゴ（またはaltoアルト）。ちなみに、アメリカンコーヒーはCaffè Americanoカフェ・アメリカーノだ。食後のコーヒーにはリキュール入りのCaffè Correttoカフェ・コッレットを飲むことも多い。濃いコーヒーと豊かなリキュールの香りが、満腹の胃を穏やかにしてくれる。寒いときなど元気の出る1杯だ。

さて、コーヒーCaffèとミルクLatteラッテの相性も抜群だ。まずはMacchiatoマッキアートという単語を覚えておこう。本来「汚れた」とか、「染みの付いた」の意味だが、Caffè Macchiatoカフェ・マッキアートは少量のミルク入りコーヒー。一方Latte Macchiatoラッテ・マッキアートは少量のコーヒー入りのミルク。ちなみにカフェ・エ・ラッテとラッテ・マッキアートの違いはコーヒーの量の違いにあるが、なぜかラッテ・マッキアートはコップに入って出てくることが多い。

日本でワインを購入するなら？

神宮前にあるLa Cantina BESSHO（住 渋谷区神宮前2-25-5）はイタリアワインの宝庫。州ごとにワインが並び、その種類は2000以上にものぼる。

●リストランテのメニュー

〈antipasto〉（アンティパスト）　**前菜**

プレゼンテーションが美しい
1つ星レストランの前菜

prosciutto e melone / fichi（プロシュット エ メローネ／フィーキ）……生ハムとメロン／イチジク

antipasto misto all'Italiana（アンティパスト ミスト アッリータリアーナ）……イタリア風前菜（ハム、サラミが主体）の盛り合わせ

insalata di mare（インサラータ ディ マーレ）……ゆでた魚介類をオリーブオイル・レモン汁であえたサラダ

salmone e crostini（サルモーネ エ クロスティーニ）……スモークサーモンのバタートースト添え

cocktail di gamberetti（コクテイル ディ ガンベレッティ）……小エビのカクテル

antipasto assortito（アンティパスト アッソルティート）……お好みの前菜盛り合わせ

antipasto di mare（アンティパスト ディ マーレ）……魚介類のサラダ、貝類の香ばしいグリル・トマトソース風味などの前菜

cozze e vongole alla marinara（コッツェ エ ヴォンゴレ アッラ マリナーラ）……ムール貝とアサリのトマト風味

cozze al gratin（コッツェ アル グラティン）……ムール貝のニンニク風味のグラタン

zuppa di cozze（ズッパ ディ コッツェ）……ムール貝のトマト風味のスープ

〈primo piatto〉（プリモ ピアット）　**第1皿**

spaghetti alla pescatora（スパゲッティ アッラ ペスカトーラ）……魚介類のスパゲッティ

spaghetti alle vongole veraci（スパゲッティ アッレ ヴォンゴレ ヴェラーチ）……アサリのスパゲッティ。トマトソース風味はrosso（ロッソ）／トマトなしはbianco（ビアンコ）と呼ぶ

spaghetti al pomodoro（スパゲッティ アル ポモドーロ）……トマトソースのスパゲッティ

spaghetti alla bolognese（スパゲッティ アッラ ボロネーゼ）……ミートソースのスパゲッティ

bucatini all'amatriciana（ブカティーニ アッラマトリチアーナ）……塩漬け豚と唐辛子、ペコリーノチーズの利いたトマト風味。ブカティーニとはやや太めで穴の空いたスパゲッティ

太い穴空きパスタ、
リガトーニのカルボナーラ

spaghetti aglio, olio e peperoncino（スパゲッティ アーリオ オーリオ エ ペペロンチーノ）……唐辛子、ニンニク、オリーブオイルで味つけしたスパゲッティ

spaghetti alla carbonara（スパゲッティ アッラ カルボナーラ）……たっぷりのパルミジャーノチーズと卵、塩漬け豚で味つけしたクリーミーなひと皿

gnocchi alla romana（ニョッキ アッラ ロマーナ）……セモリナ粉を牛乳で煮、さらにパルミジャーノチーズをかけて焼いたニョッキ

gnocchi di patate（ニョッキ ディ パターテ）……ゆでたジャガイモをつぶし、卵、チーズなどを加え小さな団子状にし、ゆでたもの。トマトソースやサルビア風味のバター、ゴルゴンゾーラチーズであえることが多い

fettuccine（フェットゥッチーネ）……卵のたっぷり入った手打ち麺。切った幅により名称が変わる。これは幅約1cm

tortellini（トルテッリーニ）……手打ちパスタにミンチした肉類を詰め、小さなリング状にしたパスタ

ravioli（ラヴィオリ）……手打ちパスタにミンチした肉類を詰めた、やや大型のパスタ

lasagna（ラザーニャ）……ラザーニア

詰め物をしたパスタにも種類があり、
地方によって中身は異なる

高級店のスープには趣向を凝らしたものが多い。「カキの冷製スープ、ミント風味」は夏らしい一品

リゾット アッラ ペスカトーラ
risotto alla pescatora……魚介類のリゾット(米料理、見た目には日本のおじやに似ているがお米は少し歯応えを残して煮るのがイタリア風だ)

リゾット アル ポモドーロ
risotto al pomodoro……トマト味のリゾット

ズッパ ディ ペーシェ
zuppa di pesce……魚介類のトマト風味スープ、さしずめイタリア風ブイヤベース〈店によっては前菜またはひと皿目、ふた皿目、として書かれていて、いつ食べても問題のない魚介料理〉

ズッペ エ ミネストレ
〈zuppe e minestre〉　スープ類(primo〔プリモ〕と一緒に書かれている場合もある)

ストラッチャテッラ
stracciatella……かき玉風のコンソメスープ

ミネストラ
minestra……小粒パスタ入りのコンソメスープ

ズッパ ディ ヴェルドゥーラ
zuppa di verdura……ニンジン、ジャガイモ、ズッキーニなどの野菜入りスープ

ミネストローネ
minestrone……パスタまたはお米の入った野菜スープ

トルテッリーニ イン ブロード
tortellini in brodo……肉詰めパスタのトルテッリーニ入りコンソメスープ

セコンド ピアット
〈secondo piatto〉　第2皿

肉類

コトレッタ アッラ ミラネーゼ
cotoletta alla milanese……薄切り子牛肉のカツレツ

コトレッタ アッラ ボロネーゼ
cotoletta alla bolognese……上記のカツに生ハム、チーズ、トマトソースをのせオーブンで軽く焼いたもの

スカロッピーネ アル ヴィーノ ビアンコ
scaloppine al vino bianco……子牛のワイン風味ソテー

サルティンボッカ アッラ ロマーナ
saltimbocca alla romana……子牛肉にサルビア(セージ)、生ハムを重ねた白ワイン風味ソテー

オッソ ブッコ
osso bucco……子牛のすねの輪切り肉のトマト煮。骨髄のゼラチン質も食べる

ロンバティーナ
lombatina……子牛のサーロインステーキ

カルパッチョ
carpaccio……カルパッチョ(生牛肉の極薄スライス　サラダ添え)

タリアータ ディ マンツォ
tagliata di manzo……タリアータ(牛肉グリルのスライス　サラダ添え)

ビステッカ
bistecca……ビーフステーキ

ビステッカ アッラ フィオレンティーナ
bistecca alla fiorentina……ひと皿最低500gはあるTボーンステーキ

ビステッカ アッラ ピッツァイオーラ
bistecca alla pizzaiola……オレガノ入りトマトソースで味つけしたビフテキ

フィレット ディ マンツォ アル ペペ ヴェルデ
filetto di manzo al pepe verde……牛フィレ肉のグリーン胡椒と生クリームソース

ペット ディ ポッロ ドラート
petto di pollo dorato……鶏胸肉のピカタ

ブラチョーラ
braciola……豚ロースのステーキ、オレガノ、ニンニク風味

コニッリオ アッラ カッチャトーラ
Coniglio alla cacciatora……ウサギのオレガノ、ワイン風味の煮込み

トリッパ アッラ ロマーナ
trippa alla romana……ちょっぴり唐辛子の利いた子牛胃袋のトマト味煮込み

フェーガト アッラ ヴェネツィアーナ
fegato alla veneziana……子牛レバーとたっぷりのタマネギ入りソテー

ロニョーネ アル コニャック
rognone al cognac……子牛の腎臓のコニャック風味

フリット ミスト アッリタリアーナ
fritto misto all'italiana……子牛の胸腺、脳みそ、アーティチョークなどのフリットの盛り合わせ

●リストランテのメニュー

魚介類

繊細な仕上がりの
魚介料理

sogliola alla mugnaia……………舌平目のムニエル
spigola bollita……………………ゆでたスズキにレモン汁やマヨネーズをかけた一品
orata………………………………タイの一種
spiedino di mazzancolle…………車エビの串刺しグリル（注：マッツァンコッレはローマ方言）
scampi alla griglia………………はさみの付いたアカザエビのグリル
fritto di calamari e gamberetti……小エビとイカのフリット

〈contorno〉 付け合わせ

ヘルシーなミックスサラダを
アンティパストとして注文できる店もある

insalata mista……………………ミックスサラダ
fagioli bianchi……………………ゆでた白インゲン豆のオリーブオイル風
spinaci a piacere…………………ホウレンソウのお好み料理
バターソテーal burroやニンニクと唐辛子、オリーブオイルで炒めたin padella、レモン汁をかけたal limoneが一般的
patate fritte………………………フライドポテト
patate al forno……………………ローストポテト
peperonata…………………………イタリア風ラタトゥイユ、赤や黄色のピーマン、ズッキーニ、ナスなどのトマト煮

〈frutta〉 果物

frutta di stagione…………………季節の果物
macedonia di frutta al maraschino‥マラスキーノ酒風味のフルーツポンチ

〈dolce e gelato〉 お菓子とアイスクリーム

dolci della casa…………………自家製デザート
creme caramel……………………プリン
zuppa inglese……………………たっぷりクリームのかかった、リキュールまたはレモン汁入りのシロップを含ませたスポンジケーキ

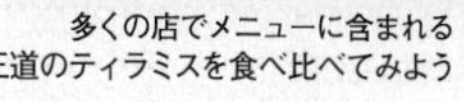

多くの店でメニューに含まれる
王道のティラミスを食べ比べてみよう

crostata……………………………ビスケット生地にジャムを塗り焼いたタルト
torta di ricotta……………………砂糖漬け果物入りリコッタチーズのタルト
gelato misto………………………ミックスアイスクリーム

肉と魚のメニュー早わかり

肉類[carne]の種類		魚類[pesce]の種類	
牛 manzo/bue	子牛 vitello	伊勢エビ aragosta	車エビ gambero
鶏 pollo	豚 maiale	小エビ gamberetti	タイ dentice/orata
子羊 agnello/abbacchio	野ウサギ lepre	スズキ spigola/branzino	マグロ tonno
飼いウサギ coniglio	イノシシ cinghiale	カジキマグロ pesce spada	ムール貝 cozze
生ハム prosciutto crudo	ウズラ quaglia	イワシ sarde/acciuga	アサリ vongole
(生)ソーセージ salsiccia	レバー fegato	イカ seppie/calamari	タコ polpo

Hai Fatto La Buona Spesa?
イタリア・ショッピングの極意

●まずは「ブォンジョルノ」でごあいさつ

イタリアでは気持ちよく買い物するために、店に**入店したらあいさつ**がルール。午前中や昼間なら"Buongiorno"（ブォンジョルノ）、午後から夕方以降は"Buonasera"（ブォナセーラ）。ブランド店では英語が通じるし、サイズや色などの簡単な単語なら日本語が通じる場合もあるが、楽しく店員さんとコミュニケーションしながら買い物するなら、やっぱり言葉は大切。たとえ残りのやりとりは英語に頼るとしても、あいさつだけはイタリア語のほうが効果100倍だ。こうして相手と最初に距離が縮まったところで、自分がどんなものを探しているのか伝えよう。店に入って見ているだけなら、商品に手を出さず、声をかけられたら**「見ているだけ」、「これを見せて」などはっきり意思表示**を。自分の希望のもの、探しているものが見つからなければ遠慮なくそう言って、"Grazie"（グラツィエ）と**礼を述べて店を出る**こと。

日本にはないものを探そう！　職人の技の光る一品を

●1対1の対面販売もいまだに主流

イタリアは、自由に商品に触れられるデパートのような近代的かつ大型店舗は日本ほど多くない。今も対面販売が存在していて、普通の商店でもブランド店でも自分で勝手に商品に触れたり、バッグの中に手を入れて値札を調べたりするのはご法度だ。

その点、体や足を見ただけでピッタリのサイズを持ってきてくれるスタッフも多く、その技量には脱帽。そんな人に接客してもらえたら、信頼して自分に似合うものをアドバイスしてもらったり、すてきで簡単に似合うコーディネートを選んでもらったりできるはずだ。もちろん、支払いはあなただから、納得したものを。商品知識も豊富なので、新商品やレア情報も聞き出せるかも。それにはやっぱり最初の第一印象が大切！

●ショップのおもな営業日と営業時間

ローマやミラノなど都市部の中心地区では、10:00〜19:30頃まで、日曜も休まずノンストップで営業する店が多い。特に、ブランド店や大型商業施設（デパートやスーパーを含む）などでは顕著。ただ、地方都市や個人商店、またはブランドによっては、月曜から土曜までの営業で、毎日2〜3時間の昼休憩を挟むことも。営業時間は夏と冬とで若干違うこともあり、休日と休日に挟まれた日は"橋（ponte）を架ける"として閉める店も多い。

また、多くの個人商店は7月から9月にかけてまとまった夏休みを取るので、お目当ての店が休みでガッカリ、などということもままある。最近では公式サイトよりもインスタグラムやGoogleマップ上に表示される営業時間をこまめに更新している店も多いのでチェックしてみよう。

●支払い時に気をつけること

イタリアでは、いったんレジで打ってしまった売り上げは、まず返金不可能だと思って、買う前には商品の出来や価格をよくチェックしたい。レジでは、支払いは現金なのかクレジットカードなのかを伝えればよい。カードは多くの店で利用でき、おつりの面倒もなくて便利だが、あとで覚えのない金額が引き落とされたりしないように、ピンコード入力やサインをする前にはもう一度書かれた金額を確認するのを忘れないようにしよう。現金で支払う場合は、なるべくおつりが少なくて済むようにし、またおつりをもらう場合には、買った商品の値段に足し算をしてお金を置いていくイタリア式のやり方に慣れることだ（例えば25ユーロの買い物をして100ユーロの紙幣で払うと、最初に5ユーロ札、次に10ユーロ札、最後に50ユーロ札といった順でコインや札が目の前に出てくる）。

カードやおつりは店を出る前にきちんとしまい、財布を安全な場所に入れること。また、レシートは帰国するまでキープしておくように。まだまだ買い物し足りなかったら、買った商品は預けて次の店へ。特にブランドの袋をたくさん持っているとスリに狙われやすい傾向に。なるべく身軽に動けるようにしよう。

覚えておきたい イタリア買い物術

●お直しや修理を活用してみよう

イタリアサイズがピッタリという人は多くないかもしれない。その場合、滞在日数に余裕があればお直しをしてもらうのもよい。裾上げなら数日あればできるし、日本で直すと微妙にラインが違って戻ってくる場合があるかもしれない。また、全体的にイタリアの方が安上がり。店員さんにジャストサイズを確認してもらって、買った日にお直しに出してしまおう。最低3日くらいかかるので、どうしてもお目当てのものがあるならば初日にショッピングもあり。

また、現地調達した大切なブランドバッグや革小物などが壊れたりしても、まだまだ修理して使いたい！　というときには、日本の正規ショップに持ち込むというのも手だ。購入時の領収書や保証書（時計など）の提示を求められることも多いので、高額なものを購入したら、その後のために書類を取っておこう。

●旅先で必要な日用品・食料品の買い方

気に入ったら買う、というおみやげとは違って、旅行中に必要なものは不自由なく調達できるようでありたい。必需品にもいろいろあるが、自分が必要としているものは分かっているのだから、それとおぼしき店を見つけたら入っていってあいさつをし、**"Avete～?"「～はありますか?」と聞こう**。食品ならひとめでわかる専門小売店のほかにSupermercato（スーペルメルカート）（スーパー）やAlimentari（アリメンターリ）（食料品店）、薬局はFarmacia（ファルマチア）、文房具店はCartoleria（カルトレリア）、書店はLibreria（リブレリア）の看板が目印だ。日用・衛生雑用品、生理用品などは大型スーパー（→P.37）に行けば簡単に手に入るだろう。小さな町では、品物の名前がイタリア語で分かっていないと話が通じないこともあるから、スマホで翻訳して見せたり旅の会話集・小辞典などを持っていると役に立つ。店の人とアレコレやりとりをしながら店内に目を配れば、欲しいものが見つかることもある。

目を見張るパスタの種類

●バーゲンセールと値引き交渉

イタリアでもよい品は決して安くはない。そこで賢い消費者の大きな味方となるのが年に2回のバーゲンセール（サルディSaldi）だ。冬は1月6日のエピファニア（主顕節）の祝日後と相場が決まっていたが、年々早まり冬は1月2日頃から、夏は7月第1土曜あたりから始まることもある。**バーゲン期間（特に開始日）は各自治体により決められ、**ほぼ厳密に守られ、イタリア中で異なる。期間は店により1週間～1ヵ月程度で各店さまざまだ。バーゲンの期間はいつもの商品が30～50%引きぐらいで手に入ることもザラなので、値の張る品を購入しようとするイタリア人もこのチャンスを待っている。初日や週末は行列覚悟で訪れてみよう。また、Gucciなどのようにバーゲン自体を廃止しているブランドもあるので、興味のある**ブランドの公式サイトやSNSも確認**すること。また、アウトレットも賢く活用を。

ディスカウント（スコントsconto）に関してだが、観光客相手のみやげもの店を除いて、普段の値引きに応じてくれる店はあまりない。しかしなかには、皮革製品などある程度まとまった数を買うと割引値段にしてくれる店もないわけではない。しかしこれもあまり大きな店ではなく、自分の所で製品を作って売っているような小規模な店に多い。また、極端に安い商品は、見た目はよくてもすぐに壊れたり、雨に当たると色落ちしたり、といったことも多いので、まずは品物の質を見極めよう。広場などで開かれる**青空市やのみの市では、数がまとまったりすれば、たいていは少しまけてもらえる。**

色の美しさに定評あり。イタリアンカジュアルの代表Benetton

日本／イタリアのサイズ比較表

婦人服	日本	3	5	7	9	11	13	15
	イタリア	34	36	38	40	42	44	46
紳士靴	日本	24½	25	25½	26	26½	27	27½
	イタリア	39	40	41	42	43	44	45
婦人靴	日本	22	22½	23	23½	24	24½	25
	イタリア	35	35½	36	36½	37	37½	38

※男性のワイシャツのサイズ表示は日本と同じ　※メーカーによってかなりの差があるので、靴などは必ず試してから買うこと。また、小さいメーカーだとサイズの種類が少ないこともある。

タックスフリー（免税）ショッピング

●知っておくと買い物がますます楽しく

イタリアでは、商品代金に4～22%のIVA(税金)が含まれている。このシステムを利用すると、一定の条件を満たせば、購入金額の最大15%程度が払い戻されるのだ。旅行前にしっかり読んでおくと、いざというときに役に立つはずだ。

対　象

欧州連合(EU)以外の国を居住地とする人が個人使用のために品物を購入し、**未使用の状態で**個人荷物とともにイタリアから持ち出す場合に、IVA(税金)の払い戻しを受けられる。

適用最小限度

1店についての購入額の合計がIVA(税金)込みで70ユーロ以上(2024年2月1日から)。

買い物時の手順

(1)「TAX-FREE SHOPPING」のマークがある加盟店で買い物をする。
(2) 支払いの際、パスポート番号を告げ、免税書類を発行してもらう。このチェック(1枚か2枚、型式も店舗により異なる)はレシートとともに出国時まで保管しておく。

出国時の手順

出国時には、税関(Dogana)の専用カウンターで手続きをしないと、免税払い戻しが受けられない。近年では電子化が進んでおり、税関スタンプなしで手続きが完了する場合も。イタリア出国後、ほかのEU国内を経由する場合は、最後の訪問国で同様の手続きをすることになる。

1)購入品を機内に預ける場合

航空会社のチェックインカウンターで搭乗手続きをし、搭乗券(ボーディングパス)を受け取り、預け荷物に日本行き(もしくはEU圏外の目的地)のタグを貼ってもらう。この預け荷物を税関オフィスまたは窓口に運び、免税書類、パスポート、搭乗券を提示し、手続きを行おう(この時、購入品確認のために預け荷物を開けさせられる場合も)。再び、チェックインカウンターに戻り、荷物を預けて、搭乗手続きを完了させる。手続きの手順だが、フィレンツェでは先に税関スタンプをもらう。また、税関そばにチェックイン済みの荷物を流すターンテーブルがあってチェックインカウンターに戻る必要がないなど、空港により異なる場合もある。

ローマのフィウミチーノ空港とミラノのマルペンサ空港では、イタリアでの購入品を受託荷物にした(機内に預けた)場合に限り、税関審査は不要になった。チェックイン前に出発ロビーにあるタックスフリーの該当会社の免税払い戻しカウンター(ローマはターミナル3のチェックインカウンター300番周辺、ミラノはターミナル1のArea12、)で手続きするだけ。その場で現金の受け取りまたはカードへの入金手続きができる。手続きには他の空港同様に、免税書類、パスポート、e-チケット(控え、スマホでの提示でも可)が必要。

2)購入品を手荷物として機内に持ち込む場合

チェックインカウンターですべての搭乗手続きを終え、パスポートコントロールを通過後、出国ロビー側の税関に行き、手荷物として持っている購入品を見せて、スタンプをもらう。手荷物用税関と払い戻しカウンターは、ローマのフィウミチーノ空港、ミラノのマルペンサ空港ともにパスポートコントロールの近くにある。

払い戻し

1)現金の払い戻し

税関でスタンプをもらった免税書類と購入店のレシートを、空港免税店内の「免税現金払い戻しCash Refund」カウンターに提出し、払い戻しを受ける。払い戻し専用デスクは、出国ロビーの税関近くにまとまっておかれている。

2)現金以外の払い戻し

免税書類の裏に記載されている「非現金」払い戻し＝クレジットカードを指定し、店内で渡された所定の封筒に入れて、各取扱いの事務局へ郵送する。この場合は、90日以内に書類が事務局に届かなければ無効となるので注意。クレジットカードのない場合や振り替え不能の場合は円建て小切手が自宅に郵送される。

会社によっては現金の払い戻しを行わず、クレジットカードなどへの入金のみの場合もある。書類裏面を読み、また郵送用封筒と書類は会社を間違えて入れないように。手続きなどは、各社共通。

以上の手順、場所などは、変更が少なくないので、早めに出かけて空港で確認を。

(2024年3月現在)

バールでちょっとした
やり取りができるとうれしい

日本人には聞き取りやすく、発音しやすいイタリア語。何日か滞在しているうちに、自然に「こんにちは Buongiornoブォンジョルノ」などと、簡単な言葉が口から出てくるはず。この会話集からイタリア語のフレーズを使うときは、ゆっくり書いてあるとおりに発音してみよう。駅などで、日にちや枚数などを指定するような場合は、間違いのないようフレーズを紙に書いて渡すのもひとつの方法だ。そして、「すみません」、「ありがとう」の言葉と笑顔を忘れずに。

基礎編

あいさつ

チャオ／やあ じゃ、またね	チャオ	Ciao
こんにちは	ブォンジョルノ	Buongiorno
こんばんは	ブォナセーラ	Buonasera
おやすみなさい	ブォナノッテ	Buonanotte
さようなら	アッリヴェデルチ	Arrivederci

呼びかけ

すみません	スクーズィ	Scusi

（人を呼び止めて何か尋ねるときなど）

すみません	パルドン	Pardon

（「失礼！」「ごめんなさい！」の意味で）

すみません	ペルメッソ	Permesso

（混んだ車内や人込みで「通してください」というとき）

ちょっとお聞きしたいのですが	センタ	Senta

敬　称

男性に対して	シニョーレ （シニョーリ）	Signore （複Signori）
既婚女性に対して	シニョーラ （シニョーレ）	Signora （複Signore）
未婚女性に対して	シニョリーナ （シニョリーネ）	Signorina （複Signorine）

※姓名や肩書きなどの前につける敬称だが、単独でも呼びかけに使うことができる

依頼と感謝

すみませんが……	ペル ファヴォーレ	Per favore
ありがとう	グラツィエ	Grazie
どうもありがとう	グラツィエ ミッレ	Grazie mille
どういたしまして	ディ ニエンテ	Di niente
どうぞ／どういたしまして	プレーゴ	Prego

謝罪と返事

すみません	ミ スクーズィ	Mi scusi

（「失礼！」「ごめんなさい！」の意味で）

何でもありませんよ	ノン ファ ニエンテ	Non fa niente.

〈はい〉と〈いいえ〉

はい／ええ	スィ	Si.
はい、ありがとう	スィ グラツィエ	Si, grazie.
いいえ	ノ	No.
いいえ、けっこうです	ノ グラツィエ	No, grazie.

～したい

ヴォレイ
Vorrei～（私は）～が欲しい／～がしたいのですが。

英語の“I would like～”にあたる表現で、そのあとにbiglietto（切符）、gelato（アイスクリーム）、camera（部屋）などがくれば「～が欲しい」という意味になり、andare（行く）、prenotare（予約する）、cambiare（替える）などがくれば「～がしたい」という表現に。

切符を１枚ください。
ヴォレイ ウン　ビリエット
Vorrei un　biglietto.

アイスクリームをひとつください。
ヴォレイ ウン ジェラート
Vorrei un　gelato.

１部屋予約したいのですが。
ヴォレイ　プレノターレ ウナ　カメラ
Vorrei prenotare una camera.

～できる？

ポッソ
Posso～?（私は）～できますか／してもよいですか？

英語の“Can I～?”にあたる表現

クレジットカードで払えますか？
ポッソ　パガーレ　コン ラ カルタ ディ クレディト
Posso pagare con la carta di credito?

これは便利！

町歩きのための イタリア語

Vorrei andare a ～

ゴンドリエーレに要望を伝えてみて

道を尋ねる

～へ行きたいのですが。	ヴォレイ アンダーレ ア Vorrei andare a～.
地図上で教えてください。	ミ インディーキ イル ペルコルソ スッラ ピアンティーナ Mi indichi il percorso sulla piantina.
歩いて行けますか？	チ スィ プオ アンダーレ ア ピエディ Ci si può andare a piedi ?
歩いてどのくらいかかりますか？	クアント テンポ チィ ヴゥオレ ア ピエディ Quanto tempo ci vuole a piedi ?

バスの中で

このバスは～へ行きますか。	クエスタウトブス ヴァ ア Quest'autobus va a ～.
私は～へ行きたいのですが、降りる場所を教えてください。	ヴォレイ アンダーレ ア ミ ディーカ ドーヴェ デーヴォ シェンデレ Vorrei andare a ～, mi dica, dove devo scendere.

タクシーの中で

～ホテルまで行ってください。	ミ ポルティ アッロテル Mi porti all'Hotel ～.
～まで、だいたいいくらくらいですか？	クアント コスタ ピュウ オ メーノ フィーノ ア Quanto costa più o meno fino a ～?

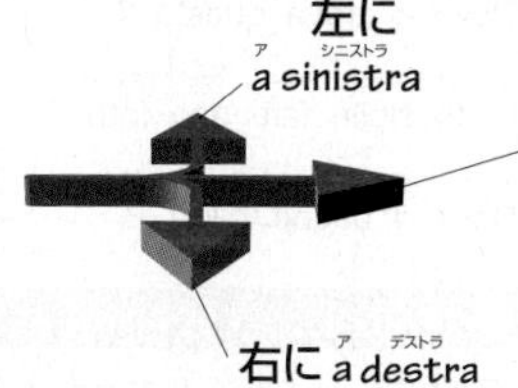

遠い ロンターノ lontano

近い ヴィチーノ vicino

基本単語

駅	stazione	スタツィオーネ
列車	treno	トレーノ
旅行案内所	ufficio di informazioni turistiche	ウフィッチョ ディ インフォルマツィオーニ トゥーリスティケ
教会	chiesa	キエーザ
広場	piazza	ピアッツァ
公園	giardino / parco	ジャルディーノ／パルコ
橋	ponte	ポンテ
交差点	incrocio / crocevia	インクローチョ／クローチェヴィア
停留所	fermata	フェルマータ
始発駅･終点	capolinea	カポリーネア
バス	autobus / bus	アウトブス／ブス
プルマン	pullman	プッルマン
プルマン(長距離バス)ターミナル	autostazione	アウトスタツィオーネ
地下鉄	metropolitana	メトロポリターナ
タクシー	tassi / taxi	タッシー／タクシー
タクシー乗り場	posteggio dei tassi	ポステッジョ デイ タッシー

応用編

観光案内所で

町の地図が欲しいのですが。	スクーズィ ヴォレイ ウナ マッパ デッラ チッタァ	Scusi, vorrei una mappa della città.
催し物のインフォメーションが欲しいのですが。	ヴォレイ デッレ インフォルマツィオーニ デッリ スペッターコリ	Vorrei delle informazioni degli spettacoli.
ミラノの美術館のリストが欲しいのですが。	ヴォレイ ウナ リスタ デイ ムゼイ ディ ミラノ	Vorrei una lista dei musei di Milano.

観　光

切符売り場はどこですか?	ドヴェー ラ ビリエッテリーア	Dov'è la biglietteria ?
あなたが列の最後ですか?	レイ エ ルルティモ デッラ フィーラ	Lei è l'ultimo della fila ?
学生割引はありますか?	チ ソーノ リドゥツィオーニ ペル ストゥデンティ	Ci sono riduzioni per studenti ?
館内の案内図はありますか?	チェ ウナ ピアンティーナ デッリンテルノ エディフィーチョ	C'è una piantina dell'interno edificio ?
オーディオガイドを貸してください。	ヴォレイ ウナウディオグイーダ ペル ファヴォーレ	Vorrei un'audioguida, per favore.
日本語のものをお願いします。	イン ジャッポネーゼ ペル ファヴォーレ	In giapponese, per favore.
使い方を教えてください。	コメ スィ ウーザ	Come si usa ?
(ガイドブックなどを指さして)これはどこにありますか?	ドーヴェ スィ トローヴァ クエスト	Dove si trova questo ?
ここで写真を撮っていいですか?	エ ポッシービレ ファーレ ウナ フォート	È possibile fare una foto ?
トイレはどこですか?	ドヴェー イル バーニョ トイレット	Dov'è il bagno(toilet) ?

両替・郵便局

こんにちは。3万円を両替したいのですが。	ブォンジョルノ ヴォレイ カンビアーレ トレンタ ミラ イエン	Buongiorno. Vorrei cambiare 30 mila yen.
円がいくらか(レートが)わかりますか?	ポッソ サペーレ クアント ファ ロ イエン	Posso sapere quanto fa lo yen ?
この(手紙/はがき)の切手が欲しいのですが。	ヴォレイ フランコボッリ ペル クエスタ レッテラ カルトリーナ	Vorrei francobolli per questa(lettera/cartolina).
いくら払えばよいですか?	クアント パーゴ	Quanto pago ?
手数料はいくらですか?	クゥアント エレ コミッショーネ	Quanto e'le commissione ?

観光案内所でちょっとした
イタリア語を使ってコミュニケーション

基本単語

今日	oggi	オッジ
明日	domani	ドマーニ
昨日	ieri	イエーリ

健　康

一番近い薬局はどこですか？	ドヴェー ラ ファルマチーア ピュウ ヴィチーナ Dov'è la farmacia più vicina ?
何か風邪薬が欲しいのですが。	ヴォレイ クアルケ メディチーナ ペル イル ラフレッドーレ Vorrei qualche medicina per il raffreddore.
(頭／胃／歯／おなか)が痛いのです。	オ マル ディ テスタ ストマコ デンティ パンチャ Ho mal di (testa／stomaco／denti／pancia).
熱があります。／寒けがします。／下痢しています。	オ ラ フェッブレ オ フレッド オ ラ ディアッレーア Ho la febbre.／Ho freddo.／Ho la diarrea.
具合がよくありません。医者を呼んでください。	スト マーレ ミ キアーミ ウン メディコ ペル ファヴォーレ Sto male. Mi chiami un medico, per favore.
英語を話す医者に診てもらいたいのですが。	ヴォレイ ウン メディコ ケ パルラ イングレーゼ Vorrei un medico che parla inglese.

移　動

ミラノまで2等の往復を1枚ください。	ヴォレイ ウン ビリエット ディ セコンダ クラッセ アンダータ エ リトルノ ペル ミラノ Vorrei un biglietto di seconda classe andata e ritomo per Milano.
インテルシティの座席をふたつ予約したいのですが。	ヴォレイ プレノターレ ドゥエ ポスティ スッリンテルシティ Vorrei prenotare due posti sull'Intercity.
いつまで有効ですか？	フィーノ ア クアンド エ ヴァリド Fino a quando è valido ?

※列車に乗り込んで座席に着いたり、コンパートメントに入る際に先客がいたら必ずあいさつをしよう。降りるときにも同様に

こんにちは。この席は空いていますか？	ブォンジョルノ エ リーベロ クエスト ポスト Buongiorno. È libero questo posto ?
この列車はミラノに行きますか？	クエスト トレーノ ヴァ ア ミラノ Questo treno va a Milano ?

トラブル・事故

助けて！泥棒！	アユート アル ラードロ Aiuto Al ladro!
助けて！スリです。	アユート ボルサイオーロ／ ピック・ポケット Aiuto! Borsaiolo/pick-pocket.(英語)
すぐに警察を呼んでください。	ミ キアーミ スビト ラ ポリツィーア ペル ファヴォーレ Mi chiami subito la polizia, per favore.
(財布／パスポート)を盗まれました。	ミ アンノ ルバート イル ポルタフォーリオ イル パッサポルト Mi hanno rubato (il portafoglio／il passaporto).
誰か英語を話す人はいますか？	チェ クアルクーノ ケ パルラ イングレーゼ C'è qualcuno che parla inglese ?
交通事故に遭いました。警察を呼んでください。	オ アヴート ウニンチデンテ ミ キアーミ ラ ポリツィーア ペル ファヴォーレ Ho avuto un'incidente. Mi chiami la polizia, per favore.
救急車を呼んでください。	キアーミ ウナ アンブランツァ ペル ファヴォーレ Chiami un' ambulanza, per favore.

ユーロの読み方

ユーロ euroをイタリア語読みすると「エウロ」。ローマなどの観光地で英語が話せる人は、分かりやすく「ユーロ」と発音してくれる人もいる。ユーロの下の単位は¢＝セントだが、イタリア語ではチェンテージモ centesimoと呼び、一般的には複数形のチェンテージミ centesimiとして使う。

ユーロは小数点以下2位までが使われる。例えば、€20.18と言いたい場合は「ヴェンティ・ディチョット venti diciotto」もしくは「ヴェンティ・エ・ディチョット venti e diciotto」などと、エウロとチェンテージミに分けて発音。この場合、ヴェンティ ventiが「20」、ディチョット diciottoが「18」、間に入るエ eは「and」の意味合いを持つ。エウロとチェンテージミは省略されることが多い。もちろん、ていねいに「ヴェンティ・エウロ・ディチョット・チェンテージミ」と読んでも間違いではない。

これは便利！

レストランでのイタリア語

Il conto, per favore.

英語のメニューがない店もあるので、
食べたい料理や食材の単語をメモしよう

レストランでの会話

今晩ふたりで予約したいのですが。	ヴォレイ　プレノターレ　ペル ドゥエ ペルソーネ　ペル　スタセーラ Vorrei prenotare per 2 persone per stasera.
私たちは4名ですが、空いているテーブルはありますか?	シアーモ　イン　クァットロ　アヴェーテ　ウン　ターヴォロ　リーベロ Siamo in quattro avete un tavolo libero ?
今晩20:00に2名で予約をしておいたのですが。	アッビアーモ　プレノタート　ペル　ドゥエ　ペルソーネ　アッレ オット Abbiamo prenotato per 2 persone alle 8.
ガスなしのお水をください。	ヴォレイ　ウナ　ボッテリア ディ アクア　ミネラーレ　センツァ　ガス Vorrei una botteglia di aqua minerale senza gass.
赤(白)ワインが好みです。	プレフェリスコ　ヴィーノ　ロッソ　(ビアンコ) Preferisco vino rosso(bianco).
お会計をお願いします。	イル コント　ペル　ファヴォーレ Il conto, per favore.

見出し語の単複は、使用頻度が多いと思われるほうを表記。(pl.)は複数、[　]内は発音。P.566～568も参照。

A		
abbacchio	[アバッキオ]	子羊(ローマ方言)
acciuge	[アチューゲ]	カタクチイワシ
affumicato	[アッフミカート]	燻製にした
aglio	[アーリオ]	ニンニク
agnolotti	[アニョロッティ]	半円型の詰め物をしたパスタ
alici	[アリーチ]	カタクチイワシ
ananas	[アナナス]	パイナップル
anatra	[アナートラ]	鴨、アヒル
aragosta	[アラゴスタ]	伊勢エビ
arancia	[アランチャ]	オレンジ
arrosto	[アッロースト]	ローストした
B		
babà	[ババ]	ナポリ風サバラン
baccalà	[バッカラ]	塩漬け干しタラ
bistecca	[ビステッカ]	ビーフステーキ
bocconcino	[ボッコンチーノ]	1口大にかたどった料理
bollito	[ボッリート]	ゆでた
brace	[ブラーチェ]	炭火
branzino	[ブランツィーノ]	スズキの類
brasato	[ブラサート]	煮込んだ
bresaola	[ブレサオーラ]	牛の乾燥肉
broccolo	[ブロッコロ]	ブロッコリー
burro	[ブッロ]	バター
C		
cacio	[カーチョ]	チーズ
calamaretto	[カラマレット]	小ヤリイカ
calamaro	[カラマーロ]	ヤリイカ
canestrello	[カネストレッロ]	ホタテ貝
cannelloni	[カンネッローニ]	カネロニ
canocchia	[カノッキア]	シャコ
capesante	[カペザンテ]	ホタテ貝
caponata	[カポナータ]	カポナータ。イタリア風ラタトゥイユ
carciofi	[カルチョーフィ]	アーティチョーク
carne	[カルネ]	肉
carote	[カローテ]	ニンジン
cartoccio	[カルトッチョ]	紙包み
ceci	[チェーチ]	エジプト豆
ciliegia	[チリエージャ]	チェリー
cinghiale	[チンギアーレ]	イノシシ
cipolla	[チポッラ]	タマネギ
coniglio	[コニーリョ]	飼いウサギ
contorno	[コントルノ]	付け合わせ
costoletta	[コストレッタ]	ロース
cotoletta	[コトレッタ]	イタリア風カツ
cozze	[コッツェ]	ムール貝
crespelle	[クレスペッレ]	クレープ
crocchetta	[クロケッタ]	コロッケ
crostacei	[クロスタチェイ]	甲殻類
crostata	[クロスタータ]	タルト
crudo	[クルード]	生
dentice	[デンティチェ]	(真)タイ
F		
fagiano	[ファジアーノ]	キジ
fagiolini	[ファジオリーニ]	サヤインゲン
fagioli	[ファジョーリ]	インゲン豆
faraona	[ファラオーナ]	ホロホロ鳥
farro	[ファッロ]	スペルト小麦
fave	[ファーヴェ]	ソラマメ
fegato	[フェーガト]	レバー
fettuccine	[フェットチーネ]	幅約1cmの卵入りパスタ

formaggio	[フォルマッジョ]	チーズ
fragola	[フラーゴラ]	イチゴ
frittata	[フリッタータ]	卵焼き
fritto	[フリット]	フライにした
frittura	[フリットゥーラ]	揚げ物
frutta	[フルッタ]	果物
G		
gambero	[ガンベーロ]	エビ
giardiniere	[ジャルディニエーレ]	ピクルス
gnocchi	[ニョッキ]	ニョッキ
granceola	[グランセオーラ]	クモガニ
grancevola	[グランチチェヴォーラ]	
granchio	[グランキオ]	カニ
granita	[グラニータ]	シャーベット
gratinato	[グラティナート]	グラタンにした
griglia	[グリーリア]	網焼き
I		
impanato	[インパナート]	パン粉をつけた
insalata	[インサラータ]	サラダ
L		
latte	[ラッテ]	牛乳
lattuga	[ラトゥーガ]	レタス
legumi	[レグーミ]	野菜・豆の総称
M		
maccheroni	[マッケローニ]	マカロニ
macedonia	[マチェドニア]	フルーツポンチ
maiale	[マイアーレ]	豚肉
manzo	[マンツォ]	牛肉
mare	[マーレ]	海、 frutta di mare海の幸
marinara	[マリナーラ]	海の
marinato	[マリナート]	マリネした
mela	[メーラ]	リンゴ
melanzane	[メランザーネ]	ナス
merluzzo	[メルルッツォ]	メルルーサ(タラの類)
miele	[ミエーレ]	ハチミツ
mugnaio(a)	[ムニアイオ(ア)]	ムニエル
N		
nasello	[ナセッロ]	タラの類
noce	[ノーチェ]	クルミ
O		
orata	[オラータ]	クロダイ
ostrica	[オストゥリカ]	カキ
ostriche	[オストゥリケ]	
P		
padella	[パデッラ]	フライパン、 in padella〜炒めた
panna	[パンナ]	生クリーム
patate	[パターテ]	ジャガイモ
peperoncino	[ペペロンチーノ]	唐辛子
pesca	[ペスカ]	桃
pesce	[ペーシェ]	魚
pollo	[ポッロ]	鶏肉
polpetta	[ポルペッタ]	ミートボール
polpo	[ポルポ]	タコ
pomodoro(i)	[ポモドーロ(リ)]	トマト

prosciutto	[プロシュット]	ハム、〜crudo生ハム、 〜cotto加熱ハム
pure	[プーレ]	ピューレ
Q		
quaglia	[クアリア]	鶉(ウズラ)
R		
ragu	[ラグー]	ミートソース
ravioli	[ラヴィオリ]	ラビオリ
riccio di mare	[リッチョ・ディ・マーレ]	ウニ
ripieno	[リピエーノ]	詰め物をした
riso	[リーゾ]	米、risottoリゾット
rognone	[ロニョーネ]	(子牛の)腎臓
rombo	[ロンボ]	ヒラメの1種
S		
salame	[サラーメ]	サラミ
salsiccia	[サルシッチャ]	生ソーセージ
salmone	[サルモーネ]	鮭
salsa	[サルサ]	ソース
scampi	[スカンピ]	アカザ(手長)エビ
selvaggina	[セルヴァッジーナ]	ジビエ
seppie	[セッピエ]	甲イカ
sfoglia	[スフォリア]	折りパイ
sogliola	[ソリオラ]	舌平目
soia	[ソイア]	大豆
spezzatino	[スペッツァティーノ]	(牛の)角切り肉の煮込み
spiedino	[スピエディーノ]	串刺し
spigola	[スピーゴラ]	鱸(スズキの)類
spinacci	[スピナッチ]	ホウレンソウ
stracotto	[ストラコット]	(牛の)シチュー
T		
tacchino	[タッキーノ]	七面鳥
tagliatelle	[タリアテッレ]	きし麺状の卵入りパスタ
tagliolini	[タリオリーニ]	細目のタリアテッレ
tartufo	[タルトゥーフォ]	トリュフ
tegame	[テガーメ]	浅鍋
tonno	[トンノ]	ツナ
torta	[トルタ]	タルト、パイ、ケーキ
tortellini	[トルテッリーニ]	詰め物をした指輪型のパスタ
trancia	[トランチャ]	(魚の)切り身
triforata	[トリフォラータ]	ニンニク、パセリ、油で 炒めて風味付けたもの
triglia	[トリーリャ]	ヒメジ
trippa	[トリッパ]	(子牛または牛の)胃袋
trota	[トロータ]	マス
U		
umido	[ウーミド]	煮込み
uovo(pl.a)	[ウオーヴォ]	卵
uva	[ウーヴァ]	ブドウ
V		
verdure	[ヴェルドゥーレ]	野菜
vitello	[ヴィテッロ]	子牛
vongole	[ヴォンゴレ]	アサリ
Z		
zabaione	[ザバイオーネ]	卵黄を泡立てたクリーム
zafferano	[ザッフェラーノ]	サフラン
zuppa	[ズッパ]	スープ

まとまっての購入なら、「おまけして?」

ウン ポ ディ スコント ペル ファヴォーレ
Un po' di sconto, per favore?を使ってみよう

買い物の会話 ❶

これを試着したいのですが。	ヴォレイ プロヴァーレ クエスト Vorrei provare questo.
あなたのサイズはいくつですか？	ケ ターリア ア Che taglia ha?
この服に合うジャケットを探しているのですが。	チェルコ ウナ ジャッカ ケ ヴァーダ ベーネ コン クエスト ヴェスティート Cerco una giacca che vada bene con questo vestito.
これは好みではありません。	クエスト ノン ミ ピアーチェ Questo non mi piace.
派手(地味)すぎます。	エ トロッポ ヴィストーゾ (ソブリオ) È troppo vistoso(sobrio).
別のを見せてください。	メ ネ ファッチャ ヴェデーレ ウナルトロ Me ne faccia vedere un'altro.
いくらですか？	クアント コスタ Quanto costa ?

基本単語

靴

紳士靴	scarpe da uomo	スカルペ ダ ウオーモ
婦人靴	scarpe da donna	スカルペ ダ ドンナ
サンダル	sandali	サンダリ

靴の部分

ヒール	tacco(複tacchi)	タッコ(タッキ)
高い	tacchi alti	タッキ アルティ
低い	tacchi bassi	タッキ バッシ
靴底	suola	スオーラ
甲	tomaia	トマイア
幅	larghezza	ラルゲッツァ
きつい	stringe / stretta	ストリンジェ／ストレッタ
ゆるい	larga	ラルガ
留め金	fibbie per sandali	フィッビエ ペル サンダリ

数字

0	zero	ゼーロ
1	un､uno､una､un'	ウン､ウーノ､ウーナ､ウン
2	due	ドゥエ
3	tre	トレ
4	quattro	クワットロ
5	cinque	チンクエ
6	sei	セイ
7	sette	セッテ
8	otto	オット
9	nove	ノーヴェ
10	dieci	ディエチ
11	undici	ウンディチ
12	dodici	ドディチ
13	tredici	トレディチ
14	quattordici	クワットルディチ
15	quindici	クインディチ
16	sedici	セディチ
17	diciassette	ディチャセッテ
18	diciotto	ディチョット
19	diciannove	ディチャノーヴェ
20	venti	ヴェンティ
100	cento	チェント
1000	mille	ミッレ
2000	duemila	ドゥエミーラ
1万	diecimila	ディエチミーラ
10万	centomila	チェントミーラ

買い物の会話 ❷

もっと安いのを見せてください。
メ　ネ　ファッチャ　ヴェデーレ　ウノ　メーノ　カーロ
Me ne faccia vedere uno meno caro.

高すぎます。
エ　トロッポ　カーロ
È troppo caro.

ちょっと考えてみます。
ヴォレイ　ペンサルチ　ウン　ポ
Vorrei pensarci un po'.

イタリアらしいプレゼント用のラッピング。ジノリ(→P.193)にて

〈ズボンやスカート、袖が〉長(短)すぎます。
ソーノ　トロッポ　ルンギ　コルティ
Sono troppo lunghi(corti).

この部分を短くできますか？
スィ　ポトゥレッベ　アッコルチャーレ　クエスタ　パルテ
Si potrebbe accorciare questa parte.

どのくらい(時間が)かかりますか？
クアント　テンポ　チ　ブゥオレ
Quanto tempo ci vuole ?

これをください。
プレンド　クエスト/ア
Prendo questo/a.

衣料品の種類

上着	giacca	ジャッカ
スカート	gonna	ゴンナ
ズボン	pantaloni	パンタローニ
シャツ	camicia	カミーチャ
ブラウス	camicetta	カミチェッタ
ネクタイ	cravatta	クラヴァッタ
スカーフ	foulard / sciarpa	フラー／シャルパ
セーター	maglia	マーリア

衣料品の素材

木綿	cotone	コトーネ
絹	seta	セータ
麻	lino	リーノ
毛	lana	ラーナ
皮革	pelle	ペッレ

皮革製品の種類

手袋	guanti	グアンティ
書類かばん	portadocumenti	ポルタドクメンティ
ベルト	cintura	チントゥーラ
財布	portafoglio	ポルタフォーリオ
小銭入れ	portamonete	ポルタモネーテ

皮革製品の素材

ヤギ	capra	カプラ
キッド(子ヤギ)	capretto	カプレット
羊	pecora	ペーコラ
カーフ(子牛)	vitello	ヴィテッロ

色の種類

白	bianco	ビアンコ
黒	nero	ネーロ
茶	marrone	マローネ
ベージュ	beige	ベージュ
ピンク	rosa	ローザ
緑	verde	ヴェルデ

紫	violetto	ヴィオレット
赤	rosso	ロッソ
青	blu	ブルー
紺	blu scuro	ブルー スクーロ
グレー	grigio	グリージョ
黄	giallo	ジャッロ

敵の手口を知れば トラブル半減

編集部に寄せられた旅のトラブルについての投稿をご紹介。これを読んで、敵の手口を知って彼らを撃退しよう。イタリア語に「ずる賢い=Furbo」という言葉がある。日本では、「ずる賢い」というと腹黒い悪徳商人を連想したりしてよい意味はないけれど、イタリアでは「賢く、抜け目なく生きる」ということも意味し、ときにはほめ言葉として使われるという。かつて、「どうして？」とイタリア人に尋ねたところ、「だまされるほうが悪いのさ」と言っていた。こんなお国柄、「だまされないぞ」と暗示をかけ強気でいけばきっと大丈夫。旅の先輩の投稿を読んで、「行くのをやめた！」なんて言いださないでください。トラブルを披露してくれたあとで、ほとんどの人がまたイタリアを訪れたいと書き添えてありました。チャーミングな人、町、食べ物……ちょっとのトラブルに負けない大きな魅力があなたを待っているのですから。

Case study ● ROMA

両替にご用心

ローマの両替所でのことです。レートもよく、手数料なしで好条件なのですが、窓口の男が明らかにゴマかしをやります。両替金を、小額の紙幣ばかりでよこすので、不自然に思い、カウンターから離れず、焦るなと言い聞かせながら数えると、やはり足りない。「足りない」と突っ返すと、全額をよこしました。

教 訓 ❶渡されるべき金額と両替金が合っているのを確かめるまで、窓口を離れない。
❷間違っていたら何度でもやり直させる。両替はどこでもできるのだからと自分に言い聞かせ、絶対妥協しないこと。（在アメリカ　Tadashi H.）
❸現金は係の目の前で1枚1枚数えて、相手に確認させながら渡す。（千葉県　アケミの夫）

つり銭に注意

路上で1本€2のペットボトルを買い、€10札を出しおつりを何気なく受け取ったものの、あとでおつりが€6しかないことに気づいて反省しました。それからおつりはすぐに確認することにしました。レストランや空港内の売店でもおつりが足りないことがあり抗議すると「ア～、間違えちゃった～」と、あっけらかんと足りない分を寄こして来ました。おつりを間違えたというより、日本人はおつりを確認しないことが多く、ごまかせると思っている人がずいぶんいるような印象でした。（みばーば）

フォロ・ロマーノの切符売り場、フィウミチーノ駅でもおつりをごまかされました。後ろの人が待っていても気にせず、その場でおつりを確認しましょう。

（神奈川県　ミラネロ）

スリの被害

子連れスリの多発地帯

ローマで子連れのスリ集団などを多く目にした地帯は、❶レプッブリカ広場周辺 ❷コロッセオからチルコ・マッシモの間のサン・グレゴリオ通り ❸カラカラ浴場近辺 ❹バルベリーニ駅からトレヴィの泉間のトリトーネ通り ❺テルミニ駅前から独立広場の間のE.デ・ニコラ通り ❻ヴェネツィア広場からコロッセオまでのフォーリ・インペリアーリ通り ❼サンタ・マリア・マッジョーレ大聖堂からテルミニ駅までのカヴール通り　（佐賀県　山口達也）

●手口　ダンボール紙、雑誌や新聞、上着などを手に近寄ってくる。持っている雑誌などで手元を隠してバッグやポケットから財布などを盗む。赤ちゃんや赤ちゃんの人形、赤ちゃんに見せかけた布を前にして、手元を隠している。ときにはオッパイを出して授乳中の場合もある。

交通機関でのスリ多発地帯

❶バス64番内 ❷ヴェネツィア広場からテルミニ駅間のバス ❸地下鉄A線スパーニャ（スペイン階段）からテルミニ駅間 ❹地下鉄B線テルミニからコロッセオ、チルコ・マッシモ駅間 ❺64番バス停付近 ❻空港行きのレオナルド・エクスプレス乗り場と発車前の車内、列車の発車前。　（愛知県　水谷隆治）

ローマの地下鉄で

サンドイッチスリに注意！

●事例その1

地下鉄に乗り込もうとしたとき、突然若い娘が私の前に割り込み乗車。失礼な奴だ、と思いつつも私が電車に乗り込むと、さほどの混雑でもないのに行く手を阻まれました。相手が若い娘のため、押し込むのに少々ためらっていると幸い後ろから押されて乗車できました。何気なく足元を見ると、左のポケットに後ろから手が差し込まれているではありませんか！　大声をあげながら後ろを振り向くと、先ほど私を後ろから押した妊婦が。大声をあげた私と妊婦に車内の人々が注目しているなか、妊婦は腹を指さし許してくれと懇願していました。次の駅でふたりはそそくさと下車しましたが、男性の心理まで研究しているとは驚きです。　（匿名希望）

●事例その2

スパーニャ駅からテルミニ駅へ向かう際、スパーニャ駅で地下鉄に乗るときに、スリに遭いました。スリ集団は小学校高学年～中学生の女の子の集団でした。「歩き方」に子供とありましたが、これほどの子供とは考えていませんでした。私たちが空いている先頭車両を選んで乗ろうとしたときに、離れた場所から走りこんで来て意図的に混雑状況を作り出し、ドサクサに紛れてかばんのファスナーを開けようとしました。私たちは両手で相手の手をブロックして、被害を防ぎました。彼女たちは私たちが地下鉄に乗る前から、目をつけていたと感じました。私たち、日本人（東洋人）は、スリに狙われていることを自覚すべきだと思いました。（静岡県　山本好一）

●事例その3

暴力的なスリ

女子大生ふたりがA線オッタヴィアーノ駅でスリに遭いました。15歳くらいの少女2人組が駅のホームで人を物色、彼女たちがターゲットに。彼女たちはそれに気づいて逃げるように、到着した地下鉄の奥に乗り込みましが、ふたり組のスリも走って乗り込み、大学生の足に足をかけ、腕を回し、首を絞めるような体勢をとって片方の手でバッグを開けて財布を盗ったそうです。スリは年々暴力的になる傾向があるようです。駅などでは周囲に気をつけ、少年少女や子供であっても「あれ？　見られてる？」と思ったら、警戒して行動を。次の地下鉄に乗る、いったんその場を離れるなど対策を練りましょう。（なみ兵）

●2023年取材時の最新情報

テルミニ駅～コロッセオ駅間に注意！

地下鉄B線テルミニ駅とコロッセオ駅にスリが集中。観光客に紛れた服装をしているので最初は気がつきにくいが、電車を待っているときは2～3名で固まり獲物を物色。夏でも腕に上着を抱え、大きなショルダーバッグをかけた10代前半の女の子たちが多い。電車が来ると、上着で手元を隠してドアの前を塞いだり、後ろにぴったりくっついたりして犯行に及ぼうとする。

対策

❶貴重品は取り出しにくい場所に入れる。リュックは胸の前に背負い、ショルダーバッグは両手で抱え込むように持つ。場合によってはカバンのファスナーに南京錠を付けておくのも効果的。
❷ホームで待つときは携帯に没頭せず、壁に背を付けて背後を取られないように。
❸乗り込むときは混雑した車両を避けること。スリは扉付近で溜まっている人を狙う傾向に。乗ったらできるだけ奥に進むか席が空いていれば座る。急いでなければ1本見送ってもよい。先頭車両が比較的空いている。（編集部）

親切がアダ、「写真スリ」

卒業旅行で友人ふたりとヨーロッパ旅行をしました。ローマ・コロッセオでのことです。全体が見渡せる場所で友人と少し離れて写真を撮っていると、ひとりのバックパッカーらしき男の人に「写真をお願いします」と言われ、1枚撮ると、さらに「もう1枚……」ということを言ってきました。写真に集中していると、背後で誰かの気配を感じ、カバンを見るとチャックを半分ほど開けられていました。

幸い、貴重品は服の中のシークレットポーチに入れておいたので被害はありませんでした。写真を依頼した人物とスリを働こうとした人物はグルになっていたと思われます。スリは本当に油断したときに近づいて来ます。必ず大切な物は身に着けておきましょう。（大阪府　H.S）

※「真実の口」やヴェネツィアでも同様被害の投稿あり

キャッチ・バー

夕食後、ホテルに帰る途中の道で感じのよい初老の男性に道を聞かれました。スイス人の旅行者だと言い、1杯奢るから飲みに行かないかと誘われました。店に入るとクラブのような店で少したつと女性が横に座りました。30分後に店を出ようとするとお会計はなんと日本円で7万円以上。私はビール1本、女性はシャンパンのようなものとチョコを食べていたくらいです。男性に払ってくれるのか聞いても、「女性の分は自分で払え」と言われました。€100は払ってしまいましたが、「カードはあるだろう」と言われ、「ホテルにある」と答えると、ホテルに車で連れて行くということになりました。テルミニ駅周辺まで行きましたが、車の中で「ホテルの場所がわからない」といい続けると、彼らも諦めて解放されました。支払いが発生することには値段を明確に把握すること、少しでも怪しいと思ったらすぐ逃げる、そしてなによりもついて行かないことが大事です。（さく）

対策

❶見ず知らずの人、路上で話しかけてくる人間、とりわけ親しげに寄ってくる人物には要注意。
❷人を見かけで判断しない（身なりや感じがよい人が善人とは限らない）。
❸注文はメニューを見てから。女性がつく場合も含め、テーブルチャージも確認。
❹支払いに不審な点がある場合は説明を求める。納得できない場合は警察を呼んでもらう。警察が来ないうちは支払わないと告げる（支払ってしまってから警察に届けても、捜査はしてくれない）。（神奈川県　匿名希望）
※ただし、支払わないときは力ずくで支払わせるのが彼らのやり方。まずは絶対近づかないこと

Case study ● FIRENZE

臭い液体

サンタ・マリア・ノヴェッラ駅は、不法滞在の外国人の溜まり場です。スーツケースを持った旅行客を狙っているようです。主人はかなり大きなスーツケース、私は小さな手提げ袋を手に歩いていました。おそらく駅前から目をつけられたのか、ウニタ・イタリア広場からパンツァーニ通りへ入り、地図を見ながらホテルを探しているときのこと。人混みがすごくて気づかなかったのですが、ふたりとも洋服に黄色の液体をかけられ、外国人から"Excuse me!"という仕草で「背中に何かついていますよ」と知らされました。そのときは怖くてふたりで立ち止まることなく逃げ出したので、被害はありませんでした。この黄色の液体はすごい悪臭で、洗っても落ちませんでした。

対策

❶不法滞在者を見たら、近づかない。
❷話しかけられても無視。
❸液体をかけられても、そのままにして、すぐにその場を立ち去る。　（神奈川県　もろQ）

路上の絵にワナあり

ドゥオーモ広場やウッフィツィ美術館近くなどで地面に直接絵を置いて売っています。景色を見たり、おしゃべりに夢中で友人が足元の絵にギリギリで気づき、あわてて飛び越えて転びそうになりました。すると男ふたりが「絵を踏んだ!」と指さして追いかけて来ました。確認するにも薄暗く、アッという間に紙をクルクルと丸めて請求して来ました。これはおかしいと拒絶し、足早に逃げて難を逃れました。地面に置かれた絵にご注意を。　（茨城県　点々）

Case study ● MILANO

ミラノのスリ手口

混み合う店内でのスリ

夏のセールで混雑している靴屋さんでのこと。靴を試しているほんの4～5分の間に財布をスラれました。長期の海外勤務のなかでも初めての経験でとてもショックでした。場所は女性専門の靴店で店内はほぼ全員女性、財布を盗んだ犯人もショッピングの場に違和感のない女性に違いありません。靴や服を試している間も、貴重品はしっかり管理しましょう。　(Chocolat)

地下鉄スリ

私がドア付近に立ち、同行者がすぐ隣の座席に座っていたのですが、私はスマホをいじり、同行者は外の景色を眺めていました。その時、同行者の隣に女性がひとり座り、その前に女性がふたり立ちました。するとバッグのあたりに異変を感じ見ると口が開いていました。いつも必ずバッグは閉めるようにしていたので驚き騒ぎ出すと、次の駅で女性3人は降りていきました。騒ぎ立てたので貴重品はすられずに済みましたが、隣に座っていた女性が主犯、前のふたりが見えないように隠していたんだとあとでわかりました。

女性たちの身なりは汚らしい感じでもなく、むしろ普通の服装に宝石などをつけていて、スリという感じではなかったです。見た目に惑わされず、手元には十分注意し、お互い注意喚起するのが大切だと思いました。　(visit Italy)

Case study ● VENEZIA

無料ガラス工場見学のワナ

ムラーノ島のガラス工場へ行き、高い買い物をしました。宿泊ホテルで「サービスの一環です。ガラスの制作過程とショールームが見学できます。楽しいですよ」と言われ、疑うことなく出かけました。まずは格幅のよい紳士が出て来て、日本の一流デパートなどでも販売していること、工場直営なので安い、20年間の保証付きなどと、説明しました。私たちが迷っていると、今度は一見誠実そうな日本人の販売員と変わりました。その人は「ワイングラスはセット売りなので、バラ売りはできません。でも、ちょうどセット崩れがあります」などと、上手に購買意欲をそそります。そして、現地通貨ではなく、すべて円換算で値段を言うので、何となく安いような気がしてしまったのです。結局買ってしまったのですが、翌日、本島のほかのお店をのぞいて見ると、ずっと安いし、バラ売りが普通でした。帰国後受け取った商品も、金箔は剥げ、選んだ商品とは違っていたようでした。旅行会社で予約したホテル、そのホテルの紹介、そして、それなりの店の規模、親切な応対と、悪質な詐欺行為と理解するには難しい状況です。　（匿名希望）

教訓

❶ヴェネツィアン・グラスは手頃な値段からある。　❷買うのは最終日までに決めればよい。いくら欲しくても焦らないと、肝に銘じる。　❸工房、アーティストを選ばなければ、どこでも同じような物を見つけられる。　❹お金を持たずに、ウインドーショッピングして目を養う。

（東京都　職業上匿名希望）

Case study ● レストランで

レストランでのトラブル

ヴェネツィアで「日本人にNo.1パスタはこれだ」と言われ注文すると1万円くらいのパスタが用意されます。特にオマールエビのパスタは高額なので、値段を見てから注文を。（埼玉たけ）

ローマ・ナヴォーナ広場から1本路地を入ったお店でのこと。料理を選んでいると、店員が「ハネムーンですか？ イタリアは何回目？」などと話しかけてきて、私も油断してしまい、メニューを見ずにワインを注文。会計の際、€470と言われ、「払えない、そんな高価なものは頼んでいない（パスタ、魚介盛り合わせ、ワイン1本、水の注文）」と訴えましたが、「カードを出せ、警察を呼ぶぞ」と腕をつかまれ、怖い思いをしました。「カードは持っていない。現金€150だけ」と言い張り、結局、警察が来て交渉し、€150になりました。メニューにないワインを注文したことに反省でした。

（埼玉県　SATOMI）

教訓　値段がないものは必ず聞いてから注文し、頼んでいないものはハッキリ断る。支払いの際は、注文個数や合計が正しいか確認すること。2023年には、頼んだ料理をふたつに取り分けてもらったら追加料金を取られたというニュースもあった。クレジットカードの控えは保管し、帰国後請求がきたら正しいかチェック。

Case study ● 駅や列車内で

鉄道駅や地下鉄駅で

ローマ・テルミニ駅の切符の自動販売機の近くでいかにもボランティア・スタッフのように「お手伝いしましょうか？」と英語で声をかけてくる者がいますが、あとで、お金を請求されます。無視すれば諦めて去って行きますが、私の観察によると手伝ってもらうと最終的に€5程度を支払わざるを得なくなるようでした。（ミチコッシー）

ミラノ中央駅では、地下鉄の切符自販機の使い方を説明しようとする人が何人もいるので、しっかり追い払いましょう。無視したものの、自販機のつり銭受けにコインがはねてしまい、床に落ちたコインを足で踏んで盗み、代わりに少額のコインを床に落としてこちらの目をくらます、という小細工までされてしまいました。（濱のコンシェルジュ）

駅構内、列車内お手伝いサギ

スーツケースを持っているときに

マルペンサ空港から列車のマルペンサ・エクスプレスを利用して中央駅まで行く際に、スリに遭いました。スーツケースふたつを持ち両手がふさがれ、気持ちがスーツケースばかりに行っていたのが、狙われた原因だと思います。列車に乗車する際、スーツケースを持ち上げてくれたふたり組が犯人で、車両にも協力者がいたように思います。バッグはななめがけにし、財布にもチェーンをつけていましたが、バッグを開け、チェーンを切って財布を盗む、その間数秒のことでプロの仕業でしょう。最初はスリに遭ったことすら気づかず、知らない人に自分の財布を「落ちていた」と渡されて、現金がなくなっていたことが判明しました。成田で両替したユーロ全額を盗まれてしまいました。幸い財布とカード類は戻ってきましたが、旅行初日の被害は、ショックで悔しい!!（シャロン）

※2023年取材時はテルミニ駅、ミラノ中央駅、マルペンサ空港の自動券売機に制服を着たスタッフが常駐

移動のためスーツケースを持って階段を上ろうとしたところ、若い女性が「Lift here!」と呼ぶので、友人とエレベーターに乗り込みました。そのときさらに2人が乗り込んで来て、「Up Stears?」とか言いながらもなかなかボタンを押しません。ふと見ると、私のバッグの上に上着がかぶせてあり、何気なく上着をめくるとバッグのファスナーが半分開き、パスポートと財布が半分出ていました。「どうして……？」と思ったものの、ハッと盗られるところだと気づくと、3人の女性が緊張気味に私の顔を見ていました。

すぐにエレベーターを飛び降りましたが、危ないところでした。（愛知県　モコちゃん）

特急列車内通路のスリ

フィレンツェからミラノへの特急列車でふたり組のスリ（**A**と**B**）に遭遇。手口は、列車に乗り込むターゲットを**AB**ふたりで挟んで通路を進み、前を進む**A**が席を探すフリをして、不自然に止まって動かない。ターゲットが驚きイラつくスキを見て、後ろの**B**がサイフを抜き取り、列車発車前にふたりは下車。

同行者がバッグのファスナーを開けられました。幸いチェーン付き財布だったので被害はなかったのですが、ダランと下がった財布に本人はしばらく気づかないほど、鮮やかな手口でした。**A**は大きなカートを持っていて、私と同行者の間にむりやり割り込んだそうです。スリは入場に切符が必要な駅にもいます。通路で前の人間が止まったときは、持ち物に注意すべし！（ねこじゃらし）

対策　駅ではきょろきょろ購入に手間取っていると狙われやすい。出口付近より、ホームに近い自動券売機の方が怪しい人物は減る模様。分からなければ制服を着たスタッフを呼ぶ、混んでいなければ窓口で購入する、公式サイトでオンライン購入するなどの対策をしよう。

Case study ● 町角で

ニセ警官

ローマ・テルミニ駅近くのホテルでの朝食後、散歩を楽しんでいると、私たちを追い抜いたひとりの男が写真を撮ってくれと話しかけてきました。息子が1枚撮ると、もう1枚と言いました。景色もよくないここで「ナゼ?」と思っていると、ふた組のガッチリとした若い男が「警察だ」と言って、写真を頼んできた男にパスポートを見せろと言ってきました。また「麻薬の取り締まりをしているので、お金（札）も見せろ」と言ってきました。写真を撮ってと言っていた自称ポーランド人が見せると、札にペンライトをあて、彼にもう行ってよし。そして、私たちにどこから来たのかと聞き、パスポートと紙幣の提示を求めました。袋に入れていた紙幣1万円札5枚、€100札を見せると、袋に手を入れてパラパラとさせただけで、麻薬の検査をするのかと思っていたのにそのまま終了。安心していると、息子が「ニセ警官かも!?」と言い出したので、ホテルに戻って確認すると、1万円と€100札の1枚ずつしか残っていませんでした。　（香新）

Case study ● そのほかのこと

切符購入時に注意

妻とふたりでミラノに旅行。ローマ・テルミニ駅同様に自動券売機前には怪しい人が多かったので、ミラノ中央駅での切符購入は1階のタバッキ（リナーテ空港行きプルマン発着所側）で閉店間際に切符4枚を購入。その時、女性店員が多くの小銭を使いおつりを渡し「つり銭に間違いないか確認して」とやけに優しく対応。私達が店を出たあと、即店じまいをしました。その時は「親切な店員もいるんだ」と思っていましたが、翌日、切符の1枚を使うと、打刻済で入れませんでした。うっすらと打刻があることを職員に指摘されました。

私のミスで使用済み切符を交ぜ込んで持っていたのかと思っていましたが、帰りに妻が同様に入れず、これも使用済みの切符を渡されていました（妻は使用済み切符はそのつど廃棄しているので購入した切符しか持ち歩いていません）。実に4枚中、2枚が使用済み。これは確信犯だと思い、翌日朝に同じタバッキに行き、その時の女性店員がいたので切符を6枚購入し、私が「チェックプリーズ!」といい、新品か否かをカウンターでチェックしだしたとたん、明らかに店員の顔色が変わりこわばってました。その時は幸いにも打刻印付きの切符は発見できませんでしたが、この1階のタバッキには注意してください。また、タバッキで切符を購入した際は、使用済みが交じっていないか確認する必要があると学習しました。　（千葉県　匿名希望）

ミサンガ売り、花売り、募金サギ

ミサンガ売りはどこにでもいますが、最近は警戒されて腕に巻けなくなったのか、人の頭や肩にのせて「金を寄こせ」と言って来ました。横や背後からいきなり迫ってくるので注意を。もし、されたら無視しましょう。　（アキ）

私も腕に巻かれて多額のお金を払っているのを目撃しました。また、バラの花を女性に渡し、お金を要求する人もいます。女性はバラの花をもらうとうれしいので、ついもらってしまい、結局花を押しつけられて€20を支払っていました。　（東京都　キリン）

ミラノ・ドゥオーモ広場のハトのえさも「フリー」と言ってますが、これもあとからお金を請求されます。観光地の「フリー」には注意を。　（愛媛県　スカルノ）

フィレンツェS.M.N.駅そばの路上で、「署名をお願いします」と日本語で声をかけられました。気軽に応じると最後に募金額を記入する欄があり、引くに引けなくなります。募金とは口に出さず署名を装っているうえ、断り下手の日本人と見ては日本語で声をかけてくるあたり胡散臭い。無視して立ち去るのが一番です。

そこで署名の目的を日本語で尋ねるも、「署名をお願いします」以外はわからないらしく会話は不成立。英語に切り替えて「私はイタリア国民ではないから署名に意味はないはず」と聞くと「世界の誰でも構わない」との返事。「では、この署名はいかなる機関に提出するのか」と問うと、「どこにも提出しない、我々の団体内で持っておく」とのトンチンカンな回答（署名がそもそもの目的でないことを白状したも同然!!）。「署名というものは、ある意見に賛同する人が多数存在することをアピールすることが目的なのだから、どこにも提出しない署名はあり得ない」と喝破しました。　（神奈川県　鯨隊）

※2023年取材時は、大都市以外にもマントヴァを歩いているときに声をかけられたので油断しないように

女性のひとり旅

ホテルでのこと。浅黒い肌の従業員が、なれなれしく、何とビールを持って部屋までやって来ました。ホテルの従業員だから大丈夫かと思い、一緒に飲んでいましたが、何気なく髪や体に触ってきました。キッパリ拒否しましたが、嫌な思いをしました。

フィレンツェからピサへ向かう車内では、怪しい男の人に狙われました。ずーっと私の顔をのぞき込むようにしていたので耐え切れず、次の駅で下車し、後続の列車を待つことにしました。女のひとり旅では肌を露出した服装は避けるべきです。　（福岡県　とっぴ）

対策

❶甘い顔や曖昧な態度を見せず、嫌なことは最初にキッパリと断ること。
❷肌の露出が多い服装は信頼するエスコートの男性がいるときのみと心得よう。

トラブルに遭ってしまったら

十分に注意していても、不幸にもトラブルに巻き込まれてしまうこともある。そんなときには、素早く気持ちを切り替えて、前向きに次の行動を起こそう。盗難に遭っても、換金の難しいものは近くのゴミ箱に捨ててあることもあるので、注意深く付近を歩いてみるのもよい。しかし、まずは所定の手続きを急ごう。また、紛失や盗難などに備え、パスポートの顔写真があるページと航空券のeチケット、日程表のコピー、クレジットカード裏面の緊急連絡先などを書き留めて保管しておこう。

紛失・盗難証明書の発行

パスポート、航空券、旅行荷物などが被害に遭ったら、警察に届け出て**「盗難証明書Denuncia di Furto（デヌンチャディフルト）」**を作成してもらおう。これは、なくなったものを探してもらう手続きというよりも、保険請求のための手続きのひとつだ。証明書の発行は**中央警察Questura Centrale／クエストゥーラ・チェントラーレ**の外国人向け窓口のほか、駅で被害に遭った場合は駅の警察で発行してくれる場合もある。ホテルや近くにいる警官に最寄りの作成場所を尋ねよう。やや時間はかかるが、英語を話せる係官もいるし、日本語の書式もあるのでそれほど難しくない。

パスポートの紛失・盗難

パスポートを紛失したら、日本大使館・領事館で旅券の失効手続きをし、新規旅券の発給または、帰国のための渡航書の発給を申請する。コピーは原本とは別の場所に保管しておこう。パスポートの発給には通常2〜3日、帰国のための渡航書は午前中に申請すれば同日に発行してもらえる(日本の祝日に注意)。

[必要書類および費用]　※撮影・発行から6ヵ月以内

■失効手続き

・紛失：一般旅券等届出書
・共通：写真(縦45mm×横35mm)1枚※

■発給手続き

・一般旅券発給申請書
・現地警察署の発行した紛失・盗難届出証明書
・写真(縦45mm×横35mm)1枚※
・戸籍謄本(原本)1通※
・手数料(10年用旅券€114、5年用旅券€79)

帰国するだけという場合は「帰国のための渡航書」の申請も可能（手数料€18）。渡航書発給申請書、旅行日程が確認できる書類（旅行会社にもらった日程表または帰りの航空券）、現地警察署の発行した紛失・盗難届出証明書、写真(縦45mm×横35mm)1枚、戸籍謄本(原本)1通が必要だ。

クレジットカードの紛失・盗難

盗まれるとすぐ使われてしまうことが多いので、大至急カード発行金融機関に連絡し、無効化すること。万一の場合に備え、カード裏面の発行金融機関や緊急連絡先を控えておこう。海外旅行保険に加入していれば補てんされるが、警察に届け出ていないと適用されないこともあるので、必ず紛失・盗難届出証明書を発行してもらおう。帰国後の再発行の手続きもスムーズに行われるはずだ。

カード発行金融機関の緊急連絡先

●アメリカン・エキスプレス
☎800-871-981
(ゴールド専用)
☎800-871-972

●ダイナースクラブ
※コレクトコール(→P.10)を利用
☎00-81-3-6770-2796

●JCBカード　☎800-780285

●VISA Card　☎800-784253
※コレクトコール(→P.10)を利用
☎1-303-967-1096

●MasterCard　☎800-870866

☎800〜はイタリア国内無料通話ダイヤル
☎は、提携カードにより異なることがあります。
出発前に確認を。各社のホームページに詳細あり(→P.528)。

落とし物

気づいたときに、落としたと思われる場所へ引き返してみよう。クレジットカードの入った財布も拾われて、助かったケースもある。列車やバスなど交通機関の中では、見つかることは少ないが、駅の**遺失物預かり所Ufficio Oggetti Smarriti（ウフィッチョ オジェッティ スマッリーティ）**で尋ねてみよう。

緊急番号	警察113	消防115	救急118

病気とトラブル

病気・けが

完全にオフの日も加えたゆとりのある旅の計画を立てることが病気予防の第一歩だ。これは健康維持の面からだけでなく、最初に立てた計画に余裕がなくなってしまった際の予備日としても意味がある。例えば、あいにくの天気の1日、雨をおして町なかを歩き回るかわりに、ホテルの住人になりきって、それまでの旅の印象をまとめたり、手紙を書いたり、読書をしたりしてみるのはどうだろう。長い旅が終わってみると不思議とそんな1日がよい思い出として残ったりするもの。

また、旅の疲れは体と精神の両面からくるので、自分の調子をよく知ることが大切だ。同行者のいる旅行では疲れたと思っても言いだしにくい、ということもあろうが、早めに休んで回復することが、結局は旅仲間のためにもなる。**「この辺で1日休もうよ」と無理なく言えるくらいの旅仲間**でないと、ストレスがたまって体調を崩す原因にもなりかねない。パートナー選びも“よい旅”の重要な要素だ。

予防でもうひとつ、食事の取り方には気をつけたい。イタリア料理は食欲を誘うし、見た目に反して消化もよい物が多いのだが、問題は量にある。あれもこれも食べたいからといって、毎回前菜からデザートまで取っていたのではカロリーもオーバーするし、消化器官に負担がかかってしまう。これにワインも加われば、胃のほうは間違いなく普段以上に働くことになる。これを旅の間中繰り返していたら、よほどタフな人でない限り胃腸の疲れを感じるだろう。アドバイスとしては、まず**自分の適量をわきまえること**。胃が疲れてきたと思ったら、昼食を中心にして夜は軽く済ませるとか、市場でフルーツなどを調達するとか、濃いエスプレッソ・コーヒーの量を控える、といった工夫をしよう。

最後に、十分な睡眠が取れないと疲れが蓄積する原因となるので、**ホテルの部屋選びは慎重に**して、よく眠れる環境を確保しよう。

以下は、不幸にしてもし病気になったりけがをしたりしたときの対処の仕方について。

薬で治す

イタリアでは医薬品のほとんど(特に効き目のあるものは)は医師の処方箋がないと売ってもらえないので、風邪薬、胃腸薬、頭痛薬などは**普段使い慣れているものを日本から持参**したほうがよい。イタリア国内で薬を購入する場合は、できるだけ大きい薬局(英語が通じることが多い)に行き、**自分の症状をよく説明する**こと。薬によっては用法・用量の説明がイタリア語のみのものもあるので、**購入時に薬局の人によく教えてもらおう**。また、一般にヨーロッパやアメリカの薬は日本人には強すぎる傾向があるので、分量は控え目に、飲み過ぎないよう十分注意したい。

薬局の営業時間は一般商店と同じだが、緊急の場合に備えて夜間や日・祝も開いている店が、ある程度の規模の町ならほぼ確実にある。

医者にかかる

症状が重かったり、薬を飲んでも回復の徴候がない場合には医者にかかったほうがよい。ホテルのフロントかツーリストインフォメーションなどに頼んで英語の話せる医者を紹介してもらうのがよいだろう。必要なら処方箋も書いてもらおう。

救急車を呼ぶ

事故やけがのほか、虫垂炎などのケースには救急車を呼ぶことになる。このような事態に周囲のイタリア人の協力が得られないことはまずないから、「救急車を呼んでください」**“Chiami un'autoambulanza, per favore.／キアーミ・ウナウトアンブランツァ・ペル・ファヴォーレ”**と近くにいる人に頼めばよい。また、各町のインフォメーションでもらえる総合案内のパンフレットには、必ずといってよいほど**「役に立つ番号」Numeri Utili**として、救急車や救急病院の電話番号が掲載されているので参考にしたい。

トラブル

旅先でのトラブルほど嫌なものはない。せっかくの楽しい旅が台無しにならないよう、これもせっせと予防に努めよう。

トラブルには事故、犯罪、所持品紛失などがあるが、不可避的な事故や事件でない限り、多くは旅行者の注意いかんで十分に避けられるものだ。

事故

旅行の最中に交通事故や大きな事件などに巻き込まれたら、不用意に動かず、現場の処理官の指示に従おう。ひとり旅の最中で事故などに遭い、自分では身動きが取れないような場合には在ローマの日本国大使館か在ミラノの日本国総領事館に連絡してもらい、日本の留守宅への通報も含めて協力を依頼したほうがよい。連絡のないのを心配した家族が捜索願いを出して、かえって事が複雑になってしまうのを避けるためだ。長期入院などとなれば、一時的にはかなりの出費となることもある(たとえあとで保険から払われるにしても)ので、いずれにしても日本公館とは早めのコンタクトが必要。

●在イタリア日本国大使館

URL www.it.emb-japan.go.jp

在イタリア日本国大使館(ローマ)
Ambasciata del Giappone in Italia

☎ 06-487991 Fax 06-42014998
住 Via Quintino Sella 60, Roma 地 P.43-A3

在ミラノ日本国総領事館(ミラノ)
Consolato Generale del Giappone a Milano

☎ 02-6241141 Fax 02-29008899
住 Via privata C. Mangili 2/4, Milano 地 P.191-B3

緊急時の医療会話 英語／イタリア語

●ホテルで薬をもらう

具合が悪い。
　ミ　セント　マーレ
　I feel ill. / Mi sento male.

下痢止めの薬はありますか。
　Do you have an antidiarrheal medicine?
　アヴェーテ　ウナ　メディチーナ　ペル　ラ　ディアッレーア　ペル　ファヴォーレ?
　Avete una medicina per la diarrea, per favore?

●病院へ行く

近くに病院はありますか。
　Is there a hospital near here?
　チェ　ウン　オスペダーレ　クイ　ヴィチーノ?
　C'è un ospedale qui vicino?

日本人のお医者さんはいますか?
　Are there any Japanese doctors?
　チェ　ウン　メディコ　ジャッポネーゼ?
　C'è un medico giapponese?

病院へ連れて行ってください。
　Could you take me to the hospital?
　ミ　プオ　ポルターレ　イン　オスペダーレ　ペル　ファヴォーレ?
　Mi può portare in ospedale, per favore?

●病院での会話

診察を予約したい。
　I'd like to make an appointment.
　ヴォレイ　プレノターレ　ウナ　ヴィジタ　メディカ
　Vorrei prenotare una visita medica.

グリーンホテルからの紹介で来ました。
　Green Hotel introduced you to me.
　イル　グリーン　ホテル　ミ　ア　ダート　イル　スオ　ノーメ
　Il Green Hotel mi ha dato il Suo nome.

私の名前が呼ばれたら教えてください。
　Please let me know when my name is called.
　ミ　ディカ　クアンド　キャーマノ　イル　ミオ　ノーメ　ペル　ファヴォーレ
　Mi dica quando chiamano il mio nome, per favore.

●診察室にて

入院する必要がありますか。
　Do I have to be admitted?
　デーヴォ　エッセレ　リコヴェラート?
　Devo essere ricoverato?

次はいつ来ればいいですか。
　When should I come here next?
　クアンド　デーヴォ　トルナーレ　ラ　プロッシマ　ヴォルタ?
　Quando devo tornare la prossima volta?

通院する必要がありますか。
　Do I have to go to hospital regularly?
　デーヴォ　アンダーレ　レゴラルメンテ　イン　オスペダーレ　ペル　レ　クレ?
　Devo andare regolarmente in ospedale per le cure?

ここにはあと2週間滞在する予定です。
　I'll stay here for another two weeks.
　スタロ　クイ　アンコラ　ドゥエ　セッティマーネ
　Starò qui ancora due settimane.

●診察を終えて

診察代はいくらですか。
　How much is it for the doctor's fee?
　クアント　ヴィエーネ　ラ　ヴィジタ　メディカ?
　Quanto viene la visita medica?

保険が使えますか。
　Does my insurance cover it?
　ポッソ　ウザーレ　ラ　ミア　アッスィクラツィオーネ?
　Posso usare la mia assicurazione?

クレジットカードでの支払いができますか。
　Can I pay it with my credit card?
　ポッソ　パガーレ　コン　ラ　カルタ　ディ　クレディト?
　Posso pagare con la carta di credito?

保険の書類にサインをしてください。
　Please sign on the insurance paper.
　プオ　フィルマレ　イル　モドゥロ　デッラーッスィクラツィオーネ　ペル　ファヴォーレ?
　Può firmare il modulo dell'assicurazione, per favore?

※該当する症状があれば、チェックをしてお医者さんに見せよう

- □吐き気　nausea / nausea
- □悪寒　chill / brividi
- □食欲不振　poor appetite / inappetenza
- □めまい　dizziness / capogiro
- □動悸　palpitation / palpitazioni
- □熱　fever / febbre
- □脇の下で計った　armpit / temperatura misurata sotto l'ascella
　＿＿＿＿＿℃／°F
- □口中で計った　oral / temperatura misurata in bocca
　＿＿＿＿＿℃／°F
- □下痢　diarrhea / diarrea
- □便秘　constipation / costipazione
- □水様便　watery stool / feci liquide
- □軟便　loose stool / feci morbide
　1日に　回
　.....times a day / volte al giorno
- □ときどき　sometimes / qualchevolta
- □頻繁に　frequently / frequentemente
- □絶え間なく　continually / continuamente
- □風邪　common cold / raffreddore
- □鼻詰まり　stuffy nose / naso intasato
- □鼻水　running nose / naso che cola
- □くしゃみ　sneeze / starnuto
- □せき　cough / tosse
- □たん　sputum / catarro
- □血たん　bloody sputum / espettorato sanguinante
- □耳鳴り　tinnitus / ronzio all'orecchio
- □難聴　loss of hearing / udito debole
- □耳だれ　ear discharge / otorrea
- □目やに　eye discharge / secrezione oculare
- □目の充血　eye injection / occhi arrossati
- □見えにくい　visual disturbance / disturbo della vista

※下記の単語を指さしてお医者さんに必要なことを伝えましょう

●どんな状態のものを

- 生の　raw / crudo
- 野生の　wild / selvatico
- 油っこい　oily / grasso
- よく火が通っていない　uncooked / non cotto bene
- 調理後時間がたった　a long time after it was cooked / passato molto tempo dalla preparazione

●けがをした

- 刺された　bitten / sono stato punto
- 噛まれた　bitten / sono stato morso
- 切った　cut / mi sono tagliato
- 転んだ　fall down / sono caduto
- 打った　hit / sono stato colpito
- ひねった　twist / mi sono slogato
- 落ちた　fall / sono caduto
- やけどした　burn / mi sono ustionato

●痛み

- ヒリヒリする　burning / mi brucia
- 刺すように　sharp / sentire una fitta
- 鋭く　keen / acuto
- ひどく　severe / grave

●原因

- 蚊　mosquito / zanzara
- ハチ　wasp / ape
- アブ　gadfly / tafano
- 毒虫　poisonous insect / insetto velenoso
- クラゲ　jellyfish / medusa
- リス　squirrel / scoiattolo
- (野)犬　(stray)dog / cane(randagio)

●何をしているときに

- 森に行った　went to the forest / sono andato nel bosco
- ダイビングをした　diving / ho fatto immersioni subacquee
- キャンプをした　went camping / sono andato in campeggio
- 登山をした　went hiking(climbing) / ho fatto un'arrampicata in montagna
- 川で水浴びをした　swimming in the river / ho fatto il bagno nel fiume
- スキーをした　went skiing / ho fatto dello sci

レオナルド・エクスプレス

楽しい旅も終わりに近づいてきた。さぁ、帰国の際に必要な手続きを確認しておこう。

オンラインチェックイン

旅行先でもネット接続が可能であれば、チェックインを済ませておくといい。現在は多くの航空会社が、オンラインチェックインを行っている。

チェックインに必要な手続きは簡単だ。まずは搭乗予定の航空会社のサイトから、eチケットの予約番号または航空券番号と名前を入力してログイン。あとは画面の案内に従いながらパスポート情報の入力や座席指定などを行う。プリンターがあればその場で航空券を出力できるし、なければ空港の自動チェックイン機またはカウンターで航空券を発券することができる。事前にチェックインしておけば、空港のチェックインの行列に並ぶ必要がないし、希望の座席を押さえることも可能になる。出発の30時間〜24時間前から受付開始となることが多いので、事前に確認しておき、早めに手続きしよう。

空港へ

出発する都市によって交通機関は異なるが、リムジンバスや電車を利用する場合は、時刻表を調べよう。空港到着2時間前を目安に、繁忙期や格安チケットを利用する人、タックスフリーの手続きがある人はもう少し早めに到着したい。早朝出発で、タクシーを利用する場合は前日までにホテルのフロントでタクシーを予約しておこう。

出国手続き

日本での出国手続きと同様だ。まずは航空会社のカウンターで搭乗手続きだ。eチケットとパスポートを提示しよう。手続き後、搭乗券を受け取ったら手荷物検査、ボディチェック、出国審査へと進むと出国ロビーへと到着する。出発の30分前になったら、搭乗ゲートに向かおう。それまでは免税店やバールなどで最後の時間を過ごそう。

タックスフリーの払い戻し

タックスフリー利用者でミラノのマルペンサ空港、ローマ・フィウミチーノ空港から帰国の場合はイタリアでの購入品に限り、免税手続きは不要となっている。直接、該当のタックスフリー会社の窓口へ並ぼう。窓口でeチケット（控えまたはスマホの提示。これがあればチェックイン前でも手続き可）、免税伝票、パスポートを提示すれば、すぐに現金還付やクレジットカードへの入金手続きができる。eチケットがない場合は、最初にチェックインをして航空券を受け取ってから、免税窓口へ。アジアへ航空便が集中する時間は、税関や払い戻しカウンターが混み合うことも少なくないので、時間に余裕をもとう（→P.571）。

リコンファーム

現在は多くの航空会社がリコンファーム（予約再確認）の手続きを不要としている。一部の航空会社はまだリコンファームを必要としているので、現地に到着する前に確認しておこう。

Visit Japan Web

日本入国時の「税関申告」をウェブで行うことができるサービス。

URL vjw-lp.digital.go.jp

✉ 空港内の免税店

ローマもミラノも搭乗エリアの免税店はショッピングモールのように充実。時間があったのでブランド店で買い物をしてしまいました。品揃えもいいですし、何よりすでに免税価格。免税業者への手数料がかからないので、町での購入より割安だと思いました。

（東京都　マドモアゼル）['24]

出発の前に

機内持ち込み手荷物の規則（→P.530）、通貨の持ち込み・持ち出し制限（→P.532）などを確認しておこう。

余ったユーロはどうする？

少額なら、空港内で使い切ってしまおう。欲しいものがあってユーロが足りなくても、円やクレジットカードと合わせて支払いができる。買い物では使い切れない場合は、両替をしよう。日本へ帰ってからの両替は率が悪くておすすめできない。余った小銭は、募金箱へ。

最近のセキュリティチェック

多くの空港でインラインスクリーニングシステムが導入されている。従来はチェックイン前にセキュリティチェックを通す必要があった荷物を、航空機まで流している間に自動的にセキュリティチェックを行うもの。これで、チェックイン前のセキュリティチェックで列を作ることもなくなった。

預ける荷物には、ライターなどの危険物は入れないこと。不審物があった場合は、搭乗ゲートで荷物の確認が行われる。

機内で

無税・課税にかかわらず、「携帯品・別送品申告書」の提出が必要。書類は機内で配布されるので、必要事項を記入し、税関審査まで持っておこう。

■日本へ到着。人の流れに沿って歩くと、間もなく入国審査カウンターだ。

入国審査

パスポートを提示しよう。

⬇

手荷物受け取り

便名を確認して、ターンテーブルで荷物が出てくるのを待とう。

⬇

税関検査

免税範囲を超えていない場合は免税の「緑の検査台」、超えていたり、不明の場合は「赤の検査台」に並び、「携帯品・別送品　申告書」を提出しよう。

⬇

到着ロビー

税関検査から、流れに従って進むと到着ロビーだ。各交通機関のカウンターで時刻を確認して、自宅へ。

免税範囲(成人ひとり当たり)

品名		数量または価格	備考
酒類		3本	1本760mlのもの
たばこ	「紙巻きたばこ」のみの場合	200本	※「加熱式たばこ」のみの場合は個装等10個(紙巻たばこ200本に相当する数量) ※免税数量はそれぞれの種類のたばこのみを購入した場合の数量であり、複数の種類のたばこを購入した場合の免税数量ではない
	「葉巻きたばこ」のみの場合	50本	
	そのほかの種類	250g	
香水		2オンス	1オンスは約28cc(オーデコロン、オードトワレは含まれない)。
そのほかの品目	1品目ごとの海外市価の合計額が1万円以下の物	全量	例えば、1個1000円のチョコレート9個や1本5000円のネクタイ2本は免税。また、この場合には1万円以下の物は免税額20万円の計算に含める必要はない。
	そのほかの物	20万円 (海外市価の合計)	①合計額が20万円を超える場合には、20万円以内に納まる品物が免税になり、その残りの品物に課税される。 ②1個で20万円を超える品物、例えば、25万円のバッグは25万円の全額について課税される。

携帯品・別送品申告書

(A面)

携帯品・別送品申告書

下記及び裏面の事項について記入し、税関職員へ提出してください。
家族が同時に検査を受ける場合は、代表者が1枚提出してください。

搭乗機(船)名 A2793　出発地 FCO
入国日 2024年04月30日
フリガナ チキュウ アユム
氏名 地球 歩
現住所(日本での滞在先) 東京都品川区×××
電話 03 (××××)××××
職業 会社員
生年月日 1977年01月15日
旅券番号
同伴家族 20歳以上 0名　6歳以上20歳未満 0名　6歳未満 0名

※ 以下の質問について、該当する□に"✓"でチェックしてください。

1. 下記に掲げるものを持っていますか？　はい　いいえ
2. 100万円相当額を超える現金、有価証券又は1kgを超える貴金属などを持っていますか？　はい　いいえ
3. 別送品　入国の際に携帯せず、郵送などの方法により別に送った荷物(引越荷物を含む。)がありますか？　✓はい(　個)　□いいえ

《注意事項》

この申告書に記載したとおりである旨申告します。

署名　地球 歩

A面記入例

(B面)

※入国時に携帯して持ち込むものについて、下記の表に記入してください。(A面の1. 及び3. ですべて「いいえ」を選択した方は記入する必要はありません。)

酒類		6	本
たばこ	紙巻		本
	加熱式		箱
	葉巻		本
	その他		グラム
香水			オンス

その他の品名	数量	価格
衣類	1	50000
時計	1	150000

1. 日本への持込みが禁止されている主なもの

2. 日本への持込みが制限されている主なもの

3. 免税範囲(一人あたり。乗組員を除く。)

B面記入例

日本に持ち込めないもの

動物(ハムやソーセージ類などの肉製品を含む)や植物(果物、野菜、種)などは、税関検査の前に、所定の証明書類や検査が必要。実際のところ、日本向け輸出許可取得済みの肉製品みやげはほとんどないのでソーセージやハムなどは日本に持ち込めないと考えたほうがよい。

●動物検疫所
URL www.maff.go.jp/aqs

●植物防疫所
URL www.maff.go.jp/pps

旅の伝言板

イタリアを旅した「歩き方」読者の声をご紹介。楽しい旅のご参考に。

'23年イタリア旅行情報

主要都市の交通事情と見どころの混雑情報

トレニタリアでヴェネツィアからフィレンツェ、フィレンツェからローマ在来線（鈍行の電車）でピサ～フィレンツェ間の往復を移動しましたが、電車の発着が遅れることはほぼありませんでした。1回だけ到着が3分遅れただけで、それ以外は定刻でした。

ヴェネツィアのヴァポレットでも、ローマのバスでも、チケットの検札を受けました。検札係の人が、ランダムにヴァポレットやバスに乗ってきて、チケットの検札をしているようでした。どちらもチケットがない人も乗れるようなつくりになってしまっていますが、おそらく観光客と思われる人で、チケットを持たずに乗っており罰金を支払っていた人がいたので、チケットの購入と打刻は必ず行いましょう。

ちなみに、UberやitTAXI、FREENOWなどのタクシーアプリは、サービスエリア対象外だったり、利用できるタクシーがなかったりと、あまり役に立ちませんでした。Uberでは、流しのタクシーより割高になることがあるので要注意です(Uberは、需要の多い時間帯だと金額が上がるようです)。具体的に、Uberで調べると€35かかると言われたところを、流しのタクシーを利用すると€27しかかかりませんでした。

ヴェネツィアのサン・マルコ寺院や鐘楼、ピサの斜塔、ウッフィツィ美術館にも行きましたが、8月というハイシーズンなこともあり、どこも長蛇の列でした。予約できるところは事前予約を強くおすすめします。ウッフィツィ美術館は、団体ツアーが多いせいか、発売日に公式サイトでチケットを見てもすでに売り切れてしまっていました。GetYourGuideというサイトで、少し割高でしたが予約が可能でした。

ピサの斜塔は、小さなハンドバッグでも預けてから上る必要があります。近くの建物では無料で預かってくれるので、預けてから斜塔の列に並ぶことをおすすめします。

ヴェネツィアのゴンドラは、ハイシーズンということもあり、長蛇の列でした。サン・マルコ広場近くのゴンドラ乗り場は、ゴンドラがほとんど出払ってしまっており、次いつ乗れるかスタッフに聞けないくらいスタッフも忙しそうでした。ゴンドラ乗り場はサンマルコ広場以外にもあり、私たちはオロセオロ運河の乗り場(Googleマップで「ゴンドラ乗り場」と調べると出てきます）から乗りました。ゴンドラの数も多く回転は早いので、列の長さの割には30分～1時間くらい待てば乗れました。（匿名希望　島根県　'23）

ベルガモの歩き方とパノラマビュー

ベルガモについたらバス→フニクラ→フニクラと乗り継いで一番高いところにあるサン・ヴィジリオ城まで行くのがおすすめです。ここからの景色は本当にすばらしく、いつまでも眺めていたい風景でした。はじめのバスから75分間は同一料金で、€1.70でバスもフニクラ2台も乗り継げます。フニクラはとても人気なようで、バスを降りてすぐの乗り場は大行列でしたが、サン・ヴィジリオ城行きは数組のみでした。見た目もとてもかわいく、乗るのも楽しいです。1台目のフニクラが混んでいたので、乗り継いでサン・ヴィジリオ城まで到着するのに1時間以上かかりましたが、帰りは歩いてゆっくり散策しながら大パノラマを楽しむことができました。（ぽんず　大阪府　'23）

旅のアドバイス

イタリア人気質

イタリア人に質問をすると、自分の知らないことでも自信満々で答えてくれ、悪気はないのだけれど間違っていることが多かったです。バス停の位置を尋ねても、「あっちだ」、「こっちだ」と連れまわされ、結局最初の場所に戻ってしまったり……。

また、田舎ほど笑顔で旅行者を歓迎してくれる気がしました。ぜひ、田舎に行かれることをおすすめします。（神奈川県　貫禄）

イタリアはスリが多いとかだます人がいるとかの話をたくさん聞いていたのですごく用心していましたが、今回そういうことはまったくありませんでした。何十人もの人に道を教えてもらい（こちらが困っているの見て声をかけてくれることがけっこうありました）ましたが、皆親切でわかりやすい所まで案内してくれたり、同方向へ行くからと何十分も歩いて連れて行ってくれた人も何人もいました。田舎でも大都市でも同様でした。私も、日本で困っている外国人を見かけたら、恩返ししたいと思いました。（埼玉県　まり）

持っていくと便利な物

①靴下貼付用カイロ(冬なら)

②耳栓

同室の人のイビキも飛行機内の安眠もこれでOK。ただし、非常ベルが鳴ったらすぐに反応してネ。

③ビタミン剤

ビタミンBとCがおすすめ。

④方位磁石

わかりづらい道も、地図と磁石があれば安心です。特にヴェネツィアでは重宝しました。（静岡県　KIKI）

⑤ナイフ

スーパーなどでオレンジなどが安く手に入ります。フライトの際はスーツケースなど機内預け荷物に入れておきましょう。（大阪府　野田さやか）

⑥多めの化粧水、ハンドクリーム、折り畳み傘（岡山県　M.U）

⑦ティッシュ
イタリアでは日本のようなティッシュは売っていません。（長野県　篠崎邦夫）
⑧100円ショップで売っている自転車用のチェーンの鍵
列車内やホテルでチェックアウト後の荷物預けの際に、他の荷物にくくりつけておけば安心です。
（埼玉県　荒谷真澄）
⑨小型の懐中電灯（マグライト）
初日のホテルで明け方停電になり、部屋は真っ暗。カーテンを開けようとしましたが、電動のため開けることはできませんでした。懐中電灯があれば慌てずにすみます。（東京都　旅好熊）
⑩入浴剤
エコノミーホテルにはバスタブがないことが多い。それでビデにお湯をため、入浴剤を入れて足湯をしたら、翌日の疲れ具合が全然違いました。
⑪コンビニの小分けドレッシング
旅行中は野菜不足になるので、スーパーでサラダや野菜を買って食べました。小分けのドレッシングを見つけるのは難しいので、とても役に立ちました。
⑫小分け柔軟剤
石灰分のせいか、一度洗濯したらゴワゴワになってしまいました。（ローマの旅人）
⑬目薬
肌の乾燥対策はぬかりなかったのですが、コンタクトのドライアイまでは思いいたらず、目薬を忘れてしまいました。（ktm）
⑭小さな目覚まし時計
4つ星ホテルに宿泊しましたが、時計のある部屋はありませんでした。TVでの時刻表示も少ないようでした。
⑮ボックスティッシュ
⑯虫除けスプレーとかゆみ止め（ナオキ）
⑰100円ショップで購入した健康サンダルを持っていきました。部屋で過ごすときやお風呂上がりにとても快適でした。帰りは捨ててもいいし……。（リラの花）
⑱旅行中は雨が多く、風も強くて傘よりカッパが便利でした。特に「青の洞窟」では、ツアーの皆さんに羨ましがられました。（北海道　関谷雅子）
⑲ユーロの小銭
到着早々、ミラノ・マルペンサ空港で水を購入したかったのですが、自販機はコインまたは€5の紙幣しか使えなかった。（金森貴子）
⑳トイレットペーパーとウエットティッシュ
美術・博物館のトイレでは便座がない所、トイレットペーパーがない所もありました。小分けにしたトイレットペーパーとウエットティッシュ（食事の際、おしぼりは出ないので）を持っていって正解でした。
（こころ）
㉑魔法瓶
8月は暑く、すぐにのどが渇きました。魔法瓶があるといつも冷たい水が飲めます。
（愛知県　ヒロコ414）
㉒ボディタオル
各地の大型ホテルに宿泊しましたが、フェイスタオルがパイル地でなく、体を洗うのに不便しました。ボディタオルの持参を。（広島レモン）
㉓ジッパー付きの小袋
セント硬貨がたまってしまったときは、4センチ四方のジッパー付きの小さな小袋に1ユーロ分になるように硬貨を入れておき、会計のときにさっと支払えるようにしました。（志保）
㉔USBコンセント
空港や長距離バス車内、列車内ではWi-Fiが使える所があり、充電も可能な所もあります。ただし、コンセントはUSBがほとんどです。さらに三股コンセントを持参すれば同時に複数の電気機器を充電できます。（fukuken327）

そのほかの情報

滞在プランはゆったりと

列車にも飛行機にもいえることですが遅延は頻繁に起こります。1週間のイタリア旅行で予定をぎっしり入れていましたが、飛行機が5時間遅延したことから移動先で観光がまったくできないままの帰国となってしまいました。特にイタリアでは時間に余裕をもって計画を立てたほうがよいです。また、個人旅行では絶対に見たいものは後回しにしないことも重要！（Hero）

レストランで失敗しないために

ツーリストメニューを3回注文しましたが、そのうち2回は子羊、羊のあとに知らない単語がありました。いずれもレバーとか胃のようでした。注文するときは要注意。嫌いなものがある場合は、その単語を覚えておくといいかも。（石川県　川畠喜清）

多くの見どころで撮影可

ネット情報を見ていて気になることがありました。教会など、見どころの入口にカメラに×印がある場合があります。これを「撮影禁止」と思いこむ人が多く見受けられました。「senza flash」などと近くに書かれていたら、それは撮影禁止ではなくフラッシュ禁止です。このsenzaの言葉を知ると、より鑑賞を楽しめるのではないかと思いました。（あおい）

編集部からのアドバイス

どんな宿を選ぶべき？

円安もさることながら、観光客でにぎわう大都市を中心に物価が上昇しているイタリア。取材スタッフも宿を取るのに苦戦したが、中心部でもB&Bやレジデンスなど個人経営の宿をBooking.comなどで見つけたりして乗り切った。オーナーと事前にWhatsAppでやり取りをすることで、その人となりもわかるし相談にのってもらえるのも心強い。部屋数が少ないので掃除が行き届いているのも魅力だ。（編集部）

イタリアの四季と伝統行事

日本同様に国土が南北に長く、温暖で四季がはっきりとしている。日本と異なるのは、緯度が高く、夏は20:00過ぎまで明るいことだ。また、梅雨はないものの、秋と春先にかけては雨が多い。南部には常夏のイメージをもつ人も多いが、数年に一度は雪が降ることも。

イタリアの四季

春

春のイタリアは野菜が豊富

服装&持ち物 過ごしやすい季節だが、雨が降った場合に備えて折り畳み傘を持っていこう。4～5月頃から全国各地で20度を超える日も増えるので、日焼け対策も万全にしておきたい。

花々がいっせいに咲き、春の訪れを祝う祭りも各地で開催。5月頃からは気の早い北部からの旅行者が海水浴を楽しみ始める。アルプス山脈やアペニン山脈では暖かな日差しのなか、スキーシーズン真っ盛りだ。

夏

日中の観光は事前準備を

服装&持ち物 フォロ・ロマーノやポンペイ遺跡など日陰がない見どころも多く、帽子やサングラスが必須。ペットボトルやマイボトルの水、汗ふきタオルなども欠かせない。

日中の太陽は厳しいものの、空は高く青く、海の色も美しく輝く。天候が安定しているこの季節は、自然のなかで過ごすのがおすすめ。バカンスシーズンを迎えると町には観光客が増え、滞在型のリゾートがにぎわう。

秋

紅葉で色づく山々やブドウ畑の景観も心に残る季節。各地ではワインをはじめとする農産物や料理などの感謝祭も開かれる。日中は過ごしやすいものの、朝晩の雨や冷え込みが季節の変わり目を感じさせる。

各地で伝統的な行事を開催

服装&持ち物 雨がしとしと降るので、雨具や折り畳み傘をバッグに忍ばせておこう。気温差が激しく、日中は半そでで過ごせても、夜は冷えるので薄手のジャンパーやコートがあると便利。

冬

北部では寒さは厳しいものの、中・南部では雨も少なく安定した季節。澄んだ空気のなか、海岸線や雪を頂いた山々の景観も美しい。夕暮れは早くなるものの、各地で本格的なオペラシーズンが開幕する。

冬の楽しみといえばスキー

服装&持ち物 基本的には日本と同じような防寒対策でこと足りるはず。南イタリアでも、雪が降るほど冷えることもあるので、コートは必要だ。雪がちな北部は滑りにくい靴を履こう。

おもな伝統行事

1月

1月6日　ナヴォーナ広場のおもちゃ市(ローマ)
色とりどりのさまざまなおもちゃ屋台が並ぶ。

2月

2月上旬～14日　バレンタイン・イベント(ヴェローナ)
町をあげてカップルを対象としたイベントを開催。

2～3月　カーニバル(ヴェネツィアなど)
イヴレアのオレンジ合戦(イヴレア)
ヴェネツィアは世界3大カーニバルのひとつ。

3月

3月末～4月末　花火の山車の爆破(フィレンツェ)
復活祭の一環で行われ、爆竹や花火で激しく祝う。

4月

4月上旬　国際ワイン見本市(ヴェローナ)
ワイン産業経験者向けの世界有数の見本市。

4月中旬　ミラノサローネ(ミラノ)
大規模なインテリアや家具の見本市。

5月

5月上旬　カレンディマッジョ(アッシジ)
中世の衣装に身を包み、演奏や踊りが行われる。

5月1～4日　聖エフィジオ祭(カリアリ)
民族衣装を着て山車とともにパレードを行う。

5月15日　チェーリの祭り(グッビオ)
3チームに分かれて、バジリカまで競争。

5月の最終日曜日　石弓競技(グッビオ)
飾り馬車行列(タオルミーナ)
荷車を引いた馬がウンベルト通りを行進する。

5月～6月　中世4大海運共和国レガッタ
(ヴェネツィア、ピサ、ジェノヴァ、アマルフィの持ち回り)
4都市対抗の伝統的なボートレースが行われる。

代表的な都市の最高・最低気温と降水量

ミラノやヴェネツィアなど北部の冬は冷え込みがち。ヴェネツィアで冬から春にかけて出現するアクア・アルタと呼ばれる高潮にも注意。ナポリやシチリアもそれほどローマと気温差があるわけではないが、冬季も暖かく過ごしやすい。

ミラノ

月	1	2	3	4	5	6
最高気温(℃)	4	8	14	19	22	27
最低気温(℃)	2	0	4	8	12	16
降水量(mm)	62	54	72	82	97	68
	7	8	9	10	11	12
最高気温(℃)	29	28	25	18	11	5
最低気温(℃)	18	17	14	9	4	0
降水量(mm)	68	93	66	100	101	71

ヴェネツィア

月	1	2	3	4	5	6
最高気温(℃)	6	8	12	17	22	25
最低気温(℃)	1	1	5	10	14	18
降水量(mm)	58	54	57	64	72	73
	7	8	9	10	11	12
最高気温(℃)	28	28	26	18	12	8
最低気温(℃)	20	20	17	11	6	3
降水量(mm)	63	83	71	66	75	54

フィレンツェ

月	1	2	3	4	5	6
最高気温(℃)	9	12	16	20	24	29
最低気温(℃)	2	2	5	8	12	15
降水量(mm)	73	68	80	74	62	49
	7	8	9	10	11	12
最高気温(℃)	32	31	28	21	14	10
最低気温(℃)	17	17	15	11	6	3
降水量(mm)	40	76	78	96	107	91

ローマ

月	1	2	3	4	5	6
最高気温(℃)	12	14	16	20	23	28
最低気温(℃)	4	4	6	8	13	15
降水量(mm)	103	99	79	62	57	38
	7	8	9	10	11	12
最高気温(℃)	31	31	28	23	17	14
最低気温(℃)	18	18	16	12	5	5
降水量(mm)	23	23	66	94	121	111

ナポリ

月	1	2	3	4	5	6
最高気温(℃)	12	13	16	19	23	27
最低気温(℃)	6	6	8	10	14	17
降水量(mm)	104	98	76	55	37	33
	7	8	9	10	11	12
最高気温(℃)	30	30	28	22	17	14
最低気温(℃)	19	19	17	13	9	7
降水量(mm)	14	42	80	130	162	121

パレルモ

月	1	2	3	4	5	6
最高気温(℃)	14	16	17	19	28	28
最低気温(℃)	8	9	10	12	15	19
降水量(mm)	100	94	89	65	32	16
	7	8	9	10	11	12
最高気温(℃)	30	30	28	24	19	16
最低気温(℃)	22	22	20	16	13	10
降水量(mm)	6	29	54	100	99	107

6月

6月　インフィオラータ（スペッロ）
町中が花で埋め尽くされる美しい花祭り。

6月～9月初旬　野外オペラ（ローマ、ヴェローナなど）
カラカラ浴場やヴェローナのアレーナで開催。

6月24日　古代サッカー試合（フィレンツェ）
16世紀当時のユニフォームで対戦する。

7月

7月2日、8月16日　パリオ（シエナ）
華やかなパレードや裸馬の競馬が行われる。

8月

8月下旬～9月上旬　ヴェネツィア国際映画祭（ヴェネツィア）
世界3大映画祭かつ最も古い歴史ある映画祭。

9月

9月第1日曜　レガータ・ストーリカ（ヴェネツィア）
サラセン人の祭り（アレッツォ）
大運河で行われるボートレース。

9月3日　サンタ・ローザの祭り（ヴィテルボ）
ヴィテルボの守護聖人にささげる幻想的な祭り。

9月上旬～翌5月　セリエAシーズンスタート
イタリアのサッカーシーズンが開幕する。

10月

10月　葡萄祭（メラーノ）
国内で最も古いといわれるワインの収穫祭。

10月～12月　白トリュフ祭り（アルバ）
トリュフとワインのテイスティングが楽しめる。

11月

11月1日　諸聖人の日（ペルージャ）
死者の日に行われるカトリックの祝祭。

12月

12月25日　クリスマス（イタリア全土）
伝統の郷土菓子が並び町は華やかな雰囲気に。

12月31日　カウントダウン（イタリア全土）
大晦日から各地でにぎやかなイベントが行われる。

イタリア美術の流れ　望月一史

現代の芸術あるいは広く文化に目をやると、デザイン、ファッションをはじめ絵画、彫刻、建築、映画、写真などの視覚芸術の分野でイタリアの活動がめざましい。

伝統的に芸術の国として知られているイタリアだが、なぜ現代でも次々と優れた芸術家を生み出すのであろうか。またこの創造力の源泉は何か。ルネッサンス以降、広い意味での創造力をイタリア語で「ファンタジーアfantasia」というが、ここでは、現代イタリアの「ファンタジーア」の背景とその源をたどってイタリア美術の歴史をひもとき、古代ローマからバロックまでを概観してみよう。

イタリア美術の特質

イタリア美術の特質は何よりもまずその**〈地中海的性格〉**と、「眼に見えるものしか信じない」（A・モラヴィア）というその**〈視覚性〉**にある。地中海の要衝を占めるイタリアは、その歴史的・地理的環境から古代世界の東西を結ぶ役割を果たし、ギリシアをはじめとする東方世界の進んだ文化を統合して独自の古代文化をつくり上げ、それを西方世界に伝えている。このように地中海世界が世界文明の中心であった古代から新大陸発見の16世紀まで、イタリアは常に世界文化に中心的地位を占めていたのである。

古代ローマ Romana

イタリア半島を最初に**統一**したのは**古代ローマ帝国**であった。高度な文化をもった先住民族の**エトルリア人**、南部とシチリア島の**ギリシア植民地都市（大ギリシア）**を紀元前３世紀までに**征服**し、**紀元前2世紀**には**ギリシア本土**をも征服してローマはその領土を**地中海世界全域**に広げ、ギリシア文明を中心とする古代地中海文化のすべてを統合する。

エトルリアの美術品
『ブロンズの戦士』

ローマ美術が独自の様式を確立するのもこの頃であった。それまでは、芸術的にはエトルリアとギリシアの影響下にあり、地中海世界を制覇するため国力を外国に向け、芸術には無関心というより、質実剛健な気風を尊ぶ、軍人・政治家のローマ市民には値しないものとしてむしろ退けられた。ただ、**土木建築**のみはその公共的性格と軍事技術として尊重され、紀元前312年には軍事道路として早くも**「アッピア街道Via Appia」**が建設されている。

だが、芸術は歴史を眼に見えるものとするならば教育的効果をもち、そしてエトルリア美術のように現世の出来事を表現するのであれば、ローマ軍の数々の戦闘や勝利も表現でき、彫刻は、皇帝をはじめとする著名人や有力市民の功績を後世に残すことができる。

こうして、**1世紀のアウグストゥス帝の治世**には芸術の効用を認め、**ギリシア古典期の芸術**を**公式の芸術**として採用することになる。おびただしい数のギリシア、ヘレニズムの彫刻作品がコピーされ、公共の場所以外に、個人の邸宅や別荘が無数の作品で飾りたてられる。現在も美術館で当時のコピーを眼にする機会が多いのもこのためである。

また、政治的統治力を視覚化するため、数多くの皇帝像が制作され、帝国の全土に配置される。**「プリマ・ポルタのアウグストゥス像」(1世紀、ヴァティカーノ美術館蔵)**はこの種の皇帝像の典型といえる。

ローマ式の大建造物は、直線を主とするギリシア建築とは異なり**アーチ**を主とする**曲線が基本**である。そして、大理石ではなく、**石造や煉瓦造のコンクリート建築**を主体として、外装の装飾を視覚的なものにしている。**ローマ帝国の首都（メトロポリス）**として**ローマ**は統治の中心およびシンボルであり、**広場、円柱、凱旋門、浴場、図書館**などを備えた総合的な都市計画がなされる。

この時代の絵画は、**ポンペイの遺跡**に見られるように**大邸宅、別荘を飾る壁画、モザイク**が制作され、ギリシア絵画のコピーも存在し、ギリシア絵画の作品が現存しない今となっては貴重な作例である。

妃のリヴィアが作らせた『プリマ・ポルタのアウグストゥス像』

初期キリスト教時代 Paleocristiana

ローマ時代も末期、**313年にコンスタンティヌス大帝がキリスト教を公認**するにともない、オリエントとヘレニズムの要素を消化した**キリスト教的ローマ美術**が形成される。建築は、公共の集会堂であった**バジリカBasilica**が**教会堂**の、神殿や墓廟として用いられた**円堂**が**洗礼堂**の範例となり、キリスト教建築の伝統的な**二大形式**となった。こうした聖堂の内部は壮麗な**モザイク**や**壁画**で飾られ、**彫刻**も聖堂の扉や石棺を飾る。神という、本来眼に見えない不可視のものを視覚化する際に、ヘレニズムの伝統を生かして新しい宗教図像をつくり上げ、古典古代の豊かな伝統を継承する。

ビザンチン Bizantino

しかし、やがて新しいローマである**コンスタンティノポリス（ビザンチン帝国）**に中心が移り、イタリアは蛮族の侵入を受けて西ローマ帝国が滅亡(475年)するが、当時の最も優れた芸術が**ラヴェンナ**に現存する。

ロマネスク Romanico

7世紀から11世紀までの混乱期を経て、**11世紀頃**ローマ時代以来のイタリア各地の**都市が復興**し、新しい階層である**商人、職人**などの**都市住民が新たな文化の担い手**となる。これらの都市には神聖ローマ帝国の強権は及ばず、**自治都市コムーネComune**として市民は自立の意識をもち、同時にローマ人の子孫としての誇りを抱いていた。こうして**ローマ的芸術**すなわち**ロマネスクRomanico**が成立する。ロマネスク芸術の中心は、コムーネの精神的中心である全市民を収容する**カテドラル（大聖堂）**であった。**ミラノのサンタンブロージョ聖堂Sant' Ambrogio**（850年建立、9～12

サンタンブロージョ聖堂

パレルモの宮廷礼拝堂、パラティーナ礼拝堂内部

世紀改造)は、イタリアの**ロマネスク聖堂の原型**で、宗教と政治の役割が一体化した中世教会堂の典型である。また、北イタリア、ロンバルディア地方の工人が**ロンバルド様式**をヨーロッパ各地に広めている。**彫刻**では生気あふれる量感をもった**ボナンノ・ピサーノBonanno Pisano**が活躍している。

一方、**ヴェネツィア**は**ビザンチンの影響**が色濃く、**サン・マルコ大聖堂San Marco**が1094年に完成。**南イタリアやシチリア島**には、**アラブ様式にノルマン・ビザンチンの様式**が混淆(こんこう)した独特な芸術が開花し、**パレルモの宮廷礼拝堂Cappella Palatina**、**モンレアーレ聖堂Cattedrale di Monreale**のような華麗なモザイク装飾で埋め尽くされた作品を生む。

ゴシック Gotico

ヨーロッパに対するビザンチンとアラブの勢力が弱まり、各国の産業、貿易がいっそう活発となって、**富の蓄積**と**市民の興隆**、**都市の繁栄**のなかで、初めて**西欧固有の文化**が形成される。この**12世紀から14世紀の市民文化をゴシックGotico**と呼ぶ。

ゴシックは**リブ・ヴォールト**を特徴とする**フランスの聖堂建築が起源**で、シトー会修道院によって全ヨーロッパに広まる。だが、イタリアのゴシック式聖堂は、霊の昇華を象徴するフランスやドイツの垂直方向にそびえる聖堂とは異なり、むしろ**調和を目的**として建てられている。**フィレンツェのサンタ・クローチェ聖堂Santa Croce**、**オルヴィエート大聖堂Duomo di Orvieto**がイタリア・ゴシック建築の代表例で、**ミラノの大聖堂Duomo**はアルプス以北の工人の手になる**北方ゴシックの様式**を示している。

また、**13世紀は**イタリア美術固有の様式が確立し始めた時期で、**彫刻**では**ニコラ・ピサーノNicola Pisano**、**ジョヴァンニ・ピサーノGiovanni Pisano**が古典的造形をもつゴシックの劇的な世界を築き上げる。**絵画**では**チマブーエCimabue**、**ドゥッチョ・ディ・ブオニンセーニャDuccio di Buoninsegna**がビザンチン的なものをゴシック的なものに変える。だが、**ジョットGiotto**が14世紀初頭に北イタリアの**パドヴァ**で、**スクロヴェーニ礼拝堂Cappella di Scrovegni**の「**キリスト伝**」において、自らの意志で空間にしっかりと立つ人物を描き出した。ルネッサンスRinascimentoの美術はここから始まると言ってよいかもしれない。

スクロヴェーニ礼拝堂に残るジョットの「キリスト伝」のなかの傑作『ユダの接吻』

ルネッサンス Rinascimentale

一般に、**建築家ブルネッレスキBrunelleschi**の古代研究に基づいた、**フィレンツェのサンタ・マリーア・デル・フィオーレ大聖堂Santa Maria del Fiore**のドーム起工の**1420年から1500年**までを**初期**、**1500年〜1520、30年を盛期**とし、**初期**は**フィレンツェ**、**盛期**は**ローマ**が芸術活動の主要な場であった。

人間の発見の時代といわれる**ルネッサンス**は、**自然**と**古代**をふたつの柱とする人文主義的な造形活動で、芸術論理が著され、解剖学や生理学に基づく**人体比例法、幾何学的遠近法**が科学的に研究され、自然のうちなる法則を究めようとする。なかでも**絵画**は時代をリードする芸術として、**マザッチョ、ピエロ・デッラ・フランチェスカ、レオナルド**などが熱心に研究し、**建築**では先に挙げた**ブルネッレスキ**が**パッツィ家礼拝堂Cappella dei Pazzi**などに古典的比例を回復し、**レオン・バッティスタ・アルベルティ**はルネッサンス建築様式を体系化した『**建築書**』を著す。**彫刻**では**ドナテッロ**が古代彫刻を研究し、力強い形態を表現。一方、国際ゴシックの優美な形式は、**フラ・アンジェリコ、ボッティチェッリ**に受け継がれた。**レオナルド・ダ・ヴィンチ**は「**最後の晩餐**」によって人間心理までを追求し、形式と精神の完璧な表現という古代以来かつてなかった両者の統一を達成した。

ドナテッロの表現した『ダヴィデ』

ティツィアーノ作
『サン・ジョヴァンニ・バッティスタ』

しかし、**16世紀**になると**ルネッサンスの中心はローマ**に移り、**ラファエッロ**は**教皇ユリウス2世**の〈**ローマ復興**〉という壮大な理念を担い、調和ある古典美術を体現した。**ミケランジェロ**は危機に向かうイタリアの時代精神を反映して、**システィーナ礼拝堂の大壁画『最後の審判』**では世界の終末の恐ろしい光景を描き、その無数の**人体像**は**超人的な比例**と動きをもち、マニエリスム様式やバロック様式の先駆をなす。

一方、**ヴェネツィア**は東方貿易で栄える都市国家として、**ジョヴァンニ・ベッリーニ、ジョルジョーネ、ティツィアーノ**などを生み、油彩画の可能性を拡大し、豊かな色彩の**ヴェネツィア画派**を形成する。

マニエリスム Manierismo

16世紀後半は、ルネッサンスが達成した古典的美の世界が空洞化する過程である。この危機を代表する人物が**ミケランジェロ**をはじめとする**ポントルモ、ロッソ、パルミジャニーノ、ティントレット、ジャンボローニャ**などの**マニエリスム芸術**で、蛇状曲線を多用し、奇想に満ちた象徴的表現を用いて、内的な情念を表現しようとした、極めて主知的な芸術であった。

バロック Barocca

宗教改革の時代にこれに対抗して開かれたトレント公会議(1545〜63)以後、ローマ教会は民衆教化の手段として**新たな宗教芸術の育成**に努める。**アンニーバレ・カッラッチの古典主義、カラヴァッジョ**の**リアリズム**が**初期バロック**と呼ばれるが、盛期**バロック**の**彫刻家、建築家、都市プランナー**の**ジャン・ロレンツォ・ベルニーニ**が、ダイナミックで演劇的ないわゆる**バロック様式**を生み出す。同じく**建築家**の**ボッロミーニ、グアリーニ**もカトリック権力の誇示や情念の表現を求めて古典様式を**バロック化**する。**画家**では**ピエトロ・ダ・コルトーナ、アンドレア・ポッツォ**が天国を想わせる幻視的な天井画を描く。

イタリア オペラへの招待

山﨑岩男

イタリアオペラの魅力は、それはもう何てったってその"声"にあります。イタリア人の食べているものが、いいからなのか何だかは知らないけれど、その澄んだ張りのある声といったら何ものにも替えられません。オペラの楽しみ方といったら普通、ストーリーを追うことやら背景のセットを見ることやら、衣装を見ることやらいろいろあると思いますが、イタリアオペラの場合、すべての中心は"声"であるといってよく、相当ひどい舞台でも、歌い手がよけりゃ何とか満足してしまうものだと思うのです。しかしこういった見方がもっと極端になってしまった時代もあって、そんな時代には、たしかに歌い手の歌唱力は物すごく高かったのですが、舞台の上が、牛みたいな身体で「演技ほとんどなし」の巨体に占領されてしまったんだそうです。幸い現在では、そこまで極端な好みの人がいなくなったので、何とかバランスは取れているようですが。ともあれ、イタリアでオペラを見るのなら、"声"が聴けて、そして、今の時代だったら、**"演技"**もプラスされた優れた歌手のステージを見たいものです。

スカラ座のチケット売り場。脇に演目案内

単に**カンタンテ（歌手）**と呼ばれる人よりも、**インテルプレタトーレ（表現者）**と呼ばれる人が、どうもそういった人を指すようです。せっかくですから、公演の切符を入手する前に、劇場の近くのBarにでも行って自分の聴こうとする音楽会のパンフレットに並ぶ歌手の名前を指しながら、**"通"達の評価を仰いでみる**なんてのはいかがですか？ けっこう英語が話せる人がいますし、きっと何かを教えてくれるはずです。

イタリアオペラの殿堂、スカラ座（ミラノ）

切符の買い方と席の種類

オペラのシーズンは通常10月頃に始まり、翌年の6月頃までです。シーズン開幕の少し前に劇場に行ってみると、その年の一連の出し物を紹介したパンフレットが出ています。**公演の日時、切符の価格**やバールで聞いておいた**出演者のこと**を確かめて、ついでに**切符の発売日**を係の人に口頭で確かめておくといいでしょう。プログラムの変更とかは、よくあることです。人気の高い催しなどは、あらかじめ抽選をする劇場などもあります。次に劇場の設備の説明をしましょう。

券を買う場所は**「ビリエッテリア」Biglietteria**といいます。先ほどいいましたパンフレットとかはここにあります。たいていイタリアの商店街と同じく**10:10頃開いて**お昼休みを十分にとり、また**15:00か16:00頃開く**ようです。劇場内部へは席の等級により入口が違う場合が多く、だいたい劇場の真正面から入ると、そのまま1階席の**プラテアPlatea**に入るようになっています。この席は、料金も一番高く、シーズンの初日のみならず、貴婦人や紳士を多く見かける場所です。さて1階でもちょっと高めの場所に、**4～6人がけの箱の席**がプラテアを囲むように並んでいます。これは**パルコPalco**といいます。パルコの上は**ガレリアGalleria**になっていて、**上に行くほど、値段は安くなります。その上の天井桟敷はロッジョーネLoggione**といいます。ここはひと回りずっとベンチ型の椅子です。隣の人とくっついて座らなくてはならないため、少々窮屈ですが、慣れたら気楽で常連の友達もできます。

♪♪♪劇場もひとつの芸術品

ところで、イタリアの劇場といえば、何といっても有名なのが**ミラノ**の**スカラ座**。「スカラ」とは階段のことで、昔、「階段の聖母」寺院のあった場所に建てられたことにちなんだ名前だそうです。1778年に始まり、**ヴェルディ**の**「オテロ」**や**「ファルスタフ」**、**プッチーニ**の**「蝶々夫人」「トゥーランドット」**など、数々の有名なオペラがここで初演されました。指揮者の**アルトゥーロ・トスカニーニ**が、主導権を握ってからここスカラ座は欧州の音楽の最も重要な存在になりました。劇場に付属する**スカラ座博物館**には、歴代のスカラ座の名歌手たちや指揮者の遺品や、ポスター、ブロマイドなどのほか、資料が数多く、一見の価値があります。

ボローニャ歌劇場もイタリアを代表する劇場

さて、**フィレンツェ**の劇場**テアトロコムナーレ**(閉鎖)は、1960年完成と新しく、スカラ座やほかの歌劇場などのような馬蹄型の劇場ではありません。毎年5月の**「フィレンツェ5月音楽祭」**は有名で、毎回かなり斬新な演出が試みられます。**ヴェネツィア**の**フェニーチェ劇場**は、1500人収容のホールで少し小さめですが、音響はよく、美術的にも非常に高く評価されています。ロッシーニをはじめとする多くの有名作曲家の作品が初演された劇場です。

さて、このほかにもイタリアの地方には、すばらしい劇場がたくさんあります。新しいものでは**トリノ**の**ヌオーヴォ・レジォ劇場**。**ナポリ**の**サン・カルロ劇場**は歴史も古く特に有名です。野外の劇場では、**ヴェローナ**の**アレーナ**が2万5000人収容と最も大きく、またシーズン中のプログラムも派手ですが、このほかの中小野外劇場のなかにもよいものは多いようです。

私のお気に入りは、フィレンツェの郊外(バスで15分ぐらい)にある**フィエゾレの劇場**で、山の斜面をうまく利用して造られた、ギリシア起源の劇場です。山の麓の夜景を借景とした美しいステージと、谷から吹き上がる風を利用して音を客席に行き渡らせる合理的な音響の方法は、効果百倍といえますし、また、山頂にあるこの町の、澄みきった空気は、演奏会の心地よい余韻を我々に残してくれます。

♪♪♪野外オペラの魅力

さて室内のシーズンが終わる頃、同時に**野外オペラシーズン**が始まります。おもに観光客目当ての公演ですが、満天の星空の下、夜風を浴びての夏のオペラ見物はまた格別です。**ヴェローナ**などでは、演奏開始前に観客のともすキャンドルが美しく、オペラの上演をも含めたひとつのセレモニーのようです。室内同様、初日には、かなりの豪華メンバーの演奏が聴けます。野外では場所によって風が吹いてくると演奏がよく聴こえない所さえあります。また風や雨などの自然の妨害をもろに受けて中止ということもあり、こういったときは、5分でも演奏が開始されていれば、切符は払い戻しせず、ひどい目に遭いますのでご注意を！

夜のとばりが下り始めるとオペラが開幕する(ヴェローナ)

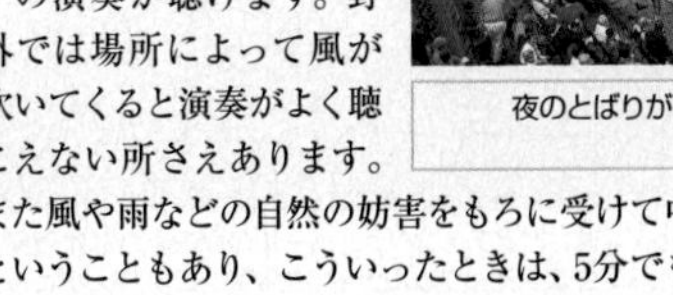

さて野外であれば、場所はどこであれ、エジプトが舞台のドラマ**「アイーダ」**は楽しめます。独唱重唱はもちろん、大コーラスあり、バレエありと盛りだくさんのうえ、星空の下で聴くわけですから、臨場感はいやがおうにも高まります。

野外にはハプニングも多く、停電になったり、風で大きなセットが倒れたり、劇場に住み着く猫が、舞台上の「アイーダ」のエジプトにお出ましになったりと、大変ですがこれもご愛嬌と許せちゃうのが、野外のお祭り的な雰囲気なのです。このほかにも夏季シーズンには、町の広場などにも仮設スタジアムが造られて、オペラが上演されることもあり、広告に注意したり、問い合わせをまめにしてみると思わぬ掘り出し物があります。

おもな作曲家と代表的な作品

C.モンテヴェルディ（1567～1643）の**「オルフェオ」**は、現存するオペラのなかでは、ドラマチックな表現力をもった最古の作品といえると思います。ギリシア悲劇の「オルフェウス」を題材としたものですが、独唱による表現力の広さを生かした、当時としては画期的なオペラです。現在では上演されることが珍しくなりましたが、もし機会があれば、古代の時の流れに接してみてはいかがでしょう。

イタリアを代表する作曲家、
ジュゼッペ・ヴェルディ

さて次なるは、オペラブッファの頂点を築き上げた、**G.ロッシーニ**（1792～1868）であります。**「セビリアの理髪師」**はあまりにも有名で、日本でもおなじみの作品ですが、このオペラにはロッシーニ独特の、聴く人を、びっくりさせるような“ロッシーニ・クレッシェンド”や、軽業を思わせる“コロラトゥーラ”（旋律を素早く操る技術）がいたるところにちりばめられ、ストーリーがたいへんドラマチックに彩られています。ほか、彼の作品では**「アルジェのイタリア女」「シンデレラ」「婚約手形」**などが有名で、いずれ劣らぬオペラブッファの珠玉です。

G.ドニゼッティ（1797～1848）もまた、**「ドン・パスクワーレ」「愛の妙薬」**など、喜歌劇の優れた作品を残しましたが、彼の書いた悲劇**「ランメルモールのルチア」**は、敵対するふたつの家の若者たちの悲劇的な愛を、甘美な旋律によって描いた名作で、現在、最も上演回数の多い作品のひとつといえます。

さて、次はいよいよ、**G.ヴェルディ**（1813～1901）です。彼のオペラは全部で26曲ですが、だいたいその傾向から初期、中期、後期の３つに分類できるようです。初期の作品で有名といったらやはり**「ナブッコ」**です。これは旧約聖書に登場するバビロニアの王、ネブカドネザルの物語で、なかで歌われる合唱「行けわが思いよ黄金の翼にのって」は、イタリア国歌になるのでは、と思われたほど、皆に好んで歌われ、現在も、演奏会などでこの曲だけが取り出されて歌われることがよくあります。中期の名作といえば**「リゴレット」**。ユゴーの戯曲に題材を得たこの物語は、美しい娘をもった醜い道化師リゴレットが、娘をかどわかしたマントヴァ公に復讐（ふくしゅう）しようとするが、誤ってそれをやめさせようとした娘を死に追いやってしまうといった悲劇で、劇と音楽の一致という点で一段と充実が図られています。後期では、やはり**「アイーダ」**でしょう。スエズ運河開通記念に建てられた劇場のために書かれたこのオペラは、まさに大スペクタルで、凱旋の場の壮麗さは他に比類のないものといえます。

さてこの「アイーダ」を見てオペラ作曲家になる決心をした**G.プッチーニ**（1858～1924）の作品でまず挙げたいのは**「ラ・ボエーム」**です。ボヘミアンたちの貧しくもひたむきな生き方と、ミミとロドルフォの悲恋が叙情的な美しい旋律で描かれています。他に**「トスカ」「マノン・レスコー」**など名作の多い彼ですが、なかでも目をひくのは、異国のドラマを扱った**「蝶々夫人」「トゥーランドット」「西部の娘」**です。これらの曲には、ドラマの舞台となる土地の民謡などを巧みな旋律に組み込んで、すばらしい効果を挙げています。

ヴェルディは、ピアチェンツァとポー川の間の小さな雑貨屋の息子として生まれた。ヴェルディの生家は、ロンコレ・ヴェルディにある

最新オペラ情報

※以下の公演日程は変更の場合もあります。

ここでは、ヴェローナで行われる、野外公演スケジュールを中心に、2024～2025年のおもな演目と日程を紹介する。オペラファンはぜひ参考にしてほしい。日本では劇場と縁がない人でも、なじみのある演目も多いので、本場の舞台に接すればきっとファンになってしまうはず。

ヴェローナ　第101回オペラフェスティバル

- **トゥーランドット**　Turandot
  作曲：ジャコモ・プッチーニ
  開催日時：2024年6月8・15・22・29日21:30～
- **アイーダ**　Aida
  作曲：ジュゼッペ・ヴェルディ
  開催日時：2024年6月14・20・23・28日21:30～、7月7・11・18・21・26日21:15～、8月1日21:00～
- **アイーダ**　Aida　※1913年第1回公演バージョン
  作曲：ジュゼッペ・ヴェルディ
  開催日時：2024年8月10・18・22・29日21:00～、9月5日21:00～
- **セビリアの理髪師**　Il Barbiere di Siviglia
  作曲：ジョアキーノ・ロッシーニ
  開催日時：2024年6月21・27日21:30～、7月6・12日21:15～、8月24・31日21:00～、9月6日21:00～
- **カルメン**　Carmen
  作曲：ジョルジュ・ビゼー
  開催日時：2024年7月5・13・20・25日21:15～、8月3・8・17・23日21:00～、9月7日21:00～
- **ラ・ボエーム**　La Boheme
  作曲：ジャコモ・プッチーニ
  開催日時：7月19・27日21:15～
- **トスカ**　Tosca
  作曲：ジャコモ・プッチーニ
  開催日時：2024年8月2・9・16・30日21:00～
- **交響曲第9番**　9th Symphony
  作曲：ルードヴィッヒ・ヴァン・ベートーヴェン
  開催日時：2024年8月11日21:45～

音響的にも優れた屋外オペラ会場、アレーナ

ヴェローナ　第102回オペラフェスティバル

- **ナブッコ**　Nabucco
  作曲：ジュゼッペ・ヴェルディ
  開催日時：2025年6月13・14・21・28日21:30～、7月10・18・24・31日21:15～、8月9・16・21日21:00～、9月6日21:00～
- **アイーダ**　Aida
  作曲：ジュゼッペ・ヴェルディ
  開催日時：2025年6月20・29日21:30～、7月6・13・16・20・27日21:15～、8月1・10・17・24・31日21:00～、9月4日21:00～
- **椿姫**　La Traviata
  作曲：ジュゼッペ・ヴェルディ
  開催日時：2025年6月27日21:30～、7月5・11・19・25日21:15～、8月2日21:00～
- **カルメン**　Carmen
  作曲：ジョルジュ・ビゼー
  開催日時：2025年7月4・12・17・26日21:15～、8月14・23・29日21:00～、9月3日21:00～
- **リゴレット**　Rigoletto
  作曲：ジュゼッペ・ヴェルディ
  開催日時：2025年8月8・22・30日21:00～、9月5日21:00～

その他の劇場で開催される主要な演目

- **トゥーランドット**　Turandot
  劇場：ミラノ スカラ座
  作曲：ジャコモ・プッチーニ
  開催日時：2024年6月25・28日20:00～、7月4・6・9・12・15日20:00～
- **オテロ**　Otello
  劇場：ローマ コスタンツィ劇場
  作曲：ジュゼッペ・ヴェルディ
  開催日時：2024年6月1・4・5・7・11・12日20:00～、6月8日18:00～、6月9日16:30～
- **椿姫**　La Traviata
  劇場：ナポリ サン・カルロ劇場
  作曲：ジュゼッペ・ヴェルディ
  開催日時：2024年7月14日19:00～、7月17・20・24・27・30日20:00～
- **カルメン**　Carmen
  劇場：ナポリ サン・カルロ劇場
  作曲：ジョルジュ・ビゼー
  開催日時：2024年10月25・26・29・30・31日20:00～、10月27日17:00～、11月2日20:00～、11月3日17:00～

数々の著名なオペラが初演された、ミラノ・スカラ座

※チケットの入手方法などの詳細は各町のページや公式サイトでチェック

イタリア・サッカー事情 Serie A

イタリアのサッカー1部リーグが「セリエA（アー）」。ホームとアウェイ2試合ずつの計38試合を戦い、下位チームは2部リーグのセリエBに入れ替えられるという厳しいもの。

試合は原則として、9月から翌年5月末までの日曜日に行われるが、ヨーロッパ・カップなどのほかの試合や天候により月曜や金曜、水曜に変更される場合もあるので注意。また、各開催日の2試合が土曜に開催される。試合開始時間は通常、15:00または18:00、ナイターは20:30から。時間は変更の場合もあり。

詳しい試合の組み合わせ、試合時間については、スポーツ紙(ピンク色などの新聞)や下記チケット売り場や案内所で確認を。チケットは、前日までは市内の窓口、当日はスタジアムで販売するのが一般的。切符購入と入場の際には身分証明書(パスポートなど)の提示を求められる。

また、一部のチームではウェブサイトでチケットやグッズの販売も行っている。

主要スタジアム・ガイド ※《　》内は都市名

ラツィオ/ローマ LAZIO/AS ROMA《ローマ》

- ホームスタジアム：Foro Italico内のスタディオ・オリンピコStadio Olimpico（住 Via dei Gladiatori 2 ☎ 06-36851）
- 行き方：地下鉄A線フラミニオFlaminio駅で下車し、2番のトラムで約15分、終点下車。地下鉄A線オッタヴィアーノOttaviano駅そばのVia Batlettaから32番のバスでForo Italico下車。テルミニ駅からは、910番のバスで終点P.za Manziniで下車し、徒歩。
- チケット売り場：各オフィシャルショップで。スタジアムでの販売はない。Lazio Style 1900（住 Via Guglielmo Calderini 66/C、☎ 06-32541745、開 10:00～20:00、日曜は試合開始の5時間前）など。
  AS ローマ（住 Piazza Colonna 360、☎ 06-69781232、開 10:00～20:00）など。

ACミラン/インテル AC MILAN/INTER《ミラノ》

- ホームスタジアム：サン・シーロS. Siro／ジョセッペ・メアッツァGiuseppe Meazza
- 行き方：地下鉄M5線の終始点駅のサン・シーロ・スタディオ駅SAN SIRO Stadio下車すぐ。SAN SIROとつく駅はふたつあり、ひとつ前の駅SAN SIRO Ippodromoは競馬場。または、ドゥオーモ広場横のVia G. Mazziniからトラム16番 San Siro行きで約30分、終点下車。
- ACミラン／インテルのチケット売り場：各オフィシャルサイトで。スタジアムでの売場はゲート14番そば。カーサ・ミランCASA MILAN（ミランの博物館兼ショップ、レストラン・バール。住Via Aldo Rossi 8 ☎02-8295-8070 営10:00～19:00 地P.208-A1）やインテル・ストア・ミラノ（住Galleria Passarella 2 ☎02-7601-6297 営10:00～20:00 地P.211-B4）

ユヴェントス/トリノ JUVENTUS/Torino《トリノ》

ユヴェントス

- ホームスタジアム：ユヴェントス／アリアンツ・スタディアムJuventus/Allianz Stadium（住 Corso Grande Torino 50）
- 行き方：ポルタ・ヌオーヴァまたはポルタ・スーザ駅から地下鉄でFerni行きに乗り、ベルニーニBernini下車。ミニバス9番(試合日のみ運行)、または62、72、72、75番で。
- チケット売り場：スタジアム内の切符売り場またはチーム公式サイトで。

トリノ

- ホームスタジアム：スタディオ・オリンピコ・グランデ・トリノStadio Olimpico Grande Torino(住 Via Filadelfia 96/b、☎ 011-3170180)
- 行き方：トラムまたはバスでポルタ・ヌオーヴァ駅から4番、市内から14番、63番などで。
- チケット売り場：スタジアム内の切符売り場またはチーム公式サイトで。

フィオレンティーナ FIORENTINA《フィレンツェ》

- ホームスタジアム：スタディオ・アルテミオ・フランキStadio Artemio Franchi（住 Viale Manfredo Fanti 4、☎ 055-503011）
- 行き方：S.M.ノヴェッラ駅前からバス17、20番など。試合当日は52、54番で。トレニタリアのカンポ・ディ・マルタ駅から徒歩12分。
- チケット売り場：中央郵便局脇のChiosco degli Sportivi（住 Via Anselmi 開 8:00～24:00、土・日7:00～24:00）
  スタジアム北西側のFiorentina Point（住 Via dei Sette Santi 28r ☎ 055-571259 営 10:00～18:00、月10:00～21:30、休 土・日）など。

読者からのサッカー情報

■切符の購入

ジェノア対ミランなど、過去に大事件のあったカードの場合、そのホームタウンの居住者でないと買えない場合があります。また、シーズンの初めや情勢によって規制が厳しくなり、試合によってはツーリストが切符を購入できない場合があります。

ワールドカップ予選や親善試合などのイタリア代表戦を観戦する場合はチケットワン（URL www.ticketone.it）のサイトで事前購入がおすすめ。英語版もあり。手続き後は予約番号が書かれているページを印刷して、当日スタジアム近くに設置される専用ボックスに提出すれば切符を受け取れます。現地で購入したい場合は、ホテルなどでチケットワンの窓口を探してもらってアタックしてみましょう。窓口購入の際もパスポートが必要。私は女性割引でお得に購入。

どうしても観戦したい試合がある場合は、日本の代理店を利用して事前に購入することをおすすめします。シーズン後半、順位に関係ある試合などはスタジアムによってはソールドアウトもあります。かつてのようにダフ屋は存在しないので、この場合は観戦の可能性はほぼゼロです。

インテル対ウディネーゼ戦（サン・シーロ）の切符を、ミラノ市内にあるコンサートやスポーツのチケットを扱う店で購入。親切に座席の相談にのってくれ、無事にチケットをゲットできました。

（東京都　スップリ）

■ミラノ現地での切符受け取り

ミラノ開催の切符を現地受け取りにする場合、チケットビスTicketbisなどの取次店によってはロットLotto駅からサン・シーロとは逆に約2キロほどのメールボックスまで取りに行くことになる可能性があります。

（静岡県　トリトン）

ネットで購入するなら

URL sport.ticketone.it

☎ 892101（コールセンター）

販売中の切符の情報（試合日、開始時間、場所）を掲載。そのままネット購入できるほか、INFOまたはBIGLIETTOをクリックすると現地の公式販売所なども表示されるので、イタリア各地で購入することも可能。

このほか、試合や席は限定されるが、イタリア各地にあるチケットショップのボックス・オフィスBox Officeでも販売。

■切符購入の際はパスポート必携

市内の切符売り場だけでなく、サン・シーロで切符購入の際も、パスポートの提示を求められます。

（つとむ）

■正規の切符を購入しよう

切符の購入と入場にはパスポートの提示が求められ、切符所持人と名前が一致していないと入場できない。切符は正規の購入を。

■チケットの名義変更！

サン・シーロで切符を出資者から購入した場合、入場口で切符の他に切符の名義変更を証明する「Cambio Nominativo」を持参しないと入場できないようです。

（静岡県　トリトン）

■セキュリティチェックは？

切符は友人が事前に現地で購入してくれました。購入時にはパスポートの顔写真、番号などが必要で、入場のセキュリティチェックも厳格です。おみやげは€5～10のくらいのマフラータオルがおすすめです。

（宮城県　まるちゃん）

■フィレンツェ、アルテミオ・フランキへ

バス17番はBとCに分かれていました。電車利用の方が楽かも。この場合は、S.M.N.駅からレッジョナーレ（R）に乗り、ひとつ目のマルタ駅で下車し、鉄橋をアルノ川と反対方向に進みます。徒歩の場合は市内から30～40分。

（東京都　女性ひとり旅）

■飲み物に注意!!

入場の際、ペットボトルを持っていると、なぜか「フタ」だけ没収され、中身の始末に困りました。

（東京都　スップリ）

フィレンツェ、フィオレンティーナのグッズを扱うショップ

覚えておきたいイタリア語

サッカーの試合	partita di calcio（パルティータ ディ カルチョ）
切符	biglietto（ビリエット）
切符売り場	biglietteria/botteghino（ビリエッテリア／ボッテギーノ）
メインスタンド	tribuna（トゥリブーナ）
バックスタンド	gradinata（グラディナータ）
ゴール裏スタンド	curva（クルヴァ）
コーナー寄り	laterale（ラテラーレ）
中央寄り	centrale（チェントラーレ）
前段	avanti（アヴァンティ）
後段	dietro（ディエトロ）
入場ゲート	ingresso/entrata/cancello（イングレッソ　エントラータ　カンチェッロ）
列	fila（フィーラ）
席	posto（ポスト）

※席の呼び方は各スタジアムごとに異なる。購入前にスタジアムの見取り図などで席の確認を

イタリア・スキー情報

夏でも雪を抱く、イタリアンアルプスの氷河から、南のシチリア島まで、スキー場が連なるイタリア。観光と合わせて楽しむのもよいが、雪景色のなか優雅なバカンス（＝セッティマーナ・ビアンカSettimana Biancaと呼ばれる白い1週間）は一生の思い出になるはず。

イタリアを代表するスキーリゾートをご紹介。**広大なゲレンデ**では10㎞を超える**ロングクルーズ**は当たり前、よく整備されたゲレンデは快適で、中級以上のスキーヤーなら存分に楽しめる。ホテルや山小屋の**食事が充実**しているのもイタリアならではのお楽しみだ。

雄大な風景とよくグルーミングされたゲレンデがイタリア・スキーの魅力

最新ウインタースポーツ事情

2022年1月より、法律によって大きく以下の3点が導入された。

●スキー保険加入必須！

万が一事故に巻き込まれて、第三者に損害を与えてしまった場合に備えて、自賠責保険に加入することが義務化された。各種チケット売り場で保険が付帯されている共通パスを購入するか自身で加入するか確認されることが多い。事故時に加入していないと罰金の対象となる。

●ヘルメット着用年齢引き下げ

14歳以下に設定されていたヘルメット着用義務が、18歳以下に設定。レンタル時に気をつけること。

●飲酒した状態でのスキー禁止

明確な数値の制限はないが、判断能力が鈍って事故につながることもあるので、しっかり守ろう。

✉ おすすめスキーエリア

華やかなスキーリゾートを楽しむなら、コルティナとクールマイユールがおすすめ。チェルヴィニアの町は小規模ながら、スイスに比べて経済的。

（東京都　自称評論家）

コルティナ・ダンペッツォ

Cortina d'Ampezzo

イタリアを代表する高級リゾート。冬季の華やかな雰囲気はこの町ならでは。2026年の冬季オリンピックの開催地に決まったことも記憶に新しい。共通のパスで滑ることができる**ドロミテ・スーパー・スキー・エリア**には高峰が連なり、ゲレンデも広大。12のエリアに分かれ、総滑走距離は1200㎞！　1週間いてもすべてのエリアを滑り切るのは難しい。日本でも人気のセッラ山塊を周遊する**セッラ・ロンダ**もこのエリアに含まれる（車での移動が必要）。コルティナの町からは、ファローリア、クリスタッロ、トファーナのスキー場へのアクセスが簡単なのがうれしい（より詳しい情報は『Ⓐ11ミラノ、ヴェネツィアと湖水地方』をチェック）。

ファローリア山からクリスタッロ山へと滑り込め、広大なエリアに簡単にアクセスできるのが魅力

スキー＆ウエアと荷物

受託荷物の制限が23kg×2個の航空会社なら、スキーを持って行っても追加料金の心配は少ない。スキーやスキーブーツは現地(宿泊ホテルやスキーショップなど)でのレンタルが可能。ウエアもレンタルできるが、どこでも可能というわけではない。必要なら、宿泊ホテルに問い合わせよう。小柄な日本人の場合、いずれもあまり選択肢がない。

ヘルメットがないと、18歳以下は滑走禁止。日本に比べ、技量にかかわらず飛ばす人が多いので、大人もあると安心だ。

チェルヴィニア *Breuil-Cervinia* ▶P.321

よく整備されたゲレンデの横には開放的な非圧雪エリアが広がり、パウダージャンキーも満足

チェルヴィーノ（マッターホルン）を挟んで、スイスのツェルマットと背中合わせ。総滑走距離350km。スイスとの**国境を越え**て、登山列車に乗車したり、ヨーロッパ最高峰から氷河を滑ったりと、イタリア側からの日帰りも、スキーを使えば容易に楽しめる。標高差2000mを一気に下るイタリア側のゲレンデは、横幅が広く、雪質もよくて快適なクルージングが楽しい。雄大なチェルヴィーノを眺めながら滑れるのが魅力。

クールマイユール *Courmayeur* ▶P.318

クレバスが口を開ける大氷河からのロングランは上級者向き

フランスとスイスに接した、イタリア最高峰のモンテ・ビアンコ（モンブラン）の麓に広がるスキー場。町から眺められるゲレンデの総滑走距離は約100km。身近で眺める大きなモンブランに感動するはずだ。コルティナと並ぶ高級スキーリゾートとしても知られ、散策も楽しい。さらに最新ロープウエイでエルブロンネールに上がれば、イタリア・フランス側のふたつの氷河滑降が可能だ（ただし、氷河横断や階段移動があり、細心の注意が必要。ガイド依頼がベター）。

ボルミオ *Bórmio*

小さな子供や日光浴だけを楽しむ人も多い。誰でも楽しめるスキー場

ミラノっ子の手軽なスキーリゾート。ワールドカップも開催されるスキー場で、山頂のボルミオ3000はその名のとおり標高3000m。町との標高差1780mで総滑走距離100km。ボルミオ2000の初心者用エリアにはスノーエスカレーターも設置され、戸外のカフェなどの設備も充実しているので、キッズ同伴でも楽しめる。

スキー場へのアクセス

詳細は各町や『Ⓐ11ミラノ ヴェネツィアと湖水地方』編を参照。タクシーはホテルや観光案内所で紹介してくれる。人数や荷物の量によって車の大きさが変わり、料金も異なる。

●コルティナ・ダンペッツォへ
ヴェネツィア・サンタ・ルチア駅から鉄道を使うと何度も乗り換えが発生するので、直通バスがベター。コルティナ・エクスプレス Cortina Expressでヴェネツィア空港から所要時間約2時間、ヴェネツィア・ローマ広場から所要時間約3時間。シーズン期間は1日4～5便程度。
URL www.cortinaexpress.it

●チェルヴィニアへ
こちらもシーズン時の土・日はミラノ・マルペンサ空港やリナーテ空港から直通の乗り合いシャトルバスが運行。マルペンサ空港からは1日3便で1名€50～。事前予約すればプライベート車の手配もできる。
URL www.airportransferservices.com

●ボルミオへ
ミラノ中央駅からトレニタリアのR利用でティラーノ Tirano駅まで約2時間30分。ティラーノ駅の地下道から駅裏に抜けて上がるとバスの切符売り場があり、バスで所要約1時間。バスターミナルからゲレンデへは徒歩約10分。ミラノのホテルに荷物を預けて、2泊程度で楽しむのに最適。レンタルショップはロープウエイの駅のそばなどにある。

宿泊予約と空港からの移動

ハイシーズン（クリスマス～新年、復活祭の休暇期間）の予約は、前年の秋頃から入り始めるという。町によっては週末のイン・アウトの予約状況に合わせて、ミラノ・マルペンサ空港などからのシャトル・バスが運行されることが多い。日本から出かける場合は、公共交通機関で到着当日にスキー場に到着するのは難しい。その場合は航空機到着地のホテルで1泊して公共交通機関を利用するか、タクシーを利用するしかないので、経済性を追求するには、出発日の選定も大切。

早めの予約の場合、1週間程度でないと、予約不可とされる場合があるが、シーズンに入ると、空き室状況により、2～3泊の予約も取るところも多い。

建築・美術用語

アーキトレーブ　角柱・付け柱・円柱の上に載った梁。

アーケード　角柱や円柱に載ったアーチ形の構造物。

アーチ　石やれんがを放射状に積んで半円にした構造物。上部がとがっているのが、尖頭アーチ。

ヴォールト(穹窿)　半円筒形や、交差した半円筒形に石やれんがを積んだ曲面天井。

エクセドラ　壁面から半円形に引っ込んだ部分。

エトルリア美術　現在のトスカーナ地方から興ったエトルリア人による紀元前7～3世紀の美術。初期のものはギリシアの強い影響を受けているが、後にはリアリスティックな表現を生み出して、ローマ美術に引き継がれた。

オーダー　ギリシアの神殿建築から生まれた円柱とその上に載る部分の様式のことで、下記の3つのほかにトスカーナ式とコンポジット式がある。柱頭を見れば区別できる。
ドーリス式：杯形
イオニア式：両端が下向きの渦巻き形
コリント式：重なったアカンサスの葉形

回廊(キオストロ)　教会本堂に隣接した修道院の中庭を囲む廊下。

ギリシア十字形　十字部分のそれぞれの長さが等しい形。

クーポラ(円蓋)　半球状の天井または屋根。

クリプタ　教会の床下の地下または半地下に造られた聖堂・礼拝堂・埋葬所で、通常はヴォールト天井をもつ。

外陣　教会堂の内部で、身廊と側廊からなる部分。信者が礼拝する空間。
単廊式：側廊がまったくないもの
三廊式：身廊の両側に側廊がひとつずつ
五廊式：身廊の両側に側廊がふたつずつ

後陣(アプシス)　内陣の奥にあり、平面が半円形で天井が4分の1球形になった部分。

格天井　骨組みによって区分された窪み(格間)のある天井。

国際ゴシック様式　おもに絵画と彫刻の分野で1400年前後にヨーロッパ中を支配した、宮廷風の優雅さと美しい色彩の洗練された様式。

ゴシック様式　天に高く屹立する多数の尖塔が特徴の教会建築を中心とした12～14世紀の様式。絵画では、チマブーエに続きジョットが、感情表現や空間表現に新たな境地を拓いた。シエナ派は独自の優美なスタイルをつくり上げた。

コズマーティ様式(コズマ風)　大理石やガラスなどを用いた幾何学模様で教会を装飾する12～13世紀の様式。コズマとは当時ローマで活躍した、モザイク技術に長けた一族の名前。

三角破風　切妻屋根の両端部分や窓の上の三角形の壁。

シノピア　赤い顔料による、フレスコ画の下絵。複数はシノピエ。

身廊　バシリカ式教会堂の中心軸となる空間。

スコラ・カントルム　聖歌隊。

スタッコ(装飾漆喰)　石膏を混ぜて塗る壁面や天井の仕上げ材料。さまざまの模様や像を彫刻する。

聖具室(聖器室)　教会の内陣に続く、聖具保管所および聖職者の更衣室。

前室(ナルテックス)　初期キリスト教会の本堂正面を入った玄関部。

前柱廊(ポルティコ)　建物正面に造られた、柱で支えられた吹き放ちの玄関部。

側廊　バシリカ式教会堂の身廊を挟む両側の空間。

大聖堂(ドゥオーモ)　司教座(cattedra)のある位の高い教会堂。その町で最も重要な教会。カテドラーレ。

束ね柱　中心となる柱の周囲に細い柱を数本束ねた形の柱。

多翼祭壇画　多数のパネルに描かれた絵を組み合わせてひとつにした祭壇画。

タンパン(テュンパノン、ティンパヌム)　中央入口の上部にあるアーチ形(または三角形)の部分。

付け柱(柱形、片蓋柱)　壁から浅く突き出たように見える角柱。

テラコッタ　粘土を焼いて作った、建築用装飾や塑像。通常は素焼きの物を指す。

天蓋(バルダッキーノ)　柱で四隅を支えられた、祭壇を覆う装飾的な覆い。

テンペラ　全卵や卵黄、にかわなどと顔料を混ぜて造った絵の具。それによる画法、絵画。

トラス　各部材を接合して、三角形の集合形態に組み立てた構造。

ドラム　垂直状態の円筒形の構造物。

内陣　教会堂の内部で、外陣と後陣の間の部分。主祭壇がおかれる神聖な所。

ネオ・クラシック様式　新古典主義様式。18世紀後半から19世紀前半に流行。グレコ・ローマンを理想とした統一性・調和・明確さを特徴とする。

ネクロポリス　古代の死者の埋葬地。墳墓群。

軒蛇腹　建物の最上部で前方に張り出した帯状の装飾部分。

狭間(メトープ)　フリーズ上部に四角い空間を挟んで交互に並ぶ装飾石板。
グエルフィ狭間：教皇派に属することを示し、石板は四角。
ギベッリーニ狭間：皇帝派に属することを示し、石板はツバメの尾形。

バシリカ様式　教会堂の建築様式で長方形の短辺の一方を正面入口とし、もう一方に後陣を半円形に張り出させたものが基本形。

パラッツォ　宮殿、大規模な邸宅、公共建築物。

バラ窓　ゴシックの聖堂に多く見られる、バラの花のような円形の窓。

バロック様式　劇的な効果を狙った豪華で動きのある17世紀の様式。

ピサ様式　建築におけるロマネスク-ゴシック様式の一タイプ。ファサードでは何層もの小さいアーケードが軽やかな装飾性を示し、内部は色大理石の象嵌細工などが施されている。

ビザンチン様式　4～11世紀、東西ローマ帝国で発達した様式で、その建築は外観は地味だが内部は豪華なモザイクや浅浮彫りで飾られている。プランとしてはバシリカ様式、集中式、ギリシア十字形が特徴。

ファサード　建物の正面部分。

フォロ　古代ローマの都市にあった公共広場。商取引、裁判、集会などに使われた。

フリーズ　建物外壁の装飾帯。彫刻のある小壁面。

プラン　建築物の見取り図、平面図、設計図。

フレスコ　壁に塗った漆喰が乾かないうちに絵を描く技法。絵の具が染み込んで固定するために退色しにくい。

壁龕(ニッチ)　壁をくり抜いて作った窪み。彫像などを置いて飾るための空間。

ペンデンティブ　平面が正方形をなす建物の上部にクーポラを載せるために造られた、四隅の球面三角形。

ポルタイユ　正面入口を囲む部分。

歩廊　教会やパラッツォなどの建築で、床を石・瓦で仕上げた廊下。回廊。

マニエリスム　16世紀初頭にイタリアで生まれた技巧的でアカデミックな作風。

メダイヨン　建築物に付けられた楕円または円形の装飾。

モザイク　大理石や彩色されたガラスの小片を寄せ集めて絵や模様を描く技法。

翼廊　教会堂内部で、外陣と直交する内陣の一部。

ラテン十字形　直交する十字の一方が長い形。

ランタン　クーポラの頂上部に付けられた、採光のための小さな構造物。

ルネッサンス様式　調和のある古代建築を理想とした15～16世紀の様式。明快でボリューム感のある外観をもち、内部はフレスコ画などで飾られた。絵画・彫刻においても、同じ理想のもとに感情表現・技法ともにおおいに発展し、その中心はフィレンツェだった。

ロッジア　教会建築・世俗建築で、建物本体と屋外をつなぐ、アーケードを備えた通廊。単独の建造物としてのロッジアもある。開廊。

ロマネスク様式　11～12世紀に広くヨーロッパで普及した様式で、建築では正面は小アーケードで飾られローマなどでは内部にコズマーティ様式の装飾が施された。

索引

INDICE GENERALE

5大都市の観光スポット

地方の町と観光スポット

写真提供：スカラ
P.81、P.90上、P.91上、P.94下、P.97下、P.99中、P.101右中、P.103下、P.114上、P.114下、P.115、P.119中右、P.124下、P.125下、P.127上、P.169下、P.174下、P.180下、P.181、P.218左下、P.218中左、P.219右上、P.222下、P.257右上、P.258上左、P.259右、P.263、P.264、P.333右、P.339上、P.348上、P.362、P.402左上、P.430中、P.433下、P.439上、P.439下、P.441左、P.446中右、P.446下、P.451上、P.456上

地球の歩き方 シリーズ一覧

2024年7月現在

＊地球の歩き方ガイドブックは、改訂時に価格が変わることがあります。＊表示価格は定価（税込）です。＊最新情報は、ホームページをご覧ください。www.arukikata.co.jp/guidebook/

地球の歩き方　ガイドブック

A　ヨーロッパ

A01	ヨーロッパ	¥1870
A02	イギリス	¥2530
A03	ロンドン	¥1980
A04	湖水地方&スコットランド	¥1870
A05	アイルランド	¥2310
A06	フランス	¥2420
A07	パリ&近郊の町	¥2200
A08	南仏プロヴァンス　コート・ダジュール&モナコ	¥1760
A09	イタリア	¥2530
A10	ローマ	¥1760
A11	ミラノ　ヴェネツィアと湖水地方	¥1870
A12	フィレンツェとトスカーナ	¥1870
A13	南イタリアとシチリア	¥1870
A14	ドイツ	¥2420
A15	南ドイツ　フランクフルト　ミュンヘン　ロマンチック街道　古城街道	¥2090
A16	ベルリンと北ドイツ　ハンブルク　ドレスデン　ライプツィヒ	¥1870
A17	ウィーンとオーストリア	¥2090
A18	スイス	¥2200
A19	オランダ　ベルギー　ルクセンブルク	¥2420
A20	スペイン	¥2420
A21	マドリードとアンダルシア	¥1760
A22	バルセロナ&近郊の町　イビサ島／マヨルカ島	¥1980
A23	ポルトガル	¥2200
A24	ギリシアとエーゲ海の島々&キプロス	¥1870
A25	中欧	¥1980
A26	チェコ　ポーランド　スロヴァキア	¥1870
A27	ハンガリー	¥1870
A28	ブルガリア　ルーマニア	¥1980
A29	北欧　デンマーク　ノルウェー　スウェーデン　フィンランド	¥2640
A30	バルトの国々　エストニア　ラトヴィア　リトアニア	¥1870
A31	ロシア　ベラルーシ　ウクライナ　モルドヴァ　コーカサスの国々	¥2090
A32	極東ロシア　シベリア　サハリン	¥1980
A34	クロアチア　スロヴェニア	¥2200

B　南北アメリカ

B01	アメリカ	¥2090
B02	アメリカ西海岸	¥2200
B03	ロスアンゼルス	¥2090
B04	サンフランシスコとシリコンバレー	¥1870
B05	シアトル　ポートランド	¥2420
B06	ニューヨーク　マンハッタン&ブルックリン	¥2200
B07	ボストン	¥1980
B08	ワシントンDC	¥2420
B09	ラスベガス　セドナ&グランドキャニオンと大西部	¥2090
B10	フロリダ	¥2310
B11	シカゴ	¥1870
B12	アメリカ南部	¥1980
B13	アメリカの国立公園	¥2640
B14	ダラス　ヒューストン　デンバー　グランドサークル　フェニックス　サンタフェ	¥1980
B15	アラスカ	¥1980
B16	カナダ	¥2420
B17	カナダ西部　カナディアン・ロッキーとバンクーバー	¥2090
B18	カナダ東部　ナイアガラ・フォールズ　メープル街道　プリンス・エドワード島　トロント　オタワ　モントリオール　ケベック・シティ	¥2090
B19	メキシコ	¥1980
B20	中米	¥2090
B21	ブラジル　ベネズエラ	¥2200
B22	アルゼンチン　チリ　パラグアイ　ウルグアイ	¥2200
B23	ペルー　ボリビア　エクアドル　コロンビア	¥2200
B24	キューバ　バハマ　ジャマイカ　カリブの島々	¥2035
B25	アメリカ・ドライブ	¥1980

C　太平洋／インド洋島々

C01	ハワイ　オアフ島&ホノルル	¥2200
C02	ハワイ島	¥2200
C03	サイパン　ロタ&テニアン	¥1540
C04	グアム	¥1980
C05	タヒチ　イースター島	¥1870
C06	フィジー	¥1650
C07	ニューカレドニア	¥1650
C08	モルディブ	¥1870
C10	ニュージーランド	¥2200
C11	オーストラリア	¥2750
C12	ゴールドコースト&ケアンズ	¥2420
C13	シドニー&メルボルン	¥1760

D　アジア

D01	中国	¥2090
D02	上海　杭州　蘇州	¥1870
D03	北京	¥1760
D04	大連　瀋陽　ハルビン　中国東北部の自然と文化	¥1980
D05	広州　アモイ　桂林　珠江デルタと華南地方	¥1980
D06	成都　重慶　九寨溝　麗江　四川　雲南	¥1980
D07	西安　敦煌　ウルムチ　シルクロードと中国北西部	¥1980
D08	チベット	¥2090
D09	香港　マカオ　深圳	¥2420
D10	台湾	¥2090
D11	台北	¥1980
D13	台南　高雄　屏東&南台湾の町	¥1980
D14	モンゴル	¥2420
D15	中央アジア　サマルカンドとシルクロードの国々	¥2090
D16	東南アジア	¥1870
D17	タイ	¥2200
D18	バンコク	¥1980
D19	マレーシア　ブルネイ	¥2090
D20	シンガポール	¥1980
D21	ベトナム	¥2090
D22	アンコール・ワットとカンボジア	¥2200
D23	ラオス	¥24
D24	ミャンマー（ビルマ）	¥20
D25	インドネシア	¥24
D26	バリ島	¥22
D27	フィリピン　マニラ　セブ　ボラカイ　ボホール　エルニド	¥22
D28	インド	¥26
D29	ネパールとヒマラヤトレッキング	¥22
D30	スリランカ	¥18
D31	ブータン	¥19
D33	マカオ	¥17
D34	釜山　慶州	¥15
D35	バングラデシュ	¥20
D37	韓国	¥20
D38	ソウル	¥18

E　中近東　アフリカ

E01	ドバイとアラビア半島の国々	¥20
E02	エジプト	¥25
E03	イスタンブールとトルコの大地	¥20
E04	ペトラ遺跡とヨルダン　レバノン	¥20
E05	イスラエル	¥20
E06	イラン　ペルシアの旅	¥22
E07	モロッコ	¥19
E08	チュニジア	¥20
E09	東アフリカ　ウガンダ　エチオピア　ケニア　タンザニア　ルワンダ	¥20
E10	南アフリカ	¥22
E11	リビア	¥22
E12	マダガスカル	¥19

J　国内版

J00	日本	¥33
J01	東京　23区	¥22
J02	東京　多摩地域	¥20
J03	京都	¥22
J04	沖縄	¥22
J05	北海道	¥22
J06	神奈川	¥24
J07	埼玉	¥22
J08	千葉	¥22
J09	札幌・小樽	¥22
J10	愛知	¥22
J11	世田谷区	¥22
J12	四国	¥24
J13	北九州市	¥22
J14	東京の島々	¥26
J15	広島	¥22
J16	横浜市	¥22

地球の歩き方　aruco

●海外

1	パリ	¥1650
2	ソウル	¥1650
3	台北	¥1650
4	トルコ	¥1430
5	インド	¥1540
6	ロンドン	¥1650
7	香港	¥1650
9	ニューヨーク	¥1650
10	ホーチミン　ダナン　ホイアン	¥1650
11	ホノルル	¥1650
12	バリ島	¥1650
13	上海	¥1320
14	モロッコ	¥1540
15	チェコ	¥1320
16	ベルギー	¥1430
17	ウィーン　ブダペスト	¥1320
18	イタリア	¥1760
19	スリランカ	¥1540
20	クロアチア　スロヴェニア	¥1430
21	スペイン	¥1320
22	シンガポール	¥1650
23	バンコク	¥1650
24	グアム	¥1320
25	オーストラリア	¥1760
26	フィンランド　エストニア	¥1430
27	アンコール・ワット	¥1430
28	ドイツ	¥1760
29	ハノイ	¥1650
30	台湾	¥1650
31	カナダ	¥1320
33	サイパン　テニアン　ロタ	¥1320
34	セブ　ボホール　エルニド	¥1320
35	ロスアンゼルス	¥1320
36	フランス	¥1430
37	ポルトガル	¥1650
38	ダナン　ホイアン　フエ	¥1430

●国内

北海道	¥1760
京都	¥1760
沖縄	¥1760
東京	¥1540
東京で楽しむフランス	¥1430
東京で楽しむ韓国	¥1430
東京で楽しむ台湾	¥1430
東京の手みやげ	¥1430
東京おやつさんぽ	¥1430
東京のパン屋さん	¥1430
東京で楽しむ北欧	¥1430
東京のカフェめぐり	¥1480
東京で楽しむハワイ	¥1480
nyaruco　東京ねこさんぽ	¥1480
東京で楽しむイタリア&スペイン	¥1480
東京で楽しむアジアの国々	¥1480
東京ひとりさんぽ	¥1480
東京パワースポットさんぽ	¥1599
東京で楽しむ英国	¥1599

地球の歩き方　Plat

1	パリ	¥1320
2	ニューヨーク	¥1320
3	台北	¥1100
4	ロンドン	¥1650
6	ドイツ	¥1320
7	ホーチミン/ハノイ/ダナン/ホイアン	¥1540
8	スペイン	¥1320
9	バンコク	¥1540
10	シンガポール	¥1540
11	アイスランド	¥1540
13	マニラ　セブ	¥1650
14	マルタ	¥1540
15	フィンランド	¥1320
16	クアラルンプール　マラッカ	¥1650
17	ウラジオストク／ハバロフスク	¥1430
18	サンクトペテルブルク／モスクワ	¥1540
19	エジプト	¥1320
20	香港	¥1100
22	ブルネイ	¥1430
23	ウズベキスタン　サマルカンド　ブハラ　ヒヴァ　タシケント	¥165
24	ドバイ	¥132
25	サンフランシスコ	¥132
26	パース／西オーストラリア	¥132
27	ジョージア	¥154
28	台南	¥143

地球の歩き方　リゾートスタイル

R02	ハワイ島	¥165
R03	マウイ島	¥165
R04	カウアイ島	¥187
R05	こどもと行くハワイ	¥154
R06	ハワイ　ドライブ・マップ	¥198
R07	ハワイ　バスの旅	¥132
R08	グアム	¥143
R09	こどもと行くグアム	¥165
R10	パラオ	¥165
R12	プーケット　サムイ島　ピピ島	¥165
R13	ペナン　ランカウイ　クアラルンプール	¥165
R14	バリ島	¥143
R15	セブ&ボラカイ　ボホール　シキホール	¥165
R16	テーマパークｉｎオーランド	¥187
R17	カンクン　コスメル　イスラ・ムヘーレス	¥165
R20	ダナン　ホイアン　ホーチミン　ハノイ	¥165

地球の歩き方　御朱印

No.	タイトル	価格
1	御朱印でめぐる鎌倉のお寺　三十三観音完全掲載　三訂版	¥1650
2	御朱印でめぐる京都のお寺　改訂版	¥1650
3	御朱印でめぐる奈良のお寺	¥1760
4	御朱印でめぐる東京のお寺	¥1650
5	日本全国この御朱印が凄い！　第壱集　増補改訂版	¥1650
6	日本全国この御朱印が凄い！　第弐集　都道府県網羅版	¥1650
7	御朱印でめぐる全国の神社　開運さんぽ	¥1430
8	御朱印でめぐる高野山　三訂版	¥1760
9	御朱印でめぐる関東の神社　週末開運さんぽ	¥1430
10	御朱印でめぐる秩父の寺社　三十四観音完全掲載　改訂版	¥1650
11	御朱印でめぐる関東の百寺　坂東三十三観音と古寺	¥1650
12	御朱印でめぐる関西の神社　週末開運さんぽ	¥1430
13	御朱印でめぐる関西の百寺　西国三十三所と古寺	¥1650
14	御朱印でめぐる東京の神社　週末開運さんぽ　改訂版	¥1540
15	御朱印でめぐる神奈川の神社　週末開運さんぽ　改訂版	¥1540
16	御朱印でめぐる埼玉の神社　週末開運さんぽ　改訂版	¥1540
17	御朱印でめぐる北海道の神社　週末開運さんぽ　改訂版	¥1540
18	御朱印でめぐる九州の神社　週末開運さんぽ　改訂版	¥1540
19	御朱印でめぐる千葉の神社　週末開運さんぽ　改訂版	¥1540
20	御朱印でめぐる東海の神社　週末開運さんぽ	¥1430
21	御朱印でめぐる京都の神社　週末開運さんぽ　改訂版	¥1540
22	御朱印でめぐる神奈川のお寺	¥1650
23	御朱印でめぐる大阪　兵庫の神社　週末開運さんぽ　改訂版	¥1540
24	御朱印でめぐる愛知の神社　週末開運さんぽ　改訂版	¥1540
25	御朱印でめぐる栃木　日光の神社　週末開運さんぽ	¥1430
26	御朱印でめぐる福岡の神社　週末開運さんぽ　改訂版	¥1540
27	御朱印でめぐる広島　岡山の神社　週末開運さんぽ	¥1430
28	御朱印でめぐる山陰　山陽の神社　週末開運さんぽ	¥1430
29	御朱印でめぐる埼玉のお寺	¥1650
30	御朱印でめぐる千葉のお寺	¥1650
31	御朱印でめぐる東京の七福神	¥1540
32	御朱印でめぐる東北の神社　週末開運さんぽ　改訂版	¥1540
33	御朱印でめぐる全国の稲荷神社　週末開運さんぽ	¥1430
34	御朱印でめぐる新潟 佐渡の神社　週末開運さんぽ	¥1430
35	御朱印でめぐる静岡 富士 伊豆の神社　週末開運さんぽ　改訂版	¥1540
36	御朱印でめぐる四国の神社　週末開運さんぽ	¥1430
37	御朱印でめぐる中央線沿線の寺社　週末開運さんぽ	¥1540
38	御朱印でめぐる東急線沿線の寺社　週末開運さんぽ	¥1540
39	御朱印でめぐる茨城の神社　週末開運さんぽ	¥1430
40	御朱印でめぐる関東の聖地　週末開運さんぽ	¥1430
41	御朱印でめぐる東海のお寺	¥1650
42	日本全国ねこの御朱印＆お守りめぐり　週末開運にゃんさんぽ	¥1760
43	御朱印でめぐる信州 甲州の神社　週末開運さんぽ	¥1430
44	御朱印でめぐる全国の聖地　週末開運さんぽ	¥1430
46	御朱印でめぐる茨城のお寺	¥1650
47	御朱印でめぐる全国のお寺　週末開運さんぽ	¥1540
48	日本全国 日本酒でめぐる　酒蔵＆ちょこっと御朱印〈東日本編〉	¥1760
49	日本全国 日本酒でめぐる　酒蔵＆ちょこっと御朱印〈西日本編〉	¥1760
50	関東版ねこの御朱印＆お守りめぐり　週末開運にゃんさんぽ	¥1760
52	一生に一度は参りたい！　御朱印でめぐる全国の絶景寺社図鑑	¥2479
53	御朱印でめぐる東北のお寺　週末開運さんぽ	¥1650
54	御朱印でめぐる関西のお寺　週末開運さんぽ	¥1760
D51	鉄印帳でめぐる全国の魅力的な鉄道４０	¥1650
	御朱印はじめました　関東の神社　週末開運さんぽ	¥1210

地球の歩き方　島旅

No.	タイトル	価格
1	五島列島　４訂版	¥1870
2	奄美大島　喜界島　加計呂麻島（奄美群島①）4訂版	¥1650
3	与論島　沖永良部島　徳之島（奄美群島②）改訂版	¥1650
4	利尻　礼文　４訂版	¥1650
5	天草　改訂版	¥1760
6	壱岐　４訂版	¥1650
7	種子島　３訂版	¥1650
8	小笠原　父島　母島　３訂版	¥1650
9	隠岐　３訂版	¥1870
10	佐渡　３訂版	¥1650
11	宮古島　伊良部島　下地島　来間島　池間島　多良間島　大神島　改訂版	¥1650
12	久米島　渡名喜島　改訂版	¥1650
13	小豆島～瀬戸内の島々１～　改訂版	¥1650
14	直島　豊島　女木島　男木島　犬島～瀬戸内の島々２～	¥1650
15	伊豆大島　利島～伊豆諸島１～　改訂版	¥1650
16	新島　式根島　神津島～伊豆諸島２～　改訂版	¥1650
17	沖縄本島周辺１５離島	¥1650
18	たけとみの島々　竹富島　西表島　波照間島　小浜島　黒島　鳩間島　新城島　由布島　加屋	¥1650
19	淡路島～瀬戸内の島々３～　改訂版	¥1760
20	石垣島　竹富島 西表島 小浜島 由布島 新城島 波照間島	¥1650
21	対馬	¥1650
22	島旅ねこ　にゃんこの島の歩き方	¥1344
23	屋久島	¥1760

地球の歩き方　旅の図鑑

No.	タイトル	価格
W01	世界２４４の国と地域　改訂版	¥2200
W02	世界の指導者図鑑	¥1650
W03	世界の魅力的な奇岩と巨石１３９選	¥1760
W04	世界２４６の首都と主要都市	¥1760
W05	世界のすごい島３００	¥1760
W06	地球の歩き方的！　世界なんでもランキング	¥1760
W07	世界のグルメ図鑑　１１６の国と地域の名物料理を食の雑学とともに解説	¥1760
W08	世界のすごい巨像	¥1760
W09	世界のすごい城と宮殿３３３	¥1760
W10	世界197ヵ国のふしぎな聖地＆パワースポット	¥1870
W11	世界の祝祭	¥1760
W12	世界のカレー図鑑	¥1980
W13	世界遺産　絶景でめぐる自然遺産　完全版	¥1980
W15	地球の果ての歩き方	¥1980
W16	世界の中華料理図鑑	¥1980
W17	世界の地元メシ図鑑	¥1980
W18	世界遺産の歩き方　学んで旅する！　すごい世界遺産190選	¥1980
W19	世界の魅力的なビーチと湖	¥1980
W20	世界のすごい駅	¥1980
W21	世界のおみやげ図鑑	¥1980
W22	いつか旅してみたい世界の美しい古都	¥1980
W23	世界のすごいホテル	¥1980
W24	日本の凄い神木	¥2200
W25	世界のお菓子図鑑	¥1980
W26	世界の麺図鑑	¥1980
W27	世界のお酒図鑑	¥1980
W28	世界の魅力的な道	¥1980
W29	世界の映画の舞台＆ロケ地	¥2090
W30	すごい地球！	¥2200
W31	世界のすごい墓	¥1980
W32	日本のグルメ図鑑	¥1980
W34	日本の虫旅	¥2200

地球の歩き方　旅の名言＆絶景

タイトル	価格
ALOHAを感じるハワイのことばと絶景100	¥1650
自分らしく生きるフランスのことばと絶景100	¥1650
人生観が変わるインドのことばと絶景100	¥1650
生きる知恵を授かるアラブのことばと絶景100	¥1650
心に寄り添う台湾のことばと絶景100	¥1650
道しるべとなるドイツのことばと絶景100	¥1650
共感と勇気がわく韓国のことばと絶景100	¥1650
人生を楽しみ尽くすイタリアのことばと絶景100	¥1650
今すぐ旅に出たくなる！　地球の歩き方のことばと絶景100	¥1650
悠久の教えをひもとく　中国のことばと絶景100	¥1650

地球の歩き方　旅と健康

タイトル	価格
地球のなぞり方 旅地図 アメリカ大陸編	¥1430
地球のなぞり方 旅地図 ヨーロッパ編	¥1430
地球のなぞり方 旅地図 アジア編	¥1430
地球のなぞり方 旅地図 日本編	¥1430
脳がどんどん強くなる！　すごい地球の歩き方	¥1650

地球の歩き方　旅の読み物

タイトル	価格
今こそ学びたい日本のこと	¥1760
週末だけで70ヵ国159都市を旅したリーマントラベラーが教える自分の時間の作り方	¥1540
史跡と神話の舞台をホロホロ！　ハワイ・カルチャーさんぽ	¥1760

地球の歩き方　BOOKS

タイトル	価格
ハワイ ランキング＆マル得テクニック！	¥1430
台湾 ランキング＆マル得テクニック！	¥1430
御船印でめぐる船旅	¥1870
BRAND NEW HAWAII　とびきりリアルな最新ハワイガイド	¥1650
FAMILY TAIWAN TRIP　#子連れ台湾	¥1518
GIRL'S GETAWAY TO LOS ANGELES	¥1760
HAWAII RISA'S FAVORITES　大人女子はハワイで美味しく美しく	¥1650
LOVELY GREEN NEW ZEALAND　未来の国を旅するガイドブック	¥1760
MAKI'S DEAREST HAWAII	¥1540
MY TRAVEL, MY LIFE Maki's Family Travel Book	¥1760
いろはに北欧	¥1760
ヴィクトリア朝が教えてくれる英国の魅力	¥1320
ダナン＆ホイアン　PHOTO TRAVEL GUIDE	¥1650
とっておきのフィンランド	¥1760
フィンランドでかなえる１００の夢	¥1760
マレーシア　地元で愛される名物食堂	¥1430
香港　地元で愛される名物食堂	¥1540
最高のハワイの過ごし方	¥1540
子連れで沖縄　旅のアドレス＆テクニック１１７	¥1100
食事作りに手間暇かけないドイツ人、手料理神話にこだわり続ける日本人	¥1100
台北　メトロさんぽ　MRTを使って、おいしいとかわいいを巡る旅	¥1518
北欧が好き！　フィンランド・スウェーデン・デンマーク・ノルウェーの素敵な町めぐり	¥1210
北欧が好き！２　建築＆デザインでめぐるフィンランド・スウェーデン・デンマーク・ノルウェー	¥1210
日本全国　開運神社　このお守りがすごい！	¥1522
地球の歩き方　ディズニーの世界　名作アニメーション映画の舞台	¥2420

地球の歩き方　スペシャルコラボ BOOK

タイトル	価格
地球の歩き方　ムー	¥2420
地球の歩き方　JOJO　ジョジョの奇妙な冒険	¥2420
地球の歩き方　宇宙兄弟　We are Space Travelers!	¥2420
地球の歩き方　ムーJAPAN　～神秘の国の歩き方～	¥2420

地球の歩き方 関連書籍のご案内

イタリアとその周辺諸国をめぐるヨーロッパの旅を「地球の歩き方」が応援します!

地球の歩き方 ガイドブック

- A01 ヨーロッパ ¥1,870
- A02 イギリス ¥2,530
- A03 ロンドン ¥1,980
- A04 湖水地方&スコットランド ¥1,870
- A05 アイルランド ¥1,980
- A06 フランス ¥2,420
- A07 パリ&近郊の町 ¥1,980
- A08 南仏 プロヴァンス ¥1,760
- A09 イタリア ¥2,530
- A10 ローマ ¥1,760
- A11 ミラノ ヴェネツィア ¥1,870
- A12 フィレンツェとトスカーナ ¥1,870
- A13 南イタリアとシチリア ¥1,870
- A14 ドイツ ¥1,980
- A15 南ドイツ フランクフルト ¥2,090
- A16 ベルリンと北ドイツ ¥1,870
- A17 ウィーンとオーストリア ¥2,090
- A18 スイス ¥2,200
- A19 オランダ ベルギー ¥2,420
- A20 スペイン ¥2,420
- A21 マドリードとアンダルシア ¥1,760
- A22 バルセロナ&近郊の町 ¥1,760

地球の歩き方 aruco

- 01 aruco パリ ¥1,650
- 06 aruco ロンドン ¥1,650
- 17 aruco ウィーン ブダペスト ¥1,320
- 18 aruco イタリア ¥1,760
- 21 aruco スペイン ¥1,320
- 26 aruco フィンランド エストニア ¥1,430
- 28 aruco ドイツ ¥1,430
- 36 aruco フランス ¥1,430

地球の歩き方 Plat

- 01 Plat パリ ¥1,320
- 04 Plat ロンドン ¥1,320
- 06 Plat ドイツ ¥1,320
- 08 Plat スペイン ¥1,320
- 14 Plat マルタ ¥1,540
- 27 Plat ジョージア ¥1,540

地球の歩き方 旅の名言&絶景

人生を楽しみ尽くすイタリアのことばと絶景 100 ¥1,650

地球の歩き方 旅と健康

地球のなぞり方 旅地図 ヨーロッパ編 ¥1,430

地球の歩き方 aruco国内版

地球の歩き方 aruco 東京で楽しむイタリア&スペイン ¥1,480

※表示価格は定価（税込）です。改訂時に価格が変更になる場合があります。

あなたの**旅の体験談**をお送りください

「地球の歩き方」は、たくさんの旅行者からご協力をいただいて、
改訂版や新刊を制作しています。
あなたの旅の体験や貴重な情報を、これから旅に出る人たちへ分けてあげてください。
なお、お送りいただいたご投稿がガイドブックに掲載された場合は、
初回掲載本を1冊プレゼントします！(発送は国内に限らせていただきます)

ご投稿はインターネットから！

URL www.arukikata.co.jp/guidebook/toukou.html
画像も送れるカンタン「投稿フォーム」
※左記の二次元コードをスマートフォンなどで読み取ってアクセス！

または「地球の歩き方　投稿」で検索してもすぐに見つかります

地球の歩き方　投稿  

▶投稿にあたってのお願い

★ご投稿は、次のような《テーマ》に分けてお書きください。

《新発見》――ガイドブック未掲載のレストラン、ホテル、ショップなどの情報
《旅の提案》――未掲載の町や見どころ、新しいルートや楽しみ方などの情報
《アドバイス》――旅先で工夫したこと、注意したこと、トラブル体験など
《訂正・反論》――掲載されている記事・データの追加修正や更新、異論、反論など

※記入例「○○編20XX年度版△△ページ掲載の□□ホテルが移転していました……」

★データはできるだけ正確に。
ホテルやレストランなどの情報は、名称、住所、電話番号、アクセスなどを正確にお書きください。
ウェブサイトのURLや地図などは画像でご投稿いただくのもおすすめです。

★ご自身の体験をお寄せください。
雑誌やインターネット上の情報などの丸写しはせず、実際の体験に基づいた具体的な情報をお待ちしています。

▶ご確認ください

※採用されたご投稿は、必ずしも該当タイトルに掲載されるわけではありません。関連他タイトルへの掲載もありえます。
※例えば「新しい市内交通パスが発売されている」など、すでに編集部で取材・調査を終えているものと同内容のご投稿をいただいた場合は、ご投稿を採用したとはみなされず掲載本をプレゼントできないケースがあります。
※当社は個人情報を第三者へ提供いたしません。また、ご記入いただきましたご自身の情報については、ご投稿内容の確認や掲載本の送付などの用途以外には使用いたしません。
※ご投稿の採用の可否についてのお問い合わせはご遠慮ください。
※原稿は原文を尊重しますが、スペースなどの関係で編集部でリライトする場合があります。

あとがき

以前と変わったこともたくさんありますが、読者のみなさまから寄せられる体験談の数々に、いつの時代も変わらず旅人を魅了してやまないイタリアの魅力をあらためて感じた編集作業でした。ご協力いただいたすべてのみなさまにグラッツェを！　そしてこれからも、たくさんの旅の感想をお待ちしております。それでは、よい旅を！ Buon viaggio!

STAFF

制　　作：由良暁世　Producer：Akiyo Yura
編　　集：ART LOVE MUSIC（水野千尋、元木良彦、小林優、渡辺菜々子）
Editors：Chihiro Mizuno, Yoshihiko Motoki, Yu Kobayashi, Nanako Watanabe
デザイン：株式会社 MIKAN-DESIGN（美柑和俊、滝澤彩佳、塚本亜由美、田中未来）
Designers：Kazutoshi Mikan, Ayaka Takizawa, Ayumi Tsukamoto, Miki Tanaka
表　　紙：日出嶋昭男　Cover Design：Akio Hidejima
地　　図：ジェオ　Map：Geo
校　　正：鎌倉オフィス　Proofreading：Kamakura Office
D　T　P：株式会社ダイヤモンド・グラフィック社
編集協力：中山久美子（P.24～26、P.33～35 コーディネート）、田中美貴（P.29～30 コーディネート、ミラノ・ロンバルディア州）、小林真子（フィレンツェ・トスカーナ州）、Aki Takizawa（ローマ）、La Cantina BESSHO（P.44～45 ワイン監修）、河部紀子、レ・グラツィエ、イタリア政府観光局、©iStock、PIXTA、shutterstock
Special Thanks to：Kumiko Nakayama, Miki Tanaka, Mako Kobayashi, Aki Takizawa, La Cantina BESSHO, Noriko Kawabe, Le Grazie Co.,Ltd,. ENIT

本書についてのご意見・ご感想はこちらまで
読者投稿　〒141-8425　東京都品川区西五反田 2-11-8
株式会社地球の歩き方
地球の歩き方サービスデスク「イタリア編」投稿係
https://www.arukikata.co.jp/guidebook/toukou.html
地球の歩き方ホームページ（海外・国内旅行の総合情報）
https://www.arukikata.co.jp/
ガイドブック『地球の歩き方』公式サイト
https://www.arukikata.co.jp/guidebook/

地球の歩き方 A09
イタリア 2024-2025年版

2024年 4 月30日　初版第1刷発行
2024年 9 月27日　初版第2刷発行

Published by Arukikata. Co., Ltd.
2-11-8 Nishigotanda, Shinagawa-ku, Tokyo, 141-8425, Japan

著作編集　地球の歩き方編集室
発行人　新井 邦弘
編集人　由良 暁世
発 行 所　株式会社地球の歩き方
〒141-8425　東京都品川区西五反田 2-11-8
発 売 元　株式会社Gakken
〒141-8416　東京都品川区西五反田 2-11-8
印　　刷　大日本印刷株式会社

※本書は基本的に 2023 年 10 月～ 2024 年 1 月の取材データに基づいて作られています。
発行後に料金、営業時間、定休日などが変更になる場合がありますのでご了承ください。
更新・訂正情報：https://www.arukikata.co.jp/travel-support/

●この本に関する各種お問い合わせ先
・本の内容については、下記サイトのお問い合わせフォームよりお願いします。
URL ▶ https://www.arukikata.co.jp/guidebook/contact.html
・広告については、下記サイトのお問い合わせフォームよりお願いします。
URL ▶ https://www.arukikata.co.jp/ad_contact/
・在庫については　Tel 03-6431-1250（販売部）
・不良品（乱丁、落丁）については　Tel 0570-000577
学研業務センター　〒354-0045　埼玉県入間郡三芳町上富 279-1
・上記以外のお問い合わせは　Tel 0570-056-710（学研グループ総合案内）

※本書は株式会社ダイヤモンド・ビッグ社より 1987 年に初版発行したもの（2019 年 12 月に改訂第 31 版）の最新・改訂版です。
学研グループの書籍・雑誌についての新刊情報・詳細情報は、下記をご覧ください。
学研出版サイト　https://hon.gakken.jp/